Suma
teológica
I

Tomás de Aquino

Tomás de Aquino

Suma
teológica

Volume I
I Parte – Questões 1-43

**TEOLOGIA COMO CIÊNCIA
O DEUS ÚNICO
OS TRÊS QUE SÃO O DEUS ÚNICO**

Edições Loyola

© Introdução e notas:
Thomas d'Aquin – Somme théologique,
Les Éditions du Cerf, Paris, 1984
ISBN 2-204-02-229-2

Texto latino de *Editio Leonina*, reproduzido na Edição Marietti
(ed. Cl. Suermondt, OP), Marietti, Turim, Roma, 1948ss.

Dados Internacionais de Catalogação na Publicação (CIP)
(Câmara Brasileira do Livro, SP, Brasil)

Tomás de Aquino, Santo, 1225-1274.
    Suma teológica : teologia, Deus, trindade, volume 1 : I parte : questões 1-43 / Santo Tomás de Aquino. -- 6. ed. -- São Paulo : Edições Loyola, 2021.

    Título original: Thomas d'Aquin : somme théologique.
    ISBN 978-85-15-01852-9

    1. Deus 2. Igreja Católica - Doutrinas - Obras anteriores a 1800 3. Sacramentos 4. Tomás de Aquino, Santo, 1225?-1274. Suma de teologia I. Título.

16-05130   CDD-230.2

Índices para catálogo sistemático:
1. Igreja Católica : Doutrina   230.2

Edições Loyola Jesuítas
Rua 1822, 341 – Ipiranga
04216-000 São Paulo, SP
T 55 11 3385 8500/8501 • 2063 4275
editorial@loyola.com.br
vendas@loyola.com.br
www.loyola.com.br

Todos os direitos reservados. Nenhuma parte desta obra pode ser reproduzida ou transmitida por qualquer forma e/ou quaisquer meios (eletrônico ou mecânico, incluindo fotocópia e gravação) ou arquivada em qualquer sistema ou banco de dados sem permissão escrita da Editora.

ISBN 978-85-15-01852-9

6ª edição: 2021

© EDIÇÕES LOYOLA, São Paulo, Brasil, 2001

108510

PLANO GERAL DA OBRA

Volume I **I Parte – Questões 1-43**
Teologia como ciência
O Deus único
Os três que são o Deus único

Volume II **I Parte – Questões 44-119**
O Deus criador
O anjo
A obra dos seis dias
O homem
A origem do homem
O governo divino

Volume III **I Seção da II Parte – Questões 1-48**
A bem-aventurança
Os atos humanos
As paixões da alma

Volume IV **I Seção da II Parte – Questões 49-114**
Os hábitos e as virtudes
Os dons do Espírito Santo
Os vícios e os pecados
A pedagogia divina pela lei
A lei antiga e a lei nova
A graça

Volume V **II Seção da II Parte – Questões 1-56**
A fé – A esperança – A caridade
A prudência

Volume VI **II Seção da II Parte – Questões 57-122**
A justiça
A religião
As virtudes sociais

Volume VII **II Seção da II Parte – Questões 123-189**
A força
A temperança
Os carismas a serviço da Revelação
A vida humana

Volume VIII **III Parte – Questões 1-59**
O mistério da encarnação

Volume IX **III Parte – Questões 60-90**
Os sacramentos da fé
O batismo
A confirmação
A eucaristia
A penitência

COLABORADORES DA EDIÇÃO BRASILEIRA

Direção:
Pe. Gabriel C. Galache, SJ
Pe. Danilo Mondoni, SJ

Coordenação geral:
Carlos-Josaphat Pinto de Oliveira, OP

Colaboraram nas traduções:

Aldo Vannucchi	José de Ávila
Bernardino Schreiber	José de Souza Mendes
Bruno Palma	Luiz Paulo Rouanet
Carlos-Josaphat Pinto de Oliveira	Marcio Couto
Carlos Palacio	Marcos Marcionilo
Celso Pedro da Silva	Maurílio J. Camello
Domingos Zamagna	Maurilo Donato Sampaio
Eduardo Quirino	Odilon Moura
Francisco Taborda	Orlando Soares Moreira
Gilberto Gorgulho	Oscar Lustosa
Henrique C. de Lima Vaz	Romeu Dale
Irineu Guimarães	Yvone Maria de Campos Teixeira da Silva
João B. Libanio	Waldemar Valle Martins

Diagramação:
So Wai Tam

Editor:
Joaquim Pereira

NOTA DOS SUPERIORES GERAIS DA
ORDEM DOS PREGADORES E DA COMPANHIA DE JESUS

Esta nova tradução brasileira, bilíngue e comentada, da *Suma teológica* nos parece um evento auspicioso e promissor. Por sua profundidade doutrinal, pela serenidade e clareza de sua exposição, pela qualidade lapidar de sua linguagem, a mensagem de Tomás de Aquino se tem mostrado sempre presente e fecunda nas diferentes etapas da história da Igreja e da cultura. Ela é particularmente oportuna especialmente quando se busca com coragem, mas não sem dificuldades e hesitações, ativar a evangelização e a promoção humana, especialmente nos países do Hemisfério Sul.

Em Santo Tomás, o amor da verdade, o sentido do mistério, a argumentação teológica rigorosa se aliam sempre ao respeito pelos interlocutores, oferecendo um modelo e uma contribuição valiosos ao verdadeiro diálogo ecumênico, tal como o recomenda e pratica a Igreja, particularmente após o Concílio Vaticano II. Como se vê ainda pelo exemplo do mesmo Concílio e pelos ensinamentos do magistério eclesial, a doutrina social integrada na visão teológica da *Suma* se revela da maior atualidade para encaminhar e esclarecer os graves problemas que enfrenta a civilização moderna nos planos da ética política e econômica.

Louvamos o belo trabalho em equipe que tornou possível esse custoso e importante empreendimento, em boa hora assumido por Edições Loyola. Alegra-nos ver que ainda uma vez jesuítas e dominicanos trabalham juntos e fraternalmente na difusão dos escritos e da doutrina de Santo Tomás de Aquino, como o têm feito nos séculos passados e como o fazem também hoje em valiosas edições de textos bíblicos, litúrgicos e patrísticos.

Almejamos que esta nova tradução da *Suma teológica* seja novo incentivo a uma colaboração lúcida, harmoniosa e criativa nos campos do apostolado, da comunicação, das atividades culturais, científicas, artísticas, filosóficas e teológicas, a serviço de um constante compromisso social nos caminhos da justiça e da paz.

Timothy Radcliffe, OP
Geral da Ordem dos Pregadores

Peter-Hans Kolvenbach, SJ
Superior Geral da Companhia de Jesus

APRESENTAÇÃO

Sem desfazer das qualidades e dos serviços prestados pelas traduções existentes, ousamos tomar a iniciativa de uma nova tradução brasileira da *Suma teológica* de Santo Tomás de Aquino. Ela se afigura desejável e mesmo oportuna. Sua realização se inscreve em nosso propósito constante de favorecer o contato direto com o legado cultural dos grandes clássicos da teologia, da filosofia, das ciências e das artes.

Os novos recursos, especialmente oferecidos pela informática, os estudos e pesquisas sobre o pensamento, a cultura e a história medievais tornam possíveis um melhor conhecimento e uma melhor apresentação da *Suma teológica*, que resplandece cada vez mais como uma referência imprescindível. Mas o que contribuiu de maneira mais decisiva para viabilizar esse empreendimento, apesar de seu alto custo, foi a possibilidade de contar com a colaboração solícita e harmoniosa de uma equipe de real valor, qualificada por seu conhecimento da doutrina e da linguagem de Tomás de Aquino.

Acreditamos satisfazer assim as exigências de uma tradução moderna, que se empenha em aliar a fidelidade à clareza e, enquanto possível, à elegância. Guardaram-se as expressões técnicas do vocabulário do Doutor medieval, buscando traduzi-las de maneira uniforme, através de toda a sua vasta síntese. Tendo sempre em conta o teor e os matizes do original latino, procuramos tirar proveito dos trabalhos e estudos existentes nas diversas línguas.

Uma palavra de homenagem e de saudade não podia faltar nesta apresentação da Editora: homenagem ao Pe. Gabriel Galache, idealizador desta publicação, e também saudade do diretor amigo de todos e de cada um dos que trabalharam em Edições Loyola. A *Suma teológica* foi um de seus muitos sonhos, que somente ele podia ter pelos desafios que se lhe abriam e que somente ele sabia tornar realidade por seu otimismo, experiência e confiança nas pessoas de seus colaboradores.

Pe. Fidel García Rodríguez, SJ
Edições Loyola

PREFÁCIO À TRADUÇÃO BRASILEIRA

Carlos Josaphat, OP

Os gênios e os santos caminham com a história, acelerando a marcha, sugerindo atalhos, quando não apontando novos rumos. Com o volver do tempo, a mensagem desses pioneiros revela novos sentidos que os contemporâneos ainda não estavam à altura de atinar. Tomás de Aquino é figura exemplar, se não singular, com seus sete séculos de atualidade sempre renovada. Surge nos momentos de crise da Igreja e de desafios da cultura, chegando a surpreender com suas antecipações, embora seus discípulos nem sempre escapem às ciladas das fixações e acomodações tranquilizantes.

Novas traduções ou utilizações da *Suma teológica* assinalam essas vagas de reencontros com o Mestre, que se acentuam a partir da época da Renascença, começando desde cedo a ter repercussões mais ou menos significativas em nosso continente americano.

PARA ALÉM DAS AMBIGUIDADES DO ORTODOXISMO

Nos começos do século XVI, Tomás de Aquino se afirma como o grande mestre da Universidade, especialmente na Itália e na Península Ibérica, quando sua doutrina vai sendo confrontada com os problemas do mundo moderno e do Novo Mundo. Será declarado doutor da Igreja pelo papa dominicano, São Pio V, em 1567, quatro anos após o solene encerramento do Concílio de Trento. Doira-se assim, de forma solene, seu brasão, confirmando-se aquele título mais simples, mas certamente o mais prestigioso de "doutor comum", que lhe era geralmente atribuído desde 1317. Os símbolos legendários são mais eloquentes que os discursos. Costuma-se dizer que a *Suma* estava aberta ao lado da Bíblia, sobre a mesa dos presidentes do Concílio. A verdade é que ela era a fonte e a referência constante dos teólogos que preparavam e esboçavam os grandes documentos discutidos e aprovados pelo "Sacrossanto Sínodo Tridentino". Entre esses assessores diligentes dos Padres conciliares, sobressaíam os ativos membros da recém-nascida Companhia de Jesus e os já veteranos Frades Pregadores. Irmanavam-se no empenho de condensar e remanejar com habilidade a doutrina tomista da justificação para elaborar o primeiro decreto dogmático que estará na base de todas as orientações e opções do Catolicismo em seu diálogo (então polêmico) com a Reforma protestante.

Promulga-se em 1567 o *Catecismo do Concílio de Trento,* redigido por uma equipe de dominicanos, e que, por indicação do cardeal J. Ratzinger, servirá de protótipo ao atual *Catecismo da Igreja Católica* (1992). Também, nesses textos destinados à formação elementar do pensamento católico, retomam-se, em linguagem sem dúvida mais despojada, as grandes linhas, quando não as formulações mesmas da síntese tomista. Mais tarde, para fazer face aos erros do racionalismo e aos desacertos do tradicionalismo do século XIX, o Concílio do Vaticano I (1870), em sua primeira Constituição dogmática, vai buscar inspiração na 1ª questão da *Suma teológica* sobre a fé e a razão, visando conciliar a ordem da criação e a da salvação. Pela encíclica *Aeterni Patris* (1879), marcando os inícios de seu pontificado, Leão XIII lança o famoso "Ide a Tomás!", programando a tentativa de retorno ao Mestre medieval para enfrentar a maré montante das filosofias modernas.

Essas consagrações oficiais faziam da *Suma teológica* a expressão mais do que clássica da doutrina católica. No entanto, homologando uma leitura escolar e apologética de Tomás de Aquino, corriam o risco de envolver sua doutrina nas ambiguidades de um ortodoxismo que se refugia na repetição do passado, se defende pela ruptura e pelo isolamento. Em momentos de crise, essa atitude se crispa e enrijece, canoniza a polêmica e prolonga, até mais não poder, o recurso ao Índex, aos processos do Santo Ofício e da Santa Inquisição.

É verdade que Tomás de Aquino, no empenho de bem exercer seu ofício de professor, optou por um projeto pedagógico que o expunha a esse tipo de desvios e infortúnios. Pois se propôs sintetizar na

Suma, de maneira original, mas no estilo de um manual escolar, toda a complexidade do saber teológico. Queria ajudar os "principiantes" a pensar com justeza a partir de questões bem explanadas e bem ordenadas. Foi o bastante para que essas suas "questões" passassem a ser lidas e divulgadas, em um ensino rotineiro, tornando-se cansativo enunciado de teses a reter e assimilar. Não era mais seu jeito de suscitar toda uma série de debates e diálogos, que por seus resultados e suas qualidades convidam a praticar e afinar a ética da discussão, atiçando o amor à verdade e o respeito da inteligência. Mesmo pela disposição dos textos, nossa tradução procura facilitar o reconhecimento desse primeiro empenho do autor da *Suma*. Quer despertar a curiosidade e o gosto da pesquisa, suscitando a "estudiosidade", que ele define como a "aplicação virtuosa", portanto intensa e metódica, da capacidade de conhecer. Incita a reunir e confrontar o que se sabe até hoje, em vista de mais e melhor entender, deslindar e, se possível, contemplar as maravilhas da sabedoria divina e humana.

Seria amarga ironia ou protestação profética aquela conhecida façanha de Machado de Assis de exibir o coitado do Brás Cubas identificando-se em seu delírio terminal com o imenso e afivelado calhamaço da *Suma teológica*? Pois não é que, por uma espécie de sequestro precoce e duradouro, o mestre dominicano, enaltecido por seu primeiro biógrafo como o mais audaz dos inovadores, acabou sendo transformado, para muita gente, no símbolo mesmo da ortodoxia conservadora, se não intolerante?

No entanto, após a vasta série de apresentações retalhadas e de tanta leitura tacanha, acreditamos que se conta hoje com melhores condições para uma visão global de Tomás de Aquino e um encontro grandemente sugestivo com a *Suma teológica*.

Os caminhos da originalidade criativa

Pois, ao se lançar na composição de sua síntese filosófica e teológica, em 1265, na plena força de seus quarenta anos, o que visava e o que realizou deveras o Mestre medieval? Desde os vinte anos, após se libertar das cadeias das miúdas ambições familiares, Frei Tomás encarna uma forma original de ser religioso, vivendo um evangelismo radical, mas todo voltado para a universidade e para a sociedade — o que significa para ele abarcar a universalidade do estudo e do saber, orientando-a à coerência de uma visão global do cosmo, das questões humanas e do mistério de Deus. Joga-se de corpo e alma nesta proeza, jamais realizada antes ou depois dele, e que sua síntese quer levar a cabo: tecer uma *Suma*, em que se juntem e fraternizem a filosofia, concebida como o leque completo do saber humano, a teologia, que enfeixa e ordena toda a tradição cristã, a ética pessoal e social, que estuda e articula os valores e modelos de plena realização do ser humano e da sociedade. E tudo vem coroado por uma mística da perfeita contemplação e união com Deus. Sem dúvida, como todo gênio, Tomás só podia contar com os recursos de seu tempo para tentar concretizar a audácia infinita desse projeto, que renasce sem cessar, solicitando todas as épocas e todas gerações.

Após a façanha de Tomás, a história do pensamento, especialmente no Ocidente, entrou aceleradamente pelas vias da diferenciação. Enquanto as ciências se especializam ao máximo, a filosofia busca afinar a reflexão sobre as grandes questões e problemas humanos, desenvolvendo-se como a infinidade de pontas de um polígono pouco cioso de sua regularidade. Quanto caminho andado pela pluralidade das filosofias: da existência, da história, da liberdade, da justiça, do desejo, do inconsciente, da ação, da responsabilidade, da comunicação, da discussão, da transcendência, da religião, da cultura, da arte, para citar algumas das correntes que encontram um espaço, ainda que restrito, no imediatismo de nossa civilização midiática.

A *Suma* do Mestre medieval aparece assim como uma antecipação de nossas atuais aspirações holísticas, pois se abria a uma visão total e diferenciada da complexidade do real. Ela tem muito a oferecer e tudo a ganhar no confronto com as interrogações, os anseios e projetos que marcam o alvorecer do novo milênio. Aqueles que iniciaram e levaram a termo a apresentação atualizada deste texto, sem dúvida venerável mas sobretudo audacioso e provocante, não dissimulam a esperança de concorrer para um diálogo cultural, filosófico, teológico e espiritual, da maior importância, especialmente em nosso país.

Tomás, Las Casas e a jovem América

Tal esperança não parece infundada, tanto mais que semelhante diálogo já foi tentado na América, em outro contexto mas em torno dos mesmos problemas humanos cruciais, que hoje se enfrentam sob os nomes intimidantes ou promissores de globalização ou de Nova Era.

De fato, a *Suma teológica* não chegou à América como um velho calhamaço medieval, afivelado e acabrunhante. Nas mãos de seus primeiros discípulos e irmãos da América Latina, os missionários dominicanos Pedro de Córdoba, Antônio de Montesinos e Bartolomeu de Las Casas, a mensagem de Tomás de Aquino era um facho de luz, aclarando os novos caminhos ou até mesmo um gládio do Espírito nas lutas pela justiça, pela solidariedade e pela paz.

Como testemunham as posições dos adversários de Las Casas, do tipo de Juan-Jinés de Sepúlveda, havia outra leitura material e estreita dos textos tomistas. Apoiando-se em Aristóteles, citado com frequência por Santo Tomás, esses partidários de uma certa tradição legitimavam a colonização espoliadora e a escravização pura e simples dos "índios", entendamos dos habitantes da América. Mas a leitura atualizada de Tomás levava seus verdadeiros discípulos a reconhecer o "outro" na plenitude de seus direitos e em toda a sua amabilidade. São seres humanos a respeitar em sua dignidade. Las Casas chegará a proclamar: são membros de Cristo, indo mais longe que a letra da *Suma teológica* (III Parte, q. 8). Pois, no novo contexto da América, ele completa e amplia a doutrina de Tomás sobre o Corpo místico de Cristo, vendo-a em sua totalidade e esclarecendo suas conclusões particulares à luz dos seus princípios evangélicos fundadores. Elaborou um "novo modo de anunciar o Evangelho a todos os povos", apelando para a confiança na graça, na inteligência e na liberdade, sempre em uma atitude de fidelidade dinâmica e criativa.

A *Suma teológica* desabrocha qual linda palmeira nos campos da América. E Tomás de Aquino será mais ele mesmo, quando compreendido, aprofundado, explicitado em suas virtualidades filosóficas e teológicas. Por que não dizer sem rodeios que é esse modelo de leitura que almejam e quereriam facilitar os tradutores brasileiros de Tomás de Aquino: bem entender o que ele disse dentro de seu contexto literário, histórico e cultural, para melhor compreender o que diz hoje, quando lido com os recursos da moderna hermenêutica e no clima das interrogações e aspirações contemporâneas.

Novos paradigmas eclesiais e culturais

Esse novo tipo de leitura parece que vai abrindo caminhos em meio aos novos paradigmas científicos e culturais que já têm tido certa aceitação na Igreja desde o Concílio Vaticano II (1962-1965). A força renovadora do Concílio, que a Igreja pós-conciliar nem sempre conseguiu levar adiante, se aliava ao propósito de se distanciar de todo ortodoxismo fechado. Leu Tomás de Aquino, junto aliás com os Padres e doutores do passado, reconhecendo-os como as grandes testemunhas da tradição. Destacou elementos até então pouco realçados no clima de controvérsias que tinham grandemente marcado a teologia e o magistério eclesiástico das épocas anteriores.

O mais das vezes sem recorrer a citações explícitas, o Vaticano II incorporou as grandes linhas da síntese tomista, especialmente no que toca a uma visão comunitária da Igreja, à ação permanente do Espírito na história, à integração harmoniosa da criação e da salvação, à definição pessoal, comunitária e histórica da fé como obra da inteligência, da liberdade e da graça, à dignidade e à responsabilidade do ser humano, exaltado como imagem de Deus. Da conjunção harmoniosa dessa visão filosófica e teológica, decorre uma ética pessoal e social, capaz de iluminar as relações do casal e da família bem como os setores da política, da economia, da comunicação no plano nacional e internacional. Para essa atualização que prolongava com segurança e fineza as opções e posições fundamentais de Santo Tomás, o Concílio contava com as releituras inteligentes e criativas já efetuadas pelos grandes pioneiros da teologia: Chenu, Congar, Schillebeeckx, Lebret, Journet, Rahner, Metz, De Lubac, Daniélou, Balthasar, Küng, Fessard, Auer, Häring, sem esquecer a figura inspiradora de muitos deles, Teilhard de Chardin.

À semelhança do que ocorrera com os primeiros missionários latino-americanos, que de maneira fiel e criadora se inspiraram nas opções fundadoras de Tomás de Aquino, o Vaticano II mostrou uma nova fecundidade deste e dos demais mestres cristãos, esboçando novos paradigmas para a teologia a partir da inspiração primeira do Evangelho: longe de toda intolerância, rejeitando todo apelo à força ou à repressão, o amor e a busca da verdade se aliam à estima da inteligência e da liberdade, levam ao respeito do interlocutor, mesmo que se apresente como adversário, o que se traduz concretamente na promoção de todas as liberdades para todos.

O interesse renovado por Tomás de Aquino, a publicação de suas obras, especialmente da *Suma teológica* em nosso país, exprimem antes de mais nada a consciência da necessidade de novos paradigmas teológicos, inspirados pela atenção aos grandes problemas humanos, ao diálogo ecumênico, inter-religioso e intercultural. Com os olhos no Concílio Vaticano II, como não pensar que se trata da busca de uma nova ordem jurídica, política e econômica para o mundo, no prolongamento dos projetos que a jovem América inspirou a Bartolomeu de Las Casas, a Francisco Vitória e a Francisco Suarez?

Assim, o rude, imenso mas também carinhoso trabalho que teve de enfrentar a equipe empenhada nesta tradução e apresentação da *Suma teológica* está longe de visar ou mesmo de insinuar um projeto de "voltar a Santo Tomás". Suas obras mestras surgem sem dúvida como referências imprescindíveis no estudo da tradição cristã e das raízes de nossa cultura. As opções e posições de base de Tomás de Aquino revelam sobretudo uma afinidade profunda com o que há de melhor nas aspirações e nos valores que parecem animar a humanidade no limiar do terceiro milênio. Ela só pode fundar suas esperanças em uma plena confiança na inteligência, na plena comunhão dos homens e das mulheres, que se sintam irmanados em uma mesma vocação de justiça, liberdade e solidariedade. De maneira positiva, será assim convidada se não intimada a apreciar os avanços da tecnologia, da comunicação e da economia capazes de viabilizar uma globalização que não seja uma simples confluência concentracionária de riquezas e de poder ou o jogo astucioso do mercado, dos interesses e das ambições.

Muito se pode esperar de uma nova leitura dos textos de Tomás de Aquino e do novo confronto de sua doutrina com as certezas e inseguranças da modernidade ou da pós-modernidade. Sua mensagem realçava os dados e os valores da criação, exaltava e fundava a autonomia da consciência e dava consistência a uma ética plenamente humana em harmonia com uma teologia da Encarnação. Mais ainda, sua visão de uma Igreja de comunhão, animada e guiada pelo Espírito, era acompanhada de uma ética política que põe em relevo o primado da lei, do direito, do bem comum, a cujo serviço se submete a autoridade, dele e do consentimento do povo, tirando sua força e sua legitimidade. Elaborada em um contexto histórico de cristandade e por ela às vezes confinada e restringida em suas aplicações, a doutrina social de Tomás de Aquino não encontraria maiores e melhores chances de fecundidade nos espaços e nas esperanças do mundo moderno, em busca de democracia liberal e social e nos anseios de plena realização de todos os direitos para todos e para todas?

QUESTÕES E SUGESTÕES HERMENÊUTICAS

As novas possibilidades abertas pela informatização, as utilizações atualizadas e criativas da doutrina tomista já realizadas por Vitória, Las Casas e Suarez, bem como, em perspectivas mais amplas, a atitude renovadora assumida pelo Vaticano II em relação a essa testemunha qualificada da tradição apontam novos modelos promissores de leitura e hermenêutica.

Convém destacar alguns critérios e campos de aplicação desses novos modelos, tendo em conta os modernos estudos sobre a vida, a obra e a história ulterior da influência de Tomás nestes sete séculos que nos separam da composição da *Suma teológica*. Um primeiro dado de importância absolutamente decisiva: para além das conclusões particulares, eventualmente influenciadas e estreitadas pela problemática de épocas já superadas, cumpre reencontrar a inspiração primordial, os princípios primeiros que a traduzem e fundam o sistema, assegurando-lhe o equilíbrio e as grandes articulações. Talvez um Sepúlveda tivesse razão no tocante a algumas de suas asserções sobre "o caráter natural" da escravidão, defendido por Aristóteles, sem que Tomás de Aquino o tenha suficientemente criticado. Ao invés, voltando a atenção aos princípios fundamentais de justiça, de direito natural, da igualdade dos seres humanos e dos povos, que se acham na base da ética de Santo Tomás, seus discípulos, sobretudo Las Casas, destacavam com felicidade novas orientações no sentido da liberdade, da igualdade, da necessária solidariedade entre todos os homens e todas as nações, nomeadamente entre os "índios", "bárbaros" ainda "pagãos" e os europeus civilizados e cristãos.

Semelhante ética universalmente humana brotava de uma teologia viva e inovadora — é nossa segunda sugestão — porque se enraizava na vida atual da Igreja em comunhão com as interrogações e aspirações emergentes da humanidade. Esses discípulos refaziam, em outros contextos culturais e históricos, a experiência de contato profundo com as necessidades e esperanças do povo, com os anseios da inteligência e do coração, donde tinha brotado a mensagem de Tomás de Aquino, que se libertara das ambições e da mentalidade asfixiante do ortodoxismo que assolava a cristandade.

É preciso ir mais longe para compreender e aceitar as exigências e as riquezas espirituais do evangelismo no plano da inteligência. Ele permitiu e permite aos teólogos criticar e superar as mentalidades e interesses estreitos, mesmo aqueles que se apoiam em algumas instituições eclesiásticas. Veja-se com que coragem e lucidez, na aurora do Novo Mundo, espíritos livres como Vitória e Las Casas apelavam para a fraternidade universal, para o espírito de Cristo, para a missão de uma Igreja sem fronteiras. Podiam assim contestar ou pelo menos relativizar as concessões generalizadas e excessivas, outorgadas por Alexandre VI (e já em parte por seus predecessores), e nas quais se apoiavam os colonizadores para sustentar suas ambições dominadoras. Hoje, no contexto cultural, político, econômico, estendido às dimensões planetárias e cada vez mais ampliado pelas conquistas tecnológicas, a sabedoria humana e evangélica, a universalidade da ética pessoal e social de Tomás de Aquino encontram um campo aberto para manifestar toda a amplidão de suas virtualidades.

Não se poderia apostar razoavelmente que, mais ainda que ontem, Tomás de Aquino será atual hoje e amanhã?

SIGLAS E ABREVIATURAS

Chamadas de notas, no rodapé

Formuladas em letras, referem-se às notas da tradução e das introduções.
Formuladas em algarismos, referem-se ao texto latino.

Referências bíblicas

Aparecem no texto com as siglas da Tradução Ecumênica da Bíblia — TEB.

As referências dadas por Santo Tomás ou por seus editores foram adaptadas às bíblias traduzidas do hebraico e do grego que todos temos em mãos, hoje. A numeração dos salmos é, portanto, a do hebraico.

Após uma referência bíblica, a sigla Vg (Vulgata) não concerne à referência, mas assinala que Santo Tomás funda-se em uma tradução cujo sentido não se encontra exatamente em nossas bíblias traduzidas do hebraico ou do grego.

Referências à *Suma teológica*

Seu título não é chamado. Suas partes são designadas por algarismos romanos.

— I, q. 1, a. 2, obj. 1 lê-se: *Suma teológica*, primeira parte, questão 1, artigo 2, objeção 1.

— I-II, q. 3, a. 1, s.c. lê-se: *Suma teológica*, primeira seção da segunda parte, questão 3, artigo 1, argumento em sentido contrário.

— II-II, q. 5, a. 2, rep, lê-se: *Suma teológica*, segunda seção da segunda parte, questão 5, artigo 2, resposta (ou "corpo do artigo").

— III, q. 10, a. 4, sol. 3 lê-se: *Suma teológica*, terceira parte, questão 10, artigo 4, solução (da objeção) 3.

Principais obras de Santo Tomás

Com. = comentários sobre...

— IV Sent. d. 2, q. 3 lê-se: *Livro das sentenças*, de Pedro Lombardo, quarto livro, distinção 2, questão 3.

— III CG, 12 lê-se: *Suma contra os gentios*, terceiro livro, capítulo 12.

Referências aos Padres da Igreja

— PL 12, 480 significa: MIGNE, *Patrologia latina*, tomo 12, coluna 480.

— PG 80, 311 significa: MIGNE, *Patrologia grega*, tomo 80, coluna 311.

Com frequência, deu-se a referência a edições contendo uma tradução francesa dos textos citados por Santo Tomás:

— SC 90, 13 significa: Coleção *Sources Chrétiennes*, n. 90, p. 13.

— BA 10, 201 significa: *Bibliothèque Augustinienne*, tomo 10, p. 201.

— BL 7, 55 significa: *Correspondance de S. Jérôme*, por J. Labourt, aux éditions des Belles-Lettres, tomo 7, p. 55.

Referências ao magistério da Igreja

— DS 2044 significa: DENZINGER-SCHÖNMETZER, *Enchiridion Symbolorum*... n. 2044 (em latim).

— DUMEIGE 267 significa: GERVAIS DUMEIGE, *La Foi Catholique*... n. 267 (em francês).

INTRODUÇÃO À *SUMA TEOLÓGICA*

Marie-Joseph Nicolas

I
A VIDA E A OBRA[1] DE TOMÁS DE AQUINO

Origens e formação

A *Suma teológica* é fruto e expressão de um homem e de uma vida, e também de um século, de um momento excepcional da história do pensamento. Tomás de Aquino nasceu por volta do final de 1224 (ou início de 1225) no reino de Nápoles. Pertencia a uma importante família feudal de origem germânica e normanda. Sua mãe era napolitana. O pai e os irmãos estavam a serviço de Frederico II, o imperador excomungado. Destinado à vida monástica desde a infância, foi, primeiramente, educado no mosteiro do Monte Cassino, do qual seu tio, Sunibaldo, era abade.

Aos 14 ou 15 anos, foi mandado a Nápoles para estudar artes liberais na universidade fundada, em 1220, por Frederico II. A Universidade era ainda muito pequena, mas, desde seus primórdios, inquietara o soberano pontífice por uma atitude inovadora e aberta aos novos ventos, ao direito romano e, já, a Aristóteles. Foi aí que, pela primeira vez, Tomás ouviu falar daquele que deveria tornar-se para ele o filósofo por excelência e que ingressava na cristandade com a atraente e inquietante *aura* da novidade e do exotismo. Foi também nessa universidade que encontrou os frades pregadores, criação nova e intensamente viva cujo tipo de vida, por sua pobreza, mobilidade e estilo, pela efervescência intelectual e apostólica que a caracterizava, pelo impulso audacioso que a animava, era capaz de atrair a juventude universitária. Tomás de Aquino foi atraído e, em 1245, aos 20 anos, pediu o hábito de são Domingos, separando-se à força de sua família. Incorporação total de um jovem, já prometido ao gênio e à santidade, a uma ordem religiosa que sempre representará para ele o próprio ideal da vida: evangélica e apostólica, contemplativa e ativa, teologal e dedicada aos outros.

Foi o próprio mestre geral que, para afastá-lo de sua família, levou-o a Paris, a capital dos Capetos, onde reinava o jovem São Luís, onde estavam terminando a construção de Notre-Dame e começava seu destino de "Nova Atenas". Chamada de "nobilíssima cidade de todos os estudos", era o centro intelectual por excelência de toda a cristandade. Um contemporâneo, João de Salisbury, enumerou todos os seus encantos: "A abundância de víveres, a alegria do povo, o respeito reservado ao clero, as variadas ocupações das mentes que filosofam", e termina exclamando: "Na verdade, o Senhor está nesses lugares, e eu não o sabia!". Sem dúvida, o Senhor estava ali, mas no meio de muitos distúrbios e disputas, em meio a uma espantosa efervescência de vida, de um ajuntamento de estudantes vindos de todos os países da cristandade, apaixonados por aprender e também por viver, formando na Cidade um mundo à parte, o da "universidade". A Universidade era uma corporação de mestres e de estudantes dedicados a todos os estudos, verdadeira instituição autônoma, diretamente dependente do papa, pois lá se elaborava o pensamento vivo da cristandade[2].

No convento de Saint-Jacques, dos frades pregadores, frei Tomás encontrou o lugar de paz, de oração e de estudo de que sua índole silenciosa, meditativa e piedosa precisava. Mas esse convento transformara-se numa escola, uma das escolas da universidade, onde estudantes de todas as origens aglomeravam-se ao redor da cátedra do celebérrimo mestre Alberto. Desse pregador ilustre, desse professor de prestígio, Tomás recebeu sua primeira iniciação filosófica. Seguiu-o, três anos depois, quando ele partiu para fundar em Colônia, em sua pátria, um grande centro de estudos para toda a elite dominicana. Espírito imensamente curioso de tudo o que se pudesse saber, mestre Alberto tinha tomado o partido audacioso, magnânimo, de expor e tornar compreensível a seu tempo, em toda a sua extensão, o pensamento de Aristóteles, para levá-lo a apoderar-se de sua riqueza e de sua força. O pensamento de Aristóteles, isto é, toda a razão e toda a ciência gregas, mas perigosamente mescladas às interpretações dos comentadores árabes, Avicena primeiro, Averróis depois[3].

Naquele momento, a grande questão intelectual na cristandade era tomar posição diante de Aristóteles. Até então conhecido por sua lógica,

---

1. Para todos os problemas referentes à história de Santo Tomás e suas obras, é preciso, antes de tudo, consultar os prefácios dos tomos mais recentes da edição leonina das *Opera omnia*. Também, o prefácio da edição francesa do *Contra gentiles*. Todavia, as adaptações modernas atribuem grande valor aos livros clássicos de Mons. Grabman e do Pe. Chenu (*Introdução a Santo Tomás de Aquino*). Em português, indicamos J.-P. Torrel, *Iniciação a Santo Tomás de Aquino*, São Paulo, Edições Loyola, 1998.
2. A universidade de Paris foi uma das primeiras. Logo, outras foram fundadas em muitos lugares, mas Paris permaneceu por muito tempo o centro dos estudos filosóficos (a "cidade dos filósofos", dizia Alberto Magno) e dos teólogos.
3. Ver os artigos referentes aos autores citados por Santo Tomás no Índice da página 119.

só criara dificuldade aos "espirituais", sempre inquietos pelo uso da dialética nas coisas divinas: esse havia sido o sentido profundo do conflito dramático entre Abelardo e São Bernardo. Mas como dispensar, mesmo em nome da ciência dos santos, semelhante instrumento, essa linguagem comum dos pensadores, essa "forma" de todo ensinamento, de toda discussão, de toda pesquisa? Pouco a pouco, Aristóteles penetrava e, logo, invadia as escolas pelo afluxo das traduções de sua filosofia da natureza, de sua metafísica, de sua ética.

Mal imaginamos hoje que inebriante descoberta estava sendo proposta a espíritos vigorosos e novos, ávidos de todos os conhecimentos. Não era apenas o funcionamento da razão que estava sendo revelado, era sua aplicação à "natureza". Com a natureza descobria-se um mundo real, seu valor próprio. Se a dialética já pudera excitar o entusiasmo (lembremo-nos dos milhares de estudantes que, um século antes, Abelardo reunia a seu redor), apresentar todo o encanto de uma novidade profana, fazer entrar em conflito com a Tradição, com o Sagrado, por que não aconteceria o mesmo com a construção peripatética do mundo? É preciso compreender a perturbação, a resistência, o escândalo dos tradicionalistas, as hesitações da Igreja, primeiro condenando, depois tolerando e filtrando Aristóteles, antes de deixar, enfim, passar a torrente domada por seus doutores. Não era Aristóteles a instauração, num universo cristão, de uma ordem autônoma da natureza? Não era o homem simplesmente um homem? Não era verdade que Deus não se fazia apenas distante, mas ausente? Não era a velha e sempre ressurgente ideia de uma matéria eterna? O questionamento da imortalidade individual? O renascimento daquilo que o cristianismo recusara ao rejeitar o paganismo não aparece e não corre o risco de ser um renascimento do próprio paganismo?

Ora, é preciso encarar essa volta de Aristóteles como um renascimento jubiloso do pensamento antigo, nem literário, pois, a esse respeito, o século XIII apresenta-se muito defasado em relação ao século XII, nem completo do ponto de vista filosófico (os textos de Platão ainda não tinham sido traduzidos), mas portador desse entusiasmo ambíguo pelo profano, pelo natural, pelo humano, que sempre amedrontou e tentou o pensamento cristão. Apesar de seus textos serem pouco conhecidos, Platão na verdade vivia havia séculos na tradição intelectual da Igreja que fora, até então, mesmo entre os Padres gregos, bastante alérgica a Aristóteles. Mas eis que se apelava, contra Platão, àquele que o criticara em seus fundamentos. Alberto Magno, deliberadamente, optara por assimilar-se a Aristóteles em tudo o que fosse ciência e filosofia: "Em matéria de fé e de medida, é preciso acreditar em Santo Agostinho, mais que nos filósofos, se estiverem em desacordo; mas, se estivermos a falar de medicina, apelo a Galeno e a Hipócrates; em se tratando da natureza das coisas, é a Aristóteles que me dirijo ou a algum outro especialista na matéria". Alberto Magno foi o primeiro a definir o estatuto das ciências na cristandade, tendo chegado a escrever no cabeçalho de seu comentário dos *Analíticos*: "As ciências ainda não estão todas constituídas, há ainda bom número delas a descobrir". Por isso, não se ocupou exclusivamente delas, tendo falado e escrito sobre todos os assuntos, não só teológicos, mas místicos.

Durante sete anos, o futuro Santo Tomás de Aquino recebeu a influência imediata e viva daquele que viria a ser Santo Alberto Magno. Essas filiações intelectuais não são raras na história do pensamento: Sócrates, Platão, Aristóteles são os mais ilustres exemplos disso. Mas elas geralmente se fazem acompanhar de profundas renovações. Santo Tomás de Aquino não prolonga o mestre em seu caráter de precursor da curiosidade científica moderna (a ponto de ter-se tornado na mitologia da Baixa Idade Média um dos pais da alquimia e quase um mágico). Tomás abordará Aristóteles de maneira diferente de Alberto Magno: não pretende dá-lo a conhecer para qualquer finalidade útil, mas fazê-lo servir a uma síntese cristã total, sua. Não pretende aprender dele os segredos da natureza, mas fazer da natureza que ele nos ensina um caminho para Deus. A partir de uma intuição segura do verdadeiro pensamento de Aristóteles, Tomás eliminará os elementos de neoplatonismo mesclados ao aristotelismo de seu mestre. Fazendo isso, leva a seu acabamento o projeto do qual Alberto Magno teve a intuição e a iniciativa. Eles foram solidários até o fim. Quando, após a morte de Santo Tomás, sua doutrina se tornou alvo de suspeita por excesso de aristotelismo, Alberto, idoso, vai a pé de Colônia a Paris para defender a memória do discípulo e, com ela, a obra de sua própria vida.

Primeiro ensinamento em Paris

Aqui, antecipamos muito os acontecimentos. No momento em que o "boi mudo da Sicília" — apelido dado a Tomás pelo fato de ele tentar guardar para si sua intensa reflexão — começa, de acordo com a predição do Mestre Alberto, a "sacudir o mundo com seu mugido", ele está com 27 anos e é enviado a Paris para ser "bacharel", isto é, assistente de um mestre. Sua tarefa consistia em comentar as *Sentenças* de Pedro Lombardo, uma compilação ordenada dos textos (*Sentenças*) dos Padres da Igreja, principalmente de Santo Agostinho. A partir desses textos, podiam-se desenvolver amplamente todas as grandes questões teológicas da época e de sempre. Esse ensino originou seu primeiro grande escrito: *Comentário aos quatro livros das Sentenças*. Quanta cultura teológica, quanta articulação intelectual! Essa primeira formulação de seu pensamento teológico é espantosamente rica e límpida; é prazeroso encontrar ali desenvolvimentos muito pessoais, muito amplos, expressões muito felizes e espontâneas que ele jamais rejeitou.

Mas ele deve ter-se sentido tolhido por uma ordem artificial, obrigado a tratar de problemas acidentalmente ligados entre si. Deve ter-se sentido pouco à vontade para manifestar a ordem interna e o encadeamento necessário de todas as questões, tradução de uma necessidade de sua mente, que virá a ser, finalmente, o próprio projeto da *Suma teológica*.

Dando o desconto necessário à ênfase hagiográfica, podemos acreditar em seu biógrafo, Guilherme de Tocco, quando diz: "Uma vez bacharel, começou por seu ensinamento a difundir o que preferia esconder em seu silêncio e, de seus lábios, difundiu-se, divinamente, uma doutrina tal que parecia ultrapassar todas as outras, mesmo as dos mestres, pela clareza de sua palavra. Mais que os outros, estimulava os estudantes ao amor pela ciência". A leitura de seu primeiro escrito, *De Ente et Essentia*, mais que todas essas hipérboles, é prova de que, desde o início, Tomás de Aquino foi magistral e estava em plena posse de seu pensamento. Trata-se ali do Ser e da Essência (toda a sua metafísica por meio de sua Lógica). No que foi, provavelmente, seu segundo escrito, *De principiis naturae*, tratou da "natureza". Ele vai, ao mesmo tempo, esclarecer — à luz da Revelação, fazendo que se a compreenda — o Ser, a natureza, noções que aprendeu de Aristóteles.

Na realidade, a atmosfera era mais de luta e de contestação que de triunfo. Não tanto no plano das ideias, mas no do direito de ensinar. Frei Tomás chegara a Paris em plena tempestade. Os mestres seculares não admitiam que os religiosos ingressassem na Universidade, recebessem o título de mestre e uma cátedra para trabalhar. Era uma querela semelhante à que, em todo lugar, os bispos e os seculares faziam contra os "mendicantes".

É preciso compreender que, além das invejas e das rivalidades, um problema fundamental surgira. Essas legiões de apóstolos e de mestres constituídos em comunidades autônomas e separadas, com muita aceitação do povo fiel e dos estudantes, constituíam uma revolução na vida da Igreja. A ideia tradicional do estado religioso, cujo modelo, até então, era a vida contemplativa e silenciosa, parecia questionada, assim como a própria natureza do corpo autônomo que a Universidade pretendia ser. O perigoso libelo de Guilherme do Santo Amor sobre "os perigos destes últimos tempos", assemelhando pregadores e menores aos "espirituais" que pareciam ter sido condenados por Joaquim de Fiore, levava a querela à instância máxima. Foi o próprio papa quem resolveu a questão a favor das novas ordens por uma vigorosa condenação de Guilherme de Santo Amor. As circunstâncias faziam de Santo Tomás um dos pontos da luta, pois chegava o momento normal de sua elevação ao título de mestre. E a elevação só pôde realizar-se graças a uma intervenção especial do papa, que precedeu por pouco o triunfo das ordens mendicantes. Este triunfo já ocorrera quando apareceu, no final de 1256, a refutação de Tomás a Guilherme de Santo Amor: "Contra os que atacam o culto de Deus e a religião". Refutação cujo vigor polêmico e paixão não são típicos de seu estilo habitual, mas que continha uma teologia da vida religiosa apostólica que se tornaria clássica.

Tomás de Aquino recebeu a *licentia docendi* em março de 1256, no mesmo dia em que a recebeu São Boaventura. O fato de esses dois mestres, o frade pregador e o frade menor, surgirem simultaneamente para a grande cena intelectual da Idade Média, como São Domingos e São Francisco no meio da cristandade, é mais um dos encontros impressionantes que a história às vezes oferece. Mais diferentes que opostos, encontram-se em todos os passos do pensamento teológico, cada um com seu estilo, chegando, em certos pontos vitais e característicos, até a se contradizer um ao outro, sem nunca chegar a constituir escolas rivais sistematicamente opostas. É bem verdade que São Boaventura é da linhagem dos espirituais e, em sua via para Deus, é um agostiniano, enquanto Santo Tomás, mais metafísico que introspectivo, é da linhagem dos intelectuais. Contudo, é para chegar ao mistério de Deus, para além de qualquer raciocínio, que ele utiliza a razão. São Boaventura também recorre à razão e, até, a Aristóteles. Sua posteridade espiritual forçou as diferenças constituindo escolas. A escola de Boaventura passou por uma verdadeira mutação na pessoa de Duns Scot. Mas fiquemos no momento de graça do primeiro jorro, quando esses dois jovens santos e gênios foram consagrados juntos "Mestres" na doutrina sagrada. A diferença de sua proposta fundamental, em que seus discursos se aproximam, exprime-se de maneira impressionante no título de suas obras-primas respectivas: de São Boaventura o *Itinerarium mentis ad Deum*, o caminho da mente para Deus. De Santo Tomás, a *Suma teológica*, isto é, a Realidade total contemplada em Deus e a partir de Deus.

Diferentemente de São Boaventura, que se tornou ministro geral de sua ordem e até cardeal, ou do próprio Magno, que foi feito bispo de Ratisbona, Santo Tomás conseguiu, não sem lágrimas e súplicas, subtrair-se a tudo o que o teria impedido de ser pura e inteiramente mestre e professor. O que essa tarefa na Igreja, sua ambição desde o início, representava para ele, proclamou-o em seu discurso inaugural: "A luz divina ilumina o espírito dos mestres e dos doutores pelo ministério dos quais é, depois, difundida na inteligência dos homens". Ele não hesitará em situar o teólogo ao lado do bispo no papel de construtores da Igreja (*Quodlibet*, I, 14).

"Ele consagrou apaixonadamente sua vida a pregar, ensinar, debater", as três tarefas que ele reserva ao "mestre". Doravante ele ensina a Sagrada Escritura em sua cátedra magistral. De um ano para outro, comenta, versículo por versículo, quase todo o Novo Testamento e grande parte do Antigo. Simultaneamente, enquanto está em Paris, desenvolve uma atividade surpreendente na forma vivíssima das "Questões disputadas". Avaliou-se em 510 o número total dessas "disputas" durante sua vida. Todas as maiores, as mais essenciais questões eram trazidas à cena, discutidas apaixonadamente, retomadas pelo Mestre em conclusões magistrais cujos amplos desenvolvimentos encantam-nos ainda hoje por sua abrangência e lucidez. Às vezes, as questões eram abordadas sem nenhuma ordem pela própria plateia, estudantes ou professores. Chamavam-se "questões quodlibetais". Era outro estilo, mais livre e mais vivaz, do qual, segundo Pe. Chenu, Tomás talvez tenha sido o iniciador. Ele enfrentava uma plateia variada, numerosa, apaixonada por aprender e discutir semelhante àquela da qual participara quando de sua chegada a Paris. Por mais frios e objetivos que nos pareçam os escritos que fixaram esse ensinamento, é preciso lembrar o entusiasmo, o entusiasmo da luz e, também, da novidade que ele suscitava.

Guilherme de Tocco, seu biógrafo, em termos menos redundantes, a partir de testemunhos diretos, traduz admiravelmente a impressão causada pelo jovem Tomás de Aquino: "Ele introduziu em seu ensino novos artigos, inaugurou na pesquisa e na decisão científica uma maneira nova e clara, desenvolveu em suas demonstrações argumentos novos. Ninguém entre os que o ouviam ensinar o novo e resolver, em bases novas, dúvidas e dificuldades duvidava que Deus tivesse iluminado esse pensador com raios de uma luz nova". A impressão de novidade que sua palavra produzia chegava ao auge quando se tratava de iniciar seus ouvintes no difícil, obscuro, prestigioso Aristóteles. Paralelamente a esse ensino teológico, graças à ousadia prudente dos frades pregadores, que organizavam em suas próprias escolas o ensino do texto de Aristóteles, confiando-o a mestres seguros, frequentemente teólogos, Tomás de Aquino, na imitação e sequência de Alberto Magno, comentou publicamente a obra do filósofo, vindo a ser, em certos momentos, o grande homem, quase o herói da Faculdade de Artes.

A essa atividade intensa seguia-se a publicação do que ele ensinara, o que exigia uma redação cuidadosa, densa, clara, imediatamente ditada dia e noite a numerosos secretários. Os manuscritos eram então copiados em uma ou outra das numerosas oficinas de copistas que cercavam a Universidade e, de lá, difundiam-se imediatamente.

Ele não escrevia apenas seus ensinamentos. Por numerosos opúsculos, respondia às questões então candentes, tomava parte nas controvérsias. Um de seus maiores livros, *a Suma contra os gentios*, admirada por seus contemporâneos, principalmente pelo estilo límpido e fácil (*stylus disertus*), não é livro de ensino, mas maravilhosa explanação das grandes verdades filosóficas que fundamentam e sustentam a fé cristã, e da própria fé em seus dogmas essenciais. Dele temos também um resumo, um *compendium* de teologia, pequena obra-prima de clareza, síntese e expressividade.

Na Corte pontifícia

A carreira de Tomás não se desenrolou inteiramente em Paris. Citamos trabalhos posteriores a sua primeira partida. Aos 36 anos, no auge da fama, foi chamado à Corte pontifícia (Orvieto, Viterbo, Agnani). Temos dificuldade em entender exatamente o papel que ele desempenhava. Por certo, havia lá uma espécie de Universidade ambulante, e a Corte pontifícia tinha claros interesses na instituição universitária para negligenciar essa prestígio e enriquecimento. Mas quais e quantos estudantes a frequentavam? Sem dúvida, muitos clérigos diretamente ligados ao papa e ao governo, sempre mais centralizado e ativo, da Igreja e da cristandade. Não podemos deixar de pensar que Tomás se viu menos sobrecarregado de cursos e de disputas que em Paris, o que lhe permitiu desenvolver intensa atividade redacional. Sem dúvida, ele esclareceu bom número das grandes "questões disputadas" de que falamos. Foi nesse momento também que escreveu ou, pelo menos, concluiu o *Contra Gentes*, cujo manuscrito autógrafo se conserva na Biblioteca Vaticana.

Visto que a própria Universidade de Paris dava consultoria em matéria doutrinal, como a Universidade do papa não faria o mesmo? Assim, foi redigido o *Contra errores Graecorum*, cujo título pouco ecumênico maltraduz o esforço de compreensão desenvolvido por Santo Tomás para situar e delimitar as divergências entre Roma e Constantinopla. Assim surgiu o considerável empreendimento da *Catena aurea*, "cadeia de ouro" de comentários patrísticos da Escritura, tanto gregos como latinos, dedicada ao papa Urbano IV. Em ambos os casos, tratava-se, evidentemente, de preparar o diálogo que o desmoronamento do império latino de Constantinopla tornava, de repente, possível e que, dez anos depois, o Concílio de Lyon tentará em vão concretizar.

A atenção que Santo Tomás dedicou às fontes patrísticas gregas é de grande importância, assim como o encontro que talvez tenha ocorrido na Corte pontifícia, com o dominicano Guilherme de Moerbecke, notável tradutor de Aristóteles e de seus comentadores. Encontro que, aliás, não teria sido fortuito. De fato, o aristotelismo voltou a inquietar o papado. Aterrorizado pela onda de averroísmo que se desenvolvia em Paris e pelo "filosofismo" ameaçador, Urbano IV renovava, em 1263, a proibição de ensinar Aristóteles nas universidades. Decreto inaplicável, porque, ao mesmo tempo, sob seus olhos e por seus cuidados, Santo Tomás voltava a aplicar-se a comentá-lo. Em meio aos meandros e hesitações da política pontifícia nesse ponto, vemos surgir o projeto de confiar a teólogos a integração do pensamento de Aristóteles ao pensamento cristão.

Seria também à sua presença na Corte pontifícia que se ligaria a composição do Ofício do Santíssimo Sacramento, no momento da instauração da festa de *Corpus Christi*. Admirável composição, cuja ordem e majestade, vindas dele, não surpreendem. Que sentido da oração litúrgica nos revela esse conjunto luminoso e exultante! Em que parte imprevista de si mesmo ele encontrou as cadências sonoras e plenas desses hinos e cantos, tão ricos de doutrina e, ao mesmo tempo, tão suaves e "sensíveis"? Que paradoxo os cantos latinos mais populares serem de autoria daquele que, na Igreja, é o teólogo clássico da Eucaristia e que esse dom surpreendente só ocasionalmente se tenha manifestado! Ficaríamos menos surpresos se nos detivéssemos nas orações que temos dele, sempre bem ordenadas, completas, tão "lógicas" quanto sensíveis e fervorosas, cujos movimentos são sempre regrados segundo a ordem e o próprio ritmo do pensamento. "Rezo para que esta santa comunhão não seja para mim motivo de condenação, mas intercessão salutar para o perdão. Que seja a armadura de minha fé e o escudo de minha boa vontade. Que seja a extinção de meus vícios, o extermínio de minha cobiça e de minha sensualidade, o incremento de minha humildade, de minha obediência e de todas as virtudes; uma poderosa defesa contra as ciladas de meus inimigos visíveis e invisíveis; o perfeito repouso de todas as minhas agitações, quer carnais, quer espirituais; a firme adesão a Ti, Deus verdadeiro e uno, e a bem-aventurada consumação de meu fim."

A Suma teológica

Por não conseguir fazer Tomás de Aquino aceitar o arcebispado de Nápoles, o sucessor de Urbano IV devolveu-o a sua Ordem em 1265. A Ordem confiou-lhe logo a organização, em Roma, de um de seus *Studia Generalia* para o qual um capítulo recente, do qual haviam participado Santo Alberto e o próprio Tomás, fixara os programas. A Ordem dos Pregadores não queria restringir-se a cátedras nas universidades, pretendia organizar escolas próprias que fizessem a simbiose entre ciências profanas e ciências sacras, entre filosofia e teologia, partido que foi decididamente vencedor, não sem agitações internas, e cuja decisão foi logo posta em prática.

Aqui teve início a *Suma teológica*[4]. É bom saber que a primeira parte da ilustre obra nasceu em Santa Sabina, no convento fundado por São Domingos à sombra da antiga e encantadora basílica romana, de onde a Ordem dos Pregadores, após mais de sete séculos, continua sendo governada.

No momento em que Tomás assume um convento de estudos dominicano, as primeiras linhas da *Suma*, aquelas em que define sua intenção, tomam um sabor particular, o do Sábio que vem guiar os "noviços" na floresta profunda do pensamento humano e cristão: Porque "o doutor da verdade católica deve não apenas ensinar aos que estão mais adiantados, mas também instruir os principiantes, segundo o que diz o Apóstolo (1Cor 3,1-2): 'Como a criancinhas em Cristo, é leite que vos dei a beber, e não alimento sólido'. Nesta obra, visamos expor o que se refere à religião cristã do modo mais apropriado à formação dos iniciantes. Observamos que os noviços nesta doutrina encontram grande dificuldade nos escritos de diferentes autores, seja pelo acúmulo de questões, artigos e argumentos inúteis; seja porque aquilo que lhes é necessário saber não é exposto segundo a ordem da própria disciplina, mas segundo o que vai sendo pedido pela explicação dos livros ou pelas disputas ocasionais; seja ainda pela repetição frequente dos mesmos temas, o que gera no espírito dos ouvintes cansaço e confusão". É a insatisfação com o próprio ensino, por meio tanto de comentários como de disputas, que se lê nessas linhas. Preocupação pedagógica que vem traduzir uma preocupação mais essencial à sua mente, a da ordem e da síntese. Já o *Contra Gentes* era uma Suma admiravelmente ordenada. Uma Suma verdadeiramente teológica cujo título original parece ter sido: "Livro da verdade da fé católica contra os infiéis". Mas a ordem dessa Suma, seu método, sua argumentação, seus desenvolvimentos são regidos pelo objetivo de convencer de erro os adversários da fé, quaisquer que sejam — diríamos, hoje, os não crentes —, de refutar suas objeções, mostrar a possibilidade, a conveniência dos indemonstráveis mistérios cristãos, sua harmonia com o que a pura e sã razão pode de antemão estabelecer.

O que ele quer agora, dirigindo-se não aos de fora, mas aos de dentro, a crentes, a estudantes, é estender essa mesma verdade católica em toda a sua extensão, com todas as suas consequências, segundo sua ordem interna, com a única preocupação de torná-la o mais inteligível possível. Talvez ele tenha feito uma primeira tentativa, mas impossível, de dar ordem e clareza ao texto oficial do ensinamento teológico, refazendo seu comentário do *Livro das Sentenças* de Pedro Lombardo. Em todo caso, ele parou depois do primeiro livro, e esse comentário, infelizmente, está perdido para nós.

Por fim, ele se empenha naquela que será sua obra própria. A Primeira Parte da *Suma teológica* está escrita quando, em 1269, é novamente chamado a Paris.

Segundo ensinamento parisiense

Pela segunda vez em Paris, Tomás viveu o mais intenso e, sob certos aspectos, o mais dramático período de sua vida. Três anos apenas: de 1269 a 1272. Mas que anos! Está com 45 anos. Reencontra a Paris de sua juventude numa grande agitação intelectual. Produz-se, nesse momento, nova ofensiva contra as Ordens mendicantes, orquestrada por mestres de valor e de renome. Sua réplica é uma magistral exposição de sua teologia da vida religiosa como "Perfeição da vida espiritual", especialmente essa forma tão contestada da vida religiosa à qual ele se entregara. Ele desfecha forte ataque "Contra os que impedem a entrada em religião". Por mais perigoso que fosse esse debate, estava deslocado no momento em que a Faculdade de Artes, em ebulição, estava para se tornar averroísta com Siger de Brabante. Tratava-se de uma interpretação puramente naturalista e racionalista, nada cristã, de Aristóteles. Era impossível ameaçar mais o que era, por excelência, seu empreendimento intelectual. Se a interpretação averroísta fosse a verdadeira, seria necessário excluir Aristóteles de todo ensino cristão, ou manter só a Lógica. A réplica de Tomás foi vigorosa, decisiva. Aliás, todos os elementos estão na primeira parte da *Suma teológica* e nas questões disputadas "das criaturas espirituais" e da "alma humana", dessa mesma época. Mas desta vez, ele ataca. Não só em seu sermão universitário de julho de 1270, mas

---

4. Cujo verdadeiro título é *Summa Theologiae*, isto é, "Suma de teologia", ou melhor, "Suma da teologia".

em dois escritos vigorosamente polêmicos, bate à esquerda e à direita. À esquerda, confundindo em nome do próprio Aristóteles, a tese averroísta de Siger de Brabante sobre a "Unidade do Intelecto". À direita, com seu tratado da "Eternidade do Mundo", que mostra *contra murmurantes*, isto é, contra os conservadores antiaristotélicos, que o mundo — mas só o sabemos pela fé — teve começo, mas que, ao negá-lo, Aristóteles não negara que tivesse sido criado. Era questão da compatibilidade de sua metafísica com a fé. Não há dúvida de que sua interpretação foi decisiva na condenação de Siger de Brabante, em dezembro de 1270, e a tradição iconográfica não errou ao representar Santo Tomás, assistido por Platão e Aristóteles, calcar Averróis aos pés. Nem a Faculdade das Artes se enganou ao fazer de Santo Tomás seu herói, a um só tempo destruidor da heresia e salvador da filosofia.

Contudo, o agostinismo conservador dos que nunca aceitaram Aristóteles rebelou-se. Não só desejava condenar Siger de Brabante, mas o próprio Tomás de Aquino. Toda a sua antropologia e sua teoria do conhecimento eram questionadas. Contra ele estava o franciscano João Peckam e o grupo dos teólogos franciscanos, entre os quais São Boaventura, e o dominicano Roberto Kilwardby. Com uma calma e uma modéstia que seu adversário, Roberto Peckam, haveria de elogiar mais tarde, explicou pacientemente suas teses e quis submetê-las ao julgamento do colégio dos professores de teologia de Paris. Dessa vez os convenceu, mas depois de sua morte, em 1277, levantou-se a segunda condenação do averroísmo em que algumas das teses tomistas se viam arroladas.

Em meio a essas controvérsias, clima normal na vida universitária e na pesquisa teológica, ele ensinou e escreveu imperturbavelmente. É normal, também, que muitos de seus comentários de Aristóteles datem dessa época: ensinar o verdadeiro Aristóteles, valendo-se das recentes traduções de Moerbecke, era da mais ardente atualidade. Ao mesmo tempo, Tomás ensinou e escreveu sobre temas diferentes, produziu admiráveis comentários de São João e São Paulo, algumas grandes questões disputadas e quodlibetais, enquanto ensinava a *Ética* de Aristóteles. A Segunda Parte da *Suma teológica*, a síntese de sua teologia moral e espiritual, o mais novo e, talvez, o mais pessoal, mostra melhor que qualquer outro escrito sua capacidade de trabalho, sua liberdade de espírito, a extensão e a amplidão de sua visão, a paz de sua alma.

O fim de Santo Tomás de Aquino

Não obstante toda essa calma, essa ausência de dramatização, não se podem dissimular as tensões reinantes na Universidade de Paris e no seio da Ordem dos Pregadores. Por que Tomás foi afastado de Paris, apesar dos protestos e súplicas da Faculdade de Artes? Por que a cátedra dele foi entregue a um de seus confrades, frei Romano, cujo *Comentário das Sentenças* (inédito até hoje) é de tendência agostiniana? Ato de prudência, sem dúvida, mais que ato de condenação. Cedeu-se, talvez, simplesmente, a insistente pedido de Carlos de Anjou, irmão de São Luís. Tomás foi mandado a Nápoles a fim de fundar, como em Roma, mas desta vez em sua própria terra, onde fizera os primeiros estudos, um grande centro teológico dominicano.

Já era um homem cansado? — Durante os dois anos que lhe restavam de vida, viria a escrever a maior parte, mas não a totalidade, da Terceira Parte da *Suma teológica*. — Célebre o êxtase em que ouviu Cristo dizer-lhe: "Escreveste bem a meu respeito, Tomás. Que queres como recompensa?" Célebre também a resposta: "Só vós, Senhor". Mais célebre ainda o suspiro registrado por seu secretário, Reginaldo de Piperno: "Comparado ao que vi, tudo o que escrevi parece-me palha". Foi logo no início da longa caminhada, que devia levá-lo ao Concílio ecumênico de Lião, que Tomás teve de parar para morrer. Diz-se que de seu leito de moribundo comentou para os monges cistercienses, que o acolheram, o "Cântico dos Cânticos", o canto do amor místico do qual já fizera um comentário, infelizmente perdido. Conta-se que, ao receber pela última vez o Corpo de Cristo, exclamou: "Recebo-vos, ó salvação de minha alma. Foi por amor a vós que estudei, que velei noites inteiras e me cansei; fostes vós que preguei e ensinei. Nunca disse uma palavra contra Vós. Não me apego tampouco, obstinadamente, a meu próprio sentido; caso me tenha expressado mal a respeito deste sacramento, submeto-me ao juízo da santa Igreja romana na obediência da qual morro..."

Em Paris, foram os filósofos da Faculdade de Artes que manifestaram sua emoção. Documento notável é a carta enviada ao Capítulo Geral de Bolonha. Ela louva Santo Tomás como "a luz, o sol deste século" e pede insistentemente que os restos do santo repousem em Paris, "porque seria totalmente fora de propósito e pouco conveniente que seus restos mortais fossem sepultados e conservados fora de Paris, que o elevou outrora, cultivou e conservou e que, mais tarde, adquiriu por ele tão indizível fama". Mas não foi Paris que recebeu o corpo e a cabeça de Santo Tomás de Aquino. Após a canonização do santo em 1323, seus restos mortais foram para Toulouse, onde São Domingos fundara a Ordem dos Pregadores, na igreja dos jacobinos, admirável monumento, grandiosa e arrojada arquitetura, luminosa, calma grandeza apoiada no solo com toda a sua massa soberana e lançando-se para o céu, para Deus, com todo o impulso de suas colunas puras e poderosas.

O sentido da Suma teológica na obra de Tomás de Aquino

Santo Tomás morreu aos 49 anos. Ensinou e escreveu durante vinte e dois anos. Ficamos estupefatos diante dos trinta e dois *in-folios* que deixou e que não se parou de copiar, imprimir, editar, explorar durante sete séculos. O mais admirável não é a quantidade de volumes e de páginas. É sua densidade, o cuidado, a força de concentração, o esforço constante de ordem e de clareza que representam. É o que supõem de leitura sem fim (Tomás dizia nada esquecer do que lera) e de reflexão constante. É a unidade e a coerência do pensamento que se elabora em constante movimento, incansável pesquisa e diversidade de objetos. Nenhuma linha foi dedicada a falar de si mesmo, e, para conhecê-lo, só se tem a história de sua vida e alguns testemunhos de seus contemporâneos. Nenhuma linha e todas as suas linhas o mostram inteiramente presente a seu objeto, a um objeto que, em todos os outros objetos de que tratou, é sempre Deus.

Sua lendária atitude de total absorção de seu pensamento traduz uma paixão, paixão única e abrangente, a de conhecer e de conhecer Deus. O olhar extraordinário para Cristo crucificado que Fra Angelico reproduz exprime essa intensa, exigente contemplação que, conforme suas palavras, "não se contenta com um apanhado superficial daquele que se ama, mas quer penetrar até no que há de mais profundo nele". Mas sua paixão era, também, comunicar o que via, fazer ver, expressá-lo num "verbo" (palavra admirável que ele explicou querer dizer o que se diz a si mesmo, no ato de pensar, e o que se diz aos outros), vencer a multiplicidade dos pensamentos, das imagens e das palavras por uma ordem que reuniria tudo em um.

Aqui está a significação que a *Suma teológica* tem dentro de sua imensa obra. Ela a unifica. Não foi Tomás que criou esse gênero literário, que era comum havia um século e totalmente conforme ao espírito, aos costumes intelectuais, às necessidades da Idade Média. Mas em sua forma superior (não a da enciclopédia e do resumo, mas a do conjunto orgânico) era feito para seu gênio próprio e respondia às necessidades de seu espírito. Sem dúvida, e isto é comovente, foi uma preocupação pedagógica que o levou a escrevê-la. Mas foi sua vontade de unidade e de síntese que, apoderando-se do instrumento banal, se apropriou dele e o transformou.

Empreendimento apresentado em termos modestos como uma iniciação à teologia que, na realidade, é um apanhado de toda a sua obra. Nesse conjunto, a *Suma teológica* destaca-se como o "fruto maduro" de seu pensamento e, conforme palavra do Pe. Chenu, como "o mais belo produto humano de uma fé senhora de si mesma". A ambição do mestre, introduzir os discípulos na vida do pensamento, comunicar sua própria sabedoria, a última descoberta de sua contemplação, levou-o a fazer amadurecer em si tudo o que pôde compreender do mistério inefável. A *Suma* é uma síntese total, uma visão do mundo, uma sabedoria, sabedoria de um homem inteiramente incorporado à antiga cristandade da Idade Média, à Tradição da Igreja, a sua fé, que, para além do pensamento e da vontade, tomou a liderança e mostrou o caminho de uma mudança intelectual característica do Ocidente. *Opus perfectum rationis*, segundo sua própria expressão, obra perfeita da razão sob o domínio da fé, que pretende, como todo verdadeiro pensamento, ultrapassar as contingências de uma época e de uma cultura pela universalidade de sua meta. A *Suma teológica* de Santo Tomás de Aquino não é apenas uma obra interior à religião cristã, à Igreja católica, mas um grande empreendimento do espírito humano, uma construção intelectual consciente e desejada que um sopro poderoso anima, não só o de uma alma, de uma vontade, mas de um pensamento excepcionalmente unificado e unificante. Pela própria clareza e alcance de suas tomadas de posição em todos os campos, o pensamento de Santo Tomás se oferece à discussão, à crítica, mesmo à oposição. Nunca ao desdém ou à rejeição.

II

Santo Tomás e o pensamento de seu tempo

As fontes de Santo Tomás

Por mais poderosa que tenha sido a reflexão pessoal de Santo Tomás, ela sempre partiu e, frequentemente, se confrontou com a dos demais. Primeiramente com a de seus *contemporâneos*, seus pares. Já falamos do que significou para ele a influência de Santo Alberto. Mas era o conjunto do pensamento vivo de seu tempo que formava o núcleo de seu pensamento. Tomás levou ao mais alto grau a prática de "disputas" ou debates públicos, que ocupava grande espaço no sistema medieval de ensino. Embora seus textos escritos não citem nenhum autor vivo, nem como autoridade nem como adversário, é fácil reconhecer as diversas posições de uns e outros no resumo que ele raramente deixava de fazer do estado de uma questão. Pois a atividade doutrinal durante o século XIII era considerável e muitos dos inúmeros autores do tão fecundo século XII ainda eram lidos e discutidos. Se se escrevia e se copiava tanto, era porque se lia muito. O que chamavam a "Escola", de onde veio o termo "escolástica", era, graças à homogeneidade da cultura, das referências, da língua, dos métodos, dos gêneros literários, das finalidades, diremos, até, das psicologias, um meio no seio do qual os espíritos viviam e dialogavam. Com o passar dos séculos, um Santo Alberto, um São Boaventura, um Santo Tomás emergem como os cumes de uma cadeia de mil picos.

Há teses, argumentos e mesmo fórmulas que não pertencem a quem os imortalizou, mas a autores menores que os criaram e lançaram no uso comum. Nem tudo é de Santo Tomás na *Suma teológica*, e é antes em proveito de seus contemporâneos que seu gênio da utilização, ou melhor, da integração a seu próprio pensamento do verdadeiro atua, onde quer que a verdade se encontre. Falamos da escola. Um mestre não formava *uma* escola particular, e somos nós que tomamos consciência do que diferencia cada um deles a ponto de defini-lo e enxergar a diferença, a contribuição própria à história do pensamento de tudo o que ensinou.

Todavia, os contemporâneos não eram citados como autoridades. A referência comum era a de fontes tanto mais veneráveis quanto mais antigas e há mais tempo reconhecidas como fontes. A Sagrada Escritura era, de longe, a primeira. A diferença mais característica entre os teólogos dessa grande época verdadeiramente criadora e os que se seguiram é que conheciam e ensinavam diretamente o próprio texto da Escritura em todas as suas partes.

Foi particularmente assim com Santo Tomás. Parece que ele a conhecia de cor e que as citações afluíam naturalmente e de toda parte. Para comentá-la ele se servia, na certa, das "Glosas" universalmente aceitas em sua época, de Walafrido Estrabão e de Anselmo de Laon. Por meio dessas Glosas e de outras compilações atualmente desconhecidas, utilizava "piedosamente" (muito mais "piedosamente" que cientificamente, quando se alegorizava) a exegese dos Padres, apoiando-se sempre neles quando propunha uma exegese espiritual. Pois só o sentido literal parecia-lhe válido como *argumento* teológico, mas para o enriquecimento da inteligência da fé recolhia preciosamente os sentidos espirituais consagrados pela Tradição. Seu conhecimento dos grandes concílios, e também dos mais recentes, é determinante na elaboração de seu pensamento. É fácil constatar, por exemplo, que falou com mais precaução das relações da graça e da liberdade a partir do momento em que tomou conhecimento do Concílio de Orange.

Qual era sua biblioteca patrística? Algo certo: procurava conhecer os escritos dos Padres, dos que ele chamava "os santos". Um episódio célebre no-lo mostra à procura das homilias de São João Crisóstomo sobre São Mateus. — Não se sabe até que ponto pôde beneficiar-se das notáveis compilações de manuscritos antigos feitas em Paris ou na Corte pontifícia. Como todos os seus contemporâneos, utilizou compilações, séries de textos, coleções de "Sentenças". Mesmo quando se trata dos Padres gregos, ficamos impressionados por seu conhecimento das doutrinas mais significativas, aliás expressivamente formuladas nos documentos conciliares. Vimos que, em sua estada na Corte pontifícia, Tomás teve em mãos um compêndio de textos gregos (de cinquenta e sete Padres) que fez traduzir para o latim, a fim de compor sua *Catena aurea*.

Em todo caso, conheceu e utilizou amplamente o *De Fide Orthodoxa* de São João Damasceno, traduzido para o latim. Encontrava nele uma verdadeira Suma do pensamento grego. Lia e comentava o pseudo-Dionísio com a avidez e o respeito que acreditava dever ao "Areopagita", discípulo de São Paulo. Ora, não se tratava de um discípulo de São Paulo, mas de um autor do século VI, do qual Tomás soube, aliás, com estranheza, discernir a tendência monotelita. Na juventude, alimentara-se de Cassiano e, por meio dele, da espiritualidade oriental. Sem dúvida, é preciso apelar a uma afinidade intelectual e espiritual notável para que tão parcial acesso aos Padres gregos tenha impresso tão fortemente nele a marca de seu pensamento, principalmente em sua cristologia e sua teologia da graça como divinização, da Igreja como Corpo místico de Cristo. Contudo, nenhuma fonte patrística pode ser comparada ao que foi para ele Santo Agostinho, *o* mestre da cultura cristã na Idade Média. O famoso *Livro das Sentenças* de Pedro Lombardo, texto oficial do ensino teológico, não passa de modesta e hábil compilação de textos agostinianos. A obra de Agostinho lotava as bibliotecas universitárias. Sem dúvida, Tomás a lia diretamente, embora utilizasse compêndios de textos para as citações. Para Santo Tomás, Santo Agostinho foi, em matéria de fé e de teologia, o "Padre" por excelência, o primeiro mestre.

Mas, em matéria de filosofia, sua fonte era Aristóteles. Estudou-o durante longos anos, com Santo Alberto; procurou as melhores traduções, comentou-o. Estava também familiarizado com os comentadores árabes e judeus, embora tenha escrito que Averróis não era comentador, mas corruptor de Aristóteles. Não pôde ler Platão, lástima! Mas os temas platônicos lhe eram bem conhecidos, por meio de Boécio, da crítica de Aristóteles e por meio das transformações por que passaram no neoplatonismo latente em Agostinho, no pseudo-Dionísio. Leu e utilizou o neoplatônico Proclo, quase contemporâneo de Agostinho. Soube discernir, por pura crítica interna, o caráter neoplatônico do livro *De Causis*, que comentou.

Autoridade e razão

O pensamento de Santo Tomás elaborou-se num confronto amplo e constante com o pensamento circundante, de modo, ao mesmo tempo, pessoal e ávido de tudo o que pudesse enriquecê-lo. Essa liberdade de espírito do pensador exprime-se numa palavra célebre que precisaria ser inscrita na entrada de toda biblioteca e à luz da qual, sem nenhuma dúvida, ele teria desejado que seus próprios livros fossem lidos: "O estudo da filosofia não se destina a nos fazer saber o que os homens pensaram, mas em que realmente consiste a verdade" (*De coelo*, liv. 3, lição 22). Contudo, o papel das chamadas "autoridades" era primordial na Idade Média. O professor estava encarregado, principalmente, de "ler" um texto, texto básico reconhecido por todos. Este texto era o ponto de partida de uma série de questões que se resolviam, antes de tudo, mediante argumentos racionais. A autoridade invocada não dispensa que se procure e manifeste a razão intrínseca do que se diz. Quando se trata não somente de determinar a verdade, *an ita sit*, mas o que ela significa, é preciso recorrer às razões, mesmo em teologia: "Quando o debate é debate de escola, 'magistral', não para refutar um erro, mas para instruir os ouvintes e levá-los à compreensão da verdade que se ensina, é necessário apoiar-se em razões que procuram a raiz da verdade, que fazem saber *como é verdadeiro* o que é dito. Caso contrário, se o mestre determina uma questão por autoridades nuas, o ouvinte estará, por certo, assegurado de que a coisa é assim, mas nada adquirirá de ciência e de inteligência, e voltará vazio, *vacuus abscedet*" (*Quodlibet* IV, a. 3, n. 18). Acontece, e isto é a lei da ciência teológica, que a autoridade mostra ou, pelo menos, propõe antecipadamente a conclusão, mas esta só terá inteligibilidade e merecerá o nome de "científica" na medida em que sua razão apareça, quer seja ela de conveniência, simplesmente "provável" ou remota analogia.

Aliás, nem todas as autoridades devem estar no mesmo plano. A da *Palavra de Deus*, da Verdade divina, é evidentemente absoluta. Não no sentido de que "autoridade" significa, primeiramente, poder de fazer-se obedecer, mas no sentido de que autoridade quer dizer garantia absoluta de verdade e, por isso, direito à adesão incondicional, anterior a toda compreensão. Antes de falar das "fontes" de Santo Tomás, é preciso recorrer à fonte primeira de seu pensamento, anterior a todas as outras, sua fé. Essa fé graças à qual, disse ele, a beata que só sabe o pai-nosso sabe mais que todos os filósofos. Essa fé a que se referiu em seu leito de morte, submetendo-lhe tudo o que tinha apaixonadamente pensado e escrito durante a vida. Nenhuma palavra humana, nenhum escrito humano, nenhuma razão humana tem "autoridade" a não ser por participação na verdade primeira que é o próprio objeto da fé. Eis por que a autoridade da Escritura é irrefragável e ele não tergiversa com ela, interpretando-a, antes de tudo, por si mesma e pelo sentido natural das palavras. Aqui, procurar o que pensa o autor não se diferencia de procurar o que é.

Irrefragável também, embora mais difusa na vida da Igreja, a autoridade dos Concílios; a autoridade do papa que, a fim de manter a unidade da Igreja, tem o poder de determinar as proposições em que se exprime a fé; a autoridade da doutrina comumente ensinada pela Igreja, sob sua arbitragem, doutrina que certo sentido, certa conaturalidade fazem perceber como vinda de Deus (ver II-II, q. 9, a. 2, sol. 1). Menos absoluta, porque mais particular, mais diversificada, é a autoridade dos que chamamos os *Padres* e que Santo Tomás, reservando preferencialmente o nome de "padres" aos membros dos grandes concílios, chamava os "santos", palavra que indica o fundamento de sua autoridade. Os "santos" eram encarregados de ensinar na Igreja, e a fé deles era imensa. A eles, enquanto crentes exemplares e reconhecidos como tais, coube, primeiramente, a missão de refletir sobre sua fé e transmiti-la. Precisamos consultá-los para nos ajudar a refletir.

Santo Tomás levou longe a arte de interpretar o pensamento dos "santos", de distinguir sua fé da filosofia "em que haviam sido instruídos" (isso o levou a dizer que Agostinho seguiu os platônicos até o ponto em que segui-los seria entrar em contradição com a fé), de corrigi-los "piedosamente", às vezes, para não ter de desmenti-los onde a autoridade deles não se mantinha. Os "santos" são as testemunhas da fé, e foi por meio deles que a fé nos foi dada. Daí é que vem sua autoridade global, a reverência a eles, a alegria do espírito em dar-lhes razão, em desenvolver aquilo que intuíram. É o que confere à doutrina tomista tamanha vontade de continuidade com o que recebeu, sem negar sua capacidade de inovação.

Tomás tem uma ideia tão elevada do "cargo" de mestre — pela competência, consciência e auxílio que requer do Espírito —, que aceita defender sua doutrina perante o corpo dos mestres da Universidade. Mesmo os autores profanos podem ser, em sentido amplo, "autoridades", quando recebidos pelos "sábios", depois de passar pela prova do tempo.

Nada dispensa verificação, mas Tomás demonstra o maior respeito e atenção por todo pensador de boa fé e de competência intelectual; por todo homem que, antes dele ou perto dele, refletiu sobre o que ele procura conhecer, compreender! "Consultar os autores precedentes é necessário para esclarecer a questão e resolver as dúvidas. Assim como no tribunal não se pode pronunciar um juízo sem ter ouvido as razões das duas partes, assim também quem se ocupa de filosofia chegará mais facilmente a uma solução se conhecer o pensamento e as dúvidas de diversos autores" (III *Metafísica*, lei. I). Tomás adota este ditado notável: "Tudo o que se diz de verdadeiro, quem quer que o diga, vem do Espírito Santo".

Trata-se da autoridade do próprio espírito humano, cuja natureza é feita para a verdade. O espírito humano não pode deixar, exceto por perversão, de descobrir e trazer à luz alguma parcela da verdade. O próprio erro é fecundo, e foi graças a ele, muitas vezes, que os Padres formularam melhor a doutrina. "Quem quer sondar a verdade é ajudado de duas maneiras pelos outros. Recebemos uma ajuda direta dos que já encontraram a verdade. Se cada um dos pensadores precedentes encontrou uma parcela de verdade, esses achados, reunidos num todo, são para o pesquisador que vem depois deles um meio poderoso de alcançar um conhecimento mais compreensivo da verdade. Os pensadores são também ajudados indiretamente por seus predecessores, pelo fato de os erros desses fornecerem meios de descobrir a verdade por uma reflexão mais séria. Portanto, convém sermos gratos a todos os que nos ajudaram a conquistar o bem da verdade" (II *Metafísica*, leit. 1).

Santo Tomás encerra uma de suas poucas obras polêmicas escrevendo: "Se alguém quiser escrever contra minhas soluções, ser-me-á muito agradável. De fato, não há melhor maneira de descobrir a verdade e de refutar o erro que precisar defender-se dos opositores". Ele chega a dizer que "é preciso amar tanto aquele de quem adotamos a opinião como aquele de quem nos separamos; pois um e outro aplicaram-se à busca da verdade, e um e outro são nossos colaboradores" (XII, *Metafísica*, leit. 9).

Isso demonstra o senso do progresso do pensamento no decorrer dos séculos. Um progresso muito menos dependente das mudanças materiais e técnicas (nas quais, evidentemente, Santo Tomás não pensava) que da força própria, aliás sempre livre e falível, do pensamento humano desenvolvendo-se no tempo. "É natural ao espírito humano chegar por degraus do imperfeito ao perfeito. Eis por que vemos nas ciências especulativas que os primeiros a filosofar deixaram resultados imperfeitos que foram, depois, aperfeiçoados por seus sucessores" (I-II, q. 97, a. 1); e o "tempo é, de certa maneira, o inventor (isto é, o descobridor) da verdade e o bom colaborador (do pensamento humano)" (I *Ética*, leit. 11).

Esse cuidado em dar lugar a toda verdade, em nunca enfraquecer uma verdade qualquer sob pretexto de estabelecer outra melhor, de extrair do erro sua porção de verdade, de usar, às vezes, as palavras dos outros para exprimir as próprias ideias: sua atenção em nunca contestar uma tese que lhe pareça suscetível de uma sã interpretação; sua atitude humilde e magnânima não é a de um ecletismo ou de um comprometimento; mas de uma síntese absolutamente pessoal que consegue emergir da Tradição com um rosto absolutamente novo, até então desconhecido. Há aí, sem dúvida, uma extraordinária segurança, que a multiplicidade e a diversidade das opiniões humanas não perturbam, porque, enquanto teólogo, ele sabe ter o poder de discernir a verdade.

Mas é preciso destacar o caso de Aristóteles, que é a "autoridade", reconhecida pela razão de Tomás em virtude de um acordo bastante extraordinário de seu espírito religioso, teologal, com o desse filósofo tão racional. Enganou-se quando interpretava Aristóteles? Não era sua própria filosofia, sua própria metafísica que descobria ao lê-lo? Defendeu-o com toda sua energia. Mas foi a propósito dele, em todo caso, que escreveu: "Pouco importa o que pensou um filósofo, é a verdade, é o que é, que devemos procurar nele". De qualquer forma, conforme observou Étienne Gilson, as noções que Tomás emprestou a Aristóteles mudaram tão profundamente de natureza ao integrar-se à síntese cristã, que é melhor não falar demais de Aristóteles ao se falar do pensamento de Tomás. Não é mais Aristóteles, é verdadeiramente o próprio Tomás de Aquino, guiado por Aristóteles, sim, mas também, em muitos pontos, por Platão e, principalmente, por sua fé, que teve certa visão da realidade. Renascimento? Sim, Aristóteles renasce, com outra vida, verdadeiramente transformado.

III

Razão e fé na *Suma teológica*

A teologia, compreensão da fé

A fórmula que melhor exprime o projeto teológico de Santo Tomás é a de Santo Anselmo: *Fides quaerens intellectum*, quer dizer: a fé procurando entender. Santo Agostinho dissera: "Creio para entender". É isso que a definição clássica da teologia significa: compreensão da fé. Usar todas as forças e todos os recursos da razão humana para compreender o que Deus diz ao homem em sua Revelação; esclarecer e aprofundar, à luz da fé, tudo o que a razão conhece e procura conhecer em seu campo próprio; eis o empreendimento da razão sob o domínio da fé, esse *opus perfectum rationis* que a Idade Média tentou e de que a *Suma teológica* é, por excelência, o testemunho. Tal empreendimento supõe certa ideia, de um lado, da fé, do outro, da razão.

Em primeiro lugar, elas *não se opõem*. A fé é um ato da própria razão ou, pelo menos, do espírito humano. Do espírito humano superelevado, a incidir num objeto, numa verdade inacessível a suas capacidades naturais, irredutível a suas próprias demonstrações e certezas. Mas de um espírito humano que não poderia perder sua natureza própria em nenhum de seus atos. A fé é uma adesão absolutamente certa, mas de uma certeza infusa, que transcende absolutamente todas as razões. Por ser adesão da inteligência, comporta necessariamente certa compreensão no mais simples e mais global ato de fé, no mais despojado de toda análise e de toda reflexão intelectual. Não ato de verificação ou de demonstração, mas de entendimento do que Deus diz ao homem. É essa inteligência do que Deus diz ao homem que a teologia procura desenvolver. *Fides quaerens intellectum*. A Revelação de Deus, dirigindo-se ao homem, só pôde ser feita por meio de conceitos humanos, pela mediação de proposições cujos termos têm, em si, uma inteligibilidade humana. Isso está profundamente ligado à ideia de Encarnação. Deus se fez homem, o Verbo se fez carne, a Palavra divina se fez palavra humana. Recebê-la é procurar entendê-la.

A própria ideia de uma teologia, isto é, de uma compreensão, de uma ciência daquilo em que se crê, liga-se à ideia que Santo Tomás faz da natureza da fé como ato de entendimento. Supõe ainda certa ideia dos poderes da inteligência, da razão humana. Segundo ele, o fim da razão, sua "intenção", fora da qual não há nada, não é construir um sistema de conceitos e de ideias, uma "ideologia", mas alcançar, mesmo imperfeitamente, aquilo que, mesmo fora dela, é real.

Quando Santo Tomás nos diz num texto célebre que "o ato de fé não para nas proposições que lhe exprimem o conteúdo, mas, para além delas, visa e atinge a própria Realidade" (*actus fidei non terminatur ad enuntiabile, sed ad rem*), di-lo, primeiramente, do próprio pensamento (cf. II-II, q. 1, a. 2, sol. 2). É da natureza do pensamento visar ao real. A verdade de uma proposição consiste em exprimir aquilo que é o real, assim como sua falsidade consiste em exprimir como real o que não o é, e sua imperfeição consiste em exprimir o real apenas parcial ou inadequadamente. Mas quando se trata da Realidade divina, da Realidade divina tal como é em si mesma, a afirmação da fé só pode incidir nela pela mediação da realidade criada, na medida em que esta remete àquela. Como pode ser feito isso?

Chegamos à segunda condição de possibilidade da teologia e, primeiramente, da fé: *a analogia*. Não só o realismo, mas também a analogia de tudo o que é real, a analogia do ser.

A analogia é essa correspondência intrínseca entre os seres que, mesmo pertencendo a ordens diferentes, têm em comum o existir, isto é, participar daquele que é. O raciocínio por analogia permite passar de uma verdade a outra que não é da mesma ordem, e que não é, talvez, imediatamente representável. Oferece ao espírito uma espécie de respiração, uma ampliação ilimitada de seu poder de conhecer, um acesso ao que não é seu objeto próprio. É ele que possibilita captar numa realidade sensível algo que a ultrapassa, que pode valer também para outras realidades, para a realidade espiritual, "mantidas todas as proporções". É pelo jogo da analogia que as palavras das línguas humanas — das quais a etimologia sempre revela uma experiência sensível original inicialmente traduzida pelas palavras — foram estendidas a outras áreas. A percepção intuitiva dessas correspondências é feita pelo poeta, por meio da arte de exprimi-las apenas pelo poder da aproximação e do canto das palavras. Mas é a manifestação de sua inteligibilidade que funda a metafísica. É em virtude da analogia que o espírito pode elevar-se até a Realidade que funda toda analogia; por fundar toda realidade, pode elevar-se até Deus.

Veremos o raciocínio por analogia funcionando em todas as páginas da *Suma teológica*, e a teoria de sua aplicação ao conhecimento de Deus será dada na notabilíssima questão 13 da primeira parte, dedicada aos "Nomes Divinos". A Realidade suprema, em si, não é apreensível nem concebível; e o é, de certa maneira, por analogia com aquilo de que é fonte e, consequentemente, o inconcebível Arquétipo. É em virtude da analogia que se pode conceber e afirmar Deus a partir daquilo mesmo que não é Deus, mas que apreendemos como sendo uma analogia de Deus. Negar tudo o que se atribui a Deus afirmando-o como realizando-se Nele de maneira desconhecida, não cognoscível, infinita, diferente do modo em que nossos conceitos representam, é o paradoxo do conhecimento humano de Deus.

Ninguém o sentiu mais fortemente que Santo Tomás, que chega a dizer: de Deus, só sabemos o que Ele não é. Como Fonte e fundamento do ser, como Realidade da qual tudo o que existe participa, Deus pode ser conhecido como desconhecido pela mera força da razão. Nunca, por certo, o espírito humano poderia pretender conhecer o que é em si mesmo o Ser de quem todo ser procede e testemunha, se Ele não se tivesse revelado. Mas essa revelação teria sido impossível se não houvesse entre certos conceitos do ser e a Realidade divina analogias à primeira vista insuspeitadas.

O que possibilita a fé e a teologia é a capacidade de nosso entendimento para apreender o real, e apreendê-lo em toda a sua amplitude analógica. Notável é que Platão e Aristóteles inspirem a concepção do espírito e do ser aqui presentes. Aristóteles, com sua metafísica da inteligência e do ser e com sua teoria lógica do raciocínio por analogia. Platão, a quem a filosofia universal deve a ideia de participação, de hierarquia do ser e do bem e, consequentemente, do movimento dialético ascendente, cuja alma é precisamente a analogia.

É no interior da fé que a teologia nasce. Ela é como o desenvolvimento, a explicação da Revelação divina. A fé não é apenas a luz que ilumina toda a sequência, todo o conjunto oriundo dela. É a alma dessa arquitetura intelectual, desse movimento de busca sempre insatisfeita. Por sua própria natureza, ela aspira a *ver*, tende à Visão da qual, diz Santo Tomás, ela é o aprendizado na terra. Pe. Chenu escreve: "A fé é em mim um poder cujos recursos vitais de inteligência estão presos numa espécie de apetite biológico, mas segue em direção a sua plenitude, a visão beatificante de Deus, da qual a fé é a isca terrestre". E acrescenta: "Todas as leis do conhecimento vão atuar aqui"[5]. A partir do que a Revelação dá para acreditar, desenvolver-se-á uma atividade puramente racional. Não estamos dizendo que a influência da fé, do dado revelado e da luz sobrenatural deixem de atuar em algum instante. Nem que cessem a função e a influência das intuições intelectuais fundamentais no desenvolvimento e na construção de uma filosofia. Santo Tomás não teria dado o nome de teologia a um estudo que abstraísse da origem divina e, consequentemente, da verdade de seus princípios. Tratar-se-ia, então, de um simples jogo de conceitos que não dariam acesso ao real. Mas são os recursos naturais da razão humana que Tomás aplica ao entendimento, à explicação das verdades reveladas.

---

5. CHENU, M.-D. *S. Thomas d'Aquin*, na coleção dos "Maîtres spirituels".

Papel próprio da razão em teologia

O que Santo Tomás, por obra da razão, quer conferir ao dado revelado, a fim de desenvolver toda a sua riqueza de sentido, pode resumir-se em cinco pontos.

1) É atividade própria da razão destacar os dados da Revelação e da Tradição, princípio da ciência teológica, do conjunto vivo — História, Escritura, Igreja — que os contém. Atividade sempre conduzida e regulada pelo sentido natural e eclesial da fé e, também, pelos esclarecimentos objetivos expostos durante os séculos pelo Magistério. Mas sempre submetida às exigências objetivas da compreensão dos textos e dos fatos. O progresso dos conhecimentos e das técnicas nesse campo impõe ao moderno comentador de Santo Tomás, em nome do que foi o propósito tomista, uma reflexão crítica sobre a interpretação que ele faz do dado e sobre a formulação que lhe dá. Mas nada substitui essa impregnação do espírito pelo texto sagrado e pela Tradição viva que deu a Santo Tomás tão espantosa segurança de juízo em tudo quanto dizia respeito à verdade da fé.

2) Incumbe à razão analisar as imagens e os conceitos em que as verdades da fé foram expressas, e deles destacar a significação analógica para aplicá-los a Deus, ordená-los entre si e manifestar sua conexão, sua coerência, deduzir também, a partir deles, o que não foi direta e explicitamente revelado, mas que depende da razão descobrir, como sua consequência necessária ou possível. É ainda obra da razão não demonstrar as verdades da fé, que são de ordem sobrenatural e divina, mas mostrar que elas não contradizem nenhuma das verdades que são do domínio próprio da razão; que elas são, inclusive, uma resposta à interrogação desesperada na qual continua a sabedoria humana, ou confirmam, ultrapassando-os, os mais altos valores a que a sabedoria humana pode chegar. Santo Tomás exige dessa reflexão da razão sobre o conteúdo da Revelação um rigor heroico. O da fé que não permitiria "reduzir" o mistério a esquemas racionais. O da razão que pode aceitar ser ultrapassada, nunca negada. Há uma confiança total tanto na verdade da razão como na da fé; uma e outra têm em Deus seu fundamento — qualquer contradição, qualquer mera e simples dualidade sendo impossível entre elas —, e seu acordo reforçando, ao contrário, uma e outra, deixando-as em sua ordem. O célebre debate que opõe Santo Tomás e Siger de Brabante incidia, a propósito de uma ou outra tese particular, na impossibilidade de conceber um duplo regime de verdades.

3) Entre as verdades que são, por si mesmas, acessíveis à razão humana, há algumas que, longe de ser obstáculo à fé, servem-lhe de suporte a ponto de terem sido reveladas e serem inseparáveis da mensagem essencial. Se Deus não existe, se a alma do homem não é espiritual e, por natureza, acima do tempo e da morte, se a inteligência humana não é capaz de verdade, como crer e como compreender Deus e a salvação que o Evangelho anuncia? A esse respeito, os três primeiros livros do *Contra Gentiles* nos oferecem um legítimo exemplo desse esforço para demonstrar e, ao mesmo tempo, tornar luminosamente inteligível e intrinsecamente necessária toda a filosofia implicada na revelação. Mas no *Contra Gentiles*, o objetivo de Tomás é apologético. A quem acredita na razão, ele mostra tudo o que há de razoável na fé. Na *Suma teológica*, a razão será invocada não tanto para demonstrar as verdades que podem ser demonstradas — coisa inútil embora reconfortante para quem crê —, mas para fazê-las compreender e, se possível, exaustivamente, a partir de seus princípios próprios. Santo Tomás esclarece que aquilo que chega a ser demonstrado pela razão, e para quem chega a apreender essa demonstração em seu rigor, a adesão intelectual não é a da fé, mas a da razão: feliz luz da evidência para a qual sempre tende o esforço da fé. Todavia, sempre há em tais verdades a dimensão inapreensível à pura razão, segundo a qual elas são o próprio suporte da Revelação e integram-se nela como necessárias a uma salvação sobrenatural. Isso faz refletir-se sobre elas, necessariamente, a luz sobrenatural, a luz total. Na mensagem cristã, não há verdade isolável. Nenhum elemento tem a plenitude de seu sentido, senão no conjunto e a partir dele. Não há verdade puramente natural em teologia.

4) Portanto, é todo o campo do conhecimento humano que está em jogo na reflexão da inteligência sobre o que ela crê. Reflexão que sempre recomeça, na medida em que esse campo se amplia e se modifica. E tanto mais válida quando se pensa nas mudanças por que passa esse campo imenso do conhecimento humano do ponto de vista do ser, do ponto de vista mais imediatamente aberto à revelação de Deus. E esse é o propósito essencial da *Suma teológica*. O leitor da *Suma teológica* às vezes se surpreende, quase se choca com o caráter aparentemente enciclopédico de tal obra. Ele preferiria não encontrar toda a pobre

ciência da Idade Média numa visão do mundo que quis ser total. Estranha que tudo na natureza e na realidade tenha interessado à teologia. Ele não encontra em Santo Tomás o escrúpulo de tantos pensadores cristãos que só queriam ocupar-se da criatura em função de Deus. É que, para Santo Tomás, nada há que não tenha sido pensado em função de Deus. Não só para ajudar a compreender o que Deus nos diz de si mesmo e de nossas relações com ele, mas também para ver e compreender toda a realidade como Deus a vê, em sua luz. Sua ambição de teólogo não consiste apenas em compreender a Palavra de Deus, mas em compreender tudo à sua luz. Santo Tomás chega a dizer que a teologia tende a ser a impressão da Ciência divina no espírito humano. O que será a visão total do bem-aventurado. Isso porque Deus revelou-se totalmente: em si e em sua obra. Não, a *Suma teológica* não é uma enciclopédia, é uma sabedoria que abrange tudo por ter Deus por objeto primeiro e próprio.

5) É precisamente aqui que a razão, meditando a Palavra e a obra de Deus, desempenha um papel decisivo no seio do dado bruto da Revelação, manifestando a ordem interna desse dado bruto e, exatamente por isso, sua inteligibilidade, transformando a multiforme e viva Palavra de Deus e o desenrolar dramático da história da salvação em *Doctrina Sacra*. Por mais onipresente que a Bíblia esteja na *Suma*, não é segundo a sequência de seu texto — que Santo Tomás tem, aliás, seguido e comentado passo a passo —, mas segundo a ordem interna da verdade que, de mil formas e numa longa história, se manifestou gradualmente. A menos que venham a coincidir a ordem da história e a da doutrina, como a respeito da *Obra dos seis dias* (I, q. 65-74), da criação do homem (I, q. 90-102), da lei antiga e da lei nova (I-II, q. 98-108), da vida e dos mistérios de Cristo (III, q. 27-59).

No presente volume, desenvolveremos esse plano célebre da *Suma teológica*, que quer ser um princípio de entendimento de cada um de seus elementos. Mas leiamos o enunciado e a interpretação de Santo Tomás, logo nas primeiras linhas: "Visto que a intenção da doutrina sagrada (isto é, da Revelação) é comunicar o conhecimento de Deus, e não apenas de Deus tal como é em si mesmo, mas enquanto princípio e fim das coisas e especialmente da criatura racional, *exporemos* a Doutrina sagrada (tarefa do teólogo) em três partes: Deus — o movimento da criatura racional para Deus — Cristo, que, enquanto homem, é nosso caminho para chegar a Deus". Evidentemente, não se trata de uma cômoda distribuição da matéria, mas da própria ordem que possibilita à "razão" humana perceber em sua unidade a verdade à qual adere pela fé.

O objeto formal da própria fé, qualquer que seja a multiplicidade das verdades que abrange, não é senão Deus no mistério de sua Deidade e de seu projeto de salvação, Deus enquanto *fim* do homem: "A fé não adere só a Deus, mas a muitas outras coisas, enquanto tenham elas alguma relação com Deus e nos levem à fruição divina" (II-II, q. 1, a. 1). Dá-se exatamente o mesmo com a teologia, "entendimento da fé". Tomás teria estranhado ver seu "teocentrismo" oposto a um cristocentrismo considerado mais cristão. Sua própria cristologia é teocêntrica. Mas também é verdade que sua teologia, essencialmente trinitária, desabrocha numa cristologia. Como Verbo, Cristo procede do Pai na eternidade. Pela encarnação, essa "processão" estende-se no tempo até o âmago da criação. O homem que ele passou a ser volta ao Pai levando-lhe o universo. Nisso, a *Suma teológica* reencontrou o grande esquema patrístico da "Teologia" e da "Economia", mas ligando uma a outra por essa pedra angular que é a noção de *exitus* e de *reditus* (separação e reunião). Santo Tomás não teria admitido facilmente ter utilizado nisso a ideia neoplatônica de emanação e de retorno. Era São João quem o inspirava: "Vim do Pai e retorno ao Pai". É a própria história do dom de Deus aos homens que se exprime nesse plano, não tanto conforme a sucessão dos acontecimentos, mas segundo a dinâmica da obra e do desígnio de Deus.

A filosofia presente na *Suma teológica* está sob o domínio constante da fé. Dissemos o quanto Aristóteles foi para Santo Tomás o mestre por excelência em filosofia. Mas um Aristóteles que o sopro platônico recebido da tradição patrística ampliou extraordinariamente. E, por mais que se fale de Aristóteles ou de Platão ou de qualquer outro filósofo, trata-se de um pensamento inteiramente renovado, aberto a outra dimensão pela aplicação às coisas da fé. Não se trata de uma interpretação aristotélica da fé, mas de uma interpretação cristã de Aristóteles.

O que interessa a Santo Tomás, já o sabemos, e o que explica sua liberdade na docilidade ávida de seu espírito não é o que alguém tenha pensado, mas o que as coisas são na realidade. Sem dúvida, não descubro o que a realidade é e não a compreendo a não ser graças a um ou outro, mas com minha própria mente e no contexto de outra visão do mundo, a visão da fé e não mais a da razão pura. Utilizar a ideia de natureza para compreender o que é a graça, ou a da amizade para compreender o que é amar a Deus, ou a de substância para evocar o que a realidade tem de inapreensível aos sentidos, isso transforma a ideia de natureza ou de substância, ou de amor, e não a de Deus, de graça, de caridade. Buscar, pela ampliação infinita da noção de ser, compreender a Revelação que Deus faz de si a Moisés: "Eu sou aquele que sou", transforma a ideia de ser e toda a metafísica, não permitindo à metafísica reduzir o Deus de Abraão, de Isaac e de Jacó ao de Aristóteles.

Convém renunciar à tentativa de destacar uma filosofia pura dessa obra imensa em que a filosofia fala em cada página, mas a partir da fé? Seria o caso, se Santo Tomás não tivesse conservado ao conceito filosófico sua inteligibilidade própria, capaz de ampliá-lo ao infinito graças à analogia aristotélica. Aristotélica ou platônica, essa analogia? Digamos, totalmente inédita na história da filosofia, porque suscitada pela ardorosa busca de um incognoscível que se revelou. Contudo, verdadeiramente filosófica.

Pôde-se e ainda se pode, como fez Gilson em sua magistral obra *Le Thomisme*, depreender desse espírito, antes de tudo teológico, uma filosofia puramente filosófica, se bem que aberta a toda a Revelação suprafilosófica do cristianismo e inspirada por ele, mas encontrando em si suas próprias razões e, inclusive, as de sua abertura a uma superação. O nome de filosofia cristã dado a essa filosofia não a desqualifica como filosofia, e nenhuma história do pensamento humano pode fazer a economia dos conceitos de que é a fonte e que reencontramos, secularizados, absolutizados, descristianizados, mas bem reconhecíveis, nas mais poderosas metafísicas posteriores.

Grandeza e limites da teologia

O sentimento da imperfeição e, simultaneamente, da sublimidade desse conhecimento não deixa de acompanhar Santo Tomás no cumprimento de sua tarefa de teólogo: "Simônides", diz ele, "quis, um dia, persuadir um de seus amigos a deixar de lado a busca de Deus e aplicar sua mente às realidades humanas declarando que o homem deve ocupar-se das coisas a seu alcance: que o homem se compraza no homem, que o mortal se ocupe das coisas mortais. Ao que Aristóteles replica: ao contrário, o homem deve elevar-se, tanto quanto possa, às realidades imortais e divinas. Obviamente, só pode perceber pouca coisa, mas esse pouco é mais digno de amor e de desejo que o conhecimento das realidades inferiores. De fato, ao resolver os problemas do universo, mesmo que só por hipóteses provisórias, nosso gozo intelectual já é muito grande. (Mas), a essas verdades de fé que só se tornariam perceptíveis na visão do próprio Deus, a razão humana encontra acesso por analogias. Não se trata, por certo, de estabelecer demonstrações nem provas; mas, afastado o que seria presunção, o espírito, nesses raciocínios débeis e nessas considerações miúdas, sente total complacência... É misturar com água o vinho forte da sabedoria, direis, é uma mistura corruptora a da água da razão com o vinho da Palavra de Deus. Não é o vinho que é enfraquecido pela água, é a água que é transformada em vinho como nas bodas de Caná" (I CG, 5). Cita, então, Santo Hilário: "Em tua fé, empreende, progride, obstina-te. Não chegarás ao fim, sei, mas o menor progresso já é cheio de encanto. Quem persegue o infinito com fervor progride, mesmo quando não alcança sua meta. Mas para isso evita pretender conhecer o mistério por essa imersão na verdade sem limite; a primeira condição é compreender que ela ultrapassa toda compreensão".

É o ardor da fé que leva a refletir: "O homem cuja vontade está disposta a crer *ama a verdade em que acredita* e reflete sobre ela, abraça-a e penetra-a, procura as razões que poderiam ajudá-lo" (II-II, q. 2, a. 10). Não se pense que se trata de procurar o gozo que há em conhecer: "Diferentemente do simples filósofo, não é o amor do conhecimento que leva o teólogo a escrutar seu objeto, é o amor do próprio objeto" (II-II, q. 180, a. 1). Conforme diz Étienne Gilson: "Nada é mais procurado, nada supõe um querer mais ardente, um dom mais total de si que essas demonstrações". E "a alma dessa arquitetura é um sentimento religioso, o ardor secreto de uma alma que busca a Deus"[6].

"Para evocá-la no que podia ter de mais profundo e de mais intenso, nada melhor que reordenar, segundo a própria ordem que ele impôs, os elementos tão diversos desse imenso edifício,

---

6. GILSON, E. *Le Thomisme*, 521.

estudar-lhe a estrutura interna, reengendrar em si o sentimento de sua necessidade; só uma vontade de assim compreender, despertada em nós pela vontade do próprio filósofo, pode permitir sentir que essa luz é o desenvolvimento de um ardor contido e reencontrar, sob a ordem das ideias, o esforço poderoso que as reuniu."[7]

Podemos dizer que a alma de Santo Tomás estava inteiramente presente nesse labor que era sua tarefa própria na Igreja? Por mais alto que situe esse labor na hierarquia dos valores, ele soube mostrar que, graças à ação do Espírito Santo e de seus dons, o Amor podia ser o meio de uma apreensão mais imediata de Deus presente em si, de uma contemplação silenciosa e inexprimível que vai mais longe, não em clareza, mas em união, que a contemplação teológica. Mesmo ao falar de experiência, não é sua experiência que ele apresenta. Nenhum de seus escritos, a *Suma teológica* menos ainda, faz a confidência dessa contemplação, nem do lugar que ela ocupou em sua vida. Mas a recordação que ele deixou de uma alma absolutamente pura, humilde, ávida de oração leva a supor, no âmago mais profundo de sua intensa atividade intelectual, uma passividade fundamental à ação, tão bem definida por ele, dos dons do Espírito Santo. Mas, ao contrário do que se vê em Santo Agostinho, essa ação não se dá no movimento próprio de seu raciocínio teológico. O que ele conhece pela via do amor e da experiência, o teólogo procura mostrá-lo sem dar a experiência ou o sentimento como prova. Mas qual é a fonte desse sentido da fé, desse sentido de Deus, cujo papel em cada um dos passos de seu percurso teológico, por mais "científico" que seja, nós já mencionamos, dessa ciência do criado, dessa compreensão da palavra de Deus, dessa sabedoria soberanamente unificante? Qual é, finalmente, a verdadeira fonte de uma obra tão objetiva quanto a *Suma teológica*, senão a luz do próprio Espírito Santo que age em todo lugar onde a fé vive, desenvolve-se e exprime-se?

IV
Teses características de Tomás de Aquino

Não se trata de resumir a síntese do pensamento de Santo Tomás que é a *Suma teológica*. Trata-se de enfatizar os traços que a caracterizam, que fizeram sua novidade e, aliás, quase imediatamente e até hoje, suscitaram oposições, talvez incompreensões, no seio da filosofia e da teologia cristãs. Nada é menos neutro que o pensamento sereno. No momento de definir o que é o "tomismo", não nos esqueçamos, por um só instante, de que seu contexto é o do pensamento comum da Igreja. É sempre em continuidade com a tradição que o pensamento de Santo Tomás vive e se desenvolve, mesmo quando as ideias que lhe são próprias repercutem no conjunto. Encontramos na *Suma teológica*, primeiramente, toda a doutrina comum da cristandade, não só sua fé, mas a metafísica subjacente ao cristianismo. Santo Tomás não quis perder nada do que a Tradição lhe trazia de vivo. É nesse sentido que ele foi chamado de "Doutor comum". Falou-se até mesmo de seu "ecletismo" e, muito mais justamente, de seu dom de assimilação e universalidade.

Ocorre, porém, que esse "conservador", esse "unanimista" inovou; do antigo preciosamente conservado, fez jorrar algo novo. Esse "confluente de todas as correntes" é, na realidade, um novo rio. Aliás, Tomás sempre soube distinguir perfeitamente o que era propriamente intocável dogma de fé, respeitável doutrina tradicional e reflexão renovada da razão sobre o que ele crê. O Tomás teólogo sempre submete essa reflexão à livre discussão e a novos aprofundamentos: "Nada se pode defender que esteja oposto à fé, ao dogma; tampouco se pode impor como verdade de fé aquilo que, embora não seja dogma, se considera verdadeiro e justo" (*De Potentia*, 4, 1).

Retirar de uma doutrina a autoridade irrefragável da fé não significa reduzi-la a uma simples opinião. Ela pode ter para si a certeza própria à razão, que é de natureza diversa da certeza transcendente e sobrenatural da fé, mas de que o espírito humano é capaz. Aliás, o próprio acordo da verdade racionalmente estabelecida com a tradição da fé, sua aptidão reconhecida a tornar-se portadora, sob sua nova forma, da verdade revelada, representa para uma teologia a confirmação que, sem transformá-la em dogma, lhe dá sua autoridade na Igreja.

O realismo

A primeira coisa que chama a atenção de um leitor moderno da *Suma teológica* é o realismo desse pensamento. Realismo que lhe parecerá,

---
7. Ibid.

talvez, ingênuo, por ser anterior ao que virá a ser o prodigioso esforço crítico do pensamento moderno, mas que é, de fato, extremamente consciente e refletido. Para esse leitor, o realismo está necessariamente incluso no ato de conhecer. O intelecto apreende-se como objetivo imediato da realidade, isto é, do que antes de todo conhecimento já *é* em si mesmo. Não ignora, certamente, tudo o que acrescenta à realidade o fato de ser conhecida, reelaborada, concebida pelo espírito, a que ponto é parcial, isolado, abstrato e, de certa maneira, recomposto, o que é conhecido em relação ao que é. Mas há, primeiramente, uma apreensão direta do que é inteligível nas coisas, ou seja, do que elas são, de sua essência. Apreensão confusa e geral no ponto de partida que apenas afirma "algo" que é, e logo faz a pergunta do *quid*: o que é?

Todo o trabalho do entendimento consiste em passar do conhecimento confuso, geral, e, antes de tudo, afirmativo e interrogativo do real para um conhecimento preciso, adequado, próprio ao objeto em foco. Esse trabalho do espírito conservará de ponta a ponta a meta para o real que se chama verdade, na medida em que ela o atinge, tal como é e em sua totalidade, e que só é erro se não acerta aquilo a que visa. Santo Tomás não ignora que a "realidade inteligível" de um ser só aparece mediante a impressão que esse ser causa em nossos sentidos, e a imagem que os sentidos conservam ou reproduzem dele. A conformidade da impressão sensível com a realidade sensível e material, concreta, de um ser não deixa dúvida nele. O que vejo, pensa ele, *é* realmente como o vejo. Mas o que importa nesse realismo do sensível é ele ser portador e anunciador *do que é* um ser, de sua essência e, antes de tudo, do fato de ele existir. Pois o encontro da existência só pode fazer-se para o homem pelo choque do sensível e é daí apenas que pode surgir nele a ideia de ser. A verdade das "qualidades" sensíveis de um ser é revelar o que é. Pois, diz ele, "o conhecimento intelectual não se restringe às imagens que o acompanham, mas o que é contemplado nelas é a pureza da verdade inteligível" (II-II, q. 180, a. 5, sol. 2). Observe-se a aparente tautologia em falar de uma inteligência cujo objeto é o inteligível. O que chamamos de inteligível é a própria realidade enquanto apreensível pela inteligência. É próprio da inteligência justamente poder estender-se ao que não é, poder tornar-se outra coisa.

Diante do ser que descobre, a inteligência descobre a si mesma como não sendo apenas ela, mas também o que não é ela. "Os seres cognoscentes distinguem-se dos que não conhecem pelo fato de que os que não conhecem não têm em si mais que sua própria forma, enquanto o cognoscente é de natureza a poder ter também em si a forma de outra realidade (permanecendo ele mesmo). É claro que a natureza do não cognoscente é mais fechada em si e limitada. Ao contrário, a natureza do cognoscente tem mais amplitude e extensão. O que leva o filósofo a dizer que a alma humana, de certa maneira, é todas as coisas" (I, q. 14, a. 1).

Essa abertura, essa amplitude, essa intencionalidade é a própria definição do espírito. Contudo, como observa Gilson, "a primeira condição para que o conhecimento seja possível é que as coisas também participem, em algum grau, da imaterialidade. Se supusermos um universo puramente material e desprovido de qualquer elemento inteligível, ele será, por definição, opaco ao espírito. Mas não o é. Porque fora de um intelecto que pode, de certa forma, vir a ser algo deve haver nesse algo um aspecto sob o qual é suscetível de tornar-se, de alguma forma, espírito. O elemento do objeto assimilável por um pensamento é precisamente sua forma"[8]. Gilson diz: "A forma é o que há de espírito na matéria".

A *filosofia do ser*

É impossível falar do conhecimento sem falar de sua relação com a realidade, com o *ser*. Dizer "eu penso" é, também, dizer: o ser existe, quer o eu, quer o não eu, o eu como o não eu sendo anteriores à consciência que tenho deles; pensar o ser não é fazê-lo advir.

Quando se fala de ser, pode-se tratar *do que é* uma realidade (sua essência), do ato de existir que a faz ser real (sua existência), do ser que exerce esse ato e que se define como sendo isto em vez daquilo (é o *ens*, o sendo). Inseparabilidade da essência e da existência, pois nada é concebível como existente senão conforme uma essência. Mas distinção real, "o que é" um ser não pode identificar-se com o fato de ser, nem sobretudo com o ato pelo qual ele "é". Mas, conforme destacava Gilson: "O que caracteriza a ontologia tomista é menos a distinção da essência e da existência que o primado do existir, não sobre o ser, mas em 'si'.

---

8. Ibid., 312.

Nisso Santo Tomás se distingue, talvez mais do que pensou, de Aristóteles, para quem "ser é antes de tudo ser algo, ser uma das coisas que, graças à forma, possuem em si a razão suficiente para ser o que são"[9]. Para Santo Tomás, ser é antes de tudo existir. O ser se define em função da existência. Além da forma que faz que tal ser se situe numa espécie determinada, é preciso situar o *esse* ou ato de existir que faz que a substância assim constituída seja um *ens*, um ser.

Todavia, a existência está no âmago do real como ato, mas como ato transcendendo todo conceito e que só é apreensível no conceito de ser. Só se compreende o existir na essência da qual ele é ato. O conceito mais geral, mais universal, incluso em todos os outros, fazendo abstração de todas as determinações, é o conceito de ser, que é o conceito do que existe conforme certa essência.

Aqui entramos no cerne da ontologia de Santo Tomás. Ela apela necessariamente a Deus, quer dizer a um Ato puro de existir, Ser cuja Essência é existir, ou, se se preferir, a Existência em estado puro, absoluto, total, a Atualidade absoluta compreendendo em si toda atualidade, mas sem potencialidade, sem limite, sem espécie alguma de multiplicidade. Não é, por certo, da única "ideia" do Ato puro que Santo Tomás deduz que ele existe — ele não ouviu a parábola kantiana dos cem táleres para rejeitar o famoso argumento ontológico de Anselmo —, mas da necessidade de dar razão a todas as existências contingentes, limitadas, mutáveis. Sim, pensa ele, pode-se provar que Deus é o Ato puro de existir. É necessário prová-lo, mesmo quando já o sabemos pela fé, a fim de concebê-lo como Realidade total e suprema, compreendendo de maneira absolutamente una tudo o que cada essência tem de perfeição (I, q, 4, a. 2). "É necessário dizer que tudo o que existe, de algum modo existe por Deus. O que existe por participação tem por causa o que existe por essência. Ora, Deus é a Existência por si subsistente, *Ipsum Esse subsistens,* que só pode ser única. Portanto, o que não é Deus não é sua existência, mas participa da existência. É necessário que todas as realidades que se diversificam participando da existência com maior ou menor perfeição, sejam causadas por um Ser primeiro absolutamente perfeito." A propósito, cita Platão: "Antes de toda multiplicidade é preciso situar a unidade", e Aristóteles, para quem "o sumo ser e o sumo verdadeiro devem ser a causa de todo ser e de toda verdade" (I, q. 44, a. 1). Foi ele quem mostrou que o Ser supremo e perfeitamente Uno é aquele cuja Essência é existir. Por isso em Deus, *Ipsum Esse subsistens* — a própria Existência subsistente —, encontra-se formalmente realizada a perfeição de tudo o que existe (I, q. 4, a. 2), tão bem que as realidades que em si são diversas, e mesmo opostas, preexistem em Deus, mas *in unum* (sol. 1).

"Verdade sublime", exclama. Verdade revelada por Deus a Moisés que o interpelava: "Se os filhos de Israel me perguntarem seu nome, que direi?" (Ex 3,13). E o Senhor respondeu: "Eu sou aquele que sou. Assim falarás aos filhos de Israel: '*Qui Est* me enviou a vós' mostrando com isso que seu nome próprio é *Qui Est*. O nome significa a essência ou a natureza de algo. Portanto, o próprio existir divino (*Ipsum divinum Esse*) é a essência ou a natureza de Deus" (I CG 22). E todos os demais são imediata participação, e efeito próprio Daquele que é o Ser e a fonte da criação. Javé é Aquele que *faz ser* porque é o Ser.

Essa ideia da prioridade da existência talvez tenha sido, segundo Gilson, a contribuição essencial de Santo Tomás à filosofia ocidental. Daí deriva a visão do universo como participação multiforme e hierarquizada a Deus. Daí a concepção de uma presença, de uma imanência de Deus, na própria raiz de tudo o que, de algum modo, existe, pois "a existência é o que há de mais íntimo e mais profundo em tudo, sendo a própria atualidade de tudo o que existe", e que não pode pertencer à criatura senão por uma participação atual: "Enquanto um ser existe, Deus deve estar nele" (I, q. 8, a. 1).

Não se trata mais do Deus distante e ausente de Aristóteles. Esse Deus não é apenas o Supremo Bem-Aventurado, o Contemplador de si mesmo, como o vira Aristóteles no ápice de sua metafísica, mas o doador de ser, livre e responsável, atento a tudo o que é, orientando ele próprio para um fim: em suma, uma Providência com desígnio. Esse conceito especificamente judeu-cristão, Santo Tomás o concebe, na medida do possível, como um prolongamento, uma explicação do que a ideia de Ato puro podia conter em si mesma.

Qual poderia ser o desígnio de Deus ao comunicar o ser, senão dar-se, manifestar que Ele é o Bem, a Bondade que se exprime e se revela

---

9. Ibid.

no dom de sua plenitude? *Bonum diffusivum sui*, o Bem comunica-se, princípio filosófico mais platônico que aristotélico, que se traduz na revelação bíblica e cristã pelo "Deus é Amor" de São João. Essa passagem que aproxima a mais alta verdade metafísica à verdade sobrenatural da fé infinitamente superior revela-nos Santo Tomás por inteiro.

Critica-se, às vezes, Santo Tomás, pelo rigor com que sua concepção do Ato puro situa Deus acima de qualquer mudança, de qualquer história, de qualquer necessidade e mesmo de qualquer fraqueza e sofrimento, em contraposição ao Deus da Bíblia e de Jesus. Pelo contrário! A Criação, a Encarnação, a vida do Espírito nos homens, a história da salvação não envolvem o Sujeito Divino até em seu Ser? Pela Revelação, não se manifesta Deus mais engajado em sua ação e no tempo que a pura filosofia poderia expressá-lo?

Não creio que se encontre um só Padre da Igreja, um único teólogo anterior a Hegel que atribuísse a Deus algum devir, a não ser metaforicamente.

É próprio de Santo Tomás o rigor metafísico com que estabelece a incompatibilidade com a noção de Ato puro. Mas é preciso entendê-lo bem. Temos tendência em conceber o Ato puro como pura negação de potencialidade, de mudança, de movimento. Ora, para Santo Tomás, o Ato puro contém em si tudo o que há de atualidade e de dinamismo no devir e na mudança. Ele não está antes nem depois, mas no âmago do devir do qual é a causa, presente em cada um de seus momentos e na totalidade deles resultante. É jorro puro, impulso puro, ou melhor, o que há de atualidade no que chamamos jorro e impulso.

Esse dinamismo da Natureza divina se manifesta em sua estrutura trinitária. Frequentemente interpreta-se a *Suma teológica* como se o Tratado de Deus bastasse a si mesmo, depois do qual viria o da Trindade. Um verdadeiro contrassenso! É todo o dinamismo do Ato puro, é a superabundância e o poder de comunicação do Bem infinito que estão em jogo nas processões divinas imanentes. Todo ser vivo é o princípio de uma "emanação" em que se exprime e se dá. Mais perfeito é um ser vivo, mais o que dele emana permanece interior (III CG, 11). Referir a processão do Filho e do Espírito à perfeição, à plenitude da natureza divina que é a própria Vida (I, q. 28), enraíza a teologia da Trindade na do Ser divino. Sua interpretação da *Vida* divina como *Pensamento* e *Amor* faz da processão do Filho uma emanação, um jorro, uma frutificação do pensamento, como da processão do Espírito Santo uma emanação do Amor. A Trindade das Pessoas surge, então, como um desabrochar da natureza divina. Embora tudo se realize num ato eterno, o Ser divino se dá a conhecer conforme uma *ordem*, real, do Pai ao Filho e do Pai e do Filho ao Espírito Santo.

A ideia de natureza

Falamos de natureza em relação a Deus. Talvez seja este o mais tomista dos conceitos. Grande papel desempenhou esse conceito na formação do pensamento da Igreja e dos principais dogmas cristãos! Quer se trate da Trindade (uma natureza em três Pessoas), quer da cristologia (uma Pessoa em duas naturezas), da graça, da elevação da natureza humana, da queda, foi sempre o conceito de natureza que serviu para fixar o sentido do dogma. Santo Tomás tomou o conceito de natureza em sua fonte original, na filosofia que o elaborou com toda a sua força, em Aristóteles, e o ampliou fazendo-o servir à compreensão dos mistérios divinos.

Natureza e essência

O conceito de natureza envolve o de essência. Assim está necessariamente implicado em uma metafísica do ser. A natureza de uma coisa é o que ela é em si mesma. A perspectiva existencial, que domina a ontologia tomista, não impede que a inteligência tenha por objeto próprio o inteligível, as essências, portanto. Cada ser tem sua própria essência, e afirmar que Deus o pensou e criou significa que lhe possibilitou, de modo irreversível, não somente existir, mas existir conforme uma essência inalienável, fora da qual, não sendo mais ele mesmo, não seria mais ele que existiria, mas outra coisa. Frequentemente opõe-se o "mundo das naturezas", que é o de Santo Tomás, ao mundo dos sinais, que seria o de Santo Agostinho, de São Boaventura. Pe. Chenu atribui-lhe a audácia de ter constituído num universo cristão uma ordem autônoma de tal natureza, que Malebranche perguntava como podia estar de acordo com um Deus bíblico. Santo Tomás reconheceu, é verdade, a consistência própria dos seres, fundamento de sua inteligibilidade e da ciência que se pode ter deles. "É claro que tudo o que se produz naturalmente deve ter uma forma determinada" (I, q. 44, a. 3). Mas "o que é" de um ser é uma participação do Exemplar divino. Assim, "nada é dito bom senão por semelhança com a bondade divina, mas de uma bondade que lhe pertence, *bonitate sibi inhaerente*" (I, q. 6, a. 5). É pensamento comum a toda a cristandade que toda a criação é sinal e sacramento da invisível e incompreensível Divindade. É em razão de ser o que é, em razão de sua essência, que é sinal. Nada do que Deus faz para ele e nele lhe retira essa essência, essa natureza que o faz ser ele. Mas, para Santo Tomás, isso não tira ao sinal sua realidade própria: "A graça não destrói a natureza, mas a aperfeiçoa".

Os conceitos de natureza e de essência não são idênticos. A natureza acrescenta ao conceito de essência de um ser, razão suficiente de suas propriedades e de sua inteligibilidade, a de princípio interno de sua operação. A palavra interna, tomada da linguagem espacial, deve entender-se, aqui, por analogia com o centro invisível a partir do qual se desenvolve um volume. A natureza é o que é o ser em sua essência e, consequentemente, o que explica tudo o que dele se revela: sobretudo sua operação. O ser não possui sentido e não encontra plenitude senão na operação.

A operação, tomada em sua amplitude metafísica, é a atualidade segunda, quer dizer, a plenitude de atualidade de um ser, sua atualidade em segundo grau. A essência ordenada à existência exprime a nota "estática" de um ser, enquanto a "natureza", ordenada à operação, exprime seu dinamismo. Isso nos leva a compreender um dos princípios mais constantes do pensamento de Santo Tomás. Deus cria os seres para que participem de sua essência, e para que participem de sua operação. Daí a realidade de causalidade exercida pela criatura. Causalidade segunda, isto é, que participa de uma Causalidade primeira sempre em ação na raiz de toda ação natural, mas cujo efeito próprio, exclusivamente divino, é o bem do conjunto. Ora, a Causalidade primeira nunca impede, antes possibilita, a cada ser, agir verdadeiramente conforme sua natureza, realizando seu bem particular. De acordo com sua natureza, com seus limites, com sua particularidade, com suas possíveis deficiências; e de acordo com sua liberdade, tratando-se de uma natureza livre. Eis o preço, o risco do dom da existência. Risco trágico, desde que no íntimo da natureza nasça a liberdade.

Resulta dessa consideração o caráter necessariamente imperfeito do mundo, em seu estado de devir e de inacabamento. Resulta a inevitabilidade do mal, pelo menos particular, num universo de naturezas. O mal que é privação do ser, do "que deveria ser" na realidade profunda do ser e de sua operação; o mal que é a antinomia entre o que Deus é e faz, e o que permite fazer; o mal que Deus deixa que se faça, mantendo e salvando, assim, ao mesmo tempo, a ordem universal da criação e a natureza de cada coisa, fundamento de toda semelhança a ele. Existindo o mal, é bom que as naturezas permaneçam elas mesmas e só se realizem pelo livre jogo do que são. Há como que uma justiça em tratar assim cada natureza conforme o que lhe pertence (I, q. 21, a. 3). Mas uma justiça que atravessa o impulso mais radical e o sopro "mais veemente" da misericórdia (ibid., a. 4), quer dizer, a assunção pelo Criador de toda a miséria da criatura (ibid., a. 3): a misericórdia consiste em considerar como própria a miséria do outro. Aí se situa a redenção e a restauração do mundo por seu Criador, o início do que é melhor a partir do fracasso. Certezas autenticamente cristãs que ultrapassam infinitamente a ideia filosófica do sucesso metafísico final do conjunto, e que Santo Tomás situa na perspectiva da prioridade absoluta do dom no início do ser. Se Deus só age para dar, se aí está a causa primeira de tudo o que Ele faz, é a misericórdia que está na raiz de todas as suas obras (ibid., a. 4). O que o desenrolar da obra criadora tem de trágico, a história das naturezas, é encoberto pela serenidade de uma sabedoria que se situa na perspectiva da eternidade. Somente se apresentam a beleza da ordem universal e o fim bem-aventurado de tudo o que não é subtraído a Deus. Na realidade, tudo está ligado à Redenção, ao mistério do Cristo Deus.

Natureza e liberdade

Há "naturezas" livres que, contudo, são naturezas. Para que se possa afirmar, com verdade, que a atividade de um ser procede de si mesmo, de sua natureza, é mister que se trate de uma atividade vital, de um ser vivo. A vida tem seu ápice no ato gerador, o qual, justamente, transmite a natureza; o que leva Aristóteles a dizer que a palavra "natureza" tem a mesma raiz que as palavras "nascimento" ou "geração" (*physis* e *phyêô; natura* e *nativitas*). Entretanto, a imanência da operação e, consequentemente, a interioridade da "natureza" só se realizam perfeitamente no espírito. Pensar, amar, querer são atos que tendem ao acabamento, à perfeição do ser que os realiza, antes de redundar em atividade sobre o mundo exterior. O conceito de natureza, elaborado inicialmente para significar a essência dos seres materiais, é constantemente estendido por Santo Tomás a tudo o que, de algum modo, existe e age, aos espíritos, até mesmo a Deus. Para compreender a linguagem naturalista de Santo Tomás é preciso, portanto, evitar opor o espírito à natureza, pois há naturezas espirituais que são naturezas, mas de natureza totalmente diversa das naturezas materiais, uma vez que estas constituem o *ens mobile*, o ser em devir, de Aristóteles.

A oposição deve ser estabelecida entre os seres cuja natureza é material e aqueles cuja natureza é espiritual. Estes últimos têm o poder de não ser apenas o que são, mas de estender-se pelo conhecimento ao que eles não são e de alcançar no que conhecem, o universal, o necessário, tudo o que transcende o particular e o contingente. Têm, também, e consequentemente, o poder de não estar submetidos ao determinismo das causas, de ser a própria causa de seus atos, de ser livres. Pela maneira de ser causa, a vontade se distingue da natureza: "Há coisas que se fazem naturalmente e outras que se fazem voluntariamente. Uma é a maneira de causar, própria da vontade, esta é senhora de seu ato; outra a da natureza, determinada a um único objeto" (I-II, q. 10, a. 1, obj. 1).

Eis por que a ideia de natureza limita a de liberdade. Com efeito, todo ser, mesmo espiritual, é definido, isto é, limitado por natureza. É uma natureza antes de ser um pensamento e uma liberdade: a existência, e consequentemente a natureza, é anterior ao pensamento e à vontade (I-II, q. 10, a. 1, sol. 1). A vontade é o apetite de uma natureza. Por mais aberta que esta natureza seja, por mais diversos e contraditórios que possam ser os atos e os objetos de que é capaz, inclina-se, primeiro e necessariamente, envolvendo tudo o mais nesse primeiro querer, a seu bem, ao que pode conceber como sendo seu bem.

O primeiro limite da vontade, o que nela é natureza, é, portanto, procurar em tudo o bem e a felicidade. O segundo limite é ser a vontade uma natureza que tem um fim. Toda ação livre possui uma regra, um critério de justiça, e esse critério é o fim, o fim objetivo e não escolhido, da natureza livre. Essa correlação entre o fim e a ação livre é o fundamento de toda moral.

A moral do ser livre é, portanto, uma moral que tem sua regra, imediata, natural, mas essa regra refere-se, como a própria natureza, ao pensamento e à vontade divinos. Lei que não se traduz, como nos seres sem consciência nem liberdade, em puros determinismos, mas em obrigação objetiva conscientemente percebida ou sentida, e à qual não se pode obedecer senão por uma escolha livre. É pouco, aliás, dizer que a natureza obriga enquanto depositária de uma intenção divina transcendente. Para Santo Tomás, Deus não é somente o autor da natureza, cuja finalidade essencial e nativa é a expressão de seu pensamento e de sua vontade. Ele mesmo é seu Fim. Ele o é por seu fim mais imediato. Pelo fato de que nada é bom nem tem o poder de atrair senão por uma participação ao Bem supremo, Ele, Deus.

Ao desviar-se de seu fim, o ser se desvia de Deus. Se o faz livre e conscientemente, é diante de Deus que é culpado. E isso só é verdade plenamente se a natureza, elevada à ordem sobrenatural, tornada participante da Natureza divina, é por isso mesmo chamada a unir-se direta e imediatamente ao próprio Deus. Tudo isso tem sua verdade na ordem meramente natural, uma vez que o ideal do sábio é assemelhar-se a Deus pelo conhecimento e a felicidade daí decorrente.

Essa moral do Fim é, portanto, uma moral da Lei, de uma lei inscrita na própria natureza, gerando uma inclinação e um apelo, ao mesmo tempo que uma obrigação. É também uma moral da felicidade, não da recompensa e do castigo, mas da identificação da felicidade com a posse do fim e da infelicidade com a não realização do fim. Antes de ser um estado do sujeito satisfeito pela posse de seu fim, a felicidade é a realidade objetiva que o satisfaz. O amor dessa realidade, a plena satisfação no que ela é, antecede ao estado subjetivo e ao reflexo de prazer.

Natureza e sobrenatural

O conceito de natureza não foi aplicado apenas ao universo dos espíritos, mas foi estendido ao próprio Deus. Santo Tomás, neste ponto, tomou emprestada aos Padres e aos Concílios a linguagem. Mas para interpretar essa linguagem ele utiliza a fundo o conceito de natureza que já elaborara filosoficamente para explicar o universo material. Quando fala de natureza divina, refere-se ao que concebemos como princípio ou fonte da ação do pensamento e do amor divinos. Sabe que em Deus, entre a natureza e a operação como entre a essência e a existência, existe uma identidade absoluta e simples. Sabe também que, no ser criado, natureza e operação, que não são idênticos, são como dois momentos da participação finita de um ser à infinita atualidade divina.

O que chamamos natureza divina é o que, em Deus, é a causa e o exemplar dessa perfeição criada que é a natureza. Mas, se ter uma natureza é assemelhar-se ao Ser divino, nenhuma natureza criada é uma participação daquilo que constitui propriamente a natureza divina. Ao contrário, o ato criador, causa das naturezas criadas, deixa absolutamente imparticipado o que é a "razão própria da Divindade", o que faz que Deus seja Deus, o que concebemos como aquilo que se manifesta em seu pensamento, em seu amor, em sua ação, nas processões divinas.

É aqui, precisamente, que se situa, no pensamento de Santo Tomás, a noção de sobrenatural. Em sentido próprio, o sobrenatural é a própria natureza de Deus. Em sentido derivado, é a participação naquilo pelo qual Deus é Deus, e essa participação é a fonte de operações deiformes de conhecimento e de amor, tendo por objeto Deus, a divindade, tal como é em si mesma. Essa participação à própria natureza de Deus torna quem a recebe ontologicamente outro, ontologicamente ordenado a ver e a amar a Deus, a viver a própria vida de Deus. Em sua natureza, o homem participa da natureza divina por uma espécie de re-generação, de recriação (I-II, q. 110, a. 4). Para explicar o que é o bem comum da fé cristã, o que os Padres gregos chamaram "divinização do homem", Santo Tomás esforça-se por aprofundar a ideia de natureza. Trata-se de um dom feito à natureza criada como tal, quer dizer, atingindo-a, qualificando-a em sua relação ontológica e fundamental com Deus. Nesse dom, trata-se do que o ato criador, por definição, não dá, pois esse tem por efeito próprio suscitar um ser de outra natureza que não a de Deus.

Para Santo Tomás, a graça é uma realidade criada, uma qualidade, uma qualificação nova da natureza da alma, que a atinge naquilo mesmo que a faz ser uma natureza, sobrelevando, concomitantemente, toda a sua intencionalidade espiritual, todas as suas potencialidades, agora caracterizadas e finalizadas por Deus. E o efeito próprio, imediato, dessa qualificação, dessa sobrelevação verdadeiramente ontológica, é que Deus, já presente como Criador, agora se faz objeto oferecido ao conhecimento e ao amor da alma, de modo que a graça "é ao mesmo tempo um dom criado (a sobrelevação do ser) e um dom incriado, que é o Espírito Santo" (II *Sent*. D. 26, q. 1, a. 1). "No próprio dom da graça, a Pessoa do Espírito Santo é dada" (I, q. 43, a. 3).

Mas por que o Espírito Santo, se é a Trindade inteira que, com ele, habita a criatura? Porque esse dom, sendo o dom, não disso ou daquilo, mas do próprio Ser divino ao ser criado, é o efeito próprio do *Amor*. O amor de Deus para com sua criatura é de duas espécies. Uma, comum, pela qual ele dá às coisas seu ser natural. A outra, especial, pela qual ele eleva a criatura espiritual muito além da condição de sua natureza, até a participação ao Bem divino (Ele mesmo). Segundo esse amor diz-se amar alguém de maneira absoluta e simples; e é assim que Deus ama sua criatura quando quer para ela, de maneira absoluta e simples, o Bem eterno, Ele mesmo (I-II, q. 110, a. 1). Ora, o amor em Deus é a pessoa do Espírito Santo. Portanto, por um caminho muito diferente, Santo Tomás se encontra com a doutrina grega tradicional da divinização do homem pelo Espírito Santo.

É preciso, contudo, levar em conta o paradoxo que consiste em falar dessa elevação da natureza, se esta permanece a mesma. Santo Tomás não pretende resolver esse paradoxo, mas trata de seus termos inseparavelmente. A graça, diz ele, não destrói a natureza nem lhe retira, consequentemente, seus objetos e seus fins, mas aperfeiçoa-os, fazendo-a ultrapassar a si mesma. Isso supõe que tudo o que é natural seja levado à sua perfeição e esteja inteiramente subordinado ao que passou a ser o Objeto e o Fim. Não se trata, para o ser que vive na graça, de duas naturezas que se desenvolvem paralelamente, de duas vidas sobrepostas num mesmo ser, mas de uma vida natural sobrelevada, cujo objeto próprio é salvaguardado pela ordenação de si mesmo ao Objeto divino. Na ordem do pensamento, o espírito chega à maior profundidade do que lhe é revelado da sobre-eminente divindade. Na ordem do amor e da vida moral, a participação ao Amor divino, longe de destruir sentimentos e virtudes, desenvolve-os de acordo com a pureza e a força de sua natureza, ordenando-os ao objeto divinamente percebido e amado. Eis por que a moral de Santo Tomás integrará toda a moral universal e, também, toda a psicologia natural. Eis por que ser seu fiel discípulo é dar à ação humana objetivos naturais. Esses não são mais, então, fins últimos, mas tampouco são puros meios; são fins intermediários e, por isso mesmo, já sobrelevados.

A natureza humana

Para Santo Tomás, a ideia de natureza assume toda a sua importância quando se trata do homem.

O homem é o ponto de encontro e a síntese do mundo espiritual e do mundo corporal, numa palavra, do mundo criado. O retorno da criatura a seu Criador, ao qual é consagrada toda a segunda parte, equivalente à metade da *Suma teológica*, é, na realidade, o retorno do homem a Deus. Como Deus se fez homem e, assim, se tornou o mediador e o lugar mesmo desse retorno, é o homem ainda o protagonista e mesmo o herói de toda a terceira parte da *Suma teológica*. Como poderia ser diferente se a teologia é Deus pensado pelo homem? Como poderíamos conceber o que quer que seja de Deus, a não ser a partir do que é o homem e levando em conta seu modo de pensar?

Mas o que é o homem no universo? Até Santo Tomás, os pensadores cristãos se reconheciam espontaneamente no espiritualismo platônico. O homem "à imagem de Deus" não era, antes de tudo, um ser espiritual prisioneiro da carne e, por ela, do mundo material, do espaço, do tempo? Santo Tomás teve a ousadia de aplicar ao homem o hilemorfismo aristotélico, enraizando-o, dessa maneira, por sua própria substância, no mundo da matéria. Na concepção hilemórfica, todo ser material é um composto. Um composto de matéria e de forma, sendo a matéria puro princípio de indeterminação, de pluralidade e de dispersão, de corruptibilidade e de mudança, enquanto a forma é princípio de determinação, de atualização e de especificação. Mais um ser material se eleva na escala dos seres, mais sua "forma" domina sua matéria (I, q. 76, a. 1).

No ser vivo essa forma é a alma, princípio vital que dá à multiplicidade material que ela informa uma unidade, uma autonomia, uma interioridade, uma espontaneidade que representam uma vitória sobre a matéria pura. No animal, essa forma é um princípio psíquico, que dá ao ser vivo a sensibilidade, algo mais interior que a vida, aptidão para captar as qualidades das coisas sem ser modificado por elas, mas sem retirá-las de seu condicionamento material. No homem, essa forma, essa alma, é espiritual. Ela é o princípio de uma atividade que nada tem de material, que transcende toda a ordem da matéria, pois é pensamento, amor e liberdade.

O princípio de uma operação imaterial é, necessariamente, imaterial. Uma alma, a saber, a forma de uma matéria que emerge dela quando pensa, mas sem nunca abandonar sua função animadora no próprio momento em que pensa. O espírito do homem, o que, nele, é à imagem de Deus, é uma alma, quer dizer, a forma de uma matéria que, informada, animada por ela, torna-se um corpo, inteiramente a serviço de sua vida e de seu projeto de espírito.

Na escolástica da época, todos aceitavam a noção de forma e de matéria, e também a função informadora da alma. A filosofia da natureza de Aristóteles impunha-se a todos. Aliás, a Bíblia era muito explícita quanto à unidade do ser humano, a inseparabilidade da carne e do espírito, e os dogmas da Encarnação e da Redenção consagravam fortemente o valor humano da carne, para que o dualismo platônico tivesse ampla aceitação. Não se conseguia, entretanto, escapar dele e não se aceitava Aristóteles inteiramente. Concebia-se a união de uma alma espiritual a um corpo organizado e vivificado por um princípio vital distinto dela. Exigia-se que o princípio psíquico, animal, fosse outro e não o princípio propriamente espiritual. Contentava-se com uma subordinação das formas inferiores à que as unificava e que, só ela, merecia o nome de alma.

Santo Tomás não podia aceitar a pluralidade dos princípios formais num mesmo ser. Teria sido a destruição da unidade substancial, ontológica, do ser humano, dado tanto da experiência como da fé. Não hesitou em aplicar o hilemorfismo aristotélico, com toda a sua força, à natureza humana, fornecendo à antropologia bíblica, tão radicalmente unitária, sua formulação racional. Chega, às vezes, a falar da "dupla natureza" do homem. É verdade que o homem depende, pelo que tem de corporal, das leis da natureza física e, pelo que tem de espiritual, da razão e da liberdade. Mas o mistério do homem é que uma só e única natureza pertence ao mesmo tempo e inseparavelmente a esses dois mundos.

Sim, há um espírito no homem, mas esse espírito é por sua essência a forma de um corpo, sua alma. Esse espírito é o princípio que pensa e quer, mas é também o princípio que faz da matéria um corpo, e desse corpo um animal vivo. O homem é tão uno quanto qualquer outro ser vivo, porque um só princípio anima tudo nele: "A unidade que se forma entre uma substância espiritual e a matéria corporal não é menor que a de qualquer forma com sua matéria e, talvez, mais forte ainda" (II CG, 68). Por isso, quando o homem pensa, é o composto inteiro que pensa, embora seja pela atividade própria e espiritual da alma que, pensando, se torna livre da matéria que ela informa, mas não a ponto de poder abrir mão dela e das atividades de que é inseparável.

O homem nada pensa senão na e pela experiência sensível. Mesmo depois de adquiridas as ideias, é-lhe impossível formá-las sem recorrer a uma atividade sensível que lhe possibilita uma volta ao singular. Por mais que o pensamento humano seja espiritual e alcance em seus objetos o que neles é independente da matéria, só os alcança na representação sensível e, a partir dela, pela abstração, por uma espécie de desinvestimento que não pode dispensar seu ponto de partida. No homem, tudo o que é espiritual nasce a partir da matéria e continua, de alguma forma, encarnado.

O rigor dessa dependência do sensível, mesmo no momento em que o espírito se eleva mais alto e até Deus, levava Santo Tomás a rejeitar o recurso a uma iluminação direta do espírito humano por Deus para a formação nele das grandes ideias gerais. O espírito humano depende de Deus, imediata e diretamente, não só em seu ser, mas na operação que lhe é própria; como toda natureza depende de Deus por receber o privilégio de ser a causa própria de seus atos. A inteligência humana tem em si o poder de separar do universo sensível a inteligibilidade que ele contém.

É preciso compreender por que essa antropologia pôde parecer materialista à corrente agostiniana tradicional. Os averroístas latinos a entendiam de maneira materialista. Para eles, o princípio espiritual, o pensamento humano, é exterior ao homem e impessoal. Contra eles Santo Tomás manifestou, coisa quase inaudita nele, uma espécie de violência. É a forma imanente do ser humano, afirmava ele com vigor, que é o princípio de toda a vida de pensamento. Ela subsiste ainda quando a morte a arranca a seu corpo, ou melhor, ao todo de que era parte determinante, mas não separada.

Esse estado de violência seria um estado de impotência e de inatividade, não tendo em conta as suplências divinas que se devem postular e que ele postula longamente quando fala da alma separada (I, q. 89). Por isso, a alma humana não está, de maneira alguma, limitada às potencialidades da matéria, matéria ela eleva ao ápice de si mesma. Quer dizer, a alma humana não provém da matéria nem de qualquer causa material. Se os processos da natureza material tivessem como termo disposições que clamam, que exigem o surgimento da forma superior, esta não pode proceder senão do ato direto, imediato, da Causa primeira criadora.

A existência somente lhe pode ser dada como à forma de uma matéria, mas não lhe poderia ser retirada a não ser por aniquilação. Separada da matéria da qual é por sua essência o acabamento, subsiste, entretanto, mas conservando em todo o seu ser uma relação a uma matéria a informar. Só a reassunção de seu corpo pela ressurreição pode dar-lhe a plenitude de sua natureza e, consequentemente, sua beatitude.

Essa antropologia leva com bastante naturalidade muitos tomistas, hoje, a conceber o advento do homem como a finalização de um imenso processo de evolução da matéria, que tendia desde sua origem para esse desfecho. Mas sem nunca diminuir o ato propriamente divino pelo qual a natureza material recebe esse espírito que a coroa e a assume inteiramente numa ordem nova. Se o espírito, separado da matéria, reclama-a, o mesmo espírito, estando na matéria, aspira ultrapassá-la.

A concepção filosófica e aristotélica de uma natureza humana encerrada em sua ordem é oposta, às vezes, à concepção patrística da imagem de Deus, com a queixa de que "em Santo Tomás, essas duas concepções da *natureza* aristotélica e da *imagem* patrística se misturam, sem que possamos dizer se elas combinam verdadeiramente ou se chocam, nem qual delas consegue verdadeiramente dominar a outra"[10]. Santo Tomás não compreendia assim Aristóteles. Segundo ele, a *natureza* humana é antes de tudo espiritual, pois sua *forma* é espiritual, o que significa que está ordenada para conhecer e amar não só o *ser* em toda sua amplitude indeterminada, mas, por isso mesmo, o próprio Deus. Não está apenas, como toda natureza, sob o domínio de Deus criador, está, por sua natureza própria, orientada para ele como para um objeto; e é por essa "ordenação imediata e natural ao princípio universal do ser que o homem é imagem de Deus" (II-II, q. 2, a. 3).

Apesar de seu enraizamento na matéria e dos condicionamentos resultantes, a natureza humana está aberta de maneira ilimitada. Não se deve esquecer que, diferentemente dos seres da natureza que só são o que são, o ser espiritual não é completamente definido por sua forma natural, mas, de certo modo, transcende-a. Sua natureza é não ser simplesmente natureza no sentido de natureza determinada *ad unum*. Com efeito, o espírito só é determinado pelo universal, o que ajudará a compreender que, sem mudança de natureza, mas por

---

10. Lubac, Henri de. *Surnaturel, Études historiques*, 1946, 435.

pura graça, ele possa ser elevado ao conhecimento e amor de Deus tal como é em si mesmo.

Daí vem que a natureza humana, mesmo única e constante nas pessoas e através dos tempos, é capaz de diversificações mais profundas que as das naturezas puramente materiais. Pode-se dizer que definir o homem pela união do espírito e da matéria num todo indivisível é definir a fonte das constantes humanas, mas é também dar livre curso à *diversidade humana*. Deste ponto de vista, Santo Tomás chamaria homem todo ser que, vivendo biologicamente, é capaz, mesmo que rudimentarmente, de pensamento e de amor, embora anatômica e morfologicamente muito diferente de nós. O que chamamos, hoje, quando se consideram os fósseis pré-históricos, "espécies humanas" diferentes e sucessivas, o que imaginamos como possível em outros planetas é uma realização da natureza humana. Não há maior equívoco que chamar "homem" o ser privilegiado do Paraíso terrestre que Santo Tomás concebia e, sobretudo, o homem divinizado e ressuscitado num corpo glorificado.

A partir do momento em que temos o espírito unido à matéria viva, e vivendo nela e por ela, temos o homem, quer se trate do primitivo em busca das primeiras ferramentas ou do sábio dominando o universo ou do santo unido a Deus. O que mostra como a ideia de natureza humana é, a um só tempo, plástica e dinâmica. Está-se falando, é claro, dessa espécie de natureza humana historicamente existente na terra. Uma vez admitido que essa natureza, pelo lado em que é espiritual, está aberta ao "todo" do universo, embora seja uma *tabula rasa*, ela pode desenvolver-se em todos os sentidos com base no dado múltiplo e variável que lhe dá a experiência. Inclusive, só pode desenvolver-se inteiramente se for em todos os sentidos: *Natura humana non est immobilis sicut divina*.

Sempre se reconhecerá no homem, quaisquer que sejam a raça, o tempo e o meio, o que é propriamente humano: um pensamento, uma razão, que só atua mediante os sentidos, mediante um enraizamento biológico: um espírito encarnado. A partir daí, quanta diversidade em sua maneira de ser e estar no mundo, de acordo com o que conhece, com sua maneira de conhecê-lo e, consequentemente, segundo a maneira de sentir e de reagir! Diversidade manifesta entre dois homens da mesma época, mas muito mais profunda de uma época para outra, de uma civilização para outra. Pois o homem está aberto para o "mundo humano" mais que para o mundo cósmico. O pensamento de cada um está em estreita dependência com o dos outros. "Por natureza", diz Santo Tomás, "e por sua própria maneira de ser espiritual, racional, o homem é 'social', não podendo desenvolver-se e aperfeiçoar-se senão com outros homens. O pensamento de cada um, sua maneira de sentir, sua consciência dependem dos outros". Segundo esta linha de pensamento, pode-se dizer que cada época tem um espírito que lhe é próprio, certa maneira de ser homem. A natureza humana só se realiza diferenciando-se pela cultura, pelos instrumentos que se outorgam e que transformam seu relacionamento com o mundo. "Nos animais brutos, as vias para atingir seus fins são determinadas com antecedência: eis por que todos os da mesma espécie agem da mesma maneira. O que não ocorre com o homem por causa de sua razão que, conhecendo o universal, estende-se a uma infinidade de objetos particulares" (II-II, q. 47, a. 11, resp. 3). Por isso, a natureza proveu os animais de defesas, peles e instrumentos, enquanto, em lugar de tudo isso, o homem recebeu da natureza a razão e a mão — esse "instrumento por excelência" que fabrica e maneja todos os outros (I, q. 76, a. 5, resp. 4). "Cultura", "civilização", "relação ao mundo" são conceitos muito modernos que aprofundam admiravelmente o de uma natureza infinitamente diversificável.

O mesmo se aplica ao conceito de historicidade. À ideia abstrata de natureza humana, que seria a de Santo Tomás, opõe-se a ideia histórica, que seria a de Santo Agostinho. Mas a única diferença entre eles é que Santo Tomás se aplica a destacar nos estados históricos da natureza humana o que se refere à natureza humana como tal (de todo inalienável), em vez de se referir a seus diferentes estados (de graça original, de queda, de restauração em Cristo, de glorificação).

Segundo ele, a natureza humana nunca se realizou no estado puro, e a que se tem, observando o homem tal como se encontra, é uma natureza humana ferida, incapaz de realizar-se por si mesma, mesmo como natureza. Que tenha sua história própria no interior da história da salvação, que essa história guarde, como a natureza, certa autonomia e especificidade, que a natureza humana possa comportar em sua definição a tendência a certa plenitude de si mesma a se realizar no tempo por seus próprios esforços e progressos, tudo isso seria muito mais coerente com sua antropologia do que com a antropologia agostiniana. Entretanto, no pensamento de Santo Tomás não há sinais de uma preocupação tão especificamente moderna. Se a tivesse tido, teria subordinado o projeto histórico de progresso à única e possível realização da plenitude humana: à posse de Deus, não só na eternidade, mas ainda no tempo e na história.

Indivíduo e pessoa

Todas as diversificações da natureza humana pressupõem a mais radical de todas, que constitui os indivíduos. "O que faz que um homem seja um homem" é sua natureza e, enquanto natureza, é a mesma na multidão dos homens, através dos tempos e dos lugares. A natureza humana só se realiza numa pluralidade, em si ilimitada, de indivíduos. Cada natureza angélica, ao contrário, é única. Toda multiplicidade no mundo dos puros espíritos é uma multiplicidade entre essências diversas, e a singularidade se identifica com a especificidade.

Este é um dos aspectos menos compreendidos e, consequentemente, mais criticados do pensamento de Santo Tomás. No homem, tanto como no animal ou em todo ser material, a matéria é a raiz da individuação, é por sua união à matéria que a forma, isto é, a alma se faz indivíduo. Por si mesma, a forma constitui a espécie, não o indivíduo. Portanto, diz Laberthonnière com uma ponta de indignação, o que há de mais precioso e de mais nobre no homem, o que o distingue de qualquer outro, o que o faz ser homem provém da matéria, é de ordem material! Consequentemente, a diferença individual se caracteriza como acessória, desprezível, totalmente subordinada à natureza comum, que só tem realidade no céu dos inteligíveis! Scotus não é mais convincente quando atribui a uma determinação da própria forma, a saber, à alma espiritual, a *haecceitas*, a singularidade própria a cada um?

É preciso compreender Santo Tomás. Seguindo Aristóteles, ele pensou que a forma, por si, é una, é constitutiva de *uma* essência, de *uma* natureza. Se se multiplica, é enquanto forma de uma matéria. Pois a matéria só pode ser atualizada quando quantificada e divisível. Uma alma humana que não fosse criada como animadora de um corpo determinado, quantificado, dividido, separado de qualquer outro, não seria alma humana, mas uma espécie de anjo e nunca poderia constituir com a matéria uma natureza única. Do corpo, a alma faz um corpo humano; da alma, o corpo faz uma alma particular. Conforme diz Étienne Gilson: "O composto humano, pelo próprio fato de a matéria, sua parte substancial, ser incomunicável a título de extensão, é por definição um exemplar único, portanto original e irredutível a qualquer outro"[11]. Tanto é que, se depois da morte a alma pode subsistir separadamente como alma individual, é porque em seu ser permanece a relação transcendental ao corpo de que recebeu a singularidade. Utilizando a expressão de Scotus, é essa relação que constitui para sempre sua *haecceitas*. Mas isso não quer dizer, absolutamente, que as características individuais pelas quais os seres humanos se diferenciam entre si sejam apenas de ordem material. A matéria é, propriamente falando, raiz da multiplicação da natureza, da *diferença numérica*. Eis-nos diante de *um* homem aqui e agora. *De que homem se trata, isso não depende mais e apenas da matéria*. Basta, sim, que haja numericamente dois seres para que uma diversificação qualitativa surja entre eles. Toda diversificação qualitativa, mesmo material, refere-se à forma. Nenhuma natureza, ao multiplicar-se, exprime totalmente suas possibilidades numa única de suas realizações singulares. Principalmente em se tratando da natureza humana, cuja forma é espiritual. Esta tem suas diferenciações próprias além de sua diferença específica: as inteligências humanas não são todas idênticas, embora sejam sempre inteligências e humanas. Diferenças acidentais, das quais nenhuma essência pode responder por elas, mas que qualificam e diversificam a essência.

Às vezes, a bem da verdade, Santo Tomás parece imputá-las à *complexio corporis*, de que dependeria o que ele chama de *natura individui*. A alma espiritual contribuiria apenas com a *natura speciei*, não podendo existir nem agir senão por esse instrumento variável em cada um que são as *vires sensitivae*. Contudo, ele explica que a toda diferença corporal corresponde uma diferença na alma espiritual, "enquanto *determinado* corpo é proporcionado a *determinada* alma" (I-II, q. 63, a. 1). Aliás, qualquer que seja a origem própria das diferenças individuais entre os homens, as mais características entre elas, mesmo condicionadas pelos acasos do físico e do biológico, são de ordem psíquica e espiritual e manifestam as

---

11. Gilson, op. cit., 203.

diversas possibilidades dessa natureza espiritual encarnada que é a alma humana.

Não nos contentemos em procurar sua origem nas causas externas da hereditariedade, do meio, ou mesmo na intenção particular do Criador. É por seus atos livres, os únicos propriamente humanos, que o homem assume, faz seu, utiliza ou, ao contrário, recusa ou corrompe o dom que recebeu com sua natureza específica e individual. Ele é a fonte desses atos livres, pelo fato de ser um ser individual distinto de qualquer outro, e é por sua alma espiritual que ele é essa fonte. Sua derradeira singularidade vem-lhe de seus próprios atos. Pensando seus atos e referindo-os a si, torna-se o dono deles (*habet dominium sui actus*), de maneira que ele é a causa do que, sobretudo, o individualiza e o torna único. Assim, o conceito de individualidade se realiza nele de uma maneira eminente e superior, o que lhe vale, entre todas as substâncias individuais, o nome de "pessoa" (I, q. 29, a. 1).

Para penetrar na profundeza do que constitui a *natura individui*, é preciso ir, além dos atos que passam, até o que Santo Tomás chama de *habitus*. Nascidos da história individual de cada um e de seus atos, sobretudo de seus atos voluntários e livres, aperfeiçoam a natureza na linha de suas disposições e tendências inatas. Estas têm uma amplitude bastante vasta. Dos hábitos que cada um adquire depende defini-las em múltiplas direções. Os hábitos não são, como se diz, uma segunda natureza, mas uma modelagem da natureza por si mesma. Portanto, os traços individuais, longe de ser acessórios, são determinações próprias da natureza: é acidental que sejam estes ou aqueles, é necessário que sejam.

Embora os hábitos diversifiquem a natureza, não são suficientes para fazer dela uma substância, consequentemente uma pessoa. Certamente, só há pessoa individual e singular. Mas o que constitui a pessoa como tal, o que lhe dá sua unidade última é ser um "sujeito de existência", aquilo mesmo *que é*. "Na realidade, não é a natureza que começa a existir, é a pessoa que começa a existir numa natureza determinada... A pessoa é o que tem a existência" (III, q. 35, a. 1, sol. 3). Tratando-se do homem, a forma, a alma espiritual é o que, *per se primo*, recebe a existência do todo. O que faz Gilson dizer: "A unidade de um homem é primeiramente a de sua alma, que não é, ela mesma, senão a de seu próprio *esse*; um só e mesmo ato de existir, oriundo do *Esse* divino, atinge assim as mínimas células de cada corpo humano, passando pela alma que o anima"[12].

Há, portanto, um grave mal-entendido em compreender a doutrina da individuação pela matéria como uma redução das diferenças individuais ao que há de material no homem. Outro mal-entendido é confundir o que Santo Tomás chama natureza humana com uma essência universal e abstrata. Não esqueçamos a posição que tomou na querela dos universais, entre nominalistas e conceitualistas, que negavam toda realidade extramental às essências, enquanto os realistas platônicos lhes davam uma espécie de realidade separada, uma subsistência própria. O que ele chama natureza ou essência específica não existe, evidentemente, em estado separado, mas só em estado individual. Há tantas naturezas singulares quantos indivíduos. A natureza singular que Santo Tomás chama, já o vimos, de *natura individui*, é constituída indissociavelmente do que a especifica *e* do que a individualiza, um determinando o outro. A natureza humana só é realidade no indivíduo. A abstração pela qual o espírito humano isola a natureza específica de suas realizações individuais possibilita conhecer não só o que elas têm de comum entre si, como o que são essencialmente; o que permite que se trate de homens, e que se dê a nota propriamente humana a todas as diferenças particulares. Assim isolada, a natureza só é realidade no espírito.

Acrescentemos que pertence à natureza humana poder realizar-se apenas na multidão e, consequentemente, na diversidade (III, q. 4, a. 5). Conhecê-la apenas como natureza, abstraindo de suas realizações individuais, não é conhecê-la plenamente. A essência só é plenamente inteligível em suas realizações concretas: não se conhece o homem se não se conhece *um* homem, *este* homem, e mesmo *esses* homens múltiplos e diversos de que todas as particularidades atualizam de maneira multiplicada e diversa as possibilidades da natureza humana. Por outro lado, não se conhece, não se *compreende* nenhuma das particularidades humanas a não ser ligando-as à natureza comum que sempre manifestam, o que fazem todos os grandes conhecedores do coração humano e os verdadeiros mestres do teatro ou do romance cujos heróis mais singulares, Hamlet ou dom Quixote,

---

12. Ibid., 516.

são, em sua própria singularidade, verdadeiras revelações da natureza humana. "O estulto projeto de pintar-se", dizia Pascal a respeito de Montaigne. Mas este procurava pintar o homem pelo homem que ele era.

Uma das características da metafísica cristã é a descoberta da pessoa. A natureza aristotélica, certamente, só era concebível num sujeito concreto. Mas o valor da pessoa como tal não era percebido pela filosofia antiga. O ápice do ser humano era a contemplação dos objetos inteligíveis superiores, os mais universais. Não havia reflexão sobre o ser individual que contempla e sobre seu valor próprio; e, principalmente, não se via que o Inteligível supremo é ele mesmo uma Pessoa, a ser alcançada como tal. Não se pode esquecer o admirável texto[13] em que Aristóteles fala de Deus como do Contemplador supremo, do Vivo por excelência, do Bem-aventurado, dando-o como exemplo ao sábio, a quem ele propõe uma vida eminentemente pessoal.

Em todo caso, é totalmente inexato pensar que, ao assumir o aristotelismo, Santo Tomás tenha sido infiel ao personalismo cristão. No âmago do tratado da Trindade, ao atribuir a Deus a perfeição mais elevada que se possa, ele escreve: "A pessoa é o que há de mais perfeito em toda a natureza: *Perfectissimum in tota natura*" (I, q. 29, a. 3), não só porque consciente e livre, mas porque sujeito subsistente: por sua consciência procede a totalidade dos outros seres. Por sua liberdade, escapa ao determinismo do universo. Por um e outro, apreende-se como um todo autônomo e responsável. Eis por que Santo Tomás não cessa de dizer que a pessoa humana é um *fim em si*; para seu nascimento e aperfeiçoamento todo o universo material deve concorrer, e mesmo toda a ordem temporal e, finalmente, a própria Providência divina. Enquanto no animal o indivíduo é para a espécie, sendo esta o único valor permanente, no homem é a espécie que é para o indivíduo, cujo nome, sabemos, é pessoa, na qual a espécie encontra sua realização plena. Pensamento expresso com vigor particular ao tratar da geração humana tendo em vista menos a permanência da espécie que a própria pessoa (I, q. 98, a. 1).

Como dizer melhor que são as realizações pessoais da natureza humana que finalmente contam? Se é verdade que seu empreendimento "científico" visava pensar a realidade em sua universalidade, torná-la inteligível, objetivá-la, nunca pretendeu que a "ciência", em si, fosse suficiente para atingir o real. Ensinou que o conhecimento só é completo pelo retorno ao singular, isto é, ao concreto, que nisso havia uma "extensão" da inteligência à *praxis*, à ação, a qual, ainda que regida por leis gerais, é essencialmente singular. Ensinou, sobretudo, que o amor surge do conhecimento, tanto do conhecimento dos valores como do conhecimento dos seres. Segundo ele, o amor atinge o ser em sua existencialidade. Se é dileção, amor de amizade, vai de pessoa a pessoa (I-II, q. 26, a. 4). É por isso que quem ama percebe por uma espécie de conhecimento afetivo ou de conaturalidade a inconcebível individualidade do outro.

A verdade é que Santo Tomás nunca separa a pessoa da natureza no ser humano. É a pessoa que existe, mas numa natureza determinada que a especifica e com traços individuais que a particularizam. Tudo o que faz e sofre, no tempo, acrescenta-se a ela. Sobretudo o que cria por sua liberdade. Mas só pode se realizar em conformidade com sua natureza. A pessoa é a natureza singular, no estado de autopossessão de si mesma e, por conseguinte, de liberdade.

O universo

Para Santo Tomás, o universo é a totalização unificada das obras de Deus. Sua unidade é a de uma multidão de naturezas especificamente distintas cujas realizações individuais existem em si mesmas com suas essências próprias, mas que incluem, necessariamente, uma ordenação a seu princípio e fim e, por conseguinte, em último termo, ao Princípio primeiro, único, universal que é Deus. Se, de fato, é verdade que Deus só age para fazer existir, fora dele e diante dele, uma semelhança, uma expressão dele mesmo, se aí está todo o sentido da criatura como tal, ela não se multiplica, não se diversifica senão para realizar essa intenção profunda do ato criador: "A distinção e a multitude das coisas provêm da própria intenção da Causa primeira. Se Deus, com efeito, faz as coisas surgirem na existência, é para comunicar sua Bondade às criaturas, para representá-la nelas. E, porque uma só criatura não pode representar suficientemente sua Bondade, Ele produz uma multidão delas, diversificadas, para que o que falta numa para representar a Bondade divina possa ser suprido por outra. Assim, a Bon-

---

13. *Métaphysique*, livro 7, 1072 b, trad. Tricot, p. 680 ss.

dade que está em Deus em estado simples e uno está nas criaturas sob forma múltipla e distinta. Por isso, o Universo participa mais perfeitamente da Bondade divina e a representa melhor do que criatura alguma em particular poderia fazê-lo" (I, q. 47, a. 1). É por isso, também, que só pode haver um Universo, respondendo a uma só intenção divina, a um só projeto divino, reunindo seres que, quaisquer que sejam, onde quer que estejam, só podem tender pelo que são a uma mesma finalidade, à realização de uma mesma obra, a saber, a imagem de Deus.

Aqui aparece uma das ideias maiores de Santo Tomás, a da desigualdade, da hierarquia necessária das naturezas, cada uma das quais representa um grau de participação no Infinito divino. A distinção entre as formas só pode acontecer por maior ou menor participação no Infinito divino, e isso está de acordo com sua concepção da analogia do ser e dos valores transcendentes, que é *secundum plus et minus*. Para apoiar esse aspecto essencial de sua visão do mundo, cita sempre o mesmo texto de Aristóteles: "As formas das coisas são como os números, que se distinguem uns dos outros por adição ou subtração da unidade".

Deus é, pois, o Fim único do que existe, para o qual sobe e ao qual aspira toda a criação. "Para o Uno", eis o que significa "Universo". Essa visão do mundo não seria a de Santo Tomás se não se acrescentasse "que um ser não pode existir para Deus sem existir, também, para si mesmo e para seu próprio bem, (embora,) nessa espécie de imenso organismo que é o Universo, cada parte se encontre, primeiramente, para seu ato próprio e seu próprio fim"[14]. A ideia de um fim a alcançar, de uma obra a realizar, a cumprir, direciona o movimento do Universo e o tempo que o mede. Pois a criação, na tarde do sexto dia, tem apenas um primeiro acabamento, o das naturezas que a compõem. E o "sétimo dia", no qual se encontra o Universo, não é somente o do repouso de Deus, mas o da ação pela qual Ele conduz cada ser, cada natureza a seu término, a seu fim (cf. I, q. 73, a. 1: "É o sétimo dia o do término da obra de Deus?").

Manifesta-se, então, em toda a sua extensão e profundidade, não apenas o papel, mas o sentido das causas segundas. O sentido dessa causa imanente de seus atos que é, em cada ser, sua natureza. O sentido da ação das naturezas, dos seres, uns sobre os outros. Não é porque Deus precisa dessas causas segundas: "Não é por falta de poder que Deus age pela mediação da criatura, mas pela abundância de sua bondade. Com efeito, é por bondade que ele comunica à sua criatura não somente que, ela mesma, seja boa, mas que tenha a dignidade de ser causa de bondade para os outros" (I, q. 47, a. 3, sol. 1). Não é apenas pela eficiência que a criatura é mediadora, mas enquanto fim e mesmo enquanto causa exemplar: "O fim último de tudo é Deus. Mas sob este fim existem outros. Toda criatura pode ser ordenada a um outro, como a seu fim, a saber os que são imperfeitos aos mais perfeitos: a matéria à forma, os elementos aos corpos mistos, as plantas aos animais, os animais ao homem. É assim que se deve compreender a ordem do universo: uma criatura age sobre outra, é feita à sua semelhança, é-lhe ordenada como a um fim" (ibid., sol. 3).

A hierarquia das naturezas traduz-se pela das causas. É sempre o mais perfeito que age sobre o menos perfeito. "A desigualdade criada pela Sabedoria divina exige que uma criatura aja sobre outra" (I, q. 47, a. 3). Portanto, longe de Santo Tomás a ideia de que o mais e o melhor possam vir do menos. Certamente, pode-se encontrar, no conceito de instrumentalidade, a possibilidade de explicar uma formação do universo por evolução e ascensão das formas. O imperfeito não produziria então o mais perfeito, mas serviria instrumentalmente à sua produção, cuja causa própria seria sempre superior a seu efeito. Mas nada na observação dos fatos podia orientar Santo Tomás nesse sentido, e sua visão do mundo permanece essencialmente hierárquica. Mas ao mesmo tempo unitária, o todo estando sempre acima do mais nobre de seus elementos, e o menor dentre eles participando deles. "A paz divina impregna as coisas unindo-as todas, reunindo-as numa certa ordem. E essa ordem consiste em que os extremos estejam reunidos por intermediários. As realidades supremas, com efeito, influem sobre as mais ínfimas por intermediários, e é também por intermediários que as menores se dirigem às mais elevadas a fim de receber sua influência. De sorte que todas estão unidas entre si por uma amizade conatural. Não somente a paz divina reúne os extremos aos extremos por intermediários, mas, além disso, o Deus de paz une tudo a si mesmo, enquanto concede a cada coisa gozar à sua maneira da paz

---

14. GILSON, op. cit., 248.

divina. É à mais ínfima das criaturas e ao que há de mais ínfimo em cada criatura que ele a dá... Com efeito, nada há de tão pequeno nas coisas que não participe de algum dom divino, e é por essa participação que ela adquire uma amizade conatural com as demais criaturas, e o fato de estar com elas todas ordenada a um mesmo fim último que é usufruir de Deus" (*Nomes divinos*, cap. XI, leit. 2, encontro inesperado entre o austero comentarista de Dionísio e o poético Cântico das criaturas de São Francisco de Assis).

O universo de que Santo Tomás fala não se limita ao das coisas corruptíveis. O homem é o ápice supremo e absoluto do mundo do devir ("a alma humana é o fim de todo movimento da criação"). Nesse ápice, alcança o mundo dos puros espíritos. Sua alma situa-se no horizonte, nos confins onde se reúnem o tempo e a eternidade, a terra e o céu, o mundo da matéria e o do espírito (II CG, 48). Não se trata de outro universo, mas da parte invisível da obra única do Criador. O tratado dos anjos não é acidental e acessório na síntese de Santo Tomás. É aí que se encontra na sua pureza a metafísica do espírito, do puro espírito. É com deleitação particular que, por uma poderosa extrapolação, Santo Tomás, tomando da experiência humana as leis da vida e do espírito, deduz o que pode ser a vida de um puro espírito, de um espírito que só é espírito. Por contraste, encontra aí uma luz insubstituível a respeito da condição do espírito na condição carnal, a respeito da natureza de um conhecimento fragmentado, progressivo, obrigado a emergir sem cessar da vida ainda material dos sentidos, construindo-se pouco a pouco a partir de uma experiência do real que é, primeiramente, a de sua exterioridade e de sua multiplicidade. A alma do homem é espírito, certamente, mas pura potencialidade nessa ordem. Por sua vez, o anjo existe no próprio ato do pensamento, na posse atual de si mesmo e de tudo o que não é ele.

Isso não quer dizer que a união à matéria obscurece a alma humana. Ao contrário, é por essa união que ela pode exercer os atos do espírito. Encontra aí o meio de viver a vida de espírito; sua espiritualidade é fraca demais para compreender o real de outra maneira que não no estado de multiplicidade e de exterioridade que é o seu na matéria. Se há espírito sem matéria, eles são de uma natureza superior à das almas humanas. Como duvidar que Deus tenha criado tais espíritos? Mais próximos de Deus que os homens, mas não separados do homem e de seu mundo. É a eles e à sua função no universo que se refere a Revelação quando fala dos anjos que contemplavam a face do Pai e são enviados aos homens.

Portanto, entre o Espírito infinito que é Deus e o espírito encarnado que é o homem, é mister representar-se uma multidão de seres, a cada um dos quais, dotado de inconcebível riqueza ontológica, cabe uma essência distinta. Ficou banal dizer que a descoberta pela ciência moderna dos espaços infinitos, das inimagináveis durações e dos mundos incontáveis, desconhecidos, que os habitam, reduziram a Terra e o homem a não mais aparecer como um centro, mas como um pó minúsculo na incompreensível imensidão. Mas o homem da Idade Média habitava um mundo muito mais vasto e muito mais diversificado que o nosso. Achava-se expressão e fim apenas do mundo da geração e da corrupção. Fascinado pelos astros que brilham no firmamento e que os homens tinham por tanto tempo adorado, atribuía-lhes uma matéria diferente da que eram feitos, transmissora das energias superiores que causam a vida terrestre. Não acreditava ser ele o centro do universo mesmo material, embora fosse solidário com ele. Mas acima dele, muito além desses corpos celestes que dificultam, é preciso dizê-lo, sua representação do universo, o homem medieval concebia, invisível aos olhos e escapando de toda localização espacial ou temporal, uma multidão de espíritos — entre os quais era o último e o mais humilde —, espíritos incomparavelmente mais numerosos que a multidão das estrelas, cada um constituindo um mundo. (I, q. 50, a. 3): "É razoável pensar que o mundo dos seres espirituais excede incomparavelmente o dos seres materiais".

Uma visão tão ampla do universo relativiza singularmente o homem e seu mundo. Todavia, no universo, ser um espírito, por mais inexpressivo que seja, é suficiente para estar acima de tudo o mais, e, como uma criatura de segundo plano, uma vez que consciente e pensante. E se é verdade que o universo só existe para Deus, para representá-lo, para assemelhar-se e unir-se a ele, é nos seres que podem conhecê-lo e amá-lo — de outro modo que cegamente — que ele realiza seu fim. Esses, só esses, mas cada um deles, têm valor de fim em si e são queridos e governados por eles mesmos tanto quanto a totalidade do universo de que são partes essenciais (*De Veritate*, q. 5, a. 3). É neles que o universo tem seu rosto à imagem do de Deus, é neles que tem sua consciência e sua voz. Certamente, a luz dos puros espíritos não é comparável à nossa. Recebem-na de seu Criador com seu ser que é total transparência. O mundo lhes foi dado a conhecer no momento mesmo de sua criação, e o pensamento criador se inscreve neles no ato mesmo que faz surgir os seres de seu nada. O mistério do que Deus é em si mesmo é-lhes tão naturalmente fechado quanto aos homens. E, quando aprofundam o conhecimento da criatura e de si mesmos, tanto mais sabem que Deus é outro, e em si mesmo, incompreensível. Se por pura graça, entretanto, lhes foi dado penetrar nesse Mistério, participar do conhecimento jubiloso que Deus tem de si mesmo, apossar-se por esse conhecimento amoroso da Realidade mesma de Deus, é porque lhes foi dado, anteriormente, transgredir os limites de sua natureza, de toda natureza criada, de participar da própria Natureza de Deus. Em relação a essa ordem sobrenatural, todos os espíritos são iguais. Igualmente incapazes de ultrapassar o limite do criado, igualmente aptos a participar da natureza divina. Para essa "divinização", a "carne", a matéria não é obstáculo. E nenhuma representação intelectual, por mais aprimorada que seja, pode ser um meio. A ordem da natureza, do universo das naturezas, é inteiramente assumida pela ordem da graça; o universo das naturezas que o ato criador estabelece não é, certamente, destruído por essa sobrelevação, e cada um permanece exatamente o mesmo. Mas um "mesmo" ampliado ao infinito em sua dimensão espiritual.

Santo Tomás nunca concebeu um momento do universo que não polarizasse esse fim que é a visão de Deus pelos espíritos. Podemos achar exageradamente precisa e detalhada a descrição que faz do que teria sido a vida do homem na Terra caso não tivesse havido o pecado original. O que se deve reter desse Éden tradicional é a ideia que o inspira: a de uma natureza criada, e depois transmitida, no estado de participação da natureza divina e, por causa disso, toda ordenada a ela, até em seus movimentos propriamente naturais. Seria fácil fazer passar todo o patético agostiniano e pascaliano na calma, objetiva, e contudo cruel descrição da condição decaída do homem, "naturalmente", isto é, nativamente, separado de Deus, dos outros, de si mesmo e do mundo, e assim mesmo, irresistivelmente chamado por um Deus tornado inalcançável, que só o criou para si, fora do qual não tem fim, nem realização. Visão calma e serena, pois além da graça e do pecado há Cristo.

É em Cristo, ultrapassando toda criatura, que o Universo, o Único Universo, encontra finalmente seu Chefe, sua Figura, seu Representante.

Cristo no pensamento de Santo Tomás

Vimos, na exposição que fizemos dos temas que caracterizam o pensamento de Santo Tomás, que não há nenhum que não seja ao mesmo tempo filosófico e teológico. E, como sublinhamos mais de uma vez, é sempre o teológico que prevalece, pois é sempre a compreensão da fé que se procura, e a alma dessa síntese, que se quer total, é a contemplação do mistério divino. Nem se deve pensar que o instrumental conceitual utilizado determinou pura e simplesmente uma atitude teológica. O que é primeiro, com efeito, é o dado revelado, as questões que suscita e as luzes que fornece. Quando se discute Santo Tomás, não é apenas sua filosofia que se deve considerar, mas sua leitura do dado da fé.

A especificidade de seu pensamento na Igreja é, portanto, de ordem teológica. É o que aparece com evidência em sua teologia da Encarnação.

A Encarnação é, para Santo Tomás, ao mesmo tempo, o vértice do mistério de Deus, pois é uma extensão até a criatura do mistério trinitário, e o vértice do mistério do homem, pois é a ascensão deste ao cume absoluto da ordem da Criação: a natureza humana transcende-se por essa união e nessa união à Pessoa divina.

A doutrina da Encarnação de Santo Tomás é escrupulosamente guiada pela de Calcedônia. Nem por isso deixa de ser fortemente caracterizada, antes de tudo, pela profunda persuasão de que, na Encarnação, o movimento de descida de Deus para o homem é anterior ao movimento de subida do homem para Deus (III, q. 34, a. 1). Ou melhor, essa subida do homem e de toda a criação para Deus é, na realidade, uma assunção da criatura *por* Deus e *em* Deus, cujo princípio é a vinda nela do próprio Deus que se une a ela e, por isso mesmo, a sobreleva, a cumula de todos os seus dons, dela fazendo o instrumento de sua ação.

Essa intuição fundamental implica a da liberdade absoluta da encarnação de Deus. O maravilhoso resultado, ou melhor, a exaltação da obra criadora que ela realiza é puramente gratuita. Consequentemente, um Universo sem Encarnação teria tido razão suficiente de ser. Mas teria sido inteiramente diverso do atual existente, até mesmo em seus mínimos pormenores. A obra criadora foi inteiramente refundida pela encarnação do Verbo. Essa foi a razão, aliás, pela qual Santo Tomás tomou o partido que se sabe no famoso debate sobre o motivo da Encarnação. Teria havido a Encarnação sem o pecado do mundo? A resposta de Santo Tomás é que, embora sumamente conveniente em si, não foi de maneira alguma necessária e não depende de exigência alguma da criatura. A essa pergunta somente a Revelação poderia com certeza responder. Pensou que essa resposta era clara e que os próprios textos que dizem que Deus se fez homem dizem, também, que foi por nós e para nossa salvação. Em sua mente, nada muda em relação à concepção de um Universo todo ordenado para Cristo.

A finalidade redentora da Encarnação não impede nem minimiza o papel de Cristo como Cabeça do Universo e divinizador das criaturas espirituais. Ao fazer-se homem, o Filho de Deus reúne, "recapitula" nele, nessa humanidade que faz sua, a totalidade da obra criadora, e é por isso que toma para si a tarefa de reconciliá-la com a Divindade.

Para compreender melhor essa tese, nada melhor que o artigo primeiro da Terceira Parte em que ele pergunta se convém *a Deus*, enquanto Deus, encarnar-se. Responde afirmativamente, porque assim Deus realiza com sua criatura a união mais íntima que se pode conceber, comunica-se a ela *summo modo*. Ora, dar-se é próprio do bem, e Deus é a natureza mesma da bondade. Se é verdade que o sentido das obras de Deus *ad extra*, fora de si mesmo, é dar-se, é precisamente no ser que o dom alcança seu vértice, sua plenitude — que o próprio sentido do universo se realiza. Para que tão forte razão não torne difícil conceber um universo sem Encarnação, é preciso lembrar que tal superioridade do dom permanece livre e acrescentar, talvez, com São Boaventura, que não deixa de haver nessa superioridade um excesso só justificado pela necessidade que dele tem a criatura por ter pecado.

A contemplação de um universo inteiramente "crístico", que poderia não ter sido, e que o é por causa do pecado do homem, dá a esse pecado, evidentemente, e ao próprio homem, uma extraordinária importância: toda a importância do problema do Mal. Importância que não se compreende senão em relação a Deus. "É ao próprio Bem incriado que o pecado se opõe" (I, q. 48, a. 6), contrariando o amor da criatura para seu Criador de quem o pecado é a recusa. A ideia de fim último e de bem-aventurança, válida, por si, para fundar e dirigir toda uma moral natural, assume, aqui, um valor absoluto e transcendente, pois esse fim não é natural, é o próprio Deus. Esse fim sendo pessoal, dando-se por amor, tem o nome de — e não pode deixar de tê-lo — amor. Mas a enormidade do Mal — do sofrimento e da morte como do pecado, indissociáveis um do outro —, a enormidade dessa negação de Deus, tornaria o mal intolerável ao espírito, se seu mistério mais profundo não pudesse provocar um bem maior, uma revanche de Deus: esse "bem maior", essa comunicação máxima de bem divino, é a encarnação de Deus. Deus salva sua criatura, sua obra, sua glória, fazendo-se aquilo mesmo que estava perdido.

A união do divino e do humano em Jesus Cristo, quer tenha sido provocada pela queda e pela ruína da criatura, quer tivesse de acontecer de qualquer modo, é o auge da obra de Deus, daquilo que se poderia chamar de "êxtase" de Deus em sua obra. União da Pessoa divina com a natureza humana, da Pessoa divina, enquanto divina e pessoa, com a natureza, enquanto natureza e humana.

União hipostática, união da Pessoa divina com a natureza humana na unidade de uma única pessoa, a pessoa eterna do Verbo ou Filho de Deus, são essas noções dogmáticas que querem exprimir o que a Escritura diz e que a fé professa: o mesmo ser, o mesmo sujeito é, ao mesmo tempo, Deus e homem. Santo Tomás aceita essas afirmações da fé em todo o seu vigor, e, se há nele uma originalidade, é a de nada sacrificar ou mesmo atenuar. Mas com esta condição, a de compreender a prioridade de que falamos, do movimento de Deus para o homem em relação ao movimento do homem para Deus. A Pessoa divina existe antes de encarnar-se como Filho eternamente gerado. Vai para o que ainda não é mas vai ser, ela o cria, assume-o e o une a ela a ponto de impedir que tenha existência e realidade fora dela. Toda cristologia "dualista", tudo o que faria de Jesus um sujeito distinto perante Deus, um homem chamado Deus ou Filho de Deus por mera participação ou delegação de poder, pareceria, sob qualquer forma que fosse, tirar todo significado da Encarnação.

Mas em sua teologia a Pessoa divina não elimina da natureza que assume o que a faz ser o que é como natureza, quer dizer, humana. Tudo o que Cristo em sua humanidade é, sofre ou faz é o Verbo que é, faz ou sofre. Santo Tomás o afirma com o maior vigor. E com a mesma força afirmará a realidade concreta, histórica, da humanidade de Jesus. Por que Deus haveria de assumir o humano se fosse para destruir ou mesmo atenuar o humano? Mais Deus é verdadeiramente esse homem, mais deve conservá-lo, assumindo tudo o que é humano.

Para compreender esse paradoxo, Santo Tomás é ajudado, evidentemente, por sua metafísica do ser e da natureza. Se criar é produzir um ser constituído em sua natureza própria, e conservá-lo sempre no meio dos mais sublimes desenvolvimentos, encarnar-se será fazer seu, pessoalmente seu, um ser de uma natureza determinada e inalienável. Não outra pessoa, certamente, pois isso faria dois seres, mas outra natureza marcada por todos os traços de uma forte e original individuação.

Quando Santo Tomás apresenta a natureza humana de Cristo, dotada já nesta Terra da plenitude absoluta, não só da graça mas do conhecimento, não nos esqueçamos que ela permanece, em tudo, humana e que se trata para ela, portanto para o Filho de Deus nela, de participar no mais alto grau possível da Divindade. Para Santo Tomás, a humanidade de Jesus — ao menos quanto à alma —, desde sua vida terrestre, estava no vértice da criação, acima dos próprios anjos. Poder-se-ia questionar essa quase antecipação da glória, que representa a exaltação terrestre da psicologia de Cristo, sem atingir a própria essência da cristologia de Santo Tomás. Talvez estivéssemos na linha de sua constante afirmação da verdade humana de Cristo. De qualquer modo, por maior que seja, a natureza humana de Cristo permanecia humana e terrestre em tudo o que a tornava vulnerável ao sofrimento, e mortal, e tanto mais que, por ela e nela, devia cumprir a incumbência de resgatar o homem, de satisfazer por seu pecado, de merecer sua salvação, sua divinização, de merecer tornar-se, ele mesmo, o instrumento de toda essa obra.

A finalidade redentora da Encarnação aparece, então, com toda a sua força: a exaltação do universo e a divinização do homem, sua própria ressurreição e exaltação, princípio de tudo, passam por seu sacrifício redentor e se manifestam como o dom do amor. A marca própria de Santo Tomás, teólogo da Redenção, encontra-se no rigor com que situa o poder redentor da vida, do sofrimento e da morte de Cristo na caridade que o anima, única capaz de contrabalançar esse mal que é o pecado e merecer o infinito para todos. Encontra-se, também, em seu cuidado em fazer do ato redentor, ao mesmo tempo, ato humano e ato de Deus: *ato humano*, realizado em nome de todos os seres humanos e a ser reproduzido e continuado neles; ato também desse Deus encarnado, o que dá a seus atos humanos não só um valor e um alcance infinitos, mas o poder de produzir a graça que mereceram. Nada mais característico da cristologia de Santo Tomás que essa ideia de causalidade propriamente dita, da causalidade ontológica, mediante a qual Cristo, tendo passado pela morte e ressuscitado, torna-se glorificado, a causa, a fonte de tudo o que é graça.

Eis o que lhe possibilita dar à imagem da Igreja, corpo de Cristo, um extraordinário poder. Pois a graça é a própria vida de Deus, da própria divindade, comunicada em plenitude à sua alma de homem, para daí chegar à alma de cada um de nós. A multidão dos que recebem assim a vida de um mesmo e único princípio, uma vida espiritual, uma vida que é própria a cada um mas resulta em cada um da presença de um mesmo e único Espírito, o Espírito de Cristo; a diversidade dos papéis de cada um e mesmo de seu grau e modo de participação, finito em cada um, infinito em sua fonte: isso faz pensar num corpo cuja cabeça é Jesus e cuja alma ou princípio vital é seu Espírito. Na verdade, é mais que cabeça, tão interiores são e imanentes essa vida e seu princípio. Merece, no entanto, ser chamado assim em razão de seu papel de princípio e por essa plenitude que dá aos outros. Humanidade que permanece verdadeiramente humana no momento em que chega ao cume de sua semelhança com a Divindade, de que é inseparável, pois pertencente à própria pessoa do Filho. Fiel à sua antropologia tão pouco dualista, Santo Tomás diz que não somos membros de Cristo apenas por nossas almas, mas também por nossos corpos, porque toda vida de graça, por mais espiritual que seja, encarna-se em nosso ser corporal, na Terra, no tempo, e, aliás, é no seu próprio corpo de glória que Cristo ressuscitado é o instrumento da graça. Daí decorre que para gerar nos homens essa vida da graça, para alimentá-la, desenvolvê-la em meio a todas as forças que lutam contra a morte, haja uma presença e ação invisíveis de Cristo ressuscitado nesses sinais visíveis que são os sacramentos, no centro dos quais está a Eucaristia.

A teologia dos sacramentos em Santo Tomás é a própria continuação da teologia da Encarnação e da Redenção. Causa admiração não se encontrar na *Suma teológica* o tratado sobre a Igreja, que teria aí seu fundamento. A Igreja é o corpo místico de Cristo tornado visível e desenvolvendo-se no tempo pela pregação da mesma fé, pelos sacramentos e pelo culto sacramental, pela assembleia reunida na oração, na pregação e na prática da fé.

Essa teologia da Encarnação faz compreender que, antes de poder desenvolvê-la, Santo Tomás queria, primeiro, falar de Deus, da criação e do homem, uma vez que a volta da criação a seu Criador opera-se em Cristo e por ele. O sentido de sua humanidade é ser a mediadora dessa volta. Aí está a explicação do lugar que Cristo ocupa na *Suma teológica*: "Porque nosso Salvador, o Senhor Jesus Cristo, desejando, conforme testemunha o anjo da Anunciação, salvar seu povo de seus pecados, mostrou em si mesmo o caminho da verdade pela qual, ressuscitando, poderemos chegar à bem-aventurança eterna; a fim de cumprir inteiramente o empreendimento teológico, e tendo primeiro considerado o fim último da vida humana, as virtudes e os vícios, é necessário aplicar-nos ao próprio Salvador e aos benefícios com que cumulou o gênero humano"[15].

O intelectualismo de Santo Tomás

O que caracteriza o pensamento de Santo Tomás não é esta ou aquela tese nem seu conjunto, é a ideia que se faz da inteligência. Vimos seu realismo, sua ordenação fundamental ao ser, ao real. Vimos sua ambição de dar-se por objeto o próprio Deus e abarcar, assim, a totalidade do real, mesmo ao preço de uma inadequação infinita entre aquilo a que visa e o que atinge. Mas ele chega a fazer desse empreendimento — a seus olhos mais apaixonante, mais "deleitável" que qualquer outro — o fim último da existência humana? Para alcançá-lo, seu único recurso, seu recurso principal é a inteligência? E como reger, a partir disso, todas as forças afetivas, toda a potência voluntária, toda a liberdade, toda a atividade do homem? Pensar seria a finalidade do homem? Seu principal valor? O ato por excelência de Deus? Estamos, no seio do cristianismo, diante de um intelectualismo, por certo, não racionalista (a razão como tal é, sempre, superada pelo Ser), mas transcendente (o Ser é inteiramente inteligível, mas apenas em seu ato supremo, em Deus, no qual se identificam o Ser e o Pensamento)?

Talvez mais que em qualquer outra questão, revela-se arriscada a necessidade de qualificar com uma única palavra a doutrina de Santo Tomás. Para ele, a inteligência não está nem nunca esteve sozinha. Diante da realidade, e para alcançá-la, nascem na mente essas duas potências, inseparáveis e complementares, que ele chama intelecto e apetite, sendo o apetite mais universal que o intelecto, pois nem todos os seres conhecem, enquanto todo ser tem um apetite, o qual assume no espírito a forma do que chamamos vontade ou amor. Santo Tomás dedica ao amor análises e desenvolvimentos tão abundantes, tão aprofundados quanto os que dedica à inteligência, e sempre comparando um com outro. Em sua linguagem, o amor é o movimento fundamental da potência apetitiva do espírito que é a vontade. A palavra *amor*, na verdade, pode valer para tudo o que é apetite, querendo dizer inclinação de um ser para seu bem. No homem, vale primeiro para o apetite sensível, assim chamado porque se inclina ao que parece bom aos sentidos. O apetite sensível, com suas paixões, está tão inextrincavelmente misturado ao apetite espiritual quanto as impressões dos sentidos e as imagens à inteligência humana. É como ato próprio e primeiro do apetite espiritual que o amor humano nos interessa aqui. O bem age sobre o agente espiritual, desperta-o e o atrai, enquanto percebido pela razão, independentemente da vibração dos sentidos e da eclosão dos instintos. "Percebido" pela razão, isso quer dizer, antes de tudo, em toda a sua universalidade. Não se quer, não se ama, a não ser aquilo que se considera como realização particular na existência da razão universal de bem, como colaboração à felicidade do sujeito, à realização de seu fim. Portanto, o apetite nasce da inteligência, e o amor da presença intencional nela do objeto conhecido como sendo bom. Assim, na natureza, toda forma tem uma inclinação para o que é seu bem. Nada existe senão para algo. Assim, todo conhecimento de um ser como bom determina uma satisfação com a realidade de que se tem a imagem ou a ideia, uma inclinação para essa realidade tal como existe na natureza das coisas. O fato de amar já é, por si mesmo, certo modo de união à realidade ainda ausente, mas diverso do modo do conhecimento. O conhecimento faz a realidade existir no interior do espírito, enquanto o amor faz existir o sujeito na realidade amada. Em ambos os casos, de maneira intencional. Portanto, pelo conhecimento e pelo amor, o espírito visa apossar-se da

---

15. Prólogo da Terceira Parte da *Suma teológica*.

realidade, identificar-se de certa maneira com ela. Mas diferente e complementarmente. Amar não é conhecer, e um é irredutível ao outro. A única razão de distinguir a inteligência da vontade é que elas têm relações ao ser muito diferentes e de outra ordem, correspondendo, aliás, a esses dois aspectos transcendentais e transcendentalmente distintos do ser: a verdade e o bem. Ainda mais profundamente: a essência e a existência. "A perfeição do intelecto lhe é dada pela essência das coisas que recebe, mas não segundo seu *esse naturale*; a perfeição da vontade — o bem — 'lhe é dada pela existência que as coisas têm em si mesmas' (*secundum esse quod habet res in natura rerum*)" (*De Veritate*, q. 21, a. 1).

Quase todos os anti-intelectualismos atribuem ao amor certo poder de conhecer, certo tipo de conhecimento, mais próximo do instinto, mais intuitivo. O que é desvalorizado não é tanto o conhecimento quanto a conceitualização, a racionalidade, a noética pura. Dessa forma, o específico da vontade e do amor escapa. Para Santo Tomás, esse tipo de conhecimento afetivo, experimental, mesclado de amor, inconceitualizável, existe. Mas é fato também o poder de conhecer, e o amor é para este um meio de alcançar seu objeto pela conaturalidade que cria com ele, a presença que lhe dá ou, simplesmente, pela transformação que impõe ao sujeito cognoscente. Essa maneira de conhecer é imperfeita enquanto conhecimento. Mas não enquanto união. Essa inseparabilidade da inteligência e da vontade é tão universalmente verdadeira que não se pode pensar o próprio Ser divino de outra maneira que não Pensamento ou Amor ou, se se preferir, Pensamento e Vontade. Por mais idênticos que sejam em Deus esses dois aspectos do Ato espiritual, refletem-se no espírito criado em duas dinâmicas irredutíveis uma à outra, mas necessariamente complementares. Mesmo em Deus, é preciso dizer que é como expressão de pensamento que o Verbo procede, como expressão de amor que o Espírito Santo procede. A ordem que está em nós entre amor e conhecimento revela-se, portanto, como uma imagem do próprio Ser divino.

O problema do intelectualismo de Santo Tomás está na maneira como concebe e realiza as relações de conhecimento e do amor, da inteligência e da vontade. Resume-se a três questões recorrentes e resolvidas no conjunto de sua obra:

1. É a inteligência que comanda o amor ou é o amor que comanda a inteligência?

2. É no ato máximo de conhecimento ou no ato máximo de amor que o homem alcança formalmente seu fim, sua bem-aventurança?

3. É o conhecimento, de per si, um ato ontologicamente mais nobre que o amor?

A primeira questão é fácil de resolver. Sabemos, de fato, que só a inteligência apresenta à vontade o que é seu objeto, o que, em um ser, pode fazê-la amar. E é na medida em que o juízo da inteligência apresenta à vontade seu verdadeiro objeto, quer dizer, o que é verdadeiramente bem para ela e em si, que a vontade poderá ser boa e o amor ter seu valor. A vontade conserva, é verdade, seu poder de escolha e, consequentemente, de preferir tal bem a outro, e mesmo aquele que, em si e para o verdadeiro eu não é bem, ao que o é. Nisso consiste sua liberdade. Somente um bem que se apresentasse como sendo a totalidade de tudo o que é bom poderia necessitar da vontade. A vontade pode escolher — sem outra causa determinante que não ela mesma —, julgar que determinado objeto é bom para ela, portanto amá-lo e agir para ele. Mas não pode fazer que um ato seja bom ou não em si mesmo. O que prevalece não é a inteligência nem a vontade, é a realidade.

Isso é verdadeiro mesmo para Deus. Como não pode pensar nem querer a contradição, tampouco pode declarar bom o que, em si, não o é, porque contrário ao fim de um ser ou de sua própria ação divina. Seria querer contra si mesmo. Mas a essa prioridade da inteligência sobre a vontade há uma contrapartida. Se é verdade que a inteligência dá ao amor seu objeto, fazendo aparecer a bondade e a beleza do ser, é o amor que leva a conhecer, é o amor que é a alma do conhecimento. Onde está teu amor, aí está teu olhar. Só o conhecimento pode fazer que "o amor que não se contenta com uma posse superficial do ser amado procure conhecê-lo por inteiro e consequentemente penetrá-lo no que tem de mais íntimo" (I-II, q. 28, a. 2). Essa interação da inteligência e do amor é particularmente manifesta quando se trata de Deus, que é inseparavelmente a Verdade e o Bem supremos: para Santo Tomás, o amor de Deus leva a conhecê-lo, a conhecê-lo na medida em que é cognoscível ao homem, a preferir esse conhecimento a qualquer outro, mesmo mais claro, e a esclarecer a verdade de Deus e de tudo à luz de Deus. Forma exigente do amor de Deus, esse amor de sua verdade utiliza todas as forças da inteligência para que possa conceber e dizer humanamente o que Deus é na realidade. Paixão devoradora e sadia que quer saber tudo que Deus nos faz conhecer de si mesmo por nossa razão e sua revelação! Paixão alimentada pelo extremo orgulho e deleite do ato de conhecer, mas pelo amor dAquele que se procura conhecer (II-II, q. 180, a. 1), "para amá-lo como Ele é". Estranha e rigorosa paixão. Em muitas circunstâncias, o amor, melhor que a lógica, ajuda a descobrir a realidade, mas é tarefa da inteligência mostrar por que é verdade o que sentimos como tal. Santo Tomás não desconhece essa conaturalidade que o amor cria entre quem pensa e o objeto de seu pensamento. Mas essa conaturalidade não é objetivável. Acima de todo aparelho conceitual e de toda "ciência", está o acesso à realidade presente e atuante de Deus que possibilita o amor graças a tal conaturalidade; mas, quando o amor se torna propriamente meio de conhecimento concreto e saboroso, só faz crescer o desejo e a vontade de exprimir-se em conceitos verdadeiros, certos, não obstante insatisfatórios mas provocadores de desejos infinitos. No rigor e despojamento do raciocínio teológico, há um amor, uma vontade, uma ascese, uma moral da inteligência e até uma mística da verdade. Vê-se, assim, que inteligência e vontade envolvem-se mutuamente numa interdependência cujo resultado é um movimento único em direção à realidade.

A resposta de Santo Tomás à segunda pergunta que fizemos é muito simples e totalmente evidente. Quando aquilo que se ama é uma realidade espiritual, a única que pode beatificar o ser espiritual, é pela inteligência que a possuímos e que a tornamos realmente presente. Conforme célebre expressão do Pe. Rousselot[16], o intelecto é "captador do ser". É igualmente "captador de Deus". Com efeito, quando se trata de Deus — bem infinito ao qual não falta bem algum —, possuí-lo, estar realmente unido a ele, só se realiza pelo ato que o vê, cujo princípio pode ser sua presença real, a presença de sua essência: "A essência divina une-se, direta, imediatamente à inteligência beatificada" (I, q. 12, a. 2, sol. 3). Portanto, é o ato de ver Deus que constitui formalmente a bem-aventurança, mas esse ato, unindo supremamente ao real, é o desejo do amor. Quando esse desejo é satisfeito, "o amor se alegra, repousa absolutamente no fim enfim possuído" (I-II, q, 3, a. 4).

É preciso tomar muito cuidado com a simplicidade dessas fórmulas. Lendo-as, parece que o amor é só desejo ou gozo, que se define inteiramente em relação ao ato que possui, ao ato supremo da inteligência imediatamente informada pela própria essência divina. A própria ideia de gozo deve ser diferentemente entendida, quando se trata de conhecimento e quando se trata de operação totalmente outra. Quem vê goza, ou melhor, "se regozija" com o objeto que possui, com o que é, com sua beleza (I, CG, 90). Santo Tomás sempre situa a especificidade do amor no que denomina "êxtase", a saída de si para o que se ama. O êxtase define e distingue o amor do mais alto conhecimento: "O êxtase do outro amor consiste em que o apetite de alguém se inclina para outro distinto de nós mesmos, fora de nós: *exiens extra seipsum*" (I-II, q. 28, a. 3). "Deus", diz ele, citando Dionísio, "porque ama, conhece o êxtase" (ibid. Solução). Por isso, não é só de sua própria felicidade que o bem-aventurado se regozija, mas do próprio bem de quem ele ama, do bem de Deus, pois "no amor de amizade quem ama sai de si mesmo (*exit extra se*), porque o amigo quer o bem do amigo" (I-II, q. 28, a. 3) "e considera a felicidade de seu amigo como sua própria" (I-II, q. 32, a. 5).

Além disso, possuir seu fim faz que se aspire a dá-lo. Essa plenitude que o ato da inteligência gera quando se apossa de seu objeto em sua realidade existencial, é o Bem, o Bem infinito, a Bem-aventurança daquele que a recebe. Plenitude que não cabe em si, comunica-se. *Bonum diffusivum sui*. Da inteligência jubilosa sempre nasce o amor que se dá. Assim é com Deus. Essa posse de si mesmo pela inteligência que, de certa maneira, faz a bem-aventurança de Deus, redunda em dom de si. O mesmo acontece com o bem-aventurado. Retribui a Deus, pelo louvor, o que dele recebe. Nesta Terra, aliás, quem contempla Deus é levado por sua beatitude a comunicar o que contempla. "Contemplar e dar aos outros o que se tem contemplado." Verdade também para a beatitude imperfeita que o sábio deste mundo procura. Ele precisa partilhá-la, comunicá-la, falar, ensinar.

A terceira questão vai fazer uso diretamente da comparação propriamente ontológica do conhecimento e do amor. "A mais alta operação

---

16. Rousselot, P., *A teoria da inteligência segundo Tomás de Aquino*, São Paulo, Loyola, 2000; Meneses, P., *Conhecimento afetivo em Santo Tomás*, São Paulo, Loyola, 2000.

do homem é a da inteligência" (I, q. 12, a. 1). "A inteligência é uma potência mais nobre que a vontade" (I, q. 82, a. 3). Não se trata apenas de prioridade, mas de primazia. A inteligência e a vontade têm em comum unir o espírito à realidade. Por si, ontologicamente falando, a inteleção é mais poderosa, mais identificante que o amor. Por isso mesmo, mais perfeita. "A inteligência recebe em *si mesma* a perfeição, a nobreza daquilo que conhece, e, de uma vez, o eleva ou o rebaixa a seu próprio nível de espiritualidade. A vontade, o amor une-se à perfeição, à nobreza de seu objeto tais como estão nele. De si, *simpliciter*, absolutamente falando, é mais perfeito possuir em si mesmo a nobreza de outra coisa que ser apenas ordenado a ela tal como existe fora de si mesma. Pode ocorrer que seja muito mais perfeito ordenar-se, referir-se, de alguma maneira, a uma realidade nobre do que possuí-la em si mesma. Principalmente quando o modo de possuir essa realidade for muito inferior ao que essa realidade tem em si mesma. Se, ao contrário, o modo pelo qual se possui a realidade, pelo conhecimento, é superior ou mesmo igual ao que ela tem em si mesma, sem dúvida alguma é mais nobre conhecê-la que amá-la" (*De Veritate*, q. 22, a. 11).

Resulta do acima exposto que é mais nobre conhecer as coisas materiais que amá-las, mas, aqui na Terra, é muito mais vantajoso amar Deus que o conhecer. Conhecer Deus por conceitos não é possuí-lo em si mesmo, senão de um modo infinitamente abaixo do que é, enquanto amá-lo é alcançá-lo, inclinar-se para ele e, dessa maneira, unir-se a ele pela razão, pela fé, tal como é em si mesmo. Na Terra, pela razão, pela fé, pela mais alta contemplação, "o intelecto pode muito menos compreender o divino que o coração querê-lo e amá-lo". Na visão beatífica, ao contrário, Deus estará no espírito tal como é em si mesmo, e tal inteligência será mais unificante que o amor por sua própria força. Tal é a união que o amor deseja quando ama Deus ausente. Mesmo que conserve dentro da visão beatífica seu poder de união: não só Deus em mim mesmo, mas eu em Deus (I-II, q. 28, a. 2). Não só a posse, mas o êxtase (ibid., a. 4). E, se é verdade que o amor não dá ao ser uma perfeição ontológica tão grande quanto pode o conhecimento, o amor tem, assim mesmo, sua perfeição: é ele que torna o ser pura e simplesmente bom e absolutamente amável.

Esse é o intelectualismo de Santo Tomás, muito diferente do de Aristóteles. A mais alta ideia que Aristóteles concebeu de Deus foi a do "Contemplador". Chegou a dizer que essa contemplação era vida e felicidade. Assim, também, a mais alta vida do homem — para cujo sucesso e perfeição tudo deve concorrer — parecia-lhe ser a do sábio que contempla o sentido e o fim das coisas. Certamente, Santo Tomás não acreditou que a revelação cristã do amor rebaixasse tão alta ideia de inteligência, a ponto de tornar o impulso cego primeiro em relação à luz. No Deus que aprendeu de Cristo e da Tradição cristã, a inteligência só é exaltada com o Amor, o Verbo não procede senão como princípio do Espírito Santo. Por isso, diz ele, "não é de qualquer perfeição da inteligência que se pode dizer: imagem do Pensamento divino, do Verbo divino, mas apenas daquela que faz nascer o amor" (I, q. 43, a. 5).

V

GÊNERO LITERÁRIO DA *SUMA TEOLÓGICA*

Ao abordar esse grande pensamento no próprio texto da *Suma teológica*, importa compreender seu gênero literário. É essencialmente didático e reflete procedimentos de ensino que não são mais atuais. Contudo, a alma desses procedimentos é uma lógica cuja simplicidade, rigor intenso e força conserva todo o poder sobre a mente: definições precisas, sem inexatidão de palavras, divisões e distinções penetrantes e, sobretudo, rigor e clareza da demonstração; nenhum apelo à arte de persuadir por elementos extrínsecos ao próprio substrato do problema estudado, menos ainda a procedimentos retóricos, às belezas ou a um encanto de linguagem que distrairiam a atenção da pesquisa pura da verdade.

Aliás, muito menos formalizada, como virá a ser na escolástica posterior, a demonstração apresenta-se em rigorosos e leves encadeamentos sem que se sinta a necessidade de decompor-se em silogismos explícitos. Há beleza nessa ordem e nessa clareza, mas é a beleza da verdade, da verdade em si, manifestando-se à razão mediante o desenvolvimento e a conexão dos conceitos. Algumas frases, muitas vezes concisas e assim mesmo saborosas, fazem ver essa beleza sem exprimir a admiração ou o sentimento sentido pelo autor. Na verdade, a tradução é uma temível provação para tal estilo. O latim medieval é uma língua viva, flexível, que se moldou a partir do latim literário e, justamente, para expressar conceitos filosóficos ou realidades espirituais. É uma língua na qual se pensava e, também, se rezava. Mas não é uma língua "materna". Não foi feita diretamente para expressar o vivido.

Admira-se a criatividade que permitiu a uma língua tão pouco filosófica como o latim falar e pensar filosoficamente. Os humanistas acharam-na bárbara, incorreta. Mas não se deve compará-la com o latim do qual nasceu. É verdadeiramente outra língua, expressando outra cultura. O mais grave é a dificuldade para traduzi-la. As palavras só conservaram em parte, nas línguas modernas, o sentido preciso dado pela escolástica à palavra latina correspondente. O ideal escolástico, que era de falar formalmente, isto é, exprimir as coisas de acordo com um ponto de vista preciso e com palavras cujo sentido fosse reconhecido e definido, só se mantém com dificuldade numa tradução. Dizem os comentadores da Escola: "Santo Tomás sempre fala formalmente". E também com uma leveza e uma liberdade que apelam ao contexto, à intenção precisa do momento, ao valor analógico das palavras. Frases que, em latim, têm elegância, fluidez, certo ritmo, a ordem mais exata, passam a ser, traduzidas, quase pesadas e canhestras, até mesmo imprecisas. O que Santo Tomás chamava de "admirável brevidade de Aristóteles", o que ele próprio soube conservar do gênio do latim, a concisão, a expressão condensada, sintética, corre o risco de diluir-se ao ser traduzido. Pergunta-se se o pensamento lógico que se esforça por passar inteiro às palavras e à estrutura das frases não é tão rebelde à tradução quanto a poesia e se a tradução da *Suma teológica* não é tão difícil quanto a da *Divina comédia*. É preciso acrescentar que o estilo da *Suma teológica* é mais austero que o das demais obras de Santo Tomás. Ele quis dizer tudo com o menor número possível de palavras. Seu objetivo, sabemos, era reunir num só escrito o que, geralmente, desenvolvia-se amplamente a respeito de todas as questões.

Por isso, não se encontram na *Suma teológica* os vastos desenvolvimentos das Questões disputadas ou da S*uma contra os gentios*, a exibição frequente das vastas perspectivas e o estilo eloquente e até opulento cuja qualidade literária é inegável. É como "conjunto", como *opus rationis*, obra da razão, que a *Suma teológica* é única. Cada um de seus elementos esclarece-se por seu lugar num conjunto que parece estar, a cada momento, presente por inteiro ao mesmo tempo no espírito de seu autor. Sua beleza própria e sua inteligibilidade originam-se disso. Conforme diz Jacques Maritain,

"é essencial ao tomismo exigir que tudo o que é da construção e da estrutura seja rigorosamente subordinado ao que é da atividade imanente e do movimento vital da intelecção: não é um sistema, um *artefactum*, é um organismo vital". Chenu acrescenta: "Em Santo Tomás, o aparato didático marca mais que alhures, a presença do espírito". A palavra "organismo vital" traduz melhor, de fato, que a metáfora usual de catedral, o dinamismo próprio à ordem interna da *Suma teológica*. De Deus ao homem e do homem a Deus, esse movimento de saída e de retorno, alma de toda criação, é o princípio unificador e vivificador desse "livro que quis reunir tudo".

O dinamismo de um pensamento tão construído, tão arquitetural, digamos, tão orgânico, aparece, também, não apenas no encadeamento dos temas, mas na forma de questões que cada um deles assume. Por múltiplas que sejam as divisões da matéria e por mais que sejam constantemente lembradas, Santo Tomás não deu títulos, e é tendo em vista a clareza que dividimos sua obra em tratados. Ele não deu nenhum outro título além de: Primeira Parte, Segunda Parte (divididas em duas), Terceira Parte.

No interior de cada uma delas só há "questões", e vai-se, assim, de questão em questão, cada uma delas chamando a seguinte e, por assim dizer, gerando-a por um desenvolvimento quase contínuo. Cada "questão" se apresenta, aliás, como uma sequência de "artigos". O artigo é a unidade do discurso. E cada um se apresenta sob a forma de uma questão a resolver. É a sequência, o encadeamento, a progressão dos artigos de uma questão que é preciso, primeiramente, compreender a fim de abarcá-la. A solução proposta num artigo sempre o é sob forma de interrogação. Começa-se por enumerar as objeções que lhe poderiam ser feitas. Segue-se, sob o título de *Sed contra*, um argumento que é uma "autoridade", uma formulação da fé ou da Tradição geralmente aceita, a menos que seja alguma verdade reconhecida por todos ou já adquirida e que não necessitará de demonstração. Essa afirmação que dá por antecipação, e como por fora, a certeza do que se quer demonstrar, não manifesta a razão em que se baseia a tese proposta nem sua plena inteligibilidade. Vem, então, o "corpo do artigo", a demonstração direta do que se afirma, ligada a tudo o que precede e avançando um passo mais numa pesquisa sempre mais ampla. As respostas às objeções pelas quais se tinha iniciado apoia-se nas distinções e elucidações do corpo do artigo. Muitas vezes são essas respostas que vão ao fundo das questões.

Essa construção que será, do início ao fim, a da *Suma teológica* era unanimamente aceita, o que facilitava singularmente a comparação e discussão. Começava-se com a "leitura" comentada de um texto-base que, por muito tempo, foi tarefa própria do Mestre. A respeito dessa leitura se levantavam todas as questões que podiam ser levantadas. Os mestres chegaram a expor diretamente seu próprio pensamento, mantendo sempre a forma de "questão", sendo a ordem da doutrina a de um encadeamento de questões. Para Santo Tomás, o procedimento da questão respondia ao sentido profundo da teologia e da vida do pensamento.

Não se trata, certamente, para ele, de multiplicar dúvidas, desenvolver uma dialética do *sic et non*, de deixar questões abertas. Nada mais distante dele que a pesquisa pela pesquisa. Ele procura encontrar uma resposta e questiona para chegar a ela. Escreveu que "quem levanta uma questão sem resolvê-la é semelhante àquele de quem fala a Escritura, que abre um poço no deserto sem fechá-lo", expondo rebanhos e pessoas a cair nele. Nada se parece menos com as questões da *Suma* que as de catecismo, simples maneira de inculcar fortemente uma resposta já adquirida. Trata-se, na realidade, de uma atitude fundamental da razão humana diante da verdade a ser descoberta sempre, tendo o mestre a função de fazê-la descobrir e, então, compreender.

Essa "admiração" que é o ponto de partida da filosofia (I-II, q. 41, a. 4, sol. 5), esse espanto diante do que é, esse apetite por compreender "por quê", "como" e deduzir do que se sabe e compreender o que não se sabe e nem se compreende ainda, numa palavra, esse poder de interrogar da razão humana, a Revelação o estimula, o assume e quer abrir-se em resposta para não reduzi-lo ao silêncio quando todas as respostas possíveis foram dadas. A teologia nasce das perguntas que a fé fez à razão. Por isso, as objeções levantadas a respeito de cada artigo são, na maioria das vezes, verdadeiras objeções, as que se devem formular, que se devem superar a fim de chegar à verdadeira solução. Com frequência, é no interior de um artigo que, diante do problema posto, as diferentes posições que o espírito humano assumiu e pode assumir são analisadas. A porção de Santo Tomás nasce desse confronto crítico. Em todo caso, sempre nos deparamos com uma *disputatio*, menos desenvolvida que nas "Questões disputadas", mas extremamente rigorosa e formal.

Este amplo debate suscitado pelo método da questão é essencial à própria vida do pensamento de Santo Tomás. Esse método exige constantes ampliações, à medida que o campo da razão se expande e se modifica, levantando sempre novas questões ou renovando as antigas. Incita, também, a integrar na reflexão as objeções resultantes, a ampliar o debate, convocando o imenso exército dos pensadores que sucederam Santo Tomás, a nunca criticá-los sem compreender-lhes a substância de verdade que a confiança magnânima de Santo Tomás na razão humana se dispõe a descobrir no momento mesmo em que toma partido de maneira mais firme e mais exclusiva.

Esse espírito de interrogação, dizemos hoje, de pesquisa, é extremamente moderno. Em Santo Tomás, porém, não se refere às fontes e nem aos dados da fé. Os dogmas e a Tradição da Igreja (*quod pie creditur*, o que se crê piamente) não são questionados, apenas o sentido que se deve dar-lhes, a maneira como se deve compreendê-los, as consequências a extrair deles. É o que dá importância ao *sed contra* em que, em cada artigo, propõe-se alguma formulação autorizada da conclusão a estabelecer. Na verdade, essas breves citações não são suficientes e não pretendem sê-lo para estabelecer o que é a fé da Igreja. Remetem, eis o seu sentido. De fato, o uso da Escritura, dos documentos eclesiásticos, dos Padres da Igreja, têm sobre o pensamento de Santo Tomás, que está impregnado por eles, um papel constante e profundo.

Falamos do conhecimento íntimo, profundo, pessoal, que tinha deles e não parou de cultivar até o final por suas leituras, seus comentários. Falamos, também, do "sentido da fé" que o guia no âmago de todos os seus raciocínios ao mesmo tempo que sua intuição do ser e dos primeiros princípios. A Escritura, principalmente, não cessa de inspirá-lo e guiá-lo. Sua teologia não é uma teologia bíblica, pois a "ordem" desejada é a da natureza das coisas e não a dos textos da Bíblia, da história da Revelação. Todavia, é bíblica pelo espaço real dado ao conteúdo da Bíblia, da Palavra de Deus, não estando a razão, nunca, mesmo quando questiona, senão a serviço da Palavra de Deus.

VI

ANTITOMISMO, TOMISMO E TOMISMOS

Vimos que, em vida, Santo Tomás teve adversários, sobretudo entre os que viam em Aristóteles um perigo para o pensamento cristão. O vigor decisivo com que atacou os discípulos exagerados do Estagirita não fez que se aproximassem dele os conservadores, os "espirituais", os agostinianos. De fato, era em nome de Aristóteles que refutava o "pervertedor" de Aristóteles, que lhe parecia ser Averróis. De um Aristóteles de quem defendia, ao mesmo tempo, e com vigor, as teses sobre a possibilidade metafísica de conceber um mundo eterno e a unidade da forma substancial no ser humano. Mas não se deve imaginar Santo Tomás como pensador incompreendido, perseguido em vida. Tudo fala, na verdade, de seu incomparável prestígio entre os estudantes e os mestres da Faculdade das Artes que o consideravam o mestre preferido. Na sua Ordem dos Pregadores, ocupava, ao lado de Alberto Magno, um lugar eminente. Gozava de alto favor e autoridade junto à Corte romana no momento em que esta procurava, novamente, reprimir o aristotelismo, confiando esta tarefa a sábios capazes de dominá-lo.

Em contrapartida, não há dúvida de que, imediatamente após sua morte, a ofensiva contra seu pensamento se manifestou vigorosa e eficaz. Cinco anos depois, o bispo de Paris, Estêvão Tempier, condenava duzentas e dezenove proposições ditas averroístas, entre as quais, algumas do próprio frei Tomás. Era preciso estar de acordo com essa condenação para poder ser mestre na Universidade de Paris. Guardou-se de seu discípulo Egídio de Roma um protesto que tem ressonâncias quase modernas, e é divertido ver que foi feito para defender Santo Tomás contra essas censuras: "Há pessoas que gostam de denunciar como errôneas as opiniões de seus colegas teólogos que (estudam) nossa fé e iluminam a Igreja. Precipitação que não deixa de oferecer perigo à fé. O trabalho dos teólogos, graças ao qual avançamos no caminho da verdade, precisa, de fato, de um examinador benevolente e livre, não de um detrator (venenoso). Aliás, não se deve impor a uniformidade das opiniões a todos os nossos discípulos, pois nossa inteligência não deve ser submetida à tutela de um homem, só à tutela de Cristo. Declarar que se contam entre os erros as palavras desses teólogos, é colocar a fé em perigo, ligando-a à debilidade de nossa inteligência"[17]. Egídio de Roma foi obrigado a fazer uma confissão pública de culpa e subscrever a condenação de Santo Tomás para ser admitido mestre em teologia. Essa condenação só foi suspensa em 1324. Mesmo que só se refira a alguns pontos precisos e seja, aparentemente, mais formal que real, é o fato maior de uma oposição ampla e vigorosa a Santo Tomás. O *Correctorium* de frei Guilherme de la Mare, "correção" da doutrina do Mestre, salientava sete pontos que não se deixou de censurar-lhe desde então, no próprio seio da Igreja e da Escola: a unidade da forma substancial no ser humano; a matéria como princípio de individuação; a dependência do conhecimento intelectual do homem em relação ao conhecimento sensível; a possibilidade teórica de uma criação eterna; a distinção real entre a essência e a existência; o primado da inteligência sobre a vontade.

O antitomismo, em nome de uma filosofia cristã, já está, portanto, claramente esboçado por ocasião da morte de Santo Tomás. Desenvolver-se-á mais amplamente depois. Primeiro com Duns Scot, que é da geração seguinte, franciscano escocês, verdadeiro e, talvez, genial metafísico, que não se contenta em seguir São Boaventura. Depois, com Occam, outro franciscano, e o nominalismo que triunfou não somente na *devotio moderna* do final da Idade Média, mas também em Gabriel Biel, mestre de Lutero, e no próprio Lutero, para quem Aristóteles era o diabo e Santo Tomás de Aquino seu profeta na cristandade. — A posição de Santo Tomás em primeiro plano, como Doutor e Mestre pela Igreja católica, não abafaria essa resistência à sua doutrina e a seu espírito, apesar do prestígio incontestado de seu gênio.

Ardentes e eficazes defensores logo apareceram. Antes de tudo, em sua Ordem que assumiu sua defesa, como se vê nos Capítulos gerais de Milão (1278), de Paris (1279 e 1286), de Saragoça (1309), chegando este último a fazer da doutrina de frei Tomás a regra dos estudos da Ordem dos Pregadores. A "regra dos estudos" é dizer pouco, tanta influência teve na alma e no espírito de sua Ordem. O momento decisivo da vitória póstuma do Mestre foi o de sua canonização pelo papa João XXII, em 1323, de quem se guardou a famosa

---

17. ROMA, EGÍDIO DE, *Sur la Physique d'Aristote et le traité de l'unité des formes*, citado por CHENU, M.-D., *S. Thomas d'Aquin et la Théologie*, 170.

frase: "Operou tantos prodígios quantos artigos escreveu". O imenso número de manuscritos de sua obra, dos excertos, resumos, esquemas, concordâncias que tornavam seus escritos mais facilmente utilizáveis, mostra bem que difusão ampla alcançou, rapidamente, seu ensinamento póstumo. Mas a exposição do pensamento de Santo Tomás assumiu o aspecto de uma "Defesa". Foi com as *Defensiones Theologiae Divi Thomas Aquinatis*, de João Capreolus, no século XV, que apareceu a primeira codificação geral da doutrina do Aquinate. Trata-se de um completo acerto de contas com seus adversários, particularmente com os que ele mesmo não conheceu nem previra: Scot e Occam.

Historicamente, foi dessa defesa de Santo Tomás que nasceu o que viria a ser o tomismo. Nunca se duvidou do gênio de Santo Tomás, particularmente de seu gênio de clareza, nem da qualidade única de uma obra tão completa, tão pedagógica. O uso sempre mais geral da *Suma teológica* como base de ensino em todas as universidades estabeleceu seu magistério prático. A partir do século XVI, sobrepujara as *Sentenças* de Pedro Lombardo, e a maioria das grandes obras teológicas da época são comentários do texto da *Suma*. Comentários muito livres, aliás, que traduzem as posições fortemente contrárias das diferentes Escolas. Esses comentários e disputas deram ocasião ao nascimento da Escola tomista. É-se injusto, às vezes, em relação aos chamados "comentadores". Mas não deixa de causar consternação ver que, nessa época de prodigiosa mutação cultural, de redescoberta do passado, de retorno aos textos da Escritura e aos Padres da Igreja, mais ainda, de renovação total da ciência e do conhecimento do mundo e, mais tarde, com Descartes, de uma filosofia de onde toda a filosofia moderna ia nascer, a *intelligentsia* dominante da Igreja confinava-se num meio relativamente fechado, que se desenvolvia à parte, sem a vitalidade prodigiosa do pensamento da Idade Média, sem enraizamento no subsolo humano e cristão de uma sociedade unificada. O tomismo cristalizava-se em certas teses de Santo Tomás, sem exercer esse poder de universalidade e de assimilação que comporta em si. De qualquer modo, não tinha impacto algum sobre a cultura do tempo nem dava resposta imediata a seus problemas. A verdade é que o centro da cultura e do pensamento não era mais a teologia, diferentemente do que pensavam os discípulos de Santo Tomás. E latim (ainda que fossem mais humanistas) não era a língua viva do pensamento da época. Esse enclausuramento do tomismo — não pior que o das demais escolas — não deve levar a desconhecer o valor de alguns de seus expoentes, Cajetano, Vitória, João de Santo Tomás. Mestres que conheciam profunda e intimamente o pensamento de Santo Tomás souberam dar-lhe novos desenvolvimentos. Tiveram inclusive valor e personalidade para não deturpar, em muitos pontos, o pensamento do mestre. É preciso reconhecer, também, o alcance essencial, sempre atual, de alguns de seus debates, como o das relações entre a liberdade e a graça, entre a natureza e o sobrenatural, a natureza humana e a pessoa divina em Jesus, ou, em pura filosofia, a essência e a existência. Essa justiça sendo-lhes feita, reconheçamos, contudo, que não mantiveram o pensamento de Santo Tomás em sua força e vitalidade.

No século XVIII, os grandes escritores crentes e os espirituais, numerosos, não são tomistas nem antitomistas, nem, aliás, muito metafísicos, mas ecléticos, com predominância agostiniana. Quando começar o "século das luzes", contra o racionalismo triunfante, que discípulo de Santo Tomás vemos reatualizar a síntese entre a razão e a fé, a obra-prima da Idade Média? Mas o que era a Idade Média para o século das luzes?

Para o romantismo do século XIX e seu culto do sentimento e do ego, quando sonha com as catedrais e as cruzadas, o que significará o *pensamento* da Idade Média? A teologia católica, totalmente ignorante da revolução que estava se operando no estudo das fontes da Revelação, quando se trata de pensar sua fé, vê apenas seu século, virando as costas à tradição dos grandes escolásticos da Idade Média para tentar, um após o outro, os sistemas modernos. Contudo, o que se levanta, ou melhor, se esboça de próprio na Igreja do século XIX diante das poderosas construções de Kant, Hegel, Comte, é, na França, o "tradicionalismo" de Bonald, Lamennais ou o fideísmo de Bautain; na Itália, o neoplatonismo à Malebranche de Rosmini. Com mais assiduidade, o pensamento católico recorria ao ecletismo espiritualista de Victor Cousin. Demonstrou-se, recentemente, como, em meados do século, o italiano Ventura, geral do teatinos, instalado em Paris, produzira uma surpreendente síntese entre o tradicionalismo autoritário e o tomismo, um tomismo tão vigorosamente ligado a Bonald como afastado de Aristóteles. Um tomismo fideísta! Era, sob uma forma que só podia ser passageira, o caminho de uma descoberta futura maravilhosa de Santo Tomás. Ao mesmo tempo, na Itália, círculos influentes do pensamento teológico restabeleciam a escolástica e, com ela, o tomismo, que uma tradição escolar e espiritual contínua mantinha na Ordem dos Pregadores e que estava reencontrando em Nápoles um fervor e uma audiência nova sob o impulso do dominicano Sanseverino, descendente da família de Aquino.

Movimentos que teriam, talvez, permanecido locais e frágeis se Leão XIII, antes de sua elevação ao pontificado, não tivesse manifestado pessoal interesse por eles. Preocupado em não ficar na rejeição pura e simples do pensamento moderno, como era o *Syllabus* de Pio IX, nem mesmo na afirmação, já de inspiração tomista, do papel da razão na fé que tinha dominado a Constituição *Dei Filius* do Vaticano I, Leão XIII, logo por ocasião de sua ascensão ao pontificado, recorre a Santo Agostinho, ao "Doutor Angélico" e aos outros grandes doutores escolásticos para restaurar a filosofia cristã. Não espera um ano para lançar, em 4 de agosto de 1879, a encíclica *Aeterni Patris* que faz de Santo Tomás de Aquino o mestre por excelência da filosofia cristã e, em 4 de agosto de 1880, o "príncipe dos doutores escolásticos, o mestre de todos, que herdou, de alguma forma, a inteligência de todos" é proclamado padroeiro de todas as universidades, academias e colégios do mundo inteiro. Nenhum doutor ou Padre da Igreja tinha recebido consagração semelhante. Nota-se que, na espantosa encíclica *Aeterni Patris Filius*, Santo Tomás é apresentado como o guia excelso, não tanto da teologia como da filosofia, de uma filosofia capaz de defender a fé e ajudá-la a vencer todos os esforços da razão contra ela, "de tal modo que a razão levada nas asas de Santo Tomás até os cumes da humana possibilidade não pode subir mais, e a fé não pode esperar da razão socorros mais numerosos e mais poderosos dos que Santo Tomás lhe forneceu".

Note-se que, ao fazer dele o herdeiro autêntico da inteligência cristã, enaltece-o, por um lado, de maneira quase excessiva, mas, por outro, mostra bem que ele é proposto como chefe e guia do pensamento em nome de sua continuidade com a tradição cristã. Se algo o faz merecer ocupar especificamente tal posição na história do pensamento da Igreja, é por ter "considerado as conclusões filosóficas nas razões e nos princípios das coisas", fugindo, dessa forma, à relatividade do tempo. Aliás, "pela extensão de suas premissas e das inúmeras verdades que contêm em germe, ele fornece aos mestres dos tempos posteriores uma ampla matéria para desenvolvimentos úteis que se produzirão em tempo oportuno".

O entusiasmo e o dinamismo de tais documentos não podia deixar de determinar um verdadeiro movimento do tomismo, como que o seu renascimento. Diferentemente do impulso dado por Leão XIII em matéria social, a encíclica *Aeterni Patris* não produziu o efeito esperado. Foi retomada, posteriormente, por Pio X, Pio XI, Pio XII e traduzida no direito canônico de Bento XV. Por um lado, o tomismo continuou desvalorizado enquanto filosofia pura e independente, de forma que não teve aceitação na Universidade. (Foi preciso esperar Étienne Gilson e sua obra verdadeiramente capital para que a filosofia medieval ocupasse seu lugar pelo menos na História da Filosofia.) Por outro lado, no interior do pensamento cristão católico — isso é sinal de sua riqueza —, assumiu formas muito diversas. Havia, apesar de tudo, certa ambiguidade num documento que fazia da doutrina de Santo Tomás uma doutrina oficial, quase imposta, embora mantendo os direitos dos demais pontos de vista católicos no interior da fé. É preciso dizê-lo, com o tomismo renascia o antitomismo original. Quer por uma espécie de alergia ao método, a essa aplicação rigorosa e total da fria lógica em matéria filosófica e espiritual, quer por uma recusa das teses especificamente tomistas sempre presentes ou subjacentes num conjunto tão coerente, houve em alguns um fenômeno inegável de rejeição do tomismo quando voltou à tona.

Impressiona encontrar em muitos o essencial das primeiras reações contra Santo Tomás. Contra o que se chama seu intelectualismo, seu naturalismo, seu objetivismo, seu desconhecimento do indivíduo e da pessoa em proveito da natureza e do universal, numa palavra, contra seu aristotelismo, e isso em nome do cristianismo. A corrente blondeliana, a corrente newmaniana (ou pretensamente tal), o personalismo, a atração não só por uma filosofia evolucionista da natureza, mas para as filosofias do devir e da história, desenvolveram-se diante de um tomismo que a crise modernista, no momento de seu renascimento, tinha de alguma forma fechado em posições defensivas e desconfiadas.

A palavra "antitomismo" seria forte demais para caracterizar a posição dos que recusavam, principalmente, a Santo Tomás uma posição dominante e privilegiada entre os doutores e os Padres.

Para muitos, Tomás de Aquino era antes de tudo o modelo e o tipo de uma atitude: a do pensador cristão que soube aceitar simultaneamente a fé e a razão respeitando as exigências próprias de ambas. Mas hoje não se trata mais de Aristóteles, trata-se da razão moderna. E por que não tentar com Hegel o que Santo Tomás conseguiu exemplarmente com Aristóteles?

No interior do tomismo propriamente dito, havia os que ficavam na continuidade da Escola tomista tradicional e no espírito dos "comentadores", escrupulosamente fiéis à menor asserção de seu mestre, apaixonando-se sempre pelos problemas eternos que tinha tão profundamente meditado, e também pela própria letra de suas análises e de suas soluções. Não se pode negar, tampouco, que certo tomismo fez-se juiz do pensamento teológico, acentuou a ideia de um magistério do doutor angélico, infletiu o conceito de "magistério" da Igreja num sentido jurídico e quase voluntarista, fazendo da fé, antes de tudo, um ato de obediência à Autoridade divina imediata ou delegada. Talvez essa atitude fosse principalmente herdada desse tradicionalismo que vimos desembocar, em meados do século XIX, numa redescoberta de Santo Tomás, mas que era uma filosofia sobretudo dominada pelas ideias de autoridade, de ordem, de tradição.

Outros, não menos conquistados por Santo Tomás, quiseram olhá-lo e lê-lo com os próprios olhos. Intensamente preocupados com o pensamento moderno e como que habitados por seus problemas, ao mesmo tempo que persuadidos, conforme a palavra de Jacques Maritain, do "poder de assimilação do tomismo", tentavam em muitos pontos uma verdadeira atualização do pensamento de Santo Tomás pela aplicação de seus princípios essenciais e de seu espírito a uma matéria renovada. Essa tendência foi primeiramente manifestada entre os filósofos puros, que procuraram extrair do pensamento de Santo Tomás uma filosofia autônoma, enquanto os teólogos "filosofaram" apenas tendo em vista uma mais profunda inteligência da fé. Assim é que, nos rastros da encíclica de Leão XIII, o cardeal Mercier e, depois dele, a escola de Louvain integraram no pensamento tomista a psicologia e, até mesmo, a crítica moderna. Sertillanges, por uma simpática, inteligente e, na verdade, um pouco rápida abertura a todas as filosofias, particularmente ao bergsonismo, dava mais credibilidade ao tomismo. Maritain acompanhava uma rejeição quase provocante do que entendia ser o princípio mesmo do pensamento moderno, o idealismo, de uma retomada das mais caras e características preocupações deste à luz da filosofia do ser: "Fazer passar a luz de Santo Tomás", escrevia ele num texto de juventude quase ingênuo[18], que exprime bem o projeto de sua vida, "na vida intelectual do século, pensar nosso tempo nessa luz, aplicar-nos a informar, animar, ordenar por ela todos os materiais palpitantes de vida e ricos, às vezes, de uma tão preciosa qualidade humana que o mundo e sua arte, sua filosofia, sua ciência, sua cultura prepararam e desperdiçaram há séculos, é tentar salvar o que há ainda de viável no mundo moderno e retomar, para trazê-las à ordem perfeita da sabedoria, essas constelações em movimento, essas vias-lácteas espirituais que, pelo peso do pecado, descem para a dissolução e para a morte".

A própria filosofia do ser, necessariamente reivindicada por quem quer que se diga tomista, não é a mesma em todos. Étienne Gilson mostrou como era diferente entre os que punham a essência antes da existência — segundo ele, toda a escola tomista tradicional — e os que, ao contrário, proclamavam o primado da existência, propondo com isso uma releitura de Santo Tomás que, ao ligá-lo pela maior profundeza à filosofia implícita da Bíblia, o separava radicalmente de seu mestre Aristóteles e mais radicalmente, ainda, de Platão.

Essa volta ao próprio pensamento de Santo Tomás, de que Étienne Gilson é um mestre e que preconizava fortemente a encíclica *Aeterni Patris Filius*, mobilizou tantas energias quanto a atualização desse pensamento. O esforço de reconstituição puramente histórica do pensamento de Santo Tomás manifesta a extraordinária importância e a significação dele. Com Pe. Chenu, reconstituição e atualização são uma só coisa, e o Santo Tomás da história parece-lhe mais atual, mais aceitável aos modernos que o Santo Tomás da Escola.

Assim, os tomismos diversificam-se de acordo com os problemas que parecerão mais atuais, mais centrais e de acordo com as correntes modernas de que se procura compreender a substância num pensamento original. Filosofias idealistas, filosofias do espírito, da ação, do devir; evolucionismo, personalismo, filosofia da existência,

---

18. J. Maritain, J., *S. Thomas, apôtre des temps modernes*.

fenomenologia; antropologia com seu séquito de ciências humanas, filosofia das religiões deram lugar a ensaios de filosofia cristã que nada têm do tomismo, mas também a ensaios tomistas mais ou menos aprofundados de assimilação.

Nossa descrição poderia levar a pensar numa profusão de ideias e de tendências que não traduziria o estado atual do tomismo. Seu lugar, pelo menos o que se vê no movimento filosófico e teológico da Igreja, é hoje modesto, embora tenaz e a qualquer momento suscetível de afirmar-se mais. Tomás de Aquino permanece presente como referência última e como recurso na confusão das tentativas de modernização. Talvez espere, para renascer verdadeiramente, um gênio de sua envergadura e de nosso século e que seria, primeiramente, impregnado dele. No aguardo, o Concílio do Vaticano II mostrou-se extremamente discreto em relação a ele. A respeito das faculdades de teologia, só diz: "Os novos problemas e as pesquisas suscitadas pelo progresso do mundo moderno serão estudados com muito cuidado. Compreender-se-á mais profundamente como a fé e a razão se unem para alcançar a única verdade. Assim fazendo, seguir-se-á o caminho aberto pelos doutores da Igreja e, especialmente, por Santo Tomás" (*Declaração sobre a educação cristã*, n. 10). Quanto aos seminaristas, só se recomenda "esclarecer, na medida do possível, os mistérios da salvação, aprender a penetrá-los mais a fundo e perceber sua coerência, por um trabalho especulativo que tenha Santo Tomás por mestre" (*Decreto sobre a formação dos sacerdotes*, n. 16).

Essa discrição contrasta com as palavras calorosas de Paulo VI e de João Paulo II. Na verdade, incide muito mais sobre a *obrigação* de ter Santo Tomás por mestre e sobre a *suficiência* atual do que pode trazer, que sobre o valor e a segurança de seu pensamento. De fato, não é por via de autoridade que é desejável e, possível, impor essa doutrina que, no que acrescenta à fé e à Tradição da Igreja, só se propõe à razão. É fazendo-a conhecer, em toda sua amplitude e pelo próprio texto. Esse é o propósito desta edição da *Suma teológica*. A toda mente que busca dizemos: vinde e vede. Mesmo que seja para conhecer um admirável produto do espírito humano, um empreendimento que se declara, hoje, impossível e que, assim mesmo, foi tentado em certo momento da história humana, de sabedoria total, abarcando o humano e o divino. E, também, para encontrar a expressão privilegiada, raciocinada, coerente da doutrina tradicional da Igreja. É aí que uma teologia que se quer crítica deve pesquisar e estudar (em nível de profundeza desejada) aquilo mesmo que se questiona hoje.

Mas é preciso saber ler Santo Tomás como ele teria desejado ser lido. Primeiramente, com a paciência, o espírito de continuidade que exige seu imenso esforço de ordenação. Quem procura nesta obra antes a verdade viva e não o produto congelado de um pensamento, e que, segundo a palavra de Maritain, a vê "sair dos velhos *in-folios* onde estava mantida em reserva, não envelhecida em si, mas jovem como a verdade", espera que Santo Tomás "ensine a pensar e a ver por si, a progredir sob sua conduta para a conquista nunca acabada, sempre a recomeçar, do ser inteligível". É preciso ler Santo Tomás como ele queria ser lido, como ele mesmo lia seus mestres. A adesão do espírito não para no que ele escreveu, expôs, organizou numa imensa e harmoniosa construção intelectual, mas na realidade que ele procurou captar por meio dela. A partir do que nos mostra, podemos ir a muitas coisas e responder a diversas questões que estavam fora das perspectivas dele. Sabemos que aos autores, quer Aristóteles, quer os Padres da Igreja, importavam menos a verdade que a ajuda que nos prestava para ver. Por isso, ele nos importa menos que aquilo que nos fez ver. Tendo-nos levado à realidade, deixa-nos com ela. Ensinou que o pensamento sempre pode progredir na inteligência da verdade e seu verdadeiro discípulo terá bastante confiança na natureza do espírito humano para não procurar a verdade em seus piores enganos.

O que, enfim, é preciso dizer, com Étienne Gilson, é que o leitor atento da *Suma* encontra não só um livro, mas um homem. O homem, Santo Tomás, não se esconde atrás de seu texto. "Não se deve crer que o sábio ordenamento da *Suma teológica* e o progresso contínuo da razão que constroem pedra por pedra esse imenso edifício são, em Santo Tomás, produtos de uma atividade superficial sob a qual um pensamento mais rico, mais profundo e mais religioso circula livremente. A vida interior de Santo Tomás, assim como o segredo de uma personalidade tão forte pode nos ser revelado; parece ter sido, precisamente, o que devia ser para expressar-se em tal doutrina. Nada mais procurado nem que suponha uma vontade mais ardente, que essas demonstrações feitas de ideias exatamente definidas, engastadas em fórmulas de uma precisão perfeita, ordenadas em seu desenvolvimento rigorosamente equilibrado. Tal mestria na expressão e na organização das ideias filosóficas não se obtém sem um dom total de si; a *Suma teológica*, com sua limpidez abstrata e sua transparência impessoal, cristalizada sob nossos olhos e como que fixada para a eternidade, é a própria vida interior de Santo Tomás de Aquino"[19].

Eis por que todos os que o frequentam têm o sentimento de uma intensa presença pessoal. Sentimento difícil de analisar. Isso decorre de sua intensa aplicação a nos mostrar o que vê, a prová-lo, a explicá-lo. Ficamos sob a ação atual do mestre, de um mestre que é um grande amigo porque nos comunica o que tem de mais caro. Isso decorre, também, de grande amor pela verdade formulada e da alegria em formulá-la e, ainda, de uma força, de uma certeza fortalecedora. Há um dom total de si nessa obra de sabedoria e uma verdadeira paixão pelo equilíbrio ousado que é o da verdade. Há, também, nessa sábia complexidade, uma simplicidade básica que é a do espírito sem volta sobre si mesmo, do espírito que vê e permanece, contudo, tão simples quanto a criança que crê. O homem inteiro está na sua obra, não porque contou a si mesmo, mas porque passou por ela.

---

19. GILSON, op. cit., 499.

VOCABULÁRIO DA *SUMA TEOLÓGICA*

Marie-Joseph Nicolas

INTRODUÇÃO

Este vocabulário tem por objetivo dar a explicação das palavras técnicas que aparecem a cada instante ao longo da *Suma teológica*. Não se trata evidentemente das palavras cujo conteúdo constitui o próprio tema deste ou daquele tratado. Santo Tomás expõe no lugar apropriado o que entende por Deus, criação, graça, união hipostática, sacramento etc. Aquilo que pareceu útil explicar, como introdução geral, são as palavras — principalmente filosóficas — que reaparecem por toda parte, a propósito das mais diversas questões.

Muito frequentemente, tais palavras se encontram, seja na linguagem comum, seja na linguagem filosófica moderna, com sentidos mudados, atenuados, quando não totalmente transformados, que as fazem perder a força e o sentido específico que lhes dava Santo Tomás.

Algumas dessas palavras, contudo, possuem um papel tão predominante e tão especializado nesta ou naquela parte da teologia que, ainda que fornecendo a explicação geral, nós indicamos os locais onde elas assumem seu sentido pleno, por exemplo quando explicamos: relação, hipóstase, substância etc.

A explicação de palavras que podemos alcançar em um vocabulário limita-se a seu sentido original, à sua definição e à diversificação de seu uso. Mas como evitar que a todo instante o próprio pensamento de Santo Tomás esteja em jogo? Contudo, caberá frequentemente aos anotadores ir além em sua interpretação, por ocasião de seu uso em contextos e com relação a problemas diferentes.

Os termos que este vocabulário explica estão assinalados por vezes na tradução ou nos comentários por um *asterisco* colocado à direita do termo: abstração*, ordem*, substância* etc.

Esses termos estão classificados *em ordem alfabética*.

No final do artigo, uma *flecha* remete a artigos relativos a noções conexas àquela que acabou de ser explicada.

Abstração, abstrair, abstrato (*Abstractio, abstrahere*)

(Literalmente: retirar de, extrair de)

1. No sentido mais geral — o da linguagem comum —, abstrair consiste em considerar num objeto um aspecto preciso, isolando esse aspecto pelo pensamento (dele fazendo abstração) daquilo que, entretanto, o acompanha na realidade da existência.

2. Na linguagem de Santo Tomás, a abstração é antes de tudo o ato pelo qual a inteligência depreende — da realidade sensível que lhe é oferecida pelos sentidos — o "inteligível" que esta contém em potência*, isto é, a realidade universal*, que dá origem ao conceito*.

3. A partir dessa primeira abstração, dessa emergência do inteligível na inteligência, distingue-se a abstração total da abstração formal.

Pela abstração total, a inteligência depreende um todo universal de seus submúltiplos particulares: o gênero animal de suas diversas espécies, a espécie homem dos indivíduos nos quais essa espécie se realiza. As palavras que designam a realidade inteligível assim separada são ainda concretas (homem, animal), porque essa abstração designa essa realidade como existindo nos indivíduos.

Pela abstração formal, a inteligência considera separadamente em um objeto aquilo que o determina ou o faz ser tal. Por exemplo: a animalidade, a humanidade. As palavras que designam esse aspecto assim isolado são palavras propriamente abstratas, pois não designam o que existe, mas os princípios de inteligibilidade daquilo que existe.

4. Santo Tomás jamais atribui àquilo que é abstrato uma existência separada e distinta. O universal não existe senão no particular.

→ Conceito → Intelecto → Universal.

Ação, agente, agir (*Actio, agens, agere*)

O conceito e a própria palavra "ato ou atualidade" provêm da experiência da atividade do ser, isto é, de sua ação. Mas esta é apenas o ato segundo do ser, sendo a existência o ato primeiro, aquele que o constitui em sua realidade, surgindo antes de qualquer ação, ainda que em vista da ação.

1. Tomada em seu sentido mais geral, a ação identifica-se com a operação. A palavra "operação", diferentemente de "ação", não passou para a linguagem filosófica moderna. Na linguagem de Santo Tomás, ao contrário, a palavra *operatio*, empregada sobretudo no singular, ligada à palavra *opus* ou *operatum* (obra, coisa feita), indica a ação enquanto expressão de uma natureza, de um sujeito, consumação do ser e realização de seu fim, em uma palavra, enquanto ato segundo do ser. A palavra "ação" será, ao contrário, preferida para caracterizá-la como acidente* advindo à substância. (Fala-se do predicamento* ação, mas não do predicamento operação.)

Com efeito, nessa generalidade, ação ou operação pode significar o próprio fim do ser; o ser não se completa a não ser quando opera ou age.

2. Santo Tomás distingue constantemente o sujeito* que realiza a ação e que é aquele próprio que existe, do princípio formal que é a forma* segundo a qual ele age (que é também a forma segundo a qual ele é).

Contudo, ele concebe princípios imediatos de cada um dos tipos específicos e distintos de ação de que um ser é capaz e os denomina potências*, no sentido ativo da palavra (as *dynameis* ou energias de Aristóteles). A potência é uma qualificação da natureza que a determina como princípio de tal ou tal tipo de ação. Na linguagem filosófica moderna, ele seria traduzido por faculdade, noção menos ontológica e menos realista.

3. Ele distingue igualmente a ação ou operação cujo termo permanece no sujeito agente (ação denominada imanente por seus comentadores) da ação transitiva (*transiens*).

A ação transitiva se define como uma comunicação da atualidade do ser agente (ou *agens*) a um paciente (submetido a uma ação, modificado por ela). Ela se traduz por um efeito exterior ao sujeito. Esse efeito é chamado termo da ação, e ele a especifica. Em relação a esse efeito, Santo Tomás utilizará mais frequentemente virtude* (*virtus*, no sentido eficiente da palavra), em vez de potência ou faculdade.

A ação imanente é uma ação cujo termo reside no interior do sujeito. É uma atualização do próprio sujeito por ele próprio. Os atos de pensar, querer são ações imanentes. O ato de fazer, de mover é uma ação transitiva. Só o espírito é capaz de ações propriamente imanentes, e de certo modo é isso que o define. Contudo, ideia à qual Santo Tomás retorna frequentemente, quanto mais um ser material eleva-se na escala do ser, mais sua operação interioriza-se. É desse modo que uma ação vital caracteriza-se como procedendo do interior do vivente. A ação propriamente dita à qual Santo Tomás reserva o nome de ato (ato humano) é um complexo de ação imanente (pensar, querer, determinações livres) e de ação transitiva, atividade externa. A ação imanente desencadeia a ação transitiva.

→ Ato → Forma → Paixão → Potência.

ACIDENTE, ACIDENTAL (*Accidens*)

1. No sentido mais geral, o acidente é aquilo que sobrevém, que se adiciona, aquilo que acontece (*accidit*) a um sujeito, já constituído em si mesmo.

No sentido metafísico, o acidente é uma perfeição, pertencendo a um sujeito*, a um ser substancial* — o que os modernos denominam, de uma maneira mais vaga, um atributo (aquilo que pode ser atribuído ao sujeito do qual se fala).

2. O acidente não existe nele mesmo, mas nesse sujeito que ele faz ser de tal ou tal maneira sem modificar sua essência. "O acidente é mais propriamente de um ente que de um ser" (*Accidens non est ens sed entis*). Esse modo de existência de um acidente é denominado *inhaesio*: "O ser acidente consiste em ser inerente (*inhaerere*)". A bem dizer, Santo Tomás diz mais frequentemente que o *esse* do acidente consiste em *inesse*, palavra que se traduziria de modo insuficiente por "estar em" e que significa, na realidade: fazer ser a substância de um certo modo.

Assim, é de uma maneira analógica* que o ser é atribuído ao acidente.

3. Distingue-se o acidente próprio e necessário (propriedade de uma substância), que segue necessariamente a substância, do acidente contingente, sem o qual a substância pode ainda ser.

4. Tomando da noção de acidente o caráter de contingência, denominaremos acidental tudo aquilo que acontece a um sujeito sem ser exigido por sua essência. Assim, diremos de toda existência criada que ela é acidental. Mas, longe de ser um acidente da essência, a existência é seu ato*.

Santo Tomás foi levado a aprofundar o estatuto metafísico do acidente a propósito da Eucaristia (Na Terceira Parte da *Suma*, na Questão 77).

→ Contingente → Por si → Próprio → Substância.

ALMA (*Anima*)

O termo "alma" significa antes de tudo a forma* substancial de um ser vivo e, portanto, o princípio formal da vida. Ele equivale ao princípio vital. Todo ser vivo possui uma alma, seja um simples vegetal, seja, ainda mais, um animal. O animal — *animalis* — é o ser que possui uma alma (*anima*). E o homem é um animal que, ainda que permanecendo animal, é racional.

Enquanto princípio do pensamento, a alma humana será denominada *mens*, a "mente", o espírito.

Para Santo Tomás, a forma, a mesma identicamente, é o princípio animador de todo o ser corpóreo, vivo, sensível, que é o homem, e o princípio de sua vida espiritual de pensamento e liberdade.

Daí o nome de alma separada que é dado àquilo que subsiste no homem após sua morte e que, não tendo contudo outra vida senão a de pensamento, permanece inteiramente e em sua própria essência, ordenada ao corpo que ela animava.
→ Espírito.

ALTERAÇÃO (*Alteratio*)
Ser alterado significa tornar-se outro, mas não em sua substância. Tomada filosoficamente, a palavra não tem o sentido de atingir a própria integridade do ser, o que ela evoca na linguagem comum. É um dos nomes da mudança, uma das formas do movimento. A mudança é puramente acidental, mais precisamente qualitativa. Mas a alteração pode chegar a uma transformação substancial, a uma mudança do ser substancial nele próprio, ao advento de uma nova forma substancial que é determinada (a ponto de ser requerida necessariamente) pela qualidade recém-produzida. Na ordem dos fenômenos da natureza, é mediante alterações prévias que se produzem as transformações substanciais. É a mesma ação que, para fazer advir a nova forma, a determina. E a qualidade que era disposição torna-se propriedade decorrendo da forma uma vez advinda. Essas noções valem em sentido próprio apenas para os seres materiais. Mas Santo Tomás as transpõe constantemente à ordem superior.
→ Disposição → Movimento.

ANALOGIA, ANÁLOGO (*Analogia, analogus*)
1. A teoria da analogia é tão capital na filosofia e na teologia de Santo Tomás que todos os anotadores desta tradução deverão utilizá-la, e os da questão 1 e da questão 13 da primeira parte a exporão diretamente. Mas o ponto de partida dessa teoria é uma questão de linguagem. Como realidades diversas podem ser denominadas por um mesmo nome? Poderia tratar-se de pura equivocidade*: as realidades são pura e simplesmente diversas entre si, a comunidade de nome é acidental e não exprime nenhuma comunidade de conceito. Poderia tratar-se igualmente de univocidade: a unidade de denominação designa a unidade pelo menos genérica de essência. Mas pode tratar-se igualmente de analogia (em grego analogia significa proporção). Nesse caso, realidades que permanecem diversas entre si por sua essência (a ponto de pertencer por vezes a ordens diferentes de ser) dão lugar a uma mesma denominação, em razão de certa proporção.

2. E isto ocorre de duas maneiras:
1) Ou várias realidades possuem, cada uma, uma relação com uma mesma realidade, que é a única à qual convém, de modo próprio*, o nome e o conceito analógicos. É em função deste primeiro que os outros são nomeados. (Exemplo clássico: apenas do ser vivo pode ser dito propriamente estar com boa ou má saúde, ou seja, sadio ou malsão. Mas a mesma palavra "são" ou "malsão" pode aplicar-se ao ar, enquanto causa da saúde, ao sangue ou à tez, enquanto sinal de saúde, aos comportamentos, enquanto efeitos e manifestações de um ser são.)
2) Ou as diversas realidades que designamos pela mesma palavra definem-se entre si em seu ser mesmo por uma proporção semelhante entre dois termos: a está para b, assim como c está para d. As realidades denominadas pelo mesmo nome são semelhantes pelo fato de que cada uma está intrinsecamente constituída por uma proporção, e essas proporções são semelhantes entre si. (Assim os conceitos de princípio, causa, amor, potência, ato etc.) Coisa que a linguagem comum exprime bastante bem quando dizemos "guardadas as devidas proporções": podemos atribuir a mesma qualidade e a mesma palavra a a e a b. Na verdade, a própria palavra "proporção", que aqui utilizamos, é ela mesma analógica. Ela provém da linguagem da quantidade, e nós a aplicamos àquela da qualidade.

Os dois tipos de analogia podem encontrar-se reunidos, e isto é particularmente manifesto na analogia do ser*. Tudo aquilo que existe depende, com efeito, da mesma realidade (Deus), segundo uma relação de causalidade (primeiro tipo de analogia). Mas, como a causalidade determina a semelhança, existe semelhança entre as realidades criadas e sua causa, e dessas realidades entre si. Por outro lado, sendo essa causalidade aquela do infinito em relação ao finito, a semelhança não pode ser unívoca, mas somente proporcional (segundo tipo de analogia).

Daí resulta que neste tipo de analogia é igualmente verdadeiro que o conceito "análogo" não se realiza plenamente senão no Ser primeiro do qual participa* tudo quanto existe, e que, contudo, tal conceito se realiza propriamente em cada um de seus participantes.

Há um acordo entre os comentadores de Santo Tomás em denominar o primeiro tipo de analogia, analogia de proporção ou de atribuição, e o segundo, analogia de proporcionalidade própria ou imprópria. O vocabulário de Santo Tomás é menos fixo.

3. Ele é menos fixo igualmente quanto à palavra "equívoco". Seus comentadores (e também a linguagem ainda corrente) reservam a palavra "equívoco" a uma comunidade de denominação que não possui nenhum fundamento no conteúdo. Santo Tomás, entretanto, chama causa equívoca, e não análoga, uma causa que imprime em seu efeito não sua própria forma mas uma forma analogicamente semelhante. Isso mostra a que ponto, em seu pensamento, quando se trata de analogia, o diverso prevalece sobre o semelhante.

→ Ser.

APETITE (*Appetitus*)
No sentido mais geral, é o movimento interior que leva a satisfazer uma necessidade orgânica, um instinto. (Na linguagem comum trata-se, antes de tudo, da necessidade de comida.)

Na linguagem de Santo Tomás, a noção de "apetite" é tão vasta e geral quanto a de inclinação ou tendência. É a inclinação, a tendência do sujeito para aquilo que lhe convém, portanto, para seu bem.

1. Santo Tomás distingue entre apetite natural e apetite elícito.

O apetite natural é a inclinação, a tendência da natureza, seja da própria natureza de um ser, de um sujeito, seja desta ou daquela faculdade sua. Como tal, o apetite, indissociável da natureza, é irreprimível. A definição vale tanto para a natureza espiritual quanto para a natureza material. Não devem ser confundidos portanto inclinação e movimento*. O movimento para o objeto é determinado pela inclinação. O movimento segue necessariamente, a não ser em caso de impedimento ou inclinação contrária, a inclinação natural.

O apetite elícito é a inclinação motivada pela percepção do objeto e de sua conveniência* ao sujeito. Ela não deve ser confundida com o apetite natural pressuposto que ela procura satisfazer. Ela é o resultado de uma faculdade determinada, é "elicitada" por ela, elicitada significando que ela emana da faculdade como sua operação própria. É em direção a um bem para o sujeito que ela o inclina. A inclinação, de que a faculdade é o princípio, é aquela do sujeito em sua totalidade.

2. O apetite elícito é tanto o apetite sensível quanto o apetite racional.

A inclinação do apetite sensível é necessariamente ativada pela percepção do bem sensível ou de sua imagem. A inclinação para a posse, no caso do apetite concupiscível, e para a luta e a agressividade, no caso do apetite dito irascível. Toda emoção, paixão, reação da sensibilidade diz-lhe respeito.

O apetite racional corresponde à percepção do bem sob a razão de bem. Santo Tomás o chama racional mais que espiritual ou intelectual, pois é a razão que percebe o bem sob a razão de bem. O apetite racional corresponde exatamente à faculdade de querer, à vontade cujos movimentos todos Santo Tomás reduz à inclinação para o bem, e, portanto, ao amor. Aquilo a que se dirige o apetite racional, mesmo que seja a realização de um apetite natural, será sob a razão do bem e da felicidade que ele se dirigirá. Daí sua liberdade com relação aos bens particulares, que são realizações particulares do bem. Daí a possibilidade de amar o bem por si próprio, e mesmo de amar um sujeito outro que si próprio, sem jamais excluir contudo o amor natural de si mesmo.

Porém, a vontade humana (o apetite racional) não é dissociável do apetite sensível — nem sequer dos apetites naturais do sujeito, entre os quais o apetite da felicidade total está ligado à sua natureza espiritual.

Existe um apetite natural de Deus? Um desejo natural de possuí-lo e, portanto, de vê-lo? Um amor natural de sua bondade como fundamento de todo bem? Isso será estudado no local apropriado.

→ Bem → Razão.

ATO, ATUALIDADE, ATUALIZAÇÃO (*Actus, actualitas, actuatio*)
Na linguagem de Santo Tomás, o sentido ontológico da palavra é necessariamente o primeiro pressuposto ao sentido psicológico e moral, que é muito mais usual hoje, largamente utilizado também na *Suma teológica* (o ato humano é a matéria da Segunda Parte da *Suma*).

1. Ato (do latim *actus*) pretende traduzir a *enérgeia* (ação, atividade) ou a *enteleqéia* (enteléquia) de Aristóteles. Ele exprime em todas as ordens da realidade o ser ele próprio naquilo que ele tem de realizado, ou melhor, a própria realização do ser. A noção de ato não pode ser compreendida senão em relação à de potência*, a potência sendo aquilo que requer uma realização. É a experiência de que os seres podem tornar-se

outros que não aqueles que são que dá lugar aos conceitos de ato e potência. Chama-se, portanto, atualidade o estado de um ser que é em ato, e atualização a passagem de uma potência ao ato, essa passagem não sendo outra coisa que o devir; aquilo que pode ser alguma coisa, mas não o é, o é em potência; aquilo que já o é, o é em ato. Todo ato, que é a consumação de uma potência, é limitado por ela.

2. Denomina-se ato primeiro o ato pelo qual o ser é puramente e simplesmente (ato de existir*), ou segundo tal ou tal forma* ou essência. Chama-se ato segundo a ação* ou operação, isto é, o acréscimo de ser pelo qual o ato se comunica. Entre as ações e operações, o termo "ato" é reservado de modo privilegiado aos atos conscientes e voluntários, dito de outra forma, aos atos humanos.

3. O Ato puro é o Ser que não é a realização de uma potencialidade, a atualização de uma potência, mas pura e simplesmente Ato de ser, subsistente por si*. Nada limitando-o, ele possui em si mesmo a totalidade do Ser e da Realidade. Nele, Ser e Ação identificam-se absolutamente, assim como Ser e Pensamento, Ser e Amor. Isso é longamente desenvolvido nas vinte e quatro primeiras questões da Primeira Parte da *Suma teológica*.

→ Ação → Ser → Forma → Potência.

BEM, BOM, BONDADE, MAL (*Bonum, bonitas, malum*)

Do ponto de vista de nosso vocabulário, *bonum* significa o ser — em sua realidade mesma —, enquanto atrativo, isto é, enquanto determinando alguma inclinação para ele.

Bonum jamais falta ao ser, pelo simples fato de que o ser é algum valor de bem. Por si só, o ser é bom. Ele é bom por ser e por existir.

Mas tudo aquilo que falta à perfeição (ou seja, à consumação, ao acabamento) do ser é uma falta de bem. A ideia de bem está portanto ligada à de perfeição.

Enquanto bem, o ser tende a comunicar-se (e aí reside a fonte e o sentido de sua ação). O axioma "o bem é difusivo por si próprio" é muito importante no pensamento de Santo Tomás.

Traduz-se frequentemente por bondade esse aspecto do bem (do ser bom), inclinando-se por si próprio para um apetite que tende para ele (e *a fortiori* quando essa inclinação é voluntária). A distinção entre bem e bondade não se encontra, entretanto, sempre claramente delineada na terminologia latina.

Enquanto atrativo e enquanto termo da inclinação, o bem identifica-se com o fim*, e o bem total, infinito, que é Deus, com o fim último.

Ao bem opõe-se o mal. O mal não pertence ao ser, não é sequer um aspecto do ser, mas é uma privação de ser, daquilo que deveria ser. Quando essa privação afeta o próprio ato da vontade e seu ordenamento para o bem como tal, o mal denomina-se culpa, ou pecado. O que implica que nada existe que seja totalmente mau e em todos os níveis. O mal supõe um sujeito em si mesmo bom e ordenado ao bem, a esse próprio bem do qual ele é privado pelo mal. O mal é o não ser no ser. A incompatibilidade do mal com Deus surge então como absoluta.

→ Apetite → Conveniência → Ser → Fim.

CAUSA (*Causa*)

1. A noção de causa não pode ser compreendida, em Santo Tomás, senão em função da noção de ser*. A causa é aquilo pelo que alguma coisa é (seja uma substância, um ser, *ens* — seja uma modificação de uma substância, aquilo que denominaríamos hoje um fenômeno, um evento). Ser causado é ser por um outro, e isso opõe-se a ser por si, isto é, ser em virtude de sua própria essência. Ser por si pertence exclusivamente a Deus, nenhuma outra realidade tem em sua própria essência sua razão de existir.

A causalidade é portanto uma comunicação de atualidade* de um ser a outro. E é aquilo que denominamos ação*. Daí estes axiomas constantemente repetidos em toda a *Suma teológica*: "Nada age senão enquanto é em ato... Nada passa por si-próprio da potência ao ato".

O ser ou a modificação do ser que dependem de uma causa são os efeitos dessa causa.

2. Existem quatro tipos de causa que estão em jogo, inseparavelmente, em toda produção de efeito:

a) A causa eficiente, à qual aplica-se primeiramente a noção exposta acima: é a causa da vinda do efeito à existência.

b) A causa final (ver fim*), em vista da qual age a causa eficiente.

c) A causa formal*, que é a forma impressa no efeito pela causa eficiente (causa formal intrínseca) e que o faz ser aquilo que ele é.

Como toda causa eficiente comunica a seu efeito uma semelhança com a forma segundo a qual ela age, essa causa pode ser chamada causa formal extrínseca desse efeito. Quando a causa pertence a outra ordem que a do efeito, a semelhança é apenas analógica. Tais causas transcendentes* são frequentemente denominadas causas equívocas* por Santo Tomás. Quando a causa eficiente age por sua inteligência, isto é, segundo uma ideia prévia da coisa a produzir, essa ideia é dita causa exemplar*.

d) A causa material é o elemento material que recebe a forma e permanece com ela como elemento constitutivo do efeito. Por extensão, denominaremos causa material tudo aquilo que em um ser é disposição ao advento de uma forma.

As quatro causas assim definidas jamais se realizam separadamente e causam-se mutuamente umas às outras. O fim é ao mesmo tempo causa e efeito da eficiência; a forma e a matéria não possuem realidade senão juntas, e uma pela outra. É o que denominamos princípio de reciprocidade das causas.

3. Internamente à causa eficiente distinguimos:

a) A causa principal e a causa instrumental. Esta age apenas pelo impulso da primeira, cuja eficácia própria ela transmite ao efeito.

b) A causa primeira e a causa segunda. Toda causa criada, mesmo principal (agindo segundo sua própria forma), é segunda em relação a Deus, que é a causa própria da existência do efeito. Toda a série de causas segundas depende da causa primeira em sua existência e sua ação causal.

Várias outras distinções deveriam ser acrescentadas; elas serão lembradas e explicadas por ocasião das palavras relacionadas ou do uso que sempre faz Santo Tomás: causa dispositiva (e por vezes simples condição) e causa perfectiva, causa *per se* e causa *per accidens*, causa direta ou indireta (esta incluindo a causa ocasional, a causa permissiva, a causa moral, todas noções que não devem ser confundidas com a causalidade em sentido pleno.)

4. Mas, quaisquer que sejam a multiplicidade e a diversidade das causas em jogo na produção de um efeito, existe sempre uma causa própria* e um papel próprio dessa causa em relação a esta ou àquela formalidade do efeito; ou, dito de outro modo, uma correspondência rigorosa e exclusiva entre uma causa determinada e um efeito determinado.

CIÊNCIA (*Scientia*)

Essa palavra tem para Santo Tomás um sentido muito diverso daquele que é hoje corrente, e que vale sobretudo para as ciências exatas e experimentais (ainda por demais rudimentares na época de Santo Tomás, prodigiosamente desenvolvidas hoje). Ela significa para Santo Tomás não somente o conhecimento perfeito, certo, absolutamente objetivo e para todos demonstrável, mas o conhecimento pelas causas, isto é, pelas razões internas. Neste sentido, conhecer cientificamente é não somente saber, mas explicar pela essência e pela natureza das coisas, passar dos fatos e dos fenômenos (ponto de partida obrigatório para o espírito humano) ao próprio ser e à razão de ser.

A ciência é dita especulativa quando busca apenas conhecer, prática quando visa à ação. No sujeito que a possui, ela é um *habitus* intelectual, distinto do *habitus* de sabedoria e de simples inteligência. Distinto igualmente da arte que governa o fazer (*opus*) e não o agir (*operatio*). Compreende-se então que sejam os graus de abstração, isto é, de inteligibilidade, que constituem a diversidade e ao mesmo tempo a hierarquia das ciências.

Longe de opor-se à noção de filosofia, a noção de ciência assim compreendida está incluída naquela. O que a filosofia acrescenta à ciência é a ideia de sabedoria, ou seja, de recurso à causa última, à razão última (ao menos sob certa ordem). Eis por que a teologia pode pretender ser uma ciência, mas cujo ponto de partida é a fé.

Essa definição de ciência como conhecimento perfeito (e portanto pelas causas) explica que Santo Tomás fale da ciência divina, da ciência dos bem-aventurados (que veem Deus), da ciência e das ciências do Cristo.

COISA (*Res*)

A etimologia da palavra coisa (*causa*) explica mal o que ela significa. Na linguagem comum, é a palavra mais vaga que existe: a coisa é tudo aquilo que pode ser apreendido, imaginado, pensado, afirmado ou negado, com, entretanto, uma conotação de materialidade. As coisas são seres inanimados ou ao menos inconscientes. Mais precisamente, será o ser enquanto substância, e então coisa, *res*, torna-se um transcendental*. No uso que faz Santo Tomás, o sentido da realidade (coisa = *res* = realidade) deve ser frequentemente tomado em toda a sua força. Opondo a coisa ao objeto pensado e tornando-a um além em si mesmo irrepresentável da representação, Kant faz o leitor de Santo Tomás tomar consciência da força do realismo que possui para ele o conceito de coisa, ou melhor, de *res*. A *res* é o real, e é esse real que o pensamento conhece, em sua própria realidade.

CONCEITO (*Conceptus*)

1. Conceito ou *conceptio mentis*, concepção do espírito, é um dos termos pelos quais Santo Tomás designa a representação intelectual de um objeto do pensamento. Ele corresponde àquilo que é a imagem ou o fantasma* no plano da representação sensível. Representar evoca a ideia de tornar presente mediante uma semelhança.

2. Enquanto semelhança, o conceito é frequentemente chamado espécie* (*species*), querendo significar esta palavra aquilo que caracteriza e faz conhecer um objeto, aquilo mesmo de que o conceito é portador.

Mas uma distinção de vocabulário deve ser feita aqui. Segundo Santo Tomás, com efeito, o espírito não está determinado a conceber um objeto (isto é, a representá-lo em si), senão porque ele foi informado por uma semelhança vinda do próprio objeto real. A semelhança assim impressa no espírito denomina-se espécie impressa (*species impressa*). A semelhança produzida, concebida, expressa pelo espírito no interior dele próprio denomina-se espécie expressa (*species expressa*). E é isto que é o conceito.

3. Quanto à palavra "conceito", ela poderá designar seja o objeto mesmo enquanto representado e concebido pelo espírito (trata-se então do conceito objetivo), seja a representação na qual está contido o objeto inteligível. Trata-se então do conceito formal, e ele é o equivalente da espécie expressa.

4. Tenhamos cuidado contudo com esse vocabulário muito fisicista, onde se fala de impressão no espírito ou produto do espírito. Trata-se de entidades de uma ordem completamente diversa daquela das realidades da natureza, *a fortiori*, das realidades materiais. Santo Tomás as denomina por vezes entidades intencionais*.

5. Na linguagem de Santo Tomás, a palavra "ideia" não é inteiramente sinônima da palavra conceito. A ideia é a representação do real pelo espírito no espírito, mas enquanto princípio da ação causal que a realizará na existência.

Pelo contrário, o verbo mental é idêntico ao conceito, considerado uma palavra interior pelo qual o espírito diz a si próprio aquilo que ele conhece no próprio ato que o conhece. (Para a análise da noção e sua utilização teológica, ver especialmente na Primeira Parte o tratado da Trindade, q. 27 a. 2).

→ Abstração → Espécie → Intelecto.

CONATURAL, CONATURALIDADE (*Connaturale, connaturalitas*)

Conatural, em mais de um emprego da palavra, pouco acrescenta a natural: aquilo que convém à natureza, aquilo que dela decorre, aquilo que a aperfeiçoa e a consuma. Contudo, o prefixo "co" indica que se trata de uma relação entre duas naturezas ou pelo menos; mas nesse caso fundada sobre sua natureza, entre um sujeito e seu objeto, entre um sujeito e outro sujeito.

Além disso, Santo Tomás fala prevalentemente de conaturalidade a propósito da natureza individual. E mais especialmente a propósito da natureza individualizada por *habitus** adquiridos ou dados (ou por disposições inatas, mas próprias a tais ou tais indivíduos).

O *habitus* com efeito torna mais natural a um ser aquilo que o era apenas globalmente, em potência. Ele conaturaliza a objetos precisos, e mesmo particulares. Mesmo o *habitus* sobrenatural (a graça, as virtudes) conaturaliza àquilo que é sobrenatural.

Sobrenaturalizar a natureza é conaturalizá-la a Deus.

A conaturalidade entre dois sujeitos implica não somente que cada um seja para o outro um objeto natural, mas que exista semelhança entre eles e naquilo próprio que eles possuem de individual.

O amor supõe a conaturalidade e a percepção desta. Mas, segundo Santo Tomás, o amor aumenta essa conaturalidade, sobretudo se é recíproco. Podemos mesmo dizer que é próprio do amor conaturalizar àquilo que se ama.

Mas é no domínio do conhecimento que a ideia de conaturalidade possui mais consequências. A conaturalidade entre o cognoscente e o conhecido funda, com efeito, um conhecimento que vai além da simples percepção (sensível ou intelectual) do objeto. Esse conhecimento por conaturalidade pertence antes à ordem do julgamento do que da percepção; do julgamento de valor, mas igualmente do julgamento de conveniência. O seu modelo é o instinto (a estimação) do animal julgando aquilo que convém à sua natureza.

É desse modo, diz Santo Tomás, que o homem casto (aquele que possui o *habitus* da castidade, no qual a castidade passou a fazer parte da natureza) reconhece infalivelmente, nos objetos e nos atos, aquilo que é casto ou não o é, mesmo se ignora a regra moral a respeito. Do mesmo modo, aquele que possui a fé sobrenatural reconhece, por uma espécie de instinto de conaturalidade com a verdade revelada, aquilo que está de acordo com a fé e aquilo que não está. Enfim, é ainda pela conaturalidade criada pela graça e a caridade entre a alma e Deus que se explica o conhecimento quase experimental de Deus pelo dom da sabedoria.

→ Natureza → Sobrenatural.

Contingente, contigência (*Contingens, contingentia*)

Noção contrária à de necessidade. Aquilo que é contingente é aquilo que poderia não ter sido ou não ter sido tal, ou não acontecer (evento contingente), por não ter em si nem em suas causas a razão adequada de sua existência. Denominamos futuros contingentes aquilo que, considerado em si mesmo ou em suas causas, poderia advir ou não advir, e que, portanto, não pode ser previsto. Eles são cognoscíveis apenas enquanto presentes (é enquanto presentes e não por antecipação que Deus os conhece) e revestem por isso mesmo uma necessidade de fato: supondo que uma coisa seja, ela não pode não ser. Aquilo que foi não pode não ter sido. As escolhas das vontades livres são contingentes.

→ Acidente → Necessário.

Contraditório, contrário (*Contradictoria, contraria*)

1. Dois termos são contraditórios quando um exclui o outro; assim o ser e o não ser. Eles são contrários se são opostos no interior do mesmo gênero: assim o branco e o preto, o ato e a potência.

Um conceito é portanto contraditório em si mesmo se comporta dois elementos incompatíveis entre si: é um pseudoconceito.

2. O princípio de não contradição é a base de toda afirmação e negação: "É impossível afirmar ou negar uma mesma coisa sob o mesmo aspecto". O que se formula metafisicamente deste modo: "Uma mesma coisa não pode a um só tempo e sob o mesmo aspecto ser e não ser". Esse princípio resulta imediatamente da intuição do ser.

Conveniência, conveniente (*Convenientia, conveniens*)

1. No sentido próprio da palavra, aquilo que convém a um ser é seu bem*, é aquilo para que seu apetite* o inclina. Mas em um sentido mais amplo, menos forte, muito usado, "aquilo que convém" é aquilo que, sem decorrer necessariamente de uma natureza e seu ser erigido necessariamente por um fim, é capaz de perfazer uma natureza em sua linha ou de fazer atingir mais fácil e rapidamente o fim perseguido.

2. Esse conceito é muito importante no raciocínio teológico de Santo Tomás. As razões de conveniência permitem compreender os motivos e consequentemente o sentido daquilo que Deus faz e, por vezes, até mesmo demonstrar com certa probabilidade conclusões que não foram explicitamente reveladas.

Mas existe uma grande diferença entre a razão que, sem buscar provar aquilo que sabemos pela revelação, dela nos faz compreender os motivos e o sentido e a razão que busca demonstrar aquilo que não foi revelado.

Exemplos do primeiro caso:
→ Encarnar-se convinha soberanamente a Deus em razão de sua bondade infinitamente difusiva por ela mesma.
→ Convinha que o Verbo encarnado nascesse de uma virgem.

As razões de conveniência não provam que tenha havido encarnação, redenção e concepção virginal, mas mostram seu sentido.

Exemplos do segundo tipo de conveniência.
→ Convinha que o Cristo tivesse já nesta Terra a visão beatífica.
→ Convinha que Maria tivesse sido concebida sem pecado original.

Pode acontecer, como mostra o segundo exemplo, que as conclusões fundadas em razões de conveniência tenham sido reconhecidas pela Igreja como virtualmente contidas na revelação. Mas não podemos abusar. O que Santo Tomás não fez. Era na verdade daquilo que ele estimava como já reconhecido ao menos pela tradição que ele buscava a conveniência.

Notemos aqui a dificuldade em traduzir termos que têm um valor técnico importante. Em diversos casos preferiu-se traduzir *conveniens* por apropriado, adaptado, justificado, e *non conveniens* por ilógico, absurdo, incoerente, desajeitado...

→ Bem → Necessário.

Corrupção (*Corruptio*)

O sentido técnico de *corruptio* é o do desaparecimento de uma forma substancial pelo advento de outra. A ideia de corrupção é inseparável da de geração e de transformação. A corrupção não é o aniquilamento, nem o apodrecimento.

Determinação (*Determinatio*)

Tudo aquilo que é forma, ato, especificação, diferenciação até mesmo individual pode ser denominado determinação. Determinar vem de terminar, de término, de termo. Implica um limite e simultaneamente um acabamento.

Também a ação de uma causa é determinante. Dizer que o ato da vontade é determinado por um encadeamento necessário de causas seria negar que sua determinação última provém de sua própria vontade.

Ainda que tudo diga respeito à causalidade divina, não se pode dizer que tudo seja por ela determinado. Santo Tomás diria antes que Deus determina os seres livres a se determinarem a si mesmos.

Diferença (*Differentia*)

Aquilo por que uma coisa se distingue de outra e que é em princípio aquilo que a constitui em sua essência* própria.

A diferença pode ser apenas acidental. Mas quando ela é essencial — afetando a própria essência — denomina-se diferença específica. Acrescentada ao gênero, ela constitui e define a espécie* e a distingue de toda espécie do mesmo gênero. Exemplo: racional, adicionado ao gênero animal, dá a espécie: homem. Gênero, espécie, diferença são os três primeiros predicáveis*.

Santo Tomás fala também da diferença numérica*, igualmente substancial: aquilo que faz a singularidade e a unicidade de um ser, de um existente, no interior de uma mesma espécie. Não deve ser confundida com as circunstâncias individuantes que supõem os indivíduos numericamente e substancialmente distintos, e aí então os caracteriza diversificando-os acidentalmente. Pedro e Paulo são dois (diferença numérica). Um é louro, o outro, moreno, o primeiro neste lugar, o segundo em outro, este de um século, aquele de outro século etc.: notas ou circunstâncias individuantes.

→ Espécie → Essência → Gênero → Indivíduo.

Disposição (*Dispositio*)

Essa palavra retorna constantemente a propósito de temas bastante díspares.

De maneira absolutamente geral, é aquilo que prepara um ser a receber ou a fazer algo.

1. Em relação aos atos humanos, a disposição é um modo de ser menos estável e menos determinado que o denominado *habitus*, mas já torna mais fácil este ou aquele tipo de ato ou reação. Assim, falamos de disposições naturais para a virtude.

2. No domínio da filosofia da natureza e das transformações do ser, as disposições são modificações acidentais pelas quais um sujeito está progressivamente preparado a receber uma nova forma substancial, à qual correspondem as qualidades substanciais assim introduzidas. Exemplo banal, pouco científico mas constantemente reproduzido por Santo Tomás: a madeira que, por força de ser aquecida, transforma-se em fogo.

É clássico distinguir as disposições prévias e as disposições imediatamente próximas, a presença dessas não sendo separável da presença de uma nova forma substancial.

3. Por uma extensão analógica muito característica do método de Santo Tomás (e cuja validade não depende da qualidade da sua física), o conceito de disposição se estende a domínios muito mais interessantes para o teólogo. É disposição toda modificação preparando a presença de uma forma* perfeita considerada como termo de um movimento. É assim que o dom da graça pressupõe disposições que ainda não são a graça (no sentido ontológico), mas que dispõem para ela, e que, na medida em que são dadas tendo em vista a graça, elas próprias são graças. Exemplo: o conjunto dos sentimentos ainda naturais que denominamos o *pius credulitatis affectus* (o pio desejo de crer) e que já são o efeito da graça, porque dados por Deus para preparar-nos para a fé.

4. A causa que produz a disposição última é também aquela que produz a nova forma: princípio que, inspirado nos fenômenos da natureza, transpõe-se para a ordem do espiritual e do sobrenatural.

E do mesmo modo diremos que aquilo que era disposição para a graça permanece, uma vez dada a graça, como propriedade e efeito da graça. Por exemplo, a fé justificadora.

→ Alteração → Causa → Forma.

Distinção (*Distinctio*)

A distinção é a pluralidade: são distintos, com efeito, objetos dos quais um não é o outro.

A palavra "distinção" pode exprimir o ato pelo qual percebemos os objetos como distintos: fazer uma distinção; ou então essa própria distinção.

Existem dois tipos de distinção: a distinção real, segundo a qual é na própria realidade (independentemente de todo pensamento) que os objetos são distintos, que um não é o outro; e a distinção de razão entre objetos que são apenas um na realidade, ao passo que são distintos para a inteligência e percebidos como tais. Por exemplo, entre a substância e seus acidentes, entre a inteligência e a vontade, entre ser e agir, entre essência e existência, existe distinção real na criatura; e de razão apenas, quando aplicamos essas noções a Deus.

A distinção real pode ser ou entre duas substâncias ou no interior de uma mesma substância, entre os princípios constitutivos, os elementos, as faculdades e propriedades desta. O que é realmente distinto pode ser inseparável na existência, e mesmo inconcebível, a não ser como relacionado com o outro.

A distinção real pode ser somente modal: o modo* distinguindo-se do acidente porque afetando a substância em sua própria substancialidade. Essa noção de modo substancial quase não é utilizada por Santo Tomás. Ela serviu a seus comentadores para definir a distinção entre a natureza individual e a subsistência que faz dela ontologicamente uma pessoa.

A distinção de razão pode ter um fundamento na realidade: por um lado a riqueza da realidade que, una e simples em si mesma, contém, entretanto, uma pluralidade virtual* de perfeições e formalidades, e por outro a imperfeição de nosso intelecto que não pode conceber adequadamente a realidade em um único conceito, mas necessita formar um grande número de conceitos para então reuni-los numa síntese.

Essas noções adquirem uma importância capital no tratado de Deus, em que serão plenamente desenvolvidas.

Ente (*Ens*) Ver Ser.

Entitativo (*Entitativus*)
Poderíamos estranhar que, incessantemente falando do ser e a ele retornando, Santo Tomás não tenha por assim dizer usado o adjetivo correspondente ao verbo "ser", podendo qualificar seja a ciência que dele trata, seja, por extensão, aquilo que diz respeito ao ser. Esse tipo de terminologia lhe é posterior. Não foi ele que qualificou como ontológico o argumento de Santo Anselmo, nem como ontológica a teoria da percepção imediata de Deus no ser.

Contudo, se ontológico não faz parte de seu vocabulário (nem aliás ontologia), encontramos entitativo, por oposição a operativo. Um *habitus* entitativo é um *habitus* que afeta o próprio ser do sujeito: assim a graça santificante. Um *habitus* operativo afeta a operação e seu princípio imediato que é a faculdade.

Equívoco, equivocação (*Equivocus, equivocatio*)
Equívoco opõe-se a unívoco. Trata-se de uma mesma palavra que pode significar coisas diferentes. Na linguagem comum ela equivale a ambíguo. Ela é ainda mais pejorativa.

Na linguagem da *Suma*, a analogia é um tipo de "equívoco". Trata-se (analogia*) de uma palavra que significa coisas essencialmente diversas, mas tendo algo em comum (certa proporção). O uso de tal palavra, de tal conceito obedece a regras restritas. É por aquilo que elas têm em comum, a diversidade sendo sempre simultaneamente trazida à luz e levada em consideração, que podemos esclarecer uma pela outra realidades análogas entre si e, *a fortiori*, inferir aquilo que convém a uma daquilo que convém à outra.

No domínio da causalidade, Santo Tomás fala de causas equívocas quando se trata de causas de uma ordem superior, cujos efeitos não poderão assemelhar-se a não ser por analogia (por participação*) àquilo que elas são.

Espécie, espécies, especificação (*Species*)
Essa palavra, que etimologicamente relaciona-se ao olhar (*respicere* = olhar), significa primeiramente o conjunto dos traços que caracterizam e fazem reconhecer um objeto.

A partir daí podemos distinguir duas linhas de significados.

1. A espécie é a determinação* última da essência, aquilo que a definição exprime e que permanece idêntica a si mesma em todas as suas realizações individuais. Dito de outro modo, não é aquilo que faz reconhecer um objeto, mas aquilo que o caracteriza em si mesmo, ainda que não podendo ser percebido senão a partir daquilo que é manifesto. Todo indivíduo pertence a uma espécie, toda espécie a um gênero. Na linguagem de Santo Tomás, a palavra "espécie" não está reservada ao domínio

biológico. Ele dirá que o objeto especifica o ato, que existem várias espécies de virtudes.

2. A espécie é aquilo que manifesta um ser. Os acidentes perceptíveis de um ser material, particularmente suas qualidades sensíveis, são chamados espécies. Vocabulário propriamente escolástico que não é utilizado senão a propósito da eucaristia.

3. Mas Santo Tomás, com toda a escolástica, denomina igualmente espécies as semelhanças* ou imagens das qualidades sensíveis do ser (cores, sons etc.) impressas nos sentidos e pelos quais a realidade sensível é percebida. Por extensão e por analogia, ele chama também "espécies" as semelhanças que dela resultam no espírito.

→ Conceito → Diferença → Essência → Gênero.

Espírito, espiritual (*Spiritus, mens*)

1. Um espírito é uma "forma*" à qual pertence ser por si mesma princípio e sujeito de existência e de operação. Isto é verdadeiro mesmo com respeito ao espírito humano, que pode informar a matéria a ponto de constituir com ela uma única substância. A forma constitutiva do ser humano é a um só tempo alma e espírito. A alma animal não possui espírito. É necessário observar que Santo Tomás utilizará a expressão "forma pura" para os anjos e "ato puro" para Deus, em vez de "puro espírito". Quanto à alma humana enquanto espírito, ele a denomina preferencialmente *mens*, tradução do *nous* grego.

2. O específico do espírito enquanto distinto da matéria — além da simplicidade da substância (liberação de todo o quantitativo) e sua incorruptibilidade (liberação com respeito ao devir substancial) — é sua operação, que não é somente conhecer, mas pensar o ser em sua universalidade e, por conseguinte, amar o Ser universal e, enfim, ser livre com respeito aos bens particulares.

3. No sentido propriamente teológico, Espírito é a terceira pessoa da Trindade. Aquilo que se encontra traduzido aqui é o *pneuma* grego. A etimologia é a de sopro, e não no sentido de indivisível, de impalpável, mas no sentido de ímpeto, de impulsão. É o amor mais que a inteligência que é significado por essa palavra.

4. Espiritual quer significar aquilo que pertence ao espírito. Seja no primeiro sentido, seja no segundo. No primeiro ele se opõe àquilo que é apenas material. No segundo, opõe-se àquilo que, ainda que espiritual, é somente racional ou natural.

→ Alma → Forma → Matéria.

Essência (*Essentia, quidditas*)

A essência é um dos significados da palavra "ser*". Por essa palavra Santo Tomás designa o que é uma coisa, um ser, aquilo pelo qual uma coisa é o que ela é e distingue-se de qualquer outra, o que constitui sua inteligibilidade*, o que vai exprimir sua definição.

A inteligência não apreende uma essência senão despojando-a de seus caracteres individuais (abstração).

As essências, portanto, fazem parte da realidade existente, mas não possuem realidade separada a não ser no e para o espírito que as pensa. E essa realidade está toda ordenada à existência ao menos como possível. Não existe portanto um mundo real das essências, mas somente um mundo real dos seres existentes, dos quais cada um possui uma essência. Por outro lado, há um mundo inteligível das essências que o intelecto atualiza, ao qual ele dá uma existência ideal e intencional, pensando-o nos conceitos. A essência de um ser, de um "ente", "aquilo que ele é" ou "quididade" (da palavra latina *quid*: o que é?) distingue-se daquilo que há nele de acessório, de consequente, de acidental. A essência é a razão de ser de tudo aquilo que se lhe atribui, sua *ratio*, seu *logos*. Cada ser, com efeito, define-se por uma maneira única e indivisível de participar no ser; disso resultam todas as propriedades.

A palavra "essência" não vale somente para a substância, para os próprios seres existentes. Tudo aquilo que tem ou pode ter na existência alguma realidade, ainda que acidental, possui uma essência. Falaremos da essência da relação, do belo, do verdadeiro, do bem. Daí esse paradoxo do vocabulário: opõe-se essência àquilo que é somente acidental, e fala-se da essência de um acidente.

Exemplar (*Exemplaris*)

A palavra "exemplar" significa aquilo à imagem de que alguma coisa foi feita. O que Santo Tomás explica de diversas maneiras.

1. O exemplar é a ideia* segundo a qual uma causa eficiente age, buscando imprimir sua imagem em seu efeito. Desse modo falaremos de Ideias divinas. Trata-se, na verdade, da Essência divina única enquanto Ideia criadora da multidão infinita dos seres.

2. O exemplar é a própria causa da qual o efeito participa. Isto se aplica corretamente apenas à Exemplaridade divina (ver participação*). E também com respeito às criaturas espirituais

que, somente elas, participam de Deus enquanto Pensamento criador, e ainda mais com respeito às criaturas elevadas ao estado sobrenatural; apenas elas participam da própria natureza de Deus.

Foi à sua imagem e semelhança que elas foram criadas e espiritualmente geradas. É para a perfeição dessa imagem e semelhança que elas tendem.

→ Causa.

EXTRÍNSECO, INTRÍNSECO (*Extrinsecus, intrinsecus*)

A etimologia é clara: *intra-secus* e *extrim-secus* = segundo o interior e segundo o exterior.

O que é extrínseco vem de fora e permanece fora; o que é intrínseco entra na natureza, na definição ou na composição de um ser.

Desse modo, as causas eficiente, final e exemplar são causas extrínsecas, enquanto a forma e a matéria são causas intrínsecas.

O contexto mostrará sempre de qual interioridade e de qual exterioridade se trata.

FANTASMA (*Phantasmata*)

Santo Tomás utiliza frequentemente a palavra *phantasmata* para significar as imagens ou espécies produzidas pela imaginação, enquanto submetidas à ação iluminadora do intelecto. Isso não corresponde exatamente ao uso moderno que se interessa antes pelo aspecto de ficção do fantasma, e mais ainda à sua origem inconsciente e sua função simbólica, que por seu papel no processo do conhecimento intelectual.

→ Espécies → Semelhança.

FINS E MEIOS (*Finis, ad finem*)

1. O fim é aquilo por que alguma coisa se faz ou é feita. Considerado causa (causa* final), ele é o que determina o movimento de um ser, ele está no princípio da ação. Considerado resultado, objeto a realizar ou atingir, ele é o objetivo da ação, aquilo para o que esta tende. ("O fim é primeiro na intenção daquele que age, mas último na execução.") Esse valor de termo no movimento que pertence ao fim explica o duplo sentido da palavra: simples cessar de um movimento ou de uma atividade; ou razão de ser e consumação de um movimento ou de uma atividade.

A noção de fim confunde-se com a de bem, pois nada atrai a não ser enquanto bem*. Essa equivalência entre o bem e o fim é constantemente expressa ou subentendida por Santo Tomás.

2. Distingue-se o "fim da obra" (*finis operis*), aquele ao qual a ação está ordenada por sua própria natureza; e o "fim do agente" (*finis operantis*), o objetivo que se propõe o agente agindo, que denominaremos igualmente intenção ou motivo. O fim do agente pode coincidir com o da obra. Distinguimos igualmente entre fim principal, aquele sem o qual o agente não agiria, e fim secundário, que se acrescenta ao fim principal.

Distingue-se igualmente o fim último — que é aquele do próprio ser que age, que é sua realização, além do qual não existe nada a desejar — do fim intermediário ou relativo, que é o fim de uma ação ou de um conjunto de ações ordenadas entre si por um mesmo objetivo. Mas esse fim intermediário nos leva à ideia de meio. Distinção mais sutil e contudo essencial: o fim *quod*, esse bem que finaliza a ação e o ser, e o fim *cui*, que é o sujeito ao qual primeiramente desejamos esse bem.

3. A palavra "meio" implica a ideia de mediação. É o que é feito ou alcançado, tendo em vista um fim, como aquilo que conduzirá ao fim.

O meio pode não ter nele nada que possa ser desejado por si mesmo. Ele é então um puro meio. Todo seu valor de bem resume-se em sua utilidade. Ele não é objeto de vontade ou de amor senão em vista de outra coisa.

Mas o meio pode também ter seu valor próprio de bem: ter nele o suficiente para satisfazer o agente sem contentá-lo plenamente nem levá-lo ao repouso. Ele pode até mesmo ser uma participação no fim último, ser já um bem em si: *bonum honestum*, no vocabulário aristotélico.

4. Aquilo que é meio em relação ao fim último pode até mesmo ter valor de fim intermediário, pois não pode ser obtido senão por todo um conjunto de meios a ele ordenados. Tratando-se dos anjos ou do homem, Santo Tomás fala de fim da natureza. Trata-se de um fim intermediário, a realização última do homem em Deus, passando pela realização de sua natureza.

Toda a moral está na ordenação dos meios ao fim, dos bens secundários aos bens essenciais, destes ao Bem divino, único fim último do homem.

Pecar consiste em tomar por fim último e absoluto (fim do sujeito) aquilo que, por natureza, não é senão meio ou fim intermediário.

5. A posse do fim é a beatitude: imperfeita se se trata de um fim intermediário, perfeita se se trata do fim último.

Mas a posse do Fim implica o amor desse Fim, enquanto ele é o Bem em si, o Bem infinito, Deus.
→ Bem.

Forma (*Forma*)

Santo Tomás faz um uso constante da palavra e do conceito de forma. (Ver especialmente seus desenvolvimentos no tratado do homem, primeira parte, q. 76).

Ela é muito importante, apesar dos exemplos incômodos que ele toma da natureza tal qual a concebia a ciência de seu tempo. Trata-se sempre de um conceito filosófico e mesmo metafísico, de modo algum físico no sentido experimental da palavra.

1. A palavra "forma", que traduz a *morphé* de Aristóteles, não deve ser compreendida primeiramente no sentido de forma externa (disposição externa das linhas e dos volumes de um ser material), mas em seu sentido de princípio determinante, constitutivo e, portanto, intrínseco, daquilo que ele é. A noção aristotélica de forma corresponde à ideia platônica. Mas, da ideia platônica, Santo Tomás fez não mais o "exemplar eterno e subsistente" do ser material passageiro, corruptível, mas o princípio intrínseco* e constitutivo deste. Ele denomina contudo forma exemplar a ideia sobre o modelo da qual a forma substancial é produzida por uma causa. A ideia de forma é correlativa à de matéria, sendo esta por si própria potencialidade pura, constituindo a forma com ela um só todo, o único ser existente. Ele pode, contudo, dela ser dissociada. Denomina-se forma pura, ou melhor, na linguagem de Santo Tomás, "forma separada", a forma que não é de modo algum ato, mas somente princípio determinante do ser. É assim que são definidos os anjos. Ele aplica essa noção à alma após a morte, mas não sem que reste a esta uma relação transcendental* (portanto de toda ela) ao corpo que a animava.

2. A forma não se distingue então realmente da essência* ou natureza*. Ao contrário, no caso da forma substancial, a forma aparece como princípio constitutivo e determinante da essência ou natureza, e é nesse sentido que dizemos que o ser (no sentido de existência) segue a forma. Sendo a forma o princípio intrínseco e constitutivo, segundo o qual um ser determinado existe, é também o princípio segundo o qual ele age ou opera de tal ou tal maneira determinada.

3. Por outro lado, sendo a forma aquilo que determina um ser a ser aquilo que ele é, é por ela que este ser é conhecido. Denominamos forma intencional* a semelhança, a imagem, o conceito* pelos quais a forma de um ser torna-se presente ao espírito.

4. Ainda que o conceito de forma valha sobretudo para a forma substancial, ele se estende ao domínio das determinações acidentais*. A forma acidental dá a um ser, assim constituído por sua forma substancial, uma determinação acidental. Por extensão, tudo aquilo que completa e perfaz um ser será dominado forma.

5. Por mais característica da filosofia escolástica e particularmente tomista que seja a noção de forma, dela encontramos traços na linguagem moderna. Primeiramente nos derivados da palavra (formação, informação, transformação). E sobretudo em sua extensão a tudo aquilo que, em qualquer campo que seja, dá sentido, precisão, unidade e significado a um conteúdo ou a um conjunto (as formas *a priori* da sensibilidade e do entendimento em Kant; a "teoria da forma", inicialmente psicológica e em seguida ampliada para uma concepção filosófica geral dos fatos biológicos e físicos, e mesmo linguísticos, etnológicos, sociológicos). Esta aproximação do vocabulário não deixa de significar certa analogia entre conceitos, na realidade fundamentalmente diferentes.

→ Ato → Conceito → Essência → Matéria.

Formal (*Formalis*)

O aspecto formal de um ser é aquilo que diz respeito à sua forma, portanto à sua determinação essencial. O objeto formal de uma potência, de um *habitus*, de um ato, de uma ciência é aquilo que, no real, é determinantemente visado por essa potência, *habitus*, ato etc. O objeto material sendo o conjunto da realidade sobre o qual se destaca essa determinação. A expressão "enquanto..." designa o aspecto determinado sob o qual a realidade é considerada (exemplo: o homem é o objeto material da moral, da sociologia, da medicina: da moral enquanto pessoa racional e livre, da sociologia enquanto ser social, da medicina enquanto sujeito à doença).

Falar formalmente é falar utilizando as palavras em seu sentido preciso, determinado, definido, ou seja, nas formas definidas. Mais profundamente, é falar do ponto de vista daquilo que é formal na coisa da qual se fala.

Aí também é necessário evitar a assimilação desse vocabulário ao de formalidade ou formalismo nos modernos. Aí, com efeito, a forma está prevalentemente oposta ao conteúdo, enquanto para Santo Tomás é prevalentemente do lado do conteúdo que se encontra o formal.

FUNDAMENTO (*Fundamentum*)

1. Por analogia com aquilo que é o fundamento de uma construção, seu apoio, sua base, tudo aquilo que sustenta e justifica uma asserção, uma crença, uma instituição, é chamado fundamento na linguagem comum: será um princípio, uma verdade "fundamental" que sustenta todas as outras, uma causa. Esse sentido é absolutamente usual na linguagem comum e é frequentemente aquele que Santo Tomás dá à palavra "fundamento".

2. Um sentido mais especial e mais técnico é frequentemente encontrado. Dizemos de uma relação ou de uma distinção que não são reais, quando possuem existência apenas na razão, mas que encontram um fundamento na realidade (*cum fundamento in re*) quando esta possui nela quanto baste para justificar sua produção na razão.

GÊNERO (*Genus*)

1. O que é comum a várias espécies*.
2. Grupo lógico formado pela reunião de várias espécies.
3. Gênero supremo: o gênero ao qual não existe outro superior (os gêneros do ser são as categorias ou predicamentos*). O ser enquanto tal não se encontra em nenhum gênero e não é ele próprio um gênero supremo.

→ Abstração → Diferença → Universal.

HABITUS (*Habitus*)

1. Esta palavra foi suficientemente incorporada à linguagem filosófica e teológica para que não se tenha de traduzi-la por hábito, cujo sentido mais usual evoca sobretudo o conjunto de modificações e aperfeiçoamentos que dizem respeito às atividades motoras.

2. A noção de *habitus* é antes de tudo metafísica e ligada à de natureza e liberdade. Ela se encontra especialmente em I-II, q. 49-54. É uma disposição estável a agir facilmente, de modo feliz e portanto livre, para o bem ou para o mal, isto é, conformemente ou não aos fins de uma natureza. Um *habitus* nasce e se desenvolve pelos atos e sua repetição; mas, diferentemente do hábito, não é por um automatismo adquirido, mas pelo aperfeiçoamento de uma inclinação natural com respeito à qual o sujeito permanece livre (segundo o dito de Aristóteles, o sujeito usa livremente seus *habitus*). Está claro que esta definição de *habitus* vale antes de tudo para as potências espirituais.

3. Mas, se existem *habitus* naturais, existem igualmente *habitus* sobrenaturais. Os atos aos quais eles dispõem são de ordem sobrenatural. De modo que são infusos, isto é, dados e desenvolvidos pela graça.

4. O *habitus* pode ser operativo. Ele é então uma disposição das faculdades para agir de certa maneira, com relação a certo tipo de objetos. Ou entitativo*: é então uma disposição do mesmo ser, da natureza enquanto tal. Ainda que Santo Tomás dê como exemplo de *habitus* entitativos a saúde e a beleza (o conjunto das disposições que aperfeiçoam a subordinação do corpo à alma), a noção não age com toda sua força senão para a graça santificante, participação ontológica na Natureza divina, que afeta a própria natureza do homem, ordenando-a a Deus em seu próprio ser, de onde resultam as virtudes infusas (ver I-II, q. 110).

→ Ação → Fim → Natureza → Potência.

IDEIA (*Idea*)

Para Santo Tomás, ideia não é de modo algum sinônimo de conceito. A palavra possuía para ele um sabor platônico que era necessário exorcizar. Ela evoca a existência à parte de modelos transcendentes e exemplares das coisas móveis e múltiplas. Daí resultava que a ideia era uma representação do real, anterior a ele, sendo-lhe a causa exemplar. Ele denominava ideia, portanto, o conceito que o artista, o artesão, se fazia antecipadamente da coisa real que ele queria produzir. E ele a aplicava de forma sobre-eminente ao Deus Criador: as Ideias divinas são a Essência divina enquanto participável de uma infinidade de maneiras mediadas pela Ação criadora.

→ Causa 2 → Conceito → Exemplar.

INDIVÍDUO, INDIVIDUAÇÃO, INDIVIDUAL (*Individuum, individuatio, individualis*)

1. O indivíduo é a substância enquanto "indivisa em si e distinta de qualquer outra" (I, q. 29, a. 4). E, por causa disso, único e indivisível sujeito de uma única existência (o que exprime o termo supósito). Quando a natureza na qual subsiste o indivíduo é espiritual (Santo Tomás diz: racional,

porque aplicando esse vocabulário ao homem) é a pessoa*. O conceito de indivíduo é, portanto, mais amplo que o de pessoa e o inclui. Contudo, na forma substantiva (indivíduo), ele está prevalentemente reservado àquilo que é distinto no interior de uma espécie dada. Ora, a multiplicação de uma mesma espécie (e portanto da forma) em indivíduos dá-se — tese especificamente tomista — pela matéria enquanto ordenada à quantidade. Uma forma sem matéria é por si mesma indivisa, indivisível, única. (Por exemplo, cada anjo é por si só uma espécie distinta.)

2. Santo Tomás denomina diferença numérica aquela que existe entre dois indivíduos pelo simples fato da exterioridade substancial e existencial de um em relação ao outro (a diferença numérica é a que existe entre duas unidades quantitativas). Ele denomina notas individuantes ou características individuais as diferenças — de ordem necessariamente acidental — entre dois indivíduos numericamente distintos, e que se referem à forma. A matéria multiplica, a forma diferencia.

3. Ainda que o substantivo "indivíduo" designe prevalentemente o ser individual que, em razão de sua materialidade, pertence a uma espécie, o adjetivo "individual" pode muito bem significar aquilo que pertence à pessoa (natureza individual, características individuais de natureza propriamente espiritual).

Tratando-se do homem, e porque ele é ao mesmo tempo espiritual e membro de uma espécie, ele pode ser chamado indivíduo ou pessoa, segundo o aspecto que nele se pretenda designar.

→ Diferença → Espécie → Gênero.

INTEGRIDADE (*Integer, integritas*)

A ideia de integridade é aquela da manutenção de um ser naquilo que faz sua perfeição. As imagens de mancha, de ferida, de enfraquecimento, fealdade compreendem-se em relação à de integridade.

Quando falamos de integridade da natureza humana (do estado de natureza íntegro), o conceito torna-se teológico e de grande importância. Ligado ao problema da justiça original, ele figurou em tantos debates posteriores a Santo Tomás que se faz necessário afinar o sentido que este lhe deu.

A integridade da natureza humana é a de uma natureza criada por graça* e na graça, e consequentemente com dons não necessários à perfeição da natureza enquanto tal, mas necessários à perfeição de uma natureza ordenada para a graça em sua própria criação. A perda desses dons — chamados preternaturais — foi imediatamente consecutiva à perda da graça, e eles não foram imediatamente devolvidos pela redenção. A natureza humana, mesmo resgatada, permanece portanto ferida e enfraquecida, ainda que tendo guardado tudo aquilo que pertence necessariamente à natureza enquanto tal: o que lhe falta é uma certa perfeição inata da natureza que a abria à graça.

→ Natureza.

INTELECTO, INTELIGÍVEL (*Intellectus, mens*)

1. O intelecto é a faculdade pela qual um ser espiritual conhece o universal, o imaterial, a própria essência das coisas. Essa palavra não é exatamente sinônima da palavra "inteligência": ela não significa apenas a faculdade, mas uma certa qualidade. Ela não traduz, entretanto, aquilo que Santo Tomás denomina *mens*, que engloba o conjunto das faculdades espirituais e significa até mesmo, frequentemente, a própria alma, enquanto espiritual e princípio de toda atividade intelectual.

O *intellectus* pode significar também o simples e imediato olhar da inteligência (ver intuição, *intuitus**).

2. Santo Tomás distingue, na faculdade que é o intelecto, o intelecto agente e o intelecto passivo. O intelecto agente abstrai* o universal inteligível do singular sensível, despojando de suas qualidades sensíveis as imagens vindas dos sentidos. O intelecto passivo não o é inteiramente. Ele é até mesmo fonte da atividade suprema e específica do homem, que é o ato do pensamento, e ele produz o conceito mediante o qual o ato do pensamento se consuma e se exprime. Se o denominamos "passivo" (Santo Tomás o denomina até mesmo intelecto possível para exprimir sua potencialidade), é que sua atividade está condicionada pela recepção, pela impressão nele da semelhança (ou espécie) abstraída pelo intelecto agente.

Pode-se falar de duas faculdades distintas ou, antes, de duas funções da mesma faculdade. Remetemos, para esta questão, ao lugar em que Santo Tomás dela trata (I, q. 79).

3. A palavra "inteligível" significa, de modo usual, aquilo que pode ser apreendido pelo intelecto. Neste sentido falar-se-á de uma linguagem inteligível.

Para Santo Tomás o inteligível significa o ser enquanto tendo alcançado o grau de universalidade e de imaterialidade desejado para ser apreendido pela inteligência.

Inteligência, aqui, corresponde exatamente a intelecto. Depreender ou abstrair da matéria o inteligível que, enquanto ser, ela guarda e encobre é a função própria do intelecto agente.

INTENÇÃO (*Intentio*)

1. A etimologia (*intendere* = tender a, tender para) é bastante eloquente. A tendência de um ser para outro, para um objeto, para um termo parece confundir-se com seu movimento, mas ela existe já no ser ordenado para esse movimento, para esse termo, e por ele especificado. Sempre que houver tendência, haverá *intentio*.

2. Na linguagem da *Suma teológica*, essa palavra designa mais frequentemente a direção, a orientação do ato voluntário e livre enquanto tal.

Ela significa mais precisamente, entre os atos da vontade, aquele pelo qual ela tende efetivamente para o fim livremente escolhido e para ele ordena seus outros atos, dando-lhes assim sua qualificação moral.

3. Mas a palavra "intenção" é igualmente utilizada por Tomás de Aquino no domínio do conhecimento para significar a orientação, a mirada para o ser, por parte do espírito cognoscente; o espírito sendo o próprio tipo de ser que pode ser, que tem em vista outra coisa que ele próprio.

O conceito, a imagem, a espécie* são entidades puramente intencionais, que existem realmente no espírito, mas não possuem outra realidade senão a de tender para o objeto que elas representam, sem nenhum outro conteúdo inteligível.

4. Santo Tomás denomina intenção primeira (*intentio prima*) aquela que é primeiramente visada no ato do conhecimento, ou seja, o objeto em sua inteligibilidade. E intenção segunda (*intentio secunda*) aquilo que é visado em segundo lugar, de modo reflexo, a saber, o objeto enquanto efetivamente conhecido e os atos pelos quais o conhecemos.

O lugar da *Suma teológica* onde são utilizadas e desenvolvidas de modo mais completo essas noções é o tratado do Pensamento humano (I, q. 85,87).

5. A ideia de *intentio spiritualis* será encontrada com um sentido totalmente diverso para significar a comunicação passageira que uma causa superior faz de sua virtude, de sua energia própria ao instrumento do qual ela se serve para atingir seu efeito. A palavra "espiritual" tem aqui uma acepção metafórica para sugerir o que esse "ser de passagem" (*entitas fluens*) possui de inapreensível.

INTUIÇÃO (*Intueri, intuitus*)

A palavra *intuitio* não existe em Santo Tomás, mas sim *intuitus*, com o verbo *intueri*, ambos de difícil tradução. "Intuição" pode servir para traduzir *intuitus*, contanto que ele seja liberado de tudo aquilo que veio a significar de conhecimento afetivo ou concreto, para o que Santo Tomás possui outras palavras.

O *intuitus* é o simples olhar da inteligência (que ele chama também *simplex intellectus*) que percebe e engloba por um ato único a totalidade de seu objeto. Desse modo, Santo Tomás fala do *intuitus* divino, que abrange desde toda eternidade, a totalidade dos tempos e de todas as coisas que são no tempo, como objetos presentes (I, q. 14, a. 9). O conhecimento angélico é igualmente intuitivo, embora ele se produza mediante atos diversos, sucessivos e limitados. Pelo contrário, é próprio do homem raciocinar*, isto é, passar de um conhecido a outro conhecido por um encadeamento causal. Mas o ponto de partida desse movimento é a simples inteligência ou intuição do ser e dos primeiros princípios, e o resultado é igualmente um simples olhar da inteligência, olhar de sabedoria, que reúne todo o conhecimento, reconduzindo-o aos seus princípios e julgando-os sob sua luz. Esse olhar contemplativo é chamado por Santo Tomás *liber contuitus animi in res* (II-II, q. 180, a. 3, sol. 1).

→ Razão.

MATÉRIA (Materia)

Em seu sentido original, a matéria, *hylé* em grego, *materia* ou *materies* em latim, é aquilo de que uma coisa é feita, fabricada.

É ao uso que Aristóteles faz da palavra que estão ligadas todas suas acepções filosóficas, mediante as mais variadas derivações e transposições.

Santo Tomás faz inteiramente seu o conceito aristotélico. Para ele a matéria é aquilo que, nos seres submetidos em sua própria substância ao devir, recebe da forma* qualquer determinação que seja, compondo com ela um ser existente, uma substância. Ela se define então pela determinabilidade, pela potencialidade, conceito que faz apelo à noção, inteiramente metafísica, de potência.

Denomina-se matéria primeira (*materia prima*), pura matéria, aquilo que na realidade é pura e total indeterminação, pura potencialidade, o que quer dizer abertura para toda forma, princípio imanente de mutação. Ela não existe no estado de pura matéria, mas somente como matéria informada. Contudo, nessa forma que a determina, ela permanece em potência a todas as outras formas.

O conceito de matéria primeira é, portanto, o conceito de potência reconduzida ao estado puro, assim como o conceito de Ato puro é aquele de ato reconduzido ao estado puro.

Matéria segunda é dita a substância já constituída pela união de uma forma substancial à matéria primeira, enquanto suscetível de determinações acidentais e mutações substanciais ulteriores. Quando Santo Tomás fala de matéria, é de matéria primeira que ele está falando. O que é matéria segunda (palavra pouco utilizada por ele) é preferencialmente chamado por ele substância material do corpo.

Assim, para Santo Tomás, o conceito de matéria é antes correlativo ao de forma, que é diretamente oposto ao de espírito.

A substância é dita material quando feita da união de uma forma substancial à matéria primeira. Ela é dita espiritual quando se trata de uma forma que subsiste nela própria, e não como princípio determinante de uma matéria. Em todo ser material a matéria é o princípio da limitação, da instabilidade e da mudança, da multiplicidade e, portanto, da quantidade e da particularidade.

A forma enquanto tal, contudo, tende a desprender-se da matéria e o consegue no ser humano.

O princípio material de um ser é dito causa* material desse ser quando ele o constitui intrinsecamente e dá a razão de tudo aquilo que ele possui em si de indeterminação, divisibilidade e instabilidade.

Mas, em sentido amplo, denomina-se causa material de um ser tudo aquilo que está pressuposto ao advento desse ser. Situa-se assim ao lado da causa material tudo aquilo que dispõe* um ser a receber transformações. De modo ainda mais geral, tudo aquilo que desempenha um papel de receptividade.

→ Espírito → Forma → Potência.

Medida (*Mensura*)

1. A medida é primeiramente da ordem da quantidade. Medir é determinar uma grandeza por comparação com uma grandeza constante da mesma espécie.

2. Da ordem da quantidade passa-se correntemente à ordem da qualidade. Existe uma medida da intensidade como da quantidade. Mas Santo Tomás estende a noção a todo o domínio das essências e, diríamos hoje, dos valores. Avaliamos uma essência ou uma qualidade pela comparação com uma outra que serve de critério: aquela na qual se realiza plenamente a qualidade considerada. Sua "medida" toma-se do "mais ou menos" de aproximação dessa plenitude.

3. De modo mais preciso, e cujo valor técnico é importante, Santo Tomás dirá que as potências (= faculdade), os *habitus*, os atos são medidos pelo seu objeto, e que a obra de arte (o *artefactum*) o é pela ideia exemplar. Aquilo que mede, com efeito, é constante e determina aquilo que é medido a ser tal.

É assim que o mesmo objeto mede o conhecimento que dele toma uma multidão de espíritos, e o mesmo exemplar mede uma multiplicidade de obras que buscam reproduzi-lo.

4. A medida é também uma qualidade moral da ação. Age-se "com medida" quando se age conforme a razão, a regra, sem nenhum excesso em um sentido ou em um outro. Passamos facilmente daí à ideia de moderação.

Mas, quando dizemos do Criador que ele fez tudo com ordem e medida, queremos dizer que ele deu a cada coisa sua parte, sua medida própria, na ordem universal.

Modo, modal (*Modus, modalis*)

A palavra e a noção possuem tanta amplidão e vagueza quanto a palavra "maneira", que frequentemente a traduz. *Ad modum*: à maneira de... Santo Tomás lhe dá frequentemente outro sentido, mais técnico.

Em latim, *modus* pode querer dizer medida* ou então maneira de ser ou fazer. Serão, por exemplo, as diversas maneiras de saber (*diversi modi sciendi*). Mas também as diferentes maneiras de ser e de comportar-se que os acidentes dão à substância. Tais modos são simplesmente os acidentes, enquanto modificam a substância. Não parece que Santo Tomás tenha falado explicitamente de um modo da substância enquanto tal a não ser para significar sua receptividade (ver *De Veritate*, q. 21, a. 5. sol. 10). Não se tratava nesse caso de uma realidade realmente distinta da substância, mas de uma maneira de ser dessa em relação a outra coisa.

Movimento, moção (*Motus, motio*)

1. O valor técnico da palavra *motus* não pode ser expresso por movimento senão com a condição de estender seu significado primeiro de

movimento local (ou mecânico) a tudo o que seja mudança, devir. O que, aliás, a linguagem moderna não hesita em fazer, falando de movimentos das almas (etimologia de emoção), do movimento do espírito (indutivo, dedutivo, dialético), dos movimentos sociais e políticos, do movimento da evolução etc.

Para Santo Tomás, assim como para Aristóteles, tudo aquilo que poderíamos denominar movimento e devir no mundo físico reduz-se a três grandes categorias: o movimento local, medido pelo tempo; o movimento de alteração*, que, como o precedente, diz respeito apenas às transformações acidentais do ser; o movimento substancial, que é a passagem de uma substância a outra, a transformação propriamente dita.

Foi a análise dessa realidade do movimento, ou devir, que determinou a teoria da potência* e do ato*. O movimento aparece então como o advento ao ato daquilo que estava em potência. Assim generalizada, a ideia de movimento pode ser analogicamente transposta ao domínio das realidades espirituais.

A palavra "moção", tão frequentemente utilizada por Santo Tomás, deverá ser entendida igualmente de uma maneira muito generalizada. A moção é o que determina o movimento. É nesse sentido ampliado que deve ser compreendido o axioma: nada move nem é movido a não ser movido por um outro, e finalmente por Deus. E não deverá compreender-se a moção da vontade ou do espírito que não pode remontar senão a Deus, à maneira de uma moção materialmente física, ainda que se trate sempre de uma comunicação de ato.

→ Alteração.

NATUREZA (*Natura*)

O conceito de natureza é um dos mais importantes e característicos do pensamento de Santo Tomás. Encontra-se por toda parte em sua obra e seus raciocínios. Por mais fiel discípulo de Aristóteles que ele seja no uso que dele faz, ele depende ainda mais das definições dogmáticas (Encarnação, Trindade, pecado original e graça). Por outro lado, sua doutrina é anterior a todo aperfeiçoamento de vocabulário que necessitou depois dele dos debates infinitos sobre as relações entre a natureza e a graça. Mais ainda, ela é anterior à explosão do conceito de natureza nos filósofos modernos. É necessário, portanto, ter a cautela de compreender a palavra no sentido que ele lhe dava.

É com grande rigor que Santo Tomás desenvolve e organiza todas as acepções da palavra "natureza" a partir de seu sentido original.

1. Originalmente (e era assim em Aristóteles) a palavra "natureza" (em grego *physis*), bem como "natividade" ou "geração", vale para o ser material (*ens mobile*, o ser em devir), objeto da filosofia da natureza (ou Física), e, mais especialmente, para o vivente. A natureza é, ao mesmo tempo, término e princípio do movimento que resulta naquilo "que nasce", "que é gerado". Contudo, Santo Tomás estende por analogia a todo ser real, e não somente àquilo que aparece para a existência, mas até mesmo a Deus, aplicando-o portanto, *a fortiori*, ao ser espiritual. Mas para fazê-lo ele conservará, da ideia original de natureza, apenas aquela de princípio intrínseco de operação, mesmo que esta fosse imanente e puramente espiritual e, por consequência, absolutamente diversa de uma ação geradora que faz nascer.

Em diversos casos, na realidade, a natureza significa exatamente essência ("o que é" uma coisa que fazemos nascer ou ser). Mas, na linguagem de Santo Tomás, a palavra "natureza" significa mais geralmente a essência enquanto princípio de operação.

Daí a inseparabilidade do conceito de natureza do de fim*, porque o ser é "para" a operação, e esta para a plena realização do ser, portanto para seu fim. Do mesmo modo, na linguagem do dogma, falaremos das "duas naturezas" e não das "duas essências" de Cristo. E sobretudo aparecerá a necessidade de distinguir a *natura suppositi* (a natureza pertencendo a um sujeito concreto) desse próprio sujeito. (Isso se encontra desenvolvido a propósito do Cristo na Terceira Parte da *Suma teológica*).

2. Tomada em sua generalidade, a palavra "natureza" engloba frequentemente a totalidade das naturezas existentes enquanto dependem do ato criador e realizam, todas juntas, em virtude desse ato, uma ordem única, a da participação diversificada e unificada do Ser infinito.

Se compreendermos assim a palavra "natureza", Deus está acima e fora de toda ordem da natureza, mas ele é o princípio e o fim dessa ordem. Por analogia, contudo, podemos falar da natureza de Deus.

Toda operação da natureza tem, portanto, Deus como causa primeira, mas Deus move cada ser segundo a natureza que ele lhe deu ao criá-lo. Tomada em seu conjunto, a Natureza é o instrumento de Deus, e Deus não faz normalmente, imediatamente e por si próprio as obras da natureza. Santo Tomás chega a expressar-se sobre Deus como *Natura naturans*, isto é, a natureza suprema, que dá a cada um sua natureza constitutiva e o desenvolvimento desta. Mais frequentemente, a natureza exprime a obra da sabedoria e da vontade livre de Deus. A natureza de Deus é, ao contrário, aquilo que é próprio de Deus e o distingue de tudo o mais, e que, entretanto, a natureza criada pode participar pela graça*.

3. Chamamos natural aquilo que resulta dos próprios princípios da natureza, ou então aquilo a que a natureza está de algum modo ordenada. Em todo ser a natureza responde à Ideia divina, segundo a qual ele foi criado. A natureza é a razão da "arte divina" enquanto impressa nos seres, e segundo a qual eles são movidos e se movem para seu fim. Essa *ratio*, segundo a qual o ser age (ou, se ele é livre, deve agir), é sua própria lei, sua lei natural derivada da lei eterna.

As palavras *praeter naturam* ou *supra naturam* (preternatural e sobrenatural) indicam em Santo Tomás aquilo que Deus reserva para fazer sem o ministério das causas naturais, ou então fazendo-as ultrapassar o poder delas (é então a ordem do milagre). Existe verdadeiro sobrenatural (sobrenatural quanto à substância e não apenas quanto ao modo) apenas quando o efeito substancial assim produzido é superior àquilo para o que está ordenada uma natureza. O sobrenatural absoluto é aquilo que ultrapassa a ordem da natureza criada enquanto tal, a saber, aquilo que é participação na própria natureza divina. Dito de outro modo: a graça.

Contudo, Deus não destrói a ordem da natureza e nada faz contra ela. "A graça não suprime a natureza, mas a aperfeiçoa." O próprio fato de estar submetido à ação sobrelevante do Criador (potência obediencial*) é natural à criatura enquanto tal: "Tudo aquilo que é feito por um agente ao qual o paciente está naturalmente submetido pode ser dito natural". E mesmo aquilo que Deus acrescenta à natureza, ele o torna conatural a ela. Assim, Santo Tomás denomina frequentemente natural aquilo que é dado com a natureza em sua criação mesma, ou transmitido com ela pela geração, mesmo quando se trata de dons não exigidos pelos seus princípios constitutivos.

Ocorre que natural seja oposto a "adquirido", por exemplo, à virtude ou à ciência e, diríamos hoje, à cultura. Mas o que é adquirido é considerado natural enquanto é da natureza de um ser racional realizar-se por sua atividade própria.

Ocorre também que o ato livre seja oposto àquilo que é natural (ao ato de que natureza é o princípio determinante). Mas pertence à natureza de um ser poder e dever realizar um ato livre. O agente livre possui sua natureza e sua inclinação natural, pressupostas em todas suas escolhas, e que é desejar o bem e a felicidade. (Ver a teoria da vontade enquanto natureza, I-II, q. 10.)
→ Ação → Essência → Sobrenatural.

NECESSÁRIO, NECESSIDADE (*Necesse, necessarium, necessitas*)

Necesse, advérbio indeclinável que traduzimos por necessariamente, possui como etimologia *necedere*, no sentido de não ceder, não fraquejar. O "necessário" é aquilo que não pode não ser ou deixar de acontecer. Ele se opõe ao contingente* (aquilo que acontece com... que poderia não ser ou deixar de acontecer).

1. Existem dois tipos de necessidade:
A necessidade absoluta e a necessidade hipotética ou condicional: Supondo ou sob condição que haja A, haverá necessariamente B. Ou então: para que haja A, deve necessariamente haver B.

2. A necessidade absoluta provém da própria essência do ser. Apenas do ser divino podemos dizer que sua própria existência é necessária de modo absoluto, porque sua própria essência consiste em existir.

Mas todo ser, por mais contingente que seja quanto à sua existência, é de uma essência determinada da qual decorrem necessariamente, se de fato ele existe (o que é contingente), propriedades, operações, direitos. Falaremos de necessidade absoluta ainda que derivada, pois a relação entre as propriedades e a essência é necessária. Diremos até que as essências são eternas e necessárias enquanto essências e possíveis*, e que elas não dependem da Vontade livre de Deus (diferentemente de sua existência efetiva), mas de sua essência.

3. E isso nos conduz a um segundo tipo de necessidade: aquela que provém da causa* eficiente.

A causa eficiente pode agir por necessidade de natureza em condições determinadas (e isso nos reconduz à necessidade absoluta) ou, ao contrário, por vontade livre. Ela pode impor necessidade a seus efeitos contra a inclinação de sua natureza ou de sua vontade. É então uma necessidade de coação (*necessitas coactionis*).

Dois fatores de contingência afetam os efeitos da natureza e obstaculizam aquilo que hoje denominamos determinismo. 1. A liberdade de ação e a falibilidade de certas causas e 2. aquilo que denominamos acaso (*casus*): um efeito pode depender de várias causas, de várias linhas causais, cuja convergência não possui, ela própria, uma causa.

Se se trata da causa primeira e criadora, ela age sempre por sua vontade, ou seja, livremente, sem jamais violentar a natureza ou a liberdade, a não ser para restabelecer uma ordem. Contudo, se ela deseja um ser de uma certa essência, ela deseja necessariamente aquilo que decorre dessa essência.

Do mesmo modo, dirá Santo Tomás, se Deus deseja um universo, ele o desejará composto de todos os graus de ser.

4. Isto nos conduz ao terceiro tipo de necessidade: aquela do meio, que vem do fim*.

Um meio é dito necessário quando sem ele o fim não pode ser alcançado: esse meio é necessário para a própria realização do fim (*necessitas ad esse*). Quando ele não é necessário à própria realização do fim mas à sua melhor realização, ele é dito necessário (*ad melius esse*) para o melhor.

→ Contingente.

NUMÉRICO (*Numericus*)

O numérico é aquilo que diz respeito ao número. No sentido próprio, pertence ao domínio da quantidade. Mas como a unidade numérica nesse domínio é o elemento irredutível, distinto de todas as outras unidades numéricas, transpõe-se a noção para a ordem transcendente do ser. A multiplicidade dos seres é composta de unidades, cada uma das quais irredutível.

Denomina-se diferença numérica seja o fato de ser numericamente distinto e constituído em si próprio, seja aquilo que, em um ser, determina sua unidade. Como vemos, essa noção é inseparável da de indivíduo.

OBEDIENCIAL [potência] (*Oboedientialis potentia*)

Potência passiva da criatura enquanto tal, com relação à potência criadora enquanto tal e que se estende a tudo aquilo que não seria contraditório com sua própria essência.

→ Natureza → Potência → Sobrenatural.

OBJETO (*Objectum*)

1. Etimologicamente o objeto, *ob-jectum*, é aquilo que está posto diante.

É exatamente da etimologia que parte Santo Tomás. Ele chama objeto aquilo a que o espírito visa, aquilo que ele atinge por seu ato. Ele não denominará objeto o termo produzido pela ação causal, senão raramente, enquanto visado por ela. A ideia de objeto é correlativa à de intencionalidade e de tendência. O objeto especifica e define a faculdade, o movimento ou o ato que a ele visam.

2. A noção de objeto realiza-se portanto plenamente no domínio do conhecimento e do apetite. Conhecer é um ato do espírito que se dirige primeiramente para outra coisa que não ele próprio (e é essa outra coisa que denominamos seu objeto), para tomar posse dela, identificar-se de um certo modo e em certo plano, ainda assim pondo-o diante de si.

No domínio do conhecimento, a ideia de objeto implica ao mesmo tempo a de alteridade (diante de si próprio), e a de presença imanente, de interioridade.

O objeto conhecido não está presente senão pela mediação do conceito*, produto inteiramente do espírito. Mas, para Santo Tomás, aquilo que é primeira e propriamente objeto do conhecimento não é o conceito, é a coisa que o conceito representa. Por mais ativo, construtivo, seletivo que seja o processo do conhecimento, ele visa em cada um de seus momentos à realidade inteligível do conhecimento mediante tudo, à realidade, isto é, ao ser, enquanto cognoscível e portanto a conhecer.

Devemos notar entretanto que a ideia de uma coisa em si, possuindo em si mesma sua inteligibilidade e sua verdade independentemente de todo conhecimento, não é exatamente a de Santo Tomás. A inteligibilidade do ser, segundo ele, vem-lhe com efeito do conhecimento eterno que Deus dela possui e que comanda sua produção. A coisa em si é a realidade pensada por Deus antes de ela própria existir. Por outro lado, a inteligência humana só pode converter a coisa em si em objeto por ela conhecido mediante o processo de abstração* que a despoja de todas as suas qualidades de materialidade e mesmo de existência; igualmente mediante uma multiplicidade e uma sucessão de conceitos* que impede a pura e simples identificação da coisa em si com a coisa conhecida. A coisa em si ultrapassa a coisa conhecida. Enfim, justamente enquanto conhecida, a realidade é objeto de conhecimento reflexo.

Resta contudo que, para Santo Tomás, o esforço, o próprio movimento do conhecimento, é para atingir a realidade naquilo que ela tem de inteligível, todas as leis constitutivas do espírito sendo feitas para permitir alcançá-la.

Ainda que as palavras objetivo e objetividade não existam no vocabulário de Santo Tomás, elas exprimem muito bem as características de um conhecimento que visa atingir seu objeto tal como ele é em si próprio, e que não é válido senão se ele é atingido ou, dito de outro modo, se ele é verdadeiro.

3. Mas no vocabulário de Santo Tomás a palavra "objeto" não está especialmente reservada ao domínio do conhecimento. Toda potência ou faculdade, e mesmo toda tendência cujo ato visa ao termo* e não encontra sua realidade senão nesse termo possui um objeto e define-se por ele.

Assim ocorre, antes de tudo, a propósito da vontade e do amor, e também de cada uma das faculdade sensíveis. Ocorre dessa maneira com os *habitus*, que dispõem a potência a seu ato com relação a um objeto bem determinado, e especialmente com as virtudes, as ciências, cujo objeto específico é constantemente inquirido por Santo Tomás.

4. E é aí que aparece a distinção tão frequentemente utilizada entre objeto formal* e objeto material.

O objeto formal é aquilo a que uma potência ou um *habitus* visa e atinge por meio de seu ato. O objeto material é a realidade mais vasta e mais indeterminada à qual pertence esse objeto formal.

ORDEM, ORDENAÇÃO, ORDENAR (*Ordo, ordinare, ordinatio*)

1. No sentido etimológico, *ordo* quer dizer fila, série. Implica um suceder-se de realidades distintas entre si, mas que se seguem, encadeando-se e constituindo um conjunto no espírito daquele que pensa.

2. Mas não se trata aí senão do ponto de partida espaçotemporal e físico de uma noção que, na linguagem de Santo Tomás, abarca todo um domínio do ser, a ponto de aplicar-se de certo modo ao Ser divino (a ordem dos atributos divinos entre si, a ordem das pessoas divinas entre si).

Essa ideia geral verifica-se de duas maneiras principais.

1. Ou se trata de uma realidade ordenada a outra (estar ordenada a/para... estar em ordem a/para...) que é frequentemente seu fim: todo ser está ordenado para seu fim e, portanto, finalmente a Deus.

2. Ou se trata então de um grande número de realidades, constituindo um único conjunto por sua ordenação diversificada a um mesmo fim e sua dependência de uma mesma origem.

3. Santo Tomás denomina unidade de ordem a unidade de um conjunto ordenado. Não existe uma forma única, que faria dessa multidão de elementos um único ser. Mas existe um princípio único, em função do qual tudo se ordena.

É desse modo que o universo, a totalidade das criaturas, possui uma unidade de ordem. Existe um único universo, composto da multidão de seres hierarquizados, ordenados à realização de um único fim. É abandonar a ordem universal, agir fora de sua ordem, daquilo a que se está intrinsecamente ordenado.

4. A ideia de ordem opõe-se à de acaso, de reunião acidental. A causa da ordem é a inteligência, mais precisamente a sabedoria. "Cabe ao sábio ordenar." E não somente fazendo a ordem, mas reconhecendo-a na realidade, encontrando, aliás, aí seu maior deleite. O próprio da inteligência humana é pôr ordem e assim unidade na multidão de conceitos pelos quais ela apreende a realidade. E o papel do mestre é mostrar ao discípulo essa ordem.

A ordem conceitual procura exprimir a ordem objetiva que está no ser. Mesmo onde o ser é uno e múltiplos os conceitos que o representam, existe na plenitude dessa ordem um fundamento da multiplicidade e da ordem desses conceitos.

É nesse sentido que poderemos falar de uma ordem entre os atributos divinos. Entre as Pessoas divinas, ao contrário, existe distinção real e relações de origem.

5. Denominaremos diferença de ordem entre as realidades criadas, uma diferença que existe não somente no interior de um gênero, mas entre gêneros distintos. Uma ordem comum reúne contudo tudo quanto existe, e a ordem inferior está ordenada à ordem superior.

O vocabulário da ordem da natureza (ou ordem natural), enquanto distinto da ordem sobrenatural, não se encontra em Santo Tomás. Isso se justifica em sua doutrina pelo fato de que as realidades naturais (a natureza das coisas, aquilo que dela decorre, aquilo a que elas tendem pela sua própria essência) são de uma ordem completamente diversa das realidades sobrenaturais (sendo estas da ordem das realidades divinas, dado que especificadas e finalizadas por elas). Mas o sobrenatural tem como sujeito um ser natural, uma natureza que ele sobreleva sem exprimi-las. Não existe uma ordem das realidades sobrenaturais que existiria separadamente da ordem das realidades naturais.

A ordenação de um ser ao sobrenatural pressupõe, mantém e coroa, para finalmente ultrapassá-la, sua ordenação natural.

6. Quando Santo Tomás fala do *ordo naturae* (ordem da natureza ou ordem de natureza), ele fala ou da ordem que o criador colocou na natureza e no universo, ou então — e é um uso muito frequente e muito importante — para opô-la a *ordo temporis* (ordem cronológica entre dois fenômenos, dois momentos de um ser), ou à ordem do devir. O *ordo naturae* determina a prioridade ou posterioridade da natureza que se fixa não pela sucessão temporal, mas por sua dependência intrínseca.

→ Princípio → Todo.

PAIXÃO, PADECER (*Passio, pati*)

1. Em um sentido muito geral, Santo Tomás denomina paixão tudo o que seja recepção de uma forma ou qualidade, fosse essa a própria perfeição daquele que a recebe. Nesse sentido, conhecer, amar, ou ainda receber a graça, ser movido por ela é padecer. A palavra "paixão" é correlativa à ação pela qual é preenchida essa passividade. Ação e paixão são duas categorias (acidentais) do ser, dois predicamentos*.

2. Em um sentido mais restrito, padecer é receber, mas com alteração e supressão daquilo que se era antes, sobretudo quando aquilo que foi supresso convinha à natureza ou ao desejo da coisa (nesse sentido, aquele que está doente ou que sofre, padece).

3. Entramos aqui no domínio do que é sentido, do psicológico. Denomina-se, então, paixão, todo movimento do apetite provocado pela percepção de algum objeto e que inclui uma alteração, uma modificação do sujeito que sente. Trata-se das paixões da alma.

Ainda que essa ideia de alteração do sujeito, de modificação de seu estado físico não se verifique em todos os processos do apetite espiritual, elas não são separáveis deste no homem (assim como a imagem não é nele separável do pensamento). Ver o tratado das paixões I-II, q. 22-48.

→ Ação.

PARTICIPAÇÃO, PARTICIPAR (*Participatio, participare*)

1. No sentido mais geral, participar é tomar parte em uma realidade, em uma forma, em um ato que está se fazendo e em um conjunto do qual se é elemento.

No uso atualmente corrente, distingue-se participar em... (tomar parte de algo) e participar de alguma coisa (apresentar alguns de seus caracteres). Essa distinção do dativo e do genitivo não é utilizada por Santo Tomás. Em sua linguagem, participa-se em (no dativo) uma realidade superior ou englobante (*participare enti*). Participa-se aquilo (no acusativo) que dela recebemos (no ablativo): *participare bonitatem a Deo*.

2. A noção de participação está, portanto, ligada à do todo e da parte. Ela pode valer para a parte do todo físico (sobretudo um todo orgânico no qual cada parte concorre ao conjunto), ou para a parte do todo lógico (o indivíduo não esgota toda a espécie, nem a espécie todo o gênero. Ou para a parte de um conjunto ordenado.

3. Mas, em um sentido preciso cuja importância metafísica é capital, participar é realizar parcialmente em si próprio aquilo que está totalmente realizado em outro. Neste sentido existe participação quando uma forma realiza-se de maneira total, plena, em um sujeito primeiro, e de modo parcial, mais ou menos perfeito, naqueles que dela participam. Isso implica a ideia de dependência (aquele que participa depende daquele do qual ele participa); de parcialidade (não se recebe a forma* da qual se participa, segundo a totalidade que a caracteriza); de inferioridade (a forma recebida é de um grau de perfeição menor que a forma à qual ela participa); de pluralidade (se existe parcialidade, existe multiplicidade de participações possíveis); de hierarquia: a multiplicidade dos participantes da mesma forma ordena-se segundo o mais ou o menos de perfeição na realização da mesma forma.

Essa noção de pluralidade e de mais e menos aplicada ao domínio das essências está ligada à teoria da analogia* do ser. É uma das vias pelas quais remonta-se dos seres parciais e diversos mas analogicamente semelhantes ao Ser primeiro e perfeito.

→ Analogia → Causa.

PERFEITO, PERFEIÇÃO (*Perfectus, perfectio*)

Aquilo que é perfeito (*per-fectum*, arrematado, concluído) é aquilo que está consumado, completo, em ato do inteiro ser que lhe cabe, inteiramente bom.

A perfeição é um estado de um ser que é perfeito, pelo menos quanto àquilo que ele deve ser.

Uma perfeição é uma determinação que contribui para terminar um ser em sua linha.

De modo mais geral e mais global, Santo Tomás denomina perfeição tudo aquilo que pode ter valor de bem, de ato, de consumação para qualquer ser que seja.

Ele distingue a perfeição pura (*simpliciter simplex*), que não comporta em sua definição nenhuma mescla de imperfeição, nenhum limite necessário, e que não se realiza nesse estado de pureza senão em Deus, da perfeição comportando na sua própria essência limite e mescla... e que não pode encontrar-se, falando, propriamente, em Deus.

Pessoa (*Persona*)

A substância enquanto individual, subsistente, sujeito de ter e ser, e cuja natureza é espiritual.
→ Indivíduo → Natureza → Sujeito → Suposto.

Por si (*Per se*)

A tradução faz esta expressão, constantemente usada por Santo Tomás, perder seu valor técnico particularmente favorável à precisão de pensamento e rigor do raciocínio.

Pertencer a um ser *per se* é pertencer-lhe em razão de sua própria essência. O contexto torna mais preciso o sentido, conforme *per se* oponha a *per accidens* (aquilo que pertence a um ser em razão daquilo que não lhe é essencial), ou a *per aliud* (aquilo que lhe pertence em razão de um outro).

Na lógica aristotélica, distinguem-se quatro modos de pertencer e, por conseguinte, de atribuição *per se*, que foram fielmente empregados por Santo Tomás e que constantemente encontraremos sob sua pena.

1. Aquele em que o atributo enuncia a essência ou uma parte da essência do sujeito: é *per se* que o homem é dito animal racional.

2. Aquele em que o atributo enuncia uma propriedade essencial do sujeito: o homem é sociável *per se*, ou seja, em virtude de sua natureza, que é inseparavelmente multiplicável em indivíduos e racional.

3. Aquele em que o atributo enuncia o modo de ser do sujeito. Existir *per se*, que é próprio da substância, opõe-se a existir *in alio* (ou *per aliud*), que convém ao acidente.

4. Aquele em que o atributo enuncia uma maneira de ser causa. Se digo: "o médico cura", é uma atribuição *per se*, pois é ação própria do médico a de curar. Mas, se digo: "o médico canta", é uma atribuição *per accidens*, pois é perfeitamente acidental ao canto que o cantor seja médico; não é como médico que ele canta.
→ Acidente → Subsistência → Substância.

Potência, em potência, potencialidade, potencial (*Potentia, potentialis*)

1. A potência significa, no ser, aquilo que é determinável ou determinado pelo ato*. Determinado ser, já existente, pode estar em potência a uma outra determinação, a um outro estado, a uma realização daquilo que ele é, a um ato ulterior. É a experiência do devir, da mudança do ser que impõe a ideia do poder ser, de ser em potência, intimamente ligada à de sujeito, de mudança, à de receptividade, de capacidade.

2. Santo Tomás diz, contudo (*De Potentia*, q. 1, a. 1), que a denominação "potência" vale mais para a potência ativa que para a potência passiva, sendo a potência ativa o princípio próximo da ação. Neste sentido, as faculdades da alma são potências. A potência ativa possui, entretanto, isso de passivo, pois a operação da qual ela é princípio está nela em potência antes de passar ao ato.

A potência propriamente passiva (que Santo Tomás denomina igualmente potencialidade) é a aptidão para receber. Aptidão que pode ser uma tendência positiva, uma ordenação, uma disposição, uma virtualidade determinada. Nesse caso a potência já possui um início de atualização. A pura potência passiva é a matéria-prima, potência a ser, não imediatamente a agir, a ser segundo qualquer forma. A atualização de uma potência passiva não abole esta, que permanece no seio do ser como princípio de limitação e de mudança.

3. Quando a forma é sem matéria, e por si mesma ato constitutivo da essência, ela é potência em relação ao ato último que é existir.

Apenas o ser divino é puro de toda potencialidade, e quando falamos de sua potência ativa trata-se de sua própria ação, de seu ato.

4. Diante da onipotência divina, intervêm frequentemente dois conceitos, que não devem ser confundidos com o de potência passiva ou potencialidade: o de possível e o de potência obediencial.

O possível é o conjunto infinito das essências que existem necessariamente no Pensamento divino e que a potência divina pode trazer à existência real, se ela desejar, e necessariamente com ordem e sabedoria. Aquilo que é em si contraditório não pode ter essência e, por conseguinte, ser pensado nem causado; ele não é um possível. Aquilo que não pode ser desejado sabiamente não pode de modo algum ser feito por Deus. Denomina-se potência absoluta a potência divina, abstraídas sua sabedoria e sua bondade. Denomina-se potência ordenada essa mesma potência enquanto sábia e boa.

A potência obediencial é a possibilidade que possui a criatura enquanto tal de receber do Criador, e apenas dele, direta e imediatamente, tudo aquilo que é por si possível, ou seja, que não implica contradição com a natureza própria. O animal sem razão não pode receber nenhuma qualidade de ordem espiritual, pois isso significaria alterar sua natureza. O homem pode receber participação à natureza divina sem que isso suprima sua natureza, pois esta é espiritual.

→ Ato → Ser → Matéria → Possível.

Possível (*Possibilis*)

1. O possível é aquilo que não possui em si contradição interna. Aquilo que, de si, é realizável. Isto significa, para Santo Tomás: aquilo que é eternamente pensado por Deus como uma participação possível à sua essência. Santo Tomás opõe a ciência de simples inteligência pela qual Deus conhece desde toda eternidade nele mesmo os possíveis, à ciência de visão pela qual ele conhece, nas próprias decisões (decretos) de sua liberdade, aquilo que será efetivamente realizado.

2. Com respeito à realização dos possíveis, a potência de Deus não é limitada por nada, senão pelas exigências de sua própria sabedoria e bondade. Dizemos que uma coisa pode, em potência absoluta, ser realizada quando ela é em si mesma possível, por não incluir nenhuma contradição. Diz-se que ela não o é em potência ordenada, pois ela seria contrária à sabedoria ou à bondade divinas. A impossibilidade não está então no campo da essência daquilo que está sendo realizado, mas no campo da essência dAquele que o realiza.

N. B. A palavra "possível" é, às vezes, utilizada por Santo Tomás no sentido de "potencial" (aquilo que pode ser isto ou aquilo). É desse modo que ele vai opor o intelecto agente ao intelecto possível.

→ Necessidade.

Predicado (*Praedicatum*)

"Predicado" é o termo lógico que equivale a atributo: é o termo que exprime aquilo que atribuímos ao sujeito de uma proposição.

Predicamento, predicamental

A palavra "predicamento" vem do verbo *praedicare*, que significa, além de "pregar", dizer, atribuir alguma coisa a alguém. Traduz a palavra grega *kategoria* ou *categoria*, que vem do verbo "afirmar".

Denominam-se com efeito predicamentos as categorias ou classes supremas de predicados atribuíveis a um sujeito. Aristóteles contabiliza dez, sendo o primeiro o de substância*, os nove restantes sendo as diversas categorias de acidentes*: quantidade, qualidade, relação, lugar (onde?), tempo (quando?), ação, paixão, situação e posse.

O uso dessas grandes categorias entre as quais se distribui a realidade é constante na *Suma teológica*, sobretudo quando se trata de definir com precisão alguma noção.

A palavra categoria, que traduzia a palavra "predicamento", foi utilizada por Kant para designar as formas *a priori*, não do ser, mas do entendimento. As categorias kantianas são os conceitos fundamentais do pensamento. As categorias aristotélicas são os gêneros supremos da realidade.

Não devem ser confundidos os predicamentos com os predicáveis* (gênero, espécie, diferença, próprio, acidente). Os predicáveis dividem o universal que está no espírito e suas diversas maneiras de olhar o real.

Predicáveis

Termo de lógica que designa os cinco modos como um conceito universal pode ser atribuído a um sujeito: por modo de gênero, de espécie, de diferença específica, de propriedade, de acidente contingente.

Princípio (*Principium*)

1. *Principium* (de *incipere*, começar) traduz de modo bastante exato o grego *arché*, que significa, em primeiro lugar, começo.

A noção de princípio está ligada à de primeiro (prioridade, primazia, origem) e dela possui a amplidão analógica. Isto supõe uma sucessão ou uma série ou um conjunto ordenado.

O princípio é aquilo que existe por primeiro em um conjunto ordenado. Prioridade que pode ser puramente cronológica (o primeiro instante, o puro começo de uma série temporal); ou espacial (o ponto de partida de uma linha, um movimento); ou de valor (primazia); ou de origem (ontológico: aquilo de que procede ou provém uma realidade).

Por sua vez, a palavra "procedência*" ou proveniência pode implicar uma dependência atual em um ser (o princípio é então causa) ou uma simples proveniência sem dependência no ser: o Pai é o princípio do Filho, pois Ele lhe comunica a divindade, mas sem desempenhar o papel de causa.

2. A ideia de princípio, quando combinada à de causa, explicita nesta a ideia de prioridade (a causa é pressuposta pelo seu efeito, mesmo quando ela é simultânea, o que se denomina prioridade de natureza) e pode adicionar-lhe a ideia de primazia: a forma dada pela causa a seus efeitos encontra-se então de maneira total na causa e apenas parcialmente em seus efeitos. Daí, o axioma: "Aquilo que é primeiro em um gênero é causa de tudo aquilo que pertence a esse gênero". Ou inversamente: "Na origem de todo conjunto cujos elementos realizam de maneira diversa e graduada uma forma comum, é necessário postular um primeiro no qual a forma comum a todos se encontra realizada perfeita e plenamente".

3. Mas pode tratar-se também de princípios intrínsecos e constitutivos do ser, dos princípios da natureza. Eles comandam todas as suas estruturas e operações, mas não as contêm, a não ser virtualmente.

4. A ideia de princípio, enfim, verifica-se analogicamente no domínio da lógica e da moral. Denominamos princípio uma proposição pressuposta a uma outra e da qual esta se deduz. Denominamos primeiros princípios as verdades pressupostas a todas as outras e que são concebidas por apreensão imediata apenas pela percepção de seus termos. Santo Tomás distingue os primeiros princípios de todo conhecimento dos primeiros princípios de cada ciência particular. O realismo de Santo Tomás faz que, a seu ver, aquilo que é princípio no espírito seja igualmente princípio na realidade. O que é princípio do ser é princípio de sua inteligibilidade.

Na ordem da ação humana denominamos princípios os imperativos espontaneamente percebidos da conduta moral.

Existe um princípio absolutamente primeiro na ordem do pensamento especulativo que é: "A mesma coisa não pode simultaneamente ser e não ser sob um mesmo aspecto". Existe um igualmente na ordem da ação humana: "Deve-se praticar o bem e evitar o mal".

→ Causa → Ordem → Proceder.

Privação (*Privatio*)

É o tipo de palavra cujo sentido banal e comum poderia mascarar o sentido muito preciso e muito importante no vocabulário de Santo Tomás. Ele busca exprimir a falta de uma qualidade que convém à natureza de um ser e, no seu sentido mais forte, que é necessária à sua integridade, à obtenção de seu fim. Não ter asas é uma simples negação para o homem, seria uma privação para uma águia. O mal não pode ser definido senão como a privação daquilo que deveria ser.

Na ordem da filosofia da natureza, a privação está no início da transformação substancial. Existe transformação quando o estado a que foi levada a matéria pelas causas dispositivas a ordena para sua nova forma a ponto de sua ausência ter-se tornado uma privação.

Proceder, processão (*Procedere, processio*)

Proceder de... significa provir de... Essa noção bastante corrente e banal foi analisada a fundo a propósito do mistério trinitário. Ali ela esclarece a noção de princípio, de um princípio* que não seja uma causa, e a de relação* entre o princípio e o termo (o princípio do qual procede o termo).

Próprio, propriedade (*Proprium, proprietas*)

1. O próprio, um dos cinco predicáveis, é aquilo que pertence a um indivíduo ou espécie (ou a um gênero e mesmo ao ser como tal, que transcende todos os gêneros) e somente a eles, sempre e por toda parte. Esta é pelo menos a acepção rigorosa de próprio. É um acidente, mas que decorre da essência a tal ponto que ele se encontra em qualquer lugar que esta se encontre e, portanto, a caracteriza.

2. Em um sentido mais amplo, o próprio pode convir a uma só espécie, mas não necessariamente a todos os indivíduos dessa espécie (é próprio do homem filosofar ou ser músico, mas nem todos os homens o fazem) ou a todos os indivíduos de várias espécies (por exemplo ser vivíparo é próprio ao homem, mas também a todas as espécies vivíparas).

3. Pode-se falar de propriedades físicas ou químicas de um corpo, mas em um sentido menos metafísico. Mesmo no sentido jurídico ("o direito de propriedade") encontra-se a ideia daquilo que pertence própria e exclusivamente a alguém, mesmo se esse pertencer nada possuir de físico ou de metafísico.

4. O nexo de consequência, rigorosa e exclusiva, entre a substância e certos de seus acidentes, que exprime o conceito de próprio, encontra-se no conceito de causa própria e de razão própria.

A causa própria é a causa à qual se refere de modo próprio, isto é, exclusivamente e em virtude daquilo que ela é (*causa per se**) e da ação que ela exerce (pela sua própria virtude), tal aspecto preciso de um determinado efeito (por exemplo: o ser como tal é o efeito próprio da causa primeira). A razão própria de uma conclusão ou de uma asserção é a verdade da qual ela decorre necessária e imediatamente.

Do mesmo modo, a palavra "própria" é aquela que convém, e que convém apenas ao pensamento que se deseja exprimir.

5. Em um campo completamente diverso, o da teologia pura, o próprio das Pessoas divinas (ou sua propriedade) é o que pertence exclusiva e respectivamente a cada uma delas e manifesta sua distinção. Aquilo que somente lhes é apropriado pertence na realidade como próprio à Natureza divina e consequentemente de modo indiviso às três Pessoas, mas significa aquilo que, na Natureza divina, funda as processões e, consequentemente, a Pessoa que procede. Assim a sabedoria, atributo do Pensamento divino, é apropriada ao Verbo que procede do Pensamento divino.

→ Acidente → Por si.

Quididade (*Quidditas*)

A palavra *quidditas*, que soa como um barbarismo, tanto em latim quanto em português, poderia quase sempre traduzir-se por essência*, já que ela significa aquilo que é uma coisa. Contudo, ela significa a essência enquanto expressa pela definição, ou melhor, enquanto fazendo a pergunta de sua definição: "O que é"?

→ Essência.

Razão, raciocínio (*Ratio*)

A palavra *ratio* possui dois significados ao mesmo tempo inseparáveis e diferentes. Ou se trata da faculdade de pensar, ou, então, se trata da própria realidade, aquilo pelo qual ela é aquilo que ela é.

1. No primeiro sentido, a razão pode confundir-se com a inteligência. Mas ela pode distinguir-se: a função discursiva distingue-se da função intuitiva* do espírito. A razão é a inteligência tal qual ela se apresenta no homem, não somente abstrativa, mas ainda avançando de uma verdade a outra por um encadeamento denominado raciocínio. As razões são as verdades sobre as quais nos apoiamos para demonstrar ou descobrir outras.

2. Mas as razões que temos de pensar isto ou aquilo são as próprias razões que têm as coisas de ser aquilo que elas são. E isso nos leva ao segundo sentido. A racionalidade do real exprime-se pelo princípio de razão de ser ou razão suficiente: todo ser deve justificar-se à razão. Esse princípio implica que o real seja a obra de um Pensamento. Assim, falaremos de razões eternas. Diremos mesmo que existe uma razão imanente em cada coisa, um logos, e é de sua própria essência, de sua inteligibilidade particular que desejamos falar.

3. Exprimiremos igualmente por *ratio* o aspecto formal pelo qual consideramos um objeto. Diremos constantemente: a razão de causa, a razão de objeto, a razão de natureza etc. E isto significará: enquanto causa, enquanto objeto etc.

4. O primeiro sentido carrega consigo um outro uso da palavra *ratio*. Denominaremos ser de razão, relação de razão, distinção de razão aquilo que não possui realidade senão no espírito, sem fundamento na realidade e unicamente em vista de pensá-la, de pensar essa realidade.

5. Não tendo a palavra "razão" exatamente o mesmo alcance que a *ratio* de Santo Tomás, nem sempre ela é suficiente para traduzi-la. Por vezes recorremos a palavras como: ideia, noção, caráter, ideia característica, definição, valor...

Relação (*Relatio*)

1. Nada mais vasto que a ideia de relação. Falamos de relação sempre que se trata de uma pluralidade de objetos, distintos entre eles, mas associados uns aos outros.

Sempre que há pluralidade, nasce um sistema de relações. Estar em relação com algo ou ter uma ligação com algo é ser qualificado ou definido por outra coisa que não por si próprio. O relativo opõe-se ao absoluto, que é um ser em si próprio, ou às características que o afetam em si próprio.

2. Distingue-se a relação transcendental da relação predicamental.

1) A relação dita transcendental* (Santo Tomás diz mais: *relatio secundum dici*, que significa: por modo de dizer) é a ordenação a um termo exterior quando essa ordenação está incluída em uma realidade absoluta e concorre para defini-la. A realidade absoluta é então, toda ela, ordenada, referida a um objeto externo atualmente existente ou não. Por exemplo, a inteligência ao ser,

a potência ao seu objeto, a matéria à forma e a forma à matéria, a alma ao corpo e o ser criado (*ab alio*) à sua Causa incriada. Qualificar como transcendental uma tal relação é dizer que ela pertence às diversas categorias de ser das quais ela não se distingue.

2) A relação predicamental constitui uma categoria do ser distinta de todas as outras. É a relação pura, a relação que é apenas relação. Ela não possui outra realidade senão o olhar para o outro, aliás necessária e simultaneamente recíproco.

3. Mas a relação pura pode ser ou de razão ou real.

A relação de razão tem lugar entre termos que apenas a razão é capaz de distinguir.

A relação real tem lugar entre termos realmente distintos, tendo como intermediário um fundamento real no sujeito. Da diversidade dos fundamentos resulta a diversidade dos tipos de relação: o exercício de uma causalidade, a modificação de uma qualidade, de uma quantidade, os atos de conhecimento ou de amor. Quando existe modificação real em apenas um dos termos, a relação é real apenas de um lado da relação (exemplo: a relação entre o cognoscente e o objeto conhecido).

4. A relação real não possui outra *ratio* ou essência a não ser esse olhar para. Mas, como ela é real, ela existe no sujeito que ela afeta, que ela refere ao outro. Essa distinção entre o *esse ad* da relação que é sua essência e seu *esse in* que é sua inerência a seu sujeito permitirá conceber relações subsistentes no interior de uma única Divindade, desde que se substitua à inerência a pura e simples identidade.

Semelhança

No domínio do conhecimento, é o equivalente das espécies (*species*): carregando nelas a semelhança do objeto, pois emanam dele.

Ser (*Esse, ens*)

A noção de ser é tão fundamental e primeira no pensamento de Santo Tomás que a encontramos em todas as páginas da *Suma teológica*. Não se trata aqui senão de precisões de vocabulário. (Os desenvolvimentos mais amplos e mais explícitos encontram-se na Primeira Parte nos tratados de Deus, da criação e do governo divino).

1. A língua latina colocava à disposição de Santo Tomás dois vocábulos distintos (de forma substantiva ainda que tirados do verbo "ser") para designar seja um ser (*ens*), seja o próprio ato de existir (*esse*).

O *ens*, ou ser, a coisa existente, aquilo que existe, aquilo que exerce o ato de existir ou que é concebido como podendo exercê-lo. Frequentemente, Santo Tomás o denominará substância, sujeito, supósito. Mas a existência, ou antes o "existir", o *ipsum esse*, é um ato. É a atualidade do "que está sendo", aquilo que lhe dá sua realidade (realidade absolutamente independente do ato que dela toma conhecimento). O *ipsum esse* (o próprio ser) comporta-se com respeito a toda coisa existente como seu ato: com efeito, nada possui atualidade a não ser enquanto existe. O existir (*o ipsum esse*) é a atualidade de tudo o mais (I, q. 4. a. 1, sol. 3). Mas nada pode "ser" em ato que não possua nele mesmo uma essência ou quididade determinada, pela qual somos isso em vez daquilo.

Desse modo, quando Santo Tomás fala do *esse*, do ser das coisas, sem a precisão *ipsum esse* (o próprio existir), pode-se dar que ele englobe a essência com a existência. Mas, quando ele distingue a essência do *esse, esse* significa: ato de existir.

2. É a palavra *ens* que Santo Tomás utiliza quando fala do conceito de ser (*conceptus entis*), isto é, do ser pensado em toda sua generalidade. Ela está relacionada a essa característica, comum a todos os entes, de possuir e exercer o ato de ser segundo uma essência determinada. Mas ele abstrai então todas as determinações particulares dos entes para conservar apenas aquilo que há de comum a todos, comunidade analógica* (a analogia do ser é uma das doutrinas chaves de Santo Tomás).

Essa dupla polaridade do mesmo ente, que é a de ser puramente e simplesmente, existir, ou ser isto ou aquilo, exprime uma distinção real, a primeira de todas, e que está na origem de todas: a distinção entre essência e existência.

Quando a essência mesma do ser é existir, é a totalidade do ser que se encontra realizada, é o *Ipsum Esse subsistens* (o Ato puro, Deus).

3. Analisamos a palavra "ser" em sua forma substantiva (o ser, os seres).

Utilizada como verbo, ela exprime um juízo. Todo juízo é uma afirmação do ser. Ou do próprio ato de ser (aquilo que concebo segundo uma certa essência e individualidade existe realmente). Ou então uma modalidade ou modo de ser que concebo como existindo ou podendo existir realmente (o homem é criatura, o homem é mortal etc.). É pelo juízo que o espírito alcança o ser como real, aquilo que é ser verdadeiro.

Como vemos, o ser é ele próprio absolutamente independente do espírito que o concebe. Mas o espírito é inteiramente dependente do ser que ele deseja conhecer como ele é.

O espírito, aliás, é antes de conhecer. E ele é para si próprio objeto de conhecimento.

4. O ser é a própria realidade. E, contudo, diante do mundo do ser real e suscitado pelo conhecimento que dele toma o espírito humano, existe o ente de razão, que não possui realidade senão no espírito que o pensa pensando o real e para pensá-lo: o objeto conhecido precisamente enquanto conhecido (e que, como tal, pode ser objeto de um conhecimento reflexivo) — conceitos contraditórios ou irrealizáveis (o conceito de nada) — e todas as relações de razão (gênero, espécie, multiplicidade e relações dos objetos de pensamento etc.).

Traduzimos *esse* por ser e *ens* por ente.

→ Ato → Analogia → Bem → Essência.

Sinal, significação (*Signum, significatio*)

É sinal toda coisa que faz conhecer uma outra, seja por uma relação natural de uma a outra (relação de causalidade, de semelhança, de analogia), seja por uma relação convencional (linguagem), seja instituída (ritos), seja por um complexo dessas três coisas.

A significação é a relação de um sinal com aquilo que ele faz conhecer e evoca, ou o poder que possui o sinal de fazer conhecer isto ou aquilo.

É a propósito dos sacramentos na Terceira Parte da *Suma teológica* (ver q. 60) que a teoria do sinal adquire toda sua amplitude em Santo Tomás.

→ Relação.

Sobrenatural (*supernaturale*)

Este conceito está ligado ao de natureza* e de natural. Não podemos compreender o uso que dele faz Santo Tomás sem ter presentes ao espírito distinções por demais esquecidas depois dele.

O sobrenatural é aquilo que está acima da natureza, seja de uma natureza determinada, seja de toda natureza criada ou criável. No primeiro caso é um sobrenatural relativo; no segundo, é o sobrenatural propriamente dito.

No interior desses dois grupos, Santo Tomás distingue cuidadosamente o sobrenatural *quoad modum* (quanto ao modo) e o sobrenatural *quoad substantiam* (quanto à substância). No primeiro caso, é produzido um efeito que é em si mesmo natural (por exemplo, a volta de um doente à saúde ou de um cadáver à vida terrestre: a saúde, a vida terrestre são em si mesmas naturais), mas cuja causa e cujo modo de realização estão acima das causas naturais (quer se trate de um efeito que ultrapassa as causas naturais conhecidas e normais, quer de um efeito que não está ao alcance de nenhuma causa natural, mas apenas da causa criadora ela própria). É o caso do milagre. A causa é sobrenatural, mas não o efeito.

No segundo caso (sobrenatural *quoad substantiam*), o próprio efeito produzido está além da natureza, seja de uma qualquer natureza determinada (sobrenatural relativo), por exemplo se foi dado a um homem conhecer pela ciência infusa; seja de toda natureza criada ou criável (sobrenatural propriamente dito), e trata-se então da graça, participação na própria natureza de Deus, ou da Encarnação, união substancial de uma natureza humana à própria Pessoa divina. Só o sobrenatural propriamente dito, *quoad substantiam*, constitui a ordem sobrenatural, isto é, o conjunto de tudo aquilo que participa da Natureza divina; a esse sobrenatural propriamente dito está ordenado o sobrenatural relativo.

Notar-se-á que Santo Tomás jamais utiliza a palavra "sobrenatureza", mas somente o adjetivo "sobrenatural". É que não existe substância sobrenatural, a não ser a própria Divindade. O sobrenatural é apenas participação e união à natureza divina, e o sujeito de uma tal união e participação é a natureza criada, que permanece ela mesma nessa elevação.

A palavra "preternatural" (*praeternaturale*) não se encontra em Santo Tomás. Aquilo que foi assim designado na teologia posterior é o conjunto dos dons que acompanhavam em Adão o dom da graça santificante, e que ultrapassa aquilo que é natural ao homem, mas que estava ordenado a uma certa perfeição da graça original. O prefixo *praeter*, que não significa "acima" mas "ao lado", indica em teologia aquilo que está ao lado da norma.

→ Natureza → Obediencial

Subsistir, subsistência (*Subsistere, subsistentia*)

Subsistir é existir separadamente, enquanto substância e como sujeito. Mais precisamente, é exercer o ato de existência.

Na linguagem de Santo Tomás, subsistência significa geralmente o fato de subsistir. Ou ainda, mas bastante raramente e por fidelidade a uma linguagem aceita em sua época, simples tradução da hipóstase grega: aquilo que subsiste.

Depois de Santo Tomás, e por um estreitamento devido a sutis controvérsias cristológicas, subsistência significa sobretudo aquilo pelo que (a formalidade pela qual) um ser é constituído subsistente.

SUBSTÂNCIA (*Substantia*)

A substância é o ente (ver ser*) enquanto sujeito apto a existir por si. Existir por si (ou melhor, em si) não significa existir sem causa, nem ser a própria causa de sua existência. Significa ser o próprio sujeito do ato indivisível e, por isso mesmo, ser constituído como um "ser em si". Isto se opõe a existir apenas como princípio constitutivo do que existe (a alma, a forma em geral) — ou como parte integrante de um todo existente; mas isso se opõe antes de tudo a existir-em-um-outro e por um outro, que é o modo de existir do acidente.

Ainda que emprestado de Aristóteles, o conceito de substância foi tão frequentemente usado em teologia (mistério da Trindade, da Encarnação, da eucaristia) que adquiriu uma importância e significação novas, extremamente complexas.

1. A definição de substância que acabamos de dar vale para a substância primeira que Santo Tomás denomina igualmente hipóstase (mas somente a propósito dos mistérios da Trindade e da Encarnação), e também supósito*.

A substância primeira, sendo o sujeito específico do ato de ser, é necessariamente individual. Ela é o indivíduo, ou seja, a realidade concreta que não poderia ser dividida sem deixar de ser ela mesma, sem tornar-se uma outra. Mas conservamos por analogia o nome de substância para designar a essência* segundo a qual o indivíduo real existe. Trata-se então da substância segunda (o homem, o animal) considerada por abstração gênero e espécie. (Ver *De Potentia*, q. 9, a.2, sol. 6: "A substância segunda significa a natureza genérica tomada em si, absolutamente: a substância primeira a significa como subsistindo individualmente".)

Como se vê, a essência faz parte do significado da substância primeira. Esta inclui a essência, que é a determinação segundo a qual o ser, o *ens*, está apto a existir por si.

2. A definição de substância é portanto relativa à essência (a substância possui uma essência determinada, é segundo uma essência determinada); ao ato de ser (ela recebe, ela exerce o ato indivisível de existir, ela subsiste); e aos acidentes (ela recebe deles as determinações complementares e os sustenta na existência: *substat*).

3. A substância é primeiramente conhecida a partir da experiência sensível. Trata-se da substância material, cujos princípios constitutivos são a forma e a matéria; a especificação e a ordem à existência provém da forma, e a individualidade concreta da matéria, enquanto os acidentes mediante os quais aparece a substância são antes de tudo a quantidade e a qualidade sensíveis.

4. Dessa origem sensível da ideia de substância provém a imagem "coisista" que lhe subjaz e pela qual Santo Tomás jamais se deixa enganar. A aplicação do conceito de substâncias às realidades imateriais supõe a eliminação de toda ideia de quantidade e a superação da imagem de suporte ("estar sob") que evoca a etimologia da palavra "substância" (que se encontra igualmente em sujeito, suposto e hipóstase). É mais correto conceber a substância como exercendo o ato de ser e como se desdobrando nos acidentes.

5. O conceito de substância, enfim, é utilizado em lógica. Primeiramente na forma do sujeito* ao qual são atribuídos os predicados* e sobretudo o fato de existir. Em seguida enquanto predicamento*, isto é, como categoria universal do ser e da linguagem.

→ Acidente → Ser → Subsistência.

SUJEITO (*Subjectum*)

Etimologicamente, o sujeito (*sub-jectum*) é como o supósito* (*suppositum*), aquilo que está colocado abaixo ou diante.

1. A distinção essencial será entre o sujeito de uma proposição lógica (aquilo de que se afirma ou se nega um predicado) e o sujeito real, o ser que recebe e possui como seu um ato ou uma forma.

Definir o sujeito pelo fato de receber uma forma ou um ato situa a noção de sujeito ao lado da de potência* (no sentido de potencialidade). A matéria-prima é o sujeito primeiro e fundamental. Por outro lado, o sujeito aparece como aquilo que exerce o ato de existir, ou ainda aquele que não somente recebe mas sustenta no ser os acidentes. E é por isso que lhe é atribuído ser e ter.

2. Na linguagem moderna, o sujeito real é considerado sobretudo do ponto de vista psicológico e reflexivo. Trata-se então do sujeito consciente e livre que Tomás chama pessoa. A oposição sujeito-objeto não aparece em seu vocabulário, mas em seu pensamento. Para ele, tudo aquilo que é da ordem da consciência comporta essencialmente uma orientação para o ser (que ele chama inten-

cionalidade) que faz dele seu objeto. Mas, antes de ser consciência, o sujeito é ser e como tal subsistente em si mesmo.

Como se vê, aquilo que a proposição lógica exprime é a tradução no pensamento daquilo que existe na realidade: o sujeito é aquilo que existe e age, aquilo que é ou possui isto ou aquilo.

3. O sujeito (tema) da ciência é aquilo de que trata a ciência: o ser permanece como o sujeito da metafísica, a natureza sensível o sujeito da física, Deus o sujeito da Teologia. De um modo mais preciso, é a realidade da qual se busca conhecer e explicar os predicados e atributos, a partir de sua essência.

Ainda que o sujeito de uma ciência seja também o objeto visado por ela, podemos denominar mais especialmente objeto de uma ciência o conjunto de conclusões que ela busca estabelecer.

→ Ser → Substância → Suposto.

Suposto (*Suppositum*)

É o equivalente latino da palavra grega "hipóstase". Mesma etimologia: aquilo que está embaixo. Mesmo significado que é igualmente o de sujeito* (no sentido metafísico), com uma orientação do significado comum: o suposto é um indivíduo substancial subsistente, isto é, exercendo e atribuindo-se um ato de existência que lhe pertence propriamente e somente a ele. Como o existir, também lhe cabe o agir.

N. B. Não existe relação alguma entre esta palavra e "suposição" e "supor…", que são termos puramente lógicos.

→ Subsistência → Substância → Sujeito.

Tempo, temporal (*Tempus, temporale*)

1. O tempo, em Santo Tomás, possui dois sentidos que dependem um do outro:

1) Ele é a medida* do movimento*, à maneira de enumeração dos momentos sucessivos e contínuos dos quais este é feito. Assim entendido, diz ele, o "tempo" não possui sua realidade completa, consumada, senão no espírito. O movimento que, segundo ele, comanda todos os outros é o movimento local (mecânico), particularmente o movimento astral.

2) Ele é a duração do ser em movimento, ele é a própria continuação da existência sucessiva passando de um momento ao outro. Trata-se então do tempo real, do tempo que está na realidade em movimento e caracteriza sua maneira de existir.

2. O que não está submetido ao movimento não está submetido ao tempo. Desse modo, o pensamento humano não está submetido ao tempo senão por sua relação com as imagens que, elas sim, lhe estão submetidas. De si mesmo, ele está fora do tempo.

A alma não está por si mesma submetida ao tempo, mas ao composto do qual ela é o princípio formal. A duração da existência humana é a do composto, ela é feita de momentos sucessivos, esvaindo-se uns nos outros.

A alma separada não está mais submetida ao tempo; os puros espíritos (os anjos) não o estão, pois eles não estão submetidos a nenhum tipo de movimento. Sua duração (*duratio*), ou seja, a persistência de seu ser não é contudo a eternidade, ainda que ela participe desta, não somente por ter um começo, mas ainda porque os atos de pensamento pelos quais ela vive são finitos e sucessivos. É o evo ou eviternidade.

2. O temporal é aquilo que diz respeito ao tempo, o fato de a ele estar submetido, de estar no tempo. O mundo no qual vive o homem é temporal. Assim Santo Tomás caracterizará a existência humana como temporal. São temporais igualmente o bem e os males que nele se encontram, os fins que nele são realizáveis. Daí, uma extensão do conceito de temporal que se torna a ordem das coisas submetidas ao tempo, ou antes aquilo mesmo que na realidade humana está submetido ao tempo.

Termo (*terminus*)

1. O termo é primeiramente a expressão verbal da ideia, mais precisamente, é a palavra, irredutível elemento da proposição lógica e da linguagem.

2. Mas a etimologia da palavra (*terminus* quer dizer limite e vale para tudo aquilo que termina, que põe um termo a…) leva a um uso muito mais amplo. O termo é aquilo a que chega a ação, aquilo que visa e especifica um movimento, uma tendência, aquilo a que se liga uma relação. Ou ainda aquilo que emana de uma processão* e se opõe então ao princípio. Fala-se de termo no qual se realiza o pensamento (e que é o conceito), e talvez a denominação de termo dada à palavra o seja no mesmo sentido. Fala-se até mesmo do termo imanente do ato de amor (*terminus amoris*), que é essa realidade espiritual na qual ele se exprime e se consome.

3. O termo não é contudo unicamente um ponto de chegada. É também um ponto de partida. Na análise de um movimento ou de um processo, Santo Tomás distingue frequentemente o *terminus a quo* (termo a partir do qual) do *terminus ad quem* (o termo rumo ao qual).

TODO, TOTALIDADE (*Totum, totalitas*)
O todo é aquilo que, sendo um, é composto de partes. No uso que faz Santo Tomás dessa noção-chave distinguiremos:
1. O todo lógico (que existe como tal apenas no espírito). É a noção universal que se aplica a várias outras, o gênero às espécies, a espécie ao indivíduo, e as contém, portanto, mas parcialmente.
2. O todo real, que forma um ser único ainda que composto de partes. Seja o todo metafísico, cujas partes são distintas apenas pela razão: o homem, composto de racionalidade e animalidade.
Seja o todo físico, cujas partes são realmente distintas, trate-se quer de um todo essencial (composto de partes constituindo uma só essência: o homem é composto de alma e corpo), quer de um todo acidental (composto de partes reunidas externamente, sem nenhum princípio intrínseco de unidade: como um monte de pedras, uma multidão de pessoas).
Seja o todo integral, composto de partes quantitativas, como o corpo é composto de membros e órgãos.
Seja o potencial, composto de diversas potências ou faculdades, como a alma é composta de inteligência e vontade.
3. O todo moral e social, que não é um único ser e do qual cada parte é um todo. Mas essas partes estão reunidas por um único fim, perseguido conjuntamente por um único impulso, por liames de conhecimento e atividade (uma nação, uma escola etc. E sobretudo o universo).
Pode-se assimilar a isso o todo cujas partes são unificadas por uma ideia diretora: a obra de arte.
As divisões acima não são suficientes para reunir todos os casos em que está presente a noção de todo, cara a Santo Tomás, na *Suma teológica*. Mas é fácil ampliá-las, flexibilizá-las, aplicá-las nos diversos campos. Ver sobretudo a noção de "participação*", que designa a realização total de uma forma em um ser e sua realização parcial naqueles que dela participam.
→ Ordem.

TRANSCENDÊNCIA, TRANSCENDENTE, TRANSCENDER (*Transcendere*)
Etimologicamente (*trans-ascendere*), transcendência evoca a ideia de subir além: imagem espacial para evocar uma superioridade absoluta (sem medida comum) de ser e de essência.
Em um sentido lato, a transcendência é a propriedade daquilo que está acima de uma dada ordem de realidade: transcendência da alma em relação ao corpo, da ordem da caridade com relação à razão. (Na linguagem comum, uma superioridade sem medida comum com o restante é chamada transcendente: um espírito transcendente.)
Em um sentido mais rigoroso, trata-se daquilo que está além não somente de toda experiência, mas de todo conceito. Um tal conceito de transcendência aplica-se somente a Deus e exprime não somente sua infinitude, mas sua total independência com respeito a um universo totalmente dependente dele.

TRANSCENDENTAL (*Transcendentalis*)
Enquanto transcendente significa aquilo que está acima, transcendental é aquilo que percorre todos os gêneros, ainda que de maneira diversa. Assim se dá com o ser e com as propriedades do ser enquanto tal (unidade, verdade, bondade), que se encontram sempre que haja ser, em qualquer nível que seja.
É nesse sentido que se opõe a relação* transcendental que se encontra nas diversas categorias, do ser à relação predicamental que é uma categoria do ser distinta de todas as outras.

UNIVERSAL (*Universalis*)
Etimologicamente, universal, assim como universo, quer dizer: aquilo que se remete ao uno. Ou ainda aquilo que, sendo um, diz respeito a uma multidão. O conceito universal é um conceito que representa uma essência ou natureza enquanto realizável em sujeitos múltiplos. A natureza ou essência universal é a natureza ou essência considerada nela mesma, por abstração* dos indivíduos nos quais ela se encontra realizada. Entre aqueles que atribuíam à essência, justamente enquanto universal, uma realidade e como que uma existência separada, e aqueles que não lhe reconheciam nenhuma realidade própria, extramental, Santo Tomás não se cansa de afirmar a realidade extramental, mas não separada da essência, que é a própria inteligibilidade daquilo que existe, que o

conceito universal isola no espírito pela abstração das características individuais, do singular.
→ Abstração → Intelecto.

Virtude (*Virtus*)

Toda a Segunda Parte da *Suma teológica* tratará das virtudes no sentido moral da palavra: trata-se então de disposições permanentes aos atos moralmente bons ou intelectualmente justos.

Mas a palavra "virtude" possui um outro significado que a todo instante retorna sob a pena de Santo Tomás. Ela faz abstração tanto do bem quanto do mal e implica somente a eficácia do ato. *Virtus*, com efeito, significa primeiramente força, energia, fonte do impulso aos atos.

Existem virtudes permanentes, qualidades do ser e princípios da ação, que são relativos antes à potência ativa que ao *habitus*. Mas Santo Tomás denomina frequentemente virtude aquilo que não é senão transmissão passageira de movimento e energia, confundindo-se com a ação. Essa virtude pode ser comunicada a uma causa movida (chamada então instrumental) para ser transmitida por ela. "Virtude própria", "virtude instrumental" são os termos técnicos que traduzem essa diferença entre a virtude permanente e a virtude passageira (*transiens*). O instrumento possui também sua virtude própria, mas que não é posta em movimento senão pela virtude da causa motriz.

Palavras frequentes como "em virtude de…" pretendem remeter à causa própria de onde vem a força, a energia, a eficácia, da qual depende a produção de um efeito: é em virtude da moção divina que a causa segunda faz existir seu efeito.
→ Habitus.

Virtual, virtualmente (*Virtualis, virtualiter*)

1. Denomina-se presença virtual da causa em seu efeito a presença de sua virtude agindo de modo atual no ponto de aplicação de sua ação. Assim a presença criadora da Causa primeira no interior do ser.

2. Mas denomina-se também virtual a presença do efeito na sua causa. E, sobretudo, diz-se que uma forma está contida virtualmente em uma matéria (em sentido lato) quando esta não é somente pura potencialidade em relação a ela, mas está também disposta de tal maneira que ela está em potência em relação a esta matéria e a nenhuma outra. Ou ainda, se ela, sob a moção de causa externa, é levada a desenvolver suas predisposições. Aquilo que aparece então ao término do processo é o desenvolvimento ou o autodesenvolvimento daquilo que estava presente no princípio. Assim a árvore está virtualmente contida na semente.

3. Encontra-se essa mesma ideia no plano lógico. Uma conclusão está virtualmente contida nos princípios, não somente porque ela é causada por eles, mas porque ela é seu desenvolvimento.

Do mesmo modo, diremos de uma distinção não real que ela é virtual, isto é, que ela está virtualmente contida em uma realidade quando esta possui na sua plenitude de inteligibilidade o suficiente para fundar as distinções que a razão opera.

4. Na ordem moral, diremos também de uma intenção que ela é virtual quando os atos que são postos o são em virtude de uma intenção antecedente, que não é mais atualmente consciente, mas cuja virtude continua a agir.

AUTORES E OBRAS CITADOS NA *SUMA TEOLÓGICA*

Parte I – Questões 1-43

ABELARDO (1079-1142) – Teólogo e filósofo francês, natural de Pallet, perto de Nantes, célebre por sua paixão por Heloísa. Ensinou teologia escolástica e lógica. Condenado no Concílio de Soissons e no de Sens, por proposição de São Bernardo. Na controvérsia sobre os universais, defendeu o conceitualismo. Suas obras principais são, além de tratados teológicos, *Dialética e glosas sobre Porfírio*, e uma obra autobiográfica *Historia calamitatum*.

AGOSTINHO (354-431) – Agostinho é universalmente conhecido. Africano de nascimento e inicialmente seduzido pelo maniqueísmo, contou, em suas *Confissões*, sua longa caminhada interior até a conversão e seu batismo por Santo Ambrósio, em 387.

Descobriu, atuando em sua vida, o amor gratuito de Deus, e essa experiência da graça iluminou toda a sua obra. Ordenado sacerdote, quase sem o querer, em 391, e bispo de Hipona, em 395, permaneceu sempre atraído pela experiência interior da união a Deus.

Sua obra é imensa. Excetuando Orígenes, nenhum autor cristão procurou a verdade em tantos campos: teologia, exegese, música etc. Combateu todas as heresias de seu tempo: maniqueísmo, donatismo, pelagianismo, procurando definir a doutrina cristã com força e precisão. Sua luta contra o pelagianismo levou-o demasiadamente longe no caminho da restrição à liberdade humana. Sua concepção do homem, marcada por um pessimismo latente, é transfigurada por seu amor a Cristo, o Verbo encarnado e salvador, e por sua ardente procura de Deus, fonte da vida bem-aventurada.

Agostinho não elaborou um sistema. Mas encontrou em Platão o que convinha a seu pensamento: "Nenhuma doutrina está mais próxima da nossa" (*Cidade de Deus* VIII, 5). Todavia, repensa essa doutrina como cristão. É em Deus que as Ideias subsistem, não existem em si.

Nada faz parar seu desejo de conhecer, e pesquisa longamente o mistério da Trindade (tratado sobre a Trindade). Os acontecimentos trágicos de seu tempo ditam-lhe uma grandiosa visão da história, síntese da história universal e divina, em que as duas Cidades se enfrentam (*A Cidade de Deus*).

Agostinho exerce essa atividade espantosa concomitantemente ao exercício de um cargo pastoral extenuante. Dá-se inteiramente a seu povo de Hipona. Quer comunicar-lhe a chama que devora seu coração.

De todas as partes, é consultado. É a autoridade de numerosos concílios regionais, até a morte, momento em que os vândalos sitiam sua cidade de Hipona.

Agostinho lançou inúmeras ideias fecundas e novas. A Igreja do Ocidente o escolheu por guia, julgando-o infalível. Admirou nele o doutor do amor, da unidade da Igreja na caridade de Cristo, o doutor da graça. Essa riqueza de pensamento possibilitou a quase todas as heresias do Ocidente referir-se a uma ou outra de suas obras.

Depois de Aristóteles — e quase tanto como ele —, Agostinho é, de longe, o autor mais citado por Santo Tomás, que, também, atribui a ele muitas obras de outros autores.

ALBERTO Magno (c. 1193-1280) – Frade dominicano, teólogo e filósofo, natural de Lauingen na Suábia. Profundamente influenciado pelo pensamento de Aristóteles, foi mestre de Santo Tomás de Aquino. Além da filosofia e da teologia, dedicou-se ao estudo positivo da natureza. Foi declarado santo e doutor da Igreja em 1931.

ALGAZEL ou Al Ghazali (1053-1111) – Crente fervoroso, peregrino de Jerusalém e da Arábia, criticou os filósofos, em nome de sua fé, no seu livro *Destruição dos filósofos*, e insistiu na onipotência de Deus, na criação no tempo, nos limites do saber, nos graus da ciência intuitiva. Antes de refutar as doutrinas de Alfarabi e, sobretudo, de Avicena, expunha-as claramente e as sintetizava. Apenas esta parte de sua obra era conhecida no século XIII e fez que fosse tido por discípulo de Avicena.

→ ALFARABI, filósofo árabe do século X. Divulgou entre os árabes as doutrinas de Aristóteles. Mestre de Avicena.

AMAURI de Bene – Nascido na região de Chartres na segunda metade do século XII. Teve uma escola em Paris. Após ter por muito tempo ensinado a lógica de Aristóteles e as artes liberais, dedicou-se ao estudo dos problemas teológicos.

Teria professado o panteísmo: Deus é a essência de tudo. Tudo é um, porque Deus é tudo.

Amauri morreu em 1207, sem nada ter publicado; mas seus discípulos, os amauricianos, propagaram suas ideias. Em 1210, o bispo de Paris condenou Amauri e seus discípulos. Inocêncio III, no IV concílio do Latrão (1215), renovou a condenação.

AMBRÓSIO – Nascido provavelmente em 339, morreu em 397. Filho de um prefeito do pretório das Gálias, Ambrósio seguiu a carreira dos filhos das grandes famílias. Era prefeito consular de Ligúria e de Emília, em 374, quando morreu Auxêncio, o bispo ariano de Milão. Eleito bispo da cidade, então capital do Império no Ocidente, em oito dias foi batizado e ordenado sacerdote.

Consciente de sua falta de preparo, Ambrósio iniciou-se na leitura das Escrituras, leu cuidadosamente os autores do Oriente cristão e, principalmente, Orígenes.

Conselheiro dos imperadores, administrador e homem de ação, soube utilizar as circunstâncias, às vezes difíceis, para assegurar a vitória da Igreja sobre o arianismo e os velhos cultos pagãos. Mas era, antes de tudo, um pastor, vigoroso defensor dos fracos e dos pobres. Seus sermões atraíam as massas: "A suavidade de seu discurso encantava", afirmou Santo Agostinho, seduzido.

Ambrósio pregou muito o Antigo Testamento, comentou longamente o evangelho de são Lucas. Tinha o senso da Escritura: não era um exegeta, mas abordava a palavra de Deus com a inteligência de seu coração, como espiritual, tomado de amor por Cristo. Escreveu numerosos tratados ascéticos, e sua correspondência foi abundante.

AMBROSIASTER – Nome dado, desde o Renascimento, a um autor anônimo do século IV. Escreveu um comentário das Epístolas de São Paulo que chegou a nós, erradamente, entre os escritos de Santo Ambrósio.

ANAXÁGORAS (± 500-428 a.C.) – Filósofo grego para quem o universo é composto de uma infinidade de elementos ou sementes, cada um sendo estável, homogêneo, infinitamente pequeno; seus movimentos e agrupamentos em coisas dependem de um princípio motor primeiro, o espírito ou *Nous*.

ANDRÉ (Lenda de Santo) – O relato do martírio de André apresenta-se sob a forma de uma carta dirigida pelos sacerdotes e diáconos de Acaia a todas as Igrejas. Esse relato é tardio (séculos III ou IV), mas conserva, provavelmente, tradições antigas. A versão latina eliminou muitos dos elementos romanescos dos Atos gnósticos gregos.

ANSELMO (1033-1109) – Monge em Bec, aos 27 anos é aluno de Lanfranco. Torna-se abade de Bec em 1078 e, em 1093, sucede a Lanfranco como bispo de Canterbury. Não tarda a entrar em conflito com o rei da Inglaterra a respeito dos direitos e das prerrogativas da Igreja. Precisa deixar a Inglaterra e vai morar em Roma; esse exílio dura praticamente até 1106.

Sua obra é considerável, e seu pensamento possante domina a segunda metade do século XI. Sua grande originalidade é o método: "a fé que procura a inteligência". Aplica a razão, com todos os seus recursos, ao estudo da revelação. Já está em germe o método escolástico, e a influência da obra de Anselmo sobre Santo Tomás é importante. Anselmo quer dar ao dogma seu estatuto racional, não por preocupação apologética, mas com objetivo contemplativo. Crer para compreender e compreender para amar (*Proslogion*, cap. 1).

Suas principais obras teológicas são o *Monologion*, o *Proslogion* e o *Por que Deus fez-se homem*. Nesta última obra, particularmente, elaborou uma interpretação do mistério da redenção que influenciou toda a teologia ocidental (até as novas abordagens contemporâneas, mais fundamentadas na Escritura).

APÓCRIFOS – Escritos da Igreja antiga, publicados sob o falso patrocínio de um santo ilustre e não admitido no Cânon das Escrituras.

Santo Tomás cita o *Livro do Nascimento do Salvador*, atualmente conhecido pelo nome de *Protoevangelho de Tiago*. Esse apócrifo data do século II e dá numerosos detalhes, sem fundamentos, sobre a infância da Virgem Maria e a juventude de Jesus.

ARATO – Astrônomo e poeta grego, de Solos, na Cilícia.

ÁRIO (± 256-336) – Sacerdote de Alexandria, orador brilhante, começou, por volta de 318, a levantar numerosas discussões por seus sermões em que desenvolvia uma teologia pessoal que pretendia ser a fé da Igreja.

Com objetivo apostólico, quis adaptar a fé da Igreja ao helenismo ambiente. Partia da convicção neoplatônica de que a divindade é "incriada" e "não gerada". Há, portanto, na

Trindade, três substâncias absolutamente heterogêneas e distintas: o Pai, Deus, sem começo; o Logos, que teve começo. É o primogênito das criaturas. Deus o criou antes do tempo a fim de servir-lhe de instrumento para a criação. Difere essencialmente do Pai e ocupa um lugar intermediário entre Deus e o mundo. Quanto ao Espírito Santo, é a primeira das criaturas do Logos, é ainda menos divino que o Logos. No momento da Encarnação, o Logos fez-se carne, cumprindo em Cristo a função de princípio vital. Ário foi condenado pelo Sínodo de Alexandria em 321, e pelo Concílio de Niceia, em 325.

ARISTÓTELES (384-322 a.C.) – Nascido em Estagira, chega em 367 a Atenas, onde se torna aluno de Isócrates e, depois, de Platão, durante cerca de vinte anos, até a morte deste em 347.

Preceptor de Alexandre durante dois anos, volta a Atenas em 335 e funda a escola do Liceu. Durante treze anos, forma numerosos discípulos. Graças ao apoio de Alexandre, reúne uma biblioteca e uma documentação consideráveis. É nessa época que compõe a maior parte de suas obras. Sua inteligência vastíssima possibilita-lhe trabalhar em todas as áreas: filosofia, anatomia, história, política.

Suas obras — cerca de mil, diz a tradição, das quais 162 chegaram até nós — repartem-se em três grupos que constituem, segundo Aristóteles, o sistema das ciências:

Ciências poiéticas, que estudam as obras da inteligência enquanto a inteligência "faz" algo com materiais preexistentes: poética, retórica e lógica.

Ciências práticas, que estudam as diversas formas da atividade humana, segundo três principais direções: ética, política, econômica.

Ciências teóricas, as mais altas: ciências matemáticas, ciências físicas, ciência primeira (a metafísica), incidindo sobre o ser eterno e imutável, concreto e individual, substância e causa verdadeira, Deus.

Aquele que Santo Tomás chama de "o Filósofo" estabeleceu as regras da arte da demonstração e do silogismo.

Separa-se completamente do sistema platônico; seu senso do concreto, do real obriga-o a afirmar que as Ideias não existem fora dos indivíduos.

Segundo ele, tudo na natureza é composto de matéria e de forma. Toda matéria exige uma forma, e uma matéria não pode existir sem ser determinada por uma forma. A matéria e a forma estão entre si na relação da potência e do ato.

A mais alta atividade é o pensamento. Portanto, Deus é essencialmente inteligência e pensamento. É "pensamento de pensamento", ato puro, totalidade de ser e de existir.

ATANÁSIO (± 295-373) – Era diácono em 325 quando acompanhou seu bispo, Alexandre, ao Concílio de Niceia. Sucedeu-lhe na sé episcopal de Alexandria, em 328, e tornou-se o campeão da luta contra o arianismo. Por serem os imperadores desse tempo quase todos arianos, Atanásio foi exilado cinco vezes. Mas permaneceu inabalavelmente fiel à fé de Niceia, o que lhe deu o título de "pilar da Igreja" (S. Gregório de Nazianzo).

Apesar de sua vida errante, escreveu numerosas obras, quase todas dirigidas contra os arianos, e numerosas cartas aos bispos. Amigo dos monges, é o autor da Vida de Santo Antão que teve enorme sucesso. Compôs, também, tratados sobre a virgindade.

Atribuiu-se a ele, erradamente, o Símbolo *Quicumque* (assim chamado de acordo com a primeira palavra dessa forma de Credo) que é, provavelmente, de origem galicana e data do século V.

AVERRÓIS (Ibn Roschd) (1126-1198) – Nascido em Córdoba e morto em Marraquesh. Grande admirador de Aristóteles, decidiu consagrar a vida ao comentário de suas obras. Tanto o fez que foi chamado, na Idade Média, de "O Comentador".

Reprova a Avicena ter deformado o pensamento de Aristóteles. Mas ele próprio mistura suas concepções com as do mestre. Segundo ele, as inteligências não emanam umas das outras, como acreditava Avicena: foram criadas de toda a eternidade por Deus, Ato puro, Motor primeiro.

Desde toda a eternidade, a matéria existe ao lado de Deus. É uma potência universal que contém em germe as formas substanciais que o Primeiro Motor dela extrai. Os medievais compreenderam, frequentemente, sua psicologia (provavelmente sem razão) da seguinte maneira: o intelecto material (ou intelecto possível), assim como o intelecto agente, é numericamente único e idêntico para todos os homens dentro da humanidade. Sua união com cada indivíduo é acidental, embora tudo morra com a morte do homem, exceto a Inteligência, comum à humanidade inteira.

As teorias de Averróis mereceram-lhe a condenação por parte das autoridades muçulmanas. Mas foi reabilitado antes de morrer. O averroísmo foi condenado pelo bispo de Paris, em 1270 e em 1277.

AVICENA (980-1037) – Filósofo e médico árabe da escola de Bagdá, muito envolvido na política de seu tempo. Foi para os escolásticos um dos grandes iniciadores ao pensamento de Aristóteles; mas introduziu no aristotelismo temas neoplatônicos, o que suscitou, mais tarde, viva reação de Averróis.

Definiu a metafísica como ciência do ser, reconheceu os limites da inteligência humana, incapaz de conhecer a essência das coisas em si mesmas e capaz, apenas, de concluí-la com base nas qualidades que lhe são inseparáveis.

Seu *Cânon da Medicina* permaneceu a base dos estudos de medicina no Oriente como no Ocidente, até o século XVIII.

BASÍLIO (319-379) – Nascido em Cesareia da Capadócia, Basílio fez sólidos estudos em Constantinopla e em Atenas, onde estabeleceu amizade com Gregório de Nazianzo. Concluídos os estudos, retirou-se, em 357, a uma propriedade às margens do Íris, a fim de levar uma vida monástica. Essa vida tranquila não durou. Em 362, Eusébio, bispo de Cesareia de Capadócia, ordenou-o sacerdote e Basílio lhe sucedeu no bispado.

Trava combates incessantes. O imperador Valente esforça-se por impor o arianismo no Oriente e exila os bispos ortodoxos. Vai mesmo a Cesareia com a certeza de fazer Basílio ceder. Mas este resiste respeitosa e resolutamente. Sua coragem faz o imperador desistir sem tomar medida alguma contra ele. Basílio passa a ser o líder da resistência antiariana.

Ao lado desse combate para a "fé católica", Basílio desenvolve uma obra social eficaz. É homem de governo, constrói hospital e hospícios. É severo com os ricos, atencioso com os fracos e os pobres. A paz da Igreja volta, enfim, em 378, com a morte de Valente, mas Basílio aproveita pouco: morre de esgotamento em 1º de janeiro de 379. Logo depois de sua morte, todas as suas ideias triunfam. Recebe logo o título de "Magno".

Sua obra importante é comandada por sua atividade prática. Suas *Regras*, compostas antes de sua ordenação sacerdotal, ainda estão na base do monaquismo no Oriente. Suas homilias fazem conhecer sua obra de pastor: sobre o *Hexameron*, sobre os Salmos etc. Enfim, sua luta contra os arianos lhe forneceu a ocasião para duas obras importantes: o *Tratado contra Eunômio* e o *Tratado do Espírito Santo*.

BERNARDO de Claraval (1091-1153) – Ingressa em Cister com 21 anos, em 1112, acompanhado de trinta jovens nobres, seus amigos. Quer fugir do mundo, encontrar Deus na solidão. Mas três anos depois, em 1115, seu abade o encarrega de ir fundar um novo mosteiro em Claraval. Bernardo fica dividido entre seu desejo de contemplação e seu zelo em fazer seus irmãos avançarem no caminho de Deus. Seus dons excepcionais não demoram em torná-lo conhecido.

Esse místico, que falou tão bem de Deus, dá um novo impulso a sua Ordem; foi pregador da Segunda Cruzada, conselheiro do papa Eugênio III, campeão da ortodoxia em todas as querelas de seu tempo. Sua forte personalidade domina toda a primeira metade do século XII. Representa, diante da escolástica nascente, o último clarão da teologia monástica. Sua contribuição resoluta na condenação de Abelardo mostra sua desconfiança diante de um uso muito amplo da razão para explicar o que é do domínio da fé.

Sua vasta correspondência revela suas preocupações, seu desejo de viver sozinho com Deus. Seus sermões dirigidos a seus monges não envelheceram, particularmente seus Sermões sobre o *Cântico dos Cânticos*. Escreveu, também, muitos "tratados", sendo o mais importante o *Tratado da Consideração* (isto, é da Busca da Verdade) dirigido ao papa Eugênio III.

BOAVENTURA – Teólogo franciscano, natural de Bagnoregio, na Toscana (1221-1274). Tornou-se superior geral dos franciscanos, cardial-bispo de Albano e legado pontifício no concílio de Lyon. Escreveu numerosas obras de teologia e filosofia, inspiradas pela doutrina de Agostinho. Uniu a razão com a mística. É conhecido como Doutor Seráfico.

BOÉCIO (480-524) – Herdeiro da cultura antiga, filósofo, Boécio veio a ser mestre do palácio do rei godo Teodorico, em 520. Mas, acusado de cumplicidade com Bizâncio e de alta traição, o que era falso, foi condenado, sem mesmo poder defender-se, à prisão e à morte.

Boécio está na junção de duas civilizações. Num mundo em que a cultura se perde, pode fazer sólidos estudos no Oriente, sobretudo em Atenas, e quer transmitir aos romanos a sabedoria antiga, mostrar o acordo fundamental entre Platão e Aristóteles. Além disso, Boécio é um cristão familiarizado com o pensamento de Santo Agostinho e com o dos filósofos gregos. Tenta uma síntese que a Idade Média estudou com admiração.

Sua obra é importante. Tratados de Teologia como *Sobre a Trindade*; tradução e comentário de diversos tratados de Aristóteles, tratado sobre a música, a matemática etc.; a mais célebre de suas obras, a *Consolação filosófica*, escrita na prisão, foi lida e recopiada ao longo da Idade Média.

BONIFÁCIO I, papa (418-422) – Declarado bispo legítimo pelo imperador contra Eulálio, foi firme adversário do pelagianismo e defensor da autoridade papal. É dele o axioma "Roma locuta, causa finita". Encerrou doutrinariamente as questões arianas mantendo, com o apoio do imperador, a condenação de seu antecessor, Zósimo. Santo Agostinho dedicou-lhe um tratado contra os pelagianos.

CÂNON dos Apóstolos – Essa coleção apócrifa, bastante antiga e de origem grega, obteve uma autoridade e uma influência consideráveis, por causa da origem venerável atribuída a seus cânones disciplinares e litúrgicos.

Esses cânones foram traduzidos em latim, por volta do ano 500, por Dionísio Pequeno e passaram a diversas coleções, entre as quais a de Graciano.

CASSIODORO (± 485-580) – Discípulo e amigo de Boécio, é, como ele, ministro e conselheiro dos reis godos ao mesmo tempo que amigo das letras. Por volta de 540, retira-se à sua propriedade de Vivarium, onde funda um mosteiro. Aí, esforça-se por conservar a herança antiga, tanto grega como latina, dispersa e destruída, parcialmente, pelas invasões bárbaras. Quer utilizar essa herança para a fé. É ajudado nessa tarefa por seus monges, ardentes copistas. Graças ao trabalho deles, muitas obras antigas foram conhecidas durante a Idade Média.

Cassiodoro escreveu obras históricas, comentários da Escritura e tratados sobre as ciências profanas.

CAUSIS (De) – Tratado árabe (não necessariamente muçulmano) que adapta ao monoteísmo, resumindo-os, os *Elementos de teologia* do filósofo neoplatônico Proclo (412-485). Foi traduzido para o latim em meados do século XII, com o título de *Livro da bondade pura*, mas foi conhecido, principalmente, como *Livro das causas* e atribuído quer a Aristóteles, quer a autores árabes ou judeus. A tradução, em 1268, dos próprios *Elementos*, por Guilherme de Moerbecke, possibilitou aos latinos conhecer a verdadeira origem do *Livro das causas*.

CÍCERO, Túlio (106-43 a.C.) – O maior dos oradores romanos. Faz estudos para advocacia no ano 80. Eleito questor na Sicília, defende os sicilianos contra o antigo governador Verres e, pelo fato, torna-se célebre. Cônsul em 63, frustra a conjuração de Catilina. Tem a ambição de desempenhar grande papel político, mas é exilado e reabilitado. Nesse período de perturbações e guerra civil, morre assassinado por ordem de Antônio.

Para Cícero, a atividade intelectual está a serviço da política. Mas foi seu talento oratório que lhe valeu renome durável. Elaborou uma teoria da eloquência: "provar, agradar, comover", que formou gerações de retóricos.

Formado no contato com os filósofos gregos, Cícero procurou, em seus tratados filosóficos, conciliar as diversas escolas (estoicos, epicuristas, acadêmicos) para chegar a uma moral prática (*Dos deveres, tusculanas*). Foi criador de uma prosa filosófica.

CÓDIGO Justiniano – O imperador Justiniano I (527-565), homem de vastas ambições, empreende uma grande obra legislativa. Encarrega Triboniano e outros jurisconsultos de reunir e harmonizar as leis imperiais feitas desde Adriano. De toda essa legislação acumulada, quer fazer um todo coeso. O Código é concluído em 529. Uma nova edição aparece em 534 com o título de *Código Justiniano*: incorpora as leis promulgadas pelo imperador de 527 a 532.

De 530 a 533, Triboniano e seus ajudantes reúnem no Digesto ou Pandectas extratos dos 39 jurisconsultos mais célebres, enquanto os Institutos formam uma espécie de manual resumindo os princípios do direito para os estudantes.

Todas essas obras são redigidas em latim, por fidelidade à Roma antiga.

A essa gigantesca coletânea juntam-se as Novelas, ordenanças publicadas pelo próprio Justiniano durante seu reinado, em aplicação dos princípios do Código. As Novelas são redigidas em grego.

O Código começa pelas palavras: "Em nome de Nosso Senhor Jesus Cristo", segue-se uma profissão de fé.

→ TRIBONIANO, jurisconsulto bizantino, falecido em 546. Foi o principal conselheiro do Imperador Justiniano.

COMENTADOR – Na maioria das vezes, designa AVERRÓIS. Para a Ética, trata-se de Eustrates e outros comentadores gregos.

CRISÓSTOMO, João (± 347-407) – João, a quem a posteridade deu o título de "Crisóstomo" ou "Boca de Ouro", nasceu em Antioquia, onde fez excelentes estudos profanos e exegéticos. Em seguida, retirou-se às montanhas vizinhas e viveu entre os monges. Depois, solitário, doente por causa de excesso de austeridades, volta a Antioquia e põe-se a serviço da Igreja. Durante doze anos, atrai a cidade pelos sermões cheios de eloquência, comenta as Escrituras, defende os direitos dos pobres, lembra a grande tradição da Igreja de que está impregnado.

Sua fama é tão grande que, com a morte de Nectário, patriarca de Constantinopla, é praticamente "sequestrado" (397) para suceder-lhe. Na capital, João enfrenta o luxo desenfreado, intrigas e rivalidades. Empreende reformas, denuncia severamente os abusos e as injustiças sociais, em nome de Cristo. Mas ele incomoda. Sua liberdade de palavra e sua intransigência unem em oposição a ele bispos ciumentos e a imperadora Eudóxia. É o exílio, de curta duração, uma primeira vez, e definitiva, uma segunda vez. Em consequência de nova ordem de exílio mandando-o sempre mais longe, João morre de esgotamento.

De sua obra considerável (tratados sobre diversos temas, mas sobretudo homilias sobre a Escritura: Antigo Testamento, Evangelho e, particularmente, Epístolas de seu querido São Paulo), os latinos tiveram pequena parte (alguns tratados e homilias, *Comentários sobre Mateus, João e Hebreus*).

DAMASCENO, João (± 675-749) – Nascido em Damasco, daí o sobrenome, João faz-se monge de São Sabas, perto de Jerusalém. É, antes de tudo, um teólogo. Seu nome está ligado à reação contra os iconoclastas. Ocupou-se, também, de exegese, de ascese, de moral.

Sua mais importante obra é a *Fonte do conhecimento*, suma do pensamento oriental, em que quer "unificar as vozes múltiplas" dos séculos anteriores. A obra divide-se em três partes: 1) os capítulos filosóficos, espécie de introdução filosófica à exposição do dogma, 2) um catálogo das heresias, 3) a exposição da fé ortodoxa.

Esta última parte, a mais conhecida, foi dividida por João em cem capítulos. Mas seu tradutor latino, em 1150, apresentou-a em quatro partes. Essa tradução foi uma das fontes de Pedro Lombardo. João estabelece sua síntese teológica com base nos Padres gregos; ignora os Padres latinos. Essa Exposição da fé ortodoxa influenciou, com certeza, os teólogos do período escolástico.

Quanto ao livro citado igualmente por Santo Tomás: *Sobre os que adormeceram na fé*, não é, provavelmente, de João Damasceno.

DÂMASO – Papa de 366 a 384. Desde a eleição, deve lutar contra um antipapa. Durante seu pontificado, enfrenta heresias no Ocidente e no Oriente. São Basílio suplica-lhe intervir contra o arianismo que ameaça invadir o Oriente. Dâmaso reúne, então, um Sínodo romano que compõe uma confissão de fé. Em 381, o Concílio de Constantinopla confirma suas posições.

Foi Dâmaso quem encarregou São Jerônimo de revisar as traduções latinas do Novo Testamento, a partir do texto grego.

DAVI de Dinant – Autor do século XII. Ignora-se a data de seu nascimento e de sua morte. Escreveu duas obras: os *Quaternuli*, às vezes chamados *De Tomis*. Professa um panteísmo materialista: Deus é a matéria de todos os seres.

O Concílio de Paris, de 1210, condena-o ao mesmo tempo que Amauri de Bene e ordena a queima dos *Quaternuli*.

DECRETAIS – Ordenanças dos papas tendo alcance geral para a Igreja inteira, ou destinadas quer a uma província eclesiástica, quer a muitas. A primeira utilização desse termo remonta ao papa Sirício (384-399).

Não se demorou em reunir essas decretais em compêndios. As primeiras coleções são cronológicas. Depois, são sistematizadas por matéria. As diversas coleções são do século

IX e foram substituídas pelo famoso *Decreto de Graciano.*

Em 1234, Gregório IX promulga um novo compêndio de Decretais. É uma compilação de todos os compêndios anteriores, preparados, por ordem do papa, por Raimundo de Peñafort.

Por volta de 850, surge, na região do Mans, uma coleção de "falsas" decretais, publicadas sob o nome de Santo Isidoro de Sevilha. O patrocínio desse suposto autor valeu-lhes ser inseridas no Decreto de Graciano.

→ RAIMUNDO DE PEÑAFORT, jurista, professor e mestre geral dos dominicanos, publicou em 1234, em cinco livros, as *Decretais de Gregório IX*.

DEMÓCRITO (± 470-370 a.C.) – Filósofo grego, gênio enciclopédico: "refletiu sobre tudo" (Platão). Sua obra era abundante em todas as áreas (artística, filosófica etc.), mas desapareceu quase por inteiro. Demócrito é o grande representante do "atomismo". O cosmo é formado por um número infinito de corpos eternos e indivisíveis: os átomos que se movem no vácuo. Ao reunir-se, formaram o mundo e os corpos; sua separação gera a destruição. A causa desses movimentos é puramente mecânica e chama-se Necessidade.

DIONÍSIO Areopagita – Pseudônimo de um autor do Oriente do final do século V e início de século VI. Suas obras *A hierarquia celeste*, a *Hierarquia eclesiástica*, os *Nomes divinos* (comentados por Santo Tomás), a *Teologia mística* exerceram uma influência considerável tanto no Oriente como no Ocidente, sem contar que, até o século XVI, acredita-se que esse autor seja realmente o Areopagita, discípulo de São Paulo, o que deu a seus escritos imensa autoridade.

O Pseudo-Dionísio é um místico. Afirma que para conhecer Deus temos duas vias: a positiva, pela causalidade, que atribui a Deus, ao máximo, todas as perfeições; e a negativa, que é não conhecimento, ignorância diante desse excesso de plenitude, pois Deus, o Transcendente, está além do cognoscível.

Além das processões internas que constituem as Pessoas da Trindade, há as processões externas: a criação. Deus, em sua condescendência, penetra os seres de sua bondade e os atrai para uni-los a si.

A síntese dionisiana, centrada na transcendência divina e na participação dos seres a Deus, fascinou verdadeiramente o pensamento medieval.

EMPÉDOCLES – Legislador, poeta e filósofo grego de Agrigenta (Sicília) por volta de 450 a.C. Em suas duas obras principais: *Da Natureza do Universo* e *Purificação*, afirma que a água, o ar, o fogo e a terra são os quatro elementos cuja combinação cria tudo. Dois princípios operam sobre esses dois elementos: o Amor que os une, o Ódio que os separa. O mundo que conhecemos resulta do conflito dessas duas forças.

EPICURO – Nascido em Samos ou Atenas (341-270 a.C.), fundou em Atenas o "Jardim", uma escola que estabelecia como critério da moral as sensações e como princípio da felicidade, os prazeres delas decorrentes.

ESTOICOS – Filósofos seguidores da doutrina de Zenão, fundador do estoicismo no século IV a.C. Os estoicos têm uma física, uma lógica e uma metafísica. Mas preocupam-se mais com a ação que com a ciência. Para eles, Deus é ordenador de todas as coisas, mas sem as ter criado. É Providência. Ocupa-se do homem que pode dirigir-se a ele pela oração. Dá ao homem uma alma racional. A função dessa alma consiste em dar a Deus seu assentimento: "Não obedeço a Deus, dou-lhe meu consentimento; estou de acordo, não constrangido" (Sêneca*).

Deste princípio decorre a moral estoica, que constitui a essência da doutrina e sua finalidade. O homem deve seguir sua natureza que é "razão". A virtude é a escolha refletida e voluntária do que é conforme à natureza, isto é, conforme à razão. O bem supremo está no esforço para chegar à virtude. Todo o restante, prazer, dor etc., é indiferente. A virtude reside inteiramente na intenção. Não há graus na virtude (nem no vício). A paixão é contrária à natureza, é uma doença da alma. O sábio deve abster-se da paixão, permanecer insensível. Quem não realizou essa libertação é um escravo. Quem possui a virtude possui a felicidade.

EUCLIDES – Matemático grego do século III a.C. Seus *Elementos* foram referência até o século XIX nas matemáticas elementares.

EUGÊNIO III – papa de 1145 a 1153. Cisterciense, conservou o hábito e o estilo de vida de monge como papa. Proclamou a malograda Segunda Cruzada em 1145. São Bernardo esteve a seu lado com o conselho e a ação e lhe dedicou o tratado *De consideratione* sobre os deveres do múnus papal e fortes críticas ao comportamento dos clérigos e dos monges.

EUNÔMIO – Bispo de Cizico. Foi um dos principais expoentes do arianismo radical. Condenado e desterrado várias vezes. Morreu em 394. Escreveu muito. Mais conhecida é a *A Apologia* (361) refutada por Basílio (*Contra Eunômio*) e respondida em *Apologia em defesa da apologia*. A pedido de Teodósio, escreveu uma detalhada profissão de fé (383).

EUSTÓQUIA († 419) – Filha de Sta Paula*, amiga de S. Jerônimo, acompanhou a mãe para viver em Belém. Aí se consagrou como monja. Discípula favorita de São Jerônimo, aprendeu grego e hebraico e auxiliou-o em seu trabalho bíblico. A ela e a sua mãe dedicou São Jerônimo muitas cartas, entre elas o famoso tratado sobre a virgindade (Carta XXII).

FILÓSOFO (O) – Assim é que Santo Tomás se refere, com maior frequência, a Aristóteles.

FULGÊNCIO de Ruspe (467-532) – Monge e abade, veio a ser bispo de Ruspe (África). Foi exilado duas vezes na Sardenha pelos vândalos arianos. Suas obras são numerosas; algumas são dirigidas contra os arianos: tratado *Sobre a Trindade* e o célebre tratado *A Pedro, sobre a fé*, resumo da teologia cristã. Suas outras obras são dirigidas contra os semipelagianos, sobretudo Fausto de Riez. A doutrina que ele desenvolve sobre a predestinação é um eco da doutrina de Santo Agostinho.

GILBERTO de la Porrée (1076-1154) – Abre uma escola em Poitiers. Nomeado chanceler de Chartres e, consequentemente, preposto dos estudos, "mestre nas coisas de lógica e nas de Deus", escreve numerosas obras: comentários de Boécio, comentários da Escritura. Em 1142, torna-se bispo de Poitiers. Porém, suas ideias preocupam. O Concílio de Reims, em 1148, condena quatro proposições a ele atribuídas: distinção real entre Deus, sua essência e seus atributos, distinção real entre essência divina e pessoas divinas, eternidade das três pessoas divinas, mas não de suas relações, não encarnação da natureza divina.

GLOSA – Compilação do século XII cujo plano foi concebido por Anselmo de Laon (1050-1117). A obra foi realizada, em parte, por Anselmo, em parte por pessoas que o cercavam. Os versículos da Bíblia são acompanhados, na margem, de excertos de comentários patrísticos.
→ GLOSA LOMBARDI, ver Pedro Lombardo*.

GRACIANO – Filho de Valentiniano II e imperador do Ocidente de 375 a 383, quando é assassinado vítima de uma conjuração no seio do exército. A seu pedido, Santo Ambrósio, de quem foi amigo durante toda a vida, compõe o tratado *De fide* e lhe dedicará os três livros *De Spiritu Sancto*. Seu apoio ao cristianismo se traduziu em disposições concretas: convoca concílios que condenam o arianismo e o priscilianismo, remove o altar da Vitória da sala do Senado, promulga leis antipagãs e proscreve as heresias.

GREGÓRIO I Magno – Nascido por volta de 540, papa de 590 a 604. Oriundo de uma grande família romana foi, por volta de 570, prefeito de Roma, o mais alto cargo da cidade. Em breve, renuncia ao mundo para tornar-se monge. É enviado a Constantinopla como apocrisiário (núncio) de 579 a 585. Em 590, após sete meses de resistência, torna-se bispo de Roma num momento particularmente infeliz: invasão lombarda, peste. Grande administrador, reorganiza o patrimônio da Igreja e a assistência aos pobres, procura defender a Itália, luta contra a simonia e a imoralidade do clero, envia missionários à Inglaterra, afirma os direitos da primazia romana.

Esse homem de ação é, também, um pastor. Escreve e prega. Sua correspondência é abundante. *As morais sobre Jó* e as *Homilias sobre Ezequiel*, conferências para um círculo monástico, são uma exposição da teologia moral penetrada por um grande desejo de Deus; suas *Homilias sobre o Evangelho*, seus Diálogos dirigem-se, principalmente, ao povo de Deus, e sua Pastoral destina-se a quem tem responsabilidade na Igreja. São Gregório foi lido, copiado, meditado durante toda a Idade Média, que encontrou nele seu mestre espiritual.

HEITOR – Filho de Príamo, morto por Aquiles.

HERMES Trimegisto – Hermes "três vezes grande". Nome dado a um personagem divino, oriundo da assimilação do deus grego Hermes com o deus egípcio Thot, pai da Sabedoria. Os gregos fizeram dele um antiquíssimo rei do Egito e lhe atribuíram, no século I a.C., numerosos livros secretos, apresentados como a revelação de um deus, a mensagem de um "mestre" a iniciados. Essas obras tratam, principalmente, de medicina e de magia. Entre o primeiro e o terceiro século depois de Cristo, acrescenta-se o *Asclépio* e o *Poimandres*. Os latinos medievais só conheceram o *Asclépio*.

→ ASCLÉPIO, nome grego de Esculápio, deus da medicina.

HILÁRIO – Nasce por volta de 315. Após profundos estudos, Hilário, ainda pagão e retor, descobre Cristo, recebe o batismo e, finalmente, torna-se bispo de Poitiers (aproximadamente 350). Escreve, então, seu *Comentário a Mateus*. Encontra-se envolvido nas querelas arianas que começam a invadir o Ocidente. Em 356, no Sínodo de Béziers, defende quase sozinho a causa de Niceia e de Santo Atanásio. A corte imperial reage e o envia ao exílio. Hilário encontra-se no Oriente. Utiliza o ócio forçado para se iniciar na teologia grega e na obra de Orígenes. Trabalha em seu *Tratado sobre a Trindade*, uma obra-prima da literatura antiariana. Continua se correspondendo com seus colegas do episcopado gaulês e, para responder às suas questões doutrinais, manda-lhes seu livro *Sobre os sínodos*.

Volta ao Ocidente, em 360, e consegue reagrupar o episcopado gaulês em torno da ortodoxia de Niceia. Publica, então, seu *Comentário dos Salmos* e o livro *Dos mistérios*. Aquele que foi chamado de "Atanásio do Ocidente" morre em 367.

HONORATO de Arles (c. 350-429) – Bispo. Pertencente a uma família consular, converteu-se ao cristianismo. Em Lérins, perto de Cannes, fundou um mosteiro com alguns companheiros. Santo Agostinho dedicou-lhe o tratado *De utilitate credendi*.

HORÁCIO (± 65 a.C.-8 d.C.) – Poeta latino, amigo de Virgílio, apoiado por Mecenas. Escreveu *Epodos, Sátiras, Odes* e *Epístolas*, das quais a última, a *Arte poética*, é um verdadeiro tratado.

HUGO de São Vítor (morto em 1141) – Nada se sabe de suas origens. Por volta de 1127, está na abadia de São Vítor, em Paris, e torna-se, em 1133, mestre da escola pública da abadia. Dá-lhe grande impulso. É um dos espíritos mais cultivados da Idade Média, um homem cheio de curiosidade intelectual e do zelo de tudo aprender.

Sua obra é imensa, desde a gramática (pois todas as artes são servas da divina Sabedoria) até a teologia. Suas obras mais conhecidas são: *A Escritura e os escritores sacros*, os *Sacramentos da fé cristã*, sem contar numerosos comentários da Escritura.

A *Suma das Sentenças* a que se refere Santo Tomás não é, propriamente falando, de Hugo de São Vítor, mas recebeu sua influência.

ISAAC ben Salomon Israeli (entre 840 e 940) – Filósofo e lógico judeu, originário do Egito, praticou a medicina na corte dos califas do Cairo. Santo Tomás lhe atribui erradamente, a famosa definição da verdade (*adaequatio rei et intellectus*) que, na realidade, é de Avicena*.

JERÔNIMO (± 347-420) – Temperamento impetuoso, Jerônimo passou a juventude viajando para instruir-se junto aos melhores mestres, antes de fazer um estágio no deserto onde procura dominar seu rude temperamento. "Trilíngue (sabe o grego e o hebraico), volta a Roma onde, graças a sua ciência, o papa Dâmaso* o escolhe por secretário. Depois da morte de Dâmaso, Jerônimo deve deixar a cidade em que conta com muitos amigos e, também, com numerosos inimigos. Acaba instalando-se em Belém com um grupo de "fiéis". Funda dois mosteiros e leva uma vida de trabalho assíduo e de oração. Empreende a grande obra de sua vida: a tradução da Bíblia, do hebraico para o latim. Sempre muito ativo e atento, impressionável e excessivo, imiscui-se em todas as controvérsias e sua pena ágil escreve alternadamente comentários sobre as Escrituras, cartas e panfletos.

JOÃO de Antioquia, († 442) – Bispo, na questão cristológica liderou o grupo que se opunha a Cirilo de Alexandria. O papa Sixto III conseguiu que retomasse o diálogo e chegasse a um acordo. Assumiu o Símbolo de Éfeso e fez que fosse aceito por um grande número de cristãos.

JOAQUIM de Fiore (1135-1202) – Abade cisterciense, deixa a Ordem para fundar, com a autorização do papa Celestino III, a abadia de Fiore (sul da Itália). Questionado por seus contemporâneos, Joaquim é objeto dos juízos mais opostos. Sentindo-se com uma missão de profeta, apresenta uma grande visão da história. Seus discípulos muito a trabalharam, acrescentando apócrifos a suas obras. Após o período do Pai (Antigo Testamento) e o do Filho, é agora o tempo do Espírito Santo, da Igreja transformada e espiritualizada, realizando o Evangelho eterno. Sua mensagem comporta muitas intuições penetrantes ao lado de utopias e de verdadeiros erros. Escreveu muitas obras, entre as quais o livro *Sobre a Unidade ou a Essência da Trindade*, condenado pelo Concílio do Latrão de 1215.

LOMBARDO – Ver PEDRO.

MACRÓBIO – Escritor e gramático latino morto no começo do século V. Escreveu um comentário do sonho de Cipião, de Cícero. Inspira-se em Platão e nos neoplatônicos.

MAIMÔNIDES (Rabino Moisés) (1135-1204) – Nascido em Córdoba, célebre rabino judeu, filósofo e médico, viveu no Marrocos, na Palestina e no Egito. Numa de suas numerosas obras e, principalmente, em seu *Guia dos Indecisos*, que teve difusão considerável, tenta um primeiro acordo entre a filosofia de Aristóteles e a revelação mosaica. Como o filósofo muçulmano Avicena e muitos filósofos judeus da Espanha, prova a existência de Deus pelo primeiro Motor eterno do mundo (quer seja este mundo eterno, quer seja criado no tempo), pela existência de seres contingentes, supondo um Ser necessário pela causalidade que exige uma Causa primeira.

Nega que fora da revelação se possa afirmar algo da essência divina. A razão só pode conhecer o que Deus não é. Santo Tomás corrigiu o que essa posição tem de excessivo por sua doutrina dos *Nomes divinos*, tirada dos escritos do Pseudo-Dionísio.

MARCELA († 410) – Mártir romana venerada como Santa. Órfã de pai, ficou viúva logo após o casamento. Renunciando a um novo casamento, fez de seu palácio na colina Aventino um centro de vida religiosa e de estudo. São Jerônimo, ao chegar a Roma, orientou o grupo nos estudos e na prática religiosa. Conservam-se dezesseis cartas de São Jerônimo em resposta a interrogações sobre os textos bíblicos que Marcela lhe fazia. Por ocasião do saque de Alarico, foi submetida a violências que lhe causaram a morte.

MAXIMINO, Ariano (sécs. III-IV) – Bispo latino, discípulo e sucessor de Úlfilas. Manteve polêmica com Santo Ambrósio em Milão e com Santo Agostinho na África. Este escreveu um tratado contra Maximino, bispo herético dos arianos.

MÁXIMO de Turim – Bispo de Turim no século V. Suas homilias revelam um pastor ardoroso no estudo da Escritura e em prevenir os fiéis contra o paganismo e a heresia.

MOISÉS (Rabino) – Ver MAIMÔNIDES.

NESTÓRIO (± 380-451) – Nestório é de origem síria. Ingressa num mosteiro perto de Antioquia e logo adquire fama de orador. Em 428, a corte o chama para ser patriarca de Constantinopla. Não demora a insurgir-se, em seus sermões, contra o termo *theotokos* e a expressão "Deus sofreu". Vê nisso vestígios de apolinarismo. Orador demais, teólogo de menos, pensa poder resolver um problema difícil com discursos eloquentes. No momento em que a teologia das duas naturezas está se definindo, acaba por comprometê-la, deixando de insistir na união íntima das duas naturezas na Pessoa do Verbo. Os monges de Constantinopla inquietam-se. Cirilo de Alexandria avisa Roma e se demonstra incomodado. Em 431, o Concílio de Éfeso, concílio tempestuoso, condena Nestório, depõe-no e envia-o para seu mosteiro de Antioquia. De exílio em exílio, acaba no Grande Oásis do deserto líbio, de onde as incursões bárbaras o expulsam, mais uma vez.

ORÍGENES (± 185-253) – É iniciado nas Escrituras pelo pai (que acabou morrendo mártir). Clemente de Alexandria forma-o, a seguir, nos conhecimentos humanos e cristãos. Demonstra inteligência tão brilhante que o bispo de Alexandria confia-lhe a direção da escola catequética quando está com apenas 18 anos. Dá imenso brilho à escola, tanto pelo valor de seus ensinamentos como pelo exemplo de sua vida austera. Completa sua formação filosófica pelas lições de Amônio Saccas, pela leitura de Platão e de Aristóteles; estuda o hebraico para ler o texto do Antigo Testamento no original. Crente ardoroso e apaixonado, "tinha recebido o dom de pesquisar e de descobrir" (Gregório Taumaturgo, seu aluno). Procura a verdade em todas as fontes mas, antes de tudo, na Escritura. Em consequência de atrito com seu bispo, parte, em 231, para Cesareia de Palestina, onde funda uma escola que passou a ser tão próspera quanto a primeira. De todos os lugares, consultam-no sobre questões difíceis, pois não há, ainda, nem concílios nem definição de fé. É a partir da Escritura que os problemas se colocam e que se procura resolvê-los. Durante a perseguição de Décio, Orígenes é longamente torturado e morre pouco depois, em consequência das torturas.

Orígenes deixou obra imensa: 2.000 títulos. Seu pensamento ousado e novo exerceu profunda influência sobre os séculos seguintes. Foi o primeiro a fazer exegese científica sobre todos os livros da Escritura; comentários profundos, escólios sobre as passagens difíceis, homilias calorosas para os fiéis. Compôs escritos ascéticos, apologéticos (*Contra Celso*) e, sobretudo, o tratado *Dos Princípios*, a primeira *Suma teológica* da antiguidade cristã. Numa grande síntese, Orígenes parte da natureza íntima de Deus para terminar na consumação do universo.

Quase todas as obras de Orígenes desapareceram nas querelas levantadas por seu pensamento audacioso, muitas vezes deformado por seus discípulos. Esse homem que tanto amou a Igreja e testemunhou fidelidade à sua fé foi condenado por seus erros sobre a preexistência das almas, a existência de vários mundos sucessivos, a salvação final universal (incluindo os demônios). Mas seus erros não podem fazer esquecer todas as descobertas e os aprofundamentos que enriqueceram o pensamento cristão.

→ AMÔNIO SACCAS, mestre grego em Alexandria. Cristão de nascimento, passou ao paganismo.

ORÓSIO – Originário de Tarragona, com cerca de 30 anos foi ao encontro de Santo Agostinho, a quem enviara em 414 um memorial sobre o erro dos priscilianistas e dos origenistas, ao qual o bispo respondeu. Desempenhou várias missões junto a São Jerônimo contra os pelagianos a pedido de Santo Agostinho. Gozou de grande fama durante a Idade Média, sendo então considerado, por sua obra *Histórias,* o historiador cristão por excelência,

PAULA (347-404) – Nobre romana, ficou viúva aos 33 anos com cinco filhos: Blesila, Paulina, Eustóquia, Rufina e Toxócio (nome de seu marido). Santa Marcela e São Jerônimo confortaram-na em sua viuvez. Em 385, estabelece-se em Belém com sua jovem filha Eustóquia. Cooperou na construção de um mosteiro para mulheres e outro para homens, assim como de uma hospedaria para peregrinos.

São Jerônimo apresenta-a como uma mulher culta, com senso prático e diplomático, dada à mortificação e às obras de caridade. A Paula e à sua filha são endereçadas diversas cartas de São Jerônimo.

PAULINA († 396) – Filha de Santa Paula e esposa de Panmáquio, condiscípulo e amigo de juventude de São Jerônimo, a quem são dirigidas várias cartas, particularmente em defesa de seus livros contra Joviniano, nos quais exalta a virgindade sobre o matrimônio.

PEDRO Lombardo (± 1100-1160) – De origem lombarda, chega a Paris em 1136 para completar seus estudos. A partir de 1142, é mestre afamado na escola de Notre-Dame. Acompanha de perto todas as correntes de ideias de seu tempo, faz parte do corpo de jurados que, no concílio de Reims, condena Gilberto de la Porrée*. Em 1159, é escolhido para bispo de Paris. Morre no ano seguinte.

Todas as suas obras são fruto de seu ensino: *Glosa-comentário das Salmos*, espécie de compilação patrística que deve servir de complemento à brevidade da obra de Anselmo de Laon, *Glosa sobre as Epístolas de São Paulo*, ainda mais famosa que a anterior. Mas uma obra, em especial, valeu a Pedro o título de "Mestre das Sentenças", os quatro *Livros das Sentenças*: 1) Deus trino e uno; 2) Deus criador, graça e pecado; 3) Verbo encarnado e Cristo redentor, virtudes e decálogo; 4) Sacramentos e fins derradeiros. Esse plano marca um progresso real sobre os compêndios teológicos desse tempo.

Na efervescência do século XII em que os mestres enveredam, às vezes, em teorias arriscadas, Pedro Lombardo é um moderado. Não quer contentar-se com uma atitude meramente defensiva e multiplicadora das condenações; sente a necessidade de pesquisar seus contemporâneos e quer mantê-la na ortodoxia. Fiel à tradição dos Padres e com uma clara preocupação pedagógica, une uns aos outros, formando como que um mosaico de sábios. Também empresta ideias de seus contemporâneos, mas não quer elaborar teorias pessoais. Não é um filósofo e não tem, provavelmente, a envergadura de seus grandes predecessores. Sua obra, contudo, apesar de algumas oposições tenazes, é logo apreciada. No Concílio de Latrão, em 1215, os *Livros das Sentenças*, atacados por Joaquim de Fiore, recebem um solene elogio por sua ortodoxia. A partir desse momento, passam a ser o manual para o ensino da teologia. São comentados, adaptados. É só a partir do século XVII que a Suma de Santo Tomás os substitui.

PELÁGIO (± 370-432) – Originário da Grã-Bretanha, é um monge austero. Fixa-se em Roma no tempo do papa Anastásio (399-402) e dá conselhos de ascetismo muito apreciados. Defensor da vontade humana, pensa que ela é capaz, sem a graça redentora, de querer e executar o bem; o livre-arbítrio do homem é todo-poderoso, a graça é simplesmente uma ajuda que torna a virtude mais fácil. Não existe pecado original, e pode haver homens que vivem sem pecado. Pelágio esforça-se por difundir sua doutrina por todas as regiões do Império.

Santo Agostinho, que tinha tão profundamente o senso da impotência da natureza humana entregue a suas próprias forças, luta energicamente contra as ideias de Pelágio e de seus partidários. Fá-los condenar nos Concílios de Cartago (415), de Milevi (416) e pelo papa Inocêncio I (417). O Concílio de Éfeso (431) anatematiza solenemente o pelagianismo.

PITÁGORAS – filósofo e matemático grego. Fundou comunidades ascéticas que se dedicavam a estudos de filosofia e política. Não deixou nenhum escrito. Euclides* ordenou os teoremas estabelecidos pelo conjunto da escola pitagórica.

PLATÃO (± 428-347 a.C.) – Ateniense, por volta dos vinte anos liga-se a Sócrates*; priva de sua intimidade por oito anos. Depois da morte de seu mestre, viaja para se instruir e volta a Atenas, onde funda uma escola de filosofia nos jardins de Academos. Aí, durante quarenta anos, ajuda seus discípulos a descobrir a verdade que trazem em si mesmos e da qual devem tomar consciência.

Podemos conhecer o pensamento de Platão graças a seus escritos. Inicialmente fiel ao método socrático, reelabora, pouco a pouco, a doutrina das Ideias e a dialética. A Dialética é o meio que possibilita à alma elevar-se, por degraus, das aparências múltiplas e mutantes até as Ideias (essências), modelos imutáveis, das quais o mundo sensível é imagem. Assim, a alma passa do devir ao ser, da opinião à ciência, pois é "irmã das Ideias", tem parentesco com elas. Conheceu-as numa existência anterior; mas essas Ideias permanecem latentes, adormecidas no seio do pensamento, até o choque ocasional transmitido ao espírito pelo corpo (a sensação) que desperta sua potência. Portanto, todo conhecimento é reminiscência, conversão graças à qual a alma reorienta seu olhar para as realidades verdadeiras. O conhecimento discursivo é importante, mas a forma superior do saber é uma visão, uma intuição intelectual das Essências. As Ideias relacionam-se entre si. Seu princípio é a Ideia do Bem, Deus, "medida de todas as coisas", princípio de toda existência, causa universal e causa de cada ser. Deus é Providência e dará, numa outra vida, recompensa ou castigo à alma que é imortal.

Platão quer pôr a alma em busca da verdade. Para isso não basta raciocinar corretamente, é preciso a pureza de uma vida reta. Não se alcança a verdade seguindo ilusões vãs.

Embora durante a Idade Média os latinos só conhecessem o *Timeu*, Platão exerceu uma verdadeira atração sobre o pensamento cristão tanto no Oriente como no Ocidente. Os cristãos dos primeiros séculos viram nele "o maior teólogo de todos os gregos", aquele que convida a ver com o olho da alma a luz imutável e eterna, a procurar a verdade além do mundo dos corpos, a descobrir as perfeições invisíveis de Deus através das coisas criadas que são Ideias de Deus projetadas no ser, a reconhecer que Deus é o Bem supremo.

→ ESPEUSIPO, cunhado de Platão.

PORFÍRIO (± 233-305) – De origem pagã, vai a Atenas para concluir sua formação filosófica. Chega a Roma por volta de 263, descobre Plotino e convive com esse filósofo, asceta e místico. É seu colaborador até 268, quando, esgotado pela ascese da escola plotiniana, vai tratar-se na Sicília. Plotino morre pouco depois, e Porfírio incumbe-se de perpetuar sua memória.

Porfírio é um erudito, inimigo das superstições populares, adversário resoluto do cristianismo que invade o Império. Escreveu muito, mas suas obras perderam-se quase todas. Eis as mais conhecidas: *Plotino, Vida de Pitágoras, Refutação do cristianismo*, de que sobra quase nada, *Carta ao sacerdote egípcio Anebão* e, sobretudo, a introdução deste comentário: o *Isagoge*, pequeno manual escolar sem pretensão, mas claro e preciso. Traduzido por Boécio, esse opúsculo exerceu grande influência sobre os pensadores da Idade Média.

PREPOSITINO de Cremona (sécs. XII-XIII) – Chanceler da Universidade de Paris entre 1206 e 1210. Autor de uma *Summa Theologiae*.

QUODVULTDEUS (séc. V). Escritor cristão. Discípulo de Santo Agostinho, foi feito bispo de Cartago por volta de 437. Teria insistido com Santo Agostinho que escrevesse o tratado *De Haeresibus*. Expulso por Genserico, morreu na Campânia em 453.

RABANO Mauro (Hrabanus Maurus) (± 780-856) – Monge de Fulda (Alemanha), Rabano Mauro vai seguir em Tours os cursos de Alcuíno. De volta, nomeado diretor de escola e abade de Fulda, torna-se, enfim, bispo da Mogúncia. Recebeu o título de "preceptor da Germânia". Espírito enciclopédico, como seu mestre Alcuíno, comentou quase todo o Antigo e o Novo Testamento. Escreveu, também, um livro sobre *A instituição dos clérigos* e um *De universo*, espécie de Suma em que reúne todo o saber de seu tempo.

RICARDO de São Vítor (morto em 1173) – Aluno e sucessor de Hugo na escola de São Vítor, escreveu muito: tratados teológicos, exegéticos, ascéticos e místicos. Preocupou-se, principalmente, em "encontrar razões necessárias" às verdades da fé. Seu tratado *Sobre a Trindade* é característico a esse respeito: procura elevar a razão até seus limites extremos, embora sabendo-se diante do mistério.

Suas obras místicas tiveram grande repercussão entre seus contemporâneos. Descreveu a preparação da alma para a contemplação e a própria contemplação.

SABÉLIO (séc. III) – Era líbio, ao que parece. Chegou a Roma por volta de 217. Logo, com grande autoridade, pregou a doutrina modalista: Deus é "uno": o Pai e o Filho são os aspectos diversos de uma mesma pessoa. Diante de Sabélio ergue-se Hipólito. O papa Zeferino não resolve a questão, mas seu sucessor, Calixto, condena Sabélio e para, dessa maneira, o desenvolvimento da heresia em Roma e no Ocidente.

SÊNECA (4 a.C.-65 d.C.) – Nascido em Córdoba, chega a Roma e inicia-se na filosofia estoica. Advogado e questor, é exilado durante oito anos. Agripina o chama de volta para confiar-lhe, e a Burro, a educação de Nero. Quando Nero se torna imperador, Sêneca procura contê-lo em suas paixões. Nero o implica na conjuração de Pisão e lhe envia a ordem de matar-se.

A obra de Sêneca é variada: tragédias, tratados de filosofia dos quais alguns são muito conhecidos: *A clemência, Os benefícios, A Constância do sábio, A tranquilidade da alma, Cartas a Lucílio*. Sua filosofia é exclusivamente moral. Propõe o domínio de si. Os Padres da Igreja acharam que o pensamento dele estava de acordo com a moral cristã.

SÓCRATES – Filósofo grego (c. 470-399 a.C.), filho do escultor Sofronisco. Sua filosofia chegou até nós pelos Diálogos de Platão e de Xenofonte. Combateu com aspereza a sofística e a falsa retórica. Ao contrário dos filósofos naturalistas anteriores, propôs como objeto próprio da filosofia o homem. Refletindo sobre o procedimento humano e as regras que a ele presidem, funda a moral.

→ SOFRONISCO, pai de Sócrates.

SPIRITU et anima (DE) – Obra geralmente atribuída pelos medievais a Santo Agostinho, mas que Santo Tomás reconheceu logo como sendo de um contemporâneo (Alcher de Claraval?) É uma compilação de extratos de diversos autores, desde Santo Agostinho a Hugo de São-Vitor, São Bernardo e Isaac da Estrela.

TEODORETO de Ciro (± 393-460/66) – Nascido em Antioquia, é nomeado bispo de Ciro (Síria) em 423. É um pastor ativo, combate os pagãos, judeus e heréticos e cuida muito de seu povo. No Concílio de Éfeso, recusa-se a subscrever a condenação de Nestório, pois vê na posição de Cirilo de Alexandria um perigo de apolinarismo. Aceita assinar o Credo de União de 433, com a condição de não ser obrigado a condenar Nestório. Nos anos seguintes, empenha-se com ardor na controvérsia contra Êutiques; Dióscoro, sucessor de Cirilo de Alexandria, depõe-no ao "latrocínio de Éfeso" de 449. Teodoreto apela ao papa Leão. No Concílio de Calcedônia, em 451, Teodoreto deve justificar sua doutrina e acaba pronunciando o anátema contra Nestório. É então reconhecido "doutor ortodoxo".

O Concílio de Constantinopla de 553 condena seus escritos contra Cirilo, assim como certo número de suas cartas e sermões.

Santo Tomás só o conheceu pelo Concílio que o condenou.

TERÊNCIO (192-159 a.C.) – Célebre poeta cômico latino. Santo Tomás cita em dois lugares versos de uma de suas comédias: *O Eunuco*.

TITO-LÍVIO (64/59 a.C.-19 d.C.) – Célebre historiador romano. Durante vinte e um anos, trabalhou sua *História de Roma*, que se estende das origens ao ano 9 a.C. É um filósofo da história, animado de um profundo amor por Roma.

TRISMEGISTO – Ver HERMES Trismegisto.

TÚLIO – Sobrenome de Cícero* pelo qual é geralmente designado na Idade Média.

VALENTINO (séc. II, morto em 161) – Nascido no Egito, vai a Roma, onde o papa Higino o excomunga. É um dos maiores representantes da "gnose", heresia dos primeiros séculos da Igreja. Seus escritos desapareceram; podemos ter alguma ideia deles pela refutação de Ireneu e Hipólito. A doutrina gnóstica é muito complexa. Na medida em que podemos reconstituí-la, afirma um Deus superior, um mundo intermediário de éons que formam o pleroma, e um mundo inferior: o da matéria. Cristo é um "éon", espírito emanado da Inteligência eterna, que desce para resgatar o homem; une-se ao Jesus do mundo inferior. Agostinho escreveu contra os valentinianos o tratado *De correptione et gratia*.

VICENTE de Lérins († antes de 450) – Monge e presbítero do mosteiro de Lérins. Adversário da doutrina da graça de Santo Agostinho, considerava-a novidade que devia ser rejeitada. Escreveu várias obras sobre o princípio da tradição e contra o nestorianismo. De Santo Agostinho temos uma carta *Ad Vicentium*.

VIRGÍLIO (± 70-19 a.C.) – Célebre poeta latino. De origem modesta, renuncia à eloquência e à filosofia para dedicar-se à poesia. Sustentado por Asínio Pólio e, depois, por Otávio e Mecenas, publica, em 39, *As Bucólicas*, em 29, *As Geórgicas*. Quando morreu, trabalhava na *Eneida*, vasta epopeia nacional.

Santo Tomás só o cita a partir de Santo Agostinho.

VITAE Patrum = As Vidas dos Padres – Uma vasta literatura desenvolveu-se nos desertos do Egito. Recolheram-se as "Palavras" dos Padres ou apofitegmas. Escreveram-se relatos de suas vidas. O primeiro foi a *Vida de Antão* por Atanásio.

Santo Tomás conheceu uma vasta compilação feita no século VI, contendo, principalmente, *A história dos monges do Egito*, traduzida por Rufino de Aquileia, *A história lausíaca* de Paládio, traduzida, esta também, para o latim, assim como as *Sentenças dos Padres*, traduzidas pelos diáconos (futuros papas) Pelágio e João.

VOLUSIANO – Procônsul em Cartago. Membro de um círculo cultural neoplatônico. Não era cristão, mas grande amigo de Santo Agostinho, que lhe escreveu diversas cartas.

ABELARDO
—— *Introductio ad Theologiam in tres libros divisa*: ML 178,979-1114 (Introd. ad Theol.).

SANTO AGOSTINHO
—— *Confessionum Libri tredecim*: ML 32,659-868 (*Confess.*).
—— *Contra duas Epistolas Pelagianorum ad Bonifacium Romanae Ecclesiae Episcopum Libri quatuor*: ML 44,549-638 (*Contra duas Epist. Pelag.*).
—— *Contra Epistolam Manichaei quam vocant Fundamenti Liber unus*: ML 42,173-206 (*Contra Epist. Manich*).
—— *Contra Faustum Manichaeum Libri triginta tres*: ML 42,207-518 (*Contra Faust.*).
—— *Contra Maximinum Haereticum Arianorum Episcopum Libri duo*: ML 42,743-814 (*Contra Maximin. Haeret.*).
—— *Contra Sermonem Arianorum Liber unus*: ML 42,683-708 (*Contra Serm. Arian.*).
—— *De Civitate Dei contra Paganos Libri duo et viginti*: ML 41,13-804 (*De Civ. Dei*).
—— *De Correptione et Gratia ad Valentinum et cum illo Monachos Adrumentinos Liber unus*: ML 44,915-946 (*De Corrept. et Grat.*).
—— *De diversis Quaestionibus LXXXIII Liber unus*: ML 40,11-100 (*Octog. trium Quaest.*).
—— *De Doctrina Christiana Libri quatuor*: ML 34,15-122 (*De Doctr. Christ.*).
—— *De Dono Perseverantiae Liber ad Prosperum et Hilarium secundus*: ML 45,993-1034 (*De Dono Persev.*).
—— *De Genesi ad Litteram Libri duodecim*: ML 34,245-486 (*De Genesi ad Litt.*).
—— *De Haeresibus ad Quodvultdeus Liber unus*: ML 42,21-50 (*De Haeres.*).
—— *De Libero Arbitrio Libri tres*: ML 32,1221-1310 (*De Lib. Arb.*).
—— *De Natura Boni contra Manichaeos Liber unus*: ML 42,551-572 (*De Nat. Boni*).
—— *De Praedestinatione Sanctorum Liber ad Prosperum et Hilarium primus*: ML 44,959-992 (*De Praedest. Sanct.*).
—— *De Trinitate Libri quindecim*: ML 42,819-1098 (*De Trin.*).
—— *De Utilitate Credendi ad Honoratum Liber unus*: ML 42,65-92 (*De Util. Cred.*).
—— *De Vera Religione Liber unus*: ML 34,121-172 (*De Vera Relig.*).
—— *Dialogus Quaestionum sexaginta quinque sub titulo Orosii percontantis et Augustini respondentis*: ML 40,733-752 (*Dial. Quaest. sexag. quinq.*).
—— *Enarrationes in Psalmos*, Ps. I-LXXIX: ML 36,68-1028; Ps. LXXX-CL: ML 37,1033-1968 (*Enarr. in Psalm.*).
—— *Enchiridion ad Laurentium, sive De Fide, Spe et Caritate Liber unus*: ML 40,23-290 (*Enchir.*).
—— Epistola LXXXII *Ad Hieronymum*: ML 33,275-292 (Epist. LXXXII *Ad Hieron.*).
—— Epistola XCIII *Ad Vincentium*: ML 33,321-347 (Epist. XCIII *Ad Vincent.*).
—— Epistola CXXXVII *Ad Volusianum*: ML 33,515-525 (Epist. CXXXVII *Ad Volus.*).
—— Epistola CXLVII *De Videndo Deo ad Paulinam*: ML 33,596-622 (Epist. CXLVII *Ad Paulinam*).
—— Epistola CLXX *Ad Maximum*: ML 33,748-751 (Epist. CLXX *Ad Max.*).
—— *In Ioannis Evangelium Tractatus centum viginti et quattuor*: ML 35,1379-1976 (*In Ioann.*).
—— *Retractationum Libri duo*: ML 32,583-656 (*Retract.*).
—— *Sermones ad Populum*, (al. *de Verbis Domini*), serm. I-CCCXL: ML 38,23-1484; serm. CCCXLI-CCCXCVI: ML 39,1493-1718 (*Serm. ad Popul.*).
—— *Soliloquiorum Libri duo*: ML 32,869-904 (*Solil.*).

PSEUDO-AGOSTINHO (S. FULGÊNCIO)
—— *De Fide ad Petrum, sive De Regula Verae Fidei Liber unus*: ML 40,753-780 (*De Fide*).

SANTO ALBERTO MAGNO
—— *Commentarii in Setentiarum libros quatuor* (*In Sent.*: BO 25-30).
—— *Liber de Causis et Processu Universitatis* (*De Causis et Proc. Univ.*: BO 10,361-619).
—— *Opera Omnia*, 38 v. A. Borgnet (Paris, Vivés 1890-1899) (Citado: BO).

ALGAZEL
—— ALGAZEL's *Metaphysics. A Mediaeval Translation* edited by J.-T. Muckle (Toronto 1933) (*Metaph.*: MK).

São Ambrósio
—— *De Fide ad Gratianum Augustum Libri quinque*: ML 16,549-726 (*De Fide*).
—— *De Officiis Ministrorum Libri tres*: ML 16,25-194 (*De Off. Ministr.*).
—— *De Spiritu Sancto Libri tres ad Gratianum Augustum*: ML 16,731-850 (*De Spir. Sancto*).
—— *Hexaëmeron Libri sex*: ML 14,133-288 (*In Hexaëm.*).

Ambrosiaster
—— *Commentaria in duodecim Epistolas Beati Pauli*: ML 17,47-536 (*In Rom.*).

Anônimo
—— *Presbyterorum et Diaconorum Achaiae Epistola de Martyrio Sancti Andreae Apostoli*: MG 2,1217-1248 (*Acta S. Andr.*).

Santo Anselmo
—— *Cur Deus Homo*: ML 158,359-432 (*Cur Deus Homo*).
—— *De Divinitatis Essentia Monologium*: ML 158,141-224 (*Monolog.*).
—— *De Processione Spiritus Sancti contra Graecos Liber*: ML 158,285-326 (*De Process. Spir. Sancti*).
—— *Dialogus De Veritate*: ML 158,467-486 (*De Ver.*).
—— *Liber de generatione divina ad Marium Victorinum*, n. 4: ML 8,1015 D.
—— *Proslogium, seu Alloquium de Dei existentia*: ML 158,223-248 (*Proslog.*).

Ário
—— *Liber de Generatione divina ad Marium Victorinum*, ML 8,1015 D.

Aristóteles
—— *Analyticorum Posteriorum* (Bk 71a1-100b17) (*Poster.*).
—— *Aristoteles Graece*, 2 v., ex recensione I. Bekkeri (Academia Regia Borussica, Berolini, 1831) (Bk).
—— *Categoriae sive Praedicamenta* (Bk 1a1-15b33) (*Categor.*).
—— *De Anima* (Bk 402a1-435b25) (*De An.*).
—— *De Caelo et mundo* (Bk 268a1-313b23) (*De Caelo*).
—— *De Interpretatione sive Perihermeneias* (Bk 16a1-24b9) (*Periherm.*).
—— *De Partibus Animalium* (Bk 639a1-697b30) (*De Part. Anim.*).
—— *De Plantis* (BK 815 a 10), (*De Plantis*).
—— *De Sophisticis Elenchis* (Bk 164a20-184b9) (*De Soph.*), (*Elench.*).
—— *Ethica Nicomachea* (Bk 1094a1-1181b23) (*Ethic.*).
—— *Metaphysica* (Bk 980a21-1093b29) (*Metaphys.*).
—— *Meteorologicorum* (Bk 338a20-390b22) (*Meteor.*).
—— *Physica Auscultatio* (Bk 184a10-267b26) (*Phys.*).
—— *Topicorum* (Bk 100a18-164b19) (*Top.*).

São Atanásio
—— *De Incarnatione Verbi et Contra Arianos* (*Contra Arianos*: MG 26,983-1028).
—— *Symbolum (Symb. "Quicumque"*: Denz. 75-76).

Averroes, (Commentator)
—— *Commentaria in Opera Aristotelis*, 12 v. (Venetiis 1562-1576). *In Prior. Resol., In Phys., In De Caelo, In De Gener., In De An., In Metaph., De Subst. Orbis, Destruct., De An. Beatitud., Colliget, Epist. De Intellectu*.

Avicena
—— *Opera in lucem redacta ac nuper quantum ars niti potuit per canonicos emendata*, translata per Dominicum Gundissalinum (Venetiis 1508). *De An., Metaph., Suffic., De Anim., De Nat. Anim.*

São Basílio Magno
—— *Homilia duodecima in Principio Proverbiorum*: MG 31,385-424 (Hom. XII *In Princ. Prov.*).
—— *Homilia quintadecima de Fide*: MG 31,463-472 (Hom. XV *De Fide*).
—— *Libri quibus Sanctus Basilius Eunomii Apologeticum evertit*: MG 29,497-774; SC 299 y 305 (*Contra Eunom.*).

São Bernardo
—— *De Consideratione Libri quinque ad Eugenium tertium*: ML 182,727-808 (*De Consider.*).

São Boaventura
—— *Commentarii in quatuor Libros Sententiarum Petri Lombardi* (*In Sent.*: QR 1-4).
—— *Opera Omnia*, 10 v. (Quaracchi 1882-1902) (QR).
—— *Quaestiones Disputate de Scientia Christi, de Mysterio SS. Trinitatis, de Perfectione Evangelica* (*Quaest. Disp. de Scientia Christi*: QR 5,1-198).

Boécio
—— *Commentaria in Porphyrium a se translatum*: ML 64,71-158 (*In Porphyrium*).
—— *De Arithmetica Libri duo*: ML 63,1079-1168 (*De Arithm.*).
—— *De Consolatione Philosophiae Libri quinque*: ML 63,579-862 (*De Consol.*).
—— *De Differentiis Topicis Libri quatuor*: ML 64,1173-1216 (*De Differ. Top.*).
—— *In Categorias Aristotelis Libri quatuor*: ML 64,159-294 (*In Cat. Arist.*).
—— *In Topica Ciceronis Commentariorum Libri sex*: ML 64,1039-1174 (*In Top. Cicer.*).
—— *Liber de Persona et duabus Naturis contra Eutychen et Nestorium ad Ioannem Diaconum Ecclesiae Romanae*: ML 64,1337-1354 (*De duabus Nat.*).
—— *Quomodo Substantiae, in eo quod sint, ipsae sunt, cum non sint Substantialia Bona. Liber ad Ioannem Diaconum Ecclesiae Romanae*: ML 64,1311-1314 (*De Hebdom.*).
—— *Quomodo Trinitas unus Deus ac non tres Dii*: ML 64,1247-1256 (*De Trin.*).

Cassiodoro
—— *De Anima*: ML 70,1279-1308.
—— *In Psalterium expositio*: ML 70,25-1056 (Expos. in Psalt.)

Cícero
—— *De Divinatione*: DD 4,182-252 (*De Divinat.*).
—— *De Officiis*: 4,425-516 (*De Off.*).
—— *Oeuvres Complètes de Cicéron*, 5 v. (Paris, Firmin-Didot, 1881). (Colection des Auteurs Latins avec la traduction en français, publiée sous la direction de M. Nisard).
—— *Rhetorica seu De Inventione Oratoria*: DD 1,88-169 (*Rhetor.*).

Concílio de Calcedônia, *Acta Concilii Chalcedonensis* (*Conc. Chalced.*: Mansi 6,529-1102; 7,1-873). *Symbolum Apostolorum* (Mansi, 7,111; Denz. 301-2).
Concílio de Cartago II, *Acta Concilii Carthaginensis contra Pelagianos II* (*Conc. Carthag. II*: Mansi 4,321-324).
Concílio de Éfeso, *Synodus Ephesina* (*Synodus Ephesina*: Mansi 4,567-1482; 5,1-457; Denz. 250-268).
Concílio do Latrão IV, *Acta Concilii IV Generalis* (*Conc. Lateranense IV*: Mansi 22,953-1085; Denz. 800-820).
Concílio de Lyon, *Acta Concilii Lugdumensis II Generalis* (*Conc. Lugdumense*: Mansi 24,37-135; Denz. 850-861).
Concílio de Reims, *Acta Concilii Remensis* (*Conc. Remense, Professio fidei*: Mansi 21,711-736).
Concílio Niceno-Constantinopolitano, *Symbolum* (*Symb. Nicaeno Cpolit.*: Mansi 3,565-566; Denz. 150).
Concílio Senonense (de Sens), *Acta Concilii Senonensis* (*Conc. Senonense*: Mansi 21,559-570; Denz. 721-739).

De Causis, cf. Santo Alberto Magno.

Dionísio Areopagita
—— *De Caelesti Hierarchia*: MG 3,119-370 (*De Cael. Hier.*).
—— *De Divinis Nominibus*: MG 3,585-996 (*De Div. Nom.*).
—— *De Ecclesiastica Hierarchia*: MG 3-501 CD (*De Eccles. Hier.*)
—— *De Mystica Theologia ad Timotheum*: MG 3,997-1064 (*De Myst. Theol.*).

Gilberto de la Porrée (Porretanus)
—— *Commentaria in Librum de Praedicatione trium Personarum* (Boëthii): ML 64,1302-1310 (*In De Praedicat. trium Pers.*).
—— *Commentaria in Librum De Trinitate* (Boëthii): ML 64,1255-1300 (*In De Trin.*).
—— *Liber de sex Principiis*: ML 188,1257-1270 (*De sex Princ.*).

Glosa
—— *Glossa Ordinaria cum expositione Lire Litterali et Morali, necnon Additionibus et Relicis*, 6 vols. (Basileae, I. P. de Langedorff et I. F. de Hammelburg, 1506-1508) (*Glossa ordin. — Glossa interl.*).

São Gregório Magno
—— *Homiliarum in Ezechielem Prophetam Libri duo*: ML 76,786-1072; CC 142 (*In Ezech.*).
—— *Liber Dialogorum*, ML 77,149-430 (*Dial.*).
—— *Moralium Libri*, 1. I-XVI: ML 75,509-1162; 1. XVII-XXXV: ML 76,9-782; CC 143-143A-143B (*Moral.*).
—— *Quadraginta Homiliarum in Evangelia Libri duo*: ML 76,1075-1312 (*In Evang.*).

Santo Hilário
—— *De Trinitate*: ML 10,25-472 (*De Trin.*).
—— *Liber de Synodis, seu de Fide Orientalium*: ML 10,479-546 (*De Synod.*).

Hugo de São Vítor
—— *De Sacramentis Christianae Fidei*: ML 176,173-618 (*De Sacram.*).
—— *De Scripturis et Scriptoribus Sacris Praenotatiunculae*: ML 175,9-28 (*De Scriptur. et Scriptor. Sacris*).

Isaac Israeli
—— *Liber de Definitionibus*, edidit J. T. Muckle: AHD 12-13 (1937-1938) 300-340 (*Liber de Defin.*).

São Jerônimo
—— *Adversus Iovinianum Libri duo*: ML 23,221-352 (*Adv. Iovin.*).
—— *Epistola XXI Ad Damasum de duobus Filiis*: ML 22,379-394 (Epist. XXI *Ad Damasum*).
—— *Epistola XXII Ad Eustochium Paulae Filiam De Custodia Virginitatis*: ML 22,394-425 (Epist. XXII *Ad Eustoch.*).
—— *Epistola LXX Ad Magnum Oratorem Urbis Romae*: ML 22,664-668 (Epist. LXX *Ad Magn. Orat.*).
—— *Libri duodeviginti Commentariorum in Isaiam Prophetam*: ML 24,17-704 (*In Isaiam*).
—— *Libri quatordecim Commentariorum in Ezechielem Prophetam*: ML 25,15-512 (*In Ezech.*).

São João Crisóstomo
—— *Homiliae in Genesim*: hom. I-XLI: MG 57,21-386; hom. XLII-XLVII: MG 54,385-580 (*In Genesim*).
—— *Homiliae in Joannem*: MG 59,23-482 (*In Ioann.*).

São João Damasceno
—— *Expositio accurata Fidei Orthodoxae*: MG 94,789-1228 (*De Fide Orth.*).

Legenda Beati Andreae (Anônimo)
—— *Presbyterum et Diaconorum Achaiae Epistola de Martyrio Sancti Andreae Apostoli*: MG 2,1217-1248 (*Acta S. Andr.*).

Macróbio
—— *In Somnium Scipionis*: DD45b (In Somn. Scipion.).

Maimônides ou Rabi Moisés
—— *Doctor Perplexorum*. Ed. preparada por David Gonzalo Maeso (Madrid, Editora Nacional, 1984) (*Doct. Perplex.*).

Orígenes
—— *Commentaria in Epistolam ad Romanos*: MG 14,837-1292 (*In Rom.*).
—— *Commentaria in Evangelium Ioannis*: MG 14,21-830; SC 120-157-222-290 (*In Ioann.*).
—— *Peri Archon Libri quatuor* Interprete Rufino Aquileiensi Presbytero: MG 11,115-414; SC 252-253-268-269-312 (*Peri Archon*).

Platão
—— *Platonis opera*, Parisiis, Firmin-Didot, 1856.

PEDRO LOMBARDO
—— *Collectanea in omnes Divi Pauli Epistolas: Rom., I Cor.*: ML 191,1297-1696; aliae: ML 192,9-520 (*Glossa Lombardi*).
—— *Libri IV Sententiarum*, 2 v., editi studio et cura PP. Collegii S. Bonaventurae (Quaracchi 1916) (*Sent*.).

PREPOSITINO
—— *Summa*, Ms. Troyes, Biblioteca Pública 237. Incipit: *Qui producit ventos. Dominus ille magnus qui imperat ventis*. Explicit: *Infirmantes sepe solo timore recipiunt* (*Summa*).

RABANO MAURO
—— *Commentariorum in Exodum Libri quatuor*: ML 108,9-246 (*In Exod*.).
—— *Enarrationum in Epistolas Beati Pauli Libri triginta* (viginti novem): Ad Rom: ML 111,1273-1616; aliae: ML 112,9-834 (*Enarr. in Epist. S. Pauli*).

RICARDO DE SÃO VÍTOR
—— *De Trinitate Libri sex*: ML 196,887-992 (*De Trin*.).

SÊNECA
—— *Lettres à Lucilius*. Texte établi par F. Prechach et traduit par H. Noblot (Paris 1958-1965), 5 v. (Collection des Universités de France, éditions Budé, "Les Belles Lettres") (*Ad Lucilium*: BU).

TEODORETO DE CIRO
—— *Incipit Epistola, ut aiunt, Theodoreti Episcopi ad Ioannem Antiochiae*: Mansi 5,876-878 (epist. *Ad Ioannem Antioch*.: Mansi). Cf. MG 83,1483-1486. (Epist. CLXXI *Ad Ioannem Antioch*.: MG).

TRISMEGISTO (Hermes Trismegisto)
—— *Libri XXIV Philosophorum*: BK 31.

A TEOLOGIA COMO CIÊNCIA

Introdução e notas por Claude Geffré

INTRODUÇÃO

A questão 1, sobre a doutrina sagrada, é decisiva para compreender o projeto teológico de Santo Tomás e para entender o plano por ele adotado na *Suma teológica*. A transposição da ciência aristotélica para o âmbito da teologia como "discurso sobre Deus" constitui o modelo clássico da teologia especulativa. Esse modelo vai condicionar todo o destino do pensamento cristão no Ocidente até nossos dias. O programa teológico de Santo Tomás é impensável sem a introdução de Aristóteles na cristandade, no século XIII, o que bem ilustra a condição radicalmente histórica de toda teologia como encontro entre a mensagem cristã e um momento da cultura humana.

A questão 1, que exerce a função de prólogo a toda a *Suma teológica*, corresponde ao que hoje chamamos de "teologia fundamental". Ela se interroga sobre o estatuto epistemológico da teologia, sobre a natureza do discurso teológico no que concerne a suas diferenças com o discurso filosófico, sobre a unidade da teologia e sobre seu método.

1. Observações preliminares sobre o vocabulário

O leitor deve superar um primeiro estranhamento: Santo Tomás utiliza de modo privilegiado a expressão "doutrina sagrada" para designar a teologia no sentido que o termo possui para nós hoje. Tomás utiliza somente três vezes a palavra *theologia*, e isto no sentido etimológico de "discurso sobre Deus".

Já se encontrava em Abelardo o vocábulo *theologia* no sentido técnico de um estudo argumentado da doutrina cristã. Mas a reserva de Santo Tomás quanto ao uso dessa palavra pode explicar-se por sua preocupação em não confundir a "teologia" decorrente da doutrina cristã e a "teologia" que, segundo Aristóteles, é uma parte da filosofia (cf. a. 1, r. 2). É preciso conservar nessa questão a expressão "doutrina sagrada" na indeterminação que lhe era própria na língua comum da época. Ela recobre o campo inteiro do ensino cristão e, de acordo com o contexto, pode designar o ensino que provém da Revelação, ou a Sagrada Escritura (*sacra scriptura* ou *sacra pagina*), ou o comentário da Escritura, ou ainda a reflexão teológica propriamente dita.

Resulta da questão 1 que Santo Tomás distingue claramente Escritura e teologia, fé e teologia, mas a abrangência da expressão "doutrina sagrada" tem a vantagem de manter, no movimento da fé, a continuidade orgânica da teologia, a despeito da diversificação de suas funções. No interior da *doctrina sacra*, somos convidados a jamais perder a tensão dialética entre a revelação como ensinamento de Deus e a teologia como saber humano sobre Deus.

2. A opção de Santo Tomás

Em relação a seus predecessores imediatos, a opção de Santo Tomás é original, tanto por sua vontade de constituir uma teologia-ciência de Deus, que verifica o ideal da *ciência* no sentido aristotélico, ou seja, um saber que procede de princípios (conhecidos) a conclusões (a conhecer) por meio de demonstração (cf. a. 2), quanto por sua decisão de fazer de Deus o *sujeito* dessa ciência sagrada (cf. a. 7).

Os predecessores de Santo Tomás (Kildwardby, Alexandre de Hales, São Boaventura, Santo Alberto) já haviam discernido a fecundidade da analogia entre os princípios evidentes da ciência (os *per se nota*) e os artigos da fé. Não chegaram, porém, a aplicar a noção de ciência aristotélica à teologia. E, se evitavam fazê-lo, não era tanto porque esta última procedesse de princípios não evidentes, ou porque incidisse sobre os objetos contingentes que são os fatos da história da salvação. Devia-se bem mais à concepção que possuíam do *fim* visado pelo trabalho teológico, na fidelidade profunda a Santo Agostinho, o grande mestre da teologia latina. Eles objetam sempre que a ciência, segundo o ideal de Aristóteles, é ordenada à perfeição da inteligência humana, ao passo que a teologia é ordenada à caridade. A opção audaciosa de Santo Tomás consiste em fazer da teologia um saber sobretudo *especulativo* (cf. a. 4), inteiramente voltado para a contemplação da Verdade primeira que é Deus. Ele se situa ao lado da própria obra teológica (*finis operis*, fim da obra), e não imediatamente do ponto de vista do teólogo (*finis operantis*, fim do artífice). Essa forma de caridade que é a santidade da inteligência está a serviço do conhecimento objetivo das coisas divinas, da elaboração de uma ciência sagrada que possui sua consistência epistemológica própria. Abaixo do conhecimento infuso e saboroso de Deus, há lugar para um *habitus* adquirido de contemplação teológica, que considera todos os mistérios da fé na medida em que são verdadeiros, e que é um símile humano da ciência mesma de Deus.

O agostinismo e o tomismo representam duas famílias espirituais que estarão na origem de duas correntes teológicas distintas no interior da Igreja latina. Paradoxalmente, porém, ao assumir em teologia o *logos* aristotélico, e levando a compreensão da fé (cf. a *fides quaerens intellectum*, de Santo Anselmo) até o "estado de ciência" (*in statu scientiae*), Santo Tomás não faz mais do que realizar o projeto inicial de Santo Agostinho: a teologia como *intellectus fidei*. E, se é verdade que, no artigo 4, diz-se que a ciência sagrada é mais especulativa do que prática, o artigo 6 se compraz em mostrar que a teologia-ciência verifica tão perfeitamente o privilégio da *sabedoria* agostiniana que supera a divisão entre o especulativo e o prático, e que é inteiramente qualificada pela vida bem-aventurada para a qual tende. Enfim, tanto para Tomás de Aquino como para Agostinho, o dinamismo da teologia como *cogitatio fidei* é comandado pela distância entre a fé inicial e a visão face a face do mistério de Deus.

A segunda opção decidida e original de Santo Tomás diz respeito ao "sujeito" da teologia. Trata-se de sua opção deliberadamente "teocêntrica". Os predecessores (Pedro Lombardo, Hugo de São Vítor, os mestres franciscanos), aos quais alude no final da resposta do artigo 7, tomavam como objeto da teologia o desenrolar histórico da economia salvífica. Em maior ou menor medida, eram todos tributários do esquema ainda cronológico de Agostinho: antes da lei, sob a lei, sob a graça. Mesmo se essa ordem histórica tivesse sido reconstruída pela razão especulativa, para esses teólogos a ordem de inteligibilidade coincidia com a economia pela qual Deus se revelou aos homens. A aposta audaciosa de Santo Tomás consiste em deixar a ordem da sucessão histórica para buscar a inteligibilidade do conteúdo da Revelação a partir do próprio Deus. Em outros termos, ele aceita que a ordem de inteligibilidade mais profunda não coincide com a ordem pedagógica segundo a qual os homens tomaram progressivamente conhecimento do desígnio de Deus. Esse é o contexto do artigo 7; e, se não compreendermos essa vontade sistemática de "resolução" de todas as verdades da fé a partir dessa "razão" última que é o mistério de Deus, não compreenderemos nada do plano da *Suma teológica*. Causa justificado escândalo a surpreendente demora com a qual a Pessoa de Cristo é tomada em consideração.

A teologia de Santo Tomás permanece como um paradigma para toda teologia especulativa em sua diferença com o que pode ser uma teologia histórica e concreta. Mesmo sabendo que não conhecemos Deus em si mesmo, mas só indiretamente a partir do Livro das Criaturas e do Livro das Sagradas Escrituras, ele tentará essa empreitada impossível: aproximar-se o mais possível do saber absoluto que está em Deus e ver todas as coisas como Deus as vê. Para ele, essa empresa não é tão temerária, se nos lembramos de que a luz da fé é uma participação na própria luz na qual Deus se conhece eternamente como verdade beatificante. Na história da teologia cristã, Santo Tomás segue sendo o representante por excelência da *theologia gloriae*, aquela mesma que Lutero denunciará violentamente em nome de uma *theologia crucis*.

3. A teologia como ciência

Ante o advento das ciências modernas, tornou-se ambíguo referir-se à teologia como "ciência". Todavia, nessa questão 1, Santo Tomás entende a palavra "ciência" no sentido técnico de Aristóteles, ou seja, o grau mais perfeito do conhecimento humano, o que conhece a essência de uma coisa como princípio explicativo dessa coisa e de todas as propriedades das quais dá conta a experiência. Haverá demonstração científica quando, a partir da definição da essência, eu puder mostrar a conveniência necessária de tal propriedade ao objeto considerado.

A aplicação da ciência aristotélica à teologia como saber humano sobre Deus parece uma tentativa fadada ao fracasso. Por isso os predecessores imediatos de Santo Tomás permaneciam presos ao dilema: fé ou ciência. Para merecer a qualidade de ciência, de fato seria preciso que a teologia procedesse a partir de princípios evidentes, que conhecesse a essência de seu objeto, Deus, a fim de dar conta de suas propriedades e versar sobre coisas necessárias.

Graças à teoria da "subalternação" das ciências (cf. a. 2), Santo Tomás conseguiu mostrar de que modo a teologia verifica os critérios da ciência aristotélica sem erigir-se em ciência autônoma fora da obediência à fé. Como ciência subalterna, a teologia parte de princípios não evidentes, os artigos da fé. Pode contudo reivindicar o título de ciência, pois seus princípios são cognoscíveis com evidência na ciência superior, a de Deus e dos bem-aventurados.

Examinando mais atentamente, trata-se apenas de uma "quase subalternação" (segundo a própria expressão de Santo Tomás), pois existe unicamente subalternação de "princípios" entre a teologia e a ciência de Deus. A teologia enquanto ciência sagrada recebe seus princípios da ciência de Deus, isto é, da fé. Seu "objeto", porém, não é diferente do objeto da ciência superior: é o próprio Deus. No universo hierarquizado das ciências profanas, existe subalternação não somente de princípios, mas de objetos, e é isto que funda a autonomia respectiva de cada ciência. A autonomia da teologia como ciência é portanto inteiramente relativa, mas por essa via, justamente, é mais bem assegurada a continuidade entre a teologia como saber humano e a ciência de Deus. O mérito da engenhosa solução de Santo Tomás consiste em atestar que é a qualidade científica da teologia que exige, de maneira estrutural, a presença mística da fé. "Aquilo mesmo mediante o qual a teologia é ciência é aquilo pelo qual ela é 'mística'" (M.-D. Chenu).

Com efeito, é preciso constatar que, nessa questão sobre a doutrina sagrada, Santo Tomás evita acomodar a teologia cristã às exigências estritas da ciência aristotélica. Para estar à altura dessa ciência bem singular que é a teologia, é preciso na verdade extrapolar o regime aristotélico da ciência. Além disso, o audacioso procedimento que emprega para assimilar a *doctrina sacra* a uma ciência pressupõe que o conhecimento que tem Deus de Si mesmo e de todas as coisas tem valor de ciência. Santo Tomás pode então considerar esse humilde saber que é a teologia uma imitação deficiente da ciência de Deus. O tema platônico da participação vem mitigar o rigor da epistemologia dos saberes segundo Aristóteles. É suficiente afirmar que, para Santo Tomás, diferentemente da concepção moderna do saber humano, o ideal da ciência não é constituir-se em uma autonomia fechada, mas ampliar a estreita evidência humana na plenitude do Ser de Deus percebido em si mesmo.

Para verificar a qualidade de ciência no que toca à teologia, não basta responder à objeção da não evidência de seus princípios. Segundo a concepção aristotélica da ciência, é a "essência" do sujeito que serve de princípio explicativo dando conta de suas propriedades e de seus efeitos. Em outros termos, na demonstração científica, é a "definição" que cumpre o papel de termo médio em relação às conclusões. Ora, em teologia, a essência do sujeito Deus é absolutamente incognoscível. Não existe definição de Deus. Em virtude da epistemologia aristotélica, isto é o mesmo que afirmar que "Deus não se inclui em um gênero", segundo Santo Tomás em seu tratado sobre Deus.

A resposta lacônica de Santo Tomás nesse ponto, na resposta 1 do artigo 2, consiste em afirmar que, na falta de uma definição (de Deus), podemos, "para tratar o que concerne a Deus, recorrer aos efeitos que este produz na ordem da natureza e da graça".

O que é sugerido aqui é todo o programa do conhecimento "analógico" de Deus como Causa, a partir de seus efeitos. Na falta de um conhecimento impossível de Deus em seu mistério íntimo, podemos chegar a certa noção analógica de Deus que servirá como princípio explicativo da conveniência de certo número de predicados que a Revelação atribui a Deus, ou mesmo que a razão pode descobrir por si mesma. O autor da *Suma teológica* pensa encontrar essa quase definição de Deus na revelação que Ele faz de seu nome a Moisés: "Eu sou Aquele que sou" (Ex 3,14). Na ausência de uma definição própria de Deus, é a noção de Ser subsistente (*Ipsum Esse subsistens*) que servirá de princípio explicativo nessa ciência imperfeita que é a teologia. Esta merece o nome de ciência na medida em que manifesta o vínculo inteligível de todas as propriedades de Deus, conhecidas por revelação ou somente pelos recursos da razão, com o princípio último de resolução que é a quase definição de Deus identificada com o Ser subsistente.

O Deus *Ipsum Esse subsistens* não é uma traição do Deus revelado, uma redução do Deus que se revela gratuitamente ao Deus conclusão última da metafísica. Segundo o projeto especulativo de Santo Tomás, a estrutura necessária do Deus bíblico, pessoal e vivo, é o pressuposto ontológico que torna inteligíveis as intervenções históricas de Deus. Enquanto uma teologia bíblica segue a ordem concreta e histórica, pela qual Deus se revelou aos homens, a teologia especulativa organiza os atributos de Deus segundo sua ordem de inteligibilidade. Ela se atém ao que há de mais necessário, de mais inteligível em Deus, fazendo abstração do devir histórico da Revelação, ou seja, da ordem segundo a qual o homem tomou conhecimento do mistério de Deus.

Graças à subalternação das ciências, e graças à quase definição de Deus, Tomás de Aquino supera as dificuldades que haviam detido seus predecessores em seus esforços para conferir um estatuto epistemológico à teologia. Entretanto, essa primeira questão da *Suma* enfrenta já com bastante acuidade o problema do encontro entre a razão grega e a contingência histórica do cristianismo. Como fazer uma ciência da história da salvação, quando a ciência tem por objeto o necessário e o universal? (cf. a. 2, obj. 2). Esta é, desde o século XIII, a questão que está sempre renascendo no interior da teologia cristã a propósito do empreendimento audacioso de Santo Tomás.

Sabe-se que a resposta do artigo 2 (r. 2) é bem decepcionante. Contenta-se em afirmar que todos os fatos singulares na Bíblia possuem valor de exemplos, e que não é prioritariamente deles que trata a Revelação. Mas como ver apenas exemplos nos acontecimentos da história de Israel, nesses personagens fundamentais que são Abraão, Maria, Cristo? O dado da teologia é a ordem da salvação, ou seja, uma tríplice economia: criadora, redentora e sacramental. Assim, o próprio projeto de uma teologia especulativa já suscita o problema de um encontro entre uma economia ligada ao tempo e aos singulares e uma ciência que, de si, deve fazer abstração dos singulares.

Sem podermos nos estender aqui como conviria, afirmemos somente que é o próprio plano da *Suma teológica* que se esforça em resolver o problema das relações entre economia e teologia. Pe. Chenu (completado por Max Seckler) mostrou que a teologia-ciência de Santo Tomás abre-se para a história, para os fatos contingentes, na medida em que se organiza segundo o esquema neoplatônico da processão e do retorno: *exitus* e *reditus*. A construção rigorosa de que são testemunho todas as partes da *Suma* tem por objetivo mostrar como as intervenções livres e históricas de Deus não estão em contradição com suas propriedades mais necessárias, e como somente um além da história, o mistério eterno de Deus, nos pode propiciar a inteligibilidade da história. O argumento de conveniência, que possui um papel privilegiado — principalmente na III Parte da *Suma* —, é um meio de assumir a contingência na razão, de lançar uma ponte entre a razão e a história. Sem dúvida, Santo Tomás é, por excelência, um teólogo das "naturezas", quer se trate da natureza de Deus ou daquela do homem. No entanto, contrariamente a um preconceito tenaz derivado muito mais da herança escolástica do tomismo do que do próprio Santo Tomás, sua teologia não é uma teologia a-histórica. Ela é não somente "aberta" à história, mas ainda o esquema da processão e do retorno, que explica o plano da *Suma*, reflete a lei mais profunda de todo ser, criado ou incriado. O que significa que a história da salvação, que começa com a criação (e portanto já está presente na Primeira e na Segunda Partes da *Suma*), é uma imagem e uma imitação da história original que constitui a vida trinitária do próprio Deus.

4. *Deus, sujeito da teologia*

Quando, no artigo 3, Santo Tomás especifica que o objeto formal da doutrina sagrada é a Revelação, nada há nisso que nos possa surpreender. É menos banal, porém, fazer de Deus, no artigo 7, o sujeito da teologia. Conforme vimos, os teólogos de sua época compreendiam de outro modo o conteúdo "material" da teologia. Na verdade, os artigos 3 e 7 tratam ambos do objeto formal da teologia, ou seja, do que confere unidade e autonomia à ciência do Revelado. Contudo, o artigo 7 adiciona um complemento muito importante, na medida em que forneceu a Santo Tomás a chave hermenêutica que permite interpretar o conteúdo da Revelação e que comanda a ordem de inteligibilidade de toda a teologia como ciência.

Em boa lógica, Santo Tomás distingue, seguindo Aristóteles, o "objeto" e o "sujeito" de uma ciência. No artigo 3, considera-se a unidade da teologia do ponto de vista do *habitus* da teologia. Esse *habitus* é único porque é especificado por um objeto formal único: o que é conhecido por revelação (o *Revelabile*). No artigo 7, considera-se a unidade da teologia do ponto de vista de seu conteúdo. Assim como o *habitus* é especificado por um único objeto formal, a ciência teológica diz respeito a um único sujeito: Deus. Todavia, não se pode ser ingênuo. Santo Tomás sabe muito bem que Deus não é o único objeto material da teologia. Esta última abarca um enorme domínio: fala do mundo criado, de Jesus de Nazaré, da Igreja, dos sacramentos, do homem e da história... A teologia se interessa por tudo, mas, fazendo de Deus o sujeito da teologia, Santo Tomás quer dizer que o ponto de vista formal pelo qual a doutrina sagrada considera todas as coisas, sejam elas conhecidas por revelação ou mesmo simplesmente pela razão, é a "razão de Deus" (*omnia... tractantur in sacra doctrina sub ratione Dei*", a. 7, solução).

É portanto a "razão de Deus" que unifica todo o saber teológico, sob condição de entendê-lo bem e de não identificar simplesmente Deus com o Deus princípio e fim de todas as coisas, e sim com o Deus vivo tal como se conhece em Si mesmo. Certos textos poderiam induzir a erro. Quando Santo Tomás afirma, por exemplo, que a teologia é una porque trata seja principalmente de Deus, seja das criaturas enquanto se referem a Deus como seu princípio e seu fim (cf. a. 3, r. 1), poder-se-ia perfeitamente afirmá-lo a respeito de uma simples teologia natural, e então já não se vê por que dizer que é a luz da Revelação que funda a unidade da teologia como ciência sagrada.

Para articular o conjunto da Revelação como objeto formal da teologia (a. 3) e Deus como sujeito da teologia (a. 7), é preciso compreender que a Revelação é uma derivação da luz na qual Deus vê a Si mesmo como primeiro objeto de conhecimento. A esse respeito, o final da solução do artigo 6 é particularmente eloquente: "A Doutrina sagrada ensina... de Deus o que só é conhecido por Ele, e que Ele nos comunica por revelação".

Nada compreenderemos da teologia de Santo Tomás se esquecermos que o sujeito da *Sacra doctrina* não é o Deus enquanto Causa última da metafísica, mas o Deus vivo que se revelou em Jesus Cristo. Poderíamos até mesmo dizer que o objeto formal da teologia é a própria *essência* divina, que só é proporcionada à inteligência divina, mas se manifesta em parte pela Revelação. Segundo Santo Tomás, todo discurso teológico é um discurso sobre Deus, mesmo quando não se fala diretamente de Deus. O teólogo fala de todas as coisas em sua relação a Deus, ou melhor, à luz segundo a qual Deus as vê. Se, por exemplo, ele faz uma antropologia teológica, empregará todos os recursos do conhecimento humano, mas esforçar-se-á para atingir o ponto de vista de Deus sobre o homem, o que é o homem no pensamento eterno de Deus, e isto investigando as fontes da Revelação.

A dificuldade encontrada por todo leitor não prevenido, na leitura de Santo Tomás, deve-se ao fato de que muitos dos procedimentos de seu tratado sobre Deus se assemelham, com o risco de nos enganar, aos de uma simples teodiceia. Por isso essa determinação inicial da questão 1 acerca do sujeito da teologia é tão importante. A teologia se diferencia da teodiceia sob o aspecto da luz pela qual se considera Deus. Na teodiceia, vinculo os diversos predicados sobre Deus ao Deus princípio e fim das criaturas alcançado pela razão. Na teologia, relaciono todos os atributos divinos ao Deus-Mistério alcançado pela fé.

Santo Tomás distingue claramente o Deus causa primeira do Deus vivo que se revela, mas, para ele, o Deus-Trindade não é um além do Ser subsistente que se revelou a Moisés como "Aquele que sou". Mesmo abstraindo, por razões metodológicas, da Trindade, o Deus subsistente (*Ipsum Esse*) é incognoscível aqui, tanto para a razão iluminada pela fé quanto pela razão deixada a si mesma. É-nos dito adiante, no Tratado sobre Deus, que o Ser subsistente (*Ipsum Esse subsistens*) só é conatural ao intelecto divino (q. 12, a. 4). Em outros termos, não posso conhecer a essência do *Ipsum Esse subsistens* mais do que a do Deus-Trindade. E certos comentadores não deixaram de observar que os textos mais fortes de Santo Tomás sobre a teologia negativa referem-se ao conhecimento natural de Deus.

Como conclusão destas poucas observações sobre o sujeito da teologia, será suficiente afirmar que a posição original de Santo Tomás nos fornece uma chave hermenêutica para a leitura da Escritura, e que ela nos permite compreender o plano da *Suma*. A Bíblia contém uma grade de informações de ordem cosmológica, antropológica, cultural, legal..., mas tudo isto só nos interessa na medida em que as relacionamos a Deus. O que buscamos na Bíblia é um ensinamento sobre Deus, ou sobre o homem em sua relação a Deus. Por outro lado, a "razão de Deus" (*ratio Dei*) possibilita organizar o saber teológico em função de um princípio de ordem. Todas as Escrituras, do início ao fim, dão testemunho de Cristo. Contudo, do ponto de vista do pensamento divino, Cristo é apenas um meio. Desse modo, para escândalo de alguns, será preciso esperar a III Parte da Suma para que ele surja. Cristo é sem dúvida o objeto principal de que trata a Escritura. Teologicamente, porém, não é sua razão irredutível, o princípio último de resolução. Para o autor da *Suma*, Cristo é o primeiro cognoscível na ordem de descoberta. Não é o primeiro inteligível na ordem das razões necessárias.

5. A fé e a teologia

Insistimos na continuidade entre a teologia e a fé (graças à peça técnica da subalternação).

Vimos também que o objeto da teologia é a fé. Trata-se sempre da Revelação. Como distinguir, então, de maneira rigorosa, o simples ato da fé do ato de conhecimento teológico? De acordo com um ensinamento já comum em sua época, Santo Tomás distingue claramente o *habitus* da fé, que é infuso, do *habitus* da teologia, que é adquirido. Do mesmo modo, ele não confunde a sabedoria mística, que é um dom do Espírito Santo, com a sabedoria teológica, que é um saber adquirido (cf. a. 6, r. 3).

Assim, a luz que confere especificidade ao *habitus* da teologia não é a pura luz da fé, é a razão iluminada pela fé (*ratio fide illustrata*). Materialmente, o objeto da fé e o da teologia coincidem. No entanto, quem diz teologia diz intervenção da razão, em virtude da qual o sujeito crente adere a tal verdade não apenas em razão da Revelação divina, mas em virtude do vínculo inteligível descoberto entre tal verdade de fé e tal outra verdade de fé, ou entre tal verdade de fé e tal verdade natural. Já mencionamos a equivalência entre os "artigos de fé" e os "primeiros princípios". Pode-se comparar a fé ao *habitus* dos primeiros princípios, e a teologia a esse ato perfeito do conhecimento que é o *habitus* da ciência, isto é, o ato de conhecimento que explica a atribuição de tal ou tal predicado ao sujeito da ciência. Como diz Pe. Chenu, a teologia é a fé *in statu scientiae*.

Para compreender a ideia que Santo Tomás tem da teologia, é preciso recordar sua concepção das relações entre a natureza e a graça. É justamente no artigo em que se interroga sobre os procedimentos mais especulativos da *doctrina sacra*, que ele enuncia o famoso princípio: "A graça não suprime a natureza, mas a aperfeiçoa" (a. 8, solução). Na ordem das relações entre a razão e a fé, isto significa que a fé não compromete o regime humano do espírito, mas, pelo contrário, o estimula e aperfeiçoa. Sem risco de cair em falso misticismo ou racionalismo, é preciso falar de um teandrismo da fé, no sentido de que a verdade divina se encarna no próprio tecido do espírito. A fé que é fiel a seu próprio dinamismo já contém uma teologia em estado latente, pois nunca deixa de procurar superar a inadequação das proposições de fé para abarcar a própria realidade de Deus. Santo Agostinho percebeu muito bem esse apetite radical da fé que busca ver: *desideravi intellectu videre quod credidi* (desejei ver pela inteligência aquilo em que acreditei). Santo Tomás leva tão a sério essa *cogitatio* da fé, que chega a assumir a teoria aristotélica da ciência. Contudo, contrariamente às falsas dicotomias entre a teologia especulativa e a espiritualidade do tomismo ulterior, Tomás jamais dissocia, não mais no ato de conhecimento teológico que no ato de fé, o assentimento à verdade e a adesão saborosa à própria realidade de Deus.

Já mencionamos por diversas vezes a opção decididamente teocêntrica de Santo Tomás nessa primeira questão. Diríamos sem hesitar, finalizando, que o segredo de tal opção deve ser buscado em sua concepção contemplativa e escatológica da fé teologal, cujo objeto formal é o próprio Deus como Verdade primeira.

O Doutor Angélico ficou manifestamente fascinado pela frase de São João: "A vida eterna consiste nisto: Que te conheçam a ti, por único Deus verdadeiro, e a Jesus Cristo, a quem enviaste" (Jo 17,3). É a partir deste texto que se deve compreender sua concepção sapiencial e escatológica da fé. Contrariamente a uma teologia barroca decadente, para a qual o motivo formal da fé seria a *certeza* de que Deus falou, certeza que recebeu a garantia da autoridade do magistério, aqui o motivo formal da fé é o próprio Deus como Verdade primeira, isto é, tal como ele se conhece a si mesmo. Pela fé, participamos do conhecimento que Deus tem de si mesmo e de tudo o que ele conhece a partir de si mesmo em seu Verbo.

A teologia, que é apenas o extravasamento da fé em sua busca de compreensão (*cogitatio*), seguirá o movimento da fé: voltar-se-á principalmente para as verdades que nos ordenam à vida eterna. O que significa que a teologia, como a fé, só se interessa pelos acontecimentos da história da salvação em sua ordenação ao eterno. De modo claro, isto quer dizer que o teólogo da Glória só se interessa por Jesus Cristo em sua ordenação ao Pai.

A teologia-ciência de Tomás de Aquino não acabou de pôr à prova a vigilância daqueles que se preocupam antes de mais nada em respeitar a originalidade própria daquilo que nos é confiado na revelação judeu-cristã. Vimos com que audácia Santo Tomás retoma, por sua própria conta, em toda essa questão 1, as exigências especulativas da ciência aristotélica. Antes de censurá-lo, contudo, é preciso lembrar que, nele, o ideal grego da contemplação está completamente metamorfoseado pelo dinamismo da fé cristã, inteiramente voltada para a visão beatificante do Deus que se dá a conhecer pela revelação. "O fim último dessa doutrina (a *doctrina sacra*) é a contemplação da Verdade primeira na pátria" (1 *Sent*. prol. q. 1, a. 3, sol. 1). Aos que já lhe censuravam de misturar o vinho forte da sabedoria cristã com a água da filosofia, Santo Tomás se contentava em responder que, para o teólogo que faz bem seu trabalho, o vinho não é enfraquecido com a água, é antes a água que se transforma em vinho.

PRIMA PARS

SUMMAE THEOLOGIAE
ANGELICI DOCTORIS
SANCTI THOMAE AQUINATIS
ORDINIS PRAEDICATORUM

PROLOGUS

Quia catholicae veritatis doctor non solum provectos debet instruere, sed ad eum pertinet etiam incipientes erudire, secundum illud Apostoli 1Cor 3,1-2: *tanquam parvulis in Christo, lac vobis potum dedi, non escam*; propositum nostrae intentionis in hoc opere est, ea quae ad Christianam religionem pertinent, eo modo tradere, secundum quod congruit ad eruditionem incipientium.

Consideravimus namque huius doctrinae novitios, in his quae a diversis conscripta sunt, plurimum impediri: partim quidem propter multiplicationem inutilium quaestionum, articulorum et argumentorum; partim etiam quia ea quae sunt necessaria talibus ad sciendum, non traduntur secundum ordinem disciplinae, sed secundum quod requirebat librorum expositio, vel secundum quod se praebebat occasio disputandi; partim quidem quia eorundem frequens repetitio et fastidium et confusionem generabat in animis auditorum.

Haec igitur et alia huiusmodi evitare studentes, tentabimus, cum confidentia divini auxilii, ea quae ad sacram doctrinam pertinent, breviter ac dilucide prosequi, secundum quod materia patietur.

PRÓLOGO

O doutor da verdade católica deve não apenas ensinar aos que estão mais adiantados, mas também instruir os principiantes, segundo o que diz o Apóstolo: "Como a criancinhas em Cristo, é leite o que vos dei a beber, e não alimento sólido". Por esta razão nos propusemos nesta obra expor o que se refere à religião cristã do modo mais apropriado à formação dos iniciantes.

Observamos que os noviços nessa doutrina encontram grande dificuldade nos escritos de diferentes autores, seja pelo acúmulo de questões, artigos e argumentos inúteis; seja porque aquilo que lhes é necessário saber não é exposto segundo a ordem da própria disciplina, mas segundo o que vai sendo pedido pela explicação dos livros ou pelas disputas ocasionais; seja ainda pela repetição frequente dos mesmos temas, o que gera no espírito dos ouvintes cansaço e confusão.

No empenho de evitar esses e outros inconvenientes, tentaremos, confiando no auxílio divino, apresentar a doutrina sagrada sucinta e claramente, conforme a matéria o permitir[a].

---

a. Este prólogo a toda a *Suma* é por si um programa. Ao escrever a *Suma* tendo em vista os iniciantes em teologia, Santo Tomás propõe um resumo sucinto e metódico de toda a doutrina cristã, que, pedagogicamente, se diferencia das formas de ensino mais correntes na Idade Média, em particular do "comentário" (cf. o comentário das *Sentenças*, de Pedro Lombardo) e da "questão disputada". Esses procedimentos não evitavam as repetições frequentes e multiplicavam questões inúteis. O ensino da *Suma* procederá "segundo a ordem da própria disciplina", ou seja, segundo uma ordem lógica. À diferença da simples "exposição", que procede de maneira linear, a *ordo disciplinae* esforça-se sempre em reconduzir as matérias de que trata a seus próprios princípios.

QUESTÃO 1

A DOUTRINA SAGRADA
O QUE É? QUAL SEU ALCANCE?

em dez artigos

A fim de delimitar exatamente nossa proposta, é necessário antes de mais nada tratar da própria doutrina sagrada: de que se trata e qual sua extensão.

A esse respeito, são dez as perguntas:
1. Esta doutrina é necessária?
2. Trata-se de uma ciência?
3. É uma ou múltipla?
4. Especulativa ou prática?
5. Qual sua relação com as outras ciências?
6. É uma sabedoria?
7. Qual é seu assunto?
8. É argumentativa?
9. Deve empregar metáforas ou expressões simbólicas?
10. Nesta doutrina, a Sagrada Escritura deve ser explicada segundo vários sentidos?[b]

Artigo 1
É necessária outra doutrina, além das disciplinas filosóficas?[c]

QUANTO AO PRIMEIRO ARTIGO, ASSIM SE PROCEDE: parece que **não** é necessária outra doutrina, além das disciplinas filosóficas.

1. Na verdade, o homem não deve esforçar-se por alcançar aquilo que está acima da razão humana. "Não te afadigues com obras que te ultrapassam", diz o Eclesiástico. Ora, o que se encontra à altura da razão é ensinado suficientemente nas disciplinas filosóficas. Portanto, parece supérfluo haver outra doutrina, além das disciplinas filosóficas.

---

1 PARALL.: II-II, q. 2, a. 3, 4; I *Sent.*, Prol., a. 1; *Cont. Gent.* I, 4, 5; *De Verit.*, q. 14, a. 10.

b. Não é difícil descobrir a ordem lógica desta questão 1. Após enfrentar a questão da *necessidade* da doutrina sagrada para além das ciências filosóficas (a. 1), estuda-se sua *natureza* (a. 2). Interroga-se em seguida a respeito da *unidade* da doutrina sagrada (a. 3-7); distingue-se sua unidade formal, ou seu objeto (a. 3), e sua unidade material, ou seu tema (a. 7); e, a propósito de sua unidade formal, pergunta-se se a teologia é uma ciência especulativa ou prática (a. 4), qual sua relação com outras ciências (a. 5) e se ela merece o qualificativo de sabedoria (a. 6). O artigo 8 considera o *método* (discursivo) da doutrina sagrada, e os artigos 9 e 10 são consagrados a questões de hermenêutica escriturística.

c. Não se trata neste artigo da necessidade da teologia na Igreja. Trata-se da necessidade de uma doutrina inspirada pelo próprio Deus, para além das disciplinas humanas, para nossa salvação. Na linguagem de Santo Tomás, *doctrina sacra* equivale à nossa "Revelação", entendida como conteúdo de verdades. Sendo Deus, de maneira inseparável, a Bem-aventurança e a Salvação do homem, um ensinamento revelado por Deus faz-se necessário. Na *Suma*, a palavra *revelatio* designa a fonte da qual procede a *doctrina sacra*.

2. Praeterea, doctrina non potest esse nisi de ente: nihil enim scitur nisi verum, quod cum ente convertitur. Sed de omnibus entibus tractatur in philosophicis disciplinis, et etiam de Deo: unde quaedam pars philosophiae dicitur *theologia*, sive scientia divina, ut patet per Philosophum in VI *Metaphys*[1]. Non fuit igitur necessarium, praeter philosophicas disciplinas, aliam doctrinam haberi.

Sed contra est quod dicitur 2Ti 3,16: *omnis scriptura divinitus inspirata utilis est ad docendum, ad arguendum, ad corripiendum, ad erudiendum ad iustitiam*. Scriptura autem divinitus inspirata non pertinet ad philosophicas disciplinas, quae sunt secundum rationem humanam inventae. Utile igitur est, praeter philosophicas disciplinas, esse aliam scientiam divinitus inspiratam.

Respondeo dicendum quod necessarium fuit ad humanam salutem, esse doctrinam quandam secundum revelationem divinam, praeter philosophicas disciplinas, quae ratione humana investigantur. Primo quidem, quia homo ordinatur ad Deum sicut ad quendam finem qui comprehensionem rationis excedit, secundum illud Is 64,3: *oculus non vidit Deus absque te, quae praeparasti diligentibus te*. Finem autem oportet esse praecognitum hominibus, qui suas intentiones et actiones debent ordinare in finem. Unde necessarium fuit homini ad salutem, quod ei nota fierent quaedam per revelationem divinam, quae rationem humanam excedunt.

Ad ea etiam quae de Deo ratione humana investigari possunt, necessarium fuit hominem instrui revelatione divina. Quia veritas de Deo, per rationem investigata, a paucis, et per longum tempus, et cum admixtione multorum errorum, homini proveniret: a cuius tamen veritatis cognitione: dependet tota hominis salus, quae in Deo est. Ut igitur salus hominibus et convenientius et certius proveniat, necessarium fuit quod de divinis per divinam revelationem instruantur.

Necessarium igitur fuit, praeter philosophicas disciplinas, quae per rationem investigantur, sacram doctrinam per revelationem haberi.

2. Além disso, só há doutrina a respeito do ente[d], pois só se conhece o que é verdadeiro; e este é convertível[e] com o ente. Ora, nas disciplinas filosóficas se trata de todos os entes, e mesmo de Deus; eis por que uma parte da filosofia é chamada de *teologia*, ou ciência divina, como mostra o Filósofo no livro VI da *Metafísica*. Portanto, não é necessário haver outra doutrina além das disciplinas filosóficas.

Em sentido contrário, diz-se na segunda Carta a Timóteo: "Toda Escritura inspirada por Deus é útil para ensinar, refutar, corrigir, educar na justiça". Ora, uma Escritura inspirada por Deus não faz parte das disciplinas filosóficas, obras da razão humana. Portanto, é útil que, além das disciplinas filosóficas, haja outra ciência inspirada por Deus.

Respondo. Era necessário existir para a salvação do homem, além das disciplinas filosóficas, pesquisadas pela razão humana, uma doutrina fundada na revelação divina. Primeiro, porque o homem está ordenado para Deus, como para um fim que ultrapassa a compreensão da razão, como diz Isaías: "O olho não viu, ó Deus, fora de ti, o que preparaste para aqueles que te amam". Ora, é preciso que o homem, que dirige suas intenções e suas ações para um fim, antes conheça este fim. Era, pois, necessário para a salvação do homem que essas coisas que ultrapassam sua razão lhe fossem comunicadas por revelação divina.

Até mesmo com relação ao que a razão humana pode pesquisar a respeito de Deus, era preciso que o homem fosse também instruído por revelação divina. Com efeito, a verdade sobre Deus pesquisada pela razão humana chegaria apenas a um pequeno número, depois de muito tempo e cheia de erros. No entanto, do conhecimento desta verdade depende a salvação do homem, que se encontra em Deus. Assim, para que a salvação chegasse aos homens, com mais facilidade e maior garantia, era necessário fossem eles instruídos a respeito de Deus por uma revelação divina.

Portanto, além das disciplinas filosóficas, pesquisadas pela razão, era necessária uma doutrina sagrada, tida por revelação[f].

---

1. C. 1: 1026, a, 18.

d. Ver nota da q. III, título.
e. Ver nota a da q. 11, a. 1. solução.
f. Esta distinção de uma dupla necessidade da Revelação (adiante se distinguirá entre necessidade "absoluta" e necessidade "moral") supõe que se possam distinguir no interior da Revelação, dada a capacidade da razão humana, verdades sobrenatu-

AD PRIMUM ergo dicendum quod, licet ea quae sunt altiora hominis cognitione, non sint ab homine per rationem inquirenda, sunt tamen, a Deo revelata, suscipienda per fidem. Unde et ibidem subditur v. 25: *plurima supra sensum hominum ostensa sunt ibi*. Et in huiusmodi sacra doctrina consistit.

AD SECUNDUM dicendum quod diversa ratio cognoscibilis diversitatem scientiarum inducit. Eandem enim conclusionem demonstrat astrologus et naturalis, puta quod terra est rotunda: sed astrologus per medium mathematicum, idest a materia abstractum; naturalis autem per medium circa materiam consideratum. Unde nihil prohibet de eisdem rebus, de quibus philosophicae disciplinae tractant secundum quod sunt cognoscibilia lumine naturalis rationis, et aliam scientiam tractare secundum quod cognoscuntur lumine divinae revelationis. Unde theologia quae ad sacram doctrinam pertinet, differt secundum genus ab illa theologia quae pars philosophiae ponitur.

ARTICULUS 2
Utrum sacra doctrina sit scientia

AD SECUNDUM SIC PROCEDITUR. Videtur quod sacra doctrina non sit scientia.

1. Omnis enim scientia procedit ex principiis per se notis. Sed sacra doctrina procedit ex articulis fidei, qui non sunt per se noti, cum non ab omnibus concedantur: *non enim omnium est fides*, ut dicitur 2Thess 3,2. Non igitur sacra doctrina est scientia.

2. PRAETEREA, scientia non est singularium. Sed sacra doctrina tractat de singularibus, puta de gestis Abrahae, Isaac et Iacob, et similibus. Ergo sacra doctrina non est scientia.

SED CONTRA est quod Augustinus dicit, XIV de Trinitate[1]: *Huic scientiae attribuitur illud*

QUANTO AO 1º, portanto, deve-se dizer que, embora não se deva investigar por meio da razão o que ultrapassa o conhecimento humano, o que é revelado por Deus deve-se acolher na fé. Eis por que ali mesmo se acrescenta: "Aí foram mostradas muitas coisas superiores à mente humana". E nisso se funda a doutrina sagrada.

QUANTO AO 2º, deve-se dizer que a diversidade de razões no conhecer determina a diversidade das ciências. Tanto o astrônomo como o físico chegam à mesma conclusão: a terra é redonda. Mas o primeiro se utiliza de um raciocínio matemático, que prescinde da matéria; ao passo que o físico por um raciocínio que tem em conta a matéria. Nada impede que as mesmas coisas de que as disciplinas filosóficas tratam, enquanto conhecíveis à luz da razão natural, sejam tratadas por outra ciência, como conhecidas à luz da revelação divina. A teologia, portanto, que pertence à doutrina sagrada difere em gênero daquela que é considerada parte da filosofia[g].

ARTIGO 2
A doutrina sagrada é uma ciência?

QUANTO AO SEGUNDO, ASSIM SE PROCEDE: parece que a doutrina sagrada **não** é uma ciência.

1. Pois toda ciência procede de princípios evidentes por si mesmos. Ora, a doutrina sagrada procede dos artigos de fé, que não são evidentes por si mesmos, pois não são aceitos por todos. "... pois nem todos têm fé", diz o Apóstolo na segunda Carta aos Tessalonicenses. Logo, a doutrina sagrada não é uma ciência.

2. ADEMAIS, não existe ciência do singular. Ora, a doutrina sagrada se ocupa de casos singulares, como, por exemplo, os feitos de Abraão, de Isaac e de Jacó, e temas semelhantes. Logo, a doutrina sagrada não é uma ciência.

EM SENTIDO CONTRÁRIO, Agostinho diz: "A esta ciência pertence apenas aquilo pelo qual a fé, bem

---

2 PARALL.: II-II, q. 1, a. 5, ad 2; I *Sent.*, Prol., a. 3, q. 1a 2; *De Verit.*, q. 14, a. 9, ad 3; in Boet. *de Trin.*, q. 2, a. 2.
  1. C. 1, n. 3: ML 42, 1037.

rais e verdades naturais. Estas últimas constituem o domínio dos *preambula fidei* (preâmbulos aos artigos de fé, e não ao ato de fé). Alguns desses preâmbulos, como a existência de Deus, resultam de uma demonstração racional, mas pode-se acreditar neles também por fé divina. O ensinamento de Santo Tomás sobre a necessidade da Revelação será retomado — quase palavra por palavra — pelo Concílio Vaticano I (DS 1785 e 1786; Dumeige 86-89) e pelo Concílio Vaticano II (*Dei Verbum*, 6).

  g. Santo Tomás distingue nitidamente a teologia, no sentido de Aristóteles, da teologia como parte da *doctrina sacra*. A teologia, no sentido de Aristóteles, é a *philosophia prima*, a parte da metafísica que considera Deus princípio de seu tema: o ser enquanto ser. A teologia natural e a doutrina sagrada se distinguem por "razões" ou objetos formais diferentes. A metafísica trata de Deus em sua "razão de ser", como princípio dos seres. A teologia trata de Deus segundo a "razão de Deus" (*sub ratione Deitatis*, dirá Cajetano).

tantummodo quo fides saluberrima gignitur, nutritur, defenditur, roboratur. Hoc autem ad nullam scientiam pertinet nisi ad sacram doctrinam. Ergo sacra doctrina est scientia.

Respondeo dicendum sacram doctrinam esse scientiam. Sed sciendum est quod duplex est scientiarum genus. Quaedam enim sunt, quae procedunt ex principiis notis lumine naturali intellectus, sicut arithmetica, geometria, et huiusmodi. Quaedam vero sunt, quae procedunt ex principiis notis lumine superioris scientiae: sicut perspectiva procedit ex principiis notificatis per geometriam, et musica ex principiis per arithmeticam notis. Et hoc modo sacra doctrina est scientia: quia procedit ex principiis notis lumine superioris scientiae, quae scilicet est scientia Dei et beatorum. Unde sicut musica credit principia tradita sibi ab arithmetico, ita doctrina sacra credit principia revelata sibi a Deo.

Ad primum ergo dicendum quod principia cuiuslibet scientiae vel sunt nota per se, vel reducuntur ad notitiam superioris scientiae. Et talia sunt principia sacrae doctrinae, ut dictum est.

Ad secundum dicendum quod singularia traduntur in sacra doctrina, non quia de eis principaliter tractetur: sed introducuntur tum in exemplum vitae, sicut in scientiis moralibus; tum etiam ad declarandum auctoritatem virorum per quos ad nos revelatio divina processit, super quam fundatur sacra Scriptura seu doctrina.

salutar, é gerada, alimentada, defendida, corroborada". Ora, tais funções não pertencem a ciência alguma, a não ser à doutrina sagrada. Logo, a doutrina sagrada é uma ciência[h].

Respondo. A doutrina sagrada é ciência. Mas existem dois tipos de ciência. Algumas procedem de princípios que são conhecidos à luz natural do intelecto, como a aritmética, a geometria etc. Outras procedem de princípios conhecidos à luz de uma ciência superior: tais como a perspectiva, que se apoia nos princípios tomados à geometria; e a música, nos princípios elucidados pela aritmética[i]. É desse modo que a doutrina sagrada é ciência; ela procede de princípios conhecidos à luz de uma ciência superior, a saber, da ciência de Deus e dos bem-aventurados. E, como a música aceita os princípios que lhe são passados pelo aritmético, assim também a doutrina sagrada aceita os princípios revelados por Deus.

Quanto ao 1º, portanto, deve-se dizer que os princípios de toda e qualquer ciência, ou são evidentes por si, ou se apoiam no conhecimento de uma ciência superior. Tais são os princípios da doutrina sagrada, como foi dito.

Quanto ao 2º, deve-se dizer que fatos singulares são relatados na doutrina sagrada, não porque deles principalmente se trate. Eles são introduzidos como exemplos de vida, como nas ciências morais, ou visam estabelecer a autoridade dos homens pelos quais nos chega a revelação divina, fundamento da própria Escritura ou da doutrina sagrada[j].

Articulus 3
Utrum sacra doctrina sit una scientia

Ad tertium sic proceditur. Videtur quod sacra doctrina non sit una scientia.

1. Quia secundum Philosophum in I *Poster.*[1], *una scientia est quae est unius generis subiecti.* Creator autem et creatura, de quibus in sacra doctrina tractatur, non continentur sub uno genere subiecti. Ergo sacra doctrina non est una scientia.

Artigo 3
A doutrina sagrada é uma ciência una?

Quanto ao terceiro, assim se procede: parece que a doutrina sagrada **não** é uma ciência una.

1. Porque, de acordo com o Filósofo no livro *Primeiros Analíticos*, a ciência "una" tem um único gênero de assunto. Ora, o criador e a criatura, de que se trata na doutrina sagrada, não são compreendidos no mesmo gênero. Logo, a doutrina sagrada não é uma ciência "una".

---

3 Parall.: Infra a. 4; I Sent., Prol., a. 2, 4.

1. C. 28: 87, a, 38; lect. 41, n. 7.

h. Esta citação de Santo Agostinho (*De Trinitate* XIV) nos confirma que, para ele, a teologia como *intellectus fidei* é fruto da fé, na medida em que a fé é alimentada e confortada por uma atividade da inteligência. O resultado normal da teologia como *intellectus fidei* é a teologia-ciência de Santo Tomás.

i. É o princípio da "subalternação" das ciências que é invocado aqui (cf. Introdução, 3).

j. A respeito dessa resposta, ver Introdução, 3.

2. Praeterea, in sacra doctrina tractatur de angelis, de creaturis corporalibus, de moribus hominum. Huiusmodi autem ad diversas scientias philosophicas pertinent. Igitur sacra doctrina non est una scientia.

Sed contra est quod sacra Scriptura de ea loquitur sicut de una scientia: dicitur enim Sap 10,10: *dedit illi scientiam sanctorum*.

Respondeo dicendum sacram doctrinam unam scientiam esse. Est enim unitas potentiae et habitus consideranda secundum obiectum, non quidem materialiter, sed secundum rationem formalem obiecti: puta homo, asinus et lapis conveniunt in una formali ratione colorati, quod est obiectum visus[2]. Quia igitur sacra Scriptura considerat aliqua secundum quod sunt divinitus revelata, secundum quod dictum est[3], omnia quaecumque sunt divinitus revelabilia communicant in una ratione formali obiecti huius scientiae. Et ideo comprehenduntur sub sacra doctrina sicut sub scientia una.

Ad primum ergo dicendum quod sacra doctrina non determinat de Deo et de creaturis ex aequo: sed de Deo principaliter, et de creaturis secundum quod referuntur ad Deum, ut ad principium vel finem. Unde unitas scientiae non impeditur.

Ad secundum dicendum quod nihil prohibet inferiores potentias vel habitus diversificari circa illas materias, quae communiter cadunt sub una potentia vel habitu superiori: quia superior potentia vel habitus respicit obiectum sub universaliori ratione formali. Sicut obiectum sensus communis est sensibile, quod comprehendit sub se visibile et audibile: unde sensus communis, cum sit una potentia, extendit se ad omnia obiecta quinque sensuum. Et similiter ea quae in diversis scientiis philosophicis tractantur, potest sacra doctrina, una existens, considerare sub una ratione, inquantum

2. Ademais, na doutrina sagrada, trata-se dos anjos, das criaturas corporais, dos costumes humanos. Ora, esses temas pertencem a diversas ciências filosóficas. Por conseguinte, a doutrina sagrada não é uma ciência "una".

Em sentido contrário, a Escritura fala dessa doutrina como de uma ciência "una"; pois no livro da Sabedoria se diz: "... (a sabedoria) deu-lhe (a Jacó) a ciência das coisas santas".

Respondo. A doutrina sagrada é uma ciência "una". A unidade de uma potência, ou de um *habitus*, lhe vem de seu objeto; não de seu objeto considerado em sua materialidade, mas em sua razão formal: o homem, o burro, a pedra, por exemplo, se encontram sob a única razão formal da cor, que é o objeto da vista[k]. Assim, porque a Escritura sagrada considera algumas coisas enquanto reveladas por Deus, conforme foi dito, tudo o que é cognoscível por revelação divina tem em comum a única razão formal do objeto dessa ciência[l]. Por essa razão, tudo isso se encontra compreendido na doutrina sagrada como em uma ciência "una".

Quanto ao 1º, deve-se dizer que a doutrina sagrada não trata de Deus e das criaturas do mesmo modo; de Deus em primeiro lugar, e das criaturas enquanto se referem a Deus: seja como princípio delas, seja como fim. Portanto, a unidade da ciência não fica prejudicada.

Quanto ao 2º, deve-se afirmar que nada impede que potências ou *habitus* de nível inferior se diferenciem acerca de matérias unificadas em uma potência ou um *habitus* superior: porque uma potência ou um *habitus* superior considera o objeto sob uma razão formal mais universal. Por exemplo, o "senso comum" tem por objeto o sensível, que abarca o visível e o audível; assim, ainda que se trate de uma única potência, ele se estende a todos os objetos dos cinco sentidos. Da mesma forma, a ciência sagrada sendo "una" pode considerar sob uma única razão, isto é, enquanto

---

2. Cf. I, q. 59, a. 4 c; 77, a. 3 c; 79, a. 7 c; 82, a. 5 c.
3. A. 1, ad 2.

k. O *habitus* no sentido de Aristóteles é uma perfeição dinâmica que vem qualificar uma potência intelectual ou voluntária em virtude do fato de que ela se exerce. A teologia é um *habitus* natural adquirido, cuja unidade provém de seu objeto formal: a luz da Revelação.

l. Santo Tomás distingue os "revelados" (*revelata*) e os "reveláveis" (*revelabilia*). Alguns comentadores quiseram ver aqui a distinção entre o objeto formal da fé, que visa aos *revelata*, e o objeto formal da teologia, que visa aos *revelabilia*, isto é, às conclusões que se podem tirar das verdades reveladas (o revelado virtual). De fato, para Santo Tomás, o objeto formal, tanto da teologia como da fé, é o *revelado*. A nuança gramatical entre *revelabilia* e *revelata* deve ser compreendida por comparação com o que distingue *visa* e *visibilia*. Os *revelabilia* designam tudo o que pode ser conhecido por revelação, como os *visibilia* tudo o que pode ser conhecido pela visão (cf. a resposta do a. 4: *prout sunt divino lumine cognoscibilia*, "Tudo o que é cognoscível à luz divina").

scilicet sunt divinitus revelabilia: ut sic sacra doctrina sit velut quaedam impressio divinae scientiae, quae est una et simplex omnium.

Articulus 4
Utrum sacra doctrina sit scientia practica

AD QUARTUM SIC PROCEDITUR. Videtur quod sacra doctrina sit scientia practica.

1. *Finis* enim *practicae est operatio*, secundum Philosophum in II *Metaphys.*[1]. Sacra autem doctrina ad operationem ordinatur, secundum illud Iac 1,22: *estote factores verbi, et non auditores tantum*. Ergo sacra doctrina est practica scientia.

2. PRAETEREA, sacra doctrina dividitur per legem veterem et novam. Lex autem pertinet ad scientiam moralem, quae est scientia practica. Ergo sacra doctrina est scientia practica.

SED CONTRA, omnis scientia practica est de rebus operabilibus ab homine; ut moralis de actibus hominum, et aedificativa de aedificiis. Sacra autem doctrina est principaliter de Deo, cuius magis homines sunt opera. Non ergo est scientia practica, sed magis speculativa.

RESPONDEO dicendum quod sacra doctrina, ut dictum est[2], una existens, se extendit ad ea quae pertinent ad diversas scientias philosophicas, propter rationem formalem quam in diversis attendit: scilicet prout sunt divino lumine cognoscibilia. Unde licet in scientiis philosophicis alia sit speculativa et alia practica, sacra tamen doctrina comprehendit sub se utramque; sicut et Deus eadem scientia se cognoscit, et ea quae facit.

Magis tamen est speculativa quam practica: quia principalius agit de rebus divinis quam de actibus humanis; de quibus agit secundum quod per eos ordinatur homo ad perfectam Dei cognitionem, in qua aeterna beatitudo consistit.

Et per hoc patet RESPONSIO AD OBIECTA.

divinamente reveladas aquelas coisas tratadas em ciências filosóficas diferentes. Isto faz que essa ciência apareça como uma impressão da ciência de Deus, una e simples com relação a tudo[m].

Artigo 4
A doutrina sagrada é uma ciência prática?

QUANTO AO QUARTO, ASSIM SE PROCEDE: parece que a doutrina sagrada é uma ciência prática.

1. Com efeito, de acordo com o Filósofo no livro II da *Metafísica*, o fim da ciência prática é a ação. Ora, a doutrina sagrada se ordena à ação: "... sede realizadores da palavra e não apenas ouvintes", diz a Carta de Tiago. Logo, a doutrina sagrada é uma ciência prática.

2. ADEMAIS, a doutrina sagrada se divide em lei antiga e lei nova. Ora, a lei é assunto da ciência moral, que é uma ciência prática. Logo, a doutrina sagrada é uma ciência prática.

EM SENTIDO CONTRÁRIO, toda ciência prática se refere a obras que podem ser praticadas pelo homem: por exemplo, a moral se refere aos atos humanos; a arquitetura, às construções. Ora, a doutrina sagrada trata em primeiro lugar de Deus, de quem os homens são a obra maior. Ela não é, portanto, uma ciência prática, mas sobretudo especulativa.

RESPONDO. Como foi dito, a doutrina sagrada, sendo una, se estende às coisas que pertencem a ciências filosóficas diversas, por causa da razão formal, que nelas se aplica, a saber enquanto são cognoscíveis à luz divina. Embora, entre as ciências filosóficas, umas sejam especulativas e outras práticas, a doutrina sagrada compreenderá, em si, uma e outra; assim como Deus, por uma mesma ciência, conhece a si próprio e conhece suas obras.

No entanto, a ciência sagrada é mais especulativa que prática, porque se refere mais às coisas divinas que aos atos humanos. Ela considera estes últimos enquanto por, eles, o homem é ordenado ao pleno conhecimento de Deus, no qual consiste a bem-aventurança eterna[n].

Com isso, dá-se RESPOSTA ÀS OBJEÇÕES.

---

4 Parall.: I *Sent.*, Prol., a. 3, q.la 1.

1. C. 1: 993, b, 21.
2. A. praec., ad 2.

m. Note-se essa admirável definição da teologia: "Impressão da ciência de Deus" (*quaedam impressio divinae scientiae*), ou seja, uma reprodução, um duplo humano da ciência de Deus.

n. Neste artigo, Santo Tomás consegue explicar teoricamente a dimensão contemplativa e prática da mensagem evangélica. De fato, a doutrina sagrada transcende a distinção entre o especulativo e o prático, uma vez que constitui uma imitação deficiente da ciência própria de Deus. É a partir de tal artigo que podemos compreender por que a distinção tardia entre teologia *dogmática* e teologia *moral* é estranha tanto ao plano quanto ao espírito da *Suma teológica*.

Articulus 5
Utrum sacra doctrina sit dignior aliis scientiis

AD QUINTUM SIC PROCEDITUR. Videtur quod sacra doctrina non sit dignior aliis scientiis.

1. Certitudo enim pertinet ad dignitatem scientiae. Sed aliae scientiae, de quarum principiis dubitari non potest, videntur esse certiores sacra doctrina, cuius principia, scilicet articuli fidei, dubitationem recipiunt. Aliae igitur scientiae videntur ista digniores.

2. PRAETEREA, inferioris scientiae est a superiori accipere, sicut musicus ab arithmetico. Sed sacra doctrina accipit aliquid a philosophicis disciplinis: dicit enim Hieronymus in epistola *ad Magnum Oratorem Urbis Romae*[1], quod doctores antiqui *intantum philosophorum doctrinis atque sententiis suos resperserunt libros, ut nescias quid in illis prius admirari debeas, eruditionem saeculi, an scientiam Scripturarum*. Ergo sacra doctrina est inferior aliis scientiis.

SED CONTRA est quod aliae scientiae dicuntur ancillae huius, Pr 9,3: *misit ancillas suas vocare ad arcem*.

RESPONDEO dicendum quod, cum ista scientia quantum ad aliquid sit speculativa, et quantum ad aliquid sit practica, omnes alias transcendit tam speculativas quam practicas. Speculativarum eim scientiarum una altera dignior dicitur, tum propter certitudinem, tum propter dignitatem materiae. Et quantum ad utrumque, haec scientia alias speculativas scientias excedit. Secundum certitudinem quidem, quia aliae scientiae certitudinem habent ex naturali lumine rationis humanae, quae potest errare: haec autem certitudinem habet ex lumine divinae scientiae, quae decipi non potest. Secundum dignitatem vero materiae, quia ista scientia est principaliter de his quae sua altitudine rationem transcendunt: aliae vero scientiae considerant ea tantum quae rationi subduntur.

Artigo 5
A doutrina sagrada é mais excelente que outras ciências?

QUANTO AO QUINTO, ASSIM SE PROCEDE: parece que a doutrina sagrada **não** é mais excelente que outras ciências.

1. Com efeito, a certeza faz parte da excelência da ciência. Ora, as outras ciências, cujos princípios não podem ser postos em dúvida, parecem ser mais certas que a doutrina sagrada, cujos princípios, os artigos de fé, admitem a dúvida. Logo, as outras ciências parecem mais excelentes.

2. ADEMAIS, é próprio de uma ciência inferior tomar emprestado a uma ciência superior: como a música faz em relação à aritmética. Ora, a doutrina sagrada toma emprestada alguma coisa às doutrinas filosóficas. Jerônimo diz numa carta a um Grande Orador de Roma que os antigos doutores: "Rechearam seus livros de tal quantidade de doutrinas e de máximas de filósofos que não sabemos o que mais admirar: se a erudição das coisas do mundo, ou a ciência das Escrituras". Logo, a doutrina sagrada é inferior às outras ciências.

EM SENTIDO CONTRÁRIO, as outras ciências são chamadas suas servas, como lemos no livro dos Provérbios: (a Sabedoria) "enviou suas servas a clamar nos altos da cidade".

RESPONDO. Como esta ciência é a um só tempo especulativa e prática, ultrapassa todas as outras, tanto as especulativas como as práticas. Entre as ciências especulativas deve-se considerar a mais excelente aquela que é mais certa ou a que tem a matéria mais excelente. Ora, sob esse duplo aspecto, a doutrina sagrada supera as outras ciências especulativas. É a mais certa porque as outras recebem sua certeza da luz natural da razão humana, que pode errar; ao passo que ela recebe a sua da luz da ciência divina, que não pode enganar-se. E ela tem a matéria mais excelente porque se refere principalmente ao que, por sua sublimidade, ultrapassa a razão, ao passo que as outras disciplinas consideram apenas o que está sujeito à razão°.

---

5 PARALL.: I-II, q. 66, a. 5, ad 3; I *Sent.*, Prol., a. 1; *Contr. Gent.* II, 4.
   1. Epist. 70, al. 84, n. 4: ML 22, 667-668.

o. Este artigo enfatiza justamente o estatuto singular da teologia. Como doutrina sagrada, estreitamente ligada à fé, seu grau de certeza ultrapassa o de todas as outras disciplinas do saber humano. Contudo, como explicação racional do conteúdo de fé, a doutrina sagrada possui um estatuto epistemológico muito imperfeito. Não apresenta a autonomia das outras disciplinas humanas e precisa recorrer aos instrumentos conceituais da filosofia (cf. r. 2). Esse estatuto complexo milita a favor da indecisão de sentido na qual Santo Tomás mantém a *doctrina sacra* em toda esta questão 1, quer a consideremos um prolongamento do próprio ensinamento de Deus, quer a compreendamos como construção racional (cf. Introdução, 1).

Entre as ciências práticas, a mais excelente é a que está ordenada a um fim mais alto, como acontece com a política em relação à arte militar, pois o bem do exército está ordenado ao bem da cidade. Ora, o fim desta doutrina, como prática, é a bem-aventurança eterna, à qual se ordenam todos os outros fins das ciências práticas. Portanto, é claro que sob qualquer dos ângulos a ciência sagrada é a mais excelente.

Quanto ao 1º, deve-se dizer que nada impede que aquilo que é mais certo por sua natureza seja, para nós, menos certo em virtude da fraqueza de nosso intelecto, que se encontra, como se diz no livro II da *Metafísica*, "diante das mais altas evidências das coisas como o olhar da coruja em face da luz do sol". A dúvida que pode surgir em alguns a respeito dos artigos de fé não deve ser atribuída à incerteza das coisas, mas à fraqueza do intelecto humano. Apesar disso, o menor conhecimento relativo às coisas mais elevadas é mais desejável que uma ciência muito certa das coisas menores, como se diz no livro I *Sobre os animais*.

Quanto ao 2º, deve-se dizer que a ciência sagrada pode tomar emprestada alguma coisa às ciências filosóficas. Não que lhe seja necessário, mas em vista de melhor manifestar o que ela própria ensina. Seus princípios não lhe vêm de nenhuma outra ciência, mas de Deus imediatamente, por revelação. Por conseguinte, ela não toma emprestado das outras ciências como se lhe fossem superiores, mas delas se vale como de inferiores e servas, como as ciências arquitetônicas se valem das que lhes são auxiliares; ou a política, da arte militar. Que a ciência sagrada se valha das outras ciências, não é por uma falha ou deficiência sua, mas por falha de nosso intelecto. A partir dos conhecimentos naturais, de onde procedem as outras ciências, nosso intelecto é mais facilmente introduzido nos objetos que ultrapassam a razão e são a matéria desta ciência.

Articulus 6
Utrum haec doctrina sit sapientia

Ad sextum sic proceditur. Videtur quod haec doctrina non sit sapientia.

1. Nulla enim doctrina quae supponit sua principia aliunde, digna est nomine sapientiae:

Artigo 6
É essa doutrina uma sabedoria?

Quanto ao sexto, assim se procede: parece que essa doutrina **não** é uma sabedoria.

1. Na verdade, uma doutrina que toma seus princípios fora de si mesma não merece o nome

---

2. Cap. 1: 993, b, 9-11; lect. 1, n. 282.
3. *De partibus animalium* I, 5: 644, b, 31-33.

Parall.: I *Sent.*, Prol., a. 3, q.la 1, 3; II, Prol. princ.; *Cont. Gent.* II, 4.

quia *sapientis est ordinare, et non ordinari* (I *Metaphys.*[1]). Sed haec doctrina supponit principia sua aliunde, ut ex dictis patet[2]. Ergo haec doctrina non est sapientia.

2. Praeterea, ad sapientiam pertinet probare principia aliarum scientiarum: unde *ut caput* dicitur scientiarum, ut VI *Ethic*.[3] patet. Sed haec doctrina non probat principia aliarum scientiarum. Ergo non est sapientia.

3. Praeterea, haec doctrina per studium acquiritur. Sapientia autem per infusionem habetur: unde inter septem dona Spiritus Sancti connumeratur, ut patet Is 11,2. Ergo haec doctrina non est sapientia.

Sed contra est quod dicitur Dt 4,6, in principio legis: *haec est nostra sapientia et intellectus coram populis.*

Respondeo dicendum quod haec doctrina maxime sapientia est inter omnes sapientias humanas, non quidem in aliquo genere tantum sed simpliciter. Cum enim sapientis sit ordinare et iudicare, iudicium autem per altiorem causam de inferioribus habeatur; ille sapiens dicitur in unoquoque genere, qui considerat causam altissimam illius generis. Ut in genere aedificii, artifex qui disponit formam domus, dicitur sapiens et architector, respectu inferiorum artificum, qui dolant ligna vel parant lapides: unde dicitur 1Cor 3,10: *ut sapiens architector fundamentum posui.* Et rursus, in genere totius humanae vitae, prudens sapiens dicitur, inquantum ordinat humanos actus ad debitum finem: unde dicitur Pr 10,23: *sapientia est viro prudentia.* Ille igitur qui considerat simpliciter altissimam causam totius universi, quae Deus est, maxime sapiens dicitur: unde et sapientia dicitur esse *divinorum cognitio*, ut patet per Augustinum, XII *de Trinitate*[4]. Sacra autem doctrina propriissime determinat de Deo secundum quod est altissima causa: quia non solum quantum ad illud quod est per creaturas cognoscibile (quod philosophi cognoverunt, ut dicitur Rm 1,19: *quod notum est Dei, manifestum est illis*); sed etiam quantum ad id quod notum est sibi soli de seipso, et aliis per revelationem communicatum. Unde sacra doctrina maxime dicitur sapientia.

de sabedoria. "A missão do sábio consiste em ordenar e não em ser ordenado", está no livro I da *Metafísica*. Ora, essa doutrina toma fora seus princípios, como fica claro pelo já exposto. Logo, não é uma sabedoria.

2. Além disso, compete à sabedoria estabelecer os princípios das outras ciências; daí, o título de "cabeça das outras ciências", que lhe atribui o livro VI da *Ética*. Ora, a doutrina sagrada não estabelece os princípios das outras ciências. Logo, não é uma sabedoria.

3. Ademais, esta doutrina se adquire pelo estudo. Ora, a sabedoria tem-se por infusão; eis por que é contada entre os sete dons do Espírito Santo, como se vê em Isaías. Logo, a doutrina sagrada não é uma sabedoria.

Em sentido contrário, no início da lei, o Deuteronômio declara: "... esta é nossa sabedoria e nosso modo de entender aos olhos dos povos".

Respondo. Esta doutrina é, por excelência, uma sabedoria, entre todas as sabedorias humanas. E isto não apenas num gênero particular, mas de modo absoluto. Compete ao sábio ordenar e julgar; o julgamento de coisas inferiores se faz mediante uma causa mais elevada; assim, sábio em qualquer gênero é aquele que toma em consideração a causa suprema desse gênero. Por exemplo, no gênero da construção, o artífice que preparou os planos da casa merece o título de sábio e de arquiteto, em relação aos técnicos inferiores incumbidos da talha das pedras ou do corte das madeiras. Eis por que se diz na primeira Carta aos Coríntios: "... como bom arquiteto lancei o fundamento". Tratando-se da vida humana em seu conjunto, o homem prudente será chamado sábio quando ordenar os atos humanos ao devido fim; como se diz no livro dos Provérbios: "A sabedoria é prudência para o homem". Por conseguinte, quem considera simplesmente a causa suprema de todo o universo, que é Deus, merece por excelência o nome de sábio. Eis por que, como se vê em Agostinho, a sabedoria é chamada o conhecimento das coisas divinas. Ora, a doutrina sagrada trata muito propriamente de Deus enquanto causa suprema; a saber, não somente do que se pode saber por intermédio das criaturas, e que os filósofos alcançaram, "... pois o que se pode conhecer de Deus é

---

1. C. 2: 982, a, 17-19; lect. 2, n. 42.
2. A. 2.
3. C. 7: 1141, a, 19; lect. 6, n. 1184.
4. C. 14, n. 22: ML 42, 1009.

AD PRIMUM ergo dicendum quod sacra doctrina non supponit sua principia ab aliqua scientia humana: sed a scientia divina, a qua, sicut a summa sapientia, omnis nostra cognitio ordinatur.

AD SECUNDUM dicendum quod aliarum scientiarum principia vel sunt per se nota, et probari non possunt: vel per aliquam rationem naturalem probantur in aliqua alia scientia. Propria autem huius scientiae cognitio est, quae est per revelationem: non autem quae est per naturalem rationem. Et ideo non pertinet ad eam probare principia aliarum scientiarum, sed solum iudicare de eis: quidquid enim in aliis scientiis invenitur veritati huius scientiae repugnans, totum condemnatur ut falsum: unde dicitur 2Cor 10,4sq.: *consilia destruentes, et omnem altitudinem extollentem se adversus scientiam Dei*.

AD TERTIUM dicendum quod, cum iudicium ad sapientem pertineat, secundum duplicem modum iudicandi, dupliciter sapientia accipitur. Contingit enim aliquem iudicare, uno modo per modum inclinationis: sicut qui habet habitum virtutis, recte iudicat de his quae sunt secundum virtutem agenda, inquantum ad illa inclinatur: unde et in X *Ethic*.[5] dicitur quod virtuosus est mensura et regula actuum humanorum. Alio modo, per modum cognitionis: sicut aliquis instructus in scientia morali, posset iudicare de actibus virtutis, etiam si virtutem non haberet. Primus igitur modus iudicandi de rebus divinis, pertinet ad sapientiam quae ponitur donum Spiritus Sancti, secundum illud 1Cor 2,15: *spiritualis homo iudicat omnia*, etc.: et Dionysius dicit, 2 cap. *de Divinis Nominibus*[6]: *Hierotheus doctus est non solum discens, sed et patiens divina*. Secundus autem modus iudicandi

para eles manifesto", diz o Apóstolo na Carta aos Romanos; mas também do que só Deus conhece de si mesmo, e que é comunicado aos outros por revelação. Assim a doutrina sagrada merece por excelência o nome de sabedoria[p].

QUANTO AO 1º, deve-se dizer que a doutrina sagrada não toma seus princípios de nenhuma ciência humana; mas da ciência divina, que regula, como sabedoria soberana, todo o nosso conhecimento.

QUANTO AO 2º, deve-se afirmar que os princípios das outras ciências, ou são evidentes por si, e não podem ser provados, ou se provam por alguma razão natural por outra ciência. Ora, o conhecimento próprio à nossa ciência é obtido por revelação e não pela razão natural. Por conseguinte, não pertence à doutrina sagrada estabelecer os princípios das outras ciências, mas apenas julgá-los. Tudo o que nessas ciências se encontra como contrário à verdade da ciência sagrada deve ser condenado como falso, conforme se diz na segunda Carta aos Coríntios: "Nós destruímos os raciocínios pretensiosos e todo o poder altivo que se ergue contra o conhecimento de Deus".

QUANTO AO 3º, deve-se dizer que, como o julgar é próprio do sábio, aos dois tipos de julgamento correspondem duas sabedorias diferentes. Pode-se julgar por inclinação: como quem possui um *habitus* virtuoso julga com retidão o que deve ser feito na linha deste *habitus*, estando já inclinado nesse sentido. Eis por que se ensina no livro X da *Ética* que o homem virtuoso é a medida e a regra dos atos humanos. Mas existe outra maneira de julgar, a saber, por conhecimento: como o instruído em ciência moral pode julgar os atos de uma virtude, ainda que não a possua. A primeira maneira de julgar quanto às coisas divinas é própria da sabedoria, dom do Espírito Santo, de acordo com a primeira Carta aos Coríntios: "O homem espiritual julga tudo". E também Dionísio: "Hieroteu adquiriu a sabedoria não apenas estudando, mas experimentando o divino". A outra maneira

---

5. C. 5: 1176, a, 17-18; lect. 8, n. 2062. Vide etiam 1. III, c. 6: 1113, a, 32-33; lect. 10, n. 494.
6. MG 3, 648 B; lect. 4.

p. Graças a Aristóteles, Santo Tomás supera a oposição de Santo Agostinho entre a *Razão superior*, referente ao conhecimento de Deus, e a *Razão inferior*, referente ao conhecimento deste mundo. Na verdade, porém, ele o faz para prestar homenagem à intuição de Agostinho da teologia como *intellectus fidei*. A imensa avidez por compreensão no interior da fé, da qual Agostinho dará mostras, vai tornar-se um ato propriamente religioso. Na resposta, percorre-se a hierarquia das sabedorias, desde a arte (o arquiteto), passando pela filosofia moral (o prudente), até a mais alta das sabedorias humanas, a metafísica. A teologia está no cume da pirâmide das sabedorias, mas em ruptura com elas, pois vem de cima. A metafísica já conhece Deus como causa última das coisas, mas isto a partir das criaturas. A doutrina sagrada trata de Deus em si mesmo (*propriissime*), do que só é conhecido por Ele mesmo (*quantum ad id quod notum est sibi soli de seipso*) e por revelação.

pertinet ad hanc doctrinam, secundum quod per studium habetur; licet eius principia ex revelatione habeantur.

ARTICULUS 7
Utrum Deus sit subiectum huius scientiae

AD SEPTIMUM SIC PROCEDITUR. Videtur quod Deus non sit subiectum huius scientiae.

1. In qualibet enim scientia oportet supponere de subiecto *quid est*, secundum Philosophum in I *Poster.*[1]. Sed haec scientia non supponit de Deo *quid est*: dicit enim Damascenus[2]: *in Deo quid est, dicere impossibile est*. Ergo Deus non est subiectum huius scientiae.

2. PRAETEREA, omnia quae determinantur in aliqua scientia, comprehenduntur sub subiecto illius scientiae. Sed in sacra Scriptura determinatur de multis aliis quam de Deo, puta de creaturis; et de moribus hominum. Ergo Deus non est subiectum huius scientiae.

SED CONTRA, illud est subiectum scientiae, de quo est sermo in scientia. Sed in hac scientia fit sermo de Deo: dicitur enim *theologia*, quasi *sermo de Deo*. Ergo Deus est subiectum huius scientiae.

RESPONDEO dicendum quod Deus est subiectum huius scientiae. Sic enim se habet subiectum ad scientiam, sicut obiectum ad potentiam vel habitum. Proprie autem illud assignatur obiectum alicuius potentiae vel habitus, sub cuius ratione omnia referuntur ad potentiam vel habitum: sicut homo et lapis referuntur ad visum inquantum sunt colorata, unde coloratum est proprium obiectum visus. Omnia autem pertractantur in sacra doctrina sub ratione Dei vel quia sunt ipse Deus; vel quia habent ordinem ad Deum, ut ad principium et finem. Unde sequitur quod Deus vere sit subiec-

de julgar pertence a esta doutrina, e é conseguida pelo estudo, ainda que seus princípios lhe venham da revelação[q].

ARTIGO 7
Deus é o assunto desta ciência?

QUANTO AO SÉTIMO, ASSIM SE PROCEDE: parece que Deus não é o assunto desta ciência.

1. Com efeito, toda ciência, diz o Filósofo no livro dos *Primeiros Analíticos*, pressupõe o conhecimento de seu assunto, "o que ele é". Ora, esta ciência não pressupõe o conhecimento do que é Deus, pois, segundo João Damasceno: "... é-nos impossível dizer de Deus o que ele é". Logo, Deus não é o assunto desta ciência.

2. ADEMAIS, tudo o que se trata numa ciência está compreendido em seu assunto. Ora, na Sagrada Escritura, encontramos muitas outras coisas além de Deus, por exemplo: criaturas, costumes humanos... Logo, Deus não é o assunto desta ciência.

EM SENTIDO CONTRÁRIO, o assunto de uma ciência é aquilo de que se fala nessa ciência. Ora, na ciência sagrada fala-se de Deus: daí seu nome *teologia, discurso sobre Deus*. Logo, Deus é o assunto desta ciência.

RESPONDO. Deus é o assunto desta ciência. Entre o assunto de uma ciência e a própria ciência, existe a mesma relação que entre o objeto e uma potência ou um *habitus*[r]. Ora, designa-se propriamente como objeto de uma potência ou de um *habitus* aquilo sob cuja razão todas as coisas se referem a essa potência ou a esse *habitus*. Por exemplo: o homem e a pedra se referem à vista como coloridos; uma vez que a cor é o objeto próprio da vista. Ora, na doutrina sagrada, tudo é tratado sob a razão de Deus[s], ou porque se trata do próprio Deus ou de algo que a Ele se refere como a seu

---

7 PARALL.: Supra, a. 3, ad 1; I *Sent.*, Prol., a. 4; in Boet. *de Trin.*, q. 5, a. 4.

1. C. 1: 71, a, 12-14; lect. 2, nn. 2-7.
2. *De Fide Orthodoxa* I, 4: MG 94, 800 B.

q. Santo Tomás distingue nitidamente aqui o conhecimento teológico, que é um saber adquirido pelo estudo, do conhecimento místico, que é um dom do Espírito Santo. Todavia, dado que a teologia se enraíza na fé, não podemos dissociar, no próprio ato teológico, a parte de construção racional e a parte de experiência da Realidade de Deus. É a falsa dicotomia entre o registro da inteligência e o da afetividade que ulteriormente conduzirá à separação cada vez maior entre "teologia" e "espiritualidade".

r. Este artigo é inseparável do artigo 3. Segundo Aristóteles, o *sujeito* (*sub-jectum*) é o que está por baixo, o ser real que a ciência procura conhecer, ao passo que o *objeto* (*ob-jectum*) são verdades que se enunciam a respeito do sujeito da ciência, a saber, as conclusões. Não se deve concluir apressadamente (cf. a escolástica) que o fim do trabalho teológico é a dedução das conclusões teológicas, enquanto sua atividade principal consiste no conhecimento de seu sujeito: Deus.

s. A "razão de Deus" (*ratio Dei*) é o ponto de vista formal segundo o qual a teologia considera todas as coisas, quer sejam conhecidas pela razão ou pela Revelação (cf. Introdução, 4).

tum huius scientiae. — Quod etiam manifestum fit ex principiis huius scientiae, quae sunt articuli fidei, quae est de Deo: idem autem est subiectum principiorum et totius scientiae, cum tota scientia virtute contineatur in principiis.

Quidam vero, attendentes ad ea quae in ista scientia tractantur, et non ad rationem secundum quam considerantur, assignaverunt aliter subiectum huius scientiae: vel res et signa, vel opera reparationis; vel totum Christum, idest caput et membra. De omnibus enim istis tractatur in ista scientia, sed secundum ordinem ad Deum.

AD PRIMUM ergo dicendum quod, licet de Deo non possimus scire *quid est*, utimur tamen eius effectu, in hac doctrina, vel naturae vel gratiae, loco definitionis, ad ea quae de Deo in hac doctrina considerantur: sicut et in aliquibus scientiis philosophicis demonstratur aliquid de causa per effectum, accipiendo effectum loco definitionis causae.

AD SECUNDUM dicendum quod omnia alia quae determinantur in sacra doctrina, comprehenduntur sub Deo: non ut partes vel species vel accidentia, sed ut ordinata aliqualiter ad ipsum.

princípio ou a seu fim. Segue-se então que Deus é verdadeiramente o assunto desta ciência. — O que aliás também se manifesta pelos princípios desta ciência: os artigos da fé, que se referem a Deus. Ora, o assunto dos princípios e da totalidade da ciência é o mesmo, pois a ciência está contida virtualmente em seus princípios.

Alguns, no entanto, considerando as coisas de que trata esta ciência, e não a razão sob a qual as examina, indicaram seu assunto de modo diferente. Falam de "coisas" e de "sinais"; ou "das obras da reparação", ou do "Cristo total", isto é, a cabeça e os membros[t]. Tudo isso é tratado nesta ciência, mas sempre com relação a Deus.

QUANTO AO 1º, portanto, deve-se dizer que, embora não possamos saber de Deus quem Ele é, nesta doutrina utilizamos, em vez de uma definição para tratar do que se refere a Deus, os efeitos que Ele produz na ordem da natureza ou da graça. Assim como em certas ciências filosóficas se demonstram verdades relativas a uma causa a partir de seus efeitos, assumindo o efeito em lugar da definição dessa causa[u].

QUANTO AO 2º, deve-se afirmar que tudo o mais de que esta doutrina sagrada trata está compreendido no próprio Deus; não como partes, espécies ou acidentes, mas como a Ele se ordenando de algum modo.

ARTICULUS 8
Utrum haec doctrina sit argumentativa

AD OCTAVUM SIC PROCEDITUR. Videtur quod haec doctrina non sit argumentativa.

1. Dicit enim Ambrosius in libro I *de Fide Catholica*[1]: *tolle argumenta, ubi fides quaeritur*. Sed in hac doctrina praecipue fides quaeritur: unde dicitur Io 20,31: *haec scripta sunt ut credatis*. Ergo sacra doctrina non est argumentativa.

2. PRAETEREA, si sit argumentativa, aut argumentatur ex auctoritate, aut ex ratione. Si ex auctoritate, non videtur hoc congruere eius dignitati: nam locus ab auctoritate est infirmissimus, secundum Boetium[2]. Si etiam ex ratione, hoc non congruit eius fini: quia secundum Gregorium in

ARTIGO 8
Esta doutrina se vale de argumentos?

QUANTO AO OITAVO, ASSIM SE PROCEDE: parece que esta doutrina **não** se vale de argumentos.

1. Com efeito, Ambrósio declara: "Rejeitem-se os argumentos, quando se busca a fé". Ora, nesta doutrina é sobretudo a fé que se busca. "Estas coisas foram escritas, se diz no Evangelho de João, a fim de que acrediteis." Logo, não se vale de argumentos.

2. ADEMAIS, se esta doutrina se valesse de argumentos, seria de argumentos de autoridade ou de razão. Se de autoridade, não parece que isso convenha à sua dignidade, porque, segundo Boécio, o argumento de autoridade é o mais fraco de todos. Se de razão, isso não convém ao fim

---

8 PARALL.: II-II, q. 1, a. 5, ad 2; I *Sent.*, Prol., a. 5; *Cont. Gent.* I, 9; in Boet. *de Trin.*, q. 2, a. 3; *Quodlib.* IV, q. 9, a. 3.

1. C. 13, n. 84: ML 16, 548 B.
2. Vide 1. VI *Topica* Ciceronis: ML 64, 1166 sqq.; et *de Differentiis Topicis*, 1. III. ML 64, 1199 C.

t. A propósito dessas concepções do tema material da teologia, ver Introdução, 2.
u. Remetemos ao que é afirmado na Introdução, 4, a respeito da "quase definição" de Deus.

homilia³, *fides non habet meritum, ubi humana ratio praebet experimentum*. Ergo sacra doctrina non est argumentativa.

SED CONTRA est quod dicitur Tt 1,9: de episcopo: *amplectentem eum qui secundum doctrinam est, fidelem sermonem, ut potens sit exhortari in doctrina sana, et eos qui contradicunt arguere*.

RESPONDEO dicendum quod, sicut aliae scientiae non argumentantur ad sua principia probanda, sed ex principiis argumentantur ad ostendendum alia in ipsis scientiis; ita haec doctrina non argumentatur ad sua principia probanda, quae sunt articuli fidei; sed ex eis procedit ad aliquid aliud ostendendum; sicut Apostolus, 1Cor 15,12sq., ex resurrectione Christi argumentatur ad resurrectionem communem probandam.

Sed tamen considerandum est in scientiis philosophicis, quod inferiores scientiae nec probant sua principia, nec contra negantem principia disputant, sed hoc relinquunt superiori scientiae: suprema vero inter eas, scilicet methaphysica, disputat contra negantem sua principia, si adversarius aliquid concedit: si autem nihil concedit, non potest cum eo disputare, potest tamen solvere rationes ipsius. Unde sacra Scriptura, cum non habeat superiorem, disputat cum negante sua principia: argumentando quidem, si adversarius aliquid concedat eorum quae per divinam revelationem habentur; sicut per auctoritates sacrae doctrinae disputamus contra haereticos, et per unum articulum contra negantes alium. Si vero adversarius nihil credat eorum quae divinitus revelantur, non remanet amplius via ad probandum, articulos fidei per rationes, sed ad solvendum rationes, si quas inducit, contra fidem. Cum enim fides infallibili veritati innitatur, impossibile autem sit de vero demonstrari contrarium, manifestum est probationes quae contra fidem inducuntur, non esse demonstrationes, sed solubilia argumenta.

desta ciência, pois, segundo Gregório: "Onde a razão humana oferece a prova, a fé não tem mérito algum". Logo, a doutrina sagrada não se vale de argumentos.

EM SENTIDO CONTRÁRIO, se diz do bispo, na Carta a Tito: "Que fique apegado ao ensinamento seguro, conforme a doutrina; ele deve ser capaz de exortar na sã doutrina e de refutar os adversários".

RESPONDO. As outras ciências não argumentam em vista de demonstrar seus princípios, mas para demonstrar a partir deles outras verdades de seu campo. Assim, também a doutrina sagrada não se vale da argumentação para provar seus próprios princípios, as verdades da fé; mas parte deles para manifestar alguma outra verdade, como o Apóstolo, na primeira Carta aos Coríntios, se apoia na ressurreição de Cristo para provar a ressurreição geral.

Contudo, é preciso considerar que, nas ciências filosóficas, as ciências inferiores não somente não provam seus princípios, como também não disputam contra aqueles que os negam, deixando esse cuidado a uma ciência mais elevada. Pelo contrário, a metafísica, a mais elevada de todas, disputa com quem nega seus princípios, desde que este conceda algo; e, se não concede nada, ela não pode discutir com ele, mas pode refutar seus argumentos. A Sagrada Escritura, por conseguinte, não tendo outra que lhe seja superior, terá de disputar com quem nega seus princípios. Ela o fará valendo-se da argumentação, se o adversário concede algo da revelação divina; como quando invocando as "autoridades" da doutrina sagrada disputamos contra os hereges, e artigos de fé para combater os que negam outro artigo. Mas, se o adversário não acredita em nada das verdades reveladas, não resta nenhum modo de provar com argumentos os artigos da fé: pode-se apenas refutar os argumentos que oporia à fé. Como a fé se apoia na verdade infalível, e é impossível demonstrar o contrário do verdadeiro, fica claro que as provas trazidas contra a fé não são verdadeiras demonstrações, mas argumentos que se podem refutarᵛ.

---

3. Scil. S. Gregorium Magnum. Homil. 26 in *Evang.*: ML 76, 1197 C.

v. Neste artigo, consagrado ao método da teologia, Santo Tomás distingue sucintamente duas funções principais no interior da atividade discursiva da teologia: a função *explicativa* (manifestar o vínculo inteligível entre duas verdades de fé) e a função *apologética* (o debate com os heréticos ou com os infiéis). Tais funções, porém, não esgotam a atividade científica da teologia (ver em particular a exposição de *In Boetium de Trin.*, q. 2, a. 3). Deve-se acrescentar que, para Santo Tomás, a função explicativa da teologia-ciência é apenas uma função no interior da unidade da *doctrina sacra*. Ele ainda ignora nossa distinção moderna entre a teologia positiva e a teologia especulativa.

AD PRIMUM ergo dicendum quod, licet argumenta rationis humanae non habeant locum ad probandum quae fidei sunt, tamen ex articulis fidei haec doctrina ad alia argumentatur, ut dictum est[4].

AD SECUNDUM dicendum quod argumentari ex auctoritate est maxime proprium huius doctrinae: eo quod principia huius doctrinae per revelationem habentur, et sic oportet quod credatur auctoritati eorum quibus revelatio facta est. Nec hoc derogat dignitati huius doctrinae: nam licet locus ab auctoritate quae fundatur super ratione humana, sit infirmissimus; locus tamen ab auctoritate quae fundatur super revelatione divina, est efficacissimus.

Utitur tamen sacra doctrina etiam ratione humana: non quidem ad probandum fidem, quia per hoc tolleretur meritum fidei; sed ad manifestandum aliqua alia quae traduntur in hac doctrina. Cum enim gratia non tollat naturam, sed perficiat, oportet quod naturalis ratio subserviat fidei; sicut et naturalis inclinatio voluntatis obsequitur caritati. Unde et Apostolus dicit, 2Cor 10,5: *in captivitatem redigentes omnem intellectum in obsequium Christi*. Et inde est quod etiam auctoritatibus philosophorum sacra doctrina utitur, ubi per rationem naturalem veritatem cognoscere potuerunt; sicut Paulus, Act 17,28, inducit verbum Arati, dicens: *sicut et quidam poetarum vestrorum dixerunt, genus Dei sumus.*

Sed tamen sacra doctrina huiusmodi auctoritatibus utitur quasi extraneis argumentis, et probabilibus. Auctoritatibus autem canonicae Scripturae utitur proprie, ex necessitate argumentando. Auctoritatibus autem aliorum doctorum ecclesiae, quasi arguendo ex propriis, sed probabiliter. Innititur enim fides nostra revelationi Apostolis et Prophetis factae, qui canonicos libros scripserunt: non autem revelationi, si qua fuit aliis doctoribus facta. Unde dicit Augustinus, in epistola ad Hieronymum[5]: *Solis eis Scripturarum libris qui canonici appellantur, didici hunc honorem deferre, ut nullum auctorem eorum in scribendo errasse aliquid firmissime credam. Alios autem ita lego, ut, quantalibet sanctitate doctrinaque praepolleant, non ideo verum putem, quod ipsi ita senserunt vel scripserunt.*

QUANTO AO 1º, portanto, deve-se dizer que, ainda que os argumentos da razão humana sejam impróprios para demonstrar o que se refere à fé, por outro lado, a partir dos artigos da fé, a doutrina sagrada pode provar outras verdades, como foi dito.

QUANTO AO 2º, deve-se afirmar que é muito próprio desta doutrina usar argumentos de autoridade, pois os princípios da doutrina sagrada vêm da revelação. Assim, deve-se acreditar na autoridade daqueles pelos quais a revelação se realizou. Isso, porém, não derroga sua dignidade, porque, se o argumento de autoridade fundado sobre a razão humana é o mais fraco de todos, o que está fundado sobre a revelação divina é o mais eficaz de todos.

No entanto, a doutrina sagrada utiliza também a razão humana, não para provar a fé, o que lhe tiraria o mérito, mas para iluminar alguns outros pontos que essa doutrina ensina. Como a graça não suprime a natureza mas a aperfeiçoa, convém que a razão natural sirva à fé, assim como a inclinação natural da vontade obedece à caridade. Como diz o Apóstolo na segunda Carta aos Coríntios: "Submetemos todo pensamento à obediência de Cristo". Assim, a doutrina sagrada usa também da autoridade dos filósofos quando, por sua razão natural, puderam atingir a verdade. Paulo, nos Atos, refere esta sentença de Arato: "... como disseram alguns de vossos poetas: Pois somos de sua raça".

Contudo, a doutrina sagrada se vale de tais autoridades como argumentos estranhos e com valor de probabilidade. Quando utiliza os argumentos de autoridade da Escritura canônica, ela o faz com propriedade, tendo em conta a necessidade de argumentar. Quanto à autoridade dos outros doutores da Igreja, vale-se dela como argumento próprio, mas provável. É que nossa fé repousa sobre a revelação feita aos Apóstolos e aos Profetas que escreveram os livros canônicos, e não sobre outras revelações, se é que existem, feitas a outros doutores. Eis por que, escrevendo a Jerônimo, Agostinho declara: "Somente aos livros das Escrituras chamados canônicos atribuo a honra de crer, com toda firmeza, serem seus escritores incapazes de errar em seus escritos. Os outros, se os leio, não é porque pensaram ou escreveram algo, que eu o considere verdadeiro,

---

4. In corp.
5. 82 (al. 19), c. 1, n. 3: ML 33, 277.

por mais eminentes que sejam quanto à santidade ou à doutrina"ʷ.

ARTICULUS 9
Utrum sacra Scriptura debeat uti metaphoris

AD NONUM SIC PROCEDITUR. Videtur quod sacra Scriptura non debeat uti metaphoris.

1. Illud enim quod est proprium infimae doctrinae non videtur competere huic scientiae, quae inter alias tenet locum supremum, ut iam dictum est[1]. Procedere autem per similitudines varias et repraesentationes, est proprium poeticae, quae est infima inter omnes doctrinas. Ergo huiusmodi similitudinibus uti, non est conveniens huic scientiae.

2. PRAETEREA, haec doctrina videtur esse ordinata ad veritatis manifestationem: unde et manifestatoribus eius praemium promittitur, Eccli 24,31: *qui elucidant me, vitam aeternam habebunt.* Sed per huiusmodi similitudines veritas occultatur. Non ergo competit huic doctrinae divina tradere sub similitudine corporalium rerum.

3. PRAETEREA, quanto aliquae creaturae sunt sublimiores, tanto magis ad divinam similitudinem accedunt. Si igitur aliquae ex creaturis transumerentur ad Deum, tunc oporteret talem transumptionem maxime fieri ex sublimioribus creaturis, et non ex infimis. Quod tamen in Scripturis frequenter invenitur.

SED CONTRA est quod dicitur Os 12,10: *Ego visionem multiplicavi eis, et in manibus prophetarum assimilatus sum.* Tradere autem aliquid sub similitudine, est metaphoricum. Ergo ad sacram doctrinam pertinet uti metaphoris.

ARTIGO 9
A Sagrada Escritura deve se utilizar de metáforas?ˣ

QUANTO AO NONO, ASSIM SE PROCEDE: parece que a Sagrada Escritura **não** deve se utilizar de metáforas.

1. Na verdade, o que é próprio de uma doutrina bem inferior não parece convir a esta ciência, que, como já disse, ocupa o lugar mais alto. Ora, o emprego de imagens diversas e de representações sensíveis é próprio da poética, que ocupa o último lugar entre todas as ciências. Logo, não convém à ciência sagrada usar tais imagens.

2. ALÉM DISSO, a doutrina sagrada parece ter por finalidade manifestar a verdade; por isso, aos que a manifestam é prometida uma recompensa: "Os que me explicam alcançarão a vida eterna", diz a Sabedoria no livro do Eclesiástico. Ora, tais imagens escondem a verdade. Logo, não convém a esta doutrina apresentar realidades divinas sob imagens do mundo corporal.

3. ADEMAIS, quanto mais sublimes são algumas criaturas, mais se aproximam da semelhança com Deus. Portanto, se algo das criaturas deve ser transposto para Deus, tal transposição há de ser feita a partir das criaturas mais nobres, e não das ínfimas, o que no entanto se encontra com frequência nas Escrituras.

EM SENTIDO CONTRÁRIO, Deus diz em Oseias: "Falarei aos profetas e multiplicarei as visões, e pelos profetas falarei em parábolas". Ora, apresentar uma verdade mediante imagens é usar metáforas. Logo, convém à doutrina sagrada empregar metáforas.

---

9 PARALL.: I *Sent.*, Prol., a. 5; dist. 3; q. 3, a. 1, 2; *Cont. Gent.* III, 119; in Boet. *de Trin.*, q. 2, a. 4.
1. A. 5.

w. Esta *resposta* nos fornece uma criteriologia do *argumento de autoridade*. No ápice, ergue-se a autoridade da Escritura, que, para o teólogo, é o argumento principal e mais apropriado. Em seguida, surge a autoridade dos Padres da Igreja e de outros doutores (os *Sancti* e os *magistri*), que fornece argumentos próprios, mas apenas prováveis. Vem, por fim, a autoridade dos filósofos, ou seja, dos argumentos externos (à doutrina sagrada) e unicamente prováveis. Em virtude, porém, da harmonia entre a razão e a fé, a filosofia é convocada para manifestar a inteligência da fé.

x. Este artigo nos confirma em que sentido abrangente Santo Tomás entende a expressão *sacra doctrina*. Aqui, equivale à Sagrada Escritura, e pergunta-se se convém que ela se valha de metáforas. Não se buscará neste artigo, porém, uma reflexão sobre a teologia *simbólica* em sua diferença com uma teologia *científica*. Aliás, para Santo Tomás, assim como para Aristóteles, diante deste ideal do conhecimento que é a "ciência" (*opus perfectum rationis*), o recurso à "poética" implica certo vexame. Quando explica como falar de Deus (cf. I, q. 13), todo o seu cuidado é estabelecer uma diferença entre "a metáfora" e "a analogia" e, desse modo, evitar toda vinculação com o discurso poético no interior da teologia-ciência.

RESPONDEO dicendum quod conveniens est sacrae Scripturae divina et spiritualia sub similitudine corporalium tradere. Deus enim omnibus providet secundum quod competit eorum naturae. Est autem naturale homini ut per sensibilia ad intelligibilia veniat: quia omnis nostra cognitio a sensu initium habet. Unde convenienter in sacra Scriptura traduntur nobis spiritualia sub metaphoris corporalium et hoc est quod dicit Dionysius, 1 cap. *Caelestis Hierarchiae*[2]: *Impossibile est nobis aliter lucere divinum radium, nisi varietate sacrorum velaminum circumvelatum*.

Convenit etiam sacrae Scripturae, quae communiter omnibus proponitur (secundum illud Rm 1,14: *sapientibus et insipientibus debitor sum*), ut spiritualia sub similitudinibus corporalium proponantur; ut saltem vel sic rudes eam capiant, qui ad intelligibilia secundum se capienda non sunt idonei.

AD PRIMUM ergo dicendum quod poeta utitur metaphoris propter repraesentationem: repraesentatio enim naturaliter homini delectabilis est. Sed sacra doctrina utitur metaphoris propter necessitatem et utilitatem, ut dictum est[3].

AD SECUNDUM dicendum quod radius divinae revelationis non destruitur propter figuras sensibiles quibus circumvelatur, ut dicit Dionysius[4], sed remanet in sua veritate; ut mentes quibus fit revelatio, non permittat in similitudinibus permanere, sed elevet eas ad cognitionem intelligibilium; et per eos quibus revelatio facta est, alii etiam circa haec instruantur. Unde ea quae in uno loco Scripturae traduntur sub metaphoris, in aliis locis expressius exponuntur. Et ipsa etiam occultatio figurarum utilis est, ad exercitium studiosorum, et contra irrisiones infidelium, de quibus dicitur, Mt 7,6: *nolite sanctum dare canibus*.

AD TERTIUM dicendum quod, sicut docet Dionysius, cap. 2 *Cael. Hier.*[5], magis est conveniens quod divina in Scripturis tradantur sub figuris vilium corporum, quam corporum nobilium. Et hoc propter tria. Primo, quia per hoc magis liberatur humanus animus ab errore. Manifestum

RESPONDO. Convém à Sagrada Escritura nos transmitir as coisas divinas e espirituais, mediante imagens corporais. Deus provê a tudo de acordo com a natureza de cada um. Ora, é natural ao homem elevar-se ao inteligível pelo sensível, porque todo o nosso conhecimento se origina a partir dos sentidos. É, então, conveniente que na Escritura Sagrada as realidades espirituais nos sejam transmitidas por meio de metáforas corporais. É o que diz Dionísio: "O raio da luz divina só pode refulgir para nós envolvido na diversidade dos véus sagrados".

Além do mais, a Escritura sendo proposta geralmente a todos, segundo se diz na Carta aos Romanos: "Sou devedor..., às pessoas cultas como às ignorantes", é-lhe conveniente apresentar as realidades espirituais mediante imagens corporais, a fim de que as pessoas simples as compreendam; elas que não estão aptas a apreender por si mesmas as realidades inteligíveis.

QUANTO AO 1°, por conseguinte, deve-se dizer que o poeta se vale de metáforas para sugerir uma representação, o que é agradável naturalmente ao homem. Quanto à doutrina sagrada, ela se vale de metáfora por necessidade e utilidade, como foi dito.

QUANTO AO 2°, deve-se afirmar que o fulgor da divina revelação, nos diz Dionísio, não é supresso pelas figuras sensíveis que o velam; ele permanece em sua verdade, de modo que impeça que mentes às quais é feita a revelação se limitem às imagens; ele as eleva até o conhecimento das coisas inteligíveis, e por seu intermédio os outros são igualmente instruídos. Eis por que o que é apresentado em determinado lugar da Escritura sob metáforas é exposto mais explicitamente em outros lugares. Além do mais, a obscuridade das próprias imagens é útil, seja para exercitar os estudiosos, seja para evitar as zombarias dos infiéis, a respeito dos quais se diz no Evangelho de Mateus: "Não deis aos cães o que é sagrado".

QUANTO AO 3°, deve-se dizer que Dionísio explica por que nas Escrituras é preferível que as coisas divinas sejam apresentadas sob a figura dos corpos mais vis, e não dos mais nobres. Dá três razões para isso. Em primeiro lugar, desse modo afasta-se mais o espírito humano do erro.

---

2. MG 3, 121 B.
3. In corp.
4. Ibid.
5. MG 3, 137 C, 140 A-B.

enim apparet quod haec secundum proprietatem non dicuntur de divinis: quod posset esse dubium, si sub figuris nobilium corporum describerentur divina; maxime apud illos qui nihil aliud a corporibus nobilius excogitare noverunt. — Secundo, quia hic modus convenientior est cognitioni quam de Deo habemus in hac vita. Magis enim manifestatur nobis de ipso quid non est, quam quid est: et ideo similitudines illarum rerum quae magis elongantur a Deo, veriorem nobis faciunt aestimationem quod sit supra illud quod de Deo dicimus vel cogitamus. — Tertio, quia per huiusmodi, divina magis occultantur indignis.

Fica claro que estas coisas, não se aplicam com propriedade às coisas divinas: o que poderia provocar dúvidas se estas fossem apresentadas sob a figura dos corpos mais nobres, sobretudo para os que nada imaginam de mais nobre que o mundo corporal. — Em segundo lugar, esta maneira de agir se encontra em maior conformidade com o conhecimento que alcançamos de Deus nesta vida, porque de Deus sabemos mais o que Ele não é do que o que é. Assim, as semelhanças mais distantes de Deus nos levam a melhor compreender que Ele está acima de tudo o que podemos dizer ou pensar a seu respeito. — Enfim, graças a esse caminho, as coisas divinas aparecem mais bem veladas aos indignos[y].

Articulus 10
Utrum sacra Scriptura sub una littera habeat plures sensus

Ad decimum sic proceditur. Videtur quod sacra Scriptura sub una littera non habeat plures sensus, qui sunt historicus vel litteralis, allegoricus, tropologicus sive moralis, et anagogicus.

1. Multiplicitas enim sensuum in una scriptura parit confusionem et deceptionem, et tollit arguendi firmitatem: unde ex multiplicibus propositionibus non procedit argumentatio, sed secundum hoc aliquae fallaciae assignantur. Sacra autem Scriptura debet esse efficax ad ostendendam veritatem absque omni fallacia. Ergo non debent in ea sub una littera plures sensus tradi.

2. Praeterea, Augustinus dicit in libro *de Utilitate credendi*[1], quod *Scriptura quae Testamentum Vetus vocatur, quadrifariam traditur*: scilicet, *secundum historiam, secundum aetiologiam, secundum analogiam, secundum allegoriam*. Quae quidem quatuor a quatuor praedictis videntur esse aliena omnino. Non igitur conveniens videtur quod

Artigo 10
O texto das Escrituras encerra vários sentidos?

Quanto ao décimo, assim se procede: parece que a Escritura **não** contém num único texto a possibilidade de vários sentidos distintos, tais como: o histórico ou literal, o alegórico, o tropológico ou moral e o anagógico.

1. Com efeito, uma multiplicidade de sentidos relativa a um único texto gera confusão, facilita o erro e fragiliza a argumentação. Por isso, a argumentação não procede de múltiplas proposições; o que ocasionaria certos sofismas. Ora, a Escritura Sagrada deve estar apta a mostrar a verdade sem dar ensejo a sofismas. Logo, num único texto da Sagrada Escritura não devem estar contidos vários sentidos.

2. Além disso, Agostinho nos diz: "A parte da Escritura intitulada Antigo Testamento se apresenta sob quatro formas: história, etiologia, analogia, alegoria". Ora, essa divisão parece totalmente estranha à assinalada acima. Logo, não é conveniente que a Escritura Sagrada seja explicada de acordo com os quatros sentidos.

---

10 Parall.: I *Sent.*, Prol., a. 5; IV, dist. 21, q. 1, a. 2, q.la 1, ad 3; *De Pot.*, q. 4, a. 1; *Quodlib.* III, q. 14, a. 1; VII, q. 6 per tot.; ad Gal., c. 4, lect. 7.

1. C. 3, n. 5: ML 42, 68.

y. As respostas às objeções nos fornecem diversos argumentos para justificar o uso, pela Escritura, de similitudes sensíveis, de metáforas e de antropomorfismos. Os mais interessantes são os desenvolvidos por Dionísio (cf. r. 3), quando ele nos assegura que as similitudes corporais menos nobres apresentam a vantagem de não nos deixar enganar por nossas representações e por nosso discurso sobre Deus. Em outros termos, em relação ao mistério incompreensível de Deus, os ídolos conceituais são mais perigosos que as metáforas corporais. Santo Tomás não esquece tal advertência, mesmo quando trata do conhecimento *analógico* de Deus. Para ele, assim como para Dionísio, é verdadeiro afirmar que "sabemos de Deus mais o que Ele não é do que o que Ele é" (*Magis… manifestatur nobis de ipso quid non est, quam quid est*).

eadem littera sacrae Scripturae secundum quatuor sensus praedictos exponatur.

3. PRAETERA, praeter praedictos sensus, invenitur sensus parabolicus, qui inter illos sensus quatuor non continetur.

SED CONTRA est quod dicit Gregorius, XX *Moralium*[2]: *Sacra Scriptura omnes scientias ipso locutionis suae more transcendit: quia uno eodemque sermone, dum narrat gestum, prodit mysterium.*

RESPONDEO dicendum quod auctor sacrae Scripturae est Deus, in cuius potestate est ut non solum voces ad significandum accommodet (quod etiam homo facere potest), sed etiam res ipsas. Et ideo, cum in omnibus scientiis voces significent, hoc habet proprium ista scientia, quod ipsae res significatae per voces, etiam significant aliquid. Illa ergo prima significatio, qua voces significant res pertinent ad primum sensum, qui est sensus historicus vel litteralis. Illa vero significatio qua res significatae per voces, iterum res alias significant, dicitur sensus spiritualis; qui super litteralem fundatur, et eum supponit.

Hic autem sensus spiritualis trifariam dividitur. Sicut enim dicit Apostolus, Hb 7,19: lex vetus figura est novae legis: et ipsa nova lex, ut dicit Dionysius in *Ecclesiastica Hierarchia*[3], est figura futurae gloriae: in nova etiam lege, ea quae in capite sunt gesta, sunt signa eorum quae nos agere debemus. Secundum ergo quod ea quae sunt veteris legis, significant ea quae sunt novae legis, est sensus allegoricus: secundum vero quod ea quae in Christo sunt facta, vel in his quae Christum significant, sunt signa eorum quae nos agere debemus, est sensus moralis: prout vero significant ea quae sunt in aeterna gloria, est sensus anagogicus.

3. ADEMAIS, além dos sentidos citados, existe o sentido parabólico, não incluído entre os quatro anteriores.

EM SENTIDO CONTRÁRIO, Gregório diz: "A Escritura Sagrada, pela própria maneira de se exprimir, ultrapassa todas as ciências; porque num único e mesmo discurso, ao contar um fato, nos dá um mistério".

RESPONDO. O autor da Escritura Sagrada é Deus. Está em seu poder, para significar algo, empregar não somente palavras, o que o homem pode também fazer, mas igualmente as próprias coisas. Assim, em todas as ciências as palavras são portadoras de significação, mas a Escritura Sagrada tem como próprio que as mesmas coisas significadas pelas palavras significam algo por sua vez. A primeira significação, segundo a qual as palavras designam certas coisas, corresponde ao primeiro sentido, que é o sentido histórico ou literal. A significação pela qual as coisas significadas pelas palavras designam ainda outras coisas é o chamado sentido espiritual, que está fundado no sentido literal e o pressupõe.

Por sua vez, o sentido espiritual se divide em três sentidos diferentes. Com efeito, diz o Apóstolo, na Carta aos Hebreus, que a lei antiga é uma figura da lei nova; e a própria lei nova, acrescenta Dionísio, é uma figura da glória futura; além do mais, na lei nova o que se cumpriu na cabeça é figura do que devemos fazer. Por conseguinte, quando as realidades da lei antiga significam as da lei nova, temos o sentido alegórico; quando as coisas realizadas no Cristo, ou naquilo que Cristo representa, são o sinal do que devemos fazer, temos o sentido moral; enfim, quando essas mesmas coisas significam o que existe na glória eterna, temos o sentido anagógico[z].

---

2. C. 1, n. 1: ML 76, 135 C.
3. C. 5: MG 3, 501 C-D. — Cfr. *De Cael. Hier.*, c. 1: MG 3, 376 BC.

z. Neste artigo de interpretação da Escritura, Santo Tomás retoma a doutrina tradicional dos quatro sentidos da Escritura: o sentido literal ou histórico e os três sentidos espirituais — alegórico, tropológico ou moral e anagógico (comparar com duas outras exposições anteriores: *Quodlibet* VII, a. 15, 16 e *Com. da Ep. aos Gálatas*, c. 5, 1. 7). Contrariamente à opinião de vários intérpretes tomistas, Santo Tomás não faz uma obra original. Aqui, como em outros lugares, sua genialidade consiste antes na sobriedade com a qual dá conta da complexa dialética dos quatro sentidos da Escritura (a esse respeito, deve-se ler, prioritariamente, H. DE LUBAC, *Exégèse médiévale*, segunda parte, II, Aubier, 1964, 272-302). Para Santo Tomás, o sentido literal é o sentido primeiro sobre o qual os sentidos espirituais se apoiam. Nesse ponto, representa um marco importante na via que conduz à exegese moderna, e não há dúvida de que ele manifesta certa reticência a respeito da intemperança das interpretações alegóricas. Contudo, mesmo sendo verdade que a teologia-ciência argumenta normalmente a partir do sentido literal, Santo Tomás não negligenciou o sentido *espiritual* da Escritura. Para ele, assim como para seus predecessores, o sentido alegórico (ou sentido das coisas), em particular, é o meio de levar a sério a história da salvação: "Na Sagrada Escritura, com efeito, é principalmente pelas coisas anteriores que as coisas posteriores são significadas" (*Quodlibet* VII, a. 15, r. 5).

Quia vero sensus litteralis est, quem auctor intendit: auctor autem sacrae Scripturae Deus est, qui omnia simul suo intellectu comprehendit: non est inconveniens, ut dicit Augustinus XII *Confessionum*[4], si etiam secundum litteralem sensum in una littera Scripturae plures sint sensus.

AD PRIMUM ergo dicendum quod multiplicitas horum sensuum non facit aequivocationem, aut aliam speciem multiplicitatis: quia, sicut iam dictum est[5], sensus isti non multiplicantur propter hoc quod una vox multa significet; sed quia ipsae res significatae per voces, aliarum rerum possunt esse signa. Et ita etiam nulla confusio sequitur in sacra Scriptura: cum omnes sensus fundentur super unum, scilicet litteralem; ex quo solo potest trahi argumentum, non autem ex his quae secundum allegoriam dicuntur, ut dicit Augustinus in epistola contra Vincentium Donatistam[6]. Non tamen ex hoc aliquid deperit sacrae Scripturae: quia nihil sub spirituali sensu continetur fidei necessarium, quod Scriptura per litteralem sensum alicubi manifeste non tradat.

AD SECUNDUM dicendum quod illa tria, historia, aetiologia, analogia, ad unum litteralem sensum pertinent. Nam historia est, ut ipse Augustinus exponit[7], cum simpliciter aliquid proponitur: aetiologia vero, cum causa dicti assignatur, sicut cum Dominus assignavit causam quare Moyses permisit licentiam repudiandi uxores, scilicet propter duritiam cordis ipsorum, Mt 19,8: analogia vero est, cum veritas unius Scripturae ostenditur veritati alterius non repugnare. Sola autem allegoria, inter illa quatuor, pro tribus spiritualibus sensibus ponitur. Sicut et Hugo de Sancto Victore sub sensu allegorico etiam anagogicum comprehendit, ponens in tertio suarum *Sententiarum*[8] solum tres sensus, scilicet historicum, allegoricum et tropologicum.

Como, por outro lado, o sentido literal é aquele que o autor quer significar, e o autor da Escritura Sagrada é Deus, que compreende simultaneamente todas as coisas em seu intelecto, não há inconveniente em dizer, segundo Agostinho, que, de acordo com o sentido literal, mesmo num único texto da Escritura encontram-se vários sentidos[a].

QUANTO AO 1º, portanto, deve-se dizer que a multiplicidade dos sentidos em questão não cria nenhum equívoco, ou qualquer outra espécie de multiplicidade. Como foi dito, esses sentidos não se multiplicam em razão de que uma só palavra significaria várias realidades, mas porque as próprias realidades, significadas pelas palavras, podem ser sinais de outras realidades. Também não existe confusão na Escritura, porque todos os sentidos estão fundados no sentido literal, e só a partir dele se pode argumentar, e nunca dos sentidos alegóricos, como observa Agostinho contra o donatista Vicente. Nada, no entanto, se perderá da Escritura Sagrada, porque nada do que é necessário à fé está contido no sentido espiritual que a Sagrada Escritura não o refira explicitamente em alguma parte, em sentido literal.

QUANTO AO 2º, deve-se afirmar que a história, a etiologia e a analogia se referem a um único sentido literal. Existe história, explica Agostinho, quando algo é exposto por si mesmo. Etiologia, quando se indica a causa do que se está tratando: por exemplo, quando o Senhor explica, no Evangelho de Mateus, por que Moisés autorizou o repúdio das esposas, isto é, em razão da dureza de seus corações. Enfim, existe analogia quando se mostra que a verdade de uma passagem da Escritura não se opõe à verdade de outra passagem. Quanto à alegoria, apenas ela, entre as quatro, vale pelos três sentidos espirituais. Hugo de São Vítor coloca também o sentido anagógico sob o sentido alegórico; em seu *Terceiro Livro das Sentenças*, destaca somente três sentidos: o histórico, o alegórico e o tropológico.

---

4. C. 31, n. 42: ML 32, 844. Cfr. *De Gen. ad litt.*, 1. I, c. 19: ML 34, 260 sq.

5. In corp.

6. *Ad Vincent. Rogat.*, Ep. 93 (al. 48) c. 8, n. 24: ML 33, 334.

7. Loco cit. in arg.

8. *De Scripturis et Scriptoribus sacris*, c. 3: ML 175, 11 D — 12 AC. Cfr. ibid., c. 4: ib. 12 D — 13 A; et Prol. lib. I *De Sacramentis*, c. 4: ML 176, 184 C — 185 A.

a. O final da *Solução* apresenta alguma dificuldade. Enquanto todo o artigo argumenta logicamente em favor da unicidade do sentido literal, Santo Tomás parece conceder a Agostinho certa pluralidade do próprio sentido literal. Contudo, à luz de outra passagem de sua obra (*De Potentia*, q. 4, a. 1), é possível compreender que Santo Tomás quer afirmar que, além do sentido diretamente desejado pelo autor sagrado, existem os sentidos que ele próprio não previu, mas que o autor divino previu. Esses "sentidos adaptados" também merecem ser considerados sentidos da Escritura.

AD TERTIUM dicendum quod sensus parabolicus sub litterali continetur: nam per voces significatur aliquid proprie, et aliquid figurative, nec est litteralis sensus ipsa figura, sed id quod est figuratum. Non enim cum Scriptura nominat Dei brachium, est litteralis sensus quod in Deo sit membrum huiusmodi corporale: sed id quod per hoc membrum significatur, scilicet virtus operativa. In quo patet quod sensui litterali sacrae Scripturae nunquam potest subesse falsum.

QUANTO AO 3º, deve-se dizer que o sentido parabólico está incluído no sentido literal; porque pelas palavras podemos significar algo no sentido próprio e algo em sentido figurado; e, nesse caso, o sentido literal não designa a própria imagem, mas o que ela representa. Quando a Escritura fala do braço de Deus, o sentido literal não indica a existência de um membro corporal em Deus, mas o que é significado por esse membro, isto é, o poder de operar. Isto deixa bem claro que, no sentido literal da Escritura, nunca pode haver falsidade[b].

---

[b]. É notável constatar aqui que Santo Tomás relacione o sentido parabólico ou metafórico ao sentido literal e os distinga, portanto, do sentido alegórico, que é um dos três sentidos espirituais. De acordo com o uso corrente, mesmo na Igreja, confunde-se com muita frequência a alegoria com a metáfora. Resulta desta *resposta* 3 que o sentido literal possui ampla extensão: além do sentido primeiro (próprio), há um segundo sentido (figurado), visado pela Santa Escritura com base no primeiro.

O DEUS ÚNICO

Introdução e notas por Jean-Hervé Nicolas

INTRODUÇÃO

A introdução que Santo Tomás coloca no início da questão 2 concerne, em primeiro lugar, ao conjunto da *Suma teológica* e depois, em um segundo parágrafo, à primeira Parte da *Suma*. Em seguida, são anunciadas a divisão do primeiro tratado desta I Parte, consagrado ao estudo da essência divina, e a da própria questão 2, que se ocupa da existência de Deus.

A questão que se põe no limiar desta I Parte é a de saber a que gênero de conhecimento pertence a consideração de Deus e das criaturas que nos é proposta. Se o segundo tratado, que se ocupa da distinção das Pessoas em Deus, concerne evidentemente ao conhecimento teológico sobrenatural, a "doutrina sagrada", ocorrerá o mesmo com o primeiro e o terceiro, que se apresentam, pelo menos em sua maior parte, como uma investigação metafísica da ordem da "teologia natural", e sem depender da revelação?

Seria, contudo, um grande equívoco a respeito da intenção de Santo Tomás e do que ele efetua na *Suma teológica* ver, nas partes em que trata de problemas que também são analisados em filosofia, um empreendimento filosófico. Seria romper a unidade da *Suma teológica*, que se mostraria como uma obra híbrida, na qual seriam introduzidos fragmentos de filosofia ao sabor dos objetos encontrados no desenvolvimento teológico. Na verdade, ela se apresenta como uma síntese magnífica, na qual os objetos mais diversos, tratados cada um de acordo com o método que lhe convém, são todos considerados em função do objeto único e compreensivo, no qual são unificados sem ser confundidos. Quando Santo Tomás se refere a Deus na *Suma teológica*, mesmo que seja para estabelecer sua existência e seus atributos — como se faz também no campo da "teologia natural" —, trata-se sempre do "Deus de Abraão e de Jacó", que é também o "Deus de nosso Senhor Jesus Cristo". No primeiro tratado, é a existência e a essência de Deus, que se revelou como um em três Pessoas, que procuramos conhecer.

O que a razão pode efetuar sem o recurso à revelação, na teologia natural, pode também fazê-lo em teologia sagrada quando se trata dos mesmos problemas. Nesse caso, contudo, a revelação não está ausente. Faz sentir sua presença primeiramente por meio das referências à Escritura, que vêm em apoio a um raciocínio de tipo filosófico, salientando que tal raciocínio é efetuado por crentes enquanto tais, para crentes. A revelação se mostra igualmente quando, no decurso de uma investigação, surgem questões repentinas que não podem ser resolvidas, e mesmo simplesmente suscitadas, senão à sua luz: assim ocorre com a possibilidade e o modo de conceber a visão beatífica, durante a reflexão sobre as condições de cognoscibilidade de Deus; assim se dá com o estudo da predestinação, a respeito do conhecimento e do amor em Deus. Por esses sinais parece que, tratando do mesmo Deus, e no momento em que seus caminhos coincidem, a teologia sagrada e a teologia natural permanecem profundamente distintas.

A distinção entre as duas provém daquilo que a Escolástica chama de objeto formal, ou seja, o ângulo de visão pelo qual é considerada a realidade que buscamos conhecer (o objeto material), e que pode variar para uma mesma realidade. Deus, em metafísica, é considerado sob o ângulo (ou: sob a luz) do ser enquanto ser, como o princípio e a causa do ser: é este que se trata de conhecer formalmente, e tal conhecimento não pode ser exaustivo sem que se venha buscar e encontrar seu princípio em última instância explicativo. Esse princípio é Deus, enquanto Ser, o primeiro e absoluto na ordem dessa perfeição que compreende todas as outras, o ser, e sua fonte, em todos os entes. Deus, para a teologia natural, não é seu objeto, aquilo que ela é levada a conhecer, mas o princípio explicativo de seu objeto: o ser. No campo da teologia sagrada, pelo contrário, é Deus mesmo que procuro conhecer, e os entes criados só interessam ao teólogo na medida em que se realiza neles e por meio deles o desígnio do amor, que foi revelado, e cujo conhecimento completa nosso conhecimento do mistério de Deus.

Daí resulta que, se no campo da teologia sagrada o processo racional que estabelece, a respeito de Deus, verdades que a razão pode descobrir e estabelecer sem o recurso à revelação é de textura filosófica — que exige para ser corretamente efetuado uma boa formação filosófica —, a filosofia, aqui, está a serviço de um conhecimento mais alto, a *sacra doctrina*. Semelhantes verdades não são o termo do processo (da metafísica elas são o ápice), mas constituem um preâmbulo do que é realmente buscado, a compreensão das verdades reveladas por meio de raciocínios esclarecidos e ratificados pela fé. Preâmbulo necessário, no sentido de que a fé seria impossível, e consequentemente o processo teológico, que depende intimamente da fé, estaria desde o início paralisado, caso a razão não pudesse de maneira alguma estabelecer que Deus existe, nem dar à palavra "Deus" conteúdo algum. Como acreditar, com efeito, a não ser com sua razão — que não é outra senão o intelecto humano, assim designado por sua característica, que é de proceder discursivamente de uma verdade conhecida a uma outra que, de um modo ou de outro, dela decorre —, e como poderia a razão realmente acreditar em um deus que ela considerasse inacessível, inexistente para si e, por fim, simplesmente inexistente? Como poderia ela conferir um sentido qualquer — a não ser puramente metafórico — às perfeições, cuja noção é extraída do mundo de nossa experiência, que são atribuídas a esse sujeito inacessível, mas que só podem convir-lhe sob um modo em que elas transcendem toda a experiência, se ela se julga e se declara incapaz desta passagem ao infinito?

Isto não significa que, para poder acreditar, todo homem deve ter demonstrado a existência de Deus e de seus atributos. O que se pode dizer é que a doutrina sagrada compreende, como pressupostos necessários, certas verdades concernentes a Deus e também ao homem — como por exemplo a imortalidade da alma —, as quais não poderíamos negar sem esvaziar a fé de seu alcance realista e de seu conteúdo. Caso a razão fosse incapaz de estabelecer com certeza as verdades que a fé pressupõe, seria impossível a qualquer um considerar verdadeiras as afirmações da revelação, que as pressupõem e que, por isso, as implicam.

Quem é incapaz de demonstrá-las, ou que nem sequer pensa em fazê-lo, acredita nelas no mesmo ato em que crê as verdades reveladas nas quais elas estão implicadas. Entre as tarefas do teólogo está a de desenvolver tal implicação, e de estabelecer racionalmente essas verdades racionais que a fé pressupõe, são chamadas em teologia, em virtude disso, de "preâmbulos da fé". Tendo estabelecido tais verdades racionalmente, ele não crê nelas, no sentido forte da palavra, mas o processo pelo qual, na busca de seu objeto — Deus tal como se revelou —, ele se esforça por estabelecê-las é um processo teológico. A filosofia envolvida nesses raciocínios, de maneira bem aparente, não é autônoma, mas serva, trabalhando por um objetivo que a ultrapassa, sob a condução e a responsabilidade da teologia sagrada.

QUAESTIO II
DE DEO, AN DEUS SIT
in tres articulos divisa

Quia igitur principalis intentio huius sacrae doctrinae est Dei cognitionem tradere, et non solum secundum quod in se est, sed etiam secundum quod est principium rerum et finis earum, et specialiter rationalis creaturae, ut ex dictis est manifestum; ad huius doctrinae expositionem intendentes, primo tractabimus de Deo; secundo, de motu rationalis creaturae in Deum; tertio, de Christo, qui, secundum quod homo, via est nobis tendendi in Deum.

Consideratio autem de Deo tripartita erit. Primo namque considerabimus ea quae ad essentiam divinam pertinent; secundo, ea quae pertinent ad distinctionem Personarum; tertio, ea quae pertinent ad processum creaturarum ab ipso.

Circa essentiam vero divinam, primo considerandum est an Deus sit; secundo, quomodo sit, vel potius quomodo non sit; tertio considerandum erit de his quae ad operationem ipsius pertinent, scilicet de scientia et de voluntate et potentia.

Circa primum quaeruntur tria.

Primo: utrum Deum esse sit per se notum.

Secundo: utrum sit demonstrabile.
Tertio: an Deus sit.

Articulus 1
Utrum Deum esse sit per se notum

AD PRIMUM SIC PROCEDITUR. Videtur quod Deum esse sit per se notum.

1. Illa enim nobis dicuntur per se nota, quorum cognitio nobis naturaliter inest, sicut patent de primis principiis. Sed, sicut dicit Damascenus in principio libri sui[1], *omnibus cognitio existendi Deum naturaliter est inserta.* Ergo Deum esse est per se notum.

QUESTÃO 2
A EXISTÊNCIA DE DEUS
em três artigos

O objetivo principal da doutrina sagrada está em transmitir o conhecimento de Deus não apenas quanto ao que ele é em si mesmo, mas também enquanto é o princípio e o fim das coisas, especialmente da criatura racional, conforme ficou demonstrado. No intento de expor esta doutrina, havemos de tratar: 1. de Deus; 2. do movimento da criatura racional para Deus; 3. do Cristo, que, enquanto homem, é para nós o caminho que leva a Deus.

A consideração de Deus abrange três seções: 1. O que se refere à própria essência divina; 2. O que se refere à distinção das Pessoas; 3. O que se refere às criaturas enquanto procedem de Deus.

Quanto à essência divina, indagaremos: 1. Deus existe?; 2. Como é Ele ou, antes, como não é?; 3. Como age, isto é, sua ciência, sua vontade e seu poder.

A respeito da primeira questão, três são as perguntas:
1. A existência de Deus é evidente por si mesma?
2. Pode-se demonstrá-la?
3. Será que Deus existe?

Artigo 1
A existência de Deus é evidente por si mesma?

QUANTO AO PRIMEIRO ARTIGO, ASSIM SE PROCEDE: parece que a existência de Deus é evidente por si mesma.

1. Com efeito, diz-se que é evidente por si aquilo cujo conhecimento nos é natural[a], como é o caso dos primeiros princípios. Ora, diz Damasceno no início do seu livro: "O conhecimento da existência de Deus está naturalmente infundido em todos". Logo, a existência de Deus é por si evidente.

---

[1] PARALL.: I *Sent.*, dist. 3, q. 1, a. 2; *Cont. Gent.* I, 10, 11; III, 38; *De Verit.*, q. 10, a. 12; *De Pot.*, q. 7, a. 2, ad 2; in Ps 8; in Boet. *de Trin.*, q. 1, a. 3, ad 6.

1. I, 3: MG 94, 793 C.

a. "Natural" equivale aqui a "espontâneo", ou seja, sem busca, por um movimento primeiro da inteligência posta repentinamente diante de uma evidência.

2. Praeterea, illa dicuntur esse per se nota, quae statim, cognitis terminis, cognoscuntur: quod Philosophus attribuit primis demonstrationis principiis, in I *Poster.*[2]: scito enim quid est totum et quid pars, statim scitur quod omne totum maius est sua parte. Sed intellecto quid significet hoc nomen *Deus*, statim habetur quod Deus est. Significatur enim hoc nomine id quo maius significari non potest: maius autem est quod est in re et intellectu, quam quod est in intellectu tantum: unde cum, intellecto hoc nomine *Deus*, statim sit in intellectu, sequitur etiam quod sit in re. Ergo Deum esse est per se notum.

3. Praeterea, veritatem esse est per se notum: quia qui negat veritatem esse, concedit veritatem esse: si enim veritas non est, verum est veritatem non esse. Si autem est aliquid verum, oportet quod veritas sit. Deus autem est ipsa veritas, Io 14,6: *Ego sum via, veritas et vita*. Ergo Deum esse est per se notum.

Sed contra, nullus potest cogitare oppositum eius quod est per se notum, ut patet per Philosophum, in IV *Metaphys.*[3] et I *Poster.*[4], circa prima demonstrationis principia. Cogitari autem potest oppositum eius quod est Deum esse, secundum illud Ps 52,1: *Dixit insipiens in corde suo, non est Deus*. Ergo Deum esse non est per se notum.

Respondeo dicendum quod contingit aliquid esse per se notum dupliciter: uno modo, secundum se et non quoad nos; alio modo, secundum se et quoad nos. Ex hoc enim aliqua propositio est per se nota, quod praedicatum includitur in ratione subiecti, ut *homo est animal*: nam *animal* est de ratione hominis. Si igitur notum sit omnibus de praedicato et de subiecto quid sit, propositio illa erit omnibus per se nota: sicut patet in primis demonstrationum principiis, quorum termini sunt quaedam communia quae nullus ignorat, et ens et non ens, totum et pars, et similia. Si autem apud aliquos notum non sit de praedicato et subiecto quid sit, propositio quidem quantum in se est, erit per se nota: non tamen apud illos qui praedicatum

2. Além disso, diz-se evidente por si aquilo que é conhecido, assim que seus termos são conhecidos, o que o Filósofo, nos *Primeiros Analíticos*, atribui aos primeiros princípios de demonstração. Por exemplo, ao saber o que é o todo e o que é a parte, sabe-se logo que o todo é maior que a parte. Ora, basta compreender o que significa o nome *Deus*, e se tem logo que Deus existe. Este nome significa algo acima do qual não se pode conceber um maior; ora, o que existe na realidade e no intelecto é maior do que aquilo que existe só no intelecto. Assim, ao se compreender este nome, *Deus*, ele existe em nosso espírito e consequentemente na realidade. Logo, a existência de Deus é por si evidente.

3. Ademais, é evidente por si que a verdade existe; pois aquele que lhe nega existência concede que ela exista: pois, se a verdade não existe, é verdadeiro que a verdade não existe. Se existe algo verdadeiro, é necessário que exista a verdade. Ora, Deus é a própria verdade, pois se diz no Evangelho de João: "Eu sou o caminho, a verdade e a vida". Logo, a existência de Deus é evidente por si.

Em sentido contrário, ninguém pode pensar o oposto de algo que é evidente por si, como o Filósofo o prova no livro IV da *Metafísica* e nos *Primeiros Analíticos*, quanto aos primeiros princípios de demonstração. Ora, podemos pensar o contrário da existência de Deus, pois de acordo com o Salmo 52: "O insensato diz em seu coração: Deus não existe". Logo, a existência de Deus não é evidente por si.

Respondo. Algo pode ser evidente por si de duas maneiras: seja em si mesmo e não para nós; seja em si mesmo e para nós. Uma proposição é evidente por si se o predicado está incluído na razão do sujeito. Exemplo: o homem é um animal, porque animal faz parte da razão de homem. Se, por conseguinte, a definição do sujeito e a do predicado são conhecidas de todos, esta proposição será evidente por si para todos. É o que acontece com os primeiros princípios de demonstração, cujos termos são tão gerais que ninguém os ignora: como ente e não ente, todo e parte etc. Se alguém ignorar a definição do predicado e a do sujeito, a proposição será evidente por si em si mesma; mas não para quem ignora o sujeito e o predicado da

---

2. C. 3: 72, b, 18-25.
3. C. 3: 1005, b, 11-12; lect. 6, n. 597.
4. C. 10: 89, a, 6-8; lect. 19, n. 2.

et subiectum propositionis ignorant. Et ideo contingit, ut dicit Boetius in libro *de Hebdomadibus*[5], quod quaedam sunt communes animi conceptiones et per se notae, apud sapientes tantum, ut *incorporalia in loco non esse*.

Dico ergo quod haec propositio, Deus est, quantum in se est, per se nota est: quia praedicatum est idem cum subiecto; Deus enim est suum esse, ut infra patebit[6]. Sed quia nos non scimus de Deo quid est, non est nobis per se nota: sed indiget demonstrari per ea quae sunt magis nota quoad nos, et minus nota quoad naturam, scilicet per effectus.

AD PRIMUM ergo dicendum quod cognoscere Deum esse in aliquo communi, sub quadam confusione, est nobis naturaliter insertum, inquantum scilicet Deus est hominis beatitudo: homo enim naturaliter desiderat beatitudinem, et quod naturaliter desideratur ab homine, naturaliter cognoscitur ab eodem. Sed hoc non est simpliciter cognoscere Deum esse; sicut cognoscere venientem, non est cognoscere Petrum, quamvis sit Petrus veniens: multi enim perfectum hominis bonum, quod est beatitudo, existimant divitias; quidam vero voluptates; quidam autem aliquid aliud.

AD SECUNDUM dicendum quod forte ille qui audit hoc nomen *Deus*, non intelligit significari aliquid quo maius cogitari non possit, cum quidam crediderint Deum esse corpus. Dato etiam quod quilibet intelligat hoc nomine *Deus* significari hoc quod dicitur, scilicet illud quo maius cogitari non potest; non tamen propter hoc sequitur quod intelligat id quod significatur per nomen, esse in rerum natura; sed in apprehensione intellectus tantum. Nec potest argui quod sit in re, nisi daretur quod sit in re aliquid quo maius cogitari non potest: quod non est datum a ponentibus Deum non esse.

proposição. Por esse motivo, diz Boécio, existem conceitos comuns do espírito evidentes por si apenas para os que as conhecem, como esta: *as coisas imateriais não ocupam lugar*.

Digo, portanto, que a proposição Deus existe, enquanto tal, é evidente por si, porque nela o predicado é idêntico ao sujeito. Deus é seu próprio ser, como ficará claro mais adiante. Mas, como não conhecemos a essência de Deus, esta proposição não é evidente para nós[b]; precisa ser demonstrada por meio do que é mais conhecido para nós, ainda que por sua própria natureza seja menos conhecido[c], isto é, pelos efeitos.

QUANTO AO 1º, portanto, deve-se dizer que está impresso naturalmente em nós algum conhecimento geral e confuso da existência de Deus, isto é, Deus como a felicidade do homem, pois o homem deseja naturalmente a felicidade, e o que por sua própria natureza ele deseja, naturalmente também conhece. Mas nisso não consiste em absoluto o conhecimento da existência de Deus, assim como conhecer que alguém está chegando não é conhecer Pedro, embora seja Pedro que está chegando. Muitos pensam que a felicidade, este bem perfeito do homem, consiste nas riquezas, outros a colocam nos prazeres ou em qualquer outra coisa[d].

QUANTO AO 2º, deve-se afirmar que talvez aquele que ouve o nome de *Deus* não entenda que ele designa algo que não se possa cogitar maior; pois alguns acreditaram que Deus é um corpo. Mas, admitido que todos deem ao nome de *Deus* a significação que se pretende: maior que Ele não se pode cogitar, não se segue daí que cada um entenda que aquilo que é significado pelo nome exista na realidade, mas apenas na apreensão do intelecto. Nem se pode deduzir que exista na realidade, a não ser que se pressuponha que na realidade exista algo que não se possa cogitar maior,

---

5. Alias *An omne quod est sit bonum*: ML 64, 1311 B.
6. Q. 3, a. 4.

b. "Para nós": para todos, não para alguns apenas, como no exemplo proposto, pois todos os homens são igualmente incapazes de formar de Deus uma definição na qual perceberiam que a existência está inclusa, não como uma propriedade, mas por identidade.

c. Expressão paradoxal! Significa que os efeitos, por si, são conhecidos depois da causa e na dependência dela, como são depois dela e por ela. No entanto, para o conhecimento humano, eles são conhecidos antes da causa, e ela é conhecida mediante eles. Há uma inversão entre a ordem real e a ordem de conhecimento.

d. Todo homem conhece a felicidade uma vez que a deseja, afirma o objetante; ora, a felicidade do homem é Deus, logo todo homem conhece Deus. A resposta é: se, na verdade, a felicidade do homem é Deus, isto não quer dizer que todo homem o saiba. E aquele que sabe não o sabe de modo imediato e apenas pela experiência íntima de seu desejo. Não poderíamos, portanto, compreender tal experiência como uma experiência de Deus.

AD TERTIUM dicendum quod veritatem esse in communi, est per se notum: sed primam veritatem esse, hoc non est per se notum quoad nos.

Articulus 2
Utrum Deum esse sit demonstrabile

AD SECUNDUM SIC PROCEDITUR. Videtur quod Deum esse non sit demonstrabile.

1. Deum enim esse est articulus fidei. Sed ea quae sunt fidei, non sunt demonstrabilia: quia demonstratio facit scire, fides autem de non apparentibus est, ut patet per Apostolum, Hb 11,1. Ergo Deum esse non est demonstrabile.

2. PRAETEREA, medium demonstrationis est *quod quid est*. Sed de Deo non possumus scire *quid est*, sed solum quid non est, ut dicit Damascenus[1]. Ergo non possumus demonstrare Deum esse.

3. PRAETEREA, si demonstraretur Deum esse, hoc non esset nisi ex effectibus eius. Sed effectus eius non sunt proportionati ei: cum ipse sit infinitus et effectus finiti; finiti autem ad infinitum non est proportio. Cum ergo causa non possit demonstrari per effectum sibi non proportionatum, videtur quod Deum esse non possit demonstrari.

SED CONTRA est quod Apostolus dicit, Rm 1,20: *invisibilia Dei per ea quae facta sunt, intellecta conspiciuntur*. Sed hoc non esset, nisi per ea quae facta sunt, posset demonstrari Deum esse: primum enim quod oportet intelligi de aliquo, est an sit.

RESPONDEO dicendum quod duplex est demonstratio. Una quae est per causam, et dicitur *propter quid*: et haec est per priora simpliciter. Alia est per effectum, et dicitur demonstratio *quia*: et haec est per ea quae sunt priora quoad nos: cum enim effectus aliquis nobis est manifestior quam sua causa, per effectum procedimus ad cogni-

o que recusam os que negam a existência de Deus[e].

QUANTO AO 3º, deve-se afirmar que é evidente por si a existência da verdade, em geral, mas a existência da verdade primeira não é evidente para nós.

Artigo 2
É possível demonstrar a existência de Deus?

QUANTO AO SEGUNDO, ASSIM SE PROCEDE: parece que **não** é possível demonstrar a existência de Deus.

1. Na verdade, a existência de Deus é um artigo de fé. Ora, não se demonstram os artigos da fé, porque a demonstração gera a ciência; mas a fé se refere ao que não vemos, como declara o Apóstolo na Carta aos Hebreus. Logo, a existência de Deus não é demonstrável.

2. ALÉM DISSO, o termo médio de uma demonstração é *o que ele é*. Ora, de Deus não podemos saber o que Ele é, mas unicamente o que não é, como diz Damasceno. Logo, não podemos demonstrar a existência de Deus.

3. ADEMAIS, se se demonstrasse a existência de Deus, não seria senão por meio de suas obras. Ora, as obras de Deus não são proporcionais a Ele, pois elas são finitas e Ele é infinito. Não há proporção entre o finito e o infinito. Por conseguinte, como não se pode demonstrar uma causa por um efeito que não lhe é proporcional, segue-se que não se pode demonstrar a existência de Deus.

EM SENTIDO CONTRÁRIO, o Apóstolo diz na Carta aos Romanos: "As perfeições invisíveis de Deus se tornaram visíveis à inteligência, por suas obras". Mas isso não aconteceria se, por suas obras, não se pudesse demonstrar a existência de Deus, pois o que primeiro se deve conhecer de algo é se ele existe.

RESPONDO. Existem dois tipos de demonstração: uma pela causa, e se chama *propter quid*; ela parte do que é anterior de modo absoluto. Outra, pelos efeitos, e se chama *quia*; ela parte do que é anterior para nós. Sempre que um efeito é mais manifesto que sua causa, recorremos a ele a fim de conhecer a causa. Ora, por qualquer efeito

---

2 PARALL.: Infra, q. 3, a. 5; III *Sent.*, dist. 24, q. 1, a. 2, q.la 2; *Cont. Gent.* I, 12; *De Pot.*, q. 7, a. 3; in Boet. *de Trin.*, q. 1, a. 2.

1. *De Fide Orth.*, I, 4: MG 94, 797 B.

e. Quanto àqueles que fazem esta suposição, devem ainda justificá-la racionalmente, a fim de conferir-lhe valor de certeza.

tionem causae. Ex quolibet autem effectu potest demonstrari propriam causam eius esse (si tamen eius effectus sint magis noti quoad nos): quia, cum effectus dependeant a causa, posito effectu necesse est causam praeexistere. Unde Deum esse, secundum quod non est per se notum quoad nos, demonstrabile est per effectus nobis notos.

AD PRIMUM ergo dicendum quod Deum esse, et alia huiusmodi quae per rationem naturalem nota possunt esse de Deo, ut dicitur Rm 1,19, non sunt articuli fidei, sed praembula ad articulos: sic enim fides praesupponit cognitionem naturalem, sicut gratia naturam, et ut perfectio perfectibile. Nihil tamen prohibet illud quod secundum se demonstrabile est et scibile, ab aliquo accipi ut credibile, qui demonstrationem non capit.

AD SECUNDUM dicendum quod cum demonstratur causa per effectum, necesse est uti effectu loco definitionis causae, ad probandum causam esse: et hoc maxime contingit in Deo. Quia ad probandum aliquid esse, necesse est accipere pro medio *quid significet nomen*, non autem *quod quid est*: quia quaestio *quid est*, sequitur ad quaestionem *an est*. Nomina autem Dei imponuntur ab effectibus, ut postea ostendetur[2]: unde, demonstrando Deum esse per effectum, accipere possumus pro medio quid significet hoc nomen *Deus*.

AD TERTIUM dicendum quod per effectus non proportionatos causae, non potest perfecta cognitio de causa haberi: sed tamen ex quocumque effectu potest manifeste nobis demonstrari causam esse, ut dictum est[3]. Et sic ex effectibus Dei potest demonstrari Deum esse: licet per eos non perfecte possimus eum cognoscere secundum suam essentiam.

podemos demonstrar a existência de sua causa, se pelo menos os efeitos desta causa são mais conhecidos para nós, porque como os efeitos dependem da causa, estabelecida a existência do efeito, segue-se necessariamente a preexistência de sua causa. Por conseguinte, se a existência de Deus não é evidente para nós, pode ser demonstrada pelos efeitos por nós conhecidos[f].

QUANTO AO 1º, portanto, deve-se dizer que a existência de Deus e as outras verdades referentes a Deus, acessíveis à razão natural, como diz o Apóstolo, não são artigos de fé, mas preâmbulos dos artigos. A fé pressupõe o conhecimento natural, como a graça pressupõe a natureza, e a perfeição o que é perfectível. No entanto, nada impede que aquilo que, por si, é demonstrável e compreensível seja recebido como objeto de fé por aquele que não consegue apreender a demonstração[g].

QUANTO AO 2º, deve-se dizer que, quando se demonstra uma causa por seu efeito, é necessário empregar o efeito, em vez da definição da causa, para provar sua existência. O que se verifica principalmente quando se trata de Deus. Para provar que algo existe, deve-se tomar como termo médio não *o que é*, mas *o que significa o nome*, porque a pergunta *o que é* segue a pergunta *se existe*. Ora, os nomes de Deus lhe são dados de acordo com seus efeitos, como se mostrará adiante; assim, ao demonstrar a existência de Deus por seus efeitos, podemos tomar como meio-termo o que significa o nome de *Deus*[h].

QUANTO AO 3º, deve-se afirmar que, por meio de efeitos desproporcionais à causa, não se pode obter dessa causa um conhecimento perfeito; mas, como se disse, a partir de um efeito qualquer pode-se demonstrar claramente a existência da causa. Assim, partindo das obras de Deus, pode-se demonstrar sua existência, ainda que por elas não possamos conhecê-lo perfeitamente quanto à sua essência.

---

2. Q. 13, a. 1.
3. In corp.

f. A causa é anterior a seu efeito na ordem do ser, e é ela que o faz existir e existir como tal. Em consequência, quando podemos demonstrar o efeito a partir da causa, não somente sabemos que ele existe e que é de tal modo, mas sabemos por que (e o mesmo ocorre quando demonstramos a propriedade a partir da essência conhecida pela definição): é a demonstração *propter quid*. Quando somos obrigados a partir do efeito (porque a causa não é diretamente conhecida), podemos demonstrar somente que a causa existe (*quia est*), e se partimos das propriedades podemos alcançar não uma definição propriamente dita da essência, mas uma descrição que faz conhecê-la como a fonte oculta das propriedades: sabemos da causa, ou da essência, que ela é, mas não o que ela é: é a demonstração *quia*.

g. Reporte-se ao que é dito na Introdução, § 3, p. 36.

h. "O que significa o nome de Deus", e que conhecemos apenas como a causa dos efeitos. O que não o deixa, todavia, em uma indeterminação total, pois os efeitos dão a conhecer certas características de sua causa, como veremos no a. 3 desta questão: Motor imóvel, Causa não causada, Necessária por si etc.

Articulus 3
Utrum Deus sit

AD TERTIUM SIC PROCEDITUR. Videtur quod Deus non sit.

1. Quia si unum contrariorum fuerit infinitum, totaliter destruetur aliud. Sed hoc intelligitur in hoc nomine *Deus*, scilicet quod sit quoddam bonum infinitum. Si ergo Deus esset, nullum malum inveniretur. Invenitur autem malum in mundo. Ergo Deus non est.

2. PRAETEREA, quod potest compleri per pauciora principia, non fit per plura. Sed videtur quod omnia quae apparent in mundo, possunt compleri per alia principia, supposito quod Deus non sit: quia ea quae sunt naturalia, reducuntur in principium quod est natura; ea vero quae sunt a proposito, reducuntur in principium quod est ratio humana vel voluntas. Nulla igitur necessitas est ponere Deum esse.

SED CONTRA est quod dicitur Ex 3,14, ex persona Dei: *Ego sum qui sum.*

RESPONDEO dicendum quod Deum esse quinque viis probari potest. Prima autem et manifestior via est, quae sumitur ex parte motus. Certum est enim, et sensu constat, aliqua moveri in hoc mundo. Omne autem quod movetur, ab alio movetur. Nihil enim movetur, nisi secundum quod est in potentia ad illud ad quod movetur: movet autem aliquid secundum quod est actu. Movere enim nihil aliud est quam educere aliquid de potentia in actum: de potentia autem non potest aliquid reduci in actum, nisi per aliquod ens in actu: sicut calidum in actu, ut ignis, facit lignum, quod est calidum in potentia, esse actu calidum, et per hoc movet et alterat ipsum. Non autem est possibile ut idem sit simul in actu et potentia secundum idem, sed solum secundum diversa: quod enim est calidum in actu, non potest simul esse calidum in potentia, sed est simul frigidum in potentia. Impossibile est ergo quod, secundum idem et eodem modo, aliquid sit movens et motum, vel quod moveat seipsum. Omne ergo quod movetur, oportet ab alio moveri. Si ergo id a quo movetur, moveatur, oportet et ipsum ab alio moveri; et illud ab alio. Hic autem

Artigo 3
Deus existe?

QUANTO AO TERCEIRO, ASSIM SE PROCEDE: parece que Deus **não** existe.

1. Porque de dois contrários, se um é infinito, o outro deixa de existir totalmente. Ora, é isso que se entende com o nome de *Deus*, isto é, que se trata de um bem infinito. Assim, se Deus existisse não haveria nenhum mal. Ora, encontra-se o mal no mundo. Logo, Deus não existe.

2. ADEMAIS, o que pode ser realizado por poucos princípios não se realiza por muitos. Ora, parece que tudo que é observado no mundo pode ser realizado por meio de outros princípios, pressuposta a inexistência de Deus, porque o que é natural encontra seu princípio na natureza, e o que é livre, na razão humana ou na vontade. Logo, não é necessário afirmar que Deus existe[i].

EM SENTIDO CONTRÁRIO, está o que se diz da pessoa de Deus no livro do Êxodo: "Eu sou Aquele que sou".

RESPONDO. Pode-se provar a existência de Deus, por cinco vias.

A primeira, e a mais clara, parte do movimento. Nossos sentidos atestam, com toda a certeza, que neste mundo algumas coisas se movem. Ora, tudo o que se move é movido por outro. Nada se move que não esteja em potência em relação ao termo de seu movimento; ao contrário, o que move o faz enquanto se encontra em ato. Mover nada mais é, portanto, que levar algo da potência ao ato, e nada pode ser levado ao ato senão por um ente em ato. Como algo quente em ato, por exemplo o fogo, torna a madeira que está em potência para o calor quente em ato, e assim a move e altera. Ora, não é possível que a mesma coisa, considerada sob o mesmo aspecto, esteja simultaneamente em ato e em potência, a não ser sob aspectos diversos: por exemplo, o que está quente em ato não pode estar simultaneamente quente em potência, mas está frio em potência. É impossível que sob o mesmo aspecto e do mesmo modo algo seja motor e movido, ou que mova a si próprio. É preciso que tudo o que se

---

3 Parall.: I *Sent*., dist. 3, div. prim. part. textus; *Cont. Gent.* I, 13, 15, 16, 44; II, 15; III, 44; *De Verit.*, q. 5, a. 2; *De Pot.*, q. 3, a. 5; *Compend. Theol.*, c. 3; VII *Physic.*, lect. 2; VIII, lect. 9 sqq.; XII *Metaph.*, lect. 5 sqq.

i. É o que mais tarde será chamado de princípio de economia. Aplicado à demonstração da existência de Deus, resulta nisto: tudo o que se passa no universo é suficientemente explicado por causas situadas no interior de nosso universo, causas naturais e causas livres. Logo, se só podemos partir deste universo, podemos (e, logo, devemos) fazer economia de Deus.

non est procedere in infinitum: quia sic non esset aliquod primum movens; et per consequens nec aliquod aliud movens, quia moventia secunda non movent nisi per hoc quod sunt mota a primo movente, sicut baculus non movet nisi per hoc quod est motus a manu. Ergo necesse est devenire ad aliquod primum movens, quod a nullo movetur: et hoc omnes intelligunt Deum.

Secunda via est ex ratione causae efficientis. Invenimus enim in istis sensibilibus esse ordinem causarum efficientium: nec tamen invenitur, nec est possibile, quod aliquid sit causa efficiens sui ipsius; quia sic esset prius seipso, quod est impossibile. Non autem est possibile quod in causis efficientibus procedatur in infinitum. Quia in omnibus causis efficientibus ordinatis, primum est causa medii, et medium est causa ultimi, sive media sint plura sive unum tantum: remota autem causa, removetur effectus: ergo, si non fuerit primum in causis efficientibus, non erit ultimum nec medium. Sed si procedatur in infinitum in causis efficientibus, non erit prima causa efficiens: et sic non erit nec effectus ultimus, nec causae efficientes mediae: quod patet esse falsum. Ergo est necesse ponere aliquam causam efficientem primam: quam omnes Deum nominant.

Tertia via est sumpta ex possibili et necessario: quae talis est. Invenimus enim in rebus quaedam quae sunt possibilia esse et non esse: cum quaedam inveniantur generari et corrumpi, et per consequens possibilia esse et non esse. Impossibile est autem omnia quae sunt talia, semper esse: quia quod possibile est non esse, quandoque non est. Si igitur omnia sunt possibilia non esse, aliquando nihil fuit in rebus. Sed si hoc est verum, etiam nunc nihil esset: quia quod non est, non incipit esse nisi per aliquid quod est; si igitur nihil fuit ens, impossibile fuit quod aliquid inciperet esse, et sic modo nihil esset: quod patet esse falsum. Non ergo omnia entia sunt possibilia: sed oportet aliquid esse necessarium in rebus. Omne autem necessarium vel habet causam suae necessitatis aliunde, vel non habet. Non est autem possibile quod procedatur in infinitum in necessariis, quae habent causam suae necessitatis sicut nec in causis efficientibus, ut probatum est. Ergo necesse est ponere aliquid

move seja movido por outro. Assim, se o que move é também movido, o é necessariamente por outro, e este por outro ainda. Ora, não se pode continuar até o infinito, pois neste caso não haveria um primeiro motor, por conseguinte tampouco outros motores, pois os motores segundos só se movem pela moção do primeiro motor, como o bastão, que só se move movido pela mão. É então necessário chegar a um primeiro motor, não movido por nenhum outro, e este, todos entendem: é Deus.

A segunda via parte da razão de causa eficiente. Encontramos nas realidades sensíveis a existência de uma ordem entre as causas eficientes; mas não se encontra, nem é possível, algo que seja a causa eficiente de si próprio, porque desse modo seria anterior a si próprio: o que é impossível. Ora, tampouco é possível, entre as causas eficientes, continuar até o infinito, porque, entre todas as causas eficientes ordenadas, a primeira é a causa das intermediárias e as intermediárias são a causa da última, sejam elas numerosas ou apenas uma. Por outro lado, supressa a causa, suprime-se também o efeito. Portanto, se não existisse a primeira entre as causas eficientes, não haveria a última nem a intermediária. Mas, se tivéssemos de continuar até o infinito na série das causas eficientes, não haveria causa primeira; assim sendo, não haveria efeito último, nem causa eficiente intermediária, o que evidentemente é falso. Logo, é necessário afirmar uma causa eficiente primeira, a que todos chamam Deus.

A terceira via é tomada do possível e do necessário. Ei-la. Encontramos, entre as coisas, as que podem ser ou não ser, uma vez que algumas se encontram que nascem e perecem. Consequentemente, podem ser e não ser. Mas é impossível ser para sempre o que é de tal natureza, pois o que pode não ser não é em algum momento. Se tudo pode não ser, houve um momento em que nada havia. Ora, se isso é verdadeiro, ainda agora nada existiria; pois o que não é só passa a ser por intermédio de algo que já é. Por conseguinte, se não houve ente algum, foi impossível que algo começasse a existir; logo, hoje, nada existiria: o que é falso. Assim, nem todos os entes são possíveis, mas é preciso que algo seja necessário entre as coisas. Ora, tudo o que é necessário tem, ou não, a causa de sua necessidade de um outro. Aqui também não é possível continuar até o infinito na série das coisas necessárias que têm uma causa da própria necessidade, assim como entre as causas

quod sit per se necessarium, non habens causam necessitatis aliunde, sed quod est causa necessitatis aliis: quod omnes dicunt Deum.

Quarta via sumitur ex gradibus qui in rebus inveniuntur. Invenitur enim in rebus aliquid magis et minus bonum, et verum, et nobile: et sic de aliis huiusmodi. Sed *magis* et *minus* dicuntur de diversis secundum quod appropinquant diversimode ad aliquid quod maxime est: sicut magis calidum est, quod magis appropinquat maxime calido. Est igitur aliquid quod est verissimum, et optimum, et nobilissimum, et per consequens maxime ens: nam quae sunt maxime vera, sunt maxime entia, ut dicitur II *Metaphys*.¹. Quod autem dicitur maxime tale in aliquo genere, est causa omnium quae sunt illius generis: sicut ignis, qui est maxime calidus, est causa omnium calidorum, ut in eodem libro dicitur². Ergo est aliquid quod omnibus entibus est causa esse, et bonitatis, et cuiuslibet perfectionis: et hoc dicimus Deum.

eficientes, como se provou. Portanto, é necessário afirmar a existência de algo necessário por si mesmo, que não encontra alhures a causa de sua necessidade, mas que é causa da necessidade para os outros: o que todos chamam Deusʲ.

A quarta via se toma dos graus que se encontram nas coisas. Encontra-se nas coisas algo mais ou menos bom, mais ou menos verdadeiro, mais ou menos nobre etc. Ora, *mais* e *menos* se dizem de coisas diversas conforme elas se aproximam diferentemente daquilo que é em si o máximo. Assim, mais quente é o que mais se aproxima do que é sumamente quente. Existe em grau supremo algo verdadeiro, bom, nobre e, consequentemente o ente em grau supremo, pois, como se mostra no livro II da *Metafísica*, o que é em sumo grau verdadeiro é ente em sumo grau. Por outro lado, o que se encontra no mais alto grau em determinado gênero é causa de tudo que é desse gênero: assim o fogo, que é quente no mais alto grau, é causa do calor de todo e qualquer corpo aquecido, como é explicado no mesmo livro. Existe então algo que é, para todos os outros entes, causa de ser, de bondade e de toda a perfeição: nós o chamamos Deusᵏ.

---

1. C. 1: 993, b, 28-31; lect. 2, n. 298.
2. Ibid.

j. "O que pode não ser não é em algum momento": a dificuldade da demonstração está nessa afirmação, que parece ser seu pivô, mas que não é de modo algum evidente. É preciso observar, em primeiro lugar, que Santo Tomás fala aqui expressamente dos seres submetidos à geração e à corrupção, e aí seu princípio é incontestável: tudo o que vem a existir pela geração, e deixa de fazê-lo por corrupção, começou a partir do não-ser. Contudo, isto lhe dá o direito de prosseguir: "Se tudo pode não ser, em um dado momento não havia nada?" O que é verdade para cada ser corruptível é verdadeiro para sua totalidade? Santo Tomás não aceitou tal consequência, já que ele admite, com Aristóteles, que o universo poderia ter sido sempre. Na verdade, ele não se contradiz, pois é no próprio coração do universo composto de entes corruptíveis que descobrimos a necessidade: necessidade das essências, necessidade (relativa) das leis físicas, necessidade do próprio ser, pois o que é, por contingente que seja, não pode simultaneamente não ser. Todavia, nessa demonstração, que como as quatro outras é muito reduzida, Santo Tomás prefere passar dos seres corruptíveis, cuja contingência é manifesta, aos entes incorruptíveis — os puros espíritos, também os astros, de acordo com a cosmologia de sua época. Estes entes incorruptíveis são necessários, mas sua necessidade não tem seu princípio em si mesmos: é causada, encontra-se na dependência de um Necessário anterior a ela, o qual, por sua vez, deve também sua necessidade a um outro, depende deste de tal maneira que, caso não haja um Ser necessário por si mesmo, princípio de toda a necessidade que encontramos no universo, tudo é contingente. Não é verdade, no entanto, que tudo seja contingente, pois a existência dos entes incorruptíveis é dotada de necessidade, como vimos. Além disso, toda existência, de fato, comporta uma certa necessidade, de modo que poderíamos ter demonstrado a existência do Necessário por si a partir unicamente dos seres incorruptíveis.

k. O exemplo do fogo nos deixa embaraçados. Deve-se ver nele uma ilustração muito eficaz para os contemporâneos de Santo Tomás, que viam no fogo um corpo no qual se realizava o calor absoluto, mas inoperante para nós. Contudo, não se trata de um argumento cuja evidente não pertinência invalide toda a argumentação. De maneira tão condensada que seu procedimento permanece obscuro, tal raciocínio evoca o grande tema metafísico da participação, que não provém de Aristóteles, mas de Platão, e que, profundamente remodelado pela introdução da causalidade eficiente e da limitação do ato pela potência — estas sim provenientes de Aristóteles —, está no centro da metafísica de Santo Tomás. O calor é uma qualidade material, cujo grau de intensidade provém da quantidade: e sabemos muito bem que a série dos números pode prolongar-se indefinidamente sem que encontremos um número que seja o primeiro. Uma qualidade espiritual não resolveria o problema, pois o mais ou o menos, o grau de intensidade, não podem ser tomados em relação a um primeiro no qual essa qualidade seria ilimitada, toda qualidade estando limitada em sua perfeição ontológica pelo fato de ela ser um acidente. Mas os valores que a demonstração leva em consideração são atributos da própria essência dos seres, assim como de seus acidentes. Ora, a própria essência exclui o mais ou o menos. É preciso portanto, se ela for mais ou menos verdadeira, boa, bela... que seja por comparação com uma essência

A quinta via é tomada do governo das coisas. Com efeito, vemos que algumas coisas que carecem de conhecimento, como os corpos físicos, agem em vista de um fim, o que se manifesta pelo fato de que, sempre ou na maioria das vezes, agem da mesma maneira, a fim de alcançarem o que é ótimo. Fica claro que não é por acaso, mas em virtude de uma intenção, que alcançam o fim. Ora, aquilo que não tem conhecimento não tende a um fim, a não ser dirigido por algo que conhece e que é inteligente, como a flecha pelo arqueiro. Logo, existe algo inteligente pelo qual todas as coisas naturais são ordenadas ao fim, e a isso nós chamamos Deus.

QUANTO AO 1º, portanto, deve-se dizer com Agostinho: "Deus, soberanamente bom, não permitiria de modo algum a existência de qualquer mal em suas obras, se não fosse poderoso e bom a tal ponto de poder fazer o bem a partir do próprio mal". Assim, à infinita bondade de Deus pertence permitir males para deles tirar o bem.

QUANTO AO 2º, deve-se afirmar que, como a natureza age em vista de um fim determinado dirigida por um agente superior, é necessário fazer chegar até Deus, causa primeira, tudo o que a natureza faz. Do mesmo modo, tudo o que é feito por uma livre decisão é necessário fazer chegar a uma causa mais elevada, além da razão ou da vontade humana. É necessário, pois, que o que é mutável e falível chegue a um princípio imóvel e necessário por si mesmo, como acabamos de mostrar[l].

Quinta via sumitur ex gubernatione rerum. Videmus enim quod aliqua quae cognitione carent, scilicet corpora naturalia, operantur propter finem: quod apparet ex hoc quod semper aut frequentius eodem modo operantur, ut consequantur id quod est optimum; unde patet quod non a casu, sed ex intentione perveniunt ad finem. Ea autem quae non habent cognitionem, non tendunt in finem nisi directa ab aliquo cognoscente et intelligente, sicut sagitta a sagittante. Ergo est aliquid intelligens, a quo omnes res naturales ordinantur ad finem: et hoc dicimus Deum.

AD PRIMUM ergo dicendum quod, sicut dicit Augustinus in *Enchiridio*[3]: *Deus, cum sit summe bonus, nullo modo sineret aliquid mali esse in operibus suis, nisi esset adeo omnipotens et bonus, ut bene faceret etiam de malo.* Hoc ergo ad infinitam Dei bonitatem pertinet, ut esse permittat mala, et ex eis eliciat bona.

AD SECUNDUM dicendum quod, cum natura propter determinatum finem operetur ex directione alicuius superioris agentis, necesse est ea quae a natura fiunt, etiam in Deum reducere, sicut in primam causam. Similiter etiam quae ex proposito fiunt, oportet reducere in aliquam altiorem causam, quae non sit ratio et voluntas humana: quia haec mutabilia sunt et defectibilia; oportet autem omnia mobilia et deficere possibilia reduci in aliquod primum principium immobile et per se necessarium, sicut ostensum est[4].

---

3. C. 11: ML 40, 236.
4. In corp.

que seja a verdade, a bondade, a beleza... e tudo isto ao infinito e absolutamente. Todos esses valores, que são recebidos nos entes que conhecemos, e por isso limitados, só podem derivar, por causalidade, daquele do qual constituem a essência. Os entes nos quais os encontramos parcialmente realizados participam de tais valores e participam daquele no qual elas se realizam plenamente, ou seja, infinitamente.

l. É a via da contingência, a terceira via, estendida à defectibilidade da ação e do efeito.

Muitas questões permanecem abertas no final do presente artigo, quiçá o mais famoso da *Suma teológica*. Cada via desemboca em um termo único? Em tal caso, esse termo é o mesmo para as cinco vias? Tudo isso será tratado ulteriormente, e em especial quando for estabelecida a unidade de Deus (q. 11).

QUAESTIO III
DE DEI SIMPLICITATE
in octo articulos divisa
Cognito de aliquo an sit, inquirendum restat quomodo sit, ut sciatur de eo quid sit. Sed quia

QUESTÃO 3
A SIMPLICIDADE DE DEUS[a]
em oito artigos
Conhecida a existência de algo, falta investigar como é, a fim de saber o que ele é. Mas como de

---

a. Nesta questão e nas seguintes, nas quais os termos *ens*, *esse*, *essentia* estão com frequência no centro da argumentação, pareceu-nos necessário, para evitar ambiguidade do termo "ser", traduzir constantemente *ens* por "ente" ("ser" tomado no sentido

de Deo scire non possumus quid sit, sed quid non sit, non possumus considerare de Deo quomodo sit, sed potius quomodo non sit. Primo ergo considerandum est quomodo non sit; secundo, quomodo a nobis cognoscatur; tertio, quomodo nominetur.

Potest autem ostendi de Deo quomodo non sit, removendo ab eo ea quae ei non conveniunt, utpote compositionem, motum, et alia huiusmodi. Primo ergo inquiratur de simplicitate ipsius, per quam removetur ab eo compositio. Et quia simplicia in rebus corporalibus sunt imperfecta et partes, secundo inquiretur de perfectione ipsius; tertio, de infinitate eius; quarto, de immutabilitate; quinto, de unitate.

Circa primum quaeruntur octo.

Primo: utrum Deus sit corpus.
Secundo: utrum sit in eo compositio formae et materiae.
Tertio: utrum sit in eo compositio quidditatis, sive essentiae, vel naturae, et subiecti.
Quarto: utrum sit in eo compositio quae est ex essentia et esse.
Quinto: utrum sit in eo compositio generis et differentiae.
Sexto: utrum sit in eo compositio subiecti et accidentis.
Septimo: utrum sit quocumque modo compositus, vel totaliter simplex.
Octavo: utrum veniat in compositionem cum aliis.

Articulus 1
Utrum Deus sit corpus

AD PRIMUM SIC PROCEDITUR. Videtur quod Deus sit corpus.

1. Corpus enim est quod habet trinam dimensionem. Sed sacra Scriptura attribuit Deo trinam dimensionem: dicitur enim Iob 11,8: *excelsior caelo est, et quid facies? profundior inferno, et unde cognosces? longior terra mensura eius, et latior mari.* Ergo Deus est corpus.

2. PRAETEREA, omne figuratum est corpus, cum figura sit qualitas circa quantitatem. Sed Deus

---

Deus só podemos saber o que Ele não é, e não o que é, não se trata tanto de considerar como Ele é quanto como não é.

Assim, se considerará: 1. Como Ele não é; 2. Como é conhecido por nós; 3. Como Ele é nomeado.

Pode-se mostrar como Deus não é afastando dele o que não lhe pode convir, como: ser composto, estar em movimento etc. Assim, pergunte-se primeiro sobre a simplicidade de Deus, pela qual dele se exclui a composição. Como, porém, nas coisas corporais, as simples são as menos perfeitas e fazem parte das outras, pergunte-se em segundo sobre sua perfeição; em terceiro, sobre sua infinidade; em quarto, sobre sua imutabilidade; e em quinto sobre sua unidade.

A primeira questão será abordada em oito artigos:

1. Deus é um corpo?
2. Há nele composição de forma e matéria?
3. Composição de essência ou de natureza, e de sujeito?
4. Composição de essência e de ser?
5. Composição de gênero e de diferença?
6. Composição de sujeito e de acidente?
7. Haveria em Deus alguma composição, ou Ele é totalmente simples?
8. Deus entraria em composição com outras coisas?

Artigo 1
Seria Deus um corpo?

QUANTO AO PRIMEIRO ARTIGO, ASSIM SE PROCEDE: parece que Deus é um corpo.

1. Com efeito, um corpo tem três dimensões. Ora, a Sagrada Escritura atribui a Deus três dimensões, pois lemos no livro de Jó: "É mais alto que o céu, tu que farás? Mais fundo que o Sheol, que saberás? Sua extensão supera a terra e sua vastidão, o oceano". Logo, Deus é um corpo.

2. ALÉM DISSO, todo ser dotado de figura é um corpo, pois a figura é a qualidade relativa à quan-

---

1 PARALL.: *Cont. Gent.* I, 20; II, 3; *Compend. Theol.*, c. 16.

substantivo), *esse* por "ser", tomado no sentido verbal: isto "é", ou "isto é aquilo"; ou ainda no sentido de "o ato de ser", aquilo pelo qual "o ente é". Essência traduz então o *quod quid est*, "o que uma coisa é", e que se expressa em sua definição.

videtur esse figuratus, cum scriptum sit Gn 1,26: *Faciamus hominem ad imaginem et similitudinem nostram*: figura enim imago dicitur, secundum illud Hb 1,3: *cum sit splendor gloriae, et figura substantiae eius*, idest imago. Ergo Deus est corpus.

3. PRAETEREA, omne quod habet partes corporeas, est corpus. Sed Scriptura attribuit Deo partes corporeas: dicitur enim Iob 40,4: *si habes brachium ut Deus*: et in Ps 33,16: *oculi Domini super iustos*; et 117,16: *dextera Domini fecit virtutem*. Ergo Deus est corpus.

4. PRAETEREA, situs non convenit nisi corpori. Sed ea quae ad situm pertinent, in Scripturis dicuntur de Deo: dicitur enim Is 6,1: *vidi Dominum sedentem*; et Is 3,13: *stat ad iudicandum Dominus*. Ergo Deus est corpus.

5. PRAETEREA, nihil potest esse terminus localis a quo vel ad quem, nisi sit corpus vel aliquod corporeum. Sed Deus in Scriptura dicitur esse terminus localis ut ad quem, secundum illud Ps 33,6: *accedite ad eum, et illuminamini*; et ut a quo, secundum illud Ier 17,13: *recedentes a te in terra scribentur*. Ergo Deus est corpus.

SED CONTRA est quod dicitur Io 4,24: *Spiritus est Deus*.

RESPONDEO dicendum absolute Deum non esse corpus. Quod tripliciter ostendi potest. Primo quidem, quia nullum corpus movet non motum: ut patet inducendo per singula. Ostensum est autem supra[1] quod Deus est primum movens immobile. Unde manifestum est quod Deus non est corpus.

Secundo, quia necesse est id quod est primum ens, esse in actu, et nullo modo in potentia. Licet enim in uno et eodem quod exit de potentia in actum, prius sit potentia quam actus tempore, simpliciter tamen actus prior est potentia: quia quod est in potentia, non reducitur in actum nisi per ens actu. Ostensum est autem supra[2] quod Deus est primum ens. Impossibile est igitur quod in Deo sit aliquid in potentia. Omne autem corpus est in potentia: quia continuum, inquantum huiusmodi, divisibile est in infinitum. Impossibile est igitur Deum esse corpus.

Tertio, quia Deus est id quod est nobilissimum in entibus, ut ex dictis patet[3]. Impossibile est

tidade. Ora, Deus parece ter uma figura, de acordo com o Gênesis: "Façamos o homem à nossa imagem e semelhança"; a figura é chamada uma imagem, segundo a carta aos Hebreus: "O Filho é o resplendor de sua glória e a figura, isto é, a imagem de sua substância". Logo, Deus é um corpo.

3. ADEMAIS, tudo o que tem partes corpóreas é um corpo. Ora, a Escritura atribui partes corpóreas a Deus: "Tens um braço semelhante ao de Deus?", diz o livro de Jó; e o Salmo 33: "Os olhos do Senhor sobre os justos"; e: "A destra do Senhor realiza uma façanha". Logo, Deus é um corpo.

4. ADEMAIS, posição refere-se apenas ao corpo. Ora, a Escritura, no livro de Isaías, atribui a Deus posições: "Vi o Senhor sentado"; e "O Senhor levanta-se para o julgamento". Logo, Deus é um corpo.

5. ALÉM DISSO, somente um corpo ou algo corpóreo pode ser um termo local, seja um ponto de partida ou de chegada. Ora, a Escritura diz que Deus é um termo local, seja de chegada, segundo o Salmo 33: "Aproximai-vos dele e recebereis sua luz"; ou de partida, segundo o livro de Jeremias: "Todos os que te abandonam serão inscritos na terra".

EM SENTIDO CONTRÁRIO, está dito no Evangelho de João: "Deus é espírito".

RESPONDO. É preciso dizer de modo absoluto: Deus não é um corpo, o que se pode demonstrar de três maneiras.

1. Porque nenhum corpo move se não é movido, como ensina a experiência de cada caso. Ora, foi demonstrado que Deus é o primeiro motor imóvel. Logo, fica claro que Ele não é um corpo.

2. Porque o que é o primeiro ente tem de estar necessariamente em ato, de modo algum em potência. Embora, em uma única e mesma coisa que passa da potência ao ato, a potência seja anterior ao ato no tempo; no entanto, absolutamente falando, o ato é anterior à potência, pois o que está em potência só é levado ao ato por um ente em ato. Ora, foi mostrado acima que Deus é o primeiro ente. É por conseguinte impossível a existência em Deus de algo em potência. Ora, todo corpo se encontra em potência, pois o contínuo, como tal, é divisível ao infinito. É então impossível que Deus seja um corpo.

3. Deus é o que há de mais nobre entre os entes, como foi explicado. Ora, é impossível que

---

1. Q. 2, a. 3.
2. Ibid.
3. Q. 2, a. 3.

autem aliquod corpus esse nobilissimum in entibus. Quia corpus aut est vivum, aut non vivum. Corpus autem vivum, manifestum est quod est nobilius corpore non vivo. Corpus autem vivum non vivit inquantum corpus, quia sic omne corpus viveret: oportet igitur quod vivat per aliquid aliud, sicut corpus nostrum vivit per animam. Illud autem per quod vivit corpus, est nobilius quam corpus. Impossibile est igitur Deum esse corpus.

AD PRIMUM ergo dicendum quod, sicut supra dictum est[4], sacra Scriptura tradit nobis spiritualia et divina sub similitudinibus corporalium. Unde, cum trinam dimensionem Deo attribuit, sub similitudine quantitatis corporeae, quantitatem virtualem ipsius designat: utpote per profunditatem, virtutem ad cognoscendum occulta; per altitudinem, excellentiam virtutis super omnia; per longitudinem, durationem sui esse; per latitudinem, affectum dilectionis ad omnia. — Vel, ut dicit Dionysius, cap. 9 *de Div. Nom.*[5], per profunditatem Dei intelligitur incomprehensibilitas ipsius essentiae; per longitudinem, processus virtutis eius, omnia penetrantis; per latitudinem vero, superextensio eius ad omnia, inquantum scilicet sub eius protectione omnia continentur.

AD SECUNDUM dicendum quod homo dicitur esse ad imaginem Dei, non secundum corpus, sed secundum id quo homo excellit alia animalia: unde, Gn 1,26, postquam dictum est: *Faciamus hominem ad imaginem et similitudinem nostram*, subditur: *ut praesit piscibus maris*, etc. Excellit autem homo omnia animalia quantum ad rationem et intellectum. Unde secundum intellectum et rationem, quae sunt incorporea, homo est ad imaginem Dei.

AD TERTIUM dicendum quod partes corporeae attribuuntur Deo in Scripturis ratione suorum actuum, secundum quandam similitudinem. Sicut actus oculi est videre: unde oculus de Deo dictus, significat virtutem eius ad videndum modo intelligibili, non sensibili. Et simile est de aliis partibus.

AD QUARTUM dicendum quod etiam ea quae ad situm pertinent, non attribuuntur Deo nisi secundum quandam similitudinem: sicut dicitur sedens, propter suam immobilitatem et auctoritatem; et stans, propter suam fortitudinem ad debellandum omne quod adversatur.

um corpo seja o mais nobre dos entes. Pois um corpo é vivo ou não vivo; o corpo vivo é manifestamente mais nobre que o corpo não vivo. Por outro lado, o corpo vivo não vive por ser corpo, pois se assim fosse todo corpo viveria; é preciso que viva por alguma outra coisa, como nosso corpo vive pela alma. Ora, o que leva o corpo a viver é mais nobre que ele. Por conseguinte, é impossível Deus ser um corpo.

QUANTO AO 1º, deve-se dizer que, como foi explicado acima, a Sagrada Escritura nos transmite as coisas divinas e espirituais mediante imagens corporais. Daí que, quando atribui a Deus as três dimensões, ela designa, mediante a imagem de uma quantidade corporal, a quantidade de seu poder. Assim, pela profundidade designa o poder de conhecer que é oculto; pela altura, a superioridade de seu poder sobre tudo; pelo comprimento, a duração de sua existência; pela largura, a disposição de seu amor por todas as coisas. — Ou ainda, segundo Dionísio: "Pela profundidade de Deus se entende a incompreensibilidade de sua essência; pelo comprimento, a extensão de seu poder, que tudo penetra; pela largura, a amplitude de sua presença, pois tudo está contido sob sua proteção".

QUANTO AO 2º, deve-se dizer que o homem é à imagem de Deus, não segundo seu corpo, mas segundo aquilo pelo que o homem supera os outros animais. Eis por que, depois das palavras "Façamos o homem à nossa imagem e semelhança", o Gênesis acrescenta: "para que domine sobre os peixes do mar...". Ora, o homem é superior a todos os animais pela razão, e pelo intelecto. Portanto, é segundo o intelecto e a razão que são incorpóreos, que o homem é à imagem de Deus.

QUANTO AO 3º, deve-se dizer que na Escritura partes corpóreas são atribuídas a Deus em razão de sua ação, segundo alguma semelhança. Como o ato do olho é ver, daí que o olho dito de Deus significa sua capacidade de ver pela inteligência, não pelos sentidos. O mesmo se diga dos outros membros.

QUANTO AO 4º, deve-se dizer que o que se refere à posição não é atribuído a Deus senão segundo certa semelhança: diz-se que está sentado em razão de sua imutabilidade e de sua autoridade; e em pé por causa de sua força, capaz de vencer todos os adversários.

---

4. Q. 1, a. 9.
5. MG 3, 913 A-B.

AD QUINTUM dicendum quod ad Deum non acceditur passibus corporalibus, cum ubique sit, sed affectibus mentis: et eodem modo ab eo receditur. Et sic accessus et recessus, sub similitudine localis motus, designant spiritualem affectum.

QUANTO AO 5º, deve-se dizer que de Deus não se aproxima mediante passos do corpo, pois Ele se encontra em toda a parte, mas pelos sentimentos da alma, e assim também dele se afasta. Dessa forma, a aproximação ou o afastamento, sob a imagem do movimento local, designa um sentimento espiritual.

ARTICULUS 2
Utrum in Deo sit compositio formae et materiae

AD SECUNDUM SIC PROCEDITUR. Videtur quod in Deo sit compositio formae et materiae.

1. Omne enim quod habet animam, est compositum ex materia et forma: quia anima est forma corporis. Sed Scriptura attribuit animam Deo: introducitur enim ad Hb 10,38, ex persona Dei: *iustus autem meus ex fide vivit; quod si subtraxerit se, non placebit animae meae*. Ergo Deus est compositus ex materia et forma.

2. PRAETEREA, ira, gaudium, et huiusmodi, sunt passiones coniuncti, ut dicitur I *de Anima*[1]. Sed huiusmodi attribuuntur Deo in Scriptura: dicitur enim in Ps 105,40: *iratus est furore Dominus in populum suum*. Ergo Deus ex materia et forma est compositus.

3. PRAETEREA, materia est principium individuationis. Sed Deus videtur esse individuum: non enim de multis praedicatur. Ergo est compositus ex materia et forma.

SED CONTRA omne compositum ex materia et forma est corpus: quantitas enim dimensiva est quae primo inhaeret materiae. Sed Deus non est corpus, ut ostensum est[2]. Ergo Deus non est compositus ex materia et forma.

RESPONDEO dicendum quod impossibile est in Deo esse materiam. Primo quidem, quia materia est id quod est in potentia. Ostensum est autem[3] quod Deus est purus actus, non habens aliquid de potentialitate. Unde impossibile est quod Deus sit compositus ex materia et forma.

Secundo, quia omne compositum ex materia et forma est perfectum et bonum per suam formam: unde oportet quod sit bonum per participationem,

ARTIGO 2
Existe em Deus composição de forma e matéria?

QUANTO AO SEGUNDO, ASSIM SE PROCEDE: parece que em Deus **existe** composição de forma e matéria.

1. Na verdade, tudo o que tem alma é composto de matéria e de forma, porque a alma é a forma do corpo. Ora, a Escritura atribui a Deus uma alma, de acordo com a Carta aos Hebreus, que o faz falar assim: "O meu justo viverá pela fé, mas, se voltar atrás, não agradará mais a minha alma". Logo, Deus é composto de matéria e forma.

2. ALÉM DISSO, a cólera, a alegria etc. são paixões de um ser composto, como se ensina no tratado *Sobre a alma*. Ora, esses sentimentos são atribuídos a Deus na Escritura: diz-se no Salmo 105: "O Senhor inflamou-se de furor contra seu povo". Logo, Deus é composto de matéria e forma.

3. ADEMAIS, a matéria é o princípio da individuação. Ora, Deus parece ser um indivíduo, uma vez que não se atribui a muitos. Logo, é composto de matéria e de forma.

EM SENTIDO CONTRÁRIO, todo composto de matéria e de forma é corpo; pois a extensão é o que primeiro se faz presente à matéria. Ora, como se mostrou, Deus não é um corpo. Logo, não é composto de matéria e de forma.

RESPONDO. É impossível haver em Deus alguma matéria. 1. Porque a matéria é o que está em potência. Já se demonstrou que Deus é ato puro, nele não existindo nada de potencial. Impossível, por conseguinte, que Deus seja composto de matéria e de forma.

2. Porque a perfeição e a bondade de um composto de matéria e de forma lhe vêm de sua forma; portanto, é necessário que seja bom por

---

2 PARALL.: I *Sent.*, dist. 35, a. 1; *Cont. Gent.* I, I, 17; *Compend. Theol.*, c. 28.

1. Cap. 1: 403, a, 16-18.
2. Art. praec.
3. Ibid.

secundum quod materia participat formam. Primum autem quod est bonum et optimum, quod Deus est, non est bonum per participationem: quia bonum per essentiam, prius est bono per participationem. Unde impossibile est quod Deus sit compositus ex materia et forma.

Tertio, quia unumquodque agens agit per suam formam: unde secundum quod aliquid se habet ad suam formam, sic se habet ad hoc quod sit agens. Quod igitur primum est et per se agens, oportet quod sit primo et per se forma. Deus autem est primum agens, cum sit prima causa efficiens, ut ostensum est[4]. Est igitur per essentiam suam forma; et non compositus ex materia et forma.

AD PRIMUM ergo dicendum quod anima attribuitur Deo per similitudinem actus. Quod enim volumus aliquid nobis, ex anima nostra est: unde illud dicitur esse placitum animae Dei, quod est placitum voluntati ipsius.

AD SECUNDUM dicendum quod ira et huiusmodi attribuuntur Deo secundum similitudinem effectus: quia enim proprium est irati punire, ira eius punitio metaphorice vocatur.

AD TERTIUM dicendum quod formae quae sunt receptibiles in materia, individuantur per materiam, quae non potest esse in alio, cum sit primum subiectum substans: forma vero, quantum est de se, nisi aliquid aliud impediat, recipi potest a pluribus. Sed illa forma quae non est receptibilis in materia, sed est per se subsistens, ex hoc ipso individuatur, quod non potest recipi in alio: et huiusmodi forma est Deus. Unde non sequitur quod habeat materiam.

participação, na medida em que a matéria participa da forma[b]. Ora, Deus, o bem primeiro e ótimo, não é bom por participação; pois o que é bom por essência é anterior ao que é bom por participação. Impossível, portanto, que Deus seja composto de matéria e forma.

3. Porque todo agente age por sua forma. Portanto, conforme alguma coisa está para sua forma, assim está para o fato de ser agente. Em consequência, o que é primeiro e agente por si é necessário que seja forma por si mesmo e primeiramente. Ora, Deus é o primeiro agente, sendo a primeira causa eficiente, como foi mostrado. É, pois, forma por sua essência, e não composto de matéria e de forma.

QUANTO AO 1º, deve-se dizer que se atribui alma a Deus por uma semelhança com o ato. Se queremos algo, isto vem de nossa alma, por isso se diz que agradou à alma de Deus aquilo que agradou à sua vontade.

QUANTO AO 2º, deve-se dizer que a cólera e coisas parecidas são atribuídas a Deus por uma semelhança dos efeitos. Porque é próprio da pessoa encolerizada punir, chama-se metaforicamente a cólera de Deus de punição.

QUANTO AO 3º, deve-se afirmar que as formas suscetíveis de serem recebidas na matéria são individualizadas pela matéria, que, por ser o primeiro sujeito receptivo, não pode ser recebida em outro. A forma, pelo contrário, por sua própria natureza, salvo impedimento vindo de fora, pode ser recebida em vários sujeitos. Mas a forma que não é suscetível de ser recebida na matéria e é subsistente em si mesma é por isso mesmo individualizada de modo que não possa ser recebida em outra, e tal forma é Deus. Daí não se segue que Ele tenha matéria[c].

---

4. Q. 2, a. 3.

b. Em um composto de matéria e de forma, a forma não é a essência mas uma parte da essência. Logo, a bondade trazida pela forma não se identifica com a essência, mas é possuída por ela, e de maneira parcial. Isso significa que ela é participada, o que implica uma subordinação à Essência que não tem, mas é, a Bondade (ver acima q. 2, a. 3, 4ª via).

c. A forma feita para ser recebida em uma matéria é tal que só pode existir unida a uma matéria. O composto assim formado é "sujeito último", pois a matéria (primeira), sendo puramente indeterminada, não poderia trazer determinação alguma a uma outra. Tanto que a forma está ainda na mente — em uma noção —, ela está, por si, aberta a uma quantidade de conteúdos a determinar, seja na mente, quando uma forma mais determinada completa (e restringe) uma forma mais universal (assim, "racional" determina, e limita, "animal"); seja no real, pois, por si, a forma mais determinada pode realizar-se em uma quantidade de exemplares materiais, cujas diferenças, que evidentemente afetam a forma em sua realização (Paulo é um homem diferente de Pedro), provêm, contudo, não da forma, mas da matéria, ou seja, das limitações que esta impõe à forma, e que são, para ela, a garantia da realidade (Pedro não é diferente de Paulo como homem, não é uma humanidade diversa que se manifesta em Pedro e em Paulo, mas em cada um ela se realiza sendo limitada de maneira diferente). Em virtude disto, dizemos que a matéria é princípio de individuação. Nem toda forma, porém, é feita para compor-se com uma matéria. Algumas, as ontologicamente mais ricas, são de imediato e por si mesmas realizáveis: essas são individualizadas por si mesmas. Entre as criaturas, são as

Articulus 3
Utrum sit idem Deus quod sua essentia vel natura

AD TERTIUM SIC PROCEDITUR. Videtur quod non sit idem Deus quod sua essentia vel natura.

1. Nihil enim est in seipso. Sed essentia vel natura Dei, quae est deitas, dicitur esse in Deo. Ergo videtur quod Deus non sit idem quod sua essentia vel natura.

2. PRAETEREA, effectus assimilatur suae causae: quia omne agens agit sibi simile. Sed in rebus creatis non est idem suppositum quod sua natura: non enim idem est homo quod sua humanitas. Ergo nec Deus est idem quod sua deitas.

SED CONTRA, de Deo dicitur quod est vita, et non solum quod est vivens, ut patet Io 14,6: *Ego sum via, veritas et vita*. Sicut autem se habet vita ad viventem, ita deitas ad Deum. Ergo Deus est ipsa deitas.

RESPONDEO dicendum quod Deus est idem quod sua essentia vel natura. Ad cuius intellectum sciendum est, quod in rebus compositis ex materia et forma, necesse est quod differant natura vel essentia et suppositum. Quia essentia vel natura comprehendit in se illa tantum quae cadunt in definitione speciei: sicut *humanitas* comprehendit in se ea quae cadunt in definitione hominis: his enim homo est homo, et hoc significat humanitas, hoc scilicet quo homo est homo. Sed materia individualis, cum accidentibus omnibus individuantibus ipsam, non cadit in definitione speciei: non enim cadunt in definitione hominis hae carnes et haec ossa, aut albedo ve nigredo, vel aliquid huiusmodi. Unde hae carnes et haec ossa et accidentia designantia hanc materiam, non concluduntur in humanitate. Et tamen in eo quod est homo, includuntur: unde id quod est homo, habet in se aliquid quod non habet humanitas. Et propter hoc non est totaliter idem homo et humanitas: sed humanitas significatur ut pars formalis hominis;

Artigo 3
Deus é o mesmo que sua essência ou natureza?

QUANTO AO TERCEIRO, ASSIM SE PROCEDE: parece que Deus **não** é o mesmo que sua essência ou natureza.

1. Na verdade, nada existe em si mesmo. Ora, diz-se que a essência ou natureza de Deus, que é a deidade, existem em Deus. Logo, parece que Deus não é o mesmo que sua essência ou natureza.

2. ALÉM DISSO, o efeito se assemelha à sua causa, pois todo agente produz algo semelhante a si. Ora, nas coisas criadas, o supósito[d] não é o mesmo que sua natureza; assim, o homem não é o mesmo que sua humanidade. Logo, Deus tampouco é o mesmo que sua deidade.

EM SENTIDO CONTRÁRIO, diz-se de Deus que Ele é a vida, e não apenas um ser vivo, como se lê no Evangelho de João: "Eu sou o Caminho, a Verdade e a Vida". Ora, a deidade está para Deus como a vida para o vivente. Deus é, portanto, a própria deidade.

RESPONDO. Deus é o mesmo que sua essência ou natureza. Para entendê-lo, é preciso saber que nas coisas compostas de matéria e de forma há necessariamente distinção entre natureza ou essência, e supósito. Isso porque a natureza ou essência compreende apenas o que está contido na definição da espécie; assim, *humanidade* compreende o que está contido na definição do homem. É pelo que está contido na definição que o homem é homem, e é o que significa a palavra "humanidade", isto é, aquilo pelo qual o homem é homem. Mas a matéria individual, com todos os acidentes que a individualizam, não está contida na definição da espécie; pois a definição de homem não contém esta carne, estes ossos, a brancura, a negritude etc. Por conseguinte, esta carne, estes ossos e os acidentes que determinam essa matéria não estão incluídos na noção de humanidade, e no entanto estão incluídos no que é o homem. Segue-se que o que é o homem tem algo em si que a humanidade não tem. Assim, não são totalmente a mesma coisa

---

3   PARALL.: I *Sent*., dist. 34, q. 1, a. 1; *Cont. Gent*. I, 21; Qq. disp. *de Un. Verb*., a. 1; *de Anima*, a. 17, ad 10; *Quodlib*. II, q. 2, a. 2; *Compend. Theol*., c. 10; Opusc. XXXVII, *de Quatuor Oppos*., c. 4.

formas puras, que os teólogos chamam de "anjos". Deus, evidentemente, não pode ser outra coisa que uma forma pura, a Forma pura, como se mostrou no corpo deste artigo. Por conseguinte, não tem necessidade da matéria para ser individuado, ou seja, para ser um Ente singular, único.

d. Na terminologia escolástica, o "sujeito", ou "supósito", é o ente, o que é e que age. Para essas palavras, consultar o Vocabulário.

quia principia definientia habent se formaliter, respectu materiae individuantis.

In his igitur quae non sunt composita ex materia et forma, in quibus individuatio non est per materiam individualem, idest per hanc materiam, sed ipsae formae per se individuantur, oportet quod ipsae formae sint supposita subsistentia. Unde in eis non differt suppositum et natura. Et sic, cum Deus non sit compositus ex materia et forma, ut ostensum est[1], oportet quod Deus sit sua deitas, sua vita, et quidquid aliud sic de Deo praedicatur.

AD PRIMUM ergo dicendum quod de rebus simplicibus loqui non possumus, nisi per modum compositorum, a quibus cognitionem accipimus. Et ideo, de Deo loquentes, utimur nominibus concretis, ut significemus eius subsistentiam, quia apud nos non subsistunt nisi composita: et utimur nominibus abstractis, ut significemus eius simplicitatem. Quod ergo dicitur deitas vel vita, vel aliquid huiusmodi esse in Deo, referendum est ad diversitatem quae est in acceptione intellectus nostri; et non ad aliquam diversitatem rei.

AD SECUNDUM dicendum quod effectus Dei imitantur ipsum, non perfecte, sed secundum quod possunt. Et hoc ad defectum imitationis pertinet, quod id quod est simplex et unum, non potest repraesentari nisi per multa: et sic accidit in eis compositio, ex qua provenit quod in eis non est idem suppositum quod natura.

homem e humanidade, mas a humanidade é entendida como sua parte formal; pois os elementos da definição, com relação à matéria individualizante, se comportam como formas.

Portanto, naquilo que não é composto de matéria e de forma, cuja individuação não vem de uma matéria individual, isto é, dessa matéria, mas que se individualiza pela própria forma, é necessário que essa forma seja supósito subsistente. Logo, nele o supósito não se distingue da natureza. Assim, como Deus não é composto de matéria e de forma, como já demonstrado, é necessário que Ele seja sua própria deidade, sua vida e qualquer outra coisa que a ele se atribua.

QUANTO AO 1º, deve-se afirmar que não podemos falar das coisas simples a não ser à maneira das coisas compostas, de onde procede nosso conhecimento. E, por isso, ao falar de Deus e querendo significar sua subsistência, empregamos termos concretos, pois para nós não subsiste a não ser o que é composto. E para significar sua simplicidade empregamos termos abstratos. Então, ao dizer que a deidade ou a vida etc. existe em Deus, deve-se atribuir à diversidade que há na compreensão do nosso intelecto e não a uma diversidade da coisa em si.

QUANTO AO 2º, deve-se dizer que os efeitos de Deus o imitam, não perfeitamente, mas na medida do possível. Por essa imperfeição na imitação, o que é simples e uno só pode ser expresso por uma multiplicidade. E assim ocorre neles a composição, de onde provém que neles não é o mesmo o supósito e a natureza.

ARTICULUS 4
Utrum in Deo sit idem essentia et esse

AD QUARTUM SIC PROCEDITUR. Videtur quod in Deo non sit idem essentia et esse.

1. Si enim hoc sit, tunc ad esse divinum nihil additur. Sed esse cui nulla fit additio, est esse commune quod de omnibus praedicatur: sequitur ergo quod Deus sit ens commune praedicabile de omnibus. Hoc autem est falsum, secundum illud Sap 14,21: *incommunicabile nomen lignis et lapidibus imposuerunt*. Ergo esse Dei non est eius essentia.

ARTIGO 4
Em Deus são o mesmo a essência e o existir?

QUANTO AO QUARTO, ASSIM SE PROCEDE: parece que em Deus **não** seja o mesmo a essência e o existir.

1. Pois, se o fossem, nada se acrescentaria ao ser divino. Ora, o ser ao qual não se faz nenhum acréscimo é o ser em geral, que se atribui a tudo. Deus seria, então, o ente em geral, atribuível a tudo. O que é falso, segundo as palavras da Sabedoria: "Impuseram à pedra e à madeira o nome indizível". Logo, o existir de Deus não é sua essência.

---

1. Art. praec.

4 PARALL.: I *Sent.*, dist. 8, q. 4, a. 1, 2; q. 5, a. 2; dist. 34, q. 1, a. 1; II, *dist.* 1, q. 1, a. 1; *Cont. Gent.* I, 22, 52; Qq. disp., *de Pot.*, q. 7, a. 2; *de Spirit. Creat.*, a. 1; *Compend. Theol.*, c. 11; Opusc. XXXVII, *de Quatuor Oppos.*, c. 4; *De Ent. et Ess.*, c. 5.

2. Praeterea, de Deo scire possumus *an sit*, ut supra[1] dictum est. Non autem possumus scire *quid sit*. Ergo non est idem esse Dei, et *quod quid est* eius, sive quidditas vel natura.

Sed contra est quod Hilarius dicit in VII *de Trin*.[2]: *esse non est accidens* in Deo, *sed subsistens veritas*. Id ergo quod subsistit in Deo, est suum esse.

Respondeo dicendum quod Deus non solum est sua essentia, ut ostensum est[3], sed etiam suum esse. Quod quidem multipliciter ostendi potest. Primo quidem, quia quidquid est in aliquo quod est praeter essentiam eius, oportet esse causatum vel a principiis essentiae, sicut accidentia propria consequentia speciem, ut risibile consequitur hominem et causatur ex principiis essentialibus speciei; vel ab aliquo exteriori, sicut calor in aqua causatur ab igne. Si igitur ipsum esse rei sit aliud ab eius essentia, necesse est quod esse illius rei vel sit causatum ab aliquo exteriori, vel a principiis essentialibus eiusdem rei. Impossibile est autem quod esse sit causatum tantum ex principiis essentialibus rei: quia nulla res sufficit quod sit sibi causa essendi, si habeat esse causatum. Oportet ergo quod illud cuius esse est aliud ab essentia sua, habeat esse causatum ab alio. Hoc autem non potest dici de Deo: quia Deum dicimus esse primam causam efficientem. Impossibile est ergo quod in Deo sit aliud esse, et aliud eius essentia.

Secundo, quia esse est actualitas omnis formae vel naturae: non enim bonitas vel humanitas significatur in actu, nisi prout significamus eam *esse*. Oportet igitur quod ipsum esse comparetur ad essentiam quae est aliud ab ipso, sicut actus ad potentiam. Cum igitur in Deo nihil sit potentiale, ut ostensum est supra[4], sequitur quod non sit aliud in eo essentia quam suum esse. Sua igitur essentia est suum esse.

Tertio, quia sicut illud quod habet ignem et non est ignis, est ignitum per participationem, ita illud quod habet esse et non est esse, est ens per participationem. Deus autem est sua essentia, ut ostensum est[5]. Si igitur non sit suum esse, erit ens per participationem, et non per essentiam.

2. Além disso, a respeito de Deus, podemos saber que existe, como acima se disse. Ora, não podemos saber o que Ele é. Logo, em Deus não é o mesmo a sua existência e o que é, ou sua essência, ou sua natureza.

Em sentido contrário, Hilário escreve: "O existir não é em Deus um acidente, mas verdade subsistente". Por conseguinte, o que subsiste em Deus é seu existir.

Respondo. Deus não somente é sua essência, como foi demonstrado, mas também seu existir, é o que se pode provar de diversas maneiras:
1. Porque o que existe em algo que não pertence à sua essência tem de ser causado ou pelos princípios da essência, como os acidentes próprios da espécie: o riso, por exemplo, pertence ao homem e é causado pelos princípios essenciais de sua espécie; ou por algo exterior, como o calor da água é causado pelo fogo. Portanto, se o próprio existir de uma coisa é distinto de sua essência, é necessário que esse existir seja causado ou por algo exterior ou pelos princípios essenciais dessa coisa. É impossível, no entanto, que o existir seja causado apenas pelos princípios essenciais da coisa; pois coisa alguma é capaz de ser sua causa de existir, se esse existir é causado. É preciso, pois, que o que tem seu existir distinto de sua essência, o tenha causado por um outro. Ora, não se pode dizer isso de Deus, porque dizemos que Ele é a causa eficiente primeira. Logo, é impossível que em Deus uma coisa seja o existir e outra a essência.

2. Porque o existir é a atualização de qualquer forma ou natureza. Não se entende a bondade ou a humanidade em ato, a não ser enquanto as entendemos como existindo. É preciso então que o existir seja referido à essência, que é distinta dele, como o ato em relação à potência. E como em Deus nada é potencial, como já se mostrou, segue-se que nele a essência não é distinta de seu existir. Sua essência é, portanto, seu existir.

3. Porque, assim como o que tem fogo e não é o fogo tem o fogo por participação, também o que tem o existir e não é o existir é um ente por participação. Ora, Deus é sua essência, já foi demonstrado. Portanto, se não fosse seu próprio existir, Ele seria um ente por participação, e não

---

1. Q. 2, a. 2.
2. ML 10, 208 B.
3. Art. praec.
4. Art. 1.
5. Art. praec.

Non ergo erit primum ens: quod absurdum est dicere. Est igitur Deus suum esse, et non solum sua essentia.

AD PRIMUM ergo dicendum quod *aliquid cui non fit additio* potest intelligi dupliciter. Uno modo, ut de ratione eius sit quod non fiat ei additio; sicut de ratione animalis irrationalis est, ut sit sine ratione. Alio modo intelligitur aliquid cui non fit additio, quia non est de ratione eius quod sibi fiat additio: sicut animal commune est sine ratione, quia non est de ratione animalis communis ut habeat rationem; sed nec de ratione eius est ut careat ratione. Primo igitur modo, esse sine additione, est esse divinum: secundo modo, esse sine additione, est esse commune.

AD SECUNDUM dicendum quod *esse* dupliciter dicitur: uno modo, significat actum essendi; alio modo, significat compositionem propositionis, quam anima adinvenit coniungens praedicatum subiecto. Primo igitur modo accipiendo *esse*, non possumus scire esse Dei, sicut nec eius essentiam: sed solum secundo modo. Scimus enim quod haec propositio quam formamus de Deo, cum dicimus *Deus est*, vera est. Et hoc scimus ex eius effectibus, ut supra[6] dictum est.

por essência. Não seria então o primeiro ente, o que é um absurdo. Logo, Deus é seu existir, e não apenas sua essência.

QUANTO AO 1º, deve-se afirmar que *aquilo ao qual nada se acrescenta* pode ser entendido em dois sentidos: ou porque é de sua razão excluir qualquer adição: como da razão de animal irracional é que seja sem "razão". Ou, então, porque não é de sua razão que se lhe faça acréscimo: como o animal em geral não possui razão, pois não pertence à sua razão ser dotado de razão; mas também não é próprio de sua razão não possuí-la. No primeiro caso, o existir sem acréscimo é o existir divino; no segundo caso, o ser sem acréscimo é o ser em geral ou comum[e].

QUANTO AO 2º, deve-se dizer que *ser* se diz em dois sentidos: primeiro, para significar o ato de existir; segundo, para significar a composição de uma proposição, à qual a mente chega, unindo um predicado a um sujeito. Pela primeira maneira de entender o *ser*, não podemos conhecer o existir de Deus, tampouco sua essência, mas apenas de acordo com a segunda maneira. Sabemos que a proposição por nós construída, "Deus existe", é verdadeira; e nós o sabemos a partir dos efeitos de Deus, como acima foi dito.

ARTICULUS 5
Utrum Deus sit in genere aliquo

AD QUINTUM SIC PROCEDITUR. Videtur quod Deus sit in genere aliquo.

1. Substantia enim est ens per se subsistens. Hoc autem maxime convenit Deo. Ergo Deus est in genere substantiae.

ARTIGO 5
Deus está em algum gênero?[f]

QUANTO AO QUINTO, ASSIM SE PROCEDE: parece que Deus **está** em algum gênero.

1. Na verdade, a substância é um ente subsistente por si. Ora, isto convém de modo todo especial a Deus. Logo, Deus está no gênero substância.

---

6. Q. 2, a. 2.

PARALL.: I *Sent*., dist. 8, q. 4, a. 2; dist, 19, q. 4, a. 2; *Cont. Gent.* I, 25; *De Pot*., q. 7, a. 3; *Compend. Theol.*, c. 12; *De Ent. et Ess*., c. 6.

e. O "bicho" é o animal que não é mais que isso, animal: semelhante noção exclui tudo o que acrescenta uma nova determinação à noção de animal (de fato, ela é suscetível, no interior dessa noção, de todas as diferenças específicas que distinguem entre si as diferentes espécies de bichos). De modo comparável, a noção de ser, no sentido em que ela exclui toda adição, não contém nada mais que a perfeição "ser", mas também toda essa perfeição, isto é, "tudo", uma vez que apenas o nada lhe é exterior. De maneira inversa, a mesma noção, no sentido em que faz apelo a outras determinações — como a noção genérica de animal —, exprime o que há em cada ente de mais indeterminado e, portanto, de mais geral. Tal distinção escolástica faz justiça à famosa objeção contra a atribuição do ser a Deus, extraída do fato de que a noção de ser é tão pobre que, no limite, não se distingue do nada. Objeção radicalmente destrutora, pois, se eu estiver convencido de só poder dizer de Deus que Ele é, sou forçado a reconhecer que ele não é. Objeção especiosa, porque se *em um sentido* a noção de ser é tão pobre que tende ao nada, *em outro sentido* ela contém a riqueza ontológica absoluta: "Atualidade de todo ato e perfeição de toda perfeição" (Santo Tomás, *De Potentia*, 7, 2, r. 9).

f. A composição entre o gênero e a diferença é evidentemente nocional. Contudo, é a tradução, no plano das noções, de uma complexidade real que é preciso excluir de Deus. O grande interesse deste artigo será mostrar que Deus está além de todas as nossas categorias, que não podemos englobá-lo em conceito algum, nem mesmo no de ser, de modo que Ele transcende não apenas todas as essências finitas, mas ainda todas as noções de nosso espírito.

2. Praeterea, unumquodque mensuratur per aliquid sui generis; sicut longitudines per longitudinem, et numeri per numerum. Sed Deus est mensura omnium substantiarum, ut patet per Commentatorem[1], X *Metaphys*.[2] Ergo Deus est in genere substantiae.

Sed contra, genus est prius, secundum intellectum, eo quod in genere continetur. Sed nihil est prius Deo, nec secundum rem, nec secundum intellectum. Ergo Deus non est in aliquo genere.

Respondeo dicendum quod aliquid est in genere dupliciter. Uno modo, simpliciter et proprie; sicut species, quae sub genere continentur. Alio modo, per reductionem, sicut principia et privationes: sicut punctus et unitas reducuntur ad genus quantitatis, sicut principia; caecitas autem, et omnis privatio, reducitur ad genus sui habitus. Neutro autem modo Deus est in genere.

Quod enim non possit esse species alicuius generis, tripliciter ostendi potest. Primo quidem, quia species constituitur ex genere et differentia. Semper autem id a quo sumitur differentia constituens speciem, se habet ad illud unde sumitur genus, sicut actus ad potentiam. *Animal* enim sumitur a natura sensitiva per modum concretionis; hoc enim dicitur animal, quod naturam sensitivam habet: *rationale* vero sumitur a natura intellectiva, quia rationale est quod naturam intellectivam habet: intellectivum autem comparatur ad sensitivum, sicut actus ad potentiam. Et similiter manifestum est in aliis. Unde, cum in Deo non adiungatur potentia actui, impossibile est quod sit in genere tanquam species.

Secundo, quia, cum esse Dei sit eius essentia, ut ostensum est[3], si Deus esset in aliquo genere, oporteret quod genus eius esset *ens*: nam genus significat essentiam rei, cum praedicetur *in eo quod quid est*. Ostendit autem Philosophus in III *Metaphys*.[4], quod ens non potest esse genus alicuius: omne enim genus habet differentias quae sunt extra essentiam generis; nulla autem differentia posset inveniri, quae esset extra ens; quia *non ens* non potest esse differentia. Unde relinquitur quod Deus non sit in genere.

2. Além disso, cada coisa é medida por algo do mesmo gênero, como os comprimentos por um comprimento, os números por um número. Ora, Deus é a medida de todas as substâncias, diz o Comentador no livro X da *Metafísica*. Logo, Deus está no gênero substância.

Em sentido contrário, o gênero, na ordem do entendimento, é anterior ao seu conteúdo. Mas, nada é anterior a Deus, nem na ordem da realidade, nem do entendimento. Logo, Deus não está em gênero algum.

Respondo. Algo está em um gênero de duas maneiras. Ou de modo absoluto e próprio, como as espécies, abarcadas por um gênero. Ou por redução, como os princípios e as privações: assim o ponto e a unidade se reduzem ao gênero quantidade, como princípios; a cegueira, ou qualquer outra privação, se reduz ao gênero de seu *habitus*. Em nenhum desses dois modos, Deus está em um gênero.

Que Deus não possa ser espécie de um gênero, pode-se demonstrar de três maneiras:
1. Porque a espécie constitui-se de gênero e diferença. A relação entre aquilo de que procede a diferença que constitui a espécie e aquilo de que procede o gênero é sempre uma relação de ato para potência. O termo *animal* toma-se da natureza sensitiva significada concretamente; diz-se animal o que possui natureza sensitiva. O outro termo, *racional*, toma-se da natureza intelectiva, pois racional é o que tem uma natureza intelectiva. Ora, o intelectivo está para o sensitivo como o ato para a potência, e o mesmo se dá com todo o restante. Como em Deus não se acrescenta potência ao ato, é impossível Deus estar em um gênero como se fosse uma espécie.

2. Porque o ser de Deus é sua essência, como se demonstrou. Se Deus estivesse em um gênero, seria necessário que fosse no gênero *ente*, pois o gênero designa a essência da coisa, sendo atribuído segundo a essência. Ora, o Filósofo, no livro III da *Metafísica*, demonstra que ente não pode ser o gênero de alguma coisa, pois todo gênero comporta diferenças que não pertencem à essência deste gênero. Ora, não existe diferença alguma que não pertença ao ente; porque o *não-ente* não pode constituir uma diferença. Donde se conclui: Deus não está em gênero algum.

---

1. Commentator est Averroes.
2. Comm. VII.
3. Art. praec.
4. C. 3: 998, b, 22; lect. 8, n. 432 sq.

Tertio, quia omnia quae sunt in genere uno, communicant in quidditate vel essentia generis, quod praedicatur de eis *in eo quod quid est*. Differunt autem secundum esse: non enim idem est esse hominis et equi, nec huius hominis et illius hominis. Et sic oportet quod quaecumque sunt in genere, differant in eis esse et *quod quid est*, idest essentia. In Deo autem non differt, ut ostensum est[5]. Unde manifestum est quod Deus non est in genere sicut species.

Et ex hoc patet quod non habet genus, neque differentias; neque est definitio ipsius; neque demonstratio, nisi per effectum: quia definitio est ex genere et differentia, demonstrationis autem medium est definitio.

Quod autem Deus non sit in genere per reductionem ut principium, manifestum est ex eo quod principium quod reducitur in aliquod genus, non se extendit ultra genus illud: sicut punctum non est principium nisi quantitatis continuae, et unitas quantitatis discretae. Deus autem est principium totius esse, ut infra ostendetur[6]. Unde non continetur in aliquo genere sicut principium.

AD PRIMUM ergo dicendum quod substantiae nomen non significat hoc solum quod est per se esse: quia hoc quod est esse, non potest per se esse genus, ut ostensum est[7]. Sed significat essentiam cui competit sic esse, idest per se esse: quod tamen esse non est ipsa eius essentia. Et sic patet quod Deus non est in genere substantiae.

AD SECUNDUM dicendum quod obiectio illa procedit de mensura proportionata: hanc enim oportet esse homogeneam mensurato. Deus autem non est mensura proportionata alicui. Dicitur tamen mensura omnium, ex eo quod unumquodque tantum habet de esse, quantum ei appropinquat.

3. Porque todas as coisas que estão em um mesmo gênero têm em comum a quididade ou essência do gênero, que lhes é atribuída segundo a essência. Mas elas diferem quanto ao ser, pois não são o mesmo o ser do homem e o do cavalo, nem o ser deste homem e o daquele homem. E assim é preciso que todas as coisas que pertencem a um gênero tenham em si distintos o ser e a essência. Ora, em Deus não há essa distinção, como já se mostrou. Logo, Deus não está em um gênero como espécie.

Isto prova que em Deus não há nem gênero nem diferenças; nem há uma definição dele; nem uma demonstração, a não ser pelos efeitos. Pois a definição é por gênero e diferença, e o termo médio da demonstração é a definição.

Que Deus não esteja em um gênero por redução como princípio, é evidente porque o princípio que se reduz a um gênero não ultrapassa esse gênero; assim, o ponto só é princípio da quantidade contínua e a unidade da quantidade separada. Ora, Deus é o princípio de todo ser, como se mostrará. Não está, pois, contido em um gênero como princípio.

QUANTO AO 1º, portanto, deve-se dizer que o termo substância não significa apenas aquilo que é por si, pois não é possível que o que é ser seja por si um gênero, como se demonstrou. O que ele significa é a essência à qual pertence ser de tal modo, a saber, ser por si mesma; este ser, no entanto, não é sua essência. Fica claro, então, que Deus não está no gênero substância.

QUANTO AO 2º, deve-se dizer que esta objeção procede de uma medida proporcional ao medido, ao qual deve ser homogênea. Deus, porém, não é uma medida proporcional ao que quer que seja. Diz-se contudo, medida de todas as coisas, porque cada uma tanto participa do ser quanto se aproxima de Deus.

ARTICULUS 6
Utrum in Deo sint aliqua accidentia

AD SEXTUM SIC PROCEDITUR. Videtur quod in Deo sint aliqua accidentia.

1. Substantia enim *nulli est accidens*, ut dicitur in I *Physic.*[1]. Quod ergo in uno est accidens, non

ARTIGO 6
Em Deus há acidentes?

QUANTO AO SEXTO, ASSIM SE PROCEDE: parece que em Deus **há** acidentes.

1. Com efeito, diz-se no livro I da *Física*: uma substância *não é acidente de outra*. Portanto, o

---

5. Art. praec.
6. Q. 44, a. 1.
7. In corp.

PARALL.: I *Sent.*, dist. 8, q. 4, a. 3; *Cont. Gent.* I, 23; *De Pot.*, q. 7, a. 4; *Compend. Theol.*, c. 23.

1. C. 3: 186, b, 1-2; lect. 6, n. 7 sq.

potest in alio esse substantia: sicut probatur quod calor non sit forma substantialis ignis, quia in aliis est accidens. Sed sapientia, virtus, et huiusmodi, quae in nobis sunt accidentia, Deo attribuuntur. Ergo et in Deo sunt accidentia.

2. Praeterea, in quolibet genere est unum primum. Multa autem sunt genera accidentium. Si igitur prima illorum generum non sunt in Deo, erunt multa prima extra Deum: quod est inconveniens.

Sed contra omne accidens in subiecto est. Deus autem non potest esse subiectum: quia *forma simplex non potest esse subiectum*, ut dicit Boetius in lib. *de Trin.*²: Ergo in Deo non potest esse accidens.

Respondeo dicendum quod, secundum praemissa, manifeste apparet quod in Deo accidens esse non potest. Primo quidem, quia subiectum comparatur ad accidens, sicut potentia ad actum: subiectum enim secundum accidens est aliquo modo in actu. Esse autem in potentia, omnino removetur a Deo, ut ex praedictis patet³.

Secundo, quia Deus est suum esse: et, ut Boetius dicit in lib. *de Hebdomad.*⁴, *licet id quod est, aliquid aliud possit habere adiunctum, tamen ipsum esse nihil aliud adiunctum habere potest*: sicut quod est calidum, potest habere aliquid extraneum quam calidum, ut albedinem; sed ipse calor nihil habet praeter calorem.

Tertio, quia omne quod est per se, prius est eo quod est per accidens. Unde, cum Deus sit simpliciter primum ens, in eo non potest esse aliquid per accidens. — Sed nec *accidentia per se* in eo esse possunt, sicut risibile est per se accidens hominis. Quia huiusmodi accidentia causantur ex principiis subiecti: in Deo autem nihil potest esse causatum, cum sit causa prima. Unde relinquitur quod in Deo nullum sit accidens.

Ad primum ergo dicendum quod virtus et sapientia non univoce dicuntur de Deo et de nobis, ut

que é acidente em um sujeito não pode ser substância em outro; e assim se prova que o calor não é a forma substancial do fogo, pois ele é acidente em outros. Ora, a sabedoria, o poder etc., que em nós são acidentes, são atribuídos a Deus. Logo, em Deus também são acidentes.

2. Ademais, em todo gênero há um primeiro. Ora, muitos são os gêneros de acidentes. Logo, se o primeiro de cada um desses gêneros não está em Deus, haverá muitos primeiros fora dele; o que é inaceitável.

Em sentido contrário, todo acidente está em um sujeito. Ora, Deus não pode ser um sujeito, porque uma forma simples não pode ser um sujeito, diz Boécio^g. Logo, em Deus não pode haver acidentes.

Respondo. O que precede mostra claramente que em Deus não pode haver acidente.

1. Porque o sujeito está para o acidente como a potência para o ato. Pois o sujeito, enquanto acidente, está de algum modo em ato. Ora, estar em potência exclui-se totalmente de Deus, como fica claro pelo já exposto.

2. Porque Deus é seu próprio ser. Ora, diz Boécio: "Embora o que é possa ter por acréscimo alguma outra coisa, o mesmo ser não pode ter acréscimo nenhum". Por exemplo, algo quente pode ter algo diferente do calor, como a brancura; mas o calor nada tem além do calor.

3. Porque o que é por si precede o que é por acidente. Logo, Deus sendo absolutamente o primeiro ente, nada nele pode existir por acidente. — Mesmo os *acidentes próprios*, como a faculdade do riso é um acidente próprio do homem, não podem existir em Deus. Esses acidentes são causados pelos princípios do sujeito; ora, em Deus nada pode ser causado, pois Ele é a causa primeira. Donde se conclui: não há nenhum acidente em Deus.

Quanto ao 1º, deve-se dizer que o poder e a sabedoria não se dizem de Deus e de nós de

---

2. C. 2: ML 64, 1250 D.
3. Art. 1.
4. ML 64, 1311 C.

g. "Receber uma forma" é ser enriquecido, atuado, e isto supõe em quem recebe, o sujeito, uma potencialidade, uma carência, que não se encontra no Ato puro. Ela pode ser encontrada, em vez disso, na forma pura criada: ela existe não em um sujeito, mas como sujeito, e contudo recebe o ser pelo qual existe, e acha-se assim carregada de uma potencialidade radical. Assim, a propósito do anjo, Santo Tomás dirá que o princípio de Boécio citado aqui só se verifica plenamente para Deus, a Forma pura (ver adiante q. 54, a. 3, r. 2).

infra patebit⁵. Unde non sequitur quod accidentia sint in Deo, sicut in nobis.

AD SECUNDUM dicendum quod, cum substantia sit prior accidentibus, principia accidentium reducuntur in principia substantiae sicut in priora. Quamvis Deus non sit primum contentum in genere substantiae, sed primum extra omne genus, respectu totius esse.

ARTICULUS 7
Utrum Deus sit omnino simplex

AD SEPTIMUM SIC PROCEDITUR. Videtur quod Deus non sit omnino simplex.
1. Ea enim quae sunt a Deo, imitantur ipsum; unde a primo ente sunt omnia entia, et a primo bono sunt omnia bona. Sed in rebus quae sunt a Deo, nihil est omnino simplex. Ergo Deus non est omnino simplex.
2. PRAETEREA, omne quod est melius, Deo attribuendum est. Sed, apud nos, composita sunt meliora simplicibus: sicut corpora mixta elementis, et elementa suis partibus. Ergo non est dicendum quod Deus sit omnino simplex.

SED CONTRA est quod Augustinus dicit, VI *de Trinit.*¹, quod Deus vere et summe simplex est.
RESPONDEO dicendum quod Deum omnino esse simplicem, multipliciter potest esse manifestum. Primo quidem per supradicta. Cum enim in Deo non sit compositio, neque quantitativarum partium, quia corpus non est; neque compositio formae et materiae: neque in eo sit aliud natura et suppositum; neque aliud essentia et esse: neque in eo sit compositio generis et differentiae; neque subiecti et accidentis: manifestum est quod Deus nullo modo compositus est, sed est omnino simplex.
Secundo, quia omne compositum est posterius suis componentibus, et dependens ex eis. Deus autem est primum ens, ut supra ostensum est².

maneira unívoca, como se verá. Por conseguinte, não resulta que os acidentes existam em Deus, como em nós.

QUANTO AO 2º, deve-se afirmar que, como a substância é anterior aos acidentes, os princípios destes se reduzem aos da substância, como a algo anterior. Embora Deus não seja o primeiro no gênero da substância, ele é o primeiro além de todo gênero e em relação a todo o ser[h].

ARTIGO 7
Deus é totalmente simples?

QUANTO AO SÉTIMO, ASSIM SE PROCEDE: parece que Deus **não** é totalmente simples.
1. Com efeito, as coisas que procedem de Deus se parecem com Ele, daí que do primeiro ente derivam todos os entes, e do primeiro bem, todos os bens. Ora, entre as obras de Deus, nada há totalmente simples. Logo, Deus não é totalmente simples.
2. ALÉM DISSO, tudo o que há de melhor há de ser atribuído a Deus. Ora, entre nós, as coisas compostas são melhores que as simples; como os corpos mistos com respeito aos elementos, e os elementos às suas partes. Logo, não se deve dizer de Deus que seja totalmente simples.

EM SENTIDO CONTRÁRIO, Agostinho afirma "que Deus é verdadeira e sumamente simples".
RESPONDO. Que Deus seja totalmente simples se pode provar de várias maneiras:
1. Pelo que precede. Como em Deus não há composição nem de partes quantitativas, pois não é um corpo; nem de forma e de matéria, nem distinção de natureza e supósito; nem de essência e ser; nem composição de gênero e diferença, nem de sujeito e de acidente, fica claro que Deus não é composto de nenhuma maneira, mas totalmente simples.
2. Porque todo composto é posterior a seus componentes e dependente deles. Ora, Deus é o primeiro ente, como já foi demonstrado.

---

5. Q. 13, a. 5.

7 PARALL.: I *Sent.*, dist. 8, q. 4, a. 1; *Cont. Gent.* I, 16, 18; *De Pot.*, q. 7, a. 1; *Compend. Theol.*, c. 9; Opusc. XXXVII, *de Quatuor Oppos.*, c. 4; *De Caus.*, lect. 21.

1. C. 6 sq., n. 8 sq.: ML 42, 928 sq.
2. Q. 2, a. 3.

h. Por trás desta resposta encontra-se a perspectiva aristotélica na qual o ser se realiza primeiramente e de modo absoluto na substância, secundária e relativamente (à substância), nos acidentes. Não há, portanto, como pretende o objetante, um primeiro em cada gênero de acidente; mas a respeito de todos os gêneros de ser a substância é primeira e princípio. Mas que substância? Aquela que é infinitamente substância e que, por isso mesmo, transcende o próprio gênero de substância: Deus. Apreende-se assim, na prática, a superação de Aristóteles efetuada por Santo Tomás.

Tertio, quia omne compositum causam habet: quae enim secundum se diversa sunt, non conveniunt in aliquod unum, nisi per aliquam causam adunantem ipsa. Deus autem non habet causam, ut supra ostensum est[3], cum sit prima causa efficiens.

Quarto, quia in omni composito oportet esse potentiam et actum, quod in Deo non est: quia vel una partium est actus respectu alterius; vel saltem omnes partes sunt sicut in potentia respectu totius.

Quinto, quia omne compositum est aliquid quod non convenit alicui suarum partium. Et quidem in totis dissimilium partium, manifestum est: nulla enim partium hominis est homo, neque aliqua partium pedis est pes. In totis vero similium partium, licet aliquid quod dicitur de toto, dicatur de parte, sicut pars aeris est aer, et aquae aqua; aliquid tamen dicitur de toto, quod non convenit alicui partium: non enim si tota aqua est bicubita, et pars eius. Sic igitur in omni composito est aliquid quod non est ipsum. Hoc autem etsi possit dici de habente formam, quod scilicet habeat aliquid quod non est ipsum (puta in albo est aliquid quod non pertinet ad rationem albi): tamen in ipsa forma nihil est alienum. Unde, cum Deus sit ipsa forma, vel potius ipsum esse, nullo modo compositus esse potest. Et hanc rationem tangit Hilarius. VII *de Trinit.*[4] dicens: *Deus, qui virtus est, ex infirmis non continetur: neque qui lux est, ex obscuris coaptatur.*

AD PRIMUM ergo dicendum quod ea quae sunt a Deo, imitantur Deum sicut causata primam causam. Est autem hoc de ratione causati, quod sit aliquo modo compositum: quia ad minus esse eius est aliud quam *quod quid est*, ut infra patebit[5].

AD SECUNDUM dicendum quod apud nos composita sunt meliora simplicibus, quia perfectio bonitatis creaturae non invenitur in uno simplici, sed in multis. Sed perfectio divinae bonitatis invenitur in uno simplici, ut infra ostendetur[6].

3. Porque todo composto tem uma causa. Assim, as coisas que por si são diversas não conformam uma unidade, a não ser por uma causa que as unifique. Ora, Deus não tem causa, como foi demonstrado, sendo a primeira causa eficiente.

4. Porque em todo composto há de existir potência e ato, o que não há em Deus, porque, ou uma das partes é ato em relação à outra, ou pelo menos as partes se encontram todas em potência com respeito ao todo.

5. Porque todo composto é algo que não coincide com qualquer de suas partes. Isto é manifesto nas totalidades formadas de partes dessemelhantes: parte nenhuma do homem é o homem, e nenhuma parte do pé é o pé. Por outro lado, nas totalidades de partes semelhantes, embora algo que se diz do todo se diga da parte, por exemplo: uma parte do ar é ar, uma parte da água é água, algo diz-se do todo que não convém a alguma das partes; assim, se toda água mede dois côvados, não se segue que cada parte também o meça. Por conseguinte, em todo composto existe algo que com ele não se identifica. Embora isso se possa dizer do que tem forma, a saber, que nele existe algo que não é ela (como em algo branco existe algo que não é da razão de branco), na forma nada existe de estranho. Daí que, como Deus é forma, melhor dizendo, é o mesmo ser, de maneira alguma pode ser composto. Hilário assinala essa razão em seu livro *A Trindade* quando diz: "Deus, que é poder, não comporta fraquezas; sendo luz, não admite obscuridade".

QUANTO AO 1º, portanto, deve-se dizer que o que procede de Deus a Ele se assemelha, como os efeitos da causa primeira a ela se assemelham. Ora, pertence à razão de ser causado ser composto de alguma maneira, porque pelo menos seu ser é distinto de sua essência, como se verá.

QUANTO AO 2º, deve-se afirmar que para nós os compostos são melhores que os simples, porque a perfeição da bondade da criatura não se encontra em um único simples, mas em muitos; ao passo que a perfeição da bondade divina se encontra em um único simples, como se verá.

---

3. Ibid.
4. Num. 27: ML 10, 223 A.
5. Q. 50, a. 2, ad 3.
6. Q. 4, a. 2, ad 1.

Articulus 8
Utrum Deus in compositionem aliorum veniat

Ad octavum sic proceditur. Videtur quod Deus in compositionem aliorum veniat.

1. Dicit enim Dionysius, 4 cap. *Cael. Hier.*[1]: *esse omnium est, quae super esse est deitas*. Sed esse omnium intrat compositionem uniuscuiusque. Ergo Deus in compositionem aliorum venit.

2. Praeterea, Deus est forma: dicit enim Augustinus, in libro *de Verbis Domini*[2], quod *Verbum Dei* (quod est Deus) *est forma quaedam non formata*. Sed forma est pars compositi. Ergo Deus est pars alicuius compositi.

3. Praeterea, quaecumque sunt et nullo modo differunt, sunt idem. Sed Deus et materia prima sunt, et nullo modo differunt. Ergo penitus sunt idem. Sed materia prima intrat compositionem rerum. Ergo et Deus. — Probatio mediae: quaecumque differunt, aliquibus differentiis differunt, et ita oportet ea esse composita; sed Deus et materia prima sunt omnino simplicia; ergo nullo modo differunt.

Sed contra est quod dicit Dionysius, 2 cap. *de Div. Nom.*[3], quod *neque tactus est eius* (scilicet Dei), *neque alia quaedam ad partes commiscendi communio*. — Praeterea, dicitur in libro *de Causis*, quod *causa prima regit omnes res, praeterquam commisceatur eis*.

Respondeo dicendum quod circa hoc fuerunt tres errores. Quidam enim posuerunt quod Deus esset anima mundi, ut patet per Augustinum in lib. VII *de Civitate Dei*[4]: et ad hoc etiam reducitur, quod quidam dixerunt Deum esse animam primi caeli. Alii autem dixerunt Deum esse principium formale omnium rerum. Et haec dicitur fuisse opinio Almarianorum. Sed tertius error fuit David de Dinando, qui stultissime posuit Deum esse materiam primam. Omnia enim haec manifestam continent falsitatem: neque est possibile Deum aliquo modo in compositionem alicuius venire, nec sicut principium formale, nec sicut principium materiale.

Artigo 8
Entraria Deus na composição de outras coisas?

Quanto ao oitavo, assim se procede: parece que Deus **entre** na composição de outras coisas.

1. Com efeito, Dionísio declara: "A deidade que está sobre o ser é o ser de todas as coisas". Ora, o ser de todas as coisas entra na composição de cada uma. Logo, Deus entra na composição das outras coisas.

2. Além disso, Deus é uma forma, pois Agostinho escreve que o *Verbo de Deus*, que é Deus, é *uma forma não formada*. Ora, uma forma é uma parte de um composto. Logo, Deus faz parte de algum composto.

3. Ademais, coisas que existem e em nada diferem são idênticas. Ora, Deus e a matéria primeira existem e em nada diferem. Logo, são idênticos. Mas a matéria primeira entra na composição das coisas. Logo, Deus também. — Prova do termo médio: todas as coisas que diferem entre si diferem por algumas diferenças, e assim é necessário que sejam compostas. Ora, Deus e a matéria primeira são totalmente simples. Logo, não diferem em nada.

Em sentido contrário, Dionísio disse: "Não existe da parte de (Deus) nem contato nem qualquer mistura com partes". — Diz-se também no *Livro das Causas* que "a causa primeira rege todas as coisas sem a elas se misturar".

Respondo. Sobre este ponto houve três erros: Alguns afirmaram que Deus é a alma do mundo, como relata Agostinho na *Cidade de Deus*, e a isto se reduz o que alguns disseram, isto é, que Deus é a alma do primeiro céu. Outros disseram que Deus é o princípio formal de tudo, e foi essa, como dizem, a opinião dos partidários de Amaury. Enfim, o terceiro erro é o de Davi de Dinant, que afirmou, da maneira mais insensata, que Deus é a matéria primeira. Mas tudo isso é manifestamente falso, pois não é possível que Deus de algum modo se encontre em composição com algo, seja como princípio formal, seja como princípio material.

---

8 Parall.: I *Sent.*, dist. 8, q. 1, a. 2; *Cont. Gent.*, I, 17, 26, 27; III, 51; *De Pot.*, q. 6, a. 6; *De Verit.*, q. 21, a. 4.

1. MG 3, 177 D.
2. *Serm. ad Popul.*, 117 (al. *de Verbis Dom.*, 38), c. 2: ML 38, 662.
3. MG 3, 644 B.
4. C. 6: ML 41, 199.

Primo quidem, quia supra[5] diximus Deum esse primam causam efficientem. Causa autem efficiens cum forma rei factae non incidit in idem numero, sed solum in idem specie: homo enim generat hominem. Materia vero cum causa efficiente non incidit in idem numero, nec in idem specie: quia hoc est in potentia, illud vero in actu.

Secundo, quia cum Deus sit prima causa efficiens, eius est primo et per se agere. Quod autem venit in compositionem alicuius, non est primo et per se agens, sed magis compositum: non enim manus agit, sed homo per manum; et ignis calefacit per calorem. Unde Deus non potest esse pars alicuius compositi.

Tertio, quia nulla pars compositi potest esse simpliciter prima in entibus; neque etiam materia et forma, quae sunt primae partes compositorum. Nam materia est in potentia: potentia autem est posterior actu simpliciter, ut ex dictis[6] patet. Forma autem quae est pars compositi, est forma participata: sicut autem participans est posterius eo quod est per essentiam, ita et ipsum participatum; sicut ignis in ignitis est posterior eo quod est per essentiam. Ostensum est autem[7] quod Deus est primum ens simpliciter.

AD PRIMUM ergo dicendum quod deitas dicitur *esse* omnium effective et exemplariter: non autem per essentiam.

AD SECUNDUM dicendum quod Verbum est forma exemplaris: non autem forma quae est pars compositi.

AD TERTIUM dicendum quod simplicia non differunt aliquibus aliis differentiis: hoc enim compositorum est. Homo enim et equus differunt rationali et irrationali differentiis: quae quidem differentiae non differunt amplius ab invicem aliis differentiis. Unde si fiat vis in verbo, non proprie dicuntur *differre*, sed *diversa esse*: nam, secundum Philosophum X *Metaphys.*[8], *diversum* absolute dicitur, sed omne *differens* aliquo differt. Unde, si fiat vis in verbo, materia prima et Deus non *differunt*, sed *sunt diversa seipsis*. Unde non sequitur quod sint idem.

1. Porque, como dissemos, Deus é causa eficiente primeira. Ora, a causa eficiente não coincide em número com a forma da coisa feita, mas apenas em espécie. Com efeito, um homem gera outro homem. A matéria, pelo contrário, não coincide com a causa eficiente nem em número nem na espécie, pois uma se encontra em potência e a outra em ato.

2. Sendo Deus a causa eficiente primeira, a Ele pertence agir por primeiro e por si mesmo. Ora, o que entra como parte num composto não é o que age primeiro e por si mesmo, é antes o composto. Assim, não é a mão que age, é o homem por sua mão; e o fogo aquece pelo calor. Deus não pode, por isso, ser parte de um composto.

3. Nenhuma parte de um composto pode, em absoluto, ser a primeira entre os entes, tampouco a matéria e a forma que são as primeiras partes dos compostos. Pois a matéria está em potência e é absolutamente posterior ao ato, como já ficou explicado. A forma, por sua vez, que é parte do composto, é uma forma participada. Ora, assim como o participante é posterior ao que é por essência, o mesmo ocorre com a coisa participada. Por exemplo, o fogo numa matéria que está queimando é posterior ao fogo por essência. Ora, já se demonstrou que Deus é absolutamente o primeiro ente.

QUANTO AO 1º, deve-se dizer que a deidade diz-se *o ser* de todas as coisas em razão da causa eficiente e da causa exemplar, não por essência.

QUANTO AO 2º, deve-se dizer que o Verbo é forma exemplar, mas não é forma que é parte de um composto.

QUANTO AO 3º, deve-se dizer que as coisas simples não diferem entre si em virtude de outras diferenças, pois isto é próprio das compostas. Daí, o homem e o cavalo diferem quanto ao racional e quanto ao irracional, que são suas diferenças; mas essas diferenças não diferem entre si, a seguir, por outras diferenças. Assim, para falar com precisão, não se pode propriamente dizer que *diferem*, mas que *são diversas*, pois como diz o Filósofo, no livro X da *Metafísica*, "diverso se diz de maneira absoluta; ao passo que as *coisas diferentes* diferem por algo". Ora, para falar com precisão, a matéria primeira e Deus não *diferem*; são realidades *diversas por si mesmas*. Não se pode, pois, concluir por sua identidade.

---

5. Q. 2, a. 3.
6. A. 1.
7. Q. 2, a. 3.
8. C. 3: 1054, b, 23-27; lect. 4, n. 1017 sq.

QUAESTIO IV
DE DEI PERFECTIONE
in tres articulos divisa

Post considerationem divinae simplicitatis, de perfectione ipsius Dei dicendum est. Et quia unumquodque, secundum quod perfectum est, sic dicitur bonum, primo agendum est de perfectione divina; secundo de eius bonitate.

Circa primum quaeruntur tria.

Primo: utrum Deus sit perfectus.

Secundo: utrum Deus sit universaliter perfectus, omnium in se perfectiones habens.

Tertio: utrum creaturae similes Deo dici possint.

Articulus 1
Utrum Deus sit perfectus

Ad primum sic proceditur. Videtur quod esse perfectum non conveniat Deo.

1. Perfectum enim dicitur quasi totaliter factum. Sed Deo non convenit esse factum. Ergo nec esse perfectum.

2. Praeterea, Deus est primum rerum principium. Sed principia rerum videntur esse imperfecta: semen enim est principium animalium et plantarum. Ergo Deus est imperfectus.

3. Praeterea, ostensum est supra[1] quod essentia Dei est ipsum esse. Sed ipsum esse videtur esse imperfectissimum: cum sit communissimum, et recipiens omnium additiones. Ergo Deus est imperfectus.

Sed Contra est quod dicitur Mt 5,48: *estote perfecti, sicut et Pater vester caelestis perfectus est.*

Respondeo dicendum quod, sicut Philosophus narrat in XII *Metaphys.*[2], quidam antiqui philosophi, scilicet Pythagorici et Speusippus[3], non attribuerunt optimum et perfectissimum primo principio. Cuius ratio est, quia philosophi antiqui consideraverunt principium materiale tantum: primum autem principium materiale imperfectissimum est. Cum enim materia, inquantum huiusmodi, sit in potentia, oportet quod primum principium materiale sit maxime in potentia; et ita maxime imperfectum.

QUESTÃO 4
A PERFEIÇÃO DE DEUS
em três artigos

Depois da consideração da simplicidade divina, é preciso tratar da perfeição de Deus. E, porque cada um, na medida em que é perfeito, é dito bom, primeiro se tratará da perfeição de Deus e em seguida de sua bondade.

Com respeito ao primeiro, são três as perguntas:

1. Deus é perfeito?
2. É totalmente perfeito a ponto de conter as perfeições de todas as coisas?
3. Pode-se dizer que as criaturas se assemelham a Ele?

Artigo 1
Deus é perfeito?

Quanto ao primeiro, assim se procede: parece que ser perfeito **não** convém a Deus.

1. Com efeito, perfeito significa como que totalmente feito. Ora, não convém a Deus ser feito. Logo, nem ser perfeito.

2. Ademais, Deus é o primeiro princípio das coisas. Ora, pelo visto, os princípios das coisas são imperfeitos: como a semente, o princípio das plantas e dos animais. Logo, Deus é imperfeito.

3. Além disso, que a essência de Deus é o próprio existir, já foi demonstrado. Ora, o próprio existir é, pelo visto, muitíssimo imperfeito, pois é muitíssimo geral, capaz de receber acréscimos de tudo. Logo, Deus é imperfeito.

Em sentido contrário, está no Evangelho de Mateus: "Vós, portanto, sede perfeitos como é perfeito vosso Pai do céu".

Respondo. Como o Filósofo refere no livro XII da *Metafísica*: certos filósofos da antiguidade, os pitagóricos e Espeusipo, não atribuíam ao primeiro princípio a excelência e a perfeição supremas. Isto porque os filósofos antigos só consideravam o princípio material, e o primeiro princípio material é imperfeitíssimo. De fato, uma vez que a matéria como tal está em potência, é preciso que o primeiro princípio material esteja totalmente em potência e seja portanto totalmente imperfeito.

---

1 Parall.: *Cont. Gent.* I, 28; *De Verit.*, q. 2, a. 3, ad 13; *Compend. Theol.*, c. 20; *De Div. Nom.*, c. 13, lect. 1.

1. Q. praec., a. 4.
2. C. 7: 1072, b, 30-32; lect. 8, n. 2545.
3. Cognatus Platonis, cui successit in munere scholarchae, † 339 a. Chr. n.

Deus autem ponitur primum principium, non materiale, sed in genere causae efficientis: et hoc oportet esse perfectissimum. Sicut enim materia, inquantum huiusmodi, est in potentia; ita agens, in quantum huiusmodi, est in actu. Unde primum principium activum oportet maxime esse in actu: et per consequens maxime esse perfectum. Secundum hoc enim dicitur aliquid esse perfectum, secundum quod est actu: nam perfectum dicitur, cui nihil deest secundum modum suae perfectionis.

AD PRIMUM ergo dicendum quod, sicut dicit Gregorius[4], *balbutiendo* ut possumus, excelsa Dei *resonamus: quod enim factum non est, perfectum proprie dici non potest*. Sed quia in his quae fiunt, tunc dicitur esse aliquid perfectum, cum de potentia educitur in actum; transumitur hoc nomen *perfectum*, ad significandum omne illud cui non deest esse in actu, sive hoc habeat per modum factionis, sive non.

AD SECUNDUM dicendum quod principium materiale, quod apud nos imperfectum invenitur, non potest esse simpliciter primum, sed praeceditur ab alio perfecto. Nam semen, licet sit principium animalis generati ex semine, tamen habet ante se animal vel plantam unde deciditur. Oportet enim ante id quod est in potentia, esse aliquid actu: cum ens in potentia non reducatur in actum, nisi per aliquod ens in actu.

AD TERTIUM dicendum quod ipsum esse est perfectissimum omnium: comparatur enim ad omnia ut actus. Nihil enim habet actualitatem, nisi inquantum est: unde ipsum esse est actualitas omnium rerum, et etiam ipsarum formarum. Unde non comparatur ad alia sicut recipiens ad receptum: sed magis sicut receptum ad recipiens. Cum enim dico *esse* hominis, vel equi, vel cuiuscumque alterius, ipsum esse consideratur ut formale et receptum: non autem ut illud cui competit esse.

Deus, porém, é o primeiro princípio, não material, mas no gênero da causa eficiente; e tal princípio deve ser perfeitíssimo; pois, assim como a matéria como tal está em potência, assim o agente como tal está em ato. Segue-se que o primeiro princípio ativo deve estar totalmente em ato e, por conseguinte, ser totalmente perfeito. Na verdade, algo é dito perfeito enquanto está em ato, pois diz-se perfeito aquilo a que nada falta de sua perfeição própria.

QUANTO AO 1º, portanto, deve-se dizer que, como diz Gregório: "Balbuciando, na medida do possível, expressamos as grandezas de Deus, e ao que não é feito não se pode propriamente dizer perfeito". Mas, como entre o que se faz diz-se perfeito o que foi levado da potência ao ato, transpõe-se o termo *perfeito* para significar tudo aquilo a que não falta o existir em ato, quer tenha sido feito, quer não.

QUANTO AO 2º, deve-se afirmar que o princípio material que entre nós é imperfeito não pode ser em absoluto o primeiro, mas é precedido por outro, este sim perfeito. Assim, a semente, embora seja o princípio do animal gerado por semente, tem como anterior a si um animal, ou uma planta da qual se desprende. Com efeito, o que está em potência há de ser precedido por outro em ato; pois o ente em potência só pode ser levado ao ato por um ente em ato.

QUANTO AO 3º, deve-se responder que o existir é o que há de mais perfeito entre todas as coisas, pois a todas se refere como ato. E nada tem atualidade senão enquanto é; o existir é, portanto, a atualidade de todas as coisas, até das formas. Por conseguinte, não se refere às coisas como o recipiente ao que é recebido, e sim como o que é recebido ao recipiente. Quando digo, por exemplo, *o existir* do homem ou do cavalo, ou de qualquer outro, entende-se o existir como um princípio formal e como o que é recebido, não como algo a que competiria existir.

ARTICULUS 2
Utrum in Deo sint perfectiones omnium rerum

AD SECUNDUM SIC PROCEDITUR. Videtur quod in Deo non sint perfectiones omnium rerum.

ARTIGO 2
Estão em Deus as perfeições de todas as coisas?

QUANTO AO SEGUNDO, ASSIM SE PROCEDE: parece que em Deus **não** estão as perfeições de todas as coisas.

---

4. *Moral.* V, 36 (al. 26): ML 75, 715 C; XXIX, 1: ML 76, 477 B.

PARALL.: I *Sent.*, dist. 2, a. 2, 3; *Cont. Gent.* I, 28, 31; II, 2; *De Verit.*, q. 2, a. 1; *Compend. Theol.*, c. 21, 22; *De Div. Nom.*, c. 5, lect. 1, 2.

1. Deus enim simplex est, ut ostensum est¹. Sed perfectiones rerum sunt multae et diversae. Ergo in Deo non sunt omnes perfectiones rerum.

2. Praeterea, opposita non possunt esse in eodem. Sed perfectiones rerum sunt oppositae: unaquaeque enim species perficitur per suam differentiam specificam; differentiae autem quibus dividitur genus et constituuntur species, sunt oppositae. Cum ergo opposita non possint simul esse in eodem, videtur quod non omnes rerum perfectiones sint in Deo.

3. Praeterea, vivens est perfectius quam ens, et sapiens quam vivens: ergo et vivere est perfectius quam esse, et sapere quam vivere. Sed essentia Dei est ipsum esse. Ergo non habet in se perfectionem vitae et sapientiae, et alias huiusmodi perfectiones.

Sed contra est quod dicit Dionysius, cap. 5 de Div. Nom.², quod Deus *in uno existentia omnia praehabet*.

Respondeo dicendum quod in Deo sunt perfectiones omnium rerum. Unde et dicitur universaliter perfectus: quia non deest ei aliqua nobilitas quae inveniatur in aliquo genere, ut dicit Commentator in V *Metaphys*.³. Et hoc quidem ex duobus considerari potest.

Primo quidem, per hoc quidquid perfectionis est in effectu, oportet inveniri in causa effectiva: vel secundum eandem rationem, si sit agens univocum, ut homo generat hominem; vel eminentiori modo, si sit agens aequivocum, sicut in sole est similitudo eorum quae generantur per virtutem solis. Manifestum est enim quod effectus praeexistit virtute in causa agente: praeexistere autem in virtute causae agentis, non est praeexistere imperfectiori modo, sed perfectiori; licet praeexistere in potentia causae materialis, sit praeexistere imperfectiori modo: eo quod materia, inquantum huiusmodi, est imperfecta; agens vero, inquantum huiusmodi, est perfectum. Cum ergo Deus sit prima causa effectiva rerum, oportet omnium rerum perfectiones praeexistere in Deo secundum eminentiorem modum. Et hanc rationem tangit

1. Na verdade, Deus é simples, como foi demonstrado. Ora, as perfeições das coisas são muitas e diversas. Logo, não estão em Deus todas as perfeições das coisas.

2. Além disso, os opostos não podem estar em um mesmo. Ora, as perfeições das coisas são opostas, pois cada espécie recebe sua perfeição de sua diferença específica; e as diferenças, pelas quais divide-se o gênero e são constituídas as espécies, são opostas. E, como os opostos não podem coexistir em um mesmo, parece que nem todas as perfeições das coisas estão em Deusª.

3. Ademais, o que é vivo é mais perfeito que o ente, e o que é sábio mais que o que é vivo. Portanto, viver é mais perfeito que existir e saber que viver. Ora, a essência de Deus é o mesmo existir. Logo, não possui a perfeição da vida e da sabedoria e as outras perfeições.

Em sentido contrário, declara Dionísio: "Deus, em sua unidade, possui tudo o que existe".

Respondo. As perfeições de todas as coisas estão em Deus. Eis por que se diz universalmente perfeito, pois não lhe falta nenhuma das perfeições que se encontra em algum gênero, como afirma o Comentador no livro V da *Metafísica*.

E isso pode ser considerado de duas maneiras:

1. Porque tudo o que há de perfeição no efeito tem de ser encontrado em sua causa eficiente. Ou segundo a mesma razão, quando se trata de um agente unívoco: assim, um homem gera outro homem; ou segundo um modo mais eminente, quando se trata de um agente equívoco: assim, no sol existe a semelhança do que é gerado por meio de sua energia. Uma coisa é clara: o efeito preexiste virtualmente em sua causa eficiente; mas preexistir na causa eficiente não quer dizer preexistir sob um modo menos perfeito; pelo contrário, mais perfeito. Quanto a preexistir potencialmente na causa material, é preexistir de maneira imperfeita, pois a matéria como tal é imperfeita; ao passo que o agente, como tal, é perfeito. Sendo Deus a primeira causa eficiente das coisas, as perfeições de todas as coisas devem preexistir em

---

1. Q. praec., a. 7.
2. MG 3, 825 A.
3. Comm. XXI.

a. A oposição consiste precisamente no seguinte: por sua própria noção, por sua essência, um oposto exclui o outro: eles não são compatíveis. As espécies se opõem entre si porque são constituídas, no interior do gênero, por diferenças que dividem o gênero. De que modo, a partir daí, todas as perfeições que encontramos desse modo contrapostas entre si nas criaturas poderiam encontrar-se, sem contradição, em Deus? É a objeção de Leibniz, que será retomada com frequência: a própria ideia de um Ser perfeito no qual se encontrariam todas as perfeições é contraditória.

Dionysius, cap. 5 *de Div. Nom.*⁴, dicens de Deo quod *non hoc quidem est, hoc autem non est: sed omnia est, ut omnium causa.*

Secundo vero, ex hoc quod supra⁵ ostensum est, quod Deus est ipsum esse per se subsistens: ex quo oportet quod totam perfectionem essendi in se contineat. Manifestum est enim quod, si aliquod calidum non habeat totam perfectionem calidi, hoc ideo est, quia calor non participatur secundum perfectam rationem: sed si calor esset per se subsistens, non posset ei aliquid deesse de virtute caloris. Unde, cum Deus sit ipsum esse subsistens, nihil de perfectione essendi potest ei deesse. Omnium autem perfectiones pertinent ad perfectionem essendi: secundum hoc enim aliqua perfecta sunt, quod aliquo modo esse habent. Unde sequitur quod nullius rei perfectio Deo desit. Et hanc etiam rationem tangit Dionysius, cap. 5 *de Div. Nom.*⁶, dicens quod Deus *non quodammodo est existens, sed simpliciter et incircumscripte totum in seipso uniformiter esse praeaccipit*: et postea subdit quod *ipse est esse subsistentibus.*

AD PRIMUM ergo dicendum quod, sicut sol, ut dicit Dionysius, cap. 5 *de Div. Nom.*⁷, *sensibilium substantias et qualitates multas et differentes, ipse unus existens et uniformiter lucendo, in seipso uniformiter praeaccipit; ita multo magis in causa omnium necesse est praeexistere omnia secundum naturalem unionem.* Et sic, quae sunt diversa et opposita in seipsis, in Deo praeexistunt ut unum, absque detrimento simplicitatis ipsius.

Et per hoc patet solutio AD SECUNDUM.

AD TERTIUM dicendum quod, sicut in eodem capite idem Dionysius dicit, licet ipsum esse sit perfectius quam vita, et ipsa vita quam ipsa sa-

Deus de maneira mais eminente. Dionísio assinala esse argumento quando diz de Deus: "Ele não é isto com exclusão daquilo; mas é todas as coisas como causa de todas elas".

2. Pelo que ficou demonstrado, a saber, que Deus é o ser subsistente por si mesmo. Por conseguinte, deve conter em si toda a perfeição do ser. É claro, com efeito, que se um corpo quente não tem toda a perfeição do calor: isso se deve a que o calor não é participado em plenitude; mas se o calor subsistisse por si mesmo nada lhe poderia faltar da energia do calor. Portanto, sendo Deus o mesmo ser subsistente, segue-se que nada lhe pode faltar da perfeição do ser. Ora, as perfeições de todas as coisas dependem da perfeição do existir; pois algo é perfeito na medida em que tem o existir. Assim, não falta em Deus a perfeição de coisa alguma. Este argumento foi ainda indicado por Dionísio quando disse: "Deus não existe de tal ou tal maneira; ele abarca uniformemente em si mesmo a totalidade do existir de modo absoluto e sem limites". E acrescenta: "Ele é o existir de tudo o que subsiste"ᵇ.

QUANTO AO 1º, portanto, deve-se responder que, como explica o próprio Dionísio: "Se o sol, sendo uno e brilhando de maneira uniforme, abarca em si mesmo uniformemente as substâncias e as qualidades múltiplas e diferentes das coisas sensíveis, com maior motivo é necessário que todas as coisas preexistam em uma união natural na causa de todas". Assim, coisas diversas e opostas entre si preexistem em Deus na unidade, sem prejuízo de sua simplicidade.

Pelo que foi dito, fica clara a RESPOSTA DO 2º.

QUANTO AO 3º, deve-se afirmar, como diz ainda Dionísio, que embora o existir em si seja mais perfeito que a vida e a vida em si mais perfeita

---

4. MG 3, 824 AB.
5. Q. praec., a. 4.
6. MG 3, 817 C.
7. MG 3, 824 BC.

b. A oposição divide e portanto multiplica. Ora, é um princípio metafísico: o uno vem antes do múltiplo e é pressuposto por ele. A noção de múltiplo puro, não redutível à unidade, é contraditória, como a de mal absoluto, que exclui todo o bem, ou a de falsidade total. A multiplicidade só pode nascer da divisão do bem, e esse *uno* permanece no centro da multiplicidade, reunindo-a, fazendo sustentar-se entre si todos os seus elementos, encontrando-se em cada um, diferenciado, mas o mesmo. Assim, essa perfeição ontológica que é a animalidade encontra-se tanto no racional quanto no irracional.

A unidade à qual se reduz afinal toda multiplicidade é a do existir, pois cada um dos opostos é sempre existir. Uma vez que a animalidade não poderia realizar-se em estado puro, sem as diferenças que a dividem, a oposição das espécies no interior do gênero não se reduz a uma realidade superior, tampouco a oposição dos gêneros supremos no interior do existir chamado "comum": pois este também não existe em estado puro no universo, e sua unidade é a de um conceito. A oposição de todas as perfeições ontológicas que se encontram no universo condensa-se em uma unidade superior, pois o existir que se realiza em cada um de maneira parcial e limitada se realiza em Deus em estado puro, triunfando de todas as oposições. É nesse sentido que se deve compreender a afirmação de Dionísio citada aqui, cuja ambiguidade Santo Tomás não se dá ao trabalho de apontar.

pientia, si considerentur secundum quod distinguuntur ratione: tamen vivens est perfectius quam ens tantum, quia vivens etiam est ens; et sapiens est ens et vivens. Licet igitur ens non includat in se vivens et sapiens, quia non oportet quod illud quod participat esse, participet ipsum secundum omnem modum essendi: tamen ipsum esse Dei includit in se vitam et sapientiam; quia nulla de perfectionibus essendi potest deesse ei quod est ipsum esse subsistens.

que a sabedoria, se são considerados enquanto se distinguem pela razão, entretanto o que é vivo é mais perfeito que o ente, porque o que é vivo é também ente, e o sábio é ente e vivo. Assim, ainda que o ente não inclua em si o que é vivo e o sábio, porque não é necessário que o que participa do existir dele participe em todos os modos de existir, no entanto o existir de Deus inclui a vida e a sabedoria. Com efeito, nenhuma perfeição do existir pode faltar ao que é o mesmo existir subsistente.

Articulus 3
Utrum aliqua creatura possit esse similis Deo

AD TERTIUM SIC PROCEDITUR. Videtur quod nulla creatura possit esse similis Deo.
1. Dicitur enim in Ps 85,8: *non est similis tui in diis, Domine*. Sed inter omnes creaturas, excellentiores sunt quae dicuntur *dii* participative. Multo ergo minus aliae creaturae possunt dici Deo similes.

2. PRAETEREA, similitudo est comparatio quaedam. Non est autem comparatio eorum quae sunt diversorum generum; ergo nec similitudo: non enim dicimus quod dulcedo sit similis albedini. Sed nulla creatura est eiusdem generis cum Deo, cum Deus non sit in genere, ut supra¹ ostensum est. Ergo nulla creatura est similis Deo.

3. PRAETEREA, similia dicuntur quae conveniunt in forma. Sed nihil convenit cum Deo in forma: nullius enim rei essentia est ipsum esse, nisi solius Dei. Ergo nulla creatura potest esse similis Deo.

4. PRAETEREA, in similibus est mutua similitudo: nam simile est simili simile. Si igitur aliqua creatura est similis Deo, et Deus erit similis alicui creaturae. Quod est contra id quod dicitur Is 40,18: *cui similem fecistis Deum?*

SED CONTRA est quod dicitur Gn 1,26: *Faciamus hominem ad imaginem et similitudinem nostram*; et 1Io 3,2: *cum apparuerit, similes ei erimus*.

RESPONDEO dicendum quod, cum similitudo attendatur secundum convenientiam vel commu-

Artigo 3
As criaturas podem assemelhar-se a Deus?

QUANTO AO TERCEIRO, ASSIM SE PROCEDE: parece que **nenhuma** criatura pode se assemelhar a Deus.
1. Com efeito, no Salmo se encontra: "Entre os deuses não há um semelhante a ti, Senhor". Ora, entre as criaturas, as mais excelentes são chamadas deuses por participação. Logo, muito menos as outras criaturas podem ser ditas semelhantes a Deus.

2. ALÉM DISSO, a semelhança é uma comparação. Ora, não há comparação entre coisas pertencentes a gêneros diferentes. Por conseguinte, nem semelhança. Por isso, não dizemos ser a brancura semelhante à doçura. Ora, nenhuma criatura é do mesmo gênero de Deus, pois Deus não está em gênero algum, como já foi demonstrado. Logo, nenhuma criatura é semelhante a Deus.

3. ADEMAIS, chama-se semelhante o que coincide na forma. Ora, nada coincide com Deus na forma, pois a essência de nenhuma coisa é seu existir, somente a de Deus. Logo, nenhuma criatura pode ser semelhante a Deus.

4. ADEMAIS, entre semelhantes, a semelhança é recíproca, pois "o semelhante é semelhante ao semelhante". Por conseguinte, se alguma criatura é semelhante a Deus, também Deus será semelhante a uma criatura, o que contradiz a palavra de Isaías: "A quem assemelhareis Deus?"

EM SENTIDO CONTRÁRIO, no Gênesis encontra-se: "Façamos o homem à nossa imagem e semelhança", e na primeira Carta de João: "Quando Ele aparecer seremos semelhantes a Ele".

RESPONDO. É pela coincidência ou comunicação na forma que se entende a semelhança. Assim,

---

3 PARALL.: I *Sent.*, dist. 48, q. 1, a. 1; II, dist. 16, q. 1, a. 1, ad 3; *Cont. Gent.* I, 29; *De Verit.*, q. 2, a. 11; q. 3, a. 1, ad 9; q. 23, a. 7, ad 9 sqq.; *De Pot.*, q. 7, a. 7; *De Div. Nom.*, c. 9, lect. 3.
1. Q. 3, a. 5.

nicationem in forma, multiplex est similitudo, secundum multos modos communicandi in forma. Quaedam enim dicuntur similia, quae communicant in eadem forma secundum eandem rationem, et secundum eundem modum: et haec non solum dicuntur similia, sed aequalia in sua similitudine; sicut duo aequaliter alba, dicuntur similia in albedine. Et haec est perfectissima similitudo. — Alio modo dicuntur similia, quae communicant in forma secundum eandem rationem, et non secundum eundem modum, sed secundum magis et minus; ut minus album dicitur simile magis albo. Et haec est similitudo imperfecta. — Tertio modo dicuntur aliqua similia, quae communicant in eadem forma, sed non secundum eandem rationem; ut patet in agentibus non univocis. Cum enim omne agens agat sibi simile inquantum est agens, agit autem unumquodque secundum suam formam, necesse est quod in effectu sit similitudo formae agentis. Si ergo agens sit contentum in eadem specie cum suo effectu, erit similitudo inter faciens et factum in forma, secundum eandem rationem speciei; sicut homo generat hominem. Si autem agens non sit contentum in eadem specie, erit similitudo, sed non secundum eandem rationem speciei: sicut ea quae generantur ex virtute solis, accedunt quidem ad aliquam similitudinem solis, non tamen ut recipiant formam solis secundum similitudinem speciei, sed secundum similitudinem generis.

Si igitur sit aliquod agens, quod non in genere contineatur, effectus eius adhuc magis accedent remote ad similitudinem formae agentis: non tamen ita quod participent similitudinem formae agentis secundum eandem rationem speciei aut generis, sed secundum aliqualem analogiam, sicut ipsum esse est commune omnibus. Et hoc modo illa quae sunt a Deo, assimilantur ei inquantum sunt entia, ut primo et universali principio totius esse.

há uma multiplicidade de semelhanças, segundo diversas maneiras de comunicação na forma. Certas coisas são ditas semelhantes porque têm em comum a mesma forma, segundo a mesma razão e o mesmo modo. Estas não se dizem apenas semelhantes, mas iguais naquilo em que se assemelham, como dois corpos igualmente brancos são semelhantes na brancura: é a semelhança mais perfeita. — De outra maneira, chamam-se semelhantes as coisas que têm em comum a forma segundo a mesma razão, não porém segundo o mesmo modo, mas segundo mais ou menos: como um corpo pouco branco se assemelha a um corpo de brancura mais intensa. Esta é uma semelhança imperfeita. — Enfim, dizem-se semelhantes coisas que têm em comum a forma, mas não segundo a mesma razão, como fica claro para os agentes não unívocos. Como todo agente produz algo semelhante a si mesmo enquanto agente, se cada um age segundo sua forma, é necessário que no efeito haja uma semelhança com a forma do agente. Por conseguinte, se o agente coincide na mesma espécie de seu efeito, haverá semelhança entre o agente e o efeito na forma, segundo a mesma razão específica, como quando um homem gera outro homem. Se, ao contrário, o agente não coincide na mesma espécie do efeito, haverá semelhança, mas não segundo a razão específica, como o que é gerado pela energia do sol chega a certa semelhança com o sol, mas não a ponto de receber dele uma forma especificamente semelhante à sua e sim genericamente semelhante.

Quando se trata de um agente que não coincide no gênero, seus efeitos alcançarão uma semelhança mais distante ainda com a forma do agente. Mas não de tal modo que participem segundo a mesma razão específica ou genérica, mas apenas segundo alguma analogia, assim como o existir é comum a tudo. É desta maneira que os efeitos de Deus, enquanto são entes, lhe são semelhantes como ao primeiro e universal princípio de todo o existir[c].

---

c. A *ratio* de uma forma é sua essência, isto é, a perfeição ontológica determinada que se realiza nela e que sua definição exprime (para *ratio*, ver o Vocabulário). A causa unívoca é aquela que produz um efeito em que se realiza sua própria *ratio*, de modo que a causa e o efeito são encerrados nos limites da mesma essência e, portanto, da mesma definição; a causalidade consiste então em fazer existir um outro indivíduo da mesma espécie. Como é contraditório que um ente seja causa de si mesmo, deve-se admitir que a causa unívoca, se ela dá existência a seu efeito, não é a causa da essência que se realiza nele. Contudo, a essência também é causada, pois, evidentemente, não é necessário que essa essência exista, seja no ente que a comunica, seja naquele que a recebe. Daí a necessidade de apelar para causas superiores que causam a essência como tal e que, portanto, não se encerram nela. É a causa não unívoca, também chamada de equívoca (o que provoca equívoco!). O efeito a ela se assemelha por sua forma, pois causar é comunicar ao outro algo de si mesmo. Algo, porém, que transcende a *ratio* particular dessa forma. Os antigos dispunham, para apoiar a imaginação na difícil percepção de tal transcendência, do cômodo exemplo do sol, a respeito

AD PRIMUM ergo dicendum quod, sicut dicit Dionysius cap. 9 *de Div. Nom.*², cum sacra Scriptura dicit aliquid non esse simile Deo, *non est contrarium assimilationi ad ipsum. Eadem enim sunt similia Deo, et dissimilia: similia quidem secundum quod imitantur ipsum, prout contingit eum imitari qui non perfecte imitabilis est; dissimilia vero, secundum quod deficiunt a sua causa*; non solum secundum intensionem et remissionem, sicut minus album deficit a magis albo; sed quia non est convenientia nec secundum speciem nec secundum genus.

AD SECUNDUM dicendum quod Deus non se habet ad creaturas sicut res diversorum generum: sed sicut id quod est extra omne genus, et principium omnium generum.

AD TERTIUM dicendum quod non dicitur esse similitudo creaturae ad Deum propter communicantiam in forma secundum eandem rationem generis et speciei: sed secundum analogiam tantum; prout scilicet Deus est ens per essentiam, et alia per participationem.

AD QUARTUM dicendum quod, licet aliquo modo concedatur quod creatura sit similis Deo, nullo tamen modo concedendum est quod Deus sit similis creaturae: quia, ut dicit Dionysius cap. 9 *de Div. Nom.*³, *in his quae unius ordinis sunt, recipitur mutua similitudo, non autem in causa et causato*: dicimus enim quod imago sit similis homini, et non e converso. Et similiter dici potest aliquo modo quod creatura sit similis Deo: non tamen quod Deus sit similis creaturae.

QUANTO AO 1º, por conseguinte, deve-se dizer, como afirma Dionísio, que quando a Escritura diz que algo não é semelhante a Deus, não se opõe à semelhança com Ele. Pois, uma mesma coisa é semelhante e dessemelhante a Deus. Semelhantes enquanto O imitam, na medida em que pode ser imitado Aquele que não é perfeitamente imitável. Dessemelhantes, enquanto não conseguem igualar sua causa, não apenas quanto à intensidade e diminuição da forma, como o menos branco não iguala o de maior brancura, mas porque não há coincidência nem específica, nem genérica.

QUANTO AO 2º, deve-se afirmar que Deus não se refere às criaturas como a coisas de diversos gêneros, mas como o que está fora de todo gênero e é o princípio de todos os gêneros.

QUANTO AO 3º, deve-se responder que não se afirma haver semelhança entre Deus e a criatura em razão da comunicação de uma forma segundo a mesma razão genérica e específica, mas apenas segundo uma analogia, pois Deus é ente por essência, os outros por participação.

QUANTO AO 4º, deve-se dizer que, embora se conceda de alguma maneira que a criatura se assemelha a Deus, não se pode por outro lado e de modo nenhum afirmar que Deus se assemelha à criatura. Pois, como explica Dionísio, "entre aqueles que são de uma mesma ordem admite-se uma mútua semelhança, não porém entre o efeito e a causa". Dizemos que uma imagem se parece com o homem, mas não o contrário. Assim também, em certo sentido, pode-se dizer que a criatura é semelhante a Deus, mas não que Deus seja semelhante à criatura.

---

2. MG 3, 916 A.
3. MG 3, 913 CD.

do qual eles pensavam que era a fonte de todas as atividades físicas, em especial das atividades biológicas, e, logo, dos seres vivos. Hoje esse exemplo causa embaraço. Precisamos não apenas prescindir de exemplo, como livrar-nos dele.

Trata-se de apreender não a transcendência de um gênero supremo no qual se reuniriam todos os gêneros inferiores e todas as espécies — seria uma falsa transcendência, a de um conceito universal sobre a quantidade de objetos que ela envolve —, mas a transcendência do Ente Supremo, no qual se realiza o ser sem limitação alguma, e ao qual se assemelham, cada um de maneira deficiente e diversa, todos os entes. Ele os unifica unificando, como seu termo último, as relações ou proporções que os inclinam em sua direção como para um modelo transcendente e comum. É a analogia que se funda sobre a participação.

QUAESTIO V
DE BONO IN COMMUNI
in sex articulos divisa

Deinde quaeritur de bono: et primo de bono in communi; secundo de bonitate Dei.

QUESTÃO 5
O BEM EM GERAL
em seis artigos

Em seguida, pergunta-se sobre o bem. Primeiro, sobre o bem em geral[a]. Depois, sobre a bondade de Deus.

---

a. Esta questão e a seguinte suscitam graves e difíceis problemas de tradução, que têm por fundo problemas de compreensão. É preciso efetuar escolhas razoáveis, procurando manter-se o mais próximo do texto.

Circa primum quaeruntur sex.
Primo: utrum bonum et ens sint idem secundum rem.
Secundo: supposito quod differant ratione tantum, quid sit prius secundum rationem, utrum bonum vel ens.
Tertio: supposito quod ens sit prius, utrum omne ens sit bonum.
Quarto: ad quam causam ratio boni reducatur.
Quinto: utrum ratio boni consistat in modo, specie et ordine.
Sexto: quomodo dividatur bonum in honestum, utile et delectabile.

Sobre o primeiro, são seis as perguntas:
1. O bem e o ente se identificam na realidade?
2. Se há entre eles uma distinção de razão, qual deles é o primeiro segundo a razão?
3. Se o ente é primeiro, será que todo ente é bom?
4. A que gênero de causa pertence a razão de bem?
5. A razão do bem consistiria no modo, na espécie e na ordem?
6. Divide-se o bem em honesto, útil e agradável?

Articulus 1
Utrum bonum differat secundum rem ab ente

AD PRIMUM SIC PROCEDITUR. Videtur quod bonum differat secundum rem ab ente.

1. Dicit enim Boetius, in libro *de Hebdom.*[1]: *intueor in rebus aliud esse quod sunt bona, et aliud esse quod sunt.* Ergo bonum et ens differunt secundum rem.

Artigo 1
O bem se diferencia do ente na realidade?

QUANTO AO PRIMEIRO ARTIGO, ASSIM SE PROCEDE: parece que o bem se **diferencia** do ente na realidade.

1. Com efeito, Boécio diz: "Vejo nas coisas que uma coisa é serem boas e outra é serem". Logo, o bem e o ente diferem na realidade

---

1 PARALL.: I *Sent.*, dist. 8, q. 1, a. 3; dist. 19, q. 5, a. 1, ad 3; *De Verit.*, q. 1, a. 1; q. 21, a. 1; *De Pot.*, q. 9, a. 7, ad 6.
  1. ML 64, 1312 C.

No famoso adágio aristotélico que comanda todo o percurso de Santo Tomás, *Bonum est quod omnia appetunt,* como traduzir *Bonum* e *appetere*?
  Em relação ao segundo termo, traduzi-lo por "desejar" é introduzir em um desenvolvimento puramente metafísico uma noção psicológica que o falseia. Sem dúvida, no ponto de partida da teoria do apetite e do bem, há a experiência do desejo no homem, que é psicológica. Contudo, longe de ser a projeção nas coisas de uma experiência psicológica, é da análise metafísica dessa experiência que nasce a concepção do apetite: inclinação de um ente a seu fim. É isto que permite a justifica a extensão a todo ente do princípio universal do movimento que é o apetite, que é um outro nome do amor, sendo este introduzido no domínio metafísico, despojado de toda conotação psicológica (Santo Tomás não hesitará em falar de "amor natural" para designar a inclinação de todo ente em direção a seu fim, I-II, q. 26, a. 1). Todo ente corporal é evolutivo: entre o momento no qual ele é e o momento no qual ele se realiza plenamente no ser, "per-feito", decorre um intervalo no qual ele se move em direção à sua própria perfeição, ele age; e mediante tais operações, pelo que se obtém desse modo, desenvolve as virtualidades que lhe são inerentes, na forma pela qual ele é o que é e se prepara a se tornar perfeito seguindo a linha do que ele já é. Na origem de tal movimento há a ordenação ao fim inscrito na própria forma pela qual ele é, atualizada pelo que Santo Tomás denomina "ser substancial". O termo "substância" designa o ente enquanto tal, estaticamente. O termo "essência" designa-o como um objeto para a inteligência, o conteúdo da definição, o inteligível. O termo "natureza" designa-o como um envolvido em seu devir, mediante essa inclinação em direção ao fim que está no princípio de sua ação. Assim, deve-se traduzir *appetere* por "tender a", compreendendo que essa tendência se inscreve no coração do ente, em sua forma constitutiva. *Appeti, appetibilis* é "atrair", "ser atrativo", tais termos permitindo mais facilmente separar-se do tom psicológico que os afeta na linguagem corrente. Deve-se notar, além disso, que, mesmo na linguagem metafísica, os termos "desejar", "desejável" são ainda demasiado restritos para descrever o bem, pois o desejo se detém quando é satisfeito, ao passo que aquilo que era desejado, o qual se desfruta agora, permanece como um bem. "Ser atrativo", por conseguinte, deve ser tomado em sentido amplo, o bastante para englobar não apenas o "tender a", mas, de modo mais geral, "ser ligado a".
  Há casos, contudo, em que *bonum* designa a própria coisa que atrai o ente: é o caso, em particular, e principalmente, do artigo 6. Nesses casos, deve-se traduzi-lo por "bem". O bem é a coisa cuja apreensão, de uma forma ou de outra (utilização, posse, união...), deve tornar bom o ente. Quanto à bondade, ela é aquilo em razão do qual o ente é dito bom. Essa palavra pode traduzir a expressão: *ratio boni*, ou seja, o que faz que um ente seja bom, ou, ainda, o que faz que uma coisa seja boa e atrativa.
  A bondade, propriedade transcendental do ser, é o ser como riqueza para o ente (e, eventualmente, para outros), o ser na medida em que atrai, prende e realiza plenamente.

2. Praeterea, nihil informatur seipso. Sed bonum dicitur per informationem entis, ut habetur in Commento libri *de Causis*². Ergo bonum differt secundum rem ab ente.

3. Praeterea, bonum suscipit magis et minus. Esse autem non suscipit magis et minus. Ergo bonum differt secundum rem ab ente.

Sed contra est quod Augustinus dicit, in libro *de Doctrina Christiana*³, quod *inquantum sumus, boni sumus*.

Respondeo dicendum quod bonum et ens sunt idem secundum rem: sed differunt secundum rationem tantum. Quod sic patet. Ratio enim boni in hoc consistit, quod aliquid sit appetibile: unde Philosophus, in I *Ethic.*⁴, dicit quod bonum est *quod omnia appetunt*. Manifestum est autem quod unumquodque est appetibile secundum quod est perfectum: nam omnia appetunt suam perfectionem. Intantum est autem perfectum unumquodque, inquantum est actu: unde manifestum est quod intantum est aliquid bonum, inquantum est ens: esse enim est actualitas omnis rei, ut ex superioribus⁵ patet. Unde manifestum est quod bonum et ens sunt idem secundum rem: sed bonum dicit rationem appetibilis, quam non dicit ens.

Ad primum ergo dicendum quod, licet bonum et ens sint idem secundum rem, quia tamen differunt secundum rationem, non eodem modo dicitur aliquid *ens simpliciter*, et *bonum simpliciter*. Nam cum ens dicat aliquid proprie esse in actu; actus autem proprie ordinem habeat ad potentiam; secundum hoc simpliciter aliquid dicitur ens, secundum quod primo discernitur ab eo quod est in potentia tantum. Hoc autem est esse substantiale rei uniuscuiusque; unde per suum esse substantiale dicitur unumquodque ens simpliciter. Per actus autem superadditos, dicitur aliquid esse *secundum quid*, sicut esse album significat esse secundum quid: non enim esse album aufert esse in potentia simpliciter, cum adveniat rei iam praeexistenti in actu. Sed bonum dicit rationem perfecti, quod est appetibile: et per consequens dicit rationem ultimi. Unde id quod est ultimo perfectum, dicitur bonum simpliciter. Quod autem non habet ultimam perfectionem quam debet habere, quamvis habeat

2. Além disso, nada recebe a forma de si próprio. Ora, algo é chamado bom pela forma que recebe do ser, segundo o Comentário sobre o *Livro das Causas*. Logo, o bem é, na realidade, distinto do ente.

3. Ademais, o bem comporta mais ou menos. Ora, isso não se dá com o ser. Logo, o bem difere na realidade do ente.

Em sentido contrário, Agostinho escreve: "Enquanto somos, somos bons".

Respondo. O bem e o ente são idênticos na realidade; eles só diferem quanto à razão. Eis a prova: a razão do bem consiste em que alguma coisa seja atrativa. Por isso mesmo, o Filósofo, no livro I da *Ética*, assim define o bem: "Aquilo para o qual todas as coisas tendem". Ora, uma coisa atrai na medida em que é perfeita, pois todos os seres tendem para a própria perfeição. Além do mais, todo ser é perfeito na medida em que se encontra em ato. É certo, portanto, que algo é bom na medida em que é ente, pois o ser é a atualidade de todas as coisas, como já se viu. É então evidente que o bem e o ente são idênticos na realidade; mas o termo "bom" exprime a razão de "atrativo" que o termo "ente" não exprimeᵇ.

Quanto ao 1º, deve-se dizer que ainda que bem e ente sejam idênticos na realidade, como diferem segundo a razão, não significam exatamente a mesma coisa o *ente absoluto* e o *bem absoluto*. Pois o ente designa propriamente algo que está em ato; e o ato se refere propriamente à potência: assim, uma coisa é dita ente de modo absoluto em razão daquilo que primeiramente a distingue do que se encontra apenas em potência. E isto é o ser substancial de cada coisa, e é em razão de seu ser substancial que uma coisa qualquer se diz ente de modo absoluto. Em razão dos atos que são acrescentados, se diz que uma coisa é *sob certo aspecto*: ser branco, por exemplo, significa ser sob certo aspecto, pois ser branco não suprime o ser em potência de modo absoluto, pois isto acontece a algo que já existe em ato. Ao contrário, o bem exprime a razão de perfeito que é atrativo e, em consequência, exprime a razão de último. Daí que aquilo que é ultimamente perfeito

---

2. In prop. XXI, XXII.
3. L. I, c. 32: ML 34, 32.
4. C. 1: 1094, a. 3.
5. Q. 3, a. 4; q. 4, a. 1, ad 3.

b. O ser por si mesmo atrai, prende, mas isto não é explicitado no conceito de ente.

aliquam perfectionem inquantum est actu, non tamen dicitur perfectum simpliciter, nec bonum simpliciter, sed secundum quid. — Sic ergo secundum primum esse, quod est substantiale, dicitur aliquid ens simpliciter et bonum secundum quid, idest inquantum est ens: secundum vero ultimum actum, dicitur aliquid ens secundum quid, et bonum simpliciter. Sic ergo quod dicit Boetius, quod *in rebus aliud est quod sunt bona, et aliud quod sunt*, referendum est ad esse bonum et ad esse *simpliciter*: quia secundum primum actum est aliquid ens simpliciter; et secundum ultimum, bonum simpliciter. Et tamen secundum primum actum est quodammodo bonum: et secundum ultimum actum est quodammodo ens.

AD SECUNDUM dicendum quod bonum dicitur per informationem, prout accipitur bonum simpliciter, secundum ultimum actum.

Et similiter dicendum AD TERTIUM, quod bonum dicitur secundum magis et minus, secundum actum supervenientem; puta secundum scientiam vel virtutem.

ARTICULUS 2
Utrum bonum secundum rationem sit prius quam ens

AD SECUNDUM SIC PROCEDITUR. Videtur quod bonum secundum rationem sit prius quam ens.

1. Ordo enim nominum est secundum ordinem rerum significatarum per nomina. Sed Dionysius, inter alia nomina Dei, prius ponit bonum quam ens, ut patet in 3 cap. *de Div. Nom.*[1]. Ergo bonum secundum rationem est prius quam ens.

2. PRAETEREA, illud est prius secundum rationem, quod ad plura se extendit. Sed bonum ad plura se extendit quam ens: quia, ut dicit Dionysius, 5 cap. *De Div. Nom.*[2], *bonum se extendit ad existentia et non existentia, ens vero ad existentia tantum*. Ergo bonum est prius secundum rationem quam ens.

3. PRAETEREA, quod est universalius, est prius secundum rationem. Sed bonum videtur universalius esse quam ens: quia bonum habet rationem

chama-se bem absoluto. Aquilo que não possui a perfeição última que deveria possuir, ainda que tenha alguma perfeição, pois se encontra em ato, não será dito perfeito absoluto, mas apenas sob certo aspecto. — Logo, segundo o ser primeiro, isto é, o ser substancial, uma coisa é dita ente de modo absoluto; e boa, sob certo aspecto, a saber enquanto é ente. Mas, segundo o último ato, uma coisa é dita ente sob certo aspecto e boa de modo absoluto. É o que Boécio quer dizer quando afirma que *nas coisas se deve distinguir o bem e o ser*: há de se entender do bem e do ser considerados de modo absoluto, porque segundo o ato primeiro uma coisa é ente de modo absoluto, e segundo o último é bem de modo absoluto. Pelo contrário, segundo o ato primeiro é de alguma forma bem, e segundo o último é de alguma forma ente.

QUANTO AO 2º, deve-se afirmar que bem se diz pela forma que recebe do ser, se se entende o bem de modo absoluto, segundo o ato último.

QUANTO AO 3º, deve-se dizer que do mesmo modo se responde *à terceira objeção*: considera-se o bem segundo mais e menos em razão de um ato acrescentado, por exemplo ciência ou a virtude.

ARTIGO 2
O bem segundo a razão tem prioridade sobre o ente?

QUANTO AO SEGUNDO ARTIGO, ASSIM SE PROCEDE: parece que o bem segundo a razão **tem prioridade** sobre o ente.

1. Com efeito, a ordem dos nomes se regula pela ordem das realidades significadas por esses nomes. Ora, entre os nomes divinos, Dionísio coloca como primeiro o bem, em seguida o ente. Logo, o bem segundo a razão tem prioridade sobre o ente.

2. ALÉM DISSO, é anterior, segundo a razão, o que se estende a um maior número de coisas. Ora, o bem se estende a um maior número de coisas do que o ente, conforme o que diz ainda Dionísio: "O bem se estende ao que existe e ao que não existe; o ente apenas ao que existe". Logo, o bem tem prioridade sobre o ente, segundo a razão.

3. ALÉM DISSO, o mais universal é primeiro segundo a razão. Ora, o bem parece mais universal que o ente; pois o que é bom tem a razão de atrati-

---

2 PARALL.: I *Sent*., dist. 8, q. 1, a. 3; *Cont. Gent*. III, 20; *De Verit*., q. 21, a. 2, ad 5; a. 3.
  1. MG 3, 680 B.
  2. MG 3, 816 B.

appetibilis; quibusdam autem appetibile est ipsum non esse; dicitur enim, Mt 26,24, de Iuda: *bonum erat ei, si natus non fuisset* etc. Ergo bonum est prius quam ens, secundum rationem.

4. Praeterea, non solum esse est appetibile, sed et vita et sapientia, et multa huiusmodi: et sic videtur quod esse sit quoddam particulare appetibile, et bonum, universale. Bonum ergo simpliciter est prius secundum rationem quam ens.

Sed contra est quod dicitur in libro *de Causis*[3], quod *prima rerum creatarum est esse*.

Respondeo dicendum quod ens secundum rationem est prius quam bonum. Ratio enim significata per nomen, est id quod concipit intellectus de re, et significat illud per vocem: illud ergo est prius secundum rationem, quod prius cadit in conceptione intellectus. Primo autem in conceptione intellectus cadit ens: quia secundum hoc unumquodque cognoscibile est, inquantum est actu, ut dicitur in IX *Metaphys.*[4]. Unde ens est proprium obiectum intellectus: et sic est primum intelligibile, sicut sonus est primum audibile. Ita ergo secundum rationem prius est ens quam bonum.

Ad primum ergo dicendum quod Dionysius determinat de divinis nominibus secundum quod important circa Deum habitudinem causae: nominamus enim Deum, ut ipse dicit[5], ex creaturis, sicut causam ex effectibus. Bonum autem, cum habeat rationem appetibilis, importat habitudinem causae finalis: cuius causalitas prima est, quia agens non agit nisi propter finem, et ab agente materia movetur ad formam: unde dicitur quod finis est *causa causarum*. Et sic, in causando, bonum est prius quam ens, sicut finis quam forma: et hac ratione, inter nomina significantia causalitatem divinam, prius ponitur bonum quam ens. — Et iterum quia, secundum Platonicos, qui, materiam a privatione non distinguentes, dicebant materiam esse non ens, ad plura se extendit participatio boni quam participatio entis. Nam materia prima participat bonum, cum appetat ipsum (nihil autem appetit nisi simile sibi): non autem participat ens, cum ponatur non ens. Et ideo dicit Dionysius[6] quod *bonum extenditur ad non existentia*.

vo, e para alguns o que é atrativo é o não-ser, como se constata neste texto de Mateus a propósito de Judas: "Bom fora para ele não ter nascido". Logo, o bem tem sobre o ente prioridade de razão

4. Ademais, não é apenas o ser que é atrativo, mas também a vida, a sabedoria, e muitas outras coisas. O ser é, pelo visto, algo particular que atrai, ao passo que o bem é universal. Portanto, o bem absoluto tem prioridade de razão sobre o ente.

Em sentido contrário, lê-se no *Livro das causas*: "Ser é a primeira das coisas criadas".

Respondo. O ente segundo a razão tem prioridade sobre o bem. A razão significada por um nome é aquilo que o intelecto concebe da coisa e exprime mediante a palavra. Assim, tem prioridade segundo a razão o que por primeiro o intelecto concebe. Ora, o que por primeiro o intelecto concebe é o ente, pois algo é cognoscível na medida em que se encontra em ato, como se diz no livro IX da *Metafísica*. Por conseguinte, o ente é o objeto próprio do intelecto; ele é pois o primeiro inteligível, como o som é o primeiro objeto próprio do ouvido. Logo, segundo a razão, o ente tem prioridade sobre o bem.

Quanto ao 1º, portanto, deve-se dizer que Dionísio trata dos nomes divinos enquanto implicam em Deus uma relação de causalidade. Ele se explica: "Deus é nomeado a partir das criaturas como a causa a partir de seus efeitos. Ora, o bem, por ter razão de ser atrativo, implica uma relação de causa final, causalidade que é a primeira de todas, pois o agente não age a não ser em vista de um fim, e é pelo agente que a matéria se move para a forma. Por isso, o fim é chamado a *causa das causas*. Portanto, quando se trata de causalidade, o bem tem prioridade sobre o ente, como o fim sobre a forma; por esta razão, entre os nomes que significam a causalidade divina, o bem há de preceder o ente. — Além do mais, para os platônicos, que não distinguiam a matéria da privação, pois consideravam-na um não-ente, a participação no bem se estende a mais coisas que a participação no ente. Assim, a matéria primeira é boa por participação, uma vez que tende ao bem (ora, só se tende para algo semelhante a si). A matéria primeira, porém, afirmada como não-ente, não participa do ente, o que leva Dionísio a dizer que "o bem se estende ao que não existe".

---

3. Prop. IV.
4. C. 9: 1051, a, 29-32.
5. *De Div. Nom.*, c. 1: MG 3, 593 CD.
6. Loco cit. in arg. 2.

Unde patet solutio AD SECUNDUM. — Vel dicendum quod bonum extenditur ad existentia et non existentia, non secundum praedicationem sed secundum causalitatem: ut per non existentia intelligamus, non ea simpliciter quae penitus non sunt, sed ea quae sunt in potentia et non in actu: quia bonum habet rationem finis, in quo non solum quiescunt quae sunt in actu, sed ad ipsum etiam ea moventur quae in actu non sunt, sed in potentia tantum. Ens autem non importat habitudinem causae nisi formalis tantum, vel inhaerentis vel exemplaris: cuius causalitas non se extendit nisi ad ea quae sunt in actu.

AD TERTIUM dicendum quod non esse secundum se non est appetibile, sed per accidens: inquantum scilicet ablatio alicuius mali est appetibilis, quod malum quidem aufertur per non esse. Ablatio vero mali non est appetibilis, nisi inquantum per malum privatur quoddam esse. Illud igitur quod per se est appetibile, est esse: non esse vero per accidens tantum, inquantum scilicet quoddam esse appetitur, quo homo non sustinet privari. Et sic etiam per accidens non esse dicitur bonum.

AD QUARTUM dicendum quod vita et scientia, et alia huiusmodi, sic appetuntur ut sunt in actu: unde in omnibus appetitur quoddam esse. Et sic nihil est appetibile nisi ens: et per consequens nihil est bonum nisi ens.

QUANTO AO 2º, pelo exposto fica clara a resposta. — Ou se deve acrescentar que o bem se estende ao que existe e ao que não existe, não como predicado, mas como causalidade, se entendemos "o que não existe", não como o absolutamente não existente, mas como o que se encontra em potência e não em ato. Com efeito, o bem tem razão de fim, no qual repousa não apenas o que está em ato, como também para ele se move o que não está em ato, mas apenas em potência. Mas o ente não implica uma relação de causalidade exceto de causalidade formal, inerente ou exemplar, e essa causalidade se estende unicamente ao que está em ato.

QUANTO AO 3º, deve-se afirmar que o não-ser não é atrativo por si mesmo; ele o é por acidente, assim a supressão de um mal é atrativa porque o mal desaparece ao não ser. Pelo contrário, a supressão do mal não é atrativa quando pelo mal se é privado de um ser. Portanto, o que atrai por si mesmo é o ser; o não-ser o é somente por acidente, quando por exemplo um homem deseja um ser do qual não suporta ficar privado. Nesse sentido, por acidente, o não-ser é chamado um bem.

QUANTO AO 4º, deve-se dizer que a vida, a ciência e os outros bens são atrativos como existentes em ato, sendo que em tudo isso é ao ser que se tende. Por isso mesmo, só é atrativo o ente, e portanto só o ente é bom[c].

ARTICULUS 3
Utrum omne ens sit bonum

AD TERTIUM SIC PROCEDITUR. Videtur quod non omne ens sit bonum.

1. Bonum enim addit supra ens, ut ex dictis[1] patet. Ea vero quae addunt aliquid supra ens, contrahunt ipsum: sicut substantia, quantitas, qualitas, et alia huiusmodi. Ergo bonum contrahit ens. Non igitur omne ens est bonum.

2. PRAETEREA, nullum malum est bonum: Is 5,20: *Vae qui dicitis malum bonum, et bonum malum*. Sed aliquod ens dicitur malum. Ergo non omne ens est bonum.

3. PRAETEREA, bonum habet rationem appetibilis. Sed materia prima non habet rationem appetibilis, sed appetentis tantum. Ergo materia prima non habet rationem boni. Non igitur omne ens est bonum.

ARTIGO 3
Todo ente é bom?

QUANTO AO TERCEIRO, ASSIM SE PROCEDE: parece que **nem** todo ente é bom.

1. Com efeito, o bem acrescenta ao ente, como já se demonstrou. Ora, o que acrescenta alguma coisa ao ente o restringe: por exemplo, a substância, a quantidade, a qualidade etc. Logo, o bem restringe o ente, portanto nem todo ente é bom.

2. ALÉM DISSO, nenhum mal é bom. Está em Isaías: "Ai dos que chamam de bem o mal e de mal, o bem". Ora, algum ente é chamado mal. Logo, nem todo ente é bom.

3. ADEMAIS, o que é bom tem razão de ser atrativo. Ora, a matéria primeira não tem a razão de ser atrativa, mas somente de atrair. Logo, não tem a razão de bem. Assim, nem todo ente é bom.

---

3 PARALL.: I *Sent*., dist. 8, q. 1, a. 3; *Cont. Gent*. II, 43; III, 20; *De Verit*., q. 21, a. 2; in Boet. *de Hebd*., lect. 2.
    1. Art. 1.

c. Não é a ciência que é boa, é ser sábio.

4. Praeterea, Philosophus dicit, in III *Metaphys.*[2], quod in mathematicis non est bonum. Sed mathematica sunt quaedam entia: alioquin de eis non esset scientia. Ergo non omne ens est bonum.

Sed contra, omne ens quod non est Deus, est Dei creatura. Sed *omnis creatura Dei est bona*, ut dicitur 1Ti 4,4: Deus vero est maxime bonus. Ergo omne ens est bonum.

Respondeo dicendum quod omne ens, inquantum est ens, est bonum. Omne enim ens, inquantum est ens, est in actu, et quodammodo perfectum: quia omnis actus perfectio quaedam est. Perfectum vero habet rationem appetibilis et boni, ut ex dictis[3] patet. Unde sequitur omne ens, inquantum huiusmodi, bonum esse.

Ad primum ergo dicendum quod substantia, quantitas et qualitas, et ea quae sub eis continentur, contrahunt ens applicando ens ad aliquam quidditatem seu naturam. Sic autem non addit aliquid bonum super ens: sed rationem tantum appetibilis et perfectionis, quod convenit ipsi esse in quacumque natura sit. Unde bonum non contrahit ens.

Ad secundum dicendum quod nullum ens dicitur malum inquantum est ens, sed inquantum caret quodam esse: sicut homo dicitur malus inquantum caret esse virtutis, et oculus dicitur malus inquantum caret acumine visus.

Ad tertium dicendum quod materia prima, sicut non est ens nisi in potentia, ita nec bonum nisi in potentia. Licet, secundum Platonicos, dici possit quod materia prima est non ens, propter privationem adiunctam. Sed tamen participat aliquid de bono, scilicet ipsum ordinem vel aptitudinem ad bonum. Et ideo non convenit sibi quod sit appetibile, sed quod appetat.

Ad quartum dicendum quod mathematica non subsistunt separata secundum esse: quia si subsisterent, esset in eis bonum, scilicet ipsum esse ipsorum. Sunt autem mathematica separata secundum rationem tantum, prout abstrahuntur a motu et a materia: et sic abstrahuntur a ratione finis, qui habet rationem moventis. Non est autem inconveniens quod in aliquo ente secundum rationem non sit bonum vel ratio boni: cum ratio entis sit prior quam ratio boni, sicut supra[4] dictum est.

4. Além disso, o Filósofo, no livro III da *Metafísica*, assegura que não há bem nos objetos matemáticos. Ora, eles são entes, do contrário não seriam objetos de ciência. Logo, nem todo ente é bom.

Em sentido contrário, todo ente que não é Deus é criatura de Deus. Mas "toda criatura de Deus é boa", diz o Apóstolo na primeira Carta a Timóteo. O próprio Deus é ao máximo bom. Logo, todo ente é bom.

Respondo. Todo ente, enquanto tal, é bom. Pois todo ente, enquanto tal, se encontra em ato e de algum modo é perfeito, porque todo ato é uma certa perfeição. Ora, o perfeito tem a razão de ser atrativo e de bem, como consta do acima exposto. Por conseguinte, todo ente, enquanto tal, é bom.

Quanto ao 1º, portanto, deve-se dizer que a substância, a quantidade, a qualidade, e tudo o que nelas está contido restringem o ente ao aplicá-lo a tal quididade ou natureza. Assim, nada acrescenta o bem ao ente, mas apenas a razão de ser atrativo e de perfeição, que pertence ao próprio ser, em qualquer natureza que se encontre. Portanto, o bem não restringe o ente.

Quanto ao 2º, deve-se afirmar que nenhum ente é dito mau enquanto é ente, mas na medida em que carece de ser: assim se diz que um homem é mau quando carece da virtude; ou um olho é mau quando carece de uma visão aguçada.

Quanto ao 3º, deve-se dizer que, como a matéria primeira não é ente senão em potência, assim também não é bem senão em potência. Ainda que se possa dizer com os platônicos que ela é um não-ente, por causa da privação que a afeta, no entanto, ela participa algo do bem pela ordenação e aptidão a esse bem. E assim não lhe convém que seja atrativa, mas que tenda para.

Quanto ao 4º, deve-se afirmar que os objetos matemáticos não subsistem separados, segundo o ser. Se subsistissem haveria neles o bem, a saber, seu ser. Existem separados apenas segundo a razão, na medida em que abstraem do movimento e da matéria, e, assim, abstraem da razão de fim, que tem a razão de motor. Não é absurdo que em algum ente segundo a razão não exista o bem ou a razão de bem, pois, como já se disse, a razão de ente é anterior à razão de bem.

---

2. C. 2: 996, a, 35 — b, 1.
3. Art. 1.
4. Art. praec.

Articulus 4
Utrum bonum habeat rationem causae finalis

AD QUARTUM SIC PROCEDITUR. Videtur quod bonum non habeat rationem causae finalis, sed magis aliarum.

1. Ut enim dicit Dionysius, 4 cap. *de Div. Nom.*[1]: *bonum laudatur ut pulchrum.* Sed pulchrum importat rationem causae formalis. Ergo bonum habet rationem causae formalis.
2. PRAETEREA, bonum est diffusivum sui esse, ut ex verbis Dionysii[2] accipitur, quibus dicit quod *bonum est ex quo omnia subsistunt et sunt.* Sed esse diffusivum importat rationem causae efficientis. Ergo bonum habet rationem causae efficientis.
3. PRAETEREA, dicit Augustinus in I *de Doctr. Christ.*[3], quod *quia Deus bonus est, nos sumus.* Sed ex Deo sumus sicut ex causa efficiente. Ergo bonum importat rationem causae efficientis.

SED CONTRA est quod Philosophus dicit, in II *Physic.*[4], quod *illud cuius causa est, est sicut finis et bonum aliorum.* Bonum ergo habet rationem causae finalis.

RESPONDEO dicendum quod, cum bonum sit quod omnia appetunt, hoc autem habet rationem finis; manifestum est quod bonum rationem finis importat. Sed tamen ratio boni praesupponit rationem causae efficientis, et rationem causae formalis. Videmus enim quod id quod est primum in causando, ultimum est in causato: ignis enim primo calefacit quam formam ignis inducat, cum tamen calor in igne consequatur formam substantialem. In causando autem, primum invenitur bonum et finis, qui movet efficientem; secundo, actio efficientis, movens ad formam; tertio advenit forma. Unde e converso esse oportet in causato: quod primum sit ipsa forma, per quam est ens; secundo consideratur in ea virtus effectiva, secundum quod est perfectum in esse (quia unumquodque tunc perfectum est, quando potest sibi simile facere, ut dicit Philosophus in IV *Meteor.*[5]): tertio consequitur ratio boni, per quam in ente perfectio fundatur.

Artigo 4
Tem o bem razão de causa final?

QUANTO AO QUARTO, ASSIM SE PROCEDE: parece que o bem **não** tem razão de causa final, mas antes de outras causas.

1. Pois, segundo Dionísio: "O bem é louvado por ser belo". Ora, o belo implica a razão de causa formal. Logo, o bem tem a razão de causa formal.
2. ALÉM DISSO, o bem é difusivo de si, segundo Dionísio, que diz: "O bem é aquilo pelo qual tudo subsiste e é". Ora, ser difusivo implica a razão de causa eficiente. Portanto, o bem tem a razão de causa eficiente.
3. ADEMAIS, Agostinho escreve: "Existimos porque Deus é bom". Ora, viemos de Deus como de uma causa eficiente. Logo, o bem implica a razão de causa eficiente.

EM SENTIDO CONTRÁRIO, o Filósofo disse no livro II da *Física*: "Aquilo pelo qual algo existe é como o fim e o bem de todo o mais". Logo, o bem tem a razão de causa final.

RESPONDO. Se o bem é aquilo para o qual tudo tende, e isso tem razão de fim, é claro que o bem implica a razão de fim. No entanto, a razão de bem pressupõe a razão de causa eficiente e a razão de causa formal. Pois sabemos que o que se encontra primeiro no exercício da causalidade é último quanto ao efeito: por exemplo, o fogo aquece a madeira antes de lhe comunicar sua forma de fogo, se bem que no fogo o calor siga sua forma substancial. Ora, na ordem da causalidade vêm primeiro o bem e o fim, que movem a causa eficiente; em seguida, a ação dessa causa eficiente move em vista da forma; ao final, chega a forma. Quanto ao efeito, é necessário que a ordem seja inversa: primeiro a forma, graças à qual o ente é; nesta forma, considera-se em seguida a virtude efetiva, pela qual se faz perfeito no ser, pois cada um só é perfeito, observa o Filósofo, quando pode produzir outro ser semelhante a si; enfim, segue a razão de bem, por meio da qual no ente se funda a perfeição.

---

4 PARALL.: Supra, a. 2, ad 1; I *Sent.*, dist. 34, q. 2, a. 1, ad 4; *Cont. Gent.* I, 40; *De Verit.*, q. 21, a. 1; *De Div. Nom.*, c. 1, lect. 3; II *Physic.*, lect. 5.

1. MG 3, 701 C.
2. C. 4 *de Div. Nom.*: MG 3, 700 A.
3. C. 32: ML 34, 32.
4. C. 3: 195, a, 24-25.
5. C. 3: 380, a, 12-15. Cfr. II *de Anima*, c. 4: 416, b, 23-25.

AD PRIMUM ergo dicendum quod pulchrum et bonum in subiecto quidem sunt idem, quia super eandem rem fundantur, scilicet super formam: et propter hoc, bonum laudatur ut pulchrum. Sed ratione differunt. Nam bonum proprie respicit appetitum: est enim bonum quod omnia appetunt. Et ideo habet rationem finis: nam appetitus est quasi quidam motus ad rem. Pulchrum autem respicit vim cognoscitivam: pulchra enim dicuntur quae visa placent. Unde pulchrum in debita proportione consistit: quia sensus delectatur in rebus debite proportionatis, sicut in sibi similibus; nam et sensus ratio quaedam est, et omnis virtus cognoscitiva. Et quia cognitio fit per assimilationem, similitudo autem respicit formam, pulchrum proprie pertinet ad rationem causae formalis.

AD SECUNDUM dicendum quod bonum dicitur diffusivum sui esse, eo modo quo finis dicitur movere.

AD TERTIUM dicendum quod quilibet habens voluntatem, dicitur bonus inquantum habet bonam voluntatem: quia per voluntatem utimur omnibus quae in nobis sunt. Unde non dicitur bonus homo, qui habet bonum intellectum: sed qui habet bonam voluntatem. Voluntas autem respicit finem ut obiectum proprium: et sic, quod dicitur, *quia Deus est bonus, sumus*, refertur ad causam finalem.

QUANTO AO 1º, portanto, deve-se dizer que o belo e o bem, no sujeito, são idênticos, pois estão fundados sobre o mesmo, a saber, sobre a forma. Por isso, o bem é louvado como belo. Mas diferem pela razão. O bem propriamente se refere ao apetite, pois o bem é aquilo para o qual tudo tende, e assim tem a razão de fim; pois o apetite é uma espécie de movimento rumo à coisa. Quanto ao belo, ele se refere à faculdade do conhecimento, pois diz-se belo aquilo que agrada ao olhar. Eis por que o belo consiste numa justa proporção, pois os sentidos se deleitam em coisas bem proporcionadas, como nas semelhantes a si, uma vez que o sentido, como toda faculdade cognitiva, é uma certa razão[d]. E como o conhecimento se realiza por assimilação, e a semelhança se refere à forma, o belo, propriamente, pertence à razão de causa formal.

QUANTO AO 2º, deve-se afirmar que o bem se diz difusivo por si, da mesma maneira pela qual se diz que o fim move.

QUANTO AO 3º, deve-se dizer que o que tem vontade é chamado bom quando sua vontade é boa; pois é pela vontade que dispomos de tudo o que temos. Por isso, não se chama bom o homem que tem um bom intelecto, mas aquele que tem uma vontade boa. Ora, o objeto próprio da vontade é o fim; e assim, ao se dizer: "Existimos porque Deus é bom", está-se referindo à causa final.

ARTICULUS 5

Utrum ratio boni consistat in modo, specie et ordine

AD QUINTUM SIC PROCEDITUR. Videtur quod ratio boni non consistat in modo, specie et ordine.

1. Bonum enim et ens ratione differunt, ut supra[1] dictum est. Sed modus, species et ordo pertinere ad rationem entis videntur: quia, sicut dicitur Sap 11,21: *omnia in numero, pondere et mensura disposuisti*, ad quae tria reducuntur species, modus et ordo: quia, ut dicit Augustinus, IV super Gen. ad litteram[2]: *mensura omni rei modum praefigit, et numerus omni rei speciem praebet,*

ARTIGO 5

A razão de bem consiste no modo, na espécie e na ordem?

QUANTO AO QUINTO, ASSIM SE PROCEDE: parece que a razão de bem **não** consiste no modo, na espécie e na ordem.

1. Na verdade, o bem e o ente diferem pela razão, como já se explicou. Ora, esses três termos parecem pertencer à razão de ente, pois diz o livro da Sabedoria: "Tudo dispuseste com número, peso e medida". E é a essa tríade a que se reduzem a espécie, o modo e a ordem. O próprio Agostinho o indica: "A medida determina a cada coisa o seu modo; o número lhe dá a espécie; e o peso

---

5 PARALL.: I-II, q. 85, a. 4; *De Verit.*, q. 21, a. 6.

1. Art. 1.
2. C. 3: ML 34, 299.

---

d. A razão é, por natureza, ordem. Ordena seu universo interior. Não impõe sua ordem ao universo exterior, mas se reconhece nessa ordem do ser, que é primordial, e se compraz nela. Ora, como toda virtude cognitiva, os próprios sentidos participam da razão, que, sendo intelecto no homem, é nele a virtude cognitiva por excelência.

et pondus omnem rem ad quietem et stabilitatem trahit. Ergo ratio boni non consistit in modo, specie et ordine.

2. PRAETEREA, ipse modus, species et ordo bona quaedam sunt. Si ergo ratio boni consistit in modo, specie et ordine, oportet etiam quod modus habeat modum, speciem et ordinem: et similiter species et ordo. Ergo procederetur in infinitum.

3. PRAETEREA, malum est privatio modi et speciei et ordinis. Sed malum non tolit totaliter bonum. Ergo ratio boni non consistit in modo, specie et ordine.

4. PRAETEREA, illud in quo consistit ratio boni, non potest dici malum. Sed dicitur malus modus, mala species, malus ordo. Ergo ratio boni non consistit in modo, specie et ordine.

5. PRAETEREA, modus, species et ordo ex pondere, numero et mensura causantur, ut ex auctoritate Augustini inducta patet. Non autem omnia bona habent pondus, numerum et mensuram: dicit enim Ambrosius, in *Hexaemeron*[3] quod *lucis natura est, ut non in numero, non in pondere, non in mensura creata sit.* Non ergo ratio boni consistit in modo, specie et ordine.

SED CONTRA est quod dicit Augustinus, in libro *de Natura Boni*[4]. *Haec tria, modus, species et ordo, tanquam generalia bona sunt in rebus a Deo factis: et ita, haec tria ubi magna sunt, magna bona sunt; ubi parva parva bona sunt; ubi nulla, nullum bonum est.* Quod non esset, nisi ratio boni in eis consisteret. Ergo ratio boni consistit in modo, specie et ordine.

RESPONDEO dicendum quod unumquodque dicitur bonum, inquantum est perfectum: sic enim est appetibile, ut supra[5] dictum est. Perfectum autem dicitur, cui nihil deest secundum modum suae perfectionis. Cum autem unumquodque sit id quod est, per suam formam; forma autem praesupponit quaedam, et quaedam ad ipsam ex necessitate consequuntur; ad hoc quod aliquid sit perfectum et bonum, necesse est quod formam habeat, et ea quae praeexiguntur ad eam, et ea quae consequuntur ad ipsam. Praeexigitur autem ad formam determinatio sive commensuratio principiorum, seu materialium, seu efficientium ipsam: et hoc significatur per *modum*: unde dicitur quod *mensu-*

a leva para seu repouso e estabilidade". Logo, a razão de bem não consiste no modo, na espécie e na ordem.

2. ALÉM DISSO, o modo, a espécie e a ordem são bens. Se, pois, a razão de bem consiste em modo, espécie e ordem, é preciso que também o modo tenha modo, espécie e ordem, e igualmente a espécie e a ordem. E assim se continuaria ao infinito...

3. ADEMAIS, o mal consiste na privação de modo, espécie e ordem. Ora, o mal nunca suprime totalmente o bem. Logo, a razão de bem não consiste em modo, espécie e ordem.

4. ADEMAIS, não se pode chamar de mal o constitutivo da razão de bem. Ora, chamamos de mau ou má o modo, a espécie e a ordem. Logo, a razão de bem não consiste em modo, espécie e ordem.

5. ADEMAIS, de acordo com Agostinho: modo, espécie e ordem são causados pelo peso, número e medida. Ora, nem tudo o que é bom tem peso, número e medida. Pois Ambrósio diz: "Não pertence à natureza da luz ser criada com número, peso e medida". Portanto, a razão de bem não consiste em modo, espécie e ordem.

EM SENTIDO CONTRÁRIO, Agostinho escreve: "Estes três, o modo, a espécie, a ordem, são como bens gerais nas coisas criadas por Deus; assim, onde esses três são grandes, são grandes os bens; onde são pequenos, pequenos bens; onde nenhum deles, nenhum bem". Ora, isso não aconteceria se a razão de bem não consistisse neles. Logo, a razão de bem consiste no modo, na espécie e na ordem.

RESPONDO. Algo se diz bom enquanto é perfeito, pois assim é atrativo, como acima se disse. Perfeito se diz aquilo ao qual nada falta segundo o modo de sua perfeição. Ora, como cada um é o que é por sua forma, e como uma forma pressupõe certas coisas e outras necessariamente a seguem, é preciso, para que algo seja perfeito e bom, que tenha forma, e aquelas coisas por ela requeridas e as que a seguem. Ora, a forma requer determinação ou proporcionalidade de princípios, materiais ou eficientes dela: e isso é significado por *modo*. Por essa razão, se diz que *a medida determina o modo*. A forma, ainda, é significada por *espécie*, porque cada um é constituído na espécie pela forma; por

---

3. L. I, c. 9: ML 14, 143 A.
4. C. 3: ML 42, 553.
5. Art. 1, ad 3.

ra modum praefigit. Ipsa autem forma significatur per *speciem*: quia per formam unumquodque in specie constituitur. Et propter hoc dicitur quod *numerus speciem praebet*: quia definitiones significantes speciem sunt sicut numeri, secundum Philosophum in VIII *Metaphys*.[6]; sicut enim unitas addita vel subtracta variat speciem numeri, ita in definitionibus differentia apposita vel subtracta. Ad formam autem consequitur inclinatio ad finem, aut ad actionem, aut ad aliquid huiusmodi: quia unumquodque, inquantum est actu, agit, et tendit in id quod sibi convenit secundum suam formam. Et hoc pertinet ad *pondus* et *ordinem*. Unde ratio boni, secundum quod consistit in perfectione, consistit etiam in modo, specie et ordine.

AD PRIMUM ergo dicendum quod ista tria non consequuntur ens, nisi inquantum est perfectum: et secundum hoc est bonum.

AD SECUNDUM dicendum quod modus, species et ordo eo modo dicuntur bona, sicut et entia: non quia ipsa sint quasi subsistentia, sed quia eis alia sunt et entia et bona. Unde non oportet quod ipsa habeant aliqua alia, quibus sint bona. Non enim sic dicuntur bona, quasi formaliter aliis sint bona; sed quia ipsis formaliter aliqua sunt bona; sicut albedo non dicitur ens quia ipsa aliquo sit, sed quia ipsa aliquid est secundum quid, scilicet album.

AD TERTIUM dicendum quod quodlibet esse est secundum formam aliquam: unde secundum quodlibet esse rei, consequuntur ipsam modus, species et ordo: sicut homo habet speciem, modum et ordinem, inquantum est homo; et similiter inquantum est albus, habet similiter modum, speciem et ordinem; et inquantum est virtuosus, et inquantum est sciens, et secundum omnia quae de ipso dicuntur. Malum autem privat quodam esse, sicut caecitas privat esse visus: unde non tollit omnem modum, speciem et ordinem; sed solum modum, speciem et ordinem quae consequuntur esse visus.

AD QUARTUM dicendum quod, sicut dicit Augustinus in libro *de Natura Boni*[7], *omnis modus, inquantum modus, bonus est* (et sic potest dici de specie et ordine): *sed malus modus, vel mala species, vel malus ordo, aut ideo dicuntur quia minora sunt quam esse debuerunt; aut quia non*

causa disso se diz que *o número dá a espécie*. De acordo com o Filósofo no livro VIII da *Metafísica*, as definições que exprimem a espécie são como os números. Com efeito, assim como a unidade acrescentada ou subtraída do número lhe faz variar a espécie, o mesmo se dá nas definições com uma diferença acrescentada ou subtraída. Enfim, segue-se à forma a inclinação para o fim, ou para a ação ou para algo semelhante; pois cada um, enquanto está em ato, age e tende para o que lhe convém segundo sua forma. Isso pertence ao *peso* e *ordem*. Daí que a razão de bem, na medida em que consiste na perfeição, consiste também em modo, espécie e ordem.

QUANTO AO 1º, portanto, deve-se dizer que estes três não seguem ao ente senão enquanto é perfeito, e de acordo com isso é bom.

QUANTO AO 2º, deve-se dizer que o modo, a espécie e a ordem são chamados bens, assim como são chamados entes, não porque sejam quase subsistentes, mas porque por eles outras coisas são não só entes mas também bens. Portanto, não é necessário que elas tenham outras coisas pelas quais sejam bens. Assim, não se dizem bens, como se formalmente fossem bens por outras coisas, mas porque por eles outras coisas são bens. Neste sentido, a brancura não é chamada de ente porque ela o seja por alguma coisa, mas porque por ela alguma coisa é sob certo aspecto, isto é, branca.

QUANTO AO 3º, deve-se afirmar que cada ser é conforme uma forma; por isso, o modo, a espécie e a ordem seguem a forma, em conformidade com o ser de cada coisa. Assim, o homem, enquanto homem, tem espécie, modo e ordem. Igualmente o tem, enquanto é branco, virtuoso, sábio ou qualquer outra coisa que dele se diga. O mal priva de certo ser, como a cegueira priva do ser da vista; por isso, ela não suprime todo modo, espécie, ordem, mas apenas os que seguem o ser da vista.

QUANTO AO 4º, deve-se dizer que de acordo com Agostinho: "Todo modo, enquanto modo, é bom", e o mesmo se pode dizer da espécie e da ordem. "Mas o modo mau ou a má espécie, ou a má ordem, dizem-se maus ou porque são inferiores ao que deveriam ser, ou porque não se adaptam

---

6. C. 3: 1043, b, 36-1044, a, 2.
7. C. 22-23: ML 42, 558.

his rebus accommodantur, quibus accommodanda sunt; ut ideo dicantur mala, quia sunt aliena et incongrua.

AD QUINTUM dicendum quod natura lucis dicitur esse sine numero et pondere et mensura, non simpliciter, sed per comparationem ad corporalia: quia virtus lucis ad omnia corporalia se extendit, inquantum est qualitas activa primi corporis alterantis, scilicet caeli.

ARTICULUS 6
Utrum convenienter dividatur bonum per honestum, utile et delectabile

AD SEXTUM SIC PROCEDITUR. Videtur quod non convenienter dividatur bonum per honestum, utile et delectabile.
1. Bonum enim, sicut dicit Philosophus in I *Ethic.*[1], dividitur per decem praedicamenta. Honestum autem, utile et delectabile inveniri possunt in uno praedicamento. Ergo non convenienter per haec dividitur bonum.
2. PRAETEREA, omnis divisio fit per opposita. Sed haec tria non videntur esse opposita: nam honesta sunt delectabilia, nullumque inhonestum est utile (quod tamen oportet, si divisio fieret per opposita, ut opponerentur honestum et utile), ut etiam dicit Tullius[2], in libro *de Officiis*[3]. Ergo praedicta divisio non est conveniens.
3. PRAETEREA, ubi unum propter alterum, ibi unum tantum est. Sed utile non est bonum nisi propter delectabile vel honestum. Ergo non debet utile dividi contra delectabile et honestum.

SED CONTRA est quod Ambrosius, in libro *de Officiis*[4], utitur ista divisione boni.

RESPONDEO dicendum quod haec divisio proprie videtur esse boni humani. Si tamen altius et communius rationem boni consideremus, invenitur haec divisio proprie competere bono, secundum quod bonum est. Nam bonum est aliquid, inquantum est appetibile, et terminus motus appetitus. Cuius quidem motus terminatio considerari potest

às coisas, às quais teriam de se adaptar; e por isso mesmo são chamados maus, porque são estranhos e não coerentes".

QUANTO AO 5º, deve-se dizer que se considera a natureza da luz desprovida de número, peso e medida, não absolutamente, mas em relação com os corpos; pois a energia da luz se estende a todos os corpos na medida em que é a qualidade ativa do primeiro corpo que pode alterar, isto é, do céu.

ARTIGO 6
Convém dividir o bem em honesto, útil e agradável?

QUANTO AO SEXTO, ASSIM SE PROCEDE: parece que **não** convém dividir o bem em honesto, útil e agradável.
1. Pois, como diz o Filósofo no livro I da *Ética*, o bem se divide em dez predicamentos. Ora, o honesto, o útil e o agradável podem encontrar-se num único predicamento. Logo, não convém dividir o bem por eles.
2. ALÉM DISSO, qualquer divisão se faz entre termos opostos. Ora, estes três termos não parecem se opor: pois o que é honesto é agradável, nada desonesto é útil (no entanto, deveria sê-lo, caso a divisão fosse feita entre termos opostos, em que honesto e útil se opusessem), com o que também concorda Túlio. Logo, não convém dividir assim.
3. ADEMAIS, onde um está pelo outro, aí há apenas um. Ora, o útil não é bom senão pelo agradável ou honesto. Logo, não se deve opor o útil ao agradável e ao honesto.

EM SENTIDO CONTRÁRIO, Ambrósio utiliza esta divisão do bem.

RESPONDO. Esta divisão propriamente parece ser do bem humano[e]. No entanto, se consideramos a razão de bem de maneira mais profunda e geral, vemos que esta divisão cabe propriamente ao bem enquanto tal. Com efeito, uma coisa é boa enquanto atrativa e enquanto termo do movimento do apetite. Ora, o termo deste movimento pode

---

6 PARALL.: II-II, q. 145, a. 3; II *Sent.*, dist. 21, q, 1, a. 3; I *Ethic.*, lect. 5.

1. C. 6: 1096, a, 19-27.
2. MARCUS TULLIUS CICERO.
3. L. II, c. 3.
4. L. I, c. 9: ML 16, 31 C — 32 AB.

e. De fato é assim, e os próprios termos empregados, pelo menos os dois primeiros, só poderiam convir ao bem humano. É a razão pela qual, neste artigo, Santo Tomás não hesita em referir-se a objeto desejável, coisa desejada, no contexto de "apetite". Faz questão de mostrar, porém, que essa divisão tradicional do bem humano, cuja importância na moral é considerável, tem sua explicação última na análise metafísica do movimento do apetite em geral, e, logo, do bem tomado em sua universalidade.

ex consideratione motus corporis naturalis. Terminatur autem motus corporis naturalis simpliciter quidem ad ultimum; secundum quid autem etiam ad medium, per quod itur ad ultimum quod terminat motum, et dicitur aliquis terminus motus, inquantum aliquam partem motus terminat. Id autem quod est ultimus terminus motus, potest accipi dupliciter: vel ipsa res in quam tenditur, utpote locus vel forma; vel quies in re illa. Sic ergo in motu appetitus, id quod est appetibile terminans motum appetitus secundum quid, ut medium per quod tenditur in aliud, vocatur *utile*. Id autem quod appetitur ut ultimum; terminans totaliter motum appetitus, sicut quaedam res in quam per se appetitus tendit, vocatur *honestum*: quia honestum dicitur quod per se desideratur. Id autem quod terminat motum appetitus ut quies in re desiderata, est *delectatio*.

AD PRIMUM ergo dicendum quod bonum inquantum est idem subiecto cum ente, dividitur per decem praedicamenta: sed secundum propriam rationem, competit sibi ista divisio.

AD SECUNDUM dicendum quod haec divisio non est per oppositas res, sed per oppositas rationes. Dicuntur tamen illa proprie delectabilia, quae nullam habent aliam rationem appetibilitatis nisi delectationem, cum aliquando sint et noxia et inhonesta. Utilia vero dicuntur, quae non habent in se unde desiderentur; sed desiderantur solum ut sunt ducentia in alterum, sicut sumptio medicinae amarae. Honesta vero dicuntur, quae in seipsis habent unde desiderentur.

AD TERTIUM dicendum quod bonum non dividitur in ista tria sicut univocum aequaliter de his praedicatum; sed sicut analogum, quod praedicatur secundum prius et posterius. Per prius enim praedicatur de honesto; et secundario de delectabili; tertio de utili.

ser comparado ao do corpo físico. O movimento do corpo físico termina absolutamente em seu termo último; mas sob certo aspecto ele termina no espaço intermediário por onde se vai até o termo último que termina o movimento. Assim, chama-se termo de um movimento o que termina uma parte do movimento. O termo último do movimento, pode-se entender de duas maneiras: ou a coisa à qual se tende, como a forma, o lugar; ou o repouso naquela coisa. Assim, no movimento do apetite chama-se *útil* aquilo que é atrativo e termina o movimento sob certo aspecto, como um meio pelo qual se tende para outra coisa. Aquilo que é atrativo como último e termina completamente o movimento do apetite chama-se *honesto*; por exemplo, alguma coisa para a qual o apetite tende por si. Por isso, chama-se *honesto* o que é desejável em si mesmo. Enfim, aquilo que termina o movimento do apetite, como repouso na coisa desejada, é o *agradável*.

QUANTO AO 1º, deve-se dizer que o bem, conforme é idêntico realmente ao ente, se divide em dez predicamentos. Mas, segundo sua própria razão, esta divisão lhe cabe.

QUANTO AO 2º, deve-se dizer que esta divisão não é por coisas opostas, mas por razões opostas. Entretanto, chama-se apropriadamente agradável aquilo cuja única razão de atração é o deleite, ainda que alguma vez seja não só nocivo, como também desonesto. Chama-se útil o que em si mesmo nada tem por onde ser atrativo, mas é desejado apenas enquanto leva a outras coisas, como tomar um remédio amargo. Pelo contrário, chama-se honesto o que, em si mesmo, tem por onde ser desejado.

QUANTO AO 3º, deve-se dizer que o bem não se divide nestes três como um termo unívoco, atribuído igualmente a eles, mas como um termo análogo, que se atribui segundo um antes e um depois. Em primeiro lugar atribui-se ao honesto, em segundo ao agradável e em terceiro ao útil.

QUAESTIO VI
DE BONITATE DEI
in quatuor articulos divisa

Deinde quaeritur de bonitate Dei. Et circa hoc quaeruntur quatuor.
Primo: utrum esse bonum conveniat Deo.
Secundo: utrum Deus sit summum bonum.

QUESTÃO 6
A BONDADE DE DEUS
em quatro artigos

Em seguida, pergunta-se sobre a bondade de Deus. E sobre isso são quatro as perguntas:
1. Ser bom convém a Deus?
2. Será Deus o sumo bem?

Tertio: utrum ipse solus sit bonus per suam essentiam.
Quarto: utrum omnia sint bona bonitate divina.

3. Apenas Deus é bom por essência?
4. Todas as coisas são boas pela bondade divina?

Articulus 1
Utrum esse bonum Deo conveniat

AD PRIMUM SIC PROCEDITUR. Videtur quod esse bonum non conveniat Deo.
1. Ratio enim boni consistit in modo, specie et ordine. Haec autem non videntur Deo convenire: cum Deus immensus sit, et ad aliquid non ordinetur. Ergo esse bonum non convenit Deo.

2. PRAETEREA, bonum est quod omnia appetunt. Sed Deum non omnia appetunt: quia non omnia cognoscunt ipsum, nihil autem appetitur nisi notum. Ergo esse bonum non convenit Deo.

SED CONTRA est quod dicitur Lm 3,25: *Bonus est Dominus sperantibus in eum, animae quaerenti illum.*
RESPONDEO dicendum quod bonum esse praecipue Deo convenit. Bonum enim aliquid est, secundum quod ad appetibile. Unumquodque autem appetit suam perfectionem. Perfectio autem et forma effectus est quaedam similitudo agentis: cum omne agens agat sibi simile. Unde ipsum agens est appetibile, et habet rationem boni: hoc enim est quod de ipso appetitur, ut eius similitudo participetur. Cum ergo Deus sit prima causa effectiva omnium, manifestum est quod sibi competit ratio boni et appetibilis. Unde Dionysius, in libro *de Div. Nom.*[1], attribuit bonum Deo sicut primae causae efficienti, dicens quod bonus dicitur Deus, *sicut ex quo omnia subsistunt.*

AD PRIMUM ergo dicendum quod habere modum, speciem et ordinem, pertinet ad rationem boni causati. Sed bonum in Deo est sicut in causa:

Artigo 1
Ser bom convém a Deus?

QUANTO AO PRIMEIRO ARTIGO, ASSIM SE PROCEDE: parece que ser bom **não** convém a Deus.
1. Com efeito, a razão de bem consiste no modo, na espécie e na ordem. Ora, esses três não parecem convir a Deus, pois Ele é sem limites e não está ordenado a alguma coisa. Logo, ser bom não convém a Deus.

2. ALÉM DISSO, bondade é aquilo para o qual tudo tende. Ora, nem tudo tende para Deus, pois nem todos o conhecem, e não se tende a não ser para o conhecido. Logo, ser bom não convém a Deus.

EM SENTIDO CONTRÁRIO, lê-se nas Lamentações: "O Senhor é bom para quem O espera, para a alma que O busca".
RESPONDO. Ser bom convém principalmente a Deus. Com efeito, alguma coisa é boa na medida em que é atrativa. Ora, todas as coisas tendem para sua perfeição. A perfeição, e também a forma do efeito, é uma semelhança de seu agente, pois todo agente produz algo semelhante a si. Assim, o próprio agente é atrativo e tem razão de bem. Pois é para isso que se tende: para participar de sua semelhança. Sendo Deus a causa eficiente primeira de tudo, cabe-lhe evidentemente a razão de bem e de ser atrativo[a]. Por isso, Dionísio atribui a Deus o bem como à primeira causa eficiente, dizendo que Deus recebe o nome de bom porque por ele subsistem todas as coisas.

QUANTO AO 1º, deve-se dizer que possuir modo, espécie e ordem pertence à razão do bem causado. Mas o bem está em Deus como em sua causa[b]; por

---

1 PARALL.: *Cont. Gent.* I, 37; XII *Metaphys.*, lect. 7.
   1. C. 4: MG 3, 700 A.

   a. É a junção entre a possessividade e a generosidade do bem. Esta característica do bem, provocar o movimento do apetite, provém do fato de que, antes de mais nada, ele é a fonte da causalidade eficiente que, em sua explicação última, é comunicação da bondade do agente a seus efeitos. O efeito tende naturalmente ao bem que está no agente, e essa tendência universal de cada ente para sua perfeição é o aspecto aparente e descritivo do bem. Esse movimento, porém, não é mais que a continuação e a assunção, pelo efeito, do movimento pelo qual a causa lhe deu o ser e o fez bom, comunicando-lhe algo de sua própria bondade. Esse refluxo da possessividade na generosidade encontra na bondade de Deus o seu momento supremo.
   b. "O bem está em Deus como em sua causa": entenda-se não que Deus não seria bom, mas somente a causa da bondade das coisas (interpretação que será refutada adiante, q. 13, a. 2), e que só posso conhecer a bondade de Deus a partir da bondade das criaturas, como sua causa — porém, se Ele é a causa, é que Ele próprio é eminentemente bom.

unde ad eum pertinet imponere aliis modum, speciem et ordinem. Unde ista tria sunt in Deo sicut in causa.

AD SECUNDUM dicendum quod omnia, appetendo proprias perfectiones, appetunt ipsum Deum, inquantum perfectiones omnium rerum sunt quaedam similitudines divini esse, ut ex dictis[2] patet. Et sic eorum quae Deum appetunt, quaedam cognoscunt ipsum secundum seipsum: quod est proprium creaturae rationalis. Quaedam vero cognoscunt aliquas participationes suae bonitatis, quod etiam extenditur usque ad cognitionem sensibilem. Quaedam vero appetitum naturalem habent absque cognitione, utpote inclinata ad suos fines ab alio superiori cognoscente.

isso, a Ele pertence imprimir nos outros o modo, a espécie e a ordem. Eis por que esses três existem em Deus como em sua causa.

QUANTO AO 2º, deve-se afirmar que todas as coisas, ao tender para suas próprias perfeições, tendem para Deus, pois as perfeições de todas coisas são semelhanças do ser divino, como consta do já exposto. Assim, entre as que tendem para Deus, algumas O conhecem em si mesmo: o que é próprio da criatura racional. Outras conhecem participações de sua bondade, o que se pode estender até o conhecimento sensível. Outras, enfim, tendem naturalmente sem conhecimento, pois são inclinadas aos seus fins por uma inteligência superior[c].

ARTICULUS 2
Utrum Deus sit summum bonum

AD SECUNDUM SIC PROCEDITUR. Videtur quod Deus non sit summum bonum.
1. Summum enim bonum addit aliquid supra bonum: alioquin omni bono conveniret. Sed omne quod se habet ex additione ad aliquid, est compositum. Ergo summum bonum est compositum. Sed Deus est summe simplex, ut supra[1] ostensum est. Ergo Deus non est summum bonum.
2. PRAETEREA, *bonum est quod omnia appetunt*, ut dicit Philosophus[2]. Sed nihil aliud est quod omnia appetunt, nisi solus Deus, qui est finis omnium. Ergo nihil aliud est bonum nisi Deus.

ARTIGO 2
Será Deus o sumo bem?

QUANTO AO SEGUNDO, ASSIM SE PROCEDE: parece que Deus **não** é o sumo bem.
1. Na verdade, o sumo bem acrescenta algo ao bem; senão conviria a todo bem. Ora, tudo o que resulta por adição é composto. Logo, o sumo bem é composto. Ora, Deus é a suma simplicidade, como acima se demonstrou. Logo, Ele não é o sumo bem.
2. ALÉM DISSO, de acordo com o Filósofo: "É bom aquilo para o qual tudo tende". Ora, somente Deus, que é o fim de tudo, é aquilo para o qual tudo tende. Logo, só Deus é bom, o que é aliás

---

2. Q. 4, a. 3.

PARALL.: II *Sent*., dist. 1, q. 2, a. 2, ad 4; *Cont. Gent*. I, 41.

1. Q. 3, a. 7.
2. I *Ethic*., c. 1: 1094, a, 3.

c. Chegou o momento de afastar a ambiguidade do termo "perfeição". Este designa sempre a atualidade da coisa, a riqueza ontológica. Contudo, no registro do ser, o que prevalece é a atualidade: a perfeição (ontológica) é uma forma, seja constitutiva do ente (forma substancial), seja completando e enriquecendo sua forma substancial (formas acidentais). No registro do bem, o que prevalece é o aspecto da riqueza: é o mesmo ato, mas, entendido como o que prende, atrai, quando o ente está ainda em potência em relação a ela; como o que realiza plenamente, quando está presente, e ao mesmo tempo voltado para novas ampliações, até o ponto em que o ente está definitivamente terminado, per-feito, plenamente realizado. Desse modo, a perfeição é seu fim último, ou seja, não uma coisa externa ao ente, mas o próprio ente chegado à sua atualização última (que pode consistir, aliás sempre consiste para o homem, na união a um ente ontologicamente exterior, mas interiorizado pela comunhão no bem: um ser que, justamente, é Deus!).

Disto resulta que a mesma forma será denominada perfeição sob um duplo título: o de ser e o de bem. Todas as perfeições ontológicas das criaturas são semelhanças (distantes e deficientes) do ser divino, no qual elas se encontram eminente e perfeitamente unificadas na simplicidade absoluta da Forma da divindade. Cada uma realiza pouco a pouco sua bondade, por meio da qual participa da Bondade suprema de Deus. Sob esse segundo aspecto, cada ente, tendendo à sua perfeição, ordena-se a Deus. Para os entes superiores, tal participação é imediata, no sentido de que a perfeição para a qual tendem não consiste em uma semelhança da perfeição infinita do ser divino: é essa perfeição mesma, que pode se tornar sua pelo conhecimento e pelo amor. Quanto aos que conhecem somente participações da bondade divina, não são somente os animais — eles também —, são os homens que não veem além da perfeição (ontológica) para a qual eles tendem ou na qual se comprazem, sem nada visar além da perfeição divina, negando-a ou desviando-se dela, por vezes.

Quod etiam videtur per id quod dicitur Mt 19,17: *nemo bonus nisi solus Deus*. Sed summum dicitur in comparatione aliorum; sicut summum calidum in comparatione ad omnia calida. Ergo Deus non potest dici summum bonum.

3. Praeterea, summum comparationem importat. Sed quae non sunt unius generis, non sunt comparabilia; sicut dulcedo inconvenienter dicitur maior vel minor quam linea. Cum igitur Deus non sit in eodem genere cum aliis bonis, ut ex superioribus[3] patet, videtur quod Deus non possit dici summum bonum respectu eorum.

Sed contra est quod dicit Augustinus, I de *Trin.*[4], quod Trinitas divinarum personarum *est summum bonum, quod purgatissimis mentibus cernitur*.

Respondeo dicendum quod Deus est summum bonum simpliciter, et non solum in aliquo genere vel ordine rerum. Sic enim bonum Deo attribuitur, ut dictum est[5], inquantum omnes perfectiones desideratae effluunt ab eo, sicut a prima causa. Non autem effluunt ab eo sicut ab agente univoco, ut ex superioribus[6] patet: sed sicut ab agente quod non convenit cum suis effectibus, neque in ratione speciei, nec in ratione generis. Similitudo autem effectus in causa quidem univoca invenitur uniformiter: in causa autem aequivoca invenitur excellentius, sicut calor excellentiori modo est in sole quam in igne. Sic ergo oportet quod, cum bonum sit in Deo sicut in prima causa omnium non univoca, quod sit in eo excellentissimo modo. Et propter hoc dicitur summum bonum.

Ad primum ergo dicendum quod summum bonum addit super bonum, non rem aliquam absolutam, sed relationem tantum. Relatio autem qua aliquid de Deo dicitur relative ad creaturas, non est realiter in Deo, sed in creatura; in Deo vero secundum rationem, sicut scibile relative dicitur ad scientiam, non quia ad ipsam referatur, sed quia scientia refertur ad ipsum. Et sic non oportet quod

confirmado por aquilo que se diz no Evangelho de Mateus: "Ninguém é bom senão Deus". Mas sumo se diz por comparação com outros; assim, sumamente quente se diz por comparação com tudo o que é quente. Não se pode, portanto, dizer que Deus é o sumo bem.

3. Ademais, Sumo implica comparação. Ora, não se podem comparar coisas que não são do mesmo gênero; pois não se diz que a doçura é maior ou menor que a linha. E como Deus não está no mesmo gênero das outras coisas boas, como se estabeleceu acima, parece, portanto, que não se possa dizer ser ele o sumo bem comparado a elas.

Em sentido contrário, Agostinho afirma que a Trindade das Pessoas divinas é "o sumo bem, que é visto pelas mentes inteiramente puras".

Respondo. Deus é o sumo bem, absolutamente, e não apenas em um gênero ou em uma ordem de coisas. Com efeito, como foi dito, o bem é atribuído a Deus de tal modo que todas as perfeições desejáveis dele decorrem como da causa primeira. Como fica claro do exposto anteriormente, essas perfeições não decorrem dele como de um agente unívoco, mas como de um agente que não coincide com seus efeitos, nem na razão específica nem na razão genérica. Ora, numa causa unívoca a semelhança do efeito se encontra de maneira uniforme; numa causa equívoca ela se encontra de uma maneira mais excelente, como o calor se encontra no sol de uma maneira mais excelente que no fogo. É preciso então dizer que, se o bem se encontra em Deus como na causa primeira, não unívoca, de todas as coisas, ela se encontra nele de uma maneira supereminente. Por isso é chamado o sumo bem.

Quanto ao 1º, portanto, deve-se dizer que sumo bem acrescenta a bem não algo absoluto, mas apenas uma relação. Ora, a relação pela qual se atribui a Deus algo relativo às criaturas não é real em Deus, mas apenas nas criaturas. Em Deus ela é uma relação de razão[d]; como uma coisa se diz cognoscível em relação à ciência, não que ela seja realmente referida à ciência, mas é a ciência que a

---

3. Q. 3, a. 5; 4,. a. 3, ad 3.
4. C. 2: ML 42, 822.
5. A. praec.
6. Q. 4, a. 3.

d. Uma relação de razão é uma relação construída pela razão. É paradoxal afirmar que semelhante relação está *em Deus*. Deve-se entender: é uma relação atribuída a Deus, mas que justamente *não está* nele. A razão a constrói para aproximar-se quanto puder, deste fato muito real: a Bondade de Deus transcende infinitamente a que está nas criaturas.

in summo bono sit aliqua compositio: sed solum quod alia deficiant ab ipso.

AD SECUNDUM dicendum quod, cum dicitur *bonum est quod omnia appetunt*, non sic intelligitur quasi unumquodque bonum ad omnibus appetatur: sed quia quidquid appetitur, rationem boni habet. — Quod autem dicitur, *nemo bonus nisi solus Deus*, intelligitur de bono per essentiam, ut post dicetur[7].

AD TERTIUM dicendum quod ea quae non sunt in eodem genere, si quidem sint in diversis generibus contenta, nullo modo comparabilia sunt. De Deo autem negatur esse in eodem genere cum aliis bonis, non quod ipse sit in quodam alio genere; sed quia ipse est extra genus, et principium omnis generis. Et sic comparatur ad alia per excessum. Et huiusmodi comparationem importat summum bonum.

ela se refere. Assim, não é necessário que no sumo bem exista alguma composição; ocorre que as outras coisas é que são deficientes em bondade.

QUANTO AO 2º, deve-se afirmar que quando se diz que o *bem é aquilo para o qual tudo tende* não se afirma que qualquer bem seja atrativo para todos, mas que tudo aquilo para o qual se tende tem a razão de bem. — A afirmação: *só Deus é bom*, entende-se do bem por essência, de que se falará em seguida.

QUANTO AO 3º, deve-se dizer que coisas que não estão no mesmo gênero, por estar cada uma em um gênero diferente, não podem de modo nenhum ser comparadas. Nega-se que Deus esteja no mesmo gênero dos outros bens não porque ele esteja em algum outro gênero, mas porque ele está além de qualquer gênero e é princípio de todo gênero. Assim, ele é comparado aos outros pela excelência. Este é o modo de comparação que corresponde ao sumo bem.

ARTICULUS 3
Utrum esse bonum per essentiam sit proprium Dei

AD TERTIUM SIC PROCEDITUR. Videtur quod esse bonum per essentiam non sit proprium Dei.

1. Sicut enim unum convertitur cum ente, ita et bonum, ut supra[1] habitum est. Sed omne ens est unum per suam essentiam, ut patet per Philosophum in IV *Metaphy*.[2] Ergo omne ens est bonum per suam essentiam.

2. PRAETEREA, si bonum est quod omnia appetunt, cum ipsum esse sit desideratum ab omnibus, ipsum esse cuiuslibet rei est eius bonum. Sed quaelibet res est ens per suam essentiam. Ergo quaelibet res est bona per suam essentiam.

3. PRAETEREA, omnis res per suam bonitatem est bona. Si igitur aliqua res est quae non sit bona per suam essentiam, oportebit quod eius bonitas non sit sua essentia. Illa ergo bonitas, cum sit ens quoddam, oportet quod sit bona: et si quidem alia bonitate, iterum de illa bonitate quaeretur. Aut ergo erit procedere in infinitum: aut venire ad aliquam bonitatem quae non erit bona per aliam bonitatem.

ARTIGO 3
Ser bom por essência é próprio de Deus?

QUANTO AO TERCEIRO, ASSIM SE PROCEDE: parece que ser bom por essência **não** é próprio de Deus.

1. Como se viu acima, o uno é convertível com o ente, assim como o bem. Ora, todo ente é uno por essência, como mostra o Filósofo no livro IV da *Metafísica*. Logo, todo ente é bom por essência.

2. ALÉM DISSO, se o bem é aquilo para o qual tudo tende, e o ser é o que todos desejam, segue-se que o ser de cada coisa é seu bem. Ora, cada coisa é ente por essência. Logo, cada uma é boa por essência.

3. ADEMAIS, toda coisa é boa pela própria bondade. Por conseguinte, se existe uma coisa que não seja boa por essência, sua bondade então não é sua essência. Como, no entanto, essa bondade é um certo ente, tem de ser boa; e, caso o seja por outra bondade, teremos de dizer o mesmo a respeito desta última. Portanto, ou continuaremos até o infinito, ou chegaremos a uma bondade

---

7. A. sq.

3 PARALL.: *Cont. Gent*. I, 38; III, 20; *De Verit*., q. 21, a. 1, ad 1; a. 5; *Compend. Theol*., c. 109; *De Div. Nom*., c. 4, lect. 1; in Boet. *de Hebd*., lect. 3, 4.

1. Q. 5, a. 1.
2. C. 2: 1003, b, 22.

Eadem ergo ratione standum est in primo. Res igitur quaelibet est bona per suam essentiam.

SED CONTRA est quod dicit Boetius, in libro *de Hebdomad.*[3], quod alia omnia a Deo sunt bona per participationem. Non igitur per essentiam.

RESPONDEO dicendum quod solus Deus est bonus per suam essentiam. Unumquodque enim dicitur bonum, secundum quod est perfectum. Perfectio autem alicuius rei triplex est. Prima quidem, secundum quod in suo esse constituitur. Secunda vero, prout ei aliqua accidentia superadduntur, ad suam perfectam operationem necessaria. Tertia vero perfectio alicuius est per hoc, quod aliquid aliud attingit sicut finem. Utpote prima perfectio ignis consistit in esse, quod habet per suam formam substantialem: secunda vero eius perfectio consistit in caliditate, levitate et siccitate, et huiusmodi: tertia vero perfectio eius est secundum quod in loco suo quiescit.

Haec autem triplex perfectio nulli creato competit secundum suam essentiam, sed soli Deo: cuius solius essentia est suum esse; et cui non adveniunt aliqua accidentia; sed quae de aliis dicuntur accidentaliter, sibi conveniunt essentialiter, ut esse potentem, sapientem, et huiusmodi, sicut ex dictis[4] patet. Ipse etiam ad nihil aliud ordinatur sicut ad finem: sed ipse est ultimus finis omnium rerum. Unde manifestum est quod solus Deus habet omnimodam perfectionem secundum suam essentiam. Et ideo ipse solus est bonus per suam essentiam.

AD PRIMUM ergo dicendum quod unum non importat rationem perfectionis, sed indivisionis tantum, quae unicuique rei competit secundum suam essentiam. Simplicium autem essentiae sunt indivisae et actu et potentia: compositorum vero essentiae sunt indivisae secundum actum tantum. Et ideo oportet quod quaelibet res sit una per suam essentiam: non autem bona, ut ostensum est.

AD SECUNDUM dicendum quod, licet unumquodque sit bonum inquantum habet esse, tamen essentia rei creatae non est ipsum esse: et ideo non sequitur quod res creata sit bona per suam essentiam.

AD TERTIUM dicendum quod bonitas rei creatae non est ipsa eius essentia, sed aliquid superaddi-

que não será boa por outra. Pelo mesmo motivo deve-se ficar no primeiro termo: cada coisa é boa por essência.

EM SENTIDO CONTRÁRIO, Boécio escreve: "Tudo o que não é Deus é bom por participação". Logo, não é por essência.

RESPONDO. Só Deus é bom por essência. Com efeito, cada coisa diz-se boa na medida em que é perfeita. Ora, a perfeição de cada coisa é tríplice:

1. Na medida em que ela é constituída em seu próprio ser;
2. Conforme lhe são acrescentados alguns acidentes necessários à perfeição de seu agir;
3. Enfim, a perfeição de uma coisa está em que alcança alguma outra coisa como seu fim. Por exemplo: a primeira perfeição do fogo consiste em ser, por sua forma substancial; a segunda consiste no calor, leveza, secura etc.; e sua terceira perfeição está em que repousa em seu lugar.

Ora, essa tríplice perfeição não convém a nenhum ser criado em virtude de sua essência, mas somente a Deus. Pois ele é o único cuja essência é seu ser e a quem nenhum acidente é acrescentado; pois o que é atribuído aos outros por acidente lhe convém de modo essencial como ser poderoso, sábio etc., como já foi dito. E a nada é ele ordenado como a seu fim. Ele próprio é o fim último de todas as coisas. Fica claro então: somente Deus tem a perfeição total segundo a essência. Portanto, só Ele é bom por essência.

QUANTO AO 1º, portanto, deve-se dizer que a unidade não implica a razão de perfeição, mas apenas de indivisão; e a indivisão é própria de cada coisa segundo a essência. As essências dos simples são indivisas tanto em ato como em potência; as essências dos compostos são indivisas apenas em ato. Eis por que toda coisa há de ser una por essência; não boa, porém, como se mostrou.

QUANTO AO 2º, deve-se dizer que, embora cada coisa seja boa na medida em que possui o ser, a essência da criatura não é seu próprio ser; por isso mesmo não se segue ser ela boa por essência[e].

QUANTO AO 3º, deve-se dizer que a bondade de uma criatura não é sua própria essência, mas algo

---

3. ML 64, 1313 AB.
4. Q. 3, a. 6.

e. A própria essência é boa, é verdade, mas deve sua bondade ao ser que a atualiza, de modo que o ente é bom não por sua essência, mas por seu ser.

tum; vel ipsum esse eius, vel aliqua perfectio superaddita, vel ordo ad finem. Ipsa tamen bonitas sic superaddita dicitur bona sicut et ens: hac autem ratione dicitur ens, quia ea est aliquid, non quia ipsa aliquo alio sit. Unde hac ratione dicitur bona, quia ea est aliquid bonum: non quia ipsa habeat aliquam aliam bonitatem, qua sit bona.

acrescentado: seja seu próprio ser, seja alguma perfeição acrescentada, seja sua ordenação a um fim[f]. No entanto, essa bondade acrescentada é dita boa assim como é dita ente. Por esta razão é dita ente, porque é algo, e não porque ela é por alguma outra coisa. E por esta razão é dita boa, porque ela é algo bom, e não porque tenha uma outra bondade pela qual seria boa.

Articulus 4
Utrum omnia sint bona bonitate divina

AD QUARTUM SIC PROCEDITUR. Videtur quod omnia sint bona bonitate divina.

1. Dicit enim Augustinus, VIII *de Trin*.[1]: *Bonum hoc et bonum illud, tolle hoc et tolle illud, et vide ipsum bonum, si potes: ita Deum videbis, non alio bono bonum, sed bonum omnis boni*. Sed unumquodque est bonum suo bono. Ergo unumquodque est bonum ipso bono quod est Deus.

2. PRAETEREA, sicut dicit Boetius, in libro *de Hebdomad.*[2], omnia dicuntur bona inquantum ordinantur ad Deum, et hoc ratione bonitatis divinae. Ergo omnia sunt bona bonitate divina.

SED CONTRA est quod omnia sunt bona inquantum sunt. Sed non dicuntur omnia entia per esse divinum, sed per esse proprium. Ergo non omnia sunt bona bonitate divina, sed bonitate propria.

RESPONDEO dicendum quod nihil prohibet in his quae relationem important, aliquid ab extrinseco denominari; sicut aliquid denominatur locatum a loco, et mensuratum a mensura. Circa vero ea quae absolute dicuntur, diversa fuit opinio. Plato enim posuit omnium rerum species separatas[3]; et quod ab eis individua denominantur, quasi species separatas participando; ut puta quod Socrates dicitur homo secundum ideam hominis separatam. Et sicut ponebat ideam hominis et equi separatam, quam vocabat *per se hominem* et *per se equum*,

Artigo 4
Todas as coisas são boas pela bondade divina?

QUANTO AO QUARTO, ASSIM SE PROCEDE: parece que todas as coisas **são** boas pela bondade divina.

1. Com efeito, Agostinho escreve em sua obra *Sobre a Trindade*: "Isto é bom, aquilo é bom; suprime o isto e o aquilo, e vê o próprio bem, se o podes; então, verás a Deus, cuja bondade não deriva de outro bem que seja bom, mas que é a bondade de tudo o que é bom". Ora, toda coisa é boa por bondade própria. Por conseguinte, é boa pela bondade que é Deus.

2. ALÉM DISSO, Boécio diz que todas as coisas são boas enquanto se ordenam para Deus, e isto por razão da bondade de Deus. Logo, todas as coisas são boas pela bondade divina.

EM SENTIDO CONTRÁRIO, todas as coisas são boas enquanto são. Ora, nem todos os entes o são pelo ser de Deus, e sim por seu próprio ser. Logo, elas não são boas pela bondade divina, mas por sua própria bondade.

RESPONDO. Nada impede, onde há relação, que algo seja denominado por algo extrínseco. Assim, algo se diz localizado pelo lugar e medido pela medida. Mas, com respeito àquelas coisas que se dizem de modo absoluto, as opiniões divergem. Platão estabeleceu as espécies separadas de todas as coisas; assim os indivíduos são por elas denominados como por participação. Por exemplo, diz-se de Sócrates que é homem por participação na ideia separada de homem. E assim como estabeleceu uma ideia separada de homem e de cavalo, a que

---

4 PARALL.: I *Sent*., dist. 19, q. 5, a. 2, ad 3; *Cont. Gent*. I, 40; *De Verit*., q. 21, a. 4.

1. C. 3: ML 42, 949.
2. ML 64, 1312 B.
3. ARIST., I *Metaph*., c. 6: 987.

f. A perfeição do ente não consiste apenas em sua essência, mas requer todo o crescimento que pede sua essência, desde seu ato primeiro, o ser, até a última perfeição, a do fim último para o qual sua essência se ordena, mas que, por si só, sua essência não lhe poderia fornecer. Somente Deus tem tudo com sua essência, que é o próprio ser.

ita ponebat ideam entis et ideam unius separatam, quam dicebat *per se ens* et *per se unum*: et eius participatione unumquodque dicitur ens vel unum. Hoc autem quod est per se ens et per se unum, ponebat esse summum bonum. Et quia bonum convertitur cum ente, sicut et unum, ipsum per se bonum dicebat esse Deum, a quo omnia dicuntur bona per modum participationis. — Et quamvis haec opinio irrationabilis videatur quantum ad hoc, quod ponebat species rerum naturalium separatas per se subsistentes, ut Aristoteles multipliciter probat[4]; tamen hoc absolute verum est, quod aliquid est primum, quod per suam essentiam est ens et bonum, quod dicimus Deum, ut ex superioribus[5] patet. Huic etiam sententiae concordat Aristoteles.

A primo igitur per suam essentiam ente et bono, unumquodque potest dici bonum et ens, inquantum participat ipsum per modum cuiusdam assimilationis, licet remote et deficienter, ut ex superioribus[6] patet. Sic ergo unumquodque dicitur bonum bonitate divina, sicut primo principio exemplari, effectivo et finali totius bonitatis. Nihilominus tamen unumquodque dicitur bonum similitudine divinae bonitatis sibi inhaerente, quae est formaliter sua bonitas denominans ipsum. Et sic est bonitas una omnium; et etiam multae bonitates.

Et per hoc patet responsio AD OBIECTA.

chamava *o homem por si, o cavalo por si*, assim estabeleceu uma ideia separada de ente e de uno, a que chamava *o ente por si* e o *uno por si*. É por participação nelas que cada coisa é dita ente e una. E isto que é por si ente e por si uno afirmava ser o sumo bem. E, como o bem e uno são convertíveis com o ente, ele dizia que o bem por si é Deus, pelo qual tudo se diz bom por participação nele. — Embora esta opinião pareça irracional, pois afirma como separadas e subsistentes por si as espécies das coisas da natureza, como Aristóteles prova de múltiplas maneiras, no entanto é verdade absoluta a existência de um primeiro, que por sua própria essência é ente e bom a que chamamos de Deus, como acima se explicou. E Aristóteles está de acordo com essa sentença.

Portanto, deste primeiro que é ente e bom por essência, cada coisa pode ser dita boa e ente, enquanto dele participa por certa assimilação, mesmo longínqua e deficiente, como mostrou o artigo precedente. Daí que cada coisa é chamada boa em razão da bondade divina, como primeiro princípio exemplar, eficiente e finalizador de toda bondade. No entanto, cada coisa é ainda denominada boa em razão da semelhança com a bondade divina que lhe é inerente; e que é formalmente sua bondade, pela qual se denomina boa. Existe, portanto, a bondade única de todas as coisas e as múltiplas bondades.

Tudo isso responde com clareza às OBJEÇÕES.

---

4. I *Met.*, c. 9: 990, a, 34-991, b, 9; III, c. 6: 1002, b, 12-32; VII, c. 14-15: 1039, a, 24-1040, b, 4.
5. Q. 2, a. 3.
6. Q. 4, a. 3.

QUAESTIO VII
DE INFINITATE DEI
in quatuor articulos divisa

Post considerationem divinae perfectionis, considerandum est de eius infinitate, et de existentia eius in rebus. Attribuitur enim Deo quod sit ubique et in omnibus rebus, inquantum est incircumscriptibilis et infinitus.

Circa primum quaeruntur quatuor.

Primo: utrum Deus sit infinitus.
Secundo: utrum aliquid praeter ipsum sit infinitum secundum essentiam.
Tertio: utrum aliquid possit esse infinitum secundum magnitudinem.

QUESTÃO 7
A INFINIDADE DE DEUS
em quatro artigos

Depois de ter considerado a perfeição de Deus, é preciso considerar sua infinidade e sua existência nas coisas. Diz-se, com efeito, que Deus está em toda parte e em todas as coisas, pois é sem limites e infinito.

A respeito da primeira consideração são quatro as perguntas:

1. Deus é infinito?
2. Fora dele existe algum outro infinito por essência?
3. Algo pode ser infinito quanto à grandeza?

Quarto: utrum possit esse infinitum in rebus secundum multitudinem.

Articulus 1
Utrum Deus sit infinitus

AD PRIMUM SIC PROCEDITUR. Videtur quod Deus non sit infinitus.

1. Omne enim infinitum est imperfectum: quia habet rationem partis et materiae, ut dicitur in III *Physic.*[1]. Sed Deus est perfectissimus. Ergo non est infinitus.

2. PRAETEREA, secundum Philosophum in I *Physic.*[2] finitum et infinitum conveniunt quantitati. Sed in Deo non est quantitas, cum non sit corpus, ut supra[3] ostensum est. Ergo non competit sibi esse infinitum.

3. PRAETEREA, quod ita est hic quod non alibi, est finitum secundum locum: ergo quod ita est hoc quod non est aliud, est finitum secundum substantiam. Sed Deus est hoc, et non est aliud: non enim est lapis nec lignum. Ergo Deus non est infinitus secundum substantiam.

SED CONTRA est quod dicit Damascenus[4], quod Deus est *infinitus et aeternus et incircumscriptibilis*.

RESPONDEO dicendum quod omnes antiqui philosophi[5] attribuunt infinitum primo principio, ut dicitur in III *Physic.*[6]: et hoc rationabiliter, considerantes res effluere a primo principio in infinitum. Sed, quia quidam erraverunt circa naturam primi principii consequens fuit ut errarent circa infinitatem ipsius. Quia enim ponebant primum principium materiam, consequenter attribuerunt primo principio infinitatem materialem; dicentes aliquod corpus infinitum esse primum principium rerum.

Considerandum est igitur quod infinitum dicitur aliquid ex eo quod non est finitum. Finitur autem quodammodo et materia per formam, et forma per materiam. Materia quidem per formam, inquantum materia, antequam recipiat formam, est in potentia ad multas formas: sed cum recipit unam, termi-

4. É possível haver nas coisas o infinito quanto à multidão?

Artigo 1
Deus é infinito?

QUANTO AO PRIMEIRO ARTIGO, ASSIM SE PROCEDE: parece que Deus **não** é infinito.

1. Na verdade, todo infinito é imperfeito, pois tem razão de parte e de matéria, segundo se diz no terceiro livro da *Física*. Ora, Deus é absolutamente perfeito. Logo, não é infinito.

2. ALÉM DISSO, de acordo com o Filósofo, no livro I da *Física*, o finito e o infinito coincidem em quantidade. Ora, em Deus não há quantidade, pois não é corpo, como já se mostrou. Logo, não lhe cabe ser infinito.

3. ADEMAIS, o que aqui está e lá não está é finito em relação ao lugar; por conseguinte, o que é isto e não é outra coisa é finito segundo a substância. Ora, Deus é o que é, e não outra coisa: Ele não é pedra nem madeira. Logo, Deus não é infinito segundo a substância.

EM SENTIDO CONTRÁRIO, Damasceno diz: "Deus é infinito, eterno, sem limites".

RESPONDO. Como se diz no livro III da *Física*: "Todos os antigos filósofos atribuíam o infinito ao primeiro princípio", observando com razão que do princípio primeiro decorrem todas as coisas ao infinito. Mas alguns, enganando-se quanto à natureza do primeiro princípio, por consequência enganaram-se sobre sua infinidade. Ao afirmar a matéria como o primeiro princípio, eles lhe atribuíram em consequência infinidade material, afirmando ser um corpo infinito o primeiro princípio das coisas.

É preciso então considerar que algo se chama infinito pelo fato de que não é finito. Ora, cada ser é finito a seu modo, a matéria pela forma e a forma pela matéria. A matéria é limitada pela forma porque, antes de receber a forma, enquanto matéria, está em potência a muitas formas, mas,

---

1 PARALL.: Parte III, q. 10, a. 3, ad 1; I *Sent.*, dist. 43, q. 1, a. 1; *Cont. Gent.* I, 43; *De Verit.*, q. 2, a. 2, ad 5; q. 29, a. 3; *De Pot.*, q. 1, a. 2; *Quodlib.* III, a. 3: *Compend. Theol.*, c. 18, 20.

1. C. 6: 207, a, 21-27.
2. C. 2: 185, a, 34 – b, 3.
3. Q. 3, a. 1.
4. *De Fide Orth.* I, c. 4: MG 94, 797 B.
5. Philosophi scil. scholae ionicae, quorum praecipui fuerunt THALES Milesius (624-548 a. Chr.), ANAXIMANDER Milesius (610-547), ANAXIMENES Milesius (588-524), HERACLITUS, Ephesi ortus (qui a. 500 circiter a. Chr. floruit).
6. C. 4: 203, a, 1-4.

natur per illam. Forma vero finitur per materiam, inquantum forma, in se considerata, communis est ad multa: sed per hoc quod recipitur in materia fit forma determinate huius rei. — Materia autem perficitur per formam per quam finitur: et ideo infinitum secundum quod attribuitur materiae, habet rationem imperfecti; est enim quasi materia non habens formam. Forma autem non perficitur per materiam, sed magis per eam eius amplitudo contrahitur: unde infinitum secundum quod se tenet ex parte formae non determinatae per materiam, habet rationem perfecti.

Illud autem quod est maxime formale omnium, est ipsum esse, ut ex superioribus[7] patet. Cum igitur esse divinum non sit esse receptum in aliquo, sed ipse sit suum esse subsistens, ut supra[8] ostensum est; manifestum est quod ipse Deus sit infinitus et perfectus.

Et per hoc patet responsio AD PRIMUM.

AD SECUNDUM dicendum quod terminus quantitatis est sicut forma ipsius: cuius signum est, quod figura, quae consistit in terminatione quantitatis est quaedam forma circa quantitatem. Unde infinitum quod competit quantitati, est infinitum quod se tenet ex parte materiae: et tale infinitum non attribuitur Deo, ut dictum est.

AD TERTIUM dicendum quod, ex hoc ipso quod esse Dei est per se subsistens non receptum in aliquo, prout dicitur infinitum, distinguitur ab omnibus aliis, et alia removentur ab eo: sicut, si esset albedo subsistens, ex hoc ipso quod non es-set in alio, differret ab omni albedine existente in subiecto.

quando recebe uma, fica limitada àquela. A forma é limitada pela matéria, pois, enquanto forma considerada em si mesma, ela é comum a muitas coisas, mas, ao ser recebida numa matéria, torna-se forma determinada de tal coisa. — A matéria recebe sua perfeição da forma, que a limita, de modo que o infinito, enquanto é atribuído à matéria, tem razão de imperfeito, é como uma matéria sem forma. Ao contrário, a forma não recebe sua perfeição da matéria, antes porém, sua amplitude é diminuída por ela. Assim, o infinito, que diz respeito à forma não determinada pela matéria, tem razão de perfeito.

Ora, aquilo que é o mais formal é o próprio ser[a], como ficou claro acima. Como o ser divino não é um ser recebido em algo, mas Deus é seu ser subsistente, como já se mostrou, fica claro que Deus é infinito e perfeito.

QUANTO AO 1º, a exposição acima respondeu.

QUANTO AO 2º, deve-se dizer que o limite da quantidade é como sua forma: sinal disso é que a figura, que consiste na limitação da quantidade, é uma forma da quantidade. Assim, o infinito quantitativo é o infinito que diz respeito à matéria, e tal infinito não se atribui a Deus, como acabamos de dizer.

QUANTO AO 3º, deve-se afirmar que como o ser de Deus é subsistente por si mesmo e não está recebido em nenhum outro, conforme se diz infinito, distingue-se de todos os demais, e estes são excluídos dele. Por exemplo, se existisse a brancura subsistente, distinguir-se-ia de toda brancura que se encontra em um sujeito, pelo fato de não existir em outro.

ARTICULUS 2
Utrum aliquid aliud quam Deus possit esse infinitum per essentiam

AD SECUNDUM SIC PROCEDITUR. Videtur quod aliquid aliud quam Deus possit esse infinitum per essentiam.

ARTIGO 2
Além de Deus, existe algum outro infinito em sua essência?

QUANTO AO SEGUNDO, ASSIM SE PROCEDE: parece que além de Deus algum outro **pode** ser infinito em sua essência.

---

7. Q. 4, a. 1, ad 3.
8. Q. 3, a. 4.

2 PARALL.: Infra, q. 50, a. 2, ad 4; III, q. 10, a. 3, ad 2, 3; I *Sent.*, dist. 43, q. 1, a. 2; *De Verit.*, q. 29, a. 3; *Quodlib.* IX, a. 1; X, q. 2, a. 1, ad 2; XII, q. 2, ad 2; XI *Metaphys.*, lect. 10.

a. Toda forma é um ato, sendo aquilo pelo qual o ente é constituído tal, seja segundo sua substância, seja segundo uma perfeição acidental. Contudo, o próprio ente só é pelo ato de ser que o faz existir, e que é portanto "a atualidade de todos os entes e das próprias formas" (*supra* q. 4, a. 1, r. 3). Sem uma forma propriamente falando (salvo em Deus, no qual ele é a própria Forma da divindade), ele é "formalíssimo" em todos os entes.

1. Virtus enim rei proportionatur essentiae eius. Si igitur essentia Dei est infinita, oportet quod eius virtus sit infinita. Ergo potest producere effectum infinitum, cum quantitas virtutis per effectum cognoscatur.

2. PRAETEREA, quidquid habet virtutem infinitam, habet essentiam infinitam. Sed intellectus creatus habet virtutem infinitam: apprehendit enim universale, quod se potest extendere ad infinita singularia. Ergo omnis substantia intellectualis creata est infinita.

3. PRAETEREA, materia prima aliud est a Deo, ut supra[1] ostensum est. Sed materia prima est infinita. Ergo aliquid aliud praeter Deum potest esse infinitum.

SED CONTRA est quod infinitum non potest esse ex principio aliquo, ut dicitur in III *Physic.*[2]. Omne autem quod est praeter Deum, est ex Deo sicut ex primo principio. Ergo nihil quod est praeter Deum, potest esse infinitum.

RESPONDEO dicendum quod aliquid praeter Deum potest esse infinitum secundum quid, sed non simpliciter. Si enim loquamur de infinito secundum quod competit materiae, manifestum est quod omne existens in actu, habet aliquam formam: et sic materia eius est terminata per formam. Sed quia materia, secundum quod est sub una forma substantiali, remanet in potentia ad multas formas accidentales; quod est finitum simpliciter, potest esse infinitum secundum quid: utpote lignum est finitum secundum suam formam, sed tamen est infinitum secundum quid, inquantum est in potentia ad figuras infinitas.

Si autem loquamur de infinito secundum quod convenit formae, sic manifestum est quod illa quorum formae sunt in materia, sunt simpliciter finita, et nullo modo infinita. Si autem sint aliquae formae creatae non receptae in materia, sed per se subsistentes, ut quidam de angelis opinantur, erunt quidem infinitae secundum quid, inquantum huiusmodi formae non terminantur neque contrahuntur per aliquam materiam: sed quia forma creata sic subsistens habet esse, et non est suum esse,

1. Com efeito, o poder de uma coisa é proporcional à sua essência. Se a essência de Deus é infinita, seu poder também deve sê-lo. Por conseguinte, Ele pode produzir um efeito infinito, pois a grandeza de um poder se reconhece pelo efeito.

2. ALÉM DISSO, tudo o que possui poder infinito possui essência infinita. Ora, o intelecto criado é dotado de tal poder, pois apreende o universal, que pode se estender a uma infinidade de singulares. Logo, toda substância intelectual criada é infinita.

3. ADEMAIS, a matéria primeira se distingue de Deus, já se demonstrou. Ora, a matéria primeira é infinita. Logo, algum outro ser distinto de Deus pode ser infinito.

EM SENTIDO CONTRÁRIO, o infinito não pode proceder de um princípio, como se diz no livro III da *Física*. Ora, tudo o que existe e que não é Deus procede de Deus como de seu primeiro princípio. Logo, nada, além de Deus, pode ser infinito.

RESPONDO. Algo que não é Deus pode ser infinito sob certo aspecto, mas não absolutamente. Se falamos de infinito quanto à matéria, é claro que tudo o que existe em ato possui certa forma, e por essa forma a matéria é limitada. Mas, como a matéria enquanto está sob uma forma substancial permanece em potência a muitas formas acidentais, o que é absolutamente finito pode ser infinito sob certo aspecto. Por exemplo: um pedaço de madeira é finito segundo sua forma, mas é infinito sob certo aspecto, enquanto está em potência a uma infinidade de figuras.

Mas, se falamos de infinito quanto à forma, é claro que aquelas coisas cujas formas estão unidas à matéria são absolutamente finitas e não são infinitas de nenhum modo. Se existirem, porém, formas criadas, não recebidas numa matéria, mas que subsistem por si, como alguns o dizem dos anjos[b], estas formas serão infinitas segundo certo aspecto, enquanto não estão limitadas, restritas por qualquer matéria. No entanto, como toda forma criada assim subsistente tem o ser e não é seu ser, é

---

1. Q. 3, a. 8.
2. C. 4: 203, b, 7.

b. "Como alguns o dizem dos anjos": não há aí sinal algum de ceticismo, pois Santo Tomás faz parte desses "alguns" e vai escrever um tratado sobre os anjos inteiramente fundado sobre a noção de "forma pura". Todavia, ele não tinha de tomar posição nesse caso. Deve-se notar que, para ele, a infinidade relativa da forma só pode ser realizada para as formas capazes de subsistir por si mesmas. As outras — incluindo a alma humana — só podem ser realizadas em uma matéria que elas informam e que as limitam, como dirá Santo Tomás com tanta ênfase no tratado sobre o homem. Sua infinidade, mesmo relativa, é apenas virtual.

necesse est quod ipsum eius esse sit receptum et contractum ad determinatam naturam. Unde non potest esse infinitum simpliciter.

AD PRIMUM ergo dicendum quod hoc est contra rationem facti, quod essentia rei sit ipsum esse eius quia esse subsistens non est esse creatum: unde contra rationem facti est, quod sit simpliciter infinitum. Sicut ergo Deus, licet habeat potentiam infinitam, non tamen potest facere aliquid non factum (hoc enim esset contradictoria esse simul); ita non potest facere aliquid infinitum simpliciter.

AD SECUNDUM dicendum quod hoc ipsum quod virtus intellectus extendit se quodammodo ad infinita, procedit ex hoc quod intellectus est forma non in materia; sed vel totaliter separata, sicut sunt substantiae angelorum; vel ad minus potentia intellectiva, quae non est actus alicuius organi, in anima intellectiva corpori coniuncta.

AD TERTIUM dicendum quod materia prima non existit in rerum natura per seipsam, cum non sit ens in actu, sed potentia tantum: unde magis est aliquid concreatum, quam creatum. Nihilominus tamen materia prima, etiam secundum potentiam, non est infinita simpliciter, sed secundum quid: quia eius potentia non se extendit nisi ad formas naturales.

ARTICULUS 3

Utrum possit esse aliquid infinitum actu secundum magnitudinem

AD TERTIUM SIC PROCEDITUR. Videtur quod possit esse aliquid infinitum actu secundum magnitudinem.

1. In scientiis enim mathematicis non invenitur falsum: quia *abstrahentium non est mendacium*, ut dicitur in II *Physic*.[1]. Sed scientiae mathematicae utuntur infinito secundum magnitudinem: dicit enim geometra in suis demonstrationibus, *sit linea talis infinita*. Ergo non est impossibile aliquid esse infinitum secundum magnitudinem.

2. PRAETEREA, id quod non est contra rationem alicuius, non est impossibile convenire sibi. Sed

necessário que seu próprio ser seja recebido e por conseguinte restrito a uma determinada natureza. Não pode, portanto, ser absolutamente infinito.

QUANTO AO 1º, portanto, deve-se dizer que é contrário à própria razão de criatura que sua essência seja seu ser, pois o ser subsistente não é ser criado. Portanto, é contrário à razão de efeito ser ele absolutamente infinito. Assim como Deus que, embora tenha um poder infinito, não pode fazer algo não feito (o que seria existirem simultaneamente coisas contraditórias), também não pode fazer algo absolutamente infinito.

QUANTO AO 2º, deve-se responder que o poder do intelecto se estenda de certo modo até o infinito, procede de que o intelecto é uma forma não unida à matéria; seja ela uma forma totalmente separada, como são as substâncias dos anjos; seja ela, pelo menos, uma potência intelectiva que, na alma intelectiva unida ao corpo, não é ato de um órgão.

QUANTO AO 3º, deve-se dizer que a matéria primeira não existe por si mesma na natureza, pois não é um ser em ato, mas apenas em potência[c]. Assim, é antes cocriada do que criada. Além do mais, mesmo em potência, ela não é absolutamente infinita, mas apenas sob certo aspecto, pois sua potência só se estende às formas naturais.

ARTIGO 3

Algo pode ser infinito em ato quanto à grandeza?

QUANTO AO TERCEIRO, ASSIM SE PROCEDE: parece que **pode** haver algo infinito em ato quanto à grandeza.

1. Com efeito, nas ciências matemáticas não se encontra falsidade, pois *abstrair não é mentir*, como se diz no livro II da *Física*. Ora, as ciências matemáticas usam o infinito quanto à grandeza, pois diz o geômetra em suas demonstrações: *Suponhamos esta linha infinita*. Não é, portanto, impossível que algo seja infinito quanto à grandeza.

2. ALÉM DISSO, não é impossível que convenha a uma coisa algo que não é contra sua razão. Ora,

---

3 PARALL.: *De Verit*., q. 2, a. 2, ad 5; *Quodlib*. IX, a. 1; XII, q. 2, ad 2; I *Physic*., lect. 9; III, lect. 7 sqq.; I *De Caelo*, lect. 9 sqq.

1. C. 2: 193, b, 35.

c. A matéria primeira não existe por si mesma, não pode ser um ente, mas unicamente a parte potencial de um ente no qual e pelo qual ela existe.

esse infinitum non est contra rationem magnitudinis: sed magis finitum et infinitum videntur esse passiones quantitatis. Ergo non est impossibile aliquam magnitudinem esse infinitam.

3. Praeterea, magnitudo divisibilis est in infinitum: sic enim definitur continuum, *quod est in infinitum divisibile*, ut patet in III *Physic*.². Sed contraria nata sunt fieri circa idem. Cum ergo divisioni opponatur additio, et diminutioni augmentum, videtur quod magnitudo possit crescere in infinitum. Ergo possibile est esse magnitudinem infinitam.

4. Praeterea, motus et tempus habent quantitatem et continuitatem a magnitudine super quam transit motus, ut dicitur in IV *Physic*.³ Sed non est contra rationem temporis et motus quod sint infinita: cum unumquodque indivisibile signatum in tempore et motu circulari, sit principium et finis. Ergo nec contra rationem magnitudinis erit quod sid infinita.

Sed contra, omne corpus superficiem habet. Sed omne corpus superficiem habens est finitum: quia superficies est terminus corporis finiti. Ergo omne corpus est finitum. Et similiter potest dici de superficie et linea. Nihil est ergo infinitum secundum magnitudinem.

Respondeo dicendum quod aliud est esse infinitum secundum suam essentiam, et secundum magnitudinem. Dato enim quod esset aliquod corpus infinitum secundum magnitudinem, utpote ignis vel aer, non tamen esset infinitum secundum essentiam: quia essentia sua esset terminata ad aliquam speciem per formam, et ad aliquod individuum per materiam. Et ideo, habito ex praemissis⁴ quod nulla creatura est infinita secundum essentiam, adhuc restat inquirere utrum aliquid creatum sit infinitum secundum magnitudinem.

Sciendum est igitur quod corpus, quod est magnitudo completa, dupliciter sumitur: scilicet mathematice, secundum quod consideratur in eo sola quantitas; et naturaliter, secundum quod consideratur in eo materia et forma. Et de corpore quidem naturali, quod non possit esse infinitum

ser infinito não é contrário à razão de grandeza; pelo contrário, o finito e o infinito parecem ser determinações da quantidade. Logo, não é impossível uma grandeza ser infinita.

3. Ademais, a grandeza é divisível ao infinito, pois assim se define o contínuo: *o que é divisível ao infinito*, como esclarece o livro III da *Física*. Ora, os contrários, por natureza, ocorrem com respeito à mesma coisa. Uma vez que a divisão e a adição são contrários, assim como a diminuição e o aumento, parece que a grandeza pode aumentar ao infinito. Logo, é possível uma grandeza infinita.

4. Ademais, o movimento e o tempo têm quantidade e continuidade da grandeza percorrida pelo movimento, é o que se diz no livro IV da *Física*. Ora, não é contrário à razão de tempo e de movimento que sejam infinitos; pois qualquer ponto indivisível do tempo e do movimento circular é ao mesmo tempo um princípio e um fim[d]. Logo, que sejam infinitos não é contrário à razão de grandeza.

Em sentido contrário, todo corpo tem uma superfície. Ora, todo corpo que possui uma superfície é finito, porque a superfície é o limite de um corpo finito. Logo, todo corpo é finito, e igualmente se pode dizer da superfície e da linha. Assim, nada é infinito quanto à grandeza.

Respondo. Uma coisa é ser infinito segundo a essência, e outra ser infinito segundo a grandeza. Mesmo supondo a existência de um corpo infinito quanto à grandeza, como o fogo ou o ar, esse corpo não seria infinito segundo a essência; porque sua essência seria limitada a uma espécie pela forma e a um indivíduo pela matéria. Eis por que, admitindo-se o que precede, isto é, nenhuma criatura é infinita por essência, resta saber se alguma criatura é infinita quanto à grandeza.

Deve-se ter presente que o corpo, uma grandeza completa, pode ser considerado de duas maneiras: matematicamente, quando nele se considera apenas a quantidade; e naturalmente, quando nele se consideram a matéria e a forma. Com respeito ao corpo físico[e], é evidente que não pode ser infinito

---

2. C. 1: 200, b, 18-20.
3. C. 11: 219, a, 10-14.
4. A. praec.

d. Um movimento finito situa-se entre dois termos. O movimento circular é infinito, segundo o objetante, pois qualquer termo que se possa isolar nele (pelo pensamento) é simultaneamente um ponto de chegada e um ponto de partida. O mesmo ocorre com o tempo, segundo a concepção do tempo circular dos gregos.

e. Físico é tomado aqui não no sentido da Física moderna, mas no sentido da filosofia da Natureza, na qual físico designa o ente material. Mais do que "natural", a palavra designa o termo "naturalis", que Santo Tomás emprega aqui precisamente nesse sentido. O termo "natural" evoca demasiados problemas teológicos para deixar de ser ambíguo.

in actu, manifestum est. Nam omne corpus naturale aliquam formam substantialem habet determinatam: cum igitur ad formam substantialem consequantur accidentia, necesse est quod ad determinatam formam consequantur determinata accidentia; inter quae est quantitas. Unde omne corpus naturale habet determinatam quantitatem et in maius et in minus. Unde impossibile est aliquod corpus naturale infinitum esse. — Hoc etiam ex motu patet. Quia omne corpus naturale habet aliquem motum naturalem. Corpus autem infinitum non posset habere aliquem motum naturalem: nec rectum, quia nihil movetur naturaliter motu recto, nisi cum est extra suum locum, quod corpori infinito accidere non posset; occuparet enim omnia loca, et sic indifferenter quilibet locus esset locus eius. Et similiter etiam neque secundum motum circularem. Quia in motu circulari oportet quod una pars corporis transferatur ad locum in quo fuit alia pars; quod in corpore circulari, si ponatur infinitum, esse non posset: quia duae lineae protractae a centro, quanto longius protrahuntur a centro, tanto longius distant ab invicem; si ergo corpus esset infinitum, in infinitum lineae distarent ab invicem, et sic una nunquam posset pervenire ad locum alterius.

De corpore etiam mathematico eadem ratio est. Quia si imaginemur corpus mathematicum existens actu, oportet quod imaginemur ipsum sub aliqua forma: quia nihil est actu nisi per suam formam. Unde, cum forma quanti, inquantum huiusmodi, sit figura, oportebit quod habeat aliquam figuram. Et sic erit finitum: est enim figura, quae termino vel terminis comprehenditur.

AD PRIMUM ergo dicendum quod geometer non indiget sumere aliquam lineam esse infinitam actu: sed indiget accipere aliquam lineam finitam actu, a qua possit subtrahi quantum necesse est: et hanc nominat lineam infinitam.

AD SECUNDUM dicendum quod, licet infinitum non sit contra rationem magnitudinis in communi, est tamen contra rationem cuiuslibet speciei eius: scilicet contra rationem magnitudinis bicubitae vel tricubitae, sive circularis vel triangularis, et similium. Non autem est possibile in genere esse quod in nulla specie est. Unde non est possibile esse aliquam magnitudinem infinitam, cum nulla species magnitudinis sit infinita.

em ato. Pois todo corpo físico possui uma forma substancial determinada, e, como os acidentes seguem a forma substancial, é necessário que a uma forma determinada sigam acidentes também determinados, entre os quais a quantidade. Daí que todo corpo físico tem em grau maior ou menor uma quantidade determinada. É então impossível que um corpo físico seja infinito. — Isso também é evidente se se fala de movimento. Todo corpo físico conta com um movimento natural. Ora, o corpo infinito não poderia ter um movimento natural. Não teria movimento retilíneo, porque nada se move naturalmente com movimento retilíneo, a não ser estando fora de seu lugar; o que não pode ocorrer a um corpo infinito, pois ocuparia todos os lugares, e assim qualquer lugar seria indiferentemente seu lugar. Tal corpo tampouco teria um movimento circular, porque no movimento circular é necessário que uma parte de corpo venha ocupar o lugar ocupado antes por outra, o que, supondo-se esse corpo circular infinito, seria impossível; porque duas linhas que se afastam do centro, quanto mais se afastarem, tanto mais será a distância entre elas. Portanto, se o corpo fosse infinito, essas linhas se afastariam infinitamente, e assim uma nunca poderia alcançar o lugar da outra[f].

Se falamos do corpo matemático, é o mesmo argumento. Pois, se imaginamos esse corpo matemático existente em ato, é necessário imaginá-lo sob uma forma, porque nada existe em ato a não ser por sua forma. E, como a forma do ser quantitativo, como tal, é a figura, é necessário que tenha certa figura. Seria, então, finito, pois a figura é o que se encontra compreendido em um ou vários limites.

QUANTO AO 1º, portanto, deve-se dizer que o geômetra não necessita assumir a existência de uma linha infinita em ato, mas precisa tomar uma linha finita em ato, da qual possa tirar a quantidade necessária, e a esta linha chama infinita.

QUANTO AO 2º, deve-se dizer que, embora o infinito não seja contrário à razão de grandeza em geral, é contrário à razão de toda e qualquer espécie de grandeza, isto é, de dois ou três côvados, ou circular, ou triangular etc. Ora, não é possível que uma coisa esteja em gênero sem estar em alguma espécie. Portanto, não é possível uma grandeza infinita, pois nenhuma espécie de grandeza é infinita.

---

[f] Esta argumentação hoje nos parece estranha e inútil. Não volta ela contudo a ter atualidade com a descoberta das prodigiosas dimensões do universo e a teoria moderna do universo em expansão? Não mereceria ser revitalizada?

AD TERTIUM dicendum quod infinitum quod convenit quantitati, ut dictum est[5], se tenet ex parte materiae. Per divisionem autem totius acceditur ad materiam, nam partes se habent in ratione materiae: per additionem autem acceditur ad totum, quod se habet in ratione formae. Et ideo non invenitur infinitum in additione magnitudinis, sed in divisione tantum.

AD QUARTUM dicendum quod motus et tempus non sunt secundum totum in actu, sed successive: unde habent potentiam permixtam actui. Sed magnitudo est tota in actu. Et ideo infinitum quod convenit quantitati, et se tenet ex parte materiae, repugnat totalitati magnitudinis, non autem totalitati temporis vel motus: esse enim in potentia convenit materiae.

QUANTO AO 3º, deve-se dizer que o infinito que corresponde à quantidade se refere à matéria, como se disse acima. Ora, pela divisão de um todo se acede à matéria, pois as partes se têm em razão de matéria; por adição, ao contrário, se acede ao todo, que se tem em razão de forma. Eis por que não se encontra o infinito na adição de grandeza, mas somente na divisão.

QUANTO AO 4º, deve-se responder que o movimento e o tempo não estão como um todo em ato, mas apenas de maneira sucessiva. Por isso têm a potência misturada ao ato. Mas a grandeza é toda ela em ato. Eis por que o infinito que corresponde à quantidade e se tem como da parte da matéria é incompatível com a totalidade da grandeza, e não com a do tempo ou a do movimento; pois estar em potência corresponde à matéria.

ARTICULUS 4
Utrum possit esse infinitum in rebus secundum multitudinem

AD QUARTUM SIC PROCEDITUR. Videtur quod possibile sit esse multitudinem infinitam secundum actum.

1. Non enim est impossibile id quod est in potentia reduci ad actum. Sed numerus est in infinitum multiplicabilis. Ergo non est impossibile esse multitudinem infinitam in actu.
2. PRAETEREA, cuiuslibet speciei possibile est esse aliquod individuum in actu. Sed species figurae sunt infinitae. Ergo possibile est esse infinitas figuras in actu.
3. PRAETEREA, ea quae non opponuntur ad invicem, non impediunt se invicem. Sed, posita aliqua multitudine rerum, adhuc possunt fieri alia multa quae eis non opponuntur: ergo non est impossibile aliqua iterum simul esse cum eis, et sic in infinitum. Ergo possibile est esse infinita in actu.

SED CONTRA est quod dicitur Sap 11,21: *omnia in pondere, numero et mensura disposuisti*.

RESPONDEO dicendum quod circa hoc fuit duplex opinio. Quidam enim, sicut Avicenna et Algazel, dixerunt quod impossibile est esse multitudinem actu infinitam per se: sed infinitam per accidens multitudinem esse, non est impossibile. Dicitur

ARTIGO 4
É possível haver nas coisas o infinito quanto à multidão?

QUANTO AO QUARTO, ASSIM SE PROCEDE: parece possível haver uma multidão infinita em ato.

1. Com efeito, não é impossível que o que está em potência seja levado ao ato. Ora, o número pode se multiplicar até o infinito. Logo, não é impossível haver uma multidão infinita em ato.
2. ALÉM DISSO, em qualquer espécie pode existir um indivíduo em ato. Ora, as espécies de figura geométrica são infinitas. Logo, é possível haver figuras infinitas em ato.
3. ADEMAIS, coisas que não se opõem mutuamente não se anulam. Ora, afirmada uma multidão de coisas, ainda se podem fazer outras muitas, não opostas às primeiras. Logo, não é impossível que, repetidamente, outras existam simultaneamente com as primeiras, e assim ao infinito. Logo, é possível existir em ato infinitas coisas.

EM SENTIDO CONTRÁRIO, lê-se no Livro da Sabedoria: "Tudo dispuseste com peso, número e medida".

RESPONDO. A respeito deste assunto temos duas opiniões. Alguns, como Avicena e Algazel, declararam impossível a existência de uma multidão infinita por si mesma em ato, mas não uma multidão infinita por acidente. Diz-se que uma

---

5. A. 1, ad 2.

4   PARALL.: II *Sent*., dist. 1, q. 1, a. 5, ad 17 sqq.; *De Verit*., q. 2, a. 10; *Quodlib*. IX, a. 1; XII, 2, ad 2; III *Physic*., lect. 12.

enim multitudo esse infinita per se, quando requiritur ad aliquid ut multitudo infinita sit. Et hoc est impossibile esse: quia sic oporteret quod aliquid dependeret ex infinitis; unde eius generatio nunquam compleretur, cum non sit infinita pertransire. Per accidens autem dicitur multitudo infinita, quando non requiritur ad aliquid infinitas multitudinis, sed accidit ita esse. Et hoc sic manifestari potest in operatione fabri, ad quam quaedam multitudo requiritur per se, scilicet quod sit ars in anima, et manus movens, et martellus. Et si haec in infinitum multiplicarentur, nunquam opus fabrile compleretur: quia dependeret ex infinitis causis. Sed multitudo martellorum quae accidit ex hoc quod unum frangitur et accipitur aliud, est multitudo per accidens: accidit enim quod multis martellis operetur; et nihil differt utrum uno vel duobus vel pluribus operetur, vel infinitis, si infinito tempore operaretur. Per hunc igitur modum, posuerunt quod possibile est esse actu multitudinem infinitam per accidens.

Sed hoc est impossibile. Quia omnem multitudinem oportet esse in aliqua specie multitudinis. Species autem multitudinis sunt secundum species numerorum. Nulla autem species numeri est infinita: quia quilibet numerus est multitudo mensurata per unum. Unde impossibile est esse multitudinem, infinitam actu, sive per se, sive per accidens. — Item, multitudo in rerum natura existens est creata: et omne creatum sub aliqua certa intentione creantis comprehenditur: non enim in vanum agens aliquod operatur. Unde necesse est quod sub certo numero omnia creata comprehendantur. Impossibile est ergo esse multitudinem infinitam in actu, etiam per accidens.

Sed esse multitudinem infinitam in potentia, possibile est. Quia augmentum multitudinis consequitur divisionem magnitudinis: quanto enim aliquid plus dividitur, tanto plura secundum numerum resultant. Unde, sicut infinitum invenitur in potentia in divisione continui, quia proceditur ad materiam, ut supra³ ostensum est; eadem ratione

multidão é infinita por si quando se exige para que algo exista que haja uma multidão infinita. E isto é impossível, pois, para existir, uma coisa dependeria de um número infinito de coisas; então sua geração nunca seria completa, pois não se consegue percorrer o infinito. Entende-se uma multidão infinita por acidente quando a infinidade de coisas não é exigida para que algo exista, ainda que de fato isso aconteça. Pode-se mostrar essa diferença no trabalho do carpinteiro, que requer por si uma multidão de coisas, a saber, o talento na alma, a atividade das mãos, o martelo. Se estas coisas fossem multiplicadas ao infinito, a obra nunca seria executada, porque dependeria de causas infinitas. Mas a multidão de martelos que ocorre, porque um deles se quebra e precisa ser substituído por outro, é uma multidão por acidente. É por acidente que se trabalha com martelos, e assim nada mudaria se se trabalhasse com um ou dois, ou vários, até mesmo com uma infinidade, caso o trabalho prosseguisse por um tempo infinito. Portanto, por isso julgaram possível a existência de uma multidão infinita em ato, por acidente.

Isto, porém, é impossível, porque toda multidão deve estar numa espécie de multidão. Ora, as espécies de multidão correspondem às espécies do número. Nenhuma espécie de número é infinita, pois o número é uma multidão medida pela unidade. Portanto, é impossível haver uma multidão infinita em ato, ou por si, ou por acidente. — Assim também, qualquer multidão existente na natureza é criada; e tudo aquilo que é criado está compreendido em determinada intenção do criador, pois um agente nunca age em vão. Assim, é necessário que o conjunto das coisas criadas esteja compreendido num determinado número[g]. Portanto, é impossível haver uma multidão infinita em ato, até por acidente.

É possível, porém, a existência de uma multidão infinita em potência. Porque o aumento da multidão segue a divisão da grandeza, de modo que, quanto mais se divide algo, tanto mais elementos numéricos resultam. Portanto, como o infinito se encontra em potência na divisão do contínuo, pois pela divisão se acede à matéria, como se demons-

---

3. Art. praec., ad 3.

g. Esse argumento supõe que o universo é produzido por um ato livre, que não pode deixar de ser regulado interiormente por uma intenção criadora, ela própria medida pela sabedoria. Na hipótese de uma produção do universo não por um ato criador, mas por uma emanação natural, o universo só poderia ser infinito. No entanto, como se mostrou que uma realidade produzida não pode ser infinita, segue-se que a ideia de produção do universo por meio de emanação é intrinsecamente contraditória.

etiam infinitum invenitur in potentia in additione multitudinis.

AD PRIMUM ergo dicendum quod unumquodque quod est in potentia, reducitur in actum secundum modum sui esse: dies enim non reducitur in actum ut sit tota simul, sed successive. Et similiter infinitum multitudinis non reducitur in actum ut sit totum simul, sed successive: quia post quamlibet multitudinem, potest sumi alia multitudo in infinitum.

AD SECUNDUM dicendum quod species figurarum habent infinitatem ex infinitate numeri: sunt enim species figurarum, trilaterum, quadrilaterum, et sic inde. Unde, sicut multitudo infinita numerabilis non reducitur in actum quod sit tota simul, ita nec multitudo figurarum.

AD TERTIUM dicendum quod, licet, quibusdam positis, alia poni non sit eis oppositum; tamen infinita poni opponitur cuilibet speciei multitudinis. Unde non est possibile esse aliquam multitudinem actu infinitam.

trou: pela mesma razão o infinito encontra-se em potência no aumento da multidão por adição.

QUANTO AO 1º, portanto, deve-se dizer que o que está em potência é levado ao ato de acordo com o modo de seu ser. O dia não é levado da potência ao ato de tal modo que seja todo de uma vez, mas sucessivamente. Assim também uma multidão infinita não é levada ao ato de tal modo que seja toda de uma vez, mas sucessivamente, pois, em seguida a qualquer multidão, pode-se estabelecer outra e assim ao infinito.

QUANTO AO 2º, deve-se afirmar que as espécies de figura têm sua infinidade da infinidade numérica; as espécies de figuras são o triângulo, o quadrilátero e assim por diante. Portanto, como a multidão infinita dos números não é levada ao ato de tal modo que seja toda de uma vez, o mesmo ocorre com a multidão das figuras.

QUANTO AO 3º, deve-se dizer que, ainda que ao que está estabelecido se possa acrescentar o que não lhe é contrário, acrescentar coisas infinitas se opõe a toda espécie de multidão. Não é, então, possível que exista uma multidão infinita em ato.

QUAESTIO VIII
DE EXISTENTIA DEI IN REBUS
in quatuor articulos divisa

Quia vero infinito convenire videtur quod ubique et in omnibus sit, considerandum est utrum hoc Deo conveniat.

Et circa hoc quaeruntur quatuor.
Primo: utrum Deus sit in omnibus rebus.
Secundo: utrum Deus sit ubique.
Tertio: utrum Deus sit ubique per essentiam et potentiam et praesentiam.
Quarto: utrum esse ubique sit proprium Dei.

ARTICULUS 1
Utrum Deus sit in omnibus rebus

AD PRIMUM SIC PROCEDITUR. Videtur quod Deus non sit in omnibus rebus.
1. Quod enim est supra omnia, non est in omnibus rebus. Sed Deus est supra omnia, secundum

QUESTÃO 8
A EXISTÊNCIA DE DEUS NAS COISAS
em quatro artigos

Como parece que ao infinito convém estar em toda parte e em tudo, deve-se considerar se isto convém a Deus.

A esse respeito, são quatro as perguntas:
1. Está Deus em todas as coisas?
2. Está em toda a parte?
3. Está em toda a parte por essência, poder e presença?
4. Estar em toda a parte é próprio de Deus?

ARTIGO 1
Deus está em todas as coisas?

QUANTO AO PRIMEIRO ARTIGO, ASSIM SE PROCEDE: parece que **não** está em todas coisas.
1. Com efeito, o que está acima de tudo não está em todas as coisas. Ora, Deus está acima

---

1 PARALL.: I *Sent.*, dist. 37, q. 1, a. 1; *Cont. Gent.* III, 68.

illud Ps 112,4: *Excelsus super omnes gentes Dominus*, etc. Ergo Deus non est in omnibus rebus.

2. Praeterea, quod est in aliquo, continetur ab eo. Sed Deus non continetur a rebus, sed magis continet res. Ergo Deus non est in rebus, sed magis res sunt in eo. Unde Augustinus, in libro *Octoginta trium Quaest.*[1], dicit quod *in ipso potius sunt omnia, quam ipse alicubi*.

3. Praeterea, quanto aliquod agens est virtuosius, tanto ad magis distans eius actio procedit. Sed Deus est virtuosissimum agens. Ergo eius actio pertingere potest ad ea etiam quae ab ipso distant: nec oportet quod sit in omnibus.

4. Praeterea, daemones res aliquae sunt. Nec tamen Deus est in daemonibus: non enim est *conventio lucis ad tenebras*, ut dicitur 2Cor 6,14. Ergo Deus non est in omnibus rebus.

Sed contra, ubicumque operatur aliquid, ibi est. Sed Deus operatur in omnibus, secundum illud Is 26,12: *omnia opera nostra operatus es in nobis, Domine*. Ergo Deus est in omnibus rebus.

Respondeo dicendum quod Deus est in omnibus rebus, non quidem sicut pars essentiae, vel sicut accidens, sed sicut agens adest ei in quod agit. Oportet enim omne agens coniungi ei in quod immediate agit, et sua virtute illud contingere: unde in VII *Physic.*[2] probatur quod motum et movens oportet esse simul. Cum autem Deus sit ipsum esse per suam essentiam, oportet quod esse creatum sit proprius effectus eius; sicut ignire est proprius effectus ignis. Hunc autem effectum causat Deus in rebus, non solum quando primo esse incipiunt, sed quandiu in esse conservantur; sicut lumen causatur in aere a sole quandiu aer illuminatus manet. Quandiu igitur res habet esse, tandiu oportet quod Deus adsit ei, secundum modum quo esse habet. Esse autem est illud quod est magis intimum cuilibet, et quod profundius omnibus inest: cum sit formale respectu omnium quae in re sunt, ut ex supra[3] dictis patet. Unde oportet quod Deus sit in omnibus rebus, et intime.

de tudo como diz o Salmo: "Excelso é o Senhor sobre todas as nações etc.". Logo, Deus não está em todas as coisas.

2. Além disso, o que está numa coisa é por ela contido. Ora, Deus não é contido pelas coisas; antes, é Ele que as contém. Logo, Deus não está nas coisas, são as coisas que nele estão. Por isso mesmo, diz Agostinho: "Antes estão nele todas as coisas, do que Ele em qualquer lugar".

3. Ademais, quanto mais poderoso um agente, tanto mais longe chega sua ação. Ora, Deus é o mais poderoso dos agentes. Por conseguinte, sua ação pode se estender até o que se encontra distante dele, e nem é necessário que esteja em todas as coisas.

4. Ademais, os demônios são realidades. No entanto, Deus não está nos demônios, pois não existe *união entre a luz e as trevas*, diz a segunda Carta aos Coríntios. Logo, Deus não está em todas as coisas.

Em sentido contrário, onde algo opera, aí está. Ora, Deus opera em tudo, segundo o que diz Isaías: "Senhor, realizaste em nós todas as nossas obras". Logo, Deus está em todas as coisas.

Respondo. Deus está em todas as coisas não como uma parte da essência delas, ou como um acidente, mas como o agente presente naquilo em que age. É necessário que todo agente se encontre em contato com aquilo em que imediatamente age e o atinja com seu poder. Por isso, no livro VII da *Física* se prova que o motor e o que é movido têm de estar juntos. Ora, sendo Deus o ser por essência, é necessário que o ser criado seja seu efeito próprio, como queimar é efeito próprio do fogo. Esse efeito, Deus o causa nas coisas não apenas quando começam a existir, mas também enquanto são mantidas na existência, como a luz é causada no ar pelo sol enquanto o ar permanece luminoso[a]. Portanto, enquanto uma coisa possui o ser, é necessário que Deus esteja presente nela, segundo o modo pelo qual possui o ser. Ora, o ser é o que há de mais íntimo e de mais profundo em todas as coisas, pois é o princípio formal de tudo o que nelas existe, como já se explicou. É necessário, então, que Deus esteja em todas as coisas, e intimamente.

---

1. Q. 20: ML 40, 15.
2. C. 2: 243, a, 3-245, b, 2.
3. Q. 4, a. 1, ad 3.

---

a. Santo Tomás é obrigado aqui a apoiar-se em uma tese que será estabelecida adiante, no tratado sobre a criação: "Deus é a causa eficiente de todos os entes" (q. 44, a. 1). A *Suma*, mais rigorosamente construída, não pode evitar totalmente tais antecipações.

AD PRIMUM ergo dicendum quod Deus est supra omnia per excellentiam suae naturae: et tamen est in omnibus rebus, ut causans omnium esse, ut supra dictum est.

AD SECUNDUM dicendum quod, licet corporalia dicantur esse in aliquo sicut in continente, tamen spiritualia continent ea in quibus sunt, sicut anima continet corpus. Unde et Deus est in rebus sicut continens res. Tamen, per quandam similitudinem corporalium, dicuntur omnia esse in Deo, inquantum continentur ab ipso.

AD TERTIUM dicendum quod nullius agentis, quantumcumque virtuosi, actio procedit ad aliquid distans, nisi inquantum in illud per media agit. Hoc autem ad maximam virtutem Dei pertinet, quod immediate in omnibus agit. Unde nihil est distans ab eo, quasi in se illud Deum non habeat. Dicuntur tamen res distare a Deo per dissimilitudinem naturae vel gratiae: sicut et ipse est super omnia per excellentiam suae naturae.

AD QUARTUM dicendum quod in daemonibus intelligitur et natura, quae est a Deo, et deformitas culpae, quae non est ab ipso. Et ideo non est absolute concedendum quod Deus sit in daemonibus, sed cum hac additione, *inquantum sunt res quaedam*. In rebus autem quae nominant naturam non deformatam, absolute dicendum est Deum esse.

QUANTO AO 1º, portanto, deve-se dizer que Deus está acima de todas as coisas, em razão da excelência de sua natureza; mas Ele está em todas elas, como causa de seu ser, como acabamos de dizer.

QUANTO AO 2º, deve-se afirmar que, embora se diga que os seres corporais estão em outro como em seu continente, os seres espirituais, pelo contrário, contêm aquilo em que estão, como a alma contém o corpo. Por isso, Deus está nas coisas como se as contivesse. No entanto, por uma semelhança com os seres corporais, diz-se que todas as coisas estão em Deus, enquanto são contidas por Ele.

QUANTO AO 3º, deve-se dizer que a ação de um agente, por mais poderoso que seja, não se estende ao que é distante dele a não ser por intermediários. Pertence ao poder absoluto de Deus agir em todas as coisas sem intermediário. E assim nada está distante dele, como se Deus não estivesse presente. No entanto, as coisas se dizem distantes de Deus por uma dessemelhança de natureza ou de graça; como ele próprio está acima de tudo pela excelência de sua natureza.

QUANTO AO 4º, deve-se dizer que, nos demônios, entende-se sua natureza como obra de Deus e a deformação do pecado como não procedente dele. Por conseguinte, não se deve absolutamente conceder que Deus esteja nos demônios, porém com este acréscimo: *enquanto são realidades*[b]. Nas coisas que designam uma natureza não deformada, devemos afirmar de modo absoluto que Deus aí está.

ARTICULUS 2
Utrum Deus sit ubique

AD SECUNDUM SIC PROCEDITUR. Videtur quod Deus non sit ubique.
1. Esse enim ubique significat esse in omni loco. Sed esse in omni loco non convenit Deo, cui non convenit esse in loco: nam incorporalia, ut dicit Boetius, in libro *de Hebdomad*.[1], non sunt in loco. Ergo Deus non est ubique.

ARTIGO 2
Está Deus em toda parte?

QUANTO AO SEGUNDO, ASSIM SE PROCEDE: parece que Deus **não** está em toda parte.
1. Na verdade, estar em toda parte significa estar em todos os lugares. Ora, a Deus não pode convir estar em todos os lugares, a Ele a quem não convém estar em um lugar, pois as coisas incorpóreas, diz Boécio, não se encontram em um lugar. Logo, Deus não está em toda parte.

---

2 PARALL.: Infra, q. 16, a. 7, ad 2; q. 52, a. 2; I *Sent*., dist. 37, q. 2, a. 1; *Cont. Gent*. III, 68; *Quodlib*. XI, a. 1.
1. ML 64, 1311 B.

b. No artigo 3 será feita a distinção entre a maneira pela qual Deus está em todos os entes, pelo mero fato de eles serem, e a maneira especial pela qual ele está nas criaturas racionais (intelectuais) e, entre estas, somente entre os justos. "Demônio" designa um ente pecador. Deus está nele na medida em que ele é, não está nele (da maneira especial aos justos) como pecador.

2. Praeterea, sicut se habet tempus ad successiva, ita se habet locus ad permanentia. Sed unum indivisibile actionis vel motus, non potest esse in diversis temporibus. Ergo nec unum indivisibile in genere rerum permanentium, potest esse in omnibus locis. Esse autem divinum non est successivum, sed permanens. Ergo Deus non est in pluribus locis. Et ita non est ubique.

3. Praeterea, quod est totum alicubi, nihil eius est extra locum illum. Sed Deus, si est in aliquo loco, totus est ibi: non enim habet partes. Ergo nihil eius est extra locum illum. Ergo Deus non est ubique.

Sed contra est quod dicitur Ier 23,24: *caelum et terram ego impleo*.

Respondeo dicendum quod, cum locus sit res quaedam, esse aliquid in loco potest intelligi dupliciter: vel per modum aliarum rerum, idest sicut dicitur aliquid esse in aliis rebus quocumque modo, sicut accidentia loci sunt in loco; vel per modum proprium loci, sicut locata sunt in loco. Utroque autem modo, secundum aliquid, Deus est in omni loco, quod est esse ubique. Primo quidem, sicut est in omnibus rebus, ut dans eis esse et virtutem et operationem: sic enim est in omni loco, ut dans ei esse et virtutem locativam. Item, locata sunt in loco inquantum replent locum: et Deus omnem locum replet. Non sicut corpus: corpus enim dicitur replere locum, inquantum non compatitur secum aliud corpus; sed per hoc quod Deus est in aliquo loco, non excluditur quin alia sint ibi: imo per hoc replet omnia loca, quod dat esse omnibus locatis, quae replent omnia loca.

Ad primum ergo dicendum quod incorporalia non sunt in loco per contactum quantitatis dimensivae, sicut corpora: sed per contactum virtutis.

Ad secundum dicendum quod indivisibile est duplex. Unum quod est terminus continui, ut punctus in permanentibus, et momentum in successivis. Et huiusmodi indivisibile, in permanentibus, quia habet determinatum situm, non potest esse in pluribus partibus loci, vel in pluribus locis: et similiter indivisibile actionis vel motus, quia habet determinatum ordinem in motu vel actione, non potest esse in pluribus partibus temporis. Aliud autem indivisibile est, quod est extra totum genus continui: et hoc modo substantiae incorporeae, ut

2. Além disso, o tempo está para o que é sucessivo como o lugar para o que é permanente. Ora, a unidade indivisível da ação ou do movimento não pode existir em diversos tempos. Logo, no gênero do que é permanente, a unidade indivisível não pode estar em todos os lugares. Ora, o ser divino não é sucessivo, mas permanente; não pode, por conseguinte, estar em vários lugares. Logo, não está em toda parte.

3. Ademais, o que está todo inteiro em algum lugar nada tem fora desse lugar. Ora, Deus, se está em algum lugar, aí está todo inteiro, pois não tem partes. Logo, nada dele está fora daquele lugar. Sendo assim, Deus não está em toda parte.

Em sentido contrário, lê-se em Jeremias: "Eu encho o céu e a terra".

Respondo. Como o lugar é algo determinado, estar em um lugar pode ser entendido de duas maneiras: ou da maneira das demais coisas, como quando se diz estar uma coisa em outras de qualquer modo: como os acidentes do lugar estão no lugar; ou da maneira própria do lugar, como as coisas localizadas estão num lugar. De uma e outra maneira Deus está em todo o lugar, isto é, em toda parte. Primeiro, ele está em todas as coisas na medida em que lhes dá o ser, o poder de agir e a ação. Assim, ele está em todo lugar, dando-lhe o ser e o poder de estar em um lugar. Do mesmo modo as coisas localizadas estão num lugar enquanto ocupam o lugar, mas Deus ocupa todo lugar. Não, porém, como se fosse um corpo, pois diz-se que o corpo ocupa o lugar na medida em que não o divide com outro. Mas, pelo fato de Deus ocupar determinado lugar, não se exclui que outros aí estejam; mais ainda, ele ocupa todos os lugares por ser ele que dá o ser a todas as coisas localizadas que juntas ocupam todos os lugares.

Quanto ao 1º, portanto, deve-se dizer que o que é incorpóreo não está em um lugar pelo contato da quantidade dimensional, como os corpos, mas pelo contato de poder.

Quanto ao 2º, deve-se dizer que são dois os indivisíveis. Um é o termo do contínuo, como o ponto no que é permanente e o instante no que é sucessivo. O indivisível nas coisas permanentes, por ocupar uma posição determinada, não pode estar em várias partes do lugar nem em vários lugares. Assim, também o indivisível de ação ou de movimento, por ocupar uma ordem determinada no movimento ou na ação, não pode estar em diversas partes do tempo. Mas há outro indivisível, que escapa a qualquer gênero de contínuo,

Deus, angelus et anima, dicuntur esse indivisibiles. Tale igitur indivisibile non applicatur ad continuum sicut aliquid eius, sed inquantum contingit illud sua virtute. Unde secundum quod virtus sua se potest extendere ad unum vel multa, ad parvum vel magnum, secundum hoc est in uno vel pluribus locis, et in loco parvo vel magno.

Ad tertium dicendum quod totum dicitur respectu partium. Est autem duplex pars: scilicet pars essentiae, ut forma et materia dicuntur partes compositi, et genus et differentia partes speciei; et etiam pars quantitatis, in quam scilicet dividitur aliqua quantitas. Quod ergo est totum in aliquo loco totalitate quantitatis, non potest esse extra locum illum: quia quantitas locati commensuratur quantitati loci; unde non est totalitas quantitatis, si non sit totalitas loci. Sed totalitas essentiae non commensuratur totalitati loci. Unde non oportet quod illud quod est totum totalitate essentiae in aliquo, nullo modo sit extra illud. Sicut apparet etiam in formis accidentalibus, quae secundum accidens quantitatem habent: albedo enim est tota in qualibet parte superficiei, si accipiatur totalitas essentiae, quia secundum perfectam rationem suae speciei invenitur in qualibet parte superficiei; si autem accipiatur totalitas secundum quantitatem, quam habet per accidens, sic non est tota in qualibet parte superficiei. In substantiis autem incorporeis non est totalitas, nec per se nec per accidens, nisi secundum perfectam rationem essentiae. Et ideo, sicut anima est tota in qualibet parte corporis, ita Deus totus est in omnibus et singulis.

e é assim que as substâncias incorpóreas, como Deus, o anjo, a alma, são chamadas indivisíveis. Esse indivisível, portanto, não se aplica ao contínuo como algo dele, senão enquanto o atinge por sua força. Por conseguinte, na medida em que sua força pode estender-se a um ou muitos, pequenos ou grandes, tal indivisível está em um ou vários lugares, sejam pequenos ou grandes.

Quanto ao 3º, deve-se afirmar que o todo se diz com relação às partes. Ora, existem duas partes: as partes da essência, como a matéria e a forma que são chamadas partes do composto, e o gênero e a diferença, partes da espécie; e também as partes da quantidade, aquelas em que se divide determinada quantidade. O todo que está em um lugar com toda a sua quantidade não pode estar fora desse lugar, pois a quantidade do que está localizado é medida pela quantidade do lugar, de sorte que não existe totalidade de quantidade se não existe totalidade de lugar. Mas a totalidade da essência não é medida pela totalidade do lugar. Não é, pois, necessário que o que está todo, pela totalidade da essência, em um determinado lugar não esteja de modo nenhum fora desse lugar. Isto aparece até mesmo nas formas acidentais, dotadas acidentalmente de quantidade. Assim, a brancura está toda em cada parte da superfície, se se entende a totalidade da essência; pois segundo a perfeita razão de sua espécie está em cada parte da superfície. Mas se se entende a totalidade segundo a quantidade, que lhe é acidental, ela não está toda em cada parte da superfície. Ora, nas substâncias incorpóreas, não existe totalidade nem por si nem por acidente, a não ser segundo a perfeita razão da essência. Eis por que, assim como a alma está toda em cada parte do corpo, assim Deus está todo em todos e em cada um deles.

Articulus 3
Utrum Deus sit ubique per essentiam, praesentiam et potentiam

Ad tertium sic proceditur. Videtur quod male assignentur modi existendi Deum in rebus, cum dicitur quod Deus est in omnibus rebus per essentiam, potentiam et praesentiam.

1. Id enim per essentiam est in aliquo, quod essentialiter est in eo. Deus autem non est essentialiter in rebus: non enim est de essentia alicuius

Artigo 3
Deus está em toda parte por sua essência, presença e poder?

Quanto ao terceiro, assim se procede: parece que **são mal designados** os modos como Deus está nas coisas quando se diz que Deus está em todas as coisas por sua essência, poder e presença.

1. Com efeito, está por essência em algo o que nele está essencialmente. Ora, Deus não está essencialmente nas coisas, pois não é da essência

---

3 Parall.: I *Sent.*, dist. 37, q. 1, a. 2; et in expos. lit.

rei. Ergo non debet dici quod Deus sit in rebus per essentiam, praesentiam et potentiam.

2. Praeterea, hoc est esse praesentem alicui rei, scilicet non deesse illi. Sed hoc est Deum esse per essentiam in rebus, scilicet non deesse alicui rei. Ergo idem est esse Deum in omnibus per essentiam et praesentiam. Superfluum ergo fuit dicere quod Deus sit in rebus per essentiam, praesentiam et potentiam.

3. Praeterea, sicut Deus est principium omnium rerum per suam potentiam, ita per scientiam et voluntatem. Sed non dicitur Deus esse in rebus per scientiam et voluntatem. Ergo nec per potentiam.

4. Praeterea, sicut gratia est quaedam perfectio superaddita substantiae rei, ita multae sunt aliae perfectiones superadditae. Si ergo Deus dicitur esse speciali modo in quibusdam per gratiam, videtur quod secundum quamlibet perfectionem debeat accipi specialis modus essendi Deum in rebus.

Sed contra est quod Gregorius dicit, super *Cant. Cantic.*, quod *Deus communi modo est in omnibus rebus praesentia, potentia et substantia: tamen familiari modo dicitur esse in aliquibus per gratiam.*

Respondeo dicendum quod Deus dicitur esse in re aliqua dupliciter. Uno modo, per modum causae agentis: et sic est in omnibus rebus creatis ab ipso. Alio modo, sicut obiectum operationis est in operante: quod proprium est in operationibus animae, secundum quod cognitum est in cognoscente, et desideratum in desiderante. Hoc igitur secundo modo, Deus specialiter est in rationali creatura, quae cognoscit et diligit illum actu vel habitu. Et quia hoc habet rationalis creatura per gratiam, ut infra patebit[1], dicitur esse hoc modo in sanctis per gratiam.

In rebus vero aliis ab ipso creatis quomodo sit, considerandum est ex his quae in rebus humanis esse dicuntur. Rex enim dicitur esse in toto regno suo per suam potentiam, licet non sit ubique praesens. Per praesentiam vero suam, dicitur aliquid esse in omnibus quae in prospectu ipsius sunt; sicut omnia quae sunt in aliqua domo, dicuntur esse praesentia alicui, qui tamen non est secundum substantiam suam in qualibet parte domus. Secundum vero substantiam vel

de nada. Logo, não se deve dizer que Deus esteja nas coisas por sua essência, presença e poder.

2. Além disso, estar presente em algo significa não lhe faltar. Ora, estar Deus em todas as coisas por sua essência significa que não falta a nenhuma. Logo, para Deus, estar nas coisas por essência e por presença é a mesma coisa. Resulta supérfluo, portanto, dizer que está nas coisas por essência, presença e poder.

3. Ademais, Deus é o princípio de todas as coisas por seu poder, mas também por sua ciência e vontade. Ora, não se diz que Deus está presente nas coisas por sua ciência e vontade. Logo, tampouco por seu poder.

4. Ademais, como a graça é uma perfeição acrescentada à substância das coisas, existem também muitas outras perfeições acrescentadas. Portanto, se dizemos que Deus está de modo especial em alguns pela graça, parece que, de acordo com cada perfeição[c], deve-se entender uma maneira especial de Deus estar nas coisas.

Em sentido contrário, Gregório afirma: "De uma maneira geral Deus está em todas as coisas por sua presença, poder e substância; entretanto, de uma maneira íntima, diz-se que está em alguns pela graça".

Respondo. De duas maneiras se diz que Deus está em uma coisa. Primeiro, como causa eficiente, e nesse sentido está em tudo que criou. Segundo, como o objeto de uma operação está naquele que opera, o que é próprio das operações da alma, em que o objeto conhecido está no sujeito que conhece, e o objeto desejado naquele que o deseja. Por esta segunda modalidade, Deus está de modo especial na criatura racional, que o conhece e o ama, em ato ou por *habitus*. E como a criatura racional tem isso pela graça, como se verá, é desta maneira que se diz que Deus está nos santos pela graça.

Entretanto, como Deus está nas outras coisas criadas, é preciso considerar a partir do que ocorre nas coisas humanas. Por exemplo: dizemos de um rei que está em todo o seu reino por seu poder, ainda que não esteja presente em toda parte. Quanto à presença, dizemos que alguém está presente em todas as coisas postadas sob seu olhar; como numa casa, tudo o que aí se encontra está presente àquele que aí reside, ainda que ele não esteja substancialmente em todas as partes da casa. Enfim, quanto

---

1. Q. 43, a. 3.

c. Cada perfeição proveniente de Deus, é claro.

essentiam, dicitur aliquid esse in loco in quo eius substantia habetur.

Fuerunt ergo aliqui, scilicet Manichaei, qui dixerunt divinae potestati subiecta spiritualia esse et incorporalia: visibilia vero et corporalia subiecta esse dicebant potestati principii contrarii. Contra hos ergo oportet dicere quod Deus sit in omnibus per potentiam suam. — Fuerunt vero alii, qui licet crederent omnia esse subiecta divinae potentiae, tamen providentiam divinam usque ad haec inferiora corpora non extendebant: ex quorum persona dicitur Iob 22,14: *circa cardines caeli perambulat, nec nostra considerat*. Et contra hos oportuit dicere quod sit in omnibus per suam praesentiam. — Fuerunt vero alii, qui licet dicerent omnia ad Dei providentiam pertinere, tamen posuerunt omnia non immediate esse a Deo creata: sed quod immediate creavit primas creaturas, et illae creaverunt alias. Et contra hos oportet dicere quod sit in omnibus per essentiam.

Sic ergo est in omnibus per potentiam, inquantum omnia eius potestati subduntur. Est per praesentiam in omnibus, inquantum omnia nuda sunt et aperta oculis eius. Est in omnibus per essentiam, inquantum adest omnibus ut causa essendi, sicut dictum est[2].

AD PRIMUM ergo dicendum quod Deus dicitur esse in omnibus per essentiam, non quidem rerum quasi sit de essentia earum: sed per essentiam suam quia substantia sua adest omnibus ut causa essendi sicut dictum est[3].

AD SECUNDUM dicendum quod aliquid potest dici praesens alicui, inquantum subiacet eius conspectui, quod tamen distat ab eo secundum suam substantiam, ut dictum est. Et ideo oportuit duos modos poni: scilicet per essentiam, et praesentiam.

AD TERTIUM dicendum quod de ratione scientiae et voluntatis est, quod scitum sit in sciente, et volitum in volente: unde secundum scientiam et voluntatem, magis res sunt in Deo, quam Deus in rebus. Sed de ratione potentiae est, quod sit principium agendi in aliud: unde secundum potentiam agens comparatur et applicatur rei exteriori. Et sic per potentiam potest dici agens esse in altero.

à substância ou essência, uma coisa está no lugar onde se encontra sua substância.

Ora, alguns, é o caso dos maniqueus, pretenderam que ao poder divino estão sujeitas as criaturas espirituais e incorpóreas, mas que as criaturas visíveis e corporais estão sujeitas ao domínio do princípio contrário. Contra estes é preciso dizer que Deus está em todas as coisas por seu poder. — Outros, mesmo admitindo que tudo está sujeito ao poder divino, não estendiam a providência divina até os corpos inferiores. São os que assim falam no livro de Jó: "Ele percorre os contornos do céu e não considera o que é nosso". Contra estes é preciso afirmar que Deus está em todas as coisas por sua presença. — Houve outros ainda, que, embora dissessem que tudo depende da providência de Deus, pretenderam que tudo não foi criado por Deus imediatamente, mas apenas as primeiras criaturas, e estas criaram outras. Contra esses últimos é preciso dizer que Deus está em todas as coisas por sua essência.

Assim, pois, Deus está em tudo por seu poder, porque tudo está submetido a seu domínio. Ele está em tudo por sua presença, porque tudo está descoberto e à mostra de seus olhos. Ele está em tudo por sua essência, porque está presente em todas as coisas como causa do ser de todas elas, como já se explicou.

QUANTO AO 1º, portanto, deve-se dizer que Deus está presente em todas as coisas por essência, mas não por essência das coisas, como se ele fosse parte da essência delas; mas por sua essência, porque sua substância está presente a todas as coisas, como causa da existência delas. Já o dissemos.

QUANTO AO 2º, deve-se dizer que algo pode ser dito presente a alguém quando cai sob seu olhar, ainda que distante quanto à substância, como se disse. Eis por que foi preciso afirmar estes dois modos: por essência e por presença.

QUANTO AO 3º, deve-se dizer que é próprio da razão da ciência e da vontade que o que é sabido esteja naquele que sabe, e o que é querido naquele que quer. Por conseguinte, segundo a ciência e a vontade, as coisas estão em Deus, mais do que Deus nelas. Ao contrário, é próprio da razão do poder ser princípio de ação sobre outro; por isso, segundo o poder, todo agente se refere a algo exterior. Dessa maneira, pode-se dizer que um agente está em outro.

---

2. Art. 1.
3. Art. 1.

AD QUARTUM dicendum quod nulla alia perfectio superaddita substantiae, facit Deum esse in aliquo sicut obiectum cognitum et amatum, nisi gratia: et ideo sola gratia facit singularem modum essendi Deum in rebus. Est autem alius singularis modus essendi Deum in homine per unionem: de quo modo suo loco[4] agetur.

QUANTO AO 4º, deve-se dizer que, fora a graça, perfeição alguma acrescentada à substância faz que Deus esteja em alguém como objeto conhecido e amado. Por conseguinte, somente a graça determina uma singular maneira da presença de Deus nas coisas. Existe, no entanto, outra maneira singular da presença de Deus no homem, a saber, a união, de que se tratará em seu devido lugar.

ARTICULUS 4
Utrum esse ubique sit proprium Dei

AD QUARTUM SIC PROCEDITUR. Videtur quod esse ubique non sit proprium Dei.

1. Universale enim, secundum Philosophum[1] est ubique et semper: materia etiam prima, cum sit in omnibus corporibus, est ubique. Neutrum autem horum est Deus, ut ex praemissis patet[2]. Ergo esse ubique non est proprium Dei.

2. PRAETEREA, numerus est in numeratis. Sed totum universum est constitutum in numero, ut patet Sap 11,21. Ergo aliquis numerus est, qui est in toto universo: et ita ubique.

3. PRAETEREA, totum universum est quoddam totum corpus perfectum, ut dicitur in I *Caeli et Mundi*[3]. Sed totum universum est ubique: quia extra ipsum nullus locus est. Non ergo solus Deus est ubique.

4. PRAETEREA, si aliquod corpus esset infinitum, nullus locus esset extra ipsum. Ergo esset ubique. Et sic, esse ubique non videtur proprium Dei.

5. PRAETEREA, anima, ut dicit Augustinus, in VI *de Trin*.[4], est *tota in toto corpore, et tota in qualibet eius parte*. Si ergo non esset in mundo nisi unum solum animal, anima eius esset ubique. Et sic, esse ubique non est proprium Dei.

6. PRAETEREA, ut Augustinus dicit in epistola ad Volusianum[5], *anima ubi videt, ibi sentit; et ubi sentit, ibi vivit; et ubi vivit, ibi est.* Sed anima videt

ARTIGO 4
Estar em toda parte é próprio de Deus?

QUANTO AO QUARTO, ASSIM SE PROCEDE: parece que estar em toda parte **não** é próprio de Deus.

1. Com efeito, segundo o Filósofo, o universal está em toda parte e sempre. A matéria primeira também está em toda parte, pois está em todos os corpos. No entanto, nem um nem a outra são Deus, como já se provou. Logo, estar em toda parte não é próprio de Deus.

2. ALÉM DISSO, o número está nas coisas numeradas. Ora, o universo inteiro foi constituído em número, de acordo com o livro da Sabedoria. Existe, portanto, um certo número que está em todo o universo, em toda parte.

3. ADEMAIS, o universo inteiro é uma espécie de corpo perfeito, como se diz no primeiro tratado do *Céu e do mundo*. Ora, o universo inteiro está em toda parte, pois não existe lugar algum fora dele. Logo, não é apenas Deus que está em toda parte.

4. ADEMAIS, se houvesse um corpo infinito, não haveria lugar algum fora dele. Ele, então, estaria em toda parte. Logo, estar em toda parte não parece ser próprio de Deus.

5. ADEMAIS, a alma, diz Agostinho, está *toda inteira no corpo todo e toda inteira em cada parte*. Caso houvesse no mundo um único ser animado, sua alma estaria em toda parte. Assim, estar em toda parte não é próprio de Deus.

6. ADEMAIS, como diz ainda Agostinho a Volusiano: "Onde a alma vê, ela sente; lá onde sente, vive; e lá onde vive, é". Ora, a alma vê, por assim

---

4. III Part., q. 2.

PARALL.: Infra, q. 52, a. 2; 112, a. 1; I *Sent.*, dist. 37, q. 2, a. 2; q. 3, a. 2; *Cont. Gent.* IV, 17; *Quodlib.* XI, a. 1; *De Div. Nom.*, c. 3, lect. 1.

1. I *Poster.*, c. 31: 87, b, 32-33.
2. Q. 3, a. 5, 8.
3. C. 1: 268, b, 8-10.
4. C. 6: ML 42, 929.
5. Epist. 137 (al. 3), c. 2: ML 33, 518.

quasi ubique: quia successive videt etiam totum caelum. Ergo anima est ubique.

SED CONTRA est quod Ambrosius dicit, in libro de *Spiritu Sancto*[6]: *Quis audeat creaturam dicere Spiritum Sanctum, qui in omnibus et ubique et semper est; quod utique divinitatis est proprium?*

RESPONDEO dicendum quod esse ubique primo et per se, est proprium Dei. Dico autem esse ubique *primo*, quod secundum se totum est ubique. Si quid enim esset ubique, secundum diversas partes in diversis locis existens, non esset primo ubique: quia quod convenit alicui ratione partis suae, non convenit ei primo; sicut si homo est albus dente, albedo non convenit primo homini, sed denti. Esse autem ubique *per se* dico id cui non convenit esse ubique per accidens, propter aliquam suppositionem factam: quia sic granum milii esset ubique, supposito quod nullum aliud corpus esset. Per se igitur convenit esse ubique alicui, quando tale est quod, qualibet positione facta, sequitur illud esse ubique.

Et hoc proprie convenit Deo. Quia quotcumque loca ponantur, etiam si ponerentur infinita praeter ista quae sunt, oporteret in omnibus esse Deum: quia nihil potest esse nisi per ipsum. Sic igitur esse ubique primo et per se convenit Deo, et est proprium eius: quia quotcumque loca ponantur, oportet quod in quolibet sit Deus, non secundum partem, sed secundum seipsum.

AD PRIMUM ergo dicendum quod universale et materia prima sunt quidem ubique, sed non secudum idem esse.

AD SECUNDUM dicendum quod numerus, cum sit accidens, non est per se, sed per accidens, in loco. Nec est totus in quolibet numeratorum, sed secundum partem. Et sic non sequitur quod sit primo et per se ubique.

AD TERTIUM dicendum quod totum corpus universi est ubique, sed non primo: quia non totum

dizer, por toda parte porque sucessivamente ela vê até mesmo o conjunto do céu. Logo, a alma está em toda parte.

EM SENTIDO CONTRÁRIO, Ambrósio escreve: "Quem ousaria dizer que o Espírito Santo é uma criatura, Ele que está em tudo, em toda parte, e sempre, o que é bem próprio da Divindade?".

RESPONDO. Estar em toda parte primeiramente e por si é próprio de Deus. Digo estar em toda parte *primeiramente*, o que está em toda parte segundo sua totalidade. Se alguma coisa estivesse em toda parte, com partes existindo em diversos lugares, ela não estaria em toda parte primeiramente; pois o que convém a algo em razão de suas partes não lhe convém por primeiro. Por exemplo, se um homem é branco quanto aos dentes, a brancura não convém em primeiro lugar ao homem, mas a seus dentes. Digo estar em toda parte *por si*, aquilo ao qual não convém estar em toda parte por acidente, isto é, em razão de uma certa hipótese. Assim, um grão de milho estaria em toda parte, na hipótese de não existir nenhum outro corpo. Estar em toda parte por si, portanto, convém a uma coisa quando ela é tal que, em qualquer suposição, lhe corresponda estar em toda parte.

Isto convém propriamente a Deus, porque por mais numerosos que sejam os lugares supostos, mesmo uma infinidade além dos que já existem, é necessário que Deus esteja em todos, porque nada pode existir a não ser por ele. Assim, estar em toda parte primeiramente e por si convém a Deus e é próprio dele, porque, por mais numerosos que se suponham os lugares, é necessário que Deus esteja em cada um deles, não segundo uma parte de si mesmo, mas segundo ele mesmo.

QUANTO AO 1º, portanto, deve-se dizer que o universal e a matéria primeira estão em toda parte, não porém segundo o mesmo ser[d].

QUANTO AO 2º, deve-se dizer que, como o número é um acidente, não está em um lugar por si, mas por acidente. Ele tampouco está todo inteiro em cada um dos enumerados, mas apenas em parte. Assim, não se conclui que esteja em toda parte primeiramente e por si mesmo.

QUANTO AO 3º, deve-se dizer que o corpo inteiro do universo em sua totalidade está em toda parte,

---

6. L. I, c. 7: ML 16, 723 D — 724 A.

d. Não é segundo o mesmo ser que Deus está em toda parte e que o universal ou a matéria primeira estão em toda parte. O universal está em toda parte segundo o ser intencional (pois uma forma só é universal no espírito, ela se particulariza no ente concreto no qual existe de fato). A matéria primeira está em toda parte somente em potência, ela é atual e real apenas em cada indivíduo no qual é realizada, mas parcialmente e de tal modo que só está, atualmente, nesse indivíduo.

est in quolibet loco, sed secundum suas partes. Nec iterum per se: quia si ponerentur aliqua alia loca, non esset in eis.

AD QUARTUM dicendum quod, si esset corpus infinitum, esset ubique; sed secundum suas partes.

AD QUINTUM dicendum quod, si esset unum solum animal, anima eius esset ubique primo quidem, sed per accidens.

AD SEXTUM dicendum quod, cum dicitur anima alicubi videre, potest intelligi dupliciter. Uno modo, secundum quod hoc adverbium *alicubi* determinat actum videndi ex parte obiecti. Et sic verum est quod, dum caelum videt, in caelo videt: et eadem ratione in caelo sentit. Non tamen sequitur quod in caelo vivat vel sit: quia vivere et esse non important actum transeuntem in exterius obiectum. Alio modo potest intelligi secundum quod adverbium determinat actum videntis, secundum quod exit a vidente. Et sic verum est quod anima ubi sentit et videt, ibi est et vivit, secundum istum modum loquendi. Et ita non sequitur quod sit ubique.

não porém primeiramente, pois não está todo inteiro em cada lugar, mas segundo suas partes. Nem por si, pois, se supuséssemos outros lugares, aí não estaria.

QUANTO AO 4º, deve-se dizer que, se existisse um corpo infinito, estaria em toda parte, mas aí estaria por partes.

QUANTO AO 5º, deve-se dizer que, se houvesse um único ser animado, sua alma estaria em toda parte, primeiramente, mas por acidente.

QUANTO AO 6º, deve-se dizer que, quando se diz que a alma vê em algum lugar, isto pode ser entendido de duas maneiras. Ou o advérbio *em algum lugar* determina o ato de ver da parte do objeto. Nesse sentido é verdade que a alma, ao ver o céu, vê no céu, e pela mesma razão ela sente no céu. Não se segue daí, porém, que viva no céu ou que aí esteja, porque viver e estar não implicam um ato pelo qual o agente passe a um objeto exterior. Ou então pode-se compreender que o advérbio determina o ato de quem vê, enquanto sai de quem vê. Nesse sentido, é verdade que a alma onde sente e vê, aí está e vive, segundo essa maneira de falar[e]. Não se segue, assim, que esteja em toda parte.

---

e. A alma está no céu que ela vê e sente, no sentido de que se identifica com ele de maneira intencional. Isto não é estar de fato no céu e nele viver. Ela está realmente ali onde se produz a operação de ver e de sentir, mas precisamente ali onde o céu não está realmente.

QUAESTIO IX
DE DEI IMMUTABILITATE
in duos articulos divisa

Consequenter considerandum est de immutabilitate et aeternitate divina, quae immutabilitatem consequitur.

Circa immutabilitatem vero quaeruntur duo.

Primo: utrum Deus sit omnino immutabilis.
Secundum: utrum esse immutabile sit proprium Dei.

ARTICULUS 1
Utrum Deus sit omnino immutabilis

AD PRIMUM SIC PROCEDITUR. Videtur quod Deus non sit omnino immutabilis.

QUESTÃO 9
A IMUTABILIDADE DE DEUS
em dois artigos

Em seguida, devem-se considerar a imutabilidade de Deus e sua eternidade, consequência da imutabilidade.

A respeito da imutabilidade, duas são as perguntas:
1. Deus é totalmente imutável?
2. Ser imutável é próprio de Deus?

ARTIGO 1
Deus é totalmente imutável?

QUANTO AO PRIMEIRO ARTIGO, ASSIM SE PROCEDE: parece que Deus **não** é totalmente imutável.

---

1 PARALL.: I *Sent.*, dist. 8, q. 3, a. 1; *Cont. Gent.* I, 13, 14; II, 25; *De Pot.*, q. 8, a. 1, ad 9; *Compend. Theol.*, c. 4; in Boet. *de Trin.*, q. 5, a. 4, ad 2.

1. Quidquid enim movet seipsum, est aliquo modo mutabile. Sed, sicut dicit Augustinus, VIII *super Genesim ad litteram*[1]: *Spiritus creator movet se nec per tempus nec per locum*. Ergo Deus est aliquo modo mutabilis.

2. Praeterea, Sap 7,24: dicitur de sapientia quod est *mobilior omnibus mobilibus*. Sed Deus est ipsa sapientia. Ergo Deus est mobilis.

3. Praeterea, appropinquari et elongari motum significant. Huiusmodi autem dicuntur de Deo in Scriptura: Iac 4,8: *appropinquate Deo, et appropinquabit vobis*. Ergo Deus est mutabilis.

Sed contra est quod dicitur Mal 3,6: *Ego Deus, et non mutor*.

Respondeo dicendum quod ex praemissis ostenditur Deum esse omnino immutabilem. Primo quidem, quia supra ostensum est esse aliquod primum ens, quod Deum dicimus[2]: et quod huiusmodi primum ens oportet esse purum actum absque permixtione alicuius potentiae, eo quod potentia simpliciter est posterior actu[3]. Omne autem quod quocumque modo mutatur, est aliquo modo in potentia. Ex quo patet quod impossibile est Deum aliquo modo mutari.

Secundo, quia omne quod movetur, quantum ad aliquid manet, et quantum ad aliquid transit: sicut quod movetur de albedine in nigredinem, manet secundum substantiam. Et sic in omni eo quod movetur, attenditur aliqua compositio. Ostensum est autem supra[4] quod in Deo nulla est compositio, sed est omnino simplex. Unde manifestum est quod Deus moveri non potest.

Tertio, quia omne quod movetur, motu suo aliquid acquirit, et pertingit ad illud ad quod prius non pertingebat. Deus autem, cum sit infinitus, comprehendens in se omnem plenitudinem perfectionis totius esse, non potest aliquid acquirere, nec extendere se in aliquid ad quod prius non pertingebat. Unde nullo modo sibi competit motus. — Et inde est quod quidam antiquorum, quasi ab ipsa veritate coacti, posuerunt primum principium esse immobile.

Ad primum ergo dicendum quod Augustinus ibi loquitur secundum modum quo Plato dicebat

1. Com efeito, tudo o que move a si mesmo é de alguma maneira mutável. Ora, segundo Agostinho: "O Espírito criador move a si mesmo; mas não no tempo nem no lugar". Logo, Deus é de alguma maneira mutável.

2. Além disso, o livro da Sabedoria diz desta: "Ela é a mais móvel de tudo o que se move". Ora, Deus é a própria sabedoria. Logo, Deus é móvel.

3. Ademais, aproximar-se e afastar-se designam um movimento. Ora, encontra-se na Escritura: "Aproximai-vos de Deus, e Ele se aproximará de vós". Logo, Deus é mutável.

Em sentido contrário, se diz no livro de Malaquias: "Eu, Deus, eu não mudo".

Respondo. Do que precede resulta ser Deus totalmente imutável.

1. Foi demonstrado que existe um primeiro ente, a que chamamos Deus, e que esse primeiro ente há de ser ato puro sem qualquer mistura de potência, porque a potência é absolutamente posterior ao ato. Ora, tudo o que muda, de uma maneira ou de outra, está de algum modo em potência. Fica então manifesta a impossibilidade de qualquer mudança em Deus.

2. Porque tudo o que é movido permanece estável segundo uma parte e se modifica segundo outra parte. Por exemplo, o que se move de branco para preto permanece estável quanto à sua substância. De modo que se observa uma certa composição em tudo o que é movido. Ora, foi demonstrado acima não existir em Deus nenhuma composição, mas ser Ele inteiramente simples. Fica então claro que Deus não pode ser movido.

3. Porque tudo o que é movido adquire algo por seu movimento, e atinge algo que antes não atingia. Ora, Deus sendo infinito e compreendendo em si a plenitude total de perfeição de todo o ser, nada pode adquirir nem se estender a algo que antes não alcançava. Por conseguinte, o movimento não lhe convém de nenhum modo. — Por isso, alguns antigos, como que forçados pela verdade, afirmaram ser imóvel o primeiro princípio[a].

Quanto ao 1º, portanto, deve-se dizer que Agostinho emprega aqui a linguagem de Platão,

---

1. C. 20: ML 34, 388.
2. Q. 2, a. 3.
3. Q. 3, a. 1.
4. Ibid. a. 7.

---

a. Critica-se hoje Santo Tomás por ter tomado dos filósofos pagãos a ideia da imutabilidade de Deus. Muito pelo contrário, esta é para ele uma ideia cristã, e ele admira que ela possa ter sido descoberta no paganismo.

primum movens movere seipsum, omnem operationem nominans motum; secundum quod etiam ipsum intelligere et velle et amare motus quidam dicuntur. Quia ergo Deus intelligit et amat seipsum, secundum hoc dixerunt quod Deus movet seipsum: non autem secundum quod motus et mutatio est existentis in potentia, ut nunc loquimur de mutatione et motu.

AD SECUNDUM dicendum quod sapientia dicitur mobilis esse similitudinarie, secundum quod suam similitudinem diffundit usque ad ultima rerum. Nihil enim esse potest, quod non procedat a divina sapientia per quandam imitationem, sicut a primo principio effectivo et formali; prout etiam artificiata procedunt a sapientia artificis. Sic igitur inquantum similitudo divinae sapientiae gradatim procedit a supremis, quae magis participant de eius similitudine, usque ad infima rerum, quae minus participant, dicitur esse quidam processus et motus divinae sapientiae in res: sicut si dicamus solem procedere usque ad terram, inquantum radius luminis eius usque ad terram pertingit. Et hoc modo exponit Dionysius, cap. 1 *Cael. Hier.*, dicens quod *omnis processus divinae manifestationis venit ad nos a Patre luminum moto*[5].

AD TERTIUM dicendum quod huiusmodi dicuntur de Deo in Scripturis metaphorice. Sicut enim dicitur sol intrare domum vel exire, inquantum radius eius pertingit ad domum; sic dicitur Deus appropinquare ad nos vel recedere a nobis, inquantum percipimus influentiam bonitatis ipsius, vel ab eo deficimus.

que dizia do primeiro motor que ele move a si próprio, pois chamava de movimento todo tipo de operação; assim compreender, querer, amar se dizem movimentos. Como Deus compreende e ama a si próprio, esses pensadores disseram que Deus move a si próprio; mas não no sentido de que o movimento e a mudança são do que existe em potência, como falamos aqui da mudança e do movimento.

QUANTO AO 2º, deve-se dizer que a sabedoria é chamada móvel por semelhança, enquanto sua semelhança se estende até os últimos elementos das coisas. Com efeito, nada pode existir sem que provenha da sabedoria divina, por uma imitação, como do primeiro princípio eficiente e formal. Assim, a obra de arte procede da sabedoria do artífice. Assim, para exprimir que a semelhança da sabedoria divina procede gradualmente das criaturas superiores, que dela mais participam, até as inferiores, que dela participam menos, diz-se que há uma espécie de movimento progressivo da sabedoria divina em direção às coisas; como se disséssemos que o sol procede até a terra, na medida em que seus raios luminosos atingem a terra. Dionísio assim o compreende quando diz: "Todo processo da manifestação divina chega a nós pela ação do Pai das luzes".

QUANTO AO 3º, deve-se dizer que aproximar-se e afastar-se diz-se de Deus na Escritura por metáfora. Como se diz que o sol entra na casa e dela sai, quando aí atingem seus raios. Assim também se diz que Deus se aproxima ou se afasta de nós à medida que recebemos o influxo de sua bondade ou a recusamos[b].

ARTICULUS 2
Utrum esse immutabile sit Dei proprium

AD SECUNDUM SIC PROCEDITUR. Videtur quod esse immutabile non sit proprium Dei.
1. Dicit enim Philosophus, in II *Metaphys.*[1], quod materia est in omni eo quod movetur. Sed

ARTIGO 2
Ser imutável é próprio de Deus?

QUANTO AO SEGUNDO, ASSIM SE PROCEDE: parece que ser imutável **não** é próprio de Deus.
1. Com efeito, o Filósofo diz no livro II da *Metafísica*: "Existe matéria em tudo o que se move".

---

5. MG 3, 119 B.

PARALL.: Infra, q. 10, a. 3; q. 65, a. 1, ad 1; III, q. 57, a. 1, ad 1; I *Sent.*, dist. 8, q. 3, a. 2; dist. 19, q. 5, a. 3; II, dist. 7, q. 1, a. 1; *De Malo*, q. 16, a. 2, ad 6; *Quodlib.* X, q. 2.

1. C. 2: 994, b, 25-26.

b. É por metáfora que chamamos movimento à operação espiritual. Enquanto tal, ela não é "devir", mas "ser" — ainda que, nas criaturas, ela seja preparada por um devir. Por si, ela é *actus perfecti*, ato do que está em ato, ser e não devir. Em Deus, não é preparada por devir algum, pois Deus, por seu próprio ser, pensa e quer, é Ato puro tanto segundo o ser quanto segundo a operação (ver adiante q. 14, q. 19 e 20). O verdadeiro movimento de que se trata nesta questão é o "devir", e é isto que está totalmente excluído de Deus.

substantiae quaedam creatae, sicut angeli et animae, non habent materiam, ut quibusdam videtur. Ergo esse immutabile non est proprium Dei.

2. Praeterea, omne quod movetur, movetur propter aliquem finem: quod ergo iam pervenit ad ultimum finem, non movetur. Sed quaedam creaturae iam pervenerunt ad ultimum finem, sicut omnes beati. Ergo aliquae creaturae sunt immobiles.

3. Praeterea, omne quod est mutabile, est variabile. Sed formae sunt invariabiles: dicitur enim in libro *Sex Principiorum*[2], quod *forma est simplici et invariabili essentia consistens*. Ergo non est solius Dei proprium esse immutabile.

Sed contra est quod dicit Augustinus, in libro *de Natura Boni*[3]: *solus Deus immutabilis est: quae autem fecit, quia ex nihilo sunt, mutabilia sunt*.

Respondeo dicendum quod solus Deus est omnino immutabilis: omnis autem creatura aliquo modo est mutabilis. Sciendum est enim quod mutabile potest aliquid dici dupliciter: uno modo, per potentiam quae in ipso est; alio modo, per potentiam quae in altero est. Omnes enim creaturae, antequam essent, non erant possibiles esse per aliquam potentiam creatam, cum nullum creatum sit aeternum: sed per solam potentiam divinam, inquantum Deus poterat eas in esse producere. Sicut autem ex voluntate Dei dependet quod res in esse producit, ita ex voluntate eius dependet quod res in esse conservat: non enim aliter eas in esse conservat, quam semper eis esse dando, unde si suam actionem eis subtraheret, omnia in nihilum redigerentur, ut patet per Augustinum, IV *super Gen. ad litt.*[4]. Sicut igitur in potentia Creatoris fuit ut res essent, antequam essent in seipsis, ita in potentia Creatoris est, postquam sunt in seipsis, ut non sint. Sic igitur per potentiam quae est in altero, scilicet in Deo, sunt mutabiles, inquantum ab ipso ex nihilo pontuerunt produci in esse, et de esse possunt reduci in non esse.

Si autem dicatur aliquid mutabile per potentiam in ipso existentem, sic etiam aliquo modo omnis creatura est mutabilis. Est enim in creatura duplex potentia, scilicet activa et passiva. Dico autem potentiam passivam, secundum quam aliquid assequi potest suam perfectionem, vel in essendo vel in consequendo finem. Si igitur attendatur mutabilitas rei secundum potentiam ad esse, sic

Ora, existem substâncias criadas, como os anjos e as almas, que para alguns não têm matéria. Logo, ser imutável não é próprio de Deus.

2. Além disso, tudo o que se move se move em vista de um fim; por conseguinte, o que já alcançou seu fim último não se move. Ora, há criaturas que alcançaram seu fim último, tal como os bem-aventurados. Logo, existem criaturas que não se movem.

3. Ademais, todo mutável é variável. Ora, as formas são invariáveis. Lemos, com efeito, no *Livro dos Seis Princípios* que "a forma consiste numa simples e invariável essência". Logo, ser imutável não é próprio somente de Deus.

Em sentido contrário, Agostinho escreve: "Só Deus é imutável; as coisas que fez, vindas do nada, são mutáveis".

Respondo. Só Deus é totalmente imutável, e toda criatura é de certo modo mutável. Deve-se saber que algo pode ser dito mutável de duas maneiras: ou pelo poder que tem em si, ou pelo poder que outro tem. Com efeito, todas as criaturas, antes de existirem, não tinham a possibilidade de ser por um poder criado, pois nada criado é eterno, mas somente pelo poder divino, enquanto Deus podia criá-las. E, assim como depende da vontade de Deus que as coisas sejam criadas, assim também dessa vontade depende que sejam conservadas no ser. Com efeito, Deus as conserva no ser dando-lhes o ser continuamente, a tal ponto que, se Ele lhes subtraísse sua ação, como observa Agostinho, todas as criaturas seriam reduzidas ao nada. Assim, como dependia do poder do Criador a existência das coisas, antes que elas existissem, também depende de seu poder, quando já existem, que deixem de existir. Portanto, elas são mutáveis pelo poder que está em um outro, a saber, Deus; pois por ele puderam ser criadas do nada e podem ser, a partir da existência, reduzidas ao não-ser.

Se se diz que uma coisa é mutável pelo poder que nele está, ainda assim, de certo modo, toda criatura é mutável. Há na criatura uma dupla potência, ativa e passiva. Chamo potência passiva aquela pela qual uma coisa pode alcançar sua perfeição, seja a que consiste no ser, seja a que consiste na obtenção de seu fim. Portanto, se se pensa a mutabilidade segundo a potência para ser,

---

2. Gilbertus Porretanus, c. 1, ML 188, 1257 C.
3. C. 1: ML 42, 551.
4. C. 12: ML 34, 304.

non in omnibus creaturis est mutabilitas: sed in illis solum in quibus illud quod est possibile in eis, potest stare cum non esse. Unde in corporibus inferioribus est mutabilitas et secundum esse substantiale, quia materia eorum potest esse cum privatione formae substantialis ipsorum: et quantum ad esse accidentale, si subiectum compatiatur secum privationem accidentis; sicut hoc subiectum, *homo*, compatitur secum *non album*, et ideo potest mutari de albo in non album. Si vero sit tale accidens quod consequatur principia essentialia subiecti, privatio illius accidentis non potest stare cum subiecto: unde subiectum non potest mutari secundum illud accidens, sicut nix non potest fieri nigra. — In corporibus vero caelestibus, materia non compatitur secum privationem formae, quia forma perficit totam potentialitatem materiae: et ideo non sunt mutabilia secundum esse substantiale; sed secundum esse locale, quia subiectum compatitur secum privationem huius loci vel illius. — Substantiae vero incorporae, quia sunt ipsae formae subsistentes, quae tamen se habent ad esse ipsarum sicut potentia ad actum, non compatiuntur secum privationem huius actus: quia esse consequitur formam, et nihil corrumpitur nisi per hoc quod amittit formam. Unde in ipsa forma non est potentia ad non esse: et ideo huiusmodi substantiae sunt immutabiles et invariabiles secundum esse. Et hoc est quod dicit Dionysius, 4 cap. *de Div. Nom.*[5], quod *substantiae intellectuales creatae mundae sunt a generatione et ab omni variatione, sicut incorporales et immateriales*. Sed tamen remanet in eis duplex mutabilitas. Una secundum

nesse sentido não há mutabilidade em todas as criaturas, mas somente naquelas nas quais o que lhes é possível é compatível com o não-ser. Por essa razão, nos corpos inferiores há mutabilidade não só quanto a seu próprio ser substancial, pois sua matéria pode existir estando privada de sua forma substancial[c]; mas também, quanto a seu ser acidental, se o sujeito é compatível com a privação do acidente; por exemplo, este sujeito, *homem*, é compatível com o *não branco*, e por isso pode ser mudado do branco para o não branco; ele pode passar de branco a não branco. Pelo contrário, quando se trata de um acidente que acompanha os princípios essenciais do sujeito, a privação deste acidente não é compatível com o sujeito. Segue-se que este sujeito não pode ser mudado quanto a este acidente: por exemplo, a neve não pode tornar-se negra. — Nos corpos celestes, a matéria não é compatível com a privação da forma, porque a forma atualiza toda a potencialidade da matéria. Eis por que não são mutáveis quanto ao ser substancial, mas quanto ao ser do lugar, porque o sujeito é compatível com a privação de tal ou qual lugar[d]. — Enfim, as substâncias incorpóreas, como são formas subsistentes que, no entanto, se referem a seu próprio ser, como a potência ao ato, são incompatíveis com a privação desse ato. Pois o ser corresponde à forma[e], e nada se destrói a não ser que perca sua forma. Daí que na própria forma não existe potência ao não-ser, por conseguinte essas substâncias são imutáveis e invariáveis quanto ao ser, como Dionísio afirma: "As substâncias intelectuais criadas estão livres de

---

5. MG 3, 693 BC.

c. É o paradoxo da matéria primeira, que não é em ato, mas que não é o nada, estando em potência em relação à forma substancial, que lhe permitirá constituir, com ela, o ente. Subjacente está aqui a teoria escolástica da modificação substancial: um ente, constituído por uma forma substancial unida a uma matéria, submetida à ação de diversos agentes, modifica-se pouco a pouco, acidentalmente (movimento denominado "alteração"), até o ponto em que vem a perder os acidentes sem os quais a forma não pode ser. Esta desaparece para dar lugar a uma nova forma substancial, preparada pelo movimento precedente. No novo ente, assim constituído, a matéria primeira que fazia parte do precedente, dissolvido, passou. Diz-se que esse novo ente era e não era anteriormente: era em potência na matéria, não era em ato.

d. O que é subjacente aqui é a antiga concepção segundo a qual os corpos celestes, ainda que compostos de matéria e de forma, estariam isentos de qualquer modificação substancial; sua matéria sendo totalmente atuada pela forma, de modo que não se encontrava mais em potência em relação a outra forma. Essa concepção está manifestamente obsoleta. Nem a teoria da composição hilemórfica, nem a da mudança substancial estão ultrapassadas. Pode-se dizer até que a moderna teoria da evolução lhes confere uma força maior ainda; senão, como explicar, sem ser pela permanência da matéria primeira e pela novidade da forma, que um ente realmente novo possa de fato resultar de um ente anterior?

e. "*Esse consequitur formam*": é um princípio fundamental da metafísica de Santo Tomás. Significa não que o ser decorre da forma — o que seria absurdo —, mas que o ser corresponde à forma e é dado ao ente pela ação da qual procede a forma. Dado que se trata de uma forma pura, subsistente, não existe no ente, por definição, potência alguma distinta dessa forma, que seria por ela atuada e ficaria disponível em relação a outras formas, preparando assim e tornando possível uma mudança substancial. Ela é, portanto, perfeitamente estável como forma, e o ser que lhe é consecutivo é estável da mesma maneira. É estável no que concerne a toda mudança de que a causa criada seria o princípio. Permanece contudo móvel em relação à causa primeira, que conferiu o ser ao criar a forma e poderia retirar esse ser.

quod sunt in potentia ad finem: et sic est in eis mutabilitas secundum electionem de bono in malum, ut Damascenus dicit[6]. Alia secundum locum, inquantum virtute sua finita possunt attingere quaedam loca quae prius non attingebant: quod de Deo dici non potest, qui sua infinitate omnia loca replet, ut supra[7] dictum est.

Sic igitur in omni creatura est potentia ad mutationem: vel secundum esse substantiale, sicut corpora corruptibilia; vel secundum esse locale tantum, sicut corpora caelestia; vel secundum ordinem ad finem et applicationem virtutis ad diversa, sicut in angelis. Et universaliter omnes creaturae communiter sunt mutabiles secundum potentiam Creantis, in cuius potestate est esse et non esse earum. Unde, cum Deus nullo istorum modorum sit mutabilis, proprium eius est omnino immutabilem esse.

AD PRIMUM ergo dicendum quod obiectio illa procedit de eo quod est mutabile secundum esse substantiale vel accidentale: de tali enim motu philosophi tractaverunt.

AD SECUNDUM dicendum quod angeli boni, supra immutabilitatem essendi, quae competit eis secundum naturam, habent immutabilitatem electionis ex divina virtute: tamen remanet in eis mutabilitas secundum locum.

AD TERTIUM dicendum quod formae dicuntur invariabiles, quia non possunt esse subiectum variationis: subiiciuntur tamen variationi inquantum subiectum secundum eas variatur. Unde patet quod secundum quod sunt, sic variantur: non enim dicuntur entia quasi sint subiectum essendi, sed quia eis aliquid est.

geração e de toda alteração, como as espirituais e imateriais". No entanto, nelas permanece uma dupla mutabilidade. A primeira, enquanto estão em potência ao fim: nelas, então, se dá a mutabilidade de eleição entre o bem ao mal, como diz Damasceno. A segunda, quanto ao lugar, na medida em que, dotadas de um poder finito, podem chegar a lugares a que antes não chegavam; o que não pode ser atribuído a Deus, que por sua infinidade ocupa todos os lugares, como já foi dito.

Logo, em toda criatura há uma potência de mudança: seja quanto ao ser substancial, como nos corpos corruptíveis, seja apenas quanto ao lugar, como nos corpos celestes, seja em relação ao fim ou pela aplicação de sua energia a diferentes objetos, como entre os anjos. Em plano universal, as criaturas são todas, de modo geral, mutáveis segundo o poder do Criador, pois dele depende ser ou não ser. E então, como Deus não é mutável de nenhuma dessas maneiras, é lhe inteiramente próprio ser imutável.

QUANTO AO 1º, portanto, deve-se dizer que esta objeção procede daquilo que é mutável quanto ao ser substancial ou acidental. Com efeito, deste movimento se ocuparam os filósofos.

QUANTO AO 2º, deve-se dizer que os anjos bons, além de sua imutabilidade quanto ao ser, que lhes cabe por natureza, têm a imutabilidade da livre escolha[f], graças ao poder divino. Permanecem, no entanto, mutáveis quanto ao lugar.

QUANTO AO 3º, deve-se afirmar que as formas são ditas invariáveis, porque não podem ser sujeito de variação; mas estão sujeitas à variação na medida em que o sujeito muda em conformidade com elas. É então evidente que elas mudam de acordo com o que são; pois não são chamadas de entes como se fossem o sujeito do ser, mas porque algo é por elas.

---

6. Lib. II *De Fide Orth.*, c. 3: MG 94, 868 A.
7. Q. 8, a. 2.

f. Não se trata aqui de imobilizar o movimento da liberdade, como se os anjos bem-aventurados, bem como os homens, fossem privados por Deus de sua liberdade. Trata-se da contingência da liberdade criada, feita para o bem — como o ente é feito para o ser —, mas que pode "*cair no mal*" — como o ente pode "*cair no não-ser*" por uma falha — livre — de sua liberdade. É dessa mobilidade — que é "*labilidade*" — que eles são libertados pela graça: não que a onipotência divina lhes oprima a liberdade, mas ela os une ao próprio fim último deles, a partir do qual não cessam mais de querer livremente, mas só podem querer o bem, pois ele é, na própria fonte de todo o seu querer, o princípio de toda a sua bondade.

QUAESTIO X
DE DEI AETERNITATE
in sex articulos divisa

Deinde quaeritur de aeternitate. Et circa hoc quaeruntur sex.
Primo: quid sit aeternitas.
Secundo: utrum Deus sit aeternus.
Tertio: utrum esse aeternum sit proprium Dei.
Quarto: utrum aeternitas differat a tempore.
Quinto: de differentia aevi et temporis.
Sexto: utrum sit unum aevum tantum, sicut est unum tempus et una aeternitas.

Articulus 1
Utrum convenienter definiatur aeternitas, quod est interminabilis vitae tota simul et perfecta possessio

AD PRIMUM SIC PROCEDITUR. Videtur quod non sit conveniens definitio aeternitatis, quam Boetius ponit V *de Consolatione*[1], dicens quod *aeternitas est interminabilis vitae tota simul et perfecta possessio*.
1. Interminabile enim negative dicitur. Sed negatio non est de ratione nisi eorum quae sunt deficientia: quod aeternitati non competit. Ergo in definitione aeternitatis non debet poni *interminabile*.
2. PRAETEREA, aeternitas durationem quandam significat. Duratio autem magis respicit esse quam vitam. Ergo non debuit poni in definitione aeternitatis *vita*, sed magis *esse*.
3. PRAETEREA, totum dicitur quod habet partes. Hoc autem aeternitati non convenit, cum sit simplex. Ergo inconvenienter dicitur *tota*.
4. PRAETEREA, plures dies non possunt esse simul, nec plura tempora. Sed in aeternitate pluraliter dicuntur dies et tempora: dicitur enim Mich 5,2: *egressus eius ab initio, a diebus aeternitatis*; et Rm 16,25: *secundum revelationem mysterii temporibus aeternis taciti*. Ergo aeternitas non est *tota simul*.
5. PRAETEREA, totum et perfectum sunt idem. Posito igitur quod sit *tota*, superflue additur quod sit *perfecta*.
6. PRAETEREA, possessio ad durationem non pertinet. Aeternitas autem quaedam duratio est. Ergo aeternitas non est *possessio*.

QUESTÃO 10
A ETERNIDADE DE DEUS
em seis artigos

Em seguida trata-se da eternidade. E as perguntas sobre ela são seis:
1. Que é a eternidade?
2. Deus é eterno?
3. Ser eterno é próprio de Deus?
4. A eternidade difere do tempo?
5. O evo difere do tempo?
6. Existe um único evo, como existe um único tempo e uma única eternidade?

Artigo 1
Convém definir eternidade como a posse inteiramente simultânea e perfeita de uma vida interminável?

QUANTO AO PRIMEIRO ARTIGO, ASSIM SE PROCEDE: parece que **não** é apropriada a definição de eternidade de Boécio: eternidade é a posse inteiramente simultânea e perfeita de uma vida interminável.
1. Com efeito, interminável é uma expressão negativa. Ora, a negação é da razão das coisas que são deficientes, o que não cabe à eternidade. Logo, não se deve pôr *interminável* na definição de eternidade.
2. ALÉM DISSO, a eternidade significa certa duração. Ora, a duração se refere mais ao ser que à vida. Logo, não se devia pôr na definição de eternidade *vida*, mas *ser*.
3. ADEMAIS, chama-se todo o que tem partes. Ora, isso não convém à eternidade, pois ela é simples. Logo, não é apropriado dizer *inteiramente*.
4. ADEMAIS, muitos dias e muitos tempos não podem ser simultâneos. Ora, dias e tempos exprimem-se no plural com respeito à eternidade. Por exemplo, em Miquéias: "Suas origens desde o início, desde os dias da eternidade", e na Carta aos Romanos: "Segundo a revelação de um mistério guardado durante tempos eternos". Logo, a eternidade não é *inteiramente simultânea*.
5. ADEMAIS, todo e perfeito são a mesma coisa. Portanto, afirmado que é *inteiramente* é supérfluo acrescentar que seja *perfeita*.
6. ADEMAIS, a posse não pertence à duração. Ora, a eternidade é uma duração. Logo, não é uma *posse*.

---

1 PARALL.: I *Sent*., dist. 8, q. 2, a. 1; *De Causis*, lect. 2.
  1. Prosa 6: ML 63, 858 A.

RESPONDEO dicendum quod, sicut in cognitionem simplicium oportet nos venire per composita, ita in cognitionem aeternitatis oportet nos venire per tempus; quod nihil aliud est quam *numerus motus secundum prius et posterius*. Cum enim in quolibet motu sit successio, et una pars post alteram, ex hoc quod numeramus prius et posterius in motu, apprehendimus tempus; quod nihil aliud est quam numerus prioris et posterioris in motu. In eo autem quod caret motu, et semper eodem modo se habet, non est accipere prius et posterius. Sicut igitur ratio temporis consistit in numeratione prioris et posterioris in motu, ita in apprehensione uniformitatis eius quod est omnino extra motum, consistit ratio aeternitatis.

Item, ea dicuntur tempore mensurari, quae principium et finem habent in tempore, ut dicitur in IV *Physic*.[2]: et hoc ideo, quia in omni eo quod movetur, est accipere aliquod principium et aliquem finem. Quod vero est omnino immutabile, sicut nec successionem, ita nec principium aut finem habere potest.

Sic ergo ex duobus notificatur aeternitas. Primo, ex hoc quod id quod est in aeternitate, est interminabile, idest principio et fine carens (ut *terminus* ad utrumque referatur). Secundo, per hoc quod ipsa aeternitas successione caret, tota simul existens.

AD PRIMUM ergo dicendum quod simplicia consueverunt per negationem definiri, sicut punctus est *cuius pars non est*. Quod non ideo est, quod negatio sit de essentia eorum: sed quia intellectus noster, qui primo apprehendit composita, in cognitionem simplicium pervenire non potest, nisi per remotionem compositionis.

AD SECUNDUM dicendum quod illud quod est vere aeternum, non solum est ens, sed vivens: et ipsum vivere se extendit quodammodo ad operationem, non autem esse. Protensio autem durationis videtur attendi secundum operationem, magis quam secundum esse: unde et tempus est numerus motus.

AD TERTIUM dicendum quod aeternitas dicitur *tota*, non quia habet partes, sed inquantum nihil ei deest.

AD QUARTUM dicendum quod, sicut Deus, cum sit incorporeus, nominibus rerum corporalium metaphorice in Scripturis nominatur, sic aeterni-

RESPONDO. Assim como para chegar ao conhecimento do que é simples temos de ir pelos compostos, para o conhecimento da eternidade temos de ir pelo tempo. Ora, o tempo nada mais é que *o número do movimento segundo o antes e o depois*. Já que em todo movimento existe sucessão, uma parte depois da outra, quando numeramos o antes e o depois no movimento percebemos o tempo, que nada mais é que a numeração do antes e do depois no movimento. Mas, onde não existe movimento e se está sempre da mesma maneira, não se pode perceber um antes e um depois. Logo, assim como a razão de tempo consiste na enumeração do antes e do depois no movimento, assim, a razão de eternidade consiste na apreensão da uniformidade daquilo que está totalmente fora do movimento.

Além do mais, dizemos ser medido pelo tempo o que tem um começo e um fim no tempo, como está no livro IV da *Física*. E isso porque em tudo o que se move deve-se aceitar um certo começo e certo fim. Mas o que é totalmente imutável como não tem sucessão, tampouco pode ter começo ou fim.

Assim, duas coisas caracterizam a eternidade: primeiro, o que está na eternidade é interminável, isto é, sem começo e sem fim (*término* se referindo tanto a um quanto ao outro). Segundo, a própria eternidade não comporta sucessão, pois é inteiramente simultânea.

QUANTO AO 1º, portanto, deve-se dizer que se define habitualmente o que é simples por negação. Por exemplo, o ponto é *o que não tem partes*. Não que a negação seja da essência dessas coisas, mas porque nosso intelecto, apreendendo antes de tudo o composto, só chega ao conhecimento do que é simples retirando dele a composição.

QUANTO AO 2º, deve-se dizer que o que é verdadeiramente eterno não só é ente, mas também vivo; e viver se estende de certo modo à operação, e não o ser. Ora, o prolongamento da duração parece se referir mais à operação do que ao ser; eis por que o tempo é o número do movimento.

QUANTO AO 3º, deve-se dizer que da eternidade se diz que é *inteiramente*, não que tenha partes, mas porque nada lhe falta.

QUANTO AO 4º, deve-se dizer que como Deus, que é incorpóreo, é nomeado metaforicamente na Escritura por nomes de coisas corporais, as-

---

2. C. 12: 221, b, 3-5.

tas, tota simul existens, nominibus temporalibus successivis.

AD QUINTUM dicendum quod in tempore est duo considerare: scilicet ipsum tempus, quod est successivum; et *nunc* temporis, quod est imperfectum. Dicit ergo *tota simul*, ad removendum tempus: et *perfecta*, ad excludendum nunc temporis.

AD SEXTUM dicendum quod illud quod possidetur, firmiter et quiete habetur. Ad designandam ergo immutabilitatem et indeficientiam aeternitatis, usus est nomine *possessionis*.

ARTICULUS 2
Utrum Deus sit aeternus

AD SECUNDUM SIC PROCEDITUR. Videtur quod Deus non sit aeternus.
1. Nihil enim factum potest dici de Deo. Sed aeternitas est aliquid factum: dicit enim Boetius[1] quod *nunc fluens facit tempus, nunc stans facit aeternitatem*; et Augustinus dicit, in libro *Octoginta trium Quaest.*[2], quod *Deus est auctor aeternitatis*. Ergo Deus non est aeternus.
2. PRAETEREA, quod est ante aeternitatem et post aeternitatem, non mensuratur aeternitate. Sed Deus est ante aeternitatem, ut dicitur in libro *de Causis*[3]: et post aeternitatem; dicitur enim Ex 15,18, quod *Dominus regnabit in aeternum et ultra*. Ergo esse aeternum non convenit Deo.
3. PRAETEREA, aeternitas mensura quaedam est. Sed Deo non convenit esse mensuratum. Ergo non competit ei esse aeternum.
4. PRAETEREA, in aeternitate non est praesens, praeteritum vel futurum, cum sit tota simul, ut dictum est[4]. Sed de Deo dicuntur in Scripturis verba praesentis temporis, praeteriti vel futuri. Ergo Deus non est aeternus.

SED CONTRA est quod dicit Athanasius[5]: *Aeternus Pater, aeternus Filius, aeternus Spiritus Sanctus*.

RESPONDEO dicendum quod ratio aeternitatis consequitur immutabilitatem, sicut ratio temporis consequitur motum, ut ex dictis[6] patet. Unde, cum Deus sit maxime immutabilis, sibi maxime com-

sim também a eternidade, existindo inteiramente simultânea, é nomeado por nomes temporais sucessivos.

QUANTO AO 5º, deve-se afirmar que há duas coisas a considerar no tempo: o próprio tempo, sucessivo; e o *instante*, que é imperfeito. Diz-se *inteiramente simultânea* para remover o tempo, e *perfeita*, para excluir o instante.

QUANTO AO 6º, deve-se dizer que o que se possui, tem-se firme e tranquilamente. Por isso, o termo *posse* foi escolhido para significar a imutabilidade e a indefectibilidade da eternidade.

ARTIGO 2
Deus é eterno?

QUANTO AO SEGUNDO, ASSIM SE PROCEDE: parece que Deus **não** é eterno.
1. Com efeito, nada que seja feito pode ser dito de Deus. Ora, a eternidade é algo feito, como diz Boécio: "O instante que corre faz o tempo; o instante que permanece faz a eternidade". Por outro lado, diz Agostinho: "Deus é o autor da eternidade". Logo, Deus não é eterno.
2. ALÉM DISSO, o que vem antes da eternidade e depois dela não é medido pela eternidade. Ora, de acordo com o *Livro das causas*: "Deus é anterior e posterior à eternidade", e segundo o Livro do Êxodo: "O Senhor reinará pela eternidade e além dela". Logo, ser eterno não convém a Deus.
3. ADEMAIS, a eternidade é uma certa medida. Ora, não convém a Deus ser medido. Logo, não lhe cabe ser eterno.
4. ADEMAIS, na eternidade não existe presente, nem passado, nem futuro, mas ela é inteiramente simultânea", como dissemos. Ora, para falar de Deus a Escritura emprega verbos no presente, no passado e no futuro. Logo, Deus não é eterno.

EM SENTIDO CONTRÁRIO, está o que diz Atanásio: "Eterno o Pai, eterno o Filho, eterno o Espírito Santo".

RESPONDO. A razão de eternidade corresponde à imutabilidade, como a razão de tempo corresponde ao movimento, como está claro pelo exposto. Assim, como Deus é ao máximo imutável cabe-lhe

---

2 PARALL.: I *Sent.*, dist. 19, q. 2, a. 1; *Cont. Gent.* I, 15; *De Pot.*, q. 3, a. 17, ad 23; *Compend. Theol.*, c. 5, 8.
  1. *De Trin.*, c. 4: ML 64, 1253 AB.
  2. Q. 23: ML 40, 16.
  3. Prop. II.
  4. Art. praec.
  5. Symbolum "Athanasianum", MG 28, 1581.
  6. Art. praec.

petit esse aeternum. Nec solum est aeternus, sed est sua aeternitas: cum tamen nulla alia res sit sua duratio, quia non est suum esse. Deus autem est suum esse uniforme: unde, sicut est sua essentia ita est sua aeternitas.

AD PRIMUM ergo dicendum quod *nunc stans* dicitur facere aeternitatem, secundum nostram apprehensionem. Sicut enim causatur in nobis apprehensio temporis, eo quod apprehendimus fluxum ipsius nunc, ita causatur in nobis apprehensio aeternitatis, inquantum apprehendimus nunc stans. — Quod autem dicit Augustinus, quod *Deus est auctor aeternitatis*, intelligitur de aeternitate participata: eo enim modo communicat Deus suam aeternitatem aliquibus, quo et suam immutabilitatem.

Et per hoc patet solutio AD SECUNDUM. Nam Deus dicitur esse ante aeternitatem, prout participatur a substantiis immaterialibus. Unde et ibidem dicitur, quod *intelligentia parificatur aeternitati*. — Quod autem dicitur in Exodo, *Dominus regnabit in aeternum et ultra*, sciendum quod aeternum accipitur ibi pro *saeculo*, sicut habet alia translatio. Sic igitur dicitur quod regnabit ultra aeternum, quia durat ultra quodcumque saeculum, idest ultra quamcumque durationem datam: nihil est enim aliud saeculum quam periodus cuiuslibet rei, ut dicitur in libro I *de Caelo*[7]. — Vel dicitur etiam ultra aeternum regnare, quia, si etiam aliquid aliud semper esset (ut motus caeli secundum quosdam philosophos), tamen Deus ultra regnat, inquantum eius regnum est totum simul.

AD TERTIUM dicendum quod aeternitas non est aliud quam ipse Deus. Unde non dicitur Deus aeternus, quasi sit aliquo modo mensuratus: sed accipitur ibi ratio mensurae secundum apprehensionem nostram tantum.

AD QUARTUM dicendum quod verba diversorum temporum attribuuntur Deo, inquantum eius aeternitas omnia tempora includit: non quod ipse varietur per praesens, praeteritum et futurum.

também ser ao máximo eterno. E não somente é eterno, mas ele é sua eternidade; ao passo que nenhuma outra coisa é sua própria duração, não sendo seu ser. Deus, ao contrário, é seu ser uniforme; eis por que, como é sua essência, é também sua eternidade.

QUANTO AO 1º, portanto, deve-se dizer que o *instante que permanece* faz a eternidade, segundo nosso modo de apreender. Assim como a apreensão do tempo é causada em nós pelo fato de que apreendemos o fluir do mesmo instante, assim é causada em nós a apreensão da eternidade, enquanto apreendemos o instante que permanece. — Quanto ao que diz Agostinho, que *Deus é o autor da eternidade*, entende-se de uma eternidade participada, pois, do modo como Deus comunica sua eternidade a alguns, assim lhes comunica sua imutabilidade.

QUANTO AO 2º, pelo exposto fica clara a resposta. Com efeito, diz-se que Deus existe antes da eternidade, enquanto é participado pelas substâncias imateriais. Pois nesse mesmo livro está escrito que *a inteligência se iguala à eternidade*[a]. — Quanto ao texto do Êxodo: "O Senhor reinará pela eternidade e além dela", é preciso saber que eternidade aqui se toma por *século*, como se encontra em outra versão. Assim, Deus reinará além da eternidade, porque dura além de qualquer século, isto é, além de qualquer duração determinada, pois os séculos são apenas um período de alguma coisa, segundo se diz no livro *Sobre o céu*. — Ou, então, diz-se que Deus reina além da eternidade porque, mesmo se algum outro existisse sempre (por exemplo, o movimento do céu para alguns filósofos), Deus reinaria ainda além, tendo em vista que seu reino é inteiramente simultâneo.

QUANTO AO 3º, deve-se dizer que a eternidade não é outra coisa que o próprio Deus. Por isso, não se diz Deus eterno, como se fosse medido de algum modo, mas toma-se aqui a razão de medida segundo nossa maneira de apreender.

QUANTO AO 4º, deve-se dizer que atribuímos a Deus verbos de diversos tempos, porque sua eternidade inclui todos os tempos, não porque ele mude de acordo com o presente, o passado e o futuro.

---

7. C. 9: 279, a, 22-28.

a. "Inteligência" aqui é tomada no sentido em que na Idade Média essa palavra designava as "substâncias imateriais", as formas puras, que a teologia chama de anjos.

Articulus 3
Utrum esse aeternum sit proprium Dei

AD TERTIUM SIC PROCEDITUR. Videtur quod esse aeternum non sit soli Deo proprium.

1. Dicitur enim Dn 12,3, quod *qui ad iustitiam erudiunt plurimos, erunt quasi stellae in perpetuas aeternitates*. Non autem essent plures aeternitates, si solus Deus esset aeternus. Non igitur solus Deus est aeternus.

2. PRAETEREA, Mt 25,41, dicitur: *Ite, maledicti, in ignem aeternum*. Non igitur solus Deus est aeternus.

3. PRAETEREA, omne necessarium est aeternum. Sed multa sunt necessaria; sicut omnia principia demonstrationis, et omnes propositiones demonstrativae. Ergo non solus Deus est aeternus.

SED CONTRA est quod dicit Hieronymus, ad Marcellam[1]: *Deus solus est qui exordium non habet*. Quidquid autem exordium habet, non est aeternum. Solus ergo Deus est aeternus.

RESPONDEO dicendum quod aeternitas vere et proprie in solo Deo est. Quia aeternitas immutabilitatem consequitur, ut ex dictis[2] patet: solus autem Deus est omnino immutabilis, ut est superius[3] ostensum. Secundum tamen quod aliqua ab ipso immutabilitatem percipiunt, secundum hoc aliqua eius aeternitatem participant.

Quaedam ergo quantum ad hoc immutabilitatem sortiuntur a Deo, quod nunquam esse desinunt: et secundum hoc dicitur Eccle 1,4, de terra, quod *in aeternum stat*. Quaedam etiam aeterna in Scripturis dicuntur propter diuturnitatem durationis, licet corruptibilia sint: sicut in Ps 75,5 dicuntur *montes aeterni*; et Dt 33,15 etiam dicitur: *de pomis collium aeternorum*. Quaedam autem amplius participant de ratione aeternitatis, inquantum habent intransmutabilitatem vel secundum esse, vel ulterius secundum operationem, sicut angeli et beati, qui Verbo fruuntur: quia quantum ad illam visionem Verbi, non sunt in sanctis *volubiles cogitationes*, ut dicit Augustinus, XV *de Trin.*[4]. Unde et videntes Deum dicuntur habere vitam aeternam, secundum illud Io 17,3: *haec est vita aeterna, ut cognoscant* etc.

Artigo 3
Ser eterno é próprio de Deus?

QUANTO AO TERCEIRO, ASSIM SE PROCEDE: parece que ser eterno **não** é próprio só de Deus.

1. Com efeito, diz o livro de Daniel: "Aqueles que ensinam a justiça a muitos serão como estrelas em perpétuas eternidades". Ora, não haveria várias eternidades se só Deus fosse eterno. Logo, não só Deus é eterno.

2. ALÉM DISSO, está no Evangelho de Mateus: "Ide malditos, para o fogo eterno". Portanto, não só Deus é eterno.

3. ADEMAIS, tudo o que é necessário é eterno. Ora, existem muitas coisas necessárias: por exemplo, os princípios da demonstração e todas as proposições demonstrativas. Logo, não só Deus é eterno.

EM SENTIDO CONTRÁRIO, Jerônimo escreve a Marcela: "Só Deus não tem começo". Ora, o que não tem começo não é eterno. Logo, não só Deus é eterno.

RESPONDO. A eternidade, em seu sentido próprio e verdadeiro, só se encontra em Deus. Pois a eternidade corresponde à imutabilidade, como fica evidente pelo que precede. Ora, só Deus é totalmente imutável, como foi demonstrado. No entanto, à medida que dele recebem a imutabilidade, alguns participam assim de sua eternidade.

Alguns recebem de Deus a imutabilidade pelo fato de que nunca cessam de existir, e é nesse sentido que se diz da terra no Eclesiastes: "A terra permanece sempre". Assim também certas coisas na Escritura são ditas eternas em razão de sua prolongada duração, ainda que sejam corruptíveis: como no Salmo se fala de *montanhas eternas*. E no Deuteronômio se fala mesmo dos *frutos das colinas eternas*. Outros participam mais amplamente da razão de eternidade, pois estão isentos de qualquer mutabilidade ou quanto ao ser, ou quanto ao agir, como os anjos e os bem-aventurados que fruem do Verbo. Pois, nesta visão do Verbo, não há nos santos *pensamentos volúveis*, como explica Agostinho. Por conseguinte, dos que veem a Deus se diz, no Evangelho, que têm a vida eterna, de acordo com estas palavras de João: "A vida eterna é que eles te conheçam etc.".

---

3 PARALL.: I *Sent.*, dist. 8, q. 2, a. 2; IV, dist. 49, q. 1, a. 2, q.la 3; *Quodlib.* X, q. 2; *De Div. Nom.*, c. 10, lect. 3; *De Causis*, lect. 2.

1. Ad Damasum Epist. 15 (al. 57): ML 22, 357.
2. Art. 1.
3. Q. 9, a. 2.
4. C. 16: ML 42, 1079.

AD PRIMUM ergo dicendum quod dicuntur multae aeternitates, secundum quod sunt multi participantes aeternitatem ex ipsa Dei contemplatione.

AD SECUNDUM dicendum quod ignis inferni dicitur aeternus propter interminabilitatem tantum. Est tamen in poenis eorum transmutatio, secundum illud Iob 24,19: *ad nimium calorem transibunt ab aquis nivium*. Unde in inferno non est vera aeternitas, sed magis tempus; secundum illud Ps 80,16: *erit tempus eorum in saecula*.

AD TERTIUM dicendum quod *necessarium* significat quendam modum veritatis. Verum autem, secundum Philosophum, VI *Metaphys*.[5], est in intellectu. Secundum hoc igitur vera et necessaria sunt aeterna, quia sunt in intellectu aeterno, qui est intellectus divinus solus. Unde non sequitur quod aliquid extra Deum sit aeternum.

QUANTO AO 1º, portanto, deve-se dizer que se fala de muitas eternidades, na medida em que são muitos os que participam da eternidade pela contemplação de Deus.

QUANTO AO 2º, deve-se dizer que o fogo do inferno é chamado eterno unicamente por não ter fim. Existem, no entanto, mudanças nas penas dos condenados, segundo Jó: "Passarão das águas das neves a um calor intolerável". Fica claro então: no inferno não existe verdadeira eternidade, antes uma duração temporal, como diz o Salmo: "Seu tempo se estenderá pelos séculos".

QUANTO AO 3º, deve-se dizer que *necessário* significa um modo da verdade. Ora, o verdadeiro, segundo o Filósofo no livro VI da *Metafísica*, está no intelecto. Portanto, o verdadeiro e o necessário são eternos, porque existem em um intelecto eterno, que é unicamente o intelecto divino. Assim, fora de Deus, nada há de eterno[b].

ARTICULUS 4
Utrum aeternitas differat a tempore

AD QUARTUM SIC PROCEDITUR. Videtur quod aeternitas non sit aliud a tempore.
1. Impossibile est enim duas esse mensuras durationis simul, nisi una sit pars alterius: non enim sunt simul duo dies vel duae horae; sed dies et hora sunt simul, quia hora est pars diei. Sed aeternitas et tempus sunt simul: quorum utrumque mensuram quandam durationis importat. Cum igitur aeternitas non sit pars temporis, quia aeternitas excedit tempus et includit ipsum; videtur quod tempus sit pars aeternitatis, et non aliud ab aeternitate.

ARTIGO 4
A eternidade difere do tempo?

QUANTO AO QUARTO, ASSIM SE PROCEDE: parece que a eternidade **não** difere do tempo.
1. Com efeito, é impossível duas medidas de duração coexistirem, a menos que uma seja parte da outra, pois dois dias, duas horas não existem simultaneamente; mas o dia e a hora são simultâneos, pois a hora é uma parte do dia. Ora, a eternidade e o tempo são simultâneos, e um e outro implicam, cada qual a seu modo, uma medida de duração. Como não é a eternidade que faz parte do tempo, pois ela o excede e o inclui, parece ser o tempo uma parte da eternidade, e não algo distinto dela.

---

5. C. 3: 1027, b, 25-27.

PARALL.: Infra, a. 5; I *Sent*., dist. 8, q. 2, a. 2; dist. 19, q. 2, a. 1; *De Pot*., q. 3, a. 14, ad 10, 18; *De Div. Nom*., c. 10, lect. 3.

b. "Necessário" significa primeiramente uma propriedade do ser: o que é é e não pode deixar de ser. Aquele que é o próprio ser, Deus, é o Necessário absoluto. O ente que lhe deve seu ser não é necessário, no sentido de que depende para ser daquele que, livremente, lhe conferiu o ser e, livremente, pode tirar-lhe. Entre os entes, há alguns que uma causa, ou várias, no universo pode, por sua ação destruidora, levá-los a desaparecer sob a forma à qual seu ser está ligado, de modo que, sob a ação de tal causa, deixam de ser: são corruptíveis. Há outros, pelo contrário, dos quais causa alguma no universo, seja interior, seja exterior, pode fazer desaparecer a forma constitutiva, logo, fazer que deixem de ser: são incorruptíveis. Estes são necessários por uma necessidade causada (por meio daquele que é o Necessário absoluto, que lhes conferiu o ser e pode retirá-lo deles). Os primeiros são contigentes, no sentido de que, para ser, dependeram de causas criadas, seja livre, seja aquelas cujo encontro é fortuito, e das quais continuam a depender para existir. A partir daí, a noção de necessário passa ao mundo intramental e torna-se então, como diz o texto, um "*modo da verdade*": uma proposição é verdadeira (é "*uma verdade*") se é conforme ao real; é necessariamente verdadeira (uma "*verdade necessária*") se o real ao qual ela se relaciona é necessário. Trata-se, porém, na verdade, de uma necessidade intencional, que só existe em uma inteligência capaz de formar proposições. De onde o sofisma da prova de Deus pelas verdades necessárias, denominadas eternas: são eternas unicamente se existe um espírito eterno no qual elas existam.

2. Praeterea, secundum Philosophum in IV *Physic*.[1], *nunc* temporis manet idem in toto tempore. Sed hoc videtur constituere rationem aeternitatis, quod sit idem indivisibiliter se habens in toto decursu temporis. Ergo aeternitas est *nunc* temporis. Sed *nunc* temporis non est aliud secundum substantiam a tempore. Ergo aeternitas non est aliud secundum substantiam a tempore.

3. Praeterea, sicut mensura primi motus est mensura omnium motuum, ut dicitur in IV *Physic*.[2] ita videtur quod mensura primi esse sit mensura omnis esse. Sed aeternitas est mensura primi esse, quod est esse divinum. Ergo aeternitas est mensura omnis esse. Sed esse rerum corruptibilium mensuratur tempore. Ergo tempus vel est aeternitas, vel aliquid aeternitatis.

Sed contra est quod aeternitas est tota simul: in tempore autem est prius et posterius. Ergo tempus et aeternitas non sunt idem.

Respondeo dicendum quod manifestum est tempus et aeternitatem non esse idem. Sed huius diversitatis rationem quidam assignaverunt ex hoc quod aeternitas caret principio et fine, tempus autem habet principium et finem. Sed haec est differentia per accidens, et non per se. Quia dato quod tempus semper fuerit et semper futurum sit, secundum positionem eorum qui motum caeli ponunt sempiternum, adhuc remanebit differentia inter aeternitatem et tempus, ut dicit Boetius in libro *de Consolat*.[3], ex hoc quod aeternitas est tota simul, quod tempori non convenit: quia aeternitas est mensura esse permanentis, tempus vero est mensura motus.

Si tamen praedicta differentia attendatur quantum ad mensurata, et non quantum ad mensuras, sic habet aliquam rationem: quia solum illud mensuratur tempore, quod habet principium et finem in tempore, ut dicitur in IV *Physic*.[4]. Unde si motus caeli semper duraret, tempus non men-

2. Além disso, o Filósofo assegura, no livro IV da *Física*, que o *instante* temporal permanece o mesmo em todo o decurso do tempo. Ora, a razão de eternidade parece consistir em ser ela uma mesma coisa permanecendo sem divisão em todo o decurso do tempo. Logo, a eternidade é *instante* temporal. Ora, o *instante* temporal não difere substancialmente do tempo. Logo, a eternidade não difere substancialmente do tempo.

3. Ademais, como a medida do movimento primeiro é a medida de todos os movimentos, segundo o livro IV da *Física*, parece que também a medida do ser primeiro seja a medida de todo ser. Ora, a eternidade é a medida do primeiro ser, que é o ser divino. Logo, a eternidade é a medida de todo ser. No entanto, o ser das coisas corruptíveis é medido pelo tempo. Logo, o tempo ou é a eternidade, ou algo da eternidade.

Em sentido contrário, a eternidade é inteiramente simultânea, ao passo que no tempo existe um antes e um depois. Logo, o tempo e a eternidade não são idênticos.

Respondo. É claro que o tempo e a eternidade não são o mesmo. Mas alguns assinalaram como causa dessa diversidade o fato de a eternidade não ter começo nem fim, ao passo que o tempo tem um começo e um fim. Mas esta diferença é acidental e não essencial. Supondo que o tempo tenha sempre existido e que deva existir sempre, de acordo com a posição dos que afirmam no céu um movimento sempiterno, ainda restará a diferença entre a eternidade e o tempo, como diz Boécio, porque a eternidade é inteiramente simultânea, o que não convém ao tempo; pois a eternidade é a medida do ser permanente, e o tempo a medida do movimento[c].

No entanto, se a diferença acima assinalada é referida não tanto às medidas, mas ao que é medido, ela fornece outro argumento. Só é medido pelo tempo o que tem seu começo e seu fim no tempo, como é dito no livro IV da *Física*. Portanto, se o movimento do céu durasse sempre, o tempo não

---

1. C. 11: 219, b, 10-16. — C. 13: 222, a, 10-21.
2. C. 14: 223, b, 18-23.
3. Lib. V, prosa 6: ML 63, 858.
4. C. 12: 221, b, 3-5.

c. Sabemos que, para grande escândalo de muitos de seus contemporâneos, Santo Tomás considerava possível que o mundo tivesse existido desde sempre, e que só por revelação poderíamos saber que teve um começo. Daí resultava que uma filosofia como o aristotelismo, segundo a qual o mundo dura desde sempre, não era anticristã, mas acristã. Podia portanto ser integrada, completada pelo que nos ensina a revelação, em uma visão cristã do mundo, o que foi a tarefa histórica de Alberto Magno e de Santo Tomás. Encontramos aqui a justificação implícita de tal posição: semelhante universo, mesmo sem começo e sem fim, não atinge de modo algum a transcendência divina, não será de modo algum eterno.

suraret ipsum secundum suam totam durationem, cum infinitum non sit mensurabile; sed mensuraret quamlibet circulationem, quae habet principium et finem in tempore.

Potest tamen et aliam rationem habere ex parte istarum mensurarum, si accipiatur finis et principium in potentia. Quia etiam dato quod tempus semper duret, tamen possibile est signare in tempore et principium et finem, accipiendo aliquas partes ipsius, sicut dicimus principium et finem diei vel anni: quod non contingit in aeternitate.

Sed tamen istae differentiae consequuntur eam quae est per se et primo, differentiam, per hoc quod aeternitas est tota simul, non autem tempus.

AD PRIMUM ergo dicendum quod ratio illa procederet, si tempus et aeternitas essent mensurae unius generis: quod patet esse falsum, ex his quorum est tempus et aeternitas mensura.

AD SECUNDUM dicendum quod *nunc* temporis est idem subiecto in toto tempore, sed differens ratione: eo quod, sicut tempus respondet motui, ita *nunc* temporis respondet mobili; mobile autem est idem subiecto in toto decursu temporis, sed differens ratione, inquantum est hic et ibi. Et ista alternatio est motus. Similiter fluxus ipsius *nunc*, secundum quod alternatur ratione, est tempus. Aeternitas autem manet eadem et subiecto et ratione. Unde aeternitas non est idem quod *nunc* temporis.

AD TERTIUM dicendum quod, sicut aeternitas est propria mensura ipsius esse, ita tempus est propria mensura motus. Unde secundum quod aliquod esse recedit a permanentia essendi et subditur transmutationi, secundum hoc recedit ab aeternitate et subditur tempori. Esse ergo rerum corruptibilium, quia est transmutabile, non mensuratur aeternitate, sed tempore. Tempus enim mensurat non solum quae transmutantur in actu, sed quae sunt transmutabilia. Unde non solum mensurat motum, sed etiam quietem; quae est eius quod natum est moveri, et non movetur.

o mediria em sua duração total, porque o infinito não é mensurável, mas ele mediria cada um dos ciclos, que têm um começo e um fim no tempo.

Das próprias medidas pode-se retirar mais um argumento, se se tomam o começo e o fim em potência. Pois, mesmo supondo que o tempo dure sempre, é possível marcar no tempo um começo e um fim, considerando algumas de suas partes, como quando dizemos: o começo e o fim do dia, ou do ano. Ora, isto não acontece com a eternidade.

Essas diferenças, contudo, seguem a diferença essencial e primeira, a saber: a eternidade é inteiramente simultânea, e não o tempo.

QUANTO AO 1º, portanto, deve-se dizer que este argumento procederia se o tempo e a eternidade fossem medidas do mesmo gênero, o que manifestamente é falso, por aquilo que o tempo e a eternidade medem.

QUANTO AO 2º, deve-se dizer que o *instante* temporal é o mesmo quanto ao sujeito, em todo o decurso do tempo, mas difere quanto à razão. Porque, assim como o tempo corresponde ao movimento, assim o *instante* temporal corresponde ao que é movido. Ora, o que é movido é, quanto ao sujeito, o mesmo em todo o decurso do tempo, mas difere segundo a razão, estando aqui, depois ali. O movimento é essa sucessão. Do mesmo modo, o fluir do *instante*, conforme muda segundo a razão, é o tempo[d]. Ora, a eternidade permanece a mesma tanto quanto ao sujeito como quanto à razão. Assim, a eternidade não é a mesma coisa que o instante temporal.

QUANTO AO 3º, deve-se dizer que, assim como a eternidade é a medida própria do ser, assim o tempo é a medida própria do movimento. Por conseguinte, à medida que algo se afasta da imobilidade própria do ser e se encontra sujeito às mudanças, ele se afasta da eternidade e está sujeito ao tempo. Logo, o ser das coisas corruptíveis, porque é mutável, não é medido pela eternidade, mas pelo tempo. O tempo mede não apenas o que muda em ato, mas também o que é mutável. Por isso, não só mede o movimento, mas também o repouso, que diz respeito ao que é feito para se mover, mas não se move.

---

[d]. Um instante do tempo é idêntico a outro instante, mas não possui o mesmo lugar na ordem da sucessão do movimento. Apenas a razão apreende a ordem da sucessão e o lugar relativo que possuem os instantes — o tempo só existe de fato na razão capaz de apreender simultaneamente o antes e o depois —, e é por esse motivo que o texto afirma que um instante só difere nocionalmente de outro instante. Todavia, não é a razão que cria o tempo, pois não é ela que efetua a sucessão nem a ordem dos instantes: essa ordem é objetiva, a razão a recompõe, mas não a inventa.

Articulus 5
De differentia aevi et temporis

AD QUINTUM SIC PROCEDITUR. Videtur quod aevum non sit aliud a tempore.

1. Dicit enim Augustinus, VIII *super Gen. ad litt.*[1], quod *Deus movet creaturam spiritualem per tempus*. Sed aevum dicitur esse mensura spiritualium substantiarum. Ergo tempus non differt ab aevo.

2. PRAETEREA, de ratione temporis est quod habeat prius et posterius: de ratione vero aeternitatis est quod sit tota simul, ut dictum est[2]. Sed aevum non est aeternitas: dicitur enim Eccli 1,1, quod sapientia aeterna *est ante aevum*. Ergo non est totum simul, sed habet prius et posterius: et ita est tempus.

3. PRAETEREA, si in aevo non est prius et posterius, sequitur quod in aeviternis non differat esse vel fuisse vel futurum esse. Cum igitur sit impossibile aeviterna non fuisse, sequitur quod impossibile sit ea non futura esse. Quod falsum est, cum Deus possit ea reducere in nihilum.

4. PRAETEREA, cum duratio aeviternorum sit infinita ex parte post, si aevum sit totum simul, sequitur quod aliquod creatum sit infinitum in actu: quod est impossibile. Non igitur aevum differt a tempore.

SED CONTRA est quod dicit Boetius[3]: *qui tempus ab aevo ire iubes*.

RESPONDEO dicendum quod aevum differt a tempore et ab aeternitate, sicut medium existens inter illa. Sed horum differentiam aliqui sic assignant, dicentes quod aeternitas principio et fine caret; aevum habet principium, sed non finem; tempus autem habet principium et finem. — Sed haec differentia est per accidens, sicut supra[4] dictum est: quia si etiam semper aeviterna fuissent et semper futura essent, ut aliqui ponunt; vel etiam si quandoque deficerent, quod Deo possibile esset; adhuc aevum distingueretur ab aeternitate et tempore.

Alii vero assignant differentiam inter haec tria, per hoc quod aeternitas non habet prius et posterius; tempus autem habet prius et posterius cum innovatione et veteratione; aevum habet

Artigo 5
O evo difere do tempo?

QUANTO AO QUINTO, ASSIM SE PROCEDE: parece que o evo **não** difere do tempo.

1. Com efeito, diz Agostinho: "Deus move a criatura espiritual no tempo". Ora, *evo* significa a medida das substâncias espirituais. Logo, o tempo não difere do *evo*.

2. ALÉM DISSO, é da razão de tempo ter antes e depois; é da razão de eternidade, pelo contrário, ser ela inteiramente simultânea como se disse. Ora, o evo não é a eternidade, pois se diz, no Eclesiástico, que a sabedoria eterna é "antes do evo". Logo, o evo não é inteiramente simultânea, mas tem antes e depois, e deste modo é tempo.

3. ADEMAIS, se no evo não há antes e depois, segue-se que naquilo que está no evo não há diferença entre ser, ter sido, haver de ser. Como é impossível não ter existido o que está no evo, seria igualmente impossível não existir no futuro, o que é falso, pois Deus pode reduzi-lo ao nada.

4. ADEMAIS, como a duração do que está no evo é infinita com respeito ao depois, se o evo é inteiramente simultâneo, segue-se que algo de criado é infinito em ato. Ora, isso é impossível. O evo, então, não difere do tempo.

EM SENTIDO CONTRÁRIO, Boécio diz: "És tu que fazes passar o tempo do evo".

RESPONDO. O evo difere do tempo e da eternidade, existindo como o meio entre eles. E alguns assinalam essa diferença dizendo que eternidade não tem começo nem fim; o evo tem um começo e não tem fim, o tempo, por sua vez, tem um começo e um fim. — Mas, já foi dito, essa diferença é acidental, pois se o que está no evo tivesse sempre existido e houvesse de existir sempre, como alguns o pressupõem, ou se viesse a desaparecer, o que é possível para Deus, mesmo nesse caso o evo se distinguiria da eternidade e do tempo.

Outros assinalam esta diferença entre os três: a eternidade não tem antes nem depois; o tempo tem antes e depois, com renovação e envelhecimento; o evo tem antes e depois, mas sem renovação nem

---

5 PARALL.: I *Sent.*, dist. 8, q. 2, a. 2; dist. 19, q. 2, a. 1; II, dist. 2, q. 1, a. 1; *De Pot.*, q. 3, a. 14, ad 18; *Quodlib.* X, q. 2.
  1. C. 20: ML 34, 388; C. 22: ML 34, 389.
  2. Art. 1.
  3. Lib. III *de Consolat.*, 9: ML 63, 758.
  4. Art. praec.

prius et posterius sine innovatione et veteratione. — Sed haec positio implicat contradictoria. Quod quidem manifeste apparet, si innovatio et veteratio referantur ad ipsam mensuram. Cum enim prius et posterius durationis non possint esse simul, si aevum habet prius et posterius, oportet quod, priore parte aevi recedente, posterior de novo adveniat: et sic erit innovatio in ipso aevo, sicut in tempore. Si vero referantur ad mensurata, adhuc sequitur inconveniens. Ex hoc enim res temporalis inveteratur tempore, quod habet esse transmutabile: et ex transmutabilitate mensurati, est prius et posterius in mensura, ut patet ex IV *Physic*.[5] Si igitur ipsum aeviternum non sit inveterabile nec innovabile, hoc erit quia esse eius est intransmutabile. Mensura ergo eius non habebit prius et posterius.

Est ergo dicendum quod, cum aeternitas sit mensura esse permanentis, secundum quod aliquid recedit a permanentia essendi, secundum hoc recedit ab aeternitate. Quaedam autem sic recedunt a permanentia essendi, quod esse eorum est subiectum transmutationis, vel in transmutatione consistit: et huiusmodi mensurantur tempore; sicut omnis motus, et etiam esse omnium corruptibilium. Quaedam vero recedunt minus a permanentia essendi, quia esse eorum nec in transmutatione consistit, nec est subiectum transmutationis: tamen habent transmutationem adiunctam, vel in actu vel in potentia. Sicut patet in corporibus caelestibus, quorum esse substantiale est intransmutabile; tamen esse intransmutabile habent cum transmutabilitate secundum locum. Et similiter patet de angelis, quod habent esse intransmutabile cum transmutabilitate secundum electionem, quantum ad eorum naturam pertinet; et cum transmutabilitate intelligentiarum et affectionum, et locorum suo modo. Et ideo huiusmodi mensurantur aevo, quod est medium inter aeternitatem et tempus. Esse autem quod mensurat aeternitas, nec est mutabile, nec mutabilitati adiunctum. — Sic ergo tempus habet prius et posterius: aevum autem non habet in se prius et posterius, sed ei coniungi possunt: aeternitas autem non habet prius neque posterius, neque ea compatitur.

AD PRIMUM ergo dicendum quod creaturae spirituales, quantum ad affectiones et intelligentias, in quibus est successio, mensurantur tempore.

envelhecimento. — Esta posição, porém, é contraditória. A contradição fica clara se renovação e envelhecimento são referidos à própria medida. Como antes e depois não podem ser simultâneos, se o evo tem antes e depois, é inevitável que, ao se retirar um, o outro chegue como algo novo, e assim haverá renovação no evo, como no tempo. Se os termos se referem às coisas medidas, a conclusão ainda é inadmissível. Pois, se a coisa temporal fica envelhecida com o tempo, é porque tem o ser mutável, e é a mutabilidade do medido que introduz na medida o antes e o depois, como esclarece o livro IV da *Física*. Se o que está no evo não é suscetível de envelhecimento nem de renovação, será então porque seu ser é imutável. Portanto, sua medida não terá, no caso, antes nem depois.

Eis o que é preciso dizer: como a eternidade é a medida do ser permanente, na medida em que uma coisa se distancia da permanência no ser, nessa mesma medida se distancia da eternidade. Ora, há coisas que de tal modo se afastam da permanência do ser, que seu próprio ser é sujeito de mudança, ou mesmo consiste em mudança; e estas são medidas pelo tempo. É o caso de todo movimento, e também do ser das coisas corruptíveis. Outras se afastam menos da permanência do ser, pois seu próprio ser não consiste numa mudança e não é sujeito de mudança, mas têm anexa uma mudança, ou em ato, ou em potência. Isso fica claro nos corpos celestes, cujo ser substancial é imutável, mas conciliam o ser imutável com a mudança local. Do mesmo modo os anjos conciliam o ser imutável com a mutabilidade de escolha, pelo menos em razão de sua natureza[e], e com a mutabilidade de pensamentos e de suas afeições e, a seu modo, de lugares. Eis por que são medidos pelo evo, intermediário entre a eternidade e o tempo. Quanto ao ser que é medido pela eternidade, não é mutável, nem está associado à mutabilidade. — Concluindo: o tempo tem antes e depois; o evo não tem em si antes e depois, mas podem acompanhá-lo; enfim, a eternidade não tem antes nem depois, e não é compatível com eles.

QUANTO AO 1º, portanto, deve-se dizer que as criaturas espirituais, com respeito a suas afeições e pensamentos, sujeitos à sucessão, são medidas

---

5. C. 12: 220, b, 5-10. — Item c. 12: 221, a, 26 – b, 7.

e. "Pelo menos em razão de sua natureza": referência implícita à q. 9, a. 2, r. 2, na qual se trata da imutabilidade dos anjos no bem, que é um dom da graça.

Unde et Augustinus ibidem[6] dicit quod per tempus moveri, est per affectiones moveri. Quantum vero ad eorum esse naturale, mensurantur aevo. Sed quantum ad visionem gloriae, participant aeternitatem.

AD SECUNDUM dicendum quod aevum est totum simul: non tamen est aeternitas, quia compatitur secum prius et posterius.

AD TERTIUM dicendum quod in ipso esse angeli in se considerato, non est differentia praeteriti et futuri, sed solum secundum adiunctas mutationes. Sed quod dicimus angelum esse vel fuisse vel futurum esse, differt secundum acceptionem intellectus nostri, qui accipit esse angeli per comparationem ad diversas partes temporis. Et cum dicit angelum esse vel fuisse, supponit aliquid cum quo eius oppositum non subditur divinae potentiae: cum vero dicit futurum esse, nondum supponit aliquid. Unde, cum esse et non esse angeli subsit divinae potentiae, absolute considerando, potest Deus facere quod esse angeli non sit futurum: tamen non potest facere quod non sit dum est, vel quod non fuerit postquam fuit.

AD QUARTUM dicendum quod duratio aevi est infinita, quia non finitur tempore. Sic autem esse aliquod creatum infinitum, quod non finiatur quodam alio, non est inconveniens.

pelo tempo. Assim, nesse mesmo lugar, Agostinho explica: ser movido no tempo é ser movido por afeições. Entretanto, com respeito ao ser natural das criaturas espirituais, elas são medidas pelo evo. Mas, com respeito à visão da glória, participam da eternidade.

QUANTO AO 2º, deve-se dizer que o evo é inteiramente simultâneo, mas nem por isso é a eternidade, pois é compatível com um antes e um depois.

QUANTO AO 3º, deve-se dizer que no próprio ser do anjo, considerado em si mesmo, não existe diferença entre o passado e o futuro, mas apenas quanto às mudanças que aí se acrescentam. Quando dizemos que o anjo é, foi ou será, a diferença existe no conceito de nosso intelecto, que apreende o ser angélico por comparação com as diversas partes do tempo. Assim, quando diz que o anjo é, ou o anjo foi, supõe algo com o qual seu oposto não está subordinado ao poder divino. Mas, quando diz que o anjo será, ainda não supõe algo. Portanto, como o ser ou o não-ser do anjo dependem do poder divino, Deus pode fazer, absolutamente falando, que o ser do anjo não mais existirá; mas não pode fazer que este ser não exista enquanto ele é, nem que não tenha sido quando já o foi.

QUARTO AO 4º, deve-se afirmar que a duração do evo é infinita porque não é limitada pelo tempo. Assim, que algo criado seja infinito por não ser limitado por outro, isto não é contraditório.

ARTICULUS 6
Utrum sit unum aevum tantum

AD SEXTUM SIC PROCEDITUR. Videtur quod non sit tantum unum aevum.
1. Dicitur enim in apocryphis Esdrae [3Esd 4,40]: *maiestas et potestas aevorum est apud te, Domine*.
2. PRAETEREA, diversorum generum diversae sunt mensurae. Sed quaedam aeviterna sunt in genere corporalium, scilicet corpora caelestia: quaedam vero sunt spirituales substantiae, scilicet angeli. Non ergo est unum aevum tantum.
3. PRAETEREA, cum aevum sit nomen durationis, quorum est unum aevum, est una duratio. Sed non omnium aeviternorum est una duratio: quia quaedam post alia esse incipiunt, ut maxime

ARTIGO 6
Existe apenas um único evo?

QUANTO AO SEXTO, ASSIM SE PROCEDE: parece que **não** existe apenas um único evo.
1. Com efeito, lemos, no terceiro livro apócrifo de Esdras: "A majestade e o poder dos evos estão em ti, Senhor".
2. ALÉM DISSO, para gêneros diversos, medidas diversas. Ora, o que está no evo, alguns pertencem ao gênero dos corpos: como os corpos celestes; outros são substâncias espirituais, como os anjos. Logo, não existe apenas um único evo.
3. ADEMAIS, evo é um nome de duração: então, tudo o que tem um único evo tem também uma única duração. Ora, nem tudo o que está no evo tem uma única duração, pois alguns começam a

---

6. C. 20.

6 PARALL.: II *Sent.*, dist. 2, q. 1, a. 2; *Quodlib.* V, q. 4; Opusc. XXXVI, *de Instant.*, c. 3.

patet in animabus humanis. Non est ergo unum aevum tantum.

4. Praeterea, ea quae non dependent ab invicem, non videntur habere unam mensuram durationis: propter hoc enim omnium temporalium videtur esse unum tempus, quia omnium motuum quodammodo causa est primus motus, qui prius tempore mensuratur. Sed aeviterna non dependent ab invicem: quia unus angelus non est causa alterius. Non ergo est unum aevum tantum.

Sed contra, aevum est simplicius tempore, et propinquius se habens ad aeternitatem. Sed tempus est unum tantum. Ergo multo magis aevum.

Respondeo dicendum quod circa hoc est duplex opinio: quidam enim dicunt quod est unum aevum tantum; quidam quod multa. Quid autem horum verius sit, oportet considerare ex causa unitatis temporis: in cognitionem enim spiritualium per corporalia devenimus.

Dicunt autem quidam esse unum tempus omnium temporalium, propter hoc quod est unus numerus omnium numeratorum: cum tempus sit numerus, secundum Philosophum[1]. — Sed hoc non sufficit: quia tempus non est numerus ut abstractus extra numeratum, sed ut in numerato existens: alioquin non esset continuus; quia decem ulnae panni continuitatem habent, non ex numero, sed ex numerato. Numerus autem in numerato existens non est idem omnium, sed diversus diversorum.

Unde alii assignant causam unitatis temporis ex unitate aeternitatis, quae est principium omnis durationis. Et sic, omnes durationes sunt unum, si consideretur earum principium: sunt vero multae si consideretur diversitas eorum quae recipiunt durationem ex influxu primi principii. Alii vero assignant causam unitatis temporis ex parte materiae primae, quae est primum subiectum motus, cuius mensura est tempus. — Sed neutra assignatio sufficiens videtur: quia ea quae sunt unum principio vel subiecto, et maxime remoto, non sunt unum simpliciter, sed secundum quid.

estar depois de outros; o que é evidente sobretudo com referência às almas humanas. Logo, não existe apenas um único evo.

4. Ademais, as coisas que não dependem umas das outras não parecem ter uma mesma medida de duração. Por isso, parece haver um único tempo para todas as coisas temporais, porque o primeiro movimento, causa, de certo modo, de todos os movimentos, é antes medido pelo tempo. Ora, os que estão no evo não dependem uns dos outros, porque um anjo não é a causa de outro. Logo, não existe apenas um único evo.

Em sentido contrário, o evo é mais simples que o tempo e mais próximo da eternidade. Ora, o tempo é único. Logo, com maior razão, o evo.

Respondo. Existem duas opiniões a este respeito. Para alguns o evo é único; para outros, ele é múltiplo. Para saber qual delas é a verdadeira, é preciso considerar a causa da unidade do tempo; pois chegamos ao conhecimento das realidades espirituais pelas corporais.

Alguns dizem existir um único tempo para todas as coisas temporais; pois existe um único número para todas as coisas numeradas, sendo que, segundo o Filósofo, o tempo é número. — Isto, porém, não basta. Porque o tempo não é um número, como algo abstraído, fora do que é numerado, mas como imanente a ele. Sem isso, o tempo não seria contínuo, uma vez que dez braças de pano não recebem sua continuidade do número dez, mas do pano assim numerado[f]. Ora, o número imanente à coisa numerada não é o mesmo para todas; ele se diversifica com as coisas.

Eis por que outros estabelecem, como causa da unidade do tempo, a unidade da eternidade, princípio de toda duração. Assim, todas as durações são uma única se se considera seu princípio; e são múltiplas, se se considera a diversidade das coisas que recebem sua duração pelo influxo do primeiro princípio. Enfim, outros designam, como causa da unidade do tempo, a matéria primeira, primeiro sujeito do movimento cuja medida é o tempo. — Mas nenhuma dessas respostas parece satisfatória, pois as coisas que são únicas, pelo princípio ou pelo sujeito, sobretudo quando remotos, não são uma única coisa absolutamente, mas sob certos aspectos.

---

1. C. 11: 219, b, 1-2.

f. Cinco mais cinco são dez, mas como somar cinco cordeiros e cinco varas de tecido?

Est ergo ratio unitatis temporis, unitas primi motus, secundum quem, cum sit simplicissimus omnes alii mensurantur, ut dicitur in X *Metaphys*.[2]. Sic ergo tempus ad illum motum comparatur non solum ut mensura ad mensuratum, sed etiam ut accidens ad subiectum; et sic ab eo recipit unitatem. Ad alios autem motus comparatur solum ut mensura ad mensuratum. Unde secundum eorum multitudinem non multiplicatur: quia una mensura separata multa mensurari possunt.

Hoc igitur habito, sciendum quod de substantiis spiritualibus duplex fuit opinio. Quidam enim dixerunt quod omnes processerunt a Deo in quadam aequalitate, ut Origenes dixit[3]; vel etiam multae earum, ut quidam posuerunt. Alii vero dixerunt quod omnes substantiae spirituales processerunt a Deo quodam gradu et ordine. Et hoc videtur sentire Dionysius, qui dicit, cap. 10[4] *Cael. Hier.*, quod inter substantias spirituales sunt primae, mediae et ultimae, etiam in uno ordine angelorum. Secundum igitur primam opinionem, necesse est dicere quod sunt plura aeva, secundum quod sunt plura aeviterna prima aequalia. Secundum autem secundam opinionem, oportet dicere quod sit unum aevum tantum: quia, cum unumquodque mensuretur simplicissimo sui generis, ut dicitur in X *Metaphys*.[5], oportet quod esse omnium aeviternorum mensuretur esse primi aeviterni, quod tanto est simplicius, quanto prius. Et quia secunda opinio verior est, ut infra[6] ostendetur, concedimus ad praesens unum esse aevum tantum.

AD PRIMUM ergo dicendum quod aevum aliquando accipitur pro *saeculo*, quod est periodus durationis alicuius rei: et sic dicuntur multa aeva, sicut multa saecula.

A razão da unidade do tempo, portanto, é a unidade do primeiro movimento; movimento que, como o mais simples de todos, é a medida de todos os outros, como se encontra no décimo livro da *Metafísica*. Assim, o tempo compara-se a esse movimento não apenas como a medida em relação à coisa medida, mas também como o acidente em relação ao sujeito; e é assim que dele recebe a unidade. Em relação aos outros movimentos, o tempo se compara apenas como a medida em relação à coisa medida. Por isso, não se multiplica com esses movimentos, pois uma medida única, quando separada, pode medir muitas coisas[g].

Firmada essa posição, é preciso saber que, a propósito das substâncias espirituais, foram formuladas duas opiniões. Alguns disseram, com Orígenes, que todas procediam de Deus numa quase igualdade, ou pelo menos muitas delas, como alguns o afirmaram. Outros disseram que elas procediam de Deus por graus e em certa ordem. Parece ser essa a posição de Dionísio, pois ele diz que entre as substâncias espirituais existem as primeiras, as intermediárias e as últimas, e até numa mesma hierarquia angélica. Segundo a primeira dessas opiniões, teríamos de afirmar vários evos, pois há muitos no evo primeiros e iguais. De acordo com a segunda, deve-se dizer que há apenas um único evo, porque como cada um é medido pelo que há de mais simples em seu gênero, como se diz no livro X da *Metafísica*, é preciso que o ser de tudo o que está no evo seja medido pelo ser do primeiro dele, tanto mais simples quanto precede os outros. Por ser esta opinião a mais bem fundamentada, como se mostrará adiante, admitimos no momento a existência de um único evo.

QUANTO AO 1º, portanto, deve-se dizer que a palavra "evo" é tomada às vezes por *século*, isto é, o período da duração de uma coisa. Assim, dizemos muitos evos, como muitos séculos.

---

2. C. 1: 1053, a, 8-12.
3. Lib. I *Peri Archon*, c. 8: MG 11, 176 AC, 179 B.
4. MG 3, 273 C. — Vide etiam c. 4: MG 3, 181 A.
5. C. 1: 1042, b, 31-35.
6. Q. 47, a. 2; 50, a. 4.

g. É evidente que essa explicação deve ser repensada em função das descobertas da astronomia moderna e da teoria da relatividade. O que se deve reter da explicação de Santo Tomás, fundada sobre essa visão ultrapassada de que o movimento do Sol em torno da Terra é o movimento primordial, cuja sucessão numerada é a medida de todos os tempos, é que o tempo é antes de mais nada uma medida intrínseca ao ser móvel, e portanto multiplicando-se com a quantidade de seres móveis, que comparamos em seguida a um outro movimento, cuja medida intrínseca se torna a medida extrínseca de todos os outros. Que sejamos levados a escolher referências outras que a revolução da Terra em torno do Sol não deve nos levar a esquecer que o tempo que medimos possui uma verdade objetiva que a livre escolha dos critérios de medida não poderia modificar.

AD SECUNDUM dicendum quod, licet corpora caelestia et spiritualia differant in genere naturae, tamen conveniunt in hoc, quod habent esse intransmutabile. Et sic mensurantur aevo.

AD TERTIUM dicendum quod nec omnia temporalia simul incipiunt et tamen omnium est unum tempus, propter primum quod mensuratur tempore. Et sic omnia aeviterna habent unum aevum propter primum, etiam si non omnia simul incipiant.

AD QUARTUM dicendum quod ad hoc quod aliqua mensurentur per aliquod unum, non requiritur quod illud unum sit causa omnium eorum sed quod sit simplicius.

QUANTO AO 2º, deve-se dizer que, embora os corpos celestes e as criaturas espirituais difiram no gênero natureza, eles coincidem em que têm o ser imutável e por isso são medidos pelo evo.

QUANTO AO 3º, deve-se dizer que nem tudo o que é temporal começa simultaneamente, e no entanto seu tempo é único, por causa do primeiro, que é medido pelo tempo. Por conseguinte, todas as coisas que estão no evo, ainda que nem todas comecem ao mesmo tempo, têm um único evo em razão da primeira delas.

QUANTO AO 4º, deve-se dizer que, para que algumas coisas sejam medidas por uma única, não é necessário que esta única seja a causa de todas as outras, mas que seja a mais simples.

QUAESTIO XI
DE UNITATE DEI

in quatuor articulos divisa

Post praemissa, considerandum est de divina unitate. Et circa hoc quaeruntur quatuor.

Primo: utrum unum addat aliquid supra ens.
Secundo: utrum opponantur unum et multa.
Tertio: utrum Deus sit unus.
Quarto: utrum sit maxime unus.

ARTICULUS 1
Utrum unum addat aliquid supra ens

AD PRIMUM SIC PROCEDITUR. Videtur quod unum addat aliquid supra ens.

1. Omne enim quod est in aliquo genere determinato, se habet ex additione ad ens, quod circuit omnia genera. Sed unum est in genere determinato: est enim principium numeri, qui est species quantitatis. Ergo unum addit aliquid supra ens.

2. PRAETEREA, quod dividit aliquod commune, se habet ex additione ad illud. Sed ens dividitur per unum et multa. Ergo unum addit aliquid supra ens.

3. PRAETEREA, si unum non addit supra ens, idem esset dicere *unum* et *ens*. Sed nugatorie di-

QUESTÃO 11
A UNIDADE DE DEUS

em quatro artigos

Em seguida ao que foi exposto, deve-se considerar a unidade de Deus. Sobre isso, são quatro as perguntas:
1. O uno acrescenta algo ao ente?
2. Existe oposição entre o uno e o múltiplo?
3. Deus é uno?
4. Deus é ao máximo uno?

ARTIGO 1
O uno acrescenta algo ao ente?

QUANTO AO PRIMEIRO ARTIGO, ASSIM SE PROCEDE: parece que o uno **acrescenta** algo ao ente.

1. Com efeito, tudo o que está em determinado gênero acrescenta algo ao ente, cuja noção é comum a todos os gêneros. Ora, o uno está em determinado gênero, pois é o princípio do número, que é uma espécie da quantidade. Logo, acrescenta algo ao ente.

2. ALÉM DISSO, é por adição que se divide algo comum. Ora, o ente se divide em uno e múltiplo. Logo, o uno acrescenta algo ao ente.

3. ADEMAIS, se o uno nada acrescenta ao ente, seria o mesmo dizer *ente* ou dizer *uno*. Ora, é le-

---

1 PARALL.: Infra q. 30, a. 3; I *Sent*., dist. 19, q. 4, a. 1, ad 2; dist. 24, a. 7; *De Pot*., q. 9, a. 7; *Quodlib*. X, q. 1, a. 1; IV *Metaphys*., lect. 2; X, lect. 3.

citur *ens, ens*. Ergo nugatio esset dicere *ens unum*: quod falsum est. Addit igitur unum supra ens.

SED CONTRA est quod dicit Dionysius, ult. cap. de Div. Nom.[1]: *nihil est existentium non participans uno*: quod non esset, si unum adderet supra ens quod contraheret ipsum. Ergo unum non habet se ex additione ad ens.

RESPONDEO dicendum quod unum non addit supra ens rem aliquam, sed tantum negationem divisionis: unum enim nihil aliud significat quam ens indivisum. Et ex hoc ipso apparet quod unum convertitur cum ente. Nam omne ens aut est simplex, aut compositum. Quod autem est simplex, est indivisum et actu et potentia. Quod autem est compositum, non habet esse quandiu partes eius sunt divisae, sed postquam constituunt et componunt ipsum compositum. Unde manifestum est quod esse cuiuslibet rei consistit in indivisione. Et inde est quod unumquodque, sicut custodit suum esse, ita custodit suam unitatem.

AD PRIMUM igitur dicendum quod quidam, putantes idem esse unum quod convertitur cum ente, et quod est principium numeri, divisi sunt in contrarias positiones. Pythagoras enim et Plato, videntes quod unum quod convertitur cum ente, non addit aliquam rem supra ens, sed significat substantiam entis prout est indivisa, existimaverunt sic se habere de uno quod est principium numeri. Et quia numerus componitur ex unitatibus, crediderunt quod numeri essent substantiae omnium rerum. — E contrario autem Avicenna[2], considerans quod unum quod est principium numeri, addit aliquam rem supra substantiam entis (alias numerus ex unitatibus compositus non esset species quantitatis), credidit quod unum quod convertitur cum ente, addat rem aliquam supra substantiam entis, sicut album supra hominem. — Sed hoc manifeste falsum est: quia quaelibet res est una per suam substantiam. Si enim per aliquid aliud esset una quaelibet res, cum illud iterum sit unum, si esset iterum unum per aliquid

viano que se diga que o *ente é ente*. Portanto, seria uma leviandade que se diga que o *ente é uno*, o que é falso. Logo, o uno acrescenta ao ente.

EM SENTIDO CONTRÁRIO, Dionísio escreve: "Entre as coisas que existem, nada há que não participe do uno". Isto não aconteceria se o uno acrescentasse algo ao ente, pois lhe restringiria a noção. Portanto, não se obtém o uno por acréscimo ao ente.

RESPONDO. O uno nada acrescenta ao ente, senão a negação da divisão, pois uno nada mais significa que o ente indiviso. Assim, o ente e o uno são convertíveis[a]. Com efeito, todo ente ou é simples ou é composto. O que é simples é indiviso em ato e em potência. Ao passo que o composto não tem o ser enquanto suas partes estão divididas, mas somente quando constituem e formam o próprio composto. Fica então claro: o ser de qualquer coisa consiste na indivisão. E daí decorre que toda e qualquer coisa ao conservar seu próprio ser conserva também sua unidade.

QUANTO AO 1º, portanto, deve-se dizer que alguns, pensando que o uno, convertível ao ser, fosse idêntico ao um, princípio do número, dividiram-se em posições contrárias. Pitágoras e Platão, convictos de que o uno convertível ao ente nada lhe acrescenta, mas significa a substância do ente como indivisa, julgaram que o mesmo acontecia com o um que é princípio do número. E, como o número é composto de unidades, acreditaram que os números eram as substâncias de todas as coisas. — Avicena, ao contrário, considerando que o um, princípio do número, acrescenta algo à substância do ente (sem o que o número, composto de unidades, não seria uma espécie de quantidade[b]), julgou que o uno convertível ao ente acrescenta algo à substância do ente, como branco acrescenta a homem. — Isto, porém, é evidentemente falso. Porque cada coisa é una por sua substância. Se fosse una por alguma outra coisa, esta outra seria também una; e, se novamente esta fosse una por alguma outra coisa, iríamos assim ao infinito[c].

---

1. MG 3, 977 C.
2. *Metaphys.*, tract. III, c. 2, 3.

    a. É convertível uma proposição que pode ser "revirada", ou seja, que permanece verdadeira se sujeito e predicado forem invertidos: "Todo homem é um animal racional", "todo animal racional é um homem". Isto supõe que o sujeito e o predicado são duas noções, não sinônimos, mas de mesma extensão. Dizer que "uno" e "ente" são conversíveis é afirmar o seguinte: "Todo ente é uno"; "todo uno é um ente".
    b. Ele seria, com efeito, um aglomerado de substâncias.
    c. Observe-se que, acima (q. 6, a. 3, r. 3), a respeito do ser bom por essência, Santo Tomás atribuíra o mesmo raciocínio a um objetante e o refutou. A diferença é que a bondade de um ente resulta não de uma forma particular, a forma da bondade,

aliud, esset abire in infinitum. Unde standum est in primo. — Sic igitur dicendum est quod unum quod convertitur cum ente, non addit aliquam rem supra ens: sed unum quod est principium numeri, addit aliquid supra ens, ad genus quantitatis pertinens.

AD SECUNDUM dicendum quod nihil prohibet id quod est uno modo divisum, esse alio modo indivisum; sicut quod est divisum numero, est indivisum secundum speciem: et sic contingit aliquid esse uno modo unum, alio modo multa. Sed tamen si sit indivisum simpliciter; vel quia est indivisum secundum id quod pertinet ad essentiam rei, licet sit divisum quantum ad ea quae sunt extra essentiam rei, sicut quod est unum subiecto et multa secundum accidentia; vel quia est indivisum in actu, et divisum in potentia, sicut quod est unum toto et multa secundum partes: huiusmodi erit unum simpliciter, et multa secundum quid. Si vero aliquid e converso sit indivisum secundum quid, et divisum simpliciter; utpote quia est divisum secundum essentiam, et indivisum secundum rationem, vel secundum principium sive causam: erit multa simpliciter, et unum secundum quid; ut quae sunt multa numero et unum specie, vel unum principio. Sic igitur ens dividitur per unum et multa, quasi per unum simpliciter, et multa secundum quid. Nam et ipsa multitudo non contineretur sub ente, nisi contineretur aliquo modo sub uno. Dicit enim Dionysius, ult. cap. *de Div. Nom.*[3], quod *non est multitudo non participans uno: sed quae sunt multa partibus, sunt unum toto; et quae sunt multa accidentibus, sunt unum subiecto; et quae sunt multa numero, sunt unum specie; et quae sunt speciebus multa, sunt unum genere; et quae sunt multa processibus, sunt unum principio.*

AD TERTIUM dicendum quod ideo non est nugatio cum dicitur *ens unum*, quia unum addit aliquid secundum rationem supra ens.

Portanto, temos de parar no primeiro. — E temos de dizer que o uno, convertível ao ente, a este nada acrescenta; o um, porém, princípio do número, acrescenta ao ente algo pertencente ao gênero quantidade.

QUANTO AO 2º, deve-se dizer que nada impede que algo, dividido de certo modo, seja indiviso de outro. Por exemplo, o que é dividido numericamente pode ser indiviso quanto à espécie. Assim acontece que algo seja uno de certo modo, e múltiplo de outro. No entanto, se absolutamente é indiviso, ou porque é indiviso quanto à essência, ainda que dividido quanto ao que não lhe é essencial, como o que é uno pelo sujeito e múltiplo segundo os acidentes; ou então porque é indiviso em ato e é dividido somente em potência, como o que é uno pela totalidade e múltiplo segundo as partes; nesse caso, será uno absolutamente e múltiplo sob certo aspecto. Pelo contrário, se algo é indiviso sob certo aspecto e dividido absolutamente, porque dividido segundo a essência e indiviso segundo a razão, ou então segundo o princípio ou a causa, será múltiplo absolutamente e uno sob certo aspecto. É o caso do que é múltiplo numericamente e uno pela espécie ou pelo princípio. Assim, o ente se divide em uno e múltiplo, uno absolutamente e múltiplo sob certo aspecto. Pois a própria multiplicidade não poderia estar compreendida no ente se, de certo modo, não estivesse contida no uno. Eis por que Dionísio escreve: "Não há multiplicidade que não participe do uno. Mas o que é múltiplo pelas partes é uno pela totalidade, o que é múltiplo pelos acidentes é uno pelo sujeito; e o que é múltiplo numericamente, é uno pela espécie; o que é múltiplo pela espécie é uno pelo gênero, e o que é múltiplo pelas sucessões é uno pelo princípio".

QUANTO AO 3º, deve-se dizer que não há leviandade em dizer que o ente é uno, porque uno acrescenta algo segundo a razão ao ente.

---

3. MG 3, 980 A.

mas da conjunção de todas as formas que compõem a perfeição total e completa do ente em questão. Cada uma delas é boa, nenhuma é a bondade desse ente, a não ser naquele em que todas as formas ontológicas que concorrem para sua perfeição se reduzem à perfeita unidade de sua essência. A unidade, pelo contrário, é contrariada pela multiplicidade das formas, de modo que, se a essência não fosse una por si mesma, não poderia ser tornada una por uma forma acrescentada, que, por sua vez, teria necessidade de ser tornada una, e assim ao infinito. Adiante, porém (a. 4, r. 3), mostrar-se-á que ser um por sua essência não significa necessariamente ser perfeitamente uno.

Articulus 2
Utrum unum et multa opponantur

AD SECUNDUM SIC PROCEDITUR. Videtur quod unum et multa non opponantur.
1. Nullum enim oppositum praedicatur de suo opposito. Sed omnis multitudo est quadammodo unum, ut ex praedictis[1] patet. Ergo unum non opponitur multitudini.
2. PRAETEREA, nullum oppositum constituitur ex suo opposito. Sed unum constituit multitudinem. Ergo non opponitur multitudini.
3. PRAETEREA, unum uni est oppositum. Sed multo opponitur paucum. Ergo non opponitur ei unum.
4. PRAETEREA, si unum opponitur multitudini, opponitur ei sicut indivisum diviso: et sic opponetur ei ut privatio habitui. Hoc autem videtur inconveniens: quia sequeretur quod unum sit posterius multitudine, et definiatur per eam; cum tamen multitudo definiatur per unum. Unde erit circulus in definitione: quod est inconveniens. Non ergo unum et multa sunt opposita.

SED CONTRA, quorum rationes sunt oppositae, ipsa sunt opposita. Sed ratio unius consistit in indivisibilitate: ratio vero multitudinis divisionem continet. Ergo unum et multa sunt opposita.

RESPONDEO dicendum quod unum opponitur multis, sed diversimode. Nam unum quod est principium numeri, opponitur multitudini quae est numerus, ut mensura mensurato: unum enim habet rationem primae mensurae, et numerus est multitudo mensurata per unum, ut patet ex X *Metaphys.*[2]. Unum vero quod convertitur cum ente, opponitur multitudini per modum privationis, ut indivisum diviso.

AD PRIMUM ergo dicendum quod nulla privatio tollit totaliter esse, quia privatio est negatio in subiecto, secundum Philosophum[3]. Sed tamen omnis privatio tollit aliquod esse. Et ideo in ente, ratione suae communitatis, accidit quod privatio entis fundatur in ente: quod non accidit in privationibus formarum specialium, ut visus vel albedinis, vel alicuius huiusmodi. Et sicut est de ente, ita est de uno et bono, quae convertuntur

Artigo 2
Existe oposição entre o uno e o múltiplo?

QUANTO AO SEGUNDO, ASSIM SE PROCEDE: parece que **não** existe oposição entre o uno e o múltiplo.
1. Com efeito, nenhum oposto é atribuído a seu oposto. Ora, todo múltiplo é de certo modo uno, como acabamos de ver. Logo, o uno não se opõe à multiplicidade.
2. ALÉM DISSO, nenhum oposto é constituído por seu oposto. Ora, o uno constitui a multiplicidade. Logo, não se lhe opõe.
3. ADEMAIS, o uno se opõe a um. Ora, ao múltiplo se opõe o pouco. Logo, o uno não se opõe ao múltiplo.
4. ADEMAIS, se o uno se opõe à multiplicidade, a ela se opõe como o indiviso ao dividido, e assim se oporá a ela como a privação ao ter. Ora, isto não parece convir, porque se seguiria que o uno seria posterior à multiplicidade e definido por ela; ao passo que é o múltiplo que se define pelo uno. Portanto, seria um círculo vicioso, o que é inconveniente. Logo, o uno e o múltiplo não se opõem.

EM SENTIDO CONTRÁRIO, opostas são as coisas cujas razões se opõem. Ora, a razão do uno consiste na indivisibilidade, a do múltiplo contém a divisão. Logo, o uno e o múltiplo se opõem.

RESPONDO. O uno se opõe ao múltiplo, mas de diversas maneiras. O um, princípio do número, se opõe à multiplicidade que é número, como a medida se opõe ao que é medido. Com efeito, o um tem a razão de medida primeira, e o número é a multiplicidade medida pelo um, como se vê no livro X da *Metafísica*. Mas o uno, convertível ao ser, se opõe ao múltiplo como privação, assim como o indiviso se opõe ao dividido.

QUANTO AO 1º, portanto, deve-se dizer que nenhuma privação suprime totalmente o ser, pois a privação é uma negação em um sujeito, segundo o Filósofo. Entretanto, toda privação suprime algum ser. Eis por que, no ente, em razão de sua universalidade, acontece que uma privação do ente esteja fundada no ente; o que não acontece na privação de formas especiais, como a visão ou a brancura[d] etc. Assim, o que dizemos do ente

---

2   PARALL.: I *Sent.*, dist. 24, q. 1, a. 3, ad 4; *De Pot.*, q. 3, a. 16, ad 3; q. 9, a. 7, ad 14 sqq.; X *Metaphys.*, lect. 4, 8.
  1. Art. praec., ad 2.
  2. C. 1: 1053, a, 30; — C. 6: 1057, a, 2-4.
  3. *Categ.*, c. 10: 12, a, 29-31; III *Met.*, c. 2: 1004, a, 9-16.

---

d. Todo ente é constituído por uma forma substancial e por várias formas acidentais. Segundo o princípio lembrado acima (q. 9, a. 2), "*esse consequitur formam*", um ser é constitutivo de cada uma destas formas: pela forma substancial, o ente é o

cum ente: nam privatio boni fundatur in aliquo bono, et similiter remotio unitatis fundatur in aliquo uno. Et exinde contingit quod multitudo est quoddam unum, et malum est quoddam bonum, et non ens est quoddam ens. Non tamen oppositum praedicatur de opposito: quia alterum horum est simpliciter, et alterum secundum quid. Quod enim secundum quid est ens, ut in potentia, est non ens simpliciter, idest actu: vel quod est ens simpliciter in genere substantiae, est non ens secundum quid, quantum ad aliquod esse accidentale. Similiter ergo quod est bonum secundum quid, est malum simpliciter; vel e converso. Et similiter quod est unum simpliciter, est multa secundum quid; et e converso.

AD SECUNDUM dicendum quod duplex est totum: quoddam homogeneum, quod componitur ex similibus partibus; quoddam vero heterogeneum, quod componitur ex dissimilibus partibus. In quolibet autem toto homogeneo, totum constituitur ex partibus habentibus formam totius, sicut quaelibet pars aquae est aqua: et talis est constitutio continui ex suis partibus. In quolibet autem toto heterogeneo, quaelibet pars caret forma totius: nulla enim pars domus est domus, nec aliqua pars hominis est homo. Et tale totum est multitudo. Inquantum ergo pars eius non habet formam multitudinis, componitur multitudo ex unitatibus, sicut domus ex non domibus: non quod unitates constituant multitudinem secundum id quod habent de ratione indivisionis, prout opponuntur multitudini; sed secundum hoc quod habent de entitate: sicut et partes domus constituunt domum per hoc quod sunt quaedam corpora, non per hoc quod sunt non domus.

AD TERTIUM dicendum quod multum accipitur dupliciter. Uno modo, absolute: et sic opponitur uni. Alio modo, secundum quod importat excessum quendam: et sic opponitur pauco. Unde primo modo duo sunt multa; non autem secundo.

AD QUARTUM dicendum quod unum opponitur privative multis, inquantum in ratione multorum

igualmente dizemos do uno e do bem, convertíveis ao ente; pois a privação do bem está fundada sobre algum bem, e a privação da unidade é fundada sobre algo uno. Daí decorre que a multiplicidade é algo uno, o mal um certo bem, e o não-ente um certo ente. Entretanto, um oposto não é atribuído a seu oposto, pois um deles é de modo absoluto e o outro é sob certo aspecto. O que é ente segundo certo aspecto, como em potência, é não-ente absolutamente, isto é, em ato. Ou, ainda, o que é ente absolutamente, no gênero substância, é não-ente sob certo aspecto, segundo um ser acidental. Também o que é bom sob certo aspecto pode ser um mal absolutamente, assim como o inverso. E, ainda, o que é uno absolutamente será múltiplo sob certo aspecto e inversamente.

QUANTO AO 2º, deve-se dizer que há dois todos: o todo homogêneo, composto de partes semelhantes, e o todo heterogêneo, cujas partes são dessemelhantes. Em um todo homogêneo, o todo é composto de partes que têm a forma do todo, como qualquer parte de água é água; e assim se forma o contínuo por suas partes. Ao contrário, num todo heterogêneo, parte nenhuma tem a forma do todo, pois nenhuma parte de uma casa é a casa, e nenhuma parte do homem é o homem. Ora, é neste sentido que o todo é multiplicidade. Portanto, enquanto a parte do todo não tem a forma da multiplicidade, a multiplicidade é composta de unidades, como a casa é composta de não-casas. Não é que as unidades constituam a multiplicidade, enquanto indivisas e opostas à multiplicidade, mas enquanto entes; assim, as partes de uma casa constituem a casa enquanto corpos diversos e não enquanto não-casas.

QUANTO AO 3º, deve-se dizer que múltiplo pode ser tomado em dois sentidos: um absoluto, então se opõe a uno; o outro, enquanto implica certa abundância, e então se opõe a pouco. No primeiro sentido, dois é múltiplo, não no segundo sentido.

QUANTO AO 4º, deve-se dizer que o uno se opõe a múltiplo, como privação, enquanto na razão de

---

que é essencialmente; por uma forma acidental, ele é de tal e de tal maneira. A privação de uma dessas formas, se é necessária à sua integridade, quando compreendida como aquilo pelo qual o ente é (de tal maneira), tem por sujeito, evidentemente, o próprio ente (o ente amputado, por essa privação, de uma parte de seu ser). A própria privação da forma substancial tem por sujeito, como vimos acima, a matéria primeira, que é um ente em potência. O puro não-ente, o nada, não pode sofrer privação alguma, sendo a negação de toda forma. Assim, portanto, toda privação do ente como tal tem ainda por sujeito o ente. E, como o uno e o ente são mutuamente convertíveis, o múltiplo, se ele é, não pode deixar de ser uno de qualquer maneira: o múltiplo puro é impensável, como a pura maldade, ou a falsidade pura. Seria o puro nada: e, contudo, nem o múltiplo, nem o ruim, nem o falso são nada.

Note-se que, nesse raciocínio, e isto se depreende de toda a questão, se o uno se define pela privação de divisão, é na realidade o múltiplo que é sujeito de privação; na medida em que o ente é múltiplo, ele é menos uno e, portanto, diminuído enquanto ente.

est quod sint divisa. Unde oportet quod divisio sit prius unitate, non simpliciter, sed secundum rationem nostrae apprehensionis. Apprehendimus enim simplicia per composita: unde definimus punctum, *cuius pars non est*, vel *principium lineae*. Sed multitudo, etiam secundum rationem, consequenter se habet ad unum: quia divisa non intelligimus habere rationem multitudinis, nisi per hoc quod utrique divisorum attribuimus unitatem. Unde unum ponitur in definitione multitudinis: non autem multitudo in definitione unius. Sed divisio cadit in intellectu ex ipsa negatione entis. Ita quod primo cadit in intellectu ens; secundo, quod hoc ens non est illud ens, et sic secundo apprehendimus divisionem; tertio, unum; quarto, multitudinem.

múltiplo está que seja dividido. É preciso então que a divisão preceda a unidade, não absolutamente, mas de acordo com a razão de nosso apreender. Apreendemos o que é simples pelos compostos. Eis por que definimos o ponto como algo que não tem partes, ou como o *princípio da linha*. E no entanto, mesmo segundo a razão, a multiplicidade é consecutiva ao uno, pois não entendemos que as coisas divididas tenham a razão de multiplicidade, a não ser pelo fato de atribuirmos a unidade a cada uma. Por isso, o uno entra na definição da multiplicidade, e não a multiplicidade na definição do uno. Quanto à divisão, o intelecto a apreende como negação do ente. Assim, o que primeiro apreendemos é o ente; segundo, que esse ente não é um outro ente, e assim apreendemos a divisão; em terceiro lugar, o uno e, em quarto, a multiplicidade.

Articulus 3
Utrum Deus sit unus

Ad tertium sic proceditur. Videtur quod Deus non sit unus.
1. Dicitur enim 1Cor 8,5: *siquidem sunt dii multi et domini multi*.

2. Praeterea, unum quod est principium numeri, non potest praedicari de Deo, cum nulla quantitas de Deo praedicetur. Similiter nec unum quod convertitur cum ente: quia importat privationem, et omnis privatio imperfectio est, quae Deo non competit. Non est igitur dicendum quod Deus sit unus.
Sed contra est quod dicitur Dt 6,4: *Audi, Israel, Dominus Deus tuus unus est*.
Respondeo dicendum quod Deum esse unum ex tribus demonstratur. Primo quidem ex eius simplicitate. Manifestum est enim quod illud unde aliquod singulare est *hoc aliquid*, nullo modo est multis communicabile. Illud enim unde Socrates est homo, multis communicari potest: sed id unde est hic homo, non potest communicari nisi uni tantum. Si ergo Socrates per id esset homo, per quod est hic homo, sicut non possunt esse plures Socrates, ita non possent esse plures homines. Hoc autem convenit Deo: nam ipse Deus est sua natura, ut supra[1] ostensum est. Secundum igitur idem est Deus, et hic Deus. Impossibile est igitur esse plures Deos.

Artigo 3
Deus é uno?

Quanto ao terceiro, assim se procede: parece que Deus **não** é uno.
1. Com efeito, está escrito na primeira Carta aos Coríntios: "De fato, há muitos deuses e muitos senhores".

2. Além disso, o um, princípio do número, não pode ser atribuído a Deus, a quem não se atribui quantidade alguma. Tampouco se lhe pode atribuir o uno convertível ao ente, pois implica uma privação, e toda privação é uma imperfeição incompatível com Deus. Não se deve, pois, dizer que Deus é uno.
Em sentido contrário, o Deuteronômio diz: "Ouve, Israel, O Senhor, teu Deus, é um".
Respondo. Que Deus seja uno, demonstra-se de três maneiras:
1. Por sua simplicidade. É claro que aquilo em razão do que uma coisa singular é *essa coisa* de modo algum é comunicável a muitas. Pois aquilo em razão do que Sócrates é homem pode ser comunicado a muitos; mas aquilo em razão do que ele é este homem não pode ser comunicado a não ser a um. Logo, se Sócrates fosse homem em razão daquilo que faz dele este homem, assim como não pode haver vários Sócrates, não poderia haver vários homens. Ora, isso convém a Deus, pois Deus é sua natureza, como já se demonstrou. Ele é Deus

---

3 Parall.: Infra, q. 103, a. 3; I *Sent.*, dist. 2, a. 1; II, dist. 1, q. 1, a. 1; *Cont. Gent.* I, 42; *De Pot.*, q. 3, a. 6; *Compend. Theol.*, c. 15; *De Div. Nom.*, c. 13, lect. 2, 3; VIII *Metaphysic.*, lect. 12; XII *Metaphys.*, lect. 10.

1. Q. 3, a. 3.

Secundo vero, ex infinitate eius perfectionis. Ostensum est enim supra[2] quod Deus comprehendit in se totam perfectionem essendi. Si ergo essent plures dii, oporteret eos differre. Aliquid ergo conveniret uni, quod non alteri. Et si hoc esset privatio, non esset simpliciter perfectus: si autem hoc esset perfectio, alteri eorum deesset. Impossibile est ergo esse plures Deos. Unde et antiqui philosophi, quasi ab ipsa coacti veritate, ponentes principium infinitum, posuerunt unum tantum principium.

Tertio, ab unitate mundi. Omnia enim quae sunt, inveniuntur esse ordinata ad invicem, dum quaedam quibusdam deserviunt. Quae autem diversa sunt, in unum ordinem non convenirent, nisi ab aliquo uno ordinarentur. Melius enim multa reducuntur in unum ordinem per unum, quam per multa: quia per se unius unum est causa, et multa non sunt causa unius nisi per accidens, inquantum scilicet sunt aliquo modo unum. Cum igitur illud quod est primum, sit perfectissimum et per se, non per accidens, oportet quod primum reducens omnia in unum ordinem, sit unum tantum. Et hoc est Deus.

AD PRIMUM ergo dicendum quod dicuntur dii multi secundum errorem quorundam qui multos deos colebant, existimantes planetas et alias stellas esse deos, vel etiam singulas partes mundi. Unde subdit v. 6: *nobis autem unus Deus*, etc.

AD SECUNDUM dicendum quod unum secundum quod est principium numeri, non praedicatur de Deo; sed solum de his quae habent esse in materia. Unum enim quod est principium numeri, est de genere mathematicorum; quae habent esse in materia, sed sunt secundum rationem a materia abstracta. Unum vero quod convertitur cum ente, est quoddam metaphysicum, quod secundum esse non dependet a materia. Et licet in Deo non sit aliqua privatio, tamen, secundum modum apprehensionis nostrae, non cognoscitur a nobis nisi per modum privationis et remotionis. Et sic nihil prohibet aliqua privative dicta de Deo praedicari; sicut quod est incorporeus, infinitus. Et similiter de Deo dicitur quod sit unus.

por aquilo mesmo pelo qual é este Deus. Impossível, portanto, a existência de vários deuses.

2. Pela infinidade de sua perfeição. Demonstrou-se acima que Deus compreende em si toda a perfeição do ser. Se, portanto, houvesse vários deuses, haveriam de ser diferentes entre si. Algo conviria a um deles, e não a outro. Se isso fosse uma privação, não seria absolutamente perfeito. Se isso fosse uma perfeição, faltaria a algum deles. Impossível pois a existência de vários deuses. Eis por que os próprios filósofos antigos, como que constrangidos pela verdade, ao afirmarem um princípio infinito, afirmaram ser ele único.

3. Pela unidade do mundo. Tudo o que existe encontra-se ordenado entre si, alguns a serviço de outros. Ora, coisas diversas não convergiriam para uma ordem única a não ser que fossem ordenadas por um único. Pois o que é múltiplo se reduz melhor a uma ordem única por um único, melhor que por muitos. Porque o uno é por si causa da unidade, ao passo que o múltiplo é causa do uno por acidente, isto é, enquanto é uno de certo modo. Como o que é primeiro é o mais perfeito por si, não por acidente, é necessário que o primeiro que reduz tudo o que existe a uma ordem única seja único. E este é Deus.

QUANTO AO 1º, portanto, deve-se dizer que fala-se de muitos deuses segundo o erro de alguns, que adoravam muitos deuses, considerando como tais os planetas e os outros astros, ou mesmo cada uma das partes deste mundo. E o texto prossegue dizendo: "Para nós há um só Deus" etc.

QUANTO AO 2º, deve-se dizer que o um, princípio do número, não se atribui a Deus, mas apenas às coisas que têm o ser na matéria. Pois o um, princípio do número, pertence ao gênero das entidades matemáticas, que têm o ser na matéria, mas que existem, abstraídas da matéria, segundo a razão. O uno, convertível ao ente, é algo metafísico, que quanto ao ser não depende da matéria. E mesmo não havendo nenhuma privação em Deus, contudo, em razão de nossa maneira de apreender, ele só é conhecido por nós à maneira de privação e de exclusão. Assim, nada impede que a seu respeito sejam atribuídas proposições privativas, tais como: ele é incorpóreo, infinito. Dessa mesma maneira, nós o dizemos uno.

---

2. Q. 4, a. 2.

Articulus 4
Utrum Deus sit maxime unus

Ad quartum sic proceditur. Videtur quod Deus non sit maxime unus.

1. Unum enim dicitur secundum privationem divisionis. Sed privatio non recipit magis et minus. Ergo Deus non dicitur magis unus quam alia quae sunt unum.

2. Praeterea, nihil videtur esse magis indivisibile quam id quod est indivisibile actu et potentia, cuiusmodi est punctus et unitas. Sed intantum dicitur aliquid magis unum, inquantum est indivisibile. Ergo Deus non est magis unum quam unitas et punctus.

3. Praeterea, quod est per essentiam bonum, est maxime bonum: ergo quod est per essentiam suam unum, est maxime unum. Sed omne ens est unum per suam essentiam, ut patet per Philosophum in IV *Metaphys.*[1]. Ergo omne ens est maxime unum. Deus igitur non est magis unum quam alia entia.

Sed contra est quod dicit Bernardus[2], quod *inter omnia quae unum dicuntur, arcem tenet unitas divinae Trinitatis.*

Respondeo dicendum quod, cum unum sit ens indivisum, ad hoc quod aliquid sit maxime unum, oportet quod sit et maxime ens et maxime indivisum. Utrumque autem competit Deo. Est enim maxime ens, inquantum est non habens aliquod esse determinatum per aliquam naturam cui adveniat, sed est ipsum esse subsistens, omnibus modis indeterminatum. Est autem maxime indivisum, inquantum neque dividitur actu neque potentia, secundum quemcumque modum divisionis, cum sit omnibus modis simplex, ut supra[3] ostensum est. Unde manifestum est quod Deus est maxime unus.

Ad primum ergo dicendum quod, licet privatio secundum se non recipiat magis et minus, tamen secundum quod eius oppositum recipit magis et minus, etiam ipsa privativa dicuntur secundum magis et minus. Secundum igitur quod aliquid est magis divisum vel divisibile, vel minus, vel nullo modo, secundum hoc aliquid dicitur magis et minus vel maxime unum.

Artigo 4
Deus é ao máximo uno?

Quanto ao quarto, assim se procede: parece que Deus **não** é ao máximo uno.

1. Com efeito, uno se atribui por privação de divisão. Ora, a privação não é suscetível de mais ou de menos. Logo, Deus não é mais uno que qualquer outra coisa que também seja una.

2. Além disso, nada é mais indivisível, parece, que o indivisível em ato e potência, como é o ponto e a unidade numérica. Ora, algo é tanto mais uno quanto é indivisível. Logo, Deus não é mais uno que a unidade e o ponto.

3. Ademais, o que é bom por essência é ao máximo bom; logo, o que é uno por essência é ao máximo uno. Ora, todo ente é uno por essência, como mostra o Filósofo. Logo, todo ente é ao máximo uno, e por conseguinte Deus não é mais uno que os outros entes.

Em sentido contrário, Bernardo diz: "Entre tudo o que se diz uno, ocupa o ponto mais alto a unidade da Trindade divina".

Respondo. O uno é o ente indiviso; logo, para que algo seja ao máximo uno é preciso que seja ente ao máximo e indiviso ao máximo. Ora, Deus é um e outro. Ele é ente ao máximo, uma vez que não tem um ser determinado por nenhuma natureza que o receba, mas Ele é o próprio ser subsistente, sem nenhuma determinação. Além do mais, é indiviso ao máximo, não estando dividido nem em ato nem em potência, de qualquer maneira que se possa dividir, mas é simples absolutamente, como já se demonstrou. Fica então claro que: Deus é ao máximo uno.

Quanto ao 1º, portanto, deve-se dizer que embora a privação em si não seja suscetível de mais e menos, entretanto, se o que lhe é oposto é suscetível de mais e menos, as privações também o serão. Assim, na medida em que algo é mais ou menos dividido ou divisível, ou que não o seja de modo nenhum, isso será dito mais ou menos uno, ou uno ao máximo[e].

---

4 Parall.: I *Sent.*, dist. 24, q. 1, a. 1; *De Div. Nom.*, c. 13, lect. 3.

1. C. 2: 1003, b, 22-23.
2. *De Consideratione*, l. V, c. 8: ML 182, 799 D.
3. Q. 3, a. 7.

---

e. Um exemplo pode ilustrar essa análise de forma tão abstrata. A doença pode se definir como a privação da saúde. Como privação, seria um absoluto. Porém, a saúde não é um absoluto, comporta uma multiplicidade de graus. Em consequência, a

AD SECUNDUM dicendum quod punctus et unitas quae est principium numeri, non sunt maxime entia, cum non habeant esse nisi in subiecto aliquo. Unde neutrum eorum est maxime unum. Sicut enim subiectum non est maxime unum, propter diversitatem accidentis et subiecti, ita nec accidens.

AD TERTIUM dicendum quod, licet omne ens sit unum per suam substantiam, non tamen se habet aequaliter substantia cuiuslibet ad causandam unitatem: quia substantia quorundam est ex multis composita, quorundam vero non.

QUANTO AO 2º, deve-se dizer que o ponto e a unidade numérica não são entes ao máximo, pois só possuem o ser em um sujeito. Logo, nenhum deles é uno ao máximo. Assim como o sujeito não é uno ao máximo, em razão da diversidade entre acidente e sujeito, tampouco o acidente é uno ao máximo.

QUANTO AO 3º, deve-se dizer que, ainda que todo ente seja uno por sua substância, a substância de cada um não se comporta igualmente como princípio de unidade, pois a substância de alguns é composta de vários elementos, e de outros não.

---

doença compreende muitos graus, não como privação, mas segundo os graus da saúde da qual ela é privação. O grau máximo seria a privação de toda a saúde, ou seja, a morte. Assim, Deus "privado" de toda divisão concebível está no grau máximo da unidade.

QUAESTIO XII
QUOMODO DEUS A NOBIS COGNOSCATUR
in tredecim articulos divisa

Quia in superioribus consideravimus qualiter Deus sit secundum seipsum, restat considerandum qualiter sit in cognitione nostra, idest quomodo cognoscatur a creaturis.

QUESTÃO 12
COMO CONHECEMOS DEUS
em treze artigos

Nas questões anteriores consideramos como Deus é em si mesmo; fica por considerar como é em nosso conhecimento, isto é, como é conhecido pelas criaturas[a].

---

a. Esta questão e a seguinte são consagradas à crítica de nosso conhecimento de Deus. Depois de ter tentado dizer de Deus o que ele é — ou melhor, o que ele não é —, pergunta-se em que medida, e sob que condições, nosso discurso sobre Deus afirma sobre ele algo de real, e, antes de mais nada, já que o discurso exprime imediatamente o conhecimento, como e em que limites é possível ao homem conhecer de Deus alguma coisa. É a esse último ponto que se liga a presente questão.
  Logo à primeira vista é estudado o perfeito conhecimento de Deus, o único que é direto e atinge o que ele é em si mesmo: a visão imediata, prometida para a outra vida. A maior parte dos artigos da questão (onze em treze) é consagrada a esse ponto. Apreende-se aí o caráter propriamente teológico do percurso de Santo Tomás nesse tratado, no qual se não se encontram problemas que dizem respeito unicamente à razão, e portanto à filosofia. Tal procedimento, na verdade, orienta-se para o conhecimento de Deus tal como se revelou a nós, em seu mistério, e esse conhecimento, em todas as suas oscilações, só progride à luz da fé, teologicamente. No que concerne ao problema da possibilidade, das condições e dos limites de nosso conhecimento de Deus, é por comparação com o perfeito conhecimento que é a visão, e em função dela, que nos dois últimos artigos da questão o teólogo procura determinar o que a razão pode conhecer "naturalmente", ou seja, sem o auxílio da revelação, e o que pode conhecer por graça, mas nas condições terrenas da vida corporal.
  Não seria o caso, aqui, de adentrar nos difíceis debates que surgiram em torno dessas noções de conhecimento natural e de conhecimento sobrenatural. Queremos simplesmente facilitar a leitura de Santo Tomás, e ajudar nesta leitura por meio da tradução e de algumas notas. Mas a tradução, precisamente, apresenta graves dificuldades e obriga a opções que é preciso justificar. Para se referir ao ato do intelecto, Santo Tomás emprega usualmente o termo *intelligere*, cujo equivalente seria "inteligir", mas não poderia de fato ser utilizado, carecendo tanto de clareza quanto de correção. O melhor, parece-nos, é traduzi-lo por "conhecer", o contexto indicando de forma suficiente que se trata do conhecimento intelectual. Em certos casos, foi preciso especificar melhor, com o uso do advérbio "conhecer intelectualmente".
  As partes da alma que emitem os atos — em particular, os atos de conhecimento — são designadas por Santo Tomás pelas palavras: *virtus* (cognitiva, intelectiva) ou *potentia*. A palavra "potência" é equívoca, pois designa também a pura passividade que se opõe ao ato, quando se trata aqui de "potência ativa". Pareceu-nos mais claro traduzir sistematicamente por "faculdade": a "faculdade cognitiva", a "faculdade sensível" ou "intelectiva". De modo geral, as "faculdades da alma" são na alma essas qualidades ativas pelas quais ela emite seus atos.
  Infelizmente, somos obrigados a utilizar essa palavra também no sentido mais geral, no qual significa somente o poder que possuímos (ou não) de fazer alguma coisa: ter (ou não) a faculdade de fazer isto ou aquilo. Como traduzir a expressão técnica (e cujo sentido é objeto de controvérsia) *ex naturalibus*, pela qual Santo Tomás designa aquilo que um agente é capaz de fazer por sua própria natureza apenas, opondo-o ao que ele também pode fazer, mas por graça? Traduz-se com frequência "por suas forças naturais". Pareceu-nos ser mais fiel ao texto traduzir por "unicamente por suas faculdades naturais", isto é, "pelos po-

Et circa hoc quaeruntur tredecim.
Primo: utrum aliquis intellectus creatus possit videre essentiam Dei.
Secundo: utrum Dei essentia videatur ab intellectu per aliquam speciem creatam.
Tertio: utrum oculo corporeo Dei essentia possit videri.
Quarto: utrum aliqua substantia intellectualis creata ex suis naturalibus sufficiens sit videre Dei essentiam.
Quinto: utrum intellectus creatus ad videndam Dei essentiam indigeat aliquo lumine creato.
Sexto: utrum videntium essentiam Dei unus alio perfectius videat.
Septimo: utrum aliquis intellectus creatus possit comprehendere Dei essentiam.
Octavo: utrum intellectus creatus videns Dei essentiam, omnia in ipsa cognoscat.
Nono: utrum ea quae ibi cognoscit, per aliquas similitudines cognoscat.
Decimo: utrum simul cognoscat omnia quae in Deo videt.
Undecimo: utrum in statu huius vitae possit aliquis homo essentiam Dei videre.
Duodecimo: utrum per rationem naturalem Deum in hac vita possimus cognoscere.
Tertiodecimo: utrum, supra cognitionem naturalis rationis, sit in praesenti vita aliqua cognitio Dei per gratiam.

Articulus 1
Utrum aliquis intellectus creatus possit Deum videre per essentiam

AD PRIMUM SIC PROCEDITUR. Videtur quod nullus intellectus creatus possit Deum per essentiam videre.

1. Chrysostomus enim, *super Ioannem*[1], exponens illud quod dicitur Io 1,18, *Deum nemo vidit unquam*, sic dicit: *Ipsum quod est Deus, non solum prophetae, sed nec angeli viderunt nec archangeli: quod enim creabilis est naturae, qualiter videre poterit quod incredibile est?* Dionysius etiam

A esse respeito, são treze as perguntas:
1. Um intelecto criado pode ver a essência divina?
2. A essência divina é vista pelo intelecto mediante uma representação criada?
3. A essência de Deus pode ser vista pelos olhos do corpo?
4. Uma substância intelectual criada é capaz de ver a essência de Deus pelas próprias faculdades naturais?
5. Para ver a essência de Deus, o intelecto criado necessita de uma luz criada?
6. Entre os que veem a essência de Deus, alguns a veem mais perfeitamente que outros?
7. Um intelecto criado pode compreender a essência divina?
8. O intelecto criado que vê a essência divina conhece nela todas as coisas?
9. O que ele nela conhece, o conhece por meio de certas semelhanças?
10. Ele conhece simultaneamente tudo o que vê em Deus?
11. Um homem pode ver a essência de Deus nesta vida?
12. Podemos conhecer Deus pela razão natural nesta vida?
13. Acima do conhecimento natural, existe nesta vida um conhecimento de Deus pela graça?

Artigo 1
Um intelecto criado pode ver a Deus em sua essência?

QUANTO AO PRIMEIRO ARTIGO, ASSIM SE PROCEDE: parece que **nenhum** intelecto criado pode ver a Deus em sua essência.

1. Com efeito, Crisóstomo, comentando as palavras de João: "Ninguém jamais viu a Deus", se exprime assim: "O que é próprio de Deus, não só os profetas, nem os próprios anjos e os arcanjos viram. Ora, o que possui uma natureza criada como poderia ver o que é incriado?" Por

---

[1] PARALL.: Infra, a. 4, ad 3; I-II, q. 3, a. 8 et q. 5, a. 1; IV *Sent.*, dist. 49, q. 2, a. 1; *Cont. Gent.* III, 51, 54, 57; *De Verit.*, q. 8, a. 1; *Quodlib.* X, q. 8; *Compend. Theol.*, c. 104, et part. II, c. 9, 10; in *Matth.*, c. 5; in *Ioan.*, c. 1, lect. 11.

1. Homil. 15 (al. 14): MG 59, 98.

deres que esse agente deve à sua própria natureza, àquilo pelo qual ele é o que é, sua essência, sua natureza". Assim, dir-se-á que o intelecto (que é uma faculdade) tem (ou não), por si mesmo, a faculdade de conhecer isto ou aquilo. O contexto indicará de modo suficiente em que sentido é tomado o termo "faculdade".

1 cap. *de Div. Nom.*², loquens de Deo, dicit: *neque sensus est eius, neque phantasia, neque opinio, nec ratio, nec scientia.*

2. PRAETEREA, omne infinitum, inquantum huiusmodi est ignotum. Sed Deus est infinitus ut supra³ ostensum est. Ergo secundum se est ignotus.

3. PRAETEREA, intellectus creatus non est cognoscitivus nisi existentium: primum enim quod cadit in apprehensione intellectus, est ens. Sed Deus non est existens, sed *supra existentia*, ut dicit Dionysius⁴. Ergo non est intelligibilis; sed est supra omnem intellectum.

4. PRAETEREA, cognoscentis ad cognitum oportet esse aliquam proportionem, cum cognitum sit perfectio cognoscentis. Sed nulla est proportio intellectus creati ad Deum: quia in infinitum distant. Ergo intellectus creatus non potest videre essentiam Dei.

SED CONTRA est quod dicitur 1Io 3,2: *videbimus eum sicuti est.*

RESPONDEO dicendum quod, cum unumquodque sit cognoscibile secundum quod est in actu. Deus, qui est actus purus absque omni permixtione potentiae quantum in se est, maxime cognoscibilis est. Sed quod est maxime cognoscibile in se, alicui intellectui cognoscibile non est, propter excessum intelligibilis supra intellectum: sicut sol, qui est maxime visibilis, videri non potest a vespertilione, propter excessum luminis. Hoc igitur attendentes, quidam posuerunt quod nullus intellectus creatus essentiam Dei videre potest.

Sed hoc inconvenienter dicitur. Cum enim ultima hominis beatitudo in altissima eius operatione consistat, quae est operatio intellectus, si nunquam essentiam Dei videre potest intellectus creatus, vel nunquam beatitudinem obtinebit, vel in alio eius beatitudo consistet quam in Deo. Quod est alienum a fide. In ipso enim est ultima perfectio rationalis creaturae, quod est ei principium es-

sua vez Dionísio, falando de Deus, escreve: "Nem os sentidos o atingem, nem a fantasia, nem a opinião, nem a razão, nem a ciência".

2. ALÉM DISSO, tudo o que é infinito, como tal é desconhecido. Ora, Deus é infinito, como foi demonstrado. Logo, em si mesmo, é desconhecido.

3. ADEMAIS, o intelecto criado não conhece senão o que existe; pois o que o intelecto apreende primeiro é o ente. Ora, Deus não é um existente; está acima da existência, como afirma Dionísio. Logo, Ele não é inteligível, mas está acima de qualquer intelecto.

4. ADEMAIS, entre quem conhece e o conhecido deve haver alguma proporção, pois o conhecido é a perfeição de quem conhece. Ora, não existe nenhuma proporção entre o intelecto criado e Deus, porque uma infinita distância os separa. Logo, o intelecto criado não pode ver a essência de Deus.

EM SENTIDO CONTRÁRIO, lemos na primeira Carta de João: "Haveremos de vê-lo tal como é".

RESPONDO. Todo objeto é cognoscível à medida que se encontra em ato. Deus, que é ato puro sem mistura nenhuma de potência, é portanto cognoscível ao máximo. Contudo, o que é ao máximo cognoscível em si mesmo não é cognoscível por um intelecto por exceder em inteligibilidade o intelecto. Por exemplo: o sol, ainda que seja ao máximo visível, não pode ser visto pelos morcegos em razão do excesso de luz. Por isso, alguns afirmaram que nenhum intelecto criado poderia ver a essência de Deus.

Mas esta posição não é admissível. Como a bem-aventurança última do homem consiste em sua mais elevada operação, que é a intelectual, se o intelecto criado não puder ver a essência de Deus: ou nunca alcançará a bem-aventurança, ou sua bem-aventurança consistirá em outra coisa distinta de Deus, o que é estranho à féᵇ. A perfeição última da criatura racional se encontra naquilo que é para

---

2. MG 3, 593 A.
3. Q. 7, a. 1.
4. *De Div. Nom.*, c. 4: MG 3, 697 A.

b. O que é estranho à fé? É cada uma das proposições que compõem o dilema; logo, a consequência a que levam uma e outra: "visão de Deus é impossível a todo intelecto criado". No entanto, propõe-se uma prova da segunda proposição, e isto indica que ela não é diretamente contrária à fé, a qual não se prova. Ela o é indiretamente no sentido de que, logicamente, leva a negar que Deus seja o princípio imediato, por criação, da criatura inteligente. Observemos que, no argumento *em sentido contrário*, um argumento escriturístico tópico foi fornecido em favor da conclusão. Por que não se deter aí? É que a razão que acredita quer, na medida do possível, compreender o porquê das coisas que lhe são reveladas. Nessa primeira parte do artigo, trata-se de mostrar que a visão imediata da essência divina, expressamente prometida pela Escritura aos crentes, é o termo ao qual conduzem, por si, o anúncio e a aceitação do Evangelho, a Boa-Nova da salvação, da bem-aventurança.

sendi: intantum enim unumquodque perfectum est, inquantum ad suum principium attingit. — Similiter etiam est praeter rationem. Inest enim homini naturale desiderium cognoscendi causam, cum intuetur effectum; et ex hoc admiratio in hominibus consurgit. Si igitur intellectus rationalis creaturae pertingere non possit ad primam causam rerum, remanebit inane desiderium naturae. Unde simpliciter concedendum est quod beati Dei essentiam videant.

AD PRIMUM ergo dicendum quod utraque auctoritas loquitur de visione comprehensionis. Unde praemittit Dionysius immediate ante verba proposita, dicens: *omnibus ipse est universaliter incomprehensibilis, et nec sensus est*, etc. Et Chrysostomus parum post verba praedicta subdit: *visionem hic dicit certissimam Patris considerationem et comprehensionem, tantam quantam Pater habet de Filio*.

AD SECUNDUM dicendum quod infinitum quod se tenet ex parte materiae non perfectae per formam, ignotum est secundum se: quia omnis cognitio est per formam. Sed infinitum quod se tenet ex parte formae non limitatae per materiam, est secundum se maxime notum. Sic autem Deus est infinitus, et non primo modo, ut ex superioribus patet.

AD TERTIUM dicendum quod Deus non sic dicitur non existens, quasi nullo modo sit existens: sed quia est supra omne existens, inquantum est suum esse. Unde ex hoc non sequitur quod nullo modo possit cognosci, sed quod omnem cognitionem excedat: quod est ipsum non comprehendi.

AD QUARTUM dicendum quod proportio dicitur dupliciter. Uno modo, certa habitudo unius quantitatis ad alteram; secundum quod duplum, triplum et aequale sunt species proportionis. Alio modo, quaelibet habitudo unius ad alterum proportio dicitur. Et sic potest esse proportio creaturae ad Deum, inquantum se habet ad ipsum ut effectus ad causam, et ut potentia ad actum. Et secundum hoc, intellectus creatus proportionatus esse potest ad cognoscendum Deum.

ela o princípio de ser; pois cada coisa é perfeita à medida que atinge seu princípio. — Esta opinião é estranha também à razão[c]. O homem, quando vê um efeito, tem o desejo natural de conhecer sua causa. E daí nasce entre os homens a admiração. Se então o intelecto da criatura racional não pode alcançar a causa primeira das coisas, um desejo natural vai permanecer vão. Portanto, deve-se conceder que os bem-aventurados veem a essência de Deus.

QUANTO AO 1º, portanto, deve-se dizer que as duas autoridades invocadas falam da visão compreensiva. Por isso, Dionísio faz preceder as palavras alegadas por estas: "Ela é para todos universalmente incompreensível e nem os sentidos etc...". Assim também Crisóstomo, em seguida ao texto citado, escreve: "Chama aqui visão à certíssima consideração e compreensão do Pai, igual à que o Pai tem do Filho".

QUANTO AO 2º, deve-se dizer que o infinito que diz respeito à matéria não determinada pela forma é por si mesmo desconhecido, pois só conhecemos mediante a forma. Mas o infinito que diz respeito à forma não limitada pela matéria é, por isso mesmo, conhecido ao máximo. Ora, como vimos, Deus é assim infinito, não porém do primeiro modo.

QUANTO AO 3º, deve-se dizer que Deus não é um existente, como se de nenhum modo fosse existente, mas que está acima de todo e qualquer existente, pois Ele é seu ser. Portanto, daí não se segue que não possa ser conhecido de maneira nenhuma, mas que excede todo conhecimento, isto é, que não pode ser compreendido.

QUANTO AO 4º, deve-se dizer que proporção se diz em dois sentidos: primeiro, para exprimir uma relação quantitativa, como o duplo, o triplo, o igual são espécies de proporção. Segundo, qualquer relação de um termo a outro é chamada proporção. Neste sentido, pode haver proporção entre a criatura e Deus, pois ela se encontra com Ele na relação do efeito à causa e da potência ao ato. Nesse sentido, o intelecto criado pode assim estar proporcionado a conhecer a Deus.

---

[c]. O que é fora de propósito não é precisamente que nenhuma criatura intelectual chegue à visão imediata da essência divina, mas que isto seja radicalmente impossível. O que é um desejo natural? É o desejo que brota espontaneamente das profundezas da natureza, por oposição a um desejo arbitrariamente "construído" na imaginação, ou no próprio intelecto. Um desejo natural exprime o que a natureza é, de modo que esta se negaria a si mesma se produzisse por si o desejo de uma coisa absolutamente impossível. De modo inverso, pretender que o objeto de tal desejo é absolutamente impossível seria negar a natureza. Santo Tomás retomará, desenvolvendo-o, o argumento do desejo natural no contexto da busca da verdadeira bem-aventurança humana (I-II, q. 3, a. 5).

Articulus 2
Utrum essentia Dei ab intellectu creato per aliquam similitudinem videatur

AD SECUNDUM SIC PROCEDITUR. Videtur quod essentia Dei ab intellectu creato per aliquam similitudinem videatur.

1. Dicitur enim 1Io 3,2: *scimus quoniam, cum apparuerit, similes ei erimus, et videbimus eum sicuti est*.

2. PRAETEREA, Augustinus dicit, IX de *Trin*.[1]: *cum Deum novimus, fit aliqua Dei similitudo in nobis*.

3. PRAETEREA, intellectus in actu est intelligibile in actu, sicut sensus in actu est sensibile in actu. Hoc autem non est nisi inquantum informatur sensus similitudine rei sensibilis, et intellectus similitudine rei intellectae. Ergo, si Deus ab intellectu creato videtur in actu, oportet quod per aliquam similitudinem videatur.

SED CONTRA est quod dicit Augustinus, XV de *Trin*.[2], quod cum Apostolus dicit "videmus nunc per speculum et in aenigmate", *speculi et aenigmatis nomine, quaecumque similitudines ab ipso significatae intelligi possunt, quae accommodatae sunt ad intelligendum Deum*. Sed videre Deum per essentiam non est visio aenigmatica vel specularis, sed contra eam dividitur. Ergo divina essentia non videtur per similitudines.

RESPONDEO dicendum quod ad visionem, tam sensibilem quam intellectualem, duo requiruntur, scilicet virtus visiva, et unio rei visae cum visu: non enim fit visio in actu, nisi per hoc quod res visa quodammodo est in vidente. Et in rebus quidem corporalibus, apparet quod res visa non potest esse in vidente per suam essentiam, sed solum per suam similitudinem: sicut similitudo lapidis est in oculo, per quam fit visio in actu, non autem ipsa substantia lapidis. Si autem esset una et eadem res, quae esset principium visivae virtutis, et quae esset res visa, oporteret videntem ab illa re et virtutem visivam habere, et formam per quam videret.

Manifestum est autem quod Deus et est auctor intellectivae virtutis, et ab intellectu videri potest.

Artigo 2
A essência de Deus é vista pelo intelecto criado mediante alguma semelhança?

QUANTO AO SEGUNDO, ASSIM SE PROCEDE: parece que a essência de Deus **é vista** pelo intelecto criado mediante alguma semelhança.

1. Com efeito, lemos na primeira Carta de João: "Sabemos que quando ele aparecer seremos semelhantes a ele, e o veremos tal como é".

2. ALÉM DISSO, Agostinho escreve: "Quando conhecemos a Deus forma-se em nós certa semelhança de Deus".

3. ADEMAIS, o intelecto em ato é o inteligível em ato, como o sentido em ato é o sensível em ato. Ora, isso não acontece a não ser que o sentido seja informado pela semelhança da coisa sensível, e o intelecto pela semelhança da coisa conhecida. Logo, se Deus é visto em ato pelo intelecto criado, há de ser por meio de certa semelhança.

EM SENTIDO CONTRÁRIO, quando o Apóstolo diz: "Agora, vemos em espelho e em enigmas", Agostinho comenta: "Os termos espelho e enigma designam quaisquer semelhanças aptas a nos levar ao conhecimento de Deus". Mas ver Deus em essência não é visão em enigma ou espelho; pelo contrário, opõe-se a ela. Não é, pois, por meio de semelhanças que vemos a essência divina.

RESPONDO. Para uma visão, tanto sensível como intelectual, duas condições são necessárias: a faculdade de ver e a união da coisa vista com essa faculdade. Pois só há visão em ato quando a coisa vista se encontra de certo modo no sujeito que a vê. Quando se trata de coisas corporais, é evidente que a coisa vista não pode se encontrar no sujeito que a vê por sua essência, mas apenas por meio de sua semelhança. Por exemplo, a semelhança da pedra está no olho e aí causa a visão em ato; mas não a substância da pedra. Mas, se uma única e mesma coisa fosse o princípio da faculdade de ver e fosse a coisa vista, o que vê receberia desta coisa a faculdade de vê-la e a forma pela qual a veria.

Ora, é manifesto que Deus é o autor da faculdade intelectiva e pode ser visto pelo intelecto.

---

2 PARALL.: III *Sent*., dist. 14, a. 1, q.la 3; IV, dist. 49, q. 2, a. 1; *De Verit*., q. 8, a. 1; q. 10, a. 11; *Cont. Gent*. III, 49, 51; IV, 7; *Quodlib*. VII, q. 1, a. 1; *Compend. Theol*., c. 105; et part. II, c. 9; in *Ioan*., c. 1, lect. 11; c. 14, lect. 2; in 1Cor, c. 13, lect. 4; *De Div. Nom*., c. 1, lect. 1; in Boet. *de Trin*., q. 1, a. 2.

1. C. 11: ML 42, 969.
2. C. 9: ML 42, 1069.

Et cum ipsa intellectiva virtus creaturae non sit Dei essentia, relinquitur quod sit aliqua participata similitudo ipsius, qui est primus intellectus. Unde et virtus intellectualis creaturae lumen quoddam intelligibile dicitur, quasi a prima luce derivatum: sive hoc intelligatur de virtute naturali, sive de aliqua perfectione superaddita gratiae vel gloriae. Requiritur ergo ad videndum Deum aliqua Dei similitudo ex parte visivae potentiae, qua scilicet intellectus sit efficax ad videndum Deum.

Sed ex parte visae rei, quam necesse est aliquo modo uniri videnti, per nullam similitudinem creatam, Dei essentia videri potest. Primo quidem, quia, sicut dicit Dionysius, 1 cap. *de Div. Nom.*[3], per similitudines inferioris ordinis rerum nullo modo superiora possunt cognosci: sicut per speciem corporis non potest cognosci essentia rei incorporeae. Multo igitur minus per speciem creatam quamcumque potest essentia Dei videri. — Secundo, quia essentia Dei est ipsum esse eius, ut supra[4] ostensum est: quod nulli formae creatae competere potest. Non potest igitur aliqua forma creata esse similitudo repraesentans videnti Dei essentiam. — Tertio, quia divina essentia est aliquod incircumscriptum, continens in se supereminenter quidquid potest significari vel intelligi ab intellectu creato. Et hoc nullo modo per aliquam speciem creatam repraesentari potest: quia omnis forma creata est determinata secundum aliquam rationem vel sapientiae, vel virtutis, vel ipsius esse, vel alicuius huiusmodi. Unde dicere Deum per similitudinem videri, est dicere divinam essentiam non videri: quod est erroneum.

Dicendum ergo quod ad videndum Dei essentiam requiritur aliqua similitudo ex parte visivae potentiae, scilicet lumen gloriae, confortans intellectum ad videndum Deum: de quo dicitur in Ps 35,10: *in lumine tuo videbimus lumen*. Non autem per aliquam similitudinem creatam Dei essentia videri potest, quae ipsam divinam essentiam repraesentet ut in se est.

E, como a faculdade intelectiva da criatura não é a essência de Deus, resta apenas que seja uma semelhança participada daquele que é o intelecto primeiro. Eis por que a faculdade intelectiva criada se diz uma certa luz inteligível, como que emanada da primeira luz, quer se trate da faculdade natural, quer se trate de alguma perfeição de graça ou de glória acrescentada. Para ver a Deus requer-se por parte da faculdade de ver alguma semelhança de Deus, pela qual o intelecto seja capaz de ver a Deus.

Mas do lado da coisa vista, que deve necessariamente estar unida de algum modo ao que vê, a essência divina não pode ser vista por intermédio de nenhuma semelhança criada.

1. Porque, segundo Dionísio, por semelhanças de uma ordem inferior não se pode de modo algum conhecer as coisas de uma ordem superior. Por exemplo, pela representação de um corpo não se pode conhecer a essência de uma coisa incorpórea. Muito menos por uma representação criada, seja ela qual for, pode-se ver a essência de Deus.

2. Porque a essência de Deus é seu próprio ser, como já o mostramos, o que não cabe a nenhuma forma criada. Uma forma criada não pode pois ser, para aquele que vê, uma semelhança representativa da essência de Deus.

3. Porque a essência divina é algo ilimitado, contendo em si, em grau supereminente, tudo o que pode ser significado ou compreendido por um intelecto criado. E isso não pode ser, de modo algum, representado por uma espécie criada, pois toda forma criada está determinada segundo alguma razão ou da sabedoria, ou do poder, ou do próprio ser ou de algo semelhante. Por conseguinte, dizer que Deus é visto por uma semelhança é o mesmo que dizer que a essência divina não é vista. O que é um erro.

Deve-se então concluir: para ver a essência de Deus requer-se alguma semelhança por parte da faculdade de ver, a saber, a luz da glória que confere ao intelecto a faculdade de ver a Deus, luz de que se fala no Salmo 35: "Em tua luz veremos a luz". Mas por nenhuma semelhança criada a essência de Deus pode ser vista, como se essa imagem representasse a divina essência como é em si mesma.

---

3. MG 3, 588 B.
4. Q. 3, a. 4.

AD PRIMUM ergo dicendum quod auctoritas illa loquitur de similitudine quae est per participationem luminis gloriae.

AD SECUNDUM dicendum quod Augustinus ibi loquitur de cognitione Dei quae habetur in via.

AD TERTIUM dicendum quod divina essentia est ipsum esse. Unde, sicut aliae formae intelligibiles quae non sunt suum esse, uniuntur intellectui secundum aliquod esse quo informant ipsum intellectum et faciunt ipsum in actu; ita divina essentia unitur intellectui creato ut intellectum in actu, per seipsam faciens intellectum in actu.

ARTICULUS 3
Utrum essentia Dei videri possit oculis corporalibus

AD TERTIUM SIC PROCEDITUR. Videtur quod essentia Dei videri possit oculo corporali.

1. Dicitur enim Iob 19,26: *in carne mea videbo Deum*, etc.; et 42,5: *auditu auris audivi te, nunc autem oculus meus videt te*.
2. PRAETEREA, Augustinus dicit, ultimo *de Civitat. Dei*, cap. 29[1]: *Vis itaque praepollentior oculorum erit illorum* (scilicet glorificatorum), *non ut acutius videant quam quidam perhibentur videre serpentes vel aquilae (quantalibet enim acrimonia cernendi eadem animalia vigeant, nihil aliud possunt videre quam corpora) sed ut videant et incorporalia*. Quicumque autem potest videre incorporalia, potest elevari ad videndum Deum. Ergo oculus glorificatus potest videre Deum.
3. PRAETEREA, Deus potest videri ab homine visione imaginaria: dicitur enim Is 6,1: *vidi Dominum sedentem super solium*, etc. Sed visio imaginaria a sensu originem habet: phantasia enim est *motus factus a sensu secundum actum*, ut dicitur in III *de Anima*[2]. Ergo Deus sensibili visione videri potest.

SED CONTRA est quod dicit Augustinus, in libro *de Videndo Deum* ad Paulinam[3]: *Deum nemo vidit unquam, vel in hac vita, sicut ipse est; vel in angelorum vita, sicut visibilia ista quae corporali visione cernuntur*.

RESPONDEO dicendum quod impossibile est Deum videri sensu visus, vel quocumque alio

ARTIGO 3
A essência de Deus pode ser vista pelos olhos do corpo?

QUANTO AO SEGUNDO, ASSIM SE PROCEDE: parece que a essência de Deus **pode** ser vista pelos olhos do corpo.

1. Com efeito, está escrito em Jó: "Em minha carne, verei a Deus". E ainda: "Pelos meus ouvidos, te ouvi; mas agora viram-te meus olhos".
2. ALÉM DISSO, Agostinho diz: "Seus olhos (dos bem-aventurados na glória) terão uma capacidade mais poderosa, não porque verão mais penetrantemente que as serpentes ou as águias, pois, por maior que seja a acuidade de seus olhares, estes animais só veem corpos; mas porque verão coisas incorpóreas". Ora, quem vê as coisas incorpóreas pode ser elevado até a visão de Deus. Logo, o olho glorificado pode ver a Deus.

3. ADEMAIS, parece que a imaginação humana pode ver a Deus. Isaías diz: "Vi o Senhor sentado num trono etc.". Ora, a imaginação tem sua origem nos sentidos, pois a fantasia "é um movimento que procede do sentido em ato", como se ensina no tratado *Sobre a alma*. Logo, Deus pode ser visto pelos sentidos.

EM SENTIDO CONTRÁRIO, Agostinho escreve a Paulina: "Ninguém jamais viu a Deus, nem nesta vida, tal como Ele é, nem na vida angélica, como os olhos do corpo veem as coisas visíveis".

RESPONDO. É impossível que Deus seja visto pelo sentido da visão ou por qualquer outro sen-

---

3 PARALL.: Infra, a. 4, ad 3; II-II, q. 175, a. 4; IV *Sent*., dist. 49, q. 2, a. 2; in *Matth*., c. 5.
  1. ML 41, 799.
  2. C. 3: 428, b, 10-16.
  3. Epist. 147 (al. 112), c. 11: ML 33, 609.

sensu aut potentia sensitivae partis. Omnis enim potentia huiusmodi est actus corporalis organi ut infra[4] dicetur. Actus autem proportinatur ei cuius est actus. Unde nulla huiusmodi potentia potest se extendere ultra corporalia. Deus autem incorporeus est, ut supra[5] ostensum est. Unde nec sensu nec imaginatione videri potest, sed solo intellectu.

AD PRIMUM ergo dicendum quod, cum dicitur *in carne mea videbo Deum, Salvatorem meum*, non intelligitur quod oculo carnis sit Deum visurus: sed quod in carne existens, post resurrectionem, visurus sit Deum. — Similiter quod dicitur, *nunc oculus meus videt te*, intelligitur de oculo mentis: sicut Eph 1,17-18 dicit Apostolus: *det vobis spiritum sapientiae in agnitione eius, illuminatos oculos cordis vestri*.

AD SECUNDUM dicendum quod Augustinus loquitur inquirendo in verbis illis, et sub conditione. Quod patet ex hoc quod praemittitur: *Longe itaque potentiae alterius erunt* (scilicet oculi glorificati), *si per eos videbitur incorporea illa natura*. Sed postmodum hoc determinat, dicens: *Valde credibile est sic nos visuros mundana tunc corpora caeli novi et terrae novae, ut Deum ubique praesentem, et universa etiam corporalia gubernantem, clarissima perspicuitate videamus; non sicut nunc invisibilia Dei per ea quae facta sunt intellecta conspiciuntur; sed sicut homines, inter quos viventes motusque vitales exerentes vivimus, mox ut aspicimus, non credimus vivere, sed videmus*. Ex quo patet quod hoc modo intelligit oculos glorificatos Deum visuros, sicut nunc oculi nostri vident alicuius vitam. Vita autem non videtur oculo corporali, sicut per se visibile, sed sicut sensibile per accidens: quod quidem a sensu non cognoscitur, sed statim cum sensu ab aliqua alia virtute cognoscitiva. Quod autem statim, visis corporibus, divina praesentia ex eis cognoscatur per intellectum, ex duobus contingit: scilicet ex perspicacitate intellectus; et ex refulgentia divinae claritatis in corporibus innovatis.

AD TERTIUM dicendum quod in visione imaginaria non videtur Dei essentia: sed aliqua forma in imaginatione formatur, repraesentans Deum secundum aliquem modum similitudinis, prout in Scripturis divinis divina per res sensibiles metaphorice describuntur.

tido ou faculdade da parte sensitiva. Qualquer faculdade desse gênero é ato de um órgão corporal, como veremos mais adiante. Ora, o ato é proporcional àquilo do qual é ato. Por isso, tal faculdade não pode se estender além dos objetos corporais. Como mostramos acima, Deus não possui corpo. Não pode ser visto nem pelos sentidos nem pela imaginação, mas somente pelo intelecto.

QUANTO AO 1º, portanto, deve-se dizer que quando Jó exclama: "Em minha carne, verei a Deus, meu Salvador", não quer dizer que tenha de ver a Deus com olhos de carne, mas que, estando em sua carne, depois da ressurreição, verá a Deus. — Assim como quando diz: "Agora, viram-te meus olhos", refere-se ao olhar da mente, como quando o Apóstolo escreve aos Efésios: "(Que Deus) vos dê um espírito de sabedoria para conhecê-lo, iluminados os olhos de vosso coração".

QUANTO AO 2º, deve-se dizer que Agostinho fala interrogando e de modo condicional. O que é claro pelo que antes diz: "Eles terão, com efeito, todo um outro poder (os olhos glorificados), se por eles for vista a natureza incorpórea"; mas, em seguida, define: "É muito verossímil que de tal modo veremos o mundo e os corpos do novo céu e da nova terra que vejamos com grandíssima clareza a Deus presente em tudo e governando todas as coisas, mesmo as corporais; não como agora são contemplados os atributos invisíveis de Deus por meio de suas obras; mas como contemplamos os homens, com os quais convivemos e entre os quais exercemos as funções de vida: ao primeiro olhar não cremos que vivam, nós os vemos". É evidente que com essas palavras Agostinho entende a visão de Deus pelos olhos glorificados à maneira como vemos agora a vida em alguém. Ora, a vida não é vista pelo olho corporal como algo visível por si, mas como sensível acidentalmente: não é pelo sentido que é conhecida, mas imediatamente com o sentido, por outra faculdade cognitiva. Que a presença divina seja conhecida pelo intelecto mediante a percepção do sentido corporal, isto se explica pela acuidade do intelecto e pelo resplendor da claridade divina nos corpos renovados.

QUANTO AO 3º, deve-se dizer que na imaginação não se vê a essência de Deus; mas uma forma é formada na imaginação, que representa Deus de acordo com certa semelhança, como na Escritura as coisas divinas são descritas por metáforas.

---

4. A. sq.; q. 78, a. 1.
5. Q. 3, a. 1.

Articulus 4
Utrum aliquis intellectus creatus per sua naturalia divinam essentiam videre possit

AD QUARTUM SIC PROCEDITUR. Videtur quod aliquis intellectus creatus per sua naturalia divinam essentiam videre possit.

1. Dicit enim Dionysius, cap. 4 *de Div. Nom.*[1], quod angelus est *speculum purum, clarissimum, suscipiens totam, si fas est dicere, pulchritudinem Dei*. Sed unumquodque videtur dum videtur eius speculum. Cum igitur angelus per sua naturalia intelligat seipsum, videtur quod etiam per sua naturalia intelligat divinam essentiam.

2. PRAETEREA, illud quod est maxime visibile, fit minus visibile nobis propter defectum nostri visus, vel corporalis vel intellectualis. Sed intellectus angeli non patitur aliquem defectum. Cum ergo Deus secundum se sit maxime intelligibilis, videtur quod ab angelo sit maxime intelligibilis. Si igitur alia intelligibilia per sua naturalia intelligere potest, multo magis Deum.

3. PRAETEREA, sensus corporeus non potest elevari ad intelligendam substantiam incorpoream, quia est supra eius naturam. Si igitur videre Deum per essentiam sit supra naturam cuiuslibet intellectus creati, videtur quod nullus intellectus creatus ad videndum Dei essentiam pertingere possit: quod est erroneum, ut ex supradictis[2] patet. Videtur ergo quod intellectui creato sit naturale divinam essentiam videre.

SED CONTRA est quod dicitur Rm 6,23: *gratia Dei vita aeterna*. Sed vita aeterna consistit in visione divinae essentiae, secundum illud Io 17,3: *haec est vita aeterna, ut cognoscant te solum verum Deum*, etc. Ergo videre Dei essentiam convenit intellectui creato per gratiam, et non per naturam.

RESPONDEO dicendum quod impossibile est quod aliquis intellectus creatus per sua naturalia essentiam Dei videat. Cognitio enim contingit secundum quod cognitum est in cognoscente. Cognitum autem est in cognoscente secundum modum cognoscentis. Unde cuiuslibet cognoscentis cognitio est secundum modum suae naturae. Si igitur modus essendi alicuius rei cognitae

Artigo 4
Um intelecto criado pode ver a essência divina pelas próprias faculdades naturais?

QUANTO AO QUARTO, ASSIM SE PROCEDE: parece que um intelecto criado **pode** ver a essência divina pelas próprias faculdades naturais.

1. Com efeito, Dionísio afirma: "O anjo é um espelho puro, claríssimo, recebendo nele, diríamos, toda a beleza de Deus". Ora, uma coisa é vista quando vemos seu reflexo. Logo, como o anjo, por suas faculdades naturais, conhece a si próprio, parece que por elas também conheça a essência divina.

2. ALÉM DISSO, por deficiência de nosso olhar, corporal ou intelectual, o que é ao máximo visível se torna para nós o menos visível. Ora, o intelecto angélico não padece de nenhum defeito. Como Deus é em si ao máximo inteligível, há de ser então ao máximo inteligível para o anjo. Logo, se por suas próprias faculdades naturais o anjo conhece as outras realidades inteligíveis, com muito maior razão conhece a Deus.

3. ADEMAIS, os sentidos do corpo não podem ser elevados até o conhecimento da substância incorpórea, pois esta ultrapassa sua natureza. Por conseguinte, se ver a Deus em sua essência ultrapassa a natureza de qualquer intelecto criado, parece que nenhum intelecto criado pode alcançar a visão da essência de Deus, o que está errado, como já consta acima. Logo, parece que seja natural ao intelecto criado ver a essência divina.

EM SENTIDO CONTRÁRIO, lemos na Carta aos Romanos: "A graça de Deus é a vida eterna". Ora, a vida eterna consiste na visão da essência divina, segundo as palavras de João: "A vida eterna é que eles te conheçam a ti, o único verdadeiro Deus etc.". Logo, ver a essência de Deus convém ao intelecto criado pela graça e não pela natureza.

RESPONDO. É impossível que um intelecto criado, por suas faculdades naturais, veja a essência de Deus. Pois o conhecimento se dá quando o conhecido está em quem o conhece. Ora, o conhecido está em quem conhece de acordo com o modo próprio deste. Por isso, o conhecimento de todo aquele que conhece é segundo o modo de sua natureza. Assim, se o modo de ser de uma coisa

---

4 PARALL.: Infra, q. 64, a. 1, ad 2; I-II, q. 5, a. 5; II *Sent.*, dist. 4, a. 1; dist. 23, q. 2, a. 1; IV, dist. 49, q. 2, a. 6; *Cont. Gent.* I, 3; III, c. 49, 52; *De Verit.*, q. 8, a. 3; *De Anima*, a. 17, ad 10; in 1Ti, c. 6, lect. 3.

1. MG 3, 724 B.
2. A. 1.

excedat modum naturae cognoscentis, oportet quod cognitio illius rei sit supra naturam illius cognoscentis.

Est autem multiplex modus essendi rerum. Quaedam enim sunt, quorum natura non habet esse nisi in hac materia individuali: et huiusmodi sunt omnia corporalia. Quaedam vero sunt, quorum naturae sunt per se subsistentes, non in materia aliqua, quae tamen non sunt suum esse, sed sunt esse habentes: et huiusmodi sunt substantiae incorporeae, quas angelos dicimus. Solius autem Dei proprius modus essendi est, ut sit suum esse subsistens.

Ea igitur quae non habent esse nisi in materia individuali, cognoscere est nobis connaturale: eo quod anima nostra, per quam cognoscimus, est forma alicuius materiae. Quae tamen habet duas virtutes cognoscitivas. Unam, quae est actus alicuius corporei organi. Et huic connaturale est cognoscere res secundum quod sunt in materia individuali: unde sensus non cognoscit nisi singularia. Alia vero virtus cognoscitiva eius est intellectus, qui non est actus alicuius organi corporalis. Unde per intellectum connaturale est nobis cognoscere naturas, quae quidem non habent esse nisi in materia individuali; non tamen secundum quod sunt in materia individuali, sed secundum quod abstrahuntur ab ea per considerationem intellectus. Unde secundum intellectum possumus cognoscere huiusmodi res in universali: quod est supra facultatem sensus. — Intellectui autem angelico connaturale est cognoscere naturas non in materia existentes. Quod est supra naturalem facultatem intellectus animae humanae, secundum statum praesentis vitae, quo corpori unitur.

Relinquitur ergo quod cognoscere ipsum esse subsistens, sit connaturale soli intellectui divino, et quod sit supra facultatem naturalem cuiuslibet intellectus creati: quia nulla creatura est suum esse, sed habet esse participatum. Non igitur potest intellectus creatus Deum per essentiam videre, nisi inquantum Deus per suam gratiam se intellectui creato coniungit, ut intelligibile ab ipso.

AD PRIMUM ergo dicendum quod iste modus cognoscendi Deum, est angelo connaturalis, ut scilicet cognoscat eum per similitudinem eius in ipso angelo refulgentem. Sed cognoscere Deum per aliquam similitudinem creatam, non est cognoscere essentiam Dei, ut supra[3] ostensum est.

conhecida ultrapassa o modo da natureza de quem conhece, o conhecimento dessa coisa estará sem dúvida acima da natureza daquele que conhece.

São múltiplos os modos de ser nas coisas. Há algumas cuja natureza não tem o ser senão nesta matéria individual. Há outras cujas naturezas são subsistentes por si, e não em uma matéria, mas elas não são seu próprio ser, elas têm o ser: é o caso das substâncias incorpóreas que denominamos anjos. É somente de Deus o modo próprio de ser em que Ele é seu ser subsistente.

Então, conhecer as coisas que têm o ser apenas numa matéria individual nos é conatural, porque nossa alma, pela qual conhecemos, é a forma de uma matéria. No entanto, nossa alma possui duas faculdades cognoscitivas. Uma é o ato de um órgão corporal. A esta é conatural conhecer as coisas na medida em que estão numa matéria individual: por isso, os sentidos só conhecem o singular. A outra faculdade cognoscitiva é o intelecto, que não é o ato de nenhum órgão corporal. Assim, pelo intelecto nos é conatural conhecer as naturezas que, na verdade, só têm o ser na matéria individual; não, porém, enquanto estão na matéria individual, mas abstraídas da matéria pela consideração do intelecto. Assim, por meio do intelecto podemos conhecer essas coisas num conceito universal, que ultrapassa a faculdade sensitiva. — Ao intelecto angélico é conatural conhecer as realidades não existentes na matéria. Isto está acima da capacidade natural do intelecto da alma humana, no estado da vida presente, no qual está unida ao corpo.

Por conseguinte, conhecer o próprio ser subsistente é conatural apenas ao intelecto divino e ultrapassa as faculdades naturais de todo intelecto criado; porque nenhuma criatura é seu próprio ser, mas tem um ser participado. Assim, o intelecto criado não pode ver a Deus em sua essência, a não ser que Deus, por sua graça, se una ao intelecto criado como inteligível a ele.

QUANTO AO 1º, portanto, deve-se dizer que é conatural ao anjo conhecer a Deus pela semelhança de Deus que resplandece no próprio anjo. Mas conhecer a Deus por uma semelhança criada não é conhecer a essência de Deus, como já o mostramos. Daí não se segue que o anjo,

---

3. A. 2.

Unde non sequitur quod angelus per sua naturalia possit cognoscere essentiam Dei.

AD SECUNDUM dicendum quod intellectus angeli non habet defectum, si defectus accipiatur privative, ut scilicet careat eo quod habere debet. Si vero accipiatur negative, sic quaelibet creatura invenitur deficiens, Deo comparata, dum non habet illam excellentiam quae invenitur in Deo.

AD TERTIUM dicendum quod sensus visus quia omnino materialis est, nullo modo elevari potest ad aliquid immateriale. Sed intellectus noster vel angelicus, quia secundum naturam a materia aliqualiter elevatus est, potest ultra suam naturam per gratiam ad aliquid altius elevari. Et huius signum est, quia visus nullo modo potest in abstractione cognoscere id quod in concretione cognoscit: nullo enim modo potest percipere naturam, nisi ut *hanc*. Sed intellectus noster potest in abstractione considerare quod in concretione cognoscit. Etsi enim cognoscat res habentes formam in materia, tamen resolvit compositum in utrumque, et considerat ipsam formam per se. Et similiter intellectus angeli, licet connaturale sit ei cognoscere esse concretum in aliqua natura, tamen potest ipsum esse secernere per intellectum, dum cognoscit quod aliud est ipse, et aliud est suum esse. Et ideo, cum intellectus creatus per suam naturam natus sit apprehendere formam concretam et esse concretum in abstractione, per modum resolutionis cuiusdam, potest per gratiam elevari ut cognoscat substantiam separatam subsistentem, et esse separatum subsistens.

por suas faculdades naturais, possa conhecer a essência de Deus.

QUANTO AO 2º, deve-se dizer que o intelecto angélico é sem defeito, se o termo "defeito" é tomado no sentido de privação, como se faltasse ao anjo aquilo que devesse possuir. Mas, se esse termo é entendido no sentido de negação, toda criatura comparada a Deus é deficiente, pois não possui a excelência que se encontra em Deus.

QUANTO AO 3º, deve-se dizer que o sentido da visão, plenamente material, não pode de modo nenhum ser elevado ao imaterial. Nosso intelecto, porém, como o intelecto angélico, estando por sua natureza de certa maneira acima da matéria, pode ser elevado pela graça a algo mais alto, acima de sua natureza. Um sinal dessa diferença: a vista não pode de modo algum conhecer de maneira abstrata o que conhece na existência concreta; de nenhum modo percebe uma natureza a não ser como *esta* natureza. Ao contrário, nosso intelecto pode considerar de maneira abstrata o que conhece no concreto. Ainda que conheça coisas cuja forma está unida a uma matéria, ele separa esse composto em um e outro e considera a mesma forma em si mesma. O mesmo acontece com o intelecto do anjo. Embora lhe seja conatural conhecer o ser que se concretiza numa natureza, ele pode separar pelo intelecto o próprio ser, ao conhecer que uma coisa é ele mesmo, e outra seu ser. Assim, como o intelecto criado naturalmente é capaz de apreender a forma concreta e o ser concreto na abstração, por meio de uma espécie de separação, lhe é também possível ser elevado pela graça ao conhecimento da substância separada subsistente, e do ser separado subsistente[d].

---

d. Aí está o núcleo do problema do sobrenatural. Se afirmamos que a criatura intelectual não tem naturalmente a faculdade de ver a Deus, como a teria pela graça? A menos que disséssemos que a graça é outra natureza. Mas então não seria mais essa criatura que veria Deus. Aliás, o que o artigo estabelece não é que somente tal criatura é incapaz, por natureza, de ver Deus, mas qualquer outra criatura também o é. A graça não pode, portanto, em caso algum ser a natureza de uma criatura. Santo Tomás responde a essa aporia fazendo surgir na natureza intelectual, tanto na do anjo como na do homem, uma abertura para o infinito: em seu objeto, que só se realiza limitado, finito, há o poder de atingir o universal, ou seja, um valor ontológico por si ilimitado que, em consequência, pode se encontrar nestes ou naqueles limites, e ao qual, portanto, não repugna ser realizado sem limite algum, ao infinito. Esse valor é o próprio ser: ele só se apresenta limitado em um intelecto criado; mas, podendo apreendê-lo sem limites, esse intelecto se mostra por isso, para além do ente limitado — seu objeto conatural —, aberto ao Ente infinito, aquele que é o Ser mesmo subsistente, Deus. Tal abertura, que é natural, não é suficiente para permitir-lhe, por sua própria virtude, pelo movimento dinâmico do qual ele é o princípio suficiente — sua operação natural —, apreender diretamente, como seu objeto, o Ser infinito — isto é, vê-lo, pois já se mostrou que essa apreensão exclui todo intermediário. Contudo, para reconhecer que não é impossível que a onipotente ação divina se exerça sobre ele, basta que o amplie e o eleve ao plano desse objeto sem fazê-lo explodir. O exemplo da faculdade sensível, *a contrario*, ilustra isto: feito para conhecer o objeto sensível em seus limites e incapaz de separá-lo disso, o sentido não poderia sair dos limites de seu objeto sem dissolver-se e deixar de ser. Contudo, porque a elevação do intelecto criado não poderia, de modo algum, resultar do esforço de superação que proviria dele, porque só pode ser produzida por pura iniciativa divina, uma iniciativa inteiramente gratuita, por conseguinte diz-se e deve-se dizer que ela é um dom da graça. A abertura do espírito criado para o infinito é uma condição de possibilidade desse dom, não é de modo algum seu esboço.

ARTICULUS 5
Utrum intellectus creatus ad videndum Dei essentiam aliquo creato lumine indigeat

AD QUINTUM SIC PROCEDITUR. Videtur quod intellectus creatus ad videndum essentiam Dei aliquo lumine creato non indigeat.
1. Illud enim quod est per se lucidum in rebus sensibilibus, alio lumine non indiget ut videatur ergo nec in intelligibilibus. Sed Deus est lux intelligibilis. Ergo non videtur per aliquod lumen creatum.
2. PRAETEREA, cum Deus videtur per medium, non videtur per suam essentiam. Sed cum videtur per aliquod lumen creatum, videtur per medium. Ergo non videtur per suam essentiam.
3. PRAETEREA, illud quod est creatum, nihil prohibet alicui creaturae esse naturale. Si ergo per aliquod lumen creatum Dei essentia videtur, poterit illud lumen esse naturale alicui creaturae. Et ita illa creatura non indigebit aliquo alio lumine ad videndum Deum: quod est impossibile. Non est ergo necessarium quod omnis creatura ad videndum Dei essentiam lumen superadditum requirat.

SED CONTRA est quod dicitur in Ps 35,10: *in lumine tuo videbimus lumen.*

RESPONDEO dicendum quod omne quod elevatur ad aliquid quod excedit suam naturam, oportet quod disponatur aliqua dispositione quae sit supra suam naturam: sicut, si aer debeat accipere formam ignis oportet quod disponatur aliqua dispositione ad talem formam. Cum autem aliquis intellectus creatus videt Deum per essentiam, ipsa essentia Dei fit forma intelligibilis intellectus. Unde oportet quod aliqua dispositio supernaturalis ei superaddatur, ad hoc quod elevetur in tantam sublimitatem. Cum igitur virtus naturalis intellectus creati non sufficiat ad Dei essentiam videndam, ut ostensum est[1], oportet quod ex divina gratia superaccrescat ei virtus intelligendi. Et hoc augmentum virtutis intellectivae illuminationem intellectus vocamus; sicut et ipsum intelligibile vocatur lumen vel lux. Et istud est lumen de quo dicitur Ap 21,23, quod *claritas Dei illuminabit eam*, scilicet societatem

ARTIGO 5
Para ver a essência de Deus, o intelecto criado necessita de uma luz criada?

QUANTO AO QUINTO, ASSIM SE PROCEDE: parece que o intelecto criado, para ver a essência de Deus, **necessita** de uma luz criada.
1. Com efeito, entre as coisas sensíveis, o que é luminoso por si não tem necessidade de outra luz para ser visto; logo, nem entre os inteligíveis. Ora, Deus é luz inteligível. Logo, não é visto por uma luz criada.
2. ALÉM DISSO, se Deus é visto por um intermediário, não é visto em sua essência. Ora, se é visto por uma luz criada, é visto por um intermediário. Logo, não é visto em sua essência.
3. ADEMAIS, nada impede que o que é criado seja conatural a uma criatura. Portanto, se é por uma luz criada que a essência divina é vista, esta luz poderá ser natural a alguma criatura. Assim, esta criatura para ver a Deus não necessitará de outra luz, o que é impossível[e]. Logo, não é necessário que toda criatura, para ver a essência de Deus, tenha necessidade de uma luz acrescentada.

EM SENTIDO CONTRÁRIO, o Salmo diz: "Em Tua luz veremos a luz".

RESPONDO. Tudo aquilo que é elevado a algo que ultrapassa sua natureza precisa ser dotado de uma disposição superior a sua natureza. Por exemplo, se o ar deve receber a forma do fogo, precisa ser dotado de uma disposição para esta forma. Ora, quando um intelecto criado vê a Deus em essência, a própria essência de Deus se torna a forma inteligível do intelecto. É preciso, portanto, que lhe seja acrescentada uma disposição sobrenatural, para que se eleve a tal sublimidade. Logo, como a capacidade natural do intelecto criado não basta para ver a essência de Deus, como já se demonstrou, é preciso que pela graça divina lhe seja aumentada a capacidade do intelecto. A este acréscimo de capacidade intelectual, nós o chamamos iluminação do intelecto, como chamamos ao próprio inteligível lume, luz. É a respeito dessa luz que nos fala o Apocalipse: "A

---

5 PARALL.: III *Sent.*, dist. 14, a. 1, q.la 3; IV, dist. 49, q. 2, a. 6; *Cont. Gent.* III, 53, 54; *De Verit.*, q. 8, a. 3; q. 18, a. 1, ad 1; q. 20, a. 2; *Quodlib.* VII, q. 1, a. 1; *Compend. Theol.*, c. 105.

1. Art. praec.

e. O terceiro objetante não nega que seja necessária uma luz sobreposta à luz natural do intelecto; pelo contrário, Ele nega que essa luz necessária seja criada. Parece, portanto, que o texto que possuímos está truncado e que é preciso ler, como nas duas objeções precedentes: "… requer uma luz criada".

beatorum Deum videntium. Et secundum hoc lumen efficiuntur deiformes, idest Deo similes; secundum illud 1Io 3,2: *cum apparuerit, similes ei erimus, et videbimus eum sicuti est.*

AD PRIMUM ergo dicendum quod lumen creatum est necessarium ad videndum Dei essentiam, non quod per hoc lumen Dei essentia intelligibilis fiat, quae secundum se intelligibilis est: sed ad hoc quod intellectus fiat potens ad intelligendum, per modum quo potentia fit potentior ad operandum per habitum: sicut etiam et lumen corporale necessarium est in visu exteriori, inquantum facit medium transparens in actu, ut possit moveri a colore.

AD SECUNDUM dicendum quod lumen istud non requiritur ad videndum Dei essentiam quasi similitudo in qua Deus videatur: sed quasi perfectio quaedam intellectus, confortans ipsum ad videndum Deum. Et ideo potest dici quod non est medium *in quo* Deus videatur: sed *sub quo* videtur. Et hoc non tollit immediatam visionem Dei.

AD TERTIUM dicendum quod dispositio ad formam ignis non potest esse naturalis nisi habenti formam ignis. Unde lumen gloriae non potest esse naturale creaturae, nisi creatura esset naturae divinae: quod est impossibile. Per hoc enim lumen fit creatura rationalis deiformis, ut dictum est[2].

claridade de Deus ilumina" a sociedade dos bem-aventurados que veem a Deus. Em virtude desta luz os bem-aventurados se tornam deiformes[f], isto é, semelhantes a Deus, segundo a primeira Carta de João: "Quando ele aparecer, seremos semelhantes a ele, e o veremos tal como ele é".

QUANTO AO 1º, portanto, deve-se dizer que a luz criada é necessária para ver a essência de Deus não porque por ela a essência de Deus se torne inteligível, pois é inteligível por si própria, mas para que o intelecto tenha o poder de conhecê-la; à maneira como uma potência, pelo *habitus*, torna-se mais poderosa para agir. Assim como a luz corporal é necessária à visão exterior, enquanto torna o meio transparente em ato, de modo que a cor chegue aos olhos.

QUANTO AO 2º, deve-se dizer que esta luz não é necessária para ver a essência de Deus como se fosse uma semelhança em que Deus seria visto; mas sim, como uma perfeição do intelecto, ela o faz mais forte para ver a Deus. Pode-se dizer que ela não é um meio *no qual* se veja Deus, mas *sob cuja ação* Deus é visto. E isto não suprime a visão imediata de Deus[g].

QUANTO AO 3º, deve-se dizer que a disposição para a forma do fogo só pode ser natural naquilo que tem a forma do fogo. Daí que a luz da glória não pode ser natural à criatura, a não ser que esta fosse de natureza divina: o que é impossível. Pois é por esta luz que a criatura racional se torna deiforme, como foi dito.

ARTICULUS 6
Utrum videntium essentiam Dei unus alio perfectius videat

AD SEXTUM SIC PROCEDITUR. Videtur quod videntium essentiam Dei unus alio perfectius non videat.

ARTIGO 6
Entre os que veem a essência de Deus, alguns a veem mais perfeitamente que outros?

QUANTO AO SEXTO, ASSIM SE PROCEDE: parece que entre os que veem a essência de Deus alguns **não** a veem mais perfeitamente do que outros.

---

2. In corpore.

6 PARALL.: Infra, q. 62, a. 9; IV *Sent.*, dist. 49, q. 2, a. 4; *Cont. Gent.* III, c. 58.

f. "Deiformes": o conhecimento é por natureza assimilador. Tornar-se capaz de conhecer Deus tal como é em si mesmo, de vê-lo, é tornar-se dinamicamente semelhante a Ele.

g. Os teólogos da Ortodoxia rejeitam vivamente qualquer ideia de um intermediário entre o espírito divinizado e Deus, ou seja, a vida de uma graça criada. Tal posição não era desenvolvida e afirmada, como é hoje, na época de Santo Tomás, que parece ignorá-la (a não ser sob a forma pela qual certos teólogos da Idade Média afirmavam que a caridade era o próprio Espírito Santo). De qualquer modo, Santo Tomás antecipa aqui, como em outras passagens de sua obra, a distinção que permite afastar a crítica feita aos teólogos latinos de substituir a doação que Deus faz de si mesmo pelo dom da graça criada: esse dom, para ele, é um intermediário "subjetivo", que permite ao espírito criado atingir sem intermediário objetivo, imediatamente, o próprio Deus em seu mistério.

1. Dicitur enim 1Io 3,2: *videbimus eum sicuti est*. Sed ipse uno modo est. Ergo uno modo videbitur ab omnibus. Non ergo perfectius et minus perfecte.

2. PRAETEREA, Augustinus dicit, in libro *Octoginta trium Quaest*.[1], quod unam rem non potest unus alio plus intelligere. Sed omnes videntes Deum per essentiam, intelligunt Dei essentiam: intellectu enim videtur Deus, non sensu, ut supra[2] habitum est. Ergo videntium divinam essentiam unus alio non clarius videt.

3. PRAETEREA, quod aliquid altero perfectius videatur, ex duobus contingere potest: vel ex parte obiecti visibilis; vel ex parte potentiae visivae videntis. Ex parte autem obiecti, per hoc quod obiectum perfectius in vidente recipitur, scilicet secundum perfectiorem similitudinem. Quod in proposito locum non habet: Deus enim non per aliquam similitudinem sed per eius essentiam praesens est intellectui essentiam eius videnti. Relinquitur ergo quod, si unus alio perfectius eum videat, quod hoc sit secundum differentiam potentiae intellectivae. Et ita sequitur quod cuius potentia intellectiva naturaliter est sublimior, clarius eum videat. Quod est inconveniens cum hominibus promittatur in beatitudine aequalitas angelorum.

SED CONTRA est quod vita aeterna in visione Dei consistit, secundum illud Io 17,3: *haec est vita aeterna*, etc. Ergo, si omnes aequaliter Dei essentiam vident, in vita aeterna omnes erunt aequales. Cuius contrarium dicit Apostolus, 1Cor 15,41: *stella differt a stella in claritate*.

RESPONDEO dicendum quod videntium Deum per essentiam unus alio perfectius eum videbit. Quod quidem non erit per aliquam Dei similitudinem perfectiorem in uno quam in alio: cum illa visio non sit futura per aliquam similitudinem, ut ostensum est[3]. Sed hoc erit per hoc, quod intellectus unius habebit maiorem virtutem seu facultatem ad videndum Deum, quam alterius. Facultas autem videndi Deum non competit intellectui creato secundum suam naturam, sed per lumen gloriae, quod intellectum in quadam deiformitate constituit, ut ex superioribus[4] patet. Unde intellec-

1. Com efeito, na primeira Carta de João se afirma: "Vê-lo-emos tal como é". Ora, Ele só tem um modo de ser. Logo, será visto por todos de um modo só, e não mais ou menos perfeitamente.

2. ALÉM DISSO, para Agostinho: "Ninguém pode conhecer uma única coisa mais do que outro". Ora, todos os que veem a Deus em essência conhecem a essência de Deus; pois Deus é visto pelo intelecto, e não pelos sentidos, como já se tratou. Logo, entre os que veem a essência divina, nenhum a vê mais claramente do que outro.

3. ADEMAIS, que algo seja visto por outro mais perfeitamente, isto pode acontecer seja por parte do objeto a ser visto, seja por parte da faculdade de ver. No que diz respeito ao objeto, em razão de que o objeto é recebido no sujeito que vê de modo mais perfeito, isto é, por uma semelhança mais perfeita. Isso, porém, é fora de propósito, pois não é mediante uma semelhança, mas por sua própria essência que Deus está presente ao intelecto que vê a essência. Por conseguinte, só pode alguém ver mais perfeitamente que outro em razão de uma diferença de capacidade entre os intelectos. Assim se conclui que aquele cuja capacidade intelectual for naturalmente mais elevada verá a Deus mais claramente. Isto, porém, é inadmissível, pois foi prometido aos homens serem iguais aos anjos na bem-aventurança.

EM SENTIDO CONTRÁRIO, a vida eterna consiste na visão de Deus, de acordo com a palavra de João: "Esta é a vida eterna etc.". Portanto, se todos veem igualmente a essência de Deus, na vida eterna serão todos iguais, o que se opõe à palavra do Apóstolo na primeira Carta aos Coríntios: "Uma estrela difere da outra em brilho".

RESPONDO. Entre os que veem a Deus em essência, um o verá mais perfeitamente do que outro. O que não será por uma semelhança mais perfeita em um do que em outro, uma vez que essa visão não acontecerá por uma semelhança, como já o mostramos. Mas isso será porque o intelecto de um deles terá maior poder ou capacidade de ver a Deus. No entanto, a capacidade de ver a Deus não cabe ao intelecto criado por sua natureza, mas pela luz da glória, que constitui o intelecto em certa deiformidade, como já expusemos. Assim, o intelecto que mais participa desta luz da glória verá a

---
1. Q. 32: ML 40, 22.
2. A. 3.
3. A. 2.
4. A. praec.

tus plus participans de lumine gloriae perfectius Deum videbit. Plus autem participabit de lumine gloriae, qui plus habet de caritate: quia ubi est maior caritas, ibi est maius desiderium; et desiderium quodammodo facit desiderantem aptum et paratum ad susceptionem desiderati. Unde qui plus habebit de caritate, perfectius Deum videbit, et beatior erit.

AD PRIMUM ergo dicendum quod, cum dicitur *videbimus eum sicuti est*, hoc adverbium *sicuti* determinat modum visionis ex parte rei visae; ut sit sensus, *videbimus eum ita esse sicuti est*, quia ipsum esse eius videbimus, quod est eius essentia. Non autem determinat modum visionis ex parte videntis, ut sit sensus, quod ita erit perfectus modus videndi, sicut est in Deo perfectus modus essendi.

Et per hoc etiam patet solutio AD SECUNDUM. Cum enim dicitur quod rem unam unus alio melius non intelligit, hoc habet veritatem si feratur ad modum rei intellectae: quia quicumque intelligit rem esse aliter quam sit, non vere intelligit. Non autem si referatur ad modum intelligendi: quia intelligere unius est perfectius quam intelligere alterius.

AD TERTIUM dicendum quod diversitas videndi non erit ex parte obiecti, quia idem obiectum omnibus praesentabitur, scilicet Dei essentia: nec ex diversa participatione obiecti per differentes similitudines: sed erit per diversam facultatem intellectus non quidem naturalem, sed gloriosam, ut dictum est[5].

Deus mais perfeitamente. Ora, aquele que possui maior caridade participará mais da luz da glória; porque, quanto maior a caridade, maior o desejo. E o desejo torna de certo modo aquele que deseja apto e preparado para acolher o objeto desejado. Segue-se então: quem tiver maior caridade verá a Deus mais perfeitamente e será mais feliz.

QUANTO AO 1º, portanto, deve-se dizer que quando se diz: "Nós o veremos tal como é", a locução *tal como* determina o modo de visão em relação à coisa vista, o que significa: *nós o veremos ser como ele é*; pois veremos seu próprio ser, que é sua essência. Não determina, porém, o modo de visão em relação ao que vê, o que significa: a maneira de ver não será perfeita como em Deus é perfeito o modo de ser.

QUANTO AO 2º, pelo que foi exposto está clara a resposta. Quando se diz de uma única coisa que ninguém a conhece melhor do que outro, isto é verdadeiro se nos referirmos ao modo da coisa conhecida, porque, se alguém a conhece diferente do que ela é, não a conhece verdadeiramente. Mas não é verdadeiro se se refere ao modo de conhecer; porque o conhecimento de um é mais perfeito que o de outro.

QUANTO AO 3º, deve-se dizer que a diversidade de visão não será em relação ao objeto, pois o mesmo objeto, a essência divina, estará presente a todos; não será tampouco em relação às diversas participações do objeto por semelhanças diferentes; mas será em relação à diversidade de capacidade intelectual, não segundo a natureza, mas segundo a glória, como acabamos de dizer.

ARTICULUS 7
Utrum videntes Deum per essentiam ipsum comprehendant

AD SEPTIMUM SIC PROCEDITUR. Videtur quod videntes Deum per essentiam ipsum comprehendant.

ARTIGO 7
Os que veem a Deus em sua essência o compreendem?[h]

QUANTO AO SÉTIMO, ASSIM SE PROCEDE: parece que os que veem a Deus em sua essência o **compreendem**.

---

5. In corpore.

7 PARALL.: III *Sent.*, dist. 14, a. 2, q.la 1, dist. 27, q. 3, a. 2; IV, dist. 49, q. 2, a. 3; *Cont. Gent.* III, 55; qq. disp., *de Verit.*, q. 2, a. 1, ad 3; q. 8, a. 2; q. 20, a. 5; *de Virtut.*, q. 2, a. 10, ad 5; *Compend. Theol.*, c. 106; in *Ioan.*, c. 1, lect. 11; *Ephes.*, c. 5, lect. 3.

h. Este artigo apresenta uma dificuldade particular de tradução. Santo Tomás quer estabelecer que nenhum intelecto criado, mesmo que introduzido pela visão da essência divina, e por maior que o torne a graça por ele recebida, não pode "compreender" essa essência. "Compreender" é tomado aqui no sentido de abarcar totalmente pelo conhecimento. Sendo Deus infinito e todo intelecto criado finito, é impossível que Deus seja encerrado nos limites desse intelecto, o que ocorre quando um intelegível criado é plena e perfeitamente conhecido. É justamente o intelecto criado que, pela fulguração da essência divina que lhe descobre a "luz da glória", é arrancado a si mesmo e engolfado no abismo do ser divino. O intelecto divino o vê, tal como é,

1. Dicit enim Apostolus, Philp 3,12: *sequor autem si quo modo comprehendam*. Non autem frustra sequebatur: dicit enim ipse, 1Cor 9,26: *sic curro, non quasi in incertum*. Ergo ipse comprehendit: et eadem ratione alii, quos ad hoc invitat, dicens [ibid., v. 24]: *sic currite, ut comprehendatis*.

2. PRAETEREA, ut dicit Augustinus in libro *de Videndo Deum* ad Paulinam[1], *illud comprehenditur quod ita totum videtur, ut nihil eius lateat videntem*. Sed si Deus per essentiam videtur, totus videtur, et nihil eius latet videntem; cum Deus sit simplex. Ergo a quocumque videtur per essentiam, comprehenditur.

3. SI DICATUR quod videtur totus, sed non totaliter, contra: *totaliter* vel dicit modum videntis, vel modum rei visae. Sed ille qui videt Deum per essentiam, videt eum totaliter, si significetur modus rei visae: quia videt eum sicuti est, ut dictum est[2]. Similiter videt eum totaliter, si significetur modus videntis: quia tota virtute sua intellectus Dei essentiam videbit. Quilibet ergo videns Deum per essentiam, totaliter eum videbit. Ergo eum comprehendet.

SED CONTRA est quod dicitur Ier 32,18-19: *Fortissime, magne, potens, Dominus exercituum nomen tibi; magnus consilio, et incomprehensibilis cogitatu*. Ergo comprehendi non potest.

RESPONDEO dicendum quod comprehendere Deum impossibile est cuicumque intellectui creato: *attingere vero mente Deum qualitercumque, magna est beatitudo*, ut dicit Augustinus[3].

Ad cuius evidentiam, sciendum est quod illud comprehenditur quod perfecte cognoscitur. Perfecte autem cognoscitur, quod tantum cognoscitur, quantum est cognoscibile. Unde si id quod est cognoscibile per scientiam demonstrativam, opinione teneatur ex aliqua ratione probabili concepta, non comprehenditur. Puta, si hoc quod est triangulum habere tres angulos aequales duobus rectis, aliquis

1. Com efeito, afirma o Apóstolo aos Filipenses: "Sigo, para que de algum modo o compreenda". Ora, o Apóstolo não corria em vão, pois diz na primeira Carta aos Coríntios: "Corro assim, não às cegas". Logo, compreende, e outros pela mesma razão, pois os convida nos seguintes termos: "Correi, pois, de modo que compreendais".

2. ALÉM DISSO, diz Agostinho a Paulina: "Compreender algo consiste em vê-lo de tal modo em sua totalidade, que dele nada fique oculto àquele que vê". Ora, se Deus é visto em sua essência, é visto em sua totalidade e nada fica oculto àquele que o vê; pois Deus é simples. Logo, todo aquele que o vê em sua essência, o compreende.

3. ADEMAIS, se dissemos que é visto todo, mas não totalmente, pode-se objetar: *totalmente* se refere à maneira de ver ou à coisa vista. Ora, quem vê Deus em sua essência o vê totalmente quanto à coisa vista, pois o vê tal qual é, como já se explicou. Também o vê totalmente se se refere à maneira de ver, pois com toda a capacidade do intelecto verá a essência de Deus. Logo, quem quer que veja a Deus em sua essência o vê totalmente. Logo, o compreende.

EM SENTIDO CONTRÁRIO, lemos em Jeremias: "Ó fortíssimo, grande e poderoso, teu nome é Senhor dos exércitos, grande em teus desígnios e incompreensível em teus pensamentos". Logo, não pode ser compreendido.

RESPONDO. Compreender a Deus é impossível a qualquer intelecto criado; "mas que nossa mente o alcance de alguma maneira é uma grande felicidade", segundo Agostinho.

A fim de que isso fique claro, deve-se saber que compreender é o mesmo que conhecer perfeitamente. Ora, conhece-se perfeitamente um objeto tanto quanto pode ser conhecido. Portanto, se aquilo que pode ser conhecido por uma demonstração científica é tido como opinião, fundada em um argumento provável, não é compreendido. Por exemplo, se alguém sabe por demonstração que

---

1. Epist. 147 (al. 112), c. 9: ML 33, 606.
2. Art. praec. ad 1.
3. *Serm. ad Pop*. 117 (al. *de Verb. Dom.*, 38), c. 3: ML 38, 663.

mas não o "compreende"; o olhar de seu intelecto não pode igualar sua infinita inteligibilidade. A Vulgata, no entanto, utilizou a mesma palavra *comprehendere* em um sentido bem diferente: o de atingir um bem para o qual tendemos e para o qual nos dirigimos. A partir daí, no campo da teologia, essa palavra começou a significar aquilo que é o termo no qual desemboca a esperança, a qual, sendo essencialmente busca, esvai-se diante dele, assim como a fé se esvai diante da visão. Santo Tomás é levado, portanto, principalmente ao responder às objeções, a distinguir os dois sentidos e a dizer: o intelecto não compreende a Deus, ou seja, não o abarca, não o encerra em seus limites; mas a esperança o "compreende", no sentido de que o atinge no final. Infelizmente, a palavra "compreender" não traduz de modo algum a palavra latina *comprehendere* nesse segundo sentido, o que torna incompreensível a distinção que Santo Tomás propõe.

sciat per demonstrationem, comprehendit illud: si vero aliquis eius opinionem accipiat probabiliter, per hoc quod a sapientibus vel pluribus ita dicitur non comprehendet ipsum, quia non pertingit ad illum perfectum modum cognitionis, quo cognoscibilis est.

Nullus autem intellectus creatus pertingere potest ad illum perfectum modum cognitionis divinae essentiae, quo cognoscibilis est. Quod sic patet. Unumquodque enim sic cognoscibile est, secundum quod est ens actu. Deus igitur, cuius esse est infinitum, ut supra[4] ostensum est, infinite cognoscibilis est. Nullus autem intellectus creatus potest Deum infinite cognoscere. Intantum enim intellectus creatus divinam essentiam perfectius vel minus perfecte cognoscit, inquantum maiori vel minori lumine gloriae perfunditur. Cum igitur lumen gloriae creatum, in quocumque intellectu creato receptum, non possit esse infinitum, impossibile est quod aliquis intellectus creatus Deum infinite cognoscat. Unde impossibile est quod Deum comprehendat.

AD PRIMUM ergo dicendum quod *comprehensio* dicitur dupliciter. Uno modo, stricte et proprie, secundum quod aliquid includitur in comprehendente. Et sic nullo modo Deus comprehenditur, nec intellectu nec aliquo alio: quia, cum sit infinitus, nullo finito includi potest, ut aliquid finitum eum infinite capiat, sicut ipse infinite est. Et sic de comprehensione nunc quaeritur. — Alio modo *comprehensio* largius sumitur, secundum quod comprehensio *insecutioni* opponitur. Qui enim attingit aliquem quando iam tenet ipsum, comprehendere eum dicitur. Et sic Deus comprehenditur a beatis, secundum illud Ct 3,4: *tenui eum, nec dimittam*. Et sic intelliguntur auctoritates Apostoli de comprehensione. — Et hoc modo *comprehensio* est una de tribus dotibus animae, quae respondet spei; sicut visio fidei, et fruitio caritati. Non enim, apud nos, omne quod videtur, iam tenetur vel habetur: quia videntur interdum distantia, vel quae non sunt in potestate nostra. Neque iterum omnibus quae habemus, fruimur: vel quia non delectamur in eis; vel quia non sunt ultimus finis desiderii nostri, ut desiderium nostrum impleant et quietent. Sed haec tria habent beati in Deo: quia et vident ipsum; et videndo, tenent sibi praesentem, in potestate habentes sem-

o triângulo tem três ângulos iguais a dois retos, compreende esta verdade; mas, se outro acolhe tal opinião como provável pelo fato de que sábios ou a maior parte das pessoas o afirmam, este não compreende; pois não alcança a maneira perfeita do conhecimento pela qual esta verdade é conhecível.

Ora, nenhum intelecto criado pode alcançar o modo perfeito de conhecer a essência divina, pelo qual é conhecível. Eis a prova. Um objeto é conhecível na medida em que é ente em ato. Deus, cujo ser é infinito, como já vimos, é infinitamente conhecível. Ora, nenhum intelecto criado pode conhecer a Deus infinitamente. Com efeito, um intelecto criado conhece a essência divina, mais ou menos perfeitamente, segundo é iluminado por maior ou menor luz da glória. Ora, a luz da glória, que é criada, em qualquer intelecto criado em que seja recebida, não pode ser infinita; é, portanto, impossível a um intelecto criado conhecer a Deus infinitamente. Assim, é-lhe impossível compreender a Deus.

QUANTO AO 1º, portanto, deve-se dizer que o termo *compreensão* tem dois sentidos. Um, estrito e próprio, segundo o qual algo está incluído no sujeito que compreende. Nesse sentido, Deus não é de modo algum compreendido, nem pelo intelecto nem por nenhuma outra coisa, porque, sendo infinito, não pode estar incluído em nenhum finito, o que levaria algo finito a abarcá-lo infinitamente, pois Ele próprio é infinito. É nesse sentido que estamos agora falando de compreensão. — De outro modo, *compreensão* tem um sentido mais amplo, segundo o qual compreensão se opõe a *consecução*. Com efeito, aquele que alcança alguém, quando já o segura, diz-se compreendê-lo. Assim Deus é compreendido pelos bem-aventurados, segundo o Cântico dos Cânticos: "Seguro-o e não o largo". É este o sentido das expressões usadas pelo Apóstolo. — A *compreensão* é, no caso, um dos três dons da alma, correspondendo à esperança, como a visão corresponde à fé, e a fruição à caridade. Entre nós, nem tudo o que é visto é segurado e possuído, pois vemos muitas coisas a distância ou que não se encontram em nosso poder. Tampouco fruímos de tudo o que possuímos, ou porque não encontramos aí prazer, ou porque não são o fim último de nosso desejo,

---

4. Q. 7, a. 1.

per eum videre; et tenentes, fruuntur sicut ultimo fine desiderium implente.

AD SECUNDUM dicendum quod non propter hoc Deus incomprehensibilis dicitur, quasi aliquid eius sit quod non videatur: sed quia non ita perfecte videtur, sicut visibilis est. Sicut cum aliqua demonstrabilis propositio per aliquam probabilem rationem cognoscitur, non est aliquid eius quod non cognoscatur, nec subiectum, nec praedicatum, nec compositio: sed tota non ita perfecte cognoscitur, sicut cognoscibilis est. Unde Augustinus, definiendo comprehensionem, dicit[5] quod *totum comprehenditur videndo, quod ita videtur, ut nihil eius lateat videntem; aut cuius fines circumspici possunt*: tunc enim fines alicuius circumspiciuntur, quando ad finem in modo cognoscendi illam rem pervenitur.

AD TERTIUM dicendum quod *totaliter* dicit modum obiecti: non quidem ita quod totus modus obiecti non cadat sub cognitione; sed quia modus obiecti non est modus cognoscentis. Qui igitur videt Deum per essentiam, videt hoc in eo, quod infinite existit, et infinite cognoscibilis est: sed hic infinitus modus non competit ei, ut scilicet ipse infinite cognoscat: sicut aliquis probabiliter scire potest aliquam propositionem esse demonstrabilem, licet ipse eam demonstrative non cognoscat.

ARTICULUS 8
Utrum videntes Deum per essentiam omnia in Deo videant

AD OCTAVUM SIC PROCEDITUR. Videtur quod videntes Deum per essentiam omnia in Deo videant.

capazes de saciar o desejo e de apaziguá-lo. Mas em Deus os bem-aventurados têm estas três coisas: porque veem a Deus; vendo-o, eles o têm presente, podendo vê-lo sem cessar; e, tendo-o, dele fruem, como fim último que sacia o desejo.

QUANTO AO 2º, deve-se dizer que, quando se diz que Deus é incompreensível, não significa que haja algo dele que não seja visto, e sim que não é visto tão perfeitamente, quanto é visível. Por exemplo, quando uma proposição suscetível de demonstração é conhecida por uma razão quanto plausível, nada a seu respeito fica por isso desconhecido, nem o sujeito, nem o predicado, nem a composição entre os dois; mas em sua totalidade essa proposição não é conhecida de maneira tão perfeita quanto é cognoscível[i]. Por isso, Agostinho define a compreensão dizendo: "Um objeto é compreendido, pelo que vê, quando é visto de tal modo que nada de si fica oculto a quem vê; então seus limites podem ser abarcados com o olhar". Abarcamos com o olhar os limites de uma coisa, quando chegamos ao fim no modo de a conhecer.

QUANTO AO 3º, deve-se dizer que *totalmente* significa o modo do objeto; não é que todo modo do objeto não seja conhecido, e sim porque o modo do objeto não é o modo de quem conhece. Assim, aquele que vê Deus em sua essência vê nele que existe infinitamente e que é infinitamente cognoscível; mas este modo infinito não cabe ao que conhece, no sentido de que este conheça infinitamente. Assim, alguém pode saber com probabilidade que uma proposição seja demonstrável, embora não a conheça de maneira demonstrativa.

ARTIGO 8
Quem vê a Deus em sua essência vê tudo em Deus?

QUANTO AO OITAVO, ASSIM SE PROCEDE: parece que quem vê a Deus em sua essência **vê** tudo em Deus.

---

5. Loco cit. in arg.

8 PARALL.: Infra, q. 57, a. 5; q. 106, a. 1, ad 1; III, q. 10, a. 2; II *Sent*., dist. 11, a. 2; III, dist. 14, a. 2, q.la 2; IV, dist. 45, q. 3, a. 1; dist. 49, q. 2, a. 5; *Cont. Gent*. III, 56, 59; *De Verit*., q. 8, a. 4; q. 20, a. 4, 5.

i. Este exemplo de uma verdade que conhecemos em maior ou menor medida, conforme a "compreendemos" mais ou menos porque ela é verdadeira — ou seja, à medida que penetramos de maneira mais ou menos profunda em sua inteligibilidade —, quando a conhecemos totalmente no sentido de que conhecemos dela tudo o que há a conhecer, é um exemplo destinado a introduzir a mente nessa ideia difícil de conceber, mais difícil ainda de exprimir, de uma *visão não compreensiva* da essência divina. Tal ideia, contudo, impõe-se necessariamente, e seu caráter paradoxal exprime apenas o paradoxo da visão imediata: uma operação efetuada por um intelecto criado, e portanto limitado, cujo objeto é o infinito. Esse paradoxo contudo é o próprio princípio gerador da antropologia cristã: o homem, finito em seu ser, é infinito em suas operações espirituais, cujo objeto, ou ao menos o fim visado (conscientemente ou não, pouco importa) pela mediação desse objeto, é o Infinito.

1. Dicit enim Gregorius, in IV *Dialog*.¹. *Quid est quod non videant, qui videntem omnia vident?* Sed Deus est videns omnia. Ergo qui videt Deum, omnia videt.

2. ITEM, quicumque videt speculum, videt ea quae in speculo resplendent. Sed omnia quaecumque fiunt vel fieri possunt, in Deo resplendent sicut in quodam speculo: ipse enim omnia in seipso cognoscit. Ergo quicumque videt Deum, videt omnia quae sunt et quae fieri possunt.

3. PRAETEREA, qui intelligit id quod est maius, potest intelligere minima, ut dicitur III *de Anima*². Sed omnia quae Deus facit vel facere potest, sunt minus quam eius essentia. Ergo quicumque intelligit Deum, potest intelligere omnia quae Deus facit vel facere potest.

4. PRAETEREA, rationalis creatura omnia naturaliter scire desiderat. Si igitur videndo Deum non omnia sciat, non quietatur eius naturale desiderium: et ita, videndo Deum non erit beata. Quod est inconveniens. Videndo igitur Deum, omnia scit.

SED CONTRA est quod angeli vident Deum per essentiam, et tamen non omnia sciunt. Inferiores enim angeli purgantur a superioribus a nescientia, ut dicit Dionysius, 7 cap. *Cael. Hier.*³. Ipsi etiam nesciunt futura contingentia et cogitationes cordium: hoc enim solius Dei est. Non ergo quicumque videt Dei essentiam, videt omnia.

RESPONDEO dicendum quod intellectus creatus, videndo divinam essentiam, non videt in ipsa omnia quae facit Deus vel facere potest. Manifestum est enim quod sic aliqua videntur in Deo, secundum quod sunt in ipso. Omnia autem alia sunt in Deo, sicut effectus sunt virtute in sua causa. Sic igitur videntur alia in Deo, sicut effectus in sua causa. Sed manifestum est quod quanto aliqua causa perfectius videtur, tanto plures eius effectus in ipsa videri possunt. Qui enim habet intellectum elevatum, statim, uno principio demonstrativo proposito, ex ipso multarum conclusionum cognitionem accipit: quod non convenit ei qui debilioris intellectus est, sed oportet quod ei singula explanentur. Ille igitur intellectus potest in causa cognoscere omnes causae effectus, et omnes rationes effectuum, qui causam totaliter comprehendit. Nullus autem intellectus creatus

1. Com efeito, Gregório diz: "O que não veriam aqueles que veem Aquele que tudo vê?" Ora, Deus é o que vê tudo. Logo, os que veem a Deus veem tudo.

2. ALÉM DISSO, aquele que olha num espelho vê tudo o que aí se reflete. Ora, tudo o que existe ou pode vir a existir reflete-se em Deus como num espelho, pois Deus conhece em si mesmo todas as coisas. Logo, quem quer que veja a Deus vê tudo o que existe e o que poderá existir.

3. ADEMAIS, quem conhece o mais pode também conhecer o menos, como se encontra no tratado *Sobre a alma*. Ora, tudo o que Deus faz ou pode fazer é menos que sua essência. Logo, quem quer que conheça a Deus pode conhecer tudo o que Deus faz ou pode fazer.

4. ADEMAIS, a criatura racional deseja naturalmente saber tudo. Se ao ver a Deus ela não sabe de tudo, seu desejo natural não ficará saciado e assim, vendo a Deus, não será bem-aventurada, o que é inadmissível. Logo, vendo a Deus, tudo conhece.

EM SENTIDO CONTRÁRIO, os anjos veem a Deus em essência e, no entanto, não sabem tudo. De acordo com Dionísio: "Os anjos inferiores são purificados de sua ignorância pelos anjos superiores". Além disso, os anjos ignoram os futuros contingentes e os pensamentos dos corações, coisas conhecidas apenas por Deus. Por conseguinte, quem quer que veja a essência de Deus não vê tudo.

RESPONDO. O intelecto criado, ao ver a essência divina, não vê nela tudo o que Deus faz ou pode fazer. É claro que há coisas que são vistas em Deus, como nele se encontram. Ora, tudo o que não é Deus nele se encontra como os efeitos estão, virtualmente, em sua causa. De modo que todas as coisas são vistas em Deus como o efeito é visto na causa. É claro, porém, que, quanto melhor se vê uma causa, mais numerosos serão os efeitos que se podem nela ver. Pois quem tem um intelecto superior, de um princípio de demonstração que lhe é proposto, imediatamente conhece conclusões múltiplas, o que não acontece com quem tem um intelecto mais débil, necessitando que cada coisa lhe seja explicada. Assim, aquele intelecto pode conhecer numa causa todos os seus efeitos e todas as razões desses efeitos, se compreende totalmente a causa. Ora, nenhum intelecto criado pode com-

---

1. C. 33: ML 77, 376 B.
2. C 4: 429, b, 3-4.
3. MG 3, 209 CD.

totaliter Deum comprehendere potest, ut ostensum est[4]. Nullus igitur intellectus creatus, videndo Deum, potest cognoscere omnia quae Deus facit vel potest facere: hoc enim esset comprehendere eius virtutem. Sed horum quae Deus facit vel facere potest, tanto aliquis intellectus plura cognoscit, quanto perfectius Deum videt.

AD PRIMUM ergo dicendum quod Gregorius loquitur quantum ad sufficientiam obiecti, scilicet Dei, quod, quantum in se est, sufficienter continet omnia et demonstrat. Non tamen sequitur quod unusquisque videns Deum omnia cognoscat: quia non perfecte comprehendit ipsum.

AD SECUNDUM dicendum quod videns speculum, non est necessarium quod omnia in speculo videat, nisi speculum visu suo comprehendat.

AD TERTIUM dicendum quod, licet maius sit videre Deum quam omnia alia, tamen maius est videre sic Deum quod omnia in eo cognoscantur, quam videre sic ipsum quod non omnia, sed pauciora vel plura cognoscantur in eo. Iam enim ostensum est[5] quod multitudo cognitorum in Deo, consequitur modum videndi ipsum vel magis perfectum vel minus perfectum.

AD QUARTUM dicendum quod naturale desiderium rationalis creaturae est ad sciendum omnia illa quae pertinent ad perfectionem intellectus; et haec sunt species et genera rerum, et rationes earum, quae in Deo videbit quilibet videns essentiam divinam. Cognoscere autem alia singularia, et cogitata et facta eorum, non est de perfectione intellectus creati, nec ad hoc eius naturale desiderium tendit: nec iterum cognoscere illa quae nondum sunt, sed fieri a Deo possunt. Si tamen solus Deus videretur, qui est fons et principium totius esse et veritatis, ita repleret naturale desiderium sciendi, quod nihil aliud quaereretur, et beatus esset. Unde dicit Augustinus, V *Confess*.[6]: *Infelix homo qui scit omnia illa* (scilicet creaturas), *te autem nescit: beatus autem qui te scit, etiam si illa nesciat. Qui vero te et illa novit, non propter illa beatior est, sed propter te solum beatus.*

preender totalmente a Deus, como já foi demonstrado. Por conseguinte, nenhum intelecto criado, vendo a Deus, pode conhecer tudo o que Deus faz ou pode fazer; isso significaria compreender todo o seu poder[j]. Mas, quanto às coisas que Deus faz ou pode fazer, um intelecto conhecerá tanto mais quanto mais perfeita for sua visão de Deus.

QUANTO AO 1º, portanto, deve-se dizer que Gregório fala aqui referindo-se à suficiência do objeto, isto é, de Deus, que, quanto está em si, contém e faz ver suficientemente todas as coisas. Daí não se segue que quem vê a Deus conheça todas as coisas, pois não o compreende perfeitamente.

QUANTO AO 2º, deve-se afirmar que quem vê num espelho não vê necessariamente tudo o que aí se reflete, a não ser que abarque o espelho com seu olhar.

QUANTO AO 3º, deve-se dizer que, embora ver a Deus seja mais que ver todo o restante, é algo maior ver a Deus, de tal modo que todas as coisas sejam nele conhecidas, do que vê-lo sem que todas as coisas, mas apenas poucas ou muitas, sejam nele conhecidas. Ora, acabamos de mostrar que a multiplidade de coisas conhecidas em Deus segue o modo mais ou menos perfeito pelo qual vemos a Ele mesmo.

QUANTO AO 4º, deve-se dizer que o desejo natural da criatura racional tende a saber tudo o que constitui a perfeição do intelecto: a saber, as espécies e os gêneros das coisas, e suas razões. Isso verá em Deus todo o que vir a essência divina. Conhecer os singulares, seus pensamentos e ações não faz parte da perfeição do intelecto, e seu desejo natural a isso não tende; tampouco conhecer as coisas que não existem e que Deus poderia fazer. No entanto, se somente Deus for visto, Ele, que é a fonte e o princípio de todo o ser e de toda a verdade, preencherá o desejo natural de saber, a tal ponto que nada mais se buscará; e assim se há de ser bem-aventurado. É o que leva Agostinho a dizer: "Infeliz o homem que conhece todas estas coisas (as criaturas) e no entanto te ignora! Bem-aventurado quem te conhece e ignora tudo o mais. Mas quem te conhece e a todas as coisas não é mais feliz em razão disso; é bem-aventurado graças a ti somente".

---

4. Art. praec.
5. In corpore.
6. C. 4: ML 32, 708.

j. "Compreender" no sentido preciso empregado no a. 7. "Compreender o poder de Deus" seria compreender Deus, pois seu poder está na medida de sua essência, infinito como ela, idêntico a ela.

Articulus 9
Utrum ea quae videntur in Deo a videntibus divinam essentiam per aliquas similitudines videantur

AD NONUM SIC PROCEDITUR. Videtur quod ea quae videntur in Deo, a videntibus divinam essentiam per aliquas similitudines videantur.

1. Omnis enim cognitio est per assimilationem cognoscentis ad cognitum: sic enim intellectus in actu fit intellectum in actu, et sensus in actu sensibile in actu, inquantum eius similitudine informatur, ut pupilla similitudine coloris. Si igitur intellectus videntis Deum per essentiam intelligat in Deo aliquas creaturas, oportet quod earum similitudinibus informetur.

2. PRAETEREA, ea quae prius vidimus, memoriter tenemus. Sed Paulus, videns in raptu essentiam Dei, ut dicit Augustinus XII *super Gen. ad litteram*[1], postquam desiit essentiam Dei videre, recordatus est multorum quae in illo raptu viderat: unde ipse dicit quod *audivit arcana verba, quae non licet homini loqui*, 2Cor 12,4. Ergo oportet dicere quod aliquae similitudines eorum quae recordatus est, in eius intellectu remanserint. Et eadem ratione, quando praesentialiter videbat Dei essentiam, eorum quae in ipsa videbat, aliquas similitudines vel species habebat.

SED CONTRA est quod per unam speciem videtur speculum, et ea quae in speculo apparent. Sed omnia sic videntur in Deo sicut in quodam speculo intelligibili. Ergo, si ipse Deus non videtur per aliquam similitudinem, sed per suam essentiam; nec ea quae in ipso videntur, per aliquas similitudines sive species videntur.

RESPONDEO dicendum quod videntes Deum per essentiam, ea quae in ipsa essentia Dei vident, non vident per aliquas species, sed per ipsam essentiam divinam intellectui eorum unitam. Sic enim cognoscitur unumquodque, secundum quod similitudo eius est in cognoscente. Sed hoc contingit dupliciter. Cum enim quaecumque uni et eidem sunt similia, sibi invicem sint similia, virtus cognoscitiva dupliciter assimilari potest alicui cognoscibili. Uno modo, secundum se, quando directe eius similitudine informatur: et

Artigo 9
As coisas vistas em Deus por aqueles que veem a essência divina são vistas por intermédio de certas semelhanças?

QUANTO AO NONO, ASSIM SE PROCEDE: parece que as coisas em Deus **são vistas** por intermédio de certas semelhanças.

1. Com efeito, todo conhecimento se realiza por assimilação do sujeito que conhece ao objeto conhecido. Assim, o intelecto em ato se torna o objeto conhecido em ato, como o sentido em ato se torna o objeto sensível em ato, enquanto é informado por uma semelhança. Por exemplo, a pupila pela semelhança da cor. Portanto, se o intelecto de quem vê a Deus em essência conhece em Deus algumas criaturas, é necessário que seja informado pelas semelhanças dessas criaturas.

2. ALÉM DISSO, guardamos na memória o que já vimos. Ora, Paulo, vendo a essência divina num arrebatamento, no dizer de Agostinho, lembrou-se, depois que parou de ver a essência divina, de muitas coisas que havia visto em seu arrebatamento, pois diz na segunda Carta aos Coríntios que: "Ouviu palavras misteriosas, que não é permitido ao homem falar". Logo, deve-se afirmar que algumas semelhanças das coisas de que se lembrou permaneceram em seu intelecto. Por essa mesma razão, quando via a essência de Deus presente, tinha semelhanças ou representações das coisas que nela via.

EM SENTIDO CONTRÁRIO, o espelho e todas as coisas que nele aparecem são vistos numa representação única. Ora, tudo é visto em Deus, como num espelho inteligível. Logo, se o próprio Deus não é visto por meio de uma semelhança, mas em sua essência, tampouco o que nele é visto o será por semelhanças ou representações.

RESPONDO. Os que veem a Deus em sua essência não veem as coisas que nele veem por representações, mas pela própria essência divina unida a seu intelecto. Assim é conhecida cada coisa conforme sua semelhança está no sujeito que conhece. Isto, porém, acontece de dois modos. Como duas coisas semelhantes a uma terceira são semelhantes entre si, uma faculdade cognitiva pode ser assimilada a um objeto cognoscível de duas maneiras. Primeiramente, por si próprio, quando diretamente ela é informada pela seme-

---

9 PARALL.: III *Sent.*, dist. 14, a. 1, q.la 4, 5; *De Verit.*, q. 8, a. 5.

1. C. 28: ML 34, 478; c. 34: ibid. 482. — Cfr. *de Videndo Deo*, ad Paulinam, Epist. 147 (al. 112), c. 13: ML 33, 610.

tunc cognoscitur illud secundum se. Alio modo, secundum quod informatur specie alicuius quod est ei simile: et tunc non dicitur res cognosci in seipsa, sed in suo simili. Alia enim est cognitio qua cognoscitur aliquis homo in seipso, et alia qua cognoscitur in sua imagine. Sic ergo, cognoscere res per earum similitudines in cognoscente existentes, est cognoscere eas in seipsis, seu in propriis naturis: sed cognoscere eas prout earum similitudines praeexistunt in Deo, est videre eas in Deo. Et hae duae cognitiones differunt. Unde secundum illam cognitionem qua res cognoscuntur a videntibus Deum per essentiam in ipso Deo, non videntur per aliquas similitudines alias; sed per solam essentiam divinam intellectui praesentem, per quam et Deus videtur.

AD PRIMUM ergo dicendum quod intellectus videntis Deum assimilatur rebus quae videntur in Deo, inquantum unitur essentiae divinae, in qua rerum omnium similitudines praeexistunt.

AD SECUNDUM dicendum quod aliquae potentiae cognoscitivae sunt, quae ex speciebus primo conceptis alias formare possunt. Sicut imaginatio ex praeconceptis speciebus montis et auri, format speciem montis aurei: et intellectus ex praeconceptis speciebus generis et differentiae, format rationem speciei. Et similiter ex similitudine imaginis formare possumus in nobis similitudinem eius cuius est imago. Et sic Paulus, vel quicumque alius videns Deum, ex ipsa visione essentiae divinae potest formare in se similitudines rerum quae in essentia divina videntur: quae remanserunt in Paulo etiam postquam desiit Dei essentiam videre. Ista tamen visio, qua videntur res per huiusmodi species sic conceptas, est alia a visione qua videntur res in Deo.

ARTICULUS 10
Utrum videntes Deum per essentiam simul videant omnia quae in ipso vident

AD DECIMUM SIC PROCEDITUR. Videtur quod videntes Deum per essentiam non simul videant omnia quae in ipso vident.

lhança dele: nesse caso, a coisa é conhecida em si mesma. Em segundo lugar, quando a faculdade cognitiva é informada pela representação de um outro que a ela se assemelha; nesse caso, não se diz que a coisa é conhecida em si mesma, mas em seu semelhante. Um é o conhecimento pelo qual se conhece o homem em si mesmo, e outro o conhecimento pelo qual o homem se conhece em sua imagem. Assim, conhecer as coisas por meio das semelhanças existentes naquele que conhece é conhecê-las em si mesmas, em suas respectivas naturezas; mas conhecê-las segundo suas semelhanças preexistentes em Deus é vê-las em Deus. E esses dois conhecimentos diferem entre si. Por conseguinte, se falamos do conhecimento que se tem das coisas que são vistas em Deus por aqueles que veem a Deus em sua essência, não é por semelhanças distintas delas próprias que são vistas, mas pela única essência divina presente ao intelecto, e pela qual se vê o próprio Deus.

QUANTO AO 1º, portanto, deve-se dizer que o intelecto daquele que vê a Deus se assemelha às coisas que vê em Deus, na medida em que está unido à essência divina, em que preexistem as semelhanças de todas as coisas.

QUANTO AO 2º, deve-se dizer que existem faculdades cognoscitivas que a partir de representações anteriormente concebidas podem formar outras. Por exemplo, a imaginação, partindo das representações já concebidas de montanha e ouro, forma a representação de uma montanha de ouro; o intelecto, de representações já concebidas de gênero e de diferença, forma a razão de espécie. Assim, da semelhança de uma imagem, podemos formar em nós a semelhança daquilo que essa imagem representa. Por isso mesmo, Paulo ou qualquer outro, vendo a Deus, pode formar em si próprio, a partir da visão da essência divina, semelhanças das coisas que vê nesta essência. Essas semelhanças permaneceram em Paulo, depois de ter cessado de ver a essência divina. No entanto, esta visão das coisas por representações assim concebidas é distinta da visão das coisas em Deus.

ARTIGO 10
Os que veem a Deus em sua essência veem simultaneamente tudo o que nele veem?

QUANTO AO DÉCIMO, ASSIM SE PROCEDE: parece que os que veem a Deus em sua essência **não** veem simultaneamente tudo o que nele veem.

10 PARALL.: Infra, q. 58, a. 2; II *Sent.*, dist. 3, q. 2, a. 4; III, dist. 14, a. 2, q.la 4; *Cont. Gent.* III, 60; *De Verit.*, q. 8, a. 14; *Quodlib.* VII, q. 1, a. 2.

1. Quia, secundum Philosophum[1], contingit multa scire, intelligere vero unum. Sed ea quae videntur in Deo, intelliguntur: intellectu enim videtur Deus. Ergo non contingit a videntibus Deum simul multa videri in Deo.

2. Praeterea, Augustinus dicit, VIII *super Gen. ad litteram*[2], quod *Deus movet creaturam spiritualem per tempus*, hoc est per intelligentiam et affectionem. Sed creatura spiritualis est angelus, qui Deum videt. Ergo videntes Deum, successive intelligunt et afficiuntur: tempus enim successionem importat.

Sed contra est quod Augustinus dicit, ultimo *de Trin.*[3]: *non erunt volubiles nostrae cogitationes, ab aliis in alia euntes atque redeuntes; sed omnem scientiam nostram uno simul conspectu videbimus.*

Respondeo dicendum quod ea quae videntur in Verbo, non successive, sed simul videntur. Ad cuius evidentiam considerandum est, quod ideo nos simul non possumus multa intelligere, quia multa per diversas species intelligimus; diversis autem speciebus non potest intellectus unus simul actu informari ad intelligendum per eas, sicut nec unum corpus potest simul diversis figuris figurari. Unde contingit quod, quando aliqua multa una specie intelligi possunt, simul intelliguntur: sicut diversae partes alicuius totius, si singulae propriis speciebus intelligantur, successive intelliguntur, et non simul; si autem omnes intelligantur una specie totius, simul intelliguntur. Ostensum est[4] autem quod ea quae videntur in Deo, non videntur singula per suas similitudines, sed omnia per unam essentiam Dei. Unde simul, et non successive videntur.

Ad primum ergo dicendum quod sic unum tantum intelligimus, inquantum una specie intelligimus. Sed multa una specie intellecta, simul intelliguntur: sicut in specie hominis intelligimus animal et rationale, et in specie domus parietem et tectum.

1. Com efeito, segundo o Filósofo: "Pode-se saber muitas coisas, mas uma só conhecer". Ora, o que se vê em Deus se conhece, pois é pelo intelecto que se vê a Deus. Logo, aos que veem a Deus não ocorre ver simultaneamente muitas coisas.

2. Além disso, declara Agostinho: "Deus move a criatura espiritual no tempo", a saber, por pensamentos e afetos. Ora, a criatura espiritual é o anjo, que vê a Deus. Logo, os que veem a Deus conhecem e amam por atos sucessivos; pois o tempo implica sucessão.

Em sentido contrário, Agostinho escreve: "Nossos pensamentos não serão volúveis, indo e voltando de cá para lá; tudo o que soubermos, o veremos num único olhar".

Respondo. O que é visto no Verbo não será visto sucessivamente, mas simultaneamente. Para esclarecer isso, é preciso considerar que se não podemos conhecer simultaneamente muitas coisas é porque as conhecemos por várias representações. Ora, um único intelecto não pode simultaneamente estar informado em ato por representações diversas, para conhecer por meio delas. Assim como um único corpo não pode apresentar simultaneamente várias figuras. Eis por que, quando coisas numerosas podem ser conhecidas por uma única representação, são conhecidas simultaneamente. Por exemplo, quando diversas partes de um todo são conhecidas por meio de representações próprias de cada uma, são conhecidas sucessivamente, e não simultaneamente; mas, se todas as partes são conhecidas por uma única representação do todo, serão conhecidas simultaneamente. Ora, foi demonstrado que as coisas vistas em Deus não são vistas cada uma por sua própria representação, mas que todas são vistas na única essência divina. Por conseguinte, são vistas de maneira simultânea e não sucessiva.

Quanto ao 1º, portanto, deve-se dizer que conhecemos uma única coisa, se conhecemos em uma única representação. Mas muitas coisas conhecidas em uma única representação são conhecidas simultaneamente. Por exemplo, na representação do homem conhecemos o animal e o racional e na representação da casa, a parede e o teto.

---

1. II *Topic.*, c. 10: 114, b, 34-35.
2. C. 20: ML 34, 388; c. 22; ibid. 389.
3. C. 16: ML 42, 1079.
4. Art. praec.

AD SECUNDUM dicendum quod angeli, quantum ad cognitionem naturalem, qua cognoscunt res per species diversas eis inditas, non simul omnia cognoscunt: et sic moventur, secundum intelligentiam, per tempus. Sed secundum quod vident res in Deo, simul eas vident.

QUANTO AO 2º, deve-se dizer que os anjos, quando se trata do conhecimento natural pelo qual conhecem as coisas por diversas representações infusas, não conhecem tudo simultaneamente. Por isso, quanto ao entendimento, movem-se no tempo. Mas, conforme veem as coisas em Deus, as veem simultaneamente.

ARTICULUS 11
Utrum aliquis in hac vita possit videre Deum per essentiam

ARTIGO 11
Pode alguém nesta vida ver a Deus em sua essência?

AD UNDECIMUM SIC PROCEDITUR. Videtur quod aliquis in hac vita possit Deum per essentiam videre.

1. Dicit enim Iacob, Gn 32,30: *vidi Deum facie ad faciem*. Sed videre facie ad faciem, est videre per essentiam, ut patet per illud quod dicitur 1Cor 13,12: *videmus nunc per speculum et in aenigmate, tunc autem facie ad faciem*. Ergo Deus in hac vita per essentiam videri potest.

2. PRAETEREA, Nm 12,8, dicit Dominus de Moyse: *ore ad os loquor ei, et palam, et non per aenigmata et figuras, videt Deum*. Sed hoc est videre Deum per essentiam. Ergo aliquis in statu huius vitae potest Deum per essentiam videre.

3. PRAETEREA, illud in quo alia omnia cognoscimus et per quod de aliis iudicamus, est nobis secundum se notum. Sed omnia etiam nunc in Deo cognoscimus. Dicit enim Augustinus, XII *Conf.*[1]: *Si ambo videmus verum esse quod dicis, et ambo videmus verum esse quod dico, ubi quaeso illud videmus? Nec ego in te, nec tu in me: sed ambo in ipsa quae supra mentes nostras est, incommutabili veritate.* Idem etiam, in libro *de Vera Religione*[2], dicit quod secundum veritatem divinam de omnibus iudicamus. Et XII *de Trinit.*[3] dicit quod *rationis est iudicare de istis corporalibus secundum rationes incorporales et sempiternas: quae nisi supra mentem essent, incommutabiles profecto non essent.* Ergo et in hac vita ipsum Deum videmus.

4. PRAETEREA, secundum Augustinum, XII *super Gen. ad litt.*[4], visione intellectuali videntur ea quae sunt in anima per suam essentiam. Sed visio

QUANTO AO DÉCIMO PRIMEIRO, ASSIM SE PROCEDE: parece que alguém **pode** ver a Deus em sua essência.

1. Com efeito, Jacó diz: "Vi a Deus face a face". Ora, ver face a face é ver a essência, como se constata na primeira Carta aos Coríntios: "Agora vemos em espelho e em enigma; mas então será face a face". Logo, pode-se nesta vida ver a Deus em sua essência.

2. ALÉM DISSO, diz o Senhor de Moisés: "Falo-lhe de viva voz e às claras, e vê a Deus não em enigmas ou figuras". Ora, nisto consiste ver a Deus em sua essência. Logo, alguém pode nesta vida ver a Deus em sua essência.

3. ADEMAIS, aquilo em que tudo conhecemos e pelo qual julgamos tudo o mais, é-nos conhecido por si mesmo. Ora, mesmo agora, conhecemos tudo em Deus, pois Agostinho escreve: "Se ambos vemos que o que tu dizes é verdadeiro, se ambos também vemos que o que digo é verdadeiro, onde então, te pergunto, o vemos? Nem eu em ti nem tu em mim; mas ambos na própria imutável verdade, que se encontra acima de nossos intelectos". E em outro trecho o próprio Agostinho diz: "É segundo a verdade divina que tudo julgamos"; e ainda em outro trecho afirma: "Cabe à razão julgar as coisas corporais segundo razões incorpóreas e eternas, que, se não estivessem elas mesmas acima da alma humana, não seriam imutáveis". Logo, ainda nesta vida vemos a Deus.

4. ADEMAIS, segundo Agostinho, é por uma visão intelectual que se vê tudo o que está na alma em sua essência. Ora, o objeto da visão intelectual

---

11 PARALL.: II-II, q. 180, a. 5; III *Sent.*, dist. 27, q. 3, a. 1; dist. 35, q. 2, a. 2, q.la 2; IV, dist. 49, q. 2, a. 7; *Cont. Gent.* III, 47; *De Verit.*, q. 10, a. 2; *Quodlib.* I, q. 1; 2Cor, c. 12, lect. 1.

1. C. 25: ML 32, 840.
2. C. 31: ML 34, 147-148.
3. C. 2: ML 42, 999.
4. C. 24: ML 34, 474; c. 31: ibid. 479.

intellectualis est de rebus intelligibilibus, non per aliquas similitudines, sed per suas essentias, ut ipse ibidem dicit. Ergo, cum Deus sit per essentiam suam in anima nostra per essentiam suam videtur a nobis.

SED CONTRA est quod dicitur Ex 33,20: *non videbit me homo et vivet*. Glossa[5]: *Quandiu hic mortaliter vivitur, videri per quasdam imagines Deus potest, sed per ipsam naturae suae speciem non potest.*

RESPONDEO dicendum quod ab homine puro Deus videri per essentiam non potest, nisi ab hac vita mortali separetur. Cuius ratio est quia, sicut supra[6] dictum est, modus cognitionis sequitur modum naturae rei cognoscentis. Anima autem nostra, quandiu in hac vita vivimus, habet esse in materia corporali: unde naturaliter non cognoscit aliqua nisi quae habent formam in materia, vel quae per huiusmodi cognosci possunt. Manifestum est autem quod per naturas rerum materialium divina essentia cognosci non potest: ostensum est enim supra[7] quod cognitio Dei per quamcumque similitudinem creatam, non est visio essentiae ipsius. Unde impossibile est animae hominis secundum hanc vitam viventis, essentiam Dei videre. — Et huius signum est, quod anima nostra, quanto magis a corporalibus abstrahitur, tanto intelligibilium abstractorum fit capacior. Unde in somniis et alienationibus a sensibus corporis, magis divinae revelationes percipiuntur, et praevisiones futurorum. Quod ergo anima elevetur usque ad supremum intelligibilium, quod est essentia divina, esse non potest quandiu hac mortali vita utitur.

são as realidades inteligíveis não por semelhanças, mas por suas essências, como ele diz nessa mesma passagem. Logo, como Deus está em nossa alma por sua essência, em sua essência é igualmente visto por nós.

EM SENTIDO CONTRÁRIO, Deus diz no livro do Êxodo: "O homem não me verá e viverá". A esse respeito, a *Glosa* escreve: "Enquanto aqui vivemos nossa vida mortal, podemos ver a Deus por imagens, não porém pela própria representação de sua natureza".

RESPONDO. O homem não pode ver a Deus em sua essência, a menos que deixe essa vida mortal. Pois o modo do conhecimento segue o modo da natureza daquele que conhece, como foi dito. Ora, nossa alma, enquanto estivermos nesta vida, tem o ser numa matéria corporal; por isso, naturalmente, só conhece as coisas que têm a forma unida à matéria, ou que podem ser conhecidas por intermédio dela. Ora, é claro que mediante as naturezas das coisas materiais a essência divina não pode ser conhecida, pois foi demonstrado acima que o conhecimento de Deus, por meio de qualquer semelhança criada, não é a visão de sua essência. É então impossível à alma humana, enquanto aqui vive, ver a essência divina. — Sinal de tudo isso é que, quanto mais nossa alma se abstrai das coisas corporais, tanto mais se torna capaz dos inteligíveis, abstraídos da matéria. Por isso, nos sonhos e no alheamento dos sentidos do corpo, percebem-se melhor as revelações divinas e as previsões do futuro. Logo, que a alma seja elevada ao inteligível supremo, que é a essência divina, isto não pode acontecer enquanto estivermos nesta vida mortal[k].

---

5. Glossa ord. ex s. Greg. XVIII *Moral*., c. 54 (al. 37): ML 76, 92.
6. A. 4.
7. A. 2.

---

k. A argumentação deste artigo é desconcertante: não se afirmou e demonstrou acima que todo intelecto criado, tenha ele o ser em uma matéria ou pertença a uma forma subsistente, é por natureza incapaz de ver a essência divina, mas, pela graça, pode tornar-se capaz (ver acima, a. 4)? Demonstra-se aqui justamente que o intelecto humano nesta vida é incapaz por natureza de ver a Deus, mas não se demonstra, ao que parece, que ele não possa tornar-se capaz de vê-lo por graça. Mais do que isso, na r. 2, a possibilidade de semelhante graça é reconhecida a propósito de Moisés e de Paulo. A dificuldade provém da extrema concisão do raciocínio. Na r. 2, especifica-se que a visão de Deus só pode ser concedida nesta vida *supernaturaliter et praeter rerum ordinem*: sobrenaturalmente (é o caso de toda graça) e fora das leis da natureza, isto é, miraculosamente. A argumentação do artigo consiste no seguinte: enquanto a alma possui o ser em uma matéria, seu agir, mesmo que espiritual, permanece condicionado pela matéria. Deus transcende absolutamente toda matéria e toda condição material; não pode portanto ser diretamente objeto de uma operação do homem, mas apenas indiretamente, pela mediação de um objeto condicionado pela matéria; e já se mostrou acima que tal operação não pode ser a visão de Deus. Se a graça da luz da glória é concedida a um homem nesta vida, não somente o espírito desse homem será elevado sobrenaturalmente ao objeto divino, mas ainda, de modo miraculoso, ele será libertado das condições naturais de seu agir, para que sua alma possa efetuar uma operação na qual o corpo não tem parte alguma. Por meio de um discreto deslizamento de sentido, *naturaliter* e *supernaturaliter* passam a designar, além da noção fundamental de superação da natureza (nesse sentido, a graça da revelação do mistério de Deus acolhida pela fé e pelas outras virtudes teologais que constituem o filho de Deus é evidentemente "sobrenatural"), a transgressão das leis da natureza,

AD PRIMUM ergo dicendum quod, secundum Dionysium, 4 cap. *Cael. Hier.*⁸, sic in Scripturis dicitur aliquis Deum vidisse, inquantum formatae sunt aliquae figurae, vel sensibiles vel imaginariae, secundum aliquam similitudinem aliquod divinum repraesentantes. Quod ergo dicit Iacob, *vidi Deum facie ad faciem*, referendum est, non ad ipsam divinam essentiam, sed ad figuram in qua repraesentabatur Deus. Et hoc ipsum ad quandam prophetiae eminentiam pertinet, ut videatur persona Dei loquentis, licet imaginaria visione; ut infra⁹ patebit, cum de gradibus Prophetiae loquemur. — Vel hoc dicit Iacob ad designandam quandam eminentiam intelligibilis contemplationis, supra communem statum.

AD SECUNDUM dicendum quod, sicut Deus miraculose aliquid supernaturaliter in rebus corporeis operatur, ita etiam et supernaturaliter, et praeter communem ordinem, mentes aliquorum in hac carne viventium, sed non sensibus carnis utentium, usque ad visionem suae essentiae elevavit; ut dicit Augustinus, XII *super Gen. ad litt.*¹⁰, et in libro *de Videndo Deum*¹¹, de Moyse, qui fuit magister Iudaeorum, et Paulo, qui fuit magister Gentium. Et de hoc plenius tractabitur, cum de Raptu agemus¹².

AD TERTIUM dicendum quod omnia dicimur in Deo videre, et secundum ipsum de omnibus iudicare, inquantum per participationem sui luminis omnia cognoscimus et diiudicamus: nam et ipsum lumen naturale rationis participatio quaedam est divini luminis; sicut etiam omnia sensibilia dicimus videre et iudicare in sole, id est per lumen solis. Unde dicit Augustinus, I *Soliloquiorum*¹³. *Disciplinarum spectamina videri non possunt, nisi aliquo velut suo sole illustrentur*, videlicet Deo. Sicut ergo ad videndum aliquid sensibiliter, non est necesse quod videatur substantia solis, ita ad videndum aliquid intelligibiliter non est necessarium quod videatur essentia Dei.

AD QUARTUM dicendum quod visio intellectualis est eorum quae sunt in anima per suam essentiam sicut intelligibilia in intellectu. Sic autem Deus est in anima beatorum, non autem in anima nostra; sed per praesentiam, essentiam, et potentiam.

QUANTO AO 1º, portanto, deve-se dizer que segundo Dionísio, se a Escritura afirma que alguém viu a Deus é para significar que foram formadas algumas figuras sensíveis ou imaginárias, representando algo de divino por semelhança. Assim, quando Jacó exclama: "Vi Deus face a face", não deve se referir à essência divina, mas a alguma figura representando a Deus. Ademais, que se veja a pessoa de Deus que fala, isso pertence à sublimidade da profecia, mesmo que se trate de uma visão imaginária. Quando falarmos dos graus da profecia, isso ficará claro. — Ou, ainda, Jacó dizia isso para designar a sublimidade da contemplação intelectual, que supera o estado normal.

QUANTO AO 2º, deve-se dizer que, assim como Deus opera milagres de ordem sobrenatural no mundo dos corpos, da mesma maneira, sobrenaturalmente e além da ordem comum, elevou até a visão de sua essência a mente de certas criaturas humanas, vivendo na carne, mas não se servindo dos sentidos do corpo. É o que Agostinho diz de Moisés, o mestre dos judeus, e de Paulo, mestre das nações. Trataremos mais completamente disso quando falarmos do arrebatamento.

QUANTO AO 3º, deve-se dizer que vemos tudo em Deus e julgamos todas as coisas segundo Deus, na medida em que por participação na luz divina conhecemos todas as coisas e as julgamos, pois a luz natural da razão já é de certo modo participação dessa luz. Assim, dizemos ver e julgar todas as coisas sensíveis no sol, isto é, à luz do sol. Por isso, Agostinho pode escrever: "Os objetos sublimes das ciências não podem ser vistos se não são iluminados por algo como seu sol", a saber, por Deus. Como não é necessário, para ver sensivelmente algo, ver a substância do sol, tampouco é necessário, para ver algo intelectualmente, ver a essência de Deus.

QUANTO AO 4º, deve-se dizer que essa visão intelectual se refere às coisas que se encontram na alma por sua essência, como os inteligíveis estão no intelecto. É assim que Deus está na alma dos bem-aventurados, não na nossa porém, onde está por presença, essência e poder.

---

8. MG 3, 180 C.
9. II-II, q. 174, a. 3.
10. C. 26: ML 34, 476; c. 27: ibid. 477; c. 28: ibid. 478; c. 34: ibid. 482-483.
11. Epist. 147 (al. 112), c. 13: ML 33, 610-611.
12. II-II, q. 175, a. 3 sqq.
13. C. 8: ML 32, 877.

---

ou seja, o "miraculoso". A conclusão do artigo poderia ser, portanto, assim enunciada: é impossível ao homem, a não ser por milagre, ver a essência divina nesta vida terrena.

Articulus 12
Utrum per rationem naturalem Deum in hac vita cognoscere possimus

AD DUODECIMUM SIC PROCEDITUR. Videtur quod per naturalem rationem Deum in hac vita cognoscere non possimus.

1. Dicit enim Boetius, in libro *de Consol.*[1], quod *ratio non capit simplicem formam*. Deus autem maxime est simplex forma, ut supra[2] ostensum est. Ergo ad eius cognitionem ratio naturalis pervenire non potest.

2. PRAETEREA, ratione naturali sine phantasmate nihil intelligit anima, ut dicitur in III *de Anima*[3]. Sed Dei, cum sit incorporeus, phantasma in nobis esse non potest. Ergo cognosci non potest a nobis cognitione naturali.

3. PRAETEREA, cognitio quae est per rationem naturalem, communis est bonis et malis, sicut natura eis communis est. Sed cognitio Dei competit tantum bonis: dicit enim Augustinus, I *de Trin.*[4], quod *mentis humanae acies in tam excellenti luce non figitur, nisi per iustitiam fidei emundetur*. Ergo Deus per rationem naturalem cognosci non potest.

SED CONTRA est quod dicitur Rm 1,19: *quod notum est Dei, manifestum est in illis*, idest, quod cognoscibile est de Deo per rationem naturalem.

RESPONDEO dicendum quod naturalis nostra cognitio a sensu principium sumit: unde tantum se nostra naturalis cognitio extendere potest, inquantum manuduci potest per sensibilia. Ex sensibilibus autem non potest usque ad hoc intellectus noster pertingere, quod divinam essentiam videat: quia creaturae sensibiles sunt effectus Dei virtutem causae non adaequantes. Unde ex sensibilium cognitione non potest tota Dei virtus cognosci: et per consequens nec eius essentia videri. Sed quia sunt eius effectus a causa dependentes, ex eis in hoc perduci possumus, ut cognoscamus de Deo *an est*; et ut cognoscamus de ipso ea quae necesse est ei convenire secundum quod est prima omnium causa, excedens omnia sua causata. Unde cognoscimus de ipso habitudinem ipsius

Artigo 12
Nesta vida, podemos conhecer a Deus pela razão natural?

QUANTO AO DÉCIMO SEGUNDO, ASSIM SE PROCEDE: parece que nesta vida **não** podemos conhecer a Deus pela razão natural.

1. Com efeito, Boécio escreve: "A razão não capta uma *forma simples*". Ora, Deus é uma forma simples ao máximo, como foi demonstrado. Logo, a razão natural não pode chegar ao conhecimento de Deus.

2. ALÉM DISSO, no tratado *Sobre a alma* se diz que a alma, pela razão natural sem representação imaginativa, nada conhece. Ora, como Deus é incorpóreo, não podemos ter dele tal representação. Logo, não podemos conhecê-lo por um conhecimento natural.

3. ADEMAIS, conhecer pela razão natural é comum aos bons e aos maus, assim como a natureza é-lhes comum. Ora, o conhecimento de Deus cabe somente aos bons, pois Agostinho declara: "O olhar da mente humana não penetra numa luz tão sublime se não está purificado pela justiça da fé". Logo, Deus não pode ser conhecido pela razão natural.

EM SENTIDO CONTRÁRIO, se diz na Carta aos Romanos: "Pois o que é conhecido de Deus é para eles manifesto", a saber, o que de Deus é cognoscível pela razão natural.

RESPONDO. Nosso conhecimento natural se origina nos sentidos. Portanto, esse conhecimento natural pode se estender até onde pode ser conduzido pelos objetos sensíveis. Ora, a partir dos objetos sensíveis nosso intelecto não pode alcançar a visão da essência divina; porque as criaturas sensíveis são efeitos de Deus que não se igualam ao poder da causa. Por esta razão, a partir do conhecimento das coisas sensíveis, não se pode conhecer todo o poder de Deus, nem por conseguinte ver sua essência. No entanto, como são efeitos que dependem da causa, podemos ser por eles conduzidos a conhecer de Deus *se é*; e a conhecer aquilo que é necessário que lhe convenha como à causa primeira universal, que transcende todos os os seus efeitos. Por isso, conhecemos sua

---

12 PARALL.: Infra, q. 32, a. 1; q. 86, a. 2, ad 1; I. *Sent.*, dist. 3, q. 1, a. 1; III, dist. 27, q. 3, a. 1; *Cont. Gent.* IV, 1; in Boet. *de Trin.*, q. 1, a. 2; Rm, c. 1, lect. 6.

1. Lib. V, prosa 4: ML 63, 849 B.
2. Q. 3, a. 7.
3. C. 7: 431, a, 16-17.
4. C. 2: ML 42, 822.

ad creaturas, quod scilicet omnium est causa; et differentiam creaturarum ab ipso, quod scilicet ipse non est aliquid eorum quae ab eo causantur; et quod haec non removentur ab eo propter eius defectum, sed quia superexcedit.

AD PRIMUM ergo dicendum quod ratio ad formam simplicem pertingere non potest, ut sciat de ea *quid est*: potest tamen de ea cognoscere, ut sciat *an est*.

AD SECUNDUM dicendum quod Deus naturali cognitione cognoscitur per phantasmata effectus sui.

AD TERTIUM dicendum quod cognitio Dei per essentiam, cum sit per gratiam, non competit nisi bonis: sed cognitio eius quae est per rationem naturalem, potest competere bonis est malis. Unde dicit Augustinus, in libro *Retractationum*[5]: *Non approbo quod in oratione*[6] *dixi, "Deus, qui non nisi mundos verum scire voluisti": responderi enim potest, multos etiam non mundos multa scire vera*, scilicet per rationem naturalem.

relação com as criaturas, a saber, que é causa de todas elas, e a diferença das criaturas com relação a Deus, a saber, que Ele não é nada do que são seus efeitos. Enfim, que tudo isso lhe é negado não por deficiência sua, mas em razão de sua excelência.

QUANTO AO 1º, portanto, deve-se dizer que a razão não pode captar uma forma simples a ponto de saber o *que é*, mas pode a respeito dela conhecer *se é*.

QUANTO AO 2º, deve-se dizer que Deus é conhecido naturalmente por meio das representações imaginativas de seus efeitos.

QUANTO AO 3º, deve-se dizer que o conhecimento de Deus em sua essência, sendo um efeito da graça, só cabe aos bons; porém, o conhecimento de Deus pela razão natural pode caber tanto aos bons quanto aos maus. Por isso, Agostinho, em suas *Retratações*, assim se exprime: "Não aprovo o que eu disse nesta oração: 'Ó Deus, que quisestes que só os puros conheçam a verdade'. Podemos responder que muitos, mesmo os não puros, conhecem muitas verdades", a saber, pela razão natural.

ARTICULUS 13
Utrum per gratiam habeatur altior cognitio Dei quam ea quae habetur per rationem naturalem

AD DECIMUMTERTIUM SIC PROCEDITUR. Videtur quod per gratiam non habeatur altior cognitio. Dei, quam ea quae habetur per naturalem rationem.

1. Dicit enim Dionysium, in libro *de Mystica Theologia*[1], quod ille qui melius unitur Deo in hac vita, unitur ei sicut omnino ignoto: quod etiam de Moyse dicit, qui tamen excellentiam quandam obtinuit in gratiae cognitione. Sed coniungi Deo ignorando de eo *quid est*, hoc contingit etiam per rationem naturalem. Ergo per gratiam non plenius cognoscitur a nobis Deus, quam per rationem naturalem.

2. PRAETEREA, per rationem naturalem in cognitionem divinorum pervenire non possumus nisi per phantasmata: sic etiam nec secundum cognitionem gratiae. Dicit enim Dionysius, 1 cap.

ARTIGO 13
Pela graça, se tem um conhecimento mais elevado de Deus que pela razão natural?

QUANTO AO DÉCIMO TERCEIRO, ASSIM SE PROCEDE: parece que, pela graça, **não** se tem conhecimento mais elevado de Deus do que pela razão natural.

1. Com efeito, Dionísio escreve: "Quem, nesta vida, está mais unido a Deus está unido a Ele como ao totalmente desconhecido". O mesmo ele diz de Moisés, se bem que este tenha alcançado excelência particular no conhecimento da graça. Ora, estar unido a Deus ignorando o *que Ele é*, isso ocorre também pela razão natural. Logo, Deus não é mais plenamente conhecido por nós pela graça do que pela razão natural.

2. ALÉM DISSO, pela razão natural não podemos chegar ao conhecimento das coisas divinas a não ser por representações imaginativas. Assim, tampouco pelo conhecimento da graça, pois Dio-

---

5. Lib. I, c. 4: ML 32, 589.
6. *Soliloq.*, 1. I, c. 1: ML 32, 870.

1. C. 1: MG 3, 1000 CD-1001 A.

*de Cael. Hier.*², quod *impossibile est nobis aliter lucere divinum radium, nisi varietate sacrorum velaminum circumvelatum*. Ergo per gratiam non plenius cognoscimus Deum, quam per rationem naturalem.

3. PRAETEREA, intellectus noster per gratiam fidei Deo adhaeret. Fides autem non videtur esse cognitio: dicit enim Gregorius, in Homil.³, quod ea quae non videntur *fidem habent, et non agnitionem*. Ergo per gratiam non additur nobis aliqua excellentior cognitio de Deo.

SED CONTRA est quod dicit Apostolus, 1Cor 2,10: *nobis revelavit Deus per Spiritum suum*, illa scilicet quae *nemo principum huius saeculi novit* [ib. v. 8], idest *philosophorum*, ut exponit Glossa⁴.

RESPONDEO dicendum quod per gratiam perfectior cognitio de Deo habetur a nobis, quam per rationem naturalem. Quod sic patet. Cognitio enim quam per naturalem rationem habemus, duo requirit: scilicet, phantasmata ex sensibilibus accepta, et lumen naturale intelligibile, cuius virtute intelligibiles conceptiones ab eis abstrahimus. Et quantum ad utrumque, iuvatur humana cognitio per revelationem gratiae. Nam et lumen naturale intellectus confortatur per infusionem luminis gratuiti. Et interdum etiam phantasmata in imaginatione hominis formantur divinitus, magis exprimentia res divinas, quam ea quae naturaliter a sensibilibus accipimus; sicut apparet in visionibus prophetalibus. Et interdum etiam aliquae res sensibiles formantur divinitus, aut etiam voces, ad aliquid divinum exprimendum; sicut in baptismo visus est Spiritus Sanctus in specie columbae, et vox Patris audita est, *hic est Filius meus dilectus* Mt 3,17.

AD PRIMUM ergo dicendum quod, licet per revelationem gratiae in hac vita non cognoscamus de Deo *quid est*, et sic ei quasi ignoto coniungamur; tamen plenius ipsum cognoscimus, inquantum plures et excellentiores effectus eius nobis demonstrantur; et inquantum ei aliqua attribuimus ex revelatione divina, ad quae ratio naturalis non pertingit, ut Deum esse trinum et unum.

nísio escreve: "O raio da luz divina só nos pode iluminar envolto na variedade dos véus sagrados". Logo, Deus não é mais plenamente conhecido por nós pela graça do que pela razão natural.

3. ADEMAIS, nosso intelecto se une a Deus pela graça da fé. Ora, a fé não parece ser conhecimento, pois Gregório diz: "As coisas invisíveis são objeto de fé, não de conhecimento". Logo, a graça não nos proporciona um conhecimento de Deus mais excelente.

EM SENTIDO CONTRÁRIO, o Apóstolo escreve na primeira Carta aos Coríntios: "Deus nos revelou por seu Espírito coisas que nenhum dos príncipes deste mundo conheceu", isto é, segundo a *Glosa*, os filósofos.

RESPONDO. Pela graça temos um conhecimento de Deus mais perfeito que pela razão natural. Eis a prova. O conhecimento que temos pela razão natural requer duas coisas: representações imaginativas recebidas das coisas sensíveis e a luz inteligível natural, em virtude do que abstraímos dessas representações os conceitos inteligíveis. Ora, com respeito a uma e outra, a revelação da graça ajuda o conhecimento humano. Assim, a luz natural do intelecto é reforçada pela infusão da luz da graça. Assim também, às vezes, representações imaginativas são formadas pela intervenção divina na imaginação humana, as quais exprimem muito melhor as coisas divinas do que as que naturalmente recebemos das coisas sensíveis. Por exemplo, no caso das visões proféticas. Outras vezes, algumas coisas sensíveis também são formadas por ação divina, ou ainda por vozes, para exprimir algo divino. Por exemplo, no batismo de Cristo, o Espírito Santo foi visto sob a representação de uma pomba, e a voz do Pai se fez ouvir: "Este é meu Filho bem-amado".

QUANTO AO 1º, portanto, deve-se dizer que embora pela revelação da graça nesta vida não conheçamos de Deus o *que Ele é*, e a Ele estejamos unidos como a um desconhecido, nós o conhecemos mais plenamente, pois efeitos mais numerosos e mais excelentes dele nos são manifestados; e também porque, pela revelação divina, nós lhe atribuímos algumas coisas que a razão natural não capta, por exemplo que Deus é trino e uno.

---

2. MG 3, 121 B.
3. Homil. 26 in *Evang.*: ML 76, 1202 A.
4. Glossa *interlinearis*, quam composuit ANSELMUS LAUDUNENSIS († 1117) vide ML 30, 722 C.

AD SECUNDUM dicendum quod ex phantasmatibus, vel a sensu acceptis secundum naturalem ordinem, vel divinitus in imaginatione formatis, tanto excellentior cognitio intellectualis habetur, quanto lumen intelligibile in homine fortius fuerit. Et sic per revelationem ex phantasmatibus plenior cognitio accipitur, ex infusione divini luminis.

AD TERTIUM dicendum quod fides cognitio quaedam est, inquantum intellectus determinatur per fidem ad aliquod cognoscibile. Sed haec determinatio ad unum non procedit ex visione credentis, sed a visione eius cui creditur. Et sic, inquantum deest visio, deficit a ratione cognitionis quae est in scientia: nam scientia determinat intellectum ad unum per visionem et intellectum primorum principiorum.

Quanto ao 2º, deve-se dizer que o conhecimento intelectual proveniente das representações imaginativas, quer as recebidas dos sentidos de acordo com a ordem natural, quer as formadas na imaginação por uma intervenção de Deus, é tanto mais excelente quanto mais forte é no homem a luz intelectual. Assim, no caso da revelação, tem-se um conhecimento mais profundo proveniente das representações imaginativas, graças à infusão da luz divina, pela infusão divina.

Quanto ao 3º, deve-se dizer que a fé é uma espécie de conhecimento, enquanto o intelecto é determinado pela fé a algo cognoscível. Mas esta determinação a algo não procede da visão daquele que crê, mas da visão daquele em quem se crê. Assim, quando falta a visão, a fé como conhecimento é inferior à ciência[1]; pois a ciência determina o intelecto a algo pela visão e pelo entendimento dos primeiros princípios.

---

1. Inferior à ciência *como conhecimento*, ou seja, na maneira de conhecer, a fé permanece bem superior a ela quanto às verdades conhecidas. Estas transcendem a ordem das verdades que as ciências humanas conhecem e são vitais, princípio da vida eterna. Quanto à ciência teológica, ela sem dúvida tem acesso a tal ordem transcendente de verdades, mas, em relação a elas, sua inferioridade diante da fé permanece, pois é pela fé que vemos tais verdades como certas, e é essa certeza da fé que se comunica à teologia e lhe confere a certeza racional sem a qual ela não seria uma ciência.

QUAESTIO XIII
DE NOMINIBUS DEI
in duodecim articulos divisa

Consideratis his quae ad divinam cognitionem pertinent, procedendum est ad considerationem divinorum nominum: unumquodque enim nominatur a nobis, secundum quod ipsum cognoscimus.

Circa hoc ergo quaeruntur duodecim.
Primo: utrum Deus sit nominabilis a nobis.
Secundo: utrum aliqua nomina dicta de Deo, praedicentur de ipso substantialiter.
Tertio: utrum aliqua nomina dicta de Deo, proprie dicantur de ipso; an omnia attribuantur ei metaphorice.
Quarto: utrum multa nomina dicta de Deo, sint synonyma.
Quinto: utrum nomina aliqua dicantur de Deo et creaturis univoce, vel aequivoce.
Sexto: supposito quod dicantur analogice, utrum dicantur de Deo per prius, vel de creaturis.
Septimo: utrum aliqua nomina dicantur de Deo ex tempore.

QUESTÃO 13
OS NOMES DIVINOS
em doze artigos

Depois de ter considerado o que se refere ao conhecimento de Deus, é preciso prosseguir, considerando os nomes que damos a Deus, pois nomeamos cada coisa na medida em que a conhecemos.

Sobre isso, são doze as perguntas:
1. Podemos dar nomes a Deus?
2. Certos nomes de Deus são-lhe atribuídos de maneira substancial?
3. Certos nomes são atribuídos a Deus em sentido próprio, ou todos o são em sentido metafórico?
4. Os numerosos nomes dados a Deus são sinônimos?
5. Existem nomes atribuídos a Deus e às criaturas em sentido unívoco ou equívoco?
6. Se por analogia, eles se aplicam por primeiro a Deus ou às criaturas?
7. Existe algum nome que se diga de Deus em sentido temporal?

Octavo: utrum hoc nomen *Deus* sit nomen naturae, vel operationis.
Nono: utrum hoc nomen *Deus* sit nomen communicabile.
Decimo: utrum accipiatur univoce vel aequivoce, secundum quod significat Deum per naturam et per participationem et secundum opinionem.
Undecimo: utrum hoc nomen *Qui est* sit maxime proprium nomen Dei.
Duodecimo: utrum propositiones affirmativae possint formari de Deo.

8. O nome *Deus* significa a natureza de Deus ou seu agir?
9. Este nome é comunicável?
10. Este nome tem significado unívoco ou equívoco, segundo signifique Deus por natureza, por participação ou por opinião?
11. *Aquele que é* é o nome mais próprio de Deus?
12. Podemos formular a respeito de Deus proposições afirmativas?

Articulus 1
Utrum aliquod nomen Deo conveniat

Ad primum sic proceditur. Videtur quod nullum nomen Deo conveniat.

1. Dicit enim Dionysius, 1 cap. *de Div. Nom.*[1], quod *neque nomen eius est, neque opinio.* Et Pr 30,4 dicitur: *Quod nomen eius, et quod nomen filii eius, si nosti?*

2. Praeterea, omne nomen aut dicitur in abstracto, aut in concreto. Sed nomina significantia in concreto, non competunt Deo, cum simplex sit: neque nomina significantia in abstracto, quia non significant aliquid perfectum subsistens. Ergo nullum nomen potest dici de Deo.

3. Praeterea, nomina significant substantiam cum qualitate; verba autem et participia significant cum tempore; pronomina autem cum demonstratione vel relatione. Quorum nihil competit Deo: quia sine qualitate est et sine omni accidente, et sine tempore; et sentiri non potest, ut demonstrari possit; nec relative significari, cum relativa sint aliquorum antedictorum recordativa, vel nominum, vel participiorum, vel pronominum demonstrativorum. Ergo Deus nullo modo potest nominari a nobis.

Sed contra est quod dicitur Ex 15,3: *Dominus quasi vir pugnator, Omnipotens nomen eius.*

Artigo 1
A Deus pode convir algum nome?

Quanto ao primeiro artigo, assim se procede: parece que **nenhum** nome convém a Deus.

1. Com efeito, diz Dionísio: "Não tem nome nem opinião". E os Provérbios: "Qual o seu nome? Qual o nome de seu filho? Tu o sabes?".

2. Além disso, todo nome significa ou abstrata ou concretamente. Ora, os nomes concretos não são próprios de Deus, pois Ele é simples. Tampouco os nomes abstratos, porque não significam alguma coisa perfeita subsistente. Logo, nenhum nome pode designar Deus[a].

3. Ademais, os substantivos significam a substância qualificada; os verbos e os particípios significam com indicação do tempo; os pronomes são demonstrativos ou relativos. Ora, nada disso é próprio de Deus, porque Deus é sem qualidade, sem qualquer acidente; está fora do tempo; não pode ser percebido pelos sentidos para que possa ser demonstrado; tampouco ser significado relativamente, pois os termos relativos nos remetem aos termos precedentes, nomes, particípios ou pronomes demonstrativos. Logo, Deus não pode de modo nenhum ser nomeado por nós.

Em sentido contrário, está no livro do Êxodo: "O Senhor é como um guerreiro, seu nome é Todo-Poderoso."

---

1 Parall.: I *Sent.*, dist. 1, expos. text., q.1a 6; dist. 22, a. 1; *De Div. Nom.*, c. 1, lect. 1, 3.
   1. MG 3, 593 A.

a. Um substantivo abstrato designa a forma pela qual um ente é o que é: *humanidade*. Essa forma é simples, mas existe apenas em um sujeito, não é um sujeito. O substantivo próprio designa o sujeito, o ente: *homem*. Todavia, no campo de nossa experiência, o sujeito não se identifica à forma, ele é portanto composto. Não dispomos de palavra capaz de significar uma *forma* que é um *sujeito*. Ora, em Deus, a forma é subsistente: Deus é a própria divindade.

RESPONDEO dicendum quod, secundum Philosophum², voces sunt signa intellectuum, et intellectus sunt rerum similitudines. Et sic patet quod voces referuntur ad res significandas, mediante conceptione intellectus. Secundum igitur quod aliquid a nobis intellectu cognosci potest, sic a nobis potest nominari. Ostensum est autem supra³ quod Deus in hac vita non potest a nobis videri per suam essentiam; sed cognoscitur a nobis ex creaturis, secundum habitudinem principii, et per modum excellentiae et remotionis. Sic igitur potest nominari a nobis ex creaturis: non tamen ita quod nomen significans ipsum, exprimat divinam essentiam secundum quod est, sicut hoc nomen *homo* exprimit sua significatione essentiam hominis secundum quod est: significat enim eius definitionem, declarantem eius essentiam; ratio enim quam significat nomen, est definitio⁴.

AD PRIMUM ergo dicendum quod ea ratione dicitur Deus non habere nomen, vel esse supra nominationem, quia essentia eius est supra id quod de Deo intelligimus et voce significamus.

AD SECUNDUM dicendum quod, quia ex creaturis in Dei cognitionem venimus, et ex ipsis eum nominamus, nomina quae Deo attribuimus, hoc modo significant, secundum quod competit creaturis materialibus, quarum cognitio est nobis connaturalis, ut supra⁵ dictum est. Et quia in huiusmodi creaturis, ea quae sunt perfecta et subsistentia, sunt composita; forma autem in eis non est aliquid completum subsistens, sed magis quo aliquid est: inde est quod omnia nomina a nobis imposita ad significandum aliquid completum subsistens, significant in concretione, prout competit compositis; quae autem imponuntur ad significandas formas simplices, significant aliquid non ut subsistens, sed ut quo aliquid est, sicut albedo significat ut quo aliquid est album. Quia igitur et Deus simplex est, et subsistens est, attribuimus ei et nomina abstracta, ad significandam simplicitatem eius; et nomina concreta, ad significandum subsistentiam et perfectionem ipsius: quamvis utraque nomina dificiant a modo ipsius, sicut intellectus noster non cognoscit eum ut est, secundum hanc vitam.

AD TERTIUM dicendum quod significare substantiam cum qualitate, est significare suppositum

RESPONDO. Segundo o Filósofo, as palavras são sinais dos conceitos, e os conceitos são semelhanças das coisas. Isto mostra que as palavras se referem às coisas às quais se dará significado por intermédio da concepção do intelecto. Segue-se que podemos nomear alguma coisa conforme nosso intelecto a pode conhecer. Ora, foi demonstrado acima que Deus, durante esta vida, não pode ser visto por nós em sua essência; mas nós o conhecemos a partir das criaturas segundo a relação de princípio, e pelo modo da excelência e da negação. Por conseguinte, podemos nomeá-lo a partir das criaturas, não porém a tal ponto que o nome que o significa exprima a essência divina tal qual ela é; como o nome *homem* exprime por sua significação a essência do homem conforme ele é, pois significa sua definição que leva a conhecer sua essência. Com efeito, a razão significada pelo nome é a definição.

QUANTO AO 1º, portanto, deve-se dizer que a razão pela qual se diz que Deus não tem nome, ou que está acima de denominação, é porque a essência de Deus está acima do que conhecemos dele e significamos com palavras.

QUANTO AO 2º, deve-se dizer que conhecemos Deus a partir das criaturas e a partir delas o nomeamos, por isso os nomes que atribuímos a Deus significam de acordo com o que é próprio das criaturas materiais, cujo conhecimento nos é conatural, como já foi dito. E porque entre essas criaturas as que subsistem e são perfeitas são compostas, pois sua forma não é algo completo subsistente, antes aquilo pelo qual algo é, resulta que todos os nomes pelos quais designamos algo completo subsistente tem uma significação concreta, como é próprio dos compostos; e os nomes que são impostos para designar formas simples significam algo, não como subsistente, mas aquilo pelo qual algo é. Assim a brancura designa aquilo pelo qual algo é branco. Deus sendo simples e subsistente, nós lhe atribuímos nomes abstratos para significar sua simplicidade e nomes concretos para significar sua subsistência e sua perfeição; embora um e outro nome sejam falhos quanto ao modo de Deus, uma vez que nosso intelecto não o conhece, nesta vida, tal como Ele é.

QUANTO AO 3º, deve-se dizer que significar a substância qualificada é significar o supósito

---

2. I *Perihermen.*, c. 1: 16, a, 13-14.
3. Q. 12, a. 11, 12.
4. *Metaph*. III, c. 7: 1012, a, 21-24.
5. Q. 12, a. 4.

cum natura vel forma determinata in qua subsistit. Unde, sicut de Deo dicuntur aliqua in concretione, ad significandum subsistentiam et perfectionem ipsius, sicut iam[6] dictum est, ita dicuntur de Deo nomina significantia substantiam cum qualitate. Verba vero et participia consignificantia tempus dicuntur de ipso, ex eo quod aeternitas includit omne tempus: sicut enim simplicia subsistentia non possumus apprehendere et significare nisi per modum compositorum, ita simplicem aeternitatem non possumus intelligere vel voce exprimere, nisi per modum temporalium rerum; et hoc propter connaturalitatem intellectus nostri ad res compositas et temporales. Pronomina vero demonstrativa dicuntur de Deo, secundum quod faciunt demonstrationem ad id quod intelligitur, non ad id quod sentitur: secundum enim quod a nobis intelligitur, secundum hoc sub demonstratione cadit. Et sic, secundum illum modum quo nomina et participia et pronomina demonstrativa de Deo dicuntur, secundum hoc et pronominibus relativis significari potest.

com a natureza ou forma determinada em que subsiste. Por isso, assim como são atribuídos a Deus nomes concretos para significar sua subsistência e perfeição, como acabamos de dizer, assim são atribuídos a ele nomes que significam a substância qualificada. Quanto aos verbos e aos particípios, que significam o tempo, dizem-se de Deus porque a eternidade inclui todos os tempos. Como não podemos apreender e significar o que é simples subsistente a não ser segundo o que é composto, tampouco podemos conhecer e exprimir em palavras a eternidade que é simples, a não ser segundo o que é temporal. E isto em razão da conaturalidade de nosso intelecto com as coisas compostas e temporais. Quanto aos pronomes demonstrativos, são atribuídos a Deus enquanto manifestam aquilo que é conhecido pelo intelecto, não aquilo que é percebido pelos sentidos. Pois é à medida que nosso intelecto o alcança que pode ser manifestado. E assim, segundo o modo pelo qual nomes, particípios e pronomes demonstrativos são ditos de Deus, segundo esse modo pode ser significado por pronomes relativos.

Articulus 2
Utrum aliquod nomen dicatur de Deo substantialiter

Ad secundum sic proceditur. Videtur quod nullum nomen dicatur de Deo substantialiter.

1. Dicit enim Damascenus[1]: *Oportet singulum eorum quae de Deo dicuntur, non quid est secundum substantiam significare, sed quid non est ostendere, aut habitudinem quandam, aut aliquid eorum quae assequuntur naturam vel operationem.*
2. Praeterea, dicit Dionysius, 1 cap. *de Div. Nom.*[2], *Omnem sanctorum theologorum hymnum invenires, ad bonos thearchiae processus, manifestative et laudative Dei nominationes dividentem*: et est sensus, quod nomina quae in divinam laudem sancti doctores assumunt, secundum processus ipsius Dei distinguuntur. Sed quod significat processum alicuius rei, nihil significat ad eius essentiam pertinens. Ergo nomina dicta de Deo, non dicuntur de ipso substantialiter.

Artigo 2
Algum nome é atribuído a Deus de maneira substancial?

Quanto ao segundo, assim se procede: parece que **nenhum** nome é atribuído a Deus de maneira substancial.

1. Com efeito, Damasceno escreve: "É necessário que cada um dos nomes atribuídos a Deus não signifique o que Ele é segundo sua substância, mas mostrar o que Ele não é, ou uma relação, ou o que decorre de sua natureza ou operação".
2. Além disso, Dionísio afirma: "Encontrarás um hino dos santos teólogos aos retos modos de proceder de Deus, que distingue as denominações de Deus, explicativas e de louvor". Isto significa que os nomes empregados pelos santos doutores para o louvor divino se distinguem segundo os modos de proceder de Deus. Mas o que significa o modo de proceder de uma coisa, nada significa da essência desta última. Logo, os nomes atribuídos a Deus não lhe são atribuídos de maneira substancial.

---

6. Ad 2.

2 Parall.: I *Sent.*, dist. 2, a. 2; *Cont. Gent.* I, 31; *De Pot.*, q. 7, a. 5.

1. *De Fide Orth.*, l. I, c. 9: MG 94, 836 A.
2. MG 3, 589 D.

3. Praeterea, secundum hoc nominatur aliquid a nobis, secundum quod intelligitur. Sed non intelligitur Deus a nobis in hac vita secundum suam substantiam. Ergo nec aliquod nomen impositum a nobis, dicitur de Deo secundum suam substantiam.

Sed contra est quod dicit Augustinus, VI *de Trin.*[3]: *Deo hoc est esse, quod fortem esse vel sapientem esse, et si quid de illa simplicitate dixeris, quo eius substantia significatur.* Ergo omnia nomina huiusmodi significant divinam substantiam.

Respondeo dicendum quod de nominibus quae de Deo dicuntur negative, vel quae relationem ipsius ad creaturam significant, manifestum est quod substantiam eius nullo modo significant, sed remotionem alicuius ab ipso, vel relationem eius ad alium, vel potius alicuius ad ipsum. Sed de nominibus quae absolute et affirmative de Deo dicuntur, sicut *bonus, sapiens*, et huiusmodi, multipliciter aliqui sunt opinati.

Quidam enim dixerunt quod haec omnia nomina, licet affirmative de Deo dicantur, tamen magis inventa sunt ad aliquid removendum a Deo, quam ad aliquid ponendum in ipso. Unde dicunt quod, cum dicimus Deum esse *viventem*, significamus quod Deus non hoc modo est, sicut res inanimatae: et similiter accipiendum est in aliis. Et hoc posuit Rabbi Moyses[4]. — Alii vero dicunt quod haec nomina imposita sunt ad significandum habitudinem eius ad creata: ut, cum dicimus *Deus est bonus*, sit sensus, *Deus est causa bonitatis in rebus.* Et eadem ratio est in aliis.

Sed utrumque istorum videtur esse inconveniens, propter tria. Primo quidem, quia secundum neutram harum positionum posset assignari ratio quare quaedam nomina magis de Deo dicerentur quam alia. Sic enim est causa corporum, sicut est causa bonorum: unde, si nihil aliud significatur, cum dicitur *Deus est bonus*, nisi *Deus est causa bonorum*, poterit similiter dici quod *Deus est corpus*, quia est causa corporum. Item, per hoc quod dicitur quod est corpus, removetur quod non sit ens in potentia tantum, sicut materia prima. — Secundo, quia sequeretur quod omnia nomina dicta de Deo, per posterius dicerentur de ipso: sicut *sanum* per posterius dicitur de medicina, eo quod significat hoc tantum quod sit causa sanitatis in animali, quod per prius dicitur sanum. — Tertio,

3. Ademais, nomeamos alguma coisa de acordo com nosso conhecimento a respeito dela. Ora, nesta vida, não conhecemos Deus segundo sua substância. Logo, nenhum dos nomes que dizemos de Deus é-lhe atribuído segundo sua substância.

Em sentido contrário, Agostinho diz: "Para Deus, ser é o mesmo que ser forte ou ser sábio e qualquer coisa que digamos dessa simplicidade pela qual é significada sua substância". Portanto, todos esses nomes significam a substância divina.

Respondo. Os nomes que atribuímos a Deus de maneira negativa, ou que exprimem uma relação de Deus com a criatura, é claro que não significam de modo nenhum sua substância, mas a negação de alguma coisa dele, ou sua relação com outra coisa, ou melhor, a relação de alguma coisa com ele. Mas a respeito dos nomes atribuídos a Deus de maneira absoluta e afirmativa, como *bom*, *sábio* e outros semelhantes, alguns têm múltiplas opiniões.

Assim, alguns disseram que todos esses nomes, ainda que sejam atribuídos de forma afirmativa, mais se destinam a negar alguma coisa de Deus, que a afirmar. Para eles, dizer que Deus é um *vivente* quer dizer que Ele não é como as coisas sem vida, e assim se deve entender dos demais. É essa a opinião do Rabi Moisés. — Outros dizem que esses nomes significam a relação de Deus com a criatura, de modo que quando dizemos: *Deus é bom*, isto quer dizer: *Deus é causa de bondade nas coisas*. E o mesmo para os outros nomes. Nenhuma dessas opiniões, porém, parece admissível, por três motivos:

1. Porque nenhuma dessas interpretações pode assinalar a razão por que alguns nomes são atribuídos melhor a Deus do que outros. Assim, Deus é causa dos corpos tanto quanto das coisas boas; portanto, se quando se diz: *Deus é bom*, significa apenas que *Deus é causa das coisas boas*, poder-se-ia dizer que *Deus é corpo* porque é a causa dos corpos. Igualmente, ao se dizer que é corpo, nega-se que seja um ente puramente em potência, como a matéria primeira.

2. Porque daí resultaria que todos os nomes atribuídos a Deus seriam atribuídos secundariamente. Por exemplo, dizemos de um remédio que é *sadio*, secundariamente, para significar apenas que ele é causa de saúde para o animal, o qual primeiramente, é dito são.

---

3. C. 4: ML 42, 927.
4. In libro *Doctor Perplexorum*, part. I, c. 58.

quia hoc est contra intentionem loquentium de Deo. Aliud enim intendunt dicere, cum dicunt Deum viventem, quam quod sit causa vitae nostrae, vel quod differat a corporibus inanimatis.

Et ideo aliter dicendum est, quod huiusmodi quidem nomina significant substantiam divinam, et praedicantur de Deo substantialiter, sed deficiunt a repraesentatione ipsius. Quod sic patet. Significant enim sic nomina Deum, secundum quod intellectus noster cognoscit ipsum. Intellectus autem noster, cum cognoscat Deum ex creaturis, sic cognoscit ipsum, secundum quod creaturae ipsum repraesentant. Ostensum est autem supra[5] quod Deus in se praehabet omnes perfectiones creaturarum, quasi simpliciter et universaliter perfectus. Unde quaelibet creatura intantum eum repraesentat, et est ei similis, inquantum perfectionem aliquam habet: non tamen ita quod repraesentet eum sicut aliquid eiusdem speciei vel generis, sed sicut excellens principium, a cuius forma effectus deficiunt, cuius tamen aliqualem similitudinem effectus consequuntur; sicut formae corporum inferiorum repraesentant virtutem solarem. Et hoc supra[6] expositum est, cum de perfectione divina agebatur. Sic igitur praedicta nomina divinam substantiam significant: imperfecte tamen, sicut et creaturae imperfecte eam repraesentant.

Cum igitur dicitur *Deus est bonus*, non est sensus, *Deus est causa bonitatis*, vel *Deus non est malus*: sed est sensus, *id quod bonitatem dicimus in creaturis, praeexistit in Deo*, et hoc quidem secundum modum altiorem. Unde ex hoc non sequitur quod Deo competat esse bonum inquantum causat bonitatem: sed potius e converso, quia est bonus, bonitatem rebus diffundit, secundum illud Augustini, *de Doct. Christ.*[7]: *inquantum bonus est, sumus*.

AD PRIMUM ergo dicendum quod Damascenus ideo dicit quod haec nomina non significant quid est Deus, quia a nullo istorum nominum exprimitur quid est Deus perfecte: sed unumquodque imperfecte eum significat, sicut et creaturae imperfecte eum repraesentant.

AD SECUNDUM dicendum quod in significatione nominum, aliud est quamdoque a quo imponitur nomen ad significandum, et id ad quod signifi-

3. Porque isto é contrário à intenção daqueles que falam de Deus. Quando dizem de Deus que é um vivente, não entendem dizer que seja causa de nossa vida, ou que difira dos corpos sem vida.

Eis por que devemos falar de outra maneira: esses nomes significam a substância divina e são atribuídos a Deus substancialmente; mas são deficientes para representá-lo. Eis a razão. Os nomes significam Deus de acordo com o que nosso intelecto conhece dele. Ora, nosso intelecto conhece Deus a partir das criaturas; assim, ele o conhece como estas o representam. Já ficou demonstrado que Deus, que contém em si todas as perfeições das criaturas, é absoluta e universalmente perfeito. Assim, uma criatura qualquer representa Deus e lhe é semelhante enquanto é dotada de alguma perfeição; não que ela o represente, como algo da mesma espécie ou do mesmo gênero, mas como o princípio transcendente de cuja forma os efeitos são deficientes, dela porém eles guardam certa semelhança, como as formas dos corpos inferiores representam a energia do sol. Foi o que acima expusemos ao tratar da perfeição divina. Portanto, os nomes alegados significam a substância divina, mas o fazem de modo imperfeito, como as criaturas o representam também de modo imperfeito.

Então, quando se diz: *Deus é bom*, isso não quer dizer: *Deus é causa de bondade*, ou, *Deus não é mau*; mas o sentido é: *o que chamamos bondade nas criaturas preexiste em Deus*, e de maneira superior. Portanto, daí não se segue que seja próprio de Deus ser bom por causar a bondade; pelo contrário, porque é bom difunde a bondade nas coisas, segundo as palavras de Agostinho: "Porque Ele é bom, nós somos".

QUANTO AO 1º, portanto, deve-se dizer que se Damasceno diz que esses nomes não significam o que Deus é, é porque nenhum deles exprime perfeitamente o que Ele é. Cada um, no entanto, significa Deus imperfeitamente, assim como as criaturas o representam de modo também imperfeito.

QUANTO AO 2º, deve-se dizer que na significação dos nomes, às vezes, uma coisa é de onde o nome foi tomado e outra é o que o nome está destinado a

---

5. Q. 4, a. 2.
6. Ibid., a. 3.
7. L. I, c. 32: ML 34, 32.

candum nomen imponitur: sicut hoc nomen *lapis* imponitur ab eo quod laedit pedem, non tamen imponitur ad hoc significandum quod significet *laedens pedem*, sed ad significandam quandam speciem corporum; alioquin omne laedens pedem esset lapis. Sic igitur dicendum est quod huiusmodi divina nomina imponuntur quidem a processibus deitatis: sicut enim secundum diversos processus perfectionum, creaturae Deum repraesentant, licet imperfecte; ita intellectus noster, secundum unumquemque processum, Deum cognoscit et nominat. Sed tamen haec nomina non imponit ad significandum ipsos processus, ut, cum dicitur *Deus est vivens*, sit sensus, *ab eo procedit vita*: sed ad significandum ipsum rerum principium, prout in eo praeexistit vita, licet eminentiori modo quam intelligatur vel significetur.

Ad tertium dicendum quod essentiam Dei in hac vita cognoscere non possumus secundum quod in se est: sed cognoscimus eam secundum quod repraesentatur in perfectionibus creaturarum. Et sic nomina a nobis imposita eam significant.

significar. Por exemplo, o nome *pedra* foi tomado do fato de que machuca o pé; e, no entanto, não o foi para significar *o que fere o pé*, mas uma espécie de corpo; do contrário, tudo o que fere o pé seria pedra. Assim, pois, deve-se dizer que esses nomes divinos são tomados dos modos de proceder da divindade. Assim como segundo os diversos modos de proceder das perfeições, as criaturas representam Deus, ainda que de maneira imperfeita; do mesmo modo nosso intelecto conhece a Deus e o nomeia de acordo com cada modo de proceder. No entanto, os nomes divinos não são tomados para significar os modos de proceder, como se, ao dizer: *Deus é um vivente*, entendêssemos: *dele procede a vida*; mas para significar o próprio princípio das coisas, como a vida preexiste nele, ainda que sob uma forma mais eminente do que se possa compreender ou significar.

Quanto ao 3º, deve-se dizer que não podemos nesta vida conhecer a essência divina como existe em si mesma; mas a conhecemos representada nas perfeições das criaturas. É neste sentido que a exprimem os nomes empregados por nós.

Articulus 3
Utrum aliquod nomen dicatur de Deo proprie

Ad tertium sic proceditur. Videtur quod nullum nomen dicatur de Deo proprie.

1. Omnia enim nomina quae de Deo dicimus, sunt a creaturis accepta, ut dictum est[1]. Sed nomina creaturarum metaphorice dicuntur de Deo, sicut cum dicitur *Deus est lapis*, vel *leo*, vel aliquid huiusmodi. Ergo omnia nomina dicta de Deo, dicuntur metaphorice.

2. Praeterea, nullum nomen proprie dicitur de aliquo, a quo verius removetur quam de eo praedicetur. Sed omnia huiusmodi nomina, *bonus*, *sapiens*, et similia, verius removentur a Deo quam de eo praedicentur, ut patet per Dionysium, 2 cap. *Cael. Hier.*[2]. Ergo nullum istorum nominum proprie dicitur de Deo.

3. Praeterea, nomina corporum non dicuntur de Deo nisi metaphorice, cum sit incorporeus. Sed omnia huiusmodi nomina implicant quasdam cor-

Artigo 3
Algum nome é atribuído a Deus em sentido próprio?

Quanto ao terceiro, assim se procede: parece que **nenhum** nome é atribuído a Deus em sentido próprio.

1. Com efeito, todos os nomes atribuídos a Deus os recebemos das criaturas, como foi explicado. Ora, os nomes das criaturas são atribuídos a Deus por metáfora, como quando se diz: *Deus é um rochedo, Deus é um leão* etc. Logo, todos os nomes atribuídos a Deus o são por metáfora.

2. Além disso, nenhum nome é atribuído, em sentido próprio, a alguém, quando é mais exato negar-lhe do que afirmar este nome. Ora, todos estes nomes: "bom", "sábio" e outros semelhantes, nós os negamos a Deus com maior veracidade do que os afirmamos, como mostra Dionísio. Logo, nenhum desses nomes é atribuído a Deus em sentido próprio.

3. Ademais, os nomes dos corpos são atribuídos a Deus por metáfora, pois Ele é incorpóreo. Ora, todos esses nomes implicam certas condições

---

3 Parall.: I *Sent.*, dist. 4, q. 1, a. 1; dist. 22, a. 2; dist. 33, a. 2; dist. 35, a. 1, ad 2; *Cont. Gent.* I 30; *De Pot.*, q. 7, a. 5.
1. A. 1.
2. MG 3, 140 CD — 141 A.

porales conditiones: significant enim cum tempore, et cum compositione, et cum aliis huiusmodi, quae sunt conditiones corporum. Ergo omnia huiusmodi nomina dicuntur de Deo metaphorice.

SED CONTRA est quod dicit Ambrosius, in lib. II de Fide[3]: *Sunt quaedam nomina, quae evidenter proprietam divinitatis ostendunt; et quaedam quae perspicuam divinae maiestatis exprimunt veritatem; alia vero sunt, quae translative per similitudinem de Deo dicuntur*. Non igitur omnia nomina dicuntur de Deo metaphorice, sed aliqua dicuntur proprie.

RESPONDEO dicendum quod, sicut dictum est[4], Deum cognoscimus ex perfectionibus procedentibus in creaturas ab ipso; quae quidem perfectiones in Deo sunt secundum eminentiorem modum quam in creaturis. Intellectus autem noster eo modo apprehendit eas, secundum quod sunt in creaturis: et secundum quod apprehendit, ita significat per nomina. In nominibus igitur quae Deo attribuimus, est duo considerare, scilicet, perfectiones ipsas significatas, ut bonitatem, vitam, et huiusmodi; et modum significandi. Quantum igitur ad id quod significant huiusmodi nomina, proprie competunt Deo, et magis proprie quam ipsis creaturis, et per prius dicuntur de eo. Quantum vero ad modum significandi, non proprie dicuntur de Deo: habent enim modum significandi qui creaturis competit.

AD PRIMUM ergo dicendum quod quaedam nomina significant huiusmodi perfectiones a Deo procedentes in res creatas, hoc modo quod ipse modus imperfectus quo a creatura participatur divina perfectio, in ipso nominis significato includitur, sicut *lapis* significat aliquid materialiter ens: et huiusmodi nomina non possunt attribui Deo nisi metaphorice. Quaedam vero nomina significant ipsas perfectiones absolute, absque hoc quod aliquis modus participandi claudatur in eorum significatione, ut *ens, bonum, vivens*, et huiusmodi: et talia proprie dicuntur de Deo.

AD SECUNDUM dicendum quod ideo huiusmodi nomina dicit Dionysius negari a Deo, quia id quod significatur per nomen, non convenit eo modo ei, quo nomen significat, sed excellentiori modo. Unde ibidem dicit Dionysius quod Deus est *super omnem substantiam et vitam*.

corporais: o tempo está incluído em seu significado, e também a composição e outras condições próprias do corpo. Logo, todos esses nomes são atribuídos a Deus por metáfora.

EM SENTIDO CONTRÁRIO, Ambrósio nos diz: "Certos nomes manifestam de maneira evidente o que é próprio da divindade, alguns exprimem a verdade transparente da majestade divina, outros lhe são atribuídos por uma espécie de transposição e em razão de semelhança". Logo, nem todos os nomes são atribuídos a Deus por metáfora; alguns o são em sentido próprio.

RESPONDO. Como foi explicado, conhecemos a Deus pelas perfeições comunicadas por Deus às criaturas. Estas perfeições se encontram em Deus segundo um modo mais eminente do que nas criaturas. Ora, nosso intelecto apreende tais perfeições como se encontram nas criaturas e conforme as apreende, ele as designa por meio de nomes. Portanto, nos nomes que atribuímos a Deus há duas coisas a considerar: as perfeições significadas, como a bondade, a vida etc., e o modo de significar. Quanto ao que significam, esses nomes são próprios de Deus, mais ainda que das criaturas, e se atribuem a Ele por primeiro. Mas, quanto ao modo de significar, esses nomes não mais se atribuem a Deus com propriedade, porque seu modo de significar é próprio das criaturas.

QUANTO AO 1º, portanto, deve-se dizer que certos nomes exprimem as perfeições comunicadas por Deus às criaturas, de tal maneira que o modo imperfeito segundo o qual as criaturas participam da perfeição divina está incluído na significação desses nomes. Assim, *pedra* (rochedo) significa um ente existente com sua materialidade. Tais nomes só podem ser atribuídos a Deus por metáfora. Mas certos nomes significam as perfeições de maneira absoluta, sem que nenhum modo de participação esteja incluído em sua significação, tais como: *ente, bom, vivente* etc.; e estes nomes são atribuídos a Deus em sentido próprio.

QUANTO AO 2º, deve-se dizer que, quando Dionísio afirma que os nomes em questão nós os negamos a Deus, é porque o que é significado pelo nome não convém a Deus na maneira como significa, mas em um modo mais excelente. Por isso, no mesmo trecho, Dionísio afirma que Deus está *acima de toda substância e de toda vida*.

---

3. In prol. ML 16, 559 D — 560 A.
4. Art. praec.

AD TERTIUM dicendum quod ista nomina quae proprie dicuntur de Deo, important conditiones corporales, non in ipso significato nominis, sed quantum ad modum significandi. Ea vero quae metaphorice de Deo dicuntur, important conditionem corporalem in ipso suo significato.

QUANTO AO 3º, deve-se dizer que os nomes atribuídos em sentido próprio a Deus implicam condições corporais, não no significado do nome, mas quanto ao modo de significar. Ao contrário, os nomes atribuídos a Deus por metáforas implicam uma condição corporal em seu próprio significado.

ARTICULUS 4
Utrum nomina dicta de Deo sint nomina synonyma

AD QUARTUM SIC PROCEDITUR. Videtur quod ista nomina dicta de Deo, sint nomina synonyma.

1. Synonyma enim nomina dicuntur, quae omnino idem significant. Sed ista nomina dicta de Deo, omnino idem significant in Deo: quia bonitas Dei est eius essentia, et similiter sapientia. Ergo ista nomina sunt omnino synonyma.

2. SI DICATUR quod ista nomina significant idem; secundum rem, sed secundum rationes diversas, contra: Ratio cui non respondet aliquid in re, est vana; si ergo istae rationes sunt multae, et res est una, videtur quod, rationes istae sint vanae.

3. PRAETEREA, magis est unum quod est unum re et ratione, quam quod est unum re et multiplex ratione. Sed Deus est maxime unus. Ergo videtur quod non sit unus re et multiplex ratione. Et sic nomina dicta de Deo non significant rationes diversas: et ita sunt synonyma.

SED CONTRA, omnia synonyma, sibi invicem adiuncta, nugationem adducunt, sicut si dicatur *vestis indumentum*. Si igitur omnia nomina dicta de Deo sunt synonyma, non posset convenienter dici *Deus bonus*, vel aliquid huiusmodi; cum tamen scriptum sit Ier 32,18: *Fortissime, magne, potens, Dominus exercituum nomen tibi*.

RESPONDEO dicendum quod huiusmodi nomina dicta de Deo, non sunt synonyma. Quod quidem facile esset videre, si diceremus quod huiusmodi nomina sunt inducta ad removendum, vel ad designandum habitudinem causae respectu creaturarum: sic enim essent diversae rationes horum nominum secundum diversa negata, vel secundum diversos effectus connotatos. Sed secundum quod dictum

ARTIGO 4
Os nomes atribuídos a Deus são sinônimos?

QUANTO AO QUARTO, ASSIM SE PROCEDE: parece que os nomes atribuídos a Deus **são** sinônimos.

1. Com efeito, chamam-se sinônimos os nomes que significam totalmente a mesma coisa. Ora, os nomes atribuídos a Deus significam totalmente a mesma coisa em Deus; porque a bondade de Deus é sua essência e igualmente a sabedoria etc. Logo, esses nomes são totalmente sinônimos.

2. ALÉM DISSO, se se afirmasse que esses nomes significam a mesma coisa na realidade, mas segundo razões diversas, podemos objetar: uma razão a que nada corresponde na realidade é uma razão vazia. Logo, se essas razões são múltiplas quando a realidade é una, tudo indica que tais razões são vazias.

3. ADEMAIS, o que é uno na realidade e segundo a razão é mais uno do que aquele que é uno na realidade e múltiplo segundo a razão. Ora, Deus é ao máximo uno. Logo, parece que Ele não seja uno na realidade e múltiplo segundo a razão. Assim, os nomes atribuídos a Deus não significam razões diversas; são, pois, sinônimos.

EM SENTIDO CONTRÁRIO, todos os sinônimos unidos entre si produzem palavras vazias, como se chamássemos *vestido* de *hábito*. Por conseguinte, se todos os nomes atribuídos a Deus são sinônimos, não se poderia convenientemente chamá-lo de *Deus bom* ou qualquer outra coisa. No entanto, está escrito em Jeremias: "Ó fortíssimo, grande e poderoso, teu nome é Senhor dos exércitos."

RESPONDO. Esses nomes atribuídos a Deus não são sinônimos. Seria fácil verificá-lo, se disséssemos que tais nomes foram introduzidos para negar, ou para afirmar uma relação de causalidade entre Deus e suas criaturas. Assim, seriam diversas as razões desses nomes, correspondentes ao que foi negado ou aos efeitos afirmados. Mas, conforme foi explicado, esses nomes significam a substância

---

4 PARALL.: I *Sent.*, dist. 2, a. 3; dist. 22, a. 3; *Cont. Gent.* I, 35; *De Pot.*, q. 7, a. 6; *Compend. Theol.*, c. 25.

est¹ huiusmodi nomina substantiam divinam significare, licet imperfecte, etiam plane apparet, secundum praemissa², quod habent rationes diversas. Ratio enim quam significat nomen, est conceptio intellectus de re significata per nomen. Intellectus autem noster, cum cognoscat Deum ex creaturis, format ad intelligendum Deum conceptiones proportionatas perfectionibus procedentibus a Deo in creaturas. Quae quidem perfectiones in Deo praeexistunt unite et simpliciter: in creaturis vero recipiuntur divise et multipliciter. Sicut igitur diversis perfectionibus creaturarum respondet unum simplex principium, repraesentatum per diversas perfectiones creaturarum varie et multipliciter; ita variis et multiplicibus conceptibus intellectus nostri respondet unum omnino simplex, secundum huiusmodi conceptiones imperfecte intellectum. Et ideo nomina Deo attributa, licet significent unam rem, tamen, quia significant eam sub rationibus multis et diversis, non sunt synonyma.

Et sic patet solutio AD PRIMUM quia nomina synonyma dicuntur, quae significant unum secundum unam rationem. Quae enim significant rationes diversas unius rei, non primo et per se unum significant: quia nomen non significat rem, nisi mediante conceptione intellectus, ut dictum est³.

AD SECUNDUM dicendum quod rationes plures horum nominum non sunt cassae et vanae: quia omnibus eis respondet unum quid simplex, per omnia huiusmodi multipliciter et imperfecte repraesentatum.

AD TERTIUM dicendum quod hoc ipsum ad perfectam Dei unitatem pertinet, quod ea quae sunt multipliciter et divisim in aliis, in ipso sunt simpliciter et unite. Et ex hoc contingit quod est unus re et plures secundum rationem: quia intellectus noster ita multipliciter apprehendit eum, sicut res multipliciter ipsum repraesentant.

divina, ainda que imperfeitamente, e assim fica inteiramente claro do que precede que eles têm razões diversas. A razão que o nome significa é o que o intelecto concebe da realidade significada pelo nome. Ora, nosso intelecto, conhecendo Deus pelas criaturas, forma, para entendê-lo, concepções proporcionadas às perfeições comunicadas por Deus às criaturas. Essas perfeições preexistem em Deus na unidade e simplicidade; nas criaturas, porém, são recebidas na divisão e multiplicidade. Às perfeições diversas das criaturas corresponde um único princípio simples, representado pelas muitas perfeições das criaturas de maneira variada e múltipla. Do mesmo modo, às concepções múltiplas e diversas de nosso intelecto corresponde algo uno totalmente simples, apreendido de modo imperfeito por meio dessas concepções. Segue-se que os nomes atribuídos a Deus, ainda que signifiquem uma única coisa, não são sinônimos, porque a significam segundo razões múltiplas e diversas.

QUANTO AO 1º, pelo exposto está clara a resposta, pois chamam-se sinônimos os nomes que exprimem uma única realidade segundo uma única razão. Os nomes que significam razões diversas de uma só coisa não significam primeiramente e por si uma única coisa, pois, como foi explicado, o nome não significa a coisa senão por intermédio da concepção do intelecto.

QUANTO AO 2º, deve-se dizer que as razões múltiplas desses nomes não são inúteis e vazias, pois a todas corresponde uma realidade una e simples, representada por elas de modo múltiplo e imperfeito.

QUANTO AO 3º, deve-se dizer que faz parte da perfeita unidade de Deus que o que se encontra nos outros em estado múltiplo e dividido nele exista de modo simples e uno. E daí ocorre que ele seja uno na realidade e múltiplo segundo a razão, porque nosso intelecto o apreende multiplamente, assim como, também multiplamente, as coisas o representam[b].

---

1. A. 1.
2. A. 1, 2.
3. A. 1.

b. Uma natureza pode ser simples segundo o ser e múltipla segundo a inteligibilidade, quando se realizam nela várias razões formais distintas, pelas quais ela se abre a diversos conceitos, diferentes entre si, embora se refiram à mesma realidade: desse modo, não se pode atingir a natureza humana no que ela é, exceto pelos dois conceitos de animalidade e de racionalidade, que são distintos. Semelhante distinção, contudo, caso só exista na mente, já pressupõe na própria realidade uma complexidade ontológica: a composição matéria-forma, a composição ser-essência. Eis por que o objetante, respondendo de antemão às soluções que serão dadas às objeções 1 e 2, observa que mesmo a unidade ontológica de um ente seria imperfeita se desse pretexto à composição conceitual de várias formas inteligíveis. A resposta vem na forma de um apelo ao princípio que subjaz a toda

Articulus 5
Utrum ea quae de Deo dicuntur et creaturis, univoce dicantur de ipsis

AD QUINTUM SIC PROCEDITUR. Videtur quod ea quae dicuntur de Deo et creaturis, univoce de ipsis dicantur.
1. Omne enim aequivocum reducitur ad univocum, sicut multa ad unum. Nam si hoc nomen *canis* aequivoce dicitur de latrabili et marino, oportet quod de aliquibus univoce dicatur, scilicet de omnibus latrabilibus: aliter enim esset procedere in infinitum. Inveniuntur autem quaedam agentia univoca, quae conveniunt cum suis effectibus in nomine et definitione, ut homo generat hominem; quaedam vero agentia aequivoca, sicut sol causat calidum, cum tamen ipse non sit calidus nisi aequivoce. Videtur igitur quod primum agens, ad quod omnia agentia reducuntur, sit agens univocum. Et ita, quae de Deo et creaturis dicuntur, univoce praedicantur.

2. PRAETEREA, secundum aequivoca non attenditur aliqua similitudo. Cum igitur creaturae ad Deum, sit aliqua similitudo, secundum illud Gn 1,26: *Faciamus hominem ad imaginem et similitudinem nostram*, videtur quod aliquid univoce de Deo et creaturis dicatur.
3. PRAETEREA, mensura est homogenea mensurato, ut dicitur in X *Metaphys.*[1]. Sed Deus est prima mensura omnium entium, ut ibidem dicitur. Ergo Deus est homogeneus creaturis. Et ita aliquid univoce de Deo et creaturis dici potest.

SED CONTRA, quidquid praedicatur de aliquibus secundum idem nomen et non secundum eandem rationem, praedicatur de eis aequivoce. Sed nullum nomen convenit Deo secundum illam rationem, secundum quam dicitur de creatura: nam sapientia in creaturis est qualitas, non autem in Deo; genus autem variatum mutat rationem, cum sit pars definitionis. Et eadem ratio est in

Artigo 5
Os nomes são atribuídos a Deus e às criaturas de maneira unívoca?

QUANTO AO QUINTO, ASSIM SE PROCEDE: parece que os nomes **são** atribuídos a Deus e às criaturas de maneira unívoca.
1. Com efeito, todo nome equívoco se reduz a um nome unívoco, como o múltiplo se reduz ao uno. Por exemplo, se o nome "cachorro" é por equívoco aplicado ao cão que late e ao cão marinho, é indispensável que seja dito de maneira unívoca para certos animais, isto é, para todos os que latem; do contrário, teríamos de ir ao infinito. Ora, existem no mundo agentes unívocos, que coincidem com seus efeitos quanto ao nome e quanto à definição, como o homem gera o homem. Outros agentes são equívocos, como o sol que produz o calor, sem que ele próprio seja quente, a não ser de modo equívoco. Parece que o primeiro agente, ao qual todos os outros agentes se reduzem, é um agente unívoco. Logo, o que atribuímos simultaneamente a Deus e às criaturas é atribuído de maneira unívoca.

2. ALÉM DISSO, entre os equívocos não existe semelhança. Como existe alguma semelhança da criatura com Deus, segundo o Gênesis: "Façamos o homem à nossa imagem e semelhança", parece que algo é atribuído de maneira unívoca a Deus e às criaturas.
3. ADEMAIS, a medida é homogênea ao que é medido, como é dito no livro X da *Metafísica*. Ora, Deus é a medida primordial de todos os entes, como se afirma no mesmo texto. Logo, Deus é homogêneo às criaturas. E, assim, algo é atribuído de maneira unívoca a Deus e às criaturas.

EM SENTIDO CONTRÁRIO, o que se atribui a diversos sujeitos sob um mesmo nome, não porém segundo a mesma razão, lhes é atribuído de maneira equívoca. Ora, nenhum nome convém a Deus segundo a razão com a qual é atribuído à criatura; porque a sabedoria, por exemplo, nas criaturas é uma qualidade, e não em Deus; e mudar o gênero é o mesmo que mudar a razão,

---

5 PARALL.: I *Sent.*, Prol., a. 2, ad 2; dist. 19, q. 5, a. 2, ad 1; dist. 35, a. 4; *Cont. Gent.* I, 32, 33, 34; *De Verit.*, q. 2, a. 11; *De Pot.*, q. 7, a. 7; *Compend. Theol.*, c. 27.

1. C. 1: 1053, a, 24-30.

a questão do conhecimento de Deus pela razão (q. 12), e de sua nomeação (pois nós o nomeamos da maneira pela qual o conhecemos), a saber, que a razão humana não conhece Deus diretamente, mas por intermédio das criaturas que representam a única e simples perfeição divina, dividindo-a e multiplicando-a, de maneira demasiado fragmentária, poderíamos dizer. A real complexidade que funda a multiplicidade de nossos conceitos concernentes a Deus, e dos nomes que lhe atribuímos, não se baseia na complexidade ontológica em Deus, mas nas criaturas.

aliis. Quidquid ergo de Deo et creaturis dicitur, aequivoce dicitur.

Praeterea Deus plus distat a creaturis, quam quaecumque creaturae ab invicem. Sed propter distantiam quarundam creaturarum, contingit quod nihil univoce de eis praedicari potest; sicut de his quae non conveniunt in aliquo genere. Ergo multo minus de Deo et creaturis aliquid univoce praedicatur: sed omnia praedicantur aequivoce.

RESPONDEO dicendum quod impossibile est aliquid praedicari de Deo et creaturis univoce. Quia omnis effectus non adaequans virtutem causae agentis, recipit similitudinem agentis non secundum eandem rationem, sed deficienter: ita ut quod divisim et multipliciter est in effectibus, in causa est simpliciter et eodem modo; sicut sol secundum unam virtutem, multiformes et varias formas in istis inferioribus producit. Eodem modo, ut supra[2] dictum est, omnes rerum perfectiones, quae sunt in rebus creatis divisim et multipliciter, in Deo praeexistunt unite. Sic igitur, cum aliquod nomen ad perfectionem pertinens de creatura dicitur, significat illam perfectionem ut distinctam secundum rationem definitionis ab aliis: puta cum hoc nomen *sapiens* de homine dicitur, significamus aliquam perfectionem distinctam ab essentia hominis, et a potentia et ab esse ipsius, et ab omnibus huiusmodi. Sed cum hoc nomen de Deo dicimus, non intendimus significare aliquid distinctum ab essentia vel potentia vel esse ipsius. Et sic, cum hoc nomen *sapiens* de homine dicitur, quodammodo circumscribit et comprehendit rem significatam: non autem cum dicitur de Deo, sed relinquit rem significatam ut incomprehensam, et excedentem nominis significationem. Unde patet quod non secundum eandem rationem hoc nomen *sapiens* de Deo et de homine dicitur. Et eadem ratio est de aliis. Unde nullum nomen univoce de Deo et creaturis praedicatur.

pois o gênero é parte da definição. E o mesmo argumento vale para os outros casos. Logo, tudo o que se diga de Deus e das criaturas é dito de maneira equívoca.

Ademais, Deus está mais distante das criaturas do que estas podem estar umas das outras. Ora, por causa da distância entre certas criaturas, acontece que nada lhes pode ser atribuído de maneira unívoca, como é o caso das que não coincidem no mesmo gênero. Logo, menos ainda poder-se-á atribuir algo a Deus e às criaturas de maneira unívoca: todas essas atribuições são equívocas.

RESPONDO. É impossível atribuir alguma coisa univocamente a Deus e às criaturas. Porque um efeito que não se iguala ao poder de causa eficiente recebe a semelhança da causa, não segundo a mesma razão, mas de maneira deficiente: de modo que o que nos efeitos se encontra dividido e múltiplo, na causa se encontra simples e uno. O sol, por exemplo, sendo uma só energia, produz formas variadas e múltiplas nas esferas inferiores. Da mesma maneira, como foi dito acima, as perfeições de todas as coisas que estão divididas e multiformes nas criaturas preexistem em Deus unificadas. Assim, quando o nome de alguma perfeição é dito de uma criatura, significa essa perfeição como distinta, por definição, das outras. Por exemplo, quando se atribui a um homem o nome de "sábio", expressamos uma perfeição distinta da essência do homem, de sua potência, de seu ser etc. Ao contrário, quando atribuímos esse mesmo nome a Deus, não pretendemos significar algo que seja distinto de sua essência, de sua potência ou de seu ser. Assim, quando o nome "sábio" é atribuído ao homem, ele circunscreve de alguma maneira e compreende a realidade significada, ao passo que, atribuído a Deus, deixa a realidade significada incompreendida e ultrapassando a significação do nome. Fica evidente: esse nome "sábio" não é atribuído a Deus e ao homem segundo a mesma razão[c]. O mesmo argumento vale para os outros nomes. Portanto, nenhum nome é atribuído univocamente a Deus e à criatura.

---

2. Art. praec.

c. A razão formal apreendida pelo conceito de sabedoria, expressa pela palavra "sábio", é distinta de qualquer outra, circunscrita a seus limites próprios, que são os da perfeição ontológica determinada. Na criatura, pode ser associada a outras razões formais, a de bondade, por exemplo, mas não se confunde com elas: são sempre necessários dois conceitos distintos para apreender que um ente é sábio e bom. Em Deus, encontra-se a bondade, mas transcendida, como que absorvida na razão formal superior, que não é a da sabedoria, nem da bondade nem qualquer outra. Poderíamos chamá-la de razão formal de deidade (mas, evidentemente, não podemos concebê-la), na qual todas as razões formais se encontram, superadas e perfeitamente unificadas. O que justifica tal unificação, que afirmamos sem poder representá-la, é que todas as perfeições às quais correspondem essas diversas razões formais são apenas uma restrição, uma particularização da única perfeição à qual todas se reduzem, o ser:

Sed nec etiam pure aequivoce, ut aliqui dixerunt. Quia secundum hoc, ex creaturis nihil posset cognosci de Deo, nec demonstrari; sed semper incideret fallacia aequivocationis. Et hoc est tam contra philosophos, qui multa demonstrative de Deo probant quam etiam contra Apostolum dicentem, Rm 1,20: *invisibilia Dei per ea quae facta sunt, intellecta, conspiciuntur.*

Dicendum est igitur quod huiusmodi nomina dicuntur de Deo et creaturis secundum analogiam, idest proportionem. Quod quidem dupliciter contingit in nominibus: vel quia multa habent proportionem ad unum, sicut *sanum* dicitur de medicina et urina, inquantum utrumque habet ordinem et proportionem ad sanitatem animalis, cuius hoc quidem signum est, illud vero causa; vel ex eo quod unum habet proportionem ad alterum, sicut *sanum* dicitur de medicina et animali, inquantum medicina est causa sanitatis quae est in animali. Et hoc modo aliqua dicuntur de Deo et creaturis analogice, et non aequivoce pure, neque univoce. Non enim possumus nominare Deum nisi ex creaturis, ut supra[3] dictum est. Et sic, quidquid dicitur de Deo et creaturis, dicitur secundum quod est aliquis ordo creaturae ad Deum, ut ad principium et causam, in qua praeexistunt excellenter omnes rerum perfectiones.

Et iste modus communitatis medius est inter puram aequivocationem et simplicem univocationem. Neque enim in his quae analogice dicuntur, est una ratio, sicut est in univocis; nec totaliter diversa, sicut in aequivocis; sed nomen quod sic multipliciter dicitur, significat diversas proportiones ad aliquid unum; sicut *sanum*, de urina dictum, significat signum sanitatis animalis, de medicina vero dictum, significat causam eiusdem sanitatis.

AD PRIMUM ergo dicendum quod, licet in praedicationibus oporteat aequivoca ad univoca reduci, tamen in actionibus agens non univocum ex necessitate praecedit agens univocum. Agens enim non univocum est causa universalis totius speciei, ut sol est causa generationis omnium

Mas também não é atribuído de maneira completamente equívoca como alguns o disseram. Nesse caso, nada se poderia conhecer de Deus a partir das criaturas, nada demonstrar a seu respeito; sempre se cairia na falácia da equivocidade. Isso vai contra o testemunho tanto dos filósofos que demonstram muitas coisas a respeito de Deus, quanto do próprio Apóstolo, dizendo aos Romanos: "Perfeições invisíveis de Deus se tornam conhecidas por suas obras."

É preciso dizer que os nomes em questão são atribuídos a Deus e às criaturas segundo analogia, isto é, segundo proporção. E isto acontece com os nomes de dois modos. Ou porque muitos são proporcionais a um único, como "sadio" se diz do remédio e da urina porque um e outro têm relação e proporção com a saúde do animal: um como sinal e outro como causa; ou porque um é proporcional ao outro, como "sadio" se diz do remédio e do animal, sendo o remédio causa da saúde, que se encontra no animal. É segundo esta maneira que alguns termos são atribuídos a Deus e à criatura por analogia, nem equívoca nem univocamente. Só podemos nomear Deus a partir das criaturas, como já foi explicado. Assim, tudo o que é atribuído a Deus e à criatura é dito segundo a ordem existente da criatura para com Deus como a seu princípio e à sua causa; em quem preexistem em grau excelente todas as perfeições das coisas.

E este modo médio de comunicação está entre a pura equivocidade e a simples univocidade. Nos nomes ditos por analogia, não há nem unidade da razão, como nos nomes unívocos, nem total diversidade das razões, como nos nomes equívocos; mas o nome que é assim tomado em vários sentidos significa proporções diversas a algo uno, como por exemplo "sadio" dito da urina significa um sinal de saúde do animal; dito do remédio significa uma causa da mesma saúde.

QUANTO AO 1º, portanto, deve-se dizer que, embora nas atribuições, os nomes equívocos se reduzam aos unívocos; contudo, na ordem das ações, o agente não unívoco precede necessariamente o agen-te unívoco. Porque o agente não unívoco é causa universal de toda espécie, como

---

3. Art. 1.

actus omnium et perfectio omnium perfectionum. Sendo o próprio ser subsistente, Deus é, em uma perfeição única, mas que não podemos conceber em sua simplicidade, todas as perfeições reunidas. Pelo conceito que representa uma razão inteligível particular, atingimos, portanto, parcialmente a Deus, que é sem partes, infinitamente simples, mas o atingimos realmente, pois, sendo o Ser infinitamente perfeito, Ele é tudo o que a de ser nessa razão particular; e Ele é também o que há de ser em cada uma das outras, todas permanecendo distintas entre si, no plano do ser criado.

hominum. Agens vero univocum non est causa agens universalis totius speciei (alioquin esset causa sui ipsius, cum sub specie contineatur): sed est causa particularis respectu huius individui, quod in participatione speciei constituit. Causa igitur universalis totius speciei non est agens univocum. Causa autem universalis est prior particulari. — Hoc autem agens universale, licet non sit univocum, non tamen est omnino aequivocum, quia sic non faceret sibi simile; sed potest dici agens analogicum: sicut in praedicationibus omnia univoca reducuntur ad unum primum, non univocum, sed analogicum, quod est ens.

AD SECUNDUM dicendum quod similitudo creaturae ad Deum est imperfecta: quia etiam nec idem secundum genus repraesentat, ut supra[4] dictum est.

AD TERTIUM dicendum quod Deus non est mensura proportionata mensuratis. Unde non oportet quod Deus et creaturae sub uno genere contineantur.

Ea vero quae sunt in contrarium, concludunt quod non univoce huiusmodi nomina de Deo et creaturis praedicentur: non autem quod aequivoce.

o sol é causa da geração de todos os homens. O agente unívoco não é a causa eficiente universal de toda a espécie (senão seria a causa de si próprio, pois faz parte da espécie). Mas é causa particular daquele indivíduo, ao qual dá a participação na espécie. A causa universal, portanto, de toda uma espécie não é um agente unívoco. Assim, a causa universal precede a causa particular. — Esse agente universal, porém, ainda que não seja unívoco, não é por isso totalmente equívoco, pois se o fosse não produziria um efeito semelhante a ele. Pode ser chamado agente análogo. Assim, nas atribuições, todos os termos unívocos se reduzem a um termo primeiro que não é unívoco, mas análogo; e que é o ente[d].

QUANTO AO 2º, deve-se dizer que a semelhança entre a criatura e Deus é imperfeita, porque, mesmo segundo o gênero, não há identidade entre eles, como foi explicado.

QUANTO AO 3º, deve-se dizer que Deus não é uma medida proporcionada ao que Ele mede. Por conseguinte, não é preciso que Deus e as criaturas estejam compreendidos em um mesmo gênero.

O que se afirma em sentido contrário prova que os nomes em questão não são atribuídos a Deus e às criaturas de maneira unívoca, tampouco que o sejam de maneira equívoca.

ARTICULUS 6
Utrum nomina per prius dicantur de creaturis quam de Deo

AD SEXTUM SIC PROCEDITUR. Videtur quod nomina per prius dicantur de creaturis quam de Deo.

1. Secundum enim quod cognoscimus aliquid, secundum hoc illud nominamus; cum nomina, secundum Philosophum[1], sint signa intellectuum.

ARTIGO 6
Esses nomes são atribuídos por primeiro às criaturas e não a Deus?

QUANTO AO SEXTO, ASSIM SE PROCEDE: parece que os nomes **são** atribuídos por primeiro às criaturas e não a Deus.

1. Com efeito, nomeamos algo na medida em que o conhecemos, pois, segundo o Filósofo: "Os nomes são os sinais do que conhecemos".

---

4. Q. 4, a. 3.

PARALL.: Supra, a. 3; I *Sent*., dist. 22, a. 2; *Cont. Gent*. I, c. 34; *Compend. Theol*., c. 27; *Ephes*., c. 3, lect. 4.

1. I *Periherm*., c. 1: 16, a, 7-8.

d. O agente unívoco é aquele que produz um efeito que pertence à mesma espécie que sua causa: um e outro são da mesma espécie, e essa causalidade apela para uma mais alta, pela qual é produzida a natureza específica propriamente dita: assim, o agente não pode ser um indivíduo da mesma espécie que o efeito, pois, causando a natureza específica, causaria a si mesmo. Para ilustrar essa noção de causa não unívoca os antigos dispunham do exemplo do sol, o qual acreditavam ser a causa de todos os movimentos de geração na Terra; por conseguinte, de todos os seres vivos, e portanto causa não unívoca. Seria, porém, causa intermediária entre a Causa primeira, Deus, e as causas unívocas, os seres vivos, que transmitem a vida a outro indivíduo da mesma espécie. No final da resposta, no entanto, Santo Tomás parece negligenciar esse intermediário — que podemos talvez substituir pelas forças cósmicas, mas não seria uma noção muito clara —, para remontar diretamente à Causa primeira que, em cada novo ente, causa o que lhe é comum com todos os entes, o ser pelo qual ele é um ente. E, nesse ponto, a ordem das causalidades reencontra a ordem das atribuições, da qual foi separada no início da resposta: pois esse efeito que a causa primeira alcança em todos os entes lhes é comum apenas de maneira análoga.

Sed per prius cognoscimus creaturam quam Deum. Ergo nomina a nobis imposita, per prius conveniunt creaturis quam Deo.

2. Praeterea, secundum Dionysium, in libro *de Div. Nom.*[2], Deum ex creaturis nominamus. Sed nomina a creaturis translata in Deum, per prius dicuntur de creaturis quam de Deo; sicut *leo, lapis*, et huiusmodi. Ergo omnia nomina quae de Deo et de creaturis dicuntur, per prius de creaturis quam de Deo dicuntur.

3. Praeterea, omnia nomina quae communiter de Deo et creaturis dicuntur, dicuntur de Deo sicut de causa omnium, ut dicit Dionysius[3]. Sed quod dicitur de aliquo per causam, per posterius de illo dicitur: per prius enim dicitur animal sanum quam medicina, quae est causa sanitatis. Ergo huiusmodi nomina per prius dicuntur de creaturis quam de Deo.

Sed contra est quod dicitur Eph 3,14-15: *Flecto genua mea ad Patrem Domini nostri Iesu, ex quo omnis paternitas in caelo et in terra nominatur*. Et eadem ratio videtur de nominibus aliis quae de Deo et creaturis dicuntur. Ergo huiusmodi nomina per prius de Deo quam de creaturis dicuntur.

Respondeo dicendum quod in omnibus nominibus quae de pluribus analogice dicuntur, necesse est quod omnia dicantur per respectum ad unum: et ideo illud unum oportet quod ponatur in definitione omnium. Et quia ratio quam significat nomen, est definitio, ut dicitur in IV *Metaphys.*[4], necesse est quod illud nomen per prius dicatur de eo quod ponitur in definitione aliorum, et per posterius de aliis, secundum ordinem quo appropinquant ad illud primum vel magis vel minus: sicut *sanum* quod dicitur de animali, cadit in definitione *sani* quod dicitur de medicina, quae dicitur sana inquantum causat sanitatem in animali: et in definitione *sani* quod dicitur de urina, quae dicitur sana inquantum est signum sanitatis animalis. Sic ergo omnia nomina quae metaphorice de Deo dicuntur, per prius de creaturis dicuntur quam de Deo: quia dicta de Deo, nihil aliud significant quam similitudines ad tales creaturas. Sicut enim *ridere*, dictum de prato, nihil aliud significat quam quod pratum similiter se habet in decore cum floret, sicut homo cum ridet, secundum similitudinem

Ora, por primeiro conhecemos a criatura e não a Deus. Logo, os nomes dados por nós por primeiro convêm às criaturas e não a Deus.

2. Além disso, segundo Dionísio: "Nomeamos Deus a partir das criaturas". Ora, os nomes das criaturas aplicados a Deus são atribuídos por primeiro às criaturas do que a Deus, como os nomes "leão", "rochedo" etc. Logo, todos esses nomes são atribuídos por primeiro às criaturas e não a Deus.

3. Ademais, todos os nomes atribuídos em comum a Deus e às criaturas são atribuídos a Deus como à causa de tudo, segundo Dionísio. Ora, o que é atribuído a algo em razão da causalidade é dito dela em segundo lugar: por exemplo, o animal é dito sadio por primeiro, e o remédio em segundo lugar enquanto causa da saúde. Logo, esses nomes são atribuídos por primeiro à criatura e não a Deus.

Em sentido contrário, está escrito na Carta aos Efésios: "Dobro os joelhos diante do Pai de nosso Senhor Jesus, de quem toda a paternidade recebe seu nome, no céu e na terra". O mesmo argumento parece valer para os outros nomes atribuídos a Deus e às criaturas. Logo, estes nomes são atribuídos por primeiro a Deus e não às criaturas.

Respondo. Quanto aos nomes atribuídos por analogia a vários, é necessário que sejam atribuídos com referência a um único; por isso esse deve figurar na definição de todos. E como a razão que o nome significa é a definição, como se diz no livro IV da *Metafísica*, é necessário que esse nome seja atribuído por primeiro àquele que figura na definição dos outros; e, em segundo lugar, aos outros, por ordem, segundo se aproximam mais ou menos do primeiro. Por exemplo, "sadio", atribuído ao animal, entra na definição de "sadio" atribuído ao remédio, que é chamado sadio enquanto causa a saúde do animal; e entra igualmente na definição de *sadio* atribuído à urina, chamada sadia enquanto sinal da saúde no animal.

Assim, todos os nomes metaforicamente atribuídos a Deus são atribuídos por primeiro às criaturas e não a Deus, porque atribuídos a Deus nada mais significam que uma semelhança com as criaturas. Por exemplo, dizer que a campina *ri*, isto quer dizer: a campina, quando floresce, se apresenta embelezada, como o homem quando ri,

---

2. C. 1: MG 3, 593 C, 596 A-B.
3. *De Mystica Theol.*, c. 1: MG 3, 1000 AB.
4. C. 7: 1012, a, 21-24.

proportionis; sic nomen *leonis*, dictum de Deo, nihil aliud significat quam quod Deus similiter se habet ut fortiter operetur in suis operibus, sicut leo in suis. Et sic patet quod, secundum quod dicuntur de Deo, eorum significatio definiri non potest nisi per illud quod de creaturis dicitur.

De aliis autem nominibus, quae non metaphorice dicuntur de Deo, esset etiam eadem ratio, si dicerentur de Deo causaliter tantum, ut quidam posuerunt. Sic enim, cum dicitur *Deus est bonus*, nihil aliud esset quam *Deus est causa bonitatis creaturae*: et sic hoc nomen *bonum*, dictum de Deo, clauderet in suo intellectu bonitatem creaturae. Unde *bonum* per prius diceretur de creatura quam de Deo. Sed supra[5] ostensum est quod huiusmodi nomina non solum dicuntur de Deo causaliter, sed etiam essentialiter. Cum enim dicitur *Deus est bonus*, vel *sapiens*, non solum significatur quod ipse sit causa sapientiae vel bonitatis, sed quod haec in eo eminentius praeexistunt. Unde, secundum hoc, dicendum est quod, quantum ad rem significatam per nomen, per prius dicuntur de Deo quam de creaturis: quia a Deo huiusmodi perfectiones in creaturas manant. Sed quantum ad impositionem nominis, per prius a nobis imponuntur creaturis, quas prius cognoscimus. Unde et modum significandi habent qui competit creaturis, ut supra[6] dictum est.

AD PRIMUM ergo dicendum quod obiectio illa procedit quantum ad impositionem nominis.

AD SECUNDUM dicendum quod non est eadem ratio de nominibus quae metaphorice de Deo dicuntur, et de aliis, ut dictum est[7].

segundo uma semelhança de proporção. Do mesmo modo, o nome "leão" atribuído a Deus nada mais significa do que: Deus apresenta semelhança com o leão porque, em suas ações, age fortemente como o leão. Fica claro que a significação de tais nomes atribuídos a Deus só se pode definir por aquilo que se diz das criaturas.

Quanto aos outros nomes não atribuídos a Deus por metáfora, valeria o mesmo argumento se fossem atribuídos a Deus somente de maneira causal, como alguns afirmaram. Nesse caso, dizer: *Deus é bom*, nada mais seria que dizer: *Deus é causa da bondade da criatura*. Assim, o nome *bom* atribuído a Deus comportaria em sua significação a bondade da criatura, de modo que seria atribuído por primeiro à criatura e não a Deus. Mas já foi demonstrado que esses nomes não são atribuídos a Deus apenas em sentido causal, mas também em sentido essencial. Quando se diz: *Deus é bom*, ou *sábio*, significa não apenas que Deus é causa de sabedoria ou de bondade, mas que nele a sabedoria e a bondade preexistem de maneira supereminente. A partir daí, deve-se afirmar: se consideramos a coisa que o nome significa, cada nome é dito por primeiro de Deus e não da criatura; porque as perfeições emanam de Deus para as criaturas. Mas, se consideramos a imposição dos nomes, nomeamos por primeiro as criaturas por esses nomes; pois são elas que conhecemos em primeiro lugar[e]. Por isso, esses nomes significam segundo a maneira que é própria das criaturas, como já foi explicado.

QUANTO AO 1º, portanto, deve-se dizer que a primeira objeção procede se se refere à imposição do nome.

QUANTO AO 2º, deve-se dizer que não se pode argumentar da mesma maneira sobre os nomes atribuídos a Deus por metáfora, e sobre os outros, como acima foi explicado.

---

5. Art. 2.
6. Art. 3.
7. In corp.

e. A objeção capital contra o recurso à analogia, tal como definida no artigo precedente, no que se refere a nosso conhecimento de Deus a partir das criaturas, é que o análogo principal — o termo a partir do qual todos os outros são nomeados — deve entrar na definição desses outros: não posso compreender o que significa o nome "sadio", atribuído a remédio, a não ser por referência à saúde do animal. Ora, Deus sendo conhecido somente a partir de suas criaturas, é o inverso que se produz: só posso compreender o que significa o nome "bom" atribuído a Deus por referência à bondade que descubro nas criaturas. Santo Tomás não resolve a dificuldade apelando para outra concepção de analogia, mas para uma distinção, que retorna várias vezes ao longo desta questão, entre o que significa um nome e sua origem: o que significa o nome "bom" — a bondade — conheço-o primeiramente nas criaturas, portanto é da bondade das criaturas que ele é extraído; porém, quando, por meio da tripla via da causalidade, da negação e da iminência, passo a atribuí-lo a Deus, o que o termo designa é a realização suprema da bondade, em Deus, do qual toda a bondade criada não pode ser senão uma participação derivada.

AD TERTIUM dicendum quod obiectio illa procederet, si huiusmodi nomina solum de Deo causaliter dicerentur et non essentialiter, sicut *sanum* de medicina.

QUANTO AO 3º, deve-se dizer que esta objeção valeria se esses nomes fossem atribuídos a Deus somente em sentido causal (como *sadio* a respeito do remédio), e não em sentido essencial.

ARTICULUS 7
Utrum nomina quae important relationem ad creaturas, dicantur de Deo ex tempore

ARTIGO 7
Os nomes que implicam relação com as criaturas são atribuídos a Deus em sentido temporal?

AD SEPTIMUM SIC PROCEDITUR. Videtur quod nomina quae important relationem ad creaturas, non dicantur de Deo ex tempore.

1. Omnia enim huiusmodi nomina significant divinam substantiam, ut communiter dicitur. Unde et Ambrosius dicit[1] quod hoc nomen *Dominus* est nomen potestatis, quae est divina substantia: et *Creator* significat Dei actionem, quae est eius essentia. Sed divina substantia non est temporalis, sed aeterna. Ergo huiusmodi nomina non dicuntur de Deo ex tempore, sed ab aeterno.

2. PRAETEREA, cuicumque convenit aliquid ex tempore, potest dici factum: quod enim ex tempore est album, fit album. Sed Deo non convenit esse factum. Ergo de Deo nihil praedicatur ex tempore.

3. PRAETEREA, si aliqua nomina dicuntur de Deo ex tempore propter hoc quod important relationem ad creaturas, eadem ratio videtur de omnibus quae relationem ad creaturas important. Sed quaedam nomina importantia relationem ad creaturas, dicuntur de Deo ab aeterno: ab aeterno enim scivit creaturam et dilexit, secundum illud Ier 31,3: *in caritate perpetua dilexi te*. Ergo et alia nomina quae important relationem ad creaturas, ut *Dominus* et *Creator*, dicuntur de Deo ab aeterno.

4. PRAETEREA, huiusmodi nomina relationem significant. Oportet igitur quod relatio illa vel sit aliquid in Deo, vel in creatura tantum. Sed non potest esse quod sit in creatura tantum: quia sic Deus denominaretur *Dominus* a relatione opposita, quae est in creaturis; nihil autem denominatur a suo opposito. Relinquitur ergo quod relatio est etiam aliquid in Deo. Sed in Deo nihil potest esse ex tempore, cum ipse sit supra tempus. Ergo videntur quod huiusmodi nomina non dicantur de Deo ex tempore.

QUANTO AO SÉTIMO, ASSIM SE PROCEDE: parece que os nomes que implicam relação com as criaturas **não** são atribuídos a Deus em sentido temporal.

1. Com efeito, diz-se comumente que esses nomes significam a substância divina, o que leva Ambrósio a afirmar: "Este nome 'Senhor' exprime o poder, que é em Deus sua substância; 'Criador' significa a ação de Deus, que é sua essência". Ora, a substância de Deus não é temporal, mas eterna. Logo, esses nomes não são atribuídos a Deus em sentido temporal, mas de eternidade.

2. ALÉM DISSO, o que convém a algo em sentido temporal pode ser dito feito; assim, o que é branco, nesse sentido, foi feito branco. Ora, ser feito não convém a Deus. Logo, nada é atribuído a Deus em sentido temporal.

3. ADEMAIS, se alguns nomes são atribuídos a Deus em sentido temporal, em razão da relação que implicam com as criaturas, o mesmo argumento valeria para todos os nomes que implicam uma relação com as criaturas. Ora, certos nomes que comportam uma relação com as criaturas são atribuídos a Deus em sentido de eternidade; assim, desde toda a eternidade Deus conhece e ama a criatura, segundo o texto de Jeremias: "Eu te amo com um amor eterno". Logo, os outros nomes que implicam relação com as criaturas, como "Senhor" e "Criador", são atribuídos a Deus em sentido de eternidade.

4. ADEMAIS, esses nomes significam relação. Ou bem essa relação é algo em Deus, ou apenas na criatura. Ora, ela não pode estar unicamente na criatura; pois, nesse caso, Deus seria chamado *Senhor* segundo a relação oposta, a que está nas criaturas. Ora, nada é designado por seu oposto. Logo, a relação tem de ser algo em Deus. Em Deus, porém, nada é temporal, pois Ele está acima do tempo. Logo, parece que esses nomes não são ditos de Deus em sentido temporal.

---

7 PARALL.: Infra, q. 34, a. 3, ad 2; I *Sent.*, dist. 30, a. 1; dist. 37, q. 2, a. 3; *De Pot.*, q. 7, a. 8, 9, 11.
   1. *De Fide*, lib. I, c. 1: ML 16, 530 B.

5. Praeterea, secundum relationem dicitur aliquid relative: puta secundum dominium dominus, sicut secundum albedinem albus. Si igitur relatio dominii non est in Deo secundum rem, sed solum secundum rationem, sequitur quod Deus non sit realiter Dominus: quod patet esse falsum.

6. Praeterea, in relativis quae non sunt simul natura, unum potest esse, altero non existente: sicut scibile existit, non existente scientia, ut dicitur in *Praedicamentis*[2]. Sed relativa quae dicuntur de Deo et creaturis, non sunt simul natura. Ergo potest aliquid dici relative de Deo ad creaturam, etiam creatura non existente. Et sic huiusmodi nomina, *Dominus* et *Creator*, dicuntur de Deo ab aeterno, et non ex tempore.

Sed contra est quod dicit Augustinus, V *de Trin.*[3], quod haec relativa appellatio *Dominus* Deo convenit ex tempore.

Respondeo dicendum quod quaedam nomina importantia relationem ad creaturam, ex tempore de Deo dicuntur, et non ab aeterno.

Ad cuius evidentiam, sciendum est quod quidam posuerunt relationem non esse rem naturae, sed rationis tantum. Quod quidem apparet esse falsum, ex hoc quod ipsae res naturalem ordinem et habitudinem habent ad invicem. Veruntamen sciendum est quod, cum relatio requirat duo extrema, tripliciter se habere potest ad hoc quod sit res naturae et rationis.

Quandoque enim ex utraque parte est res rationis tantum: quando scilicet ordo vel habitudo non potest esse inter aliqua, nisi secundum apprehensionem rationis tantum, utpote cum dicimus *idem eidem idem*. Nam secundum quod ratio apprehendit bis aliquod unum, statuit illud ut duo; et sic apprehendit quandam habitudinem ipsius ad seipsum. Et similiter est de omnibus relationibus quae sunt inter ens et non ens; quas format ratio, inquantum apprehendit non ens ut quoddam extremum. Et idem est de omnibus relationibus quae consequuntur actum rationis, ut genus et species, et huiusmodi.

Quaedam vero relationes sunt, quantum ad utrumque extremum, res naturae: quando scilicet est habitudo inter aliqua duo secundum aliquid realiter conveniens utrique. Sicut patet de omnibus

5. Ademais, o que se diz segundo uma relação é dito relativamente. Por exemplo, senhor diz-se segundo a relação de senhorio, como branco segundo a de brancura. Assim, se a relação de senhorio não está em Deus realmente, mas somente segundo a razão, segue-se que Deus não é realmente Senhor, o que é evidentemente falso.

6. Ademais, nos termos relativos que não são simultâneos por natureza, um pode existir sem que o outro exista; por exemplo, existe objeto cognoscível, mesmo que não haja conhecimento, como se diz no livro das *Categorias*. Ora, os termos relativos que se atribuem a Deus e à criatura não são simultâneos por natureza. Logo, pode-se atribuir algo de Deus com relação à criatura, ainda que a criatura não exista. E assim estes nomes: "Senhor" e "Criador" são atribuídos a Deus em sentido de eternidade e não em sentido temporal.

Em sentido contrário, Agostinho assegura que esta denominação relativa, "Senhor", convém a Deus em sentido temporal.

Respondo. Certos nomes que implicam relação com a criatura são atribuídos a Deus em sentido temporal e não de eternidade.

Para prová-lo, deve-se saber que alguns afirmaram que a relação não é algo real, mas apenas da razão. Ora, isso é falso, pois as coisas reais são naturalmente ordenadas e referidas umas às outras. No entanto, deve-se saber que, como a relação exige dois extremos, é de três maneiras diferentes que ela pode ser real ou de razão.

1. Às vezes, é de razão dos dois lados, quando só existe entre os dois termos uma ordem ou relação segundo a apreensão da razão. Por exemplo, quando dizemos que *o mesmo é idêntico ao mesmo*. Pois, quando a razão apreende duas vezes algo único, ela o estabelece como se fossem dois; e assim apreende nele uma relação com ele mesmo. O mesmo acontece com todas as relações entre o ente e o não-ente que são formadas pela razão enquanto apreende o não-ente como termo de uma relação. O mesmo se deve dizer de todas as relações que resultam de um ato da razão, como entre gênero e espécie etc.

2. Certas relações são algo real em seus dois extremos: o que acontece quando há relação entre dois termos em razão de algo que convém realmente a um e a outro. Isto é claro com todas as

2. C. 7: 7, b, 30-31.
3. C. 16: ML 42, 922.

relationibus quae consequuntur quantitatem, ut magnum et parvum, duplum et dimidium, et huiusmodi: nam quantitas est in utroque extremorum. Et simile est de relationibus quae consequuntur actionem et passionem, ut motivum et mobile, pater et filius, et similia.

Quandoque vero relatio in uno extremorum est res naturae, et in altero est res rationis tantum. Et hoc contingit quandocumque duo extrema non sunt unius ordinis. Sicut sensus et scientia referuntur ad sensibile et scibile, quae quidem, inquantum sunt res quaedam in esse naturali existentes, sunt extra ordinem esse sensibilis et intelligibilis: et ideo in scientia quidem et sensu est relatio realis, secundum quod ordinantur ad sciendum vel sentiendum res; sed res ipsae in se consideratae, sunt extra ordinem huiusmodi. Unde in eis non est aliqua relatio realiter ad scientiam et sensum; sed secundum rationem tantum, inquantum intellectus apprehendit ea ut terminos relationum scientiae et sensus. Unde Philosophus dicit, in V *Metaphys*.[4], quod non dicuntur relative eo quod ipsa referantur ad alia, sed quia alia referuntur ad ipsa. Et similiter *dextrum* non dicitur de columna, nisi inquantum ponitur animali ad dextram: unde huiusmodi relatio non est realiter in columna, sed in animali.

Cum igitur Deus sit extra totum ordinem creaturae, et omnes creaturae ordinentur ad ipsum, et non e converso, manifestum est quod creaturae realiter referuntur ad ipsum Deum; sed in Deo non est aliqua realis relatio eius ad creaturas, sed secundum rationem tantum, inquantum creaturae referuntur ad ipsum. Et sic nihil prohibet huiusmodi nomina importantia relationem ad creaturam, praedicari de Deo ex tempore: non propter aliquam mutationem ipsius, sed propter creaturae mutationem; sicut columna fit dextera animali, nulla mutatione circa ipsam existente, sed animali translato.

AD PRIMUM ergo dicendum quod relativa quaedam sunt imposita ad significandum ipsas habitudines relativas, ut *dominus, servus, pater* et *filius*, et huiusmodi: et haec dicuntur relativa *secundum esse*. Quaedam vero sunt imposita ad significandas res quas consequuntur quaedam habitudines, sicut *movens* et *motum, caput* et *capitatum*, et

relações resultantes da quantidade, como entre grande e pequeno, duplo e metade etc., pois a quantidade está em um e outro dos dois extremos. O mesmo acontece com as relações que resultam da ação e da paixão, como entre motor e móvel, pai e filho etc.

3. Às vezes, no entanto, a relação é algo real em um dos extremos, e no outro somente de razão. Isso acontece cada vez que os dois extremos não são da mesma ordem. Por exemplo, o sentido e o entendimento se referem ao sensível e ao cognoscível, que, enquanto são algo existente no ser natural, estão fora da ordem do ser sensível e inteligível. Eis por que existe na verdade uma relação real entre o entendimento e o sentido, um e outro ordenados a conhecer e sentir as coisas. Essas coisas, porém, consideradas em si mesmas, estão fora de tais ordens; por isso, nelas não existe uma relação real com o entendimento e com o sentido, mas somente de razão, enquanto o intelecto apreende essas coisas como termos das relações do conhecimento e da sensação. Daí assegurar o Filósofo, no livro V da *Metafísica*, que, se essas realidades se encontram em relação, não é porque elas próprias se refiram a outras, e sim porque estas outras se referem a elas. Assim se diz que a coluna se encontra à direita unicamente porque se situa *à direita* do animal: daí que essa relação não é real na coluna, mas no animal.

Como Deus está fora de toda ordem das criaturas, e todas as criaturas se ordenam a Ele sem que a recíproca seja verdadeira, é evidente que as criaturas têm uma relação real com Deus. Em Deus, porém, não existe uma relação real com as criaturas, apenas uma relação de razão, uma vez que as criaturas são a Ele referidas. Assim, nada impede que esses nomes, implicando uma relação com as criaturas, sejam atribuídos a Deus em sentido temporal; não por causa de uma mudança em Deus, mas por causa de uma mudança da criatura. Como a coluna que se põe à direita do animal, excluída qualquer mudança nela, tendo o animal mudado de lugar.

QUANTO AO 1º, portanto, deve-se dizer que certos termos relativos são empregados para significar as relações, como "senhor", "pai" e "filho" e "servo". São chamados relativos segundo o ser. Outros são empregados para significar coisas das quais resultam certas relações, como "motor" e "movido", "chefe" e "subordinado" etc. São chamados rela-

---

4. C. 15: 1021, a, 26-31.

alia huiusmodi: quae dicuntur relativa *secundum dici*. Sic igitur et circa nomina divina haec differentia est consideranda. Nam quaedam significant ipsam habitudinem ad creaturam, ut *Dominus*. Et huiusmodi non significant substantiam divinam directe, sed indirecte, inquantum praesupponunt ipsam: sicut dominium praesupponit potestatem, quae est divina substantia. Quaedam vero significant directe essentiam divinam, et ex consequenti important habitudinem; sicut *Salvator, Creator*, et huiusmodi, significant actionem Dei, quae est eius essentia. Utraque tamen nomina ex tempore de Deo dicuntur quantum ad habitudinem quam important, vel principaliter vel consequenter: non autem quantum ad hoc quod significant essentiam, vel directe vel indirecte.

AD SECUNDUM dicendum quod, sicut relationes quae de Deo dicuntur ex tempore, non sunt in Deo nisi secundum rationem, ita nec fieri nec factum esse dicitur de Deo, nisi secundum rationem, nulla mutatione circa ipsum existente: sicut est id, *Domine refugium factus es nobis* Ps 89,1.

AD TERTIUM dicendum quod operatio intellectus et voluntatis est in operante: et ideo nomina quae significant relationes consequentes actionem intellectus vel voluntatis, dicuntur de Deo ab aeterno. Quae vero consequuntur actiones procedentes, secundum modum intelligendi, ad exteriores effectus, dicuntur de Deo ex tempore, ut *Salvator, Creator*, et huiusmodi.

AD QUARTUM dicendum quod relationes significatae per huiusmodi nomina quae dicuntur de Deo ex tempore, sunt in Deo secundum rationem tantum: oppositae autem relationes in creaturis sunt secundum rem. Nec est inconveniens quod a relationibus realiter existentibus in re, Deus denominetur: tamen secundum quod cointelliguntur per intellectum nostrum oppositae relationes in Deo. Ut sic Deus dicatur relative ad creaturam, quia creatura refertur ad ipsum: sicut Philosophus dicit, in V *Metaphys*.[5], quod scibile dicitur relative, quia scientia refertur ad ipsum.

AD QUINTUM dicendum quod, cum ea ratione referatur Deus ad creaturam, qua creatura refertur ad ipsum; cum relatio subiectionis realiter sit in creatura, sequitur quod Deus non secundum rationem

tivos segundo a *expressão*. É preciso considerar essa distinção ao tratar dos nomes divinos, pois alguns deles significam a relação com a criatura, como "Senhor". Esses não significam diretamente a substância divina, mas indiretamente, enquanto a pressupõem; como o senhorio pressupõe o poder, que é a substância divina. Outros nomes significam diretamente a essência divina e como consequência implicam uma relação, como "Salvador", "Criador" etc., que significam uma ação de Deus que é sua essência. No entanto, esses dois nomes são atribuídos a Deus em sentido temporal, em razão da relação que implicam, seja de maneira principal, seja consequente; e não em razão de significarem a essência divina, direta ou indiretamente.

QUANTO AO 2º, deve-se dizer que, como as relações atribuídas a Deus em sentido temporal não estão em Deus senão segundo a razão, assim ser feito ou ter sido feito somente são atribuídos a Deus segundo a razão, excluída qualquer mudança em Deus, como diz o salmista: "Senhor, te fizeste nosso abrigo".

QUANTO AO 3º, deve-se dizer que a operação do intelecto e da vontade está no que conhece e no que ama. Eis por que os nomes que significam as relações consecutivas a esses atos são atribuídos a Deus em sentido de eternidade. Mas as relações consecutivas aos atos que, segundo nosso modo de compreender, estendem-se a efeitos exteriores a Deus são atribuídas a ele em sentido temporal, como "Salvador", "Criador" etc.

QUANTO AO 4º, deve-se dizer que as relações, significadas pelos nomes atribuídos a Deus em sentido temporal, estão em Deus apenas segundo a razão, ao passo que as relações opostas que estão nas criaturas são reais. E não há inconveniente em que Deus receba nomes tirados de relações que são reais na criatura, contanto que nosso intelecto as apreenda como relações opostas em Deus, de modo que Deus seja dito relativamente à criatura, pelo fato de que a criatura lhe é referida. Segundo o Filósofo, no livro V da *Metafísica*, o cognoscível é dito relativamente porque o entendimento se refere a ele.

QUANTO AO 5º, deve-se dizer que como Deus se refere à criatura pela mesma razão que a criatura a ele se refere, e como a relação de sujeição é real na criatura, segue-se que Deus não é Senhor

---

5. Loco supra citato.

tantum, sed realiter sit Dominus. Eo enim modo dicitur Dominus, quo creatura ei subiecta est.

AD SEXTUM dicendum quod, ad cognoscendum utrum relativa sint simul natura vel non, non oportet considerare ordinem rerum de quibus relativa dicuntur, sed significationes ipsorum relativorum. Si enim unum in sui intellectu claudat aliud et e converso, tunc sunt simul natura: sicut duplum et dimidium, pater et filius, et similia. Si autem unum in sui intellectu claudat aliud, et non e converso, tunc non sunt simul natura. Et hoc modo se habent scientia et scibile. Nam scibile dicitur secundum potentiam: scientia autem secundum habitum, vel secundum actum. Unde scibile, secundum modum suae significationis, praeexistit scientiae. Sed si accipiatur scibile secundum actum, tunc est simul cum scientia secundum actum: nam scitum non est aliquid nisi sit eius scientia. Licet igitur Deus sit prior creaturis, quia tamen in significatione Domini clauditur quod habeat servum, et e converso, ista duo relativa, Dominus et servus, sunt simul natura. Unde Deus non fuit Dominus, antequam haberet creaturam sibi subiectam.

apenas segundo a razão, mas realmente. Pois, de acordo com a maneira segundo a qual a criatura lhe está sujeita, ele é chamado Senhor.

QUANTO AO 6º, deve-se dizer que, para conhecer se termos relativos são simultâneos ou não por natureza, não se deve considerar a ordem das coisas a que se atribuem, mas o que significam esses termos relativos. Porque, se um inclui o outro em sua compreensão e reciprocamente, então tais termos são simultâneos por natureza, como duplo e metade, pai e filho etc. Porém, se um inclui o outro em sua compreensão sem que haja reciprocidade, eles não são simultâneos por natureza. É o caso do conhecimento e do objeto cognoscível. Pois o objeto cognoscível diz-se em potência, ao passo que o conhecimento em *habitus* ou em ato. Daí que, de acordo com a significação da palavra, o objeto cognoscível existe antes do conhecimento. Se se toma, porém, o objeto cognoscível em ato, ele existe simultaneamente com o conhecimento em ato. Pois algo só é conhecido se dele há conhecimento. Logo, ainda que Deus seja anterior às criaturas, como na significação de Senhor está incluído que tenha um servo, e reciprocamente, estes dois termos relativos são simultâneos por natureza[f]. Assim, Deus não foi Senhor antes de contar com criaturas sujeitas a Ele.

ARTICULUS 8
Utrum hoc nomen *Deus* sit nomen naturae

AD OCTAVUM SIC PROCEDITUR. Videtur quod hoc nomen *Deus* non sit nomen naturae.
1. Dicit enim Damascenus, in I libro[1], quod *Deus dicitur a theein*, quod est currere, *et fovere universa; vel ab aethein, idest ardere (Deus enim noster ignis consumens est omnem malitiam); vel a theasthai*, quod est considerare, *omnia*. Haec autem omnia ad operationem pertinent. Ergo hoc nomen *Deus* operationem significat, et non naturam.
2. PRAETEREA, secundum hoc aliquid nominatur a nobis, secundum quod cognoscitur. Sed divina

ARTIGO 8
O nome "Deus" significa a natureza de Deus?

QUANTO AO OITAVO, ASSIM SE PROCEDE: parece que o nome **Deus** não significa a natureza de Deus.
1. Com efeito, Damasceno diz: "Deus vem de *theein*, que significa acudir, prover todas as coisas; ou então de *aethein*, que significa queimar, pois 'nosso Deus é um fogo devorador de toda maldade', diz o Deuteronômio; ou ainda de *theasthai*, isto é, ver todas as coisas". Ora, tudo isso indica operações. Logo, o nome "Deus" significa operação e não natureza.
2. ALÉM DISSO, damos nome a algo com base em nosso conhecimento. Ora, não conhecemos a

---
8 PARALL.: I *Sent.*, dist. 2, expos. lit.
 1. *De Fide Orthodoxa*, lib. I, c. 9: MG 94, 836 B — 837 A.

---
f. Deus é Deus desde toda a eternidade, mas só é Senhor no que concerne à relação da criatura com ele, que é uma relação temporal. O exemplo do conhecimento e do cognoscível faz que isso apareça, pois ele apresenta no tempo a anterioridade que, no que diz respeito à relação de Deus com a criatura, está imersa na perfeita simultaneidade da eternidade em relação ao tempo. O cognoscível em sua realidade existe antes de ser conhecido, antes daquele que conhece: desse modo, o movimento dos astros existia antes que surgisse o homem capaz de conhecer e de descobrir suas leis. No entanto, não existiu como atualmente cognoscível, como objeto da astronomia, a não ser no momento em que surgiu a astronomia, pois só existe como objeto de ciência pela relação que com ele tem o sábio.

natura est nobis ignota. Ergo hoc nomen *Deus* non significat naturam divinam.

SED CONTRA est quod dicit Ambrosius, in libro I *de Fide*[2], quod *Deus* est nomen naturae.

RESPONDEO dicendum quod non est semper idem id a quo imponitur nomen ad significandum, et id ad quod significandum nomen imponitur. Sicut enim substantiam rei ex proprietatibus vel operationibus eius cognoscimus, ita substantiam rei denominamus quandoque ab aliqua eius operatione vel proprietate: sicut substantiam lapidis denominamus ab aliqua actione eius, quia laedit pedem; non tamen hoc nomen impositum est ad significandum hanc actionem, sed substantiam lapidis. Si qua vero sunt quae secundum se sunt nota nobis, ut calor, frigus, albedo, et huiusmodi, non ab aliis denominantur. Unde in talibus idem est quod nomen significat, et id a quo imponitur nomen ad significandum.

Quia igitur Deus non est notus nobis in sui natura, sed innotescit nobis ex operationibus vel effectibus eius, ex his possumus eum nominare, ut supra[3] dictum est. Unde hoc nomen Deus est nomen operationis, quantum ad id a quo imponitur ad significandum. Imponitur enim hoc nomen ab universali rerum providentia: omnes enim loquentes de Deo, hoc intendunt nominare Deum, quod habet providentiam universalem de rebus. Unde dicit Dionysius, 12 cap. *de Div. Nom.*[4], quod *deitas est quae omnia videt providentia et bonitate perfecta*. Ex hac autem operatione hoc nomen Deus assumptum, impositum est ad significandum divinam naturam.

AD PRIMUM ergo dicendum quod omnia quae posuit Damascenus, pertinent ad providentiam, a qua imponitur hoc nomen *Deus* ad significandum.

AD SECUNDUM dicendum quod, secundum quod naturam alicuius rei ex eius proprietatibus et effectibus cognoscere possumus, sic eam nomine possumus significare. Unde, quia substantiam lapidis ex eius proprietate possumus cognoscere secundum seipsam, sciendo quid est lapis, hoc nomen *lapis* ipsam lapidis naturam, secundum quod in se est, significat: significat enim definitionem lapidis, per quam scimus quid est lapis. Ratio enim quam significat nomen, est definitio, ut dicitur in IV *Metaphys*.[5] Sed ex effectibus di-

natureza divina. Logo, o nome *Deus* não significa a natureza divina.

EM SENTIDO CONTRÁRIO, Ambrósio afirma que "Deus" é um nome de natureza.

RESPONDO. A origem de um nome nem sempre corresponde ao que passa a significar. Por exemplo, conhecemos a substância de uma coisa por suas propriedades ou suas operações, assim nós lhe damos o nome às vezes por tal operação ou propriedade, como quando nomeamos a substância da pedra por alguma sua ação, a saber, porque machuca o pé. No entanto, este nome não foi dado para designar a ação de machucar, mas a substância da pedra. Quando se trata de coisas que nos são conhecidas por si mesmas, como o calor, o frio, a brancura etc., essas não são nomeadas por nenhuma outra coisa. Portanto, nesses casos, o que o nome significa é igual ao significado de origem.

Como Deus não nós é conhecido em sua natureza própria, mas dá-se a conhecer a nós por suas atividades ou suas obras, é a partir delas que podemos nomeá-lo, como se disse acima. Por isso mesmo, o nome Deus designa uma operação, se consideramos sua origem. Esse nome foi dado em razão da providência universal das coisas; e todos aqueles que falam de Deus entendem chamar de Deus o que tem a providência de todas as coisas. É o que escreve Dionísio: "A divindade é a que tudo vê, com uma previdência e uma bondade perfeitas". O nome Deus, tomado dessa operação, foi dado para significar a natureza divina.

QUANTO AO 1º, portanto, deve-se dizer que o que diz Damasceno refere-se à providência, de onde o nome "Deus" foi tirado.

QUANTO AO 2º, deve-se dizer que, à medida que pelas propriedades e pelos efeitos de determinada coisa podemos conhecer sua natureza, nós podemos exprimi-la por um nome. Por exemplo: podemos conhecer a substância da pedra em si mesma a partir de sua propriedade; assim, sabendo o que é a pedra, este nome "pedra" significa a natureza da pedra em si mesma; significa, portanto, a definição de pedra, pela qual sabemos o que é a pedra. Pois a razão, significado pelo nome, é a definição, como se diz no livro IV da *Metafísica*. Ao contrário, a

---

2. C. 1: ML 16, 530 B (cfr. MAGISTRUM, I *Sent*., dist. 2). — Item comm. in *Gal*. III, 20: ML 17, 357 C.
3. Art. 1.
4. MG 3, 969 C.
5. C. 7: 1012, a, 21-24.

vinis divinam naturam non possumus cognoscere secundum quod in se est, ut sciamus de ea *quid est*; sed per modum eminentiae et causalitatis et negationis, ut supra[6] dictum est. Et sic hoc nomen *Deus* significat naturam divinam. Impositum est enim nomen hoc ad aliquid significandum supra omnia existens, quod est principium omnium, et remotum ab omnibus. Hoc enim intendunt significare nominantes Deum.

partir dos efeitos de Deus, não podemos conhecer a natureza divina em si mesma, a ponto de sabermos *sua essência*, mas pelo modo do excesso, da causalidade e da negação, como já foi explicado. É assim que o nome "Deus" significa a natureza divina. Esse nome foi adotado para designar o que existe acima de tudo, que é o princípio de tudo, que é separado de tudo. É o que pretendem significar os que usam o nome de Deus.

Articulus 9
Utrum hoc nomen *Deus* sit communicabile

AD NONUM SIC PROCEDITUR. Videtur quod hoc nomen *Deus* sit communicabile.

1. Cuicumque enim communicatur res significata per nomen, communicatur et nomen ipsum. Sed hoc nomen *Deus*, ut dictum est[1], significat divinam naturam, quae est communicabilis aliis, secundum illud 2Pe 1,4: *magna et pretiosa promissa nobis donavit, ut per hoc efficiamur divinae consortes naturae.* Ergo hoc nomen *Deus* est communicabile.

2. PRAETEREA, sola nomina propria non sunt communicabilia. Sed hoc nomen *Deus* non est nomen proprium, sed appellativum: quod patet ex hoc quod habet plurale, secundum illud Ps 81,6: *Ego dixi, dii estis*. Ergo hoc nomen *Deus* est communicabile.

3. PRAETEREA, hoc nomen *Deus* imponitur ab operatione, ut dictum est[2]. Sed alia nomina quae imponuntur Deo ab operationibus, sive ab effectibus, sunt communicabilia, ut *bonus, sapiens* et huiusmodi. Ergo et hoc nomen *Deus* est communicabile.

SED CONTRA est quod dicitur Sap 14,21: *incommunicabile nomen lignis et lapidibus imposuerunt*; et loquitur de nomine deitatis. Ergo hoc nomen *Deus* est nomen incommunicabile.

RESPONDEO dicendum quod aliquod nomen potest esse communicabile dupliciter: uno modo, proprie; alio modo, per similitudinem. Proprie quidem communicabile est, quod secundum totam significationem nominis, est communicabile multis. Per similitudinem autem communicabile est, quod est communicabile secundum aliquod eorum

Artigo 9
O nome "Deus" é comunicável?

QUANTO AO NONO, ASSIM SE PROCEDE: parece que o nome Deus é comunicável.

1. Com efeito, o nome é comunicado a quem é comunicada a coisa significada pelo nome. Ora, já foi explicado que o nome "Deus" significa a natureza divina, que é comunicável a outros segundo a segunda Carta de Pedro: "Ele nos concedeu coisas grandes e preciosas que nos tinham sido prometidas; para que graças a elas nos tornemos participantes da natureza divina". Logo, o nome "Deus" é comunicável.

2. ALÉM DISSO, apenas os nomes próprios não são comunicáveis. Ora, o nome "Deus" não é um nome próprio, mas um nome comum: a prova é que tem plural, como testemunha o Salmo 81: "Eu declaro, vós sois deuses". Logo, o nome "Deus" é comunicável.

3. ADEMAIS, o nome "Deus" é dado pelas operações, como foi explicado. Ora, os outros nomes dados a Deus seja por suas operações, seja por suas obras são comunicáveis, como *bom, sábio* etc. Logo, o nome "Deus" também é comunicável.

EM SENTIDO CONTRÁRIO, está no livro da Sabedoria: "Deram à pedra e à madeira o nome incomunicável", e se trata do nome da divindade. Logo, o nome "Deus" é incomunicável.

RESPONDO. Um nome pode ser comunicável de duas maneiras: propriamente ou por semelhança. Um nome é comunicável propriamente quando se pode comunicá-lo a vários segundo toda a sua significação. Ele é comunicável por semelhança quando se pode comunicá-lo a vários de acordo com alguma das coisas incluídas em sua signi-

---

6. Q. 12, a. 12.

1. Art. praec.
2. Art. praec.

quae includuntur in nominis significatione. Hoc enim nomen *leo* proprie communicatur omnibus illis in quibus invenitur natura quam significat hoc nomen *leo*: per similitudinem vero communicabile est illis qui participant aliquid leoninum, ut puta audaciam vel fortitudinem, qui metaphorice *leones* dicuntur.

Ad sciendum autem quae nomina proprie sunt communicabilia, considerandum est quod omnis forma in supposito singulari existens, per quod individuatur, communis est multis, vel secundum rem vel secundum rationem saltem: sicut natura humana communis est multis secundum rem et rationem, natura autem solis non est communis multis secundum rem, sed secundum rationem tantum; potest enim natura solis intelligi ut in pluribus suppositis existens. Et hoc ideo, quia intellectus intelligit naturam cuiuslibet speciei per abstractionem a singulari: unde esse in uno supposito singulari vel in pluribus, est praeter intellectum naturae speciei: unde, servato intellectu naturae speciei, potest intelligi ut in pluribus existens. Sed singulare, ex hoc ipso quod est singulare, est divisum ab omnibus aliis. Unde omne nomen impositum ad significandum aliquod singulare, est incommunicabile et re et ratione: non enim potest nec in apprehensione cadere pluralitas huius individui. Unde nullum nomen significans aliquod individuum, est communicabile multis proprie, sed solum secundum similitudinem; sicut aliquis metaphorice potest dici *Achilles*, inquantum habet aliquid de proprietatibus Achillis, scilicet fortitudinem.

Formae vero quae non individuantur per aliquod suppositum, sed per seipsas (quia scilicet sunt formae subsistentes), si intelligerentur secundum quod sunt in seipsis, non possent communicari nec re neque ratione; sed forte per similitudinem, sicut dictum est de individuis. Sed quia formas simplices per se subsistentes non possumus intelligere secundum quod sunt, sed intelligimus eas ad modum rerum compositarum habentium formas in materia; ideo, ut dictum est[3], imponimus eis nomina concreta significantia naturam in aliquo supposito. Unde, quantum pertinet ad rationem nominum, eadem ratio est de nominibus quae a nobis imponuntur ad significandum naturas rerum compositarum, et de nominibus quae a nobis imponuntur ad significandum naturas simplices subsistentes.

ficação. Assim, o nome "leão" é comunicável propriamente a tudo aquilo em que se encontra a natureza significada pelo nome "leão"; por semelhança é comunicável a tudo aquilo que participa de algo leonino, como a audácia ou a coragem, o que é chamado "leão" por metáfora.

Para saber quais nomes podem ser comunicáveis propriamente, deve-se considerar o seguinte: toda forma recebida em um supósito singular pelo qual é individualizada é comum a muitos, seja realmente, seja pelo menos quanto à razão. Por exemplo, a natureza humana é comum a muitos, realmente e quanto à razão. Já a natureza do sol não é comum realmente a muitos; mas apenas quanto à razão, pois a natureza do sol pode ser conhecida como existente em vários supósitos. E isso porque o intelecto conhece a natureza de uma espécie abstraindo do singular. Por conseguinte, existir em um supósito ou em vários, isto não está incluído no conceito de natureza específica; assim, salvo o conceito de natureza específica, pode ser conhecido como existindo em muitos. Mas o singular, por ser singular, é distinto de todos os outros. Assim, todo nome dado para designar um singular é incomunicável realmente e quanto à razão; pois não se pode apreender a pluralidade desse indivíduo. Por isso, nenhum nome significando um indivíduo é comunicável a muitos propriamente, mas apenas por semelhança, como alguém pode ser chamado metaforicamente *Aquiles* por possuir uma das qualidades de *Aquiles*, como a coragem.

Pelo contrário, as formas que não são individualizadas por um supósito, mas por si mesmas, (por serem formas subsistentes), se são conhecidas como tais, não poderão ser comunicadas nem realmente nem quanto à razão, talvez apenas por semelhança, como foi dito a respeito dos indivíduos. Mas porque essas formas simples, subsistentes por si mesmas, não podemos conhecê-las como tais, uma vez que só as conhecemos como compostas que têm as formas na matéria, por isso, como foi dito, damo-lhes nomes concretos que significam a natureza num supósito. Eis por que, no que concerne à razão dos nomes, têm a mesma razão, tanto os nomes que damos para significar as naturezas das coisas compostas como os nomes que damos para significar as naturezas simples subsistentes.

---

3. Art. 1, ad 2.

Unde, cum hoc nomen *Deus* impositum sit ad significandum naturam divinam, ut dictum est[4]; natura autem divina multiplicabilis non est, ut supra[5] ostensum est: sequitur quod hoc nomen Deus incommunicabile quidem sit secundum rem, sed communicabile sit secundum opinionem, quemadmodum hoc nomen *sol* esset communicabile secundum opinionem ponentium multos soles. Et secundum hoc dicitur Gl 4,8: *his qui natura non sunt dii, serviebatis*; glossa: *non sunt dii natura, sed opinione hominum*. — Est nihilominus communicabile hoc nomen Deus, non secundum suam totam significationem, sed secundum aliquid eius, per quandam similitudinem: ud *dii* dicantur, qui participant aliquid divinum per similitudinem, secundum illud: *Ego dixi, dii estis* Ps 81,6.

Si vero esset aliquod nomen impositum ad significandum Deum non ex parte naturae, sed ex parte suppositi, secundum quod consideratur ut hoc aliquid, illud nomen esset omnibus modis incommunicabile: sicut forte est nomen Tetragrammaton apud Hebraeos. Et est simile si quis imponeret nomen Soli designans hoc individuum.

AD PRIMUM ergo dicendum quod natura divina non est communicabilis, nisi secundum similitudinis participationem.

AD SECUNDUM dicendum quod hoc nomen *Deus* est nomen appellativum, et non proprium, quia significat naturam divinam ut in habente; licet ipse Deus, secundum rem, non sit nec universalis nec particularis. Nomina enim non sequuntur modum essendi qui est in rebus, sed modum essendi secundum quod in cognitione nostra est. Et tamen, secundum rei veritatem, est incommunicabile, secundum quod dictum est[6] de hoc nomine *sol*.

Assim, como o nome "Deus" foi dado para designar a natureza divina, como foi explicado, e porque essa natureza divina não é multiplicável, como também foi explicado, segue-se que o nome Deus é incomunicável segundo a realidade; mas é comunicável segundo a opinião, do mesmo modo que o nome sol seria comunicável segundo a opinião dos que afirmassem a existência de vários sóis. É neste sentido que se diz na Carta aos Gálatas: "Estáveis escravizados a deuses que, por sua própria natureza, não o são". E a *Glosa* explica: "Não são deuses por natureza, mas pela opinião dos homens"[g]. — Entretanto, o nome Deus é comunicável não segundo a totalidade de sua significação, mas parcialmente, em razão de certa semelhança. Por isso, chamam-se "deuses" os que participam de algo divino por semelhança, segundo as palavras do Salmo: "Eu declaro, vós sois deuses".

Entretanto, se algum nome fosse dado para significar Deus não quanto à natureza mas quanto ao supósito, pelo qual fosse considerado este indivíduo, tal nome seria totalmente incomunicável. É talvez o caso do Tetragrama entre os hebreus; é como se alguém desse ao sol um nome designando-o em sua individualidade.

QUANTO AO 1º, portanto, deve-se dizer que a natureza divina não é comunicável, a não ser por participação em algo semelhante.

QUANTO AO 2º, deve-se dizer que o nome "Deus" é um nome comum e não um nome próprio, pois significa a natureza divina como se existisse em um sujeito, ainda que o próprio Deus em sua realidade não seja nem universal nem particular. Com efeito, os nomes não exprimem o modo de ser das coisas nomeadas em sua realidade, mas o modo de ser segundo estão em nosso conhecimento. Entretanto, segundo a verdade de seu significado, é incomunicável, como foi explicado a respeito da palavra "sol".

---

4. Art. praec.
5. Q. 11, a. 3.
6. In corp.

---

g. Toda forma no intelecto é universal por direito, concebida como aquilo pelo qual o ente é o que é — sua essência —; ela faz abstração da matéria que é a condição de realização da essência, sua condição existencial. É portanto indiferente, por si, ser realizada, una e a mesma, no indivíduo ou na multidão. No entanto, pode ocorrer que, de fato, ela só se realize em um só. Poderia ocorrer mesmo que as condições existenciais que ela requer sejam tais que só possa ser realizada em um só indivíduo: para os antigos, era o caso do sol, o qual pensavam que era e só podia ser único, pois sua forma reclamava uma matéria na qual ela possa de uma só vez manifestar toda a sua riqueza ontológica. A noção do sol fazia abstração dessa característica existencial, como em geral a noção na mente faz abstração de suas condições de realização fora dela: de modo que se podia sem contradição — mas falsamente — julgar que existem vários sóis. Santo Tomás utiliza o caso, que ele acreditava real, da noção que dá a conhecer somente um singular sem deixar de ser universal em si mesma, para dar a compreender que o nome "Deus", embora incomunicável segundo sua significação própria — uma vez que a natureza que ele dá a conhecer só é realizável em uma realidade una, singular —, pode, todavia, ser comunicado por erro — mas sem contradição — a várias realidades, como o fazem os politeístas.

AD TERTIUM dicendum quod haec nomina *bonus, sapiens*, et similia, imposita quidem sunt a perfectionibus procedentibus a Deo in creaturas: non tamen sunt imposita ad significandum divinam naturam, sed ad significandum ipsas perfectiones absolute. Et ideo etiam secundum rei veritatem sunt communicabilia multis. Sed hoc nomen *Deus* impositum est ab operatione propria Deo, quam experimur continue, ad significandum divinam naturam.

QUANTO AO 3º, deve-se dizer que esses nomes: "bom", "sábio" e outros semelhantes foram dados a partir das perfeições comunicadas por Deus às criaturas. No entanto, não foram dados para significar a natureza divina, mas para significar de modo exclusivo as perfeições. Eis por que, mesmo segundo a verdade das coisas, elas são comunicáveis a muitos. Por outro lado, o nome "Deus" foi dado a Deus a partir de uma operação própria que experimentamos constantemente, para significar a natureza divina.

ARTICULUS 10
Utrum hoc nomen *Deus* univoce dicatur de Deo per participationem, secundum naturam, et secundum opinionem

AD DECIMUM SIC PROCEDITUR. Videtur quod hoc nomen *Deus* univoce dicatur de Deo per naturam, et per participationem, et secundum opinionem.

1. Ubi enim est diversa significatio, non est contradictio affirmantis et negantis: aequivocatio enim impedit contradictionem. Sed catholicus dicens *idolum non est Deus*, contradicit pagano dicenti *idolum est Deus*. Ergo *Deus* utrobique sumptum univoce dicitur.

2. PRAETEREA, sicut idolum est Deus secundum opinionem et non secundum veritatem, ita fruitio carnalium delectationum dicitur felicitas secundum opinionem, et non secundum veritatem. Sed hoc nomen *beatitudo* univoce dicitur de hac beatitudine opinata, et de hac beatitudine vera. Ergo et hoc nomen *Deus* univoce dicitur de Deo secundum veritatem, et de Deo secundum opinionem.

3. PRAETEREA, univoca dicuntur quorum est ratio una. Sed catholicus, cum dicit unum esse Deum, intelligit nomine Dei rem omnipotentem, et super omnia venerandam: et hoc idem intelligit gentilis, cum dicit idolum esse Deum. Ergo hoc nomen *Deus* univoce dicitur utrobique.

SED CONTRA, illud quod est in intellectu, est similitudo eius quod est in re, ut dicitur in I *Periherm.*[1]. Sed *animal*, dictum de animali vero et de animali picto, aequivoce dicitur. Ergo hoc nomen

ARTIGO 10
O nome "Deus" é atribuído de maneira unívoca para significar Deus por participação, segundo a natureza e a opinião?

QUANTO AO DÉCIMO, ASSIM SE PROCEDE: parece que o nome Deus **é atribuído** de maneira unívoca para significar Deus, por natureza, por participação e segundo a opinião.

1. Com efeito, onde a significação é diversa, não há contradição entre afirmar e negar, pois o equívoco impede a contradição. Ora, o católico ao dizer: *o ídolo não é Deus*, contradiz o pagão que diz: *o ídolo é Deus*. Logo, o nome "Deus" empregado pelos dois é dito de modo unívoco.

2. ALÉM DISSO, o ídolo é Deus segundo a opinião e não segundo a verdade, assim também o gozo de prazeres carnais é chamado felicidade segundo a opinião e não segundo a verdade. Ora, o nome "felicidade" é atribuído univocamente a esta opinião de felicidade e à felicidade verdadeira. Logo, o nome "Deus" é atribuído de maneira unívoca a Deus tanto segundo a verdade como segundo a opinião.

3. ADEMAIS, são unívocos os termos que têm uma única razão. Ora, o católico, quando diz que há um único Deus, entende por esse nome uma realidade onipotente e acima de tudo venerável. E o gentio entende a mesma coisa quando diz que o ídolo é Deus. Logo, o nome Deus é afirmado pelos dois em sentido unívoco.

EM SENTIDO CONTRÁRIO, o que existe no intelecto é a semelhança do que existe na realidade, segundo se diz no livro sobre a *Interpretação*. Mas o nome "animal", atribuído ao verdadeiro animal e

---
1. C. 1: 16, a, 13-14.

Deus, dictum de Deo vero et de Deo secundum opinionem, aequivoce dicitur.

Praeterea, nullus potest significare id quod non cognoscit: sed gentilis non cognoscit naturam divinam: ergo, cum dicit *idolum est Deus*, non significat veram deitatem. Hanc autem significat catholicus dicens unum esse Deum. Ergo hoc nomen *Deus* non dicitur univoce, sed aequivoce, de Deo vero, et de Deo secundum opinionem.

RESPONDEO dicendum quod hoc nomen Deus, in praemissis tribus significationibus, non accipitur neque univoce neque aequivoce, sed analogice. Quod ex hoc patet. Quia univocorum est omnino eadem ratio: aequivocorum est omnino ratio diversa: in analogicis vero, oportet quod nomen secundum unam significationem acceptum, ponatur in definitione eiusdem nominis secundum alias significationes accepti. Sicut *ens* de substantia dictum, ponitur in definitione entis secundum quod de accidente dicitur; et *sanum* dictum de animali, ponitur in definitione sani secundum quod dicitur de urina et de medicina; huius enim sani quod est in animali, urina est significativa, et medicina factiva.

Sic accidit in proposito. Nam hoc nomen *Deus*, secundum quod pro Deo vero sumitur, in ratione Dei sumitur secundum quod dicitur Deus secundum opinionem vel participationem. Cum enim aliquem nominamus Deus secundum participationem, intelligimus nomine Dei aliquid habens similitudinem veri Dei. Similiter cum idolum nominamus Deum, hoc nomine *Deus* intelligimus significari aliquid, de quo homines opinantur quod sit Deus. Et sic manifestum est quod alia et alia est significatio nominis, sed una illarum significationum clauditur in significationibus aliis. Unde manifestum est quod analogice dicitur.

AD PRIMUM ergo dicendum quod nominum multiplicitas non attenditur secundum nominis praedicationem, sed secundum significationem: hoc enim nomen *homo*, de quocumque praedicetur, sive vere sive false, dicitur uno modo. Sed tunc multipliciter diceretur, si per hoc nomen *homo* intenderemus significare diversa: puta, si unus intenderet significare per hoc nomen *homo* id quod vere est homo, et alius intenderet significare eodem nomine lapidem, vel aliquid aliud. Unde patet quod catholicus dicens idolum non esse Deum, contradicit pagano hoc asserenti: quia ao animal pintado, é atribuído equivocadamente. Assim, o nome Deus atribuído ao verdadeiro Deus e a um Deus segundo a opinião é afirmado de modo equívoco.

Ninguém pode dar sentido ao que não conhece. Ora, o gentio não conhece a natureza divina. Logo, quando diz: o ídolo é Deus, não significa a verdadeira deidade, que o católico significa ao afirmar a existência de um só Deus. Logo, o nome *Deus* não é atribuído de maneira unívoca, mas equívoca, ao Deus verdadeiro e ao Deus segundo a opinião.

RESPONDO. O nome "Deus", nas três significações propostas, não é tomado nem unívoca nem equívoca, e sim analogicamente. Eis a prova: a razão dos termos unívocos é a mesma; a dos termos equívocos é totalmente diversa; ao passo que, para os análogos, é preciso que o nome assumido com determinada significação entre na definição deste nome com outras significações. Assim, *ente* atribuído à substância entra na definição do ente quando é dito do acidente. *Sadio* atribuído ao animal entra na definição de sadio quando é dito da urina e do remédio; pois a urina é o sinal e o remédio é causa do sadio que está no animal.

É o que acontece com o que tratamos. Pois o nome *Deus*, no sentido do verdadeiro Deus, é tomado em sua razão de Deus conforme Deus é afirmado segundo a opinião ou a participação. Quando nomeamos alguém Deus segundo a participação, entendemos pelo nome Deus algo que tem uma semelhança com o verdadeiro Deus. Assim também, quando nomeamos um ídolo Deus, entendemos pelo nome *Deus* significar algo que os homens opinam ser Deus. Fica claro que este nome possui significações diversas, mas uma dessas significações está incluída nas outras. Logo, é claro que é afirmado analogicamente.

QUANTO AO 1º, portanto, deve-se dizer que a multiplicidade dos nomes não se refere à atribuição de um nome, mas à sua significação; pois o nome *homem*, atribuído a quem quer que seja, verdadeira ou falsamente, só se diz de uma única maneira. Seria, porém, dito de modo múltiplo se, pelo nome *homem*, pretendêssemos significar coisas diversas; por exemplo, se alguém pretendesse significar pelo nome *homem* o que é verdadeiramente homem, ao passo que outro pretenderia significar pelo mesmo nome uma pedra ou outra coisa. É então evidente que o católico, ao dizer

uterque utitur hoc nomine *Deus* ad significandum verum Deum. Cum enim paganus dicit idolum esse Deum, non utitur hoc nomine secundum quod significat Deum opinabilem: sic enim verum diceret, cum etiam catholici interdum in tali significatione hoc nomine utantur, ut cum dicitur Ps 95,5, *omnes dii gentium daemonia*.

Et similiter dicendum AD SECUNDUM et TERTIUM. Nam illae rationes procedunt secundum diversitatem praedicationis nominis, et non secundum diversam significationem.

AD QUARTUM dicendum quod *animal* dictum de animali vero et de picto, non dicitur pure aequivoce; sed Philosophus[2] largo modo accipit aequivoca, secundum quod includunt in se analoga. Quia et *ens*, quod analogice dicitur, aliquando dicitur aequivoce praedicari de diversis praedicamentis.

AD QUINTUM dicendum quod ipsam naturam Dei prout in se est, neque catholicus neque paganus cognoscit: sed uterque cognoscit eam secundum aliquam rationem causalitatis vel excellentiae vel remotionis, ut supra[3] dictum est. Et secundum hoc, in eadem significatione accipere potest gentilis hoc nomen *Deus*, cum dicit *idolum est Deus*, in qua accipit ipsum catholicus dicens *idolum non est Deus*. Si vero aliquis esset qui secundum nullam rationem Deum cognosceret, nec ipsum nominaret, nisi forte sicut proferimus nomina quorum significationem ignoramus.

que o ídolo não é Deus, contradiz o pagão que o afirma; pois ambos empregam o nome *Deus* para significar o verdadeiro Deus. Quando o pagão afirma que o ídolo é Deus, não emprega esse nome enquanto significa um Deus de opinião. Se assim fosse, diria a verdade, pois os católicos empregam às vezes esse nome nesse sentido, por exemplo, quando dizem com o Salmo: "Todos os deuses dos povos são demônios".

QUANTO AO 2º e 3º, deve-se responder o mesmo. Pois tais argumentos decorrem da diversidade de atribuição do nome e não da diversidade de significação.

QUANTO AO 4º, deve-se dizer que, quando se diz *animal* de um animal de verdade e de um pintado, não se fala de maneira puramente equívoca. O Filósofo toma os termos equívocos em sentido lato, na medida em que incluem o análogo. Porque também *ente*, que é dito de maneira análoga, às vezes é dito de maneira equívoca de diversos predicamentos.

QUANTO AO 5º, deve-se dizer que a natureza própria de Deus, em si mesma, nem o católico nem o pagão a conhecem; um e outro a conhecem, porém, segundo uma razão de causalidade, ou de excesso ou de negação, como já foi explicado. Assim, o gentio, ao dizer que o *ídolo é Deus*, pode tomar a palavra Deus no mesmo sentido que o católico ao dizer que o *ídolo não é Deus*. Mas, se houvesse alguém que não conhecesse Deus segundo nenhuma razão, este não o nomearia, a não ser do modo como às vezes pronunciamos nomes cujo sentido ignoramos.

ARTICULUS 11
Utrum hoc nomen *Qui est* sit maxime nomen Dei proprium

AD UNDECIMUM SIC PROCEDITUR. Videtur quod hoc nomen *Qui est* non sit maxime proprium nomen Dei.

1. Hoc enim nomen *Deus* est nomen incommunicabile, ut dictum est[1]. Sed hoc nomen *Qui est* non est nomen incommunicabile. Ergo hoc nomen *Qui est* non est maxime proprium nomen Dei.
2. PRAETEREA, Dionysius dicit, 3 cap. *de Div. Nom.*[2], quod *boni nominatio est manifestativa*

ARTIGO 11
O nome *Aquele que é* seria o nome mais próprio de Deus?

QUANTO AO DÉCIMO PRIMEIRO, ASSIM SE PROCEDE: parece que o nome Aquele que é **não** é o mais próprio de Deus.

1. Com efeito, o nome Deus, como foi explicado, é incomunicável. Ora, *Aquele que é* não é um nome incomunicável. Logo, o nome *Aquele que é* não é o nome mais próprio de Deus.
2. ALÉM DISSO, Dionísio diz: "O nome Bom manifesta que tudo procede de Deus". Ora, o

---

2. *Categ.*, c. 1: 1, a, 1-3.
3. Q. 12, a. 12.

11 PARALL.: I *Sent.*, dist. 8, q. 1, a. 1, 3; *De Pot.*, q. 2, a. 1; q. 7, a. 5; q. 10, a. 1, ad 9; *De Div. Nom.*, c. 5, lect. 1.
1. Art. 9.
2. MG 3, 680 B.

omnium Dei processionum. Sed hoc maxime Deo convenit, quod sit universale rerum principium. Ergo hoc nomen *bonum* est maxime proprium Dei, et non hoc nomen *Qui est.*

3. Praeterea, omne nomen divinum videtur importare relationem ad creaturas, cum Deus non cognoscatur a nobis nisi per creaturas. Sed hoc nomen *Qui est* nullam importat habitudinem ad creaturas. Ergo hoc nomen *Qui est* non est maxime proprium nomen Dei.

Sed contra est quod dicitur Ex 3,13-14, quod Moysi quaerenti, *si dixerint mihi: Quod est nomen eius? quid dicam eis?* et respondit ei Dominus: *Sic dices eis*: Qui est *misit me ad vos.* Ergo hoc nomen *Qui est* est maxime proprium nomen Dei.

Respondeo dicendum quod hoc nomen *Qui est* triplici ratione est maxime proprium nomen Dei. Primo quidem, propter sui significationem. Non enim significat formam aliquam, sed ipsum esse. Unde, cum esse Dei sit ipsa eius essentia, et hoc nulli alii conveniat, ut supra[3] ostensum est, manifestum est quod inter alia nomina hoc maxime proprie nominat Deum: unumquodque enim denominatur a sua forma.

Secundo, propter eius universalitatem. Omnia enim alia nomina vel sunt minus communia; vel, si convertantur cum ipso, tamen addunt aliqua supra ipsum secundum rationem; unde quodammodo informant et determinant ipsum. Intellectus autem noster non potest ipsam Dei essentiam cognoscere in statu viae, secundum quod in se est: sed quemcumque modum determinet circa id quod de Deo intelligit, deficit a modo quo Deus in se est. Et ideo, quanto aliqua nomina sunt minus determinata, et magis communia et absoluta, tanto magis proprie dicuntur de Deo a nobis. Unde et Damascenus dicit[4] quod *principalius omnibus quae de Deo dicuntur nominibus, est* Qui est: *totum enim in seipso comprehendens, habet ipsum esse velut quoddam pelagus substantiae infinitum et indeterminatum.* Quolibet enim alio nomine determinatur aliquis modus substantiae rei: sed hoc nomen *Qui est* nullum modum essendi determinat, sed se habet indeterminate ad omnes; et ideo nominat ipsum *pelagus substantiae infinitum.*

Tertio vero, ex eius consignificatione. Significat enim esse in praesenti: et hoc maxime proprie de

que ao máximo convém a Deus é ser o princípio universal de todas as coisas. Logo, o nome mais próprio para Deus é *Bom* e não *Aquele que é.*

3. Ademais, todo nome divino parece implicar uma relação com as criaturas, pois só conhecemos Deus por meio das criaturas. Ora, o nome *Aquele que é* não implica nenhuma relação com as criaturas. Logo, o nome *Aquele que é* não é o nome mais próprio de Deus.

Em sentido contrário, quando Moisés propôs a Deus esta questão: "Se me perguntarem: Qual é seu nome, o que lhes direi?", o Senhor respondeu: "Assim falarás: *Aquele que é* me enviou a vós". Logo, o nome *Aquele que é* é o nome mais próprio de Deus.

Respondo. O nome *Aquele que é* é o nome mais próprio de Deus por três razões:

1. Por causa de sua significação, pois não designa uma forma, mas o próprio ser. Por isso, como o ser de Deus é sua mesma essência, o que não convém a nenhum outro como acima foi demonstrado, é evidente que entre todos os nomes este nomeia Deus com a maior propriedade; porque cada coisa é nomeada por sua forma.

2. Por causa de sua universalidade: pois todos os outros nomes ou são menos comuns ou, se se convertem entre si, acrescentam algo segundo a razão. Por isso, o informam e o determinam de certa maneira. Ora, nosso intelecto não pode, nesta vida, conhecer a essência de Deus, como é em si mesma; mas qualquer determinação a respeito do que conhece de Deus fica em falta com respeito ao modo segundo o qual Deus é em si mesmo. Assim, quanto menos os nomes são determinados, e quanto mais são gerais e absolutos, tanto mais propriamente os atribuímos a Deus. É o que leva Damasceno a dizer: "Entre todos os nomes que damos a Deus, o principal é *Aquele que é*, pois o ser de Deus, compreendendo tudo em si mesmo, é como um mar de substância, infinito e sem limites". Qualquer outro nome determina algum modo da substância da coisa, ao passo que o nome *Aquele que é* não determina nenhum modo de ser; ele é sem determinação em todos os modos, e é por isso que o nomeia "mar infinito de substância".

3. Por causa de sua cosignificação. Pois este nome significa ser no pressente, o que convém

---

3. Q. 3, a. 4.
4. *De Fide Orth.*, lib. 1, c. 9: MG 94, 836 B.

Deo dicitur, cuius esse non novit praeteritum vel futurum, ut dicit Augustinus in V *de Trin.*[5].

AD PRIMUM ergo dicendum quod hoc nomen *Qui est* est magis proprium nomen Dei quam hoc nomen *Deus*, quantum ad id a quo imponitur, scilicet ab *esse*, et quantum ad modum significandi et consignificandi, ut dictum est[6]. Sed quantum ad id ad quod imponitur nomen ad significandum, est magis proprium hoc nomen *Deus*, quod imponitur ad significandum naturam divinam. Et adhuc magis proprium nomen est Tetragrammaton, quod est impositum ad significandam ipsam Dei substantiam incommunicabilem, et, ut sic liceat loqui, singularem.

AD SECUNDUM dicendum quod hoc nomen *bonum* est principale nomen Dei inquantum est causa, non tamen simpliciter: nam esse absolute praeintelligitur causae.

AD TERTIUM dicendum quod non est necessarium quod omnia nomina divina importent habitudinem ad creaturas; sed sufficit quod imponantur ab aliquibus perfectionibus procedentibus a Deo in creaturas. Inter quas prima est ipsum esse, a qua sumitur hoc nomen *Qui est*.

ao máximo a Deus, cujo ser não conhece nem passado, nem futuro, como afirma Agostinho.

QUANTO AO 1º, portanto, deve-se dizer que o nome *Aquele que é* é um nome mais próprio de Deus do que o nome *Deus*, em razão da origem, a saber, vem *de ser*, e em razão do modo de significar e de cossignificar, como foi explicado. No entanto, quanto ao que se propõe significar, o nome *Deus* é mais apropriado, pois o que se propõe significar é a natureza divina. Mais próprio ainda é o Tetragrama, dado para significar a substância divina incomunicável e, se é lícito dizer, singular.

QUANTO AO 2º, deve-se dizer que o nome *bom* é o principal nome de Deus enquanto é causa; mas não de modo absoluto, porque, absolutamente falando, o *ser* entende-se como anterior à causa.

QUANTO AO 3º, deve-se afirmar que não é necessário que todos os nomes divinos impliquem uma referência às criaturas; basta que sejam tomados de perfeições comunicadas por Deus às criaturas. Entre estas, a primeira de todas é o próprio ser, de onde se tomou o nome *Aquele que é*.

ARTICULUS 12
Utrum propositiones affirmativae possint formari de Deo

AD DUODECIMUM SIC PROCEDITUR. Videtur quod propositiones affirmativae non possunt formari de Deo.

1. Dicit enim Dionysius, 2 cap. *Cael. Hier.*[1], quod *negationes de Deo sunt verae, affirmationes autem incompactae*.

2. PRAETEREA, Boetius dicit, in libro *de Trin.*[2], quod *forma simplex subiectum esse non potest*. Sed Deus maxime est forma simplex, ut supra[3] ostensum est. Ergo non potest esse subiectum. Sed omne illud de quo propositio affirmativa formatur, accipitur ut subiectum. Ergo de Deo propositio affirmativa formari non potest.

3. PRAETEREA, omnis intellectus intelligens rem aliter quam sit, est falsus. Sed Deus habet esse absque omni compositione, ut supra[4] probatum est.

ARTIGO 12
Podemos formar a respeito de Deus proposições afirmativas?

QUANTO AO DÉCIMO SEGUNDO, ASSIM SE PROCEDE: parece que **não** podemos formar proposições afirmativas a respeito de Deus.

1. Com efeito, Dionísio assim se exprime: "As negações a respeito de Deus são verdadeiras; as afirmações são inconsistentes".

2. ALÉM DISSO, Boécio escreve: "Uma forma simples não pode ser sujeito". Ora, Deus é ao máximo uma forma simples, como já foi demonstrado. Logo, não pode ser sujeito. Ora, entende-se como sujeito tudo aquilo a respeito do que se forma uma proposição afirmativa. Logo, não se pode formar a respeito de Deus uma proposição afirmativa.

3. ADEMAIS, é falso o intelecto que conhece algo diferentemente do que é. Ora, já o provamos, Deus tem o ser sem nenhuma composição. Logo, uma

---

5. C. 2: ML 42, 912 (Vide MAGISTRUM, I *Sent.*, dist. 8).
6. In corp.

12 PARALL.: I *Sent.*, dist. 4, q. 2, a. 1; dist. 22, a. 2, ad 1; *Cont. Gent.* I, 36; *De Pot.*, q. 7, 5, ad 2.

1. MG 3, 141 A.
2. C. 2: ML 64, 1250 D.
3. Q. 3, a. 7.
4. Ibid.

Cum igitur omnis intellectus affirmativus intelligat aliquid cum compositione, videtur quod propositio affirmativa vere de Deo formari non possit.

SED CONTRA est quod fidei non subest falsum. Sed propositiones quaedam affirmativae subduntur fidei, utpote quod Deus est trinus et unus, et quod est omnipotens. Ergo propositiones affirmativae possunt vere formari de Deo.

RESPONDEO dicendum quod propositiones affirmativae possunt vere formari de Deo. Ad cuius evidentiam, sciendum est quod in qualibet propositione affirmativa vera, oportet quod praedicatum et subiectum significent idem secundum rem aliquo modo, et diversum secundum rationem. Et hoc patet tam in propositionibus quae sunt de praedicato accidentali, quam in illis quae sunt de praedicato substantiali. Manifestum est enim quod homo et albus sunt idem subiecto, et differunt ratione: alia enim est ratio hominis, et alia ratio albi. Et similiter cum dico *homo est animal*: illud enim ipsum quod est homo, vere animal est; in eodem enim supposito est et natura sensibilis, a qua dicitur animal, et rationalis, a qua dicitur homo. Unde hic etiam praedicatum et subiectum sunt idem supposito, sed diversa ratione. Sed et in propositionibus in quibus idem praedicatur de seipso, hoc aliquo modo invenitur; inquantum intellectus id quod ponit ex parte subiecti, trahit ad partem suppositi, quod vero ponit ex parte praedicati, trahit ad naturam formae in supposito existentis, secundum quod dicitur quod *praedicata tenentur formaliter, et subiecta materialiter*. Huic vero diversitati quae est secundum rationem, respondet pluralitas praedicati et subiecti: identitatem vero rei significat intellectus per ipsam compositionem.

Deus autem, in se consideratus, est omnino unus et simplex: sed tamen intellectus noster secundum diversas conceptiones ipsum cognoscit, eo quod non potest ipsum ut in seipso est, videre. Sed tamen, quamvis intelligat ipsum sub diversis conceptionibus, cognoscit tamen quod omnibus suis conceptionibus respondet una et eadem res simpliciter. Hanc ergo pluralitatem quae est secundum rationem, repraesentat per pluralitatem praedicati et subiecti: unitatem vero repraesentat intellectus per compositionem.

AD PRIMUM ergo dicendum quod Dionysius dicit affirmationes de Deo esse incompactas, vel

vez que todo intelecto que afirma conhece seu objeto segundo a composição, parece que não se pode formar verdadeiramente a respeito de Deus nenhuma proposição afirmativa.

EM SENTIDO CONTRÁRIO, a fé não contém erro, e nela encontram-se certas proposições afirmativas, como: Deus é trino e uno, é onipotente etc. Logo podemos formar verdadeiramente a respeito de Deus proposições afirmativas.

RESPONDO. Verdadeiramente podem-se formar proposições afirmativas a respeito de Deus. Para evidenciá-lo, é preciso saber que, em qualquer proposição afirmativa verdadeira, o predicado e o sujeito devem de certa maneira significar a mesma coisa realmente, e coisas diversas segundo a razão. Isto se constata tanto nas proposições de predicado acidental como nas de predicado substancial. É claro que homem e branco são o mesmo no sujeito, mas diferem na razão; pois uma é a razão de homem, outra a razão de branco. Semelhantemente quando digo: *o homem é um animal*, pois o homem é deveras animal; visto que no mesmo supósito existem a natureza sensível pela qual é chamado animal e a natureza racional pela qual é chamado homem. É assim que, igualmente nesse caso, o predicado e o sujeito são idênticos quanto ao supósito, mas diversos quanto à razão. Mas, nas proposições em que o mesmo é afirmado de si mesmo, isso se verifica ainda de certa maneira, pois o que o intelecto afirma do sujeito, ele o transfere para o supósito; mas o que afirma do predicado, ele transfere para a natureza de uma forma num supósito existente, conforme se diz que *os predicados são assumidos formalmente e os sujeitos materialmente*. Ora, a esta diversidade que é de razão, corresponde a pluralidade do predicado e do sujeito; ao passo que o intelecto significa a identidade da coisa pela composição.

Quanto a Deus, considerado em si mesmo, Ele é totalmente uno e simples; mas nosso intelecto o conhece segundo diversos conceitos, pois não pode vê-lo em si mesmo como Ele é. Apesar disso, embora o conheça sob diversos conceitos, sabe que a todas essas concepções corresponde de modo absoluto uma mesma e única realidade. Assim, a pluralidade que é segundo a razão é representada pela diversidade do predicado e do sujeito, ao passo que a unidade é representada pela composição.

QUANTO AO 1º, portanto, deve-se dizer que quando Dionísio afirma que as proposições rela-

inconvenientes secundum aliam translationem, inquantum nullum nomen Deo competit secundum modum significandi, ut supra[5] dictum est.

AD SECUNDUM dicendum quod intellectus noster non potest formas simplices subsistentes secundum quod in seipsis sunt, apprehendere: sed apprehendit eas secundum modum compositorum, in quibus est aliquid quod subiicitur, et est aliquid quod inest. Et ideo apprehendit formam simplicem in ratione subiecti, et attribuit ei aliquid.

AD TERTIUM dicendum quod haec propositio, *intellectus intelligens rem aliter quam sit, est falsus*, est duplex; ex eo quod hoc adverbium *aliter* potest determinare hoc verbum *intelligit* ex parte intellecti, vel ex parte intelligentis. Si ex parte intellecti, sic propositio vera est, et est sensus: quicumque intellectus intelligit rem esse aliter quam sit, falsus est. Sed hoc non habet locum in proposito: quia intellectus noster, formans propositionem de Deo, non dicit eum esse compositum, sed simplicem. Si vero ex parte intelligentis, sic propositio falsa est. Alius est enim modus intellectus in intelligendo, quam rei in essendo. Manifestum est enim quod intellectus noster res materiales infra se existentes intelligit immaterialiter; non quod intelligat eas esse immateriales, sed habet modum immaterialem in intelligendo. Et similiter, cum intelligit simplicia quae sunt supra se, intelligit ea secundum modum suum, scilicet composite: non tamen ita quod intelligat ea esse composita. Et sic intellectus noster non est falsus, formans compositionem de Deo.

tivas a Deus são inconsistentes, ou, segundo outra tradução, *inconvenientes*, quer dizer que nenhum nome cabe a Deus segundo o modo de sua significação, como foi explicado acima.

QUANTO AO 2º, deve-se dizer que nosso intelecto não pode apreender as formas simples subsistentes em si mesmas, mas as apreende à maneira dos compostos, nos quais há algo que é sujeito e algo inerente a este sujeito. Por conseguinte, apreende a forma simples como um sujeito e lhe atribui algo.

QUANTO AO 3º, deve-se dizer que a proposição: *é falso o intelecto que conhece algo diferentemente do que é*, tem dois sentidos, conforme o advérbio *diferentemente* determine o verbo *conhecer* por parte do objeto conhecido, ou por parte do intelecto que conhece. Se por parte do objeto conhecido, a proposição é verdadeira e seu sentido é o seguinte: o intelecto conhece que uma coisa é diferente do que ela é, é falso. Aqui, porém, não se trata disso; formando a respeito de Deus proposições afirmativas, nosso intelecto não o declara composto, mas simples. Se, ao contrário, tomamos o advérbio por parte do intelecto que conhece, a proposição é falsa, porque uma é a maneira de operação do intelecto, outra a de ser da coisa. É claro que nosso intelecto conhece imaterialmente as coisas materiais inferiores a ele; não que as conheça como imateriais, mas seu modo de conhecer é imaterial. Igualmente, quando conhece o que é simples acima dele, o conhece segundo seu modo próprio, isto é, por composição, sem com isso conhecê-lo como composto. Assim, nosso intelecto não está errado quando forma proposições compostas a respeito de Deus.

---

5. A. 3.

QUAESTIO XIV
DE SCIENTIA DEI
in sexdecim articulos divisa

Post considerationem eorum quae ad divinam substantiam pertinent, restat considerandum de his quae pertinent ad operationem ipsius. Et quia operatio quaedam est quae manet in operante, quaedam vero quae procedit in exteriorem effectum, primo agemus de scientia et voluntate (nam intelligere in intelligente est, et velle in volente);

QUESTÃO 14
A CIÊNCIA DE DEUS
em dezesseis artigos

Depois de ter considerado o que se refere à substância divina, falta considerar o que se refere a seu agir. E como, entre as operações, umas permanecem no sujeito que age, outras se estendem a um efeito exterior, trataremos primeiro da ciência e da vontade (pois o conhecer está em quem conhece, e o querer em quem quer).

et postmodum de potentia Dei, quae consideratur ut principium operationis divinae in effectum exteriorem procedentis. Quia vero intelligere quoddam vivere est, post considerationem divinae scientiae, considerandum erit de vita divina. Et quia scientia verorum est, erit etiam considerandum de veritate et falsitate. Rursum, quia omne cognitum in cognoscente est, rationes autem rerum secundum quod sunt in Deo cognoscente, ideae vocantur, cum consideratione scientiae erit etiam adiungenda consideratio de ideis.

Circa scientiam vero quaeruntur sexdecim.
Primo: utrum in Deo sit scientia.
Secundo: utrum Deus intelligat seipsum.
Tertio: utrum comprehendat se.
Quarto: utrum suum intelligere sit sua substantia.
Quinto: utrum intelligat alia a se.

Sexto: utrum habeat de eis propriam cognitionem.
Septimo: utrum scientia Dei sit discursiva.
Octavo: utrum scientia Dei sit causa rerum.
Nono: utrum scientia Dei sit eorum quae non sunt.
Decimo: utrum sit malorum.
Undecimo: utrum sit singularium.
Duodecimo: utrum sit infinitorum.
Decimotertio: utrum sit contingentium futurorum.
Decimoquarto: utrum sit enuntiabilium.
Decimoquinto: utrum scientia Dei sit variabilis.
Decimosexto: utrum Deus de rebus habeat speculativam scientiam vel practicam.

Em seguida, trataremos do poder de Deus, que se considera como princípio das operações divinas que se estendem a um efeito exterior.

E como conhecer é uma operação vital, depois da consideração da ciência divina, deveremos considerar a vida divina. E como a ciência tem por objeto o verdadeiro, será preciso considerar ainda a verdade e o erro. Ademais, como o conhecido está no que conhece e as razões das coisas que estão no conhecimento de Deus chamam-se *ideias*, devemos acrescentar à consideração da ciência, a consideração das ideias.

A respeito da ciência são dezesseis as perguntas:
1. Existe ciência em Deus?
2. Deus conhece a si próprio?
3. Deus se compreende a si mesmo?
4. O conhecer de Deus é sua substância?
5. Deus conhece as outras coisas distintas de si?
6. Deus tem delas um conhecimento próprio?
7. A ciência de Deus é discursiva?
8. A ciência de Deus é causa das coisas?
9. A ciência de Deus tem como objeto as coisas que não existem?
10. Tem como objeto os males?
11. Tem como objeto as realidades singulares?
12. Tem como objeto o infinito?
13. Tem como objeto os futuros contingentes?
14. Tem como objeto os enunciados?
15. A ciência de Deus é mutável?
16. Deus tem um conhecimento das coisas especulativo ou prático?

Articulus 1
Utrum in Deo sit scientia

AD PRIMUM SIC PROCEDITUR. Videtur quod in Deo non sit scientia.
1. Scientia enim habitus est: qui Deo non competit, cum sit medius inter potentiam et actum. Ergo scientia non est in Deo.

Artigo 1
Existe ciência em Deus?

QUANTO AO PRIMEIRO ARTIGO, ASSIM SE PROCEDE: parece que **não** existe ciência em Deus.
1. Com efeito, a ciência é um *habitus*, que não cabe em Deus, pois este está entre a potência e o ato. Logo, não existe ciência em Deus[a].

---

1 PARALL.: I *Sent.*, dist. 35, a. 1; *Cont. Gent.* I, 44; *De Verit.*, q. 2, a. 1; *Compend. Theol.*, c. 28; XII *Metaphys.*, lect. 8.

a. Na terminologia escolástica, chama-se *habitus* uma qualificação da faculdade que a dispõe, de maneira habitual, a produzir com facilidade e utilidade os atos correspondentes a um de seus objetos. Caso se trate de um objeto que tal faculdade é apta a atingir, adquire ela mesma essa disposição realizando, metodicamente e no começo laboriosamente, os atos que se relacionam a esse objeto e estão em seu poder. Caso se trate de um objeto que supere seu poder, sem lhe ser radicalmente estranho (como analisamos a respeito da visão da essência divina, na q. 12), ela só pode habilitar-se a produzir os atos que se relacionam a ele mediante uma ação transformadora de Deus sobre ela, para elevá-la acima de si mesma por meio de uma disposição nela produzida, que é um *habitus* infundido. O conhecimento, no homem, é um *habitus*: é impossível ao homem estar continuamente

2. Praeterea, scientia, cum sit conclusionum, est quaedam cognitio ab alio causata, scilicet ex cognitione principiorum. Sed nihil causatum est in Deo. Ergo scientia non est in Deo.

3. Praeterea, omnis scientia vel universalis vel particularis est. Sed in Deo non est universale et particulare, ut ex superioribus[1] patet. Ergo in Deo non est scientia.

Sed contra est quod Apostolus dicit Rm 11,33: *O altitudo divitiarum sapientiae et scientiae Dei*.

Respondeo dicendum quod in Deo perfectissime est scientia. Ad cuius evidentiam, considerandum est quod cognoscentia a non cognoscentibus in hoc distinguuntur, quia non cognoscentia nihil habent nisi formam suam tantum; sed cognoscens natum est habere formam etiam rei alterius, nam species cogniti est in cognoscente. Unde manifestum est quod natura rei non cognoscentis est magis coarctata et limitata: natura autem rerum cognoscentium habet maiorem amplitudinem et extensionem. Propter quod dicit Philosophus, III *de Anima*[2], quod *anima est quodammodo omnia*. Coarctatio autem formae est per materiam. Unde et supra[3] diximus quod formae, secundum quod sunt magis immateriales, secundum hoc magis accedunt ad quandam infinitatem. Patet igitur quod immaterialitas alicuius rei est ratio quod sit cognoscitiva; et secundum modum immaterialitatis est modus cognitionis. Unde in II *de Anima*[4] dicitur quod plantae non cognoscunt, propter suam materialitatem. Sensus autem cognoscitivus est, quia receptivus est specierum sine materia: et intellectus adhuc magis cognoscitivus, quia magis separatus est a materia et immixtus, ut dicitur in III *de Anima*[5]. Unde, cum Deus sit in summo immaterialitatis, ut ex superioribus[6] patet, sequitur quod ipse sit in summo cognitionis.

2. Além disso, a ciência, tendo por objeto as conclusões, é um conhecimento causado por algo diferente de si, a saber, pelo conhecimento dos princípios. Ora, em Deus, nada existe de causado. Logo, não existe ciência em Deus.

3. Ademais, toda ciência é universal ou particular. Ora, em Deus não existe nem o universal nem o particular, como está claro pelo acima exposto[b]. Logo, não existe ciência em Deus.

Em sentido contrário, o Apóstolo escreve aos Romanos: "Como são elevadas as riquezas de sabedoria e de ciência de Deus!".

Respondo. Em Deus existe ciência, a mais perfeita possível. Para evidenciá-lo, é preciso considerar que os que conhecem se distinguem dos que não conhecem em que estes nada têm senão sua própria forma, ao passo que o que conhece é capaz, por natureza, de receber a forma de outra coisa: pois a representação do conhecido está em quem conhece. Fica evidente que a natureza do que não conhece é mais restrita e mais limitada; a dos que conhecem, ao contrário, tem maior amplitude e extensão. O que leva o Filósofo a dizer, no *Tratado sobre a Alma*, que "a alma é de certo modo todas as coisas". Ora, é pela matéria que a forma é restringida; eis por que dizíamos acima que as formas, quanto mais imateriais, tanto mais se aproximam de certa infinidade. Fica claro, portanto, que a imaterialidade de uma coisa é a razão de que seja dotada de conhecimento, e seu modo de conhecimento corresponde à sua imaterialidade. Por isso se explica, no tratado *Sobre a alma*, que as plantas não conhecem em razão de sua materialidade. O sentido conhece em razão de sua capacidade de receber representações sem matéria; e o intelecto conhece ainda mais, porque é mais separado da matéria, e não misturado a ela, como se diz ainda no tratado *Sobre a alma*. Portanto, como Deus está no ápice da imaterialidade, como está claro pelo acima exposto, segue-se que ele está no ápice do conhecimento[c].

---

1. Q. 13, a. 9, ad 2.
2. C. 8: 431, b, 21.
3. Q. 7, a. 1, 2.
4. C. 12: 424, a, 32 — b, 3.
5. C. 4: 429, a, 18-27.
6. C. 7, a. 1.

---

em ato de saber, mas aquele que adquiriu um saber por meio de uma longa e fecunda aplicação de sua mente não está evidentemente no domínio desse saber, tão desprovido quanto estava quando começou a se aventurar nesse campo. O que ele adquiriu por exercício progressivo de sua inteligência nesse domínio é uma disposição permanente que é uma determinação, uma operação de sua inteligência, mas que permanece em potência em relação ao próprio ato de saber. Este não é permanente. Desse modo, o *habitus* é o intermediário entre a potência e o ato. Ora, Deus é o Ato puro. Não há nada nele que não seja puro ato.

b. Deus é o universal concreto.

c. A imaterialidade, em si mesma, é um absoluto, pois é a negação de toda a matéria no ente considerado. Esta, porém, é pura potência, e sob essa luz a imaterialidade comporta graus, pois um ente limitado, mesmo que nenhuma matéria entre em

AD PRIMUM ergo dicendum quod, quia perfectiones procedentes a Deo in creaturas, altiori modo sunt in Deo, ut supra[7] dictum est, oportet quod, quandocumque aliquod nomen sumptum a quacumque perfectione creaturae Deo attribuitur, secludatur ab eius significatione omne illud quod pertinet ad imperfectum modum qui competit creaturae. Unde scientia non est qualitas in Deo vel habitus, sed substantia et actus purus.

QUANTO AO 1º, portanto, deve-se dizer que as perfeições que as criaturas recebem de Deus nele estão de um modo superior, como foi dito acima. Por isso, quando se atribui a Deus um nome tomado de alguma perfeição da criatura, deve-se excluir de sua significação tudo o que se refere ao modo imperfeito próprio da criatura. Eis por que a ciência em Deus não é uma qualidade, ou um *habitus*, mas substância e ato puro.

AD SECUNDUM dicendum quod ea quae sunt divisim et multipliciter in creaturis, in Deo sunt simpliciter et unite, ut supra[8] dictum est. Homo autem, secundum diversa cognita, habet diversas cognitiones: nam secundum quod cognoscit principia, dicitur habere *intelligentiam; scientiam* vero, secundum quod cognoscit conclusiones; *sapientiam*, secundum quod cognoscit causam altissimam; *consilium* vel *prudentiam*, secundum quod cognoscit agibilia. Sed haec omnia Deus una et simplici cognitione cognoscit, ut infra[9] patebit. Unde simplex Dei cognitio omnibus istis nominibus nominari potest: ita tamen quod ab unoquoque eorum, secundum quod in divinam praedicationem venit, secludatur quidquid imperfectionis est, et retineatur quidquid perfectionis est. Et secundum hoc dicitur Iob 12,13: *apud ipsum est sapientia et fortitudo; ipse habet consilium et intelligentiam.*

QUANTO AO 2º, deve-se dizer que aquilo que se encontra dividido e múltiplo nas criaturas se encontra em Deus de maneira simples e una como já foi explicado. No homem, segundo a diversidade das coisas conhecidas, existem diversos tipos de conhecimento: a *inteligência*, que conhece os princípios; a *ciência*, as conclusões; a *sabedoria*, a causa suprema; o *conselho* ou a *prudência*, o que se deve fazer. Deus, porém, conhece tudo isso em um simples e único conhecimento, como se verá adiante. Eis por que o conhecimento simples de Deus pode receber todos esses nomes, de tal modo, porém, que se afaste de cada um deles, quando atribuídos a Deus, tudo o que comporta de imperfeito, e que se guarde tudo o que é perfeito. Por isso está escrito em Jó: "Nele estão a sabedoria e a força; ele tem o conselho e a inteligência".

AD TERTIUM dicendum quod scientia est secundum modum cognoscentis: scitum enim est in sciente secundum modum scientis. Et ideo, cum modus divinae essentiae sit altior quam modus quo creaturae sunt, scientia divina non habet modum creatae scientiae, ut scilicet sit universalis vel particularis, vel in habitu vel in potentia, vel secundum aliquem talem modum disposita.

QUANTO AO 3º, deve-se responder que a ciência corresponde ao modo do que conhece, pois o objeto conhecido está no que conhece segundo o modo deste último. Por isso, o modo da essência divina é superior ao das criaturas, ela não será como a ciência criada: nem universal nem particular, nem habitual nem potencial, nem determinada por qualquer outro modo.

ARTICULUS 2
Utrum Deus intelligat se

AD SECUNDUM SIC PROCEDITUR. Videtur quod Deus non intelligat se.

ARTIGO 2
Deus conhece a si próprio?

QUANTO AO SEGUNDO, ASSIM SE PROCEDE: parece que Deus **não** conhece a si próprio.

---

7. Q. 4, a. 2.
8. Q. 13, a. 4.
9. Art. 7.

PARALL.: *Cont. Gent.* I, 47; *De Verit.*, q. 2, a. 2; *Compend. Theol.*, c. 30; XII *Metaphys.*, lect. 11; *De Causis*, lect. 13.

composição nele com a forma que constitui sua essência, é afetado de potencialidade, toda essência limitada sendo distinta de seu ser e em potência em relação a ele, como se mostrou na q. 3 e será retomado no tratado *Dos Anjos*. Inversamente, o animal, cuja forma constitutiva está unida à matéria, desfruta certa imaterialidade, sua forma não estando presa aos limites que lhe impõe a matéria a ponto de impedi-lo de estender-se a ser intencionalmente o que outro ente, também material, é por sua própria forma. Ser outro enquanto outro é a própria noção de conhecimento: receber uma forma imaterialmente, ou seja, não para encerrá-la em seus próprios limites, como faz a matéria, mas para ser com ela o que ela é. Sob esse aspecto de imaterialidade está uma propriedade do ato como tal — propriedade que a potencialidade contraria, até chegar a paralisá-la completamente, como nas plantas — e que se encontra, por conseguinte, no grau supremo, no Ato puro.

1. Dicitur enim in libro *de Causis*[1], quod *omnis sciens qui scit suam essentiam, est rediens ad essentiam suam reditione completa*. Sed Deus non exit extra essentiam suam, nec aliquo modo movetur: et sic non competit sibi redire ad essentiam suam. Ergo ipse non est sciens essentiam suam.

2. PRAETEREA, intelligere est quoddam pati et moveri, ut dicitur in III *de Anima*[2]: scientia etiam est assimilatio ad rem scitam: et scitum etiam est perfectio scientis. Sed nihil movetur, vel patitur, vel perficitur a seipso; *neque similitudo sibi est*, ut Hilarius dicit[3]. Ergo Deus non est sciens seipsum.

3. PRAETEREA, praecipue Deo sumus similes secundum intellectum: quia secundum mentem sumus ad imaginem Dei, ut dicit Augustinus[4]. Sed intellectus noster non intelligit se, nisi sicut intelligit alia, ut dicitur in III *de Anima*[5]. Ergo nec Deus intelligit se, nisi forte intelligendo alia.

SED CONTRA est quod dicitur 1Cor 2,11: *quae sunt Dei, nemo novit nisi Spiritus Dei*.

RESPONDEO dicendum quod Deus se per seipsum intelligit. Ad cuius evidentiam, sciendum est quod, licet in operationibus quae transeunt in exteriorem effectum, obiectum operationis, quod significatur ut terminus, sit aliquid extra operantem; tamen in operationibus quae sunt in operante, obiectum quod significatur ut terminus operationis, est in ipso operante; et secundum quod est in eo, sic est operatio in actu. Unde dicitur in libro *de Anima*[6], quod sensibile in actu est sensus in actu, et intelligibile in actu est intellectus in actu. Ex hoc enim aliquid in actu sentimus vel intelligimus, quod intellectus noster vel sensus informatur in actu per speciem sensibilis vel intelligibilis. Et secundum hoc tantum sensus vel intellectus aliud est a sensibili vel intelligibili, quia utrumque est in potentia.

Cum igitur Deus nihil potentialitatis habeat, sed sit actus purus, oportet quod in eo intellectus et intellectum sint idem omnibus modis: ita scilicet, ut neque careat specie intelligibili, sicut

1. Com efeito, está no livro das *Causas*: "Aquele que conhece sua própria essência volta à sua essência por um completo retorno". Ora, Deus não sai de sua essência, não se move de modo algum; não lhe cabe, por isso, retornar à sua essência. Logo, não conhece sua essência.

2. ALÉM DISSO, conhecer é, de certo modo, ser passivo, ser movido, como se lê no tratado *Sobre a alma*; a ciência é ainda uma assimilação da coisa conhecida; e esta é uma perfeição de quem sabe. Ora, nada é movido, passivo, aperfeiçoado por si mesmo; nem é semelhante a si próprio, como observa Hilário. Logo, Deus não conhece a si mesmo.

3. ADEMAIS, somos semelhantes a Deus, sobretudo pelo intelecto, pois é a alma, diz Agostinho, que nos faz à imagem de Deus. Ora, nosso intelecto não conhece a si próprio, a não ser conhecendo outras coisas, como se afirma no tratado *Sobre a alma*. Logo, tampouco Deus conhece a si próprio, a não ser talvez conhecendo algo distinto de si.

EM SENTIDO CONTRÁRIO, está escrito na primeira Carta aos Coríntios: "O que há em Deus ninguém o conhece, a não ser o Espírito de Deus".

RESPONDO. Deus se conhece por si mesmo. Para evidenciá-lo, é preciso saber que, embora nas operações que se estendem a um efeito exterior o objeto da operação, isto é, seu termo, seja algo exterior ao sujeito que age, nas operações que estão no sujeito que age o objeto que termina a operação está no próprio agente, e, conforme está nele, assim está a operação em ato. Por isso se diz no tratado *Sobre a alma* que o sensível em ato é o sentido em ato, e o inteligível em ato é o intelecto em ato. Pois sentir ou conhecer em ato alguma coisa é consequência de que nosso intelecto ou nosso sentido está atualmente informado pela representação do sensível ou do inteligível. E é somente por isso que o sentido ou o intelecto diferem do sensível e do inteligível porque um e outros estão em potência.

Por conseguinte, como Deus nada tem de potencial, pois é ato puro, é necessário que nele o intelecto e o objeto conhecido sejam plenamente idênticos, de tal modo que nem esteja desprovido

---
1. Prop. XV.
2. C. 4: 429, b, 22-26; b, 29-430, a, 2.
3. *De Trin.*, lib. III, 23: ML 10, 92 B.
4. *Sup. Gen. ad litt.*, l. VI, c. 12: ML 34, 348; — *De Trin.*, l. XV, c. 1: ibid. 42, 1057.
5. C. 4: 429, b, 26-29; 430, a, 2-3.
6. Lib. III, c. 8: 431, b, 20-28.

intellectus noster cum intelligit in potentia; neque species intelligibilis sit aliud a substantia intellectus divini, sicut accidit in intellectu nostro, cum est actu intelligens; sed ipsa species intelligibilis est ipse intellectus divinus. Et sic seipsum per seipsum intelligit.

AD PRIMUM ergo dicendum quod *redire ad essentiam suam* nihil aliud est quam rem subsistere in seipsa. Forma enim, inquantum perficit materiam dando ei esse, quodammodo supra ipsam effunditur: inquantum vero in seipsa habet esse, in seipsam redit. Virtutes igitur cognoscitivae quae non sunt subsistentes, sed actus aliquorum organorum, non cognoscunt seipsas; sicut patet in singulis sensibus. Sed virtutes cognoscitivae per se subsistentes, cognoscunt seipsas. Et propter hoc dicitur in libro *de Causis*, quod *sciens essentiam suam, redit ad essentiam suam*. Per se autem subsistere maxime convenit Deo. Unde secundum hunc modum loquendi, ipse est maxime rediens ad essentiam suam, et cognoscens seipsum.

AD SECUNDUM dicendum quod moveri et pati sumuntur aequivoce secundum quod intelligere dicitur esse quoddam moveri vel pati, ut dicitur in III *de Anima*[7]. Non enim intelligere est motus qui est actus imperfecti, qui est ab alio in aliud: sed actus perfecti, existens in ipso agente. Similiter etiam quod intellectus perficiatur ab intelligibili vel assimiletur ei, hoc convenit intellectui qui quamdoque est in potentia: quia per hoc quod est in potentia, differt ab intelligibili, et assimilatur ei per speciem intelligibilem, quae est similitudo rei intellectae; et perficitur per ipsam, sicut potentia per actum. Sed intellectus divinus, qui nullo modo est in potentia, non perficitur per intelligibile, neque assimilatur ei: sed est sua perfectio et suum intelligibile.

de representação inteligível, como nosso intelecto quando conhece em potência; nem a representação inteligível seja distinta da própria substância do intelecto divino, como acontece com nosso intelecto quando conhece em ato. Assim, a representação inteligível é o próprio intelecto divino. Deus, portanto, por si mesmo conhece a si mesmo[d].

QUANTO AO 1º, portanto, deve-se dizer que *voltar à sua essência* nada mais é que subsistir em si mesmo. A forma, enquanto perfaz a matéria dando-lhe o ser, difunde-se de certo modo nessa matéria. Mas, enquanto tem o ser em si mesma, ela volta a si própria. Assim, as faculdades do conhecimento não subsistentes, mas que são o ato de alguns órgãos, não conhecem a si mesmas, como constatamos em cada um dos sentidos. Ao contrário, as faculdades de conhecimento subsistentes por si mesmas conhecem a si mesmas. Por isso, declara o livro das *Causas*: "Quem conhece sua essência volta à sua essência". Ora, subsistir por si próprio convém ao máximo a Deus. Logo, segundo essa maneira de falar, ao máximo Deus volta à sua essência e conhece a si próprio.

QUANTO AO 2º, deve-se dizer que ser movido, ser passivo são tomados de maneira equívoca quando se diz que conhecer é ser movido, ser passivo, como se explica no tratado *Sobre a alma*. Pois conhecer não é um movimento, ato do que é imperfeito, que passa de uma coisa a outra; é um ato do que é perfeito, existindo no mesmo agente[e]. Assim, mesmo que o intelecto seja aperfeiçoado pelo inteligível, ou ainda que lhe seja assimilado, isto convém ao intelecto quando acontece estar em potência. Estando em potência, ele difere do inteligível e lhe é assimilado por uma representação inteligível, que é a semelhança da coisa conhecida; e dela recebe sua perfeição, como a potência é aperfeiçoada pelo ato. O intelecto

---

7. Loco cit. in arg.

d. No e pelo ato de conhecimento, nosso intelecto é o que conhece. No entanto, não o é segundo seu ser natural, aquele pelo qual existe em sua distinção. É preciso, portanto, de antemão, receber em si a forma inteligível daquilo que ele conhece, que é, primeiro, distinto dele, de modo que a identificação segundo a forma inteligível do que ele conhece é uma diversidade superada: identificação intencional que não suprime a diversidade existencial. Em Deus, a forma inteligível é simplesmente idêntica à forma que constitui o intelecto no ser. É a essência divina, que é ato puro, simultaneamente segundo o ser real e segundo o ser intencional.

e. *Ato do perfeito, ato do imperfeito*: o imperfeito é a potência. O ato do imperfeito é o ato recebido em uma potência correspondente, sob a ação de um agente, e pelo qual essa potência é atuada pouco a pouco até ser conduzida à perfeição (relativa) que lhe dá esse agente e que está na linha da essência. Esse ato que a aperfeiçoa, ela o encerra em seus limites. Por oposição, o ato do perfeito é aquele que é recebido por um ato enquanto tal: não para aperfeiçoá-lo, isto é, para terminá-lo na linha da essência, mas para fazê-lo ser. O ato do perfeito é portanto, antes de mais nada, o ser, *actus actuum et perfectio omnium perfectionum*; é também este o mistério do conhecimento, a operação intelectual pela qual o intelecto é vitalmente, mas intencionalmente, o objeto. É dessa maneira que o intelecto recebe a forma inteligível do conhecido, não para encerrá-la em seus próprios limites, mas para ser uno com ela, saindo assim de seus limites e desprendendo-a dos seus.

AD TERTIUM dicendum quod esse naturale non est materiae primae, quae est in potentia, nisi secundum quod est reducta in actum per formam. Intellectus autem noster possibilis se habet in ordine intelligibilium, sicut materia prima in ordine rerum naturalium: eo quod est in potentia ad intelligibilia, sicut materia prima ad naturalia. Unde intellectus noster possibilis non potest habere intelligibilem operationem, nisi inquantum perficitur per speciem intelligibilem alicuius. Et sic intelligit seipsum per speciem intelligibilem, sicut et alia: manifestum est enim quod ex eo quod cognoscit intelligibile, intelligit ipsum suum intelligere, et per actum cognoscit potentiam intellectivam. Deus autem est sicut actus purus tam in ordine existentium, quam in ordine intelligibilium: et ideo per seipsum, seipsum intelligit.

divino, porém, que de modo nenhum se encontra em potência, não é aperfeiçoado pelo inteligível, nem lhe é assimilado; ele mesmo é sua própria perfeição e seu próprio inteligível.

QUANTO AO 3º, deve-se dizer que a matéria primeira, que está em potência, não tem o ser natural senão quando, pela forma, é reduzida ao ato. Ora, nosso intelecto possível está na ordem do inteligível como está a matéria primeira na ordem das coisas naturais; pois está em potência para os inteligíveis, como a matéria primeira para as coisas naturais. Segue-se que nosso intelecto possível não pode ter uma operação inteligível senão quando aperfeiçoado por uma representação inteligível. Assim, conhece a si próprio, como conhece todas as outras coisas, por meio de uma representação inteligível; pois é claro que, ao conhecer o inteligível, conhece sua própria intelecção, e por este ato conhece a faculdade intelectiva. Deus, porém, é ato puro tanto na ordem dos existentes como na ordem dos inteligíveis. E, assim, por si mesmo a si mesmo conhece.

ARTICULUS 3
Utrum Deus comprehendat seipsum

AD TERTIUM SIC PROCEDITUR. Videtur quod Deus non comprehendat seipsum.

1. Dicit enim Augustinus, in libro *Octoginta trium Quaest.*[1] quod id *quod comprehendit se, finitum est sibi.* Sed Deus est omnibus modis infinitus. Ergo non comprehendit se.

2. SI DICATUR quod Deus infinitus est nobis, sed sibi finitus, contra: verius est unumquodque secundum quod est apud Deum, quam secundum quod est apud nos. Si igitur Deus sibi ipsi est finitus nobis autem infinitus, verius est Deum esse finitum, quam infinitum. Quod est contra prius[2] determinata. Non ergo Deus comprehendit seipsum.

SED CONTRA est quod Augustinus dicit ibidem: *omne quod intelligit se, comprehendit se.* Sed Deus intelligit se. Ergo comprehendit se.

RESPONDEO dicendum quod Deus perfecte comprehendit seipsum. Quod sic patet. Tunc enim dicitur aliquid comprehendi, quando pervenitur ad finem cognitionis ipsius: et hoc est quando res

ARTIGO 3
Deus compreende a si mesmo?

QUANTO AO TERCEIRO, ASSIM SE PROCEDE: parece que Deus **não** compreende a si mesmo.

1. Com efeito, Agostinho escreve: "Quem compreende a si é finito para si mesmo". Ora, Deus é infinito de todos os modos. Logo, não compreende a si mesmo.

2. ALÉM DISSO, se dizemos: Deus é infinito para nós, se bem que finito para si mesmo, pode-se objetar: mais verdadeiro é aquilo segundo o que é para Deus, do que segundo o que é para nós. Logo, se Deus é finito para si mesmo e infinito para nós, é mais verdadeiro que Deus seja finito do que infinito. Ora, isto contradiz o que foi afirmado acima. Logo, Deus não compreende a si mesmo.

EM SENTIDO CONTRÁRIO, Agostinho escreve na mesma passagem: "Todo o que conhece a si mesmo compreende a si mesmo". Ora, Deus conhece a si mesmo. Logo, compreende a si mesmo.

RESPONDO. Deus compreende perfeitamente a si mesmo. O que assim se demonstra: diz-se de algo que foi compreendido quando se chegou ao fim de seu conhecimento; o que acontece quan-

---

3 PARALL.: I *Sent.*, dist. 43, q. 1, a. 1, ad 4; III, dist. 14, a. 2, q.la 1; *Cont. Gent.* I, 3; III, 55; *De Verit.*, q. 2, a. 2, ad 5; *Compend. Theol.*, c. 106.

1. Q. 15: ML 40, 14-15.
2. Q. 7, a. 1.

cognoscitur ita perfecte, sicut cognoscibilis est. Sicut propositio demonstrabilis comprehenditur, quando scitur per demonstrationem: non autem quando cognoscitur per aliquam rationem probabilem. Manifestum est autem quod Deus ita perfecte cognoscit seipsum, sicut perfecte cognoscibilis est. Est enim unumquodque cognoscibile secundum modum sui actus: non enim cognoscitur aliquid secundum quod in potentia est, sed secundum quod est in actu, ut dicitur in IX *Metaphys*.[3]. Tanta est autem virtus Dei in cognoscendo, quanta est actualitas eius in existendo: quia per hoc quod actu est, et ab omni materia et potentia separatus, Deus cognoscitivus est, ut ostensum est[4]. Unde manifestum est quod tantum seipsum cognoscit, quantum cognoscibilis est. Et propter hoc seipsum perfecte comprehendit.

AD PRIMUM ergo dicendum quod *comprehendere*, si proprie accipiatur, significat aliquid habens et includens alterum. Et sic oportet quod omne comprehensum sit finitum, sicut omne inclusum. Non sic autem comprehendi dicitur Deus a seipso, ut intellectus suus sit aliud quam ipse, et capiat ipsum et includat. Sed huiusmodi locutiones per negationem sunt exponendae. Sicut enim Deus dicitur esse in seipso, quia a nullo exteriori continetur; ita dicitur comprehendi a seipso, quia nihil est sui quod lateat ipsum. Dicit enim Augustinus, in libro *de Videndo Deum*[5], quod *totum comprehenditur videndo, quod ita videtur, ut nihil eius lateat videntem*.

AD SECUNDUM dicendum quod, cum dicitur *Deus finitus est sibi*, intelligendum est secundum quandam similitudinem proportionis; quia sic se habet in non excedendo intellectum suum, sicut se habet aliquod finitum in non excedendo intellectum finitum. Non autem sic dicitur Deus sibi finitus, quod ipse intelligat se esse aliquid finitum.

do a coisa é conhecida tão perfeitamente quanto é conhecível. Por exemplo: uma proposição demonstrável é compreendida quando é conhecida por demonstração, e não quando é conhecida por uma razão plausível. Ora, é manifesto que Deus conhece a si mesmo tão perfeitamente quanto é cognoscível. Cada um é cognoscível segundo o modo de seu ato; pois não se conhece algo enquanto está em potência, mas enquanto está em ato, como se prova no livro IX da *Metafísica*. Ora, tão grande é o poder cognoscitivo de Deus quanta é sua atualidade em existir, porque, pelo fato de estar em ato e separado de toda matéria e potência, Deus é alguém que conhece, como já foi demonstrado. Fica então evidente: Deus conhece a si mesmo tanto quanto é cognoscível. Portanto, compreende a si mesmo perfeitamente.

QUANTO AO 1º, portanto, deve-se dizer que, em sentido próprio, *compreender* significa ter alguma coisa e incluir outra. Assim, tudo o que é *compreendido* é necessariamente finito, como tudo o que é incluído. Mas quando se diz de Deus que é compreendido por si mesmo não se quer dizer que seu intelecto seja distinto de si mesmo, que o tenha em si e o inclua. Tais expressões devem ser tomadas em sentido negativo. Por exemplo, diz-se que Deus é em si mesmo porque não é contido por nada de exterior; assim também se diz que compreende a si mesmo porque nada de si mesmo lhe é oculto. É o que leva Agostinho a dizer: "Vendo compreende-se tudo, quando de tal modo se vê que nada fique oculto ao que se vê".

QUANTO AO 2º, deve-se dizer que, quando se diz *Deus é finito para si mesmo*, deve-se entender segundo certa semelhança de proporção. Porque de tal modo não ultrapassa a capacidade de seu próprio intelecto como o que é finito não ultrapassa a capacidade do intelecto finito. Mas não se diz que Deus é finito para si no sentido de que compreenderia a si mesmo como algo finito.

ARTICULUS 4
Utrum ipsum intelligere Dei sit eius substantia

AD QUARTUM SIC PROCEDITUR. Videtur quod ipsum intelligere Dei non sit eius substantia.

ARTIGO 4
O conhecer de Deus é sua própria substância?

QUANTO AO QUARTO, ASSIM SE PROCEDE: parece que o conhecer de Deus **não** é sua própria substância.

---

3. C. 9: 1051, a, 29-33.
4. Art. 1, 2.
5. *Epist.* 147 (al. 112), c. 9: ML 33, 606.

PARALL.: *Cont. Gent.* I, 45; *Compend. Theol.*, c. 31; XII *Metaphys.*, lect. 11.

1. Intelligere enim est quaedam operatio. Operatio autem aliquid significat procedens ab operante. Ergo ipsum intelligere Dei non est ipsa Dei substantia.

2. PRAETEREA, cum aliquis intelligit se intelligere, hoc non est intelligere aliquid magnum vel principale intellectum, sed intelligere quoddam secundarium et accessorium. Si igitur Deus sit ipsum intelligere, intelligere Deum erit sicut cum intelligimus intelligere. Et sic non erit aliquid magnum intelligere Deum.

3. PRAETEREA, omne intelligere est aliquid intelligere. Cum ergo Deus intelligit se, si ipsemet non est aliud quam suum intelligere, intelligit se intelligere, et intelligere se intelligere se, et sic in infinitum. Non ergo ipsum intelligere Dei est eius substantia.

SED CONTRA est quod dicit Augustinus, lib. VII de Trin.[1]: *Deo hoc est esse, quod sapientem esse*. Hoc autem est sapientem esse, quod intelligere. Ergo Deo hoc est esse, quod intelligere. Sed esse Dei est eius substantia, ut supra[2] ostensum est. Ergo intelligere Dei est eius substantia.

RESPONDEO dicendum quod est necesse dicere quod intelligere Dei est eius substantia. Nam si intelligere Dei sit aliud quam eius substantia, oporteret, ut dicit Philosophus in XII *Metaphys.*[3], quod aliquid aliud esset actus et perfectio substantiae divinae ad quod se haberet substantia divina sicut potentia ad actum (quod est omnino impossibile): nam intelligere est perfectio et actus intelligentis.

Hoc autem qualiter sit, considerandum est. Sicut enim supra[4] dictum est, intelligere non est actio progrediens ad aliquid extrinsecum, sed manet in operante sicut actus et perfectio eius, prout esse est perfectio existentis: sicut enim esse consequitur formam, ita intelligere sequitur speciem intelligibilem. In Deo autem non est forma quae sit aliud quam suum esse, ut supra[5] ostensum est. Unde, cum ipsa sua essentia sit etiam species intelligibilis, ut dictum est[6], ex necessitate sequitur quod ipsum eius intelligere sit eius essentia et eius esse.

Et sic patet ex omnibus praemissis quod in Deo intellectus, et id quod intelligitur, et species

1. Com efeito, conhecer é uma operação. Ora, uma operação significa algo que procede de um agente. Logo, o conhecer de Deus não é própria substância de Deus.

2. ALÉM DISSO, quando alguém conhece que se conhece, isso não é conhecer algo importante ou o objeto principal, mas conhecer algo secundário e acessório. Logo, se Deus é o mesmo conhecer, conhecer Deus será como quando conhecemos o conhecer. Desse modo, conhecer Deus não seria algo grande.

3. ADEMAIS, todo conhecer é conhecer algo. Ora, quando Deus conhece a si mesmo, se Ele não é outra coisa que seu próprio conhecer, conhece que se conhece e conhece que conhece o conhecer-se, e assim até o infinito. Logo, o conhecer de Deus não é sua própria substância.

EM SENTIDO CONTRÁRIO, Agostinho afirma: "Para Deus, ser é o mesmo que ser sábio". Ser sábio, aqui, é o mesmo que conhecer. Logo, para Deus, ser é o mesmo que conhecer. Ora, como foi demonstrado, o ser de Deus é sua substância. Logo, o conhecer de Deus é sua substância.

RESPONDO. Deve-se dizer, necessariamente, que o conhecer de Deus é sua substância. Pois, se o conhecer de Deus fosse distinto de sua substância, seguir-se-ia, segundo o Filósofo, no livro XII da *Metafísica*, que alguma outra coisa seria o ato e a perfeição da substância divina, em relação à qual a substância divina se encontraria como potência em relação ao ato (o que é impossível). Pois conhecer é perfeição e ato daquele que conhece.

Qual seja esse modo de conhecer, é preciso examinar. Como acima foi explicado, o conhecer não é uma ação que tenda para algo exterior; mas que permanece no agente como seu ato e sua perfeição, como o ser é a perfeição do existente e como o ser segue a forma, assim também conhecer segue a representação inteligível. Em Deus, porém, não existe forma que seja distinta de seu próprio ser, como já se demonstrou. Portanto, como sua própria essência é também representação inteligível, como foi explicado, segue-se necessariamente que seu próprio conhecer é sua essência e seu ser.

De tudo o que precede fica claro que, em Deus, o intelecto, o conhecido, a representação

---

1. C. 2: ML 42, 936; — Cfr. l. VI, c. 4: ibid. 927.
2. Q. 3, a. 4.
3. C. 9: 1074, b, 17-21.
4. A. 2.
5. Q. 3, a. 4.
6. A. 2.

intelligibilis, et ipsum intelligere, sunt omnino unum et idem. Unde patet quod per hoc quod Deus dicitur intelligens, nulla multiplicitas ponitur in eius substantia.

AD PRIMUM ergo dicendum quod intelligere non est operatio exiens ab ipso operante, sed manens in ipso.

AD SECUNDUM dicendum quod, cum intelligitur illud intelligere quod non est subsistens, non intelligitur aliquid magnum; sicut cum intelligimus intelligere nostrum. Et ideo non est simile de ipso intelligere divino, quod est subsistens.

Et per hoc patet responsio AD TERTIUM. Nam intelligere divinum, quod est in seipso subsistens, est sui ipsius; et non alicuius alterius, ut sic oporteat procedere in infinitum.

ARTICULUS 5
Utrum Deus cognoscat alia a se

AD QUINTUM SIC PROCEDITUR. Videtur quod Deus non cognoscat alia a se.

1. Quaecumque enim sunt alia a Deo, sunt extra ipsum. Sed Augustinus dicit, in libro *Octoginta trium Quaest.*[1], quod *neque quidquam Deus extra seipsum intuetur.* Ergo non cognoscit alia a se.

2. PRAETEREA, intellectum est perfectio intelligentis. Si ergo Deus intelligat alia a se, aliquid aliud erit perfectio Dei, et nobilius ipso. Quod est impossibile.

3. PRAETEREA, ipsum intelligere speciem habet ab intelligibili, sicut et omnis alius actus a suo obiecto: unde et ipsum intelligere tanto est nobilius, quanto etiam nobilius est ipsum quod intelligitur. Sed Deus est ipsum suum intelligere, ut ex dictis[2] patet. Si igitur Deus intelligit aliquid aliud a se, ipse Deus specificatur per aliquid aliud a se: quod est impossibile. Non igitur intelligit alia a se.

SED CONTRA est quod dicitur Hb 4,13: *omnia nuda et aperta sunt oculis eius.*

RESPONDEO dicendum quod necesse est Deum cognoscere alia a se. Manifestum est enim quod seipsum perfecte intelligit: alioquin suum esse

inteligível e o próprio conhecer são absolutamente uma única e mesma coisa. Fica claro então: dizer de Deus que Ele conhece não introduz nenhuma multiplicidade em sua substância.

QUANTO AO 1º, portanto, deve-se dizer que conhecer não é uma operação que saia daquele que age, mas que nele permanece.

QUANTO AO 2º, deve-se dizer que quando se conhece o conhecer que não é subsistente não se conhece grande coisa, como quando conhecemos nosso próprio conhecer. Por isso, não há semelhança quando se fala do conhecer divino que é subsistente.

QUANTO AO 3º, está clara a resposta pelo acima exposto. Pois o conhecer divino, subsistente em si próprio, é conhecimento de si mesmo e não de alguma outra coisa, pois assim se procederia ao infinito.

ARTIGO 5
Deus conhece o que é distinto de si?

QUANTO AO QUINTO, ASSIM SE PROCEDE: parece que Deus **não** conhece o que é distinto de si.

1. Com efeito, tudo o que é distinto de Deus lhe é exterior. Ora, Agostinho diz: "Deus nada vê fora de si mesmo". Logo, não conhece o que é distinto de si.

2. ALÉM DISSO, o conhecido é perfeição de quem conhece. Logo, se Deus conhecesse as outras coisas, distinta de si, algo distinto de Deus seria sua perfeição, e mais nobre que ele. O que é impossível.

3. ADEMAIS, o conhecer é especificado pelo inteligível, como qualquer outro ato o é por seu objeto. Daí que o conhecer é tanto mais nobre quanto mais nobre é o que se conhece. Ora, Deus é ele mesmo seu conhecer, como ficou claro pelas explicações. Logo, se Deus conhece algo distinto de si, o próprio Deus é especificado por algo distinto de si, o que é impossível. Então, ele não conhece o que é distinto de si.

EM SENTIDO CONTRÁRIO, lemos na Carta aos Hebreus: "Tudo está desnudo e aberto a seu olhar".

RESPONDO. É necessário que Deus conheça o que é distinto de si. É claro que conhece perfeitamente a si mesmo, sem o que seu ser não seria perfeito,

---

5 PARALL.: I *Sent.*, dist. 35, a. 2; *Cont. Gent.* I, 48, 49; *De Verit.*, q. 2, a. 3; *Compend. Theol.*, c. 30; XII *Metaphys.*, lect. 11; *De Causis*, lect. 13.

1. Q. 46: ML 40, 30.
2. Art. praec.

non esset perfectum, cum suum esse sit suum intelligere. Si autem perfecte aliquid cognoscitur, necesse est quod virtus eius perfecte cognoscatur. Virtus autem alicuius rei perfecte cognosci non potest, nisi cognoscantur ea ad quae virtus se extendit. Unde, cum virtus divina se extendat ad alia, eo quod ipsa est prima causa effectiva omnium entium, ut ex supradictis³ patet; necesse est quod Deus alia a se cognoscat. — Et hoc etiam evidentius fit, si adiungatur quod ipsum esse causae agentis primae, scilicet Dei, est eius intelligere. Unde quicumque effectus praeexistunt in Deo sicut in causa prima, necesse est quod sint in ipso eius intelligere, et quod omnia in eo sint secundum modum intelligibilem: nam omne quod est in altero, est in eo secundum modum eius in quo est.

Ad sciendum autem qualiter alia a se cognoscat, considerandum est quod dupliciter aliquid cognoscitur: uno modo, in seipso; alio modo, in altero. In seipso quidem cognoscitur aliquid, quando cognoscitur per speciem propriam adaequatam ipsi cognoscibili: sicut cum oculus videt hominem per speciem hominis. In alio autem videtur id quod videtur per speciem continentis: sicut cum pars videtur in toto per speciem totius, vel cum homo videtur in speculo per speciem speculi, vel quocumque alio modo contingat aliquid in alio videri.

Sic igitur dicendum est quod Deus seipsum videt in seipso, quia seipsum videt per essentiam suam. Alia autem a se videt non in ipsis, sed in seipso, inquantum essentia sua continet similitudinem aliorum ab ipso.

AD PRIMUM ergo dicendum quod verbum Augustini dicentis quod Deus *nihil extra se intuetur*, non est sic intelligendum, quasi nihil quod sit extra se intueatur: sed quia id quod est extra seipsum, non intuetur nisi in seipso, ut dictum est⁴.

AD SECUNDUM dicendum quod intellectum est perfectio intelligentis, non quidem secundum suam substantiam, sed secundum suam speciem, secundum quam est in intellectu, ut forma et perfectio

uma vez que seu ser é seu conhecer. Ora, se algo é conhecido com perfeição, é necessário que seu poder seja perfeitamente conhecido. Mas o poder de uma coisa não pode ser conhecido perfeitamente sem que conheçam as coisas a que se estende o poder. Por isso, como o poder de Deus se estende às outras coisas, pois é a causa primeira eficiente de todas as coisas, como está claro pelas explicações acima, é necessário que Deus conheça o que é distinto de si. — Isso se torna ainda mais evidente se se acrescenta que o próprio ser da causa primeira, que é Deus, é seu conhecer. Portanto, todos os efeitos que preexistem em Deus, como em sua causa primeira, se encontram necessariamente em seu conhecer, e tudo aí está de modo inteligível. Porque tudo o que está em um outro, aí está segundo o modo próprio desse outro[f].

Para saber como Deus conhece o que é distinto de si, deve-se considerar que existem duas maneiras de algo ser conhecido: em si mesmo e em outro. Algo é conhecido em si mesmo quando é conhecido por meio de uma representação própria, adequada ao cognoscível. Por exemplo, quando o olho vê o homem pela representação deste homem. Em outro, porém, se vê aquilo que se vê pela representação daquilo que o contém. Por exemplo, a parte é vista em um todo pela representação do todo; ou um homem se vê no espelho pela representação do espelho, ou de qualquer outro modo em que algo possa ser visto em outro.

Assim, deve-se dizer que Deus vê a si mesmo, em si mesmo, pois se vê por sua própria essência. Quanto às outras coisas, distintas de si, porém, não as vê em si mesmas, mas em si mesmo, pois sua essência tem em si a semelhança de tudo aquilo que é distinto dele.

QUANTO AO 1º, portanto, deve-se dizer que quando Agostinho escreve: "Deus nada vê fora de si mesmo", não se deve compreender como se nada visse do que está fora dele. E sim que tudo o que se encontra fora dele, só o vê em si mesmo, como foi explicado.

QUANTO AO 2º, deve-se dizer que o conhecido é perfeição daquele que conhece, não por sua substância, mas por sua representação, segundo a qual está no intelecto como sua forma e sua

---

3. Q. 2, a. 3.
4. In corpore.

f. Os efeitos estão em sua causa virtualmente, no sentido de que é a partir do que ela é que a causa os faz ser. Porém, quando o ser dessa causa é formalmente um conhecer, tal presença é formalmente a do conhecido se conhecendo por sua forma inteligível. Em outros termos, em semelhante causa os efeitos não podem estar pré-contidos a não ser como conhecidos.

eius: *lapis enim non est in anima, sed species eius*, ut dicitur in III *de Anima*[5]. Ea vero quae sunt alia a Deo, intelliguntur a Deo inquantum essentia Dei continet species eorum, ut dictum est[6]. Unde non sequitur quod aliquid aliud sit perfectio divini intellectus, quam ipsa essentia Dei.

AD TERTIUM dicendum quod ipsum intelligere non specificatur per id quod in alio intelligitur, sed per principale intellectum, in quo alia intelliguntur. Intantum enim ipsum intelligere specificatur per obiectum suum, inquantum forma intelligibilis est principium intellectualis operationis: nam omnis operatio specificatur per formam quae est principium operationis, sicut calefactio per calorem. Unde per illam formam intelligibilem specificatur intellectualis operatio, quae facit intellectum in actu. Et haec est species principalis intellecti: quae in Deo nihil est aliud quam essentia sua, in qua omnes species rerum comprehenduntur. Unde non oportet quod ipsum intelligere divinum, vel potius ipse Deus, specificetur per aliud quam per essentiam divinam.

perfeição. Como se diz no tratado *Sobre a alma*: "Não é a pedra que está na alma, mas sua representação". Quanto às outras coisas distintas de Deus, são conhecidas por Deus enquanto a essência divina contém suas representações, como se acabou de ver. Portanto, não resulta que outra coisa seja perfeição do intelecto divino, além de sua essência divina.

QUANTO AO 3º, deve-se dizer que o conhecer não é especificado pelo que é conhecido em um outro, mas pelo conhecido principal no qual as outras coisas são conhecidas. O conhecer é especificado por seu objeto tanto quanto a forma inteligível é o princípio da operação intelectual; pois toda operação é especificada pela forma, que é o princípio desta operação. Por exemplo, o aquecimento é especificado pelo calor. A operação intelectual, portanto, é especificada pela forma inteligível que torna o intelecto em ato. E esta é a representação principal do conhecido que, em Deus, é sua própria essência, na qual todas as representações das coisas estão incluídas. Logo, nada exige que o conhecer divino, ou antes o próprio Deus, seja especificado por algo que não seja a essência divina.

ARTICULUS 6
Utrum Deus cognoscat alia a se propria cognitione

AD SEXTUM SIC PROCEDITUR. Videtur quod Deus non cognoscat alia a se propria cognitione.

1. Sic enim cognoscit alia a se, ut dictum est[1], secundum quod alia ab ipso in eo sunt. Sed alia ab eo sunt in ipso sicut in prima causa communi et universali. Ergo et alia cognoscuntur a Deo, sicut in causa prima et universali. Hoc autem est cognoscere in universali, et non secundum propriam cognitionem. Ergo Deus cognoscit alia a se in universali, et non secundum propriam cognitionem.

2. PRAETEREA, quantum distat essentia creaturae ab essentia divina, tantum distat essentia divina

ARTIGO 6
Deus tem conhecimento próprio do que é distinto de si?[g]

QUANTO AO SEXTO, ASSIM SE PROCEDE: parece que Deus **não** tem conhecimento próprio do que é distinto de si.

1. Com efeito, como foi explicado, Deus conhece o que é distinto de si tal como ele nele está. Ora, o que é distinto dele nele está como na causa primeira comum e universal. Logo, é conhecido dele como em sua causa primeira e universal, o que significa conhecer em geral, e não segundo o conhecimento próprio. Portanto, Deus tem um conhecimento geral do que é distinto de si, e não um conhecimento próprio.

2. ALÉM DISSO, quanto dista a essência da criatura da essência divina, tanto dista a essência divina

---

5. C. 8: 431, b, 28-432, a, 3.
6. In corpore.

PARALL.: I *Sent.*, dist. 35, a. 3; *Cont. Gent.* I, 50; *De Pot.*, q. 6, a. 1; *De Verit.*, q. 2, a. 4; *De Causis*, lect. 10.
1. Art. praec.

g. "Conhecimento próprio": conhecer uma coisa no que tem de próprio é conhecer o que ela é em si mesma, distinta de qualquer outra. Ao contrário, o conhecimento geral é aquele que só conhece uma coisa por uma característica geral que convém também a muitos outros: "O cão é um mamífero doméstico".

ab essentia creaturae. Sed per essentiam creaturae non potest cognosci essentia divina, ut supra[2] dictum est. Ergo nec per essentiam divinam potest cognosci essentia creaturae. Et sic, cum Deus nihil cognoscat nisi per essentiam suam, sequitur quod non cognoscat creaturam secundum eius essentiam, ut cognoscat de ea *quid est*, quod est propriam cognitionem de re habere.

3. PRAETEREA, propria cognitio non habetur de re, nisi per propriam eius rationem. Sed cum Deus cognoscat omnia per essentiam suam, non videtur quod unumquodque per propriam rationem cognoscat: idem enim non potest esse propria ratio multorum et diversorum. Non ergo habet propriam cognitionem Deus de rebus, sed communem: nam cognoscere res non secundum propriam rationem, est cognoscere res solum in communi.

SED CONTRA, habere propriam cognitionem de rebus, est cognoscere res non solum in communi, sed secundum quod sunt ab invicem distinctae. Sic autem Deus cognoscit res. Unde dicitur Hb 4,12-13, quod *pertingit usque ad divisionem spiritus et animae, compagum quoque et medullarum; et discretor cogitationum et intentionum cordis; et non est ulla creatura invisibilis in conspectu eius.*

RESPONDEO dicendum quod circa hoc quidam[3] erraverunt, dicentes quod Deus alia a se non cognoscit nisi in communi, scilicet inquantum sunt entia. Sicut enim ignis, si cognosceret seipsum ut est principium caloris, cognosceret naturam caloris, et omnia alia inquantum sunt calida; ita Deus, inquantum cognoscit se ut principium essendi, cognoscit naturam entis, et omnia alia inquantum sunt entia.

Sed hoc non potest esse. Nam intelligere aliquid in communi, et non in speciali, est imperfecte aliquid cognoscere. Unde intellectus noster, dum de potentia in actum reducitur, pertingit prius ad cognitionem universalem et confusam de rebus, quam ad propriam rerum cognitionem, sicut de imperfecto ad perfectum procedens, ut patet in I *Physic*.[4] Si igitur cognitio Dei de rebus aliis a se, esset in universali tantum, et non in speciali, sequeretur quod eius intelligere non esset omnibus modis perfectum, et per consequens nec eius esse: quod est contra ea quae superius[5] ostensa sunt. Oportet igitur dicere quod alia a se cognoscat

da criatura. Ora, a essência divina não pode ser conhecida pela essência da criatura, como acima foi explicado. Logo, nem pela essência divina pode ser conhecida a essência da criatura. Assim, como Deus só conhece em sua essência, segue-se que não conhece a criatura em sua essência, para saber *o que ela é*, o que seria possuir dela um conhecimento próprio.

3. ADEMAIS, não se tem um conhecimento próprio de uma coisa a não ser por sua própria razão. Ora, como Deus conhece todas as coisas em sua essência, parece que não conhece cada coisa por sua própria razão, pois uma mesma coisa não pode ser a razão de coisas múltiplas e diversas. Logo, Deus não tem das coisas conhecimento próprio, e sim conhecimento geral, pois conhecer as coisas não segundo a própria razão é conhecê-las de modo geral.

EM SENTIDO CONTRÁRIO, ter das coisas conhecimento próprio consiste em conhecê-las não apenas em geral, mas enquanto umas se distinguem das outras. Ora, é assim que Deus conhece as coisas, de acordo com as palavras da Carta aos Hebreus: "Penetra até dividir a alma do espírito, as articulações das medulas; julga as intenções e os pensamentos do coração. Não há criatura que seja invisível à sua vista".

RESPONDO. A este respeito, alguns se enganaram, dizendo que Deus só conhece as outras coisas em geral, isto é, enquanto são entes. Assim como o fogo, se conhecesse a si mesmo como princípio do calor, conheceria a natureza do calor e todas as outras coisas enquanto quentes; assim também Deus, enquanto conhece a si mesmo como princípio do ser, conhece a natureza do que existe e de todas as outras coisas enquanto entes.

Isso, porém, não é possível. Conhecer algo em geral e não especificamente é conhecê-lo de modo imperfeito. Daí que nosso intelecto, quando passa da potência ao ato, alcança primeiro um conhecimento geral e confuso das coisas, antes de conseguir delas um conhecimento próprio, indo assim do imperfeito ao perfeito, como se explica no livro I da *Física*. Assim, se o conhecimento que Deus tem do que é distinto de si fosse apenas geral e não específico, seu conhecer não seria de nenhum modo perfeito, nem, em consequência, seu próprio ser, o que contradiz anteriores demonstrações. Deve-se então dizer que Deus conhece o que é distinto de

---

2. Q. 12, a. 2.
3. Vide AVERROEM, XII *Metaph*., comm. 51.
4. C. 1: 184, a, 18-25.
5. Q. 4, a. 1.

propria cognitione; non solum secundum quod communicant in ratione entis, sed secundum quod unum ab alio distinguitur.

Et ad huius evidentiam, considerandum est quod quidam, volentes ostendere quod Deus per unum cognoscit multa, utuntur quibusdam exemplis: ut puta quod, si centrum cognosceret seipsum, cognosceret omnes lineas progredientes a centro; vel lux, si cognosceret seipsam, cognosceret omnes colores. — Sed haec exempla, licet quantum ad aliquid similia sint, scilicet quantum ad universalem causalitatem; tamen deficiunt quantum ad hoc, quod multitudo et diversitas non causantur ab illo uno principio universali, quantum ad id quod principium distinctionis est, sed solum quantum ad id in quo communicant. Non enim diversitas colorum causatur ex luce solum, sed ex diversa dispositione diaphani recipientis: et similiter diversitas linearum ex diverso situ. Et inde est quod huiusmodi diversitas et multitudo non potest cognosci in suo principio secundum propriam cognitionem, sed solum in communi. Sed in Deo non sic est. Supra[6] enim ostensum est quod quidquid perfectionis est in quacumque creatura, totum praeexistit et continetur in Deo secundum modum excellentem. Non solum autem id in quo creaturae communicant, scilicet ipsum esse, ad perfectionem pertinet; sed etiam ea per quae creaturae ad invicem distinguuntur, sicut vivere, et intelligere, et huiusmodi, quibus viventia a non viventibus, et intelligentia a non intelligentibus distinguuntur. Et omnis forma, per quam quaelibet res in propria specie constituitur, perfectio quaedam est. Et sic omnia in Deo praeexistunt, non solum quantum ad id quod commune est omnibus, sed etiam quantum ad ea secundum quae res distinguuntur. Et sic, cum Deus in se omnes perfectiones contineat, comparatur Dei essentia ad omnes rerum essentias, non sicut commune ad propria, ut unitas ad numeros, vel centrum ad lineas; sed sicut perfectus actus ad imperfectos, ut si dicerem, homo ad animal, vel senarius, qui est numerus perfectus, ad numeros imperfectos sub ipso contentos. Manifestum est autem quod per actum perfectum cognosci possunt actus imperfecti, non solum in communi, sed etiam propria cognitione. Sicut qui cognoscit hominem, cognoscit animal propria cognitione: et qui cognoscit senarium, cognoscit trinarium propria cognitione.

si por meio do conhecimento próprio, não apenas segundo têm em comum a razão do ente, mas enquanto se distinguem umas das outras.

Para demonstrá-lo, deve-se considerar que alguns, querendo mostrar que Deus por uma só coisa conhece muitas, empregam as seguintes comparações: se o centro conhecesse a si mesmo, conheceria todas as linhas que partem de si; se a luz conhecesse a si mesma, conheceria todas as cores. — Esses exemplos, porém, ainda que semelhantes até certo ponto, a saber quanto à causalidade universal, são insuficientes porque a multidão e a diversidade não são causadas por este princípio universal único naquilo que os distingue, mas apenas no que lhes é comum. Assim a diversidade das cores não tem por causa apenas a luz, mas a disposição do meio que a recebe; e de modo semelhante a diversidade dos raios do círculo provém de suas diversas posições. De modo que essa diversidade e multidão não pode ser conhecida em seu único princípio por um conhecimento próprio, mas apenas geral. Ora, em Deus não é assim. Mostrou-se acima que tudo o que existe como perfeição, em qualquer criatura, preexiste e está compreendido em Deus de modo supereminente. E nas criaturas não é apenas o que elas possuem em comum, a saber, o próprio ser, que pertence à perfeição; mas também aquilo pelo qual diferem umas das outras, como viver, conhecer e os outros caracteres pelos quais se distinguem os seres vivos dos não vivos, os que conhecem dos que não conhecem. E toda forma pela qual algo é constituído em sua própria espécie é uma perfeição. Assim, todas as coisas preexistem em Deus, não apenas quanto ao que é comum a todas, mas ainda quanto ao que as distingue. Por conseguinte, abrangendo Deus em si todas as perfeições, a essência de Deus mantém com as essências de todas as coisas não apenas a relação do comum ao próprio, da unidade aos números, do centro às linhas, mas a relação do ato perfeito aos atos imperfeitos, como se eu dissesse: do homem ao animal, ou de seis, número inteiro, às frações que inclui. Ora, é claro que pelo ato perfeito podem ser conhecidos os atos imperfeitos, não apenas em geral, mas com conhecimento próprio. Por exemplo, aquele que conhece o homem conhece o animal com conhecimento próprio; e aquele que conhece o número seis conhece sua metade: três, com conhecimento próprio.

---

6. Q. 4, a. 2.

Sic igitur, cum essentia Dei habeat in se quidquid perfectionis habet essentia cuiuscumque rei alterius, et adhuc amplius, Deus in seipso potest omnia propria cognitione cognoscere. Propria enim natura uniuscuiusque consistit, secundum quod per aliquem modum divinam perfectionem participat. Non autem Deus perfecte seipsum cognosceret, nisi cognosceret quomodocumque participabilis est ab aliis sua perfectio: nec etiam ipsam naturam essendi perfecte sciret, nisi cognosceret omnes modos essendi. Unde manifestum est quod Deus cognoscit omnes res propria cognitione, secundum quod ab aliis distinguuntur.

AD PRIMUM ergo dicendum quod sic cognoscere aliquid sicut in cognoscente est, potest dupliciter intelligi. Uno modo, secundum quod hoc adverbium *sic* importat modum cognitionis ex parte rei cognitae. Et sic falsum est. Non enim semper cognoscens cognoscit cognitum secundum illud esse quod habet in cognoscente: oculus enim non cognoscit lapidem secundum esse quod habet in oculo; sed per speciem lapidis quam habet in se, cognoscit lapidem secundum esse quod habet extra oculum. Et si aliquis cognoscens cognoscat cognitum secundum esse quod habet in cognoscente, nihilominus cognoscit ipsum secundum esse quod habet extra cognoscentem: sicut intellectus cognoscit lapidem secundum esse intelligibile quod habet in intellectu, inquantum cognoscit se intelligere; sed nihilominus cognoscit esse lapidis in propria natura. — Si vero intelligatur secundum quod hoc adverbium *sic* importat modum ex parte cognoscentis, verum est quod sic solum cognoscens cognoscit cognitum, secundum quod est in cognoscente: quia quanto perfectius est cognitum in cognoscente, tanto perfectior est modus cognitionis. — Sic igitur dicendum est quod Deus non solum cognoscit res esse in seipso; sed per id quod in seipso continet res, cognoscit eas in propria natura; et tanto perfectius, quanto perfectius est unumquodque in ipso.

Assim como a essência de Deus tem em si tudo o que há de perfeição na essência de qualquer outra coisa e muito mais, Deus pode conhecer em si mesmo todas as coisas por conhecimento próprio. Porque a natureza própria de cada coisa consiste em que participa de algum modo da perfeição divina. Ora, Deus não conheceria perfeitamente a si mesmo se não conhecesse todas as maneiras pelas quais sua perfeição possa ser participada por outros. E a própria natureza do ser não seria por ele conhecida perfeitamente se não conhecesse todas as modalidades de ser[h]. Fica claro que Deus conhece todas as coisas por conhecimento próprio, enquanto cada uma se distingue das outras.

QUANTO AO 1º, portanto, deve-se dizer que conhecer algo tal como se encontra no sujeito que conhece pode ser entendido de duas maneiras.

1. Ou bem a locução adverbial *tal como* implica o modo de conhecimento por parte da coisa conhecida, e então *tal como* é falso. Pois aquele que conhece nem sempre conhece o conhecido de acordo com o ser que tem em si mesmo; o olho não conhece a pedra segundo o ser que tem no olho; mas, pela representação da pedra que nele está, conhece a pedra segundo o ser que tem fora dele. E, quando alguém que conhece conhece o conhecido segundo o ser que tem em si mesmo, nem por isso deixa de conhecê-lo segundo o ser que tem fora de si. É assim que o intelecto conhece a pedra segundo o ser inteligível que nele se encontra, enquanto conhece que conhece; mas nem por isso deixa de conhecer o ser da pedra em sua natureza própria.

2. Se, porém, a locução adverbial *tal como* implica o modo de conhecimento por parte daquele que conhece, é verdade que aquele que conhece só conhece o conhecido à medida que nele se encontra; pois o modo de conhecer é tanto mais perfeito quanto o conhecido mais perfeitamente se encontra naquele que conhece. — Por conseguinte, é preciso dizer que Deus não só conhece que as coisas nele estão, mas por aquilo que Ele as tem em si, as conhece em suas próprias naturezas, e tanto mais perfeitamente quanto mais perfeitamente cada uma nele está.

---

h. Os exemplos propostos por Santo Tomás são contestáveis: conhecer o homem tão perfeitamente quanto se queira não faria conhecer a animalidade pura, e ainda menos as diferentes espécies segundo as quais ela se realiza. E o número "três" tampouco se reduz a um "seis" imperfeito! É verdade, por outro lado, que toda essência limitada não é mais que uma restrição e uma espécie de contração em certos limites da perfeição do ser que, em Deus, é infinito. O que ela tem de específico não é uma perfeição que se equipararia a esta última, mas é esta perfeição reduzida aos limites dessa essência: tal essência só tem de próprio, *em relação à perfeição*, seus limites. As comparações, em semelhante domínio, só podem ser deploravelmente deficientes e servem apenas para oferecer à mente um ponto de apoio para se elevar para além de toda representação.

AD SECUNDUM dicendum quod essentia creaturae comparatur ad essentiam Dei, ut actus imperfectus ad perfectum. Et ideo essentia creaturae non sufficienter ducit in cognitionem essentiae divinae, sed e converso.

AD TERTIUM dicendum quod idem non potest accipi ut ratio diversorum per modum adaequationis. Sed divina essentia est aliquid excedens omnes creaturas. Unde potest accipi ut propria ratio uniuscuiusque, secundum quod diversimode est participabilis vel imitabilis a diversis creaturis.

ARTICULUS 7
Utrum scientia Dei sit discursiva

AD SEPTIMUM SIC PROCEDITUR. Videtur quod scientia Dei sit discursiva.
1. Scientia enim Dei non est secundum scire in habitu, sed secundum intelligere in actu. Sed secundum Philosophum, in II *Topic*.[1], scire in habitu contingit multa simul, sed intelligere actu unum tantum. Cum ergo Deus multa cognoscat, quia et se et alia, ut ostensum est[2], videtur quod non simul omnia intelligat, sed de uno in aliud discurrat.

2. PRAETEREA, cognoscere effectum per causam est scire discurrentis. Sed Deus cognoscit alia per seipsum, sicut effectum per causam. Ergo cognitio sua est discursiva.
3. PRAETEREA, perfectius Deus scit unamquamque creaturam quam nos sciamus. Sed nos in causis creatis cognoscimus earum effectus, et sic de causis ad causata discurrimus. Ergo videtur similiter esse in Deo.

SED CONTRA est quod Augustinus dicit, in XV *de Trin*.[3], quod Deus *non particulatim vel singillatim omnia videt, velut alternante conspectu hinc illuc, et inde huc; sed omnia videt simul.*

RESPONDEO dicendum quod in scientia divina nullus est discursus. Quod sic patet. In scientia enim nostra duplex est discursus. Unus secundum successionem tantum: sicut cum, postquam intelligimus aliquid in actu, convertimus nos ad intelligendum aliud. Alius discursus est secundum

ARTIGO 7
A ciência de Deus é discursiva?

QUANTO AO SÉTIMO, ASSIM SE PROCEDE: parece que a ciência de Deus é discursiva.
1. Com efeito, a ciência de Deus não é um saber habitual, e sim um conhecer em ato. Ora, segundo o Filósofo, no livro II dos *Tópicos*, o saber habitual chega a muitas coisas simultaneamente, mas o conhecer apenas a uma. Como Deus conhece muitas coisas, conhecendo a si mesmo e tudo o mais, como se demonstrou, parece que não conheça todas as coisas simultaneamente, mas que passe de uma a outra de modo discursivo.

2. ALÉM DISSO, conhecer o efeito pela causa é conhecer de maneira discursiva. Ora, Deus conhece as outras coisas por si mesmo, como o efeito por sua causa. Logo, seu conhecimento é discursivo.
3. ADEMAIS, Deus conhece cada criatura de modo mais perfeito que nós. Ora, conhecemos nas causas criadas seus efeitos e assim procedemos discursivamente das causas aos efeitos. Logo, parece que o mesmo acontece com Deus.

EM SENTIDO CONTRÁRIO, Agostinho escreve: "Deus vê todas as coisas, não por partes ou uma de cada vez, como que passando o olhar daqui para ali e dali para aqui, mas tudo vê simultaneamente".

RESPONDO. Na ciência divina, nada existe de discursivo. Eis a prova: em nossa ciência encontramos um duplo processo discursivo. Um, segundo a sucessão: por exemplo, quando depois de termos conhecido algo em ato, nos voltamos para conhecer outra coisa. O outro, segundo a causalidade: por

---

7 PARALL.: Infra, q. 85, a. 5; *Cont. Gent.* I, 55, 57; *De Verit.*, q. 2, a. 1, ad 4, 5; a. 3, ad 3; a. 13; *Compend. Theol.*, c. 29; in *Iob*, c. 12, lect. 2.

1. C. 10: 114, b, 34-35.
2. Art. 2, 5.
3. C. 14: ML 42, 1077.

causalitatem: sicut cum per principia pervenimus in cognitionem conclusionum. Primus autem discursus Deo convenire non potest. Multa enim, quae successive intelligimus, si unumquodque eorum in seipso consideretur, omnia simul intelligimus si in aliquo uno ea intelligamus: puta si partes intelligamus in toto, vel si diversas res videamus in speculo. Deus autem omnia videt in uno, quod est ipse, ut habitum est[4]. Unde simul, et non successive omnia videt. — Similiter etiam et secundus discursus Deo competere non potest. Primo quidem, quia secundus discursus praesupponit primum: procedentes enim a principiis ad conclusiones, non simul utrumque considerant. Deinde, quia discursus talis est procedentis de noto ad ignotum. Unde manifestum est quod, quando cognoscitur primum, adhuc ignoratur secundum. Et sic secundum non cognoscitur in primo, sed ex primo. Terminus vero discursus est, quando secundum videtur in primo, resolutis effectibus in causas: et tunc cessat discursus. Unde, cum Deus effectus suos in seipso videat sicut in causa, eius cognitio non est discursiva.

AD PRIMUM ergo dicendum quod, licet sit unum tantum intelligere in seipso, tamen contingit multa intelligere in aliquo uno, ut dictum est[5].

AD SECUNDUM dicendum quod Deus non cognoscit per causam quasi prius cognitam, effectus incognitos: sed eos cognoscit in causa. Unde eius cognitio est sine discursu, ut dictum est[6].

AD TERTIUM dicendum quod effectus causarum creatarum videt quidem Deus in ipsis causis, multo melius quam nos: non tamen ita quod cognitio effectuum causetur in ipso ex cognitione causarum creatarum, sicut in nobis. Unde eius scientia non est discursiva.

ARTICULUS 8
Utrum scientia Dei sit causa rerum

AD OCTAVUM SIC PROCEDITUR. Videtur quod scientia Dei non sit causa rerum.

exemplo, quando, a partir dos princípios, chegamos ao conhecimento das conclusões. O primeiro processo discursivo não pode convir a Deus; pois muitas coisas que conhecemos sucessivamente, se consideramos cada uma em si mesma, as conhecemos todas simultaneamente se as conhecemos em uma única coisa. Por exemplo, quando conhecemos as partes no todo e quando vemos diversos objetos no espelho. Ora, Deus tudo vê em um só, Ele próprio, como foi anteriormente estabelecido. Ele vê todas as coisas simultaneamente, e não sucessivamente. — Da mesma forma, o segundo processo discursivo não pode convir a Deus. Antes de mais nada, porque pressupõe o primeiro; pois os que procedem dos princípios às conclusões não os consideram simultaneamente. Em seguida, porque este discurso vai do conhecido ao desconhecido. Fica então claro que, conhecido o primeiro termo, ainda se ignora o outro, e o segundo não é então conhecido no primeiro, mas a partir do primeiro. O final do discurso acontece quando o segundo termo é visto no primeiro, os efeitos ficando resolvidos em suas causas; aí, porém, cessa o discurso. Portanto, como Deus vê os efeitos em si mesmo, como sua causa, seu conhecimento não é discursivo.

QUANTO AO 1º, portanto, deve-se dizer que, embora seja um só o conhecer em si mesmo, chega a conhecer muitas coisas em uma só, como foi explicado.

QUANTO AO 2º, deve-se dizer que Deus não conhece os efeitos desconhecidos pela causa como se ela fosse anteriormente conhecida, mas conhece os efeitos em suas causas. Portanto, seu conhecimento não é discursivo, como já foi explicado.

QUANTO AO 3º, deve-se dizer que Deus vê, muito melhor que nós, os efeitos das causas criadas nelas mesmas. O conhecimento desses efeitos, porém, não é causado nele pelo conhecimento das causas criadas, como acontece conosco. Sua ciência, por conseguinte, não é discursiva.

ARTIGO 8
A ciência de Deus é causa das coisas?

QUANTO AO OITAVO, ASSIM SE PROCEDE: parece que a ciência de Deus **não** é a causa das coisas.

---
4. Art. 5.
5. In corp. Cfr. I, q. 85, a. 4.
6. Ibid.

8 PARALL.: I *Sent*., dist. 38, a. 1; *De Verit*., q. 2, a. 14.

1. Dicit enim Origenes, super Epistolam *ad Rom.*[1]: *non propterea aliquid erit, quia id scit Deus futurum; sed quia futurum est, ideo scitur a Deo antequam fiat.*

2. PRAETEREA, posita causa ponitur effectus. Sed scientia Dei est aeterna. Si ergo scientia Dei est causa rerum creatarum, videtur quod creaturae sint ab aeterno.

3. PRAETEREA, scibile est prius scientia, et mensura eius, ut dicitur in X *Metaphys.*[2]. Sed id quod est posterius et mensuratum, non potest esse causa. Ergo scientia Dei non est causa rerum.

SED CONTRA est quod dicit Augustinus, XV *de Trin.*[3]: *universas creaturas, et spirituales et corporales, non quia sunt, ideo novit Deus; sed ideo sunt, quia novit.*

RESPONDEO dicendum quod scientia Dei est causa rerum. Sic enim scientia Dei se habet ad omnes res creatas, sicut scientia artificis se habet ad artificiata. Scientia autem artificis est causa artificiatorum: eo quod artifex operatur per suum intellectum, unde oportet quod forma intellectus sit principium operationis, sicut calor est principium calefactionis. Sed considerandum est quod forma naturalis, inquantum est forma manens in eo cui dat esse, non nominat principium actionis; sed secundum quod habet inclinationem ad effectum. Et similiter forma intelligibilis non nominat principium actionis secundum quod est tantum in intelligente, nisi adiungatur ei inclinatio ad effectum, quae est per voluntatem. Cum enim forma intelligibilis ad opposita se habeat (cum sit eadem scientia oppositorum), non produceret determinatum effectum, nisi determinaretur ad unum per appetitum, ut dicitur in IX *Metaphys.*[4]. Manifestum est autem quod Deus per intellectum suum causat res, cum suum esse sit suum intelligere. Unde necesse est quod sua scientia sit causa rerum, secundum quod habet voluntatem

1. Com efeito, Orígenes, comentando a Carta aos Romanos, diz: "Não é porque Deus sabe que uma coisa vai ser que essa coisa será; mas, porque deverá ser, Deus sabe com antecedência que será".

2. ADEMAIS, afirmada a causa, afirma-se o efeito. Ora, a ciência de Deus é eterna. Logo, se a ciência de Deus é a causa das coisas criadas, parece que as criaturas existiriam desde toda a eternidade.

3. ADEMAIS, o cognoscível precede a ciência e a mede, como se diz no livro X da *Metafísica*. Ora, o que é posterior e medido não pode ser causa. Logo, a ciência de Deus não é causa das coisas.

EM SENTIDO CONTRÁRIO, Agostinho escreve: "Deus não conhece a universalidade das criaturas espirituais ou corporais porque existem; pelo contrário, existem porque ele as conhece".

RESPONDO. A ciência de Deus é a causa das coisas. De tal modo a ciência de Deus está para as coisas criadas, como a ciência do artista está para suas obras. Ora, a ciência do artista é a causa de suas obras, em razão de agir por seu intelecto; por conseguinte, a forma do intelecto é o princípio da operação, como o calor é o princípio do aquecimento. No entanto, temos de considerar que a forma natural não é chamada de princípio de ação enquanto imanente ao que faz existir, mas enquanto ordenada ao efeito. Assim também, a forma inteligível não é chamada princípio de ação enquanto está apenas naquele que conhece, se não é completada por uma inclinação ao efeito, o que acontece pela vontade. Como a forma inteligível é indiferente em relação a um ou outro dos opostos (pois é a mesma ciência que considera os opostos), não produziria determinado efeito se ela própria não fosse determinada pelo apetite[i]. É o que se explica no livro IX da *Metafísica*. Ora, é manifesto que Deus causa todas as coisas por seu intelecto, pois seu ser é seu conhecer. É necessário dizer que sua ciência é a causa das coisas, conjuntamente

---

1. Lib. VII, super c. 8, 30; MG 14, 1126 BC.
2. C. 1: 1053, a. 31, b, 3.
3. C. 13: ML 42, 1076. — Cfr. lib. VI, c. 10: ibid. 931 sq.
4. C. 5: 1048, a. 8-16.

i. O termo escolástico *appetitus* é uma cruz para os tradutores, pois não há equivalente exato na linguagem corrente, e sua mera transcrição evoca um falso sentido. O *appetitus* é primordialmente a ligação de um ente a seu bem, um bem que é para ele seu ser e todos os desenvolvimentos de seu ser. Ligação que assume a forma de tendência, para o que falta ao bem para ser terminado, e de repouso, no bem presente. No ser que conhece, como será visto na q. 19, essa ligação elementar do ente a seu bem assume a forma da afetividade, e falaremos de desejo e de fruição. Além disso, não será mais somente um aspecto do ente — o ser considerado bem, ou seja, justamente atraente, mas um ato, o amor — requerendo uma faculdade especial. Tal faculdade é denominada, também, "apetite": apetite sensível, quando se trata da afetividade consecutiva ao conhecimento sensível; apetite voluntário, ou vontade, tratando-se da afetividade consecutiva ao conhecimento intelectual.

coniunctam. Unde scientia Dei, secundum quod est causa rerum, consuevit nominari *scientia approbationis*.

AD PRIMUM ergo dicendum quod Origenes locutus est attendens rationem scientiae, cui non competit ratio causalitatis, nisi adiuncta voluntate, ut dictum est[5]. — Sed quod dicit ideo praescire Deum aliqua, quia sunt futura: intelligendum est secundum causam consequentiae, non secundum causam essendi. Sequitur enim, si aliqua sunt futura, quod Deus ea praescierit: non tamen res futurae sunt causa quod Deus sciat.

AD SECUNDUM dicendum quod scientia Dei est causa rerum, secundum quod res sunt in scientia. Non fuit autem in scientia Dei, quod res essent ab aeterno. Unde, quamvis scientia Dei sit aeterna, non sequitur tamen quod creaturae sint ab aeterno.

AD TERTIUM dicendum quod res naturales sunt mediae inter scientiam Dei et scientiam nostram, nos enim scientiam accipimus a rebus naturalibus, quarum Deus per suam scientiam causa est. Unde, sicut scibilia naturalia sunt priora quam scientia nostra, et mensura eius, ita scientia Dei est prior quam res naturales, et mensura ipsarum. Sicut aliqua domus est media inter scientiam artificis qui eam fecit, et scientiam illius qui eius cognitionem ex ipsa iam facta capit.

com sua vontade. Eis por que a ciência de Deus, enquanto causa das coisas, é comumente chamada *ciência de aprovação*.

QUANTO AO 1º, portanto, deve-se dizer que Orígenes considerou aqui a razão da ciência, à qual não convém a razão de causalidade a não ser conjuntamente com a vontade, como foi explicado. — Quando, porém, diz que Deus prevê tais coisas porque vão acontecer, é preciso entender esse "porque" como causalidade de consequência, não de existência. Portanto, se tal coisa vai acontecer, é verdade que Deus a previu; as realidades futuras, porém, não são a causa de que Deus conheça.

QUANTO AO 2º, deve-se dizer que a ciência de Deus é causa das coisas segundo a maneira como nela se encontram. Ora, não faz parte da ciência de Deus que as coisas tenham existido desde toda eternidade. Ainda que a ciência de Deus seja eterna, daí não decorre que as criaturas existam desde toda eternidade.

QUANTO AO 3º, deve-se dizer que as coisas naturais são intermediárias entre a ciência de Deus e a nossa; pois adquirimos nossa ciência a partir dessas realidades naturais, cuja causa é Deus por sua ciência. Por isso, assim como as coisas cognoscíveis naturais são anteriores à nossa ciência e a sua medida, assim também a ciência de Deus é primeira em relação às coisas naturais e a medida delas. Como uma casa é intermediária entre a ciência do arquiteto que a construiu e a ciência de quem dela toma conhecimento depois de construída.

ARTICULUS 9
Utrum Deus habeat scientiam non entium

AD NONUM SIC PROCEDITUR. Videtur quod Deus non habeat scientiam non entium.

1. Scientia enim Dei non est nisi verorum. Sed verum et ens convertuntur. Ergo scientia Dei non est non entium.

2. PRAETEREA, scientia requirit similitudinem inter scientem et scitum. Sed ea quae non sunt, non possunt habere aliquam similitudinem ad Deum, qui est ipsum esse. Ergo ea quae non sunt, non possunt sciri a Deo.

ARTIGO 9
Deus tem a ciência dos não-entes?

QUANTO AO NONO, ASSIM SE PROCEDE, parece que Deus **não** tem a ciência dos não-entes.

1. Com efeito, em Deus só há ciência das coisas verdadeiras. Ora, o verdadeiro e o ente são convertíveis. Logo, não há em Deus conhecimento dos não-entes.

2. ALÉM DISSO, o conhecimento requer uma semelhança entre aquele que sabe e o que ele sabe. Ora, o que não existe não pode ter semelhança alguma com Deus, que é o próprio ser. Logo, o que não existe não pode ser conhecido por Deus.

---

5. In corpore.

9 PARALL.: I *Sent*., dist. 38, a. 4; III, dist. 14, a. 2, q.la 2; *Cont. Gent*. I, 66; *De Verit*., q. 2, a. 8.

3. PRAETEREA, scientia Dei est causa scitorum ab ipso. Sed non est causa non entium, quia non ens non habet causam. Ergo Deus non habet scientiam de non entibus.

SED CONTRA est quod dicit Apostolus Rm 4,17: *Qui vocat ea quae non sunt, tanquam ea quae sunt.*

RESPONDEO dicendum quod Deus scit omnia quaecumque sunt quocumque modo. Nihil autem prohibet ea quae non sunt simpliciter, aliquo modo esse. Simpliciter enim sunt quae actu sunt. Ea vero quae non sunt actu, sunt in potentia vel ipsius Dei, vel creaturae; sive in potentia activa, sive in passiva, sive in potentia opinandi, vel imaginandi, vel quocumque modo significandi. Quaecumque igitur possunt per creaturam fieri vel cogitari vel dici, et etiam quaecumque ipse facere potest, omnia cognoscit Deus, etiam si actu non sint. Et pro tanto dici potest quod habet etiam non entium scientiam.

Sed horum quae actu non sunt, est attendenda quaedam diversitas. Quaedam enim, licet non sint nunc in actu, tamen vel fuerunt vel erunt: et omnia ista dicitur Deus scire scientia visionis. Quia, cum intelligere Dei, quod est eius esse, aeternitate mensuretur, quae sine successione existens totum tempus comprehendit, praesens intuitus Dei fertur in totum tempus, et in omnia quae sunt in quocumque tempore, sicut in subiecta sibi praesentialiter. — Quaedam vero sunt, quae sunt in potentia Dei vel creaturae, quae tamen nec sunt nec erunt neque fuerunt. Et respectu horum non dicitur habere scientiam visionis, sed simplicis intelligentiae. Quod ideo dicitur, quia ea quae videntur apud nos, habent esse distinctum extra videntem.

AD PRIMUM ergo dicendum quod, secundum quod sunt in potentia, sic habent veritatem ea quae non sunt actu: verum est enim ea esse in potentia. Et sic sciuntur a Deo.

AD SECUNDUM dicendum quod, cum Deus sit ipsum esse, intantum unumquodque est, inquantum participat de Dei similitudine: sicut unumquodque intantum est calidum, inquantum participat calorem. Sic et ea quae sunt in potentia, etiam si non sunt in actu, cognoscuntur a Deo.

AD TERTIUM dicendum quod Dei scientia est causa rerum, voluntate adiuncta. Unde non oportet quod quaecumque scit Deus, sint vel fuerint

3. ADEMAIS, a ciência de Deus é causa das coisas conhecidas por ele. Ora, não é causa dos não-entes, pois estes não têm causa. Logo, Deus não tem a ciência dos não-entes.

EM SENTIDO CONTRÁRIO, o Apóstolo escreve aos Romanos: "O qual chama as coisas que não são, como se fossem".

RESPONDO. Deus conhece todas as coisas, de qualquer maneira que existam. Ora, nada impede que coisas que não existem absolutamente existam de certa maneira. Existem de modo absoluto as que existem em ato. As que não existem em ato estão em potência: ou de Deus ou da criatura, trate-se de potência ativa ou passiva, ou de pensar, de imaginar, de exprimir-se de algum modo. Todas as coisas que podem ser realizadas, pensadas ou ditas pela criatura, e também todas aquelas que Ele próprio pode realizar, Deus a todas conhece, mesmo que não existam em ato. Nesse sentido, pode-se dizer que tem a ciência dos não-entes.

Entre as coisas que não existem em ato, é preciso notar certa diversidade. Algumas, ainda que não estejam agora em ato, já estiveram ou estarão, e destas dizemos que Deus as conhece numa ciência de visão. Como o conhecer de Deus, que é seu próprio ser, é medido pela eternidade, a qual não comportando sucessão abarca a totalidade de tempo, assim o olhar de Deus, presente, atinge a totalidade do tempo e todas as coisas que se encontrem em qualquer período do tempo, como realidades que lhe estão presentes. — Outras estão na potência de Deus ou da criatura, e no entanto não existem, não existirão e nunca existiram. A respeito delas, diz-se que Deus tem uma ciência não de visão, e sim uma ciência de simples inteligência. Usa-se esta expressão porque, entre nós, as coisas que vemos possuem um ser próprio distinto fora do que vê.

QUANTO AO 1º, portanto, deve-se dizer que o que não existe em ato possui sua verdade enquanto está em potência, pois é verdade que está em potência. É assim que Deus o conhece.

QUANTO AO 2º, deve-se dizer que, visto que Deus é o próprio ser, cada um só é na medida em que participa da semelhança de Deus, assim como uma coisa só é quente na medida em que participa do calor. Sendo assim, o que está em potência, ainda que não esteja em ato, é conhecido por Deus.

QUANTO AO 3º, deve-se dizer que a ciência de Deus é causa das coisas junto com sua vontade. Não é então necessário que tudo o que Deus co-

vel futura sint: sed solum ea quae vult esse, vel permittit esse. — Et iterum, non est in scientia Dei ut illa sint, sed quod esse possint.

nhece exista, tenha existido ou deva existir um dia, mas apenas o que Ele quer ou permite que exista. — E, ainda uma vez, não está na ciência de Deus que essas coisas existam, mas que possam vir a existir.

Articulus 10
Utrum Deus cognoscat mala

Ad decimum sic proceditur. Videtur quod Deus non cognoscat mala.

1. Dicit enim Philosophus, in III *de Anima*[1], quod intellectus qui non est in potentia, non cognoscit privationem. Sed malum est *privatio boni*, ut dicit Augustinus[2]. Igitur, cum intellectus Dei nunquam sit in potentia, sed semper actu, ut ex dictis[3] patet, videtur quod Deus non cognoscat mala.

2. Praeterea, omnis scientia vel est causa sciti, vel causatur ab eo. Sed scientia Dei non est causa mali, nec causatur a malo. Ergo scientia Dei non est malorum.

3. Praeterea, omne quod cognoscitur, cognoscitur per suam similitudinem, vel per suum oppositum. Quidquid autem cognoscit Deus, cognoscit per suam essentiam, ut ex dictis[4] patet. Divina autem essentia neque est similitudo mali, neque ei malum opponitur: divinae enim essentiae nihil est contrarium, ut dicit Augustinus, XII *de Civ. Dei*[5]. Ergo Deus non cognoscit mala.

4. Praeterea, quod cognoscitur non per seipsum, sed per aliud, imperfecte cognoscitur. Sed malum non cognoscitur a Deo per seipsum: quia sic oporteret quod malum esset in Deo; oportet enim cognitum esse in cognoscente. Si ergo cognoscitur per aliud, scilicet per bonum, imperfecte cognoscetur ab ipso: quod est impossibile, quia nulla cognitio Dei est imperfecta. Ergo scientia Dei non est malorum.

Artigo 10
Deus conhece os males?

Quanto ao décimo, assim se procede: parece que Deus **não** conhece os males.

1. Com efeito, segundo o Filósofo, no tratado *Sobre a alma*, um intelecto que não está em potência não conhece a privação. Ora, o mal, ensina Agostinho, é a *privação do bem*. Logo, como o intelecto de Deus nunca está em potência, mas sempre em ato, como ficou demonstrado, parece que Deus não conhece o mal.

2. Além disso, toda ciência ou é causa do conhecido, ou é causada por ele. Ora, a ciência de Deus não é causa do mal, tampouco é causada por ele. Logo, a ciência de Deus não é dos males.

3. Ademais, o que se conhece é conhecido por sua semelhança ou por seu oposto. Ora, tudo o que Deus conhece, Ele o conhece em sua essência, como ficou demonstrado. E a essência divina nem é semelhança do mal, nem tem o mal como contrário, pois nada lhe é contrário, afirma Agostinho[j]. Logo, Deus não conhece o mal.

4. Ademais, o que é conhecido, não por si mesmo, mas por outra coisa, é conhecido imperfeitamente. Ora, o mal não é conhecido de Deus por si mesmo, pois para tanto seria preciso que o mal se encontrasse em Deus; com efeito, o conhecido deve estar naquele que conhece. E se o mal é conhecido de Deus por outra coisa, a saber pelo bem, será por Ele conhecido imperfeitamente, o que é impossível, pois nenhum conhecimento em Deus é imperfeito. Logo, a ciência de Deus não é dos males.

---

10 Parall.: I Sent., dist. 36, q. 1, a. 2; Cont. Gent. I, 71; De Verit., q. 2, a. 15; Quodlib. XI, q. 2.

1. C. 6: 430, b, 20-26.
2. *Confess.*, l. III, c. 7: ML 32, 688; *Enchirid.*, c. 11: ibid. 40, 236.
3. Art. 2.
4. Art. 2, 5.
5. C. 2: ML 41, 350.

j. A essência divina não possui contrário, pois os contrários são necessariamente englobados em uma categoria que lhes é comum, e a respeito da qual cada um é uma parte. Ora, Deus é o Todo absoluto, que não poderia de modo algum ser parte de um todo. De acordo com uma fórmula incisiva de Santo Tomás: "Deus não está em gênero algum, Ele é o princípio de todos os gêneros".

SED CONTRA est quod dicitur Pr 15,11: *infernus et perditio coram Deo*.

Respondeo dicendum quod quicumque perfecte cognoscit aliquid, oportet quod cognoscat omnia quae possunt illi accidere. Sunt autem quaedam bona, quibus accidere potest ut per mala corrumpantur. Unde Deus non perfecte cognosceret bona, nisi etiam cognosceret mala. Sic autem est cognoscibile unumquodque, secundum quod est. Unde, cum hoc sit esse mali, quod est privatio boni, per hoc ipsum quod Deus cognoscit bona, cognoscit etiam mala; sicut per lucem cognoscuntur tenebrae. Unde dicit Dionysius, 7 cap. *de Div. Nom.*[6], quod Deus *per semetipsum tenebrarum accipit visionem, non aliunde videns tenebras quam a lumine*.

AD PRIMUM ergo dicendum quod verbum Philosophi est sic intelligendum, quod intellectus qui non est in potentia, non cognoscit privationem per privationem in ipso existentem. Et hoc congruit cum eo quod supra[7] dixerat, quod punctum et omne indivisibile per privationem divisionis cognoscitur. Quod contingit ex hoc, quia formae simplices et indivisibiles non sunt actu in intellectu nostro, sed in potentia tantum: nam si essent actu in intellectu nostro, non per privationem cognoscerentur. Et sic cognoscuntur simplicia a substantiis separatis. Deus igitur non cognoscit malum per privationem in se existentem, sed per bonum oppositum.

AD SECUNDUM dicendum quod scientia Dei non est causa mali: sed est causa boni, per quod cognoscitur malum.

AD TERTIUM dicendum quod, licet malum non opponatur essentiae divinae, quae non est corruptibilis per malum, opponitur tamen effectibus Dei; quos per essentiam suam cognoscit, et eos cognoscens, mala opposita cognoscit.

AD QUARTUM dicendum quod cognoscere aliquid per aliud tantum, est imperfectae cognitionis, si illud sit cognoscibile per se. Sed malum non est per se cognoscibile: quia de ratione mali est, quod sit privatio boni. Et sic neque definiri, neque cognosci potest, nisi per bonum.

EM SENTIDO CONTRÁRIO, está o que se diz no livro dos Provérbios: "O inferno e a perdição estão diante de Deus".

RESPONDO. Quem conhece perfeitamente algo tem de conhecer todas as coisas que lhe possam acontecer. Ora, existem coisas boas às quais pode acontecer serem deterioradas por males. Assim, Deus não conheceria perfeitamente as coisas boas se não conhecesse também as coisas más. Ora, uma coisa qualquer é cognoscível segundo o que é. Como o ser do mal é privação do bem, pelo fato de Deus conhecer os bens, ele conhece também os males, como conhecemos as trevas pela luz. O que leva Dionísio a dizer: "Deus recebe de si próprio a visão das trevas, pois não as vê senão pela luz".

QUANTO AO 1º, portanto, deve-se dizer que a palavra do Filósofo tem de ser entendida assim: o intelecto que não está em potência não conhece a privação por meio de uma privação nele existente. E isso concorda com o que dissera antes, que o ponto, ou qualquer indivisível, só é conhecido pela privação da divisão. Isto é assim porque as formas simples e indivisíveis não estão em ato em nosso intelecto, mas apenas em potência; se estivessem em ato, não seriam conhecidas por meio da privação. Ora, é assim que as substâncias separadas conhecem as realidades simples. Deus, então, não conhece o mal por uma privação nele existente, mas por seu oposto, o bem.

QUANTO AO 2º, deve-se dizer que a ciência de Deus não é causa do mal, mas do bem por intermédio do qual o mal é conhecido.

QUANTO AO 3º, deve-se dizer que ainda que o mal não seja oposto à essência divina, que não é corruptível pelo mal, ele é oposto às obras de Deus. Estas, ele as conhece em sua essência e, conhecendo-as, conhece os males opostos.

QUANTO AO 4º, deve-se dizer que conhecer uma coisa somente por outra é conhecer de maneira imperfeita, quando se trata de coisas cognoscíveis por si mesmas. O mal, porém, não é cognoscível por si mesmo, pois pertence à razão do mal ser a privação do bem. Assim, só pode ser definido ou conhecido mediante o bem.

---

6. MG 3, 869 B.
7. Loco cit. in arg.

Articulus 11
Utrum Deus cognoscat singularia

AD UNDECIMUM SIC PROCEDITUR. Videtur quod Deus non cognoscat singularia.

1. Intellectus enim divinus immaterialior est quam intellectus humanus. Sed intellectus humanus, propter suam immaterialitatem, non cognoscit singularia, sed, sicut dicitur in II *de Anima*[1], *ratio est universalium, sensus vero singularium*. Ergo Deus non cognoscit singularia.

2. PRAETEREA, illae solae virtutes in nobis sunt singularium cognoscitivae, quae recipiunt species non abstractas a materialibus conditionibus. Sed res in Deo sunt maxime abstractae ab omni materialitate. Ergo Deus non cognoscit singularia.

3. PRAETEREA, omnis cognitio est per aliquam similitudinem. Sed similitudo singularium, inquantum sunt singularia, non videtur esse in Deo: quia principium singularitatis est materia, quae, cum sit ens in potentia tantum, omnino est dissimilis Deo, qui est actus purus. Non ergo Deus potest cognoscere singularia.

SED CONTRA est quod dicitur Pr 16,2: *omnes viae hominum patent oculis eius*.

RESPONDEO dicendum quod Deus cognoscit singularia. Omnes enim perfectiones in creaturis inventae, in Deo praeexistunt secundum altiorem modum, ut ex dictis[2] patet. Cognoscere autem singularia pertinet ad perfectionem nostram. Unde necesse est quod Deus singularia cognoscat. Nam et Philosophus pro inconvenienti habet, quod aliquid cognoscatur a nobis, quod non cognoscatur a Deo. Unde contra Empedoclem arguit, in I *de Anima*[3] et in III *Metaphys.*[4], quod accideret Deum esse insipientissimum, si discordiam ignoraret. Sed perfectiones quae in inferioribus dividuntur, in Deo simpliciter et unite existunt. Unde, licet nos per aliam potentiam cognoscamus universalia et immaterialia, et per aliam singularia et materialia; Deus tamen per suum simplicem intellectum utraque cognoscit.

Artigo 11
Deus conhece os singulares?

QUANTO AO DÉCIMO PRIMEIRO, ASSIM SE PROCEDE: parece que Deus **não** conhece os singulares.

1. Com efeito, o intelecto divino é mais imaterial que o intelecto humano. Ora, o intelecto humano, por causa de sua imaterialidade, não conhece os singulares, pois se afirma no tratado *Sobre a alma*: "A razão é dos universais; mas os sentidos, dos singulares". Logo, Deus não conhece os singulares.

2. ALÉM DISSO, as únicas faculdades, em nós, que conhecem os singulares são as que recebem as representações não abstraídas das condições materiais. Ora, em Deus as coisas se encontram abstraídas ao máximo de qualquer materialidade. Logo, Deus não conhece os singulares.

3. ADEMAIS, todo conhecimento é por alguma semelhança. Ora, a semelhança dos singulares, enquanto tais, não parece poder estar em Deus, pois o princípio da singularidade é a matéria, e a matéria, estando apenas em potência, é completamente dessemelhante de Deus, que é ato puro. Logo, Deus não pode conhecer os singulares.

EM SENTIDO CONTRÁRIO, diz o livro dos Provérbios: "Todos os caminhos do homem estão descobertos a seus olhos".

RESPONDO. Deus conhece os singulares. Todas as perfeições que se encontram nas criaturas preexistem em Deus de maneira mais excelente, já se disse acima. Ora, conhecer os singulares pertence à nossa perfeição. É necessário, pois, que Deus os conheça. O Filósofo considera inaceitável que algo seja conhecido por nós e não o seja por Deus. Por isso, argumentando contra Empédocles, no tratado *Sobre a alma* e no livro III da *Metafísica*, diz que Deus seria muitíssimo ignorante se ignorasse a discórdia. No entanto, as perfeições que se encontram divididas nas coisas inferiores existem em Deus de maneira simples e una. Eis por que, enquanto conhecemos os universais e as coisas imateriais por uma faculdade e por outra faculdade os singulares e as coisas materiais, Deus, por seu intelecto simples, conhece a uns e a outros.

---

11 PARALL.: I *Sent.*, dist. 36, q. 1, a. 1; II, dist. 3, q. 2, a. 3; *Cont. Gent.* I, 50, 63, 65; Qq. disp. *de Anima*, a. 20; *de Verit.*, q. 2, a. 5; *Compend. Theol.*, c. 132, 133; I *Periherm.*, lect. 14.

1. C. 5: 417, b, 22-23.
2. Q. 4, a. 2.
3. C. 5: 410, b, 4-6.
4. C. 4: 1000, b, 3-11.

Sed qualiter hoc esse possit, quidam⁵ manifestare volentes, dixerunt quod Deus cognoscit singularia per causas universales: nam nihil est in aliquo singularium, quod non ex aliqua causa oriatur universali. Et ponunt exemplum: sicut si aliquis astrologus cognosceret omnes motus universales caeli, posset praenuntiare omnes eclipses futuras. — Sed istud non sufficit. Quia singularia ex causis universalibus sortiuntur quasdam formas et virtutes, quae, quantumcumque ad invicem coniungantur, non individuantur nisi per materiam individualem. Unde qui cognosceret Socratem per hoc quod est albus, vel Sophronisci filius, vel quidquid aliud sic dicatur, non cognosceret ipsum inquantum est hic homo. Unde secundum modum praedictum, Deus non cognosceret singularia in sua singularitate.

Alii vero dixerunt quod Deus cognoscit singularia, applicando causas universales ad particulares effectus. — Sed hoc nihil est. Quia nullus potest applicare aliquid ad alterum, nisi illud praecognoscat: unde dicta applicatio non potest esse ratio cognoscendi particularia, sed cognitionem singularium praesupponit.

Et ideo aliter dicendum est, quod, cum Deus sit causa rerum per suam scientiam, ut dictum est⁶, intantum se extendit scientia Dei, inquantum se extendit eius causalitas. Unde, cum virtus activa Dei se extendat non solum ad formas, a quibus accipitur ratio universalis, sed etiam usque ad materiam, ut infra⁷ ostendetur; necesse est quod scientia Dei usque ad singularia se extendat, quae per materiam individuantur. Cum enim sciat alia a se per essentiam suam, inquantum est similitudo rerum velut principium activum earum, necesse est quod essentia sua sit principium sufficiens cognoscendi omnia quae per ipsum fiunt, non solum in universali, sed etiam in singulari. Et esset simile de scientia artificis, si esset productiva totius rei, et non formae tantum.

AD PRIMUM ergo dicendum quod intellectus noster speciem intelligibilem abstrahit a principiis individuantibus: unde species intelligibilis nostri intellectus non potest esse similitudo principiorum individualium. Et propter hoc, intellectus noster singularia non cognoscit. Sed species intelligibilis

Contudo, para mostrar como pode ser assim, alguns afirmaram que Deus conhece os singulares pelas causas universais; pois nada existe no singular que não provenha de alguma causa universal. E dão o exemplo: se um astrônomo conhecesse todos os movimentos universais do céu, poderia predizer todos os eclipses futuros. — Isto, porém, não é suficiente. Porque os seres particulares recebem das causas universais certas formas e faculdades que, por mais próximos que se encontrem, nunca se tornam individuais a não ser pela matéria individualizada. Por isso, quem conhece Sócrates por ser branco, filho de Sofronisco, ou por qualquer outra característica, não o conheceria enquanto é este homem. Vê-se então que, de acordo com tal modo, Deus não conheceria os singulares em sua singularidade.

Outros afirmaram que Deus conhece os singulares aplicando as causas universais a seus efeitos singulares. — Isto, porém, nada significa, pois ninguém pode aplicar uma coisa a outra se antes não a conhece. Assim, a aplicação em questão não pode ser a razão do conhecimento dos singulares, mas pressupõe o conhecimento dos singulares.

É preciso falar diferentemente. Como Deus é causa das coisas por sua ciência, como foi dito, a ciência de Deus tem a mesma extensão que sua causalidade. E, como o poder de ação de Deus não se estende apenas às formas, das quais se toma a razão de universal, mas à própria matéria, como se mostrará, é necessário que a ciência de Deus se estenda aos singulares, que se individualizam pela matéria. Com efeito, como Deus conhece as outras coisas em sua própria essência, porquanto essa essência é a semelhança das coisas, ou ainda seu princípio eficiente, é necessário que sua essência seja princípio suficiente para conhecer todas as coisas que por ele são feitas, e isto não apenas em sua natureza universal, como também em sua singularidade. O que aconteceria também com a ciência do artista, caso produzisse a coisa toda, e não apenas a forma.

QUANTO AO 1º, portanto, deve-se dizer que nosso intelecto abstrai a representação inteligível dos princípios de individuação. Segue-se que a representação inteligível de nosso intelecto não pode ser a semelhança dos princípios individuais. É por isso que nosso intelecto não conhece o sin-

---

5. AVICENNA, *Metaph*., tract. VIII, c. 6; ALGAZEL, *Philos*., l. I, tract. 3.
6. Art. 8.
7. Q. 44, a. 2.

divini intellectus, quae est Dei essentia, non est immaterialis per abstractionem, sed per seipsam, principium existens omnium principiorum quae intrant rei compositionem, sive sint principia speciei, sive principia individui. Unde per eam Deus cognoscit non solum universalia, sed etiam singularia.

AD SECUNDUM dicendum quod, quamvis species intellectus divini secundum esse suum non habeat conditiones materiales, sicut species receptae in imaginatione et sensu; tamen virtute se extendit ad immaterialia et materialia, ut dictum est[8].

AD TERTIUM dicendum quod materia, licet recedat a Dei similitudine secundum suam potentialitatem, tamen inquantum vel sic esse habet, similitudinem quandam retinet divini esse.

ARTICULUS 12
Utrum Deus possit cognoscere infinita

AD DUODECIMUM SIC PROCEDITUR. Videtur quod Deus non possit cognoscere infinita.

1. Infinitum enim, secundum quod est infinitum, est ignotum: quia infinitum est *cuius quantitatem accipientibus semper est aliquid extra assumere*, ut dicitur in III *Physic.*[1] Augustinus etiam dicit, XII *de Civ. Dei*[2], quod *quidquid scientia comprehenditur, scientis comprehensione finitur*. Sed infinita non possunt finiri. Ergo non possunt scientia Dei comprehendi.

2. SI DICATUR quod ea quae in se sunt infinita, scientiae Dei finita sunt, contra: ratio infiniti est quod sit impertransibile; et finiti, quod sit pertransibile, ut dicitur in III *Physic.*[3]. Sed infinitum non potest transiri nec a finito, nec ab infinito, ut probatur in VI *Physic.*[4]. Ergo infinitum non potest esse finitum finito, neque etiam infinito. Et ita infinita non sunt finita scientiae Dei, quae est infinita.

3. PRAETEREA, scientia Dei est mensura scitorum. Sed contra rationem infiniti est, quod sit

gular. Mas a representação inteligível do intelecto divino, que é a essência de Deus, não é imaterial por abstração; ela o é por si mesma e é o princípio de todos os princípios que entram na composição das coisas, seja os da espécie, seja os da individuação. Por ela, Deus pode conhecer não apenas os universais, como também os singulares.

QUANTO AO 2º, deve-se dizer que, ainda que a representação do intelecto divino, segundo seu ser, não tenha condições materiais, como acontece com as representações recebidas na imaginação e no sentido, por seu poder se estende às coisas imateriais e às materiais, como foi dito.

QUANTO AO 3º, deve-se dizer que, apesar de a matéria, segundo sua potencialidade, se afastar da semelhança com Deus, porque ela tem tal ser guarda certa semelhança com o ser divino.

ARTIGO 12
Deus pode conhecer coisas infinitas?

QUANTO AO DÉCIMO SEGUNDO, ASSIM SE PROCEDE: parece que Deus **não** pode conhecer coisas infinitas.

1. Com efeito, o infinito, enquanto infinito, é desconhecido. Segundo a Física, infinito é "aquilo do qual, seja qual for a quantidade retirada, sempre se pode extrair mais". Agostinho diz também: "O que é compreendido pela ciência se torna finito pela compreensão daquele que o sabe". Ora, o infinito não pode se tornar finito. Logo, não pode ser compreendido pela ciência de Deus.

2. ALÉM DISSO, àquele que diz: o que é infinito em si é finito para a ciência de Deus, pode-se responder: a razão do infinito é de não poder ser percorrido, e a do finito de poder ser percorrido, como se diz no livro III da *Física*. Ora, o infinito não pode ser percorrido nem pelo finito nem pelo infinito, como o prova a mesma obra. Logo, o infinito não pode ser finito, nem pelo finito nem pelo infinito. Assim coisas infinitas não são finitas para a ciência de Deus, que é infinita.

3. ADEMAIS, a ciência de Deus é a medida do conhecido. Ora, é contrário à razão de infinito

---

8. In corpore.

12 PARALL.: I *Sent.*, dist. 39, q. 1, a. 3; *Cont. Gent.* I, 69; *De Verit.*, q. 2, a. 9; q. 20, a. 4, ad 1; *Quodlib.* III, q. 2, a. 1, *Compend. Theol.*, c. 133.

1. C. 6: 206, a, 27-29.
2. C. 18: ML 41, 368.
3. C. 4: 204, a, 3-4; S.
4. C. 7: 238, a, 31 — b, 20.

mensuratum. Ergo infinita non possunt sciri a Deo.

Sed contra est quod dicit Augustinus, XII *de Civ. Dei*[5]: *Quamvis infinitorum numerorum nullus sit numerus, non est tamen incomprehensibilis ei, cuius scientiae non est numerus.*

Respondeo dicendum quod, cum Deus sciat non solum ea quae sunt actu, sed etiam ea quae sunt in potentia vel sua vel creaturae, ut ostensum est[6]; haec autem constat esse infinita; necesse est dicere quod Deus sciat infinita. Et licet scientia visionis, quae est tantum eorum quae sunt vel erunt vel fuerunt, non sit infinitorum, ut quidam dicunt, cum non ponamus mundum ab aeterno fuisse, nec generationem et motum in aeternum mansura, ut individua in infinitum multiplicentur: tamen, si diligentius consideretur, necesse est dicere quod Deus etiam scientia visionis sciat infinita. Quia Deus scit etiam cogitationes et affectiones cordium, quae in infinitum multiplicabuntur, creaturis rationalibus permanentibus absque fine.

Hoc autem ideo est, quia cognitio cuiuslibet cognoscentis se extendit secundum modum formae quae est principium cognitionis. Species enim sensibilis, quae est in sensu, est similitudo solum unius individui: unde per eam solum unum individuum cognosci potest. Species autem intelligibilis intellectus nostri est similitudo rei quantum ad naturam speciei, quae est participabilis a particularibus infinitis: unde intellectus noster per speciem intelligibilem hominis, cognoscit quodammodo homines infinitos. Sed tamen non inquantum distinguuntur ab invicem, sed secundum quod communicant in natura speciei; propter hoc quod species intelligibilis intellectus nostri non est similitudo hominum quantum ad principia individualia, sed solum quantum ad principia speciei. Essentia autem divina, per quam intellectus divinus intelligit, est similitudo sufficiens omnium quae sunt vel esse possunt, non solum quantum ad principia communia, sed etiam quantum ad principia propria uniuscuiusque, ut ostensum est[7]. Unde sequitur quod scientia Dei se extendat ad infinita, etiam secundum quod sunt ab invicem distincta.

ser medido. Logo, coisas infinitas não podem ser conhecidas por Deus.

Em sentido contrário, eis o que diz Agostinho: "Ainda que não haja um número dos números infinitos, estes não são incompreensíveis para aquele cuja ciência não tem número".

Respondo. Como Deus conhece não apenas o que existe em ato, mas também o que está em potência própria ou da criatura, como foi demonstrado, e visto que o que está em potência é em número infinito, é necessário admitir que Deus conhece coisas infinitas. Ainda que a ciência de visão, cujo objeto são apenas as coisas que existem, ou serão ou já foram, não abarque coisas infinitas, como alguns dizem, uma vez que não admitimos que o mundo tenha existido desde toda a eternidade, nem que a geração e o movimento devam durar eternamente, de modo que os indivíduos seriam multiplicados ao infinito; no entanto, se se considera com maior atenção, deve-se necessariamente dizer que Deus, mesmo por sua ciência de visão, conhece coisas infinitas. Pois Deus conhece até os pensamentos e as afeições dos corações, que se multiplicarão ao infinito, pois as criaturas racionais vão durar sem fim.

Isto é assim porque o conhecimento de qualquer um se estende conforme o modo da forma, que é o princípio do conhecimento. A representação sensível, no sentido, é a semelhança de um único indivíduo; segue-se que, por ela, apenas um indivíduo pode ser conhecido. Ao contrário, a representação inteligível de nosso intelecto é a semelhança da coisa quanto à sua natureza específica, que pode ser participada por uma infinidade de coisas particulares. Por isso, nosso intelecto, por meio da representação inteligível de homem, conhece, de certo modo, homens ao infinito. Não os conhece segundo se distinguem uns dos outros, mas enquanto possuem em comum uma natureza específica. É que a representação inteligível de nosso intelecto não é a semelhança dos homens quanto a seus princípios individuais, mas apenas quanto aos princípios da espécie. A essência divina, porém, pela qual o intelecto divino conhece, é uma semelhança suficiente de todas as coisas que existem ou podem existir, não apenas quanto aos princípios comuns, como também quanto aos princípios próprios de cada uma, como foi de-

---

5. C. 18: ML 41, 368.
6. Art. 9.
7. Art. praec.

AD PRIMUM ergo dicendum quod *infiniti ratio congruit quantitati*, secundum Philosophum in I *Physic*.[8]. De ratione autem quantitatis est ordo partium. Cognoscere ergo infinitum secundum modum infiniti, est cognoscere partem post partem. Et sic nullo modo contingit cognosci infinitum: quia quantacumque quantitas partium accipiatur, semper remanet aliquid extra accipientem. Deus autem non sic cognoscit infinitum vel infinita, quasi enumerando partem post partem; cum cognoscat omnia simul, non successive, ut supra[9] dictum est. Unde nihil prohibet ipsum cognoscere infinita.

AD SECUNDUM dicendum quod transitio importat quandam successionem in partibus: et inde est quod infinitum transiri non potest, neque a finito neque ab infinito. Sed ad rationem comprehensionis sufficit adaequatio: quia id comprehendi dicitur, cuius nihil est extra comprehendentem. Unde non est contra rationem infiniti, quod comprehendatur ab infinito. Et sic, quod in se est infinitum, potest dici finitum scientiae Dei, tanquam comprehensum: non tamen tanquam pertransibile.

AD TERTIUM dicendum quod scientia Dei est mensura rerum, non quantitativa, qua quidem mensura carent infinita; sed quia mensurat essentiam et veritatem rei. Unumquodque enim intantum habet de veritate suae naturae, inquantum imitatur Dei scientiam; sicut artificiatum inquantum concordat arti. Dato autem quod essent aliqua infinita actu secundum numerum, puta infiniti homines; vel secundum quantitatem continuam, ut si aer infinitus, ut quidam antiqui dixerunt: tamen manifestum est quod haberent esse determinatum et finitum, quia esse eorum esset limitatum ad aliquas determinatas naturas. Unde mensurabilia essent secundum scientiam Dei.

monstrado. Segue-se que a ciência divina se estende a coisas infinitas, mesmo enquanto são distintas umas das outras.

QUANTO AO 1º, portanto, deve-se dizer que segundo o Filósofo, no livro I da *Física*: *a razão de infinito se refere à quantidade*. E à razão de quantidade pertence a ordem entre as partes. Assim, conhecer o infinito segundo o modo próprio do infinito consiste em conhecer parte por parte, e neste sentido de modo algum se chega a conhecer o infinito, pois, seja qual for o número de partes que se tome, ainda resta alguma coisa. Deus, porém, não conhece assim o infinito, ou coisas infinitas, enumerando, por assim dizer, parte por parte; ele conhece tudo por um conhecimento simultâneo, não sucessivo, como acima foi explicado. Nada se opõe, portanto, a que conheça coisas infinitas.

QUANTO AO 2º, deve-se dizer que a passagem de um para outro implica nas partes uma sucessão. Eis por que o infinito não pode ser percorrido, nem pelo finito nem pelo infinito. Ao contrário, a razão de compreensão exige apenas a adequação, pois se diz que uma coisa foi compreendida quando nada fica de fora de quem compreendeu. Logo, a razão de infinito não exclui que seja compreendido por um infinito. Assim, o que é infinito em si pode ser finito para a ciência de Deus, enquanto aí está compreendido, não porém no sentido de um percurso.

QUANTO AO 3º, deve-se dizer que a ciência de Deus é a medida das coisas, não quantitativa, já que coisas infinitas não se medem pela quantidade, mas porque é a medida da essência e da verdade das coisas. Pois cada coisa tem a verdade de sua natureza tanto quanto está conforme com a ciência de Deus: como a obra de arte que concorda com a própria arte. Suposta a existência em ato de coisas segundo um número infinito; por exemplo, um número infinito de homens; ou segundo uma quantidade contínua, por exemplo o ar infinito, como antigos filósofos disseram; entretanto, é claro que cada uma dessas coisas teria o ser determinado e finito, pois estaria encerrado nos limites de certas naturezas particulares. Assim, essas coisas seriam mensuráveis segundo a ciência de Deus.

---

8. C. 2: 185, a, 33-34.
9. Art. 7.

Articulus 13
Utrum scientia Dei sit futurorum contingentium

Ad decimumtertium sic proceditur. Videtur quod scientia Dei non sit futurorum contingentium.

1. A causa enim necessaria procedit effectus necessarius. Sed scientia Dei est causa scitorum, ut supra[1] dictum est. Cum ergo ipsa sit necessaria, sequitur scita eius esse necessaria. Non ergo scientia Dei est contingentium.

2. Praeterea, omnis conditionalis cuius antecedens est necessarium absolute, consequens est necessarium absolute. Sic enim se habet antecedens ad consequens, sicut principia ad conclusionem: ex principiis autem necessariis non sequitur conclusio nisi necessaria, ut in I *Poster.*[2] probatur. Sed haec est quaedam conditionalis vera, *si Deus scivit hoc futurum esse, hoc erit*: quia scientia Dei non est nisi verorum. Huius autem conditionalis antecedens est necessarium absolute: tum quia est aeternum; tum quia significatur ut praeteritum. Ergo et consequens est necessarium absolute. Igitur quidquid scitur a Deo, est necessarium. Et sic scientia Dei non est contingentium.

3. Praeterea, omne scitum a Deo necesse est esse: quia etiam omne scitum a nobis necesse est esse, cum tamen scientia Dei certior sit quam scientia nostra. Sed nullum continges futurum necesse est esse. Ergo nullum contingens futurum est scitum a Deo.

Sed contra est quod dicitur in Ps 32,15: *Qui finxit singillatim corda eorum, qui intelligit omnia opera eorum*, scilicet hominum. Sed opera hominum sunt contingentia, utpote libero arbitrio subiecta. Ergo Deus scit futura contingentia.

Respondeo dicendum quod, cum supra[3] ostensum sit quod Deus sciat omnia non solum quae actu sunt, sed etiam quae sunt in potentia sua vel creaturae; horum autem quaedam sunt contingen-

Artigo 13
Deus conhece os futuros contingentes?

Quanto ao décimo terceiro, assim se procede: parece que Deus **não** conhece os futuros contingentes.

1. Com efeito, uma causa necessária produz um efeito necessário. Ora, a ciência de Deus é causa das coisas conhecidas, como acima foi dito. Como ela é necessária, segue-se que também o são as coisas conhecidas. Logo, Deus não conhece os contingentes.

2. Além disso, qualquer proposição condicional, se o antecedente é absolutamente necessário, o consequente também o será; pois o antecedente está para o consequente como os princípios para a conclusão, e os *Primeiros analíticos* nos ensinam que de princípios necessários só podem decorrer conclusões necessárias. Ora, esta proposição condicional é verdadeira: *se Deus soube que algo haverá de ser, isso será*, pois o objeto da ciência de Deus é sempre o verdadeiro. E o antecedente dessa proposição condicional é absolutamente necessário; primeiro porque é eterno; em seguida, porque foi expresso no passado. Logo, o consequente é também absolutamente necessário. Assim, tudo o que é conhecido por Deus é necessário, de modo que nele não existe ciência dos contingentes.

3. Ademais, tudo o que é conhecido por Deus existe necessariamente, mesmo porque tudo o que é sabido por nós existe necessariamente, sendo que a ciência de Deus é mais certa que a nossa. Ora, nenhum futuro contingente existe necessariamente. Logo, Deus não tem conhecimento de nenhum futuro contingente.

Em sentido contrário, o Salmo 32 diz: "Ele modela um a um os corações deles, ele que conhece todas as tuas obras", isto é, dos homens. Ora, as ações dos homens são contingentes, pois dependem de seu livre-arbítrio. Logo, Deus conhece os futuros contingentes.

Respondo. Demonstrou-se acima que Deus conhece todas as coisas, não apenas as que existem em ato, como também aquelas que estão em sua potência ou na potência das criaturas. E, como

---

13 Parall.: Infra, q. 86, a. 4; I *Sent.*, dist. 38, a. 5; *Cont. Gent.* I, 67; *De Verit.*, q. 2, a. 12; *De Malo*, q. 16, a. 7; *Quodlib.* XI, q. 3; Opusc. II, *Contra Graecos, Armenos* etc., c. 10; *Compend. Theol.*, c. 133; I *Periherm.*, lect. 14.

1. Art. 8.
2. C. 6: 75, a, 4-6.
3. Art. 9.

tia nobis futura; sequitur quod Deus contingentia futura cognoscat.

Ad cuius evidentiam, considerandum est quod contingens aliquod dupliciter potest considerari. Uno modo, in seipso, secundum quod iam actu est. Et sic non consideratur ut futurum, sed ut praesens: neque ut ad utrumlibet contingens, sed ut determinatum ad unum. Et propter hoc sic infallibiliter subdi potest certae cognitioni, utpote sensui visus, sicut cum video Socratem sedere. Alio modo potest considerari contingens, ut est in sua causa. Et sic consideratur ut futurum, et ut contingens nondum determinatum ad unum: quia causa contingens se habet ad opposita. Et sic contingens non subditur per certitudinem alicui cognitioni. Unde quicumque cognoscit effectum contingentem in causa sua tantum, non habet de eo nisi coniecturalem cognitionem. Deus autem cognoscit omnia contingentia, non solum prout sunt in suis causis, sed etiam prout unumquodque eorum est actu in seipso.

Et licet contingentia fiant in actu successive, non tamen Deus successive cognoscit contingentia, prout sunt in suo esse, sicut nos, sed simul. Quia sua cognitio mensuratur aeternitate, sicut etiam suum esse: aeternitas autem, tota simul existens, ambit totum tempus, ut supra[4] dictum est. Unde omnia quae sunt in tempore, sunt Deo ab aeterno praesentia, non solum ea ratione qua habet rationes rerum apud se praesentes, ut quidam dicunt: sed quia eius intuitus fertur ab aeterno super omnia, prout sunt in sua praesentialitate.

Unde manifestum est quod contingentia et infallibiliter a Deo cognoscuntur, inquantum subduntur divino conspectui secundum suam praesentialitatem: et tamen sunt futura contingentia, suis causis comparata.

AD PRIMUM ergo dicendum quod, licet causa suprema sit necessaria; tamen effectus potest esse contingens, propter causam proximam contingentem: sicut germinatio plantae est contingens propter causam proximam contingentem, licet motus solis, qui est causa prima, sit necessarius. Et similiter scita a Deo sunt contingentia propter causas proximas, licet scientia Dei, quae est causa prima, sit necessaria.

algumas dessas coisas são contingentes futuros para nós, segue-se que Deus conhece os futuros contingentes.

Para provar essa conclusão, é preciso levar em conta que algo pode ser considerado contingente de dois modos. Primeiro, em si mesmo, e já existindo em ato. Então não é mais considerado algo futuro, mas presente; nem algo contingente indefinido, mas já determinado no ser. Por isso, pode ser objeto infalível de um conhecimento certo, como é para o sentido da visão, por exemplo, quando vejo Sócrates sentado. Em seguida, pode-se considerar o contingente em sua causa. Sob este aspecto é considerado futuro e contingente ainda não determinado no ser, pois a causa contingente se refere a coisas opostas. Neste caso, o contingente não pode ser conhecido com certeza. Por conseguinte, aquele que só conhece o efeito contingente em sua causa só pode ter dele conhecimento conjetural. Deus, porém, conhece todos os contingentes não apenas como estão em suas causas, mas também segundo cada um deles existe em ato em si mesmo.

E, ainda que os contingentes passem a existir em ato sucessivamente, Deus não os conhece sucessivamente conforme estão em seu ser como nós, mas simultaneamente, pois seu conhecimento, bem como seu próprio ser, tem como medida a eternidade; ora, a eternidade, que é totalmente simultânea, engloba a totalidade de tempo, como acima foi dito. Assim, tudo o que está no tempo está desde toda eternidade presente a Deus; não apenas porque Deus tem presentes as razões de todas as coisas, como alguns o pretendem, mas porque seu olhar recai desde toda eternidade sobre todas as coisas, como estão em sua presença.

Portanto, é claro que por sua presença os contingentes são conhecidos por Deus, infalivelmente, na medida em que caem sob o olhar divino; no entanto, em relação às suas causas, são futuros contingentes.

QUANTO AO 1º, portanto, deve-se dizer que, mesmo que a causa última seja necessária, o efeito pode ser contingente em razão da causa próxima contingente. Por exemplo, a germinação da planta é contingente em razão da causa próxima contingente, embora o movimento do sol, que é a causa primeira, seja necessária. Assim também as coisas contingentes que Deus conhece são contingentes em razão de suas causas próximas,

---

4. Q. 10, a. 2, ad 4.

AD SECUNDUM dicendum quod quidam dicunt quod hoc antecedens, *Deus scivit hoc contingens futurum*, non est necessarium, sed contingens: quia, licet sit praeteritum, tamen importat respectum ad futurum. — Sed hoc non tollit ei necessitatem: quia id quod habuit respectum ad futurum, necesse est habuisse, licet etiam futurum non sequatur quandoque.

Alii vero dicunt hoc antecedens esse contingens, quia est compositum ex necessario et contingenti, sicut istud dictum est contingens, *Socratem esse hominem album*. — Sed hoc etiam nihil est. Quia cum dicitur, *Deus scivit esse futurum hoc contingens, contingens* non ponitur ibi nisi ut materia verbi, et non sicut principalis pars propositionis: unde contingentia eius vel necessitas nihil refert ad hoc quod propositio sit necessaria vel contingens, vera vel falsa. Ita enim potest esse verum me dixisse hominem esse asinum, sicut me dixisse Socratem currere, vel Deum esse: et eadem ratio est de necessario et contingenti.

Unde dicendum est quod hoc antecedens est necessarium absolute. Nec tamen sequitur, ut quidam dicunt, quod consequens sit necessarium absolute: quia antecedens est causa remota consequentis, quod propter causam proximam contingens est. — Sed hoc nihil est. Esset enim conditionalis falsa, cuius antecedens esset causa remota necessaria, et consequens effectus contingens: ut puta si dicerem, *si sol movetur, herba germinabit*.

Et ideo aliter dicendum est, quod quando in antecedente ponitur aliquid pertinens ad actum animae, consequens est accipiendum non secundum quod in se est, sed secundum quod est in anima: aliud enim est esse rei in seipsa, et esse rei in anima. Ut puta, si dicam, *si anima intelligit aliquid, illud est immateriale*, intelligendum est

embora a ciência de Deus, que é a causa primeira, seja uma causa necessária.

QUANTO AO 2º, deve-se dizer que alguns dizem que este antecedente: *Deus soube que este contingente haverá de ser* não é necessário mas contingente, porque, ainda que esteja no passado, se refere ao futuro. — Isto, porém, não impede que seja necessário, porque algo que tenha tido referência ao futuro é necessário que o tenha tido, mesmo que às vezes esse futuro não se realize.

Outros dizem: o antecedente em questão é contingente, porque é composto de necessidade e de contingência, assim como esta proposição: *Sócrates é um homem branco* é uma proposição contingente. — Isto, porém, nada significa, porque quando se diz: *Deus soube que este contingente haverá de ser*, *contingente* só figura na proposição como o elemento material da afirmação e não como seu principal elemento; de modo que essa contingência, tanto quanto a necessidade, não torna a proposição necessária ou contingente, verdadeira ou falsa. Assim, pode ser verdadeiro que eu tenha dito: "O homem é um asno", tanto quanto "Sócrates corre" ou "Deus existe". O mesmo argumento vale para a necessidade e a contingência[k].

É preciso então afirmar que esse antecedente é absolutamente necessário. Mas disso não se segue, como alguns dizem, que o consequente seja absolutamente necessário, porque o antecedente é causa remota do consequente, e este é contingente em razão de sua causa próxima. — Isto, porém, nada prova, pois uma proposição condicional cujo antecedente fosse uma causa remota necessária, e o consequente um efeito contingente, seria uma proposição falsa, como se se dissesse: *Se o sol se move, a planta germinará*[1].

Temos de falar de outra maneira: quando, no antecedente, se introduz algo que depende de uma operação da alma, o consequente deve ser tomado não como é em si mesmo, mas como está na alma, pois um é o ser de uma coisa em si mesma e outro é o seu ser na alma. Por exemplo, quando digo: *Se a alma conhece algo, esse algo é imaterial*, é preciso

---

k. A necessidade do antecedente afeta não um ou outro termo da proposição, mas a própria proposição: trata-se de "necessidade modal", isto é, da relação do predicado ao sujeito, expressa pela cópula: "Se Deus soube que este contingente será, é necessário que Ele tenha sabido". Santo Tomás apresenta três casos: uma proposição falsa, uma proposição contingente e uma proposição necessária. Nos três casos, o antecedente "Eu disse que..." é verdadeiro e necessário. O mesmo ocorre com o antecedente "Deus soube que é".

l. Ainda nesse caso, há confusão entre necessidade modal, ou lógica, e necessidade real. Acima (r. 1), salientamos que um efeito é contingente, mesmo se a causa remota é necessária, a partir do momento em que a causa próxima é contingente. Aqui, observamos que o que é afirmado por uma proposição condicional não é o consequente (a grama germinará), mas o vínculo entre o consequente e o antecedente, ou seja, a consequência: quer seja verdadeiro ou falso que a grama germine, é falso afirmar: se o sol prosseguir em seu curso, a grama germinará.

quod illud est immateriale secundum quod est in intellectu, non secundum quod est in seipso. Et similiter si dicam, *si Deus scivit aliquid, illud erit*, consequens intelligendum est prout subest divinae scientiae, scilicet prout est in sua praesentialitate. Et sic necessarium est, sicut et antecedens: *quia omne quod est, dum est, necesse est esse*, ut dicitur in I *Periherm.*[5].

AD TERTIUM dicendum quod ea quae temporaliter in actum reducuntur, a nobis successive cognoscuntur in tempore, sed a Deo in aeternitate, quae est supra tempus. Unde nobis, quia cognoscimus futura contingentia inquantum talia sunt, certa esse non possunt: sed soli Deo, cuius intelligere est in aeternitate supra tempus. Sicut ille qui vadit per viam, non videt illos qui post eum veniunt: sed ille qui ab aliqua altitudine totam viam intuetur, simul videt omnes transeuntes per viam. Et ideo illud quod scitur a nobis, oportet esse necessarium etiam secundum quod in se est: quia ea quae in se sunt contingentia futura, a nobis sciri non possunt.

Sed ea quae sunt scita a Deo, oportet esse necessaria secundum modum quo subsunt divinae scientiae, ut dictum est[6]: non autem absolute, secundum quod in propriis causis considerantur. — Unde et haec propositio, *omne scitum a Deo necessarium est esse*, consuevit distingui. Quia potest esse *de re*, vel *de dicto*. Si intelligatur de re, est divisa et falsa: et est sensus, *omnis res quam Deus scit, est necessaria*. Vel potest intelligi de dicto: et sic est composita et vera; et est sensus, *hoc dictum, scitum a Deo esse, est necessarium*.

entender que é imaterial como está no intelecto, mas não como é em si mesmo. Assim também, quando digo: *Se Deus soube algo, isto será*, o consequente deve ser entendido segundo está na ciência divina, isto é, como está em sua presença. Assim, ele é necessário, tanto quanto o antecedente, pois *o que é, enquanto é, é necessário que o seja*, segundo o livro *Sobre a interpretação*.

QUANTO AO 3º, deve-se dizer que as coisas que passam ao ato no tempo são conhecidas sucessivamente por nós no tempo; mas por Deus, na eternidade, que está para além do tempo. Por conseguinte, como só conhecemos os futuros contingentes enquanto tais, não podem ser certos para nós, mas somente para Deus, cujo conhecer é na eternidade para além do tempo. Como alguém que caminhasse numa estrada e não visse os que o estavam seguindo, ao passo que aquele que está postado num lugar mais alto vê a estrada inteira, e simultaneamente vê todos os que estão aí caminhando. Assim, o que por nós é conhecido com certeza deve também ser necessário em si mesmo; porque não podemos conhecer com certeza as coisas que em si são futuros contingentes.

Contudo, as coisas que são conhecidas por Deus são necessárias segundo a maneira pela qual estão presentes na ciência divina, como foi dito, mas não de maneira absoluta, se as consideramos em suas próprias causas. — Por conseguinte, esta proposição: *Tudo o que é conhecido por Deus é necessário que exista*, pode se referir à *coisa* ou *ao dizer*. Se se entende da coisa, a proposição é divisível e falsa; pois quer dizer: *Tudo o que Deus conhece é necessário*. Ela, porém, pode ser entendida do dizer, e então é composta e verdadeira, pois quer dizer: *Este dizer "uma coisa conhecida por Deus existe", é necessário*[m].

---

5. C. 9: 19, a, 23-24.
6. Resp. ad 1.

---

m. O que torna o raciocínio extremamente difícil é o jogo entre o passado e o futuro em uma proposição que, *na verdade*, não incide nem sobre o passado nem sobre o futuro, mas sobre o presente. Esse jogo puramente verbal é inevitável, pois é efetivamente impossível representarmos para nós mesmos a transcendência do conhecer eterno de Deus em relação à sucessão temporal na qual nosso conhecer, ele sim, está imerso. O conhecer de Deus não está no passado: *Ele não soube, Ele sabe*, e o que Ele conhece não está no futuro: *em relação a seu conhecer, o conhecido não será, ele é*.

O raciocínio, portanto, é perfeitamente claro, mesmo que as proposições empregadas ultrapassem nosso entendimento. Uma coisa é contingente *em si* quando é tal que, por um lado, seu ser lhe vem de uma ou de várias causas, por outro, uma ou várias dessas causas são contingentes, isto é, pode ocorrer que sua causalidade em relação ao efeito considerado não se produza; ou então porque está em seu poder causar ou não (causas livres), ou ainda porque o exercício de sua causalidade pode ser contrariado pela resistência da matéria ou pela intervenção de outras causas. Ela é necessária quanto ao ser a partir do momento em que ela existe, sem por isso deixar de ser contingente em si, pois o que é, a partir do instante em que é, é necessário que seja. Logo, o contingente, enquanto futuro, é desprovido de toda necessidade: diz-se que ele é em suas causas, mas na verdade ele não é, suas causas são, e são capazes de fazê-lo ser ou não. Sendo desprovido de toda necessidade, não poderia ser o objeto de um conhecimento certo: nenhum historiador do mundo poderia descrever o que ocorreria se tal acontecimento se tivesse ou não produzido. Já quando o contingente é presente, ele é, possui uma necessidade de fato e pode ser conhecido com certeza.

Sed obstant quidam, dicentes quod ista distinctio habet locum in formis separabilibus a subiecto; ut si dicam, *album possibile est esse nigrum*. Quae quidem de dicto est falsa, et de re est vera: res enim quae est alba, potest esse nigra; sed hoc dictum, *album esse nigrum*, nunquam potest esse verum.

In formis autem inseparabilibus a subiecto, non habet locum praedicta distinctio; ut si dicam, *corvum nigrum possibile est esse album*: quia in utroque sensu est falsa. Esse autem scitum a Deo, est inseparabile a re: quia quod est scitum a Deo, non potest esse non scitum. — Haec autem instantia locum haberet, si hoc quod dico *scitum*, importaret aliquam dispositionem subiecto inhaerentem. Sed cum importet actum scientis, ipsi rei scitae, licet semper sciatur, potest aliquid attribui secundum se, quod non attribuitur ei inquantum stat sub actu sciendi: sicut esse materiale attribuitur lapidi secundum se, quod non attribuitur ei secundum quod est intelligibile.

Articulus 14
Utrum Deus cognoscat enuntiabilia

AD DECIMUMQUARTUM SIC PROCEDITUR. Videtur quod Deus non cognoscat enuntiabilia.

1. Cognoscere enim enuntiabilia convenit intellectui nostro, secundum quod componit et dividit. Sed in intellectu divino nulla est compositio. Ergo Deus non cognoscit enuntiabilia.

2. PRAETEREA, omnis cognitio fit per aliquam similitudinem. Sed in Deo nulla est similitudo enuntiabilium, cum sit omnino simplex. Ergo Deus non cognoscit enuntiabilia.

Alguns, porém, a isto objetam: essa distinção tem sentido quando se trata de formas separáveis do sujeito. Se digo: *o que é branco pode ser preto*, esta proposição, falsa quanto à maneira de falar, é verdadeira quanto à coisa, pois a coisa que é branca pode ser preta; ao passo que esta outra asserção: *o que é branco é preto* nunca pode ser verdadeira.

Quando se trata, porém, de formas inseparáveis de seu sujeito, a distinção não tem sentido; porque se digo: *o corvo negro pode ser branco*, a proposição é falsa nos dois sentidos. Ora, que algo seja conhecido por Deus, isto é inseparável da coisa; pois o que é conhecido por Deus não pode ser não conhecido. — Na verdade, essa argumentação seria válida se *ser conhecido* por Deus implicasse no sujeito alguma disposição a ele inerente. Como, porém, isto implica um ato daquele que conhece, resulta que à coisa conhecida, ainda que seja sempre conhecida, algo lhe pode ser atribuído segundo o que é em si mesma, mas não enquanto é objeto do ato de conhecimento. Assim, o ser material é atribuído à pedra segundo o que é em si, mas não enquanto é algo inteligível.

Artigo 14
Deus conhece os enunciados?[n]

QUANTO AO DÉCIMO QUARTO, ASSIM SE PROCEDE: parece que Deus **não** conhece os enunciados.

1. Com efeito, conhecer enunciados convém a nosso intelecto enquanto compõe ou divide. Ora, no intelecto divino não existe composição. Logo, Deus não conhece os enunciados.

2. ALÉM DISSO, qualquer conhecimento se realiza por meio de uma semelhança. Ora, em Deus, não existe semelhança dos enunciados, pois ele é absolutamente simples. Logo, Deus não conhece os enunciados.

---

14 PARALL.: I *Sent.*, dist. 38, a. 3; dist. 41, a. 5; *Cont. Gent.* I, 58, 59; *De Verit.*, q. 2, a. 7.

Ora, o olhar de Deus recai sobre todos os entes, *in sua praesentialitate*, diz o texto, ou seja, revestidos da necessidade que lhes confere a existência atual, na presença. Que o mesmo ente seja futuro para nós — e portanto contingente, não apenas em si mesmo, mas também quanto a sua existência — e presente para Deus — ou seja, necessário quanto a sua existência —, isto, devemos afirmá-lo, podemos reconhecer que não é contraditório, mas é-nos efetivamente impossível representar tal coisa. A imagem da procissão na qual cada um daqueles que dela participam vê o caminho apenas sucessivamente, ao passo que um observador situado acima pode ver simultaneamente o conjunto, auxilia a imaginação, transpondo a transcendência do temporal ao espacial, mas é indigente, pois o mistério do tempo permanece em sua obscuridade.

n. O enunciado é composto de um sujeito e de um predicado. É complexo, portanto. O objetante apoia-se nessa complexidade para recusar a Deus o conhecimento dos enunciados. A resposta é que essa complexidade afeta o modo humano de conhecer, e Deus, por seu conhecimento infinitamente simples e uno, conhece as coisas múltiplas e compostas, incluindo os juízos — verdadeiros ou falsos — que os homens proferem exterior ou interiormente. Mas o próprio Deus não profere enunciados.

EM SENTIDO CONTRÁRIO, lemos no Salmo 93: "O Senhor conhece os pensamentos dos homens". Ora, nesses pensamentos existem enunciados. Logo, Deus conhece os enunciados.

RESPONDO. Como nosso intelecto tem o poder de formar enunciados, e como Deus conhece tudo o que está em sua potência e na potência da criatura, como acima foi dito, é necessário que Deus conheça todas os enunciados possíveis. Contudo, como ele conhece as coisas materiais de modo imaterial e as coisas compostas de modo simples; assim conhece os enunciados não à maneira dos enunciados, como se tivesse em seu intelecto a composição ou a divisão dos enunciados, mas conhece cada coisa por um simples conhecimento, por ele conhecendo a essência de cada coisa. É como se nós, entendendo a essência do homem, conhecêssemos por isso mesmo todas as coisas que podem ser atribuídas ao homem. Isto não acontece quando se trata de nosso intelecto, que discorre de um termo a outro, porque a representação inteligível representa um termo de tal modo que ela não representa um outro. Assim, conhecendo o que é o homem, não conhecemos por isso mesmo as outras coisas que estão nele, mas de maneira dividida e segundo uma sucessão. Eis por que as coisas que conhecemos separadas, temos de levá-las à unidade por composição ou divisão, formando enunciados. Mas a representação do intelecto divino, a saber, sua essência, basta para tudo manifestar. Portanto, conhecendo sua essência, Deus conhece as essências de todas as coisas e tudo o que pode acontecer a elas.

QUANTO AO 1º, portanto, deve-se dizer que a objeção proposta teria sentido se Deus conhecesse os enunciados à maneira dos enunciados.

QUANTO AO 2º, deve-se dizer que a composição do enunciado significa um modo de ser da coisa; é assim que Deus, por seu próprio ser, que é sua essência, é a semelhança de todas as coisas que são significadas pelos enunciados.

ARTIGO 15
A ciência de Deus é mutável?

QUANTO AO DÉCIMO QUINTO, ASSIM SE PROCEDE: parece que a ciência de Deus é mutável.

1. Com efeito, a ciência é relativa ao que se pode saber. Ora, o que implica relação com a criatura

---

1. Art. 9.

15 PARALL.: I *Sent.*, dist. 38, a. 2; dist. 39, q. 1, a. 1, 2; dist. 41, a. 5; *De Verit.*, q. 2, a. 5, ad 11; a. 13.

cuntur de Deo ex tempore, et variantur secundum variationem creaturarum. Ergo scientia Dei est variabilis secundum variationem creaturarum.

2. Praeterea, quidquid potest Deus facere potest scire. Sed Deus potest plura facere quam faciat. Ergo potest plura scire quam sciat. Et sic scientia sua potest variari secundum augmentum et diminutionem.

3. Praeterea, Deus scivit Christum nasciturum. Nunc autem nescit Christum nasciturum: quia Christus nasciturus non est. Ergo non quidquid Deus scivit, scit. Et ita scientia Dei videtur esse variabilis.

Sed contra est quod dicitur Iac 1,17, quod apud Deum *non est transmutatio, neque vicissitudinis obumbratio.*

Respondeo dicendum quod, cum scientia Dei sit eius substantia, ut ex dictis[1] patet; sicut substantia eius est omnino immutabilis, ut supra[2] ostensum est, ita oportet scientiam eius omnino invariabilem esse.

Ad primum ergo dicendum quod *Dominus* et *Creator*, et huiusmodi, important relationes ad creaturas secundum quod in seipsis sunt. Sed scientia Dei importat relationem ad creaturas secundum quod sunt in Deo: quia secundum hoc est unumquodque intellectum in actu, quod est in intelligente. Res autem creatae sunt in Deo invariabiliter, in seipsis autem variabiliter. — Vel aliter dicendum est, quod *Dominus* et *Creator*, et huiusmodi, important relationes quae consequuntur actus qui intelliguntur terminari ad ipsas creaturas secundum quod in seipsis sunt: et ideo huiusmodi relationes varie de Deo dicuntur, secundum variationem creaturarum. Sed scientia et amor, et huiusmodi, important relationes quae consequuntur actus qui intelliguntur in Deo esse: et ideo invariabiliter praedicantur de Deo.

Ad secundum dicendum quod Deus scit etiam ea quae potest facere et non facit. Unde ex hoc quod potest plura facere quam facit, non sequitur quod possit plura scire quam sciat, nisi hoc referatur ad scientiam visionis, secundum quam dicitur scire ea quae sunt in actu secundum aliquod tempus. Ex hoc tamen quod scit quod aliqua possunt esse quae non sunt, vel non esse quae sunt, non sequitur quod scientia sua sit variabi-

atribui-se a Deus no tempo e muda de acordo com as mudanças da criatura. Logo, a ciência de Deus é mutável de acordo com as mudanças da criatura.

2. Além disso, tudo o que Deus pode fazer, ele pode sabê-lo. Ora, Deus pode fazer mais coisas do que faz. Logo, pode saber mais coisas do que aquelas que sabe. Assim, sua ciência pode mudar, aumentando ou diminuindo.

3. Ademais, Deus soube que Cristo nasceria. Agora, porém, não sabe que Cristo nascerá, pois Cristo não terá mais de nascer. Logo, Deus não sabe tudo o que já soube, e assim seu conhecimento parece ser mutável.

Em sentido contrário, diz a Carta de Tiago: em Deus "não existe mudança nem sombra de vicissitude".

Respondo. De acordo com o que acima foi dito, a ciência de Deus é sua própria substância e, como sua substância é totalmente imutável, o que também já foi demonstrado, é necessário que sua ciência seja totalmente imutável.

Quanto ao 1º, portanto, deve-se dizer que *Senhor* e *Criador* e outros nomes implicam relações com as criaturas segundo o que elas são em si mesmas. Mas a ciência de Deus implica relação com as criaturas segundo o que são em Deus, uma vez que cada coisa é conhecida em ato, segundo o modo de ser do que conhece. Assim, as coisas criadas estão em Deus de modo imutável e em si mesmas de modo mutável. — Dito de outro modo: *Senhor* e *Criador* e outros nomes implicam relações consecutivas a atos que entendem ter como termo as criaturas segundo o que elas são em si mesmas. Eis por que tais relações são atribuídas a Deus de maneiras diversas, de acordo com as mudanças das criaturas. Mas a ciência e o amor e outros implicam relações consecutivas a atos que se entendem como imanentes em Deus, por isso estes nomes são atribuídos a Deus de modo invariável.

Quanto ao 2º, deve-se dizer que Deus sabe também o que pode fazer e não faz. Por conseguinte, de que possa fazer coisas e não faça não se segue que possa saber mais coisas do que já sabe; a não ser que se fale da ciência de visão, pela qual Ele sabe coisas que estão em ato em um momento qualquer. Entretanto, de que Deus saiba que coisas podem ser e no entanto não são, ou que coisas existentes poderiam não existir;

---

1. Art. 4.
2. Q. 9, a. 1.

lis: sed quod cognoscat rerum variabilitatem. Si tamen aliquid esset quod prius Deus nescivisset et postea sciret, esset eius scientia variabilis. Sed hoc esse non potest: quia quidquid est vel potest esse secundum aliquod tempus, Deus in aeterno suo scit. Et ideo ex hoc ipso quod ponitur aliquid esse secundum quodcumque tempus, oportet poni quod ab aeterno sit scitum a Deo. Et ideo non debet concedi quod Deus possit plura scire quam sciat: quia haec propositio implicat quod ante nesciverit et postea sciat.

AD TERTIUM dicendum quod antiqui Nominales dixerunt idem esse enuntiabile, *Christum nasci*, et *esse nasciturum*, et *esse natum*: quia eadem res significatur per haec tria, scilicet nativitas Christi. Et secundum hoc sequitur quod Deus quidquid scivit, sciat: quia modo scit Christum natum, quod significat idem ei quod est Christum esse nasciturum. — Sed haec opinio falsa est. Tum quia diversitas partium orationis diversitatem enuntiabilium causat. Tum etiam quia sequeretur quod propositio quae semel est vera, esset semper vera: quod est contra Philosophum, qui dicit[3] quod haec oratio, *Socrates sedet*, vera est eo sedente, et eadem falsa est, eo surgente. — Et ideo concedendum est quod haec non est vera, *quidquid Deus scivit, scit*, si ad enuntiabilia referatur. Sed ex hoc non sequitur quod scientia Dei sit variabilis. Sicut enim absque variatione divinae scientiae est, quod sciat unam et eandem rem quandoque esse et quandoque non esse; ita absque variatione divinae scientiae est, quod scit aliquod enuntiabile quandoque esse verum, et quamdoque esse falsum. Esset autem ex hoc scientia Dei variabilis, si enuntiabilia cognosceret per modum enuntiabilium, componendo et dividendo, sicut accidit in intellectu nostro. Unde cognitio nostra variatur vel secundum veritatem et falsitatem, puta si, mutata re, eandem opinionem de re illa retineamus: vel secundum diversas opiniones, ut si primo opinemur aliquem sedere, et postea opinemur eum non sedere. Quorum neutrum potest esse in Deo.

não se segue que sua ciência seja mutável, mas que conhece a mutabilidade das coisas. Se todavia algo existisse, que Deus primeiro ignorasse e viesse a saber em seguida, então seria mutável. Isto, porém, não pode acontecer; pois Deus, em sua eternidade, sabe tudo o que é ou pode ser em qualquer tempo. Assim, dizer que algo existe em qualquer tempo é o mesmo que dizer que é sabido por Deus desde toda a eternidade. Por conseguinte, não se pode conceder que Deus possa saber mais coisas do que sabe, pois esta proposição implica que Deus teria ignorado antes o que viria a saber depois.

QUANTO AO 3º, deve-se dizer que os antigos nominalistas disseram que: "Cristo nasce, nascerá, nasceu são um único enunciado, porque o que é significado pelos três verbos é o mesmo, a saber, o nascimento de Cristo. A partir daí se conclui que tudo o que Deus soube, ele o sabe; pois sabe agora que Cristo nasce, o que tem o mesmo significado de: Cristo nascerá. — Esta opinião, porém, é falsa. Primeiro, porque a diversidade das partes da oração causa a diversidade dos enunciados. Em seguida, porque uma proposição que é verdadeira uma vez, o seria para sempre; o que é negado pelo Filósofo, pois para ele a proposição: *Sócrates está sentado* é verdadeira enquanto ele está sentado, mas se Sócrates se levanta ela se torna falsa. — Devemos admitir que a proposição: *Tudo o que Deus soube, ele o sabe* não é verdadeira se se refere ao enunciado. Daí não se segue que a ciência de Deus seja mutável. Pois, assim como nenhuma mudança se introduz no conhecimento de Deus pelo fato de que ele sabe que uma única mesma coisa às vezes é e às vezes não é, assim também é sem nenhuma mudança da ciência divina que Deus sabe que um enunciado às vezes é verdadeiro e falso em seguida. Haveria mudança na ciência de Deus se Deus conhecesse os enunciados à maneira dos enunciados, a saber, compondo e dividindo, como acontece com nosso intelecto. Portanto, nosso conhecimento muda, seja do verdadeiro ao falso, por exemplo quando depois de mudada uma coisa mantemos a seu respeito a antiga opinião; seja de uma opinião a outra, como se opinássemos antes que alguém se encontra sentado e em seguida opinássemos que não mais está sentado. Nada disso, porém, pode existir em Deus.

---

3. *Categ.*, c. 5: 4, a, 23-26.

Articulus 16
Utrum Deus de rebus habeat scientiam speculativam

AD DECIMUMSEXTUM SIC PROCEDITUR. Videtur quod Deus de rebus non habeat scientiam speculativam.

1. Scientia enim Dei est causa rerum, ut supra[1] ostensum est. Sed scientia speculativa non est causa rerum scitarum. Ergo scientia Dei non est speculativa.

2. PRAETEREA. Scientia speculativa est per abstractionem a rebus: quod divinae scientiae non competit. Ergo scientia Dei non est speculativa.

SED CONTRA, omne quod est nobilius, Deo est attribuendum. Sed scientia speculativa est nobilior quam practica, ut patet per Philosophum in principio *Metaphys.*[2]. Ergo Deus habet de rebus scientiam speculativam.

RESPONDEO dicendum quod aliqua scientia est speculativa tantum, aliqua practica tantum, aliqua vero secundum aliquid speculativa et secundum aliquid practica. Ad cuius evidentiam, sciendum est quod aliqua scientia potest dici speculativa tripliciter. Primo, ex parte rerum scitarum, quae non sunt operabiles a sciente: sicut est scientia hominis de rebus naturalibus vel divinis. Secundo, quantum ad modum sciendi: ut puta si aedificator consideret domum definiendo et dividendo et considerando universalia praedicata ipsius. Hoc siquidem est operabilia modo speculativo considerare, et non secundum quod operabilia sunt: operabile enim est aliquid per applicationem formae ad materiam, non per resolutionem compositi in principia universalia formalia. Tertio, quantum ad finem: nam *intellectus practicus differt fine a speculativo*, sicut dicitur in III *de Anima*[3]. Intellectus enim practicus ordinatur ad finem operationis: finis autem intellectus speculativi est consideratio veritatis. Unde, si quis aedificator consideret qualiter posset fieri aliqua domus, non ordinans ad finem operationis, sed ad cognoscendum tantum, erit, quantum ad finem, speculativa consideratio, tamen de re operabili. — Scientia igitur quae est speculativa ratione ipsius rei scitae, est speculativa tantum. Quae vero speculativa est vel secundum modum vel secundum finem, est secundum quid

Artigo 16
Deus tem das coisas uma ciência especulativa?

QUANTO AO DÉCIMO SEXTO, ASSIM SE PROCEDE: parece que Deus **não** tem das coisas uma ciência especulativa.

1. Com efeito, a ciência divina é a causa das coisas, como acima foi demonstrado. Ora, a ciência especulativa não é causa das coisas sabidas. Logo, a ciência de Deus não é especulativa.

2. ALÉM DISSO, a ciência especulativa é por abstração das coisas, o que não convém à ciência divina. Logo, a ciência de Deus não é especulativa.

EM SENTIDO CONTRÁRIO, tudo que é mais nobre deve ser atribuído a Deus. Ora, a ciência especulativa é mais nobre que a ciência prática, como mostra o Filósofo no começo da *Metafísica*. Logo, Deus tem das coisas uma ciência especulativa.

RESPONDO. Existe uma ciência que é somente especulativa; outra que é apenas prática, uma enfim que é especulativa sob certo aspecto e prática sob outro. Para compreendê-lo, é preciso saber que uma ciência pode ser dita especulativa de três maneiras:

1. Da parte das coisas conhecidas, e que não são realizáveis por aquele que sabe: como é a ciência que o homem tem das coisas da natureza ou de Deus.

2. Quanto à maneira de conhecer, como, por exemplo, um arquiteto que estuda uma casa, definindo-a, dividindo-a e considerando suas características gerais. Proceder assim é considerar coisas realizáveis, de modo especulativo e não enquanto são realizáveis; porque uma coisa se realiza pela aplicação de uma forma a uma matéria, não pela redução do composto em seus princípios universais.

3. Quanto ao fim, pois como se diz no tratado *Sobre a alma*: "O intelecto prático difere do intelecto especulativo pela finalidade". O intelecto prático visa ao fim da ação, o fim do intelecto especulativo é a consideração da verdade. Assim, se um arquiteto considera uma casa, como poderia ser construída, não com a finalidade de construí-la, mas apenas para conhecer, seria essa consideração, tendo em conta o fim, uma consideração

---

16 PARALL.: *De Verit.*, q. 3, a. 3.

1. Art. 8.
2. Lib. I, c. 1: 981, b, 27-982, a, 3.
3. C. 10: 433, a, 14-15.

speculativa et secundum quid practica. Cum vero ordinatur ad finem operationis, est simpliciter practica.

Secundum hoc ergo, dicendum est quod Deus de seipso habet scientiam speculativam tantum: ipse enim operabilis non est. De omnibus vero aliis habet scientiam et speculativam et practicam. Speculativam quidem, quantum ad modum: quidquid enim in rebus nos speculative cognoscimus definiendo et dividendo, hoc totum Deus multo perfectius novit. Sed de his quae potest quidem facere, sed secundum nullum tempus facit, non habet practicam scientiam, secundum quod practica scientia dicitur a fine. Sic autem habet practicam scientiam de his quae secundum aliquod tempus facit. Mala vero, licet ab eo non sint operabilia, tamen sub cognitione practica ipsius cadunt, sicut et bona, inquantum permittit vel impedit vel ordinat ea: sicut et aegritudines cadunt sub practica scientia medici, inquantum per artem suam curat eas.

AD PRIMUM ergo dicendum quod scientia Dei est causa, non quidem sui ipsius, sed aliorum: quorundam quidem actu, scilicet eorum quae secundum aliquod tempus fiunt; quorundam vero virtute, scilicet eorum quae potest facere, et tamen nunquam fiunt.

AD SECUNDUM dicendum quod scientiam esse acceptam a rebus scitis, non per se convenit scientiae speculativae, sed per accidens, inquantum est humana.

Ad id vero quod in contrarium obiicitur, dicendum quod de operabilibus perfecta scientia non habetur, nisi sciantur inquantum operabilia sunt. Et ideo, cum scientia Dei sit omnibus modis perfecta, oportet quod sciat ea quae sunt a se operabilia, inquantum huiusmodi, et non solum secundum quod sunt speculabilia. Sed tamen non receditur a nobilitate speculativae scientiae: quia omnia alia a se videt in seipso, seipsum autem speculative cognoscit; et sic in speculativa sui ipsius scientia, habet cognitionem et speculativam et practicam omnium aliorum.

especulativa, ainda que se refira a algo realizável. — Assim, a ciência que é especulativa em razão da coisa conhecida é apenas especulativa; a que é especulativa quanto ao modo ou quanto à finalidade é segundo certo aspecto especulativa e segundo outro prática; e, quando é ordenada à finalidade da operação, será apenas prática.

Por conseguinte, é preciso dizer que Deus tem de si próprio uma ciência apenas especulativa, pois ele próprio não é suscetível de ser produzido. De tudo o mais, porém, ele tem uma ciência não só especulativa mas também prática. Especulativa, sem dúvida, quanto ao modo de conhecer, pois tudo o que conhecemos especulativamente, definindo e distinguindo, Deus o conhece de maneira muito mais perfeita. Quanto às coisas que pode fazer, mas que nunca faz, Deus não tem uma ciência prática, visto que a ciência prática é assim chamada em razão de sua finalidade. Ele tem, nesse sentido, uma ciência prática das coisas que realiza no tempo. Quanto aos males, se bem não sejam por ele realizáveis, como as coisas boas, são para ele objeto de conhecimento prático, enquanto os permite, os impede ou os reduz à ordem. É assim que as doenças são objeto da ciência prática do médico, enquanto, por meio de sua arte, delas cuida.

QUANTO AO 1º, portanto, deve-se dizer que a ciência de Deus é causa, não de si mesmo, mas das outras coisas; de algumas, em ato, as que são realizadas em qualquer momento do tempo; de outras, virtualmente, as que pode realizar, mas que nunca virão a existir.

QUANTO AO 2º, deve-se dizer que não é essencial à ciência especulativa ser tirada das coisas que se conhecem, mas é acidental, enquanto ela é humana.

Quanto à objeção *em sentido contrário*, temos de responder que das coisas realizáveis não se tem ciência perfeita se não são conhecidas enquanto tais. Assim, como a ciência de Deus é plenamente perfeita, Deus tem de conhecer as coisas realizáveis na medida em que o são, e não apenas enquanto cognoscíveis de modo especulativo. No entanto, a nobreza da ciência especulativa não lhe é retirada, pois todas as coisas distintas dele, Ele as vê em si mesmo, e sua maneira de conhecer a si próprio é especulativa. Assim, na ciência especulativa que tem de si próprio, tem um conhecimento não só especulativo mas também prático de todas as outras coisas.

QUAESTIO XV
DE IDEIS
in tres articulos divisa

Post considerationem de scientia Dei, restat considerare de ideis.
Et circa hoc quaeruntur tria.
Primo: an sint ideae.
Secundo: utrum sint plures, vel una tantum.
Tertio: utrum sint omnium quae cognoscuntur a Deo.

Articulus 1
Utrum ideae sint

AD PRIMUM SIC PROCEDITUR. Videtur quod ideae non sint.

1. Dicit enim Dionysius, 7 cap. *de Div. Nom.*[1], quod Deus non cognoscit res secundum ideam. Sed ideae non ponuntur ad aliud, nisi ut per eas cognoscantur res. Ergo ideae non sunt.

2. PRAETEREA, Deus in seipso cognoscit omnia, ut supra[2] dictum est. Sed seipsum non cognoscit per ideam. Ergo nec alia.

3. PRAETEREA, idea ponitur ut principium cognoscendi et operandi. Sed essentia divina est sufficiens principium cognoscendi et operandi omnia. Non ergo necesse est ponere ideas.

SED CONTRA est quod dicit Augustinus, in libro *Octoginta trium Quaest.*[3]: *Tanta vis in ideis constituitur, ut, nisi his intellectis, sapiens esse nemo possit.*

RESPONDEO dicendum quod necesse est ponere in mente divina ideas. *Idea* enim graece, latine *forma* dicitur: unde per ideas intelliguntur formae aliarum rerum, praeter ipsas res existentes. Forma autem alicuius rei praeter ipsam existens, ad duo esse potest; vel ut sit exemplar eius cuius dicitur forma; vel ut sit principium cognitionis ipsius, secundum quod formae cognoscibilium dicuntur esse in cognoscente. Et quantum ad utrumque est necesse ponere ideas.

Quod sic patet. In omnibus enim quae non a casu generantur, necesse est formam esse finem

QUESTÃO 15
AS IDEIAS
em três artigos

Após considerar a ciência de Deus, consideraremos as ideias.
Sobre isso, são três as perguntas:
1. Existem ideias em Deus?
2. Existem várias ou uma só?
3. Existem ideias de tudo que Deus conhece?

Artigo 1
Existem ideias em Deus?

QUANTO AO PRIMEIRO ARTIGO, ASSIM SE PROCEDE: parece que **não** existem ideias em Deus.

1. Com efeito, Dionísio declara: Deus não conhece as coisas por ideias. Ora, não se afirmam as ideias a não ser que por elas as coisas sejam conhecidas. Logo, não existem ideias.

2. ALÉM DISSO, como acima foi explicado, Deus conhece todas as coisas em si mesmo. Ora, não conhece a si mesmo por uma ideia. Logo, nem as outras coisas.

3. ADEMAIS, afirma-se a ideia como princípio de conhecimento e de ação. Ora, a essência divina é princípio suficiente do conhecer e do fazer todas as coisas. Logo, não há necessidade de afirmar as ideias.

EM SENTIDO CONTRÁRIO, Agostinho escreve: "Existe tal força nas ideias que, sem que elas sejam conhecidas, ninguém pode ser sábio".

RESPONDO. É necessário dizer que existem ideias na mente divina. "Ideia", em grego, é o que se diz em latim "forma". Por ideias, portanto, se entendem as formas de todas as coisas que existem fora das coisas mesmas. Ora, a forma de uma coisa qualquer, que existe fora dela, pode ter duas funções: ou é o modelo daquilo do qual ela se diz ser a forma, ou é o princípio de conhecimento de si mesma, no sentido de que as formas dos cognoscíveis estão naquele que conhece. Em qualquer dos dois sentidos é necessário afirmar que existem ideias.

Eis como prová-lo. Em todas as coisas que não são fruto do acaso, é necessário que a forma

---

1 PARALL.: Infra, q. 44, a. 3; I *Sent.*, dist. 36, q. 2, a. 1; *De Verit.*, q. 3, a. 1; I *Metaphys.*, lect. 15.

1. MG 3, 869 B.
2. Q. 14, a. 5.
3. Q. 46: ML 40, 29.

generationis cuiuscumque. Agens autem non ageret propter formam, nisi inquantum similitudo formae est in ipso. Quod quidem contingit dupliciter. In quibusdam enim agentibus praeexistit forma rei fiendae secundum esse naturale, sicut in his quae agunt per naturam; sicut homo generat hominem, et ignis ignem. In quibusdam vero secundum esse intelligibile, ut in his quae agunt per intellectum; sicut similitudo domus praeexistit in mente aedificatoris. Et haec potest dici idea domus: quia artifex intendit domum assimilare formae quam mente concepit.

Quia igitur mundus non est casu factus, sed est factus a Deo per intellectum agente, ut infra[4] patebit, necesse est quod in mente divina sit forma, ad similitudinem cuius mundus est factus. Et in hoc consistit ratio ideae.

AD PRIMUM ergo dicendum quod Deus non intelligit res secundum ideam extra se existentem. Et sic etiam Aristoteles improbat[5] opinionem Platonis de ideis, secundum quod ponebat[6] eas per se existentes, non in intellectu.

AD SECUNDUM dicendum quod, licet Deus per essentiam suam se et alia cognoscat, tamen essentia sua est principium operativum aliorum, non autem sui ipsius: et ideo habet rationem ideae secundum quod ad alia comparatur, non autem secundum quod comparatur ad ipsum Deum.

AD TERTIUM dicendum quod Deus secundum essentiam suam est similitudo omnium rerum. Unde idea in Deo nihil est aliud quam Dei essentia.

seja o fim de toda geração. Ora, o agente não agiria em vista da forma se não tivesse em si a semelhança dessa forma. O que pode acontecer de duas maneiras. Em certos agentes, a forma da coisa a fazer preexiste segundo seu ser natural; é o caso dos que agem por natureza, como o homem gera o homem e o fogo produz o fogo. Em outros casos, essa forma preexiste segundo o ser inteligível, como nos que agem pelo intelecto; é o caso da semelhança da casa na mente do arquiteto. E essa semelhança pode ser chamada a ideia da casa, pois o artista pretende assemelhar a casa à forma que em sua mente concebeu.

Mas, como o mundo não é obra do acaso, mas foi feito por Deus que age por seu intelecto, como se verá, é necessário que na mente divina exista uma forma, a cuja semelhança o mundo foi feito. E é nisto que consiste a razão de ideia.

QUANTO AO 1º, portanto, deve-se dizer que Deus não conhece as coisas por meio de uma ideia existente fora dele. Já Aristóteles rejeitava a opinião de Platão, que afirmava ideias existentes por si, e não no intelecto[a].

QUANTO AO 2º, deve-se dizer que ainda que Deus conheça em sua essência a si mesmo e as outras coisas, no entanto sua essência é princípio de ação relativo a todas as coisas, mas não a si mesmo. Eis por que sua essência tem razão de ideia quando se refere às criaturas, e não quando se refere a si próprio.

QUANTO AO 3º, deve-se dizer que Deus é, segundo sua essência, a semelhança de todas as coisas. Assim, a ideia em Deus não é mais do que sua própria essência.

---

4. Q. 47, a. 1.
5. I *Metaph.*, c. 9: 991, a.
6. *Phaedonis*, c. 48: 99 E.

a. A origem platônica dessa questão das Ideias é manifesta, e o próprio Santo Tomás a assinala, a tal ponto que o artigo 3 refere-se expressamente à definição que Platão forneceu da ideia. Contudo, no terreno da metafísica, ele a aceitou plenamente e fez sua a crítica da teoria das Ideias feita por Aristóteles com a insistência e o vigor que se conhece. Nessa questão, portanto, Santo Tomás tem efetiva consciência de utilizar a teoria de Platão no campo da teologia em um sentido que a transforma completamente: não se trata de um universo de formas situadas entre o "Formador" do mundo e o universo sensível, mas trata-se, no próprio Deus, de uma presença inteligível das criaturas, no princípio do ato criador que as fez existir em si mesmas, em sua distinção. Que essa interpretação da teoria platônica lhe tenha sido sugerida por Agostinho não há dúvida. Seu interesse, contudo, não é somente recolher uma parte importante da tradição patrística, reservando um lugar à metafísica de Platão na elaboração da teologia cristã. A teoria das ideias, que não pode servir para explicar a constituição dos entes — pois é necessário que sua essência, sua "razão formal", lhes seja imanente, e seja, em cada uma, existente e individualizada —, permanece válida e preciosa para dar conta da ação divina que lhes confere o ser, a ação criadora e conservadora, e também a ação de governo. Graças a isso, podemos excluir qualquer interpretação emanacionista que faça do mundo uma expansão anônima da plenitude do ser de Deus. A criação, conforme será adiante explicado, é um ato perfeitamente deliberado e livre de Deus, que tem sua fonte na inteligência, sendo ela mesma um ato de vontade, um ato de amor. De maneira bem melhor que por uma interpretação acomodadora que não teria alcance nenhum, faz-se justiça assim a uma metafísica que leve prestígio suficiente para ponto influenciar profundamente tantos grandes espíritos até os nossos dias.

Articulus 2
Utrum sint plures ideae

AD SECUNDUM SIC PROCEDITUR. Videtur quod non sint plures ideae.

1. Idea enim in Deo est eius essentia. Sed essentia Dei est una tantum. Ergo et idea est una.

2. PRAETEREA, sicut idea est principium cognoscendi et operandi, ita ars et sapientia. Sed in Deo non sunt plures artes et sapientiae. Ergo nec plures ideae.

3. SI DICATUR quod ideae multiplicantur secundum respectus ad diversas creaturas, contra: Pluralitas idearum est ab aeterno. Si ergo ideae sunt plures, creaturae autem sunt temporales, ergo temporale erit causa aeterni.

4. PRAETEREA, respectus isti aut sunt secundum rem in creaturis tantum aut etiam in Deo. Si in creaturis tantum, cum creaturae non sint ab aeterno, pluralitas idearum non erit ab aeterno, si multiplicentur solum secundum huiusmodi respectus. Si autem realiter sunt in Deo, sequitur quod alia pluralitas realis sit in Deo quam pluralitas Personarum: quod est contra Damascenum, dicentem[1] quod in divinis omnia unum sunt, praeter *ingenerationem, generationem et processionem.* Sic igitur non sunt plures ideae.

SED CONTRA est quod dicit Augustinus, in libro *Octoginta trium Quaest.*[2]: *Ideae sunt principales quaedam formae vel rationes rerum stabiles atque incommutabiles, quia ipsae formatae non sunt, ac per hoc aeternae ac semper eodem modo se habentes, quae divina intelligentia continentur. Sed cum ipsae neque oriantur neque intereant, secundum eas tamen formari dicitur omne quod oriri et interire potest, et omne quod oritur et interit.*

RESPONDEO dicendum quod necesse est ponere plures ideas. Ad cuius evidentiam, considerandum est quod in quolibet effectu illud quod est ultimus finis, proprie est intentum a principali agente; sicut ordo exercitus a duce. Illud autem quod est optimum in rebus existens, est bonum ordinis universi, ut patet per Philosophum in XII *Metaphys.*[3]. Ordo igitur universi est proprie a Deo intentus, et non

Artigo 2
Existem muitas ideias?

QUANTO AO SEGUNDO, ASSIM SE PROCEDE: parece que **não** existem muitas ideias.

1. Com efeito, a ideia em Deus é sua essência. Ora, é uma só. Logo, a ideia também é una.

2. ALÉM DISSO, a ideia é princípio de conhecimento e de ação, como a arte e a sabedoria. Ora, em Deus não existem muitas artes nem muitas sabedorias. Logo, nem muitas ideias.

3. ADEMAIS, se alguém diz que as ideias se multiplicam de acordo com as relações com diversas criaturas, poder-se-á objetar: a pluralidade das ideias existe desde toda eternidade. Se, portanto, as ideias são muitas, mas as criaturas são temporais, consequentemente o que é temporal será causa do eterno.

4. ADEMAIS, as relações de que falamos ou são reais apenas nas criaturas, ou são reais em Deus também. Se são reais apenas nas criaturas, que não existem desde toda eternidade, a multiplicidade das ideias não existe desde toda eternidade, se são multiplicadas unicamente por tais relações. Se essas relações são reais em Deus, segue-se que existe em Deus outra pluralidade real além da pluralidade das Pessoas, e isso contradiz Damasceno, que afirma: "Na Divindade tudo é uno, salvo a não geração, a geração e a processão". Logo, não existem muitas ideias.

EM SENTIDO CONTRÁRIO, diz Agostinho: "As ideias são como as formas primeiras ou as razões permanentes e imutáveis das coisas. Elas não são formadas, são eternas e sempre as mesmas, e a inteligência divina as contém. Por outro lado, embora não comecem nem acabem, é segundo elas que dizemos que é formado tudo o que pode começar e terminar e tudo o que começa e acaba".

RESPONDO. É necessário afirmar que as ideias são muitas. Para prová-lo, deve-se considerar que em qualquer efeito a intenção do agente principal é o fim último: como a ordem do exército para o comandante. Ora, o que há de melhor nas coisas é o bem da ordem universal, como esclarece o Filósofo no livro XII da *Metafísica*. Assim, a ordem do universo é propriamente pretendida por Deus,

---

2 PARALL.: Infra, q. 44, a. 3; q. 47, a. 1, ad 2; I *Sent.*, dist. 36, q. 2, a. 2; III, dist. 14, a. 2, q.la 2; *Cont. Gent.* I, 54; *De Pot.*, q. 3, a. 16, ad 12, 13; *De Verit.*, q. 3, a. 2; *Quodlib* IV, a. 1.

1. *De Fide Orth.*, lib. I, c. 10: MG 94, 837 AB.
2. Q. 46: ML 40, 30.
3. C. 10: 1075, a, 11-15.

per accidens proveniens secundum successionem agentium: prout quidam[4] dixerunt quod Deus creavit primum creatum tantum, quod creatum creavit secundum creatum, et sic inde quousque producta est tanta rerum multitudo: secundum quam opinionem, Deus non haberet nisi ideam primi creati. Sed si ipse ordo universi est per se creatus ab eo, et intentus ab ipso, necesse est quod habeat ideam ordinis universi. Ratio autem alicuius totius haberi non potest, nisi habeantur propriae rationes eorum ex quibus totum constituitur: sicut aedificator speciem domus concipere non posset, nisi apud ipsum esset propria ratio cuiuslibet partium eius. Sic igitur oportet quod in mente divina sint propriae rationes omnium rerum. Unde dicit Augustinus, in libro *Octoginta trium Quaest.*[5], quod *singula propriis rationibus a Deo creata sunt*. Unde sequitur quod in mente divina sint plures ideae.

Hoc autem quomodo divinae simplicitati non repugnet, facile est videre, si quis consideret ideam operati esse in mente operantis sicut quod intelligitur; non autem sicut species qua intelligitur, quae est forma faciens intellectum in actu. Forma enim domus in mente aedificatoris est aliquid ab eo intellectum, ad cuius similitudinem domum in materia format. Non est autem contra simplicitatem divini intellectus, quod multa intelligat: sed contra simplicitatem eius esset, si per plures species eius intellectus formaretur. Unde plures ideae sunt in mente divina ut intellectae ab ipso.

Quod hoc modo potest videri. Ipse enim essentiam suam perfecte cognoscit: unde cognoscit eam secundum omnem modum quo cognoscibilis est. Potest autem cognosci non solum secundum quod in se est, sed secundum quod est participabilis secundum aliquem modum similitudinis a creaturis. Unaquaeque autem creatura habet propriam speciem, secundum quod aliquo modo participat divinae essentiae similitudinem. Sic igitur inquantum Deus cognoscit suam essentiam ut sic imitabilem a tali creatura, cognoscit eam ut propriam rationem et ideam huius creaturae. Et similiter de aliis. Et sic patet quod Deus intelligit plures rationes proprias plurium rerum; quae sunt plures ideae.

Ad primum ergo dicendum quod idea non nominat divinam essentiam inquantum est essentia,

e não o resultado acidental das ações de agentes sucessivos, como disseram alguns. Eles disseram que Deus criou apenas uma primeira criatura, esta, uma segunda, e assim sucessivamente, até chegar a tão grande multiplicidade de coisas. Segundo essa opinião, Deus teria ideia apenas do primeiro ser criado. Mas, se a ordem do mundo foi por si criada e pretendida por Deus, é preciso que Ele tenha a ideia da ordem universal. Ora, não se pode ter a razão de um todo sem ter a razão precisa dos elementos que o constituem. Por exemplo, um construtor não poderia conceber uma representação da casa se não tivesse em si a razão precisa de cada uma de suas partes. É necessário, portanto, que na mente divina se encontrem as razões próprias de todas as coisas. É o que leva Agostinho a dizer: "Cada coisa foi criada por Deus com suas próprias razões". Segue-se que existem na mente divina muitas ideias.

É fácil constatar que isso não se opõe à simplicidade divina, se se considerar que a ideia de uma obra está na mente do agente como algo que se conhece, não como a representação pela qual se conhece, e que é a forma pela qual o intelecto é posto em ato. Na mente do construtor, a forma da casa é algo que ele conhece, e à sua semelhança dá à casa uma forma material. Ora, não é contrário à simplicidade do intelecto divino que conheça muitas coisas: seria contrário à sua simplicidade se seu intelecto fosse informado por muitas representações. Portanto, existem muitas ideias na mente divina, como conhecidas por ele.

Isso se pode ver da seguinte maneira. Ele conhece perfeitamente sua essência. Conhece-a, portanto, de todas as maneiras em que é cognoscível. Ora, ela pode ser conhecida não apenas como é em si mesma, mas também enquanto pode ser participada, segundo algum modo de semelhança, pelas criaturas. Cada criatura, porém, tem sua representação própria, segundo a qual de algum modo participa da semelhança da essência divina. Assim, quando Deus conhece sua própria essência como imitável de maneira determinada por tal criatura, ele a conhece como sendo a razão própria e a ideia dessa criatura, como também das outras. E assim fica evidente que Deus conhece muitas razões próprias de muitas coisas, o que são muitas ideias.

Quanto ao 1º, portanto, deve-se dizer que ideia não nomeia a essência divina enquanto essência,

---

4. Avicenna, *Metaph.*, tract. IX, c. 4.
5. Cit. q. 46.

sed inquantum est similitudo vel ratio huius vel illius rei. Unde secundum quod sunt plures rationes intellectae ex una essentia, secundum hoc dicuntur plures ideae.

AD SECUNDUM dicendum quod sapientia et ars significantur ut quo Deus intelligit, sed idea ut quod Deus intelligit. Deus autem uno intelligit multa; et non solum secundum quod in seipsis sunt, sed etiam secundum quod intellecta sunt; quod est intelligere plures rationes rerum. Sicut artifex, dum intelligit formam domus in materia, dicitur intelligere domum: dum autem intelligit formam domus ut a se speculatam ex eo quod intelligit se intelligere eam, intelligit ideam vel rationem domus. Deus autem non solum intelligit multas res per essentiam suam, sed etiam intelligit se intelligere multa per essentiam suam. Sed hoc est intelligere plures rationes rerum; vel, plures ideas esse in intellectu eius ut intellectas.

AD TERTIUM dicendum quod huiusmodi respectus, quibus multiplicantur ideae, non causantur a rebus, sed ab intellectu divino, comparante essentiam suam ad res.

AD QUARTUM dicendum quod respectus multiplicantes ideas, non sunt in rebus creatis, sed in Deo. Non tamen sunt reales respectus, sicut illi quibus distinguuntur Personae, sed respectus intellecti a Deo.

mas enquanto semelhança ou razão desta ou daquela coisa. De onde, na medida em que muitas razões são conhecidas a partir da única essência, as ideias são ditas muitas.

QUANTO AO 2º, deve-se dizer que a sabedoria e a arte significam aquilo pelo qual Deus conhece; a ideia, o que Deus conhece. Ora, Deus, no uno, conhece o múltiplo, não apenas em si mesmo, mas também segundo é conhecido; e nisto consiste o conhecer as múltiplas razões das coisas. Por exemplo, o artífice quando conhece a forma material da casa, dizemos que conhece a casa; quando conhece a forma da casa como algo em sua mente, porque conhece que a conhece, dizemos que conhece a ideia ou a razão da casa. Ora, Deus não somente conhece as coisas em sua essência, como também conhece que conhece o múltiplo em sua essência. E isso significa: conhecer as múltiplas razões das coisas, ou, ainda, conhece haver em seu intelecto muitas ideias como conhecidas.

QUANTO AO 3º, deve-se dizer que as relações, segundo as quais as ideias são multiplicadas, não são causadas pelas coisas, mas pelo intelecto divino, quando refere sua essência às coisas.

QUANTO AO 4º, deve-se dizer que as relações que multiplicam as ideias não estão nas coisas criadas, mas em Deus. No entanto, não se trata de relações reais, como as que distinguem as Pessoas divinas: elas são relações conhecidas por Deus.

ARTICULUS 3
Utrum omnium quae cognoscit Deus, sint ideae

AD TERTIUM SIC PROCEDITUR. Videtur quod non omnium quae cognoscit Deus, sint ideae in ipso.

1. Mali enim idea non est in Deo: quia sequeretur malum esse in Deo. Sed mala cognoscuntur a Deo. Ergo non omnium quae cognoscuntur a Deo, sunt ideae.

2. PRAETEREA, Deus cognoscit ea quae nec sunt nec erunt nec fuerunt, ut supra[1] dictum est. Sed horum non sunt ideae: quia dicit Dionysius, 5 cap. *de Div. Nom.*[2], quod *exemplaria sunt divinae voluntates, determinativae et effectivae rerum*. Ergo non omnium quae a Deo cognoscuntur, sunt ideae in ipso.

ARTIGO 3
Existem ideias de tudo o que Deus conhece?

QUANTO AO TERCEIRO, ASSIM SE PROCEDE: parece que **não** existem ideias de tudo o que Deus conhece.

1. Com efeito, a ideia do mal não está em Deus, pois seguir-se-ia que o mal está em Deus. Ora, as coisas más são conhecidas de Deus. Logo, não existem em Deus ideias de tudo o que conhece.

2. ALÉM DISSO, dissemos acima que Deus conhece as coisas que não existem, não existirão, nem existiram. Ora, dessas coisas não há ideias, pois Dionísio diz: "Os modelos são as vontades divinas que definem e realizam as coisas". Logo, não existem em Deus ideias de tudo o que conhece.

---

3   PARALL.: I *Sent.*, dist. 36, q. 2, a. 3; *De Pot.*, q. 1, a. 5, ad 10, 11; q. 3, a. 1, ad 13; *De Verit.*, q. 3, a. 3 sqq.; *De Div. Nom.*, c. 5, lect. 3.

1. Q. 14, a. 9.
2. MG 3, 824 C.

3. PRAETEREA, Deus cognoscit materiam primam: quae non potest habere ideam, cum nullam habeat formam. Ergo idem quod prius.

4. PRAETEREA, constat quod Deus scit non solum species, sed etiam genera et singularia et accidentia. Sed horum non sunt ideae, secundum positionem Platonis, qui primus ideas introduxit, ut dicit Augustinus[3]. Non ergo omnium cognitorum a Deo sunt ideae in ipso.

SED CONTRA, ideae sunt rationes in mente divina existentes, ut per Augustinum[4] patet. Sed omnium quae cognoscit, Deus habet proprias rationes. Ergo omnium quae cognoscit, habet ideam.

RESPONDEO dicendum quod, cum ideae a Platone ponerentur[5] principia cognitionis rerum et generationis ipsarum, ad utrumque se habet idea, prout in mente divina ponitur. Et secundum quod est principium factionis rerum, *exemplar* dici potest; et ad practicam cognitionem pertinet. Secundum autem quod principium cognoscitivum est, proprie dicitur *ratio*; et potest etiam ad scientiam speculativam pertinere. Secundum ergo quod exemplar est, secundum hoc se habet ad omnia quae a Deo fiunt secundum aliquod tempus. Secundum vero quod principium cognoscitivum est, se habet ad omnia quae cognoscuntur a Deo, etiam si nullo tempore fiant; et ad omnia quae a Deo cognoscuntur secundum propriam rationem, et secundum quod cognoscuntur ab ipso per modum speculationis.

AD PRIMUM ergo dicendum quod malum cognoscitur a Deo non per propriam rationem, sed per rationem boni. Et ideo malum non habet in Deo ideam, neque secundum quod idea est exemplar, neque secundum quod est ratio.

AD SECUNDUM dicendum quod eorum quae neque sunt neque erunt neque fuerunt, Deus non

3. ADEMAIS, Deus conhece a matéria primeira, da qual não pode ter ideia, pois ela não tem forma alguma. Segue-se a mesma conclusão de antes.

4. ADEMAIS, é certo que Deus não conhece apenas as espécies, mas também os gêneros, os singulares e os acidentes. Ora, dessas coisas não há ideias, segundo a afirmação de Platão, o primeiro a introduzir as ideias, no dizer de Agostinho. Logo, não existem em Deus ideias de tudo o que conhece.

EM SENTIDO CONTRÁRIO, as ideias são razões existentes na mente divina, como mostra Agostinho. Ora, de tudo o que conhece, Deus tem razões próprias. Logo, tem uma ideia de tudo o que conhece.

RESPONDO. Platão afirmava as ideias como princípios do conhecimento das coisas e de sua geração. A ideia que se afirma haver na mente divina refere-se a uma e outra função. Como princípio formador das coisas, pode-se dizer que é *modelo*; e ela se refere ao conhecimento prático. Como princípio de conhecimento, propriamente se diz *razão*; e pode até mesmo fazer parte da ciência especulativa. Por conseguinte, como modelo, a ideia se refere a tudo aquilo que Deus realiza em algum tempo; mas, como princípio de conhecimento, refere-se a todas as coisas conhecidas por Deus, mesmo quando não realizadas em nenhum tempo; e a todas as coisas conhecidas por Deus segundo sua razão própria, mesmo àquelas conhecidas de maneira especulativa[b].

QUANTO AO 1º, portanto, deve-se dizer que o mal é conhecido por Deus não por meio de uma razão que lhe seria própria, mas pela razão de bem. Eis por que não existe ideia de mal em Deus, nem no sentido de modelo nem no de razão.

QUANTO AO 2º, deve-se dizer que, das coisas que não existem, não existirão, nem existiram,

---

3. Lib. *Octoginta trium Quaest*., q. 46: ML 40, 29.
4. Ibid.
5. *Phaedonis*, c. 48, 49: 100-101; *Timaei*, c. 5: 28 A — 29 B; c. 18: 50 BE.

b. A restrição assim sugerida será explicada na solução das dificuldades. Há coisas que Deus conhece das quais não há ideia nele, pois não possuem uma razão formal própria que possa ser representada por uma forma inteligível no intelecto divino: primeiramente o mal (r. 1), que só pode ser conhecido pela razão formal do bem, do qual ele é privação; a matéria primeira, em seguida (r. 3), que não tem uma razão formal distinta, possuindo ser apenas como parte do composto, mas que é conhecida — como ele é — na razão formal do composto; as noções genéricas que não possuem subsistência ontológica, logo não dispõem de "razão formal", a não ser como integrando a natureza específica. Quanto aos singulares, se eles não têm existência própria, são todavia conhecidos em sua própria singularidade, por intermédio da ideia da essência específica estendida até eles (r. 4). A razão aqui apresentada por Santo Tomás é que a providência divina se estende aos singulares, logo também seu conhecimento, como foi mostrado na q. 14. Vê-se aí como a interpretação cristã da teoria das ideias leva a conceber o mundo não como um universo de essências imóveis, revestido da necessidade das essências e impermeável a Deus, mas como totalmente dependente dele e penetrado por sua presença, sem apresentar, contudo, o menor traço de panteísmo.

habet practicam cognitionem, nisi virtute tantum. Unde respectu eorum non est idea in Deo, secundum quod idea significat exemplar, sed solum secundum quod significat rationem.

AD TERTIUM dicendum quod Plato, secundum quosdam, posuit materiam non creatam: et ideo non posuit ideam esse materiae, sed materiae concausam[6]. Sed quia nos ponimus materiam creatam a Deo, non tamen sine forma, habet quidem materia ideam in Deo, non tamen aliam ab idea compositi. Nam materia secundum se neque esse habet, neque cognoscibilis est.

AD QUARTUM dicendum quod genera non possunt habere ideam aliam ab idea speciei, secundum quod idea significat exemplar: quia nunquam genus fit nisi in aliqua specie. Similiter etiam est de accidentibus quae inseparabiliter concomitantur subiectum: quia haec simul fiunt cum subiecto. Accidentia autem quae superveniunt subiecto, specialem ideam habent. Artifex enim per formam domus facit omnia accidentia quae a principio concomitantur domum: sed ea quae superveniunt domui iam factae, ut picturae vel aliquid aliud, facit per aliquam aliam formam. Individua vero, secundum Platonem[7], non habebant aliam ideam quam ideam speciei: tum quia singularia individuantur per materiam, quam ponebat esse increatam, ut quidam dicunt, et concausam ideae; tum quia intentio naturae consistit in speciebus, nec particularia producit, nisi ut in eis species salventur. Sed providentia divina non solum se extendit ad species, sed ad singularia, ut infra[8] dicetur.

Deus não tem conhecimento prático, a não ser virtualmente. Assim, a respeito dessas coisas não existe ideia em Deus no sentido de modelo, mas apenas no de razão.

QUANTO AO 3º, deve-se dizer que Platão, na opinião de alguns, afirmou a matéria incriada; por isso, não afirmou que a ideia fosse matéria, mas cocausa da matéria. Para nós, que afirmamos que a matéria é criada por Deus, mas não sem a forma, existe em Deus a ideia da matéria; porém, não distinta da ideia de composto. Pois a matéria, por si mesma, não tem o ser, nem é cognoscível.

QUANTO AO 4º, deve-se dizer que os gêneros não podem ter ideia distinta da ideia de espécie, se por ideia se entende modelo; porque o gênero só se realiza numa espécie. O mesmo acontece com os acidentes inseparáveis de seu sujeito, porque se realizam simultaneamente com o sujeito. Mas os acidentes que sobrevêm ao sujeito comportam uma ideia especial. É pela forma da casa que o artífice realiza todos os acidentes que desde o início acompanham a casa. O que acrescenta, porém, à casa já construída, como a pintura etc., ele o faz por outra forma. Quanto aos indivíduos, Platão não lhes conferia uma ideia distinta da ideia de espécie: seja, porque o que é singular é individuado pela matéria, que afirmava incriada e cocausa com as ideias, segundo alguns; seja, porque a intenção da natureza se restringe às espécies e não produz os indivíduos, a não ser para que neles as espécies sejam salvas. A providência divina, contudo, não só se estende às espécies, mas também ao que é singular, como se verá mais adiante.

---

6. *Timaeus*, c. 18: 50 D — 52 D.
7. *Phaedonis*, c. 49: 100 B — 101 E; *Timaei*, l. prox. cit.
8. Q. 22, a. 2.

QUAESTIO XVI
DE VERITATE

in octo articulos divisa

Quoniam autem scientia verorum est, post considerationem scientiae Dei, de veritate inquirendum est.

Circa quam quaeruntur octo.
Primo: utrum veritas sit in re, vel tantum in intellectu.
Secundo: utrum sit tantum in intellectu componente et dividente.
Tertio: de comparatione veri ad ens.

QUESTÃO 16
A VERDADE

em oito artigos

Como o objeto da ciência é o verdadeiro, depois de considerar a ciência de Deus é preciso inquirir sobre a verdade.

Sobre isso, são oito as perguntas:
1. A verdade se encontra na coisa, ou apenas no intelecto?
2. Está no intelecto somente quando ele compõe e divide?
3. O verdadeiro comparado com o ente?

Quarto: de comparatione veri ad bonum.
Quinto: utrum Deus sit veritas.
Sexto: utrum omnia sint vera veritate una, vel pluribus.
Septimo: de aeternitate veritatis.
Octavo: de incommutabilitate ipsius.

4. O verdadeiro comparado com o bem?
5. Deus é a verdade?
6. Todas as coisas são verdadeiras em razão de uma única verdade ou de muitas?
7. A verdade é eterna?
8. É imutável?

Articulus 1
Utrum veritas sit tantum in intellectu

Ad primum sic proceditur. Videtur quod veritas non sit tantum in intellectu, sed magis in rebus.

1. Augustinus enim, in libro *Soliloq.*[1], reprobat hanc notificationem veri, *verum est id quod videtur*: quia secundum hoc, lapides qui sunt in abditissimo terrae sinu, non essent veri lapides, quia non videntur. Reprobat etiam istam, *verum est quod ita se habet ut videtur cognitori, si velit et possit cognoscere*: quia secundum hoc sequeretur quod nihil esset verum, si nullus posset cognoscere. Et definit sic verum: *verum est id quod est*. Et sic videtur quod veritas sit in rebus, et non in intellectu.

2. Praeterea, quidquid est verum, veritate verum est. Si igitur veritas est in intellectu solo, nihil erit verum nisi secundum quod intelligitur: quod est error antiquorum philosophorum[2], qui dicebant omne quod videtur, esse verum. Ad quod sequitur contradictoria simul esse vera: cum contradictoria simul a diversis vera esse videantur.

3. Praeterea, *propter quod unumquodque, et illud magis*, ut patet I *Poster.*[3]. Sed *ex eo quod res est vel non est, est opinio vel oratio vera vel falsa*, secundum Philosophum in *Praedicamentis*[4]. Ergo veritas magis est in rebus quam in intellectu.

Sed contra est quod Philosophus dicit, VI *Metaphys.*[5], quod *verum et falsum non sunt in rebus, sed in intellectu*.

Respondeo dicendum quod, sicut bonum nominat id in quod tendit appetitus, ita verum nominat

Artigo 1
A verdade está apenas no intelecto?

Quanto ao primeiro artigo, assim se procede: parece que a verdade **não** está apenas no intelecto, mas principalmente nas coisas.

1. Com efeito, Agostinho, nos *Solilóquios*, rejeita esta definição da verdade: "O verdadeiro é o que se vê"; porque, nesse sentido, as pedras que se encontram nas profundezas da terra não seriam pedras de verdade, porque não são vistas. Ele rejeita também esta outra definição: "O verdadeiro é o que aparece como tal ao sujeito que conhece, se este quer e pode conhecê-lo"; porque, nesse sentido, nada seria verdadeiro se ninguém pudesse conhecê-lo. Ele assim define o verdadeiro: "O verdadeiro é o que é". Parece, portanto, que a verdade está nas coisas e não no intelecto.

2. Além disso, tudo o que é verdadeiro é verdadeiro pela verdade. Assim, se a verdade está unicamente no intelecto, nada será verdadeiro a não ser à medida que é conhecido. Ora, este é o erro dos antigos filósofos ao dizerem: "Tudo o que parece é verdadeiro". Segue-se que proposições contraditórias seriam simultaneamente verdadeiras, desde que tais proposições parecessem a diversas pessoas simultaneamente verdadeiras.

3. Ademais, "o que faz que uma coisa seja tal o é mais do que ela", proclamam os *Primeiros Analíticos*. Ora, *pelo fato de que uma coisa é ou não é, a opinião ou a palavra a ela referente será verdadeira ou falsa*, diz o Filósofo no livro das *Categorias*. Logo, a verdade se encontra mais nas coisas que no intelecto.

Em sentido contrário, o Filósofo declara no livro VI da *Metafísica*: "O verdadeiro e o falso não estão nas coisas, mas no intelecto".

Respondo. Assim como chamamos bem àquilo a que tende o apetite, chamamos verdade àquilo a

---

1 Parall.: I *Sent.*, dist. 19, q. 5, a, 1; *Cont. Gent.* I, 60; *De Verit.*, q. 1, a. 2; I *Periherm.*, lect. 3; VI *Metaphys.*, lect. 4.

  1. L. II, c. 5: ML 32, 888-889.
  2. Vide IV *Met.*, c. 5, 6: 1009, a. 6 — 1011, b, 22. Item X *Met.*, c. 6: 1062, b, 12-19.
  3. C. 2: 72, a, 29-30.
  4. C. 5: 4, b, 8-10.
  5. C. 4: 1027, b, 25-29.

id in quod tendit intellectus. Hoc autem distat inter appetitum et intellectum, sive quamcumque cognitionem, quia cognitio est secundum quod cognitum est in cognoscente: appetitus autem est secundum quod appetens inclinatur in ipsam rem appetitam. Et sic terminus appetitus, quod est bonum, est in re appetibili: sed terminus cognitionis, quod est verum, est in ipso intellectu.

Sicut autem bonum est in re, inquantum habet ordinem ad appetitum; et propter hoc ratio bonitatis derivatur a re appetibili in appetitum, secundum quod appetitus dicitur bonus, prout est boni: ita, cum verum sit in intellectu secundum quod conformatur rei intellectae, necesse est quod ratio veri ab intellectu ad rem intellectam derivetur, ut res etiam intellecta vera dicatur, secundum quod habet aliquem ordinem ad intellectum.

Res autem intellecta ad intellectum aliquem potest habere ordinem vel per se, vel per accidens. Per se quidem habet ordinem ad intellectum a quo dependet secundum suum esse: per accidens autem ad intellectum a quo cognoscibilis est. Sicut si dicamus quod domus comparatur ad intellectum artificis per se, per accidens autem comparatur ad intellectum a quo non dependet. Iudicium autem de re non sumitur secundum id quod inest ei per accidens, sed secundum id quod inest ei per se. Unde unaquaeque res dicitur vera absolute, secundum ordinem ad intellectum a quo dependet. Et inde est quod res artificiales dicuntur verae per ordinem ad intellectum nostrum: dicitur enim domus vera, quae assequitur similitudinem formae quae est in mente artificis; et dicitur oratio vera, inquantum est signum intellectus veri. Et similiter res naturales dicuntur esse verae, secundum quod assequuntur similitudinem specierum quae sunt in mente divina: dicitur enim verus lapis, qui assequitur propriam lapidis naturam, secundum praeconceptionem intellectus divini. — Sic ergo veritas principaliter est in intellectu; secundario vero in rebus, secundum quod comparantur ad intellectum ut ad principium.

que tende o intelecto. Há no entanto uma diferença entre o apetite e o intelecto ou qualquer outro modo de conhecer. O conhecimento consiste em que o conhecido está naquele que conhece, ao passo que a apetência consiste na inclinação do sujeito para aquilo que o atrai. Assim, o termo do apetite, que é o bem, se encontra na coisa que atrai, ao passo que o termo do conhecimento, a verdade, está no intelecto.

Ora, do mesmo modo que o bem está na coisa, enquanto ordenada ao apetite, e por isso a razão da bondade passa da coisa que atrai ao apetite, de modo que o apetite se diz bom, conforme é do bem, assim também o verdadeiro, estando no intelecto à medida que ele se conforma com a coisa conhecida, é necessário que a razão de verdadeiro passe do intelecto à coisa conhecida, de modo que esta última seja dita verdadeira na medida em que tem alguma relação com o intelecto.

Esta coisa conhecida, todavia, pode se referir ao intelecto por si ou por acidente. Ela se refere por si ao intelecto quando dele depende segundo seu ser; ela se refere por acidente ao intelecto pelo qual ela é cognoscível. Como se disséssemos que a casa se refere por si ao intelecto de seu artífice, e se refere por acidente ao intelecto do qual não depende. Ora, o juízo sobre uma coisa não se faz em razão do que lhe é acidental, e sim do que lhe é essencial. Portanto, uma coisa é verdadeira, absolutamente falando, segundo a relação com o intelecto de que depende. Eis por que as produções da arte são verdadeiras com relação a nosso intelecto; por exemplo: uma casa é verdadeira quando se assemelha à forma que está na mente do artífice; uma frase é verdadeira quando é o sinal de um conhecimento intelectual verdadeiro. Assim também as coisas naturais são verdadeiras na medida em que se assemelham às representações que estão na mente divina: uma pedra é verdadeira quando tem a natureza própria da pedra, preconcebida como tal pelo intelecto divino. — Assim, a verdade está principalmente no intelecto, secundariamente nas coisas, na medida em que se referem ao intelecto, como a seu princípio[a].

---

a. Vê-se que esta concepção do verdadeiro como um transcendental pressupõe a tese fundamental não somente de que Deus é a causa do ser e de todos os entes dele distintos, mas que Ele os causa formalmente por seu conhecimento. Semelhante tese foi estudada acima, na q. 14, a. 8. Se Deus causa os entes formalmente por seu conhecimento, o ente enquanto tal é inteligível, e, por ser inteligível, é um objeto também para os intelectos que não o recebem. Todavia, uma é a razão formal do ente, outra a do verdadeiro, como será estabelecido adiante. Se todo ente, na medida que é, é inteligível, seu ser não se reduz à sua inteligibilidade, nem para o inteligente criado, que o conhece, nem mesmo para o intelecto divino no qual ele é, como inteligível, na ideia eterna, mas que o faz ser em si mesmo por seu querer realizador. O ser não é pura e simplesmente redutível à inteligibilidade, tampouco se acrescenta a ela como um elemento opaco que a limitaria: ele é aquilo pelo qual o inteligível é tornado real.

Et secundum hoc, veritas diversimode notificatur. Nam Augustinus, in libro *de Vera Relig.*[6], dicit quod *veritas est, qua ostenditur id quod est*. Et Hilarius dicit[7] quod *verum est declarativum aut manifestativum esse*. Et hoc pertinet ad veritatem secundum quod est in intellectu. — Ad veritatem autem rei secundum ordinem ad intellectum, pertinet definitio Augustini in libro *de Vera Relig.*[8]: *veritas est summa similitudo principii, quae sine ulla dissimilitudine est*. Et quaedam definitio Anselmi[9]: *veritas est rectitudo sola mente perceptibilis*; nam rectum est, quod principio concordat. Et quaedam definitio Avicennae[10]: *veritas uniuscuiusque rei est proprietas sui esse quod stabilitum est ei*. — Quod autem dicitur quod *veritas est adaequatio rei et intellectus*, potest ad utrumque pertinere.

AD PRIMUM ergo dicendum quod Augustinus loquitur de veritate rei; et excludit a ratione huius veritatis, comparationem ad intellectum nostrum. Nam id quod est per accidens, ab unaquaque definitione excluditur.

AD SECUNDUM dicendum quod antiqui philosophi species rerum naturalium non dicebant procedere ab aliquo intellectu, sed eas provenire a casu: et quia considerabant quod verum importat comparationem ad intellectus, cogebantur veritatem rerum constituere in ordine ad intellectum nostrum. Ex quo inconvenientia sequebantur quae Philosophus prosequitur in IV *Metaphys.*[11]. Quae quidem inconvenientia non accidunt, si ponamus veritatem rerum consistere in comparatione ad intellectum divinum.

AD TERTIUM dicendum quod, licet veritas intellectus nostri a re causetur, non tamen oportet quod in re per prius inveniatur ratio veritatis: sicut neque in medicina per prius invenitur ratio sanitatis quam in animali; virtus enim medicinae, non sanitas eius, causat sanitatem, cum non sit agens univocum. Et similiter esse rei, non veritas eius, causat veritatem intellectus. Unde Philosophus dicit quod opinio et oratio vera est *ex eo quod res est*, non *ex eo quod res vera est*.

É por tudo isso que a verdade é definida diversamente. Agostinho, em seu tratado *Da verdadeira religião*, assim a define: "A verdade é aquilo pelo qual é manifestado o que é". Hilário: "O verdadeiro é a declaração ou a manifestação do ser". E isso cabe à verdade no intelecto. — Quanto à verdade da coisa enquanto ordenada ao intelecto, cabe outra definição de Agostinho: "A verdade é a perfeita semelhança com o princípio, sem nenhuma dessemelhança". E esta, de Anselmo: "A verdade é a retidão que só a mente percebe". Pois algo é reto quando concorda com seu princípio. Ainda esta definição de Avicena: "A verdade de cada coisa consiste na propriedade do seu ser que lhe foi conferido". — Quanto à definição: "A verdade é a adequação da coisa e do intelecto", ela pode se referir tanto a um quanto a outro aspecto da verdade.

QUANTO AO 1º, portanto, deve-se dizer que Agostinho fala da verdade da coisa, excluindo da razão dessa verdade a relação com nosso intelecto. Pois o que é acidental exclui-se de qualquer definição.

QUANTO AO 2º, deve-se dizer que os filósofos antigos não faziam proceder as espécies das coisas naturais de um intelecto, mas do acaso; e, como consideravam que o verdadeiro implica uma relação com o intelecto, viam-se obrigados a estabelecer a verdade das coisas em sua relação com o intelecto. Daí se seguiam inconvenientes que o Filósofo denuncia no livro IV da *Metafísica*. Esses inconvenientes, porém, não acontecem se fazemos consistir a verdade das coisas na relação com o intelecto divino.

QUANTO AO 3º, deve-se dizer que, ainda que a verdade de nosso intelecto seja causada pela coisa, não se segue que a razão da verdade se encontre primeiro na coisa, assim como a razão da saúde não se encontra primeiro no remédio e sim no animal. É a virtude ativa do remédio, não sua saúde, que causa a saúde; pois trata-se de um agente não unívoco. Assim também é o ser da coisa, e não sua verdade, que causa a verdade no intelecto. Por isso, diz o Filósofo: "Uma opinião ou uma palavra é verdadeira porque a coisa é, e não porque a coisa é verdadeira".

---

6. C. 36: ML 34, 151-152.
7. Colligitur ex lib. V *de Trin.*, n. 14: ML 10, 137 AB.
8. Loco cit.
9. Dialog. *de Verit.*, c. 12: ML 158, 480 A.
10. *Metaph.*, tract. VIII, c. 6.
11. Loco cit. in arg.

Articulus 2
Utrum veritas sit in intellectu componente et dividente

AD SECUNDUM SIC PROCEDITUR. Videtur quod veritas non sit solum in intellectu componente et dividente.
1. Dicit enim Philosophus, in III *de Anima*[1], quod sicut sensus propriorum sensibilium semper veri sunt, ita et intellectus *eius quod quid est*. Sed compositio et divisio non est neque in sensu, neque in intellectu cognoscente *quod quid est*. Ergo veritas non solum est in compositione et divisione intellectus.

2. PRAETEREA, Isaac dicit, in libro *de Definitionibus*, quod veritas est adaequatio rei et intellectus. Sed sicut intellectus complexorum potest adaequari rebus, ita intellectus incomplexorum, et etiam sensus sentiens rem ut est. Ergo veritas non est solum in compositione et divisione intellectus.

SED CONTRA est quod dicit Philosophus, in VI *Metaphys*.[2], quod circa simplicia et *quod quid est* non est veritas, nec in intellectu neque in rebus.

RESPONDEO dicendum quod verum, sicut dictum est[3], secundum sui primam rationem est in intellectu. Cum autem omnis res sit vera secundum quod habet propriam formam naturae suae, necesse est quod intellectus, inquantum est cognoscens, sit verus inquantum habet similitudinem rei cognitae, quae est forma eius inquantum est cognoscens. Et propter hoc per conformitatem intellectus et rei veritas definitur. Unde conformitatem istam cognoscere, est cognoscere veritatem. Hanc autem nullo modo sensus cognoscit: licet enim visus habeat similitudinem visibilis, non tamen cognoscit comparationem quae est inter rem visam et id

Artigo 2
A verdade está no intelecto que compõe e divide?[b]

QUANTO AO SEGUNDO, ASSIM SE PROCEDE: parece que a verdade **não** está apenas no intelecto que compõe e divide.
1. Com efeito, para o Filósofo, no tratado *Sobre a alma*: "Os sentidos são sempre verdadeiros quando percebem seus sensíveis próprios, assim como o intelecto quando percebe a essência de uma coisa". Ora, a composição e a divisão não se encontram nem no sentido nem no intelecto que conhece a essência. Logo, a verdade não está apenas no ato do intelecto, que compõe e divide.

2. ALÉM DISSO, Isaac define a verdade como a "adequação da coisa e do intelecto". Ora, assim como o entendimento de objetos complexos pode adequar-se às coisas, da mesma forma o entendimento de objetos não complexos[c], e também o sentido que sente a coisa como ela é. Logo, a verdade não está apenas no ato do intelecto, que compõe e divide.

EM SENTIDO CONTRÁRIO, o Filósofo afirma, no livro VI da *Metafísica*, que, a respeito dos objetos simples e da essência, não há verdade nem no intelecto nem nas coisas.

RESPONDO. A verdade, como foi dito, segundo sua razão primeira está no intelecto. Qualquer coisa é verdadeira na medida em que possui a forma própria de sua natureza; é necessário, portanto, que o intelecto em ato de conhecer seja verdadeiro tanto quanto nele se encontre a semelhança da coisa conhecida, semelhança que é sua forma enquanto é aquele que conhece. Eis por que se define a verdade pela conformidade do intelecto e da coisa. Daí resulta que conhecer tal conformidade é conhecer a verdade. Ora, essa conformidade, o sentido não a conhece de modo algum, pois, ainda que o olho tenha a semelhança do que é visível,

---

2 PARALL.: I *Sent.*, dist. 19, q. 5, a. 1, ad 7; *Cont. Gent.* I, 59; *De Verit.*, q. 1, a. 3, 9; I *Periherm.*, lect. 3; VI *Metaphys.*, lect. 4; III *de Anima*, lect. 11.

1. C. 6: 430, b, 27-29.
2. C. 4: 1027, b, 25-29.
3. Art. praec.

b. "O ato do intelecto que compõe e divide": é a expressão técnica para designar o ato pelo qual o intelecto humano julga construindo uma proposição, na qual um atributo é afirmado de um sujeito (composição) ou negado (divisão). A expressão já foi utilizada na questão 14 (a. 14).

c. "Objeto complexo", "não complexo": o objeto é a coisa enquanto conhecida, ou seja, envolvida na vida da mente. É *complexo* quando resulta da composição de dois objetos, isto é, de dois conceitos distintos unificados: é a proposição ou enunciado. É não complexo quando a coisa é conhecida por um só conceito, mesmo que esse conceito resulte da composição de várias notas inteligíveis, como na definição: "animal racional".

quod ipse apprehendit de ea. Intellectus autem conformitatem sui ad rem intelligibilem cognoscere potest: sed tamen non apprehendit eam secundum quod cognoscit de aliquo *quod quid est*; sed quando iudicat rem ita se habere sicut est forma quam de re apprehendit, tunc primo cognoscit et dicit verum. Et hoc facit componendo et dividendo: nam in omni propositione aliquam formam significatam per praedicatum, vel applicat alicui rei significatae per subiectum, vel removet ab ea. Et ideo bene invenitur quod sensus est verus de aliqua re, vel intellectus cognoscendo *quod quid est*: sed non quod cognoscat aut dicat verum. Et similiter est de vocibus complexis aut incomplexis. Veritas quidem igitur potest esse in sensu, vel in intellectu cognoscente *quod quid est*, ut in quadam re vera: non autem ut cognitum in cognoscente, quod importat nomen *veri*; perfectio enim intellectus est verum ut cognitum. Et ideo, proprie loquendo, veritas est in intellectu componente et dividente: non autem in sensu, neque in intellectu cognoscente quod quid est.

Et per hoc patet SOLUTIO AD OBIECTA.

não conhece a relação entre a coisa vista e o que dela apreende. Quanto ao intelecto, ele pode conhecer sua conformidade com a coisa inteligível. No entanto, não é pelo fato de conhecer a essência da coisa que ele apreende essa conformidade, mas quando julga que a coisa assim é, como é a forma que dela apreendeu; é então que começa a conhecer e a dizer o verdadeiro. E isto faz compondo e dividindo, pois, em qualquer proposição, a forma significada pelo predicado, ou é afirmada da coisa significada pelo sujeito, ou então é dela negada. Por conseguinte, compreende-se que o sentido é verdadeiro a respeito de alguma coisa, ou que o intelecto o seja conhecendo a essência, mas não que conheça ou diga a verdade. O mesmo acontece com as palavras, compostas ou simples. Portanto, a verdade pode estar no sentido ou no intelecto que conhece a essência, como em uma coisa verdadeira; não, porém, como o conhecido se encontra naquele que conhece, o que implica o termo *verdadeiro*. A perfeição do intelecto é o verdadeiro enquanto conhecido. Por essa razão, para falar com propriedade, a verdade está no intelecto que compõe e divide, não nos sentidos, tampouco no intelecto que conhece a essência[d].

Com isso, ficam dadas as RESPOSTAS ÀS OBJEÇÕES.

---

d. Este artigo constitui o núcleo da questão, e importa compreender o percurso de Santo Tomás. No artigo 1, foi estabelecido que o atributo "verdadeiro" pertence inicialmente à inteligência, e que se também é afirmado da coisa é por derivação, na medida que ela é introduzida pelo ato de conhecer na vida da inteligência — ou que é suscetível de ser nela introduzida. E conhecer é ser o outro, a coisa conhecida. De modo que a verdade é uma relação de conformidade da inteligência à coisa, relação que existe primeiramente na inteligência e, por derivação, na coisa.

Visto que o verdadeiro pertence formalmente ao conhecimento, só pode estar nele como conhecido: "ser verdadeiro", para a coisa, é ser aquilo a que se deve conformar a inteligência que conhece; e é nessa conformidade como conhecida que consiste a verdade propriamente dita. O pano de fundo desse raciocínio é a característica que todo conhecimento possui, em maior ou menor medida, de ser consciente: aquele que conhece, de um modo ou de outro, conhece-se conhecendo. Essa característica só se desenvolve plenamente na inteligência, pois é a propriedade de toda faculdade espiritual poder "voltar-se totalmente sobre si mesma", ou seja, em tomar a si mesma como objeto.

Ora, a inteligência humana não faz desde o início esse retorno total sobre si mesmo. Em uma primeira operação, de certo modo, ele destaca a coisa a si mesma, por abstração, identificando-se com ela, mas sem se conhecer ainda como idêntico ao outro, sendo-o somente. E é por isso que Santo Tomás considera que, do ponto de vista da qualificação "verdadeira", ela é ainda uma coisa entre as outras: sua verdade é de ser o que ela é, um cognoscente em ato de conhecer. Poderíamos dizer: um conhecer.

Conhecer essa identificação com o outro é conhecer o verdadeiro enquanto tal — e não somente ser verdadeiro. É ser verdadeiro, não mais como uma coisa entre outras, mas como somente uma inteligência pode ser, ou seja, conhecendo-se verdadeiro, conforme à coisa conhecida.

O processo desse conhecimento, tal como o descreve Santo Tomás, não tem nada a ver com o famoso problema da *ponte* pela qual a inteligência deveria passar às coisas para verificar se elas são tais como ele as conhece. Tudo se passa no interior da inteligência, e trata-se de ela tomar consciência de sua relação com o ser que está inscrito no próprio ato de conhecer (ela poderá, em seguida, refletindo sobre esse ato, justificar sua certeza primordial por meio de um julgamento crítico: este não está em questão aqui. Trata-se de uma reflexão de primeiro grau, pela qual o conhecer é apreendido com o conhecido, não considerado à parte). Tal tomada de consciência requer que a coisa seja conhecida enquanto tal, enquanto sujeito situado diante de quem conhece. Ora, na primeira operação da mente, o que foi atingido pelo conceito, em função da abstração, é a forma pela qual a coisa é o que é. E todos os nossos conceitos representam assim, em um primeiro tempo, uma forma, destacada de seu sujeito. Como fazê-la representar o sujeito como sujeito? É colocando um conceito em relação com um outro que lhe é atribuído, ou que é negado dele, como de um sujeito.

Compreenda-se bem que não se trata aqui de uma mera conjunção de conceitos (poderíamos, diz em algum lugar Santo Tomás, superpor formas indefinidamente sem obter um sujeito). A relação é estabelecida pela cópula "é" que, antes de ser um ele-

Articulus 3
Utrum verum et ens convertantur

AD TERTIUM SIC PROCEDITUR. Videtur quod verum et ens non convertantur.

1. Verum enim est proprie in intellectu, ut dictum est[1]. Ens autem proprie est in rebus. Ergo non convertuntur.
2. PRAETEREA, id quod se extendit ad ens et non ens, non convertitur cum ente. Sed verum se extendit ad ens et non ens: nam verum est quod est esse, et quod non est non esse. Ergo verum et ens non convertuntur.

3. PRAETEREA, quae se habent secundum prius et posterius, non videntur converti. Sed verum videtur prius esse quam ens: nam ens non intelligitur nisi sub ratione veri. Ergo videtur quod non sint convertibilia.

SED CONTRA est quod dicit Philosophus, II *Metaphys.*[2], quod eadem est dispositio rerum in esse et veritate.

RESPONDEO dicendum quod, sicut bonum habet rationem appetibilis, ita verum habet ordinem ad cognitionem. Unumquodque autem inquantum habet de esse, intantum est cognoscibile. Et propter hoc dicitur in III *de Anima*[3], quod *anima est quodammodo omnia* secundum sensum et intellectum. Et ideo, sicut bonum convertitur cum ente, ita et verum. Sed tamen, sicut bonum addit rationem appetibilis supra ens, ita et verum comparationem ad intellectum.

Artigo 3
O verdadeiro e o ente são entre si convertíveis?

QUANTO AO TERCEIRO, ASSIM SE PROCEDE: parece que o verdadeiro e o ente **não** são entre si convertíveis.

1. Com efeito, o verdadeiro está propriamente no intelecto, como já foi dito. Ora, o ente está propriamente nas coisas. Logo, não são convertíveis[e].
2. ALÉM DISSO, o que se estende ao ente e ao não-ente não é convertível com o ente. Ora, o verdadeiro se estende ao ente e ao não-ente, pois é verdadeiro ser aquilo que é e não-ser aquilo que não é. Logo, o verdadeiro e o ente não são convertíveis.
3. ADEMAIS, coisas que se referem segundo o antes e o depois, não parece que sejam entre si convertíveis. Ora, o verdadeiro parece anterior ao ente, pois o ente não se conhece senão sob a razão de verdadeiro. Logo, não parece que sejam convertíveis.

EM SENTIDO CONTRÁRIO, o Filósofo diz no livro II da *Metafísica* que é a mesma a ordem das coisas no ser e na verdade.

RESPONDO. Assim como o bem tem a razão de ser atrativo, assim o verdadeiro está ordenado ao conhecimento. Ora, na medida em que uma coisa participa do ser, nessa mesma medida ela é cognoscível. Por essa razão se diz no tratado *Sobre a alma*: "A alma é, de certo modo, tudo", segundo o sentido e segundo o intelecto. Daí resulta que, assim como o bem é convertível ao ente, assim o é o verdadeiro. Contudo, assim como o bem acrescenta ao ser a razão de ser atrativo, assim também o verdadeiro acrescenta ao ser uma relação com o intelecto.

---

3 PARALL.: I *Sent.*, dist. 8, q. 1, a. 3; dist. 19, q. 5, a. 1, ad 3, 7; *De Verit.*, q. 1, a. 1; a. 2, ad 1.

1. Art. 1.
2. C. 1: 993, b, 30-31.
3. C. 8: 431, b, 21.

---

mento lógico, exprime o ato da mente mediante a qual o sujeito como tal é apreendido em sua alteridade, posto diante do cognoscente, o qual, afirmando ou negando um atributo a seu respeito, afirma-se a si próprio como cognoscente, ou seja, simultaneamente como idêntico a si segundo a essência e como distinto segundo o ser. Por intermédio dessa dupla afirmação do conhecido e de si mesmo cognoscente ele se une ao real em sua relação com o intelecto, isto é, em sua verdade, e o afirma.

O ato pelo qual o intelecto conhece e afirma (afirma-se inicialmente a si mesmo) o verdadeiro é o juízo. O importante é dar-se conta de que o juízo é, para todo intelecto, a intelecção acabada. O que é próprio ao ser humano evidentemente não é julgar, é que o julgar requer para ele um ato de conhecimento prévio, uma intelecção imperfeita: pela necessidade em que ele se encontra de abstrair o inteligível do sensível, ele precisa, mediante uma segunda operação, voltar ao ser que só se apresenta a ele, de início, submerso no sensível e no material. A "proposição", ou "enunciado", é uma construção lógica que lhe é necessária para alcançar o real e julgá-lo.

e. "Convertível": ver q. 11, nota 1.

AD PRIMUM ergo dicendum quod verum est in rebus et in intellectu, ut dictum est⁴. Verum autem quod est in rebus, convertitur cum ente secundum substantiam. Sed verum quod est in intellectu, convertitur cum ente, ut manifestativum cum manifestato. Hoc enim est de ratione veri, ut dictum est⁵. — Quamvis posset dici quod etiam ens est in rebus et in intellectu, sicut et verum; licet verum principaliter in intellectu, ens vero principaliter in rebus. Et hoc accidit propter hoc, quod verum et ens differunt ratione.

AD SECUNDUM dicendum quod non ens non habet in se unde cognoscatur, sed cognoscitur inquantum intellectus facit illud cognoscibile. Unde verum fundatur in ente, inquantum non ens est quoddam ens rationis, apprehensum scilicet a ratione.

AD TERTIUM dicendum quod, cum dicitur quod ens non potest apprehendi sine ratione veri, hoc potest dupliciter intelligi. Uno modo, ita quod non apprehendatur ens, nisi ratio veri assequatur apprehensionem entis. Et sic locutio habet veritatem. Alio modo posset sic intelligi, quod ens non posset apprehendi, nisi apprehenderetur ratio veri. Et hoc falsum est. Sed verum non potest apprehendi, nisi apprehendatur ratio entis: quia ens cadit in ratione veri. Et est simile sicut si comparemus intelligibile ad ens. Non enim potest intelligi ens, quin ens sit intelligibile: sed tamen potest intelligi ens, ita quod non intelligatur eius intelligibilitas. Et similiter ens intellectum est verum: non tamen intelligendo ens, intelligitur verum.

QUANTO AO 1º, portanto, deve-se dizer que, como foi dito, o verdadeiro está nas coisas e no intelecto. O verdadeiro que está nas coisas é convertível com o ente segundo a substância. Mas o verdadeiro que está no intelecto é convertível com o ente, como o que manifesta é convertível com o que é manifestado. Pois isto pertence à razão do verdadeiro, como foi dito. — Poder-se-ia dizer ainda que o ente, como o verdadeiro, está nas coisas e no intelecto; ainda que o verdadeiro se encontre principalmente no intelecto e o ente principalmente nas coisas. É assim porque o verdadeiro e o ente diferem quanto à razão.ᶠ

QUANTO AO 2º, deve-se dizer que o não-ente não tem em si algo pelo qual possa ser conhecido; é conhecido na medida em que o intelecto o torna cognoscível. O verdadeiro se funda no ente, enquanto o não-ente é um ente de razão, isto é, apreendido pela razão.

QUANTO AO 3º, deve-se dizer que, quando se diz que o ente só pode ser apreendido sob a razão de verdadeiro, isto se pode compreender de duas maneiras. Primeira, o ente não é apreendido se a razão de verdadeiro não se segue à apreensão do ente; e neste sentido a afirmação é exata.ᵍ Mas poder-se-ia também compreender que o ente não pode ser apreendido sem que seja apreendida a razão de verdadeiro, e isto é falso. Ao contrário, o verdadeiro não pode ser apreendido se não se apreende a razão do ente, pois o ente está incluído na razão de verdadeiro. O mesmo acontece se relacionamos o inteligível ao ente. Não se pode conhecer o ente sem que seja inteligível; e no entanto pode-se conhecer o ente sem que seja conhecida sua inteligibilidade. E igualmente o ente que o intelecto conhece é verdadeiro; mas, conhecendo o ente, não se conhece o verdadeiro.

---

4. Art. 1.
5. Ibid.

f. O "verdadeiro", na concepção de Santo Tomás, é um transcendental, isto é, uma propriedade do ser como tal. O paradoxo consiste em que se afirma simultaneamente que o verdadeiro é um atributo do conhecer e só se encontra formalmente no ato de conhecimento. A solução do paradoxo é a identificação do cognoscente e do conhecido, no e pelo ato de conhecer: identificação segundo a forma, a alteridade permanecendo segundo o ser, "ser outro enquanto outro". A partir daí, o verdadeiro e o ente são convertíveis: todo ente é verdadeiro, todo verdadeiro é um ente, mas o ente está principalmente no universo real e secundariamente no universo intencional; o verdadeiro, principalmente no universo intencional e, secundariamente, por derivação, no universo real.

g. Se a razão formal de verdadeiro não resulta da apreensão do ente, é que o ente, nesse juízo, não foi "atingido", não foi apreendido. É o problema do erro, que será examinado na questão seguinte.

Articulus 4
Utrum bonum secundum rationem sit prius quam verum

AD QUARTUM SIC PROCEDITUR. Videtur quod bonum secundum rationem sit prius quam verum.

1. Quod enim est universalius, secundum rationem prius est, ut patet ex I *Physic.*[1]. Sed bonum est universalius quam verum: nam verum est quoddam bonum, scilicet intellectus. Ergo bonum prius est secundum rationem quam verum.

2. PRAETEREA, bonum est in rebus, verum autem in compositione et divisione intellectus, ut dictum est[2]. Sed ea quae sunt in re, sunt priora his quae sunt in intellectu. Ergo prius est secundum rationem bonum quam verum.

3. PRAETEREA, veritas est quaedam species virtutis, ut patet in IV *Ethic.*[3]. Sed virtus continetur sub bono: est enim bona qualitas mentis, ut dicit Augustinus[4]. Ergo bonum est prius quam verum.

SED CONTRA, quod est in pluribus, est prius secundum rationem. Sed verum est in quibusdam in quibus non est bonum, scilicet in mathematicis. Ergo verum est prius quam bonum.

RESPONDEO dicendum quod, licet bonum et verum supposito convertantur cum ente, tamen ratione differunt. Et secundum hoc verum, absolute loquendo, prius est quam bonum. Quod ex duobus apparet. Primo quidem ex hoc, quod verum propinquius se habet ad ens, quod est prius, quam bonum. Nam verum respicit ipsum esse simpliciter et immediate: ratio autem boni consequitur esse, secundum quod est aliquo modo perfectum; sic enim appetibile est. — Secundo apparet ex hoc, quod cognitio naturaliter praecedit appetitum. Unde, cum verum respiciat cognitionem, bonum autem appetitum, prius erit verum quam bonum secundum rationem.

Artigo 4
O bem, segundo a razão, é anterior ao verdadeiro?

QUANTO AO QUARTO, ASSIM SE PROCEDE: parece que o bem, segundo a razão, é anterior ao verdadeiro.

1. Com efeito, vê-se no livro I da *Física* que o mais universal é anterior segundo a razão. Ora, o bem é mais universal que o verdadeiro, pois o verdadeiro é um certo bem, a saber, do intelecto. Logo, o bem no plano da razão é anterior ao verdadeiro.

2. ALÉM DISSO, o bem está nas coisas; o verdadeiro na composição e na divisão do intelecto, como foi dito. Ora, o que está nas coisas é anterior ao que está no intelecto. Logo, segundo a razão, o bem é anterior ao verdadeiro.

3. ADEMAIS, a verdade é uma espécie de virtude, como diz o livro IV da *Ética*. Ora, a virtude está compreendida na categoria de "bem", sendo, segundo Agostinho, "uma boa qualidade da mente". Logo, o bem é anterior ao verdadeiro.

EM SENTIDO CONTRÁRIO, o que está em um maior número de coisas é anterior, segundo a razão. Ora, o verdadeiro se encontra em coisas em que não existe o bem, por exemplo, as entidades matemáticas. Logo, o verdadeiro é anterior ao bem.

RESPONDO. Ainda que o bem e o verdadeiro quanto ao suposito sejam convertíveis com o ente, eles diferem quanto à razão. E, sob este aspecto, o verdadeiro, absolutamente falando, é anterior ao bem. Dois argumentos o provam. Primeiro, pelo fato de que o verdadeiro está mais próximo do ente, que é anterior, do que o bem. O verdadeiro concerne ao próprio ser de maneira absoluta e imediata, ao passo que a razão do bem é consecutiva ao ser enquanto ele é, de certo modo, perfeito, pois é assim que é atrativo. — Em segundo lugar, o conhecimento naturalmente precede o apetite. Logo, como o verdadeiro concerne ao conhecimento, e o bem ao apetite, o verdadeiro, segundo a razão, será anterior ao bem[h].

---

4   PARALL.: *De Verit.*, q. 21, a. 3; *Heb.*, c. 11, lect. 1.

1. C. 5: 188, b, 30 — 189, a, 10. Cfr. I *Poster.*, c. 2: 71, b, 29-72, a, 7.
2. Art. 2.
3. C. 13: 1127, a, 20-25.
4. Elicitur ex lib. II *de Lib. Arbitr.*, c. 18 sq.: ML 32, 1267-1268.

h. É sobre a prioridade reconhecida do verdadeiro sobre o bom que se funda, em última análise, o que se chamou, não sem certo equívoco, de intelectualismo de Santo Tomás. Notemos apenas, em primeiro lugar, que não se trata de modo algum de separá-las, uma vez que constituem duas propriedades do ente, as quais não poderiam existir separadas: é a verdade do ente que ele é bom. Em segundo lugar, que a questão, no plano de profundidade metafísica no qual nos encontramos, permanece aberta a uma prioridade do bem em tal ou tal situação concreta do ente.

AD PRIMUM ergo dicendum quod voluntas et intellectus mutuo se includunt: nam intellectus intelligit voluntatem, et voluntas vult intellectum intelligere. Sic ergo inter illa quae ordinantur ad obiectum voluntatis, continentur etiam ea quae sunt intellectus; et e converso. Unde in ordine appetibilium, bonum se habet ut universale, et verum ut particulare: in ordine autem intelligibilium est e converso. Ex hoc ergo quod verum est quoddam bonum, sequitur quod bonum sit prius in ordine appetibilium: non autem quod sit prius simpliciter.

AD SECUNDUM dicendum quod secundum hoc est aliquid prius ratione, quod prius cadit in intellectu. Intellectus autem per prius apprehendit ipsum ens; et secundario apprehendit se intelligere ens; et tertio apprehendit se appetere ens. Unde primo est ratio entis, secundo ratio veri, tertio ratio boni, licet bonum sit in rebus.

AD TERTIUM dicendum quod virtus quae dicitur *veritas*, non est veritas communis, sed quaedam veritas secundum quam homo in dictis et factis ostendit se ut est. Veritas autem *vitae* dicitur particulariter, secundum quod homo in vita sua implet illut ad quod ordinatur per intellectum divinum: sicut etiam dictum est[5] veritatem esse in ceteris rebus. Veritas autem *iustitiae* est secundum quod homo servat id quod debet alteri secundum ordinem legum. Unde ex his particularibus veritatibus non est procedendum ad veritatem communem.

QUANTO AO 1º, portanto, deve-se dizer que a vontade e o intelecto se incluem mutuamente, pois o intelecto conhece a vontade e a vontade quer que o intelecto conheça. Assim, entre as coisas que se referem ao objeto da vontade, estão compreendidas igualmente as coisas do intelecto e vice-versa. Por conseguinte, na ordem das coisas atrativas, o bem se apresenta como universal e o verdadeiro como particular; mas, na ordem dos inteligíveis, é o contrário. Logo, pelo fato de que o verdadeiro é um certo bem, segue-se que o bem é anterior na ordem do que é atrativo, mas não de modo absoluto.

QUANTO AO 2º, deve-se dizer que é anterior, segundo a razão, o que por primeiro se apresenta ao intelecto. Ora, o intelecto apreende primeiro o ente; em seguida, apreende que conhece o ente; em terceiro, apreende que tende para o ente. Portanto, a razão de ente é primeira; a de verdadeiro, segunda; e a de bem, terceira, embora o bem esteja nas coisas.

QUANTO AO 3º, deve-se dizer que a virtude chamada *verdade* não é a verdade em geral, mas a verdade particular segundo a qual o homem se mostra tal qual é, em palavras e em atos. A verdade da *vida* é tomada em sentido particular segundo o qual o homem realiza na vida aquilo a que foi ordenado pelo intelecto divino, como já foi dito que a verdade está nas demais coisas. Quanto à verdade da *justiça*, ela consiste em que o homem assegura o que deve aos outros, segundo a lei. Não se deve, portanto, a partir dessas verdades particulares, passar à verdade geral.

ARTICULUS 5
Utrum Deus sit veritas

AD QUINTUM SIC PROCEDITUR. Videtur quod Deus non sit veritas.

1. Veritas enim consistit in compositione et divisione intellectus. Sed in Deo non est compositio et divisio. Ergo non est ibi veritas.

2. PRAETEREA, veritas, secundum Augustinum, in libro *de Vera Relig.*[1], est *similitudo principii*. Sed Dei non est similitudo ad principium. Ergo in Deo non est veritas.

3. PRAETEREA, quidquid dicitur de Deo, dicitur de eo ut de prima causa omnium: sicut esse Dei est causa omnis esse, et bonitas eius est causa omnis

ARTIGO 5
Deus é a verdade?

QUANTO AO QUINTO, ASSIM SE PROCEDE: parece que Deus **não** é a verdade.

1. Com efeito, a verdade consiste na composição ou na divisão do intelecto. Ora, em Deus não há composição nem divisão. Logo, nele não há verdade.

2. ALÉM DISSO, segundo Agostinho, a verdade é "a semelhança do princípio". Ora, em Deus não há semelhança de princípio. Logo, em Deus não há verdade.

3. ADEMAIS, tudo o que se diz de Deus, diz-se dele como da causa primeira de tudo; como o ser de Deus é causa de todo ser, e sua bondade é

---

5. Art. 1.

5 PARALL.: I-II, q. 3, a. 7; I *Sent.*, dist. 19, q. 5, a. 1; *Cont. Gent.* I, 59 sqq.; III, 51.
1. C. 36: ML 34, 151-152.

boni. Si ergo in Deo sit veritas, ergo omne verum erit ab ipso. Sed aliquem peccare est verum. Ergo hoc erit a Deo. Quod patet esse falsum.

SED CONTRA est quod dicit Dominus, Io 14,6: *Ego sum via, veritas et vita.*

RESPONDEO dicendum quod, sicut dictum est[2], veritas invenitur in intellectu secundum quod apprehendit rem ut est, et in re secundum quod habet esse conformabile intellectui. Hoc autem maxime invenitur in Deo. Nam esse suum non solum est conforme suo intellectui, sed etiam est ipsum suum intelligere; et suum intelligere est mensura et causa omnis alterius esse, et omnis alterius intellectus; et ipse est suum esse et intelligere. Unde sequitur quod non solum in ipso sit veritas, sed quod ipse sit ipsa summa et prima veritas.

AD PRIMUM ergo dicendum quod, licet in intellectu divino non sit compositio et divisio, tamen secundum suam simplicem intelligentiam iudicat de omnibus, et cognoscit omnia complexa. Et sic in intellectu eius est veritas.

AD SECUNDUM dicendum quod verum intellectus nostri est secundum quod conformatur suo principio, scilicet rebus, a quibus cognitionem accipit. Veritas etiam rerum est secundum quod conformantur suo principio, scilicet intellectui divino. Sed hoc, proprie loquendo, non potest dici in veritate divina, nisi forte secundum quod veritas appropriatur Filio, qui habet principium. Sed si de veritate essentialiter dicta loquamur, non potest intelligi, nisi resolvatur affirmativa in negativam, sicut cum dicitur, *Pater est a se, quia non est ab alio*. Et similiter dici potest *similitudo principii* veritas divina, inquantum esse suum non est suo intellectui dissimile.

AD TERTIUM dicendum quod non ens et privationes non habent ex seipsis veritatem, sed solum ex apprehensione intellectus. Omnis autem apprehensio intellectus a Deo est: unde quidquid est veritatis in hoc quod dico, *istum fornicari est verum*, totum est a Deo. Sed si arguatur, *ergo istum fornicari est a Deo*, est fallacia Accidentis.

causa de todo bem. Logo, se em Deus há verdade, tudo o que é verdadeiro será por ele. Ora, que alguém peque é verdade. Logo, será por Deus; o que evidentemente é falso.

EM SENTIDO CONTRÁRIO, diz o Senhor no Evangelho de João: "Eu sou o caminho, a verdade e a vida".

RESPONDO. Como foi dito, a verdade se encontra no intelecto segundo apreende uma coisa tal qual é, e encontra-se na coisa segundo tem o ser que pode se conformar ao intelecto. Ora, isso se encontra ao máximo em Deus. Pois não apenas seu ser é conforme a seu intelecto. Ele é sua própria intelecção, e esta é a medida e a causa de qualquer outro ser e de qualquer outro intelecto. Ele próprio é seu ser e sua intelecção. Segue-se que não somente a verdade está nele, mas ele próprio é a suprema e primeira verdade.

QUANTO AO 1º, portanto, deve-se dizer que, embora no intelecto divino não haja composição e divisão, por sua inteligência simples julga tudo e conhece todos os objetos complexos. E é assim que a verdade está em seu intelecto.

QUANTO AO 2º, deve-se dizer que a verdade de nosso intelecto está em conformidade a seu princípio, a saber, às coisas de que recebe o conhecimento. A verdade das coisas, por sua vez, está em sua conformidade ao princípio dela, a saber, o intelecto divino. Mas, para falar com exatidão, isto não pode ser dito da verdade divina, a não ser talvez que se aproprie a verdade ao Filho, que tem um princípio. Se falamos, porém, da verdade[i] no sentido essencial, isso é incompreensível; a menos que a proposição afirmativa seja explicada pela negativa, como quando se diz: *O Pai é por si mesmo, porque não é por um outro*. Assim também se pode dizer que a verdade divina é a *semelhança do princípio*, enquanto o ser de Deus não é dessemelhante de seu intelecto.

QUANTO AO 3º, deve-se dizer que o não-ente e as privações não têm verdade por si mesmos, mas apenas pela apreensão do intelecto. Ora, toda apreensão do intelecto tem a Deus por causa, de modo que tudo o que há de verdade em minha proposição "este ato de fornicar é verdadeiro" tem totalmente a Deus por causa. Mas se se argumenta:

---

2. Art. 1.

i. O texto latino traz *essentialiter*: trata-se da verdade no sentido próprio, ou seja, da verdade na inteligência, em oposição à verdade por denominação, que está nas coisas. É a essa verdade que visa a primeira parte da resposta, para dizer que a afirmação de Agostinho que está em questão pode também, em rigor, aplicar-se a Deus. Todavia, se tomamos a verdade no sentido próprio, segundo sua razão formal, devemos interpretar a afirmação como incluindo uma negação que é a única válida.

Articulus 6
Utrum sit una sola veritas, secundum quam omnia sunt vera

AD SEXTUM SIC PROCEDITUR. Videtur quod una sola sit veritas, secundum quam omnia sunt vera.

1. Quia, secundum Augustinum[1], nihil est maius mente humana nisi Deus. Sed veritas est maior mente humana: alioquin mens iudicaret de veritate; nunc autem omnia iudicat secundum veritatem, et non secundum seipsam. Ergo solus Deus est veritas. Ergo non est alia veritas quam Deus.

2. PRAETEREA, Anselmus dicit, in libro *de Veritate*[2], quod sicut tempus se habet ad temporalia, ita veritas ad res veras. Sed unum est tempus omnium temporalium. Ergo una est veritas, qua omnia vera sunt.

SED CONTRA est quod in Ps 11,2 dicitur: *diminutae sunt veritates a filiis hominum*.

RESPONDEO dicendum quod quodammodo una est veritas, qua omnia sunt vera, et quodammodo non. Ad cuius evidentiam, sciendum est quod, quando aliquid praedicatur univoce de multis, illud in quolibet eorum secundum propriam rationem invenitur, sicut *animal* in qualibet specie animalis. Sed quando aliquid dicitur analogice de multis, illud invenitur secundum propriam rationem in uno eorum tantum, a quo alia denominantur. Sicut *sanum* dicitur de animali et urina et medicina, non quod sanitas sit nisi in animali tantum, sed a sanitate animalis denominatur medicina sana, inquantum est illius sanitatis effectiva, et urina, inquantum est illius sanitatis significativa. Et quamvis sanitas non sit in medicina neque in urina, tamen in utroque est aliquid per quod hoc quidem facit, illud autem significat sanitatem.

Dictum est autem[3] quod veritas per prius est in intellectu, et per posterius in rebus, secundum

logo o ato de fornicar tem a Deus por causa, tem-se o "sofisma de acidente".

Artigo 6
Todas as coisas são verdadeiras em razão de uma única verdade?

QUANTO AO SEXTO, ASSIM SE PROCEDE: parece que há uma única verdade em razão da qual todas as coisas são verdadeiras.

1. Porque, segundo Agostinho, "nada é maior do que a mente humana, exceto Deus". Ora, a verdade é maior que a mente humana; se não fosse assim, a mente seria juiz da verdade, quando de fato ela julga segundo a verdade e não segundo ela mesma. Logo, Deus é a única verdade. Logo não há outra verdade além de Deus.

2. ALÉM DISSO, Anselmo diz no livro *Sobre a verdade* que a verdade se refere às coisas verdadeiras como o tempo às coisas temporais. Ora, existe apenas um tempo de todas as coisas temporais. Logo, só há uma verdade pela qual tudo é verdadeiro.

EM SENTIDO CONTRÁRIO, no Salmo 11 se declara: "As verdades desapareceram dos filhos dos homens".

RESPONDO. Em certo sentido, e em outro não, existe uma única verdade pela qual tudo é verdadeiro. Para evidenciá-lo, é preciso saber que, quando algo é atribuído a muitos de modo unívoco, isso se encontra segundo sua razão própria em cada um. Por exemplo, *animal* em cada espécie de animal. Quando, porém, algo é dito de muitos analogicamente, isso se encontra segundo sua razão própria em um único deles, em função do qual os outros são denominados. Assim, *sadio* é dito do animal, da urina e do remédio; não que a saúde exista apenas no animal, mas, em função da saúde do animal, o remédio é dito sadio enquanto é causa desta saúde, e a urina enquanto é sinal dela. E, ainda que a saúde não se encontre nem no medicamento nem na urina, pode existir em um e em outra algo graças ao qual um causa e a outra significa a saúde.

Ora, foi dito que a verdade se encontra por primeiro no intelecto e posteriormente nas coisas,

---

6 PARALL.: I *Sent*., dist. 19, q. 5, a. 2; *Cont. Gent*. III, 47; *De Verit*., q. 1, a. 4; q. 21, a. 4, ad 5; q. 27, a. 1, ad 7; *Quodlib*. X, q. 4, a. 1.

1. *De Trinit*., lib. XV, c. 1: ML 42, 1044, 1057.
2. C. 14: ML 158, 486 C.
3. Art. 1.

quod ordinantur ad intellectum divinum. Si ergo loquamur de veritate prout existit in intellectu, secundum propriam rationem, sic in multis intellectibus creatis sunt multae veritates; etiam in uno et eodem intellectu, secundum plura cognita. Unde dicit Glossa[4] super illud Ps 11,2, *diminutae sunt veritates a filiis hominum* etc., quod sicut ab una facie hominis resultant plures similitudines in speculo, sic ab una veritate divina resultant plures veritates. Si vero loquamur de veritate secundum quod est in rebus, sic omnes sunt verae una prima veritate, cui unumquodque assimilatur secundum suam entitatem. Et sic, licet plures sint essentiae vel formae rerum, tamen una est veritas divini intellectus, secundum quam omnes res denominantur verae.

Ad primum ergo dicendum quod anima non secundum quamcumque veritatem iudicat de rebus omnibus; sed secundum veritatem primam, inquantum resultat in ea sicut in speculo, secundum prima intelligibilia. Unde sequitur quod veritas prima sit maior anima. Et tamen etiam veritas creata, quae est in intellectu nostro, est maior anima, non simpliciter sed secundum quid, inquantum est perfectio eius; sicut etiam scientia posset dici maior anima. Sed verum est quod nihil subsistens est maius mente rationali, nisi Deus.

Ad secundum dicendum quod dictum Anselmi veritatem habet, secundum quod res dicuntur verae per comparationem ad intellectum divinum.

Articulus 7
Utrum veritas creata sit aeterna

Ad septimum sic proceditur. Videtur quod veritas creata sit aeterna.

na medida em que estas se referem ao intelecto divino. Portanto, se falamos da verdade enquanto está no intelecto segundo sua própria razão, então existem em intelectos criados muitas verdades; e também no mesmo intelecto, de acordo com a pluralidade de coisas conhecidas. É o que leva a *Glosa* a dizer, comentando as palavras do Salmo 11: "As verdades desapareceram dos filhos dos homens etc.", que de uma mesma verdade divina resultam várias verdades, como de um rosto do homem resultam muitas semelhanças no espelho. Se, porém, falamos da verdade enquanto está nas coisas, então todas as coisas são verdadeiras em razão de uma única e primeira verdade, a de que cada uma é assemelhada segundo seu modo de ser. Conclui-se, assim, que, embora existam muitas essências ou formas das coisas, a verdade do intelecto divino é única, e por ela todas as coisas são denominadas verdadeiras.

Quanto ao 1º, portanto, deve-se dizer que a alma julga todas as coisas não segundo uma verdade qualquer, mas segundo a verdade primeira, enquanto nela se reflete como em um espelho, segundo os inteligíveis primeiros[j]. Segue-se, pois, que a verdade primeira é maior que a alma. E, no entanto, a verdade criada que se encontra em nosso intelecto é maior também que a alma, não porém de modo absoluto, mas sob certo aspecto, enquanto é sua perfeição. Nesse sentido, poder-se-ia dizer também da ciência que é maior que a alma. É verdade, contudo, que só Deus, entre os subsistentes, é maior que a mente racional.

Quanto ao 2º, deve-se dizer que o que diz Anselmo só é verdadeiro quanto às coisas afirmadas verdadeiras em relação ao intelecto divino.

Artigo 7
A verdade criada é eterna?

Quanto ao sétimo, assim se procede: parece que a verdade criada é eterna.

---

4. Ex Augustino in hunc locum: ML 36, 138.

Parall.: Supra, q. 10, a. 3, ad 3; I *Sent.*, dist. 19, q. 5, a. 3; *Cont. Gent.* II, 35; III, c. 82, 84; *De Verit.*, q. 1, a. 5; *De Pot.*, q. 3, a. 17, ad 27.

j. Os inteligíveis primeiros são o ente e os transcendentais, assim como os primeiros princípios que a inteligência forma espontaneamente assim que os apreende. Constituem um reflexo, em nós, da Verdade primeira. Não que sejam inatos, mas porque a inteligência os forma mediante um movimento natural, anterior a todo desvio possível, movimento pelo qual ele se atualiza como imagem de Deus. Tais verdades, que ele apreende em um primeiro movimento incoercível e não pode jamais recolocar de fato em questão, justamente porque se trata de um movimento primeiro que está no princípio de todos os outros, são, nele, um reflexo da infinita Verdade divina. Tal reflexo não se imprime nele por uma ação exterior, mas sob a ação interior daquele que o fez e que é a Verdade. Tal é a interpretação tomista da afirmação de São João, o qual diz do Verbo "que ele ilumina todo homem".

1. Dicit enim Augustinus, in libro *de Libero Arbitrio*[1], quod nihil est magis aeternum quam ratio circuli, et duo et tria esse quinque. Sed horum veritas est veritas creata. Ergo veritas creata est aeterna.

2. PRAETEREA, omne quod est semper, est aeternum. Sed universalia sunt ubique et semper. Ergo sunt aeterna. Ergo et verum, quod est maxime universale.

3. PRAETEREA, id quod est verum in praesenti, semper fuit verum esse futurum. Sed sicut veritas propositionis de praesenti est veritas creata, ita veritas propositionis de futuro. Ergo aliqua veritas creata est aeterna.

4. PRAETEREA, omne quod caret principio et fine, est aeternum. Sed veritas enuntiabilium caret principio et fine. Quia, si veritas incoepit cum ante non esset, verum erat veritatem non esse: et utique aliqua veritate verum erat, et sic veritas erat antequam inciperet. Et similiter si ponatur veritatem habere finem, sequitur quod sit postquam desierit: verum enim erit veritatem non esse. Ergo veritas est aeterna.

SED CONTRA est quod solus Deus est aeternus, ut supra[2] habitum est.

RESPONDEO dicendum quod veritas enuntiabilium non est aliud quam veritas intellectus. Enuntiabile enim et est in intellectu, et est in voce. Secundum autem quod est in intellectu, habet per se veritatem. Sed secundum quod est in voce, dicitur verum enuntiabile, secundum quod significat aliquam veritatem intellectus; non propter aliquam veritatem in enuntiabili existentem sicut in subiecto. Sicut urina dicitur sana, non a sanitate quae in ipsa sit, sed a sanitate animalis, quam significat. Similiter etiam supra[3] dictum est quod res denominantur verae a veritate intellectus. Unde si nullus intellectus esset aeternus, nulla veritas esset aeterna. Sed quia solus intellectus divinus est aeternus, in ipso solo veritas aeternitatem habet. Nec propter hoc sequitur quod aliquid aliud sit aeternum quam Deus: quia veritas intellectus divini est ipse Deus, ut supra[4] ostensum est.

1. Com efeito, Agostinho afirma: "Nada é mais eterno que a definição do círculo e que dois mais três são cinco". Ora, essas verdades são verdades criadas. Logo, a verdade criada é eterna.

2. ALÉM DISSO, o que é sempre é eterno. Ora, os universais estão em toda parte e sempre. Portanto, são eternos. Logo, também o verdadeiro é ao máximo universal.

3. ADEMAIS, o que é verdadeiro no momento presente foi sempre verdadeiro que seria verdadeiro. Ora, assim como a verdade de uma proposição no presente é uma verdade criada, assim também a verdade de uma proposição no futuro. Logo, alguma verdade criada é eterna.

4. ADEMAIS, o que não tem princípio nem fim é eterno. Ora, a verdade dos enunciados não tem nem princípio nem fim. Porque se a verdade começou, não tendo existido antes, era verdadeiro que a verdade não existia. E, como era verdadeiro por alguma verdade, então havia verdade antes que começasse a existir. Semelhantemente, supondo que a verdade tem um fim, segue-se que ela exista depois de ter cessado, porque será verdadeiro que a verdade não existe. Logo, a verdade é eterna.

EM SENTIDO CONTRÁRIO, só Deus é eterno, como foi estabelecido acima.

RESPONDO. A verdade dos enunciados não difere da verdade do intelecto. Pois o enunciado está no intelecto e está na palavra. Enquanto está no intelecto, em si mesmo contém a verdade. Enquanto está na palavra, o enunciado diz-se verdadeiro na medida em que significa uma verdade do intelecto, não em razão de uma verdade que existiria no enunciado como em seu sujeito. Assim como se diz que a urina é sadia não em razão da saúde que nela se encontrasse, mas em razão da saúde do animal que ela significa. De modo semelhante, foi dito acima que as coisas são denominadas verdadeiras pela verdade do intelecto. Então, se não houvesse intelecto eterno, não haveria verdade eterna. Como, porém, somente o intelecto divino é eterno, é apenas nele que a verdade é eterna. Não se segue daí que exista algo além de Deus que seja eterno, porque a verdade do intelecto divino é o próprio Deus, como já foi demonstrado.

---

1. Lib. II, c. 8: ML 32, 1252; II *Soliloq.*, c. 19: ibid. 32, 901.
2. Q. 10, a. 3.
3. Art. 1.
4. Art. 5.

AD PRIMUM ergo dicendum quod ratio circuli, et duo et tria esse quinque, habent aeternitatem in mente divina.

AD SECUNDUM dicendum quod aliquid esse semper et ubique, potest intelligi dupliciter. Uno modo, quia habet in se unde se extendat ad omne tempus et ad omnem locum, sicut Deo competit esse ubique et semper. Alio modo, quia non habet in se quo determinetur ad aliquem locum vel tempus: sicut materia prima dicitur esse una, non quia habet unam formam, sicut homo est unus ab unitate unius formae, sed per remotionem omnium formarum distinguentium. Et per hunc modum, quodlibet universale dicitur esse ubique et semper, inquantum universalia abstrahunt ab hic et nunc. Sed ex hoc non sequitur ea esse aeterna, nisi in intellectu, si quis sit aeternus.

AD TERTIUM dicendum quod illud quod nunc est, ex eo futurum fuit antequam esset, quia in causa sua erat ut fieret. Unde, sublata causa, non esset futurum illud fieri. Sola autem causa prima est aeterna. Unde ex hoc non sequitur quod ea quae sunt, semper fuerit verum ea esse futura, nisi quatenus in causa sempiterna fuit ut essent futura. Quae quidem causa solus Deus est.

AD QUARTUM dicendum quod, quia intellectus noster non est aeternus, nec veritas enuntiabilium quae a nobis formantur, est aeterna, sed quandoque incoepit. Et antequam huiusmodi veritas esset, non erat verum dicere veritatem talem non esse, nisi ab intellectu divino, in quo solum veritas est aeterna. Sed nunc verum est dicere veritatem tunc non fuisse. Quod quidem non est verum nisi veritate quae nunc est in intellectu nostro: non autem per aliquam veritatem ex parte rei. Quia ista est veritas de non ente; non ens autem non habet ex se ut sit verum, sed solummodo ex intellectu apprehendente ipsum. Unde intantum est verum dicere veritatem non fuisse, inquantum apprehendimus non esse ipsius ut praecedens esse eius.

QUANTO AO 1º, portanto, deve-se dizer que a definição do círculo e de "dois mais três são cinco" é eterna na mente divina.

QUANTO AO 2º, deve-se dizer que se pode entender de duas maneiras que algo exista em toda parte e sempre. Primeira, porque tem em si por onde se estender a todo tempo e lugar, como cabe a Deus estar em toda parte e sempre. Segunda, porque não tem em si por onde se determinar a tal lugar ou a tal tempo. É assim que matéria primeira se diz que é una: não porque possua uma única forma, como o homem é uno pela unidade de uma única forma, mas pela ausência de todas as formas que causam distinções. Assim, diz-se que todo universal está em toda parte e sempre, porque os universais fazem abstração do aqui e do agora. O que não significa que sejam eternos, a não ser em um intelecto, caso exista, que seja eterno.

QUANTO AO 3º, deve-se dizer que o que agora é, antes de ser, foi futuro, porque estava em sua causa ser feito. Logo, afastada essa causa, o ser feito não seria futuro. Ora, só a causa primeira é eterna. Portanto, disso não se segue que sempre tenha sido verdadeiro que aquilo que agora é tenha sido futuro, a não ser que estivesse determinado na causa eterna que aquilo seria futuro. E esta causa é somente Deus.

QUANTO AO 4º, deve-se dizer que, como nosso intelecto não é eterno, a verdade dos enunciados que formamos não é eterna, mas um dia começou. E, antes que essa verdade existisse, não era verdadeiro dizer que ela não era, a não ser que fosse dito pelo intelecto divino, o único em que a verdade é eterna. Agora, porém, é verdadeiro dizer que essa verdade não era então. E isto só é verdadeiro pela verdade presente agora em nosso intelecto, não por uma verdade que está na coisa. Porque esta é a verdade do não-ente; ora, o não-ente não é verdadeiro por si mesmo, e só o é pelo intelecto que o apreende. Portanto, só será verdadeiro dizer que uma verdade não existia se apreendermos seu não-ser como anterior a seu ser[k].

---

k. As análises sutis deste artigo e das soluções propostas às objeções podem reduzir-se a um raciocínio bem simples, apoiado sobre tudo o que precede: a verdade só está em uma inteligência, ou em função de uma inteligência; só poderia ser eterna, portanto, em uma inteligência eterna e/ou em relação a ela. Esse intelecto existe, é a inteligência divina. A verdade, por conseguinte, é eterna nele, pela comunicação de sua eternidade. Se quisermos, porém, abstrair do intelecto no qual ela é, a verdade não é nem eterna nem temporal, ela não é. Desse modo, são radicalmente excluídas as numerosas especulações surgidas da ideia segundo a qual a verdade em si mesma é eterna, seja que se tenha querido, a partir daí, provar a existência de Deus — mas, se não sabemos que Deus existe, não podemos afirmar a eternidade da verdade —, seja que se tenha buscado uma explicação do conhecimento do futuro contingente pela eternidade da verdade que lhe concerne; já que essa verdade só pode estar em uma inteligência que conhece o futuro contingente, ela não poderia explicar portanto que o conheça.

Articulus 8
Utrum veritas sit immutabilis

Ad octavum sic proceditur. Videtur quod veritas sit immutabilis.

1. Dicit enim Augustinus, in libro II *de Libero Arbitrio*[1], quod veritas non est aequalis menti, quia esset mutabilis, sicut et mens.

2. Praeterea, id quod remanet post omnem mutationem, est immutabile: sicut prima materia est ingenita et incorruptibilis, quia remanet post omnem generationem et corruptionem. Sed veritas remanet post omnem mutationem: quia post omnem mutationem verum est dicere esse vel non esse. Ergo veritas est immutabilis.

3. Praeterea, si veritas enuntiationis mutatur, maxime mutatur ad mutationem rei. Sed sic non mutatur. Veritas enim, secundum Anselmum[2], est rectitudo quaedam, inquantum aliquid implet id quod est de ipso in mente divina. Haec autem propositio, *Socrates sedet*, accipit a mente divina ut significet Socratem sedere: quod significat etiam eo non sedente. Ergo veritas propositionis nullo modo mutatur.

4. Praeterea, ubi est eadem causa, et idem effectus. Sed eadem res est causa veritatis harum trium propositionum *Socrates sedet, sedebit*, et *sedit*. Ergo eadem est harum veritas. Sed oportet quod alterum horum sit verum. Ergo veritas harum propositionum immutabiliter manet. Et eadem ratione cuiuslibet alterius propositionis.

Sed contra est quod dicitur in Ps 11,2: *diminutae sunt veritates a filiis hominum*.

Respondeo dicendum quod, sicut supra[3] dictum est, veritas proprie est in solo intellectu, res autem dicuntur verae a veritate quae est in aliquo intellectu. Unde mutabilitas veritatis consideranda est circa intellectum. Cuius quidem veritas in hoc consistit, quod habeat conformitatem ad res intellectas. Quae quidem conformitas variari potest dupliciter, sicut et quaelibet alia similitudo, ex mutatione alterius extremi. Unde uno modo variatur veritas ex parte intellectus, ex eo

Artigo 8
A verdade é imutável?

Quanto ao oitavo, assim se procede: parece que a verdade é imutável.

1. Com efeito, diz Agostinho: "A verdade não é igual à mente, pois seria mutável como ela".

2. Além disso, o que permanece depois de toda mudança é imutável. Por exemplo, a matéria primeira que é ingênita e incorruptível porque permanece após toda geração e corrupção. Ora, a verdade permanece depois de toda mudança. Com efeito, após toda mudança é verdadeiro dizer: isto é ou isto não é. Logo, a verdade é imutável.

3. Ademais, se a verdade de um enunciado muda, muda sobretudo em razão da mudança da coisa. Ora, desse modo não muda. Com efeito, segundo Anselmo: a verdade é uma certa retidão, consistindo em que uma coisa realiza o que dela está na mente divina. Ora, a proposição: *Sócrates está sentado* recebe da mente divina o significado de que Sócrates está sentado, e ela significa isso, mesmo quando Sócrates não está sentado. Por conseguinte, a verdade da proposição não muda de modo algum.

4. Ademais, onde há a mesma causa, aí também o mesmo efeito. Ora, uma mesma realidade é causa da verdade destas três proposições: *Sócrates está sentado, estará sentado, esteve sentado*. Logo, a verdade delas é a mesma. É preciso, no entanto, que uma dessas três proposições seja verdadeira; por conseguinte, a verdade dessas proposições permanece imutável, e, pelo mesmo motivo, a verdade de qualquer outra proposição.

Em sentido contrário, o Salmo 11 diz: "As verdades desapareceram dos filhos dos homens".

Respondo. Como já foi dito, a verdade está propriamente no intelecto, e as coisas se dizem verdadeiras pela verdade que está em algum intelecto. A mutabilidade da verdade deve, pois, ser considerada com relação ao intelecto, cuja verdade consiste em sua conformidade com as coisas que conhece. Ora, essa conformidade pode variar de duas maneiras, como toda outra semelhança, pela mudança de um de seus dois extremos. Assim, de uma maneira, a verdade varia quanto ao intelecto

---

8 Parall.: I *Sent.*, dist. 19, q. 5, a. 3; *De Verit.*, q. 1, a. 6.

1. C. 12: ML 32, 1259.
2. *Dialog. de Veritate*, c. 7: ML 158, 475 BC; c. 11: ibid. 480 A.
3. Art. 1.

quod de re eodem modo se habente aliquis aliam opinionem accipit: alio modo si, opinione eadem manente, res mutetur. Et utroque modo fit mutatio de vero in falsum.

Si ergo sit aliquis intellectus in quo non possit esse alternatio opinionum, vel cuius acceptionem non potest subterfugere res aliqua, in eo est immutabilis veritas. Talis autem est intellectus divinus, ut ex superioribus[4] patet. Unde veritas divini intellectus est immutabilis. Veritas autem intellectus nostri mutabilis est. Non quod ipsa sit subiectum mutationis: sed inquantum intellectus noster mutatur de veritate in falsitatem; sic enim formae mutabiles dici possunt. Veritas autem intellectus divini est secundum quam res naturales dicuntur verae, quae est omnino immutabilis.

AD PRIMUM ergo dicendum quod Augustinus loquitur de veritate divina.

AD SECUNDUM dicendum quod verum et ens sunt convertibilia. Unde, sicut ens non generatur neque corrumpitur per se, sed per accidens, inquantum hoc vel illud ens corrumpitur vel generatur, ut dicitur in I *Physic.*[5]; ita veritas mutatur, non quod nulla veritas remaneat, sed quia non remanet illa veritas quae prius erat.

AD TERTIUM dicendum quod propositio non solum habet veritatem sicut res aliae veritatem habere dicuntur, inquantum implent id quod de eis est ordinatum ab intellectu divino; sed dicitur habere veritatem quodam speciali modo, inquantum significat veritatem intellectus. Quae quidem consistit in conformitate intellectus et rei. Qua quidem subtracta, mutatur veritas opinionis, et per consequens veritas propositionis. Sic igitur haec propositio, *Socrates sedet*, eo sedente vera est et veritate rei, inquantum est quaedam vox significativa; et veritate significationis, inquantum

se, a coisa permanecendo o que é, alguém acolhe outra opinião a seu respeito. De outra maneira, a verdade varia se, a opinião permanecendo a mesma, é a coisa que muda. Nesses dois casos, há mudança do verdadeiro ao falso.

Entretanto, se existir um intelecto em que não possa haver nenhuma alternância de opinião, ou a cuja percepção coisa alguma pode escapar, a verdade nesse intelecto será imutável. Ora, assim é o intelecto divino, como ficou demonstrado pelo que precede. A verdade do intelecto divino é então imutável. A verdade, contudo, de nosso intelecto é mutável. Não que ela própria seja o sujeito dessa mudança, mas pelo fato de que nosso intelecto passa do verdadeiro ao falso[1]. Pois é assim que as formas podem ser consideradas mutáveis. É segundo a verdade do intelecto divino que as coisas naturais são consideradas verdadeiras, e esta verdade é totalmente imutável.

QUANTO AO 1º, portanto, deve-se dizer que Agostinho fala da verdade divina.

QUANTO AO 2º, deve-se dizer que o verdadeiro e o ente são convertíveis entre si. Portanto, assim como o ente não se gera nem se corrompe por si, mas por acidente, isto é, o que se gera ou se corrompe é este ou aquele ente, como se diz no livro II da *Física*, assim também a verdade muda; não porque não exista mais nenhuma verdade, mas porque essa verdade, que antes existia, não existe mais.

QUANTO AO 3º, deve-se dizer que uma proposição não só é verdadeira, como outras coisas o são, a saber, na medida em que realiza aquilo que para ela ordenou o intelecto divino, mas é verdadeira de uma maneira especial, enquanto significa a verdade do intelecto. Essa verdade consiste na conformidade do intelecto e da coisa. Se essa conformidade desaparece, a verdade da opinião muda, e por conseguinte a verdade da proposição. Por exemplo, a proposição: *Sócrates está sentado* é verdadeira quando Sócrates está sentado, tanto pela verdade da coisa, enquanto

---

4. Q. 14, a. 15.
5. C. 8: 191, a, 34 — b, 27.

1. Note-se essa especificação. A verdade é uma qualificação de um ato de conhecer, de um juízo. Ela mesma é imutável quanto a sua essência — a sua definição — e mutável no que concerne a seu sujeito — o juízo, ou antes a inteligência que julga —, na medida em que este é suscetível de se tornar falso depois de ter sido verdadeiro, ou *vice-versa*: seja porque a coisa mudou, seja porque a inteligência passa, a respeito da mesma coisa, de um juízo a outro. Santo Tomás nota, então, que se passa do verdadeiro ao falso, mas pode ocorrer que se passe do falso ao verdadeiro, ou do verdadeiro ao verdadeiro. O que importa é que o sujeito da mudança não é a própria verdade, mas o intelecto em ato de julgar. Mudança totalmente excluída quando essa inteligência é a de Deus, que é imutável, como foi mostrado na q. 14, a. 15.

significat opinionem veram. Socrate vero surgente, remanet prima veritas, sed mutatur secunda.

AD QUARTUM dicendum quod sessio Socratis, quae est causa veritatis huius propositionis, *Socrates sedet*, non eodem modo se habet dum Socrates sedet, et postquam sederit, et ante quam sederet. Unde et veritas ab hoc causata, diversimode se habet; et diversimode significatur propositionibus de praesenti, praeterito et futuro. Unde non sequitur quod, licet altera trium propositionum sit vera, quod eadem veritas invariabilis maneat.

ela é uma expressão significativa, quanto pela verdade da significação, enquanto exprime opinião verdadeira. Caso Sócrates se levante, a primeira verdade permanece, mas muda a segunda.

QUANTO AO 4º, deve-se dizer que o fato de Sócrates estar sentado, que é a causa da verdade de proposição: *Sócrates está sentado*, não é considerado da mesma maneira enquanto Sócrates está sentado, depois que ele estava sentado, ou antes que se sentasse. Daí que a verdade assim causada seja considerada de diversas maneiras; e é significada diversamente pelas proposições no presente, no passado e no futuro. Por conseguinte, embora uma dessas proposições seja verdadeira, não se pode concluir que a mesma verdade permaneça invariável.

QUAESTIO XVII
DE FALSITATE

in quatuor articulos divisa
Deinde quaeritur de falsitate.
Et circa hoc quaeruntur quatuor.
Primo: utrum falsitas sit in rebus.
Secundo: utrum sit in sensu.
Tertio: utrum sit in intellectu.
Quarto: de oppositione veri et falsi.

ARTICULUS 1
Utrum falsitas sit in rebus

AD PRIMUM SIC PROCEDITUR. Videtur quod falsitas non sit in rebus.

1. Dicit enim Augustinus, in libro *Soliloq.*[1]: *Si verum est id quod est, falsum non esse uspiam concludetur, quovis repugnante.*

2. PRAETEREA, falsum dicitur a fallendo. Sed res non fallunt, ut dicit Augustinus in libro *de Vera Relig.*[2], *quia non ostendunt aliud quam suam speciem*. Ergo falsum in rebus non invenitur.

3. PRAETEREA, verum dicitur in rebus per comparationem ad intellectum divinum, ut supra[3] dictum est. Sed quaelibet res, inquantum est,

QUESTÃO 17
A FALSIDADE

em quatro artigos
Em seguida se pergunta sobre a falsidade.
E sobre isso são quatro as perguntas:
1. Há falsidade nas coisas?
2. Nos sentidos?
3. No intelecto?
4. Há oposição entre o verdadeiro e o falso?

ARTIGO 1
Há falsidade nas coisas?

QUANTO AO PRIMEIRO ARTIGO, ASSIM SE PROCEDE: parece que **não** há falsidade nas coisas.

1. Com efeito, Agostinho diz: "Se o verdadeiro é o que é, deve-se concluir que o falso não se encontra em lugar nenhum, apesar de todas as objeções".

2. ALÉM DISSO, falso vem de enganar. Ora, as coisas não enganam. Como diz Agostinho: "Elas não mostram nada mais que sua espécie". Logo, o falso não se encontra nas coisas.

3. ADEMAIS, o verdadeiro é afirmado das coisas com referência ao intelecto divino, como se disse acima. Ora, qualquer coisa, enquanto é, imita

---

1 PARALL.: I *Sent.*, dist. 19, q. 5, a. 1; *De Verit.*, q. 1, a. 10; V *Metaphys.*, lect. 22; VI, lect. 4.

1. Lib. II, c. 8: ML 32, 892.
2. C. 36: ML 34, 152.
3. Q. 16, a. 1.

imitatur Deum. Ergo quaelibet res vera est, absque falsitate. Et sic nulla res est falsa.

SED CONTRA est quod dicit Augustinus, in libro *de Vera Relig.*[4], quod *omne corpus est verum corpus et falsa unitas*; quia imitatur unitatem, et non est unitas. Sed quaelibet res imitatur divinam bonitatem, et ab ea deficit. Ergo in omnibus rebus est falsitas.

RESPONDEO dicendum quod, cum verum et falsum opponantur; opposita autem sunt circa idem; necesse est ut ibi prius quaeratur falsitas, ubi primo veritas invenitur, hoc est in intellectu. In rebus autem neque veritas neque falsitas est, nisi per ordinem ad intellectum. Et quia unumquodque secundum id quod convenit ei per se, simpliciter nominatur; secundum autem id quod convenit ei per accidens, non nominatur nisi secundum quid; res quidem simpliciter falsa dici posset per comparationem ad intellectum a quo dependet, cui comparatur per se; in ordine autem ad alium intellectum, cui comparatur per accidens, non posset dici falsa nisi secundum quid.

Dependent autem ab intellectu divino res naturales, sicut ab intellectu humano res artificiales. Dicuntur igitur res artificiales falsae simpliciter et secundum se, inquantum deficiunt a forma artis: unde dicitur aliquis artifex opus falsum facere, quando deficit ab operatione artis. Sic autem in rebus dependentibus a Deo, falsitas inveniri non potest per comparationem ad intellectum divinum, cum quidquid in rebus accidit, ex ordinatione divini intellectus procedat: nisi forte in voluntariis agentibus tantum, in quorum potestate est subducere se ab ordinatione divini intellectus; in quo malum culpae consistit, secundum quod ipsa peccata *falsitates* et *mendacia* dicuntur in Scripturis, secundum illud Ps 4,3: *ut quid diligitis vanitatem et quaeritis mendacium?* Sicut per oppositum operatio virtuosa *veritas vitae* nominatur, inquantum subditur ordini divini intellectus; sicut dicitur Io 3,21: *qui facit veritatem, venit ad lucem.*

Sed per ordinem ad intellectum nostrum, ad quem comparantur res naturales per accidens,

Deus. Logo, todas as coisas são verdadeiras, sem falsidade. Assim, nenhuma coisa é falsa.

EM SENTIDO CONTRÁRIO, Agostinho escreve: "Todo corpo é verdadeiro corpo e falsa unidade", porque imita a unidade, mas não é a unidade. Ora, qualquer coisa imita a bondade divina sem igualá-la. Logo, o falso existe em todas as coisas.

RESPONDO. Como o verdadeiro e o falso se opõem, e os termos opostos o são em referência à mesma coisa, é necessário buscar a falsidade, antes de mais nada, onde se encontra a verdade, a saber no intelecto. Nas coisas não há verdade ou falsidade, a não ser com relação ao intelecto. Qualquer coisa, segundo o que lhe convém por si, é denominada de modo absoluto, ao passo que, segundo o que lhe convém por acidente, só é denominada sob certo aspecto. Portanto, uma coisa poderia ser dita falsa, de modo absoluto, com referência ao intelecto de que depende, e ao qual se refere por si; com relação, porém, a outro intelecto ao qual se refere de modo acidental, só poderia ser denominada falsa sob certo aspecto.

Ora, as coisas naturais dependem do intelecto divino como as artificiais dependem do intelecto humano. Por isso, as coisas artificiais são consideradas falsas, de modo absoluto e em si mesmas, na medida em que não estão de acordo quanto à forma da arte. Donde dizemos que um artífice fez uma obra falsa quando não está de acordo com a realização da arte. Assim, nas coisas que dependem de Deus nada podemos encontrar de falso, se as consideramos em sua relação com o intelecto divino, pois tudo o que acontece nas coisas provém da ordenação do intelecto divino. A não ser, talvez[a], quanto aos agentes voluntários. Eles contam com o poder de se subtrair à ordenação do intelecto divino, o que constitui o mal de culpa; e por isso mesmo esses pecados são chamados pela Escritura de *falsidades* e *mentiras*, como se vê no Salmo: "Por que amais a vaidade e buscais a mentira?". Inversamente, o ato virtuoso é chamado *verdade da vida*, enquanto subordinado à ordem do intelecto divino, segundo a palavra de João: "Aquele que age segundo a verdade vem à luz".

Com relação, porém, a nosso intelecto, a que se referem por acidente as coisas naturais, delas

---

4. C. 34: ML 34, 150.

a. Note-se esse "talvez". Será explicitado adiante, q. 19, a. 6, em que será mostrado que, se efetivamente o agente voluntário pode se subtrair ao plano concebido e querido por Deus — aí está o mistério da liberdade criada —, isto não chega a impedir sua realização.

possunt dici falsae, non simpliciter, sed secundum quid. Et hoc dupliciter. Uno modo, secundum rationem significati: ut dicatur illud esse falsum in rebus, quod significatur vel repraesentatur oratione vel intellectu falso. Secundum quem modum quaelibet res potest dici esse falsa, quantum ad id quod ei non inest: sicut si dicamus diametrum esse falsum commensurabile, ut dicit Philosophus in V *Metaphys.*[5]; et sicut dicit Augustinus, in libro *Soliloq.*[6], quod *tragoedus est falsus Hector*. Sicut e contrario potest unumquodque dici verum, secundum id quod competit ei. — Alio modo, per modum causae. Et sic dicitur res esse falsa, quae nata est facere de se opinionem falsam. Et quia innatum est nobis per ea quae exterius apparent de rebus iudicare, eo quod nostra cognitio a sensu ortum habet, qui primo et per se est exteriorum accidentium; ideo ea quae in exterioribus accidentibus habent similitudinem aliarum rerum, dicuntur esse falsa secundum illas res; sicut fel est falsum mel, et stannum est falsum argentum. Et secundum hoc dicit Augustinus, in libro *Soliloq.*[7], quod *eas res falsas nominamus, quae verisimilia apprehendimus*. Et Philosophus dicit, in V *Metaphys.*[8], quod falsa dicuntur *quaecumque apta nata sunt apparere aut qualia non sunt, aut quae non sunt*. Et per hunc modum etiam dicitur homo falsus, inquantum est amativus falsarum opinionum vel locutionum. Non autem ex hoc quod potest eas confingere: quia sic etiam sapientes et scientes *falsi* dicerentur, ut dicitur in V *Metaphys.*[9].

AD PRIMUM ergo dicendum quod res comparata ad intellectum, secundum id quod est, dicitur vera: secundum id quod non est, dicitur falsa. Unde *verus tragoedus est falsus Hector*, ut dicitur in II *Soliloq.*[10]. Sicut igitur in his quae sunt, invenitur quoddam non esse; ita in his quae sunt, invenitur quaedam ratio falsitatis.

AD SECUNDUM dicendum quod res per se non fallunt, sed per accidens. Dant enim ocasionem falsitatis, eo quod similitudinem eorum gerunt, quorum non habent existentiam.

se diz que são falsas, não de modo absoluto, mas sob certo aspecto. E isso de duas maneiras. Primeiro, segundo a razão do significado, assim se diz que é falso, numa coisa, aquilo que é falsamente significado ou representado por uma oração ou entendimento. Dessa maneira, pode-se dizer de qualquer coisa que é falsa quanto ao que nela não se encontra, como se disséssemos com o Filósofo no livro V da *Metafísica* que o diâmetro é um falso comensurável, ou, com Agostinho, que um *ator trágico é um falso Heitor*. E, inversamente, pode-se dizer de qualquer coisa que é verdadeira segundo o que lhe convém. — Em segundo lugar, pelo modo de causar. Dessa maneira, diz-se de uma coisa que é falsa se naturalmente faz que se tenha dela uma opinião falsa. E como nos é natural julgar as coisas pelo que delas vemos exteriormente, pois nosso conhecimento se origina a partir dos sentidos, e os sentidos têm como objeto próprio e essencial os acidentes exteriores, por esta razão o que apresenta, entre os acidentes exteriores das coisas, a semelhança de outras coisas é chamado falso em relação àquelas coisas. Assim como o fel é falso mel, e o estanho falsa prata. É o que nota Agostinho, ao dizer que chamamos falsas as coisas que percebemos parecer com as verdadeiras. E o Filósofo afirma no livro V da *Metafísica* que se dizem falsas "todas as coisas aptas a se mostrar ou como não são, ou que não são". Desse modo se diz também que o homem é falso se gosta de opiniões ou palavras falsas; não, todavia, de poder imaginá-las, pois nesse caso os sábios e os eruditos poderiam ser chamados de *falsos*, como se nota no livro V da *Metafísica*.

QUANTO AO 1º, portanto, deve-se dizer que a coisa referida ao intelecto, segundo o que ela é, é considerada verdadeira e falsa segundo o que não é. Por isso, Agostinho nota que um *verdadeiro ator trágico é um falso Heitor*. Assim como um certo não-ser se encontra nas coisas que existem, assim também nelas existe certa falsidade.

QUANTO AO 2º, deve-se dizer que as coisas não enganam por si, mas por acidente. Pois dão ocasião à falsidade por parecerem semelhantes a coisas que não têm existência.

---

5. C. 29: 1024, b, 19-24.
6. Lib. II, c. 10: ML 32, 893.
7. Lib. II, c. 6: ML 32, 890.
8. Loco supra cit.
9. C. 29: 1025, a, 2-4.
10. C. 10: ML 32, 893.

AD TERTIUM dicendum quod per comparationem ad intellectum divinum non dicuntur res falsae, quod esset eas esse falsas simpliciter: sed per comparationem ad intellectum nostrum, quod est eas esse falsas secundum quid.

AD QUARTUM, quod in oppositum obiicitur, dicendum quod similitudo vel repraesentatio deficiens non inducit rationem falsitatis, nisi inquantum praestat occasionem falsae opinionis. Unde non ubicumque est similitudo, dicitur res falsa: sed ubicumque est talis similitudo, quae nata est facere opinionem falsam, non cuicumque, sed ut in pluribus.

ARTICULUS 2
Utrum in sensu sit falsitas

AD SECUNDUM SIC PROCEDITUR. Videtur quod in sensu non sit falsitas.

1. Dicit enim Augustinus, in libro *de Vera Relig.*[1]: *Si omnes corporis sensus ita nuntiant ut afficiuntur, quid ab eis amplius exigere debemus, ignoro.* Et sic videtur quod ex sensibus non fallamur. Et sic falsitas in sensu non est.

2. PRAETEREA, Philosophus dicit, in IV *Metaphys.*[2], quod *falsitas non est propria sensui, sed phantasiae.*

3. PRAETEREA, in incomplexis non est verum nec falsum, sed solum in complexis. Sed componere et dividere non pertinet ad sensum. Ergo in sensu non est falsitas.

SED CONTRA est quod dicit Augustinus, in libro *Soliloq.*[3]: *Apparet nos in omnibus sensibus similitudine lenocinante falli.*

RESPONDEO dicendum quod falsitas non est quaerenda in sensu, nisi sicut ibi est veritas. Veritas autem non sic est in sensu, ut sensus cognoscat veritatem; sed inquantum veram apprehensionem habet de sensibilibus, ut supra[4] dictum est. Quod quidem contingit eo quod apprehendit res ut sunt. Unde contingit falsitatem esse in sensu ex hoc quod apprehendit vel iudicat res aliter quam sint.

QUANTO AO 3º, deve-se dizer que não é com referência ao intelecto divino que as coisas são denominadas falsas; elas o seriam então absolutamente falsas. Mas é com referência a nosso intelecto que elas são falsas sob certo aspecto.

QUANTO AO 4º, deve-se dizer, em resposta ao que foi dito *em sentido contrário*, que uma semelhança ou uma representação deficiente não induz a razão de falsidade exceto quando dá oportunidade a uma opinião falsa. Portanto, não se diz que haja falsidade onde existe uma semelhança, mas apenas onde essa semelhança é capaz de criar uma opinião falsa, não em alguns mas na maioria.

ARTIGO 2
A falsidade está nos sentidos?

QUANTO AO SEGUNDO, ASSIM SE PROCEDE: parece que nos sentidos **não** há falsidade.

1. Com efeito, Agostinho escreve: "Se todos os sentidos corporais transmitem suas impressões tais quais as recebem, não vejo o que deveríamos exigir a mais". Se é assim, parece que não somos enganados pelos sentidos. Portanto, neles não há falsidade.

2. ALÉM DISSO, o Filósofo afirma no livro IV da *Metafísica*: "A falsidade não é própria dos sentidos, mas da imaginação".

3. ADEMAIS, nas realidades incomplexas não há nem verdadeiro nem falso, apenas nas realidades complexas. Ora, compor e dividir não cabe aos sentidos. Logo, nos sentidos não há falsidade.

EM SENTIDO CONTRÁRIO, Agostinho escreve: "Em todos os sentidos, acontece de sermos enganados pela sedução de uma semelhança".

RESPONDO. Não se deve procurar a falsidade nos sentidos, a não ser como aí se encontra a verdade. Ora, a verdade não está de tal modo nos sentidos que estes possam conhecê-la, mas enquanto têm dos objetos sensíveis uma apreensão verdadeira, como acima foi dito. Isso é assim porque os sentidos apreendem as coisas tal como elas são. Portanto, se acontece de um sentido ser falso, isto provém de que apreende ou julga[b] as coisas diferentemente do que são.

---

2 PARALL.: Infra, q. 85, a. 6; *De Verit.*, q. 1, a. 2; III *de Anima*, lect. 6; IV *Metaphys.*, lect. 12.

  1. C. 33: ML 34, 149.
  2. C. 5: 1010, b, 1-3.
  3. Lib. II, c. 6: ML 32, 890.
  4. Q. 16, a. 2.

b. Causa espanto, desde logo, tal menção de um juízo — no que concerne ao conhecimento sensível e, no nível mais baixo, ao da percepção. Santo Tomás admite que o sentido julga, ainda que de maneira rudimentar, por meio de uma analogia dis-

Sic autem se habet ad cognoscendum res, inquantum similitudo rerum est in sensu. Similitudo autem alicuius rei est in sensu tripliciter. Uno modo, primo et per se; sicut in visu est similitudo colorum et aliorum propriorum sensibilium. Alio modo, per se, sed non primo; sicut in visu est similitudo figurae vel magnitudinis, et aliorum communium sensibilium. Tertio modo, nec primo nec per se, sed per accidens; sicut in visu est similitudo hominis, non inquantum est homo, sed inquantum huic colorato accidit esse hominem. Et circa propria sensibilia sensus non habet falsam cognitionem, nisi per accidens, et ut in paucioribus: ex eo scilicet quod, propter indispositionem organi, non convenienter recipit formam sensibilem: sicut et alia passiva, propter suam indispositionem, deficienter recipiunt impressionem agentium. Et inde est quod, propter corruptionem linguae, infirmis dulcia amara esse videntur. De sensibilibus vero communibus et per accidens, potest esse falsum iudicium etiam in sensu recte disposito: quia sensus non directe refertur ad illla, sed per accidens, vel ex consequenti, inquantum refertur ad alia.

O sentido conhece as coisas à medida que tem em si a semelhança delas. De três maneiras a semelhança de uma coisa está nos sentidos. Primeiramente e por si: assim, na vista está a semelhança das cores e dos outros sensíveis próprios. Por si, mas não primeiramente: assim, na vista está a semelhança da grandeza, da configuração e dos outros sensíveis comuns. Nem primeiramente nem por si, mas por acidente: assim, na vista está a semelhança, a imagem de um homem não como tal, mas enquanto esta coisa colorida acontece ser um homem[c]. Com respeito aos sensíveis próprios, os sentidos não têm falso conhecimento, a não ser por acidente e raras vezes; porque isso provém de uma má disposição do órgão, que não recebe convenientemente a forma sensível, assim como os outros órgãos passivos, que, mal dispostos, recebem de maneira defeituosa a forma que neles imprimem seus agentes. Por isso, alguns doentes, cuja língua está mal, acham amargas coisas doces. Quanto, porém, aos sensíveis comuns e por acidente, pode haver um julgamento falso, mesmo no sentido bem disposto, porque o sentido não está ordenado

---

tante com o juízo completo, aquele que é próprio à inteligência. A análise que faz da percepção é penetrante e justa. No próprio plano da percepção há um esboço de juízo, o qual prepara o julgamento propriamente dito, proferido pela inteligência em continuidade com essa percepção; a visão discerne as cores, e de maneira tanto mais matizada quanto mais perfeita do ponto de vista psicológico ela é: é no estágio da percepção visual que começa a arte do pintor. A razão disto é que o julgamento propriamente dito, conforme foi mostrado (art. citado), é um ato de perfeita reflexão da inteligência em relação a seu ato, de si mesma em relação ao real, ao ente. Ora, todo conhecimento é reflexão em certo grau, mesmo muito frágil: conhecer não é somente ter em si a forma do conhecido, é tê-la em si mediante uma operação que o fornece, e essa operação compreende, no próprio estágio da percepção, um esboço de consciência: consciência totalmente imersa na própria percepção do sensível, jamais separada, que permite contudo o discernimento no interior de seu objeto próprio e prepara o julgamento completo, incidindo sobre o que é percebido.

c. Esta distinção entre os três objetos do sentido: o sensível próprio, o sensível comum e o sensível por acidente, provém de Aristóteles e é fundamental no que podemos chamar de criteriologia do conhecimento sensível em Santo Tomás. O "sensível próprio" é o único objeto propriamente dito de um sentido: ele é aquilo a que, por natureza, se ordena um sentido, aquilo de que o "sentir" desse sentido é a apreensão. Por hipótese, portanto, ele não pode "sentir", e "sentir" algo diferente do objeto da sensação. Esse objeto é uma qualidade do ente material, o sensível. Ora, toda qualidade se funda sobre uma substância, por intermédio da quantidade. O colorido não pode deixar de se exibir e situar no espaço, movendo-se, tampouco pode deixar de ser uma substância determinada. De modo que, pela mediação de seu objeto formal, o sensível próprio, o colorido, o olho também percebe tanto as disposições quantitativas do que ele vê quanto sua substância. Com uma grande diferença, todavia: as primeiras fazem parte do objeto sensível, no sentido de que é ele que, por meio delas, é extenso, se desloca, e assim por diante. São os "sensíveis comuns", ou seja, sensíveis perceptíveis por diversos sentidos, cada um, pela mediação de seu objeto próprio: pela visão e pelo tato podemos perceber a grandeza e a situação de um objeto, pela visão e pela audição podemos seguir o movimento de um corpo que se desloca com ruído etc. Do sensível comum, Santo Tomás diz diversas vezes que ele é "consecutivo" ao objeto próprio; ou seja, que é perceptível, mas só o é consecutivamente à percepção do objeto próprio. Já a substância não é perceptível. É por acidente que ela passa pelos sentidos; o que significa que a percepção como tal não é afetada pela natureza da substância que sustenta seu objeto próprio, mas é essa substância que, de fato, ela atinge como o suporte ontológico de seu objeto.

O "julgamento" do sentido não incide de modo algum sobre o sensível por acidente, ainda que a percepção possa dar ocasião a um falso julgamento do intelecto, conforme foi explicado no artigo precedente. Incide apenas indiretamente sobre o sensível comum, pois a situação da coisa percebida no espaço afeta os sentidos somente por intermédio da modificação que ela traz ao objeto próprio, e que não corresponde necessariamente ao que é em si mesma a situação: o olho vê claramente o bastão torcido na água: o erro consiste em julgar que a coisa que ele vê está torcida. Quanto ao erro acidental ao sujeito do objeto próprio, deve-se notar que a percepção incide sobre o sensível tal como ele age sobre o sentido por meio do órgão: o febril tem realmente uma sensação de amargor causada pelo mel sobre a língua. É por isso que, na primeira solução, Santo Tomás aceita finalmente a posição de Agostinho: nossos sentidos nos enganam por vezes sobre a coisa, nunca sobre o próprio sentir.

AD PRIMUM ergo dicendum quod sensum affici, est ipsum eius sentire. Unde per hoc quod sensus ita nuntiant sicut afficiuntur, sequitur quod non decipiamur in iudicio quo iudicamus nos sentire aliquid. Sed ex eo quod sensus aliter afficitur interdum quam res sit, sequitur quod nuntiet nobis aliquando rem aliter quam sit. Et ex hoc fallimur per sensum circa rem, non circa ipsum sentire.

AD SECUNDUM dicendum quod falsitas dicitur non esse propria sensui, quia non decipitur circa proprium obiectum. Unde in alia translatione planius dicitur, quod *sensus proprii sensibilis falsus non est*. Phantasiae autem attribuitur falsitas: quia repraesentat similitudinem rei etiam absentis; unde quando aliquis convertitur ad similitudinem rei tanquam ad rem ipsam, provenit ex tali apprehensione falsitas. Unde etiam Philosophus, in V *Metaphys.*[5], dicit quod umbrae et picturae et somnia dicuntur falsa, inquantum non subsunt res quarum habent similitudinem.

AD TERTIUM dicendum quod ratio illa procedit quod falsitas non sit in sensu sicut in cognoscente verum et falsum.

ARTICULUS 3
Utrum falsitas sit in intellectu

AD TERTIUM SIC PROCEDITUR. Videtur quod falsitas non sit in intellectu.
1. Dicit enim Augustinus, in libro *Octoginta trium Quaest.*[1]: *Omnis qui fallitur, id in quo fallitur, non intelligit*. Sed falsum dicitur esse in aliqua cognitione, secundum quod per eam fallimur. Ergo in intellectu non est falsitas.

diretamente a esses objetos, mas por acidente ou consequência, enquanto se refere a outros.

QUANTO AO 1º, portanto, deve-se dizer que a impressão do sentido é o próprio sentir. Como os sentidos transmitem suas impressões tais quais, segue-se que não somos enganados no juízo pelo qual julgamos sentir algo. Mas, porque os sentidos são às vezes afetados de maneira diferente do que é a coisa, segue-se que no-la transmitem de forma diferente do que é. Assim, nossos sentidos nos enganam sobre a coisa, não sobre o fato de sentir.

QUANTO AO 2º, deve-se dizer que a falsidade não é própria dos sentidos porque eles não se enganam a respeito de seu próprio objeto; é o que vemos mais claramente nesta outra tradução: *A percepção dos sentidos do sensível próprio nunca é falsa*. Atribui-se a falsidade à imaginação porque representa a semelhança da coisa, mesmo ausente, de modo que, se alguém considera a semelhança como a própria coisa, dessa apreensão provém a falsidade. É o que também diz o Filósofo no livro V da *Metafísica*: as sombras, as pinturas e os sonhos são chamados falsos na medida em que as coisas às quais se assemelham aí não se encontram[d].

QUANTO AO 3º, deve-se dizer que este argumento prova que a falsidade não está nos sentidos como naquele que conhece o verdadeiro e o falso.

ARTIGO 3
A falsidade está no intelecto?

QUANTO AO TERCEIRO, ASSIM SE PROCEDE: parece que a falsidade **não** está no intelecto.
1. Com efeito, Agostinho escreve: "Quem se engana não conhece aquilo em que se engana". Ora, diz-se que há falsidade em um conhecimento na medida em que somos enganados por ele. Logo, não existe falsidade no intelecto.

---

5. C. 29: 1024, b, 19-26.

PARALL.: Infra, q. 58, a. 5; q. 85, a. 6; I *Sent*., dist. 19, q. 5, a. 1, ad 7; *Cont. Gent.* I, 59; III, 108; *De Verit.*, q. 1, a. 12; I *Periherm*., lect. 3; III *de Anima*, lect. 11; VI *Metaphys*., lect. 4; IX, lect. 11.

1. Q. 32: ML 40, 22.

d. Deve-se tomar cuidado em não confundir a semelhança do que é conhecido, que está no princípio do conhecimento, com a *imagem* de que fala aqui Santo Tomás a propósito da imaginação, e que é aquilo pelo qual termina o conhecimento desta. Se a imaginação possui a má reputação de ser causa de erro, não é que ela se engane a si mesma, ou que nos engane conhecendo a imagem que constrói — a partir das percepções —; é que a imagem pode ser tomada pela realidade, o que ela não é. Esse erro não é fatal. Há critérios que permitem julgar a respeito da semelhança da imagem: a percepção, em primeiro lugar, a memória que ressuscita a percepção, os documentos exteriores sobre os quais pode incidir uma nova percepção, como um retrato, e outras coisas.

2. Praeterea, Philosophus dicit, in III *de Anima*[2], quod *intellectus semper est rectus*. Non ergo in intellectu est falsitas.

Sed contra est quod dicitur in III *de Anima*[3], quod *ubi compositio intellectuum est, ibi verum et falsum est*. Sed compositio intellectuum est in intellectu. Ergo verum et falsum est in intellectu.

Respondeo dicendum quod, sicut res habet esse per propriam formam, ita virtus cognoscitiva habet cognoscere per similitudinem rei cognitae. Unde, sicut res naturalis non deficit ab esse quod sibi competit secundum suam formam, potest autem deficere ab aliquibus accidentalibus vel consequentibus; sicut homo ab hoc quod est habere duos pedes, non autem ab hoc quod est esse hominem: ita virtus cognoscitiva non deficit in cognoscendo respectu illius rei cuius similitudine informatur; potest autem deficere circa aliquid consequens ad ipsam, vel accidens ei. Sicut est dictum[4] quod visus non decipitur circa sensibile proprium, sed circa sensibilia communia, quae consequenter se habent ad illud, et circa sensibilia per accidens.

Sicut autem sensus informatur directe similitudine propriorum sensibilium, ita intellectus informatur similitudine quidditatis rei. Unde circa quod quid est intellectus non decipitur: sicut neque sensus circa sensibilia propria. In componendo vero vel dividendo potest decipi, dum attribuit rei cuius quidditatem intelligit, aliquid quod eam non consequitur, vel quod ei opponitur. Sic enim se habet intellectus ad iudicandum de huiusmodi, sicut sensus ad iudicandum de sensibilibus communibus vel per accidens. Hac tamen differentia servata, quae supra[5] circa veritatem dicta est, quod falsitas in intellectu esse potest, non solum quia cognitio intellectus falsa est, sed quia intellectus eam cognoscit, sicut et veritatem: in sensu autem falsitas non est ut cognita, ut dictum est[6].

2. Além disso, disse o Filósofo: "O intelecto é sempre reto". Logo, não existe falsidade no intelecto.

Em sentido contrário, lê-se no tratado *Sobre a alma*: "Onde há composição de conceitos, há o verdadeiro e o falso". Ora, a composição de conceitos está no intelecto. Logo, o verdadeiro e o falso estão no intelecto.

Respondo. Como cada coisa tem o ser por sua forma própria, assim também a faculdade do conhecimento vem a conhecer pela semelhança da coisa conhecida. Por isso, assim como uma coisa natural não deixa de ter o ser que lhe cabe segundo sua forma, pode, no entanto, deixar de ter coisas acidentais ou consecutivas à forma. Por exemplo, um homem pode deixar de ter os dois pés, não porém deixar de ser homem; assim, uma faculdade cognoscitiva não deixa de conhecer a realidade cuja semelhança a informa; por outro lado, pode deixar de ter algo que lhe é consecutivo ou acidental. Já se disse, por exemplo, que a vista não se engana a respeito de seu sensível próprio, mas sim no que diz respeito aos sensíveis comuns que são consecutivos ao sensível próprio, e no que diz respeito aos sensíveis por acidente.

Ora, assim como o sentido é informado diretamente pela semelhança dos sensíveis próprios, assim o intelecto é informado pela semelhança da essência das coisas. Por essa razão, o intelecto não se engana quanto à essência da coisa, assim como o sentido em relação aos sensíveis próprios. Mas quando compõe ou divide pode-se enganar, atribuindo à coisa de que conhece a essência algo que dela não se segue, ou mesmo que lhe é oposto. Assim, quando julga, o intelecto se comporta como os sentidos quando julgam os sensíveis comuns ou acidentais. Com esta diferença, no entanto, como acima foi dito ao falar da verdade: a falsidade pode estar no intelecto, não apenas por ser falso o conhecimento do intelecto, mas também porque este conhece a falsidade como conhece a verdade[e].

---

2. C. 10: 433, a, 28-29.
3. C. 6: 430, a, 27-28.
4. Art. praec.
5. Q. 16, a. 2.
6. Art. praec.

e. Afirmação paradoxal! Santo Tomás, evidentemente, não quer afirmar que o erro é conhecido como erro pelo intelecto: não seria mais questão do erro, mas da mentira. É preciso voltar ao que foi dito na q. 16, a. 2, sobre a verdade no sentido próprio: a verdade, no sentido próprio da palavra, encontra-se no intelecto em ato de conhecer, é um atributo do ser no intelecto, ou seja, do ser enquanto conhecido, envolvido na vida da mente, o ser de acordo com o qual o intelecto e o "conhecido" formam um só. Em suma, afirmar que a verdade está no intelecto *ut cognita* não significa exatamente que ela mesma é conhecida, mas que ela afeta o conhecer. É o conhecer como tal que é verdadeiro. Verdadeiro... ou falso! Ainda aí o erro não é conhecido, mas afeta o conhecer, quando não é conforme ao ser.

Quia vero falsitas intellectus per se solum circa compositionem intellectus est, per accidens etiam in operatione intellectus qua cognoscit quod quid est, potest esse falsitas, inquantum ibi compositio intellectus admiscetur. Quod potest esse dupliciter. Uno modo, secundum quod intellectus definitionem unius attribuit alteri; ut si definitionem circuli attribuat homini. Unde definitio unius rei est falsa de altera. Alio modo, secundum quod partes definitionis componit ad invicem, quae simul sociari non possunt: sic enim definitio non est solum falsa respectu alicuius rei, sed est falsa in se. Ut si formet talem defini-tionem, *animal rationale quadrupes*, falsus est intellectus sic definiendo, propterea quod falsus est in formando hanc compositionem, *aliquod animal rationale est quadrupes*. Et propter hoc, in cognoscendo quidditates simplices non potest esse intellectus falsus: sed vel est verus, vel totaliter nihil intelligit.

AD PRIMUM ergo dicendum quod, quia quidditas rei est proprium obiectum intellectus, propter hoc tunc proprie dicimur aliquid intelligere, quando, reducentes illud in *quod quid est*, sic de eo iudicamus: sicut accidit in demonstrationibus, in quibus non est falsitas. Et hoc modo intelligitur verbum

Nos sentidos, ao contrário, a falsidade não está como conhecida, como foi dito.

No entanto, porque a falsidade do intelecto por si só se dá com respeito à composição do intelecto, por acidente também pode haver falsidade na operação do intelecto pela qual conhece a essência, na medida em que aí se introduz a composição do intelecto. O que pode acontecer de duas maneiras. Na primeira, o intelecto atribui a definição de uma coisa a outra, como se atribuísse ao homem a definição do círculo. Então, a definição de um é falsa para o outro. Na segunda, o intelecto compõe entre si partes de uma definição que são inconciliáveis. Nesse caso, a definição não só é falsa com relação a determinada coisa, mas em si mesma. Por exemplo, se o intelecto constrói a definição: *Animal racional quadrúpede*, o intelecto é falso nessa definição, porque é falso construindo a proposição: *Algum animal racional é quadrúpede*. Por conseguinte, no ato de conhecer as essências simples, o intelecto não pode ser falso: ou é verdadeiro ou não conhece totalmente nada[f].

QUANTO AO 1º, portanto, deve-se dizer que a essência da coisa é o objeto próprio do intelecto. Por isso, propriamente conhecemos uma coisa quando, reduzindo-a à sua essência, a julgamos. Assim acontece nas demonstrações, nas quais não há falsidade[g]. É neste sentido que devemos

---

No entanto, como se pode falar de um conhecer não conforme ao ser, quando se definiu o conhecer precisamente como "ser o outro"? É nesse ponto que intervém a composição de conceitos, requerida, no homem, pelo julgamento: cada conceito é um conhecer conforme ao ser, mas sua composição na mente, por um ato da mente, não é conforme ao ente ao qual se relaciona o conceito sujeito.

f. Esta segunda parte do artigo é totalmente necessária para essa análise, penetrante mas difícil de seguir, do julgamento equívoco. A mera apreensão da essência, ou da quididade, deve ser entendida na dinâmica da inteligência voltada para o ente, e não como sua estática e vã conformação à essência do ente. É uma primeira operação do intelecto, inteiramente voltada para a segunda, o julgamento, que ela prepara e que já se esboça nela. Aquele que constrói uma definição o faz no movimento, e por meio dele, que vai ao conhecimento do ente no qual ela se realiza. A partir daí o julgamento, formalmente errado, pelo qual será atribuído a um ente uma definição que não é a sua, já está esboçado na construção da definição: conceber a estrela como um prego brilhante sobre o arco do firmamento — e o firmamento, antes de mais nada, como um arco sólido — é preparar-se para julgar e dizer: "A estrela é...". Do mesmo modo, construir uma definição na qual entram elementos incompatíveis é preparar o julgamento (falso) que dirá que esses elementos se reúnem em um ente.

Contudo, o que Santo Tomás quer dizer quando afirma que no ato de apreender a essência, considerado em si mesmo, fora de toda relação com o julgamento, o intelecto ou é verdadeiro ou então não apreende absolutamente nada? Afirmar que o intelecto tem por objeto próprio, no ente, sua quididade não significa, evidentemente, que desde o primeiro momento ele conhece perfeitamente a essência e pode exprimi-la em uma definição precisa. A "caça à definição" a partir de uma primeira apreensão vaga e confusa dura séculos, por vezes. No entanto, poderia a inteligência, postada diante de um ente, não o apreender como um inteligível, distinguindo-o, de certo modo, por seus traços mais aparentes? Alguma coisa que é e que é de uma maneira determinada, pela qual se distingue das outras? Se na busca da definição ela se perde, ela prepara os julgamentos falsos que se atualizarão na segunda operação, mas pode ser que na mera apreensão da essência ela não conheça nada, ao passo que a essência é seu objeto próprio? Ela atinge sempre o ente enquanto ente, ou seja, essa característica universal da essência de ser o que é.

g. Finalmente, todo conhecimento se resume em conhecer a essência: a essência de tal ente particular, sem dúvida, mas para além da essência do ente, isto é, em cada ente, a realização analógica dessa perfeição una e múltipla, ser, por meio da qual todos os entes se referem a Deus como Àquele que é o Ser mesmo no qual todos participam ainda que longinquamente. O mais contingente dos atributos de tal ente, assim como sua propriedade inalienável, liga-se à essência, de modo que para conhecer perfeitamente a essência de um ente é preciso conhecer tudo o que lhe acontece, acontecerá e aconteceu. Uma inteligência

Augustini, quod *omnis qui fallitur, non intelligit id in quo fallitur*: non autem ita, quod in nulla operatione intellectus aliquis fallatur.

AD SECUNDUM dicendum quod intellectus semper est rectus, secundum quod intellectus est principiorum: circa quae non decipitur, ex eadem causa qua non decipitur circa *quod quid est*. Nam principia per se nota sunt illa quae statim, intellectis terminis, cognoscuntur, ex eo quod praedicatum ponitur in definitione subiecti.

entender as palavras de Agostinho, para quem "aquele que se engana não conhece aquilo em que se engana"; e não no sentido de que ninguém se engana numa operação do intelecto.

QUANTO AO 2º, deve-se dizer que o intelecto é sempre reto, na medida em que tem como objeto os primeiros princípios. A respeito deles o intelecto não se engana, pelo mesmo motivo que não se engana a respeito da essência. Pois os princípios evidentes por si mesmos são os que são imediatamente conhecidos uma vez conhecidos os termos, já que o predicado está incluído na definição do sujeito[h].

ARTICULUS 4
Utrum verum et falsum sint contraria

AD QUARTUM SIC PROCEDITUR. Videtur quod verum et falsum non sint contraria.

1. Verum enim et falsum opponuntur sicut quod est et quod non est: nam *verum est id quod est*, ut dicit Augustinus[1]. Sed quod est et quod non est, non opponuntur ut contraria. Ergo verum et falsum non sunt contraria.

2. PRAETEREA, unum contrariorum non est in alio. Sed falsum est in vero: quia, sicut dicit Augustinus in libro *Soliloq.*[2]: *Tragoedus non esset falsus Hector, si non esset verus tragoedus*. Ergo verum et falsum non sunt contraria.

3. PRAETEREA, in Deo non est contrarietas aliqua: nihil enim divinae substantiae est contrarium, ut dicit Augustinus, XII *de Civit. Dei*[3]. Sed Deo opponitur falsitas: nam idolum in scriptura *mendacium* nominatur, Ier 8,5: *apprehenderunt*

ARTIGO 4
O verdadeiro e o falso são contrários?

QUANTO AO QUARTO, ASSIM SE PROCEDE: parece que o verdadeiro e o falso **não** são contrários.

1. Com efeito, o verdadeiro e o falso se opõem como o que é e o que não é, *pois verdadeiro é o que é*, diz Agostinho. Ora, o que é e o que não é não se opõem como contrários. Logo, o verdadeiro e o falso não são contrários.

2. ALÉM DISSO, um dos contrários não está no outro. Ora, o falso está no verdadeiro, uma vez que, segundo Agostinho, "um ator trágico não seria um falso Heitor se não fosse um verdadeiro ator trágico". Logo, o verdadeiro e o falso não são contrários.

3. ADEMAIS, em Deus não existe nenhuma contrariedade, pois nada é contrário à substância divina, segundo Agostinho. Ora, a falsidade se opõe a Deus, pois na Escritura o ídolo é chamado *mentira*. A estas palavras de Jeremias: "Abraçaram

---

4
1. II *Soliloq.*, c. 5: ML 32, 889.
2. Lib. II, c. 10: ML 32, 893.
3. C. 2: ML 41, 350.

que conhece perfeitamente a essência, e em uma única operação, conhece tudo do ente a partir dela. Santo Tomás notou-o a propósito do conhecimento que tem Deus dos singulares, e vai notá-lo também a respeito do conhecimento angélico. Todo o imenso desenvolvimento das pesquisas e dos métodos científicos humanos tende, sem jamais chegar a efetivar-se inteiramente, a realizar e levar à sua perfeição o conhecimento da essência que as pessoas atingem inicialmente de maneira tão imperfeita — apenas um esboço — pela primeira operação do espírito.

h. A afirmação da imediatez e da infalibilidade dos primeiros princípios vem acabar essa criteriologia. Há julgamentos nos quais se encontra a razão formal da verdade, como em todo julgamento, mas que são igualmente infalíveis e, especifica Santo Tomás, pela mesma razão. É que, estando o predicado contido na razão formal do sujeito, a única apreensão do sujeito termina por um único movimento na afirmação desse sujeito como ente: "O ente é o que é, não é o que não é". Sob forma lógica: "Não se pode dizer ao mesmo tempo da mesma coisa isto e seu contrário". O mesmo se passa com os outros princípios, que se ligam às propriedades transcendentais do ente.

Desse modo, se há risco de erro em todos esses julgamentos, e cada vez mais à medida que o vínculo entre o sujeito e o predicado é menos aparente, existem também em nossa mente julgamentos de referência, certos em si mesmos, e aos quais todos os outros, pela via do raciocínio, podem ser confrontados de maneira que sejam julgados.

mendacium; Glossa[4]: *idest idola*. Ergo verum et falsum non sunt contraria.

SED CONTRA est quod dicit Philosophus, in II *Periherm*.[5]: ponit enim falsam opinionem verae contrariam.

RESPONDEO dicendum quod verum et falsum opponuntur ut contraria, et non sicut affirmatio et negatio, ut quidam dixerunt. Ad cuius evidentiam, sciendum est quod negatio neque ponit aliquid, neque determinat sibi aliquod subiectum. Et propter hoc, potest dici tam de ente quam de non ente; sicut *non videns*, et *non sedens*. Privatio autem non ponit aliquid, sed determinat sibi subiectum. Est enim negatio in subiecto, ut dicitur IV *Metaphys*.[6]: *caecum* enim non dicitur nisi de eo quod est natum videre. Contrarium vero et aliquid ponit, et subiectum determinat: *nigrum* enim est aliqua species coloris. — Falsum autem aliquid ponit. Est enim falsum, ut dicit Philosophus IV *Metaphys*.[7], ex eo quod dicitur vel videtur aliquid esse quod non est, vel non esse quod est. Sicut enim verum ponit acceptionem adaequatam rei, ita falsum acceptionem rei non adaequatam. Unde manifestum est quod verum et falsum sunt contraria.

AD PRIMUM ergo dicendum quod id quod est in rebus, est veritas rei: sed id quod est ut apprehensum, est verum intellectus, in quo primo est veritas. Unde et falsum est id quod non est ut apprehensum. Apprehendere autem esse et non esse, contrarietatem habet: sicut probat Philosophus, in II *Periherm*.[8], quod huic opinioni, *bonum est bonum*, contraria est, *bonum non est bonum*.

AD SECUNDUM dicendum quod falsum non fundatur in vero sibi contrario, sicut nec malum in bono sibi contrario; sed in eo quod sibi subiicitur. Et hoc ideo in utroque accidit, quia verum et bonum communia sunt, et convertuntur cum ente: unde, sicut omnis privatio fundatur in subiecto quod est ens, ita omne malum fundatur in aliquo bono, et omne falsum in aliquo vero.

AD TERTIUM dicendum quod, quia contraria et opposita privative nata sunt fieri circa idem, ideo Deo, prout in se consideratur, non est aliquid

a mentira", a *Glosa* acrescenta: "isto é, os ídolos". Logo, o verdadeiro e o falso não são contrários.

EM SENTIDO CONTRÁRIO, o Filósofo afirma que uma opinião falsa é contrária a uma verdadeira.

RESPONDO. O verdadeiro e o falso se opõem como contrários, e não como a afirmação e a negação, como alguns pretenderam. Para evidenciá-lo, é preciso saber que a negação nada diz de positivo e não implica um sujeito determinado. Por conseguinte, pode ser dita tanto do ente quanto do não-ente, como *o que não vê o que não está sentado*. A privação, por sua vez, não diz nada de positivo, mas implica um sujeito determinado, porque ela é, como se diz no livro IV da *Metafísica*, uma negação em um sujeito. Assim, só se diz cego de um sujeito a quem convém por natureza a visão. O contrário, por sua vez, diz algo de positivo e implica um sujeito determinado: como *preto* é uma espécie de cor. — Ora, o falso diz algo de positivo. Com efeito, segundo o Filósofo, falso é aquilo que se diz ou parece ser o que não é ou não ser o que é. Como o verdadeiro estabelece um sentido adequado à coisa, assim o falso estabelece um sentido não adequado. Fica então claro que o verdadeiro e o falso são contrários.

QUANTO AO 1º, portanto, deve-se dizer que o que está nas coisas é a verdade da coisa, mas aquilo que existe como apreendido é o verdadeiro do intelecto, no qual antes de tudo está a verdade. Então, o falso é o que não existe como apreendido. Entre a apreensão do ser e do não-ser, existe contrariedade. E o Filósofo também prova que a afirmação *o bem é bom* é contrária a *o bem não é bom*.

QUANTO AO 2º, deve-se dizer que o falso não está fundado sobre o verdadeiro que lhe é contrário, tampouco o mal sobre o bem que lhe é contrário, mas sobre o que é seu sujeito. Pois nos dois casos o verdadeiro e o bem são universais, convertíveis entre si com o ente. Por isso mesmo, como toda privação está fundada num sujeito que é ente, assim também todo mal está fundado em algum bem, e tudo o que é falso em algo verdadeiro.

QUANTO AO 3º, deve-se dizer que os contrários e os termos opostos, em razão da privação, referem-se naturalmente a um mesmo sujeito. Daí resulta

---

4. Glossa interlin. ex s. Hieronymo in hunc loc.: ML 24, 737 A.
5. C. 14: 23, a, 38.
6. C. 2: 1004, a, 10-17.
7. C. 7: 1011, b, 23-29.
8. C. 14: 24, a, 2-3.

contrarium, neque ratione suae bonitatis, neque ratione suae veritatis: quia in intellectu eius non potest esse falsitas aliqua. Sed in apprehensione nostra habet aliquid contrarium: nam verae opinioni de ipso contrariatur falsa opinio. Et sic idola mendacia dicuntur opposita veritati divinae, inquantum falsa opinio de idolis contrariatur verae opinioni de unitate Dei.

que nada é contrário a Deus se o consideramos em si mesmo, ou em razão de sua bondade, ou de sua verdade, pois em seu intelecto não pode haver falsidade alguma. Mas em nossa apreensão existe algo contrário, pois uma opinião verdadeira a seu respeito tem por contrário uma opinião falsa. Por isso, os ídolos são chamados mentiras opostas à verdade divina, na medida em que a falsa opinião que se tem dos ídolos é contrária à opinião verdadeira sobre a unidade de Deus.

QUAESTIO XVIII
DE VITA DEI
in quatuor articulos divisa

Quoniam autem intelligere viventium est, post considerationem de scientia et intellectu divino, considerandum est de vita ipsius.

Et circa hoc quaeruntur quatuor.
Primo: quorum sit vivere.
Secundo: quid sit vita.
Tertio: utrum vita Deo conveniat.
Quarto: utrum omnia in Deo sint vita.

QUESTÃO 18
A VIDA DE DEUS
em quatro artigos

Como o conhecer é próprio dos seres vivos, devemos, após a consideração da ciência e do intelecto de Deus, considerar sua vida.

A esse respeito, são quatro as perguntas:
1. A quem pertence viver?
2. Que é a vida?
3. A vida convém a Deus?
4. Tudo é vida em Deus?

ARTICULUS 1
Utrum omnium naturalium rerum sit vivere

AD PRIMUM SIC PROCEDITUR. Videtur quod omnium rerum naturalium sit vivere.

1. Dicit enim Philosophus, in VIII *Physic.*[1], quod motus est *ut vita quaedam natura existentibus omnibus*. Sed omnes res naturales participant motum. Ergo omnes res naturales participant vitam.

2. PRAETEREA, plantae dicuntur vivere, inquantum habent in seipsis principium motus augmenti et decrementi. Sed motus localis est perfectior et prior secundum naturam quam motus augmenti et decrementi, ut probatur in VIII *Physic.*[2]. Cum igitur omnia corpora naturalia habeant aliquod principium motus localis, videtur quod omnia corpora naturalia vivant.

3. PRAETEREA, inter corpora naturalia imperfectiora sunt elementa. Sed eis attribuitur vita:

ARTIGO 1
A vida é comum a todas as coisas naturais?

QUANTO AO PRIMEIRO ARTIGO, ASSIM SE PROCEDE: parece que a vida é comum a todas as coisas naturais.

1. Com efeito, o Filósofo diz no livro VIII da *Física* que o movimento é "como uma vida para para tudo o que existe na natureza". Ora, todas as coisas naturais participam do movimento. Logo, todas as coisas naturais participam da vida.

2. ALÉM DISSO, diz-se que as plantas vivem porque têm em si mesmas o princípio do movimento do crescer e do decrescer. Ora, o movimento local é, por natureza, anterior e mais perfeito que o movimento de crescer e de decrescer, como se prova no livro VIII da *Física*. Logo, como todos os corpos físicos têm algum princípio de movimento local, parece que todos eles vivem.

3. ADEMAIS, entre os corpos físicos, os mais imperfeitos são os elementos. Ora, a eles se atribui a

---

1　PARALL.: III *Sent.*, dist. 35, q. 1, a. 1; IV, dist. 14, q. 2, a. 3, q.la 2; dist. 49, q. 1, a. 2, q.la 3; *Cont. Gent.* I, 97; *De Verit.*, q. 4, a. 8; *De Pot.*, q. 10, a. 1; *De Div. Nom.*, c. 6, lect. 1; in *Ioan.*, c. 17, lect. 1; I *de Anima*, lect. 14; II, lect. 1.

1. C. 1: 250, b, 11-15.
2. C. 7: 260, a, 26 — b, 29.

dicuntur enim *aquae vivae*. Ergo multo magis alia corpora naturalia vitam habent.

SED CONTRA est quod dicit Dionysius, 6 cap. *de Div. Nom.*[3], quod *plantae secundum ultimam resonantiam vitae habent vivere*: ex quo potest accipi quod ultimum gradum vitae obtinent plantae. Sed corpora inanimata sunt infra plantas. Ergo eorum non est vivere.

RESPONDEO dicendum quod ex his quae manifeste vivunt, accipere possumus quorum sit vivere, et quorum non sit vivere. Vivere autem manifeste animalibus convenit: dicitur enim in libro *de Vegetabilibus*[4], quod *vita in animalibus manifesta est*. Unde secundum illud oportet distinguere viventia a non viventibus, secundum quod animalia dicuntur vivere. Hoc autem est in quo primo manifestatur vita, et in quo ultimo remanet. Primo autem dicimus animal vivere, quando incipit ex se motum habere, et tandiu iudicatur animal vivere, quandiu talis motus in eo apparet; quando vero iam ex se non habet aliquem motum, sed movetur tantum ab alio, tunc dicitur animal mortuum, per defectum vitae. Ex quo patet quod illa proprie sunt viventia, quae seipsa secundum aliquam speciem motus movent; sive accipiatur motus proprie, sicut motus dicitur actus imperfecti, idest existentis in potentia; sive motus accipiatur communiter, prout motus dicitur actus perfecti, prout intelligere et sentire dicitur *moveri*, ut dicitur in III *de Anima*[5]. Ut sic viventia dicantur quaecumque se agunt ad motum vel operationem aliquam: ea vero in quorum natura non est ut se agant ad aliquem motum vel operationem, viventia dici non possunt, nisi per aliquam similitudinem.

AD PRIMUM ergo dicendum quod verbum illud Philosophi potest intelligi vel de motu primo, scilicet corporum caelestium; vel de motu communiter. Et utroque modo motus dicitur quasi vita corporum naturalium, per similitudinem; et non per proprietatem. Nam motus caeli est in universo corporalium naturarum, sicut motus cordis in animali, quo conservatur vita. Similiter etiam quicumque motus naturalis hoc modo se habet ad res naturales, ut quaedam similitudo vitalis operationis. Unde, si totum universum corporale esset unum animal, ita quod iste motus esset a movente intrinseco, ut quidam posuerunt, sequeretur quod motus esset vita omnium naturalium corporum.

vida, porquanto se fala de *águas vivas*. Logo, muito mais ainda, os outros corpos físicos têm vida.

EM SENTIDO CONTRÁRIO, Dionísio escreve: "As plantas vivem pelo último sopro da vida". De onde podemos inferir que as plantas ocupam o último grau na ordem dos vivos. Ora, os corpos inanimados são inferiores às plantas. Logo, não lhes pertence o viver.

RESPONDO. Por aqueles em quem a vida é manifesta, podemos entender quem vive e quem não vive. Ora, a vida cabe claramente aos animais; é o que se assinala no tratado *Dos Vegetais*: "Entre os animais a vida é manifesta". Assim, deve-se distinguir os vivos dos não-vivos por aquilo pelo qual os animais se dizem vivos, a saber, por aquilo em que por primeiro a vida se manifesta e em que por último permanece. Com efeito, dizemos que, por primeiro, um animal vive quando começa a mover-se por si próprio, e julgamos que vive tanto tempo quanto o movimento nele aparece. Quando, pelo contrário, já não tem por si mesmo movimento algum, mas é apenas movido por outro, dizemos que está morto, por falta de vida. Fica então claro que propriamente são vivos os que movem a si próprios por alguma espécie de movimento, quer se tome o movimento no sentido próprio, como um ato do imperfeito, isto é, do que existe em potência; quer se tome num sentido geral, como ato do perfeito, como o conhecer e o sentir se dizem movidos, como diz o tratado *Sobre a alma*. Assim, é chamado de vivo tudo o que se move ou age por si mesmo. Os que, por natureza, não se movem nem agem por si mesmos só serão chamados vivos por semelhança.

QUANTO AO 1º, portanto, deve-se dizer que a palavra do Filósofo pode ser entendida seja do movimento primeiro, o dos corpos celestes, seja do movimento em geral. Nos dois casos, porém, o movimento se diz uma espécie de vida dos corpos físicos por semelhança e não propriamente. O movimento do céu está no universo dos corpos físicos como o movimento do coração no animal, pelo qual a vida se conserva. Assim também, qualquer movimento natural está para as coisas naturais como uma semelhança de operação vital. Portanto, se todo o universo corporal fosse apenas um único animal, de tal modo que esse movimento fosse fruto de um agente interno, como alguns o

---

3. MG 3, 856 B.
4. *De Plantis* (inter opp. Aristot.), lib. I, c. 1: 815, a, 10-11.
5. C. 4: 429, b, 22 — 430, a, 9; — c. 7: 431, a, 4-8.

AD SECUNDUM dicendum quod corporibus gravibus et levibus non competit moveri, nisi secundum quod sunt extra dispositionem suae naturae, utpote cum sunt extra locum proprium: cum enim sunt in loco proprio et naturali, quiescunt. Sed plantae et aliae res viventes moventur motu vitali, secundum hoc quod sunt in sua dispositione naturali, non autem in accedendo ad eam vel in recedendo ab ea: imo secundum quod recedunt a tali motu, recedunt a naturali dispositione. — Et praeterea, corpora gravia et levia moventur a motore extrinseco, vel generante, qui dat formam, vel removente prohibens, ut dicitur in VIII *Physic*.[6]: et ita non movent seipsa, sicut corpora viventia.

AD TERTIUM dicendum quod aquae vivae dicuntur, quae habent continuum fluxum: aquae enim stantes, quae non continuantur ad principium continue fluens, dicuntur mortuae, ut aquae cisternarum et lacunarum. Et hoc dicitur per similitudinem: inquantum enim videntur se movere, habent similitudinem vitae. Sed tamen non est in eis vera ratio vitae: quia hunc motum non habent a seipsis, sed a causa generante eas; sicut accidit circa motum aliorum gravium et levium.

ARTICULUS 2
Utrum vita sit quaedam operatio

AD SECUNDUM SIC PROCEDITUR. Videtur quod vita sit quaedam operatio.

1. Nihil enim dividitur nisi per ea quae sunt sui generis. Sed vivere dividitur per operationes quasdam, ut patet per Philosophum in II libro *de Anima*[1], qui distinguit vivere per quatuor, scilicet alimento uti, sentire, moveri secundum locum, et intelligere. Ergo vita est operatio quaedam.

afirmaram[a], seguir-se-ia que o movimento seria a vida de todos os corpos físicos.

QUANTO AO 2º, deve-se dizer que aos corpos pesados e leves não corresponde o movimento a não ser quando estão fora de sua disposição natural, a saber, quando estão fora de seu próprio lugar. Em seu lugar próprio e natural, conservam-se em repouso. Ao contrário, as plantas e as outras coisas vivas se movem por um movimento vital quando estão em sua disposição natural, e não quando se aproximam ou se afastam dela. Mais ainda, na medida em que se afastam desse movimento, afastam-se de sua disposição natural. — Além disso, os corpos pesados ou leves são movidos por algo extrínseco, seja pela causa geradora que lhes dá a forma, seja por uma causa que deles afasta os obstáculos ao movimento, segundo o livro VIII da *Física*; e assim não se movem por si mesmos, como os corpos vivos[b].

QUANTO AO 3º, deve-se dizer que águas vivas são aquelas que correm continuamente. As águas paradas, como as das cisternas ou dos lodaçais, são chamadas mortas porque não estão ligadas a uma fonte que jorre continuamente. Isto se diz por semelhança, pois, na medida em que parecem se mover, assemelham-se à vida. Mas não têm a vida no sentido próprio, pois não se movem por si, mas pela causa que as produz, como acontece com o movimento dos outros corpos pesados ou leves.

ARTIGO 2
A vida é uma operação?

QUANTO AO SEGUNDO, ASSIM SE PROCEDE: parece que a vida é uma operação.

1. Com efeito, nada se divide a não ser por aquilo que é do mesmo gênero. Ora, a vida se divide por algumas operações, como deixa claro o Filósofo no livro II *Sobre a alma*, em que distingue a vida em quatro operações, a saber, alimentar-se, sentir, mover-se localmente e conhecer. Logo, a vida é uma operação.

---

6. C. 4: 255, b, 31 — 256, a, 3.

2 PARALL.: Infra, q. 54, a. 1, ad 2; III *Sent*., dist. 35, q. 1, a. 1, ad 1; IV, dist. 49, q. 1, a. 2, q.la 3; *Cont. Gent*. I, 98; *De Div. Nom*., c. 6, lect. 1.

1. C. 2: 413, a, 20-25.

a. Alusão às teorias da alma do mundo.
b. Ignorando, evidentemente, a lei da gravitação, os antigos imaginavam que os corpos inertes tinham um lugar próprio, do qual só podiam ser separados por "violência" — ou seja, pela ação de uma causa exterior a eles, e fazendo violência a seus movimentos naturais que tendem a fazê-los alcançar esse lugar. Aqui a demonstração de Santo Tomás não é viciada por essa concepção cosmológica, pois equivale a afirmar que o que caracteriza o ser vivo é ter em si o princípio de seu movimento — de modo que lhe é natural mover-se —, ao passo que o corpo inerte só pode ser movido sob a ação de uma causa exterior.

2. Praeterea, vita activa dicitur alia esse a contemplativa. Sed contemplativi ab activis non diversificantur nisi secundum operationes quasdam. Ergo vita est quaedam operatio.

3. Praeterea, cognoscere Deum est operatio quaedam. Hoc autem est vita, ut patet per illud Io 17,3: *Haec est autem vita aeterna, ut cognoscant te solum verum Deum*. Ergo vita est operatio.

Sed contra est quod dicit Philosophus, in II de Anima[2]: *vivere viventibus est esse*.

Respondeo dicendum quod, sicut ex dictis[3] patet, intellectus noster, qui proprie est cognoscitivus quidditatis rei ut proprii obiecti, accipit a sensu, cuius propria obiecta sunt accidentia exteriora. Et inde est quod ex his quae exterius apparent de re, devenimus ad cognoscendam essentiam rei. Et quia sic nominamus aliquid sicut cognoscimus illud, ut ex supradictis[4] patet, inde est quod plerumque a proprietatibus exterioribus imponuntur nomina ad significandas essentias rerum. Unde huiusmodi nomina quandoque accipiuntur proprie pro ipsis essentiis rerum, ad quas significandas principaliter sunt imposita: aliquando autem sumuntur pro proprietatibus a quibus imponuntur, et hoc minus proprie. Sicut patet quod hoc nomen *corpus* impositum est ad significandum quoddam genus substantiarum, ex eo quod in eis inveniuntur tres dimensiones: et ideo aliquando ponitur hoc nomen *corpus* ad significandas tres dimensiones, secundum quod corpus ponitur species Quantitatis.

Sic ergo dicendum est et de vita. Nam *vitae* nomen sumitur ex quodam exterius apparenti circa rem, quod est movere seipsum: non tamen est impositum hoc nomen ad hoc significandum, sed ad significandam substantiam cui convenit secundum suam naturam movere seipsam, vel agere se quocumque modo ad operationem. Et secundum hoc, vivere nihil aliud est quam esse in tali natura: et vita significat hoc ipsum, sed in abstracto; sicut hoc nomen *cursus* significat ipsum *currere* in abstracto. Unde *vivum* non est praedicatum accidentale, sed substantiale. — Quandoque tamen vita sumitur minus proprie pro operationibus vitae, a quibus nomen vitae assumitur; sicut dicit

2. Além disso, diz-se que a vida ativa é distinta da vida contemplativa. Ora, os contemplativos só se distinguem dos ativos segundo certas operações. Logo, a vida é uma operação.

3. Ademais, conhecer a Deus é uma operação. Ora, assim é a vida, segundo o Evangelho de João: "A vida eterna é que eles te conheçam a ti, o único verdadeiro Deus". Logo, a vida é uma operação.

Em sentido contrário, o Filósofo declara que, "para os seres vivos, viver é ser."

Respondo. Segundo o que foi dito acima, nosso intelecto, que é propriamente a faculdade de conhecer a essência das coisas como seu objeto próprio, recebe este objeto dos sentidos, cujos objetos próprios são os acidentes exteriores. Por isso, é a partir daquilo que exteriormente aparece da coisa que chegamos ao conhecimento de sua essência. E porque denominamos as coisas como as conhecemos, como foi explicado acima, acontece que, o mais das vezes, os nomes destinados a significar as essências das coisas são tirados de suas propriedades exteriores. Segue-se que estes nomes, às vezes, se tornam, pelas mesmas essências das coisas, para significar as quais foram principalmente dados. Outras vezes, se tomam pelas propriedades de onde foram tirados, e nesse caso de maneira menos própria. Por exemplo, o nome *corpo* foi dado para significar um certo gênero de substâncias, pelo fato de nelas se encontrarem as três dimensões; por isso, o nome *corpo* é utilizado às vezes para significar as três dimensões, tomando-se o corpo como uma espécie de quantidade.

O mesmo se deve dizer da vida. Toma-se o nome *vida* de algo que aparece externamente em uma coisa, que é o mover-se a si mesma. Entretanto, não foi dado esse nome para isso significar, e sim a substância à qual convém segundo sua natureza mover-se a si própria, ou determinar-se de algum modo à sua operação. Assim, viver não é mais do que existir em tal natureza, e a vida significa isso mesmo, mas sob uma forma abstrata[c], como o nome *corrida* significa abstratamente o *correr*. Vivo não é então um predicado acidental, mas substancial. — No entanto, vida é tomada às vezes, com menos propriedade, para designar as operações vitais de onde vem esse nome[d]. Daí,

---

2. C. 4: 415, b, 13.
3. Q. 17, a. 1, 3.
4. Q. 13, a. 1.

---

c. Para "forma abstrata", ver q. 3, nota 3.
d. Santo Tomás utiliza aqui a distinção estabelecida a propósito dos Nomes divinos entre "aquilo de que o nome foi tirado" e "aquilo que se pretende significar por esse nome" (q. 13, a. 2).

Philosophus, IX *Ethic*.[5], quod *vivere principaliter est sentire vel intelligere*.

AD PRIMUM ergo dicendum quod Philosophus ibi accipit *vivere* pro operatione vitae. — Vel dicendum est melius, quod sentire et intelligere, et huiusmodi, quandoque sumuntur pro quibusdam operationibus; quandoque autem pro ipso esse sic operantium. Dicitur enim IX *Ethic*.[6], quod *esse est sentire vel intelligere*, idest habere naturam ad sentiendum vel intelligendum. Et hoc modo distinguit Philosophus vivere per illa quatuor. Nam in istis inferioribus quatuor sunt genera viventium. Quorum quaedam habent naturam solum ad utendum alimento, et ad consequentia, quae sunt augmentum et generatio; quaedam ulterius ad sentiendum, ut patet in animalibus immobilibus, sicut sunt ostrea; quaedam vero, cum his, ulterius ad movendum se secundum locum, sicut animalia perfecta, ut quadrupedia et volatilia et huiusmodi; quaedam vero ulterius ad intelligendum, sicut homines[7].

AD SECUNDUM dicendum quod opera vitae dicuntur, quorum principia sunt in operantibus, ut seipsos inducant in tales operationes. Contingit autem aliquorum operum inesse hominibus non solum principia naturalia, ut sunt potentiae naturales; sed etiam quaedam superaddita, ut sunt habitus inclinantes ad quaedam operationum genera quasi per modum naturae, et facientes illas operationes esse delectabiles. Et ex hoc dicitur, quasi per quandam similitudinem, quod illa operatio quae est homini delectabilis, et ad quam inclinatur, et in qua conversatur, et ordinat vitam suam ad ipsam, dicitur vita hominis: unde quidam dicuntur agere vitam luxuriosam, quidam vitam honestam. Et per hunc modum vita contemplativa ab activa distinguitur. Et per hunc etiam modum cognoscere Deum dicitur vita aeterna.

Unde patet solutio AD TERTIUM.

escrever o Filósofo no livro IX da *Ética*: "Viver é principalmente sentir e conhecer."

QUANTO AO 1º, portanto, deve-se dizer que no texto citado, o Filósofo toma *viver* no sentido da operação vital. — Pode-se dizer também, e melhor, que sentir, conhecer e outras atividades desse gênero são assumidas às vezes como operações, e outras tantas como o próprio ser daqueles que as exercem. Assim, no livro IX da *Ética* se declara que *ser é sentir ou conhecer*, isto é, ter uma natureza capaz de sentir ou de conhecer. E é nesse sentido que o Filósofo divide a vida em quatro operações. Porque nesse mundo inferior existem quatro gêneros de seres vivos. Alguns, por natureza, são capazes apenas de alimentar-se e de seus efeitos: o crescimento e a geração; outros, ademais, de sentir, como os animais imóveis, as ostras por exemplo; outros ainda de mover-se localmente, como os animais perfeitos: quadrúpedes, das aves etc.; enfim, alguns são capazes de conhecer, é o caso dos homens.

QUANTO AO 2º, deve-se dizer que se chamam operações vitais aquelas cujo princípio se encontra naqueles que as exercem, de modo que levam a si mesmos a exercê-las. Ora, acontece que existem nos homens não apenas princípios naturais de algumas operações, como as faculdades naturais, mas também princípios acrescentados, como os *habitus*, que tendem, como que naturalmente, a alguns gêneros de operações, e que as tornam agradáveis. Por isso, se diz, como por semelhança, que aquela operação que é agradável ao homem, à qual se sente inclinado, de que se ocupa e à qual orienta sua vida, que esta operação é sua vida. E por isso se diz de alguns que levam uma vida luxuriosa, e de outros, uma vida honesta. É desse modo que a vida ativa se distingue da vida contemplativa, e que conhecer a Deus se diz vida eterna.

QUANTO AO 3º, está clara a resposta pelo que foi exposto.

ARTICULUS 3
Utrum Deo conveniat vita

AD TERTIUM SIC PROCEDITUR. Videtur quod Deo non conveniat vita.

ARTIGO 3
A vida convém a Deus?

QUANTO AO TERCEIRO, ASSIM SE PROCEDE: parece que a vida **não** convém a Deus.

---

5. C. 9: 1170, a, 16-19.
6. C. 9: 1170, a, 30 — b.
7. Cfr. I, q. 78, a. 1 c.

3   PARALL.: *Cont. Gent.* I, 97, 98; IV, 11; in *Ioan*., c. 14, lect. 2; XII *Metaphys*., lect. 8.

1. Vivere enim dicuntur aliqua secundum quod movent seipsa, ut dictum est[1]. Sed Deo non competit moveri. Ergo neque vivere.

2. Praeterea, in omnibus quae vivunt, est accipere aliquod vivendi principium: unde dicitur in II *de Anima*[2], quod *anima est viventis corporis causa et principium*. Sed Deus non habet aliquod principium. Ergo sibi non competit vivere.

3. Praeterea, principium vitae in rebus viventibus quae apud nos sunt, est anima vegetabilis, quae non est nisi in rebus corporalibus. Ergo rebus incorporalibus non competit vivere.

Sed contra est quod dicitur in Ps 83,3: *cor meum et caro mea exultaverunt in Deum vivum*.

Respondeo dicendum quod vita maxime proprie in Deo est. Ad cuius evidentiam, considerandum est quod, cum vivere dicantur aliqua secundum quod operantur ex seipsis, et non quasi ab aliis mota; quanto perfectius competit hoc alicui, tanto perfectius in eo invenitur vita. In moventibus autem et motis tria per ordinem inveniuntur. Nam primo, finis movet agentem; agens vero principale est quod per suam formam agit; et hoc interdum agit per aliquod instrumentum, quod non agit ex virtute suae formae, sed ex virtute principalis agentis; cui instrumento competit sola executio actionis.

Inveniuntur igitur quaedam, quae movent seipsa, non habito respectu ad formam vel finem, quae inest eis a natura, sed solum quantum ad executionem motus: sed forma per quam agunt, et finis propter quem agunt, determinantur eis a natura. Et huiusmodi sunt plantae, quae secundum formam inditam eis a natura, movent seipsas secundum augmentum et decrementum.

Quaedam vero ulterius movent seipsa, non solum habito respectu ad executionem motus, sed etiam quantum ad formam quae est principium motus, quam per se acquirunt. Et huiusmodi sunt animalia, quorum motus principium est forma non a natura indita, sed per sensum accepta. Unde quanto perfectiorem sensum habent, tanto perfectius movent seipsa. Nam ea quae non habent nisi sensum tactus, movent solum seipsa motu dilatationis et constrictionis, ut ostrea, parum excedentia motum plantae. Quae vero habent virtutem sensitivam

1. Com efeito, vivem os seres que se movem a si mesmos, como foi dito. Ora, a Deus não cabe mover-se. Logo, nem viver.

2. Além disso, em tudo o que vive deve-se encontrar um princípio de vida. Por isso, no tratado *Sobre a alma*, a alma é chamada "a causa e o princípio do corpo vivo". Ora, Deus não tem princípio. Logo, não lhe cabe o viver.

3. Ademais, o princípio da vida, em tudo o que vive em torno de nós, é a alma vegetativa, que só se encontra nas coisas corporais. Logo, o viver não cabe às coisas incorpóreas.

Em sentido contrário, diz-se no Salmo: "Meu coração e minha carne exultam no Deus vivo".

Respondo. Ao máximo e propriamente a vida se encontra em Deus. Para esclarecê-lo, é preciso considerar que a vida sendo atribuída a certos seres em razão de se moverem a si próprios, e não serem movidos por outros, quanto mais perfeitamente isto couber a alguma coisa, tanto mais perfeitamente nela se encontrará a vida. Ora, entre os que movem e os que são movidos, encontram-se três tipos:

1. O fim move o agente. O agente principal é aquele que age por sua forma. Acontece que, às vezes, esse agente age por meio de um instrumento que não age em virtude da própria forma, mas pela forma do agente principal; a esse instrumento corresponde apenas a execução da ação.

2. Há alguns que movem a si próprios, mas não em relação à forma e ao fim que neles se encontram em razão de sua natureza, mas somente em relação à execução do movimento. A forma pela qual agem e o fim em vista do qual agem lhes são determinados pela natureza. É o caso das plantas que se movem crescendo e decrescendo, segundo a forma dada pela natureza.

3. Outros, ademais, movem-se não apenas em relação à execução do movimento, mas quanto à forma que é o princípio desse movimento, forma que adquirem por si próprios. São os animais, cujo princípio de movimento é uma forma não dada pela natureza, mas recebida dos sentidos[e]. Segue-se que, quanto mais perfeitos forem seus sentidos, tanto mais perfeitamente moverão a si próprios. Assim,

---

1. Art. 1, 2.
2. C. 4: 415, b, 13-14.

e. A forma que está no princípio imediato de seu movimento é a forma cognitiva, adquirida pelo ato de conhecer e segundo a qual eles agem: o animal se precipita sobre a presa, foge de seu predador. Contudo, é claro que o princípio vital do qual partem tanto o ato de conhecer como o apetite que lhe é consecutivo e o movimento corporal é a alma, forma constitutiva e estável do ser vivo.

perfectam, non solum ad cognoscendum coniuncta et tangentia, sed etiam ad cognoscendum distantia, movent seipsa in remotum motu processivo.

Sed quamvis huiusmodi animalia formam quae est principium motus, per sensum accipiant, non tamen per seipsa praestituunt sibi finem suae operationis, vel sui motus; sed est eis inditus a natura, cuius instinctu ad aliquid agendum moventur per formam sensu apprehensam. Unde supra talia animalia sunt illa quae movent seipsa, etiam habito respectu ad finem, quem sibi praestituunt. Quod quidem non fit nisi per rationem et intellectum, cuius est cognoscere proportionem finis et eius quod est ad finem, et unum ordinare in alterum. Unde perfectior modus vivendi est eorum quae habent intellectum: haec enim perfectius movent seipsa. Et huius est signum, quod in uno et eodem homine virtus intellectiva movet potentias sensitivas; et potentiae sensitivae per suum imperium movent organa, quae exequuntur motum. Sicut etiam in artibus, videmus quod ars ad quam pertinet usus navis, scilicet ars gubernatoria, praecipit ei quae inducit formam navis: et haec praecipit illi quae habet executionem tantum, in disponendo materiam.

Sed quamvis intellectus noster ad aliqua se agat, tamen aliqua sunt ei praestituta a natura; sicut sunt prima principia, circa quae non potest aliter se habere, et ultimus finis, quem non potest non velle. Unde, licet quantum ad aliquid moveat se, tamen oportet quod quantum ad aliqua ab alio moveatur. Illud igitur cuius sua natura est ipsum eius intelligere, et cui id quod naturaliter habet, non determinatur ab alio, hoc est quod obtinet summum gradum vitae. Tale autem est Deus. Unde in Deo maxime est vita. Unde Philosophus, in

os que são dotados apenas do tato só terão movimentos de contração e distensão, como as ostras, que pouco ultrapassam o movimento das plantas. Ao contrário, os que são dotados de uma faculdade perfeita de sentir, capazes de conhecer não apenas o que está junto deles ou que os toca, mas ainda o que se encontra longe, estes se movem para o que está distante, por um movimento progressivo.

Ainda que estes animais recebam dos sentidos a forma que é o princípio de seu movimento, não são capazes de estabelecer por si mesmos o fim de sua operação ou de seu movimento. Essa finalidade é-lhes dada pela natureza, por cujo instinto se movem a agir pela forma apreendida pelo sentido. Eis por que acima de tais animais encontram-se aqueles que movem a si mesmos, também em relação ao fim, determinado por eles próprios. O que não se realiza a não ser pela razão e pelo intelecto; é próprio destes conhecer a relação entre o fim e o meio[f] e ordenar um ao outro. A maneira segundo a qual vivem os seres dotados de intelecto é mais perfeita, pois movem a si mesmos de maneira mais perfeita. É sinal disso o fato de que em um único e mesmo homem o intelecto move as faculdades sensitivas, que por sua vez movem e comandam os órgãos, que executam o movimento. Por exemplo, nas artes: vemos que a arte à qual compete a utilização do navio, isto é, a arte de navegar, instrui a arte que determina a forma do navio, e esta última instrui aquela arte que apenas executa, organizando a matéria.

Embora nosso intelecto se determine a certas coisas, outras lhe são estabelecidas pela natureza, como os primeiros princípios, a respeito dos quais não se pode pensar diversamente, e o fim último, que é impossível não querer. Por isso, ainda que se mova em relação a algo, é necessário que, em relação a outras coisas, o intelecto seja movido por outro. Portanto, aquilo que, por sua natureza, é seu próprio conhecer e que não é determinado por outro quanto ao que lhe é natural, isto é o que detém o sumo grau da vida. E este é Deus. Em

---

f. *Per rationem et intellectum*, diz o texto. É claro que não se trata de duas faculdades, já que no homem o intelecto é a razão. O intelecto humano, contudo, nem sempre procede racionalmente, uma vez que no início do processo racional existe necessariamente conhecimento imediato, ao qual com frequência se reserva a palavra *intellectus*.

Neste caso, a palavra significa simultaneamente a faculdade e todo ato de conhecimento imediato. Poderíamos glosar: o intelecto agindo pela razão ou por apreensão imediata de seu objeto. E essa disjunção introduz a sequência da argumentação do artigo: pela razão, o homem confere um fim a si mesmo, em função do qual sua ação se organiza. Contudo, esse próprio fim não se pode fixar a não ser em função de um fim anteriormente fixado. Chega-se a um fim fixado primeiramente, o fim último, que é também o primeiro na ordem da gênese da decisão. Esse fim, que não depende de um fim anterior, não pode ser fixado ao termo de um raciocínio: é ele e o que se liga imediatamente a ele (os bens sem os quais parece imediatamente que a felicidade é impossível) que constituem esses "aliqua" "fixados pela natureza", dos qual se fala adiante, e por conseguinte constituem também os limites imprescritíveis desse poder que tem a criatura de mover a si mesma no que concerne à finalidade.

XII *Metaphys*.³, ostenso quod Deus sit intelligens, concludit quod habeat vitam perfectissimam et sempiternam: quia intellectus eius est perfectissimus, et semper in actu.

AD PRIMUM ergo dicendum quod, sicut dicitur in IX *Metaphys*.⁴, duplex est actio: una, quae transit in exteriorem materiam, ut calefacere et secare; alia, quae manet in agente, ut intelligere, sentire et velle. Quarum haec est differentia: quia prima actio non est perfectio agentis quod movet, sed ipsius moti; secunda autem actio est perfectio agentis. Unde, quia motus est actus mobilis, secunda actio, inquantum est actus operantis, dicitur motus eius; ex hac similitudine, quod, sicut motus est actus mobilis, ita huiusmodi actio est actus agentis; licet motus sit actus imperfecti, scilicet existentis in potentia, huiusmodi autem actio est actus perfecti, idest existentis in actu, ut dicitur in III *de Anima*⁵. Hoc igitur modo quo intelligere est motus, id quod se intelligit, dicitur se movere. Et per hunc modum etiam Plato posuit⁶ quod Deus movet seipsum: non eo modo quo motus est actus imperfecti.

AD SECUNDUM dicendum quod, sicut Deus est ipsum suum esse et suum intelligere, ita est suum vivere. Et propter hoc, sic vivit, quod non habet vivendi principium.

AD TERTIUM dicendum quod vita in istis inferioribus recipitur in natura corruptibili, quae indiget et generatione ad conservationem speciei, et alimento ad conservationem individui. Et propter hoc, in istis inferioribus non invenitur vita sine anima vegetabili. Sed hoc non habet locum in rebus incorruptibilibus.

ARTICULUS 4
Utrum omnia sint vita in Deo

AD QUARTUM SIC PROCEDITUR. Videtur quod non omnia sint vita in Deo.

Deus, por conseguinte, encontra-se a vida em seu mais alto grau. Por isso, o Filósofo, no livro XII da *Metafísica*, tendo mostrado que Deus é inteligente, conclui que Ele tem a vida perfeitíssima e eterna, porque seu intelecto é soberanamente perfeito e sempre em ato.

QUANTO AO 1º, portanto, deve-se dizer que, como se diz no livro IX da *Metafísica*, há duas espécies de ação. Uma, que passa à matéria exterior, como esquentar ou cortar; outra, que permanece no agente, como conhecer, sentir, querer. Há entre as duas a seguinte diferença: a primeira ação não é perfeição do agente que move, mas daquilo que é movido; a segunda, ao contrário, é a perfeição do agente. Porque o movimento é o ato do que move; a segunda ação, por ser ato do agente, é seu movimento. A semelhança está em que, como o movimento é o ato do que move, assim também a ação de que falamos é o ato do agente. Ainda que o movimento seja um ato do imperfeito, isto é, do que existe em potência, a ação de que falamos é o ato do perfeito, isto é, do que está em ato, como se explica no tratado *Sobre a alma*. Por conseguinte, assim como conhecer é movimento, assim o que se conhece diz-se que se move. É o que leva Platão a dizer que Deus move a si mesmo; não, porém, à maneira como o movimento é um ato do imperfeitoᵍ.

QUANTO AO 2º, deve-se afirmar que, assim como Deus é seu ser e seu conhecer, assim também é seu viver. Por essa razão ele vive de tal modo que não tem um princípio de viver.

QUANTO AO 3º, deve-se dizer que nos seres inferiores a vida é recebida numa natureza corruptível, que necessita de geração para a sobrevivência da espécie e de alimentação para a conservação do indivíduo. Por isso, nos seres inferiores não se encontra vida sem alma vegetativa. Isto, porém, não ocorre nas coisas incorruptíveis.

ARTIGO 4
Tudo é vida em Deus?

QUANTO AO QUARTO, ASSIM SE PROCEDE: parece que **nem tudo** é vida em Deus.

---

3. C. 7: 1072, b, 26-30.
4. C. 8: 1050, a, 23 — b, 2.
5. C. 7: 431, a, 6-7.
6. *Phaedri*, c. 24: 245 CE.

PARALL.: *Cont. Gent.* IV, 13; *De Verit.*, q. 4, a. 8; in *Ioan.*, c. 1, lect. 2.

---

g. "Ato do imperfeito": ver acima, q. 14, nota 5.

1. Dicitur enim Act 17,28: *in ipso vivimus, movemur et sumus*. Sed non omnia in Deo sunt motus. Ergo non omnia in ipso sunt vita.

2. Praeterea, omnia sunt in Deo sicut in primo exemplari. Sed exemplata debent comformari exemplari. Cum igitur non omnia vivant in seipsis, videtur quod non omnia in Deo sint vita.

3. Praeterea, sicut Augustinus dicit in libro *de Vera Relig.*[1], substantia vivens est melior qualibet substantia non vivente. Si igitur ea quae in seipsis non vivunt, in Deo sunt vita, videtur quod verius sint res in Deo quam in seipsis. Quod tamen videtur esse falsum, cum in seipsis sint in actu, in Deo vero in potentia.

4. Praeterea, sicut sciuntur a Deo bona, et ea quae fiunt secundum aliquod tempus; ita mala, et ea quae Deus potest facere, sed nunquam fiunt. Si ergo omnia sunt vita in Deo, inquantum sunt scita ab ipso, videtur quod etiam mala, et quae nunquam fiunt, sunt vita in Deo, inquantum sunt scita ab eo. Quod videtur inconveniens.

Sed contra est quod dicitur Io 1,3-4: *quod factum est, in ipso vita erat*. Sed omnia praeter Deum facta sunt. Ergo omnia in Deo sunt vita.

Respondeo dicendum quod, sicut dictum est[2], vivere Dei est eius intelligere. In Deo autem est idem intellectus, et quod intelligitur, et ipsum intelligere eius. Unde quidquid est in Deo ut intellectum, est ipsum vivere vel vita eius. Unde, cum omnia quae facta sunt a Deo, sint in ipso ut intellecta, sequitur quod omnia in ipso sunt ipsa vita divina.

Ad primum ergo dicendum quod creaturae in Deo esse dicuntur dupliciter. Uno modo, inquantum continentur et conservantur virtute divina: sicut dicimus ea esse in nobis, quae sunt in nostra potestate. Et sic creaturae dicuntur esse in Deo, etiam prout sunt in propriis naturis. Et hoc modo intelligendum est verbum Apostoli dicentis, *in ipso vivimus, movemur et sumus*: quia et nostrum vivere, et nostrum esse, et nostrum moveri causantur a Deo. Alio modo dicuntur res esse in Deo sicut in cognoscente. Et sic sunt in Deo per proprias

1. Com efeito, nos Atos dos Apóstolos, se afirma de Deus: "Nele vivemos, nos movemos e somos". Ora, nem tudo é movimento em Deus. Logo, nem tudo é vida nele.

2. Além disso, tudo está em Deus como em seu primeiro modelo. Ora, as reproduções hão de ser conformes a seu modelo. Logo, já que nem tudo vive em si mesmo, parece que nem tudo é vida em Deus.

3. Ademais, Agostinho afirma que a substância viva é superior a qualquer substância não viva. Portanto, se o que não vive em si mesmo é vida em Deus, parece que as coisas estão em Deus mais verdadeiramente do que em si mesmas. Ora, isso parece falso; porque em si mesmas as coisas estão em ato, e em Deus, pelo contrário, em potência.

4. Ademais, assim como as coisas boas são conhecidas de Deus, e aquelas que são realizadas em determinado momento do tempo, igualmente as coisas más e aquelas que Deus pode fazer mas que nunca são realizadas. Portanto, se todas as coisas são vida em Deus, enquanto ele as conhece, parece que também as coisas más, e as que nunca serão realizadas, são vida em Deus, já que ele as conhece. Isto parece inconveniente.

Em sentido contrário, está escrito no Evangelho de João: "O que foi feito, nele era vida". Ora, todas as coisas, exceto Deus, foram feitas. Logo, todas as coisas são vida em Deus.

Respondo. Como já se explicou, o viver de Deus é seu conhecer. Ora, em Deus, o intelecto, o conhecido, a própria intelecção são uma única coisa. Logo, tudo o que se encontra em Deus como conhecido é seu viver, sua vida. E, como todas as coisas que Deus fez nele estão como conhecidas, segue-se que tudo, em Deus, é a própria vida divina.

Quanto ao 1º, portanto, deve-se dizer que as criaturas estão em Deus de duas maneiras: primeiro, como contidas e conservadas pela força divina, no sentido em que dizemos que o que está em nosso poder, isso está em nós. Neste sentido, as criaturas estão em Deus, tais quais são em suas naturezas. É neste sentido que devemos compreender as palavras do Apóstolo: "Nele vivemos, nos movemos e somos", pois nosso viver e nosso ser é causado por Deus. Segundo, as coisas estão em Deus como naquele que conhece. Assim,

---

1. C. 29: ML 34, 145.
2. Art. praec.

rationes, quae non sunt aliud in Deo ab essentia divina. Unde res, prout sic in Deo sunt, sunt essentia divina. Et quia essentia divina est vita, non autem motus, inde est quod res, hoc modo loquendi, in Deo non sunt motus, sed vita.

AD SECUNDUM dicendum quod exemplata oportet conformari exemplari secundum rationem formae, non autem secundum modum essendi. Nam alterius modi esse habet quamdoque forma in exemplari et in exemplato: sicut forma domus in mente artificis habet esse immateriale et intelligibile, in domo autem quae est extra animam, habet esse materiale et sensibile. Unde et rationes rerum quae in seipsis non vivunt, in mente divina sunt vita, quia in mente divina habent esse divinum.

AD TERTIUM dicendum quod, si de ratione rerum naturalium non esset materia, sed tantum forma, omnibus modis veriori modo essent res naturales in mente divina per suas ideas, quam in seipsis. Propter quod et Plato posuit[3] quod homo separatus erat verus homo, homo autem materialis est homo per participationem. Sed quia de ratione rerum naturalium est materia, dicendum quod res naturales verius esse habent simpliciter in mente divina, quam in seipsis: quia in mente divina habent esse increatum, in seipsis autem esse creatum. Sed esse hoc, utpote homo vel equus, verius habent in propria natura quam in mente divina: quia ad veritatem hominis pertinet esse materiale, quod non habent in mente divina. Sicut domus nobilius esse habent in mente artificis, quam in materia: sed tamen verius dicitur domus quae est in materia, quam quae est in mente; quia haec est domus in actu, illa autem domus in potentia.

AD QUARTUM dicendum quod, licet mala sint in Dei scientia, inquantum sub Dei scientia comprehenduntur, non tamen sunt in Deo sicut creata a Deo vel conservata ab ipso, neque sicut habentia rationem in Deo: cognoscuntur enim a Deo per rationes bonorum. Unde non potest dici quod mala sint vita in Deo. Ea vero quae secundum nullum tempus sunt, possunt dici esse vita in Deo, secundum quod vivere nominat intelli-

estão em Deus por suas razões próprias, que em Deus nada mais são que a essência divina. Por conseguinte, estando as coisas assim em Deus, são essência divina. E como a essência divina é vida, mas não movimento, segundo esta maneira de falar as coisas não são movimento em Deus, e sim vida.

QUANTO AO 2º, deve-se dizer que as reproduções devem ser conformes a seu modelo segundo a razão da forma, e não segundo o modo de ser. Pois a forma tem às vezes o modo de ser diferente na reprodução e no modelo. Por exemplo, a forma da casa, na mente do artífice, tem um ser imaterial e inteligível, mas na casa, fora da mente, tem um ser material e sensível. E assim as razões das coisas, que em si mesmas não têm vida, são vida na mente divina, porque na mente divina elas têm o ser divino.

QUANTO AO 3º, deve-se dizer que se a matéria não fosse da razão das coisas naturais, mas apenas a forma, as coisas naturais estariam na mente divina por suas ideias mais verdadeiramente do que em si mesmas. Por essa razão, Platão afirmava que o homem separado era o verdadeiro homem; ao passo que o homem material era homem por participação. Como, porém, a matéria é da razão das coisas naturais, deve-se dizer que as coisas materiais têm, mais verdadeiramente e de modo absoluto, o ser na mente divina do que em si mesmas, porque o ser que têm em Deus é incriado, e o que elas têm em si mesmas é criado. Contudo, ser isto ou aquilo, ser homem ou cavalo, elas o têm mais verdadeiramente em sua própria natureza do que na mente divina, dado que o ser material pertence à verdade do homem, ao passo que elas não têm esse ser na mente divina. Eis por que a casa tem um ser mais nobre na mente do artífice do que na matéria; no entanto, com maior verdade considera-se a casa que está na matéria do que daquela que está na mente do artífice, pois a primeira é casa em ato, a outra apenas em potência.

QUANTO AO 4º, deve-se responder que, embora as coisas más estejam na ciência de Deus enquanto nela compreendidas, não estão em Deus como criadas ou conservadas por Ele, nem como tendo sua razão nEle: pois Deus as conhece pela razão das coisas boas. Por esses motivos, não podemos dizer que as coisas más são vida em Deus. Quanto às coisas que não existirão em tempo algum, pode-se dizer que elas têm vida em Deus no sentido em

---

3. *Phaedonis*, c. 49: 100 B-101 E; *Timaei*, c. 5: 28 A-29 B; c. 18; 50 BE.

gere tantum, inquantum intelliguntur a Deo: non autem secundum quod vivere importat principium operationis.

que viver significa o conhecer apenas, enquanto conhecidas por Deus. Mas não no sentido em que viver comporta também um princípio de ação.

QUAESTIO XIX
DE VOLUNTATE DEI
in duodecim articulos divisa

Post considerationem eorum quae ad divinam scientiam pertinent, considerandum est de his quae pertinent ad voluntatem divinam: ut sit prima consideratio de ipsa Dei voluntate; secunda, de his quae ad voluntatem absolute pertinent; tertia, de his quae ad intellectum in ordine ad voluntatem pertinent.

Circa ipsam autem voluntatem quaeruntur duodecim.

Primo: utrum in Deo sit voluntas.
Secundo: utrum Deus velit alia a se.
Tertio: utrum quidquid Deus vult, ex necessitate velit.
Quarto: utrum voluntas Dei sit causa rerum.
Quinto: utrum voluntatis divinae sit assignare aliquam causam.
Sexto: utrum voluntas divina semper impleatur.
Septimo: utrum voluntas Dei sit mutabilis.
Octavo: utrum voluntas Dei necessitatem rebus volitis imponat.
Nono: utrum in Deo sit voluntas malorum.
Decimo: utrum Deus habeat liberum arbitrium.
Undecimo: utrum sit distinguenda in Deo voluntas signi.
Duodecimo: utrum convenienter circa divinam voluntatem ponantur quinque signa.

QUESTÃO 19
A VONTADE DE DEUS
em doze artigos

Depois da consideração do que compete à ciência divina, deve-se considerar o que compete à vontade divina.

Primeiro, essa vontade em si mesma. Em seguida, o que compete à vontade de maneira absoluta. Finalmente, o que compete ao intelecto em relação à vontade.

A respeito da vontade, são doze as perguntas:

1. Há vontade em Deus?
2. Deus quer algo distinto de si mesmo?
3. Tudo o que Deus quer, Ele o quer por necessidade?
4. A vontade de Deus é causa das coisas?
5. Pode-se atribuir uma causa à vontade divina?
6. A vontade divina sempre se cumpre?
7. A vontade de Deus está sujeita a mudança?
8. A vontade de Deus impõe necessidade às coisas que ela quer?
9. Existe em Deus a vontade do mal?
10. Deus tem livre-arbítrio?
11. Deve-se distinguir em Deus uma vontade de sinal?
12. Convém afirmar cinco sinais da vontade divina?

Articulus 1
Utrum in Deo sit voluntas

Ad primum sic proceditur. Videtur quod in Deo non sit voluntas.

1. Obiectum enim voluntatis est finis et bonum. Sed Dei non est assignare aliquem finem. Ergo voluntas non est in Deo.

2. Praeterea, voluntas est appetitus quidam. Appetitus autem, cum sit rei non habitae, imper-

Artigo 1
Há vontade em Deus?

Quanto ao primeiro artigo, assim se procede: parece que **não** há vontade em Deus.

1. Com efeito, o objeto da vontade é o fim e o bem. Ora, não é possível atribuir um fim a Deus. Logo, não existe vontade em Deus.

2. Além disso, a vontade é um certo apetite. Ora, o apetite, referindo-se ao que não temos,

---

1 Parall.: Infra, q. 54, a. 2; I *Sent.*, dist. 45, a. 1; *Cont. Gent.* I, 72, 73; IV, 19; *De Verit.*, q. 23, a. 1; *Compend. Theol.*, c. 32.

fectionem designat, quae Deo non competit. Ergo voluntas non est in Deo.

3. PRAETEREA, secundum Philosophum, in III *de Anima*[1], voluntas est movens motum. Sed Deus est primum movens immobile, ut probatur VIII *Physic.*[2]. Ergo in Deo non est voluntas.

SED CONTRA est quod dicit Apostolus, Rm 12,2: *ut probetis quae sit voluntas Dei*.

RESPONDEO dicendum in Deo voluntatem esse, sicut et in eo est intellectus: voluntas enim intellectum consequitur. Sicut enim res naturalis habet esse in actu per suam formam, ita intellectus intelligens actu per suam formam intelligibilem. Quaelibet autem res ad suam formam naturalem hanc habet habitudinem, ut quando non habet ipsam, tendat in eam; et quando habet ipsam, quiescat in ea. Et idem est de qualibet perfectione naturali, quod est bonum naturae. Et haec habitudo ad bonum, in rebus carentibus cognitione, vocatur appetitus naturalis. Unde et natura intellectualis ad bonum apprehensum per formam intelligibilem, similem habitudinem habet: ut scilicet, cum habet ipsum, quiescat in illo; cum vero non habet, quaerat ipsum. Et utrumque pertinet ad voluntatem. Unde in quolibet habente intellectum, est voluntas; sicut in quolibet habente sensum, est appetitus animalis. Et sic oportet in Deo esse voluntatem, cum sit in eo intellectus. Et sicut suum intelligere est suum esse, ita suum velle.

AD PRIMUM ergo dicendum quod, licet nihil aliud a Deo sit finis Dei, tamen ipsemet est finis respectu omnium quae ab eo fiunt. Et hoc per

conota uma imperfeição que não cabe a Deus. Logo, a vontade não existe em Deus.

3. ADEMAIS, segundo o Filósofo no livro III *Sobre a alma*, a vontade é um motor movido. Ora, Deus é o primeiro motor imóvel, como se prova no livro VIII da *Física*. Logo, em Deus não existe vontade.

EM SENTIDO CONTRÁRIO, o Apóstolo escreve: "É para discernirdes qual é a vontade de Deus".

RESPONDO. Há em Deus vontade, como há nele intelecto, porque a vontade é consecutiva ao intelecto. Assim como uma coisa natural está em ato por sua forma, assim também o intelecto se torna intelecto em ato por sua forma inteligível. Ora, qualquer coisa tem com respeito à sua forma natural uma relação tal que, se não tem essa forma, para ela tende; e, quando a alcança, nela repousa. Isto acontece com qualquer perfeição natural, que é um bem da natureza. Essa relação ao bem, nas coisas privadas de conhecimento, é chamada apetite natural. É assim que a natureza intelectual tem uma relação semelhante ao bem que ela apreende por meio da forma inteligível; a tal ponto que, se tem esse bem, nele repousa; se não o tem, o busca. Ora, repousar no bem ou buscá-lo é próprio da vontade. Por isso, toda criatura dotada de intelecto tem vontade, assim como em toda criatura dotada de sentidos existe apetite animal. Assim, em Deus tem de haver vontade, pois nele existe intelecto[a]. E, como seu conhecer é seu próprio ser, o mesmo acontece com seu querer.

QUANTO AO 1º, portanto, deve-se dizer que mesmo que nada distinto de Deus possa ser fim para Ele, Deus mesmo é fim de todas as coisas que

---

1. C. 10: 433, b, 14-18.
2. Cc. 4-6: 254, b, 7 — 260, a, 19.

a. A passagem do apetite natural ao apetite elícito — apetite animal nos entes dotados de sensibilidade; apetite intelectual ou vontade nos entes dotados de inteligência — se faz, segundo Santo Tomás, por descontinuidade na continuidade. A continuidade é assegurada pelo caráter do conhecimento de ser identificação (intencional) de quem conhece e do conhecido. A partir do momento em que o cognoscente tem em si a "forma" pela qual o conhecido é o que é, dessa nova forma que o cognoscente adquiriu para si por meio de sua operação procede uma inclinação, uma tendência para o bem do qual tal forma é portadora. Entretanto, surge a descontinuidade: pois, no cognoscente, a forma do conhecido é despojada da existência que ela possui na coisa comum e, logo, de sua bondade, uma vez que o bem está nas coisas. A inclinação em questão faz o cognoscente tender para a coisa conhecida, em sua realidade existencial. Isto porém, por um lado, não é tão evidente, pois pode ser que esse bem que torna boa a coisa conhecida não atraia o cognoscente, que não encontra nela bondade para si; por outro lado, e em consequência, assim como é por operação que adquiriu a forma do conhecido, é por operação que ele tende ao bem com o qual foi posto em relação. O apetite natural não é um ato, mas uma tendência incoercível inscrita na natureza, um *pondus naturae*, ao passo que o apetite que decorre do conhecimento é um ato elícito, que, como vimos, requer, em todo cognoscente, uma faculdade distinta, exceto em Deus, em quem a substância, o ser e a operação se identificam. A descontinuidade surge ainda entre os dois apetites produzidos. Aquele que decorre do conhecimento sensível é puramente instintivo, levando de maneira imediata e irresistível para o bem, que se apresenta concretamente como tal; o outro leva também para o objeto que se apresenta, mas pela mediação do bem universal que se realiza nesse objeto de maneira particular, limitada, lacunar. Daí seu poder de conservar a distância a seu respeito, de dominar a atração, o que chamamos de "indiferença dominadora", e que é o segredo do livre-arbítrio.

suam essentiam, cum per suam essentiam sit bonus, ut supra[3] ostensum est: finis enim habet rationem boni.

AD SECUNDUM dicendum quod voluntas in nobis pertinet ad appetitivam partem: quae licet ab appetendo nominetur, non tamen hunc solum habet actum, ut appetat quae non habet; sed etiam ut amet quod habet, et delectetur in illo. Et quantum ad hoc voluntas in Deo ponitur; quae semper habet bonum quod est eius obiectum, cum sit indifferens ab eo secundum essentiam, ut dictum est[4].

AD TERTIUM dicendum quod voluntas cuius obiectum principale est bonum quod est extra voluntatem, oportet quod sit mota ab aliquo. Sed obiectum divinae voluntatis est bonitas sua, quae est eius essentia. Unde, cum voluntas Dei sit eius essentia, non movetur ab alio a se, sed a se tantum eo modo loquendi quo intelligere et velle dicitur motus. Et secundum hoc Plato dixit[5] quod primum movens movet seipsum.

por Ele são feitas. E isso por sua essência, pois é bom por sua essência, como já se demonstrou: pois o fim tem razão de bem.

QUANTO AO 2º, deve-se dizer que em nós a vontade pertence à parte apetitiva. Esta, ainda que retire seu nome de apetecer, não tem como ato único apetecer o que não possui, mas também amar o que tem e comprazer-se nele. É sob este aspecto que se afirma a vontade em Deus, pois tem sempre o bem que é seu objeto, visto que não difere de Deus segundo a essência, como foi explicado.

QUANTO AO 3º, deve-se dizer que a vontade, cujo objeto principal é um bem que lhe é exterior, deve ser movida por algo. O objeto, porém, da vontade divina é sua própria bondade, que é também sua essência. Eis por que, sendo a vontade divina também sua essência, não é por algo diferente de si mesma, mas somente por ela mesma, que é movida, no sentido em que dizemos: conhecer e querer são movimentos. Foi nesse sentido que Platão disse a respeito do primeiro motor que se move a si mesmo.

ARTICULUS 2
Utrum Deus velit alia a se

AD SECUNDUM SIC PROCEDITUR. Videtur quod Deus non velit alia a se.

1. Velle enim divinum est eius esse. Sed Deus non est aliud a se. Ergo non vult aliud a se.

2. PRAETEREA, volitum movet voluntatem, sicut appetibile appetitum, ut dicitur in III *de Anima*[1]. Si igitur Deus velit aliquid aliud a se, movebitur eius voluntas ab aliquo alio: quod est impossibile.

3. PRAETEREA, cuicumque voluntati sufficit aliquod volitum, nihil quaerit extra illud. Sed Deo sufficit sua bonitas, et voluntas eius ex ea satiatur. Ergo Deus non vult aliquid aliud a se.

4. PRAETEREA, actus voluntatis multiplicatur secundum volita. Si igitur Deus velit se et alia a se, sequitur quod actus voluntatis eius sit multiplex: et per consequens eius esse, quod est eius velle. Hoc autem est impossibile. Non ergo vult alia a se.

ARTIGO 2
Deus quer algo distinto de si mesmo?

QUANTO AO SEGUNDO, ASSIM SE PROCEDE: parece que Deus **não** quer algo distinto de si mesmo.

1. Com efeito, o querer divino é seu ser. Ora, Deus não é algo distinto de si mesmo. Logo, não quer algo distinto de si mesmo.

2. ALÉM DISSO, o que é querido move a vontade, como o que é apetecível move o apetite, como se explica no tratado *Sobre a alma*. Logo, se Deus quer algo distinto dele, sua vontade será movida por algo distinto dele, o que é impossível.

3. ADEMAIS, a qualquer vontade é suficiente algo querido, nada busca fora dele. Ora, a Deus basta sua bondade, e sua vontade fica saciada. Logo, Deus não quer algo distinto de si mesmo.

4. ADEMAIS, o ato de vontade se multiplica segundo os objetos queridos. Logo, se Deus quer a si mesmo e a outras coisas, segue-se que seu ato de vontade é múltiplo, e por conseguinte também seu ser, que é seu querer. Ora, isto é impossível. Logo, não quer nada distinto dele.

---

3. Q. 6, a. 3.
4. In resp. ad 1.
5. *Phaedri*, c. 24: 245 CE.

PARALL.: I *Sent.*, dist. 45, a. 2; *Cont. Gent.* I, 75, 76, 77; *De Verit.*, q. 23, a. 4.

1. C. 10: 433, a, 14-26.

SED CONTRA est quod Apostolus dicit, 1Thess 4,3: *haec est voluntas Dei, sanctificatio vestra*.

RESPONDEO dicendum quod Deus non solum se vult, sed etiam alia a se. Quod apparet a simili prius[2] introducto. Res enim naturalis non solum habet naturalem inclinationem respectu proprii boni, ut acquirat ipsum cum non habet, vel ut quiescat in illo cum habet; sed etiam ut proprium bonum in alia diffundat, secundum quod possibile est. Unde videmus quod omne agens, inquantum est actu et perfectum, facit sibi simile. Unde et hoc pertinet ad rationem voluntatis, ut bonum quod quis habet, aliis communicet, secundum quod possibile est. Et hoc praecipue pertinet ad voluntatem divinam, a qua, per quandam similitudinem, derivatur omnis perfectio. Unde, si res naturales, inquantum perfectae sunt, suum bonum aliis communicant, multo magis pertinet ad voluntatem divinam, ut bonum suum aliis per similitudinem communicet, secundum quod possibile est. Sic igitur vult se ut esse, et alia. Sed se ut finem, alia vero ut ad finem, inquantum condecet divinam bonitatem etiam alia ipsam participare.

AD PRIMUM ergo dicendum quod, licet divinum velle sit eius esse secundum rem, tamen differt ratione, secundum diversum modum intelligendi et significandi, ut ex superioribus[3] patet. In hoc enim quod dico *Deum esse*, non importatur habitudo ad aliquid, sicut in hoc quod dico *Deum velle*. Et ideo, licet non sit aliquid aliud a se, vult tamen aliquid aliud a se.

AD SECUNDUM dicendum quod in his quae volumus propter finem, tota ratio movendi est finis: et hoc est quod movet voluntatem. Et hoc maxime apparet in his quae volumus tantum propter finem. Qui enim vult sumere potionem amaram, nihil in ea vult nisi sanitatem et hoc solum est quod movet eius voluntatem. Secus autem est in

EM SENTIDO CONTRÁRIO, o Apóstolo escreve aos Tessalonicenses: "A vontade de Deus é vossa santificação".

RESPONDO. É preciso dizer que Deus não somente quer a si próprio, como também outras coisas distintas dele. O que fica claro pela comparação anteriormente proposta. Coisas naturais não só têm inclinação natural com respeito a seu próprio bem, para adquiri-lo quando lhes falta ou nele repousar quando o tem; mas também para difundi-lo a outros quanto possível. Eis por que vemos que todo agente, na medida em que está em ato e perfeito, produz seu semelhante[b]. E assim é próprio à razão de vontade que cada um comunique a outros o bem que possui, na medida do possível. E isto cabe principalmente à vontade divina, da qual provém, por semelhança, toda perfeição. Então, se as coisas naturais, na medida em que são perfeitas, comunicam sua bondade a outras, muito mais cabe à vontade divina comunicar, por semelhança, a outros seu bem, na medida do possível. Deus quer que ele próprio seja e os outros seres também, ele próprio sendo o fim, os outros encontrando-se ordenados ao fim, na medida em que convém à bondade divina ser participada por outros.

QUANTO AO 1º, portanto, deve-se dizer que, ainda que na realidade o querer de Deus seja o seu ser, dele difere segundo a razão, conforme os diversos modos de conhecer e significar, como ficou esclarecido acima. Quando digo *Deus é*, essa afirmação não comporta nenhuma relação a algo, como quando digo: *Deus quer*. Por isso, embora ele não seja algo distinto de si mesmo, quer algo que seja distinto de si mesmo.

QUANTO AO 2º, deve-se dizer que, nas coisas que queremos em vista de um fim, é o fim toda a razão do movimento, e é isso que move a vontade. Isso se vê claramente nas coisas que queremos apenas em razão de um fim. Por exemplo, aquele que quer tomar um remédio amargo quer nele apenas a saúde; é somente isso que move sua vontade. É

---

2. Art. praec.
3. Q. 13, a. 4.

---

b. Santo Tomás aceitou plenamente, e pôs à prova, o princípio neoplatônico *Bonum diffusivum sui*, "o bem é difusivo de si mesmo". Se o bem, com efeito, é o princípio do movimento para a coisa desejada, é também o princípio do repouso na bondade que provém dessa coisa quando o desejo está satisfeito. Contudo, não deixa por isso de ser o princípio do movimento.

O bem por sua própria natureza tende a tornar-se comum. Aquele que é bom, em virtude mesmo de sua bondade, é intimamente levado a comunicar a outros tal bondade, a partilhá-la e a unir-se àqueles aos quais ele a comunicou. É o princípio da criação e de tudo o que Deus faz por sua criatura. É o princípio radical de todo o dinamismo do mundo. Notemos apenas que essa tendência é contrariada na criatura pelo temor de perder o bem que se comunica, que é o princípio da possessividade, a qual se opõe à comunicação.

eo qui sumit potionem dulcem, quam non solum propter sanitatem, sed etiam propter se aliquis velle potest. Unde, cum Deus alia a se non velit nisi propter finem qui est sua bonitas, ut dictum est[4], non sequitur quod aliquid aliud moveat voluntatem eius nisi bonitas sua. Et sic, sicut alia a se intelligit intelligendo essentiam suam, ita alia a se vult, volendo bonitatem suam.

AD TERTIUM dicendum quod ex hoc quod voluntati divinae sufficit sua bonitas, non sequitur quod nihil aliud velit: sed quod nihil aliud vult nisi ratione suae bonitatis. Sicut etiam intellectus divinus, licet sit perfectus ex hoc ipso quod essentiam divinam cognoscit, tamen in ea cognoscit alia.

AD QUARTUM dicendum quod, sicut intelligere divinum est unum, quia multa non videt nisi in uno; ita velle divinum est unum et simplex, quia multa non vult nisi per unum, quod est bonitas sua.

ARTICULUS 3
Utrum quidquid Deus vult, ex necessitate velit

AD TERTIUM SIC PROCEDITUR. Videtur quod quidquid Deus vult, ex necessitate velit.

1. Omne enim aeternum est necessarium. Sed quidquid Deus vult, ab aeterno vult: alias, voluntas eius esset mutabilis. Ergo quidquid vult, ex necessitate vult.

2. PRAETEREA, Deus vult alia a se, inquantum vult bonitatem suam. Sed Deus bonitatem suam ex necessitate vult. Ergo alia a se ex necessitate vult.

3. PRAETEREA, quidquid est Deo naturale, est necessarium: quia Deus est per se necesse esse, et principium omnis necessitatis, ut supra[1] ostensum est. Sed naturale est ei velle quidquid vult: quia in Deo nihil potest esse praeter naturam, ut dicitur in V *Metaphys*.[2] Ergo quidquid vult, ex necessitate vult.

4. PRAETEREA, non necesse esse, et possibile non esse, aequipollent. Si igitur non necesse est

diferente para aquele que toma um remédio doce, que pode querê-lo, não apenas pelo bem da saúde, mas por ser doce. Assim, como é em vista do fim que é sua própria bondade que Deus quer coisas distintas de si próprio, como foi dito, não se segue que algo distinto mova sua vontade a não ser sua bondade. E, como Deus conhece algo distinto de si conhecendo sua essência, assim Ele quer algo distinto de si querendo sua bondade.

QUANTO AO 3º, deve-se dizer que, pelo fato de a bondade de Deus bastar a sua vontade, não se conclui que não queira nenhuma outra coisa, mas apenas que nada quer a não ser em razão de sua bondade. Assim, o intelecto divino, ainda que seja perfeito por conhecer a essência divina, nessa mesma essência conhece as outras coisas.

QUANTO AO 4º, deve-se dizer que o conhecimento divino é uno, porque não vê muitas coisas a não ser em uma única. Assim também o querer divino é uno e simples, porque não quer muitas coisas a não ser por uma única, que é sua bondade.

ARTIGO 3
Tudo o que Deus quer, Ele o quer por necessidade?

QUANTO AO TERCEIRO, ASSIM SE PROCEDE: parece que tudo o que Deus quer, Ele o **quer** por necessidade.

1. Com efeito, tudo o que é eterno é necessário. Ora, tudo o que Deus quer, o quer desde toda eternidade, de outro modo sua vontade seria mutável. Logo, tudo o que quer é por necessidade.

2. ALÉM DISSO, Deus quer algo distinto de si na medida em que quer sua bondade. Ora, Deus quer sua bondade por necessidade. Logo, Ele quer algo distinto de si por necessidade.

3. ADEMAIS, tudo o que é natural a Deus é necessário, pois Ele é por si o ser necessário e o princípio de toda a necessidade, como acima foi demonstrado. Ora, lhe é natural querer tudo o que quer, pois nele nada pode se encontrar fora de sua natureza, como se explica no livro V da *Metafísica*. Logo, tudo o que quer, o quer por necessidade.

4. ADEMAIS, não ser necessário e poder não ser são proposições equivalentes. Ora, se não é

---

4. In corp.

3 PARALL.: *Cont. Gent*. I, 80 sqq.; III, 97; *De Verit*., q. 23, a. 4; *De Pot*., q. 1, a. 5; q. 10, a. 2, ad 6.
   1. Q. 2, a. 3.
   2. C. 5: 1015, b, 14-15.

Deum velle aliquid eorum quae vult, possibile est eum non velle illud: et possibile est eum velle illud quod non vult. Ergo voluntas divina est contingens ad utrumlibet. Et sic imperfecta: quia omne contingens est imperfectum et mutabile.

5. PRAETEREA, ab eo quod est ad utrumlibet, non sequitur aliqua actio, nisi ab aliquo alio inclinetur ad unum, ut dicit Commentator, in II *Physic*.[3]. Si ergo voluntas Dei in aliquibus se habet ad utrumlibet, sequitur quod ab aliquo alio determinetur ad effectum. Et sic habet aliquam causam priorem.

6. PRAETEREA, quidquid Deus scit, ex necessitate scit. Sed sicut scientia divina est eius essentia, ita voluntas divina. Ergo quidquid Deus vult, ex necessitate vult.

SED CONTRA est quod dicit Apostolus, Eph 1,11: *Qui operatur omnia secundum consilium voluntatis suae*. Quod autem operamur ex consilio voluntatis non ex necessitate volumus. Non ergo quidquid Deus vult, ex necessitate vult.

RESPONDEO dicendum quod necessarium dicitur aliquid dupliciter: scilicet absolute, et ex suppositione. Necessarium absolute iudicatur aliquid ex habitudine terminorum: utpote quia praedicatum est in definitione subiecti, sicut necessarium est hominem esse animal; vel quia subiectum est de ratione praedicati, sicut hoc est necessarium, numerum esse parem vel imparem. Sic autem non est necessarium Socratem sedere. Unde non est necessarium absolute, sed potest dici necessarium ex suppositione: supposito enim quod sedeat, necesse est eum sedere cum sedet.

Circa divina igitur volita hoc considerandum est, quod aliquid Deum velle est necessarium absolute: non tamen hoc est verum de omnibus quae vult. Voluntas enim divina necessariam habitudinem habet ad bonitatem suam, quae est proprium eius obiectum. Unde bonitatem suam esse Deus ex necessitate vult; sicut et voluntas nostra ex necessitate vult beatitudinem. Sicut et quaelibet alia potentia necessariam habitudinem habet ad proprium et principale obiectum, ut visus ad colorem; quia de sui ratione est, ut in illud tendat. Alia autem a se Deus vult, inquantum ordinantur ad suam bonitatem ut in finem.

necessário Deus querer uma das coisas que quer, é possível que não a queira e é possível ainda que queira aquilo que não quer. Logo, a vontade de Deus é contingente entre querer e não querer algo. Assim, ela é imperfeita, pois todo contingente é imperfeito e mutável.

5. ADEMAIS, nenhuma ação procede de algo que é indiferente a uma e outra coisa, a não ser que seja inclinado a uma por um outro, como diz o Comentador no livro II *da Física*. Logo, se a vontade de Deus é indiferente a isso ou àquilo, segue-se que é determinada a tal efeito por um outro, e então tem uma causa anterior a si.

6. ADEMAIS, tudo o que Deus sabe, o sabe por necessidade. Ora, a ciência de Deus é sua essência, assim também sua vontade. Logo, tudo o que Deus quer, ele o quer por necessidade.

EM SENTIDO CONTRÁRIO, o Apóstolo diz na Carta aos Efésios: "Aquele que tudo faz segundo a deliberação de sua vontade". Ora, o que fazemos por uma deliberação voluntária, não o queremos por necessidade. Logo, Deus não quer por necessidade aquilo que quer.

RESPONDO. Diz-se que algo é necessário em dois sentidos: absoluto e condicional. Algo é julgado absolutamente necessário segundo a relação dos termos: seja porque o predicado está na definição do sujeito, por exemplo é necessário que o homem seja um animal; seja porque o sujeito pertença à razão do predicado, por exemplo é necessário que um número seja par ou ímpar. Não é, porém, necessário, desse ponto de vista, que Sócrates esteja sentado. Não é necessário absolutamente falando, porém pode-se dizer necessário de modo condicional: pois, supondo-se que esteja sentado, é necessário que esteja sentado, enquanto o estiver.

A respeito do querer divino, deve-se considerar o seguinte: que Deus queira algo é absolutamente necessário, porém isto não é verdade de tudo o que Ele quer. A vontade divina tem uma relação necessária com a bondade divina, seu objeto próprio. Por isso, Deus quer, por necessidade, sua bondade, como nossa vontade quer por necessidade a felicidade. Qualquer outra faculdade tem, igualmente, uma relação necessária com seu objeto próprio e principal: por exemplo, a visão com relação à cor, pois é de sua razão que tenda para ela. Deus, porém, quer as coisas distintas de si, enquanto são ordenadas à sua bondade como

---

3. Comm. 48.

Ea autem quae sunt ad finem, non ex necessitate volumus volentes finem, nisi sint talia, sine quibus finis esse non potest: sicut volumus cibum, volentes conservationem vitae; et navem, volentes transfretare. Non sic autem ex necessitate volumus ea sine quibus finis esse potest, sicut equum ad ambulandum: quia sine hoc possumus ire; et eadem ratio est in aliis. Unde, cum bonitas Dei sit perfecta, et esse possit sine aliis, cum nihil ei perfectionis ex aliis accrescat; sequitur quod alia a se eum velle, non sit necessarium absolute. Et tamen necessarium est ex suppositione: supposito enim quod velit, non potest non velle, quia non potest voluntas eius mutari.

AD PRIMUM ergo dicendum quod ex hoc quod Deus ab aeterno vult aliquid, non sequitur quod necesse est eum illud velle, nisi ex suppositione.

AD SECUNDUM dicendum quod, licet Deus ex necessitate velit bonitatem suam, non tamen ex necessitate vult ea quae vult propter bonitatem suam: quia bonitas eius potest esse sine aliis.

AD TERTIUM dicendum quod non est naturale Deo velle aliquid aliorum, quae non ex necessitate vult. Neque tamen innaturale, aut contra naturam: sed est voluntarium.

AD QUARTUM dicendum quod aliquando aliqua causa necessaria habet non necessariam habitudinem ad aliquem effectum: quod est propter defectum effectus, et non propter defectum causae. Sicut virtus solis habet non necessariam habitudinem ad aliquid eorum quae contingenter hic eveniunt, non propter defectum virtutis solaris, sed propter defectum effectus non necessario ex causa provenientis. Et similiter, quod Deus non ex necessitate velit aliquid eorum quae vult, non accidit ex defectu voluntatis divinae, sed ex defectu qui competit volito secundum suam rationem: quia scilicet est tale, ut sine eo esse possit perfecta bonitas Dei. Qui quidem defectus consequitur omne bonum creatum.

AD QUINTUM ergo dicendum quod causa quae est ex se contingens, oportet quod determinetur ab aliquo exteriori ad effectum. Sed voluntas divina, quae ex se necessitatem habet, determinat seipsam ad volitum, ad quod habet habitudinem non necessariam.

ao fim delas mesmas. Ora, as coisas ordenadas a um fim, não as queremos por necessidade, ao querermos o fim, a não ser que sejam indispensáveis para a realização desse fim. Por exemplo, querendo conservar a vida, queremos nos alimentar; e querendo efetivar uma travessia queremos um barco. Não queremos, contudo, tão necessariamente as coisas sem as quais o fim pode ser alcançado, como um cavalo para viajar, pois sem o cavalo podemos caminhar. E o mesmo se diga de outras coisas. Como a bondade de Deus é perfeita e pode existir sem as outras coisas, pois nenhuma perfeição lhe é acrescentada por elas, segue-se que querer coisas distintas de si mesmo não é necessário para Deus absolutamente. No entanto, isto é necessário em sentido condicional: supondo-se que Deus queira, Deus não pode deixar de querer porque sua vontade não pode mudar.

QUANTO AO 1º, portanto, deve-se dizer que do fato de Deus querer algo desde toda a eternidade não se segue que o queira por necessidade, a não ser em sentido condicional.

QUANTO AO 2º, deve-se dizer que, ainda que Deus queira sua bondade por necessidade, não quer por necessidade as coisas que quer em vista dela; pois sua bondade pode existir sem elas.

QUANTO AO 3º, deve-se dizer que, não é natural a Deus querer qualquer dessas outras coisas que não quer por necessidade. Tampouco é não natural ou contra sua natureza: é voluntário.

QUANTO AO 4º, deve-se dizer que, às vezes, uma causa necessária tem uma relação não necessária com algum de seus efeitos; e isso por deficiência do efeito, não da causa. Assim, a energia do sol tem uma relação não necessária com algum efeito contingente aqui na terra; não por deficiência da energia do sol, mas por deficiência do efeito não necessariamente proveniente da causa. Desse modo, que Deus queira, não por necessidade, as coisas que quer, isto não procede de uma deficiência da vontade divina, mas de uma deficiência que afeta naturalmente a coisa querida, pois mesmo sem ela a bondade de Deus pode ser perfeita. Ora, essa deficiência é inerente a todo ser criado.

QUANTO AO 5º, deve-se dizer que uma causa contingente por si mesma precisa ser determinada a seu efeito por algo exterior a si. A vontade divina, contudo, que por natureza é necessária, determina a si própria querer um bem com o qual tem uma relação não necessária.

AD SEXTUM dicendum quod, sicut divinum esse in se est necessarium, ita et divinum velle et divinum scire: sed divinum scire habet necessariam habitudinem ad scita, non autem divinum velle ad volita. Quod ideo est, quia scientia habetur de rebus, secundum quod sunt in sciente: voluntas autem comparatur ad res, secundum quod sunt in seipsis. Quia igitur omnia alia habent necessarium esse secundum quod sunt in Deo; non autem secundum quod sunt in seipsis, habent necessitatem absolutam, ita quod sint per seipsa necessaria; propter hoc Deus quaecumque scit, ex necessitate scit, non autem quaecumque vult, ex necessitate vult.

QUANTO AO 6º, deve-se dizer que, assim como o ser divino é em si necessário, assim também o são o querer e o saber divinos; mas, ao passo que o saber divino mantém uma relação necessária com as coisas que sabe, não acontece o mesmo com o querer divino com as coisas que quer. Eis a razão: tem-se conhecimento das coisas na medida em que elas estão no sujeito que conhece: ao contrário, a vontade se refere às coisas como são em si mesmas. Portanto, porque todas as coisas distintas de Deus têm seu ser necessário enquanto estão em Deus, enquanto são em si mesmas não têm nenhuma necessidade absoluta a ponto de serem necessárias por si mesmas; por isso, todas as coisas que Deus sabe, as sabe por necessidade, mas todas as coisas que quer, não as quer por necessidade.

ARTICULUS 4
Utrum voluntas Dei sit causa rerum

AD QUARTUM SIC PROCEDITUR. Videtur quod voluntas Dei non sit causa rerum.

1. Dicit enim Dionysius, cap. 4 *de Div. Nom.*[1]: *Sicut noster sol, non ratiocinans aut praeeligens, sed per ipsum esse illuminat omnia participare lumen ipsius valentia; ita et bonum divinum per ipsam essentiam omnibus existentibus immittit bonitatis suae radios.* Sed omne quod agit per voluntatem, agit ut ratiocinans et praeeligens. Ergo Deus non agit per voluntatem. Ergo voluntas Dei non est causa rerum.

2. PRAETEREA, id quod est per essentiam, est primum in quolibet ordine: sicut in ordine ignitorum est primum, quod est ignis per essentiam. Sed Deus est primum agens. Ergo est agens per essentiam suam, quae est natura eius. Agit igitur per naturam, et non per voluntatem. Voluntas igitur divina non est causa rerum.

3. PRAETEREA, quidquid est causa alicuius per hoc quod est tale, est causa per naturam, et non per voluntatem: ignis enim causa est calefactionis, quia est calidus; sed artifex est causa domus, quia vult eam facere. Sed Augustinus dicit, in I *de Doct. Christ.*[2], quod *quia Deus bonus est, sumus.* Ergo Deus per suam naturam est causa rerum, et non per voluntatem.

4. PRAETEREA, unius rei una est causa. Sed rerum creatarum est causa scientia Dei, ut supra[3]

ARTIGO 4
A vontade de Deus é causa das coisas?

QUANTO AO QUARTO, ASSIM SE PROCEDE: parece que a vontade de Deus **não** é causa das coisas.

1. Com efeito, Dionísio escreve: "Assim como nosso sol ilumina por seu próprio ser, não por raciocínio nem por escolha, todas as coisas que querem participar de sua luz, também o bem divino, por sua própria essência, emite sobre todos os seres que existem os raios de sua bondade". Ora, o que age por vontade, age como quem raciocina e elege. Logo, Deus não age por vontade, e assim sua vontade não é causa das coisas.

2. ALÉM DISSO, o que é por essência é o primeiro em qualquer ordem. Por exemplo, entre as coisas aquecidas há uma que é a primeira, essa é o fogo por essência. Ora, Deus é o agente primeiro. Logo, age por sua essência, que é sua natureza. Portanto, age por natureza e não por vontade. A vontade divina não é assim causa das coisas.

3. ADEMAIS, tudo o que é causa de algo, por ser tal, é causa natural e não voluntária. Por exemplo, o fogo é causa do aquecimento porque é quente; ao contrário, o artífice é causa da casa porque a quer fazer. Ora, Agostinho escreve: "Porque Deus é bom, existimos". Logo, Deus é causa natural das coisas e não voluntária.

4. ADEMAIS, uma mesma coisa só pode ter uma causa. Ora, foi dito acima que o entendimento

---

4 PARALL.: I *Sent.*, dist. 43, q. 2, a. 1; dist. 45, a. 3; *Cont. Gent.* II, 23; *De Pot.*, q. 1, a. 5; q. 3, a. 15.

1. MG 3, 693 B.
2. C. 32: ML 34, 32.
3. Q. 14, a. 8.

dictum est. Ergo voluntas Dei non debet poni causa rerum.

S*ed contra* est quod dicitur Sap 11,26: *Quomodo posset aliquid permanere, nisi tu voluisses?*

R*espondeo* dicendum quod necesse est dicere voluntatem Dei esse causam rerum, et Deum agere per voluntatem, non per necessitatem naturae, ut quidam existimaverunt. Quod quidem apparere potest tripliciter. Primo quidem, ex ipso ordine causarum agentium. Cum enim propter finem agat et intellectus et natura, ut probatur in II *Physic*.[4], necesse est ut agenti per naturam praedeterminetur finis, et media necessaria ad finem, ab aliquo superiori intellectu; sicut sagittae praedeterminatur finis et certus modus a sagittante. Unde necesse est quod agens per intellectum et voluntatem, sit prius agente per naturam. Unde, cum primum in ordine agentium sit Deus, necesse est quod per intellectum et voluntatem agat.

Secundo, ex ratione naturalis agentis, ad quod pertinet ut unum effectum producat: quia naturam uno et eodem modo operatur, nisi impediatur. Et hoc ideo, quia secundum quod est tale, agit: unde, quandiu est tale, non facit nisi tale. Omne enim agens per naturam, habet esse determinatum. Cum igitur esse divinum non sit determinatum, sed contineat in se totam perfectionem essendi, non potest esse quod agat per necessitatem naturae: nisi forte causaret aliquid indeterminatum et infinitum in essendo; quod est impossibile, ut ex superioribus[5] patet. Non igitur agit per necessitatem naturae; sed effectus determinati ab infinita ipsius perfectione procedunt, secundum determinationem voluntatis et intellectus ipsius.

Tertio, ex habitudine effectuum ad causam. Secundum hoc enim effectus procedunt a causa agente, secundum quod praeexistunt in ea: quia omne agens agit sibi simile. Praeexistunt autem effectus in causa secundum modum causae. Unde, cum esse divinum sit ipsum eius intelligere, praeexistunt in eo effectus eius secundum modum intelligibilem. Unde et per modum intelligibilem procedunt ab eo. Et sic, per consequens, per modum voluntatis: nam inclinatio eius ad agendum

de Deus é causa das coisas criadas. Logo, não se deve afirmar a vontade de Deus como causa das coisas.

E*m sentido contrário*, está escrito no livro da Sabedoria: "Como poderia algo subsistir, se não o tivesses querido?".

R*espondo.* É necessário dizer que a vontade de Deus é a causa das coisas, e que Deus age por vontade, não por necessidade da natureza, como alguns pensaram. E isso pode ser demonstrado de três modos:

1. Pela ordem mesma das causas agentes. Como o intelecto e a natureza agem em vista de um fim, como se prova no livro II da *Física*, é necessário ao que age por natureza lhe sejam determinados com antecedência, por um intelecto superior, o fim e os meios necessários a esse fim. Por exemplo, o arqueiro predetermina para a flecha o alvo e o trajeto. Por isso mesmo, é necessário que o que age pelo intelecto e pela vontade preceda ao que age por natureza. E, como o primeiro na ordem dos agentes é Deus, é necessário que aja pelo intelecto e pela vontade.

2. Pela razão do agente natural, a quem pertence produzir um único efeito, porque a natureza, se não é impedida, opera de uma única e mesma maneira. Isso é assim porque age segundo é tal coisa, de modo que enquanto permanece a mesma, só produz tal efeito. Assim, todo agente por natureza tem um ser determinado. Ora, como o ser de Deus não é determinado, mas contém em si toda a perfeição do ser, é impossível que aja por necessidade de natureza, a não ser que venha a causar algo ilimitado e infinito no ser, o que é impossível, como se depreende do que precede. Portanto, Deus não age por necessidade de natureza; mas determinados efeitos procedem de sua infinita perfeição, segundo a determinação de sua vontade e de seu intelecto.

3. Pela relação do efeito com sua causa. Os efeitos procedem da causa agente na medida em que preexistem nela, porque todo agente produz seu semelhante. Os efeitos, pois, preexistem na causa segundo o modo da causa. Portanto, como o ser de Deus é seu próprio conhecer, seus efeitos nele preexistem de modo inteligível. E por isso dele procedem por esse mesmo modo. E, assim, consequentemente pelo modo da vontade, pois sua inclinação para realizar o que foi concebido pelo

---

4. C. 5: 196, b, 18-22. — C. 8: 198, b, 10-199, b, 34.
5. Q. 7, a. 2.

quod intellectu conceptum est, pertinet ad voluntatem. Voluntas igitur Dei est causa rerum.

AD PRIMUM ergo dicendum quod Dionysius per verba illa non intendit excludere electionem a Deo simpliciter, sed secundum quid: inquantum scilicet, non quibusdam solum bonitatem suam communicat, sed omnibus: prout scilicet electio discretionem quandam importat.

AD SECUNDUM dicendum quod, quia essentia Dei est eius intelligere et velle, ex hoc ipso quod per essentiam suam agit, sequitur quod agat per modum intellectus et voluntatis.

AD TERTIUM dicendum quod bonum est obiectum voluntatis. Pro tanto ergo dicitur, *quia Deus bonus est, sumus*, inquantum sua bonitas est ei ratio volendi omnia alia, ut supra[6] dictum est.

AD QUARTUM dicendum quod unius et eiusdem effectus, etiam in nobis, est causa scientia ut dirigens, qua concipitur forma operis, et voluntas ut imperans: quia forma, ut est in intellectu tantum, non determinatur ad hoc quod sit vel non sit in effectu, nisi per voluntatem. Unde intellectus speculativus nihil dicit de operando. Sed potentia est causa ut exequens, quia nominat immediatum principium operationis. Sed haec omnia in Deo unum sunt.

ARTICULUS 5

Utrum voluntatis divinae
sit assignare aliquam causam

AD QUINTUM SIC PROCEDITUR. Videtur quod voluntatis divinae sit assignare aliquam causam.
1. Dicit enim Augustinus, libro *Octoginta trium Quaest.*[1]: *Quis audeat dicere Deum irrationabiliter omnia condidisse?* Sed agenti voluntario, quod est ratio operandi, est etiam causa volendi. Ergo voluntas Dei habet aliquam causam.
2. PRAETEREA, in his quae fiunt a volente qui propter nullam causam aliquid vult, non oportet aliam causam assignare nisi voluntatem volentis. Sed voluntas Dei est causa omnium rerum, ut ostensum est[2]. Si igitur voluntatis eius non sit aliqua causa, non oportebit in omnibus rebus naturalibus

intelecto pertence à vontade. A vontade de Deus é, então, a causa das coisas.

QUANTO AO 1º, portanto, deve-se dizer que Dionísio não pretende excluir de Deus a eleição de maneira absoluta, mas relativa, isto é, enquanto não só a alguns comunica sua bondade, mas a todos, a saber, a escolha implica certa discriminação.

QUANTO AO 2º, deve-se dizer que como a essência de Deus é seu conhecer e querer, do fato de agir por sua essência segue-se que age pelo modo do intelecto e da vontade.

QUANTO AO 3º, deve-se dizer que o bem é objeto da vontade. Logo, quando se diz: "Porque Deus é bom, existimos", isto significa que sua bondade é nele a razão de querer todas as outras coisas, como já foi dito.

QUANTO AO 4º, deve-se dizer que mesmo em nós um único efeito é causado pela ciência, que concebe a forma da obra, como diretriz, e pela vontade, que comanda. Porque a forma, enquanto se encontra só no intelecto, não é determinada efetivamente a existir ou não, a não ser pela vontade. Eis por que o intelecto especulativo nada diz a respeito do operar. Mas a potência é causa no plano da execução, porque indica o princípio imediato da operação. Todas essas coisas, porém, são uma única coisa em Deus.

ARTIGO 5

Pode-se indicar
uma causa à vontade divina?

QUANTO AO QUINTO, ASSIM SE PROCEDE: parece que **se pode** indicar uma causa da vontade divina.
1. Com efeito, Agostinho pergunta: "Quem ousará dizer que Deus tudo fez de maneira irracional?". Ora, para um agente voluntário, a razão de agir é também a causa do querer. Logo, a vontade de Deus tem uma causa.
2. ALÉM DISSO, não se pode indicar outra causa, a não ser a vontade daquele que quer, a tudo aquilo que é feito por alguém que quer algo sem nenhuma causa. Ora, a vontade de Deus é causa de todas as coisas, como foi demonstrado. Logo, se não existe causa de sua vontade, não se poderá

---

6. Art. 2.

5 PARALL.: I *Sent.*, dist. 41, a. 3; *Cont. Gent.* I, 86, 87; III, 97; *De Verit.*, q. 6, a. 2; q. 23, a. 1, ad 3; a. 6, ad 6; *Ephes.*, c. 1, lect. 1.

1. Q. 46: ML 40, 30.
2. Art. praec.

aliam causam quaerere, nisi solam voluntatem divinam. Et sic omnes scientiae essent supervacuae, quae causas aliquorum effectuum assignare nituntur: quod videtur inconveniens. Est igitur assignare aliquam causam voluntatis divinae.

3. PRAETEREA, quod fit a volente non propter aliquam causam, dependent ex simplici voluntate eius. Si igitur voluntas Dei non habeat aliquam causam, sequitur quod omnia quae fiunt, dependeant ex simplici eius voluntate, et non habeant aliquam aliam causam. Quod est inconveniens.

SED CONTRA est quod dicit Augustinus, in libro *Octoginta trium Quaest.*[3]: *Omnis causa efficiens maior est eo quod efficitur; nihil tamen maius est voluntate Dei; non ergo causa eius quaerenda est.*

RESPONDEO dicendum quod nullo modo voluntas Dei causam habet. Ad cuius evidentiam, considerandum est quod, cum voluntas sequatur intellectum, eodem modo contingit esse causam alicuius volentis ut velit, et alicuius intelligentis ut intelligat. In intellectu autem sic est quod, si seorsum intelligat principium, et seorsum conclusionem, intelligentia principii est causa scientiae conclusionis. Sed si intellectus in ipso principio inspiceret conclusionem, uno intuitu apprehendens utrumque, in eo scientia conclusionis non causaretur ab intellectu principiorum: quia idem non est causa sui ipsius. Sed tamen intelligeret principia esse causas conclusionis. Similiter est ex parte voluntatis, circa quam sic se habet finis ad ea quae sunt ad finem, sicut in intellectu principia ad conclusiones. Unde, si aliquis uno actu velit finem, et alio actu ea quae sunt ad finem, velle finem erit ei causa volendi ea quae sunt ad finem. Sed si uno actu velit finem et ea quae sunt ad finem, hoc esse non poterit: quia idem non est causa sui ipsius. Et tamen erit verum dicere quod velit ordinare ea quae sunt ad finem, in finem.

Deus autem, sicut uno actu omnia in essentia sua intelligit, ita uno actu vult omnia in sua bonitate. Unde, sicut in Deo intelligere causam non est causa intelligendi effectus, sed ipse intelligit effectus in causa: ita velle finem non est ei causa volendi ea quae sunt ad finem, sed tamen vult ea quae sunt ad finem, ordinari in finem. Vult ergo hoc esse propter hoc: sed non propter hoc vult hoc.

buscar nenhuma causa entre todas as coisas da natureza, a não ser unicamente a vontade divina. Assim, todas as ciências seriam supérfluas, elas que se esforçam por indicar as causas dos efeitos: o que parece inadmissível. Deve-se, pois, indicar uma causa da vontade divina.

3. ADEMAIS, o que é feito por um agente voluntário, sem nenhuma causa, depende de sua única vontade. Logo, se a vontade de Deus não tem causa, segue-se que tudo o que se faz depende de sua única vontade e não de outra causa. O que é inadmissível.

EM SENTIDO CONTRÁRIO, Agostinho escreve: "Toda causa eficiente é superior a seu efeito; ora, nada é superior à vontade divina; não se trata, logo, de lhe buscar a causa".

RESPONDO. De modo algum a vontade divina tem causa. Para prová-lo, deve-se considerar que, uma vez que a vontade segue o intelecto, ser causa de que uma vontade queira ou de que um intelecto conheça, isto se faz da mesma maneira. No intelecto, com efeito, ocorre que se conhece o princípio separadamente da conclusão, o conhecimento do princípio causa o conhecimento da conclusão. Se o intelecto, porém, visse diretamente a conclusão no princípio, apreendendo um e outro num único olhar, o conhecimento da conclusão não seria causado nele pela intelecção dos princípios, pois o mesmo não é causa de si próprio. O intelecto, contudo, compreenderia que os princípios são a causa da conclusão. Acontece o mesmo com relação à vontade, na qual o fim é para os meios, como são no intelecto os princípios em relação às conclusões. Por conseguinte, se alguém, por um ato, quer o fim, e por um outro ato os meios, querer o fim será para ele a causa de querer os meios. Se, porém, por um único ato quer o fim e os meios relativos a esse fim, isso não poderia acontecer, porque o mesmo não é causa de si próprio. No entanto, será verdadeiro dizer que ele quer ordenar os meios ao fim.

Ora, Deus, em um único ato, conhece todas as coisas em sua essência, também por um único ato quer tudo em sua bondade. Por isso, em Deus conhecer a causa não causa o conhecimento dos efeitos, mas ele conhece os efeitos em suas causas, assim querer o fim não é em Deus causa de querer os meios, mas quer os meios ordenados a seus fins. Portanto, Ele quer que isto seja por causa daquilo, mas não é por causa daquilo que quer isto.

---

3. Q. 28: ML 40, 18.

AD PRIMUM ergo dicendum quod voluntas Dei rationabilis est, non quod aliquid sit Deo causa volendi, sed inquantum vult unum esse propter aliud.

AD SECUNDUM dicendum quod, cum velit Deus effectus sic esse, ut ex causis certis proveniant, ad hoc quod servetur ordo in rebus; non est supervacuum, etiam cum voluntate Dei, alias causas quaerere. Esset tamen supervacuum, si aliae causae quaererentur ut primae, et non dependentes a divina voluntate. Et sic loquitur Augustinus in III de Trin.[4]: *Placuit vanitati philosophorum etiam aliis causis effectus contingentes tribuere, cum omnino videre non possent superiorem ceteris omnibus causam, idest voluntatem Dei.*

AD TERTIUM dicendum quod, cum Deus velit effectus esse propter causas, quicumque effectus praesupponunt aliquem alium effectum, non dependent ex sola Dei voluntate, sed ex aliquo alio. Sed primi effectus ex sola divina voluntate dependent. Utpote si dicamus quod Deus voluit hominem habere manus, ut deservirent intellectui, operando diversa opera: et voluit eum habere intellectum, ad hoc quod esset homo: et voluit eum esse hominem, ut frueretur ipso, vel ad complementum universi. Quae quidem non est reducere ad alios fines creatos ulteriores. Unde huiusmodi dependent ex simplici voluntate Dei: alia vero ex ordine etiam aliarum causarum.

QUANTO AO 1º, portanto, deve-se dizer que a vontade de Deus é racional; não no sentido de que algo seja para Deus causa de querer, mas enquanto quer que tal coisa seja em razão de outra.

QUANTO AO 2º, deve-se dizer que já que Deus quer que os efeitos sejam tais que provenham de causas determinadas, a fim de que seja respeitada a ordem das coisas, não é supérfluo buscar outras causas além da vontade de Deus. Supérfluo seria buscar outras causas primeiras que não dependessem da vontade divina, e é o que diz Agostinho: "A vaidade dos filósofos se comprazia em atribuir os efeitos contingentes a outras causas, uma vez que não podiam de modo algum perceber a causa superior a todas as causas: a vontade de Deus".

QUANTO AO 3º, deve-se dizer que, como Deus quer que os efeitos tenham suas causas, todos os efeitos que pressupõem outro efeito não dependem unicamente da vontade de Deus, mas de alguma outra coisa. Os efeitos primeiros dependem da única vontade divina. Como se disséssemos: Deus quis que o homem tivesse mãos para servir seu intelecto realizando diferentes obras; quis que tivesse intelecto para ser homem e quis que fosse homem a fim de poder usufruir dEle, ou ainda para complemento do universo. Estas últimas finalidades, porém, não se reduzem a outros fins criados. Tais coisas dependem da única vontade de Deus; mas as outras dependem também da ordem das demais causas.

ARTICULUS 6
Utrum voluntas Dei semper impleatur

AD SEXTUM SIC PROCEDITUR. Videtur quod voluntas Dei non semper impleatur.

ARTIGO 6
A vontade de Deus se cumpre sempre?[c]

QUANTO AO SEXTO, ASSIM SE PROCEDE: parece que a vontade de Deus **não** se cumpre sempre.

---

4. C. 2: ML 42, 871.

6 PARALL.: I *Sent*., dist. 46, a. 1; dist. 47, a. 1, 3; *De Verit*., q. 23, a. 2; 1Ti, c. 2, lect. 1.

c. Até aqui a dedução prossegue sem choque, chegando a uma concepção muito pura, exigente, mas incontestável, da vontade de Deus: há em Deus um querer, pois ele é inteligente, um querer infinito, e que o identifica ao próprio ser daquele que quer, pois o conhecer do qual decorre é infinito e idêntico ao ser. Esse querer se estende a todos os entes distintos de Deus, mas a partir de seu Objeto essencial, o Bem divino, que é, como todo bem, embora infinitamente por ser infinito, princípio de comunicação do ser e do bem. Princípio não absolutamente necessário, pois os entes não são necessários à bondade de Deus, mas que se torna necessário no que concerne aos entes que Deus, de fato, quer. Esse querer é a causa de tudo o que é, e ele mesmo não possui causa: sem causa exterior a Deus, que é absolutamente independente em relação a todo ente distinto de Si; sem causa anterior, tampouco, pois seu querer é simples e uno, sem ser determinado por um querer anterior. Querer racional, no entanto, no sentido de que a ordem interna entre causas e efeitos, que a razão descobre em sua totalidade e à qual se submete, também é querida.

As dificuldades que se deve temer começam quando se confronta essa vontade soberana com o que se produziu no universo criado. Como duvidar de que ela se cumpra sempre e exatamente? Mas, nessas condições, o que acontece com a contingência no mundo, e a liberdade? Como dar conta dos fracassos, e principalmente desse fracasso absoluto que é, para um ser livre, falhar ao seu destino, condenar-se, sem atribuí-los ao próprio Deus? E, mais radicalmente, o querer divino não seria uma causa do mal, uma vez que existe mal em sua obra?

1. Dicit enim Apostolus, 1Ti 2,4, quod Deus *vult omnes homines salvos fieri, et ad agnitionem veritatis venire*. Sed hoc non ita evenit. Ergo voluntas Dei non semper impletur.

2. Praeterea, sicut se habet scientia ad verum, ita voluntas ad bonum. Sed Deus scit omne verum. Ergo vult omne bonum. Sed non omne bonum fit: multa enim bona possunt fieri, quae non fiunt. Non ergo voluntas Dei semper impletur.

3. Praeterea, voluntas Dei, cum sit causa prima, non excludit causas medias, ut dictum est[1]. Sed effectus causae primae potest impediri per defectum causae secundae: sicut effectus virtutis motivae impeditur propter debilitatem tibiae. Ergo et effectus divinae voluntatis potest impediri propter defectum secundarum causarum. Non ergo voluntas Dei semper impletur.

Sed contra est quod dicitur in Ps 113,11: *omnia quaecumque voluit Deus, fecit*.

Respondeo dicendum quod necesse est voluntatem Dei semper impleri. Ad cuius evidentiam, considerandum est quod, cum effectus conformetur agenti secundum suam formam, eadem ratio est in causis agentibus, quae est in causis formalibus. In formis autem sic est quod, licet aliquid possit deficere ab aliqua forma particulari, tamen a forma universali nihil deficere potest: potest enim esse aliquid quod non est homo vel vivum, non autem potest esse aliquid quod non sit ens. Unde et hoc idem in causis agentibus contingere oportet. Potest enim aliquid fieri extra ordinem alicuius causae particularis agentis: non

1. Com efeito, o Apóstolo escreve na primeira Carta a Timóteo que Deus "quer que todos os homens se salvem e cheguem ao conhecimento da verdade". Ora, não é o que acontece. Logo, a vontade de Deus nem sempre se cumpre.

2. Além disso, assim como a ciência se refere ao verdadeiro, a vontade se refere ao bem. Ora, Deus sabe tudo o que é verdadeiro; logo, quer tudo o que é bom. No entanto, nem tudo o que é bom se realiza; muitas coisas boas poderiam ser feitas e não são. Logo, a vontade de Deus nem sempre se realiza.

3. Ademais, a vontade de Deus, causa primeira, não exclui, como foi dito, as causas intermediárias. Ora, o efeito da causa primeira pode ser impedido pela deficiência da causa segunda, como acontece quando o efeito da força motora é impedido pela debilidade da perna. Assim, o efeito da vontade de Deus pode ser impedido pela deficiência das causas segundas. Logo, a vontade de Deus nem sempre se cumpre.

Em sentido contrário, o Salmo 113 diz: "Tudo o que Deus quis, ele o fez".

Respondo. É necessário que a vontade de Deus sempre se cumpra. Para prová-lo, deve-se considerar que, como o efeito se conforma ao agente segundo sua forma, a mesma razão que existe nas causas eficientes existe nas causas formais. Ora, nas formas acontece que embora alguma coisa possa ficar privada de uma forma particular, nada pode ficar privado da forma universal. Pode ser que alguma coisa não seja um homem nem um ser vivo, mas nada pode existir que não seja um ente. O mesmo há de acontecer com as causas eficientes. Alguma coisa pode ser feita fora da ordem de alguma causa eficiente particular, porém não

---

1. Art. praec.

O confronto entre a transcendência de Deus e a contingência da criatura sempre levanta tremenda dificuldade, porque nós que nela nos debatemos — e que não podemos evitar de fazê-lo, já que fomos forçados a afirmar que Deus é, e que o universo só é em relação a Ele — somos parte desse universo e implicados em sua contingência. Encontramos essa dificuldade primeiramente na ordem do ser e da duração (q. 3-11): era puramente intelectual. Voltamos a encontrá-la na ordem do conhecer, e ali, já tivemos dificuldade em conciliar a multiplicidade, a sucessão temporal, toda a parte de contingente e de imprevisto que existe no universo, com a simplicidade transcendente e a eternidade e certeza de uma ciência que não se limita a contemplar o universo como um espetáculo, mas que o faz ser. Na ordem do querer, todos esses problemas, surgidos da mesma dificuldade de fundo, apresentam-se sob uma forma incomparavelmente mais aguçada, pois põem em causa a retidão do querer divino e seu poder; e, de maneira bem mais perturbadora, porque estamos implicados não apenas como objetos dessa pesquisa, mas como agentes no universo, e sobretudo como atores de nosso próprio destino.

Santo Tomás, de modo inflexível, mantém todas as exigências próprias dos dois termos: mantém sem concessão a soberania absoluta do querer divino e a realidade da causalidade criada, em especial da liberdade do homem e da responsabilidade que dela decorre. A conciliação, nessas condições de rigor intransigente, é difícil. Na verdade, é impossível pensá-la completamente, e ainda mais expressá-la. É preciso assumir que todo julgamento a respeito é parcial, e parece deixar de lado um ou outro dos dados do problema. É preciso resignar-se também a que todas essas respostas, forçosamente parciais, são insatisfatórias. Devem ser compreendidas de maneira global, cada uma delas sendo verdadeira apenas quando completadas pelas outras não

autem extra ordinem alicuius causae universalis, sub qua omnes causae particulares comprehenduntur. Quia, si aliqua causa particularis deficiat a suo effectu, hoc est propter aliquam aliam causam particularem impedientem, quae continetur sub ordine causae universalis: unde effectus ordinem causae universalis nullo modo potest exire. Et hoc etiam patet in corporalibus. Potest enim impediri quod aliqua stella non inducat suum effectum: sed tamen quicumque effectus ex causa corporea impediente in rebus corporalibus consequatur, oportet quod reducatur per aliquas causas medias in universalem virtutem primi caeli.

Cum igitur voluntas Dei sit universalis causa omnium rerum, impossibile est quod divina voluntas suum effectum non consequatur. Unde quod recedere videtur a divina voluntate secundum unum ordinem, relabitur in ipsam secundum alium: sicut peccator, qui, quantum est in se, recedit a divina voluntate peccando, incidit in ordinem divinae voluntatis, dum per eius iustitiam punitur.

AD PRIMUM ergo dicendum quod illud verbum Apostoli, quod Deus *vult omnes homines salvos fieri* etc., potest tripliciter intelligi. Uno modo, ut sit accommoda distributio, secundum hunc sensum, *Deus vult salvos fieri omnes homines qui salvantur*: "non quia nullus homo sit quem salvum fieri non velit, sed quia nullus salvus fit, quem non velit salvum fieri", ut dicit Augustinus[2].

Secundo potest intelligi, ut fiat distributio pro generibus singulorum, et non pro singulis generum, secundum hunc sensum: *Deus vult de quolibet statu hominum salvos fieri, mares et feminas, Iudaeos et Gentiles, parvos et magnos; non tamen omnes de singulis statibus*.

Tertio, secundum Damascenum[3], intelligitur de voluntate *antecedente*, non de voluntate *consequente*. Quae quidem distinctio non accipitur ex parte ipsius voluntatis divinae, in qua nihil est prius vel posterius; sed ex parte volitorum. Ad cuius intellectum, considerandum est quod unumquodque, secundum quod bonum est, sic est volitum a Deo. Aliquid autem potest esse in prima sui con-

fora da ordem de uma causa universal, sob cuja ação todas as causas particulares estão incluídas. Porque, se uma causa particular falha quanto a seu efeito, isto provém do impedimento que lhe traz outra causa particular, submetida à causa universal: por isso, o efeito não pode de maneira nenhuma subtrair-se à ordem da causa universal. O que vemos até nas realidades corporais. Por exemplo, o efeito de um astro pode ser impedido; porém, seja qual for o efeito produzido nas coisas corporais, em virtude de uma causa corpórea que o impeça, esse efeito se reduz necessariamente, por tais causas intermediárias, à atividade universal do primeiro céu.

Como a vontade de Deus é causa universal de todas as coisas, é impossível que a vontade de Deus não obtenha seu efeito. Eis por que o que parece afastar-se da vontade de Deus em certa ordem nela recai por outra. O pecador, por exemplo, que enquanto tal se afasta da vontade divina praticando o mal, cai sob a ordem dessa vontade ao ser punido pela justiça divina[d].

QUANTO AO 1º, portanto, deve-se dizer que a palavra do Apóstolo: "Deus quer que todos os homens sejam salvos" pode ser compreendida de três maneiras. Primeiramente, que haja uma conveniente divisão, assim entendida: "Deus quer que sejam salvos todos os homens que são salvos". Como diz Agostinho: "Não que existam homens dos quais Ele não queira a salvação, mas nenhum homem é salvo sem que Ele queira essa salvação".

Em segundo lugar, que se faça a divisão por gêneros de indivíduos; porém, não por indivíduos de cada gênero, no sentido seguinte: "Deus quer que homens sejam salvos em todos os estados: homens e mulheres, judeus e pagãos, grandes e pequenos, mas não todos de cada estado".

Em terceiro lugar, segundo Damasceno, esse texto se entende da vontade *antecedente*, não da vontade *consequente*. Essa distinção não se toma da parte da própria vontade divina, em que não existe antes nem depois, mas da parte das coisas que Ele quer. Para compreendê-lo, é preciso considerar que qualquer coisa, na medida em que é boa, é querida por Deus. Ora, algo pode ser à primeira

---

2. *Enchirid.*, c. 103: ML 40, 280.
3. *De Fide Orth.*, lib. II, c. 29: MG 94, 968 C — 969 A.

d. Esta explicação, manifestamente, não vai ao fundo do problema. Tem em vista uma série de eventos — aqueles que compõem um dado processo causal, como um destino humano, ou mesmo o processo causal que concerne ao conjunto do universo — em sua globalidade. Estabelece-se que tudo o que acontece, mesmo que seja em oposição a uma vontade particular de Deus, é conforme a uma outra vontade particular. Contudo, resta o fato de que a primeira vontade particular não se realizou. Será aos poucos, à medida que progredirmos, que a explicação será completada.

sideratione, secundum quod absolute consideratur, bonum vel malum, quod tamen, prout cum aliquo adiuncto consideratur, quae est consequens consideratio eius, e contrario se habet. Sicut hominem vivere est bonum, et hominem occidi est malum, secundum absolutam considerationem: sed si addatur circa aliquem hominem, quod sit homicida, vel vivens in periculum multitudinis, sic bonum est eum occidi, et malum est eum vivere. Unde potest dici quod iudex iustus antecedenter vult omnem hominem vivere; sed consequenter vult homicidam suspendi. Similiter Deus antecedenter vult omnem hominem salvari; sed consequenter vult quosdam damnari, secundum exigentiam suae iustitiae. — Neque tamen id quod antecedenter volumus, simpliciter volumus, sed secundum quid. Quia voluntas comparatur ad res, secundum quod in seipsis sunt: in seipsis autem sunt in particulari: unde simpliciter volumus aliquid, secundum quod volumus illud consideratis omnibus circumstantiis particularibus: quod est consequenter velle. Unde potest dici quod iudex iustus simpliciter vult homicidam suspendi: sed secundum quid vellet eum vivere, scilicet inquantum est homo. Unde magis potest dici velleitas, quam absoluta voluntas. — Et sic patet quod quidquid Deus simpliciter vult, fit; licet illud quod antecedenter vult, non fiat.

vista considerado, de modo absoluto, bom ou mau; ao passo que considerado com outra coisa, e esta é uma consideração consequente, seja exatamente o contrário. Por exemplo: que um homem esteja vivo é um bem, matar um homem é mal, se consideramos de modo absoluto. Se, contudo, se acrescenta, para determinado homem, que é um assassino ou um perigo para a coletividade, sob esse aspecto é bom que esse homem seja morto, é um mal que viva. Daí poder-se falar de um juiz justo: quanto à vontade antecedente quer que todo homem viva, mas quanto à vontade consequente quer que o assassino seja enforcado. Assim também Deus quer, quanto à vontade antecedente, que todos os homens sejam salvos, mas quanto à vontade consequente quer que alguns sejam condenados, segundo exige sua justiça. — No entanto, mesmo o que queremos com a vontade antecedente, não o queremos absolutamente, mas sob certo aspecto. Porque a vontade se refere às coisas como elas são em si mesmas: e em si mesmas elas são particulares. Por conseguinte, queremos absolutamente uma coisa quando a queremos levando em consideração todas as circunstâncias particulares, o que é querer com a vontade consequente. Por essa razão, podemos dizer que o juiz justo quer absolutamente que o assassino seja enforcado, ainda que sob certo aspecto quisesse que viva, visto que se trata de um homem; o que se pode chamar uma veleidade, e não uma vontade absoluta. — Assim fica claro que tudo o que Deus absolutamente quer se realiza, ainda que aquilo que quer por vontade antecedente não se realize[e].

AD SECUNDUM dicendum quod actus cognoscitivae virtutis est secundum quod cognitum est in cognoscente: actus autem virtutis appetitivae est ordinatus ad res, secundum quod in seipsis sunt. Quidquid autem potest habere rationem entis et veri, totum est virtualiter in Deo; sed non totum existit in rebus creatis. Et ideo Deus cognoscit omne verum: non tamen vult omne bonum, nisi inquantum vult se, in quo virtualiter omne bonum existit.

QUANTO AO 2º, deve-se dizer que o ato da faculdade cognoscitiva é tal na medida em que o conhecido está naquele que conhece; ao passo que o ato da faculdade apetitiva é ordenado para as coisas enquanto são em si mesmas. Ora, tudo o que tem a razão de ente e verdadeiro está todo virtualmente em Deus, mas nem tudo existe nas coisas criadas. Eis por que Deus conhece tudo o que é verdadeiro, ao passo que não quer tudo o que é bom, a não ser na medida em que quer a si próprio, em quem, virtualmente, todo o bem existe.

---

e. Esse texto famoso, e essencial, de São Paulo deu lugar a uma quantidade de interpretações diversas: na verdade, inspiradas mais pela preocupação de conciliá-lo com uma tese teológica do que pelas regras da exegese. As duas primeiras mencionadas pela resposta são de Santo Agostinho. Santo Tomás manifestamente não as retém. Aquela que ele propõe em terceiro lugar, e que assume como sua, é esclarecedora, no sentido de que a condenação é nela apresentada como querida por Deus, não diretamente e por si mesma, mas por um acontecimento que sobrevém ao universo: o pecado. Adiante, Santo Tomás afirmará que esse evento não é de modo algum desejado por Deus. Ainda assim permanece a questão: se o querer antecedente é real, ele é impedido de se realizar.

Ad tertium dicendum quod causa prima tunc potest impediri a suo effectu per defectum causae secundae, quando non est universaliter prima, sub se omnes causas comprehendens: quia sic effectus nullo modo posset suum ordinem evadere. Et sic est de voluntate Dei, ut dictum est[4].

Quanto ao 3º, deve-se dizer que a causa primeira pode ficar impedida de produzir seu efeito por deficiência da causa segunda, quando não é universalmente primeira, compreendendo e subordinando a si todas as causas. Mas, se o for, o efeito não poderá de modo nenhum se subtrair à sua ordenação. É o que se disse com referência à vontade de Deus.

Articulus 7
Utrum voluntas Dei sit mutabilis

Ad septimum sic proceditur. Videtur quod voluntas Dei sit mutabilis.
1. Dicit enim Dominus, Gn 6,7: *poenitet me fecisse hominem*. Sed quemcumque poenitet de eo quod fecit, habet mutabilem voluntatem. Ergo Deus habet mutabilem voluntatem.
2. Praeterea, Ier 18,7-8, ex persona Domini dicitur: *Loquar adversus gentem et adversus regnum, ut eradicem et destruam et disperdam illud; sed si poenitentiam egerit gens illa a malo suo, agam et ego poenitentiam super malo quod cogitavi ut facerem ei*. Ergo Deus habet mutabilem voluntatem.
3. Praeterea, quidquid Deus facit, voluntarie facit. Sed Deus non semper eadem facit: nam quandoque praecepit legalia observari, quandoque prohibuit. Ergo habet mutabilem voluntatem.
4. Praeterea, Deus non ex necessitate vult quod vult, ut supra[1] dictum est. Ergo potest velle et non velle idem. Sed omne quod habet potentiam ad opposita, est mutabile: sicut quod potest esse et non esse, est mutabile secundum substantiam; et quod potest esse hic et non esse hic, est mutabile secundum locum. Ergo Deus est mutabilis secundum voluntatem.

Sed contra est quod dicitur Nm 23,19: *non est Deus quasi homo, ut mentiatur; neque ut filius hominis, ut mutetur*.

Respondeo dicendum quod voluntas Dei est omnino immutabilis. Sed circa hoc considerandum est, quod aliud est mutare voluntatem; et aliud est velle aliquarum rerum mutationem. Potest enim aliquis, eadem voluntate immobiliter permanente, velle quod nunc fiat hoc, et postea fiat contrarium. Sed tunc voluntas mutaretur, si aliquis inciperet

Artigo 7
A vontade de Deus é mutável?

Quanto ao sétimo, assim se procede: parece que a vontade de Deus é mutável.
1. Com efeito, o Senhor diz no Gênesis: "Arrependo-me de ter feito o homem". Ora, quem se arrepende do que fez tem vontade mutável. Logo, Deus tem uma vontade mutável.
2. Além disso, Jeremias diz em nome do Senhor: "Falarei contra o povo e contra o reino para erradicá-lo, destruí-lo e dispersá-lo; mas, se este povo se arrepender do seu mal, eu mesmo me arrependerei do mal que tencionava infligir-lhe". Logo, Deus tem uma vontade mutável.
3. Ademais, tudo o que Deus faz, o faz voluntariamente. Ora, Deus não faz sempre a mesma coisa, pois numa época prescreveu observar a lei, e em outra a proibiu. Logo, tem uma vontade mutável.
4. Ademais, como foi dito acima, Deus não quer por necessidade o que quer; Ele pode querer ou não uma mesma coisa. Ora, tudo o que pode isto ou seu oposto é mutável. Por exemplo, o que pode ser e não ser é mutável quanto à sua substância; o que pode estar aqui e não estar é mutável quanto ao lugar etc. Logo, Deus é mutável quanto à sua vontade.

Em sentido contrário, está escrito no livro dos Números: "Deus não é homem para mentir, nem filho de homem para mudar".

Respondo. A vontade de Deus é totalmente imutável. A este respeito, contudo, é preciso considerar que uma coisa é mudar a vontade, outra é querer a mudança de certas coisas. Alguém pode, sua vontade permanecendo sempre a mesma, querer que isto se faça agora e que o contrário se realize em seguida. A vontade mudaria se alguém

---

4. In corp.

Parall.: I *Sent.*, dist. 39, q. 1, a. 1; dist. 48, q. 2, a. 1, ad 2; *Cont. Gent.* I, 82; III, 91, 96, 98; *De Verit.*, q. 12, a. 11, ad 3; Hb, c. 6, lect. 4.

1. Art. 3.

velle quod prius non voluit, vel desineret velle quod voluit. Quod quidem accidere non potest, nisi praesupposita mutatione vel ex parte cognitionis, vel circa dispositionem substantiae ipsius volentis. Cum enim voluntas sit boni, aliquis de novo dupliciter potest incipere aliquid velle. Uno modo sic, quod de novo incipiat sibi illud esse bonum. Quod non est absque mutatione eius: sicut adveniente frigore, incipit esse bonum sedere ad ignem, quod prius non erat. Alio modo sic, quod de novo cognoscat illud esse sibi bonum, cum prius hoc ignorasset: ad hoc enim consiliamur, ut sciamus quid nobis sit bonum. Ostensum est autem supra[2] quod tam substantia Dei quam eius scientia est omnino immutabilis. Unde oportet voluntatem eius omnino esse immutabilem.

AD PRIMUM ergo dicendum quod illud verbum Domini metaphorice intelligendum est, secundum similitudinem nostram: cum enim nos poenitet, destruimus quod fecimus. Quamvis hoc esse possit absque mutatione voluntatis: cum etiam aliquis homo, absque mutatione voluntatis, interdum velit aliquid facere, simul intendens postea illud destruere. Sic igitur Deus poenituisse dicitur, secundum similitudinem operationis, inquantum hominem quem fecerat, per diluvium a facie terrae delevit.

AD SECUNDUM dicendum quod voluntas Dei, cum sit causa prima et universalis, non excludit causas medias, in quarum virtute est ut aliqui effectus producantur. Sed quia omnes causae mediae non adaequant virtutem causae primae, multa sunt in virtute et scientia et voluntate divina, quae non continentur sub ordine causarum inferiorum: sicut resuscitatio Lazari. Unde aliquis respiciens ad causas inferiores, dicere poterat, *Lazarus non resurget*: respiciens vero ad causam primam divinam, poterat dicere, *Lazarus resurget*. Et utrumque horum Deus vult: scilicet quod aliquid quandoque sit futurum secundum causam inferiorem, quod tamen futurum non sit secundum causam superiorem; vel e converso. Sic ergo dicendum est quod Deus aliquando pronuntiat aliquid futurum, secundum quod continetur in ordine causarum inferiorum, ut puta secundum dispositionem naturae vel meritorum; quod tamen non fit, quia aliter est in causa superiori divina.

se pusesse a querer o que antes não queria, ou deixar de querer o que antes queria. Isto só pode acontecer por uma mudança, no conhecimento ou nas condições existenciais daquele que quer. Como a vontade tem por objeto o bem, alguém pode começar a querer outra coisa de duas maneiras. Primeiro, esta coisa começa a ser boa para ele, e isto não acontece sem mudança de sua parte. Por exemplo, quando chega o frio é bom sentar-se perto do fogo, o que antes não era. Segundo, o sujeito vem a reconhecer que isto é bom para ele, o que antes ignorava; pois, se deliberamos, é para saber o que é bom para nós. Ora, já se demonstrou acima que a substância de Deus e sua ciência são totalmente imutáveis. É então necessário que sua vontade também seja totalmente imutável.

QUANTO AO 1º, portanto, deve-se dizer que a palavra do Senhor deve ser entendida como uma metáfora, por semelhança conosco: quando nos arrependemos, destruímos o que havíamos feito. Entretanto, isto pode acontecer sem que haja mudança na vontade; porque um homem, sem que sua vontade mude, pode querer no momento fazer algo e, simultaneamente, se propor destruí-lo depois. Assim, é dito que Deus se arrependeu, por semelhança de ação, já que, pelo dilúvio, riscou da face da terra o homem que antes fizera[f].

QUANTO AO 2º, deve-se dizer que a vontade de Deus, causa primeira e universal, não exclui as causas intermediárias que em si possuem o poder de produzir certos efeitos. Contudo, como todas as causas intermediárias não conseguem igualar o poder da causa primeira, existem no poder, na ciência e na vontade divinas muito mais coisas que não estão contidas na ordem das causas inferiores, por exemplo a ressurreição de Lázaro. Levando em consideração as causas inferiores, alguém podia dizer: "Lázaro não vai ressuscitar"; mas considerando a causa primeira, Deus, podia dizer: "Lázaro ressuscitará". Ora, Deus quer as duas coisas: que tal acontecimento esteja por vir, em razão de sua causa inferior, e no entanto que não sobrevenha, em virtude da causa superior, ou inversamente. Deve-se dizer: Deus às vezes anuncia como futuro um acontecimento que se encontra contido na ordem das causas segundas, tais como as disposições da natureza ou o mérito dos homens; porém, esse

---

2. Q. 9, a. 1; q. 14, a. 15.

f. O pedreiro ergue um andaime ou uma armação que pretende desmontar depois de tê-lo utilizado. No entanto, essa ilustração é falaciosa: em Deus, a vontade de destruir o universo só pôde ocorrer em virtude deste acontecimento não desejado, o pecado do homem. O problema da dualidade das vontades, antecedente e consequente, permanece.

Sicut cum praedixit Ezechiae, *dispone domui tuae, quia morieris et non vives*, ut habetur Is 38,1; neque tamen ita evenit, quia ab aeterno aliter fuit in scientia et voluntate divina, quae immutabilis est. Propter quod dicit Gregorius[3], quod *Deus immutat sententiam, non tamen mutat consilium*, scilicet voluntatis suae. — Quod ergo dicit, *poenitentiam agam ego*, intelligitur metaphorice dictum: nam homines, quando non implent quod comminati sunt, poenitere videntur.

AD TERTIUM dicendum quod ex ratione illa non potest concludi quod Deus habeat mutabilem voluntatem; sed quod mutationem velit.

AD QUARTUM dicendum quod, licet Deum velle aliquid non sit necessarium absolute, tamen necessarium est ex suppositione, propter immutabilitatem divinae voluntatis, ut supra[4] dictum est.

ARTICULUS 8
Utrum voluntas Dei necessitatem rebus volitis imponat

AD OCTAVUM SIC PROCEDITUR. Videtur quod voluntas Dei rebus volitis necessitatem imponat.

1. Dicit enim Augustinus, in *Enchirid.*[1]: *Nullus fit salvus, nisi quem Deus voluerit salvari. Et ideo rogandus est ut velit, quia necesse est fieri, si voluerit.*
2. PRAETEREA, omnis causa quae non potest impediri, ex necessitate suum effectum producit: quia et natura semper idem operatur, nisi aliquid impediat, ut dicitur in II *Physic.*[2]. Sed voluntas Dei non potest impediri: dicit enim Apostolus, Rm 9,19: *voluntati enim eius quis resistit?* Ergo voluntas Dei imponit rebus volitis necessitatem.

acontecimento não se efetiva, porque diferentemente se encontra na causa superior divina. Foi assim que Deus predisse a Ezequias: "Prepara tua casa, pois vais morrer, não sobreviverás". E, no entanto, isto não aconteceu porque desde toda a eternidade a decisão era outra na ciência e na vontade de Deus, que são imutáveis. Por isso afirma Gregório que "Deus muda a sentença, não porém o conselho", isto é, sua vontade. — Logo, quando Deus diz: "Arrepender-me-ei", é uma metáfora, pois, os homens, quando não realizam suas ameaças, parecem arrepender-se.

QUANTO AO 3º, deve-se dizer que não se pode concluir deste argumento que Deus tenha vontade mutável, mas apenas que queira mudanças.

QUANTO AO 4º, deve-se dizer que, embora não seja absolutamente necessário que Deus queira algo, é necessário, por causa da imutabilidade da vontade divina, como acima foi dito.

ARTIGO 8
A vontade de Deus impõe necessidade às coisas que ele quer?

QUANTO AO OITAVO, ASSIM SE PROCEDE: parece que a vontade de Deus **impõe** necessidade às coisas que ele quer.

1. Com efeito, Agostinho afirma: "Ninguém é salvo a não ser aquele que Deus quer salvar. Por isso, é preciso pedir a ele que queira, porque, se ele quer, é necessário que aconteça[g].
2. ALÉM DISSO, toda causa que não pode ser impedida produz por necessidade seu efeito; pois a própria natureza produz sempre o mesmo efeito, a não ser que algum obstáculo a impeça, é o que se diz no livro II da *Física*. Ora, nada pode impedir a vontade de Deus, pois, como declara o Apóstolo aos Romanos: "Quem resistiria à sua vontade?". Logo, a vontade de Deus impõe necessidade às coisas que Ele quer.

---

3. *Moral.*, lib. XVI, c. 10 (al. 4): ML 75, 1127 B.
4. Art. 3.

8 PARALL.: *Cont. Gent.* I, 85; II, 29, 30; *De Verit.*, q. 23, a. 5; *De Malo*, q. 16, a. 7, ad 15; *Quodlib.* XI, q. 3; XII, q. 3, ad 1; I *Periherm.*, lect. 14.

1. C. 103: ML 40, 280.
2. C. 8: 199, b, 15-26.

g. Note-se aqui a incoerência libertadora que corrige em Santo Agostinho a intolerável dureza de sua afirmação: resultaria do princípio posto que é inútil orar? Se podemos orar, se é preciso orar, é que a vontade divina não é uma fatalidade que exclua toda iniciativa do homem. Em sua resposta, Santo Tomás dirá apenas, em função do que precede, que a necessidade em questão é condicional. Contudo, se nos reportamos à r. 1 do a. 6, veremos que, por vontade antecedente, Deus quer a salvação de cada um. O que impede essa vontade de realizar-se é o pecado, que Deus não quer de maneira alguma.

3. Praeterea, illud quod habet necessitatem ex priori, est necessarium absolute: sicut animal mori est necessarium, quia est ex contrariis compositum. Sed res creatae a Deo, comparantur ad voluntatem divinam sicut ad aliquid prius, a quo habent necessitatem: cum haec conditionalis sit vera, *si aliquid Deus vult, illud est*; omnis autem conditionalis vera est necessaria. Sequitur ergo quod omne quod Deus vult, sit necessarium absolute.

Sed contra, omnia bona quae fiunt, Deus vult fieri. Si igitur eius voluntas imponat rebus volitis necessitatem, sequitur quod omnia bona ex necessitate eveniunt. Et sic perit liberum arbitrium, et consilium et omnia huiusmodi.

Respondeo dicendum quod divina voluntas quibusdam volitis necessitatem imponit, non autem omnibus. Cuius quidem rationem aliqui assignare voluerunt ex causis mediis: quia ea quae producit per causas necessarias, sunt necessaria; ea vero quae producit per causas contingentes, sunt contingentia. — Sed hoc non videtur sufficienter dictum, propter duo. Primo quidem, quia effectus alicuius primae causae est contingens propter causam secundam, ex eo quod impeditur effectus causae primae per defectum causae secundae; sicut virtus solis per defectum plantae impeditur. Nullus autem defectus causae secundae impedire potest quin voluntas Dei effectum suum producat. — Secundo, quia, si distinctio contingentium a necessariis referatur solum in causas secundas, sequitur hoc esse praeter intentionem et voluntatem divinam: quod est inconveniens.

Et ideo melius dicendum est, quod hoc contingit propter efficaciam divinae voluntatis. Cum enim aliqua causa efficax fuerit ad agendum, effectus consequitur causam non tantum secundum id quod fit, sed etiam secundum modum fiendi vel essendi: ex debilitate enim virtutis activae in semine, contingit quod filius nascitur dissimilis patri in accidentibus, quae pertinent ad modum essendi. Cum igitur voluntas divina sit efficacissima, non solum sequitur quod fiant ea quae Deus vult fieri; sed quod eo modo fiant, quo Deus ea fieri vult. Vult autem quaedam fieri Deus necessario, et quaedam contingenter, ut sit ordo in rebus, ad complementum universi. Et ideo quibusdam effectibus aptavit causas necessarias, quae deficere non possunt, ex quibus effectus de necessitate proveniunt: quibusdam autem aptavit causas contingentes defectibiles, ex quibus effec-

3. Ademais, o que é necessário em razão de algo que lhe é anterior é necessário absolutamente; como é necessário que o animal morra, por ser composto de elementos contrários. Ora, as coisas criadas por Deus referem-se à vontade divina como algo que lhes é anterior e de onde têm sua necessidade, pois é verdadeira a seguinte proposição condicional: *se Deus quer algo, isto tem de ser*. Ora, qualquer proposição condicional verdadeira é necessária. Segue-se então que tudo o que Deus quer é absolutamente necessário.

Em sentido contrário, todo o bem que se faz, Deus o quer. Logo, se sua vontade impõe necessidade às coisas que quer, segue-se que todo bem acontece por necessidade. Acabam, então, o livre-arbítrio, a deliberação etc.

Respondo. A vontade divina impõe necessidades a certas coisas que Ele quer, não a todas. Alguns quiseram explicar isso pelas causas intermediárias, dizendo: as coisas que Deus produz por causas necessárias são necessárias; as que produz por causas contingentes são contingentes. — Mas isto não parece suficiente, por duas razões: primeiramente, porque o efeito da causa primeira se torna contingente pela causa segunda, pelo fato de que o efeito da causa primeira é impedido por deficiência da causa segunda; por exemplo, a ação do sol é impedida por uma deficiência da planta. Ora, nenhuma deficiência da causa segunda é capaz de impedir a vontade de Deus de produzir seu efeito. — Em segundo lugar, se a distinção entre coisas contingentes e coisas necessárias é referida apenas às causas segundas, segue-se que escapa à intenção e à vontade divinas, o que é inadmissível.

É melhor então dizer: isso acontece em razão da eficácia da vontade divina. Quando uma causa é eficaz, o efeito procede da causa, não apenas quanto ao que é feito, mas quanto à maneira de ser feito, ou mesmo de ser. Assim, é o insuficiente vigor do sêmen que faz o filho nascer diferente de seu pai quanto aos caracteres acidentais que pertencem à maneira de ser. Portanto, como a vontade divina é perfeitamente eficaz, segue-se que não apenas se fazem as coisas que quer, como também de acordo com a maneira que Deus quer. Ora, Deus quer que certas coisas se façam necessariamente e outras, de maneira contingente, a fim de que haja ordem nas coisas, para a perfeição do universo. Eis por que preparou para certos efeitos causas necessárias, que não podem falhar, e das quais procedem por necessidade os efeitos; e para outros efeitos preparou causas que podem falhar,

tus contingenter eveniunt. Non igitur propterea effectus voliti a Deo, eveniunt contingenter, quia causae proximae sunt contingentes: sed propterea quia Deus voluit eos contingenter evenire, contingentes causas ad eos praeparavit.

AD PRIMUM ergo dicendum quod per illud verbum Augustini intelligenda est necessitas in rebus volitis a Deo, non absoluta, sed conditionalis: necesse est enim hanc conditionalem veram esse, *si Deus hoc vult, necesse est hoc esse.*

AD SECUNDUM dicendum quod, ex hoc ipso quod nihil voluntati divinae resistit, sequitur quod non solum fiant ea quae Deus vult fieri; sed quod fiant contingenter vel necessario, quae sic fieri vult.

AD TERTIUM dicendum quod posteriora habent necessitatem a prioribus, secundum modum priorum. Unde et ea quae fiunt a voluntate divina, talem necessitatem habent, qualem Deus vult ea habere: scilicet, vel absolutam, vel conditionalem tantum. Et sic, non omnia sunt necessaria absolute.

cujos efeitos acontecem de modo contingente. Não é porque as causas próximas são contingentes que os efeitos queridos por Deus acontecem de modo contingente; mas, porque Deus quis que acontecessem de maneira contingente, preparou-lhes causas contingentes[h].

QUANTO AO 1º, portanto, deve-se dizer que a necessidade de que fala Agostinho nas coisas queridas por Deus deve ser compreendida não como absoluta, mas como condicional. É necessário que seja verdadeira esta condicional: se Deus quer isto, é necessário que seja.

QUANTO AO 2º, deve-se dizer que, como nada se opõe à vontade de Deus, segue-se que não apenas se faz o que Ele quer, mas também que se faz de maneira contingente ou necessária, de acordo com seu querer.

QUANTO AO 3º, deve-se dizer que o que é posterior é necessário em razão de algo anterior e segundo o modo do anterior. Por isso, as coisas feitas pela vontade de Deus têm a necessidade que Deus quer para elas: isto é, ou uma necessidade absoluta, ou uma necessidade apenas condicional. Assim, nem todas as coisas são necessárias de modo absoluto.

ARTICULUS 9
Utrum voluntas Dei sit malorum

AD NONUM SIC PROCEDITUR. Videtur quod voluntas Dei sit malorum.

1. Omne enim bonum quod fit, Deus vult. Sed mala fieri bonum est: dicit enim Augustinus, in *Enchirid*.[1]: *Quamvis ea quae mala sunt, inquantum mala sunt, non sint bona; tamen, ut non solum bona, sed etiam ut sint mala, bonum est.* Ergo Deus vult mala.

2. PRAETEREA, dicit Dionysius, 4 cap. *de Div. Nom*.[2]: *Erit malum ad omnis* (idest universi) *perfectionem conferens.* Et Augustinus dicit, in *Enchirid*.[3]: *Ex omnibus consistit universitatis admirabilis pulchritudo; in qua etiam illud quod malum dicitur,*

ARTIGO 9
Existe em Deus a vontade do mal?

QUANTO AO NONO, ASSIM SE PROCEDE: parece que **existe** em Deus a vontade do mal.

1. Com efeito, todo o bem que se faz, Deus o quer. Ora, é bom que coisas más sejam feitas, pois Agostinho diz: "Ainda que as coisas más, enquanto tais, não sejam boas, que haja não apenas coisas boas mas também coisas más, isso é bom". Logo, Deus quer o mal.

2. ALÉM DISSO, Dionísio diz: "O mal concorre para a perfeição do universo". E Agostinho: "A beleza admirável do universo resulta de todo o seu conjunto; nele, aquilo mesmo que chamamos de mal, reduzido à ordem e posto no devido lugar,

---

9 PARALL.: Infra, q. 48, a. 6; I *Sent*., dist. 46, a. 4; *Cont. Gent*. I, 95; *De Pot*., q. 1, a. 6; *De Malo*, q. 2, a. 1, ad 16.

1. C. 96: ML 40, 276.
2. MG 3, 717 B.
3. Cc. 10, 11: ML 40, 236.

h. Esta resposta poderia parecer artificial, caso compreendêssemos que dado efeito é contingente ou necessário conforme Deus lhe conferiu uma causa contingente ou uma causa necessária. É preciso desconfiar dos resumos de Santo Tomás: a contingência ou necessidade são inerentes ao efeito, ainda que lhe venham de sua causa, ou suas causas: a dependência de dado efeito em relação a sua causa lhe é intrínseca, de modo que, sendo o que é, ele só depende e só pode depender dessa, ou dessas causas. "Preparar uma causa contingente para o efeito" é o mesmo que querer um efeito contingente; não é tornar contingente um efeito que poderia de igual modo ser necessário.

bene ordinatum, et loco suo positum, eminentius commendat bona; ut magis placeant, et laudabiliora sint, dum comparantur malis. Sed Deus vult omne illud quod pertinet ad perfectionem et decorem universi: quia hoc est quod Deus maxime vult in creaturis. Ergo Deus vult mala.

3. Praeterea, mala fieri, et non fieri, sunt contradictorie opposita. Sed Deus non vult mala non fieri: quia, cum mala quaedam fiant, non semper voluntas Dei impleretur. Ergo Deus vult mala fieri.

Sed contra est quod dicit Augustinus, in libro *Octoginta trium Quaest.*[4]: *Nullo sapiente homine auctore, fit homo deterior; est autem Deus omni sapiente homine praestantior; multo igitur minus, Deo auctore, fit aliquis deterior. Illo autem auctore cum dicitur, illo volente dicitur.* Non ergo volente Deo, fit homo deterior. Constat autem quod quolibet malo fit aliquid deterius. Ergo Deus non vult mala.

Respondeo dicendum quod, cum ratio boni sit ratio appetibilis, ut supra[5] dictum est, malum autem opponatur bono; impossibile est quod aliquod malum, inquantum huiusmodi, appetatur, neque appetitu naturali, neque animali, neque intellectuali, qui est voluntas. Sed aliquod malum appetitur per accidens, inquantum consequitur ad aliquod bonum. Et hoc apparet in quolibet appetitu. Non enim agens naturale intendit privationem vel corruptionem; sed formam, cui coniungitur privatio alterius formae; et generationem unius, quae est corruptio alterius. Leo etiam, occidens cervum, intendit cibum, cui coniungitur occisio animalis. Similiter fornicator intendit delectationem, cui coniungitur deformitas culpae.

Malum autem quod coniungitur alicui bono, est privatio alterius boni. Nunquam igitur appeteretur malum, nec per accidens, nisi bonum cui coniungitur malum, magis appeteretur quam bonum quod privatur per malum. Nullum autem bonum Deus magis vult quam suam bonitatem: vult tamen aliquod bonum magis quam aliud quoddam bonum. Unde malum culpae, quod privat ordinem ad bonum divinum, Deus nullo modo vult. Sed malum naturalis defectus, vel malum poenae

leva a valorizar mais as coisas boas; pois estas agradam mais e são mais dignas de louvor quando as comparamos com as más". Ora, Deus quer tudo o que pertence à perfeição e à beleza do universo; pois, é isto que Deus ao máximo quer nas criaturas. Logo, Deus quer o mal.

3. Ademais, fazer ou não fazer o mal se opõem de maneira contraditória. Ora, Deus não quer que não se faça o mal, porque, quando se faz algum mal, a vontade de Deus nem sempre se realiza. Logo, Deus quer que o mal se faça.

Em sentido contrário, Agostinho escreve: "Nunca é pela ação de um sábio que um homem se torna pior; ora, Deus está muito acima de qualquer sábio. Portanto, muito menos seria pela ação de Deus que alguém se tornaria pior. Pois dizer que é pela ação dele é dizer que quer". Logo, não é pela vontade de Deus que um homem se torna pior. Ora, por qualquer mal, uma coisa se torna pior. Logo, Deus não quer o mal.

Respondo. Como foi dito acima: a razão de bem é a razão de ser atrativo, e o mal é o oposto do bem. É impossível, portanto, que o mal, como tal, seja atrativo para o apetite, quer se trate do apetite natural, animal ou do apetite intelectual, que é a vontade. O mal, contudo, torna-se atrativo por acidente, enquanto acompanha algum bem. E isso se vê em qualquer tipo de apetite. Pois o agente natural nunca tende para a privação ou para a corrupção, mas para a forma a que está ligada a privação de outra forma; e para a geração de uma que é a corrupção da outra. O leão, que mata um veado, busca o alimento, ao que está ligada a morte do animal. Assim também o fornicador busca o prazer, ao qual está ligada a deformidade da culpa.

Ora, o mal que está ligado a um bem é a privação de outro bem; portanto, nunca o mal seria atrativo, mesmo acidentalmente, se o bem a que está ligado o mal não fosse mais atrativo que o bem de que o mal é a privação. Ora, Deus não quer nenhum bem mais que sua própria bondade; no entanto, ele quer tal bem mais que outro bem. Em consequência, o mal de culpa, que priva de uma ordenação ao bem divino, Deus não quer de modo nenhum[i]. Contudo, o que é uma deficiência

---

4. Q. 3: PL 40,11.
5. Q. 5, a. 1.

i. "O mal de culpa... Deus não quer de modo nenhum": esse princípio que Santo Tomás afirma aqui, e constantemente, da maneira mais absoluta comanda imperiosamente tudo o que podemos afirmar a respeito da confrontação da soberana vontade de Deus e da contingência das causas criadas, a qual, no que concerne à liberdade criada, é a defectibilidade moral. Deve servir de regra hermenêutica absoluta para todos os textos de Santo Tomás nesse domínio, em especial daqueles que às vezes, pelas razões ditas na nota c, deixam insatisfeitos o coração e o espírito.

vult, volendo aliquod bonum, cui coniungitur tale malum: sicut, volendo iustitiam, vult poenam; et volendo ordinem naturae servari, vult quaedam naturaliter corrumpi.

AD PRIMUM ergo dicendum quod quidam[6] dixerunt quod, licet Deus non velit mala, vult tamen mala esse vel fieri: quia, licet mala non sint bona, bonum tamen est mala esse vel fieri. Quod ideo dicebant, quia ea quae in se mala sunt, ordinantur ad aliquod bonum: quem quidem ordinem importari credebant in hoc quod dicitur, *mala esse vel fieri*. Sed hoc non recte dicitur. Quia malum non ordinatur ad bonum per se, sed per accidens. Praeter intentionem enim peccantis est, quod ex hoc sequatur aliquod bonum; sicut praeter intentionem tyrannorum fuit, quod ex eorum persecutionibus claresceret patientia martyrum. Et ideo non potest dici quod talis ordo ad bonum importetur per hoc quod dicitur, quod malum esse vel fieri sit bonum: quia nihil iudicatur secundum illud quod competit ei per accidens, sed secundum illud quod competit ei per se.

AD SECUNDUM dicendum quod malum non operatur ad perfectionem et decorem universi nisi per accidens, ut dictum est[7]. Unde et hoc quod dicit Dionysius, quod malum est ad universi perfectionem conferens, concludit inducendo quasi ad inconveniens.

AD TERTIUM dicendum quod, licet mala fieri, et mala non fieri, contradictorie opponantur; tamen velle mala fieri, et velle mala non fieri, non opponuntur contradictorie, cum utrumque sit affirmativum. Deus igitur neque vult mala fieri, neque vult mala non fieri: sed vult permittere mala fieri. Et hoc est bonum.

da natureza, ou o mal de pena, Deus o quer ao querer um bem ao qual este mal se encontra ligado. Por exemplo, ao querer a justiça, quer a pena; e, ao querer que seja guardada a ordem da natureza, quer que algo naturalmente seja destruído.

QUANTO AO 1º, portanto, deve-se dizer que alguns disseram: Deus não quer as coisas más, mas quer que coisas más existam ou sejam feitas, porque, embora as coisas más não sejam boas, é bom que as coisas más existam e sejam feitas. Eles diziam isso porque as coisas que, em si mesmas, são más estão ordenadas a algum bem, e acreditavam que essa ordenação ao bem estava incluída na afirmação de que *coisas más existem ou são feitas*. Isto, porém, não é exato. Porque se o mal está ordenado ao bem não é por si mesmo, mas por acidente. Não está na intenção do pecador que algum bem venha de seu pecado; como não estava na intenção dos tiranos fazer brilhar a paciência dos mártires com as perseguições. Não se pode dizer que tal ordenação ao bem esteja incluída na expressão: é bom que o mal exista ou seja feito, porque nada se julga pelo que lhe cabe por acidente, mas segundo o que lhe cabe por si mesmo[j].

QUANTO AO 2º, deve-se dizer que o mal só concorre para a perfeição e a beleza do universo por acidente, como foi dito. Eis por que, quando Dionísio diz que o mal contribui para a perfeição do universo, ele o diz como conclusão que leva a algo inaceitável.

QUANTO AO 3º, deve-se dizer que fazer e não fazer o mal se opõem de maneira contraditória; mas querer fazer o mal e querer não fazer não se opõem de maneira contraditória porque são duas proposições afirmativas. Deus não quer nem que as coisas más sejam feitas, nem que não sejam feitas; porém, quer permitir que sejam feitas[k]. E isto é um bem.

---

6. Cfr. HUGONEM DE S. VICTORE († 1141), *De sacramentis christianae fidei*, l. I, p. IV, c. 13: ML 176, 239 D.
7. In resp. ad arg. praec.

j. Esta resposta põe fim, e de maneira clara, a todas as falsas interpretações do princípio agostiniano: "Deus é poderoso e bom o bastante para obter o bem mesmo a partir do mal". Por sua bondade e poder, Deus extrai o bem do mal, mas não é o mal que produz esse bem, nem se ordena a ele. O mal é desordem; o mal moral é a desordem absoluta.

k. Intervém aqui a difícil e controversa noção da "permissão do mal". Se Deus queria o bem, do qual o mal é privação, esse bem existiria, pois sua vontade é todo-poderosa. Se o mal sobrevém é porque Deus não o impediu acontecer. Por quê? A questão permanece aberta neste ponto. Voltaremos a encontrá-la adiante. Jamais comportará uma resposta plenamente satisfatória, pois como poderemos *explicar* a vontade divina? O que podemos, e devemos, é rejeitar radicalmente toda explicação que contradiga o princípio assinalado na nota i.

Articulus 10
Utrum Deus habeat liberum arbitrium

Ad decimum sic proceditur. Videtur quod Deus non habeat liberum arbitrium.

1. Dicit enim Hieronymus, in homilia de Filio Prodigo[1]: *Solus Deus est, in quem peccatum non cadit, nec cadere potest; cetera, cum sint liberi arbitrii, in utramque partem flecti possunt.*

2. Praeterea, liberum arbitrium est facultas rationis et voluntatis, qua bonum et malum eligitur. Sed Deus non vult malum, ut dictum est[2]. Ergo liberum arbitrium non est in Deo.

Sed contra est quod dicit Ambrosius, in libro *de Fide*[3]: *Spiritus Sanctus dividit singulis prout vult, idest pro liberae voluntatis arbitrio, non necessitatis obsequio.*

Respondeo dicendum quod liberum arbitrium habemus respectu eorum quae non necessario volumus, vel naturali instinctu. Non enim ad liberum arbitrium pertinet quod volumus esse felices, sed ad naturalem instinctum. Unde et alia animalia, quae naturali instinctu moventur ad aliquid, non dicuntur libero arbitrio moveri. Cum igitur Deus ex necessitate suam bonitatem velit, alia vero non ex necessitate, ut supra[4] ostensum est; respectu illorum quae non ex necessitate vult, liberum arbitrium habet.

Ad primum ergo dicendum quod Hieronymus videtur excludere a Deo liberum arbitrium, non simpliciter, sed solum quantum ad hoc quod est deflecti in peccatum.

Ad secundum dicendum quod, cum malum culpae dicatur per aversionem a bonitate divina, per quam Deus omnia vult, ut supra[5] ostensum est, manifestum est quod impossibile est eum malum culpae velle. Et tamen ad opposita se habet, inquantum velle potest hoc esse vel non esse. Sicut et nos, non peccando, possumus velle sedere, et non velle sedere.

Artigo 10
Deus tem livre-arbítrio?

Quanto ao décimo, assim se procede: parece que Deus **não** tem livre-arbítrio.

1. Com efeito, Jerônimo nos diz: "Somente em Deus o pecado não se encontra nem pode se encontrar; os outros, porque têm livre-arbítrio, podem inclinar-se para o bem ou para o mal".

2. Além disso, o livre-arbítrio é uma faculdade da razão e da vontade, pela qual se elege o bem ou o mal. Ora, como se disse, Deus não quer o mal. Logo, não tem livre-arbítrio.

Em sentido contrário, Ambrósio escreve: "O Espírito Santo atribui a cada um seus dons como quer, isto é, segundo o arbítrio de sua livre vontade, não sujeito à necessidade".

Respondo. Temos livre-arbítrio com relação às coisas que não queremos por necessidade ou por instinto de natureza. Pois não pertence ao livre-arbítrio, mas ao instinto natural, que queiramos ser felizes. Eis por que não se diz dos outros animais, movidos para qualquer objeto por instinto natural, que se movem por livre-arbítrio. Como Deus quer por necessidade sua própria bondade, porém não as outras coisas, como já se demonstrou, Ele possui livre-arbítrio a respeito de tudo aquilo que não quer por necessidade.

Quanto ao 1º, portanto, deve-se dizer que Jerônimo parece excluir de Deus o livre-arbítrio, não absolutamente, mas apenas quanto a cair no pecado.

Quanto ao 2º, deve-se dizer que como o mal de culpa consiste na rejeição da vontade divina, segundo a qual Deus quer tudo o que quer, como já se demonstrou acima, é manifestamente impossível que Deus queira o mal de culpa. Entretanto, é livre quanto ao contrário, podendo querer que isto seja ou não seja. Como nós mesmos, sem pecar, podemos querer assentar-nos ou não querê-lo.

---

10 Parall.: II *Sent.*, dist. 25, q. 1, a. 1; *Cont. Gent.* I, 88; *De Verit.*, q. 24, a. 3; *De Malo*, q. 16, a. 5.

1. *Epist.* 21 (al. 146), *ad Damasum*: ML 22, 393.
2. Art. praec.
3. C. 6: ML 16, 569 C.
4. Art. 3.
5. Art. 2.

Articulus 11
Utrum sit distinguenda in Deo voluntas signi

AD UNDECIMUM SIC PROCEDITUR. Videtur quod non sit distinguenda in Deo *voluntas signi*.

1. Sicut enim voluntas Dei est causa rerum, ita et scientia. Sed non assignantur aliqua signa ex parte divinae scientiae. Ergo neque debent assignari aliqua signa ex parte divinae voluntatis.

2. PRAETEREA, omne signum quod non concordat ei cuius est signum, est falsum. Si igitur signa quae assignantur circa voluntatem divinam, non concordant divinae voluntati, sunt falsa: si autem concordant, superflue assignantur. Non igitur sunt aliqua signa circa voluntatem divinam assignanda.

SED CONTRA est quod voluntas Dei est una, cum ipsa sit Dei essentia. Quandoque autem pluraliter significatur, ut cum dicitur Ps 110,2: *magna opera Domini, exquisita in omnes voluntates eius*. Ergo oportet quod aliquando signum voluntatis pro voluntate accipiatur.

RESPONDEO dicendum quod in Deo quaedam dicuntur proprie, et quaedam secundum metaphoram, ut ex supradictis[1] patet. Cum autem aliquae passiones humanae in divinam praedicationem metaphorice assumuntur, hoc fit secundum similitudinem effectus: unde illud quod est signum talis passionis in nobis, in Deo nomine illius passionis metaphorice significatur. Sicut, apud nos, irati punire consueverunt, unde ipsa punitio est signum irae: et propter hoc, ipsa punitio nomine irae significatur, cum Deo attribuitur. Similiter id quod solet esse in nobis signum voluntatis, quandoque metaphorice in Deo voluntas dicitur. Sicut, cum aliquis praecipit aliquid, signum est quod velit illud fieri: unde praeceptum divinum quandoque metaphorice *voluntas Dei* dicitur, secundum illud Mt 6,10: *fiat voluntas tua, sicut in caelo et in terra*. Sed hoc distat inter voluntatem et iram, quia ira de Deo nunquam proprie dicitur, cum in suo principali intellectu includat passionem: voluntas autem proprie de Deo dicitur. Et ideo in Deo distinguitur voluntas proprie, et metaphorice dicta. Voluntas enim proprie dicta, vocatur voluntas beneplaciti: voluntas autem metaphorice dicta, est

Artigo 11
Deve-se distinguir em Deus uma "vontade de sinal"?

QUANTO AO DÉCIMO PRIMEIRO, ASSIM SE PROCEDE: parece que **não** se deve distinguir em Deus uma *vontade de sinal*.

1. Com efeito, a ciência de Deus, tanto quanto sua vontade, é causa das coisas. Ora, não se atribuem sinais à ciência divina. Logo, não se deve atribuí-los à vontade divina.

2. ALÉM DISSO, todo sinal que não concorda com a coisa significada é falso. Portanto, se os sinais atribuídos à vontade divina não concordam com essa vontade, eles são falsos; se concordam, são inúteis. Logo, não se devem atribuir sinais à vontade divina.

EM SENTIDO CONTRÁRIO, a vontade de Deus é única, uma vez que é a mesma essência de Deus. No entanto, às vezes significa no plural, como quando se diz no Salmo 110: "As obras de Deus são grandes, conformes a todas as suas vontades". Logo, é preciso às vezes tomar um sinal da vontade pela própria vontade.

RESPONDO. Como acima ficou claro, o que se diz de Deus é tomado seja em sentido próprio, seja em sentido metafórico. Quando, por metáfora, atribuímos a Deus paixões humanas, isso se faz segundo a semelhança dos efeitos. Por essa razão, o que é em nós o sinal de determinada paixão é significado metaforicamente em Deus sob o nome desta paixão. Por exemplo, entre nós, as pessoas irritadas costumam castigar, tanto que o próprio castigo é sinal de cólera; por esta razão, quando o castigo é atribuído a Deus, nós lhe damos significado pelo nome de cólera. Igualmente, o que em nós é sinal da vontade é chamado, às vezes metaforicamente em Deus, vontade. Por exemplo, se alguém ordena algo, é sinal de que quer que isso se faça; assim, o preceito divino é às vezes chamado, por metáfora, *vontade de Deus*, como se diz no Evangelho de Mateus: *Seja feita a vossa vontade assim na terra como no céu*. Existe, porém, diferença entre a vontade e a cólera: a cólera nunca se diz de Deus no sentido próprio, porque em sua significação principal inclui a paixão; ao contrário, a vontade se diz de Deus no sentido próprio. Eis por que em Deus distinguimos uma

---

11 PARALL.: I *Sent.*, dist. 45, a. 4; *De Verit.*, q. 23, a. 3.

1. Q. 13, a. 3.

voluntas signi, eo quod ipsum signum voluntatis voluntas dicitur.

Ad primum ergo dicendum quod scientia non est causa eorum quae fiunt, nisi per voluntatem: non enim quae scimus facimus, nisi velimus. Et ideo signum non attribuitur scientiae, sicut attribuitur voluntati.

Ad secundum dicendum quod signa voluntatis dicuntur voluntates divinae, non quia sint signa quod Deus velit: sed quia ea quae in nobis solent esse signa volendi, in Deo divinae voluntates dicuntur. Sicut punitio non est signum quod in Deo sit ira: sed punitio, ex eo ipso quod in nobis est signum irae, in Deo dicitur ira.

Articulus 12
Utrum convenienter circa divinam voluntatem ponantur quinque signa

Ad duodecimum sic proceditur. Videtur quod inconvenienter circa divinam voluntatem ponantur quinque signa: scilicet, *prohibitio, praeceptum, consilium, operatio* et *permissio*.

1. Nam eadem quae nobis *praecipit* Deus vel *consulit*, in nobis quandoque *operatur*: et eadem quae *prohibet*, quandoque *permittit*. Ergo non debent ex opposito dividi.

2. Praeterea, nihil Deus operatur, nisi volens, ut dicitur Sap 11,25-26. Sed voluntas signi distinguitur a voluntate beneplaciti. Ergo *operatio* sub voluntate signi comprehendi non debet.

3. Praeterea, *operatio* et *permissio* communiter ad omnes creaturas pertinent: quia in omnibus Deus operatur, et in omnibus aliquid fieri permittit. Sed *praeceptum, consilium* et *prohibitio* pertinent ad solam rationalem creaturam. Ergo non veniunt convenienter in unam divisionem, cum non sint unius ordinis.

4. Praeterea, malum pluribus modis contingit quam bonum: quia bonum contingit uno modo, sed malum omnifariam, ut patet per Philosophum in II *Ethic.*[1], et per Dionysium in 4 cap. *de Div. Nom.*[2]. Inconvenienter igitur respectu mali assignatur unum signum tantum, scilicet *prohibitio*;

vontade no sentido próprio e uma no sentido metafórico. A vontade propriamente dita é chamada de beneplácito, e a metafórica é chamada de sinal, porque o sinal da vontade se diz vontade.

Quanto ao 1º, portanto, deve-se dizer que o entendimento só é causa do que se faz mediante a vontade; porque as coisas que conhecemos, só as faremos se as quisermos. Por isso, não se atribui sinal à ciência como se atribui à vontade.

Quanto ao 2º, deve-se dizer que os sinais da vontade são chamados vontades de Deus, não porque sejam os sinais que Deus quer; mas porque o que entre nós costuma ser sinal do que queremos é chamado em Deus vontades de Deus. Por exemplo, o castigo não é sinal de que exista cólera em Deus, mas, como em nós o castigo é um sinal da cólera, em Deus chama-se cólera.

Artigo 12
Convém afirmar cinco sinais da vontade de Deus?

Quanto ao décimo segundo, assim se procede: parece não ser conveniente afirmar cinco sinais da vontade divina: *a proibição, o preceito, o conselho, a operação e a permissão*.

1. Com efeito, as mesmas coisas que Deus *prescreve* ou *aconselha*, Ele às vezes *opera* em nós; e o que *proíbe*, às vezes *permite*. Logo, não devem ser divididos como opostos.

2. Além disso, Deus não opera nada sem que o queira, segundo o livro da Sabedoria. Ora, a vontade de sinal é distinta da vontade de beneplácito. Logo, a *operação* não deve ser compreendida sob a vontade de sinal.

3. Ademais, a *operação* e a *permissão* pertencem a todas as criaturas, pois em todas Deus opera e permite certas coisas. Ora, *o preceito, o conselho e a proibição* são próprias somente à criatura racional. Logo, não cabem convenientemente em uma única divisão, uma vez que não são de uma única ordem.

4. Ademais, deve-se dizer que o mal acontece de muito mais maneiras que o bem; pois o bem acontece de uma única maneira, ao passo que o mal é multiforme, como o observam o Filósofo e Dionísio. Portanto, não convém atribuir ao mal apenas um sinal: a saber, a *proibição*, ao

12 Parall.: I *Sent.*, dist. 45, a. 4; *De Verit.*, q. 23, a. 3.
1. C. 5: 1106, b, 28-35.
2. MG 3, 729 C.

respectu vero boni, duo signa, scilicet *consilium* et *praeceptum*.

RESPONDEO dicendum quod huiusmodi signa voluntatis dicuntur ea, quibus consuevimus demonstrare nos aliquid velle. Potest autem aliquis declarare se velle aliquid, vel per seipsum, vel per alium. Per seipsum quidem, inquantum facit aliquid, vel directe, vel indirecte et per accidens. Directe quidem, cum per se aliquid operatur: et quantum ad hoc, dicitur esse signum operatio. Indirecte autem, inquantum non impedit operationem: nam removens prohibens dicitur movens per accidens, ut dicitur in VIII *Physic*.[3] Et quantum ad hoc, dicitur signum permissio. Per alium autem declarat se aliquid velle, inquantum ordinat alium ad aliquid faciendum; vel necessaria inductione, quod fit praecipiendo quod quis vult, et prohibendo contrarium: vel aliqua persuasoria inductione, quod pertinet ad consilium.

Quia igitur his modis declaratur aliquem velle aliquid, propter hoc ista quinque nominantur interdum nomine voluntatis divinae, tanquam signa voluntatis. Quod enim praeceptum, consilium et prohibitio dicantur Dei voluntas, patet per id quod dicitur Mt 6,10: *fiat voluntas tua, sicut in caelo et in terra*. Quod autem permissio vel operatio dicantur Dei voluntas, patet per Augustinum, qui dicit in *Enchirid*.[4]: *Nihil fit, nisi Omnipotens fieri velit, vel sinendo ut fiat, vel faciendo*.

Vel potest dici quod *permissio* et *operatio* referuntur ad praesens: permissio quidem ad malum, operatio vero ad bonum. Ad futurum vero, *prohibitio*, respectu mali; respectu vero boni necessarii, *praeceptum*; respectu vero superabundantis boni, *consilium*.

AD PRIMUM ergo dicendum quod nihil prohibet, circa eandem rem, aliquem diversimode declarare se aliquid velle: sicut inveniuntur multa nomina idem significantia. Unde nihil prohibet idem subiacere praecepto et consilio et operationi, et prohibitioni vel permissioni.

AD SECUNDUM dicendum quod, sicut Deus potest significari metaphorice velle id quod non vult voluntate proprie accepta, ita potest metaphorice significari velle id quod proprie vult. Unde nihil prohibet de eodem esse voluntatem beneplaciti, et

passo que dois se referem ao bem: o *conselho* e o *preceito*.

RESPONDO. Os sinais em questão são aqueles pelos quais costumamos manifestar nosso querer. Alguém pode declarar que quer uma coisa, ou por si mesmo ou por um outro. Por si mesmo, fazendo algo, seja diretamente, seja indireta e acidentalmente. Diretamente, se opera por si mesmo; e nesse caso a operação é chamada sinal. Indiretamente, na medida em que não impede a operação; pois aquele que afasta um impedimento, diz-se que move indiretamente e por acidente, como se explica no livro VIII da *Física*. Nesse sentido, a permissão é chamada sinal. Por um outro, quando alguém declara que quer algo e ordena a outro que faça alguma coisa, seja por uma determinação necessária, o que se faz prescrevendo o que se quer, e proibindo o contrário; seja por uma determinação persuasiva, o que corresponde ao conselho.

Já que é por essas maneiras que alguém declara querer algo, por isso esses cinco sinais se denominam às vezes vontades divinas, como se fossem sinais dessa vontade. Que o preceito, o conselho e a proibição sejam chamados vontades de Deus, é o que vemos no Evangelho de Mateus: "Faça-se a tua vontade, assim na terra como no céu". Que a permissão ou a operação sejam chamadas vontades de Deus, nós o vemos pelas palavras de Agostinho: "Nada se faz a não ser que o Onipotente o queira, ou deixando fazer, ou fazendo Ele mesmo".

Pode-se dizer também que a *permissão* e a *operação* se referem ao presente: permissão, quando se trata do mal; operação no caso do bem. Ao futuro referem-se: a *proibição*, quando se trata do mal; o *preceito*, no caso do bem necessário; o *conselho*, no caso do bem superabundante.

QUANTO AO 1º, portanto, deve-se dizer que nada impede que a respeito da mesma coisa alguém declare sua vontade de maneiras diferentes; como, por exemplo, se encontram na linguagem muitos sinônimos. Portanto, nada impede que o mesmo seja objeto de preceito, de operação, de proibição ou de permissão.

QUANTO AO 2º, deve-se dizer que se pode expressar metaforicamente que Deus quer uma coisa que propriamente Ele não quer; assim também, por metáfora, pode-se expressar que Ele quer uma coisa que propriamente quer. Nada impede, por-

---

3. C. 4: 255, b, 17-31.
4. C. 95: ML 40, 276.

voluntatem signi. Sed operatio semper est eadem cum voluntate beneplaciti, non autem praeceptum vel consilium: tum quia haec est de praesenti, illud de futuro; tum quia haec per se est effectus voluntatis, illud autem per alium, ut dictum est[5].

AD TERTIUM dicendum quod creatura rationalis est domina sui actus: et ideo circa ipsam specialia quaedam signa divinae voluntatis assignantur, inquantum rationalem creaturam Deus ordinat ad agendum voluntarie et per se. Sed aliae creaturae non agunt nisi motae ex operatione divina: et ideo circa alias non habent locum nisi operatio et permissio.

AD QUARTUM dicendum quod omne malum culpae, licet multipliciter contingat, tamen in hoc convenit, quod discordat a voluntate divina: et ideo unum signum respectu malorum assignatur, scilicet *prohibitio*. Sed diversimode bona se habent ad bonitatem divinam. Quia quaedam sunt, sine quibus fruitionem divinae bonitatis consequi non possumus: et respectu horum est *praeceptum*. Quaedam vero sunt, quibus perfectius consequimur: et respectu horum est *consilium*. — Vel dicendum quod *consilium* est non solum de melioribus bonis assequendis, sed etiam de minoribus malis vitandis.

tanto, que a respeito do mesmo objeto haja vontade de beneplácito e vontade de sinal. A operação, contudo, é sempre a mesma com a vontade de beneplácito, e não o preceito nem o conselho. E isto se explica: a operação se refere ao presente, ao passo que o preceito e o conselho se referem ao futuro; além do mais, a operação é por si mesma efeito da vontade; o preceito e o conselho são seu efeito por um outro, como se disse.

QUANTO AO 3º, deve-se dizer que a criatura racional é senhora de seus atos. Eis por que são indicados a seu respeito sinais particulares da vontade divina, na medida em que Deus destina essa criatura a agir voluntariamente e por si mesma. As outras criaturas, ao contrário, só agem movidas pela operação divina: por isso, quanto a estas, apenas a operação e a permissão têm lugar[l].

QUANTO AO 4º, deve-se dizer que o mal de culpa, ainda que aconteça de várias maneiras, tem algo de comum: é contrário à vontade de Deus; assim, um único sinal a ele se atribui: a *proibição*. Pelo contrário, os bens têm com a bondade divina relações diversificadas. Existem alguns sem os quais não podemos desfrutar da bondade divina: a esse respeito está o *preceito*. Outros pelos quais aí chegamos de maneira mais perfeita: a respeito dos quais está o conselho. — Pode-se dizer ainda que o *conselho* não se refere apenas aos melhores bens a obter, como também aos menores males a evitar.

---

5. In corp.

l. Essa objeção e a solução proposta por Santo Tomás fornecem a chave da questão, à primeira vista estranha e inútil, levantada nos dois artigos. Para todas as criaturas que não possuem domínio sobre seus atos, a vontade de Deus realiza-se por si mesma. Já a criatura livre, em todas as atividades que dependem de sua liberdade, deve submeter-se livremente à vontade divina, e fazê-lo voluntariamente. Para tanto, é preciso que a conheça. Contudo, pode conhecê-la apenas por sinais, que são os mandamentos, as proibições, os conselhos, e também os acontecimentos desejados ou permitidos por Deus, que fazem parte dos dados de sua deliberação. Todavia, no que se refere aos três primeiros sinais, a vontade de Deus assim indicada, se ela indica ao homem o que Deus quer que ele queira, não lhe diz necessariamente o que Deus mesmo decidiu e quer: ele quer que o médico queira fazer viver este doente, mas simultaneamente pode ser que Ele mesmo não queira que o doente viva. Desse modo, a operação e a permissão não constituem sinais senão para aquele que é capaz de neles perceber a vontade de Deus: o homem.

QUAESTIO XX
DE AMORE DEI
in quatuor articulos divisa

Deinde considerandum est de his quae absolute ad voluntatem Dei pertinent. In parte autem appe-

QUESTÃO 20
O AMOR DE DEUS
em quatro artigos

É preciso agora considerar o que se refere à vontade de Deus considerada de maneira absoluta[a].

---

a. *De maneira absoluta*: isto é, segundo o que lhe é essencial e que, por conseguinte, deve ser encontrado em toda circunstância. Em seu exercício concreto, a vontade age sempre em conjunto com o intelecto, ambas as faculdades se modificando mútua e existencialmente. Tal interpenetração será objeto das qq. 22 a 24.

titiva inveniuntur in nobis et passiones animae, ut gaudium, amor, et huiusmodi; et habitus moralium virtutum, ut iustitia, fortitudo, et huiusmodi. Unde primo considerabimus de amore Dei; secundo, de iustitia Dei, et misericordia eius.

Circa primum quaeruntur quatuor.
Primo: utrum in Deo sit amor.
Secundo: utrum amet omnia.
Tertio: utrum magis amet unum quam aliud.
Quarto: utrum meliora magis amet.

Articulus 1
Utrum amor sit in Deo

AD PRIMUM SIC PROCEDITUR. Videtur quod amor non sit in Deo.
1. Nulla enim passio est in Deo. Amor est passio. Ergo amor non est in Deo.

2. PRAETEREA, amor, ira, tristitia, et huiusmodi, contra se dividuntur. Sed tristitia et ira non dicuntur de Deo nisi metaphorice. Ergo nec amor.

3. PRAETEREA, Dionysius dicit, 4 cap. *de Div. Nom.*[1]: *Amor est vis unitiva et concretiva.* Hoc autem in Deo locum habere non potest, cum sit simplex. Ergo in Deo non est amor.

SED CONTRA est quod dicitur 1Io 4,16: *Deus caritas est.*

RESPONDEO dicendum quod necesse est ponere amorem in Deo. Primus enim motus voluntatis, et cuiuslibet appetitivae virtutis, est amor. Cum enim actus voluntatis, et cuiuslibet appetitivae virtutis, tendat in bonum et malum, sicut in propria obiecta; bonum autem principalius et per se est obiectum voluntatis et appetitus, malum autem secundario et per aliud, inquantum scilicet opponitur bono: oportet naturaliter esse priores actus voluntatis et appetitus qui respiciunt bonum, his qui respiciunt malum; ut gaudium quam tristitia, et amor quam odium. Semper enim quod est per se, prius est eo quod est per aliud.

Rursus, quod est communius, naturaliter est prius: unde et intellectus per prius habet ordinem ad verum commune, quam ad particularia quae-

Ora, na parte apetitiva, encontram-se em nós tanto as paixões, como a alegria, o amor etc., quanto os *habitus* das virtudes morais, como a justiça, a fortaleza etc. Portanto, em primeiro lugar consideraremos o amor de Deus e em segundo a justiça de Deus e sua misericórdia.

A respeito do primeiro, são quatro as perguntas:
1. Existe amor em Deus?
2. Deus ama todas as coisas?
3. Será que ama um mais que outro?
4. Será que ama mais os melhores?

Artigo 1
Existe amor em Deus?

QUANTO AO PRIMEIRO ARTIGO, ASSIM SE PROCEDE: parece que **não** existe amor em Deus.
1. Com efeito, em Deus não existe nenhuma paixão. Ora, amor é paixão. Logo, não existe amor em Deus.

2. ALÉM DISSO, o amor, a ira, a tristeza etc. se distinguem como contrários. Ora, a tristeza e a ira não se dizem de Deus a não ser por metáfora. Logo, também o amor.

3. ADEMAIS, Dionísio diz: "O amor é uma força de união e de coesão". Ora, isto não pode ter lugar em Deus, pois Ele é simples[b]. Logo, em Deus não existe amor.

EM SENTIDO CONTRÁRIO está o que se diz na primeira Carta de João: "Deus é amor".

RESPONDO. É necessário afirmar que o amor existe em Deus. Com efeito, o primeiro movimento da vontade ou de qualquer faculdade apetitiva é o amor. Pois o ato da vontade, ou de qualquer faculdade apetitiva, se inclina como a seu próprio objeto para o bem e para o mal. Mas o bem é principalmente e por si mesmo o objeto da vontade e do apetite; o mal, secundariamente e por outro: enquanto se opõe ao bem. É preciso que os atos da vontade e do apetite que se referem ao bem tenham prioridade natural sobre aqueles que se referem ao mal: como a alegria sobre a tristeza e o amor sobre o ódio. Porque o que é por si mesmo é sempre anterior ao que é por outro.

Além disso, o que é mais geral é primeiro por natureza; eis por que o intelecto se refere por primeiro à verdade em geral e apenas em seguida a

---

1 PARALL.: Infra, q. 82, a. 5, ad 1; III *Sent.*, dist. 32, a. 1, ad 1; *Cont. Gent.* I, 91; IV, 19; *De Div. Nom.*, c. 4, lect. 9.
   1. MG 3, 709 C; — MG 3, 713 B.

b. Toda unificação pressupõe multiplicidade.

dam vera. Sunt autem quidam actus voluntatis et appetitus, respicientes bonum sub aliqua speciali conditione: sicut gaudium et delectatio est de bono praesenti et habito; desiderium autem et spes, de bono nondum adepto. Amor autem respicit bonum in communi, sive sit habitum, sive non habitum. Unde amor naturaliter est primus actus voluntatis et appetitus.

Et propter hoc, omnes alii motus appetitivi praesupponunt amorem, quasi primam radicem. Nullus enim desiderat aliquid, nisi bonum amatum: neque aliquis gaudet, nisi de bono amato. Odium etiam non est nisi de eo quod contrariatur rei amatae. Et similiter tristitiam, et cetera huiusmodi, manifestum est in amorem referri, sicut in primum principium. Unde in quocumque est voluntas vel appetitus, oportet esse amorem: remoto enim primo, removentur alia. Ostensum est autem[2] in Deo esse voluntatem. Unde necesse est in eo ponere amorem.

AD PRIMUM ergo dicendum quod vis cognitiva non movet, nisi mediante appetitiva. Et sicut in nobis ratio universalis movet mediante ratione particulari, ut dicitur in III *de Anima*[3]; ita appetitus intellectivus, qui dicitur voluntas, movet in nobis mediante appetitu sensitivo. Unde proximum motivum corporis in nobis est appetitus sensitivus. Unde semper actum appetitus sensitivi concomitatur aliqua transmutatio corporis; et maxime circa cor, quod est primum principium motus in animali. Sic igitur actus appetitus sensitivi, inquantum habent transmutationem corporalem annexam, *passiones* dicuntur: non autem actus voluntatis. Amor igitur et gaudium et delectatio, secundum quod significant actus appetitus sensitivi, passiones sunt: non autem secundum quod significant actus appetitus intellectivi. Et sic ponuntur in Deo. Unde dicit Philosophus, in VII *Ethic*.[4], quod *Deus una et simplici operatione gaudet*. Et eadem ratione, sine passione amat.

AD SECUNDUM dicendum quod in passionibus sensitivi appetitus, est considerare aliquid quasi

verdades particulares. Ora, existem atos de vontade e do apetite que se referem ao bem considerado sob alguma condição particular: como a alegria, o prazer são relativos ao bem presente e possuído; o desejo e a esperança ao bem ainda não obtido. Ao contrário, o amor se refere ao bem em geral, possuído ou não. O amor é, por natureza, o ato primeiro da vontade e do apetite.

Por esta razão, todos os movimentos apetitivos pressupõem o amor como sua primeira raiz. Ninguém deseja algo se não é o bem amado; e ninguém se alegra se não é do seu amado. Quanto ao ódio, ele só está naquilo que é contrário à coisa amada. É igualmente evidente que a tristeza e semelhantes se referem ao amor como a seu princípio primeiro. Daí que em quem há vontade ou faculdade apetitiva deve existir o amor; porque, supresso o que é primeiro, suprimem-se as outras coisas. Ora, já se demonstrou que existe em Deus vontade; é então necessário afirmar que nele existe amor.

QUANTO AO 1º, portanto, deve-se dizer que a faculdade cognoscitiva não move a não ser mediante a apetitiva. Em nós a razão universal move por meio da razão particular[c], como está dito no tratado *Sobre a alma*, assim também o apetite intelectual, chamado vontade, nos move mediante o apetite sensitivo. Eis por que o que imediatamente move nosso corpo é o apetite sensitivo. Por isso, um ato do apetite sensitivo é sempre acompanhado de uma alteração do corpo, principalmente com respeito ao coração, que é o primeiro princípio do movimento nos animais. Os atos do apetite sensitivo, enquanto ligados a uma alteração do corpo, são *paixões* e não atos da vontade. O amor e a alegria ou o prazer, quando se trata de atos do apetite sensitivo, são paixões; mas não quando se trata de atos do apetite intelectual. Ora, é assim que os atribuímos a Deus. O que leva o Filósofo a dizer no livro VII da *Ética*: "Deus se alegra com uma ação una e simples". Pela mesma razão, Ele ama sem que se trate de paixão.

QUANTO AO 2º, deve-se dizer que nas paixões do apetite sensitivo temos de distinguir o que é

---

2. Q. 19, a. 1.
3. C. 11: 434, a, 16, 21.
4. C. 15: 1154, b, 24-28.

c. "Razão particular" designa, na terminologia escolástica, a faculdade sensível da alma que, no homem, atinge a razão, fornecendo-lhe os "juízos" instintivos que a razão assume para construir o juízo que versa sobre o bem particular, e que servirá de premissa menor ao argumento prático, cuja conclusão é a decisão que visa ao bem particular: isto é bom para mim *hic et nunc*. Tal faculdade encontra-se no animal, em que é o princípio dos julgamentos instintivos, mas não é chamada de "razão", pois para participar da razão é preciso que ela seja assumida e utilizada por uma razão no sentido próprio (cf. I, q. 78, a. 4; *In Arist. lib.* "*de Anima*", liv. II, lição 13; ed. Marietti, 1925, nn. 395-398).

materiale, scilicet corporalem transmutationem; et aliquid quasi formale, quod est ex parte appetitus. Sicut in ira, ut dicitur in I *de Anima*[5], materiale est accensio sanguinis circa cor, vel aliquid huiusmodi; formale vero, appetitus vindictae. Sed rursus, ex parte eius quod est formale, in quibusdam horum designatur aliqua imperfectio; sicut in desiderio, quod est boni non habiti; et in tristitia, quae est mali habiti. Et eadem ratio est de ira, quae tristitiam supponit. Quaedam vero nullam imperfectionem designant, ut amor et gaudium. Cum igitur nihil horum Deo conveniat secundum illud quod est materiale in eis, ut dictum est[6], illa quae imperfectionem important etiam formaliter, Deo convenire non possunt nisi metaphorice, propter similitudinem effectus, ut supra[7] dictum est. Quae autem imperfectionem non important, de Deo proprie dicuntur, ut amor et gaudium: tamen sine passione, ut dictum est[8].

AD TERTIUM dicendum quod actus amoris semper tendit in duo: scilicet in bonum quod quis vult alicui; et in eum cui vult bonum. Hoc enim est proprie amare aliquem, velle ei bonum. Unde in eo quod aliquis amat se, vult bonum sibi. Et sic illud bonum quaerit sibi unire, inquantum potest. Et pro tanto dicitur amor *vis unitiva*, etiam in Deo, sed absque compositione: quia illud bonum quod vult sibi, non est aliud quam ipse, qui est per suam essentiam bonus, ut supra[9] ostensum est. — In hoc vero quod aliquis amat alium, vult bonum illi. Et sic utitur eo tanquam seipso, referens bonum ad illum, sicut ad seipsum. Et pro tanto dicitur amor *vis concretiva*: quia alium aggregat sibi, habens se ad eum sicut ad seipsum. Et sic etiam amor divinus est vis concretiva, absque compositione quae sit in Deo, inquantum aliis bona vult.

material de certo modo, a saber, a alteração do corpo, e o que é formal, isto é, o que provém do apetite. Assim na ira, como nota o tratado *Sobre a alma*, o que há de material é o fluxo do sangue ao coração, ou algo desse mesmo gênero, e o que há de formal é o apetite de vingança. Além disso, do lado do que é formal, algumas dessas paixões implicam certa imperfeição; por exemplo, no desejo, que é de um bem não possuído; na tristeza, que é de um mal padecido. Igualmente na ira, que pressupõe tristeza. Outras paixões, como o amor e a alegria, não implicam nenhuma imperfeição. Como nenhum desses movimentos convém a Deus quanto ao que neles se encontra de material, como foi dito, o que comporta uma imperfeição do lado do que é formal só se pode atribuir a Deus por metáfora, para exprimir a semelhança dos efeitos, como foi dito. O que, porém, não comporta nenhuma imperfeição pode ser atribuído a Deus no sentido próprio, como o amor e a alegria, excluindo a paixão, como acabamos de dizer.

QUANTO AO 3º, deve-se dizer que o amor tende sempre para dois termos: a coisa boa que quer para alguém e aquele para o qual ele a quer. Amar alguém propriamente é querer para ele o que é bom[d]. Eis por que amar a si próprio é querer para si o que é bom. E assim, na medida do possível, procura unir-se àquele bem. Neste sentido, o amor é chamado de *força de união* mesmo em Deus, sem que no entanto haja composição de elementos, pois o bem que Deus quer para si é Ele mesmo, que é bom por essência, como já foi demonstrado. — Amar, porém, outro é querer o que é bom para ele. Assim, trata-o como a si mesmo, referindo o bem a ele como a si próprio. É neste sentido que o amor se chama *força de coesão*: porque aquele que ama integra o outro a si próprio, comportando-se com ele como consigo mesmo. O amor divino também é uma *força de coesão*; não no sentido de que introduza em Deus uma composição, mas enquanto Deus quer para os outros o que é bom.

---

5. C. 1: 403, a, 29 — b, 2.
6. In resp. ad arg. praec.
7. Q. 3, a. 2, ad 2; q. 19, a. 11.
8. In resp. ad arg. praec.
9. Q. 6, a. 3.

d. "Querer o que é bom para alguém": deve-se ter em mente, para dissipar a impressão de aridez e de ativismo que produz de início essa definição do amor, que o primeiro sentido de *velle* para Santo Tomás não é *querer agir*, mas o vínculo afetivo com o que é bom e, simultaneamente, com aquilo que é bom. Vínculo afetivo que é o próprio amor. A partir daí, amar outro é estar afetivamente ligado a ele por mediação do que é bom para ele, e que atrai, como se é atraído pelo que é bom para si mesmo. Posteriormente será explicado que esse bem que atrai é bom para um e para outro conjuntamente, que, distintos segundo o ser, tornam-se um segundo o bem, na medida em que se amam.

Articulus 2
Utrum Deus omnia amet

Ad secundum sic proceditur. Videtur quod Deus non omnia amet.

1. Quia, secundum Dionysium, 4 cap. *de Div. Nom.*[1], amor amantem extra se ponit, et eum quodammodo in amatum transfert. Inconveniens autem est dicere quod Deus, extra se positus, in alia transferatur. Ergo inconveniens est dicere quod Deus alia a se amet.

2. Praeterea, amor Dei aeternus est. Sed ea quae sunt alia a Deo, non sunt ab aeterno nisi in Deo. Ergo Deus non amat ea nisi in seipso. Sed secundum quod sunt in eo, non sunt aliud ab eo. Ergo Deus non amat alia a seipso.

3. Praeterea, duplex est amor, scilicet concupiscentiae, et amicitiae. Sed Deus creaturas irrationales non amat amore concupiscentiae, quia nullius extra se eget: nec etiam amore amicitiae, quia non potest ad res irrationales haberi, ut patet per Philosophum, in VIII *Ethic.*[2]. Ergo Deus non omnia amat.

4. Praeterea, in Ps 5,7 dicitur: *Odisti omnes qui operantur iniquitatem.* Nihil autem simul odio habetur et amatur. Ergo Deus non omnia amat.

Sed contra est quod dicitur Sap 11,25: *Diligis omnia quae sunt, et nihil odisti eorum quae fecisti.*

Respondeo dicendum quod Deus omnia, existentia amat. Nam omnia existentia, inquantum sunt, bona sunt: ipsum enim esse cuiuslibet rei quoddam bonum est, et similiter quaelibet perfectio ipsius. Ostensum est autem supra[3] quod voluntas Dei est causa omnium rerum: et sic oportet quod intantum habeat aliquid esse, aut quodcumque bonum, inquantum est volitum a Deo. Cuilibet igitur existenti Deus vult aliquod bonum. Unde, cum amare nil aliud sit quam velle bonum alicui, manifestum est quod Deus omnia quae sunt, amat.

Non tamen eo modo sicut nos. Quia enim voluntas nostra non est causa bonitatis rerum, sed ab ea movetur sicut ab obiecto, amor noster, quo bonum alicui volumus, non est causa bonitatis

Artigo 2
Deus ama todas as coisas?

Quanto ao segundo, assim se procede: parece que Deus **não** ama todas as coisas.

1. Com efeito, segundo Dionísio, o amor leva o amante para fora de si, de algum modo transportando-o ao amado. Ora, é inadmissível dizer que Deus, posto fora de si, se transporte aos outros. Logo, é inadmissível dizer que Deus ama o que é distinto de si.

2. Além disso, o amor de Deus é eterno. Ora, o que é distinto de Deus não é eterno senão em Deus. Logo, Deus não o ama senão em si mesmo. Na medida, porém, em que está em Deus, não é distinto de Deus. Logo, Deus não ama o que é distinto de si.

3. Ademais, existem duas espécies de amor: a concupiscência e a amizade. Ora, Deus não ama as criaturas irracionais com amor de concupiscência, pois não tem necessidade de algo que lhe seja exterior, tampouco as ama com amor de amizade, que não se pode ter para com criaturas irracionais, como mostra o Filósofo no livro VIII da *Ética*. Logo, Deus não ama todas as coisas.

4. Ademais, no Salmo 5 se diz de Deus: "Detestas todos os que praticam iniquidades". Ora, não se pode ao mesmo tempo odiar e amar. Logo, Deus não ama todas as coisas.

Em sentido contrário, está no livro da Sabedoria: "Tu amas tudo o que existe e nada detestas do que fizeste".

Respondo. Deus ama tudo o que existe; pois tudo o que existe, enquanto tal, é bom; o ser de cada coisa é um bem, e toda perfeição dessa coisa é também um bem. Ora, foi demonstrado acima que a vontade de Deus é causa de cada coisa; eis por que cada coisa só tem o ser ou algum bem na medida em que é querida por Deus. Logo, a tudo o que existe Deus quer algum bem. Como amar não é senão querer o bem de alguém, é evidente que Deus ama tudo o que existe.

No entanto, este amor não é como o nosso. Como nossa vontade não é causa da bondade das coisas, mas é por ela movida como por seu objeto, nosso amor, mediante o qual queremos para

---

2 Parall.: Infra, q. 23, a. 3; ad 1; I-II, q. 110, a. 1; II *Sent.*, dist. 26, a. 1; III, dist. 32, a. 1, 2; *Cont. Gent.* I, 111; III, 150; *De Verit.*, q. 27, a. 1; *De Virtut.*, q. 2, a. 7, ad 2; in *Ioan.*, c. 5, lect. 3; *De Div. Nom.*, c. 4, lect. 9.

1. MG 3, 712 A.
2. C. 2: 1155, b, 27-31; — c. 13: 1161, a, 32 — b, 5.
3. Q. 19, a. 4.

ipsius: sed e converso bonitas eius, vel vera vel aestimata, provocat amorem quo ei volumus et bonum conservari quod habet, et addi quod non habet: et ad hoc operamur. Sed amor Dei est infundens et creans bonitatem in rebus.

AD PRIMUM ergo dicendum quod amans sic fit extra se in amatum translatus, inquantum vult amato bonum, et operatur per suam providentiam, sicut et sibi. Unde et Dionysius dicit 4 cap. de Div. Nom.[4]: *Audendum est autem et hoc pro veritate dicere, quod et ipse omnium causa, per abundantiam amativae bonitatis, extra seipsum fit ad omnia existentia providentiis*.

AD SECUNDUM dicendum quod, licet creaturae ab aeterno non fuerint nisi in Deo, tamen per hoc quod ab aeterno in Deo fuerunt, ab aeterno Deus cognovit res in propriis naturis: et eadem ratione amavit. Sicut et nos per similitudines rerum, quae in nobis sunt, cognoscimus res in seipsis existentes.

AD TERTIUM dicendum quod amicitia non potest haberi nisi ad rationales creaturas, in quibus contingit esse redamationem, et communicationem in operibus vitae, et quibus contingit bene evenire vel male, secundum fortunam et felicitatem: sicut et ad eas proprie benevolentia est. Creaturae autem irrationales non possunt pertingere ad amandum Deum, neque ad communicationem intellectualis et beatae vitae, qua Deus vivit. Sic igitur Deus, proprie loquendo, non amat creaturas irrationales amore amicitiae, sed amore quasi concupiscentiae; inquantum ordinat eas ad rationales creaturas, et etiam ad seipsum; non quasi eis indigeat, sed propter suam bonitatem et nostram utilitatem. Concupiscimus enim aliquid et nobis et aliis.

AD QUARTUM dicendum quod nihil prohibet unum et idem secundum aliquid amari, et secundum aliquid odio haberi. Deus autem peccatores, inquantum sunt naturae quaedam, amat: sic enim et sunt, et ab ipso sunt. Inquantum vero peccatores sunt, non sunt, sed ab esse deficiunt: et hoc in eis a Deo non est. Unde secundum hoc ab ipso odio habentur.

alguém o bem, não é causa de sua bondade; pelo contrário, sua bondade, verdadeira ou pressuposta, é que provoca o amor pelo qual queremos que lhe seja conservado o bem que possui; e que se acrescente o bem que ainda não possui; e agimos em função disto. O amor de Deus, ao contrário, infunde e cria a bondade nas coisas.

QUANTO AO 1º, portanto, deve-se dizer que o amante sai de si voltando-se para o amado, enquanto quer para o amado o que é bom para ele e lhe garante isso por sua providência, como o faz para si mesmo. Eis por que Dionísio acrescenta: "Ousemos dizer em nome da verdade que Ele mesmo, causa de todas as coisas, na abundância de sua bondade amorosa, sai de si mesmo quando provê a tudo o que existe".

QUANTO AO 2º, deve-se dizer que embora as criaturas não tenham existido desde toda a eternidade, senão em Deus, por terem existido em Deus desde toda a eternidade ele as conheceu desde toda a eternidade em suas próprias naturezas; e por isso mesmo as amou. Assim também nós: pelas semelhanças das coisas que há em nós, conhecemos as coisas que existem em si mesmas.

QUANTO AO 3º, deve-se dizer que só se pode ter amizade pelas criaturas racionais, nas quais se encontra a reciprocidade do amor e a comunhão de vida; e às quais sucede encontrar-se bem ou não de acordo com a sorte e a felicidade. Por isso mesmo, a elas cabe propriamente o bem-querer. As criaturas irracionais não podem se elevar a amar a Deus nem a participar de sua vida intelectual e bem-aventurada. Eis por que Deus, para falar com propriedade, não ama essas criaturas com amor de amizade; mas com uma espécie de amor de concupiscência, na medida em que as ordena às criaturas racionais e a si mesmo; não que delas precise, mas em razão de sua bondade e de nossa utilidade. Pois desejamos bens para nós e para os demais.

QUANTO AO 4º, deve-se dizer que nada impede experimentar, com relação ao mesmo objeto, amor, sob certo aspecto, e ódio, quanto a outro. Ora, Deus ama os pecadores enquanto naturezas determinadas; são seres que existem e existem por Ele. Contudo, enquanto pecadores, não são, mas carecem de ser, e isso neles não é de Deus: eis por que sob este aspecto são odiados por Deus[e].

---

4. MG 3, 712 AB.

e. "Odiados": o termo é duro e choca. Entendamos aqui que é o não-amor, o qual, não podendo ser pura negação — pois é impossível que Deus seja indiferente a sua criatura, já que só existe por seu amor, e que ela se coloca diante dele como um

Articulus 3
Utrum Deus aequaliter diligat omnia

AD TERTIUM SIC PROCEDITUR. Videtur quod Deus aequaliter diligat omnia.

1. Dicitur enim Sap 6,8: *aequaliter est ei cura de omnibus*. Sed providentia Dei, quam habet de rebus, est ex amore quo amat res. Ergo aequaliter amat omnia.

2. PRAETEREA, amor Dei est eius essentia. Sed essentia Dei magis et minus non recipit. Ergo nec amor eius. Non igitur quaedam aliis magis amat.

3. PRAETEREA, sicut amor Dei se extendit ad res creatas, ita et scientia et voluntas. Sed Deus non dicitur scire quaedam magis quam alia, neque magis velle. Ergo nec magis quaedam aliis diligit.

SED CONTRA est quod dicit Augustinus, *super Ioann.*[1]: *Omnia diligit Deus quae fecit; et inter ea magis diligit creaturas rationales; et de illis eas amplius, quae sunt membra Unigeniti sui; et multo magis ipsum Unigenitum suum.*

RESPONDEO dicendum quod, cum amare sit velle bonum alicui, duplici ratione potest aliquid magis vel minus amari. Uno modo, ex parte ipsius actus voluntatis, qui est magis vel minus intensus. Et sic Deus non magis quaedam aliis amat: quia omnia amat uno et simplici actu voluntatis, et semper eodem modo se habente. Alio modo, ex parte ipsius boni quod aliquis vult amato. Et sic dicimur aliquem magis alio amare, cui volumus maius bonum; quamvis non magis intensa voluntate. Et hoc modo necesse est dicere quod Deus quaedam aliis magis amat. Cum enim amor Dei sit causa bonitatis rerum, ut dictum est[2], non esset aliquid alio melius, si Deus non vellet uni maius bonum quam alteri.

Artigo 3
Deus ama igualmente a todos?

QUANTO AO TERCEIRO, ASSIM SE PROCEDE: parece que Deus **ama** igualmente a todos.

1. Com efeito, diz o livro da Sabedoria: "Ele cuida de todas as coisas igualmente". Ora, a providência de Deus, pela qual cuida das coisas, provém de seu amor para com elas. Logo, ama igualmente a todas.

2. ALÉM DISSO, o amor de Deus é sua essência. Ora, a essência de Deus não comporta o mais e o menos. Logo, nem seu amor. Então, não ama mais a uns que a outros.

3. ADEMAIS, o amor de Deus se estende às coisas criadas, tanto quanto sua ciência e sua vontade. Ora, não se diz que Deus conheça uma coisa mais que outra, nem que a queira mais. Logo, não ama alguns mais que outros.

EM SENTIDO CONTRÁRIO, Agostinho declara: "Deus ama todas as coisas que fez, entre elas ama mais as criaturas racionais; entre estas ama mais as que são membros de seu Filho unigênito e muito mais ainda seu Filho unigênito".

RESPONDO. Como amar é querer o bem de alguém, pode-se amar mais ou menos num duplo sentido. Primeiramente, em razão do próprio ato da vontade que é mais ou menos intenso. Neste sentido, Deus não ama mais uns que outros, pois ama a todos com um único e simples ato da vontade e sempre da mesma maneira. Em segundo lugar, em razão do bem que se quer para o amado. Nesse caso, dizemos amar mais aquele para o qual queremos um bem maior, ainda que não seja com vontade mais intensa[f]. Deste modo, devemos necessariamente dizer que Deus ama certas coisas mais que outras. Pois como o amor de Deus é causa da bondade das coisas, como

---

3 PARALL.: II *Sent.*, dist. 26, a. 1, ad 2; III, dist. 19, a. 5, q.la 1; dist. 32, a. 4; *Cont. Gent.* I, 91.
   1. Tract. 110: ML 35, 1924.
   2. Art. praec.

objeto de sua vontade —, é o contrário do amor, o ódio. Não obstante, o que precede mostra que o amor é mais forte que o ódio, pois o pecador continua a receber de Deus, de seu amor, o ser e todos os bens que a ele se ligam, sem contar os dons de graça, que não cessam de lhe ser oferecidos. O que Deus odeia não é a pessoa do pecador, mas que ela seja pecadora, e o amor que Ele tem pela pessoa tende a fazê-la sair do pecado.

   f. Que significa "um bem maior"? Se, como vimos, "bom" e "ente" se identificam, querer que alguém seja bom é querer que ele seja mais, que se desenvolva mais no ser. Por outro lado, o amante se une ao amado no bem que deseja para ele, e que lhes é comum, é difícil perceber como o homem poderia querer para o outro um bem maior — logo, mais interior, mais abrangente — sem que seu amor seja mais intenso. Tal coisa só poderia ser compreendida mediante um bem externo — desejar, por exemplo, a realeza para um e um modesto êxito profissional para outro; mas não está na ordem do bem, formalmente, comparar essas duas grandezas. Para Deus o que ocorre é diferente: a bondade que ele outorga, e que é uma participação na sua própria bondade, jamais poderá igualar-se a seu amor, que, em si, é infinito.

AD PRIMUM ergo dicendum quod dicitur Deo aequaliter esse cura de omnibus, non quia aequalia bona sua cura omnibus dispenset; sed quia ex aequali sapientia et bonitate omnia administrat.

AD SECUNDUM dicendum quod ratio illa procedit de intensione amoris ex parte actus voluntatis, qui est divina essentia. Bonum autem quod Deus creaturae vult, non est divina essentia. Unde nihil prohibet illud intendi vel remiti.

AD TERTIUM dicendum quod intelligere et velle significant solum actus: non autem in sua significatione includunt aliqua obiecta, ex quorum diversitate possit dici Deus magis vel minus scire aut velle; sicut circa amorem dictum est[3].

ARTICULUS 4
An Deus semper magis diligat meliora

AD QUARTUM SIC PROCEDITUR. Videtur quod Deus non semper magis diligat meliora.

1. Manifestum est enim quod Christus est melior toto genere humano, cum sit Deus et homo. Sed Deus magis dilexit genus humanum quam Christum: quia dicitur Rm 8,32: *proprio Filio suo non pepercit, sed pro nobis omnibus tradidit illum*. Ergo Deus non semper magis diligit meliora.

2. PRAETEREA, angelus est melior homine: unde in Ps 8,6, dicitur de homine: *minuisti eum paulo minus ab angelis*. Sed Deus plus dilexit hominem quam angelum: dicitur enim Hb 2,16: *nusquam angelos apprehendit, sed semen Abrahae apprehendit*. Ergo Deus non semper magis diligit meliora.

3. PRAETEREA, Petrus fuit melior Ioanne: quia plus Christum diligebat. Unde Dominus, sciens hoc esse verum, interrogavit Petrum, dicens: *Simon Ioannis, diligis me plus his?* [Io 21,15]. Sed tamen Christus plus dilexit Ioannem quam Petrum: ut enim dicit Augustinus, super illud Io 21, *Simon Ioannis diligis me?*[1]: "Hoc ipso signo Ioannes a ceteris discipulis discernitur; non quod

foi dito, uma coisa não seria melhor que outra, se Deus não quisesse um bem maior para ela que para outra.

QUANTO AO 1º, portanto, deve-se dizer que, quando se diz que Deus cuida igualmente de todas as coisas, isto não significa que dispensa, por seus cuidados, bens iguais a todas as coisas, mas que administra todas as coisas com igual sabedoria e igual bondade.

QUANTO AO 2º, deve-se dizer que este argumento é válido se se refere à intensidade do amor, por parte da vontade, que é a essência divina. Ora, o bem que Deus quer às criaturas não é a essência divina. Assim, nada impede que cresça ou diminua.

QUANTO AO 3º, deve-se dizer que conhecer e querer significam apenas atos; não incluem, em sua significação, objetos cuja diversidade permitiria dizer que Deus sabe ou quer mais ou menos, como foi dito a respeito do amor.

ARTIGO 4
Deus ama mais os melhores?

QUANTO AO QUARTO, ASSIM SE PROCEDE: parece que Deus **não** ama sempre mais os melhores.

1. Com efeito, manifestamente Cristo é melhor que todo o gênero humano, sendo ao mesmo tempo Deus e homem. Ora, Deus amou mais o gênero humano que a Cristo, pois se diz na Carta aos Romanos: "Ele que não poupou seu próprio Filho, mas o entregou por nós todos". Logo, Deus nem sempre ama mais o que é melhor.

2. ALÉM DISSO, o anjo é melhor que o homem. A respeito do homem se proclama no Salmo 8: "Tu o fizeste um pouco inferior aos anjos". Ora, Deus amou o homem, como se afirma na Carta aos Hebreus: "Pois ele vem em auxílio, não de anjos, mas da semente de Abraão". Logo, Deus nem sempre ama mais os melhores.

3. ADEMAIS, Pedro era melhor que João, pois amava mais a Cristo. Conhecendo essa verdade, o Senhor interrogou a Pedro: "Simão, filho de João, tu me amas mais que estes?" No entanto, Cristo amou a João mais que a Pedro, como diz Agostinho comentando esse texto: "Por esta expressão, João é distinguido dos outros discípulos; não que fosse o único amado, mas porque era mais amado

---

3. In corpore.

PARALL.: III *Sent.*, dist. 31, q. 2, a. 3, q.la 3; dist. 32, a. 5.

1. In *Ioann. Evang.*, tract. 124, super c. 21, 26: ML 35, 1971.

solum eum, sed quod plus eum ceteris diligebat." Non ergo semper magis diligit meliora.

4. Praeterea, melior est innocens poenitente; cum poenitentia sit *secunda tabula post naufragium*, ut dicit Hieronymus[2]. Sed Deus plus diligit poenitentem quam innocentem, quia plus de eo gaudet: dicitur enim Lc 15,7: *Dico vobis quod maius gaudium erit in caelo super uno peccatore poenitentiam agente, quam super nonaginta novem iustis, qui non indigent poenitentia*. Ergo Deus non semper magis diligit meliora.

5. Praeterea, melior est iustus praescitus, quam peccator praedestinatus. Sed Deus plus diligit peccatorem praedestinatum: quia vult ei maius bonum, scilicet vitam aeternam. Ergo Deus non semper magis diligit meliora.

Sed contra, unumquodque diligit sibi simile; ut patet per illud quod habetur Eccli 13,19: *omne animal diligit sibi simile*. Sed intantum aliquid est melius, inquantum est Deo similius. Ergo meliora magis diliguntur a Deo.

Respondeo dicendum quod necesse est dicere, secundum praedicta, quod Deus magis diligat meliora. Dictum est enim[3] quod Deum diligere magis aliquid, nihil aliud est quam ei maius bonum velle: voluntas enim Dei est causa bonitatis in rebus. Et sic, ex hoc sunt aliqua meliora, quod Deus eis maius bonum vult. Unde sequitur quod meliora plus amet.

Ad primum ergo dicendum quod Deus Christum diligit, non solum plus quam totum humanum genus, sed etiam magis quam totam universitatem creaturarum: quia scilicet ei maius bonum voluit, quia *dedit ei nomen, quod est super omne nomen* Philp 2,9, ut verus Deus esset. Nec eius excellentiae deperiit ex hoc quod Deus dedit eum in mortem pro salute humani generis: quinimo ex hoc factus est victor gloriosus; *factus enim est principatus super humerum eius*, ut dicitur Is 9,6.

Ad secundum dicendum quod naturam humanam assumptam a Dei Verbo in Persona Christi,

que os outros". Logo, Deus nem sempre ama mais o que é melhor.

4. Ademais, o inocente é melhor que o penitente, pois a penitência, diz Jerônimo, é "a segunda tábua de salvação depois do naufrágio". Ora, Deus ama o penitente mais que o inocente, pois nele encontra mais alegria, segundo o Evangelho de Lucas: "Eu vos digo, haverá mais alegria no céu por um só pecador que se converta do que por noventa e nove justos que não precisam de conversão". Logo, Deus nem sempre ama mais o que é melhor.

5. Ademais, o justo, do qual Deus prevê a queda, é melhor que o pecador predestinado à salvação. Ora, Deus ama mais o pecador predestinado, pois quer para ele um bem maior: a vida eterna. Logo, Deus nem sempre ama mais os melhores.

Em sentido contrário, cada um ama seu semelhante, como está claro no que diz o Eclesiástico: "Todo ser vivo ama seu semelhante". Ora, quanto mais um ser é bom, tanto mais se parece com Deus. Portanto, os melhores são mais amados por Deus.

Respondo. É necessário afirmar, de acordo com o que precede, que Deus ama mais os que são melhores. Pois, como foi dito, que Deus ame mais alguma coisa nada mais é que querer-lhe um bem maior. Assim, é a vontade de Deus a causa da bondade das coisas. Então, se alguns são melhores, é porque Deus quer para eles um bem maior. Portanto ama mais os melhores.

Quanto ao 1º, portanto, deve-se dizer que Deus ama a Cristo não apenas mais que a todo o gênero humano, mas até mais que a todo o conjunto das criaturas, porque quis para ele o bem maior e lhe deu, como está na Carta aos Filipenses, "o nome que está acima de todo nome", para que fosse o verdadeiro Deus[g]. Essa superioridade, no entanto, não desapareceu pelo fato de Deus o ter entregue à morte para a salvação do gênero humano; antes pelo contrário, tornou-se com isso um glorioso vencedor: "a soberania repousa sobre seus ombros", diz Isaías.

Quanto ao 2º, deve-se dizer que Deus ama a natureza humana assumida pelo Verbo divino na

---

2. In *Isaiam* 3, 9: ML 24, 66.
3. Art. praec.

g. Cristo é verdadeiramente Deus por natureza, pois é o Verbo, mas o homem Jesus é igualmente Deus pela graça, no sentido de que não é "natural" a uma humanidade individualizada ser a humanidade do Verbo, ser assumida pelo Verbo na unidade de sua pessoa, esse homem que *é* o Verbo. A outorga dessa graça — a graça da união — é manifestada pelo dom "do nome que está acima de todo nome", mas esse nome não tornou o Verbo encarnado Deus, tornou manifesto que ele o era.

secundum praedicta⁴, Deus plus amat quam omnes angelos: et melior est, maxime ratione unionis. Sed loquendo de humana natura communiter, eam angelicae comparando, secundum ordinem ad gratiam et gloriam, aequalitas invenitur; cum eadem sit *mensura hominis et angeli*, ut dicitur Ap 21,17, ita tamen quod quidam angeli quibusdam hominibus, et quidam homines quibusdam angelis, quantum ad hoc, potiores inveniuntur. Sed quantum ad conditionem naturae, angelus est melior homine. Nec ideo naturam humanam assumpsit Deus, quia hominem absolute plus diligeret: sed quia plus indigebat. Sicut bonus paterfamilias aliquid pretiosius dat servo aegrotanti, quod non dat filio sano.

AD TERTIUM dicendum quod haec dubitatio de Petro et Ioanne multipliciter solvitur. Augustinus namque refert hoc ad mysterium, dicens⁵ quod vita activa, quae significatur per Petrum, plus diligit Deum quam vita contemplativa, quae significatur per Ioannem: quia magis sentit praesentis vitae angustias, et aestuantius ab eis liberari desiderat, et ad Deum ire. Contemplativam vero vitam Deus plus diligit: quia magis eam conservat; non enim finitur simul cum vita corporis, sicut vita activa. — Quidam vero dicunt quod Petrus plus dilexit Christum in membris; et sic etiam a Christo plus fuit dilectus; unde ei ecclesiam commendavit. Ioannes vero plus dilexit Christum in seipso; et sic etiam plus ab eo fuit dilectus; unde ei commendavit Matrem. — Alii vero dicunt quod incertum est quis horum plus Christum dilexerit amore caritatis: et similiter quem Deus plus dilexerit in ordine ad maiorem gloriam vitae aeternae. Sed Petrus dicitur plus dilexisse, quantum ad quandam promptitudinem vel fervorem: Ioannes vero plus dilectus, quantum ad quaedam familiaritatis indicia, quae Christus ei magis demonstrabat, propter eius iuventutem et puritatem. — Alii vero dicunt quod Christus plus dilexit Petrum, quantum ad excellentius donum caritatis: Ioannem vero plus, quantum ad donum intellectus. Unde simpliciter Petrus fuit melior, et magis dilectus: sed Ioannes secundum quid. — Praesumptuosum tamen

pessoa de Cristo mais que a todos os anjos, acabamos de dizer; e essa natureza humana é melhor sobretudo em razão da união. Se, porém, falamos da natureza humana em geral, comparando-a à dos anjos segundo a destinação para a graça e a glória, o que encontramos é a igualdade; pois existe uma "mesma medida para o anjo e para o homem", segundo o Apocalipse, a tal ponto que, sob esse aspecto, alguns anjos podem se sobrepor a certos homens, e alguns destes a certos anjos. Quanto, porém, à condição natural, o anjo é melhor que o homem. Se Deus assumiu a natureza humana, não foi porque absolutamente falando, amasse mais o homem, foi porque a necessidade do homem era maior. Como um bom pai de família dá a seu servo doente algo de mais valor que a seu filho saudável[h].

QUANTO AO 3º, deve-se dizer que a dúvida a respeito de Pedro e de João recebeu várias soluções. Agostinho transfere isso para o mistério, dizendo que a vida ativa, significada por Pedro, ama a Deus mais do que o faz a vida contemplativa, figurada por João; pois ela sofre mais as angústias desta vida e aspira mais ardentemente dela ser libertada para ir a Deus. Contudo, Deus ama mais a vida contemplativa, pois a prolonga mais, uma vez que não termina juntamente com a vida do corpo, como acontece com a vida ativa. — Outros dizem: Pedro amou mais a Cristo em seus membros e sob este aspecto foi mais amado por Cristo; pois lhe confiou a Igreja. João, contudo, amou mais o próprio Cristo e sob este aspecto foi mais amado por Jesus, que por isso a ele confiou sua Mãe. — Outros ainda dizem que não se pode saber quem amou mais com amor de caridade, e qual dos dois Deus amou mais em vista de maior glória na vida eterna. Diz-se que Pedro amou mais quanto a certa generosidade ou fervor; e que João foi mais amado quanto aos sinais de familiaridade que Cristo lhe concedia mais, em razão de sua juventude e pureza. — Outros, enfim, dizem que Cristo amou mais a Pedro quanto ao dom mais excelente da caridade, e mais a João quanto ao dom do entendimento, e que por isso Pedro foi absolutamente o melhor e o mais amado, e João sob certo aspecto. — Parece, no entanto,

---

4. Resp. ad arg. praec.
5. Loco cit. in arg.

h. Santo Tomás responde brevemente aqui, e de modo incompleto, à objeção, apegando-se, como faz ordinariamente, às estritas perspectivas da presente questão: o *melhor* é aquele cuja bondade é a maior, não aquele ao qual se faz um dom em si maior. Contudo, quando se tratar formalmente da Encarnação, responderá de forma mais completa: "O anjo não foi assumido porque os anjos justos não necessitavam disto, e os pecadores não eram suscetíveis de ser resgatados" (III, q. 4, a. 1).

videtur hoc diiudicare: quia, ut dicitur Pr 16,2, *spirituum ponderator est Dominus*, et non alius.

AD QUARTUM dicendum quod poenitentes et innocentes se habent sicut excedentia et excessa. Nam sive sint innocentes, sive poenitentes, illi sunt meliores et magis dilecti, qui plus habent de gratia. Ceteris tamen paribus, innocentia dignior est et magis dilecta. Dicitur tamen Deus plus gaudere de poenitente quam de innocente, quia plerumque poenitentes cautiores, humiliores et ferventiores resurgunt. Unde Gregorius dicit ibidem[6], quod *dux in praelio eum militem plus diligit, qui post fugam conversus, fortiter hostem premit, quam qui nunquam fugit nec unquam fortiter fecit.* — Vel, alia ratione, quia aequale donum gratiae plus est, comparatum poenitenti, qui meruit poenam, quam innocenti, qui non meruit. Sicut centum marcae maius donum est, si dentur pauperi, quam si dentur regi.

AD QUINTUM dicendum quod, cum voluntas Dei sit causa bonitatis in rebus, secundum illud tempus pensanda est bonitas eius qui amatur a Deo, secundum quod dandum est ei ex bonitate divina aliquod bonum. Secundum ergo illud tempus quo praedestinato peccatori dandum est ex divina voluntate maius bonum, melior est; licet secundum aliquod aliud tempus, sit peior: quia et secundum aliquod tempus, non est nec bonus neque malus.

presunção querer julgar essas coisas, pois lemos nos Provérbios: "É o Senhor quem pesa os espíritos". Ninguém mais.

QUANTO AO 4º, deve-se dizer que os penitentes e os inocentes estão entre si como o que sobressai e o que se afasta. Pois, sejam inocentes ou penitentes, os melhores e os mais amados são os que possuem graça maior[i]. No entanto, em igualdade de condições, a inocência é mais digna e mais amada. Se, no entanto, se diz que Deus se alegra mais pelo penitente que pelo inocente, é porque, no mais das vezes, os penitentes, quando voltam, são mais atentos, mais humildes e mais fervorosos. Por essa razão, diz Gregório sobre esse mesmo trecho que "num combate o chefe ama mais o soldado que, tendo fugido e voltado atrás, ataca com vigor o inimigo do que aquele que nunca fugiu, mas também nunca agiu com vigor". — Ou, por outro motivo: um dom igual de graça é mais para o penitente que havia merecido uma pena do que para o inocente que não a havia merecido. Assim como cem peças de ouro dadas a um pobre são dádiva maior que a um rei.

QUANTO AO 5º, deve-se dizer que, como a vontade de Deus é a causa da bondade das coisas, a bondade daquele que é amado de Deus deve ser avaliada de acordo com o tempo em que deve receber da bondade divina algum bem. Então, de acordo com o tempo em que o pecador predestinado deve receber da bondade divina o bem maior, ele é melhor, ainda que, de acordo com outro tempo, seja pior. Aliás, houve tempo em que não era nem bom nem mau[j].

---

6. Homil. 34 in *Evang.*: ML 76, 1248 C.

i. "Que possuem graça maior": isto é, que participam em maior medida e de maneira mais profunda da bondade de Deus, de sua vida.

j. Uma vez mais somos confrontados com o mistério das relações entre o tempo e a eternidade. O amor está em Deus, o amor é Deus, é eterno e imutável. Contudo, seu objeto é a criatura que está no tempo, na sucessão. Em um momento, ela não existe, portanto não está criada. Em outro momento, existe, mas pecadora, privada da comunhão de vida com Deus, que é a bondade da criatura, graças à qual é amada: não é portanto amada por Deus, é até "odiada" no sentido especificado (ver acima a. 3 e nota 5). Em outro tempo, enfim, tendo sido convertida, é amada por Deus, e a vida eterna lhe é outorgada. De modo inverso, o justo que vai abandonar a justiça, no tempo em que o outro é pecador e "odiado" por Deus, é bom e amado por Deus; porém, virá um tempo em que ele terá perdido (por sua falta) a participação na bondade divina que é a graça, e no qual será pecador. Se pudermos colocar o verbo na voz passiva, "ser amado" no passado, no presente ou no futuro é por causa da mudança que não está no ato mesmo de Deus que ama, mas na criatura, objeto desse amor. Isto ultrapassa toda representação — pois nosso intelecto só funciona no tempo e no espaço —, mas deve ser afirmado além de toda representação.

QUAESTIO XXI
DE IUSTITIA ET MISERICORDIA DEI
in quatuor articulos divisa

Post considerationem divini amoris, de iustitia et misericordia eius agendum est.
Et circa hoc quaeruntur quatuor.
Primo: utrum in Deo sit iustitia.
Secundo: utrum iustitia eius veritas dici possit.
Tertio: utrum in Deo sit misericordia.
Quarto: utrum in omni opere Dei sit iustitia et misericordia.

Articulus 1
Utrum in Deo sit iustitia

Ad primum sic proceditur. Videtur quod in Deo non sit iustitia.
1. Iustitia enim contra temperantiam dividitur. Temperantia autem non est in Deo. Ergo nec iustitia.
2. Praeterea, quicumque facit omnia pro libito suae voluntatis, non secundum iustitiam operatur. Sed, sicut dicit Apostolus, Eph 1,11, Deus *operatur omnia secundum consilium suae voluntatis.* Non ergo ei iustitia debet attribui.
3. Praeterea, actus iustitiae est reddere debitum. Sed Deus nulli est debitor. Ergo Deo non competit iustitia.
4. Praeterea, quidquid est in Deo, est eius essentia. Sed hoc non competit iustitiae: dicit enim Boetius, in libro *de Hebdomad.*[1], quod *bonum essentiam, iustum vero actum respicit.* Ergo iustitia non competit Deo.

Sed contra est quod dicitur in Ps 10,8: *Iustus Dominus, et iustitias dilexit.*

Respondeo dicendum quod duplex est species iustitiae. Una, quae consistit in mutua datione et acceptione: ut puta quae consistit in emptione et venditione, et aliis huiusmodi communicationibus vel commutationibus. Et haec dicitur a Philosopho, in V *Ethic.*[2], iustitia communitativa, vel directiva commutationum sive communicationum. Et haec non competit Deo: quia, ut dicit Apostolus, Rm 11,35: *quis prior dedit illi, et retribuetur ei?*

Alia, quae consistit in distribuendo: et dicitur distributiva iustitia, secundum quam aliquis gu-

QUESTÃO 21
A JUSTIÇA E A MISERICÓRDIA DE DEUS
em quatro artigos

Após a consideração do amor divino, devemos tratar agora de sua justiça e misericórdia. A esse respeito, são quatro as perguntas:
1. Em Deus há justiça?
2. Sua justiça pode ser chamada verdade?
3. Em Deus há misericórdia?
4. Há justiça e misericórdia em todas as obras de Deus?

Artigo 1
Em Deus há justiça?

Quanto ao primeiro artigo, assim se procede: parece que em Deus **não** há justiça.
1. Com efeito, a justiça se opõe à temperança. Ora, a temperança não se encontra em Deus. Logo, nem a justiça.
2. Além disso, quem tudo faz segundo o prazer de sua vontade não faz segundo a justiça. Ora, diz o Apóstolo aos Efésios: Deus "tudo faz segundo o conselho de sua vontade". Logo, não se lhe deve atribuir a justiça.
3. Ademais, o ato da justiça consiste em dar a cada um o que lhe é devido. Ora, Deus não deve nada a ninguém. Logo, a justiça não cabe a Deus.
4. Ademais, tudo o que existe em Deus é sua essência. Ora, isso não cabe à justiça, pois como diz Boécio: "O que é bom se refere à essência, mas o que é justo se refere à ação". Logo, a justiça não cabe a Deus.

Em sentido contrário, encontramos no Salmo 10: "Pois o Senhor é justo, ele ama a justiça".

Respondo. Há duas espécies de justiça. Uma que consiste em dar e receber de volta. Por exemplo, nas compras, nas vendas e outras comunicações ou permutas. Esta justiça é chamada pelo Filósofo, no livro V da *Ética*, de justiça comutativa, ou reguladora das permutas e das comunicações. Esta justiça não cabe a Deus, pois diz o Apóstolo aos Romanos: "Quem lhe deu primeiro, para que seja retribuído?".

Outra que consiste em distribuir, e chama-se justiça distributiva. Por ela, quem governa ou

---

1 Parall.: IV *Sent.*, dist. 46, q. 1, a. 1, q.la 1; *Cont. Gent.* I, 93; *De Div. Nom.*, c. 8, lect. 4.

  1. ML 64, 1314 B.
  2. C. 4: 1131, b, 26-28.

bernator vel dispensator dat unicuique secundum suam dignitatem. Sicut igitur ordo congruus familiae, vel cuiuscumque multitudinis gubernatae, demonstrat huiusmodi iustitiam in gubernante; ita ordo universi, qui apparet tam in rebus naturalibus quam in rebus voluntariis, demonstrat Dei iustitiam. Unde dicit Dionysius, 8 cap. *de Div. Nom.*[3]: *Oportet videre in hoc veram Dei esse iustitiam, quod omnibus tribuit propria, secundum uniuscuiusque existentium dignitatem; et uniuscuiusque naturam in proprio salvat ordine et virtute.*

AD PRIMUM ergo dicendum quod virtutum moralium quaedam sunt circa passiones; sicut temperantia circa concupiscentias, fortitudo circa timores et audacias, mansuetudo circa iram. Et huiusmodi virtutes Deo attribui non possunt, nisi secundum metaphoram: quia in Deo neque passiones sunt, ut supra[4] dictum est; neque appetitus sensitivus, in quo sunt huiusmodi virtutes sicut in subiecto, ut dicit Philosophus in III *Ethic.*[5]. Quaedam vero virtutes morales sunt circa operationes; ut puta circa dationes et sumptus, ut iustitia et liberalitas et magnificentia; quae etiam non sunt in parte sensitiva, sed in voluntate. Unde nihil prohibet huiusmodi virtutes in Deo ponere: non tamen circa actiones civiles, sed circa actiones Deo convenientes. Ridiculum est enim secundum virtutes politicas Deum laudare, ut dicit Philosophus in X *Ethic.*[6].

AD SECUNDUM dicendum quod, cum bonum intellectum sit obiectum voluntatis, impossibile est Deum velle nisi quod ratio suae sapientiae habet. Quae quidem est sicut lex iustitiae, secundum quam eius voluntas recta et iusta est. Unde quod secundum suam voluntatem facit, iuste facit: sicut et nos quod secundum legem facimus, iuste facimus. Sed nos quidem secundum legem alicuius superioris: Deus autem sibi ipsi est lex.

AD TERTIUM dicendum quod unicuique debetur quod suum est. Dicitur autem esse suum alicuius, quod ad ipsum ordinatur; sicut servus est Domini, et non e converso; nam liberum est quod sui causa

administra atribui a cada um de acordo com sua dignidade. Assim como a boa ordem da família ou de qualquer grupo governado manifesta essa justiça no que governa, assim também a ordem do universo, que transparece nas coisas da natureza como naquelas que dependem da vontade, manifesta a justiça de Deus. Eis por que Dionísio proclama: "Deve-se reconhecer que a justiça de Deus é verdadeira no fato de atribuir a todos o que lhes é próprio segundo a dignidade de cada um; e de conservar a natureza de cada ser em seu lugar próprio e em seu próprio valor".

QUANTO AO 1º, portanto, deve-se dizer que entre as virtudes morais algumas se referem às paixões: como a temperança se refere à concupiscência, a fortaleza ao medo e à ousadia, a mansidão à ira. Tais virtudes só podem ser atribuídas a Deus metaforicamente, pois em Deus não existem paixões, como foi dito acima, tampouco apetite sensitivo, sujeito dessas virtudes, segundo diz o Filósofo no livro III da *Ética*. Outras virtudes morais se referem a ações, tais como doações, despesas etc. Estas são a justiça, a liberalidade e a magnificência, virtudes que não estão sediadas na parte sensitiva da alma, mas na vontade. Nada impede que se afirmem essas virtudes em Deus, não contudo com relação a ações concernentes aos homens, mas com referência às que convêm a Deus. Pois seria ridículo, como o nota o Filósofo no livro X da *Ética*, louvar a Deus por suas virtudes políticas.

QUANTO AO 2º, deve-se dizer que, como o bem conhecido é o objeto da vontade, é impossível que Deus queira algo a não ser o que a razão de sua sabedoria tem. Esta é, por assim dizer, a lei de justiça segundo a qual sua vontade é reta e justa. Por isso, o que Deus faz segundo sua vontade é justo, como é justo o que fazemos de acordo com a lei. Para nós, no entanto, trata-se de uma lei estabelecida por um superior, ao passo que Deus é sua própria lei[a].

QUANTO AO 3º, deve-se dizer que a cada um é devido o que lhe pertence. Ora, pertence a cada um ter aquilo que a ele é ordenado: assim como o escravo pertence ao dono, e não o dono ao

---

3. MG 3, 896 B.
4. Q. 20, a. 1, ad 1.
5. C. 13: 1117, b, 23-24.
6. C. 8: 1178, b, 7-23.

a. A vontade de Deus não é isenta de regras. Ela é a regra pela qual são julgadas boas ou más todas as outras vontades. Mas, se ela é a regra, não é porque é todo-poderosa e não tem de prestar contas a ninguém. É porque não é somente uma vontade: ela se identifica, na transcendência do ser infinito, com a sabedoria.

est[7]. In nomine ergo debiti, importatur quidam ordo exigentiae vel necessitatis alicuius ad quod ordinatur. Est autem duplex ordo considerandus in rebus. Unus, quo aliquid creatum ordinatur ad aliud creatum: sicut partes ordinantur ad totum, et accidentia ad substantias, et unaquaeque res ad suum finem. Alius ordo, quo omnia creata ordinantur in Deum. Sic igitur et debitum attendi potest dupliciter in operatione divina: aut secundum quod aliquid debetur Deo; aut secundum quod aliquid debetur rei creatae. Et utroque modo Deus debitum reddit. Debitum enim est Deo, ut impleatur in rebus id quod eius sapientia et voluntas habet, et quod suam bonitatem manifestat: et secundum hoc iustitia Dei respicit decentiam ipsius, secundum quam reddit sibi quod sibi debetur. Debitum etiam est alicui rei creatae, quod habeat id quod ad ipsam ordinatur: sicut homini, quod habeat manus, et quod ei alia animalia serviant. Et sic etiam Deus operatur iustitiam, quando dat unicuique quod ei debetur secundum rationem suae naturae et conditionis. Sed hoc debitum dependet ex primo: quia hoc unicuique debetur, quod est ordinatum ad ipsum secundum ordinem divinae sapientiae. Et licet Deus hoc modo debitum alicui det, non tamen ipse est debitor: quia ipse ad alia non ordinatur, sed potius alia in ipsum. Et ideo iustitia quandoque dicitur in Deo condecentia suae bonitatis, quandoque vero retributio pro meritis. Et utrumque modum tangit Anselmus, dicens[8]: *cum punis malos, iustum est, quia illorum meritis convenit; cum vero parcis malis, iustum est, quia bonitati tuae condecens est.*

AD QUARTUM dicendum quod, licet iustitia respiciat actum, non tamen per hoc excluditur quin sit essentia Dei: quia etiam id quod est de essentia rei, potest esse principium actionis. Sed bonum non semper respicit actum: quia aliquid dicitur esse bonum, non solum secundum quod agit, sed etiam secundum quod in sua essentia perfectum est. Et propter hoc ibidem dicitur quod bonum comparatur ad iustum, sicut generale ad speciale.

escravo; pois o homem livre é aquele que dispõe de si próprio[b]. A palavra "dívida" implica uma relação de exigência ou de necessidade de algo para o que se ordena. Ora, nas coisas, deve-se considerar uma dupla ordem. De um lado, tal ser criado é ordenado a outro, como as partes ao todo, os acidentes à substância, e cada coisa a seu próprio fim. Por outro lado, todas as coisas criadas estão ordenadas para Deus. Segue-se que, na ação divina, a dívida pode ser encarada de duas maneiras, na medida em que algo é devido a Deus ou à criatura. E nesses dois casos Deus dá a cada um o que é devido. É devido a Deus que seja realizado nas coisas aquilo que sua sabedoria e sua vontade têm, pelos quais sua bondade se manifesta. Sob este aspecto, a justiça de Deus se refere à sua honra, pela qual dá a si próprio o que lhe é devido. É devido à criatura ter o que a ela está ordenado. Por exemplo, ao homem possuir mãos e os outros animais estarem a seu serviço. E ainda aqui Deus cumpre a justiça, quando dá a cada um o que lhe é devido segundo a razão de sua natureza e de sua condição. Esta dívida, porém, depende da primeira; porque é devido a cada um o que a ele está ordenado conforme a ordem estabelecida pela sabedoria divina. E se bem que Deus, deste modo, dê a alguém o que é devido, ele próprio não se torna devedor; pois não está ordenado a outros, mas os outros a ele. Daí dizermos, às vezes, que a justiça de Deus é o que convém à sua bondade, e outras vezes que é a retribuição de acordo com o mérito. Anselmo assinala esse duplo aspecto ao dizer: "Quando punes os maus, é justiça, pois convém ao que mereceram; quando, porém, os perdoas, é justiça, porque convém a tua bondade".

QUANTO AO 4º, deve-se dizer que, ainda que a justiça se refira à ação, isso não exclui que seja a essência divina; pois o que é da essência de uma coisa pode ser também um princípio de ação. O bem, no entanto, nem sempre se refere à ação, porque diz-se que algo é bom não apenas porque age, mas ainda porque é perfeito em sua essência. Por isso se diz nessa mesma passagem: o bom se refere ao justo como o geral ao particular.

---

7. I *Metaph.*, c. 2: 982, b, 30.
8. *Proslogii*, c. 10: ML 158, 233 B.

b. O exemplo é tirado da situação social da época. Seu uso não comporta juízo algum sobre a legitimidade da pertença de um homem a outro.

Articulus 2
Utrum iustitia Dei sit veritas

AD SECUNDUM SIC PROCEDITUR. Videtur quod iustitia Dei non sit veritas.

1. Iustitia enim est in voluntate: est enim *rectitudo voluntatis*, ut dicit Anselmus[1]. Veritas autem est in intellectu, secundum Philosophum in VI *Metaphys*.[2], et in VI *Ethic*.[3]. Ergo iustitia non pertinet ad veritatem.

2. PRAETEREA, veritas, secundum Philosophum in IV *Ethic*.[4], est quaedam alia virtus a iustitia. Non ergo veritas pertinet ad rationem iustitiae.

SED CONTRA est quod in Ps 84,11 dicitur: *misericordia et veritas obviaverunt sibi*; et ponitur ibi *veritas* pro iustitia.

RESPONDEO dicendum quod veritas consistit in adaequatione intellectus et rei, sicut supra[5] dictum est. Intellectus autem qui est causa rei, comparatur ad ipsam sicut regula et mensura: e converso autem est de intellectu qui accipit scientiam a rebus. Quando igitur res sunt mensura et regula intellectus, veritas consistit in hoc, quod intellectus adaequatur rei, ut in nobis accidit: ex eo enim quod res est vel non est, opinio nostra et oratio vera vel falsa est. Sed quando intellectus est regula vel mensura rerum, veritas consistit in hoc, quod res adaequantur intellectui: sicut dicitur artifex facere verum opus, quando concordat arti. Sicut autem se habent artificiata ad artem, ita se habent opera iusta ad legem cui concordant. Iustitia igitur Dei, quae constituit ordinem in rebus conformem rationi sapientiae suae, quae est lex eius, convenienter veritas nominatur. Et sic etiam dicitur in nobis *veritas iustitiae*[6].

AD PRIMUM ergo dicendum quod iustitia, quantum ad legem regulantem, est in ratione vel intellectu: sed quantum ad imperium, quo opera regulantur secundum legem, est in voluntate.

AD SECUNDUM dicendum quod veritas illa de qua loquitur Philosophus ibi, est quaedam virtus per quam aliquis demonstrat se talem in dictis vel

Artigo 2
A justiça de Deus é a verdade?

QUANTO AO SEGUNDO, ASSIM SE PROCEDE: parece que a justiça de Deus **não** é a verdade.

1. Com efeito, a justiça está na vontade, pois, como diz Anselmo, ela é a "retidão da vontade". Ora, a verdade está no intelecto, segundo o Filósofo. Logo, a justiça não pertence à verdade.

2. ALÉM DISSO, a verdade, segundo o Filósofo, é uma virtude distinta da justiça. Logo, a verdade não está ligada à razão de justiça.

EM SENTIDO CONTRÁRIO, diz o Salmo 84: "A misericórdia e a verdade se encontraram"; e *verdade* está aqui no lugar de *justiça*.

RESPONDO. Já foi dito acima que a verdade consiste na adequação do intelecto e da coisa. O intelecto que causa a coisa é para ela a regra e a medida; ao passo que é o inverso para o intelecto que recebe das coisas sua ciência. Assim, quando as coisas são a regra e a medida do intelecto, a verdade consiste na adequação do intelecto com a coisa. É o que acontece conosco, pois, conforme a coisa seja ou não seja, nosso julgamento e sua expressão são verdadeiros ou falsos. Quando, porém, o intelecto é a regra e a medida das coisas, a verdade consiste na adequação das coisas com o intelecto. Por exemplo, um artista cria uma obra verdadeira quando esta está de acordo com as regras da arte. Ora, o que as obras da arte são para a arte, as ações justas o são para a lei com a qual está de acordo. Eis por que a justiça de Deus, que estabelece nas coisas uma ordem de acordo com a razão de sua sabedoria, que é a sua lei, bem merece ser chamada verdade. Como nós mesmos dizemos: a *verdade da justiça*.

QUANTO AO 1º, portanto, deve-se dizer que a justiça, enquanto reguladora, encontra-se na razão ou no intelecto; mas enquanto imperativa ela regula as obras segundo a lei e encontra-se na vontade.

QUANTO AO 2º, deve-se dizer que a verdade da qual fala o Filósofo é uma virtude pela qual alguém se apresenta tal qual é, seja em palavras,

---

2 PARALL.: IV *Sent*., dist. 46, q. 1, a. 1, q.la 3.

1. *Dialog. de Verit*., c. 13: ML 158, 482 B.
2. C. 4: 1027, b, 25-27.
3. C. 2: 1139, b, 12.
4. C. 7: 1127, a, 32 — b, 3.
5. Q. 16, a. 1.
6. Cfr. I, q. 16, a. 4, ad 3; II-II, q. 109, a. 3, ad 3.

factis, qualis est. Et sic consistit in conformitate signi ad significatum: non autem in conformitate effectus ad causam et regulam, sicut de veritate iustitiae dictum est[7].

Articulus 3
Utrum misericordia competat Deo

AD TERTIUM SIC PROCEDITUR. Videtur quod misericordia Deo non competat.

1. Misericordia enim est species tristitiae, ut dicit Damascenus[1]. Sed tristitia non est in Deo. Ergo nec misericordia.

2. PRAETEREA, misericordia est relaxatio iustitiae. Sed Deus non potest praetermittere id quod ad iustitiam suam pertinet. Dicitur enim 2Ti 2,13: *si non credimus, ille fidelis permanet, seipsum negare non potest*: negaret autem seipsum, ut dicit Glossa[2] ibidem, si dicta sua negaret. Ergo misericordia Deo non competit.

SED CONTRA est quod dicitur in Ps 110,4: *Miserator et misericors Dominus*.

RESPONDEO dicendum quod misericordia est Deo maxime attribuenda: tamen secundum effectum, non secundum passionis affectum. Ad cuius evidentiam, considerandum est quod misericors dicitur aliquis quasi habens *miserum cor*: quia scilicet afficitur ex miseria alterius per tristitiam, ac si esset eius propria miseria. Et ex hoc sequitur quod operetur ad depellendam miseriam alterius, sicut miseriam propriam: et hic est misericordiae effectus. Tristari ergo de miseria alterius non competit Deo: sed repellere miseriam alterius, hoc maxime ei competit, ut per miseriam quemcumque defectum intelligamus. Defectus autem non tolluntur, nisi per alicuius bonitatis perfectionem: prima autem origo bonitatis Deus est, ut supra[3] ostensum est.

Sed considerandum est quod elargiri perfectiones rebus, pertinet quidem et ad bonitatem divinam, et ad iustitiam, et ad liberalitatem, et misericordiam: tamen secundum aliam et aliam rationem. Communicatio enim perfectionum, absolute considerata, pertinet ad bonitatem, ut supra[4] ostensum est. Sed inquantum perfectiones

Artigo 3
A misericórdia convém a Deus?

QUANTO AO TERCEIRO, ASSIM SE PROCEDE: parece que a misericórdia **não** convém a Deus.

1. Com efeito, a misericórdia é uma espécie de tristeza, segundo Damasceno. Ora, não existe tristeza em Deus. Logo, nem misericórdia.

2. ALÉM DISSO, a misericórdia é um relaxamento da justiça. Ora, Deus não pode negligenciar o que pertence a sua justiça, pois está escrito na segunda Carta a Timóteo: "Se não cremos, ele permanece fiel, pois não pode renegar a si mesmo". E como a *Glosa* observa: se renegasse suas palavras. Logo, a Deus não convém a misericórdia.

EM SENTIDO CONTRÁRIO, diz o Salmo 110: "O Senhor é benevolente e misericordioso".

RESPONDO. A misericórdia deve ser ao máximo atribuída a Deus; porém, como efeito e não como emoção, fruto da paixão. Para demonstrá-lo é preciso considerar que ser misericordioso é ter de algum modo um *mísero coração*, isto é, atingido pela tristeza à vista da miséria de outrem, como se fosse a sua própria. Segue-se então que se busca fazer cessar a miséria do próximo como se fosse a sua própria; esse é o efeito da misericórdia. Logo, não convém a Deus entristecer-se com a miséria de outro, mas lhe convém, ao máximo, fazer cessar essa miséria, se por miséria entendemos qualquer deficiência. Ora, as deficiências não são supressas a não ser pela perfeição de alguma bondade; ora a fonte primeira de toda bondade é Deus, como acima já foi demonstrado.

Deve-se considerar, porém, que conceder com profusão perfeições às coisas pertence ao mesmo tempo à bondade de Deus, a sua justiça, a sua liberalidade e a sua misericórdia, mas sob diversos aspectos. O dom das perfeições, considerado de modo absoluto, pertence à bondade, como já se demonstrou. Mas que as perfeições sejam outor-

---

7. In corp.

PARALL.: II-II, q. 30, a. 4; IV *Sent.*, dist. 46, q. 2, a. 1, q.la 1; *Cont. Gent.*, I, 91; *Psalm.* 24.

1. *De Fide Orthod.*, l. II, c. 14: MG 94, 932 B.
2. Interlin. — Cfr. Hieronymum: ML 30, 891 B.
3. Q. 6, a. 4.
4. Ibid., a. 1, 4.

rebus a Deo dantur secundum earum proportionem, pertinet ad iustitiam, ut dictum est supra[5]. Inquantum vero non attribuit rebus perfectiones propter utilitatem suam, sed solum propter suam bonitatem, pertinet ad liberalitatem. Inquantum vero perfectiones datae rebus a Deo, omnem defectum expellunt, pertinet ad misericordiam.

AD PRIMUM igitur dicendum quod obiectio illa procedit de misericordia, quantum ad passionis affectum.

AD SECUNDUM dicendum quod Deus misericorditer agit, non quidem contra iustitiam suam faciendo, sed aliquid supra iustitiam operando: sicut si alicui cui debentur centum denarii, aliquis ducentos det de suo, tamen non contra iustitiam facit, sed liberaliter vel misericorditer operatur. Et similiter si aliquis offensam in se commissam remittat. Qui enim aliquid remittit, quodammodo donat illud: unde Apostolus remissionem *donationem* vocat, Eph 5[6]: *donate invicem, sicut et Christus vobis donavit*. Ex quo patet quod misericordia non tollit iustitiam, sed est quaedam iustitiae plenitudo. Unde dicitur Iac 2,13, quod *misericordia superexaltat iudicium*.

ARTICULUS 4
Utrum in omnibus operibus Dei sit misericordia et iustitia

AD QUARTUM SIC PROCEDITUR. Videtur quod non in omnibus Dei operibus sit misericordia et iustitia.

1. Quaedam enim opera Dei attribuuntur misericordiae, ut iustificatio impii: quaedam vero iustitiae, ut damnatio impiorum. Unde dicitur Iac 2,13: *iudicium sine misericordia fiet ei qui non*

gadas por Deus às coisas segundo uma proporção, isto pertence, como se disse, à justiça. Que, além do mais, Deus atribua às coisas perfeições não em vista de sua própria utilidade, mas unicamente porque ele é bom, isto pertence à liberalidade. Enfim, que tais perfeições outorgadas por Deus às coisas suprimam qualquer deficiência, pertence à misericórdia.

QUANTO AO 1º, portanto, deve-se dizer que essa objeção procede da misericórdia no sentido de emoção, fruto da paixão.

QUANTO AO 2º, deve-se dizer que Deus age misericordiosamente, não que faça qualquer coisa contrária a sua justiça, mas algo que ultrapassa a justiça. Por exemplo, se alguém dá duzentas moedas suas àquele a quem são devidas cem moedas, esse homem não age contra a justiça; age, porém, por liberalidade ou misericórdia. Como também aquele que perdoa uma ofensa contra si cometida; pois quem perdoa algo doa de certa maneira. É por isso que o Apóstolo, na Carta aos Efésios, chama a remissão um *dom*: "Doai-vos mutuamente como Cristo vos doou"[c]. Fica claro que a misericórdia não suprime a justiça, mas é, de certa maneira, a plenitude da justiça. É o que se diz na Carta de Tiago: "A misericórdia exalta o julgamento acima dele próprio"[d].

ARTIGO 4
Há justiça e misericórdia em todas as obras de Deus?

QUANTO AO QUARTO, ASSIM SE PROCEDE: parece que **não** há justiça e misericórdia em todas as obras de Deus.

1. Com efeito, algumas obras de Deus são atribuídas à misericórdia, como a justificação do ímpio[e]; outras, à justiça, como a condenação dos ímpios. Daí a palavra da Carta de Tiago: "O juízo

---

5. Art. 1 huius q.
6. Nunc 4, 32.

4 PARALL.: IV *Sent.*, dist. 46, q. 2, a. 2, q.la 2; *Cont. Gent.* II, 28; *De Verit.*, q. 28, a. 1, ad 8; *Psalm.* 24; *Rom.*, c. 15, lect. 1.

 c. O texto da Vulgata, citado por Santo Tomás, traz: *donate*. "Doai-vos mutuamente como Cristo vos doou". Não deixa de ser tópico, pois em lugar de "perdoar" há "doar".
 d. O texto da Vulgata citado por Santo Tomás se encaminha na direção do sentido que se busca: "A misericórdia não suprime a justiça, ultrapassa-a". O texto grego caminha em sentido contrário: "A misericórdia desdenha o julgamento". Todavia, poderíamos encontrar muitos textos na Escritura no primeiro sentido. Trata-se de aspectos contrastados de uma verdade complexa e transcendente: a perfeita conjunção, em Deus, da justiça com a misericórdia.
 e. "Justificação do ímpio": é o termo técnico para se referir à conversão da injustiça em justiça. Enfatiza no pecado o aspecto de ser uma ofensa contra Deus (o ímpio é aquele que nega a Deus o dever fundamental da criatura racional, a "piedade"), e em consequência manifesta a misericórdia na graça da conversão.

fecerit misericordiam. Non ergo in omni opere Dei apparet misericordia et iustitia.

2. Praeterea, Apostolus, Rm 15,8-9, conversionem Iudaeorum attribuit iustitiae et veritati; conversionem autem gentium, misericordiae. Ergo non in quolibet opere Dei est iustitia et misericordia.

3. Praeterea, multi iusti in hoc mundo affliguntur. Hoc autem est iniustum. Non ergo in omni opere Dei est iustitia et misericordia.

4. Praeterea, iustitiae est reddere debitum, misericordiae autem sublevare miseriam: et sic tam iustitia quam misericordia aliquid praesupponit in suo opere. Sed creatio nihil praesupponit. Ergo in creatione neque misericordia est, neque iustitia.

Sed contra est quod dicitur in Ps 24,10: *omnes viae Domini misericordia et veritas*.

Respondeo dicendum quod necesse est quod in quolibet opere Dei misericordia et veritas inveniantur; si tamen misericordia pro remotione cuiuscumque defectus accipiatur; quamvis non omnis defectus proprie possit dici miseria, sed solum defectus rationalis naturae, quam contingit esse felicem; nam miseria felicitati opponitur.

Huius autem necessitatis ratio est, quia, cum debitum quod ex divina iustitia redditur, sit vel debitum Deo, vel debitum alicui creaturae, neutrum potest in aliquo opere Dei praetermitti. Non enim potest facere aliquid Deus, quod non sit conveniens sapientiae et bonitati ipsius; secundum quem modum diximus[1] aliquid esse debitum Deo. Similiter etiam quidquid in rebus creatis facit, secundum convenientem ordinem et proportionem facit: in quo consistit ratio iustitiae. Et sic oportet in omni opere Dei esse iustitiam.

Opus autem divinae iustitiae semper praesupponit opus misericordiae, et in eo fundatur. Creaturae enim non debetur aliquid, nisi propter aliquid in eo praeexistens, vel praeconsideratum: et rursus, si illud creaturae debetur, hoc erit propter aliquid prius. Et cum non sit procedere in infinitum, oportet devenire ad aliquid quod ex sola bonitate divinae voluntatis dependeat, quae est ultimus finis. Utpote si dicamus quod habere manus debitum est homini propter animam rationalem;

é sem misericórdia para quem não tem misericórdia". Portanto, a justiça e a misericórdia não aparecem em todas as obras de Deus.

2. Além disso, o Apóstolo, na Carta aos Romanos, atribui a conversão dos judeus à justiça e à verdade, mas a conversão dos gentios à misericórdia. Logo, não há em todas as obras de Deus misericórdia e justiça.

3. Além disso, muitos justos, neste mundo, são afligidos. Ora, isto é injusto. Logo, não existe justiça e misericórdia em todas as obras de Deus.

4. Ademais, a justiça consiste em dar o que é devido, a misericórdia em socorrer a miséria; tanto uma quanto a outra pressupõem algo em sua obra. Ora, a criação nada pressupõe. Logo, na criação não se encontra nem a misericórdia nem a justiça.

Em sentido contrário, diz-se no Salmo 24: "Todos os caminhos do Senhor são misericórdia e verdade".

Respondo. É necessário que em toda a obra de Deus se encontrem misericórdia e verdade, contanto que se compreenda a misericórdia como a supressão de uma deficiência; se bem que, para falar com exatidão, nem toda deficiência pode ser chamada miséria, mas apenas a que afeta a criatura racional, à qual corresponde ser feliz; pois a miséria se opõe à felicidade.

Eis a razão dessa necessidade: a dívida que é paga pela justiça divina é devida ou ao próprio Deus ou a alguma criatura; ora, em nenhum desses dois casos o que é devido pode ser omitido numa obra realizada por Deus. Ele não pode realizar algo que não esteja de acordo com sua sabedoria e sua bondade; isto é, do modo, como dissemos, que algo é devido a Deus. Assim também, tudo o que realiza nas criaturas, o faz sempre segundo a ordem e a medida convenientes; nisso consiste a razão de justiça. Eis por que é necessário que em toda a obra de Deus se encontre a justiça.

A obra da justiça divina pressupõe sempre uma obra de misericórdia e se funda sobre ela. Pois nada é devido à criatura, a não ser em razão de algo preexistente ou pressuposto; se também isso é devido à criatura, será por algo ainda anterior. Não podendo remontar até o infinito, deve-se chegar a algo que depende da única bondade da vontade divina, que é o fim último. Como se disséssemos: ter mãos é devido ao homem em vista de sua alma racional; ter uma alma lhe é devido para que

---

1. Art. 1, ad 3.

animam vero rationalem habere, ad hoc quod sit homo; hominem vero esse, propter divinam bonitatem. Et sic in quolibet opere Dei apparet misericordia, quantum ad primam radicem eius. Cuius virtus salvatur in omnibus consequentibus; et etiam vehementius in eis operatur, sicut causa primaria vehementius, influit quam causa secunda. Et propter hoc etiam ea quae alicui creaturae debentur, Deus, ex abundantia suae bonitatis, largius dispensat quam exigat proportio rei. Minus enim est quod sufficeret ad conservandum ordinem iustitiae, quam quod divina bonitas confert, quae omnem proportionem creaturae excedit.

AD PRIMUM ergo dicendum quod quaedam opera attribuuntur iustitiae, et quaedam misericordiae, quia in quibusdam vehementius apparet iustitia, in quibusdam misericordia. Et tamen in damnatione reproborum apparet misericordia, non quidem totaliter relaxans, sed aliqualiter allevians, dum punit citra condignum. Et in iustificatione impii apparet iustitia, dum culpas relaxat propter dilectionem, quam tamen ipse misericorditer infundit: sicut de Magdalena legitur, Lc 7,47: *dimissa sunt ei peccata multa, quoniam dilexit multum.*

AD SECUNDUM dicendum quod iustitia et misericordia Dei apparet in conversione Iudaeorum et Gentium: sed aliqua ratio iustitiae apparet in conversione Iudaeorum, quae non apparet in conversione Gentium, sicut quod salvati sunt propter promissiones Patribus factas.

AD TERTIUM dicendum quod in hoc etiam quod iusti puniuntur in hoc mundo, apparet iustitia et misericordia; inquantum per huiusmodi afflictiones aliqua levia in eis purgantur, et ab affectu terrenorum in Deum magis eriguntur; secundum illud Gregorii[2]: *mala quae in hoc mundo nos premunt, ad Deum nos ire compellunt.*

AD QUARTUM dicendum quod, licet creationi non praesupponatur aliquid in rerum natura, praesupponitur tamen aliquid in Dei cognitione. Et secundum hoc etiam salvatur ibi ratio iustitiae,

exista como homem; ser homem, por sua vez, lhe é devido pela bondade divina. Assim, em toda a obra de Deus aparece, como sua raiz primeira, a misericórdia. A força desse princípio se encontra em tudo o que dele deriva; e mesmo aí, ela age mais fortemente, como a causa primeira atua mais fortemente que a causa segunda. Por essa mesma razão, quando se trata do que é devido a uma criatura, Deus, em sua superabundante bondade, dispensa-lhe bens, mais do que o exige a devida proporção. O que seria suficiente para observar a ordem da justiça está abaixo do que lhe confere a bondade divina, que ultrapassa toda e qualquer proporção da criatura.

QUANTO AO 1º, portanto, deve-se dizer que certas obras são atribuídas à justiça de Deus e outras à sua misericórdia, porque em algumas aparece mais fortemente a misericórdia e em outras a justiça. Porém, mesmo na condenação dos réprobos a misericórdia aparece, não relaxando totalmente, mas mitigando de algum modo as penas, pois Deus pune menos que o merecido[f]. Assim, na justificação do ímpio a justiça aparece, pois relaxa as faltas em razão do amor, que o próprio Deus infunde por misericórdia. Por exemplo, lê-se, no Evangelho de Lucas, a respeito de Madalena: "Foram-lhe perdoados muitos pecados porque ela muito amou".

QUANTO AO 2º, deve-se dizer que a justiça e a misericórdia aparecem tanto na conversão dos judeus como na conversão dos gentios, mas alguma razão de justiça aparece na conversão dos judeus e não na dos pagãos. Por exemplo, foram salvos por causa das promessas feitas a seus pais.

QUANTO AO 3º, deve-se dizer que no fato de que os justos sofram penas neste mundo aparecem a justiça e a misericórdia de Deus, porque são purificados de algumas faltas leves por essas aflições e se elevam do apego aos bens terrestres mais até Deus, de acordo com as palavras de Gregório: "Os males que nos oprimem neste mundo impelem-nos a caminhar para Deus".

QUANTO AO 4º, deve-se dizer que, embora a criação nada pressuponha da natureza das coisas, algo lhe é pressuposto no conhecimento divino. Neste sentido, a razão de justiça ainda é salvaguar-

---

2. *Moral.* 26, c. 13 (al. 9): ML 76, 360 A.

f. Isto supõe uma concepção das penas do inferno segundo a qual à trágica ferida espiritual que é a condenação propriamente dita, a privação de Deus — que tem por princípio, no íntimo do pecador, uma recusa obstinada, e portanto não é "infligida" por Deus —, acrescentar-se-iam as penas aflitivas, que poderiam ser suavizadas pela misericórdia. Essa concepção, que era geralmente admitida na época e devia permanecer por longos séculos, não se impõe na realidade.

inquantum res in esse producitur, secundum quod convenit divinae sapientiae et bonitati. Et salvatur quodammodo ratio misericordiae, inquantum res de non esse in esse mutatur.

dada aí, na medida em que as coisas são criadas de acordo com sua sabedoria e sua bondade. E, de certa maneira, a razão de misericórdia aí está salvaguardada, na medida em que a coisa passa do não-ser ao ser[g].

---

g. É o paradoxo da criação: a criatura de fato não passa do não-ser ao ser, pois no não-ser, evidentemente, ela não é. Contudo, seu ser é recebido, lhe é dado; e essa doação é um ato de misericórdia: pelo próprio benefício, faz o beneficiário ser.

QUAESTIO XXII
DE PROVIDENTIA DEI
in quatuor articulos divisa

Consideratis autem his quae ad voluntatem absolute pertinent, procedendum est ad ea quae respiciunt simul intellectum et voluntatem. Huiusmodi autem est providentia quidem respectu omnium; praedestinatio vero et reprobatio, et quae ad haec consequuntur, respectu hominum specialiter, in ordine ad aeternam salutem. Nam et post morales virtutes, in scientia morali, consideratur de prudentia, ad quam providentia pertinere videtur.

Circa providentiam autem Dei quaeruntur quatuor.

Primo: utrum Deo conveniat providentia.
Secundo: utrum omnia divinae providentiae subsint.
Tertio: utrum divina providentia immediate sit de omnibus.
Quarto: utrum providentia divina imponat necessitatem rebus provisis.

Articulus 1
Utrum providentia Deo conveniat

AD PRIMUM SIC PROCEDITUR. Videtur quod providentia Deo non conveniat.

1. Providentia enim, secundum Tullium[1], est pars prudentiae. Prudentia autem, cum sit bene consiliativa, secundum Philosophum in VI *Ethic.*[2], Deo competere non potest, qui nullum dubium habet, unde eum consiliari oporteat. Ergo providentia Deo non competit.

QUESTÃO 22
A PROVIDÊNCIA DE DEUS
em quatro artigos

Depois de ter considerado o que se refere de modo absoluto à vontade de Deus, deve-se passar ao que toca ao mesmo tempo ao intelecto e à vontade, ou seja, à providência em relação a todos os seres; à predestinação e à condenação, com suas consequências em relação aos homens especialmente em ordem à salvação eterna. Com efeito, na ciência moral, depois das virtudes morais, considera-se a prudência, à qual a providência parece pertencer.

A respeito da providência de Deus, são quatro as perguntas:
1. A providência convém a Deus?
2. Todas as coisas estão sujeitas à providência divina?
3. A providência divina se estende imediatamente a todas as coisas?
4. A providência divina impõe necessidade às coisas que lhe estão submetidas?

Artigo 1
A providência convém a Deus?

QUANTO AO PRIMEIRO ARTIGO, ASSIM SE PROCEDE: parece que a providência **não** convém a Deus.

1. Com efeito, segundo Túlio, a providência é parte da prudência. Ora, como a prudência, segundo o Filósofo, no livro VI da *Ética* ajuda a bem deliberar, não pode convir a Deus, em quem dúvidas não existem, e, por isso, nem necessidade de deliberar. Logo, a providência não convém a Deus.

---

1 PARALL.: I *Sent.*, dist. 39, q. 2, a. 1; *De Verit.*, q. 5, a. 1, 2.

1. *Rhetorica*, l. 11, versus finem.
2. C. 5: 1140, a, 25-31; — c. 10: 1142, b, 30-33.

2. Praeterea, quidquid est in Deo, est aeternum. Sed providentia non est aliquid aeternum: est enim *circa existentia*, quae non sunt aeterna, secundum Damascenum³. Ergo providentia non est in Deo.

3. Praeterea, nullum compositum est in Deo. Sed providentia videtur esse aliquid compositum: quia includit in se voluntatem et intellectum. Ergo providentia non est in Deo.

Sed contra est quod dicitur Sap 15,3: *Tu autem, Pater, gubernas omnia providentia.*

Respondeo dicendum quod necesse est ponere providentiam in Deo. Omne enim bonum quod est in rebus, a Deo creatum est, ut supra⁴ ostensum est. In rebus autem invenitur bonum, non solum quantum ad substantiam rerum, sed etiam quantum ad ordinem earum in finem, et praecipue in finem ultimum, qui est bonitas divina, ut supra⁵ habitum est. Hoc igitur bonum ordinis in rebus creatis existens, a Deo creatum est. Cum autem Deus sit causa rerum per suum intellectum, et sic cuiuslibet sui effectus oportet rationem in ipso praeexistere, ut ex superioribus⁶ patet; necesse est quod ratio ordinis rerum in finem in mente divina praeexistat. Ratio autem ordinandorum in finem, proprie providentia est. Est enim principalis pars prudentiae, ad quam aliae duae partes ordinantur, scilicet memoria praeteritorum, et intelligentia praesentium: prout ex praeteritis memoratis, et praesentibus intellectis, coniectamus de futuris providendis. Prudentiae autem proprium est, secundum Philosophum in VI *Ethic.*⁷, ordinare alia in finem; sive respectu sui ipsius, sicut dicitur homo prudens, qui bene ordinat actus suos ad finem vitae suae; sive respectu aliorum sibi subiectorum in familia vel civitate vel regno, secundum quem modum dicitur Mt 24,45: *fidelis servus et prudens, quem constituit dominus super familiam suam.* Secundum quem modum prudentia vel providentia Deo convenire potest: nam in ipso Deo nihil est in finem ordinabile, cum ipse sit finis ultimus. Ipsa igitur ratio ordinis rerum in finem, providentia in Deo nominatur. Unde Boetius, IV *de Consol.*⁸, dicit quod *providentia est ipsa divina ratio in summo omnium principe constituta, quae*

2. Além disso, tudo o que se encontra em Deus é eterno. Ora, a providência não é algo eterno, pois seu objeto, diz Damasceno, são os *seres existentes* que não são eternos. Logo, não existe providência em Deus.

3. Ademais, em Deus não existe nenhuma composição. Ora, a providência parece ser algo composto, pois inclui vontade e intelecto. Logo, não existe providência em Deus.

Em sentido contrário, lemos no livro da Sabedoria: "És tu, Pai, que tudo governas por tua providência".

Respondo. É necessário afirmar a providência em Deus. Tudo o que é bom nas coisas foi criado por Deus, como se demonstrou anteriormente. Nas coisas encontra-se o bem, não só com respeito à substância delas, mas também com respeito à ordenação para o fim, e sobretudo ao fim último, que é, como já se estabeleceu, a bondade divina. O bem da ordem, que se encontra nas coisas criadas, foi criado por Deus. Como Deus é causa das coisas por seu intelecto, a razão de seus efeitos tem de preexistir nele, como ficou esclarecido; assim, é necessário que a razão segundo a qual as coisas são ordenadas ao fim preexista na mente divina. Ora, a razão do que tem de ser ordenado a um fim é precisamente a providência. Ela é a parte principal da prudência, a que as duas outras se subordinam, a saber, a lembrança do passado e o conhecimento do presente, na medida em que, a partir das coisas passadas, relembradas, e das coisas presentes apreendidas pelo intelecto, conjeturamos quanto às coisas futuras que devemos prover. Ora, segundo o Filósofo, é próprio da prudência ordenar as coisas a seu fim, quer se trate de si mesmo, como quando se diz que o homem prudente é aquele que ordena como deve seus atos ao fim de sua vida, quer se trate de outras pessoas que dele dependem, na família, na cidade ou no reino, de acordo com a palavra do Evangelho de Mateus: "O servo fiel e prudente que o senhor constituiu sobre a criadagem de sua casa." É neste último sentido que a prudência, ou a providência, pode convir a Deus; pois no próprio Deus nada pode ser ordenado a um fim, uma vez que Ele é o fim último. É, por conseguinte,

---

3. *De Fide Orth.*, l. II, c. 29: MG 94, 964 A.
4. Q. 6, a. 4.
5. Q. 21, a. 4.
6. Q. 15, a. 2; q. 19, a. 4.
7. C. 5: 1140, a, 28-31; — c. 13: 1144, a, 6-11.
8. Prosa 6: ML 63, 814 B — 815 A.

cuncta disponit. Dispositio autem potest dici tam ratio ordinis rerum in finem, quam ratio ordinis partium in toto.

AD PRIMUM ergo dicendum quod, secundum Philosophum in VI *Ethic.*[9], prudentia proprie est praeceptiva eorum, de quibus eubulia recte consiliatur, et synesis recte iudicat. Unde, licet consiliari non competat Deo, secundum quod consilium est inquisitio de rebus dubiis; tamen praecipere de ordinandis in finem, quorum rectam rationem habet, competit Deo, secundum illud Ps 148,6, *praeceptum posuit, et non praeteribit.* Et secundum hoc competit Deo ratio prudentiae et providentiae. — Quamvis etiam dici possit, quod ipsa ratio rerum agendarum *consilium* in Deo dicitur; non propter inquisitionem, sed propter certitudinem cognitionis, ad quam consiliantes inquirendo perveniunt. Unde dicitur Eph 1,11: *Qui operatur omnia secundum consilium voluntatis suae.*

AD SECUNDUM dicendum quod ad curam duo pertinent: scilicet *ratio ordinis*, quae dicitur providentia et dispositio; et *executio ordinis*, quae dicitur gubernatio. Quorum primum est aeternum, secundum temporale.

AD TERTIUM dicendum quod providentia est in intellectu, sed praesupponit voluntatem finis: nullus enim praecipit de agendis propter finem, nisi velit finem. Unde et prudentia praesupponit virtutes morales, per quas appetitus se habet ad

a razão segundo a qual as coisas são ordenadas a seu fim que se denomina em Deus providência. O que leva Boécio a dizer: "A providência é a própria razão divina que, estabelecida naquele que é o soberano príncipe de todas as coisas, dispõe de tudo". Pode-se chamar disposição tanto a razão segundo a qual as coisas são ordenadas ao fim como a razão segundo a qual as partes são ordenadas no todo[a].

QUANTO AO 1º, portanto, deve-se dizer que, segundo o Filósofo, a prudência, no sentido próprio da palavra, é prescritiva daquilo que retamente a eubulia aconselha e a sínese julga. Assim, ainda que a Deus não convenha deliberar — se entendemos deliberar como indagar sobre questões duvidosas —, convém a Deus prescrever sobre o que deve ser ordenado ao fim e do qual ele tem a reta razão, de acordo com o que diz o Salmo 148: "Estabeleceu o preceito e não preterirá". Sob este aspecto, a razão de prudência e de providência convém a Deus. — Ainda que também se possa dizer que a própria razão das coisas a fazer é chamada em Deus de *conselho*, não porque comporte uma indagação, mas pela certeza do conhecimento a que os conselheiros chegam indagando. Daí se dizer na Carta aos Efésios: Deus "tudo faz segundo o conselho de sua vontade".

QUANTO AO 2º, deve-se dizer que cuidar das criaturas inclui duas coisas: a *razão da ordem*, que é chamada providência ou disposição, e a *realização dessa ordem*, que é o governo. Dessas duas coisas, a primeira é eterna, a segunda temporal.

QUANTO AO 3º, deve-se dizer que a providência está no intelecto, mas pressupõe a vontade do fim, pois ninguém prescreve as ações a executar em vista de um fim se não quer esse fim. Por isso, a prudência pressupõe as virtudes morais

---

9. C. 10: 1142, b, 28-34; — c. 11: 1143, a, 7-11.

a. Desde esse primeiro artigo tocamos o ponto nevrálgico do problema da providência: a intolerável ideia de um plano preparado de antemão, e segundo o qual toda a história se desenrola de maneira inflexível, sem que se possa mudar uma vírgula. Se não conseguimos exorcizar tal ideia, toda a sequência da questão se torna incompreensível, e as soluções propostas para os problemas da contingência, da liberdade, do próprio mal só podem parecer fictícias.
É preciso recordar o que foi estabelecido na q. 14, a. 13: para Deus não existe futuro nem passado, ele vê o tempo inteiro em seu eterno presente. O tempo, a sucessão dos acontecimentos e o jogo das causalidades que fazem nosso presente resultar de nosso passado, que fazem que nosso presente esteja prenhe de nosso futuro. O plano divino não é um cenário escrito de antemão como uma peça de teatro ou um filme, que estão inteiros no libreto ou na bobina: antes mesmo que a cortina levante, sabemos que Antígona vai morrer no último ato. O plano divino, que não é sucessivo, que é eterno, adota exatamente a sucessão temporal, de modo que ele é concebido, de maneira muito real, à medida que se realiza sem anterioridade temporal, por conseguinte sem que nada seja fixado previamente.
Isto é verdadeiro e deve ser afirmado. Contudo, é perfeitamente irrepresentável, pois nossas representações são condicionadas pela sucessão temporal. Irrepresentável, portanto inexprimível. Não podemos deixar de introduzir em nosso discurso notações temporais: "preexistente", "preconcebido", "previsto" etc. Se não fazemos a correção necessária, ultrapassando o juízo no nível dos conceitos, envolvemo-nos em dificuldades inextricáveis.

bonum, ut dicitur in VI *Ethic.*[10]. — Et tamen si providentia ex aequali respiceret voluntatem et intellectum divinum, hoc esset absque detrimento divinae simplicitatis; cum voluntas et intellectus in Deo sint idem, ut supra[11] dictum est.

Articulus 2
Utrum omnia sint subiecta divinae providentiae

AD SECUNDUM SIC PROCEDITUR. Videtur quod non omnia sint subiecta divinae providentiae.

1. Nullum enim provisum est fortuitum. Si ergo omnia sunt provisa a Deo, nihil erit fortuitum: et sic perit casus et fortuna. Quod est contra communem opinionem.

2. PRAETEREA, omnis sapiens provisor excludit defectum et malum, quantum potest, ab his quorum curam gerit. Videmus autem multa mala in rebus esse. Aut igitur Deus non potest ea impedire, et sic non est omnipotens: aut non de omnibus curam habet.

3. PRAETEREA, quae ex necessitate eveniunt, providentiam seu prudentiam non requirunt: unde, secundum Philosophum in VI *Ethic.*[1], prudentia est recta ratio contingentium, de quibus est consilium et electio. Cum igitur multa in rebus ex necessitate eveniant, non omnia providentiae subduntur.

4. PRAETEREA, quicumque dimittitur sibi, non subest providentiae alicuius gubernantis. Sed homines sibi ipsis dimittuntur a Deo, secundum illud Eccli 15,14: *Deus ab initio constituit hominem, et reliquit eum in manu consilii sui*: et specialiter mali, secundum illud: *dimisit illos secundum desideria cordis eorum* Ps 80,13. Non igitur omnia divinae providentiae subsunt.

5. PRAETEREA, Apostolus, 1Cor 9,9, dicit quod *non est Deo cura de bobus*: et eadem ratione, de aliis creaturis irrationalibus. Non igitur omnia subsunt divinae providentiae.

Artigo 2
Todas as coisas estão sujeitas à providência divina?

QUANTO AO SEGUNDO, ASSIM SE PROCEDE: parece que **nem** tudo está sujeito à providência divina.

1. Com efeito, nada do que está previsto é fortuito. Se, então, tudo está previsto por Deus, nada haverá de fortuito, e assim desaparecem o acaso e a sorte, contrariamente à opinião comum.

2. ALÉM DISSO, uma sábia providência afasta, na medida do possível, a deficiência e o mal do que ela cuida. Ora, vemos que há muitos males nas coisas. Logo, ou Deus não pode impedi-los, então não é todo-poderoso, ou não cuida de tudo.

3. ADEMAIS, o que acontece necessariamente não requer providência nem prudência: eis por que, segundo o Filósofo, a prudência é a reta razão dos atos contingentes, a respeito dos quais existe deliberação e eleição. Como entre as coisas muitas existem que acontecem necessariamente, não estão todas sujeitas à providência.

4. ADEMAIS, quem está entregue a si mesmo não está sujeito à providência de outro que governa. Ora, os homens estão entregues a si mesmos por Deus segundo diz o Eclesiástico: "Deus criou o homem no começo e o entregou às mãos de seu próprio arbítrio". E isto é verdade, especialmente dos maus, pois se diz no Salmo 80: "Entregou-os aos desejos do próprio coração". Logo, nem tudo está sujeito à providência divina.

5. ADEMAIS, o Apóstolo nos diz na primeira Carta aos Coríntios: "Deus não se ocupa com bois" E pela mesma razão com as outras criaturas irracionais. Logo, nem tudo está sujeito à providência divina.

---

10. C. 13: 1144, b, 25-32.
11. Q. 19, a. 1; et a. 4, ad 2.

2 PARALL.: Infra, q. 103, a. 5; I *Sent.*, dist. 39, q. 2, a. 2; *Cont. Gent.* III, 1, 64, 75, 94; *De Verit.*, q. 5, a. 2 sqq.; *Compend. Theol.*, c. 123, 130, 132; Opusc. XV, *De Angelis*, c. 13, 14, 15; *De Div. Nom.*, c. 3, lect. 1.

1. C. 5: 1140, a, 25 — b, 4.

SED CONTRA est quod dicitur Sap 8,1, de divina sapientia, quod *attingit a fine usque ad finem fortiter, et disponit omnia suaviter*.

RESPONDEO dicendum quod quidam totaliter providentiam negaverunt, sicut Democritus et Epicurei, ponentes mundum factum esse casu. Quidam vero posuerunt incorruptibilia tantum providentiae subiacere; corruptibilia vero, non secundum individua, sed secundum species; sic enim incorruptibilia sunt. Ex quorum persona dicitur Iob 22,14: *nubes latibulum eius, et circa cardines caeli perambulat, neque nostra considerat*. A corruptibilium autem generalitate excepit Rabbi Moyses[2] homines, propter splendorem intellectus, quem participant: in aliis autem individuis corruptibilibus, aliorum opinionem est secutus.

Sed necesse est dicere omnia divinae providentiae subiacere, non in universali tantum, sed etiam in singulari. Quod sic patet. Cum enim omne agens agat propter finem, tantum se extendit ordinatio effectuum in finem, quantum se extendit causalitas primi agentis. Ex hoc enim contingit in operibus alicuius agentis aliquid provenire non ad finem ordinatum, quia effectus ille consequitur ex aliqua alia causa, praeter intentionem agentis. Causalitas autem Dei, qui est primum agens, se extendit usque ad omnia entia, non solum quantum ad principia speciei, sed etiam quantum ad individualia principia, non solum incorruptibilium, sed etiam corruptibilium. Unde necesse est omnia quae habent quocumque modo esse, ordinata esse a Deo in finem, secundum illud Apostoli, Rm 13,1: *quae a Deo sunt, ordinata sunt*. Cum ergo nihil aliud sit Dei providentia quam ratio ordinis rerum in finem, ut dictum est[3], necesse est omnia, inquantum participant esse, intantum subdi divinae providentiae.

Similiter etiam supra[4] ostensum est quod Deus omnia cognoscit, et universalia et particularia. Et cum cognitio eius comparetur ad res sicut cognitio artis ad artificiata, ut supra[5] dictum est, necesse est quod omnia supponantur suo ordini, sicut omnia artificiata subduntur ordini artis.

EM SENTIDO CONTRÁRIO, se diz da sabedoria divina: "Ela atinge com vigor de uma extremidade do mundo à outra e tudo dispõe com suavidade".

RESPONDO. Alguns negaram completamente a providência, como Demócrito e os epicuristas, afirmando que o mundo foi feito por acaso. Outros afirmaram que só as coisas incorruptíveis estariam sujeitas à providência; as corruptíveis não o seriam quanto aos indivíduos, mas somente quanto às espécies, pois segundo a espécie são incorruptíveis. É em nome deles que Jó diz a respeito de Deus: "As nuvens são seu esconderijo, circula entre os limites do céu e não nos considera". Mas o Rabi Moisés excluiu os homens dessa condição geral das coisas corruptíveis, por causa do esplendor do intelecto de que participam; porém, para os outros indivíduos corruptíveis, seguiu a opinião precedente.

No entanto, é necessário dizer que todas as coisas estão sujeitas à providência divina, não só em geral, mas também no particular. O que assim se demonstra: como todo agente age em vista de um fim, a ordenação dos efeitos ao fim deve se estender tanto quanto se estende a causalidade do primeiro agente. Por isso acontece nas obras de um agente que algo provenha sem ser ordenado ao fim, porque este efeito procede de alguma outra causa fora da intenção do agente. Ora, a causalidade de Deus, o agente primeiro, se estende a todos os entes, não apenas quanto a seus princípios específicos como também quanto a seus princípios individuais; tanto aos das coisas incorruptíveis quanto aos das corruptíveis. É necessário, portanto, que todas as coisas, de qualquer maneira que sejam, estejam ordenadas por Deus a um fim, segundo o Apóstolo na Carta aos Romanos: "As coisas feitas por Deus estão ordenadas". Portanto, como a providência de Deus nada mais é que a razão da ordenação das coisas a seu próprio fim, como foi dito, é necessário que todas as coisas, na medida em que participam do ser, estejam sujeitas à providência divina.

Igualmente foi demonstrado acima que Deus conhece todas as coisas, universais e particulares. E como seu conhecimento tem a mesma relação com as coisas que a arte tem com suas obras, como acima se disse, é necessário que todas as coisas estejam sujeitas à sua ordem, como todas as obras estão sujeitas à ordem da arte.

---

2. *Doct. Perplex.*, parte III, c. 17.
3. Art. praec.
4. Q. 14, a. 11.
5. Ibid., a. 8.

AD PRIMUM ergo dicendum quod aliter est de causa universali, et de causa particulari. Ordinem enim causae particularis aliquid potest exire: non autem ordinem causae universalis. Non enim subducitur aliquid ab ordine causae particularis, nisi per aliquam aliam causam particularem impedientem: sicut lignum impeditur a combustione per actionem aquae. Unde, cum omnes causae particulares concludantur sub universali causa, impossibile est aliquem effectum ordinem causae universalis effugere. Inquantum igitur aliquis effectus ordinem alicuius causae particularis effugit, dicitur esse casuale vel fortuitum, respectu causae particularis: sed respectu causae universalis, a cuius ordine subtrahi non potest, dicitur esse provisum. Sicut et concursus duorum servorum, licet sit causalis quantum ad eos, est tamen provisus a domino, qui eos scienter sic ad unum locum mittit, ut unus de alio nesciat.

AD SECUNDUM dicendum quod aliter de eo est qui habet curam alicuius particularis, et de provisore universali. Quia provisor particularis excludit defectum ab eo quod eius curae subditur, quantum potest: sed provisor universalis permittit aliquem defectum in aliquo particulari accidere, ne impediatur bonum totius. Unde corruptiones et defectus in rebus naturalibus, dicuntur esse contra naturam particularem; sed tamen sunt de intentione naturae universalis, inquantum defectus unius cedit in bonum alterius, vel etiam totius universi; nam corruptio unius est generatio alterius, per quam species conservatur. Cum igitur Deus sit universalis provisor totius entis, ad ipsius providentiam pertinet ut permittat quosdam defectus esse in aliquibus particularibus rebus, ne impediatur bonum universi perfectum. Si enim omnia mala impedirentur, multa bona deessent universo: non enim esset vita leonis, si non esset occisio animalium; nec esset patientia martyrum, si non esset persecutio tyrannorum. Unde dicit Augustinus, in *Enchirid.*[6]: *Deus omnipotens nullo modo sineret*

QUANTO AO 1º, portanto, deve-se dizer que há diferença entre o que se refere a uma causa universal e a uma causa particular. À ordem de uma causa particular, pode-se escapar; não, porém, à ordem de uma causa universal[b]. Nada se subtrai à ordem de uma causa particular, a não ser por outra causa particular antagônica. Por exemplo, a ação da água impede que a madeira seja queimada. Portanto, como todas as causas particulares estão incluídas na causa universal, é impossível que um efeito escape à ordem desta. Quando um efeito escapa à ordem de uma causa particular, nós o chamamos de casual ou fortuito em relação a esta causa particular; porém, em relação à causa universal, de cuja ordem não se pode escapar, nós o chamamos previsto. Por exemplo, o encontro de dois escravos, embora casual para eles, foi previsto pelo senhor que os enviou a um mesmo lugar, sem que nenhum deles o soubesse[c].

QUANTO AO 2º, deve-se dizer que há diferença entre o que cuida de algo particular e o que tem a providência universal. O primeiro exclui, na medida do possível, a deficiência daquilo que está sob seu cuidado; ao passo que o segundo permite que aconteça alguma deficiência em algo particular a fim de não impedir o bem do todo. Assim, as destruições e as deficiências nas coisas da natureza são contrárias à natureza particular; no entanto, entram na intenção da natureza universal, na medida em que a deficiência de um se torna o bem de outro ou de todo o universo. Pois a corrupção de um é a geração de outro, pela qual a espécie se conserva. Assim, como Deus é o provedor universal de todo ente, pertence a sua providência permitir certas deficiências em determinadas coisas particulares, a fim de não impedir o bem perfeito do universo. Se ele impedisse todos os males, muitos bens ficariam faltando ao conjunto de sua obra. Sem a morte de animais, a vida do leão seria impossível, e a paciência dos mártires não existiria sem a per-

---

6. C. 11: ML 40, 236.

b. Chamamos de "ordem" um conjunto de coisas diversas dinamicamente unificadas pela orientação de cada uma a um fim que é o mesmo para todas. No entanto, como todo agente age tendo em vista um fim, esse ordenamento provém da causa que fez todas elas existirem, e as orientou para o fim em virtude do qual ela age. Naturalmente, isto supõe que todas essas coisas são produzidas por uma causa única, a qual não exclui causas intermediárias, próprias a umas e a outras.
 Neste mundo, não encontramos semelhante causa universal. Como todos os estudiosos de sua época, Santo Tomás pensava que, no que concerne às coisas materiais, existia tal causa material: o sol. Essa causa, de certo modo, servia como mediador para chegar até Deus, causa de todos os entes e de todos os seus movimentos. Evidentemente, precisamos renunciar a isso e recorrer imediatamente ao Criador para explicar a ordem das causas e dos efeitos e a finalidade no universo. É a quinta via de acesso à afirmação de que Deus existe.

c. É a mesma argumentação adotada acima, q. 19, a. 6.

malum aliquod esse in operibus suis, nisi usque adeo esset omnipotens et bonus, ut bene faceret etiam de malo. — Ex his autem duabus rationibus quas nunc solvimus, videntur moti fuisse, qui divinae providentiae subtraxerunt corruptibilia, in quibus inveniuntur casualia et mala.

AD TERTIUM dicendum quod homo non est institutor naturae: sed utitur in operibus artis et virtutis, ad suum usum, rebus naturalibus. Unde providentia humana non se extendit ad necessaria, quae ex natura proveniunt. Ad quae tamen se extendit providentia Dei, qui est Auctor naturae. — Et ex hac ratione videntur moti fuisse, qui cursum rerum naturalium subtraxerunt divinae providentiae, attribuentes ipsum necessitati materiae; ut Democritus, et alii Naturales antiqui.

AD QUARTUM dicendum quod in hoc quod dicitur Deum hominem sibi reliquisse, non excluditur homo a divina providentia: sed ostenditur quod non praefigitur ei virtus operativa determinata ad unum, sicut rebus naturalibus; quae aguntur tantum, quasi ab altero directae in finem, non autem seipsa agunt, quasi se dirigentia in finem, ut creaturae rationales per liberum arbitrium, quo consiliantur et eligunt. Unde signanter dicit, *in manu consilii sui*. Sed quia ipse actus liberi arbitrii reducitur in Deum sicut in causam, necesse est ut ea quae ex libero arbitrio fiunt, divinae providentiae subdantur: providentia enim hominis continetur sub providentia Dei, sicut causa particularis sub causa universali. — Hominum autem iustorum quodam excellentiori modo Deus habet providentiam quam impiorum, inquantum non

seguição dos tiranos. Nesse sentido, Agostinho escreve: "O Deus Todo-poderoso não permitiria de modo algum que houvesse qualquer mal em suas obras, se não fosse bastante poderoso e bom para fazer o bem do próprio mal"[d]. — É por esses dois argumentos, agora resolvidos, que parece foram levados aqueles que retiraram à divina providência as coisas corruptíveis, em que acontecem os acasos e o mal.

QUANTO AO 3º, deve-se dizer que o homem não é o autor da natureza, usa apenas as coisas naturais em vista da utilidade delas em suas obras artísticas ou virtuosas. Eis por que a providência humana não se estende às coisas necessárias, que provêm da natureza. Mas a providência de Deus se estende até elas, pois Ele é o autor da própria natureza. — Foi por esta razão que parece foram levados os que subtraíram à ação da providência divina o curso das coisas naturais, atribuindo-o unicamente à necessidade da matéria, como é o caso de Demócrito e outros antigos filósofos da natureza.

QUANTO AO 4º, deve-se dizer que, quando se diz que Deus entregou o homem a si próprio, não se o exclui da providência divina; mostra-se apenas que não lhe foi prefixada uma capacidade de ação, determinada a um único modo de agir, como é o caso das coisas naturais. Estas apenas agem, como que dirigidas para o fim por um outro; elas não agem por si mesmas, como que se dirigindo para o fim, como o fazem as criaturas racionais pelo livre-arbítrio, que lhes permite deliberar e escolher. Por isso, a Escritura diz expressamente: "às mãos de seu arbítrio". No entanto, como o próprio ato do livre-arbítrio se reduz a Deus como a sua causa, é necessário que as obras do livre-arbítrio estejam sujeitas à providência divina. Pois a providência do homem se encontra sob a providência de Deus, como a causa particular sob a causa universal.

---

d. Para interpretar corretamente esse texto segundo o pensamento efetivo de Santo Tomás, é preciso recordar o princípio hermenêutico que assinalamos acima, na q. 19, a. 9: "o mal de culpa (o pecado)... Deus não o quer de maneira alguma. Todavia, o mal que é uma deficiência da natureza, Deus o quer (indiretamente)". Na questão 49, expressamente consagrada à relação entre o mal e a causalidade divina, Santo Tomás retomará tal princípio, mas estenderá a causalidade indireta de Deus sobre o mal ontológico (não moral) ao caso que ele evoca aqui, do mal produzido não por uma falha da causa segunda, mas pela ação de uma causa antagônica. Vê-se que a fórmula estereotipada "sem a morte de animais, a vida do leão seria impossível, e a paciência dos mártires não existiria sem a perseguição dos tiranos" deve ser dissociada: entre a destruição dos animais por seus predadores e a perseguição dos tiranos, no que concerne à causalidade divina, há a diferença radical, *segundo Santo Tomás*, de que Deus é a causa indireta de uma, e não é de modo algum a causa da outra. Podemos lamentar que Santo Tomás opere com tanta frequência essa redução, que era clara para ele, mas que pode se tornar equívoca para o leitor, caso não atine com as distinções necessárias.

A noção de "permissão" utilizada nesta resposta é aquela que foi especificada acima, na q. 19, a. 9, r. 3: "permitir" o mal não é de modo algum desejá-lo nem, é evidente, autorizá-lo; é não impedir aquele que é a sua única causa, o homem com sua liberdade, de cometê-lo. Se Deus não impede que o mal ocorra, é em virtude do bem que ele quer extrair dele. Contudo, é somente o homem que tem a iniciativa e a vontade do mal.

permittit contra eos evenire aliquid, quod finaliter impediat salutem eorum: nam *diligentibus Deum omnia cooperantur in bonum*, ut dicitur Rm 8,28. Sed ex hoc ipso quod impios non retrahit a malo culpae, dicitur eos dimittere. Non tamen ita, quod totaliter ab eius providentia excludantur: alioquin in nihilum deciderent, nisi per eius providentiam conservarentur. — Et ex hac ratione videtur motus fuisse Tullius, qui res humanas, de quibus consiliamur, divinae providentiae subtraxit[7].

Ad quintum dicendum quod, quia creatura rationalis habet per liberum arbitrium dominium sui actus, ut dictum est[8], speciali quodam modo subditur divinae providentiae; ut scilicet ei imputetur aliquid ad culpam vel ad meritum, ei reddatur ei aliquid ut poena vel praemium. Et quantum ad hoc, curam Dei Apostolus a bobus removet. Non tamen ita quod individua irrationalium creaturarum ad Dei providentiam non pertineant, ut Rabbi Moyses existimavit[9].

— Com os justos, Deus tem uma providência mais excelente que com os ímpios, pois não permite que contra eles advenha algo que lhes comprometa finalmente a salvação; porque "tudo concorre para o bem dos que amam a Deus", como diz a Carta aos Romanos. Por não retirar os ímpios do mal de culpa, diz-se que os abandona[e]. O que não significa estarem totalmente excluídos de sua providência, pois se tornariam nada se por ela não fossem conservados. — É por esta razão que parece ter sido levado Túlio a retirar da providência as coisas humanas, a respeito das quais nós deliberamos.

Quanto ao 5º, deve-se dizer: porque a criatura racional possui, pelo livre-arbítrio, o domínio de seus atos, como já foi dito, ela está sujeita à providência divina de modo especial, a saber, é-lhe imputado algo como mérito ou como falta, e lhe é concedido algo como pena ou prêmio. É neste sentido que o Apóstolo exclui os bois da providência divina. Não quer dizer, porém, que as criaturas irracionais individuais escapem à providência divina, como pensou o Rabi Moisés.

Articulus 3
Utrum Deus immediate omnibus provideat

Ad tertium sic proceditur. Videtur quod Deus non immediate omnibus provideat.

1. Quidquid enim est dignitatis, Deo est attribuendum. Sed ad dignitatem alicuius regis pertinet, quod habeat ministros, quibus mediantibus subditis provideat. Ergo multo magis Deus non immediate omnibus providet.

2. Praeterea, ad providentiam pertinet res in finem ordinare. Finis autem cuiuslibet rei est eius perfectio et bonum. Ad quamlibet autem causam

Artigo 3
Deus provê imediatamente todas as coisas?

Quanto ao terceiro, assim se procede: parece que Deus **não** provê imediatamente todas as coisas.

1. Com efeito, toda dignidade deve ser atribuída a Deus. Ora, pertence à dignidade de um rei ter ministros mediante os quais provê os súditos. Logo, muito mais Deus não provê todas as coisas imeditamente.

2. Além disso, pertence à providência ordenar as coisas ao fim. Ora, o fim de cada coisa é sua perfeição, seu bem. E cabe a toda causa conduzir

---

7. *De Divinat.*, lib. II.
8. Resp. ad arg. praec.; et q. 19, a. 10.
9. Loco in corp. cit.

3 Parall.: Infra, q. 103, a. 6; *Cont. Gent.* III, 76, 77, 83, 94; *Compend. Theol.*, c. 130, 131; Opusc. XV, *De Angelis*, c. 14.

e. A liberdade criada está totalmente sob a dependência da vontade divina, como toda causa criada. O que não impede que o homem, por meio de sua liberdade, tenha o domínio de seus atos, pois a moção divina não força a natureza, ela adota seu modo de agir; e o modo de agir da liberdade é precisamente determinar a si mesma, por escolha, o bem a amar e a buscar. Isto se chocaria com uma impossibilidade se o pecado tivesse de ser concebido como uma mera escolha, da qual Deus seria a causa primeira, por seu movimento. Contudo, na má escolha intervém um elemento novo, uma falha da liberdade em relação ao verdadeiro bem do homem; falha pela qual a liberdade é a única responsável, e por meio da qual ela se esquiva à intenção de Deus, que a move sempre em direção ao bem.

Do mesmo modo, na sequência da resposta, deve-se compreender que o ímpio é (às vezes) abandonado por Deus à sua própria má vontade. Não obstante, é preciso acrescentar que ele jamais é inteiramente abandonado, que a possibilidade da conversão, mesmo que se afaste cada vez mais à medida que se envolve no mal, permanece sempre até o final. Caso ele se converta, torna-se justo e objeto particular da providência divina.

pertinet effectum suum perducere ad bonum. Quaelibet igitur causa agens est causa effectus providentiae. Si igitur Deus omnibus immediate providet, subtrahuntur omnes causae secundae.

3. Praeterea, Augustinus dicit, in *Enchirid.*[1], quod *melius est quaedam nescire quam scire*, ut vilia: et idem dicit Philosophus, in XII *Metaphys.*[2]. Sed omne quod est melius, Deo est attribuendum. Ergo Deus non habet immediate providentiam quorundam vilium et malorum.

SED CONTRA est quod dicitur Iob 34,13: *Quem constituit alium super terram? aut quem posuit super orbem quem fabricatus est?* Super quo dicit Gregorius[3]: *mundum per seipsum regit, quem per seipsum condidit.*

RESPONDEO dicendum quod ad providentiam duo pertinent: scilicet ratio ordinis rerum provisarum in finem; et executio huius ordinis, quae *gubernatio* dicitur. Quantum igitur ad primum horum, Deus immediate omnibus providet. Quia in suo intellectu habet rationem omnium, etiam minimorum: et quascumque causas aliquibus effectibus praefecit, dedit eis virtutem ad illos effectus producendos. Unde oportet quod ordinem illorum effectuum in sua ratione praehabuerit. — Quantum autem ad secundum, sunt aliqua media divinae providentiae. Quia inferiora gubernat per superiora; non propter defectum suae virtutis, sed propter abundantiam suae bonitatis, ut dignitatem causalitatis etiam creaturis communicet.

Et secundum hoc excluditur opinio Platonis, quam narrat Gregorius Nyssenus, triplicem providentiam ponentis. Quarum prima est summi Dei, qui primo et principaliter providet rebus spiritualibus; et consequenter toti mundo, quantum ad genera, species et causas universales. Secunda vero providentia est, qua providetur singularibus generabilium et corruptibilium: et hanc attribuit diis qui circumvent caelos, idest substantiis separatis, quae movent corpora caelestia circulariter. Tertia vero providentia est rerum humanarum: quam attribuebat daemonibus, quos Platonici ponebant medios inter nos et deos, ut narrat Augustinus IX *de Civ. Dei*[4].

AD PRIMUM ergo dicendum quod habere ministros executores suae providentiae, pertinet ad dignitatem regis: sed quod non habeat rationem

seu efeito ao bem. Assim, toda causa eficiente é causa do efeito que se atribui à providência. Portanto, se Deus provê imediatamente todas as coisas, todas as causas segundas desaparecem.

3. ADEMAIS, é melhor, diz Agostinho, ignorar certas coisas que conhecê-las, por exemplo as coisas vis; e o Filósofo exprime o mesmo no livro XII da *Metafísica*. Ora, tudo o que é melhor deve ser atribuído a Deus. Logo, Deus não tem a providência imediata de certas coisas vis e das coisas más.

EM SENTIDO CONTRÁRIO, diz o livro de Jó: "Que outro estabeleceu sobre a terra ou a quem pôs sobre o globo que formou?". A respeito desse trecho, Gregório escreve: "Governa por si mesmo o mundo que por si mesmo criou".

RESPONDO. A providência compreende duas coisas: a razão da ordem das coisas destinadas a seu fim e a execução dessa ordem, o que se chama *governo*. Quanto à primeira, Deus imediatamente provê todas as coisas. Porque em seu intelecto tem a razão de todas as coisas, mesmo das menores; e aquelas causas que preestabeleceu a alguns efeitos, deu-lhes o poder de produzi-los. Assim, é preciso que preexista em sua razão a ordem desses efeitos. — Quanto à segunda, a providência divina se vale de intermediários, pois governa os inferiores pelos superiores; não é por deficiência de seu poder, mas por superabundância de bondade, a fim de comunicar às criaturas a dignidade de causa.

Com isso se exclui a opinião de Platão referida por Gregório de Nissa, que afirma uma tríplice providência. A primeira é a do Deus soberano, que antes de mais nada e principalmente provê as coisas espirituais; e por consequência todo o universo, quanto aos gêneros, às espécies e às causas universais. A segunda providência é a que provê as realidades individuais das coisas que nascem e se corrompem. E estas atribui aos deuses que percorrem os céus, isto é, às substâncias separadas que movem circularmente os corpos celestes. A terceira provê as coisas humanas, e Platão a atribui aos daimones, que os platônicos interpunham entre nós e os deuses, como Agostinho relata.

QUANTO AO 1º, portanto, deve-se dizer que contar com ministros executores de sua providência pertence à dignidade de um rei; mas não ter

---

1. *Enchirid*. 17: ML 40, 239.
2. C. 9: 1074, b, 29-34.
3. *Moral*. XXIV, c. 20 (al. 11): ML 76, 314 B.
4. C. 1, 2: ML 41, 255-257.

eorum quae per eos agenda sunt, est ex defectu ipsius. Omnis enim scientia operativa tanto perfectior est, quanto magis particularia considerat, in quibus est actus.

AD SECUNDUM dicendum quod per hoc quod Deus habet immediate providentiam de rebus omnibus, non excluduntur causae secundae, quae sunt executrices huius ordinis, ut ex supra[5] dictis patet.

AD TERTIUM dicendum quod nobis melius est non cognoscere mala et vilia, inquantum per ea impedimur a consideratione meliorum, quia non possumus simul multa intelligere: et inquantum cogitatio malorum pervertit interdum voluntatem in malum. Sed hoc non habet locum in Deo, qui simul omnia uno intuitu videt, et cuius voluntas ad malum flecti non potest.

ARTICULUS 4
Utrum providentia rebus provisis necessitatem imponat

AD QUARTUM SIC PROCEDITUR. Videtur quod divina providentia necessitatem rebus provisis imponat.

1. Omnis enim effectus qui habet aliquam causam per se, quae iam est vel fuit, ad quam de necessitate sequitur, provenit ex necessitate, ut Philosophus probat in VI *Metaphys*.[1] Sed providentia Dei, cum sit aeterna, praeexistit; et ad eam sequitur effectus de necessitate; non enim potest divina providentia frustrari. Ergo providentia divina necessitatem rebus provisis imponit.

2. PRAETEREA, unusquisque provisor stabilit opus suum quantum potest, ne deficiat. Sed Deus est summe potens. Ergo necessitatis firmitatem rebus a se provisis tribuit.

3. PRAETEREA, Boetius dicit, IV *de Consol*.[2], quod fatum, *ab immobilis providentiae proficiscens exordiis, actus fortunasque hominum indissolubili causarum conexione constringit*. Videtur ergo quod providentia necessitatem rebus provisis imponat.

a razão das coisas a serem realizadas por eles é sua deficiência. Pois toda ciência prática é tanto mais perfeita quanto mais considera o particular no qual se realiza a ação.

QUANTO AO 2º, deve-se dizer que o fato de Deus ter uma providência imediata de todas as coisas não exclui as causas segundas, pelas quais a ordem divina é executada, como fica claro pelo acima exposto.

QUANTO AO 3º, deve-se dizer que é melhor para nós ignorar as coisas vis ou más, porque por elas estaríamos impedidos de considerar as coisas melhores, porque não podemos conhecer muitas coisas ao mesmo tempo, e também porque pensar nas coisas más perverte às vezes a vontade. Em Deus, porém, isto não ocorre; ele que tudo vê num único olhar, e cuja vontade não pode ser inclinada para o mal.

ARTIGO 4
A providência divina impõe necessidade às coisas que lhe estão submetidas?

QUANTO AO QUARTO, ASSIM SE PROCEDE: parece que a providência divina **impõe** necessidade às coisas que lhe estão submetidas.

1. Com efeito, todo efeito que tem uma causa própria, que existe ou já existiu, e da qual procede por necessidade, é produzido necessariamente, como o Filósofo o prova no livro VI da *Metafísica*. Ora, a providência de Deus, sendo eterna, preexiste; e dela procede o efeito necessariamente, porque a providência divina não pode falhar. Logo, a providência divina impõe necessidade às coisas que lhe estão submetidas.

2. ALÉM DISSO, todo provedor firma sua obra na medida do possível, para que não desapareça. Ora, Deus é todo-poderoso. Logo, dá às coisas sob sua providência a firmeza da necessidade.

3. ADEMAIS, Boécio, falando do destino, diz: "Partindo das origens da imutável providência, ele prende os atos e a sorte dos homens a uma irredutível conexão de causas". Logo, parece que a providência impõe necessidade às coisas sob sua providência.

---

5. In corpore.

4 PARALL.: I *Sent*., dist. 39, q. 2, a. 2; *Cont. Gent*. III, 72, 94; *De Malo*, q. 16, a. 7, ad 15; Opusc. II, Contra *Graecos, Armenos* etc., c. 10; *Compend. Theol*., c. 139, 140; Opusc. XV, *De Angelis*, c. 15; I *Periherm*., lect. 14; VI *Metaphys*., lect. 3.

1. C. 3: 1037, a, 29 — b, 11.
2. Prosa 6: ML 63, 817 A.

SED CONTRA est quod dicit Dionysius, 4 cap. *de Div. Nom.*³ quod *corrumpere naturam non est providentiae*. Hoc autem habet quarundam rerum natura, quod sint contingentia. Non igitur divina providentia necessitatem rebus imponit contingentiam excludens.

RESPONDEO dicendum quod providentia divina quibusdam rebus necessitatem imponit: non autem omnibus, ut quidam crediderunt. Ad providentiam enim pertinet ordinare res in finem. Post bonitatem autem divinam, quae est finis a rebus separatus, principale bonum in ipsis rebus existens, est perfectio universi: quae quidem non esset, si non omnes gradus essendi invenirentur in rebus. Unde ad divinam providentiam pertinet omnes gradus entium producere. Et ideo quibusdam effectibus praeparavit causas necessarias, ut necessario evenirent; quibusdam vero causas contingentes, ut evenirent contingenter, secundum conditionem proximarum causarum.

AD PRIMUM ergo dicendum quod effectus divinae providentiae non solum est aliquid evenire quocumque modo; sed aliquid evenire vel contingenter vel necessario. Et ideo evenit infallibiliter et necessario, quod divina providentia disponit evenire infallibiliter et necessario: et evenit contingenter, quod divinae providentiae ratio habet ut contingenter eveniat.

AD SECUNDUM dicendum quod in hoc est immobilis et certus divinae providentiae ordo, quod ea quae ab ipso providentur, cuncta eveniunt eo modo quo ipse providet, sive necessario sive contingenter.

AD TERTIUM dicendum quod indissolubilitas illa et immutabilitas quam Boetius tangit, pertinet ad certitudinem providentiae, quae non deficit a suo effectu, neque a modo eveniendi quem providit: non autem pertinet ad necessitatem effectuum. Et considerandum est quod necessarium et contingens proprie consequuntur ens, inquantum huiusmodi. Unde modus contingentiae et necessitatis cadit sub provisione Dei, qui est universalis provisor totius entis: non autem sub provisione aliquorum particularium provisorum.

EM SENTIDO CONTRÁRIO, Dionísio escreve: "Corromper a natureza não é próprio da providência". Ora, pela própria natureza algumas coisas são contingentes. Logo, a providência divina não impõe às coisas uma necessidade que exclui a contingência.

RESPONDO. A providência divina impõe necessidade a certas coisas; não, contudo a todas, como alguns pensaram. É próprio, com efeito, da providência ordenar as coisas a seus fins. Ora, depois da bondade divina, que é o fim transcendente, o principal bem imanente às coisas é a perfeição do universo; perfeição que não existiria caso todos os graus de ser não se encontrassem nas coisas. É próprio, portanto, da providência divina produzir todos os graus dos entes. E, assim, para certos efeitos preparou causas necessárias, a fim de que acontecessem necessariamente, e para outros, causas contingentes, para que aconteçam de maneira contingente, de acordo com a condição das causas próximas.

QUANTO AO 1º, portanto, deve-se dizer que o efeito da providência divina não é unicamente que algo aconteça de qualquer modo, mas que aconteça, seja de modo necessário seja de modo contingente. Por isso, um acontecimento se realiza infalível e necessariamente quando a providência divina assim o dispõe; e acontece de modo contingente aquilo que a razão da providência divina determina que assim aconteça.

QUANTO AO 2º, deve-se dizer que nisto a ordem da providência divina é imutável e certa, a saber, em que todas as coisas que estão sob sua providência acontecem como por ela foram providenciadas, ou de modo necessário ou contingente^f.

QUANTO AO 3º, deve-se dizer que as palavras de Boécio sobre o imutável e o indissolúvel destino se referem à certeza da providência, que não pode falhar na produção de seus efeitos, tampouco no modo por ela providenciado. Isto não se refere à necessidade dos efeitos. Pois é preciso considerar que o necessário e o contingente seguem o ente enquanto tal. Por essa razão, o modo de contingência ou de necessidade depende da providência de Deus, que é o provedor universal de todo ente, e não depende de provedores particulares.

---

3. MG 3, 733 B.

f. Mesmo raciocínio efetuado acima, q. 19, a. 8.

QUAESTIO XXIII
DE PRAEDESTINATIONE
in octo articulos divisa

Post considerationem divinae providentiae, agendum est de praedestinatione, et de libro vitae.

Et circa praedestinationem quaeruntur octo.

Primo: utrum Deo conveniat praedestinatio.
Secundo: quid sit praedestinatio; et utrum ponat aliquid in praedestinato.

QUESTÃO 23
A PREDESTINAÇÃO
em oito artigos

Depois da consideração da providência divina, é preciso tratar da predestinação e do livro da vida[a].

A respeito da predestinação, são oito as perguntas:
1. Convém atribuir a Deus a predestinação?
2. Que é a predestinação? Ela acrescenta algo ao predestinado?

---

a. Com a q. 23 e a q. 24, que é um simples corolário desta, entramos nas últimas obscuridades que nascem do confronto impossível entre a eternidade e o tempo, a soberana liberdade de Deus e a real liberdade do homem. Confronto impossível pela razão que apresentamos: é impossível à mente humana "apreender" um dos dois termos presentes, a eternidade com seu corolário, a imutabilidade divina.

Para compreender o texto de Santo Tomás, que comporta asserções à primeira vista chocantes e por vezes inaceitáveis, é preciso antes de mais nada situá-lo em relação ao conjunto do qual faz parte. A questão da predestinação não nasce artificialmente de um sentido unilateral e inumano da total independência de Deus no que concerne a sua criatura, mas do sentido, essencialmente cristão, da total gratuidade da graça e da salvação. Gratuidade que é tão fortemente afirmada na Escritura e tão vivamente percebida pela experiência cristã ao longo do tempo, durante toda a vida da Igreja. Que cristão, consciente das realidades da salvação, poderia atribuir suas boas obras, seus progressos, enfim, seu acesso à vida eterna a outra causa senão à pura misericórdia de Deus?

Infelizmente, foi em um clima de violenta polêmica que essa questão surgiu na Igreja e se desenvolveu. Para Santo Agostinho — e isto explica, sem talvez justificá-los de fato mas esclarecendo suas intenções, o que é preciso chamar de seus excessos —, tratava-se antes de mais nada de proclamar o primado absoluto da graça, não contra a liberdade, mas tal que a própria liberdade, quando age de maneira salutar, é um dom da graça. Os concílios que se seguiram a essas polêmicas, mesmo que suas fórmulas possam ter sido abruptas, tiveram sempre a preocupação de afirmar simultaneamente a liberdade total da escolha divina e a total responsabilidade do homem em sua perdição. Contudo, como conciliá-las?

Entram em jogo, nesse caso, outros princípios. Se as discussões pudessem ter se desenrolado em um clima irênico, teriam possibilitado vislumbrar soluções, necessariamente incompletas, sem dúvida, porém mais de acordo com outro aspecto, tanto do ensinamento da Escritura quanto da experiência cristã, a saber, que Deus é amor e que Ele é o salvador. É infinitamente livre, não há dúvida, mas sua liberdade é a da misericórdia. É misericordioso com quem quer, sem dúvida, mas não proclama a Escritura que ele quer justamente ser misericordioso com todos? "Deus encerrou todos os homens na desobediência para conceder a misericórdia a todos." Sem dúvida, a Escritura menciona o caso daqueles que não aproveitarão tal misericórdia, mas trata-se sempre daqueles que a recusam, que se obstinam no pecado.

Toda a Idade Média latina se encontra sob a influência de Santo Agostinho, como se sabe. No entanto, isto é ainda mais verdadeiro no que se refere às questões da graça, nas quais o peso de sua autoridade era esmagador, e assim permaneceu por vários séculos. Não deve surpreender, portanto, que nessa complexa questão os teólogos tenham sido espontaneamente mais atentos à liberdade ilimitada de Deus no dom da graça do que à misericórdia que manifesta esse dom, e que, também ela, não possui limites.

Ainda que tenha corrigido muitos dos pontos de vista de Santo Agostinho, Santo Tomás não escapa à sua influência, e podia fazê-lo tanto menos quanto o aspecto positivo dessa doutrina, o caráter todo-poderoso da graça e a miséria intrínseca do homem, é incontestável. Contudo, introduziu princípios essenciais que permitem fazer as correções necessárias, mesmo que ele próprio se tenha deixado arrastar a fórmulas que precisam também de tal correção.

O primeiro desses princípios, absolutamente fundamental, nós já o encontramos: Deus não é de modo algum, direta e indiretamente, a causa do mal moral. Ele apenas o permite: porém, a permissão em questão consiste unicamente em que a criatura não é impedida de fazê-lo, ou seja, de sucumbir livremente. Isto significa, é óbvio, que a iniciativa do pecado pertence exclusivamente à criatura, nunca a Deus.

Outro princípio, e também já o encontramos, é que toda a sucessão do tempo está presente na eternidade divina, de modo que não existe anterioridade do conhecimento e da vontade de Deus, logo, de seu plano de salvação, no que diz respeito à realização desse plano. Isto força a relativizar, a rejeitar entre as debilidades de nossa linguagem todos os signos de semelhante anterioridade: "previsto", "pré-ordenado", "predeterminado" e, finalmente, "predestinado".

Enfim, há outro princípio, que Santo Tomás evoca de modo muito breve nessa questão, sem dúvida porque é da alçada do tratado da Encarnação redentora — essa fragmentação metodológica é um inconveniente da apresentação sintética, por outro lado, tão potente e tão fecunda, da *Suma teológica* —, que Cristo morreu por todos os homens, e muito especialmente para a remissão do pecado original: por meio de sua morte, ele abriu à humanidade a porta do reino, que se havia fechado para ela em razão do pecado de Adão (ver III, q. 49, a. 5). Que significa isto senão que a misericórdia divina, que se realizou inteiramente na Encarnação redentora, é realmente prometida, oferecida a todos e cada um dos homens?

Como conciliar essa vontade da salvação universal, o fracasso que ela encontra em alguns que recusam deixar-se salvar e a soberania da vontade divina, é a difícil tarefa que Santo Tomás, com as limitações que assinalamos, se propõe nesta questão 23.

Tertio: utrum Deo competat reprobatio aliquorum hominum.
Quarto: de comparatione praedestinationis ad electionem; utrum scilicet praedestinati eligantur.
Quinto: utrum merita sint causa vel ratio praedestinationis, vel reprobationis, aut electionis.
Sexto: de certitudine praedestinationis; utrum scilicet praedestinati infallibiliter salventur.
Septimo: utrum numerus praedestinatorum sit certus.
Octavo: utrum praedestinatio possit iuvari precibus sanctorum.

3. A reprovação de alguns homens vem de Deus?
4. Comparando a predestinação com a eleição: os predestinados são eleitos?
5. Os méritos seriam a causa ou a razão da predestinação ou da condenação, tanto quanto da eleição?
6. Certeza da predestinação: os predestinados são infalivelmente salvos?
7. O número de predestinados é certo?
8. A predestinação pode ser ajudada pela oração dos santos?

Articulus 1
Utrum homines praedestinentur a Deo

AD PRIMUM SIC PROCEDITUR. Videtur quod homines non praedestinentur a Deo.

1. Dicit enim Damascenus, in II libro[1]: *Oportet cognoscere quod omnia quidem praecognoscit Deus, non autem omnia praedeterminat. Praecognoscit enim ea quae in nobis sunt; non autem praedeterminat ea.* Sed merita et demerita humana sunt in nobis, inquantum sumus nostrorum actuum domini per liberum arbitrium. Ea ergo quae pertinent ad meritum vel demeritum non praedestinantur a Deo. Et sic hominum praedestinatio tollitur.

2. PRAETEREA, omnes creaturae ordinantur ad suos fines per divinam providentiam, ut supra[2] dictum est. Sed aliae creaturae non dicuntur praedestinari a Deo. Ergo nec homines.

3. PRAETEREA, angeli sunt capaces beatitudinis, sicut et homines. Sed angelis non competit praedestinari, ut videtur, cum in eis nunquam fuerit miseria; praedestinatio autem est *propositum miserendi,* ut dicit Augustinus[3]. Ergo homines non praedestinantur.

4. PRAETEREA, beneficia hominibus a Deo collata, per Spiritum Sanctum viris sanctis revelantur, secundum illud Apostoli, 1Cor 2,12: *nos autem non spiritum huius mundi accepimus, sed Spiritum*

Artigo 1
Os homens são predestinados por Deus?

QUANTO AO PRIMEIRO ARTIGO, ASSIM SE PROCEDE: parece que os homens **não** são predestinados por Deus.

1. Com efeito, Damasceno escreve: "É preciso saber que Deus tudo prevê, mas não predetermina tudo. Prevê o que há em nós, mas não o predetermina". Ora, os méritos ou os deméritos humanos estão em nós, na medida em que somos senhores de nossos atos pelo livre-arbítrio. Logo, o que é objeto de mérito ou de demérito não é predestinado por Deus. E assim desaparece a predestinação dos homens.

2. ALÉM DISSO, como acima foi dito, todas as criaturas são ordenadas a seu próprio fim pela providência divina. Ora, das outras criaturas não se diz que sejam predestinadas por Deus. Logo, nem os homens.

3. ADEMAIS, os anjos são tão capazes de bem-aventurança quanto os homens. Ora, não parece que corresponda aos anjos ser predestinados; com efeito, entre eles nunca houve miséria, ao passo que a predestinação é um *projeto de misericórdia,* segundo Agostinho. Logo, os homens não são predestinados.

4. ADEMAIS, os benefícios concedidos por Deus aos homens são revelados aos santos pelo Espírito Santo, segundo o Apóstolo na Carta aos Coríntios: "Quanto a nós, não recebemos o espírito deste

---

1 PARALL.: I *Sent.*, dist. 40, q. 1, a. 2; *Cont. Gent.* III, 163; *De Verit.*, q. 6, a. 1; *ad Rom.*, c. 1, lect. 3.

1. *De Fide Orth.*, l. II, c. 30: MG 94, 969 B — 972 A.
2. Q. 22, a. 1, 2.
3. Vide *De diversis quaest. ad Simplic.*, lib. II, q. 2: ML 40, 140; *Contra duas epist. Pelagian.*, l. II, c. 9, 10: ibid. 44, 586-588; *De Praedest. Sanctorum*, c. 3: ibid. 44, 964-965; c. 6: ibid. 969; c. 17: ibid. 985.

qui ex Deo est, ut sciamus quae a Deo donata sunt nobis. Si ergo homines praedestinarentur a Deo, cum praedestinatio sit Dei beneficium, esset praedestinatis nota sua praedestinatio. Quod patet esse falsum.

SED CONTRA est quod dicitur Rm 8,30: *quos praedestinavit, hos et vocavit.*

RESPONDEO dicendum quod Deo conveniens est homines praedestinare. Omnia enim divinae providentiae subiacent, ut supra[4] ostensum est. Ad providentiam autem pertinet res in finem ordinare, ut dictum est[5]. Finis autem ad quem res creatae ordinantur a Deo, est duplex. Unus, qui excedit proportionem naturae creatae et facultatem: et hic finis est vita aeterna, quae in divina visione consistit, quae est supra naturam cuiuslibet creaturae, ut supra[6] habitum est. Alius autem finis est naturae creatae proportionatus, quem scilicet res creata potest attingere secundum virtutem suae naturae. Ad illud autem ad quod non potest aliquid virtute suae naturae pervenire, oportet quod ab alio transmittatur; sicut sagitta a sagittante mittitur ad signum. Unde, proprie loquendo, rationalis creatura, quae est capax vitae aeternae, perducitur in ipsam quasi a Deo transmissa. Cuius quidem transmissionis ratio in Deo praeexistit; sicut et in eo est ratio ordinis omnium in finem, quam diximus[7] esse providentiam. Ratio autem alicuius fiendi in mente actoris existens, est quaedam praeexistentia rei fiendae in eo. Unde ratio praedictae transmissionis creaturae rationalis in finem vitae aeternae, *praedestinatio* nominatur: nam *destinare* est mittere. Et sic patet quod praedestinatio, quantum ad obiecta, est quaedam pars providentiae.

AD PRIMUM ergo dicendum quod Damascenus nominat *praedeterminationem* impositionem necessitatis; sicut est in rebus naturalibus, quae sunt praedeterminatae ad unum. Quod patet ex eo quod subdit: *non enim vult malitiam, neque compellit virtutem.* Unde praedestinatio non excluditur.

AD SECUNDUM dicendum quod creaturae irrationales non sunt capaces illius finis qui facultatem

mundo, mas o Espírito que é de Deus, a fim de conhecermos o que nos foi dado por Deus". Logo, se os homens fossem predestinados por Deus, uma vez que a predestinação é um benefício de Deus, os predestinados conheceriam sua predestinação. O que evidentemente é falso.

EM SENTIDO CONTRÁRIO, lê-se na Carta aos Romanos: "Os que predestinou, também os chamou".

RESPONDO. Convém que Deus predestine os homens. Todas as coisas estão sujeitas à providência divina, como acima se demonstrou. E é próprio à providência ordenar as coisas para o fim, como foi dito. Ora, o fim ao qual ordena suas criaturas é duplo. Um ultrapassa a medida e a capacidade da natureza criada: e este fim é a vida eterna, que consiste na visão divina; e está acima da natureza de qualquer criatura, como acima se estabeleceu. Outro fim é proporcional à natureza criada: e este a criatura pode atingir pelo poder de sua natureza. Ora, o que não se pode alcançar com o poder de sua natureza, é necessário que seja transmitido por um outro: como a flecha é lançada para o alvo pelo arqueiro. Por isso, para falar com exatidão, a criatura racional, que é capaz da vida eterna, é para ela conduzida como que transportada por Deus. E a razão dessa ação divina preexiste em Deus, assim como existe nele a razão da ordem de todas as coisas ao fim, que chamamos de providência. Ora, a razão de algo a fazer existente na mente de seu autor é uma espécie de preexistência nele dessa coisa a fazer. Eis por que a razão de conduzir a criatura racional ao fim, à vida eterna, é chamada *predestinação*; pois *destinar* é enviar. É assim evidente que a predestinação, quanto a seu objeto, é parte da providência[b].

QUANTO AO 1º, portanto, deve-se dizer que Damasceno chama *predeterminação* a uma necessidade imposta, como acontece nas coisas naturais, que são predeterminadas a agir de uma única maneira. O que fica evidente pelo que diz em seguida: "Não quer a maldade nem força a virtude". Logo, não exclui a predestinação.

QUANTO AO 2º, deve-se dizer que as criaturas irracionais não são capazes daquele fim, que ultra-

---

4. Q. 22, a. 2.
5. Ibid., a. 1.
6. Q. 12, a. 4.
7. Q. 22, a. 1.

b. Vemos surgir aqui o tema da gratuidade da graça, da qual indicamos o papel predominante. Contudo, se essa graça é totalmente gratuita para todos e para cada um, não foi ela prometida a todos e cada um em Cristo? E quando se trata de Deus, que é fiel, "prometido" equivale a "dado" ou então "recebido" — pois a criatura, sim, pode tornar-se infiel.

humanae naturae excedit. Unde non proprie dicuntur praedestinari: etsi aliquando abusive praedestinatio nominetur respectu cuiuscumque alterius finis.

AD TERTIUM dicendum quod praedestinari convenit angelis, sicut et hominibus, licet nunquam fuerint miseri. Nam motus non accipit speciem a termino a quo, sed a termino ad quem: nihil enim refert, quantum ad rationem dealbationis, utrum ille qui dealbatur, fuerit niger aut pallidus vel rubeus. Et similiter nihil refert ad rationem praedestinationis, utrum aliquis praedestinetur in vitam aeternam a statu miseriae, vel non. — Quamvis dici possit quod omnis collatio boni supra debitum eius cui confertur, ad misericordiam pertineat, ut supra[8] dictum est.

AD QUARTUM dicendum quod, etiam si aliquibus ex speciali privilegio sua praedestinatio reveletur, non tamen convenit ut reveletur omnibus: quia sic illi qui non sunt praedestinati, desperarent; et securitas in praedestinatis negligentiam pareret.

passa a capacidade da natureza humana. Por esse motivo, não se pode dizer que são propriamente predestinadas, ainda que às vezes predestinação se aplique abusivamente a qualquer outro fim.

QUANTO AO 3º, deve-se dizer que ser predestinado convém aos anjos como também aos homens, ainda que nunca tenham sido miseráveis. O movimento não é especificado pelo termo de onde parte, mas pelo termo para o qual tende. Não importa à razão de branquear que o que se torna branco tenha sido negro, amarelo ou vermelho. Assim também, nada importa à razão de predestinação que alguém seja predestinado à vida eterna a partir ou não de um estado de miséria. — Aliás, pode-se dizer que toda concessão de um bem superior à dívida daquele a quem se concede pertence à misericórdia, como foi dito acima.

QUANTO AO 4º, deve-se dizer que, ainda que a própria predestinação seja revelada a alguns por um privilégio especial, não convém seja revelada a todos; pois neste caso os não predestinados cairiam no desespero e a segurança de ser predestinado geraria negligência.

ARTICULUS 2
Utrum praedestinatio aliquid ponat in praedestinato

AD SECUNDUM SIC PROCEDITUR. Videtur quod praedestinatio ponat aliquid in praedestinato.

1. Omnis enim actio ex se passionem infert. Si ergo praedestinatio actio est in Deo, oportet quod praedestinatio passio sit in praedestinatis.

2. PRAETEREA, Origenes dicit, super illud Rm 1,4, *Qui praedestinatus est* etc.: *praedestinatio est eius qui non est, sed destinatio eius est qui est*[1]. Sed Augustinus dicit, in libro *de Praedestinatione Sanctorum: Quid est praedestinatio, nisi destinatio alicuius?* Ergo praedestinatio non est nisi alicuius existentis. Et ita ponit aliquid in praedestinato.

3. PRAETEREA, praeparatio est aliquid in praeparato. Sed praedestinatio est *praeparatio beneficiorum Dei*, ut dicit Augustinus, in libro *de Praedest. Sanct.*[2]. Ergo praedestinatio est aliquid in praedestinatis.

ARTIGO 2
A predestinação acrescenta algo ao predestinado?

QUANTO AO SEGUNDO, ASSIM SE PROCEDE: parece que a predestinação **acrescenta** algo no predestinado.

1. Com efeito, toda ação por si produz uma paixão. Logo, se a predestinação é uma ação em Deus, é preciso que a predestinação seja uma paixão nos predestinados.

2. ALÉM DISSO, comentando o texto da Carta aos Romanos: "Quem é predestinado etc.", Orígenes diz: "A predestinação se refere ao que não é, e a destinação ao que é". Mas Agostinho pergunta: "O que é predestinação se não a destinação de alguém?". Logo, a predestinação se refere a algo existente. E acrescenta algo ao predestinado.

3. ADEMAIS, a preparação é algo no que está preparado. Ora, a predestinação, diz Agostinho, é a *preparação dos benefícios divinos*. Logo, ela é algo nos predestinados.

---

8. Q. 21, a. 3, ad 2; a. 4.
PARALL.: I *Sent.*, dist. 40, q. 1, a. 1.
1. MG 14, 849 A.
2. *De Dono Perseverantiae* (al. lib. II *de Praedest. Sanct.*), c. 14: ML 45, 1014.

4. PRAETEREA, temporale non ponitur in definitione aeterni. Sed gratia, quae est aliquid temporale, ponitur in definitione praedestinationis: nam praedestinatio dicitur esse *praeparatio gratiae in praesenti, et gloriae in futuro*. Ergo praedestinatio non est aliquid aeternum. Et ita oportet quod non sit in Deo, sed in praedestinatis: nam quidquid est in Deo, est aeternum.

SED CONTRA est quod Augustinus dicit[3], quod praedestinatio est *praescientia beneficiorum Dei*. Sed praescientia non est in praescitis, sed in praesciente. Ergo nec praedestinatio est in praedestinatis, sed in praedestinante.

RESPONDEO dicendum quod praedestinatio non est aliquid in praedestinatis, sed in praedestinante tantum. Dictum est[4] enim quod praedestinatio est quaedam pars providentiae. Providentia autem non est in rebus provisis; sed est quaedam ratio in intellectu provisoris, ut supra[5] dictum est. Sed executio providentiae, quae *gubernatio* dicitur, passive quidem est in gubernatis; active autem est in gubernante. Unde manifestum est quod praedestinatio est quaedam ratio ordinis aliquorum in salutem aeternam, in mente divina existens. Executio autem huius ordinis est passive quidem in praedestinatis; active autem est in Deo. Est autem executio praedestinationis *vocatio* et *magnificatio*, secundum illud Apostoli, Rm 8,30: *quos praedestinavit, hos et vocavit; et quos vocavit, hos et magnificavit*.

AD PRIMUM ergo dicendum quod actiones in exteriorem materiam transeuntes, inferunt ex se passionem, ut calefactio et secatio: non autem actiones in agente manentes, ut sunt intelligere et velle, ut supra[6] dictum est. Et talis actio est praedestinatio. Unde praedestinatio non ponit aliquid in praedestinato. Sed executio eius, quae transit in exteriores res, ponit in eis aliquem effectum.

AD SECUNDUM dicendum quod *destinatio* aliquando sumitur pro reali missione alicuius ad aliquem terminum: et sic destinatio non est nisi eius quod est. Alio modo sumitur destinatio pro missione quam aliquis mente concipit, secundum quod dicimur *destinare*, quod mente firmiter proponimus: et hoc secundo modo dicitur 2Mac 6,20,

4. ADEMAIS, o que é temporal não entra na definição do eterno. Ora, a graça, que é algo temporal, entra na definição da predestinação, pois se diz que a predestinação é "a preparação da graça no presente e da glória no futuro". Logo, a predestinação não é algo eterno. Não pode, então, existir em Deus, mas nos predestinados, pois tudo o que existe em Deus é eterno.

EM SENTIDO CONTRÁRIO, Agostinho diz que a predestinação é "a presciência dos benefícios de Deus". Ora, a presciência não se encontra no pré-conhecido, mas no presciente. Logo, tampouco a predestinação se encontra nos predestinados, mas naquele que predestina.

RESPONDO. A predestinação não é algo nos predestinados, mas somente naquele que predestina. Como foi dito, a predestinação é parte da providência. Ora, a providência não está nas coisas a que se refere, ela é uma determinada razão no intelecto do provedor, como acima foi dito. Mas a realização da providência, que se chama *governo*, se encontra de maneira passiva nos governados e ativa no que governa. Fica então claro: a predestinação é uma determinada razão, existente na mente divina, de ordenação de alguns à salvação eterna. É a execução dessa ordenação que se encontra passivamente nos predestinados e ativamente em Deus. A execução da predestinação é a vocação e a glorificação, segundo as palavras do Apóstolo na Carta aos Romanos: "os que predestinou, também os chamou; os que chamou, também os glorificou".

QUANTO AO 1º, portanto, deve-se dizer que as ações que passam para uma matéria exterior, como esquentar e cortar, acarretam por si mesmas uma paixão; não, porém, as que permanecem no agente, como o conhecer e o querer, como acima foi dito. Ora, a predestinação é essa ação, de modo que nada introduz no predestinado. Sua execução, no entanto, que passa para coisas exteriores, introduz nessas coisas certo efeito.

QUANTO AO 2º, deve-se dizer que às vezes toma-se *destinação* como o real envio de algo para certo termo, e assim destinação só se refere ao que existe. De outro modo, *destinação* como *envio* que alguém concebe mentalmente, e por isso chamamos de *destinar* o que mentalmente nos propusemos com firmeza. Assim, no livro II

---

3. Loco proxime cit.
4. Art. praec.
5. Q. 22, a. 1.
6. Q. 14, a. 2; q. 18, a. 3, ad 1.

quod Eleazarus *destinavit non admittere illicita propter vitae amorem*. Et sic destinatio potest esse eius quod non est. Tamen *praedestinatio*, ratione antecessionis quam importat, potest esse eius quod non est, qualitercumque destinatio sumatur.

AD TERTIUM dicendum quod duplex est praeparatio. Quaedam patientis, ut patiatur: et haec praeparatio est in praeparato. Quaedam alia est agentis, ut agat: et haec est in agente. Et talis praeparatio est praedestinatio; prout aliquod agens per intellectum dicitur se praeparare ad agendum, inquantum praeconcipit rationem operis fiendi. Et sic Deus ab aeterno praeparavit praedestinando, concipiens rationem ordinis aliquorum in salutem.

AD QUARTUM dicendum quod gratia non ponitur in definitione praedestinationis, quasi aliquid existens de essentia eius: sed inquantum praedestinatio importat respectum ad gratiam, ut causae ad effectum, et actus ad obiectum. Unde non sequitur quod praedestinatio sit aliquid temporale.

ARTICULUS 3
Utrum Deus aliquem hominem reprobet

AD TERTIUM SIC PROCEDITUR. Videtur quod Deus nullum hominem reprobet.
1. Nullus enim reprobat quem diligit. Sed Deus omnem hominem diligit, secundum illud Sap 11,25: *Diligis omnia quae sunt, et nihil odisti eorum quae fecisti*. Ergo Deus nullum hominem reprobat.
2. PRAETEREA, si Deus aliquem hominem reprobat, oportet quod sic se habeat reprobatio ad reprobatos, sicut praedestinatio ad praedestinatos. Sed praedestinatio est causa salutis praedestinatorum. Ergo reprobatio erit causa perditionis reproborum. Hoc autem est falsum: dicitur enim Os 13,9: *perditio tua, Israel, ex te est; tantummodo ex me auxilium tuum*. Non ergo Deus aliquem reprobat.
3. PRAETEREA, nulli debet imputari quod vitare non potest. Sed si Deus aliquem reprobat, non potest vitare quin ipse pereat: dicitur enim Eccle 7,14: *considera opera Dei, quod nemo possit corrigere quem ipse despexerit*. Ergo non esset

dos Macabeus se diz que Eliazar "destinou não aceitar, por amor à vida, o que era proibido pela Lei". Nesse sentido, destinação pode se referir ao que não existe. No entanto, a *predestinação* pelo fato de implicar anterioridade pode se referir ao que não existe, em qualquer dos sentidos da palavra "destinação".

QUANTO AO 3º, deve-se dizer que existem dois tipos de preparação. Uma, a do paciente para padecer a ação, e essa preparação está no sujeito preparado. Outra, a do agente para agir, e esta permanece no agente. Ora, tal preparação é predestinação, segundo se diz que aquele que age pelo intelecto se prepara para a ação preconcebendo a razão da obra a ser feita. Assim é que Deus, eternamente, preparou predestinando, isto é, concebendo a razão da ordenação de alguns à salvação.

QUANTO AO 4º, deve-se dizer que a graça não entra na definição da predestinação, como elemento de sua essência, mas na medida em que a predestinação tem uma relação com a graça, relação de causa e efeito, e de ato e objeto. Daí não se segue ser a predestinação algo temporal.

ARTIGO 3
Deus reprova algum homem?

QUANTO AO TERCEIRO, ASSIM SE PROCEDE: parece que Deus **não** reprova homem algum.
1. Com efeito, ninguém reprova a quem ama. Ora, Deus ama todo homem, segundo o livro da Sabedoria: "Amas tudo o que existe e não detestas nenhuma de tuas obras". Logo, Deus não reprova homem algum.
2. ALÉM DISSO, se Deus reprova algum homem, é necessário que a reprovação seja para os reprovados o que a predestinação é para os predestinados. Ora, a predestinação é para os predestinados causa de salvação. Logo, a reprovação seria para os reprovados causa de perdição. Ora, isso é falso, pois o profeta Oseias diz: "Tua perdição vem de ti, Israel; de mim vem apenas teu socorro". Logo, Deus não reprova ninguém.
3. ADEMAIS, não se deve imputar a ninguém o que não se pode evitar. Ora, se Deus reprova alguém, não pode evitar sua perda, pois está escrito no Eclesiastes: "Considera a obra de Deus: ninguém poderá corrigir a quem Ele desprezou".

---

3 PARALL.: I *Sent.*, dist. 40, q. 4, a. 1; *Cont. Gent.* III, 163; *ad Rom.*, c. 9, lect. 2.

hominibus imputandum quod pereunt. Hoc autem est falsum. Non ergo Deus aliquem reprobat.

SED CONTRA est quod dicitur Mal 1,2-3: *Iacob dilexi, Esau autem odio habui*.

RESPONDEO dicendum quod Deus aliquos reprobat. Dictum enim est supra[1] quod praedestinatio est pars providentiae. Ad providentiam autem pertinet permittere aliquem defectum in rebus quae providentiae subduntur, ut supra[2] dictum est. Unde, cum per divinam providentiam homines in vitam aeternam ordinentur, pertinet etiam ad divinam providentiam, ut permittat aliquos ab isto fine deficere. Et hoc dicitur reprobare.

Sic igitur, sicut praedestinatio est pars providentiae respectu eorum qui divinitus ordinantur in aeternam salutem; ita reprobatio est pars providentiae respectu illorum qui ab hoc fine decidunt. Unde reprobatio non nominat praescientiam tantum: sed aliquid addit secundum rationem, sicut et providentia, ut supra[3] dictum est. Sicut enim praedestinatio includit voluntatem conferendi gratiam et gloriam, ita reprobatio includit voluntatem permittendi aliquem cadere in culpam, et inferendi damnationis poenam pro culpa.

AD PRIMUM ergo dicendum quod Deus omnes homines diligit, et etiam omnes creaturas, inquantum omnibus vult aliquod bonum: non tamen quodcumque bonum vult omnibus. Inquantum igitur quibusdam non vult hoc bonum quod est vita aeterna, dicitur eos habere odio, vel reprobare.

AD SECUNDUM dicendum quod aliter se habet reprobatio in causando, quam praedestinatio. Nam praedestinatio est causa et eius quod expectatur in futura vita a praedestinatis, scilicet gloriae; et eius quod percipitur in praesenti, scilicet gratiae. Reprobatio vero non est causa eius quod est in praesenti, scilicet culpae; sed est causa derelictionis a Deo. Est tamen causa eius quod redditur in futuro, scilicet poenae aeternae. Sed culpa provenit ex libero arbitrio eius qui reprobatur et a gratia deseritur. Et secundum hoc verificatur dictum prophetae, scilicet: *perditio tua, Israel, ex te*.

Não se deveria, então, imputar aos homens sua perdição. O que é falso. Logo, Deus não reprova ninguém.

EM SENTIDO CONTRÁRIO, está no livro de Malaquias: "Amei Jacó e odiei Esaú".

RESPONDO. Deus reprova alguns. Foi dito acima que a predestinação é parte da providência. Ora, é próprio à providência permitir alguma deficiência nas coisas que lhe estão sujeitas, como acima foi dito. Por isso, sendo os homens destinados à vida eterna pela providência divina, cabe igualmente à providência permitir que alguns não alcancem esse fim. É o que chamamos reprovar.

Assim como a predestinação é parte da providência para aqueles que por Deus estão ordenados à salvação eterna, a reprovação, por sua vez, é parte da providência para os que não alcançam esse fim. Portanto, a reprovação não significa apenas presciência, mas acrescenta algo segundo a razão, como também a providência, conforme acima foi dito. A predestinação inclui a vontade de conferir a graça e a glória; assim também a reprovação inclui a vontade de permitir que alguém caia em culpa e de infligir a pena da condenação por essa culpa[c].

QUANTO AO 1º, portanto, deve-se dizer que Deus ama todos os homens, e mesmo todas as suas criaturas, no sentido de que quer o bem para todos. Não quer, porém, todo o bem para todos. E, enquanto não quer para alguns o bem que é a vida eterna, diz-se que os odeia ou que os reprova.

QUANTO AO 2º, deve-se dizer que sob o aspecto da causalidade a reprovação não se compara com a predestinação. Porque a predestinação é causa tanto do que esperam os predestinados na vida futura, a saber, da glória, quanto do que recebem nesta, a saber, da graça. A reprovação, pelo contrário, não é causa do que acontece no presente, a saber, da culpa; ela é causa do abandono por parte de Deus[d]. É causa, porém, da sanção futura, a saber, da pena eterna. A culpa provém do livre-arbítrio daquele que é reprovado e se separa da graça. E assim se verifica a palavra do profeta: "Tua perdição vem de ti, Israel".

---

1. Art. 1.
2. Q. 22, a. 2, ad 2.
3. Q. 22, a. 1, ad 3.

c. Pode-se ver aí uma derrogação ao princípio segundo o qual a permissão do pecado consiste unicamente em não impedi-lo. Para afirmar que a reprovação é parte da providência, é preciso fazer intervir na origem do pecado certa iniciativa divina: vimos que isto era rejeitado pelo próprio Santo Tomás.

d. "Abandono": deve-se entender a não intervenção de Deus para contrapor-se à liberdade do pecador.

AD TERTIUM dicendum quod reprobatio Dei non subtrahit aliquid de potentia reprobati. Unde, cum dicitur quod reprobatus non potest gratiam adipisci, non est hoc intelligendum secundum impossibilitatem absolutam, sed secundum impossibilitatem conditionatam: sicut supra[4] dictum est quod praedestinatum necesse est salvari, necessitate conditionata, quae non tollit libertatem arbitrii. Unde, licet aliquis non possit gratiam adipisci qui reprobatur a Deo, tamen quod in hoc peccatum vel illud labatur, ex eius libero arbitrio contingit. Unde et merito sibi imputatur in culpam.

QUANTO AO 3º, deve-se dizer que a reprovação de Deus não diminui em nada o poder de agir dos reprovados. Eis por que, quando se diz que o reprovado não pode obter a graça, é preciso entendê-lo como impossibilidade não absoluta, mas condicionada. Conforme foi explicado acima, se é necessário que o predestinado seja salvo, é por necessidade condicionada, que não tolhe o livre-arbítrio. E também, ainda que alguém reprovado por Deus não possa receber a graça, mas caia em tal ou tal pecado, isto provém de seu livre-arbítrio; é justo então que lhe seja imputada a culpa[e].

ARTICULUS 4
Utrum praedestinati eligantur a Deo

AD QUARTUM SIC PROCEDITUR. Videtur quod praedestinati non eligantur a Deo.

1. Dicit enim Dionysius, 4 cap. *de Div. Nom.*[1], quod, sicut sol corporeus non eligendo omnibus corporibus lumen immittit, ita et Deus suam bonitatem. Sed bonitas divina communicatur praecipue aliquibus secundum participationem gratiae et gloriae. Ergo Deus absque electione gratiam et gloriam communicat. Quod ad praedestinationem pertinet.

2. PRAETEREA, electio est eorum quae sunt. Sed praedestinatio ab aeterno est etiam eorum quae non sunt. Ergo praedestinantur aliqui absque electione.

3. PRAETEREA, electio quandam discretionem importat. Sed Deus *vult omnes homines salvos fieri*, ut dicitur 1Ti 2,4. Ergo praedestinatio, quae praeordinat homines in salutem, est absque electione.

SED CONTRA est quod dicitur Eph 1,4: *Elegit nos in ipso ante mundi constitutionem*.

RESPONDEO dicendum quod praedestinatio, secundum rationem, praesupponit electionem; et electio dilectionem. Cuius ratio est, quia prae-

ARTIGO 4
Os predestinados são eleitos por Deus?

QUANTO AO QUARTO, ASSIM SE PROCEDE: parece que os predestinados **não** são eleitos por Deus.

1. Com efeito, segundo Dionísio, o sol espalha sua luz sobre todos os corpos, sem escolher; assim também Deus sua bondade. Ora, é principalmente segundo a participação na graça e na glória que a bondade divina se comunica a alguns. Logo, é sem escolher que Deus comunica a graça e a glória. Nisso consiste a predestinação.

2. ALÉM DISSO, a eleição se refere ao que é. Ora, a predestinação, sendo eterna, refere-se também ao que não é. Logo, alguns são predestinados sem ser eleitos.

3. ADEMAIS, a eleição comporta certa discriminação. Ora, "Deus quer que todos os homens se salvem", como diz a primeira Carta a Timóteo. Logo, a predestinação que preordena os homens à salvação exclui a eleição.

EM SENTIDO CONTRÁRIO, está na Carta aos Efésios: "Ele nos elegeu nele antes da fundação do mundo".

RESPONDO. A predestinação, segundo a razão, pressupõe a eleição; e a eleição o amor. O que se explica pelo fato de a predestinação fazer parte

---

4. Q. 19, a. 8, ad 1.

PARALL.: I *Sent.*, dist. 41, a. 2; *De Verit.*, q. 6, a. 2; *ad Rom.*, c. 9, lect. 2.

1. MG 3, 693 B.

e. Uma interpretação superficial dessa estranha fórmula deve ser rejeitada. É como se Santo Tomás quisesse afirmar que a criatura pode cometer este ou aquele pecado, contanto que peque! Isto não seria apenas odioso, mas absurdo e contrário a tudo o que diz Santo Tomás sobre a extensão do conhecimento e da vontade divinas ao singular. O que Santo Tomás quer dizer é que a "permissão do pecado" deixa intacta a liberdade do pecador. Se ele faz este ou aquele ato pernicioso é porque, livremente, quer fazê-lo. Contudo, é preciso ir além e dizer: é ele e somente ele que tem a iniciativa de fazer esse ato. Se "ele não quer obter a graça" não significa que ela lhe seja recusada de antemão, é precisamente que, escolhendo de modo livre o pecado, ele recusa por isso mesmo a graça.

destinatio, ut dictum est², est pars providentiae. Providentia autem, sicut et prudentia, est ratio in intellectu existens, praeceptiva ordinationis aliquorum in finem, ut supra³ dictum est. Non autem praecipitur aliquid ordinandum in finem, nisi praeexistente voluntate finis. Unde praedestinatio aliquorum in salutem aeternam, praesupponit, secundum rationem, quod Deus illorum velit salutem. Ad quod pertinet electio et dilectio. Dilectio quidem, inquantum vult eis hoc bonum salutis aeternae: nam diligere est velle alicui bonum, ut supra⁴ dictum est. Electio autem, inquantum hoc bonum aliquibus prae aliis vult, cum quosdam reprobet, ut supra⁵ dictum est.

Electio tamen et dilectio aliter ordinantur in nobis et in Deo: eo quod in nobis voluntas diligendo non causat bonum; sed ex bono praeexistente incitamur ad diligendum. Et ideo eligimus aliquem, quem diligamus: et sic electio dilectionem praecedit in nobis. In Deo autem est e converso. Nam voluntas eius, qua vult bonum alicui diligendo, est causa quod illud bonum ab eo prae aliis habeatur. Et sic patet quod dilectio praesupponitur electioni, secundum rationem; et electio praedestinationi. Unde omnes praedestinati sunt electi et dilecti.

AD PRIMUM ergo dicendum quod, si consideretur communicatio bonitatis divinae in communi, absque electione bonitatem suam communicat; inquantum scilicet nihil est, quod non participet aliquid de bonitate eius, ut supra⁶ dictum est. Sed si consideretur communicatio istius vel illius boni, non absque electione tribuit: quia quaedam bona dat aliquibus, quae non dat aliis. Et sic in collatione gratiae et gloriae attenditur electio.

AD SECUNDUM dicendum quod, quando voluntas eligentis provocatur ad eligendum a bono in re praeexistente, tunc oportet quod electio sit eorum quae sunt; sicut accidit in electione nostra. Sed in Deo est aliter, ut dictum est⁷. Et ideo, sicut dicit Augustinus⁸: *eliguntur a Deo qui non sunt, neque tamen errat qui eligit.*

AD TERTIUM dicendum quod, sicut supra⁹ dictum est, Deus vult omnes homines salvos fieri

da providência, como acima foi dito. Ora, a providência, tanto quanto a prudência, é uma razão existente no intelecto, que prescreve a ordenação de algo a seu fim, como acima foi dito. Ora, não se decide que algo deva ser ordenado ao fim, a não ser que exista uma vontade prévia. Por isso, a predestinação de alguns à salvação eterna pressupõe, segundo a razão, que Deus queira sua salvação, e isto cabe à eleição e ao amor. Ao amor enquanto quer para eles o bem da salvação eterna, pois amar, já foi dito, é querer o bem para alguém. E à eleição, enquanto quer este bem para alguns de preferência a outros, pois reprova alguns, como já dissemos.

No entanto, a eleição e o amor ordenam-se diferentemente em Deus e em nós. Em nós, a vontade, pelo fato de amar, não é causa do bem; mas é por um bem preexistente que somos movidos a amar. Por isso, elegemos a quem amamos; em nós a eleição precede o amor. Em Deus é o inverso, pois a vontade pela qual quer o bem para alguém amando-o é a causa de que este, e não os outros, tenha esse fim. Assim, segundo a razão, o amor pressupõe a eleição e a eleição, a predestinação. Eis por que todos os predestinados são eleitos e amados.

QUANTO AO 1º, portanto, deve-se dizer que, se se considera, em geral, a comunicação da bondade divina, Deus a comunica sem eleição, no sentido de que nada existe que não participe dessa bondade de algum modo, como acima foi dito. Se se considera, porém, a comunicação de tal ou tal bem, Deus não o dá sem eleição, pois a alguns dá alguns bens que não dá a outros. Assim, no dom da graça e da glória há eleição.

QUANTO AO 2º, deve-se dizer que, quando o bem preexistente na coisa é o que provoca a vontade do eleitor para eleger, é necessário então que a eleição seja sobre o que é; como ocorre conosco. Em Deus, no entanto, é diferente, como foi dito. Por isso, declara Agostinho: "Ainda que Deus escolha os que não existem, ele não se engana em sua escolha".

QUANTO AO 3º, deve-se dizer que Deus quer a salvação de todos os homens, como acima foi dito,

---

2. Art. 1.
3. Q. 22, a. 1.
4. Q. 20, a. 2, 3.
5. Art. praec.
6. Q. 6, a. 4.
7. In corp.; et q. 20, a. 2.
8. *Serm. ad Popul.*, 26 (al. *de Verbis Apost.* XI), c. 4: ML 38, 173.
9. Q. 19, a. 6.

antecedenter, quod non est simpliciter velle, sed secundum quid: non autem *consequenter*, quod est simpliciter velle.

por sua vontade *antecedente*, o que não é querer absolutamente, mas segundo certo aspecto. Assim Ele não o quer por vontade *consequente*, o que é querer absolutamente[f].

Articulus 5
Utrum praescientia meritorum sit causa praedestinationis

AD QUINTUM SIC PROCEDITUR. Videtur quod praescientia meritorum sit causa praedestinationis.

1. Dicit enim Apostolus, Rm 8,29: *quos praescivit, hos et praedestinavit*. Et Glossa Ambrosii[1], super illud Rm 9,15, *miserebor cui miserebor* etc., dicit: *misericordiam illi dabo, quem praescio toto corde reversurum ad me*. Ergo videtur quod praescientia meritorum sit causa praedestinationis.

2. PRAETEREA, praedestinatio divina includit divinam voluntatem, quae irrationabilis esse non potest: cum praedestinatio sit *propositum miserendi*, ut Augustinus dicit[2]. Sed nulla alia ratio potest esse praedestinationis nisi praescientia meritorum. Ergo praescientia meritorum est causa vel ratio praedestinationis.

3. PRAETEREA, *non est iniquitas apud Deum*, ut dicitur Rm 9,14. Iniquum autem esse videtur, ut aequalibus inaequalia dentur. Omnes autem homines sunt aequales et secundum naturam, et secundum peccatum originale: attenditur autem in eis inaequalitas secundum merita vel demerita propriorum actuum. Non igitur inaequalia praeparat Deus hominibus, praedestinando et reprobando, nisi propter differentium meritorum praescientiam.

Artigo 5
A presciência dos méritos é a causa da predestinação?

QUANTO AO QUINTO, ASSIM SE PROCEDE: parece que a presciência dos méritos é a causa da predestinação.

1. Com efeito, o Apóstolo escreve aos Romanos: "Aqueles que de antemão conheceu também os predestinou". E a Glosa de Ambrósio, sobre o texto da Carta aos Romanos: "Eu farei misericórdia a quem eu quiser fazer misericórdia", faz este comentário: "Farei misericórdia àquele que sei de antemão que voltará a mim de todo o seu coração". Logo, parece que a presciência dos méritos seja causa da predestinação.

2. ALÉM DISSO, a predestinação divina inclui a vontade divina, que não pode ser irracional, pois a predestinação é *propósito de misericórdia*, segundo Agostinho. Ora, não pode haver outra razão da predestinação a não ser a presciência dos méritos. Logo, a presciência dos méritos é a causa ou a razão da predestinação.

3. ADEMAIS, "Não há injustiça em Deus" se diz na Carta aos Romanos. Ora, parece injusto dar a iguais coisas desiguais. Todos os homens são iguais quanto à natureza e quanto ao pecado original; neles só encontramos desigualdades quanto ao mérito ou demérito de suas próprias ações. Logo, se Deus, predestinando e reprovando, prepara para os homens sortes desiguais, só pode ser em razão da presciência que ele tem de seus méritos diferentes.

5 PARALL.: I *Sent.*, dist. 41, a. 3; *Cont. Gent.* III, 163; *De Verit.*, q. 6, a. 2; in *Ioan.*, c. 15, lect. 3; *ad Rom.*, c. 1, lect. 3; c. 8, lect. 6; c. 9, lect. 3; *ad Ephes.*, c. 1, lect. 1, 4.

1. Ordinaria: ML 17, 136 B.
2. *De Divers. Quaest. ad Simplic.*, lib. I, q. 2: ML 40, 140; *Contra Duas Epist. Pelagiam.*, lib. II, c. 9, 10: ibid. 44, 586-588; *De Praedest. Sanct.*, c. 3: ibid. 44, 964-965; c. 6: ibid. 44, 969; c. 17: ibid. 44, 985.

f. Esta resposta nos remete ao que foi dito acima, q. 19, a. 6, r. 1. É preciso, portanto, entendê-la como se segue: Deus quer em uma primeira intenção a salvação de todos os homens. O que pode fazê-lo mudar, ou seja, o que faz que, por vontade consequente, Ele não queira a salvação do homem é seu pecado, iniciativa pura e simplesmente humana. É somente nesse sentido que se pode entender o que é afirmado no artigo precedente: "Deus não quer para alguns o bem que é a vida eterna". Ele não o quer por vontade consequente para aquele que ao pecar se fechou (isto é, obstinando-se em seu pecado) ao dom da graça.

Se assim é — e é aplicando os princípios de Santo Tomás que se chega a tal conclusão —, pode-se questionar a validade da conclusão da solução do presente artigo: que o amor provoque uma escolha, é claro; mas, se o amor pelo qual Deus ama todos os homens consiste em querer para todos vida eterna, não se trata de fazer uma triagem entre os homens, pelo menos antes que alguns, por seus pecados, tenham provocado Deus a "não mais querer" (de acordo com nossa maneira de nos expressar) para eles a salvação.

SED CONTRA est quod dicit Apostolus, Tt 3,5: *non ex operibus iustitiae, quae fecimus nos, sed secundum suam misericordiam salvos nos fecit.* Sicut autem salvos nos fecit, ita et praedestinavit nos salvos fieri. Non ergo praescientia meritorum est causa vel ratio praedestinatonis.

RESPONDEO dicendum quod, cum praedestinatio includat voluntatem, ut supra[3] dictum est, sic inquirenda est ratio praedestinationis, sicut inquiritur ratio divinae voluntatis. Dictum est autem supra[4] quod non est assignare causam divinae voluntatis ex parte actus volendi; sed potest assignari ratio ex parte volitorum, inquantum scilicet Deus vult esse aliquid propter aliud. Nullus ergo fuit ita insanae mentis, qui diceret merita esse causam divinae praedestinationis, ex parte actus praedestinantis. Sed hoc sub quaestione vertitur, utrum ex parte effectus, praedestinatio habeat aliquam causam. Et hoc est quaerere, utrum Deus praeordinaverit se daturum effectum praedestinationis alicui, propter merita aliqua.

Fuerunt igitur quidam, qui dixerunt quod effectus praedestinationis praeordinatur alicui propter merita praeexistentia in alia vita. Et haec fuit positio Origenis[5], qui possuit animas humanas ab initio creatas, et secundum diversitatem suorum operum, diversos status eas sortiri in hoc mundo corporibus unitas. — Sed hanc opinionem excludit Apostolus, Rm 9,11-13, dicens: *cum nondum nati fuissent, aut aliquid egissent boni vel mali, non ex operibus, sed ex vocante dictum est, quia maior serviet minori.*

Fuerunt ergo alii, qui dixerunt quod merita praeexistentia in hac vita sunt ratio et causa effectus praedestinationis. Posuerunt enim Pelagiani quod initium benefaciendi sit ex nobis, consummatio autem a Deo. Et sic, ex hoc contingit quod alicui datur praedestinationis effectus, et non alteri, quia unus initium dedit se praeparando, et non alius. — Sed contra hoc est quod dicit Apostolus, 2Cor 3,5, quod *non sumus sufficientes cogitare aliquid a nobis, quasi ex nobis.* Nullum autem anterius principium inveniri potest quam cogitatio. Unde non potest dici quod aliquod in nobis initium existat, quod sit ratio effectus praedestinationis.

EM SENTIDO CONTRÁRIO, o Apóstolo diz na Carta a Tito: "Ele nos salva não por causa de quaisquer obras de justiça que tivéssemos praticado, mas segundo sua misericórdia". Ora, assim como nos salvou, ele nos predestinou a ser salvos. Logo, a presciência dos méritos não é a razão nem a causa da predestinação.

RESPONDO. Foi dito acima que a predestinação inclui uma vontade. Deve-se então buscar a razão da predestinação como se procura a razão da vontade divina. Foi dito, também, acima que não se pode atribuir causa à vontade divina por parte do ato de querer; mas pode-se atribuir-lhe uma razão por parte das coisas queridas, na medida em que Deus quer que uma coisa seja causa de uma outra. Por isso mesmo, nunca houve alguém tão insensato para dizer que os méritos seriam a causa da predestinação divina por parte do ato daquele que predestina. Eis o que se encontra em questão: quanto a seus efeitos, a predestinação tem uma causa? O que quer dizer o seguinte: Deus teria preordenado que daria a alguém os efeitos da predestinação por causa de alguns méritos?

Alguns disseram: o efeito da predestinação é preordenado em favor de alguém, por causa dos méritos preexistentes em outra vida. Foi essa a posição de Orígenes, para quem as almas humanas, criadas todas no começo, conseguem, segundo a diversidade de suas obras, sortes diversas neste mundo, quando unidas ao corpo. — O Apóstolo, porém, exclui essa opinião, ao dizer na Carta aos Romanos: "Não tinham nascido e não haviam praticado nem o bem nem o mal, não pelas obras, mas por Aquele que chama, foi dito: O mais velho servirá ao mais moço".

Outros disseram que os méritos preexistentes nesta vida são a razão e a causa dos efeitos da predestinação. Os pelagianos afirmaram que o começo das boas obras procede de nós, e seu acabamento procede de Deus. E, assim, o efeito da predestinação é dado a um e não a outro, porque um ao se preparar deu os primeiros passos, e o outro não. — Contra essa posição estão palavras do Apóstolo aos Coríntios: "Não somos capazes de pensar por nós mesmos qualquer coisa como se procedesse de nós". Ora, não se pode encontrar nenhum princípio anterior ao pensamento. Não se pode, portanto, dizer que haja em nós um começo que seja a razão dos efeitos da predestinação.

---

3. Art. 3, 4.
4. Q. 19, a. 5.
5. *Peri Archon*, lib. II, c. 9: MG 11, 230 BCD.

Unde fuerunt alii, qui dixerunt quod merita sequentia praedestinationis effectum, sunt ratio praedestinationis: ut intelligatur quod ideo Deus dat gratiam alicui, et praeordinavit se ei daturum, quia praescivit eum bene usurum gratia; sicut si rex det alicui militi equum, quem scit eo bene usurum. — Sed isti videntur distinxisse inter id quod est ex gratia, et id quod est ex libero arbitrio, quasi non possit esse idem ex utroque. Manifestum est autem quod id quod est gratiae, est praedestinationis effectus: et hoc non potest poni ut ratio praedestinationis, cum hoc sub praedestinatione concludatur. Si igitur aliquid aliud ex parte nostra sit ratio praedestinationis, hoc erit praeter effectum praedestinationis. Non est autem distinctum quod est ex libero arbitrio, et ex praedestinatione; sicut nec est distinctum quod est ex causa secunda, et causa prima: divina enim providentia producit effectus per operationes causarum secundarum, ut supra[6] dictum est. Unde et id quod est per liberum arbitrium, est ex praedestinatione.

Dicendum est ergo quod effectum praedestinationis considerare possumus dupliciter. Uno modo, in particulari. Et sic nihil prohibet aliquem effectum praedestinationis esse causam et rationem alterius: posteriorem quidem prioris, secundum rationem causae finalis; priorem vero posterioris, secundum rationem causae meritoriae, quae reducitur ad dispositionem materiae. Sicut si dicamus quod Deus praeordinavit se daturum alicui gloriam ex meritis; et quod praeordinavit se daturum alicui gratiam, ut mereretur gloriam. — Alio modo potest considerari praedestinationis effectus in communi. Et sic impossibile est quod totus praedestinationis effectus in communi habeat aliquam causam ex parte nostra. Quia quidquid est in homine ordinans ipsum in salutem, comprehenditur totum sub effectu praedestinationis, etiam ipsa praeparatio ad gratiam: neque enim hoc fit nisi per auxilium divinum, secundum illud Lm ult., [21]: *converte nos, Domine, ad te, et convertemur*. Habet tamen hoc modo praedestinatio, ex parte effectus, pro ratione divinam bonitatem; ad quam totus effectus praedestinationis ordinatur ut in finem, et ex qua procedit sicut ex principio primo movente.

Por isso, outros disseram que a razão da predestinação se encontra nos méritos que seguem o efeito dessa predestinação, entendendo que Deus dá a graça a alguém e que preordenou dar-lhe essa graça, porque previu que ele a usaria bem; como se um príncipe desse um cavalo a determinado soldado certo de que o usaria bem. — Estes, todavia, parecem ter distinguido entre o que procede da graça e o que procede do livre-arbítrio, como se o mesmo efeito não pudesse proceder dos dois. Pois é evidente: o que é da graça é efeito da predestinação; e isto não pode ser dado como a razão da predestinação, pois nela está incluído. Logo, se algo a mais é, de nossa parte, razão da predestinação, não estará incluído nos efeitos da predestinação. Não há, no entanto, distinção entre o que procede do livre-arbítrio e o que procede da predestinação, como não se distingue o que procede da causa primeira e da causa segunda. A providência divina produz seus efeitos pela ação das causas segundas, como acima foi dito, de modo que também o que procede do livre-arbítrio procede da predestinação.

É preciso então dizer que o efeito da predestinação pode ser considerado por nós de dois modos. De modo particular: nada impede que um efeito da predestinação seja a causa e o motivo de outro. Um efeito posterior será causa de um efeito anterior na ordem das causas finais; um efeito anterior será causa de um efeito posterior na ordem das causas de mérito, que se reduz a uma disposição da matéria. Como se disséssemos que Deus preordenou dar a alguém a glória por causa de seus méritos; e preordenou dar a alguém a graça a fim de que mereça a glória. — Pode-se considerar o efeito da predestinação de outro modo: em geral. Assim, é impossível que o efeito total da predestinação em geral tenha uma causa de nossa parte. Porque, seja o que for que se encontre no homem e o ordene à salvação, tudo está compreendido sob o efeito da predestinação, até mesmo a preparação à graça, pois esta certamente se dá em virtude do auxílio divino, segundo a palavra da Escritura: "Fazei-nos voltar a Ti, Senhor, e voltaremos". Neste sentido, a predestinação, quanto aos seus efeitos, tem sua razão na bondade divina, à qual todo o efeito da predestinação está ordenado, como a seu fim, e de onde procede como de seu primeiro princípio movente.

---

6. Q. 22, a. 3.

AD PRIMUM ergo dicendum quod usus gratiae praescitus, non est ratio collationis gratiae, nisi secundum rationem causae finalis, ut dictum est[7].

AD SECUNDUM dicendum quod praedestinatio habet rationem ex parte effectus, in communi, ipsam divinam bonitatem. In particulari autem, unus effectus est ratio alterius, ut dictum est[8].

AD TERTIUM dicendum quod ex ipsa bonitate divina ratio sumi potest praedestinationis aliquorum, et reprobationis aliorum. Sic enim Deus dicitur omnia propter suam bonitatem fecisse, ut in rebus divina bonitas repraesentetur. Necesse est autem quod divina bonitas, quae in se est una et simplex, multiformiter repraesentetur in rebus; propter hoc quod res creatae ad simplicitatem divinam attingere non possunt. Et inde est quod ad completionem universi requiruntur diversi gradus rerum, quarum quaedam altum, et quaedam infimum locum teneant in universo. Et ut multiformitas graduum conservetur in rebus, Deus permittit aliqua mala fieri, ne multa bona impediantur, ut supra[9] dictum est.

Sic igitur consideremus totum genus humanum, sicut totam rerum universitatem. Voluit igitur Deus in hominibus, quantum ad aliquos, quos praedestinat, suam repraesentare bonitatem per modum misericordiae, parcendo; et quantum ad aliquos, quos reprobat, per modum iustitiae, puniendo. Et haec est ratio quare Deus quosdam eligit, et quosdam reprobat. Et hanc causam assignat Apostolus, Rm 9,22-23, dicens: *volens Deus ostendere iram* (idest vindictam iustitiae), *et notam facere potentiam suam, sustinuit* (idest permisit) *in multa patientia, vasa irae apta in interitum, ut ostenderet divitias gloriae suae in vasa misericordiae, quae praeparavit in gloriam.* Et 2Ti 2,20 dicit: *in magna autem domo non solum sunt vasa aurea et argentea, sed etiam lignea et*

QUANTO AO 1º, portanto, deve-se dizer que a presciência do uso da graça não é a razão do dom da graça, a não ser na ordem da causa final, como se disse.

QUANTO AO 2º, deve-se dizer que a razão da predestinação, considerada em seu efeito em geral, é a bondade divina. Mas, em particular, um efeito é a razão de outro, como já foi dito.

QUANTO AO 3º, deve-se dizer que é na própria bondade divina que se pode encontrar a razão da predestinação de alguns e da reprovação de outros[g]. Deus tudo fez em razão de sua bondade, a fim de que a bondade divina esteja representada nas coisas. Ora, é necessário que a bondade divina, una e simples em si mesma, seja representada nas coisas sob formas diversas, porque as coisas criadas não podem alcançar a simplicidade divina. Eis por que para a perfeição do universo são requeridos diversos graus de coisas, sendo que umas se encontram num alto nível e outras no mais baixo nível do universo. E, a fim de que a diversidade desses graus se mantenha, Deus permite que alguns males aconteçam, para evitar que muitos bens sejam impedidos, como já foi dito acima.

Consideremos, portanto, todo o gênero humano como a universo total das coisas. Entre os homens, quis Deus, para alguns que predestinou, fazer aparecer sua bondade sob a forma da misericórdia que perdoa; e para outros, que reprova, sob a forma de justiça que pune. Esta é a razão pela qual Deus elege alguns e reprova outros. Ela é assinalada pelo Apóstolo na Carta aos Romanos: "Deus, querendo mostrar sua ira (isto é, a vindicta de sua justiça) e dar a conhecer seu poder, suportou (isto é, permitiu) com muita paciência vasos de ira prontos para a perdição, e isto a fim de desvendar a riqueza de sua glória em vasos de misericórdia que ele, de antemão, preparou para a glória…". E na segunda Carta a Timóteo declara: "Numa casa grande, não há somente vasos de ouro e prata, há

---

7. In corp.
8. Ibid.
9. Q. 2, a. 3, ad 1; q. 22, a. 2.

g. Este artigo é uma magnífica demonstração (teológica) da absoluta gratuidade da salvação e, portanto, da predestinação. Por outro lado, é embaraçoso ver na resposta 3 a reprovação apresentada como programada por Deus antes que a criatura tenha tomado a iniciativa de se esquivar à graça. Não é atribuir definitivamente Deus a iniciativa do pecado *contra as mais expressas afirmações do próprio Santo Tomás?* Pode-se, aliás, objetar à argumentação que a punição só manifesta justiça se o pecado a precedeu: não se vê como, antes de qualquer exame do comportamento da criatura, pudesse ser programada a manifestação da justiça punitiva. É um dos momentos da questão em que mais se faz sentir, não sem algum dano, a influência de Agostinho. Encontra-se também a utilização abusiva — mas que, desde Agostinho, tornara-se clássica — de um texto de Paulo (Rm 9,22-29), que não se refere de modo algum a uma programação por Deus do pecado, mas, o que é inteiramente diferente, a uma programação do universo a partir do pecado, não estando este programado. É aliás o que indica acima o artigo, no qual se explica que a vontade de Deus, de uma maneira ou de outra, é sempre realizada (q. 19, a. 6).

fictilia; et quaedam quidem in honorem, quaedam in contumeliam.

Sed quare hos elegit in gloriam, et illos reprobavit, non habet rationem nisi divinam voluntatem. Unde Augustinus dicit, *super Ioannem*[10]: *quare hunc trahat et illum non trahat, noli velle diiudicare, si non vis errare*. Sicut etiam in rebus naturalibus potest assignari ratio, cum prima materia tota sit in se uniformis, quare una pars eius est sub forma ignis, et alia sub forma terrae, a Deo in principio condita: ut scilicet sit diversitas specierum in rebus naturalibus. Sed quare haec pars materiae est sub ista forma, et illa sub alia, dependet ex simplici divina voluntate. Sicut ex simplici voluntate artificis dependet, quod ille lapis est in ista parte parietis, et ille in alia: quamvis ratio artis habeat quod aliqui sint in hac, et aliqui sint in illa.

Neque tamen propter hoc est iniquitas apud Deum, si inaequalia non inaequalibus praeparat. Hoc enim esset contra iustitiae rationem, si praedestinationis effectus ex debito redderetur, et non daretur ex gratia. In his enim quae ex gratia dantur, potest aliquis pro libito suo dare cui vult, plus vel minus, dummodo nulli subtrahat debitum, absque praeiudicio iustitiae. Et hoc est quod dicit Paterfamilias, Mt 20,14-15: *tolle quod tuum est, et vade. An non licet mihi quod volo, facere?*

Articulus 6
Utrum praedestinatio sit certa

AD SEXTUM SIC PROCEDITUR. Videtur quod praedestinatio non sit certa.

1. Quia super illuc Ap 3,11, *tene quod habes, ne alius accipiat coronam tuam*, dicit Augustinus[1], quod *alius non est accepturus, nisi iste perdiderit*. Potest ergo et acquiri et perdi corona,

também os de madeira e barro; uns são para uso nobre, outros, para uso vulgar".

Mas por que elegeu alguns para a glória e reprovou outros não há outra razão senão a vontade divina. É o que leva Agostinho a dizer: "Por que atrai a este e não àquele, não queiras julgar, se não queres errar". É assim que, na natureza, se pode indicar uma razão para explicar por que a matéria primeira, por si mesma uniforme, está distribuída em parte sob a forma de fogo, em parte sob a forma de terra, criada por Deus no começo: a fim de que haja uma diversidade de espécies entre as coisas naturais. Mas porque tal parte da matéria está sob tal forma e outra parte sob outra, isso só depende da vontade divina. Como só depende da vontade do artífice que uma pedra esteja em tal lugar da parede e outra em outro lugar, ainda que a razão da arte determine que algumas pedras estejam aqui e outras lá.

E, no entanto, não há injustiça em Deus, se reserva dons desiguais para seres que não o são. Seria contrário à razão de justiça se o efeito da predestinação fosse conferido como algo devido, e não como graça. Quando se dá gratuitamente, cada um pode dar livremente a quem quer, mais ou menos, contanto que não recuse a ninguém o que lhe é devido; e isto sem prejuízo da justiça. É o que diz o pai de família da parábola: "Toma o que é teu e vai embora. ... Acaso não me é lícito fazer o que quero do que é meu?"[h].

Artigo 6
A predestinação é certa?

QUANTO AO SEXTO, ASSIM SE PROCEDE: parece que a predestinação **não** é certa.

1. Com efeito, acerca disso se lê no Apocalipse: "Segura firme o que tens, para que ninguém te arrebate a coroa", observa Agostinho: "Um outro não poderia receber, se este não a tivesse perdido".

---

10. Tract. 26: ML 35, 1607.

6 PARALL.: I *Sent.*, dist. 40, q. 3; *De Verit.*, q. 6, a. 3; *Quodlib.* XI, q. 3; XII, q. 3.

1. *De Corrept. et Gratia*, c. 13: ML 44, 940.

h. É difícil deixar-se convencer por esse argumento. Constitui uma prova perfeita do que concerne aos diversos graus da graça: o amor é por natureza seletivo, cada amado é amado por si mesmo, de uma maneira que lhe é própria e que não é a mesma para todos. Contudo, entre "ser menos amado que um outro" e ser excluído do amor há um abismo. Deus não deve amar a ninguém com esse amor de comunhão com sua vida, mas, ao criar alguém, ele lhe deu tudo o que era preciso para que se tornasse pessoa; do mesmo modo, chamando as pessoas a se tornar filhas de Deus ele lhes prometeu e ofereceu a vida eterna, a vida da comunhão trinitária. Como explica Santo Tomás, na q. 21, a justiça de Deus reside nisto e não o torna devedor de ninguém: "Deus realiza a justiça quando dá a cada um o que lhe é devido segundo sua natureza e sua condição... E, ainda que, dessa maneira, Deus dê a cada um o que lhe é devido, não é contudo devedor de ninguém". Isto deve se aplicar também ao que é devido a alguém em virtude de sua vocação.

quae est praedestinationis effectus. Non est igitur praedestinatio certa.

2. Praeterea, posito possibili, nullum sequitur impossibile. Possibile est autem aliquem praedestinatum, ut Petrum, peccare, et tunc occidi. Hoc autem posito, sequitur praedestinationis effectum frustrari. Hoc igitur non est impossibile. Non ergo est praedestinatio certa.

3. Praeterea, quidquid Deus potuit, potest. Sed potuit non praedestinare quem praedestinavit. Ergo nunc potest non praedestinare. Ergo praedestinatio non est certa.

Sed contra est quod super illud Rm 8,29, *quos praescivit, et praedestinavit* etc., dicit Glossa[2]: *Praedestinatio est praescientia et praeparatio beneficiorum Dei, qua certissime liberantur quicumque liberantur.*

Respondeo dicendum quod praedestinatio certissime et infallibiliter consequitur suum effectum: nec tamen imponit necessitatem, ut scilicet effectus eius ex necessitate proveniat. Dictum est enim supra[3], quod praedestinatio est pars providentiae. Sed non omnia quae providentiae subduntur, necessaria sunt: sed quaedam contingenter eveniunt, secundum conditionem causarum proximarum, quas ad tales effectus divina providentia ordinavit. Et tamen providentiae ordo est infallibilis, ut supra[4] ostensum est. Sic igitur et ordo praedestinationis est certus; et tamen libertas arbitrii non tollitur, ex qua contingenter provenit praedestinationis effectus.

Ad hoc etiam consideranda sunt quae supra[5] dicta sunt de divina scientia et de divina voluntate, quae contingentiam a rebus non tollunt, licet certissima et infallibilia sint.

Ad primum ergo dicendum quod corona dicitur esse alicuius, dupliciter. Uno modo, ex praedestinatione divina: et sic nullus coronam suam amittit. Alio modo, ex merito gratiae: quod enim meremur, quodammodo nostrum est. Et sic suam coronam aliquis amittere potest per peccatum mortale sequens. Alius autem illam coronam

Pode-se, então, adquirir e perder a coroa, que é o efeito da predestinação. Logo, a predestinação não é certa.

2. Além disso, da afirmação do possível não resulta o impossível. Ora, é possível que um predestinado, como Pedro, peque e logo seja morto. Ora, nesta suposição, a predestinação teria seu efeito frustrado. O que não é impossível. Logo, a predestinação não é certa.

3. Ademais, tudo o que Deus pôde, pode-o ainda. Ora, pôde não predestinar os que predestinou. Logo, agora pode não predestiná-los. Logo, a predestinação não é certa[i].

Em sentido contrário, a respeito das palavras da Carta aos Romanos: "Aqueles que ele de antemão conheceu, também os predestinou", a *Glosa* escreve: "A predestinação é uma presciência de Deus e uma preparação dos benefícios de Deus, pela qual são salvos com toda certeza todos os que são salvos".

Respondo. A predestinação obtém com toda a certeza e infalivelmente seu efeito, sem que, no entanto, imponha uma necessidade, isto é, que seu efeito se produza de maneira necessária. Dissemos acima que a predestinação é parte da providência. Ora, nem todos os efeitos que se referem à providência são necessários; mas alguns acontecem de maneira contingente, segundo a condição de suas causas próximas, que para tais efeitos a providência divina ordenou. No entanto, a ordem da providência é infalível, como acima se demonstrou. Assim a ordem da predestinação é certa, mas não tolhe o livre-arbítrio, pelo qual o efeito da predestinação se realiza de maneira contingente.

Além disso, é necessário considerar aqui o que dissemos acima a respeito do entendimento divino e da vontade divina que não tolhem a contingência das coisas, ainda que sejam certíssimas e infalíveis.

Quanto ao 1º, portanto, deve-se dizer que de dois modos se diz que a coroa é de alguém: primeiro, pela predestinação divina, assim ninguém perde sua coroa. E, segundo, pelo mérito de graça, porque o que merecemos é de certo modo nosso. Assim, alguém pode perder sua coroa por um pecado mortal posterior. Outro, porém, recebe a

---

2. Ordin., ex Augustino, *de Dono Persever.*, c. 14: ML 45, 1014.
3. Art. 1.
4. Q. 22, a. 4.
5. Q. 14, a. 13; q. 19, a. 8.

i. Um pouco adiante, Santo Tomás vai relativizar tal princípio, proveniente de uma longínqua tradição, mas sem fundamento.

amissam accipit, inquantum loco eius subrogatur. Non enim permittit Deus aliquos cadere, quin alios erigat, secundum illud Iob 34,24: *conteret multos et innumerabiles, et stare faciet alios pro eis*. Sic enim in locum angelorum cadentium substituti sunt homines; et in locum Iudaeorum, Gentiles. Substitutus autem in statum gratiae, etiam quantum ad hoc coronam cadentis accipit, quod de bonis quae alius fecit, in aeterna vita gaudebit, in qua unusquisque gaudebit de bonis tam a se quam ab aliis factis.

AD SECUNDUM dicendum quod, licet sit possibile eum qui est praedestinatus, mori in peccato mortali, secundum se consideratum; tamen hoc est impossibile, posito (prout scilicet ponitur) eum esse praedestinatum. Unde non sequitur quod praedestinatio falli possit.

AD TERTIUM dicendum quod, cum praedestinatio includat divinam voluntatem, sicut supra[6] dictum est quod Deum velle aliquid creatum est necessarium ex suppositione, propter immutabilitatem divinae voluntatis, non tamen absolute; ita dicendum est hic de praedestinatione. Unde non oportet dicere quod Deus possit non praedestinare quem praedestinavit, in sensu composito accipiendo; licet, absolute considerando, Deus possit praedestinare vel non praedestinare. Sed ex hoc non tollitur praedestinationis certitudo.

coroa perdida, no sentido de que ocupa o lugar do primeiro. Deus, com efeito, não permite que alguns caiam sem que eleve outros, segundo as palavras de Jó: "Esmaga muitos e inumeráveis e em seu lugar constitui outros". Foi assim que os homens vieram a substituir os anjos decaídos, e os gentios substituíram os judeus. Ora, quem substitui outro em estado de graça receberá a coroa do decaído, no sentido de que há de gozar na vida eterna do bem realizado pelo outro; pois na vida eterna cada um gozará dos bens feitos não apenas por ele, mas pelos demais.

QUANTO AO 2º, deve-se dizer que, embora seja possível, falando de maneira absoluta, que um predestinado morra em estado de pecado mortal, isto, porém, é impossível se se supõe, como faz o objetante, que esse homem é predestinado. Daí não se segue que a predestinação possa falhar.

QUANTO AO 3º, deve-se dizer que, uma vez que a predestinação inclui a vontade divina, como acima foi dito, a saber, que Deus querer algo criado é condicionalmente necessário em razão da imutabilidade da vontade divina, não porém de maneira absoluta; o mesmo deve-se dizer aqui da predestinação. Não se deve, então, dizer que Deus pode não predestinar a quem predestinou, se tomamos esta proposição no sentido composto[j]; ainda que, absolutamente falando, Deus possa ou não predestinar. O que não retira a certeza da predestinação.

ARTICULUS 7
Utrum numerus praedestinatorum sit certus

AD SEPTIMUM SIC PROCEDITUR. Videtur quod numerus praedestinatorum non sit certus.

1. Numerus enim cui potest fieri additio, non est certus. Sed numero praedestinatorum potest fieri additio, ut videtur: dicitur enim Dt 1,11: *Dominus Deus noster addat ad hunc numerum multa millia*; Glossa[1]: *idest definitum apud Deum, qui novit qui sunt eius*. Ergo numerus praedestinatorum non est certus.

ARTIGO 7
O número dos predestinados é certo?

QUANTO AO SÉTIMO, ASSIM SE PROCEDE: parece que o número dos predestinados **não** é certo.

1. Com efeito, um número que pode aumentar não é certo. Ora, o número dos predestinados pode aumentar, ao que parece, pois diz o Deuteronômio: "Que o Senhor nosso Deus acrescente a esse número mil vezes mais". A *Glosa* comenta: "Isto é, ao número determinado junto de Deus, que conhece quem são os seus". Logo, o número dos predestinados não é certo.

---

6. Q. 19, a. 3.

7 PARALL.: I *Sent*., dist. 40, q. 3; *De Verit*., q. 6, a. 4.

1. Ordinaria.

j. "Sentido composto": nessa proposição toma-se o predicado como um todo. Dessa forma, a proposição "aquele que Deus predestinou" se torna contraditória, pois é contraditório afirmar que Ele pode não predestiná-lo dada a imutabilidade da vontade e também porque este passado, "predestinou", é fictício, como afirmamos acima, e do ponto de vista da coisa significada equivale a um presente. Todavia, se separamos o predicado obtemos: aquele que, de fato, foi predestinado, Deus poderia não tê-lo predestinado.

2. Além disso, não se pode dar a razão pela qual Deus predestinaria à salvação um número de homens maior ou menor. Ora, Deus nada dispõe sem razão. Logo, não é certo o número dos que hão de se salvar, predeterminado por Deus.

3. Ademais, a obra de Deus é mais perfeita que a da natureza. Ora, nas obras da natureza, é o bem que nelas se encontra o mais das vezes; deficiências e mal aí são raros. Assim, se Deus fosse fixar o número dos que hão de se salvar, seriam mais numerosos os que hão de se salvar do que os que hão de se condenar, o que contradiz o texto de Mateus: "Largo e espaçoso é o caminho que leva à perdição, e muitos os que entram por ele; estreita é a porta e apertado o caminho que leva à vida, e poucos os que o encontram". Logo, não está predeterminado por Deus o número dos que hão de se salvar.

Em sentido contrário, Agostinho escreve: "O número dos predestinados é certo, não pode ser nem aumentado nem diminuído".

Respondo. O número dos predestinados é certo. Alguns porém, disseram que é certo quanto à forma, não quanto à matéria, como se disséssemos: é certo que cem ou mil serão salvos, mas não que estes ou aqueles o serão. Isso suprimiria a certeza da predestinação, já dissemos. Eis por que é preciso dizer que o número dos predestinados é certo para Deus, não apenas formal, mas materialmente.

É preciso ainda advertir que o número dos predestinados é certo para Deus não apenas em razão de seu conhecimento, porque sabe quantos serão salvos (pois nesse sentido Deus está igualmente certo do número das gotas de chuva e da areia do mar), mas, além disso, em razão de determinada eleição e definição.

Para evidenciá-lo deve-se saber que qualquer agente visa a algo finito, como se viu acima ao tratar do infinito. Ora, todo aquele que quer dar à sua obra uma medida determinada pensa em um número para as partes essenciais requeridas como tais para a perfeição do todo. Não elege necessariamente um número para as partes não principais que não são requeridas a não ser por causa do todo. Assim mesmo, determina um número delas na medida em que são necessárias para o todo.

---

2. C. 13: ML 44, 940.
3. Art. praec.
4. Q. 7, a. 4.

cessaria propter aliud. Sicut aedificator excogitat determinatam mensuram domus, et etiam determinatum numerum mansionum quas vult facere in domo, et determinatum numerum mensurarum parietis vel tecti: non autem eligit determinatum numerum lapidum, sed accipit tot, quot sufficiunt ad explendam tantam mensuram parietis.

Sic igitur considerandum est in Deo, respectu totius universitatis, quae est eius effectus. Praeordinavit enim in qua mensura deberet esse totum universum, et quis numerus esset conveniens essentialibus partibus universi, quae scilicet habent aliquo modo ordinem ad perpetuitatem; quot scilicet sphaerae, quot stellae, quot elementa, quot species rerum. Individua vero corruptibilia non ordinantur ad bonum universi quasi principaliter, sed quasi secundario, inquantum in eis salvatur bonum speciei. Unde, licet Deus sciat numerum omnium individuorum, non tamen numerus vel boum vel culicum, vel aliorum huiusmodi, est per se praeordinatus a Deo: sed tot ex huiusmodi divina providentia produxit, quot sufficiunt ad specierum conservationem.

Inter omnes autem creaturas, principalius ordinantur ad bonum universi creaturae rationales, quae, inquantum huiusmodi, incorruptibiles sunt; et potissime illae quae beatitudinem consequuntur, quae immediatius attingunt ultimum finem. Unde certus est Deo numerus praedestinatorum, non solum per modum cognitionis, sed etiam per modum cuiusdam principalis praefinitionis. — Non sic autem omnino est de numero reproborum; qui videntur esse praeordinati a Deo in bonum electorum, quibus omnia cooperantur in bonum.

De numero autem omnium praedestionatorum hominum, quis sit, dicunt quidam quod tot ex hominibus salvabuntur, quot angeli ceciderunt. Quidam vero, quod tot salvabuntur, quot angeli remanserunt. Quidam vero, quod tot ex hominibus salvabuntur, quot angeli ceciderunt, et insuper tot, quot fuerunt angeli creati. Sed melius dicitur quod *soli Deo est cognitus numerus electorum in superna felicitate locandus*[5].

Por exemplo, o construtor pensa um tamanho determinado para a casa, e também um número determinado de quartos que quer, e medidas determinadas para a parede e o teto. Não escolhe, porém, um número determinado de pedras: tomará tantas quantas forem suficientes para construir uma parede de tais dimensões.

É assim que se deve considerar a relação de Deus com o universo, que é obra sua. Pois predeterminou qual o tamanho que deveria ter o universo, e que número conviria às partes essenciais do universo; a saber, as que de algum modo estão em relação com sua perpetuidade: quantas esferas, quantas estrelas, quantos elementos, quantas espécies de coisas. Os indivíduos corruptíveis, no entanto, estão ordenados ao bem do universo, não principalmente, mas secundariamente, isto é, na medida em que o bem da espécie é por eles assegurado. Portanto, embora Deus conheça o número de todos os indivíduos, contudo o número das vacas, dos mosquitos etc. não é por si predeterminado por Deus: a providência divina os produz tantos quantos bastem para a conservação das espécies.

Ora, entre todas, as criaturas racionais, porque são incorruptíveis, estão ordenadas a concorrer para o bem do universo, como partes principais; e sobretudo aquelas que alcançam a bem-aventurança, pois atingem mais imediatamente o fim último. Por isso mesmo, para Deus, o número dos predestinados é certo, não apenas como conhecido, mas também como expressamente definido. — Não é exatamente a mesma coisa quanto ao número dos réprobos, que parecem predeterminados por Deus para o bem dos eleitos, pois, para estes, tudo contribui para o bem[k].

Quanto ao número de todos os homens predestinados, alguns asseguram que haverá tantos homens salvos quantos há de anjos decaídos; outros, tantos quantos há de anjos que permaneceram fiéis; outros ainda, tantos quantos os anjos decaídos e, além disso, tantos quantos os anjos criados. O melhor contudo é dizer que "só Deus conhece o número dos eleitos destinados à felicidade eterna".

---

5. Ex collecta *Pro Vivis et Defunctis*.

k. É possível, no quadro dessa demonstração, comparar os "réprobos" às vacas e aos mosquitos? Eles são incorruptíveis e são incontestavelmente chamados à bem-aventurança (mas este é o ponto que, pelas razões expostas, não é suficientemente salientado na tradição agostiniana): incluem-se, portanto, na definição das partes essenciais. É interessante notar que, em um contexto diferente, Santo Tomás separe expressamente, do ponto de vista da providência divina, os homens das criaturas inferiores, pois a providência se ocupa deles por si mesmos, para fazê-los alcançar pessoalmente seu fim. Apenas o pecado pode fazê-los decair desse lugar privilegiado, de modo que são ordenados por Deus (mas por sua própria falta, e por terem pecado, ao bem dos outros e do universo (cf. *De Veritate*, q. 5, a. 2, 5 e 7). Isto tem uma inflexão bem diferente.

AD PRIMUM ergo dicendum quod verbum illud *Deuteronomii* est intelligendum de illis qui sunt praenotati a Deo respectu praesentis iustitiae. Horum enim numerus et augetur et minuitur: et non numerus praedestinatorum.

AD SECUNDUM dicendum quod ratio quantitatis alicuius partis, accipienda est ex proportione illius partis ad totum. Sic enim est apud Deum ratio quare tot stellas fecerit, vel tot rerum species, et quare tot praedestinavit, ex proportione partium principalium ad bonum universi.

AD TERTIUM dicendum quod bonum proportionatum communi statui naturae, accidit ut in pluribus; et defectus ab hoc bono, ut in paucioribus. Sed bonum quod excedit communem statum naturae, invenitur ut in paucioribus; et defectus ab hoc bono, ut in pluribus. Sicut patet quod plures homines sunt qui habent sufficientem scientiam ad regimen vitae suae, pauciores autem qui hac scientia carent, qui moriones vel stulti dicuntur: sed paucissimi sunt, respectu aliorum, qui attingunt ad habendam profundam scientiam intelligibilium rerum. Cum igitur beatitudo aeterna, in visione Dei consistens, excedat communem statum naturae, et praecipue secundum quod est gratia destituta per corruptionem originalis peccati, pauciores sunt qui salvantur. Et in hoc etiam maxime misericordia Dei apparet, quod aliquos in illam salutem erigit, a qua plurimi deficiunt secundum communem cursum et inclinationem naturae.

QUANTO AO 1º, portanto, deve-se dizer que esta palavra de Deuteronômio deve ser entendida dos homens que Deus conhece com antecedência como justos na vida presente. Seu número aumenta e diminui, mas não o dos predestinados.

QUANTO AO 2º, deve-se dizer que a razão da quantidade de uma parte deve ser considerada com relação ao todo. Eis por que existe em Deus uma razão pela qual tantas estrelas, tantas espécies de coisas, e por que a tantos predestinou, tendo em conta a proporção entre as partes principais e o bem do universo.

QUANTO AO 3º, deve-se dizer que o bem proporcionado à condição comum da natureza se realiza frequentemente. A ausência desse bem, raramente. O bem, contudo, que ultrapassa o estado comum da natureza encontra-se em poucos. Sua ausência, em muitos. Vemos assim que a maior parte dos homens tem um conhecimento suficiente para a conduta da própria vida; e os que chamamos idiotas ou insensatos, porque não dispõem desse conhecimento, são pouco numerosos. Por outro lado, entre os homens, são pouquíssimos os que chegam a ter um conhecimento profundo das coisas inteligíveis. Por conseguinte, como a bem-aventurança eterna, que consiste na visão de Deus, excede o estado comum da natureza, sobretudo porque essa natureza foi privada da graça pela corrupção do pecado original, existem poucos homens salvos. E nisto mesmo aparece ao máximo a misericórdia de Deus, que eleva alguns a uma salvação que falta a muitos, segundo o curso e a inclinação comum da natureza[1].

ARTICULUS 8
Utrum praedestinatio possit iuvari precibus sanctorum

AD OCTAVUM SIC PROCEDITUR. Videtur quod praedestinatio non possit iuvari precibus sanctorum.

1. Nullum enim aeternum praeceditur ab aliquo temporali: et per consequens non potest temporale iuvare ad hoc quod aliquod aeternum sit.

ARTIGO 8
A predestinação pode ser ajudada pelas preces dos santos?

QUANTO AO OITAVO, ASSIM SE PROCEDE: parece que a predestinação **não** pode ser ajudada pelas preces dos santos.

1. Com efeito, nada que seja eterno é precedido por algo temporal; por conseguinte, o temporal não pode ajudar a que algo seja eterno. Ora, a

---

8 PARALL.: I *Sent*., dist. 41, a. 4; III, dist. 17, a. 3, q.la 1, ad 3; IV, dist. 45, q. 3, a. 3, ad 5; *De Verit*., q. 6, a. 6.

1. Os antigos eram extremamente sensíveis ao espetáculo da depravação generalizada no mundo dos homens e viam aí, talvez depressa demais, o sinal de que poucos atingem a vida eterna. Quanto a nós, seríamos bem mais sensíveis aos múltiplos condicionamentos da liberdade, que tornam impossível julgar com certeza a real culpabilidade de um homem, sua responsabilidade. Em todo caso, a comparação aqui proposta por Santo Tomás é bastante contestável: pode-se ser um verdadeiro homem sem ser um gênio, ao passo que não se pode ser ou permanecer um filho de Deus sem alcançar a vida eterna. Não podemos pensar que essa deriva da humanidade para o mal é também uma miséria que provoca a misericórdia?

Sed praedestinatio est aeterna. Cum igitur preces sanctorum sint temporales, non possunt iuvare ad hoc quod aliquis praedestinetur. Non ergo praedestinatio iuvatur precibus sanctorum.

2. PRAETEREA, sicut nihil indiget consilio nisi propter defectum cognitionis, ita nihil indiget auxilio nisi propter defectum virtutis. Sed neutrum horum competit Deo praedestinanti: unde dicitur Rm 11,34: *Quis adiuvit Spiritum Domini? aut quis consiliarius eius fuit?* Ergo praedestinatio non iuvatur precibus sanctorum.

3. PRAETEREA, eiusdem est adiuvari et impediri. Sed praedestinatio non potest aliquo impediri. Ergo non potest aliquo iuvari.

SED CONTRA est quod dicitur Gn 25,21, quod *Isaac rogavit Deum pro Rebecca uxore sua, et dedit conceptum Rebeccae.* Ex illo autem conceptu natus est Iacob, qui praedestinatus fuit. Non autem fuisset impleta praedestinatio, si natus non fuisset. Ergo praedestinatio iuvatur precibus sanctorum.

RESPONDEO dicendum quod circa hanc quaestionem diversi errores fuerunt. Quidam enim, attendentes certitudinem divinae praedestinationis, dixerunt superfluas esse orationes, vel quidquid aliud fiat ad salutem aeternam consequendam: quia his factis vel non factis, praedestinati consequuntur, reprobati non consequuntur. — Sed contra hoc sunt omnes admonitiones sacrae Scripturae, exhortantes ad orationem, et ad alia bona opera.

Alii vero dixerunt quod per orationes mutatur divina praedestinatio. Et haec dicitur fuisse opinio Aegyptiorum, qui ponebant ordinationem divinam, quam *fatum* appellabant, aliquibus sacrificiis et orationibus impediri posse. — Sed contra hoc etiam est auctoritas sacrae Scripturae. Dicitur enim 1Reg 15,29: *Porro triumphator in Israel non parcet, neque poenitudine flectetur.* Et Rm 11,29, dicitur quod *sine poenitentia sunt dona Dei et vocatio.*

Et ideo aliter dicendum, quod in praedestinatione duo sunt consideranda: scilicet ipsa praeordinatio divina, et effectus eius. Quantum igitur ad primum, nullo modo praedestinatio iuvatur precibus sanctorum: non enim precibus sanctorum fit, quod aliquis praedestinetur a Deo. Quantum vero ad secundum, dicitur praedestinatio iuvari precibus sanctorum, et aliis bonis operibus:

predestinação é eterna. Como as preces dos santos são temporais, não podem ajudar alguém a ser predestinado. Logo, a predestinação não é ajudada pelas preces dos santos.

2. ALÉM DISSO, como ninguém necessita de conselho, a não ser por falta de conhecimento, assim ninguém necessita de ajuda a não ser por falta de força. Ora, nem uma coisa nem outra se referem a Deus, que predestina; por isso se diz na Carta aos Romanos: "Quem ajudou o Espírito do Senhor? Ou quem foi seu conselheiro?". Logo, a predestinação não é ajudada pelas preces dos santos.

3. ADEMAIS, uma mesma coisa pode ser ajudada ou ser impedida. Ora, a predestinação não pode ser impedida por alguém. Logo, também não pode ser ajudada por alguém.

EM SENTIDO CONTRÁRIO está o que diz o Gênesis: "Isaac implorou a Deus em favor de Rebeca, sua mulher, ... e Rebeca engravidou". Ora, dessa concepção nasceu Jacó, que foi predestinado; e essa predestinação não se teria concretizado se Jacó não tivesse nascido. Logo, a predestinação é ajudada pelas orações dos santos.

RESPONDO. Sobre esta questão surgiram vários erros. Alguns, levando em conta a certeza da predestinação divina, declararam supérfluas as orações e igualmente tudo o que se possa fazer em vista da salvação eterna; porque quer se faça quer não, os predestinados a conseguirão e os réprobos não. — No entanto, contra esta opinião estão todas as exortações da Sagrada Escritura à oração e às boas obras.

Outros afirmaram que pelas orações pode-se mudar a predestinação divina. Essa, diz-se, foi a opinião dos egípcios, que acreditavam poder impedir, mediante sacrifícios e preces, a ordem divina, que chamavam de *destino*. — Esta opinião, contudo, se opõe à autoridade da Sagrada Escritura; pois se diz no primeiro Livro dos Reis: "Quem triunfa em Israel não perdoará; o arrependimento não o mudará", e na Carta aos Romanos: "Os dons e o chamamento de Deus são sem arrependimento".

Portanto, deve-se dizer de outro modo considerando na predestinação duas coisas: a predeterminação divina e seu efeito. Quanto à primeira, a predestinação não é de modo nenhum ajudada pelas preces dos santos; pois não é pelas orações dos santos que alguém é predestinado por Deus. Quanto à segunda, porém, pode-se dizer que a predestinação é ajudada pelas preces dos santos e por

quia providentia, cuius praedestinatio est pars, non subtrahit causas secundas, sed sic providet effectus, ut etiam ordo causarum secundarum subiaceat providentiae. Sicut igitur sic providentur naturales effectus, ut etiam causae naturales ad illos naturales effectus ordinentur, sine quibus illi effectus non provenirent; ita praedestinatur a Deo salus alicuius, ut etiam sub ordine praedestinationis cadat quidquid hominem promovet in salutem, vel orationes propriae, vel aliorum, vel alia bona, vel quidquid huiusmodi, sine quibus aliquis salutem non consequitur. Unde praedestinatis conandum est ad bene operandum et orandum, quia per huiusmodi praedestinationis effectus certitudinaliter impletur. Propter quod dicitur 2Pe 1,10: *satagite, ut per bona opera certam vestram vocationem et electionem faciatis*.

AD PRIMUM ergo dicendum quod ratio illa ostendit quod praedestinatio non iuvatur precibus sanctorum, quantum ad ipsam praedestinationem.

AD SECUNDUM dicendum quod aliquis dicitur adiuvari per alium, dupliciter. Uno modo, inquantum ab eo accipit virtutem: et sic adiuvari infirmi est, unde Deo non competit. Et sic intelligitur illud: *Quis adiuvit spiritum Domini?* Alio modo dicitur quis adiuvari per aliquem, per quem exequitur suam operationem, sicut dominus per ministrum. Et hoc modo Deus adiuvatur per nos, inquantum exequimur suam ordinationem, secundum illud 1Cor 3,9: *Dei enim adiutores sumus*. Neque hoc est propter defectum divinae virtutis: sed quia utitur causis mediis, ut ordinis pulchritudo servetur in rebus, et ut etiam creaturis dignitatem causalitatis communicet.

AD TERTIUM dicendum quod secundae causae non possunt egredi ordinem causae primae universalis, ut supra[1] dictum est; sed ipsum exequuntur. Et ideo praedestinatio per creaturas potest adiuvari, sed non impediri.

outras boas obras; porque a providência, da qual faz parte a predestinação, não suprime as causas segundas; ela provê seus efeitos de tal modo que mesmo a ordem das causas segundas esteja sujeita a essa providência. Por exemplo, assim como os efeitos naturais são provistos de tal modo que as causas naturais a eles se ordenem, pois sem elas os efeitos não existiriam, assim também a salvação de alguém é predestinada por Deus de tal modo que está incluída na ordem da salvação tudo o que promove para a salvação: suas próprias orações ou as dos outros, ou outros bens ou tudo aquilo sem o qual não se consegue a salvação. É então preciso que os predestinados se esforcem em agir bem e em rezar, pois é por esses meios que o efeito da predestinação se realiza com certeza. Por isso, se diz na segunda Carta de Pedro: "Esforçai-vos pelas boas obras para tornar certa vossa vocação e eleição".

QUANTO AO 1º, deve-se dizer que este argumento mostra que a predestinação não é ajudada pelas preces dos santos quanto à predestinação mesma.

QUANTO AO 2º, deve-se dizer que alguém pode ser ajudado por outro de duas maneiras: primeiro, na medida em que recebe dele uma força; e ser assim ajudado é próprio do fraco. Portanto, não convém a Deus. É nesse sentido que é dito: "Quem ajudou o Espírito do Senhor?". Segundo, no sentido de ser ajudado por alguém que executa sua ação, como o senhor é ajudado por seu criado. Dessa maneira, Deus é ajudado por nós na medida em que executamos o que decidiu, como está dito na primeira Carta aos Coríntios: "Pois somos colaboradores de Deus". E isto não resulta de uma deficiência do poder divino; mas porque se vale das causas intermediárias a fim de que nas coisas se conserve a beleza da ordem, e também para comunicar às criaturas a dignidade de serem causas.

QUANTO AO 3º, deve-se dizer que as causas segundas não podem escapar da ordem da causa primeira, que é universal, como acima foi dito. Mas elas cumprem essa ordem. E assim a predestinação pode ser ajudada pelas criaturas, não impedida[m].

---

1. Q. 19, a. 6; q. 22, a. 2, ad 1.

m. Se nos fosse permitido, no final desta questão, reunir os múltiplos elementos que tornam tão complexo o problema aí tratado, poderíamos afirmar, contra a letra de Santo Tomás, mas utilizando seus princípios, que todos os homens são escolhidos e predestinados em Cristo. São escolhidos e predestinados pela vontade antecedente. Esta não é por *si mesma* um querer absoluto, mas é unicamente o pecado que impede que ela se torne o querer absoluto que é a vontade consequente. Ora, para o pecado não há nenhuma iniciativa divina, nenhuma programação, que seja anterior ao próprio pecado. Ao pecar — e deve-se dizer:

QUAESTIO XXIV
DE LIBRO VITAE
in tres articulos divisa

Deinde considerandum est de libro vitae.

Et circa hoc quaeruntur tria.
Primo: quid sit liber vitae.
Secundo: cuius vitae sit liber.
Tertio: utrum aliquis possit deleri de libro vitae.

Articulus 1
Utrum liber vitae sit idem quod praedestinatio

Ad primum sic proceditur. Videtur quod liber vitae non sit idem quod praedestinatio.

1. Dicitur enim Eccli 24,32: *Haec omnia liber vitae*; Glossa[1]: *idest novum et vetus Testamentum*. Hoc autem non est praedestinatio. Ergo liber vitae non est idem quod praedestinatio.

2. Praeterea, Augustinus, in libro XX *de Civ. Dei*[2], ait quod liber vitae est *quaedam vis divina, qua fiet ut cuique opera sua bona vel mala in memoriam reducantur*. Sed vis divina non videtur pertinere ad praedestinationem, sed magis ad attributum potentiae. Ergo liber vitae non est idem quod praedestinatio.

3. Praeterea, praedestinationi opponitur reprobatio. Si igitur liber vitae esset praedestinatio, inveniretur liber mortis, sicut liber vitae.

Sed contra est quod dicitur in Glossa[3], super illud Ps 68,29, *deleantur de libro viventium: Liber iste est notitia Dei, qua praedestinavit ad vitam, quos praescivit*.

Respondeo dicendum quod *liber vitae* in Deo dicitur metaphorice, secundum similitudinem a

QUESTÃO 24
O LIVRO DA VIDA
em três artigos

Em seguida, deve-se considerar o livro da vida.

E sobre isso são três as perguntas:
1. O que é o livro da vida?
2. De qual vida é o livro?
3. Alguém pode ser apagado do livro da vida?

Artigo 1
O livro da vida é o mesmo que a predestinação?

Quanto ao primeiro artigo, assim se procede: parece que o livro da vida **não** é mesmo que a predestinação.

1. Com efeito, diz-se no Eclesiástico: "Tudo isso é o livro da vida". A *Glosa* explica: "Isto é, o Novo e o Antigo Testamento". Ora, não é isso a predestinação. Logo, o livro da vida não é o mesmo que a predestinação.

2. Além disso, para Agostinho, o livro da vida é "uma certa força divina que fará voltar à memória de cada um suas obras boas ou más". Ora, não pertence à predestinação uma força divina; seria antes um atributo do poder. Logo, o livro da vida não é o mesmo que a predestinação.

3. Ademais, a predestinação se opõe à reprovação. Se o livro da vida fosse a predestinação, haveria um livro da morte e um livro da vida.

Em sentido contrário, sobre as palavras do Salmo 68: "Que sejam riscados do livro", a *Glosa* explica: "Este livro é o conhecimento de Deus, pelo qual predestinou à vida os que conheceu de antemão".

Respondo. Fala-se de um *livro da vida* em Deus por metáfora, por semelhança com as coisas

---

1 Parall.: I *Sent.*, dist. 40, q. 1, a. 2, ad 5; III, dist. 31, q. 1, a. 2, q.la 2; *De Verit.*, q. 7, a. 1, 4; *ad Philipp.*, c. 4, lect. 1; *ad Heb.*, c. 12, lect. 4.

1. Interlin.
2. C. 14: ML 41, 680.
3. Cassiodori (477 † 570): ML 70, 488 B. Vide Aug. super hunc loc.: ML 36, 863.

obstinando-se até o final no pecado —, o homem escapa à predestinação divina, torna-se um réprobo. Somente em seguida ele é reprovado por Deus, no sentido de que absolutamente Deus não quer para ele o bem da vida eterna. Isto não introduz nenhuma mudança em Deus e não diminui em nada a total gratuidade da vida eterna, pois, se Deus a quer para todos, é por pura misericórdia e em virtude dos méritos de Cristo. Toda a história da salvação, que se desenrola para nós no tempo, está presente em cada um de seus momentos voltados para a eternidade. De modo que o intolerável sentimento de que nosso destino eterno está determinado de antemão é totalmente injustificado.

rebus humanis acceptam. Est enim consuetum apud homines, quod illi qui ad aliquid eliguntur, conscribuntur in libro; utpote milites vel consiliarii, qui olim dicebantur *Patres conscripti*. Patet autem ex praemissis[4] quod omnes praedestinati eliguntur a Deo ad habendum vitam aeternam. Ipsa ergo praedestinatorum conscriptio dicitur liber vitae.

Dicitur autem metaphorice aliquid conscriptum in intellectu alicuius, quod firmiter in memoria tenet, secundum illud Pr 3,1: *Ne obliviscaris legis meae, et praecepta mea cor tuum custodiat*; et post pauca sequitur [3]: *describe illa in tabulis cordis tui*. Nam et in libris materialibus aliquid conscribitur ad succurrendum memoriae. Unde ipsa Dei notitia, qua firmiter retinet se aliquos praedestinasse ad vitam aeternam, dicitur liber vitae. Nam sicut scriptura libri est signum eorum quae fienda sunt, ita Dei notitia est quoddam signum apud ipsum, eorum qui sunt perducendi ad vitam aeternam; secundum illud 2Ti 2,19: *firmum fundamentum Dei stat, habens signaculum hoc: novit Dominus qui sunt eius*.

AD PRIMUM ergo dicendum quod *liber vitae* potest dici dupliciter. Uno modo, conscriptio eorum qui sunt electi ad vitam: et sic loquimur nunc de libro vitae. Alio modo potest dici liber vitae, conscriptio eorum quae ducunt in vitam. Et hoc dupliciter. Vel sicut agendorum: et sic novum et vetus Testamentum dicitur liber vitae. Vel sicut iam factorum: et sic illa vis divina, qua fiet ut cuilibet in memoriam reducantur facta sua, dicitur liber vitae. Sicut etiam *liber militiae* potest dici, vel in quo scribuntur electi ad militiam, vel in quo traditur ars militaris, vel in quo recitantur facta militum.

Unde patet solutio AD SECUNDUM.

AD TERTIUM dicendum quod non est consuetum conscribi eos qui repudiantur, sed eos qui eliguntur. Unde reprobationi non respondet liber mortis, sicut praedestinationi liber vitae.

AD QUARTUM dicendum quod secundum rationem differt liber vitae a praedestinatione. Importat enim notitiam praedestinationis, sicut etiam ex Glossa inducta apparet.

humanas. É costume dos seres humanos inscrever num livro os que são eleitos para algo, como os militares ou os conselheiros, que eram chamados, outrora, de *pais inscritos*. Ora, fica claro, pelo que precede, que todos os predestinados foram eleitos por Deus para possuir a vida eterna. A inscrição destes predestinados é chamada o livro da vida.

Por outro lado, diz-se metaforicamente que algo se encontra inscrito no intelecto de alguém quando o guarda firmemente em sua memória, segundo a palavra dos Provérbios: "Não te esqueças de minha Lei, que teu coração guarde meus preceitos". E um pouco mais adiante: "Transcreve-as nas tábuas de teu coração". Pois nos livros materiais escreve-se também para ajudar a memória. Por isso, o conhecimento de Deus, pelo qual retém firmemente os que predestinou para a vida eterna, é chamado o livro da vida. Como a escritura de um livro é o sinal do que se deve fazer, assim também o conhecimento de Deus é nele uma espécie de sinal dos que deve conduzir à vida eterna. É o que se diz na segunda Carta a Timóteo: "Permanece o sólido fundamento assentado por Deus. Serve-lhe de selo: o Senhor conhece os seus".

QUANTO AO 1º, portanto, deve-se dizer que pode-se falar de um *livro da vida* em dois sentidos. Primeiro, significa a inscrição dos que são eleitos à vida, e é neste sentido que estamos falando de livro da vida. Pode-se também chamar livro da vida a inscrição do que conduz à vida, e isto ainda em uma dupla acepção: quer se trate das coisas a fazer, e assim o Antigo e o Novo Testamento são chamados o livro da vida; quer se trate das coisas já efetivadas, e então a força divina que trará um dia à memória de cada um todos os seus atos é chamada o livro da vida. Como também se pode chamar de *livro militar* aquele em que figuram os inscritos para o exército, o que trata da arte militar e o que relata as façanhas dos soldados.

Daí fica clara a resposta à SEGUNDA OBJEÇÃO.

QUANTO AO 3º, deve-se dizer que não costumamos inscrever os que são repudiados, mas os que são eleitos. Por isso, não existe um livro da morte correspondendo à reprovação, como à predestinação corresponde o livro da vida.

QUANTO AO 4º, deve-se dizer que o livro da vida difere da predestinação, segundo a razão, pois implica seu conhecimento, como se vê pelo texto da *Glosa* citado.

---

4. Q. 23, a. 4.

Articulus 2
Utrum liber vitae sit solum respectu vitae gloriae praedestinatorum

AD SECUNDUM SIC PROCEDITUR. Videtur quod liber vitae non sit solum respectu vitae gloriae praedestinatorum.
1. Liber enim vitae est notitia vitae. Sed Deus per vitam suam cognoscit omnem aliam vitam. Ergo liber vitae praecipue dicitur respectu vitae divinae; et non solum respectu vitae praedestinatorum.
2. PRAETEREA, sicut vita gloriae est a Deo, ita vita naturae. Si igitur notitia vitae gloriae dicitur liber vitae, etiam notitia vitae naturae dicetur liber vitae.
3. PRAETEREA, aliqui eliguntur ad gratiam, qui non eliguntur ad vitam gloriae; ut patet per id quod dicitur Io 6,71: *Nonne duodecim vos elegi, et unus ex vobis diabolus est?* Sed liber vitae est conscriptio electionis divinae, ut dictum est[1]. Ergo etiam est respectu vitae gratiae.

SED CONTRA est quod liber vitae est notitia praedestinationis, ut dictum est[2]. Sed praedestinatio non respicit vitam gratiae, nisi secundum quod ordinatur ad gloriam: non enim sunt praedestinati, qui habent gratiam et deficiunt a gloria. Liber igitur vitae non dicitur nisi respectu gloriae.

RESPONDEO dicendum quod liber vitae, ut dictum est[3], importat conscriptionem quandam sive notitiam electorum ad vitam. Eligitur autem aliquis ad id quod non competit sibi secundum suam naturam. Et iterum, id ad quod eligitur aliquis, habet rationem finis: non enim miles eligitur aut conscribitur ad hoc quod armetur, sed ad hoc quod pugnet; hoc enim est proprium officium ad quod militia ordinatur. Finis autem supra naturam existens, est vita gloriae, ut supra[4] dictum est. Unde proprie liber vitae respicit vitam gloriae.

AD PRIMUM ergo dicendum quod vita divina, etiam prout est vita gloriosa, est Deo naturalis. Unde respectu eius non est electio, et per consequens neque liber vitae. Non enim dicimus quod

Artigo 2
O livro da vida refere-se apenas à vida gloriosa dos predestinados?

QUANTO AO SEGUNDO, ASSIM SE PROCEDE: parece que o livro da vida **não** se refere apenas à vida gloriosa dos predestinados.
1. Com efeito, o livro da vida é um conhecimento de vida. Ora, é por sua própria vida que Deus conhece toda outra vida. Logo, o livro da vida se refere principalmente à vida divina, e não apenas à vida dos predestinados.
2. ALÉM DISSO, como a vida gloriosa procede de Deus, assim também a vida da natureza. Se chamamos livro da vida o conhecimento da vida gloriosa, o conhecimento da vida da natureza deve ser chamado também livro da vida.
3. ADEMAIS, alguns são eleitos para a graça e não o são para a glória, como o prova o que é dito no Evangelho de João: "Não fui eu quem vos escolhi, vós, os doze? E, no entanto, um de vós é um diabo!". Ora, o livro da vida é a inscrição da eleição divina, como se disse. Logo, se refere também à vida da graça.

EM SENTIDO CONTRÁRIO, o livro da vida é um conhecimento da predestinação, como foi dito. Ora, a predestinação só se refere à vida da graça enquanto conduz à glória; pois não são predestinados os que têm a graça mas não alcançam a glória. O livro da vida só se refere à glória.

RESPONDO. Como foi dito, o livro da vida comporta uma espécie de inscrição ou de conhecimento dos eleitos para a vida. Elege-se, pois, alguém para aquilo que não lhe cabe em razão de sua natureza. Ademais, aquilo para o qual alguém foi escolhido tem a razão de fim. Por exemplo, não se escolhe ou se inscreve um soldado para carregar armas, mas para que combata, pois esta é a função própria para a qual se ordena o exército. Ora, já se disse acima, o fim que ultrapassa a natureza é a vida gloriosa. Portanto, o livro da vida se refere propriamente à vida da glória.

QUANTO AO 1º, portanto, deve-se dizer que a vida divina, mesmo como vida gloriosa, é natural a Deus. A seu respeito não há eleição, por conseguinte nem livro da vida. Pois não dizemos que

---

2 PARALL.: III *Sent.*, dist. 31, q. 1, a. 2, q.la 2; *De Verit.*, q. 7, a. 5, 6, 7.

1. Art. praec.
2. Ibid.
3. Ibid.
4. Q. 12, a. 4; q. 23, a. 1.

aliquis homo eligatur ad habendum sensum, vel aliquid eorum quae consequuntur naturam.

Unde per hoc etiam patet solutio AD SECUNDUM. Respectu enim vitae naturalis non est electio, neque liber vitae.

AD TERTIUM dicendum quod vita gratiae non habet rationem finis, sed rationem eius quod est ad finem. Unde ad vitam gratiae non dicitur aliquis eligi, nisi inquantum vita gratiae ordinatur ad gloriam. Et propter hoc, illi qui habent gratiam et excidunt a gloria, non dicuntur esse electi simpliciter, sed secundum quid. Et similiter non dicuntur esse scripti simpliciter in libro vitae, sed secundum quid; prout scilicet de eis in ordinatione et notitia divina existit, quod sint habituri aliquem ordinem ad vitam aeternam, secundum participationem gratiae.

alguém foi eleito para ter um sentido ou qualquer outra coisa própria da natureza.

Fica respondida a SEGUNDA OBJEÇÃO, pois em relação à vida natural não há eleição nem livro da vida.

QUANTO AO 3º, deve-se dizer que a vida da graça não tem razão de fim, mas de meio para um fim. Assim, não se diz que alguém foi eleito para a vida da graça, a não ser na medida em que a vida da graça é ordenada à glória. Por isso, os que têm a graça mas não alcançam a glória não são chamados eleitos em sentido absoluto, mas sob certo aspecto. Igualmente, não se consideram de modo absoluto inscritos no livro da vida, mas apenas de certo modo, na medida em que na ordenação e no conhecimento de Deus está indicado que terão certa ordenação à vida eterna, segundo sua participação da graça.

ARTICULUS 3
Utrum aliquis deleatur de libro vitae

AD TERTIUM SIC PROCEDITUR. Videtur quod nullus deleatur de libro vitae.

1. Dicit enim Augustinus, in XX *de Civ. Dei*[1], quod *praescientia Dei, quae non potest falli, liber vitae est*. Sed a praescientia Dei non potest aliquid subtrahi: similiter neque a praedestinatione. Ergo nec de libro vitae potest aliquis deleri.
2. PRAETEREA, quidquid est in aliquo, est in eo per modum eius in quo est. Sed liber vitae est quid aeternum et immutabile. Ergo quidquid est in eo, est ibi non temporaliter, sed immobiliter et indelebiliter.
3. PRAETEREA, deletio scripturae opponitur. Sed aliquis non potest de novo scribi in libro vitae. Ergo neque inde deleri potest.

SED CONTRA est quod dicitur in Ps 68,29: *deleantur de libro viventium*.

RESPONDEO dicendum quod quidam dicunt quod de libro vitae nullus potest deleri secundum rei veritatem: potest tamen aliquis deleri secundum opinionem hominum. Est enim consuetum in Scripturis ut aliquid dicatur fieri, quando innotescit. Et secundum hoc, aliqui dicuntur esse scripti in libro vitae, inquantum homines opinantur eos ibi scriptos, propter praesentem iustitiam quam in eis vident. Sed quando apparet, vel in hoc saeculo

ARTIGO 3
Alguém pode ser apagado do livro da vida?

QUANTO AO TERCEIRO, ASSIM SE PROCEDE: parece que **ninguém** pode ser apagado do livro da vida.

1. Com efeito, Agostinho escreve: "A presciência de Deus, que não pode se enganar, é o livro da vida". Ora, nada pode ser subtraído à presciência de Deus, nem à sua predestinação. Logo, ninguém pode ser apagado do livro da vida.
2. ALÉM DISSO, o que existe em algo, aí existe segundo o modo próprio dessa coisa. Ora, o livro da vida é algo eterno e imutável. Logo, tudo o que aí se encontra não pode ser temporal, mas imutável e indelével.
3. ADEMAIS, apagar se opõe a escrever. Ora, ninguém pode voltar a ser escrito no livro da vida de novo. Logo, ninguém pode dele ser apagado.

EM SENTIDO CONTRÁRIO, lemos no Salmo 68: "Sejam apagados do livro da vida".

RESPONDO. Alguns dizem: ninguém pode ser, verdadeiramente, apagado do livro da vida, mas isso pode acontecer segundo a opinião dos homens. É frequente na Escritura dizer que uma coisa é feita quando se torna conhecida. Segundo esse modo de falar, diz-se de alguns que estão inscritos no livro da vida na medida em que os homens pensam que aí figuram, por causa de sua justiça presente. Quando, porém, aparece, nesta vida ou

---

3 PARALL.: I *Sent*., dist. 40, q. 1, a. 2, ad 5; q. 3, ad 3; III, dist. 31, q. 1, a. 2, q.la 3; *ad Philipp*., c. 4, lect. 1.
1. C. 15: ML 41, 681.

vel in futuro, quod ab hac iustitia exciderunt, dicuntur inde deleri. Et sic etiam exponitur in Glossa[2] deletio talis, super illud Ps 68: *deleantur de libro viventium*.

Sed quia non deleri de libro vitae ponitur inter praemia iustorum, secundum illud Ap 3,5, *qui vicerit, sic vestietur vestimentis albis, et non delebo nomen eius de libro vitae*; quod autem sanctis repromittitur, non est solum in hominum opinione; potest dici quod deleri vel non deleri de libro vitae, non solum ad opinionem hominum referendum est, sed etiam quantum ad rem. Est enim liber vitae conscriptio ordinatorum in vitam aeternam. Ad quam ordinatur aliquis ex duobus: scilicet ex praedestinatione divina et haec ordinatio nunquam deficit; et ex gratia. Quicumque enim gratiam habet, ex hoc ipso est dignus vita aeterna. Et haec ordinatio deficit interdum: quia aliqui ordinati sunt ex gratia habita ad habendum vitam aeternam, a qua tamen deficiunt per peccatum mortale. Illi igitur qui sunt ordinati ad habendum vitam aeternam ex praedestinatione divina, sunt simpliciter scripti in libro vitae: quia sunt ibi scripti ut habituri vitam aeternam in seipsa. Et isti nunquam delentur de libro vitae. Sed illi qui sunt ordinati ad habendum vitam aeternam, non ex praedestinatione divina, sed solum ex gratia, dicuntur esse scripti in libro vitae, non simpliciter, sed secundum quid: quia sunt ibi scripti ut habituri vitam aeternam, non in seipsa, sed in sua causa. Et tales possunt deleri de libro vitae: ut deletio non referatur ad notitiam Dei, quasi Deus aliquid praesciat, et postea nesciat; sed ad rem scitam, quia scilicet Deus scit aliquem prius ordinari in vitam aeternam, et postea non ordinari, cum deficit a gratia.

na futura, que decaíram dessa justiça, diz-se que dele foram apagados. É assim que a *Glosa* explica essa eliminação, a propósito da palavra do Salmo 68: "Sejam apagados do livro da vida".

Mas não ser apagado do livro da vida é dado como recompensa dos justos, de acordo com o Apocalipse: "Assim o vencedor se trajará com vestes brancas; não apagarei seu nome do livro da vida". Por outro lado, o que é prometido aos santos não se encontra unicamente na opinião dos homens; por essa razão, pode-se dizer que ser apagado ou não do livro da vida deve se referir não apenas à opinião humana, mas também à realidade. O livro da vida é a inscrição daqueles que estão ordenados à vida eterna; e essa ordenação procede de dois fatores: da predestinação divina, e tal ordenação nunca falha, e da graça. Pois todo aquele que tem a graça é por isso mesmo digno da vida eterna. Mas essa ordenação às vezes falha; pois alguns que são ordenados pela graça a receber a vida eterna, dela decaem pelo pecado mortal. Assim, aqueles que estão destinados a possuir a vida eterna pela predestinação divina estão inscritos no livro da vida; pois aí se encontram inscritos como devendo possuir a vida eterna em si mesma. E estes nunca são apagados do livro da vida. Contudo, os que são ordenados a receber a vida eterna não pela predestinação divina, mas apenas pela graça, dizemos que estão inscritos no livro da vida não absolutamente, mas sob certo aspecto; pois aí estão inscritos como devendo receber a vida eterna não em si mesma, mas em sua causa. E eles podem ser apagados do livro da vida. Não que essa eliminação se refira ao conhecimento de Deus, como se Deus previsse algo antes e depois o ignorasse, mas à coisa conhecida; porque Deus sabe que alguém está antes destinado à vida eterna e que em seguida não mais a ela estará ordenado, tendo perdido a graça[a].

---

2. Ordin. Cassiodori: ML 70, 488 B; et Augustini: ML 36, 863.

a. O que torna importante e difícil a questão do "livro da vida" é o problema que nele se examina: as pessoas que terão recebido a graça na Terra, talvez em alto grau, e terão merecido, por essa graça, a vida eterna, e que, tendo sido em seguida infiéis à graça recebida, a ponto de obstinar-se definitivamente na rejeição do amor de Deus, são excluídas da vida eterna. Houve agostinianos bastante radicais e intemperantes para afirmar que a pessoa que perde a graça nunca a teve! Solução manifestamente falsa e herética, mas a lógica implacável da qual ela é o resultado não obriga a considerar a própria concepção de predestinação da qual provém? Santo Tomás propõe uma solução bem mais equilibrada, que Agostinho não teria certamente desaprovado. Contudo, para o homem que possui a graça e vive segundo a graça, como poderíamos sustentar que Deus não "quis para ele o bem que é a vida eterna"? A vida eterna já está contida na graça, não somente como em sua causa, mas como já esboçada por essa graça, e, portanto, pela vontade divina de conferi-la, ordena-se à vida eterna. O que interrompe essa ordenação é unicamente o pecado, a respeito do qual lembramos que, para Santo Tomás, sua iniciativa provém exclusivamente da pessoa. No entanto, o mesmo ocorre com aquele que, desde o início e constantemente, recusa a graça, ainda que isto seja menos manifesto, pois nesta graça que é Cristo também ele se ordena à vida eterna. Desse modo, o caso da graça outorgada, perdida, reencontrada, para ser finalmente rejeitada, é um revelador das insolúveis dificuldades ligadas à concepção de uma

AD PRIMUM ergo dicendum quod deletio, ut dictum est[3], non refertur ad librum vitae ex parte praescientiae, quasi in Deo sit aliqua mutabilitas: sed ex parte praescitorum, quae sunt mutabilia.

AD SECUNDUM dicendum quod, licet res in Deo sint immutabiliter, tamen in seipsis mutabiles sunt. Et ad hoc pertinet deletio libri vitae.

AD TERTIUM dicendum quod eo modo quo aliquis dicitur deleri de libro vitae, potest dici quod ibi scribatur de novo; vel secundum opinionem hominum, vel secundum quod de novo incipit habere ordinem ad vitam aeternam per gratiam. Quod etiam sub divina notitia comprehenditur, licet non de novo.

QUANTO AO 1º, portanto, deve-se dizer que ser apagado do livro da vida não se refere, acabamos de dizer, à presciência, como se em Deus houvesse alguma mutabilidade, e sim às coisas previstas, que são mutáveis.

QUANTO AO 2º, deve-se dizer que, ainda que todas as coisas em Deus se encontrem de modo imutável, elas em si mesmas são mutáveis, e a isso se refere a eliminação do livro da vida.

QUANTO AO 3º, deve-se dizer que, do mesmo modo que alguém pode ser apagado do livro da vida, pode também ser aí inscrito de novo: seja pela opinião dos homens, seja porque novamente começa, pela graça, a estar ordenado à vida eterna. E isto está igualmente compreendido no conhecimento divino, embora não como novidade.

---

3. In corpore.

predestinação tal que comportaria em contrapartida a reprovação de alguns, consistindo nisto que eles não seriam pessoalmente ordenados, por Deus, à vida eterna.

QUAESTIO XXV
DE DIVINA POTENTIA
in sex articulos divisa

Post considerationem divinae scientiae et voluntatis, et eorum quae ad hoc pertinent, restat considerandum de divina potentia.

Et circa hoc quaeruntur sex.
Primo: utrum in Deo sit potentia.
Secundo: utrum eius potentia sit infinita.
Tertio: utrum sit omnipotens.
Quarto: utrum possit facere quod ea quae sunt praeterita, non fuerint.
Quinto: utrum Deus possit facere quae non facit, vel praetermittere quae facit.
Sexto: utrum quae facit, possit facere meliora.

ARTICULUS 1
Utrum in Deo sit potentia

AD PRIMUM SIC PROCEDITUR. Videtur quod in Deo non sit potentia.
1. Sicut enim prima materia se habet ad potentiam, ita Deus, qui est agens primum, se habet ad actum. Sed prima materia, secundum se considerata, est absque omni actu. Ergo agens primum, quod est Deus, est absque potentia.

QUESTÃO 25
A POTÊNCIA DIVINA
em seis artigos

Depois de considerar a ciência e a bondade divinas, e o que a elas se relaciona, falta considerar a potência divina.

E sobre isso são seis as perguntas:
1. Existe potência em Deus?
2. Sua potência é infinita?
3. Ele é onipotente?
4. Ele pode fazer que coisas passadas não tenham existido?
5. Deus pode fazer as coisas que não faz, ou omitir as que faz?
6. O que ele faz, pode fazê-lo melhor?

ARTIGO 1
Existe potência em Deus?

QUANTO AO PRIMEIRO ARTIGO, ASSIM SE PROCEDE: parece que em Deus **não** existe potência.
1. Com efeito, entre a matéria primeira e a potência, existe a mesma relação que entre Deus, agente primeiro, e o ato. Ora, a matéria primeira, em si mesma, é sem nenhum ato. Logo, o agente primeiro, que é Deus, não tem nenhuma potência.

---

1 PARALL.: I *Sent.*, dist. 42, q. 1, a. 1; *Cont. Gent.* I, 16; II, 7; *De Pot.*, q. 1, a. 1; q. 7, a. 1.

2. Praeterea, secundum Philosophum, in IX *Metaphys.*¹, qualibet potentia melior est eius actus: nam forma est melior quam materia, et actio quam potentia activa; est enim finis eius. Sed nihil est melius eo quod est in Deo: quia quidquid est in Deo, est Deus, ut supra² ostensum est. Ergo nulla potentia est in Deo.

3. Praeterea, potentia est principium operationis. Sed operatio divina est eius essentia: cum in Deo nullum sit accidens. Essentiae autem divinae non est aliquod principium. Ergo ratio potentiae Deo non convenit.

4. Praeterea, supra³ ostensum est quod scientia Dei et voluntas eius sunt causa rerum. Causa autem et principium idem sunt. Ergo non oportet in Deo assignare potentiam, sed solum scientiam et voluntatem.

Sed contra est quod dicitur in Ps 88,9: *Potens es, Domine, et veritas tua in circuitu tuo.*

Respondeo dicendum quod duplex est potentia: scilicet passiva, quae nullo modo est in Deo; et activa, quam oportet in Deo summe ponere. Manifestum est enim quod unumquodque, secundum quod est actu et perfectum, secundum hoc est principium activum alicuius: patitur autem unumquodque, secundum quod est deficiens et imperfectum. Ostensum est autem supra⁴ quod Deus est purus actus, et simpliciter et universaliter perfectus; neque in eo aliqua imperfectio locum habet. Unde sibi maxime competit esse principium activum, et nullo modo pati. Ratio autem activi principii convenit potentiae activae. Nam potentia activa est principium agendi in aliud: potentia vero passiva est principium patiendi ab alio, ut Philosophus dicit, V *Metaphys.*⁵. Relinquitur ergo quod in Deo maxime sit potentia activa.

Ad primum ergo dicendum quod potentia activa non dividitur contra actum, sed fundatur in eo: nam unumquodque agit secundum quod est actu. Potentia vero passiva dividitur contra actum: nam unumquodque patitur secundum quod est in potentia. Unde haec potentia excluditur a Deo, non autem activa.

Ad secundum dicendum quod, quandocumque actus est aliud a potentia, oportet quod actus sit nobilior potentia. Sed actio Dei non est aliud ab

2. Além disso, segundo o Filósofo, no livro IX da *Metafísica*, todo ato é melhor que sua potência; pois a forma é melhor que a matéria, e a ação é melhor que a potência ativa, pois é seu fim. Ora, nada é melhor que o que está em Deus, pois tudo o que está em Deus é Deus, como já se demonstrou. Logo, nenhuma potência existe em Deus.

3. Ademais, a potência é princípio de operação. Ora, a operação divina é sua essência, pois em Deus não existe acidente algum, uma vez que a essência divina não tem nenhum princípio. Logo, a Deus não convém a razão de potência.

4. Ademais, já se provou antes que o entendimento de Deus e sua vontade são a causa das coisas. Ora, causa e princípio são idênticos. Logo, não é preciso atribuir a Deus a potência, mas apenas o entendimento e a vontade.

Em sentido contrário, lemos no Salmo 88: "És poderoso, Senhor, e tua verdade te envolve".

Respondo. Existem duas potências: a potência passiva, que não se encontra de modo nenhum em Deus, e a potência ativa, que se deve atribuir a Deus em sumo grau. Pois é claro que cada um, na sua medida em que está em ato e perfeito, é princípio ativo de algo; mas é passivo na medida em que é deficiente e imperfeito. Ora, já se demonstrou acima que Deus é ato puro, que é absoluta e universalmente perfeito, que nele não há lugar para nenhuma imperfeição. Donde lhe cabe ao máximo ser um princípio ativo, e de maneira nenhuma passivo. Ora, a razão de princípio ativo convém à potência ativa. Porque a potência ativa é um princípio de ação sobre outro; ao passo que a potência passiva é um princípio passivo em relação ao outro, como explica o Filósofo no livro V da *Metafísica*. Por conseguinte, resulta que em Deus a potência ativa se encontra no mais alto grau.

Quanto ao 1º, portanto, deve-se dizer que a potência ativa não se opõe ao ato; pelo contrário, nele se funda; pois todo ser age enquanto está em ato. É a potência passiva que se opõe ao ato; pois cada um é passivo na medida em que se encontra em potência. É então esta potência que se exclui de Deus, não a potência ativa.

Quanto ao 2º, deve-se dizer que sempre que o ato é distinto da potência ele é necessariamente mais nobre que ela. Mas a ação de Deus é sua

---

1. C. 9: 1051, a, 4-15.
2. Q. 3, a. 3.
3. Q. 14, a. 8; q. 19, a. 4.
4. Q. 3, a. 1; q. 4, a. 1, 2.
5. C. 12: 1019, a, 15-20.

eius potentia, sed utrumque est essentia divina: quia nec esse eius est aliud ab eius essentia. Unde non oportet quod aliquid sit nobilius quam potentia Dei.

AD TERTIUM dicendum quod potentia in rebus creatis non solum est principium actionis, sed etiam effectus. Sic igitur in Deo salvatur ratio potentiae quantum ad hoc, quod est principium effectus: non autem quantum ad hoc, quod est principium actionis, quae est divina essentia. Nisi forte secundum modum intelligendi, prout divina essentia, quae in se simpliciter praehabet quidquid perfectionis est in rebus creatis, potest intelligi et sub ratione actionis, et sub ratione potentiae; sicut etiam intelligitur et sub ratione suppositi habentis naturam, et sub ratione naturae.

AD QUARTUM dicendum quod potentia non ponitur in Deo ut aliquid differens a scientia et voluntate secundum rem, sed solum secundum rationem; inquantum scilicet potentia importat rationem principii exequentis id quod voluntas imperat, et ad quod scientia dirigit; quae tria Deo secundum idem conveniunt. — Vel dicendum quod ipsa scientia vel voluntas divina, secundum quod est principium effectivum, habet rationem potentiae. Unde consideratio scientiae et voluntatis praecedit in Deo considerationem potentiae, sicut causa praecedit operationem et effectum.

própria potência: ambas são idênticas à essência divina, pois o próprio ser em Deus não difere de sua essência. Assim, não é necessário que exista algo de mais nobre que a potência de Deus.

QUANTO AO 3º, deve-se dizer que nas coisas criadas a potência é não apenas princípio da ação, mas também efeito. Em Deus, portanto, a razão de potência fica salvaguardada por ser princípio do efeito; mas não por ser princípio de ação, que é a essência divina. A não ser que se trate de nossa maneira de conceber, segundo a qual a essência divina, que pré-contém em si, de modo absoluto, todas as perfeições das criaturas, pode ser concebida tanto sob a razão de ação como sob a razão de potência, assim como é concebida também sob a razão de supósito possuindo uma natureza, e sob a razão de natureza.

QUANTO AO 4º, deve-se dizer que não se afirma a potência em Deus como algo que difere realmente de seu entendimento e de sua vontade; ela só difere segundo a razão, na medida em que a potência inclui a razão de princípio que executa aquilo que a vontade ordena e para o que o entendimento orienta: estes três, potência, vontade e entendimento, são em Deus a mesma realidade. — Ou então se deve dizer que o entendimento ou a vontade divina, na medida em que são um princípio eficiente, têm razão de potência. Daí que a consideração do entendimento e da vontade precede em Deus a consideração da potência, como a causa precede a operação e o efeito.

ARTICULUS 2
Utrum potentia Dei sit infinita

AD SECUNDUM SIC PROCEDITUR. Videtur quod potentia Dei non sit infinita.

1. Omne enim infinitum est imperfectum, secundum Philosophum, in III *Physic*.[1] Sed potentia Dei non est imperfecta. Ergo non est infinita.

2. PRAETEREA, omnis potentia manifestatur per effectum: alias frustra esset. Si igitur potentia Dei esset infinita, posset facere effectum infinitum. Quod est impossibile.

3. PRAETEREA, Philosophus probat in VIII *Physic*.[2], quod si potentia alicuius corporis esset

ARTIGO 2
A potência de Deus é infinita?

QUANTO AO SEGUNDO, ASSIM SE PROCEDE: parece que a potência de Deus **não** é infinita.

1. Com efeito, segundo o Filósofo, no livro III da *Física*, tudo o que é infinito é imperfeito. Ora, a potência de Deus não é imperfeita. Logo, não é infinita.

2. ALÉM DISSO, toda potência se manifesta pelo efeito: caso contrário, é vã. Portanto, se a potência de Deus fosse infinita, produziria um efeito infinito, o que é impossível.

3. ADEMAIS, o Filósofo prova no livro VIII da *Física* que, se a potência de um corpo fosse infi-

---

2 PARALL.: I *Sent*., dist. 43, q. 1, a. 1; *Cont. Gent*. I, 43; *De Pot*., q. 1, a. 2; *Compend. Theol*., c. 19; VIII *Physic*., lect. 23; XII *Metaphys*., lect. 8.

1. C. 6: 207, a, 21-27.
2. C. 10: 266, a, 24 — b, 5.

infinita, moveret in instanti. Deus autem non movet in instanti: sed *movet creaturam spiritualem per tempus, creaturam vero corporalem per locum et tempus*, secundum Augustinum, VIII *super Genesim ad litteram*[3]. Non ergo est eius potentia infinita.

SED CONTRA est quod dicit Hilarius, VIII *de Trin*.[4], quod Deus est *immensae virtutis, vivens potens*. Omne autem immensum est infinitum. Ergo virtus divina est infinita.

RESPONDEO dicendum quod, sicut iam[5] dictum est, secundum hoc potentia activa invenitur in Deo, secundum quod ipse actu est. Esse autem eius est infinitum, inquantum non est limitatum per aliquid recipiens; ut patet per ea quae supra[6] dicta sunt, cum de infinitate divinae essentiae ageretur. Unde necesse est quod activa potentia Dei sit infinita. In omnibus enim agentibus hoc invenitur, quod quanto aliquod agens perfectius habet formam qua agit, tanto est maior eius potentia in agendo. Sicut quanto est aliquid magis calidum, tanto habet maiorem potentiam ad calefaciendum: et haberet utique potentiam infinitam ad calefaciendum, si eius calor esset infinitus. Unde, cum ipsa essentia divina, per quam Deus agit, sit infinita, sicut supra[7] ostensum est; sequitur quod eius potentia sit infinita.

AD PRIMUM ergo dicendum quod Philosophus loquitur de infinito quod est ex parte materiae non terminatae per formam; cuiusmodi est infinitum quod congruit quantitati. Sic autem non est infinita divina essentia, ut supra[8] ostensum est; et per consequens nec eius potentia. Unde non sequitur quod sit imperfecta.

AD SECUNDUM dicendum quod potentia agentis univoci tota manifestatur in suo effectu: potentia enim generativa hominis nihil potest plus quam generare hominem. Sed potentia agentis non univoci non tota manifestatur in sui effectus productione: sicut potentia solis non tota manifestatur in productione alicuius animalis ex putrefactione generati. Manifestum est autem quod Deus non est agens univocum: nihil enim aliud potest cum eo convenire neque in specie, neque in genere, ut supra[9] ostensum est. Unde relinquitur quod effectus eius semper est minor quam potentia

nita, moveria imediatamente. Ora, Deus não move imediatamente; segundo Agostinho, ele move a criatura espiritual no tempo, e a criatura corpórea no lugar e no tempo. Logo, sua potência não é infinita.

EM SENTIDO CONTRÁRIO, Hilário diz que Deus é "vivo, poderoso, com um poder sem limites". Ora, tudo o que é sem limites é infinito. Logo, o poder divino é infinito.

RESPONDO. Como já foi dito, existe em Deus uma potência ativa, na medida em que Ele próprio está em ato. Ora, seu ser é infinito, uma vez que não é limitado por um sujeito em que seja recebido, como fica claro pelo que antes já se disse tratando da infinidade da essência divina. É, portanto, necessário que a potência ativa de Deus seja infinita. Pois em todos os agentes se constata que, quanto mais perfeita um agente possui a forma pela qual age, tanto maior é sua potência ativa. Por exemplo, quanto mais um corpo é quente tanto maior é sua potência de aquecer; e sua potência de aquecer seria infinita, se seu calor fosse infinito. Portanto, como a essência divina pela qual Deus age é infinita, como já se demonstrou, segue-se que sua potência é infinita.

QUANTO AO 1º, portanto, deve-se dizer que o filósofo fala do infinito que se refere à matéria não determinada pela forma; é o infinito que convém à quantidade. Não é, porém, assim, como acima se demonstrou que a essência de Deus é infinita; tampouco sua potência. Logo, não se segue que esta potência seja imperfeita.

QUANTO AO 2º, deve-se dizer que a potência do agente unívoco se manifesta inteiramente em seu efeito. Por exemplo, a potência geradora do homem nada mais pode do que gerar um homem. Mas a potência de um agente não unívoco não se manifesta inteiramente na produção de seu efeito. Por exemplo, a potência do sol não se manifesta inteiramente na produção de um animal gerado pela putrefação. Ora, é evidente que Deus não é um agente unívoco, pois nada pode igualar-se com ele seja em gênero ou em espécie, como se demonstrou acima. Resulta que seu efeito é sempre

---

3. C. 20: ML 34, 388; c. 22: ibid. 389.
4. Num. 24: ML 10, 253 B.
5. Art. praec.
6. Q. 7, a. 1.
7. Loco proxime cit.
8. Ibid.
9. Q. 3, a. 5.

eius. Non ergo oportet quod manifestetur infinita potentia Dei in hoc, quod producat effectum infinitum. — Et tamen, etiam si nullum effectum produceret, non esset Dei potentia frustra. Quia frustra est quod ordinatur ad finem, quem non attingit: potentia autem Dei non ordinatur ad effectum sicut ad finem, sed magis ipsa est finis sui effectus.

AD TERTIUM dicendum quod Philosophus in VIII *Physic*.[10], probat, quod si aliquod corpus haberet potentiam infinitam, quod moveret in non tempore. Et tamen ostendit[11], quod potentia motoris caeli est infinita: quia movere potest tempore infinito. Relinquitur ergo secundum eius intentionem, quod potentia infinita corporis si esset, moveret in non tempore: non autem potentia incorporei motoris. Cuius ratio est, quia corpus movens aliud corpus, est agens univocum. Unde oportet quod tota potentia agentis manifestetur in motu. Quia igitur quanto moventis corporis potentia est maior, tanto velocius movet: necesse est quod si fuerit infinita, moveat improportionabiliter citius, quod est movere in non tempore. Sed movens incorporeum est agens non univocum. Unde non oportet, quod tota virtus eius manifestetur in motu ita, quod moveat in non tempore. Et praesertim, quia movet secundum dispositionem suae voluntatis.

inferior a sua potência. Não é então necessário que a potência infinita de Deus se manifeste produzindo um efeito infinito. — No entanto, mesmo que Deus nada produzisse, sua potência não se tornaria inútil, pois inútil é o que tende para um fim e não consegue atingi-lo. Ora, a potência de Deus não está ordenada ao efeito como a seu fim; pelo contrário, é ela o fim de seu efeito.

QUANTO AO 3º, deve-se dizer que o Filósofo, no livro VIII da *Física*, prova que se um corpo tivesse uma potência infinita poderia mover à margem do tempo. E, no entanto, mostra que a potência do motor celeste é infinita porque pode mover durante um tempo infinito. Logo, no pensamento do Filósofo, a potência infinita de um corpo, se existisse, deveria mover à margem do tempo, o que não é o caso de potência de um motor incorpóreo. A razão está em que um corpo que move outro corpo é um agente unívoco. É preciso, pois, que toda a potência do agente se manifeste no movimento. Assim, quanto maior é a potência motora de um corpo, tanto mais depressa move; é necessário que, se essa potência é infinita, mova numa velocidade fora de proporção com qualquer outra, isto é, à margem do tempo. Um motor incorpóreo, contudo, é um agente não unívoco; não é necessário, pois, que toda a sua força se manifeste no movimento a tal ponto que mova à margem do tempo. E, sobretudo, porque tal agente move de acordo com a decisão de sua vontade.

ARTICULUS 3
Utrum Deus sit omnipotens

AD TERTIUM SIC PROCEDITUR. Videtur quod Deus non sit omnipotens.

1. Moveri enim et pati aliquid omnium est. Sed hoc Deus non potest: est enim immobilis, ut supra[1] dictum est. Non igitur est omnipotens.

2. PRAETEREA, peccare aliquid agere est. Sed Deus non potest peccare, neque *seipsum negare*, ut dicitur 2Ti 2,13. Ergo Deus non est omnipotens.

3. PRAETEREA, de Deo dicitur[2] quod *omnipotentiam suam parcendo maxime et miserando*

ARTIGO 3
Deus é onipotente?

QUANTO AO TERCEIRO, ASSIM SE PROCEDE: parece que Deus **não** é onipotente.

1. Com efeito, ser movido e ser passivo é próprio de tudo. Ora, isso não cabe a Deus, pois é imóvel, como acima foi dito. Logo, não é onipotente.

2. ALÉM DISSO, pecar é um agir. Ora, Deus não pode pecar, nem "renegar-se a si mesmo", como se diz na segunda Carta a Timóteo. Logo, Deus não é onipotente.

3. ADEMAIS, diz-se de Deus que "mostra sua onipotência sobretudo perdoando e praticando

---

10. Loco cit. in arg.
11. Ibid., c. 10: 267, b, 9-26.

3 PARALL.: Parte III, q. 13, a. 1; I *Sent*., dist. 42, q. 2, a. 2; III, dist. 1, q. 2, a. 3; *Cont. Gent*. II, 22, 25; *De Pot*., q. 1, a. 7; q. 5, a. 3; *Quodlib*. III, q. 1, a. 1; V, q. 2, a. 1; XII, q. 2, a. 1; VI *Ethic*., lect. 2.

1. Q. 2, a. 3; q. 9, a. 1.
2. In collecta Domin. X post. Pentecost.

manifestat. Ultimum igitur quod potest divina potentia, est parcere et misereri. Aliquid autem est multo maius quam parcere et misereri; sicut creare alium mundum, vel aliquid huiusmodi. Ergo Deus non est omnipotens.

4. Praeterea, super illud 1Cor 1,20, *stultam fecit Deus sapientiam huius mundi*, dicit Glossa[3]: *sapientiam huius mundi fecit Deus stultam, ostendendo possibile, quod illa impossibile iudicabat.* Unde videtur quod non sit aliquid iudicandum possibile vel impossibile secundum inferiores causas, prout sapientia huius mundi iudicat; sed secundum potentiam divinam. Si igitur Deus sit omnipotens, omnia erunt possibilia. Nihil ergo impossibile. Sublato autem impossibili, tollitur necessarium: nam quod necesse est esse, impossibile est non esse. Nihil ergo erit necessarium in rebus, si Deus est omnipotens. Hoc autem est impossibile. Ergo Deus non est omnipotens.

Sed contra est quod dicitur Lc 1,37: *non erit impossibile apud Deum omne verbum.*

Respondeo dicendum quod communiter confitentur omnes Deum esse omnipotentem. Sed rationem omnipotentiae assignare videtur difficile. Dubium enim potest esse quid comprehendatur sub ista distributione, cum dicitur omnia posse Deum. Sed si quis recte consideret, cum potentia dicatur ad possibilia, cum Deus omnia posse dicitur, nihil rectius intelligitur quam quod possit omnia possibilia, et ob hoc omnipotens dicatur.

Possibile autem dicitur dupliciter, secundum Philosophum, in V *Metaphys.*[4]. Uno modo, per respectum ad aliquam potentiam: sicut quod subditur humanae potentiae, dicitur esse *possibile homini*. Non autem potest dici quod Deus dicatur omnipotens, quia potest omnia quae sunt possibilia naturae creatae: quia divina potentia in plura extenditur. Si autem dicatur quod Deus sit omnipotens, quia potest omnia quae sunt possibilia suae potentiae, erit circulatio in manifestatione omnipotentiae: hoc enim non erit aliud quam dicere quod Deus est omnipotens, quia potest omnia quae potest. Relinquitur igitur quod Deus dicatur omnipotens, quia potest *omnia possibilia absolute*, quod est alter modus dicendi *possibile*. Dicitur autem aliquid possibile vel impossibile absolute, ex habitudine terminorum: possibile quidem, quia praedicatum non repugnat subiecto,

a misericórdia". Assim, o máximo que pode a potência divina é o perdão e a misericórdia. Ora, existem coisas muito maiores que perdoar e ter misericórdia; por exemplo, criar outro mundo ou algo semelhante. Logo, Deus não é onipotente.

4. Ademais, sobre as palavras da primeira Carta aos Coríntios: "Deus tornou louca a sabedoria do mundo?", a *Glosa* diz: "Mostrando possível o que esta sabedoria julgava impossível". Parece, pois, que não se deve julgar possível ou impossível segundo as causas inferiores, como julga a sabedoria deste mundo, mas segundo a potência divina. Portanto, se Deus é onipotente, tudo será possível. Nada haverá que seja impossível. Ora, negado o impossível, nega-se também o necessário, pois o que é necessário ser é impossível que não seja. Não haveria, então, nada necessário nas coisas, se Deus fosse onipotente. Ora, isto é impossível. Logo, Deus não é onipotente.

Em sentido contrário, está o que diz o Evangelho de Lucas: "Nenhuma palavra é impossível a Deus".

Respondo. Em geral, todos confessam que Deus é onipotente. Mas parece difícil determinar a razão da onipotência. Pois pairam dúvidas sobre o conteúdo desta afirmação: Deus pode todas as coisas. Mas, bem considerando, já que a potência se refere ao possível, quando se diz: Deus tudo pode, o mais correto é entender que pode tudo o que é possível e por isso se diz onipotente.

Ora, segundo o Filósofo, no livro V da *Metafísica*, o *possível* tem dupla acepção. Primeira, com relação a alguma potência. Por exemplo, é possível ao homem o que está sujeito a sua potência. Mas não se pode dizer que Deus seja onipotente porque pode tudo o que é possível à natureza criada, pois a potência divina se estende a muito mais. Mas dizer que Deus pode tudo o que é possível à potência divina é um círculo vicioso. Pois seria dizer que Deus é onipotente porque pode tudo o que pode. Portanto, deve-se dizer que Deus é chamado onipotente porque pode *absolutamente todo o possível*, o que é outra maneira de conceber o *possível*. Ora, uma coisa é possível ou impossível absolutamente segundo a relação dos termos: possível porque o predicado é compatível com o sujeito, por exemplo que Sócrates esteja sentado; o impossível absolutamente significa que

---

[3]. Ex Comm. supposit. sub nomine Ambrosii: ML 17, 189 A.
[4]. C. 12: 1019, a, 33-34; 1020, a, 1-2.

ut Socratem sedere; impossibile vero absolute, quia praedicatum repugnat subiecto, ut hominem esse asinum.

Est autem considerandum quod, cum unumquodque agens agat sibi simile, unicuique potentiae activae correspondet possibile ut obiectum proprium, secundum rationem illius actus in quo fundatur potentia activa: sicut potentia calefactiva refertur, ut ad proprium obiectum, ad esse calefactibile. Esse autem divinum super quod ratio divinae potentiae fundatur, est esse infinitum, non limitatum ad aliquod genus entis, sed praehabens in se totius esse perfectionem. Unde quidquid potest habere rationem entis, continetur sub possibilibus absolutis, respectu quorum Deus dicitur omnipotens.

Nihil autem opponitur rationi entis, nisi non ens. Hoc igitur repugnat rationi possibilis absoluti, quod subditur divinae omnipotentiae, quod implicat in se esse et non esse simul. Hoc enim omnipotentiae non subditur, non propter defectum divinae potentiae; sed quia non potest habere rationem factibilis neque possibilis. Quaecumque igitur contradictionem non implicant, sub illis possibilibus continentur, respectu quorum dicitur Deus omnipotens. Ea vero quae contradictionem implicant, sub divina omnipotentia non continentur; quia non possunt habere possibilium rationem. Unde convenientius dicitur quod *non possunt fieri*, quam quod *Deus non potest ea facere*. — Neque hoc est contra verbum Angeli dicentis: *non erit impossibile apud Deum omne verbum*. Id enim quod contradictionem implicat, *verbum* esse non potest: quia nullus intellectus potest illud concipere.

AD PRIMUM ergo dicendum quod Deus dicitur omnipotens secundum potentiam activam, non secundum potentiam passivam, ut dictum est[5]. Unde, quod non potest moveri et pati, non repugnat omnipotentiae.

AD SECUNDUM dicendum quod peccare est deficere a perfecta actione: unde posse peccare est posse deficere in agendo, quod repugnat omnipotentiae. Et propter hoc, Deus peccare non potest, qui est omnipotens. Quamvis Philosophus dicat, in IV *Topic.*[6], quod *potest Deus et studiosus prava agere*. Sed hoc intelligitur vel sub conditione cuius antecedens sit impossibile, ut puta si

o predicado é incompatível com o sujeito, por exemplo que o homem seja um asno.

Como, no entanto, todo agente produz algo semelhante a si próprio, é preciso considerar que a toda potência ativa corresponde um possível como objeto próprio, conforme à razão do ato sobre o qual se funda a potência ativa. Por exemplo, a potência de esquentar se refere, como a seu objeto próprio, ao que é suscetível de aquecimento. Ora, o ser divino sobre o qual se funda a razão de potência divina é um ser infinito, e não limitado por qualquer gênero do ser, pois pré-contém em si a perfeição de todo ser. Por conseguinte, tudo o que pode ter a razão de ente se encontra contido nos possíveis absolutos, em relação aos quais Deus é chamado onipotente.

Ora, nada se opõe à razão de ente, senão o não-ente. Logo, o que é incompatível com a razão de possível absoluto, sujeito à onipotência divina, é o que implica em si mesmo simultaneamente o ser e o não-ser. Isto não está sujeito à onipotência divina, não em razão de uma deficiência dela, mas porque não pode ter a razão de factível nem de possível. Assim, todas as coisas que não implicam contradição estão compreendidas entre os possíveis em relação às quais Deus é chamado onipotente. Quanto às coisas que implicam contradição, não estão compreendidas na onipotência divina, pois não comportam a razão de possíveis. Por conseguinte, convém mais dizer delas que *não podem ser feitas* do que dizer: *Deus não pode fazê-las*. — Tal doutrina não contradiz a palavra do anjo: "A Deus nenhuma palavra é impossível". Pois o que implica contradição não pode ser *palavra*, porque nenhum intelecto pode concebê-la.

QUANTO AO 1º, portanto, deve-se dizer que Deus é onipotente segundo a potência ativa, não segundo a passiva, como foi dito. Por conseguinte, que não possa ser movido ou ser passivo não é incompatível com a onipotência.

QUANTO AO 2º, deve-se dizer que pecar é falhar na perfeição do ato; em consequência, poder pecar é poder falhar no agir, o que é incompatível com a onipotência. Por isso Deus não pode pecar, ele que é onipotente. No entanto, o Filósofo escreve no livro IV dos *Tópicos*: "Deus e o sábio podem praticar atos maus". Isto, porém, se deve entender como uma proposição condicional cujo anteceden-

---

5. In corpore.
6. C. 5: 126, a, 34-35.

dicamus quod potest Deus prava agere *si velit*: nihil enim prohibet conditionalem esse veram, cuius antecedens et consequens est impossibile; sicut si dicatur, *si homo est asinus, habet quatuor pedes*. Vel ut intelligatur quod Deus potest aliqua agere, quae nunc prava videntur; quae tamen si ageret, bona essent. Vel loquitur secundum comunem opinionem gentilium, qui homines dicebant transferri in Deos, ut Iovem vel Mercurium.

AD TERTIUM dicendum quod Dei omnipotentia ostenditur maxime in parcendo et miserando, quia per hoc ostenditur Deum habere summam potestatem, quod libere peccata dimittit: eius enim qui superioris legi astringitur, non est libere peccata condonare. — Vel quia, parcendo hominibus et miserando, perducit eos ad participationem infiniti boni, qui est ultimus effectus divinae virtutis. — Vel quia, ut supra[7] dictum est, effectus divinae misericordiae est fundamentum omnium divinorum operum: nihil enim debetur alicui nisi propter id quod est datum ei a Deo non debitum. In hoc autem maxime divina omnipotentia manifestatur, quod ad ipsam pertinet prima institutio omnium bonorum.

AD QUARTUM dicendum quod possibile absolutum non dicitur neque secundum causas superiores, neque secundum causas inferiores; sed secundum seipsum. Possibile vero quod dicitur secundum aliquam potentiam, nominatur possibile secundum proximam causam. Unde ea quae immediate nata sunt fieri a Deo solo, ut creare, iustificare, et huiusmodi, dicuntur possibilia secundum causam superiorem: quae autem nata sunt fieri a causis inferioribus, dicuntur possibilia secundum causas inferiores. Nam secundum conditionem causae proximae, effectus habet contingentiam vel necessitatem, ut supra[8] dictum est. In hoc autem reputatur stulta mundi sapientia, quod ea quae sunt impossibilia naturae, etiam Deo impossibilia iudicabat. Et sic patet quod omnipotentia Dei impossibilitatem et necessitatem a rebus non excludit.

te é impossível; por exemplo quando se diz que Deus pode praticar o mal, *se quiser*. Nada impede que uma proposição condicional seja verdadeira mesmo que seu antecedente e seu consequente sejam impossíveis; por exemplo, se *o homem fosse um burro teria quatro patas*. Ou, então, quer dizer que Deus pode fazer coisas aparentemente más, que no entanto seriam boas se as fizesse. Ou então fala segundo a opinião comum dos gentios, que diziam poderem os homens ser divinizados, como Júpiter ou Mercúrio.

QUANTO AO 3º, deve-se dizer que a onipotência de Deus se manifesta sobretudo perdoando e praticando a misericórdia, porque, por essas ações, se mostra que Deus tem o supremo poder: ele perdoa livremente os pecados. Quem está ligado à lei de um superior não pode livremente perdoar os pecados. — Ou, então, porque perdoando os homens e praticando a misericórdia, Deus os conduz à participação do bem infinito, que é o efeito supremo do poder divino. — Ou ainda porque, como foi dito antes, o efeito da misericórdia divina é o fundamento de todas as obras divinas, pois nada a ninguém é devido a não ser em razão daquilo que lhe foi dado gratuitamente por Deus. Ora, a onipotência divina se manifesta sobretudo em que a ela pertence a primeira instituição de todos os bens.

QUANTO AO 4º, deve-se dizer que não se afirma o possível absoluto nem em relação às causas superiores, nem em relação às inferiores, mas em si mesmo. Ao passo que o que é possível em relação a alguma potência é chamado possível em relação à sua causa próxima. Quando se trata de coisas cuja natureza exige ter a Deus por único autor, como a criação, a justificação etc., diz-se que são possíveis em relação à causa superior. Ao contrário, das que podem ser realizadas pelas causas inferiores diz-se que são possíveis em relação a estas causas. Pois é segundo a condição da causa próxima que o efeito comporta contingência ou necessidade, como acima foi dito. Declara-se louca a sabedoria do mundo, porque julgava ser impossível ao próprio Deus o que é impossível à natureza. Vemos assim que a onipotência de Deus não exclui das coisas nem a impossibilidade nem a necessidade.

---

7. Q. 21, a. 4.
8. Q. 14, a. 13, ad 1.

Articulus 4
Utrum Deus possit facere quod praeterita non fuerint

AD QUARTUM SIC PROCEDITUR. Videtur quod Deus possit facere quod praeterita non fuerint.

1. Quod enim est impossibile per se, magis est impossibile quam quod est impossibile per accidens. Sed Deus potest facere id quod est impossibile per se, ut caecum illuminare, vel mortuum resuscitare. Ergo multo magis potest Deus facere illud quod est impossibile per accidens. Sed praeterita non fuisse, est impossibile per accidens: accidit enim Socratem non currere esse impossibile, ex hoc quod praeteriit. Ergo Deus potest facere quod praeterita non fuerint.

2. PRAETEREA, quidquid Deus facere potuit, potest: cum eius potentia non minuatur. Sed Deus potuit facere, antequam Socrates curreret, quod non curreret. Ergo, postquam cucurrit, potest Deus facere quod non cucurrerit.

3. PRAETEREA, caritas est maior virtus quam virginitas. Sed Deus potest reparare caritatem amissam. Ergo et virginitatem. Ergo potest facere quod illa quae corrupta fuit, non fuerit corrupta.

SED CONTRA est quod Hieronymus dicit[1]: *cum Deus omnia possit, non potest de corrupta facere incorruptam*. Ergo eadem ratione non potest facere de quocumque alio praeterito, quod non fuerit.

RESPONDEO dicendum quod, sicut supra[2] dictum est, sub omnipotentia Dei non cadit aliquid quod contradictionem implicat. Praeterita autem non fuisse, contradictionem implicat. Sicut enim contradictionem implicat dicere quod Socrates sedet et non sedet, ita, quod sederit et non sederit. Dicere autem quod sederit, est dicere quod sit praeteritum: dicere autem quod non sederit, est dicere quod non fuerit. Unde praeterita non fuisse, non subiacet divinae potentiae. Et hoc est quod Augustinus dicit, *contra Faustum*[3]: *Quisquis ita dicit: "Si Deus omnipotens est, faciat ut quae facta sunt, facta non fuerint", non videt hoc se dicere: "si Deus omnipotens est, faciat ut ea quae*

Artigo 4
Deus pode fazer que coisas passadas não tenham existido?

QUANTO AO QUARTO, ASSIM SE PROCEDE: parece que Deus **pode** fazer que coisas passadas não tenham existido.

1. Com efeito, o que é impossível por si é mais impossível do que é impossível por acidente. Ora, Deus pode realizar o que é impossível por si; por exemplo, recuperar a vista a um cego ou ressuscitar um morto. Logo, com muito mais razão pode realizar o impossível por acidente. Ora, que as coisas passadas não tenham existido, isso é impossível por acidente; que Sócrates, por exemplo, não tenha corrido é impossível por acidente, pelo fato de que já passou. Logo, Deus pode fazer que coisas passadas não tenham existido.

2. ALÉM DISSO, tudo o que Deus pôde fazer, ele o pode, pois sua potência não se encontra diminuída. Ora, Deus pôde fazer, antes que Sócrates corresse, que não corresse. Logo, depois que correu, Deus pode fazer que não tenha corrido.

3. ADEMAIS, o amor é uma virtude maior que a virgindade. Ora, Deus pode restabelecer o amor perdido. Logo, também a virgindade, e pode fazer que aquela que foi violada não o tenha sido.

EM SENTIDO CONTRÁRIO, Jerônimo escreve: "Deus, que pode tudo, não pode fazer que uma mulher violada seja não violada". Logo, pela mesma razão, não pode fazer de algo passado que não tenha existido.

RESPONDO. Como foi dito acima, o que implica contradição não está sob a onipotência de Deus. Ora, que as coisas passadas não tenham existido implica contradição. Com efeito, assim como há contradição em dizer que Sócrates está e não está sentado, também há em dizer que esteve e não esteve sentado. Ora, dizer que ele esteve sentado é declarar uma coisa passada; dizer que não esteve é dizer que essa coisa passada não existiu. Então, que as coisas passadas não tenham existido, isto não está na dependência da potência divina. É o que assevera Agostinho: "Aquele que diz: 'Se Deus é onipotente, faça que o que foi feito não tenha sido feito', não percebe o que está dizendo:

---

4 PARALL.: II-II, q. 152, a. 3, ad 3; I *Sent.*, dist. 42, q. 2, a. 2; *Cont. Gent.* II, 25; *De Pot.*, q. 1, a. 3, ad 9; *Quodlib.* V, q. 2, a. 1; VI *Ethic.*, lect. 2.

1. *De Custodia Virginit.*, ad Eustoch., ep. 22: ML 22, 397.
2. Art. praec.; et q. 7, a. 2, ad 1.
3. Lib. XXVI, c. 5: ML 42, 481.

vera sunt, eo ipso quod vera sunt, falsa sint". Et Philosophus dicit, in VI *Ethic.*⁴, quod *hoc solo privatur Deus, ingenita facere quae sunt facta*.

AD PRIMUM ergo dicendum quod, licet praeterita non fuisse sit impossibile per accidens, si consideretur id quod est praeteritum, idest cursus Socratis; tamen, si consideretur praeteritum sub ratione praeteriti, ipsum non fuisse est impossibile non solum per se, sed absolute, contradictionem implicans. Et sic est magis impossibile quam mortuum resurgere, quod non implicat contradictionem: quod dicitur impossibile secundum aliquam potentiam, scilicet naturalem. Talia enim impossibilia divinae potentiae subduntur.

AD SECUNDUM dicendum quod sicut Deus, quantum est ad perfectionem divinae potentiae, omnia potest, sed quaedam non subiacent eius potentiae, quia deficiunt a ratione possibilium; ita, si attendatur immutabilitas divinae potentiae, quidquid Deus potuit, potest; aliqua tamen olim habuerunt rationem possibilium, dum erant fienda, quae iam deficiunt a ratione possibilium, dum sunt facta. Et sic dicitur Deus ea non posse, quia ea non possunt fieri.

AD TERTIUM dicendum quod omnem corruptionem mentis et corporis Deus auferre potest a muliere corrupta: hoc tamen ab ea removeri non poterit, quod corrupta non fuerit. Sicut etiam ab aliquo peccatore auferre non potest quod non peccaverit, et quod caritatem non amiserit.

ARTICULUS 5
Utrum Deus possit facere quae non facit

AD QUINTUM SIC PROCEDITUR. Videtur quod Deus non possit facere nisi ea quae facit.
1. Deus enim non potest facere quae non praescivit et praeordinavit se facturum. Sed non praescivit neque praeordinavit se facturum, nisi ea quae facit. Ergo non potest facere nisi ea quae facit.
2. PRAETEREA, Deus non potest facere nisi quod debet, et quod iustum est fieri. Sed Deus non debet facere quae non facit: nec iustum est ut faciat quae non facit. Ergo Deus non potest facere nisi quae facit.

'Se Deus é onipotente, que ele faça que o que é verdadeiro, enquanto tal, seja falso'. E o Filósofo escreve no livro VI da *Ética*: "A Deus só lhe falta isso: tornar não feito o que foi feito".

QUANTO AO 1º, portanto, deve-se dizer que, embora seja impossível por acidente que o passado não tenha existido se se considera o que já passou, por exemplo a corrida de Sócrates, se se considera o passado como tal é impossível que não tenha existido não só por si, mas absolutamente, pois implica contradição. Assim, é mais impossível que a ressurreição de um morto, o que não implica contradição e se diz impossível com relação a certa potência, a da natureza. Tais impossibilidades estão sujeitas à potência de Deus.

QUANTO AO 2º, deve-se dizer que Deus pode tudo em razão da perfeição de sua potência; no entanto, existem coisas que não estão sujeitas à sua potência, porque lhes falta a razão do possível. Assim, ao considerarmos a imutabilidade da potência divina, Deus pode tudo o que pôde; certas coisas, porém, foram possíveis outrora, quando eram factíveis; e hoje não mais o são, porque já foram feitas. E assim Deus não pode fazê-las, porque não podem ser feitas.

QUANTO AO 3º, deve-se dizer que Deus pode retirar toda mancha da alma do corpo da mulher violada, mas não pode remover que não tenha sido violada e assim também não pode retirar de um pecador que não tenha pecado e perdido o amor.

ARTIGO 5
Deus pode fazer as coisas que não faz?

QUANTO AO QUINTO, ASSIM SE PROCEDE: parece que **não** pode fazer as coisas que não faz.
1. Com efeito, Deus não pode fazer o que não previu nem predeterminou que o faria. Ora, Deus só previu e predeterminou as coisas que faz. Logo, só pode fazer o que faz.
2. ALÉM DISSO, Deus só pode fazer o que deve e o que é justo ser feito. Ora, as coisas que Deus não faz, não as deve fazer, e não é justo que as faça. Logo, Deus só pode fazer o que faz.

---
4. C. 2: 1139, b, 5-11.
PARALL.: I *Sent.*, dist. 43, q. 2; *Cont. Gent.* II, 23, 26, 27; III, 98; *De Pot.*, q. 1, a. 5.

3. PRAETEREA, Deus non potest facere nisi quod bonum est, et conveniens rebus factis. Sed rebus factis a Deo non est bonum nec conveniens aliter esse quam sint. Ergo Deus non potest facere nisi quae facit.

SED CONTRA est quod dicitur Mt 26,53: *An non possum rogare Patrem meum, et exhibebit mihi modo plus quam duodecim legiones angelorum?* Neque autem ipse rogabat, neque Pater exhibebat ad repugnandum Iudaeis. Ergo Deus potest facere quod non facit.

RESPONDEO dicendum quod circa hoc quidam dupliciter erraverunt. Quidam enim posuerunt Deum agere quasi ex necessitate naturae; ut sicut ex actione rerum naturalium non possunt alia provenire nisi quae eveniunt, utpote ex semine hominis homo, ex semine olivae oliva; ita ex operatione divina non possint aliae res, vel alius ordo rerum effluere, nisi sicut nunc est. — Sed supra[1] ostendimus Deum non agere quasi ex necessitate naturae, sed voluntatem eius esse omnium rerum causam; neque etiam ipsam voluntatem naturaliter et ex necessitate determinari ad has res. Unde nullo modo iste cursus rerum sic ex necessitate a Deo provenit, quod alia provenire non possent.

Alii vero dixerunt quod potentia divina determinatur ad hunc cursum rerum, propter ordinem sapientiae et iustitiae divinae, sine quo Deus nihil operatur. — Cum autem potentia Dei, quae est eius essentia, non sit aliud quam Dei sapientia, convenienter quidem dici potest quod nihil sit in Dei potentia, quod non sit in ordine divinae sapientiae: nam divina sapientia totum posse potentiae comprehendit. Sed tamen ordo a divina sapientia rebus inditus, in quo ratio iustitiae consistit, ut supra[2] dictum est, non adaequat divinam sapientiam, sic ut divina sapientia limitetur ad hunc ordinem. Manifestum est enim quod tota ratio ordinis, quam sapiens rebus a se factis imponit, a fine sumitur. Quando igitur finis est proportionatus rebus propter finem factis, sapientia facientis limitatur ad aliquem determinatum ordinem. Sed divina bonitas est finis improportionabiliter excedens res creatas. Unde divina sapientia non determinatur ad aliquem certum ordinem rerum, ut non possit alius cursus rerum ab ipsa effluere. Unde dicendum est simpliciter quod Deus potest alia facere quam quae facit.

3. ADEMAIS, Deus só pode fazer o que é bom e conveniente às coisas feitas. Ora, não é bom nem conveniente às coisas feitas por Deus que sejam diferentes do que são. Logo, Deus só pode fazer aquilo que faz.

EM SENTIDO CONTRÁRIO, se diz no Evangelho de Mateus: "Por acaso não posso recorrer a meu Pai, que logo poria à minha disposição mais de doze legiões de anjos?". E nem ele recorreu, nem o Pai lhe enviou anjos para resistir aos judeus. Logo, Deus pode fazer o que não faz.

RESPONDO. Quanto a este assunto alguns erraram duplamente. Alguns afirmaram que Deus age como por necessidade da natureza. Assim como das coisas naturais não podem surgir outros efeitos a não ser os que ocorrem, por exemplo um homem de uma semente de homem, uma oliveira de uma semente de oliveira; do mesmo modo, da operação divina não poderiam advir outras coisas nem outra ordem do universo, diferente do que existe hoje. — Mas já se demonstrou que Deus não age por necessidade da natureza; que sua vontade é que é a causa de todas as coisas e que essa vontade não é determinada natural e necessariamente a essas coisas. Por conseguinte, esse curso das coisas não provém de modo nenhum de Deus com tal necessidade que outras não possam provir.

Outros disseram que a potência divina é determinada ao curso atual das coisas por causa da ordem de sua sabedoria e de sua justiça, fora das quais Deus nada faz. — Como porém a potência de Deus, que é sua essência, não se distingue da própria sabedoria, pode-se dizer corretamente que nada está na potência de Deus que não esteja na ordem da sabedoria divina; porque a sabedoria divina compreende todo o poder da potência. Entretanto, a ordem dada às coisas pela sabedoria divina, na qual consiste a razão de justiça, como foi dito antes, não é igual à sabedoria divina, como se a sabedoria divina estivesse delimitada por essa ordem. É evidente que toda a razão da ordem, imposta pelo sábio à sua obra, é estabelecida pelo fim. Portanto, quando o fim é proporcionado às coisas feitas em vista de um fim, a sabedoria do agente está limitada a uma ordem determinada. A bondade divina, todavia, é um fim que ultrapassa, acima de qualquer proporção, as coisas criadas. Por conseguinte, a sabedoria divina não está determinada a uma ordem de coisas, a tal ponto que

---

1. Q. 19, a. 3, 4.
2. Q. 21, a. 4.

AD PRIMUM ergo dicendum quod in nobis, in quibus est aliud potentia et essentia a voluntate et intellectus, et iterum intellectus aliud a sapientia, et voluntas aliud a iustitia, potest esse aliquid in potentia, quod non potest esse in voluntate iusta, vel in intellectu sapiente. Sed in Deo est idem potentia et essentia et voluntas et intellectus et sapientia et iustitia. Unde nihil potest esse in potentia divina, quod non possit esse in voluntate iusta ipsius, et in intellectu sapiente eius. Tamen, quia voluntas non determinatur ex necessitate ad haec vel illa, nisi forte ex suppositione, ut supra[3] dictum est; neque sapientia Dei et iustitia determinantur ad hunc ordinem, ut supra[4] dictum est; nihil prohibet esse aliquid in potentia Dei, quod non vult, et quod non continetur sub ordine quem statuit rebus. Et quia potentia intelligitur ut exequens, voluntas autem ut imperans, et intellectus et sapientia ut dirigens, quod attribuitur potentiae secundum se consideratae, dicitur Deus posse *secundum potentiam absolutam*. Et huiusmodi est omne illud in quo potest salvari ratio entis, ut supra[5] dictum est. Quod autem attribuitur potentiae divinae secundum quod exequitur imperium voluntatis iustae, hoc dicitur Deus posse facere *de potentia ordinata*. Secundum hoc ergo, dicendum est quod Deus potest alia facere, de potentia absoluta, quam quae praescivit et praeordinavit se facturum: non tamen potest esse quod aliqua faciat, quae non praesciverit et praeordinaverit se facturum. Quia ipsum facere subiacet praescientiae et praeordinationi: non autem ipsum posse, quod est naturale. Ideo enim Deus aliquid facit, quia vult: non tamen ideo potest, quia vult, sed quia talis est in sua natura.

dela não possa decorrer um outro curso das coisas. Temos então de dizer de modo absoluto que Deus pode fazer algo diferente do que faz.

QUANTO AO 1º, portanto, deve-se dizer que em nós a potência e a essência são distintas da vontade e do intelecto; sendo uma coisa o intelecto, e outra a sabedoria; uma coisa a vontade, e outra a justiça; assim, algo pode estar em potência, e não na vontade justa ou no intelecto sábio. Em Deus, no entanto, a potência e a essência, a vontade e o intelecto, a sabedoria e a justiça são a mesma coisa. De modo que nada pode estar na potência divina que não possa estar em sua justa vontade e em seu sábio intelecto. Entretanto, como sua vontade não está determinada necessariamente a isto ou aquilo, a não ser condicionalmente, como acima foi dito, e como, acabamos de dizer, a sabedoria de Deus e sua justiça não estão determinadas a tal ordem, nada impede que exista na potência de Deus algo que não queira e que não esteja contido na ordem que estabeleceu para as coisas. E dado que a potência é concebida como a que executa, a vontade como a que manda, o intelecto e a sabedoria como os que dirigem: por isso, o que se atribui à potência considerada em si mesma, Deus o pode *segundo sua potência absoluta*. E isto é tudo aquilo em que se pode salvar a razão de ente, como acima foi dito. Mas, quanto ao que se atribui à potência divina enquanto executora do querer da vontade justa, Deus pode fazê-lo em sua *potência ordenada*[a]. Assim, de acordo com essa distinção, deve-se dizer que Deus pode, de potência absoluta, fazer algo diferente do que previu e predeterminou que faria; e, no entanto, é impossível que faça coisas que não havia previsto nem predeterminado fazer. Porque o fazer está sujeito à presciência e à predeterminação, porém não o poder que pertence à natureza. Assim pois, Deus faz algo porque quer; entretanto, não é porque quer que Ele pode, mas porque está em sua natureza.

---

3. Q. 19, a. 3.
4. In corpore.
5. Art. 3.

a. A "potência ordenada" não é uma potência diversa da "potência absoluta": é a "potência absoluta" recolocada no contexto existencial do plano que Deus livremente concebeu e quis desde toda a eternidade.
    Depois de Santo Tomás, e cada vez mais à medida que a escolástica se degrada em nominalismo, a noção de "potência absoluta" assumirá um lugar cada vez maior e desproposidado. Sendo na origem apenas uma distinção de razão, destinada a dar a conhecer na ação de Deus, que é una e infinitamente simples, a parte respectiva do pensamento que concebe e dirige, do querer que impulsiona e da potência que realiza, dela se fez pouco a pouco uma abstração realizada, concebendo a potência em Deus como uma força cega e arbitrária, regra suprema do bem e do mal, ela própria nem boa nem má. Chega-se assim à concepção de um Deus tirânico, que não ama e que é impossível amar. Outros, em contrapartida, queriam retirar-lhe sua onipotência e negar a radical dependência, da criatura ao criador que ela implica. A verdade é que a sabedoria, o amor e a potência são uma única coisa em Deus, de modo que a mais ínfima, assim como a mais bela de suas obras traz, de maneira indissociável, a marca desses três atributos inseparáveis.

AD SECUNDUM dicendum quod Deus non debet aliquid alicui nisi sibi. Unde, cum dicitur quod Deus non potest facere nisi quod debet, nihil aliud significatur nisi quod Deus non potest facere nisi quod ei est conveniens et iustum. Sed hoc quod dico *conveniens et iustum*, potest intelligi dupliciter. Uno modo, sic quod hoc quod dico *conveniens et iustum*, prius intelligatur coniungi cum hoc verbo *est*, ita quod restringatur ad standum pro praesentibus; et sic referatur ad potentiam. Et sic falsum est quod dicitur: est enim sensus: *Deus non potest facere nisi quod modo conveniens est et iustum*. Si vero prius coniungatur cum hoc verbo *potest*, quod habet vim ampliandi, et postmodum cum hoc verbo *est*, significabitur quoddam praesens confusum: et erit locutio vera, sub hoc sensu: *Deus non potest facere nisi id quod, si faceret, esset conveniens et iustum*.

AD TERTIUM dicendum quod, licet iste cursus rerum sit determinatus istis rebus quae nunc sunt, non tamen ad hunc cursum limitatur divina sapientia et potestas. Unde, licet istis rebus quae nunc sunt, nullus alius cursus esset bonus et conveniens, tamen Deus posset alias res facere, et alium eis imponere ordinem.

QUANTO AO 2º, deve-se dizer que Deus não deve nada a ninguém, a não ser a si próprio. Assim, quando se diz que Deus só pode fazer o que deve fazer, isto nada mais significa do que: Deus só pode realizar o que é conveniente e justo para Si. No entanto, quando digo *conveniente e justo*, pode ser entendido de duas maneiras. Primeiro, quando digo *conveniente e justo*, entenda-se que estão unidos ao verbo *é*, e assim o sentido se restringe às coisas presentes; desse modo referem-se à potência. Nesse caso, a proposição é falsa, pois seu sentido é o seguinte: *Deus só pode fazer o que é, atualmente, conveniente e justo*. Se, pelo contrário, os termos estiverem unidos primeiro ao verbo *pode*, que tem maior amplitude, e somente em seguida ao verbo *é*, daí resultará algo presente e indeterminado, e a proposição será verdadeira neste sentido: *Deus não pode fazer nada que não seja conveniente e justo, se o fizesse*.

QUANTO AO 3º, deve-se dizer que, embora o atual curso das coisas seja determinado pelas coisas que presentemente existem, a sabedoria e a potência divina não estão limitadas por isso a esse curso das coisas. Assim, mesmo que não existisse curso melhor e mais conveniente para as coisas que agora existem, Deus poderia fazer outras coisas e lhes dar outro ordenamento.

ARTICULUS 6
Utrum Deus possit meliora facere ea quae facit

AD SEXTUM SIC PROCEDITUR. Videtur quod Deus non possit meliora facere ea quae facit.

1. Quidquid enim Deus facit, potentissime et sapientissime facit. Sed tanto fit aliquid melius, quanto fit potentius et sapientius. Ergo Deus non potest aliquid facere melius quam facit.

2. PRAETEREA, Augustinus, *contra Maximinum*[1], sic argumentatur: *si Deus potuit, et noluit, gignere filium sibi aequalem, invidus fuit*. Eadem ratione, si Deus potuit res meliores facere quam fecerit, et noluit, invidus fuit. Sed invidia est omnino relegata a Deo. Ergo Deus unumquodque fecit optimum. Non ergo Deus potest aliquid facere melius quam fecit.

ARTIGO 6
Deus poderia fazer melhores as coisas que faz?

QUANTO AO SEXTO, ASSIM SE PROCEDE: parece que Deus **não** poderia fazer melhores as coisas que faz.

1. Com efeito, tudo o que Deus faz, o faz com o máximo de poder e de sabedoria. Ora, uma coisa se faz melhor tanto quanto com mais poder e sabedoria se faz. Logo, Deus não pode fazer nada melhor do que o que faz.

2. ALÉM DISSO, contra Maximino, Agostinho argumenta assim: "Se Deus podia e não quis gerar um filho que fosse seu igual, foi invejoso". Pela mesma razão, se Deus pôde fazer coisas melhores do que fez, e não quis, foi invejoso. Ora, a inveja é algo totalmente estranho a Deus. Logo, Deus fez cada coisa a melhor possível; portanto, não pode fazer melhor o que fez.

---

6 PARALL.: I *Sent.*, dist. 44, a. 1, 2, 3.
 1. Lib. II (al. III), c. 8: ML 42, 762.

3. Praeterea, id quod est maxime et valde bonum, non potest melius fieri: quia maximo nihil est maius. Sed, sicut Augustinus dicit in *Enchirid.*[2], *bona sunt singula quae Deus fecit, sed simul universa valde bona: quia ex omnibus consistit universitatis admirabilis pulchritudo.* Ergo bonum universi non potest melius fieri a Deo.

4. Praeterea, homo Christus est plenus gratia et veritate, et Spiritum habet non ad mensuram: et sic non potest esse melior. Beatitudo etiam creata dicitur esse summum bonum: et sic non potest esse melius. Beata etiam virgo Maria est super omnes choros angelorum exaltata: et sic non potest esse melior. Non igitur omnia quae fecit Deus, potest facere meliora.

Sed contra est quod dicitur Eph 3,20, quod Deus *potens est omnia facere abundantius quam petimus aut intelligimus.*

Respondeo dicendum quod bonitas alicuius rei est duplex. Una quidem, quae est de essentia rei: sicut esse rationale est de essentia hominis. Et quantum ad hoc bonum, Deus non potest facere aliquam rem meliorem quam ipsa sit, licet possit facere aliquam aliam ea meliorem. Sicut etiam non potest facere quaternarium maiorem: quia, si esset maior, iam non esset quaternarius, sed alius numerus. Sic enim se habet additio differentiae substantialis in definitionibus, sicut additio unitatis in numeris, ut dicitur in VIII *Metaphys.*[3]. Alia bonitas est, quae est extra essentiam rei; sicut bonum hominis est esse virtuosum vel sapientem. Et secundum tale bonum, potest Deus res a se factas facere meliores. Simpliciter autem loquendo, qualibet re a se facta potest Deus facere aliam meliorem.

Ad primum ergo dicendum quod, cum dicitur Deum posse aliquid facere melius quam facit, si ly *melius* sit nomen, verum est: qualibet enim re potest facere aliam meliorem. Eandem vero potest facere meliorem quodammodo, et quodammodo non, sicut dictum est[4]. Si vero ly *melius* sit adverbium, et importet modum ex parte facientis, sic Deus non potest facere melius quam sicut facit: quia non potest facere ex maiori sapientia et bonitate. Si autem importet modum ex parte facti, sic potest facere melius: quia potest dare rebus a

3. Ademais, o que é muito bom ao máximo não pode se tornar melhor, pois nada ultrapassa o máximo. Ora, diz Agostinho: "Todas as coisas que Deus faz são boas cada uma singularmente, mas tomadas em conjunto são muito boas, porque de seu conjunto resulta a admirável beleza do universo". Logo, o bem do universo não pode ser feito melhor por Deus.

4. Ademais, Cristo, como homem, é pleno de graça e de verdade; possui o Espírito sem medida; e assim não pode ser melhor. A bem-aventurança criada é chamada soberano bem, e portanto nem ela pode ser melhor. Enfim, a bem-aventurada Virgem Maria foi elevada acima de todos os coros dos anjos, e portanto não pode ser melhor. Assim, nem tudo o que Deus fez poderia ter feito melhor.

Em sentido contrário, lê-se na Carta aos Efésios que Deus "é poderoso para fazer muito mais do que tudo o que pedimos ou concebemos".

Respondo. Cada coisa tem uma dupla bondade. Uma pertence a sua essência. Por exemplo, ser racional é da essência do homem. Quanto a este bem, Deus não pode fazer nenhuma coisa melhor que ela própria, ainda que possa fazer outra melhor que ela. Assim, Deus não pode fazer o número 4 maior, porque se fosse maior não mais seria o número 4, e sim outro número. Assim, a adição de uma diferença substancial nas definições é como a adição da unidade nos números, como se diz no livro VIII da *Metafísica*. A outra bondade é exterior à essência da coisa. Por exemplo, é um bem do homem ser virtuoso e sábio. E de acordo com esse bem Deus pode fazer melhores as coisas que fez. No entanto, absolutamente falando, qualquer que tenha sido a coisa feita, Deus pode fazer outra melhor.

Quanto ao 1º, portanto, deve-se dizer que quando se diz que Deus pode fazer algo melhor do que aquilo que fez, se a palavra *melhor* é um adjetivo, a proposição é verdadeira, porque, seja qual for a coisa, Deus pode fazer uma outra melhor, e esta mesma pode fazer melhor de alguma maneira, e de outras não, como foi dito. Se a palavra "melhor" é um advérbio e se refere ao modo de agir de Deus, nesse sentido Deus não pode fazer melhor que o faz; pois não pode fazer com mais sabedoria e bondade. No entanto, se se

---

2. C. 10: ML 40, 236.
3. C. 3: 1043, b, 36 — 1044, a, 2.
4. In corpore.

se factis meliorem modum essendi quantum ad accidentalia, licet non quantum ad essentialia.

AD SECUNDUM dicendum quod de ratione filii est quod aequetur patri, cum ad perfectum venerit: non est autem de ratione creaturae alicuius, quod sit melior quam a Deo facta est. Unde non est similis ratio.

AD TERTIUM dicendum quod universum, suppositis istis rebus, non potest esse melius; propter decentissimum ordinem his rebus attributum a Deo, in quo bonum universi consistit. Quorum si unum aliquod esset melius, corrumperetur proportio ordinis: sicut, si una chorda plus debito intenderetur, corrumperetur citharae melodia. Posset tamen Deus alias res facere, vel alias addere istis rebus factis: et sic esset illud universum melius.

AD QUARTUM dicendum quod humanitas Christi ex hoc quod est unita Deo, et beatitudo creata ex hoc quod est fruitio Dei, et Beata Virgo ex hoc quod est Mater Dei, habent quandam dignitatem infinitam, ex bono infinito quod est Deus. Et ex hac parte non potest aliquid fieri melius eis, sicut non potest aliquid melius esse Deo.

refere ao modo de ser do efeito, Deus pode então fazer melhor, pois pode dar às coisas que fez um modo de ser mais perfeito quanto aos acidentes, ainda que não quanto ao que é essencial.

QUANTO AO 2º, deve-se dizer que é da razão do filho igualar-se ao pai ao chegar à idade adulta; mas não é da razão de nenhuma coisa criada ser melhor do que Deus a fez. Assim, a comparação não vale[b].

QUANTO AO 3º, deve-se dizer que o universo não pode ser melhor do que é, se o supomos como constituído pelas coisas atuais, em razão da ordem muito apropriada atribuída às coisas por Deus e em que consiste o bem do universo. Se apenas uma dessas coisas se tornasse melhor, a proporção da ordem estaria destruída; como a melodia da cítara ficaria destruída se uma corda se tornasse mais tensa do que deve. Deus, porém, poderia fazer outras coisas ou acrescentar às que já fez; e assim aquele universo seria melhor.

QUANTO AO 4º, deve-se dizer que a humanidade de Cristo, por estar unida a Deus; a bem-aventurança criada, por ser o deleitar-se em Deus; e a bem-aventurada Virgem, por ser a Mãe de Deus, têm até certo ponto infinita dignidade, provinda do bem infinito que é Deus. Sob este aspecto, nada pode ser feito melhor que eles, como nada pode ser melhor que Deus.

---

b. Santo Tomás não insiste na citação de Agostinho alegada pelo objetante, e que suscitaria uma discussão, pois ele parece fazer depender a geração do Filho da vontade livre do Pai. Contudo, não era este o lugar e o momento para tal discussão, e ele se contenta em afirmar que, de qualquer modo, o caso da criatura é diferente.

QUAESTIO XXVI
DE DIVINA BEATITUDINE
in quatuor articulos divisa

Ultimo autem, post considerationem eorum quae ad divinae essentiae unitatem pertinent, considerandum est de divina beatitudine.
Et circa hoc quaeruntur quatuor.
Primo: utrum beatitudo Deo competat.
Secundo: secundum quid dicitur Deus esse beatus, utrum secundum actum intellectus.
Tertio: utrum sit essentialiter beatitudo cuiuslibet beati.
Quarto: utrum in eius beatitudine omnis beatitudo includatur.

QUESTÃO 26
A BEM-AVENTURANÇA DIVINA
em quatro artigos

Finalmente, após considerar o que se refere à unidade da essência divina, consideremos a bem-aventurança divina.
E sobre isso são quatro as perguntas:
1. A bem-aventurança convém a Deus?
2. Deus é bem-aventurado pelo ato de seu intelecto?
3. Deus é essencialmente a bem-aventurança de todos os bem-aventurados?
4. A bem-aventurança dele inclui toda bem-aventurança?

ARTICULUS 1
Utrum beatitudo Deo competat

AD PRIMUM SIC PROCEDITUR. Videtur quod beatitudo Deo non conveniat.

1. Beatitudo enim, secundum Boetium, in III de Consol.[1], est *status omnium bonorum aggregatione perfectus*. Sed aggregatio bonorum non habet locum in Deo, sicut nec compositio. Ergo Deo non convenit beatitudo.

2. PRAETEREA, beatitudo, sive felicitas, est *praemium virtutis*, secundum Philosophum, in I Ethic.[2]. Sed Deo non convenit praemium, sicut nec meritum. Ergo nec beatitudo.

SED CONTRA est quod dicit Apostolus, 1Ti ultimo, 15: *Quem suis temporibus ostendet Deus beatus et solus potens, Rex regum et Dominus dominantium.*

RESPONDEO dicendum quod beatitudo maxime Deo competit. Nihil enim aliud sub nomine beatitudinis intelligitur, nisi bonum perfectum intellectualis naturae; cuius est suam sufficientiam cognoscere in bono quod habet; et cui competit ut ei contingat aliquid vel bene vel male, et sit suarum operationum domina. Utrumque autem istorum excellentissime Deo convenit, scilicet perfectum esse, et intelligentem. Unde beatitudo maxime convenit Deo.

AD PRIMUM ergo dicendum quod aggregatio bonorum est in Deo non per modum compositionis, sed per modum simplicitatis: quia quae in creaturis multiplicia sunt, in Deo praeexistunt simpliciter et unite, ut supra[3] dictum est.

AD SECUNDUM dicendum quod esse praemium virtutis accidit beatitudini vel felicitati, inquantum aliquis beatitudinem acquirit: sicut esse terminum generationis accidit enti, inquantum exit de potentia in actum. Sicut igitur Deus habet esse, quamvis non generetur; ita habet beatitudinem, quamvis non mereatur.

ARTIGO 1
A bem-aventurança convém a Deus?

QUANTO AO PRIMEIRO ARTIGO, ASSIM SE PROCEDE: parece que a bem-aventurança **não** convém a Deus.

1. Com efeito, segundo Boécio, a bem-aventurança é "um estado que resulta da reunião de todos os bens". Ora, em Deus não existe reunião de bens nem qualquer composição. Logo, a bem-aventurança não convém a Deus.

2. ALÉM DISSO, a bem-aventurança ou felicidade, segundo o Filósofo no Livro I da *Ética*, é o "prêmio da virtude". Ora, a Deus não convém o prêmio, tampouco o mérito. Logo, nem a bem-aventurança.

EM SENTIDO CONTRÁRIO, o Apóstolo diz na primeira Carta a Timóteo: "Ele será apresentado no devido tempo pelo Deus bem-aventurado e único poderoso, Rei dos reis e Senhor dos senhores".

RESPONDO. A Deus convém ao máximo a bem-aventurança. Pois o nome bem-aventurança nada mais significa que o bem perfeito da natureza intelectual, a quem compete conhecer sua satisfação no bem que possui; e a quem compete que lhe sobrevenham ou o bem ou o mal, e que seja senhora de seus atos. Ora, um e outro, isto é, ser perfeito e ser inteligente pertencem a Deus por excelência. Logo, a bem-aventurança lhe convém ao máximo.

QUANTO AO 1º, portanto, deve-se dizer que a reunião dos bens não se encontra em Deus à maneira de composição, e sim de simplicidade; porque o que é múltiplo nas criaturas preexiste em Deus de modo absoluto e único, como já foi explicado.

QUANTO AO 2º, deve-se dizer que ser prêmio da virtude é acidental à bem-aventurança ou felicidade, enquanto alguém a adquire. Como também ser termo de geração é acidental ao ente, enquanto passa da potência ao ato. Como Deus tem o ser, ainda que não seja gerado; assim também tem a bem-aventurança ainda que não por merecimento.

---

1 PARALL.: II *Sent.*, dist. 1, q. 2, a. 2, ad 4; *Cont. Gent.* I, 100.

1. Prosa 2: ML 63, 724 A.
2. C. 10: 1099, b, 14-18.
3. Q. 4, a. 2, ad 1; q. 13, a. 4.

Articulus 2
Utrum Deus dicatur beatus secundum intellectum

AD SECUNDUM SIC PROCEDITUR. Videtur quod Deus non dicatur beatus secundum intellectum.

1. Beatitudo enim est summum bonum. Sed bonum dicitur in Deo secundum essentiam: quia bonum respicit esse, quod est secundum essentiam, secundum Boetium, in libro *de Hebdomad*.[1]. Ergo et beatitudo dicitur in Deo secundum essentiam, et non secundum intellectum.

2. PRAETEREA, beatitudo habet rationem finis. Finis autem est obiectum voluntatis, sicut et bonum. Ergo beatitudo dicitur in Deo secundum voluntatem, et non secundum intellectum.

SED CONTRA est quod Gregorius dicit, XXXII *Moralium*[2]: *Ipse gloriosus est, qui, dum seipso perfruitur, accedentis laudis indigens non est*. Esse autem gloriosum significat esse beatum. Cum igitur Deo fruamur secundum intellectum, quia *visio est tota merces*, ut dicit Augustinus[3]; videtur quod beatitudo dicatur in Deo secundum intellectum.

RESPONDEO dicendum quod beatitudo, sicut dictum est[4], significat bonum perfectum intellectualis naturae. Et inde est quod, sicut unaquaeque res appetit suam perfectionem, ita et intellectualis natura naturaliter appetit esse beata. Id autem quod est perfectissimum in qualibet intellectuali natura, est intellectualis operatio, secundum quam capit quodammodo omnia. Unde cuiuslibet intellectualis naturae creatae beatitudo consistit in intelligendo. In Deo autem non est aliud esse et intelligere secundum rem, sed tantum secundum intelligentiae rationem. Attribuenda ergo est Deo beatitudo secundum intellectum, sicut et aliis beatis, qui per assimilationem ad beatitudinem ipsius, beati dicuntur.

AD PRIMUM ergo dicendum quod ex illa ratione probatur quod Deus sit beatus secundum suam essentiam: non autem quod beatitudo ei conveniat secundum rationem essentiae, sed magis secundum rationem intellectus.

Artigo 2
Deus se diz bem-aventurado segundo o intelecto?

QUANTO AO SEGUNDO, ASSIM SE PROCEDE: parece que Deus **não** se diz bem-aventurado segundo o intelecto.

1. Com efeito, a bem-aventurança é o bem supremo. Ora, o bem se atribui a Deus segundo a essência, porque o bem se refere ao ser, o que, de acordo com Boécio, é segundo a essência. Logo, a bem-aventurança é atribuída a Deus segundo a essência e não segundo o intelecto.

2. ALÉM DISSO, a bem-aventurança tem razão de fim. Ora, o fim é o objeto da vontade, como o bem. Logo, a bem-aventurança é atribuída a Deus segundo a vontade e não o intelecto.

EM SENTIDO CONTRÁRIO, Gregório afirma: "Glorioso é aquele que, usufruindo de si próprio, não necessita do louvor de estranhos". Ora, ser glorioso aqui significa ser bem-aventurado. Logo, como usufruímos Deus pelo intelecto, pois "a visão é toda a recompensa", diz Agostinho, parece que a bem-aventurança é atribuída a Deus segundo o intelecto.

RESPONDO. Acabamos de definir a bem-aventurança como o bem perfeito da natureza intelectual. Como cada coisa tende para sua perfeição, assim também a natureza intelectual tende naturalmente a ser bem-aventurada. Ora, o que há de mais perfeito em qualquer natureza intelectual é a operação intelectual, em razão da qual apreende de algum modo todas as coisas. Assim, a bem-aventurança de toda natureza intelectual criada consiste no conhecer. Em Deus, o conhecer e o ser não se distinguem na realidade, apenas se distinguem segundo razões conceituais. Deve-se, portanto, atribuir a Deus a bem-aventurança segundo o intelecto, como também a todos os bem-aventurados, chamados bem-aventurados por assimilação à própria bem-aventurança divina.

QUANTO AO 1º, portanto, deve-se dizer que este argumento prova que Deus é bem-aventurado segundo sua essência; o que não quer dizer que a bem-aventurança lhe convenha segundo a razão da essência, mas antes segundo a razão do intelecto.

---

2 PARALL.: II *Sent*., dist. 16, a. 2; 1 *Tim*., c. 6, lect. 3.

1. ML 64, 1314 B.
2. C. 6 (al. 7): ML 76, 639 D.
3. *Serm*. II *in Psalm*. 90: ML 37, 1170. Cfr. lib. I *de Trinit*., c. 9: ibid. 42, 833.
4. Art. praec.

AD SECUNDUM dicendum quod beatitudo, cum sit bonum, est obiectum voluntatis. Obiectum autem praeintelligitur actui potentiae. Unde, secundum modum intelligendi, prius est beatitudo divina, quam actus voluntatis in ea requiescentis. Et hoc non potest esse nisi actus intellectus. Unde in actu intellectus attenditur beatitudo.

QUANTO AO 2º, deve-se dizer que a bem-aventurança, sendo um bem, é objeto da vontade. Mas o objeto de uma potência é conhecido antes de seu ato. Por conseguinte, segundo nossa maneira de compreender, a bem-aventurança de Deus precede o ato da vontade divina que nela repousa. O que só pode ser um ato do intelecto. Eis por que é no ato do intelecto que se encontra a bem-aventurança.

ARTICULUS 3
Utrum Deus sit beatitudo cuiuslibet beati

ARTIGO 3
Deus é a bem-aventurança de todo bem-aventurado?

AD TERTIUM SIC PROCEDITUR. Videtur quod Deus sit beatitudo cuiuslibet beati.

QUANTO AO TERCEIRO, ASSIM SE PROCEDE: parece que Deus é a bem-aventurança de todo bem-aventurado.

1. Deus enim est summum bonum, ut supra[1] ostensum est. Impossibile est autem esse plura summa bona, ut etiam ex superioribus[2] patet. Cum igitur de ratione beatitudinis sit, quod sit summum bonum, videtur quod beatitudo non sit aliud quam Deus.

1. Com efeito, Deus é o bem supremo, como acima se demonstrou. Ora, é impossível a existência de vários bens supremos, como também ficou esclarecido. Logo, como é próprio à razão de bem-aventurança ser o bem supremo, parece que a bem-aventurança nada mais seria que o próprio Deus.

2. PRAETEREA, beatitudo est finis rationalis naturae ultimus. Sed esse ultimum finem rationalis naturae, soli Deo convenit. Ergo beatitudo cuiuslibet beati est solus Deus.

2. ALÉM DISSO, a bem-aventurança é o fim último da criatura racional. Ora, ser fim último da criatura racional só convém a Deus. Logo, só Deus é a bem-aventurança dos bem-aventurados.

SED CONTRA, beatitudo unius est maior beatitudine alterius, secundum illud 1Cor 15,41: *stella differt a stella in claritate*. Sed Deo nihil est maius. Ergo beatitudo est aliquid aliud quam Deus.

EM SENTIDO CONTRÁRIO, a bem-aventurança de um é maior que a bem-aventurança de outro, como se diz na primeira Carta aos Coríntios: "Uma estrela difere da outra em claridade". Ora, nada é maior do que Deus. Logo, a bem-aventurança é algo distinto de Deus.

RESPONDEO dicendum quod beatitudo intellectualis naturae consistit in actu intellectus. In quo duo possunt considerari: scilicet obiectum actus, quod est intelligibile; et ipse actus, qui est intelligere. Si igitur beatitudo consideretur ex parte ipsius obiecti, sic solus Deus est beatitudo: quia ex hoc solo est aliquis beatus, quod Deum intelligit; secundum illud Augustini, in V libro *Confess.*[3]: *Beatus est qui te novit, etiam si alia ignoret*. Sed ex parte actus intelligentis, beatitudo est quid creatum in creaturis beatis: in Deo autem est etiam secundum hoc, aliquid increatum.

RESPONDO. A bem-aventurança da natureza intelectual consiste no ato do intelecto. Podemos considerar aí duas coisas: o objeto do ato, que é o inteligível, e o próprio ato, que é o conhecer. Se se considera a bem-aventurança quanto a seu objeto, neste sentido, só Deus é a bem-aventurança, porque só é bem-aventurado alguém que conheça Deus, conforme as palavras de Agostinho: "Bem-aventurado aquele que te conhece, ainda que ignore tudo o mais". Quanto ao próprio ato de quem conhece, a bem-aventurança é algo criado nas criaturas bem-aventuradas. Ao passo que em Deus, ainda nesse sentido, é algo incriado.

AD PRIMUM ergo dicendum quod beatitudo, quantum ad obiectum, est summum bonum sim-

QUANTO AO 1º, portanto, deve-se dizer que a bem-aventurança, quanto a seu objeto, é o bem

---

3 PARALL.: I-II, q. 3, a. 1; IV *Sent.*, dist. 49, q. 1, a. 2, q.la 1.

1. Q. 6, a. 2.
2. Q. 11, a. 3.
3. C. 4: ML 32, 708.

pliciter: sed quantum ad actum, in creaturis beatis, est summum bonum, non simpliciter, sed in genere bonorum participabilium a creatura.

AD SECUNDUM dicendum quod finis est duplex, scilicet *cuius* et *quo*, ut Philosophus dicit[4], scilicet ipsa res, et usus rei: sicut avaro est finis pecunia, et acquisitio pecuniae. Creaturae igitur rationalis est quidem Deus finis ultimus ut res; beatitudo autem creata ut usus, vel magis fruitio, rei.

supremo de modo absoluto. A bem-aventurança quanto ao ato, nas criaturas bem-aventuradas, é o bem supremo, não absolutamente, mas considerado no gênero dos bens de que a criatura pode participar.

QUANTO AO 2º, deve-se dizer que, como diz o Filósofo, duplo é o fim: *do qual* e *pelo qual*, isto é, a própria coisa e seu uso. Por exemplo: para o avaro, o fim é o dinheiro e a aquisição do dinheiro. Assim, o fim último da criatura racional é Deus tido como objeto; e a bem-aventurança criada como uso, ou melhor, como fruição do objeto.

ARTICULUS 4
Utrum in Dei beatitudine omnis beatitudo includatur

AD QUARTUM SIC PROCEDITUR. Videtur quod beatitudo divina non complectatur omnes beatitudines.
1. Sunt enim quaedam beatitudines falsae. Sed in Deo nihil potest esse falsum. Ergo divina beatitudo non complectitur omnem beatitudinem.

2. PRAETEREA, quaedam beatitudo, secundum quosdam, consistit in rebus corporalibus, sicut in voluptatibus, divitiis, et huiusmodi: quae quidem Deo convenire non possunt, cum sit incorporeus. Ergo beatitudo eius non complectitur omnem beatitudinem.

SED CONTRA est quod beatitudo est perfectio quaedam. Divina autem perfectio complectitur omnem perfectionem, ut supra[1] ostensum est. Ergo divina beatitudo complectitur omnem beatitudinem.

RESPONDEO dicendum quod quidquid est desiderabile in quacumque beatitudine, vel vera vel falsa, totum eminentius in divina beatitudine praeexistit. De contemplativa enim felicitate, habet continuam et certissimam contemplationem sui et omnium aliorum: de activa vero, gubernationem totius universi. De terrena vero felicitate, quae consistit in voluptate, divitiis, potestate, dignitate et fama, secundum Boetium, in III *de Consol.*[2], habet gaudium de se et de omnibus aliis, pro delectatione: pro divitiis, habet omnimodam sufficientiam, quam divitiae promittunt: pro potestate,

ARTIGO 4
A bem-aventurança divina inclui toda bem-aventurança?

QUANTO AO QUARTO, ASSIM SE PROCEDE: parece que a bem-aventurança divina **não** inclui todas as bem-aventuranças.
1. Com efeito, existem falsas bem-aventuranças. Ora, a falsidade não pode existir em Deus. Logo, a bem-aventurança divina não inclui todas as bem-aventuranças.

2. ALÉM DISSO, para alguns, a bem-aventurança consiste nas coisas corporais como os prazeres, as riquezas etc., que não podem convir a Deus, que é incorpóreo. Logo, a bem-aventurança de Deus não inclui todas as bem-aventuranças.

EM SENTIDO CONTRÁRIO, a bem-aventurança é perfeição. Ora, a perfeição divina abrange toda perfeição, como acima se demonstrou. Logo, a bem-aventurança divina inclui toda bem-aventurança.

RESPONDO. Tudo o que há de desejável em qualquer bem-aventurança, verdadeira ou falsa, preexiste total e mais eminentemente na bem-aventurança divina. Da felicidade contemplativa, tem a perpétua e certíssima contemplação de si mesmo, como de tudo o mais. Da felicidade ativa, tem o governo do universo inteiro. Da felicidade terrestre, que, no dizer de Boécio, consiste nos prazeres, riquezas, poder, dignidade, glória, tem a alegria de si mesmo e de tudo o mais; como riquezas, a perfeita suficiência que elas prometem; como poder, a onipotência; como dignidade, o

---

4. De Anima 2, c. 4: BK 415, b, 20.

PARALL.: *Cont. Gent.* I, 102.

1. Q. 4, a. 2.
2. Prosa 2: ML 63, 726 A.

omnipotentiam: pro dignitate, omnium regimen: pro fama vero, admirationem totius creaturae.

AD PRIMUM ergo dicendum quod beatitudo aliqua secundum hoc est falsa, secundum quod deficit a ratione verae beatitudinis: et sic non est in Deo. Sed quidquid habet de similitudine, quantumcumque tenui, beatitudinis, totum praeexistit in divina beatitudine.

AD SECUNDUM dicendum quod bona quae sunt in corporalibus corporaliter, in Deo sunt spiritualiter, secundum modum suum.

Et haec dicta sufficiant de his quae pertinent ad divinae essentiae unitatem.

governo universal; como fama, a admiração de toda criatura.

QUANTO AO 1º, portanto, deve-se dizer que a bem-aventurança é falsa na medida em que falha na razão da verdadeira bem-aventurança, e assim não está em Deus. Todavia, o que nela se encontra, por menor que seja sua semelhança com a bem-aventurança, preexiste totalmente na bem-aventurança divina.

QUANTO AO 2º, deve-se dizer que os bens que existem de maneira corporal nas criaturas corporais existem em Deus espiritualmente, segundo o modo que lhe é próprio.

A respeito do que pertence à unidade da essência divina, são suficientes estas considerações.

OS TRÊS QUE
SÃO O DEUS ÚNICO

Introdução e notas por Jean-Hervé Nicolas

INTRODUÇÃO

É impróprio designar o conjunto das questões da *Suma Teológica* consagradas ao estudo das Pessoas Divinas (27-43) de "Tratado da Trindade". As questões anteriores (2-26), consagradas ao estudo da essência divina, de seus atributos, de suas operações, são, igualmente de forma equivocada, agrupadas sob a denominação de "Tratado do Deus uno". Semelhante terminologia, que não corresponde nem à de Santo Tomás nem à sua intenção, falseia o sentido do estudo que agora abordamos. Ao que parece, com efeito, haveria para os teólogos duas concepções de "Deus": "o Deus dos filósofos e dos sábios", que trataríamos de conhecer em primeiro lugar, e depois o "Deus dos cristãos", do qual trataríamos em seguida. Na verdade, desde o início de seu percurso, o teólogo busca conhecer melhor o Deus único, o qual se revelou em Jesus Cristo como uno e trino. De acordo com a fé católica, Ele é *uno* segundo a essência, ou substância — aqui os dois termos são equivalentes —, e é *trino* segundo as Pessoas: ou seja, essa essência única e infinitamente simples da divindade existe em três Pessoas distintas, sem ser partilhada entre elas, mas indivisa, inteiramente a mesma em cada uma delas.

Para aquele que crê, considerar a essência divina já é pensar nas Pessoas nas quais ela existe, que, por ela, são, cada uma e todas juntas, o Deus único. De início, porém, não se refere à distinção das Pessoas, pois a essência é comum às Três. O crente se esforça primeiramente em saber e afirmar tudo o que a razão crente pode saber a respeito desse Deus único, que somente a razão poderia, tateando, descobrir, mas que, de fato, foi revelado: no Antigo Testamento, sem dar a conhecer ainda que Ele é trino; também no Novo, ao mesmo tempo que ali se revelava como o Pai gerando um Filho, o "Unigênito", na eternidade, e tendo eternamente junto de si, com o Filho, o Espírito Santo que dele procede, e que ele envia aos homens. Tudo o que é sabido e dito a seu respeito à luz dessa revelação vale para cada uma das três Pessoas, e não poderia ser tratado a respeito delas em particular, sem que se destruísse o mistério, de acordo com o qual a Revelação pertence às três juntas. Isto, porém, que é o mistério mesmo da Santíssima Trindade, o teólogo não pode esquecer quando considera a essência divina, pois ele sabe, pela fé, que ela existe necessariamente em três Pessoas.

Somente em seguida, Santo Tomás busca conhecer as Pessoas propriamente, falando daquilo que as distingue. Caso só houvesse uma Pessoa em Deus, como em cada um de nós, não haveria nada a acrescentar ao que foi afirmado a respeito da essência, pois a pessoa única seria igual a essa essência. Foi-nos revelado, porém, que há três Pessoas divinas: será, pois, preciso perguntar o que cada uma tem de próprio em relação às outras duas, e que não é evidentemente a essência, que cada uma possui em sua plenitude, uma e a mesma, indivisa.

Mas, antes de mais nada, é impossível não indagar: como se distinguem entre si se não for pela essência, ou substância? Para começar, Santo Tomás declara que as Pessoas divinas distinguem-se por suas relações de origem. Trata-se aí de um princípio universalmente acolhido, pelo menos na teologia latina, que lentamente se impôs à reflexão teológica desde o início, de modo que podemos entendê-lo, no começo da pesquisa, como pressuposto. Na sequência, sua necessidade se revelará.

De momento, tal princípio serve para justificar o plano adotado. As duas primeiras questões, ainda que Santo Tomás as apresente como sendo a primeira e a segunda partes do estudo empreendido, podem ser consideradas como a introdução. Isso, aliás, é expressamente afirmado no prólogo da q. 29. É esse estudo das Pessoas, primeiramente em geral, e depois cada uma em particular, e enfim por comparação com as diversas entidades que, ao longo da pesquisa, leva a distinguir em Deus, mas que não se distinguem de fato entre si: essência, relações, atos nocionais, o que constitui, segundo Santo Tomás (q. 2, prol.), a segunda parte do "tratado de Deus", a terceira consistindo no estudo das criaturas, na medida em que elas procedem de Deus, mas por criação (q. 44-119).

QUAESTIO XXVII
DE PROCESSIONE DIVINARUM PERSONARUM
in quinque articulos divisa

Consideratis autem his quae ad divinae essentiae unitatem pertinent, restat considerare de his quae pertinent ad trinitatem Personarum in divinis.

Et quia Personae divinae secundum relationes originis distinguuntur, secundum ordinem doctrinae prius considerandum est de origine, sive de processione: secundo, de relationibus originis; tertio, de Personis.

Circa processionem quaeruntur quinque.

Primo: utrum processio sit in divinis.

Secundo: utrum aliqua processio in divinis generatio dici possit.

Tertio: utrum praeter generationem aliqua alia processio possit esse in divinis.

Quarto: utrum illa alia processio possit dici generatio.

Quinto: utrum in divinis sint plures processiones quam duae.

Articulus 1
Utrum processio sit in divinis

AD PRIMUM SIC PROCEDITUR. Videtur quod in Deo non possit esse aliqua processio.

1. Processio enim significat motum ad extra. Sed in divinis nihil est mobile, neque extraneum. Ergo neque processio.

2. PRAETEREA, omne procedens est diversum ab eo a quo procedit. Sed in Deo non est aliqua diversitas, sed summa simplicitas. Ergo in Deo non est processio aliqua.

3. PRAETEREA, procedere ab alio videtur rationi primi principii repugnare. Sed Deus est primum principium, ut supra[1] ostensum est. Ergo in Deo processio locum non habet.

SED CONTRA est quod dicit Dominus, Io 8,42: *Ego ex Deo processi.*

RESPONDEO dicendum quod divina Scriptura, in rebus divinis, nominibus ad processionem pertinentibus utitur. Hanc autem processionem diversi diversimode acceperunt. Quidam enim acceperunt

QUESTÃO 27
A PROCESSÃO DAS PESSOAS DIVINAS
em cinco artigos

Tendo considerado o que diz respeito à unidade da essência divina, é preciso ainda considerar o que concerne à trindade das Pessoas em Deus. E porque as Pessoas divinas se distinguem pelas relações de origem, para seguir a ordem da doutrina, primeiro se há de considerar a origem ou processão, em seguida as relações de origem e finalmente as Pessoas.

A respeito da processão, são cinco as perguntas:
1. Há processão em Deus?
2. Há uma processão em Deus que se pode chamar geração?
3. Além da geração, pode haver outra processão?
4. Esta outra processão pode se chamar geração?
5. Há somente duas processões?

Artigo 1
Há processão em Deus?

QUANTO AO PRIMEIRO ARTIGO, ASSIM SE PROCEDE: parece que em Deus **não** pode haver processão alguma.

1. Com efeito, processão significa um movimento para o exterior. Ora, em Deus não há nem movimento, nem exterior. Logo, nem processão.

2. ALÉM DISSO, tudo o que procede é diverso daquele do qual procede. Ora, em Deus não há nenhuma diversidade, mas suprema simplicidade. Logo, em Deus não há processão alguma.

3. ADEMAIS, proceder de outro parece ser incompatível com a razão do primeiro princípio[a]. Ora, Deus é o primeiro princípio, como se mostrou acima. Logo, não há lugar para processão em Deus.

EM SENTIDO CONTRÁRIO, o Senhor diz no Evangelho de João: "Eu procedo de Deus".

RESPONDO. A Sagrada Escritura usa para as realidades divinas nomes que implicam a processão. Essa processão foi entendida de diversos modos. Alguns tomaram-na no sentido em que se

---

[1] PARALL.: I *Sent.*, dist. 13, a. 1; *Cont. Gent.* IV, 11; *De Pot.*, q. 10, a. 1.

1. Q. 2, a. 3.

a. Com efeito, o primeiro princípio, por definição, é aquele que não tem princípio do qual procederia. É contraditório, portanto, afirmar do primeiro princípio que ele procede.

hanc processionem secundum quod effectus procedit a causa. Et sic accepit Arius, dicens Filium procedere a Patre sicut primam eius creaturam, et Spiritum Sanctum procedere a Patre et Filio sicut creaturam utriusque. — Et secundum hoc, neque Filius neque Spiritus Sanctus esset verus Deus. Quod est contra id quod dicitur de Filio, 1Io ult., 20: *ut simus in vero Filio eius, hic est verus Deus*. Et de Spiritu Sancto dicitur, 1Cor 6,19: *Nescitis quia membra vestra templum sunt Spiritus Sancti?* Templum autem habere solius Dei est.

Alii vero hanc processionem acceperunt secundum quod causa dicitur procedere in effectum, inquantum vel movet ipsum, vel similitudinem suam ipsi imprimit. Et sic accepit Sabellius, dicens ipsum Deum Patrem Filium dici, secundum quod carnem assumpsit ex Virgine. Et eundem dicit Spiritum Sanctum, secundum quod creaturam rationalem sanctificat, et ad vitam movet. — Huic autem acceptioni repugnant verba Domini de se dicentis, Io 5,19: *non potest facere a se Filius quidquam*; et multa alia, per quae ostenditur quod non est ipse Pater qui Filius.

Si quis autem diligenter consideret, uterque accepit processionem secundum quod est ad aliquid extra: unde neuter posuit processionem in ipso Deo. Sed, cum omnis processio sit secundum aliquam actionem, sicut secundum actionem quae tendit in exteriorem materiam, est aliqua processio ad extra; ita secundum actionem quae manet in ipso agente, attenditur processio quaedam ad intra. Et hoc maxime patet in intellectu, cuius actio, scilicet intelligere, manet in intelligente. Quicumque enim intelligit, ex hoc ipso quod intelligit, procedit aliquid intra ipsum, quod est conceptio rei intellectae, ex vi intellectiva proveniens, et ex eius notitia procedens. Quam quidem conceptionem vox significat: et dicitur *verbum cordis*, significatum verbo vocis.

diz que o efeito procede da causa. Assim, Ário dizia que o Filho procede do Pai como sua primeira criatura, e que o Espírito Santo procede do Pai e do Filho como criatura de ambos. — Contudo, nesta opinião, nem o Filho nem o Espírito Santo seriam verdadeiro Deus. Isto é contra o que se diz do Filho, na primeira Carta de João: "A fim de que sejamos em seu verdadeiro Filho: ele é verdadeiro Deus". E do Espírito Santo se diz, na primeira Carta aos Coríntios: "Não sabeis que vossos membros são o templo do Espírito Santo?" Ter um templo é próprio somente de Deus.

Outros entenderam esta processão no sentido em que se diz que a causa procede em seu efeito, enquanto ela o move ou lhe imprime sua semelhança. Assim o entendeu Sabélio. Ele diz que o mesmo Deus Pai chama-se Filho enquanto assumiu a carne da Virgem. E o mesmo chama-se Espírito Santo enquanto santifica e vivifica a criatura racional. — Contra esta acepção estão as palavras do Senhor a respeito de si, no Evangelho de João: "O Filho nada pode fazer por si mesmo"; e muitas outras passagens que mostram que o Pai não é o Filho.

Se se considera com atenção, Ário e Sabélio tomaram processão no sentido de movimento para algo exterior, daí que nenhum dos dois afirmou processão em Deus. Mas, uma vez que toda processão existe por uma ação, assim como por uma ação que tende para uma matéria exterior, há uma processão para fora, assim por uma ação que permanece no mesmo agente, há lugar para uma processão para dentro[b]. Isso se torna muito claro no intelecto, cuja ação, o conhecer, permanece naquele que conhece. Em todo aquele que conhece, pelo fato de conhecer, alguma coisa procede dentro dele: a saber, o conceito da coisa conhecida, que provém da potência intelectiva e procede do conhecimento desta realidade. É este conceito que a palavra significa. Ele é chamado de *verbo interior*, significado pelo *verbo oral*.

---

b. Só se pode conhecer Deus a partir de suas criaturas, transpondo ao infinito as perfeições que se encontram nelas. Contudo, as perfeições corporais não podem ser transpostas ao infinito, pois, corporais, é-lhes essencial estar encerradas nos limites da matéria, princípio de finitude. Deus é espírito; poder-se-ia partir, para conhecer algo de seu ser — por pouco que seja —, unicamente da realidade espiritual como a encontramos em nós; ela é extremamente limitada, mas o limite aqui não provém do espiritual; provém, pelo contrário, do fato de que essa realidade é em nós incompletamente espiritual. Ora, em nós, nessa parte da vida espiritual que é a mais imediatamente acessível à nossa reflexão — a intelecção —, encontramos uma processão — a emanação inteligível do verbo, ou conceito — que não comporta qualquer exteriorização do termo procedente em relação ao princípio do qual ele procede: o intelecto. Nenhuma exteriorização: o que significa "nenhuma diferenciação", pois, à exterioridade — que só convém propriamente aos entes corporais, espacialmente situados em relação uns com os outros — corresponde, no âmbito do ente não corporal, a diferença. Contudo, a elevação de Deus em relação a todos os entes criados, mesmo espirituais — a sua transcendência —, é infinita, de modo que essa transposição, se não é impossível como a primeira, só poderia ser efetuada com base nas indicações e sob o impulso da fé.

Cum autem Deus sit super omnia, ea quae in Deo dicuntur, non sunt intelligenda secundum modum infimarum creaturarum, quae sunt corpora; sed secundum similitudinem supremarum creaturarum, quae sunt intellectuales substantiae; a quibus etiam similitudo accepta deficit a repraesentatione divinorum. Non ergo accipienda est processio secundum quod est in corporalibus, vel per motum localem, vel per actionem alicuius causae in exteriorem effectum, ut calor a calefaciente in calefactum; sed secundum emanationem intelligibilem, utpote verbi intelligibilis a dicente, quod manet in ipso. Et sic fides catholica processionem ponit in divinis.

AD PRIMUM ergo dicendum quod obiectio illa procedit de processione quae est motus localis, vel quae est secundum actionem tendentem in exteriorem materiam, vel in exteriorem effectum: talis autem processio non est in divinis, ut dictum est[2].

AD SECUNDUM dicendum quod id quod procedit secundum processionem quae est ad extra, oportet esse diversum ab eo a quo procedit. Sed id quod procedit ad intra processu intelligibili, non oportet esse diversum: imo, quanto perfectius procedit, tanto magis est unum cum eo a quo procedit. Manifestum est enim quod quanto aliquid magis intelligitur, tanto conceptio intellectualis est magis intima intelligenti, et magis unum: nam intellectus secundum hoc quod actu intelligit, secundum hoc fit unum cum intellecto. Unde, cum divinum intelligere sit in fine perfectionis, ut supra[3] dictum est, necesse est quod verbum divinum sit perfecte unum cum eo a quo procedit, absque omni diversitate.

AD TERTIUM dicendum quod procedere a principio ut extraneum et diversum, repugnat rationi primi principii: sed procedere ut intimum et absque diversitate, per modum intelligibilem, includitur in ratione primi principii. Cum enim dicimus aedificatorem principium domus, in ratione huius principii includitur conceptio suae artis: et includeretur in ratione primi principii, si aedificator esset primum principium. Deus autem, qui est primum principium rerum, comparatur ad res creatas ut artifex ad artificiata.

Estando Deus acima de todas as coisas, o que se afirma nele deve-se entender não à maneira das criaturas inferiores, que são os corpos, mas por analogia com as criaturas mais elevadas, que são as substâncias intelectuais. Mas ainda aqui a semelhança com elas é deficiente para representar as realidades divinas. Não se deve, pois, entender processão no sentido que se encontra no mundo corporal, ou pelo movimento local, ou pela ação de uma causa em um efeito exterior: assim o calor procede da fonte quente e atinge o corpo esquentado. É preciso entender à maneira de emanação inteligível, a saber, do verbo inteligível que emana daquele que fala e permanece nele. É neste último sentido que a fé católica afirma uma processão em Deus.

QUANTO AO 1º, portanto, deve-se dizer que a objeção entende processão no sentido de um movimento local, ou de uma ação que tende para uma matéria exterior ou para um efeito exterior. Como foi dito, tal processão não existe em Deus.

QUANTO AO 2º, deve-se dizer que o que procede segundo uma processão para fora é necessário que seja diversa daquilo do qual procede. Mas o que procede interiormente por processo inteligível não é necessariamente diverso: ao contrário, quanto mais a processão é perfeita, tanto mais o que procede é uma só realidade com seu princípio. É claro que, quanto mais uma coisa é conhecida, tanto mais a concepção intelectual é interior ao que conhece e uma com ele. Porque o intelecto, na medida em que conhece algo, nessa mesma medida torna-se uma só realidade com o conhecido. Portanto, estando o conhecer divino no cume da perfeição, como se disse acima, segue-se necessariamente que o verbo divino é perfeitamente um com seu princípio, sem nenhuma diversidade.

QUANTO AO 3º, deve-se dizer que proceder de um princípio como seu termo exterior e diverso é incompatível com a razão de primeiro princípio. Mas proceder como termo interior, sem diversidade, à maneira do inteligível, está contido na razão de primeiro princípio. Com efeito, quando dizemos que o construtor é o princípio da casa, está contida na razão de princípio a concepção de sua arte. E esta concepção estaria também contida na razão de primeiro princípio, se o construtor fosse primeiro princípio. Ora, Deus, que é o primeiro

---

2. In corp.
3. Q. 14, a. 1.

Articulus 2
Utrum aliqua processio in divinis generatio dici possit

AD SECUNDUM SIC PROCEDITUR. Videtur quod processio quae est in divinis, non possit dici generatio.

1. Generatio enim est mutatio de non esse in esse, corruptioni opposita; et utriusque subiectum est materia. Sed nihil horum competit divinis. Ergo non potest generatio esse in divinis.

2. PRAETEREA, in Deo est processio secundum modum intelligibilem, ut dictum est[1]. Sed in nobis talis processio non dicitur generatio. Ergo neque in Deo.

3. PRAETEREA, omne genitum accipit esse a generante. Esse ergo cuiuslibet geniti est esse receptum. Sed nullum esse receptum est per se subsistens. Cum igitur esse divinum sit esse per se subsistens, ut supra[2] probatum est, sequitur quod nullius geniti esse sit esse divinum. Non est ergo generatio in divinis.

SED CONTRA est quod dicitur in Ps 2,7: *Ego hodie genui te*.

RESPONDEO dicendum quod processio verbi in divinis dicitur generatio. Ad cuius evidentiam, sciendum est quod nomine *generationis* dupliciter utimur. Uno modo, communiter ad omnia generabilia et corruptibilia: et sic generatio nihil aliud est quam mutatio de non esse ad esse. Alio modo, proprie in viventibus: et sic generatio significat originem alicuius viventis a principio vivente coniuncto. Et haec proprie dicitur *nativitas*. Non tamen omne huiusmodi dicitur genitum,

Artigo 2
Há em Deus uma processão que se possa chamar geração?

QUANTO AO SEGUNDO, ASSIM SE PROCEDE: parece que a processão que há em Deus **não** pode se chamar geração.

1. Com efeito, a geração é a mudança do não-ser para o ser, oposta à corrupção; e o sujeito de ambas é a matéria. Ora, nada disso convém a Deus. Logo, não pode haver geração em Deus.

2. ALÉM DISSO, em Deus há processão segundo o modo inteligível, como se disse. Ora, em nós tal processão não se chama geração. Portanto, nem em Deus.

3. ADEMAIS, tudo o que é gerado recebe o ser de seu princípio. Assim, o ser de tudo o que é gerado é um ser recebido. Ora, nenhum ser recebido é subsistente por si. E, já que o ser divino, como se disse, é subsistente por si, segue-se que o ser de nada que é gerado é divino. Não há, portanto, geração em Deus[d].

EM SENTIDO CONTRÁRIO, diz o Salmo 2: "Eu hoje te gerei".

RESPONDO. A processão do verbo em Deus se chama geração. Para prová-lo, é preciso saber que usamos o nome *geração* de duas maneiras. Ele se aplica, primeiramente, em um sentido geral a tudo o que se gera ou se corrompe. Neste caso, geração significa a mudança do não-ser para o ser. Usamos, em segundo lugar, e desta vez no sentido próprio, a propósito dos seres vivos. Neste caso, geração significa a origem que um ser vivo tem de seu princípio vivo conjunto[e]. Chama-se

---

2 PARALL.: *Cont. Gent*. IV, 10, 11; *De Pot*., q. 2, a. 1; Opusc. II, *Contra Graecos, Armenos* etc., c. 3; *Compend. Theol*., c. 40, 43; *ad Coloss*., c. 1, lect. 4.

1. Art. praec.
2. Q. 3, a. 4.

c. O papel da comparação tradicional com o construtor que produz externamente sua obra a partir de um plano concebido no interior de seu espírito é aqui de sugerir que o primeiro Princípio é Princípio das criaturas com o Filho e o Espírito Santo, aos quais ele comunica sua própria divindade, a Natureza divina, segundo a qual ele é criador. Assim, apenas o Pai é primeiro Princípio no íntimo da divindade, mas o Pai, o Filho e o Espírito são juntos o único primeiro Princípio dos entes exteriores a Deus, as criaturas.

d. Ser gerado é receber o ser de um outro, que gera. Mas, precisamente, o que caracteriza o ente criado é que seu ser é recebido, em oposição ao Criador, cujo ser é não-recebido, subsistindo por si mesmo. Não pode haver, portanto, geração "em Deus" — tal que o gerado seja "em Deus" e seja "Deus" —, mas unicamente "fora de Deus" — tal que o gerado seja uma criatura. Essa é a objeção.

e. O que caracteriza a geração como ato próprio do vivente é que o gerado resulta de quem gera, é produzido a partir dele mesmo, "de sua substância", não por transformação, de maneira exterior. É, por si, uma comunicação de vida, não a fabricação de um ser vivo.

sed proprie quod procedit secundum rationem similitudinis. Unde pilus vel capillus non habet rationem geniti et filii, sed solum quod procedit secundum rationem similitudinis: non cuiuscumque, nam vermes qui generantur in animalibus, non habent rationem generationis et filiationis, licet sit similitudo secundum genus: sed requiritur ad rationem talis generationis, quod procedat secundum rationem similitudinis in natura eiusdem speciei, sicut homo procedit ab homine, et equus ab equo.

In viventibus autem quae de potentia in actum vitae procedunt, sicut sunt homines et animalia, generatio utramque generationem includit. Si autem sit aliquod vivens cuius vita non exeat de potentia in actum, processio, si qua in tali vivente invenitur, excludit omnino primam rationem generationis; sed potest habere rationem generationis quae est propria viventium.

Sic igitur processio verbi in divinis habet rationem generationis. Procedit enim per modum intelligibilis actionis, quae est operatio vitae: et a principio coniuncto, ut supra[3] iam dictum est: et secundum rationem similitudinis, quia conceptio intellectus est similitudo rei intellectae: et in eadem natura existens, quia in Deo idem est intelligere et esse, ut supra[4] ostensum est. Unde processio verbi in divinis dicitur generatio, et ipsum verbum procedens dicitur Filius.

AD PRIMUM ergo dicendum quod obiectio illa procedit de generatione secundum rationem primam, prout importat exitum de potentia in actum. Et sic non invenitur in divinis, ut supra[5] dictum est.

propriamente de *nascimento*. Nem todo vivente, entretanto, é qualificado de gerado: propriamente se diz o que procede por razão de semelhança. Daí que o pêlo ou o cabelo não têm a razão de gerado, nem de filho, mas somente o que procede por razão de semelhança, e não uma semelhança qualquer, pois os vermes, gerados nos animais, não realizam a razão de geração e filiação, se bem que haja uma semelhança segundo o gênero. Requer-se para a razão de tal geração que proceda por razão de semelhança na natureza da mesma espécie, como o ser humano procede do ser humano, e o cavalo do cavalo[f].

Então, nos seres vivos, como o ser humano ou o animal, que procedem da potência para o ato de vida, a geração inclui os dois sentidos de geração. Mas, no caso de um ser vivo cuja vida não passa da potência ao ato, a processão, se existe neste vivente, exclui totalmente a primeira razão de geração. Mas, pode ter a razão de geração própria aos viventes[g].

É assim, portanto, que a processão do verbo em Deus realiza a razão de geração. O verbo, com efeito, procede pelo modo de atividade inteligível, que é uma operação de vida; e de um princípio conjunto, nós o vimos; e por razão de semelhança, porque a concepção do intelecto é a semelhança da coisa conhecida; e ele subsiste na mesma natureza, pois, em Deus conhecer e ser é o mesmo, como acima foi demonstrado[h]. Eis por que a processão do verbo, em Deus, chama-se geração, e o verbo que procede se chama Filho.

QUANTO AO 1º, portanto, deve-se dizer que esta objeção entende geração no primeiro sentido, a que comporta a passagem da potência ao ato. Assim entendida, a geração não se encontra em Deus, como acima se disse.

---

3. Art. praec.
4. Q. 14, a. 4.
5. In corp.

f. Esse apelo a um dado biológico universalmente admitido na época de Santo Tomás, mas hoje definitivamente abandonado, em nada compromete o valor do argumento: mesmo que só possa haver comunicação de vida por geração (e, ainda, as teorias modernas da evolução obrigam a relativizar esta afirmação), permanece universalmente verdadeiro que é característico da geração ser comunicação por um ser vivo de uma vida inteiramente semelhante, especificamente semelhante, à sua.

g. Com efeito, o novo ser vivo estava em potência em relação à vida, nos gametas. O próprio ato de vida ao qual ele acede sob a ação de quem gera faz dele um vivente em ato a partir do vivente em potência que era: ele passou do não-ser vivo a ser vivo. O que Santo Tomás enfatiza é que essa maneira de ser gerado por passagem da potência ao ato, que lhe é comum com todos os seres materiais, dissimula uma outra, própria ao ser vivo. Esta, ainda que inseparável de todo novo ser vivo, não se deve àquela maneira, mas a outra. De forma que, se pudermos encontrar em alguma parte a geração do ser vivo no estado puro, não comportará passagem alguma da potência ao ato.

h. Em Deus, o ser inteligível, ou intencional, é idêntico ao ser real (cf. supra I, q. 14, a. 4). Recebendo do Pai comunicação desse ser, o Verbo, como ele, é Deus, e essa comunicação é uma geração autêntica, ainda que misteriosa.

AD SECUNDUM dicendum quod intelligere in nobis non est ipsa substantia intellectus: unde verbum quod secundum intelligibilem operationem procedit in nobis, non est eiusdem naturae cum eo a quo procedit. Unde non proprie et complete competit sibi ratio generationis. Sed intelligere divinum est ipsa substantia intelligentis, ut supra[6] ostensum est: unde verbum procedens procedit ut eiusdem naturae subsistens. Et propter hoc proprie dicitur genitum et Filius. Unde et his quae pertinent ad generationem viventium, utitur Scriptura ad significandam processionem divinae sapientiae, scilicet *conceptione* et *partu*: dicitur enim ex persona divinae sapientiae, Pr 8,24: *nondum erant abyssi, et ego iam concepta eram, ante colles ego parturiebar*. Sed intellectu nostro utimur nomine *conceptionis*, secundum quod in verbo nostri intellectus invenitur similitudo rei intellectae, licet non inveniatur naturae identitas.

AD TERTIUM dicendum quod non omne acceptum est receptum in aliquo subiecto: alioquin non posset dici quod tota substantia rei creatae sit accepta a Deo, cum totius substantiae non sit aliquod subiectum receptivum. Sic igitur id quod est genitum in divinis, accipit esse a generante, non tanquam illud esse sit receptum in aliqua materia vel subiecto (quod repugnat subsistentiae divini esse); sed secundum hoc dicitur esse acceptum, inquantum procedens ab alio habet esse divinum, non quasi aliud ab esse divino existens. In ipsa enim perfectione divini esse continetur et verbum intelligibiliter procedens, et principium verbi; sicut et quaecumque ad eius perfectionem pertinent, ut supra[7] dictum est.

QUANTO AO 2º, deve-se afirmar que, em nós, o conhecer não é a substância do intelecto. Portanto, o verbo que procede em nós pela operação inteligível não tem a mesma natureza que seu princípio. Por conseguinte, nela não se verifica própria e completamente a razão de geração. Mas o conhecer divino é a substância mesma do que conhece, como se disse acima. Por isso, o verbo que procede procede como um subsistente da mesma natureza. Por essa razão, propriamente se chama gerado e Filho. Daí a Escritura usar para significar a processão da divina sabedoria noções próprias à geração dos viventes, como *concepção* e *parto*. Assim, no livro dos Provérbios se diz da sabedoria divina personificada: "Os abismos não existiam ainda, e eu já fora concebida. Antes das colinas foi-me dado o nascimento". Mas, para nosso intelecto, usamos o termo *concepção*, enquanto no verbo de nosso intelecto se encontra a semelhança da realidade conhecida e não a identidade de natureza[i].

QUANTO AO 3º, deve-se dizer que tudo o que é recebido não é necessariamente recebido em um sujeito. Do contrário, não se poderia dizer que toda a substância da realidade criada é recebida por Deus, pois não há sujeito receptor de toda a substância. Assim, o que é gerado em Deus recebe o ser daquele que o gera, sem que por isso este ser seja recebido em uma matéria ou sujeito, porque isso é incompatível com a subsistência do ser divino. Diz-se que é recebido, enquanto procedendo de outro tem o ser divino, e não enquanto é distinto do ser divino existente[j]. A própria perfeição do ser divino contém não somente o verbo que procede intelectualmente, mas também o princípio do verbo, assim como tudo o que pertence à perfeição divina[k], como acima se explicou.

---

6. Q. 14, a. 4.
7. Q. 4, a. 2.

i. O raciocínio de Santo Tomás é o seguinte: por seu ato de intelecção, o Pai comunica ao Verbo sua existência, segundo a qual ele é o Deus vivo, de modo que, em virtude dessa intelecção, o Verbo subsiste em sua natureza divina, também ele é Deus, e da divindade mesma do Pai. Nossa intelecção, não conferindo ao verbo que ela produz o ser segundo o qual existimos como homens, mas um ser intencional, de acordo com o qual a forma da realidade inteligida está em nosso intelecto como conhecida, e de acordo com a qual, simultaneamente, nosso intelecto se identifica com ela intencionalmente, não faz que essa forma seja produzida em nós como vivendo por nossa própria vida, nem por uma vida semelhante: não é uma geração.

j. O que caracteriza a criatura em sua oposição ao Criador é que seu ser é recebido — e portanto dependente, contingente, limitado, subordinado. O Filho, quanto a ele, deve seu ser ao Pai, mas é seu próprio ser, não recebido, soberano, necessário, infinito e último que o Pai lhe comunica. "Ele é gerado, não criado", proclama o Concílio de Niceia contra os arianos, dos quais Santo Tomás refuta aqui o argumento fundamental e ameaçador.

k. O Ser divino idêntico à substância divina, e subsistindo por si mesmo, do qual se trata acima (q. 3), compreende em sua simplicidade infinita os três subsistentes realmente distintos — três "Que são Deus" —, que não o dividem, tendo-o cada um todo inteiro.

Articulus 3
Utrum sit in divinis alia processio a generatione verbi

AD TERTIUM SIC PROCEDITUR. Videtur quod non sit in divinis alia processio a generatione verbi.

1. Eadem enim ratione erit aliqua alia processio ab illa alia processione, et sic procederetur in infinitum: quod est inconveniens. Standum est igitur in primo, ut sit una tantum processio in divinis.

2. PRAETEREA, in omni natura invenitur tantum unus modus communicationis illius naturae: et hoc ideo est, quia operationes secundum terminos habent unitatem et diversitatem. Sed processio in divinis non est nisi secundum communicationem divinae naturae. Cum igitur sit una tantum natura divina ut supra[1] ostensum est, relinquitur quod una sit tantum processio in divinis.

3. PRAETEREA, si sit in divinis alia processio ab intelligibili processione verbi, non erit nisi processio amoris, quae est secundum voluntatis operationem. Sed talis processio non potest esse alia a processione intellectus intelligibili: quia voluntas in Deo non est aliud ab intellectu, ut supra[2] ostensum est. Ergo in Deo non est alia processio praeter processionem verbi.

SED CONTRA est quod Spiritus Sanctus procedit a Patre, ut dicitur Io 15,26. Ipse autem est alius a Filio, secundum illud Io 14,16: *Rogabo Patrem meum, et alium Paracletum dabit vobis*. Ergo in divinis est alia processio praeter processionem verbi.

RESPONDEO dicendum quod in divinis sunt duae processiones, scilicet processio verbi, et quaedam alia. Ad cuius evidentiam, considerandum est quod in divinis non est processio nisi secundum actionem quae non tendit in aliquid extrinsecum, sed manet in ipso agente. Huiusmodi autem actio in intellectuali natura est actio intellectus et actio voluntatis. Processio autem verbi attenditur secundum actionem intelligibilem. Secundum autem operationem voluntatis invenitur in nobis quaedam alia processio, scilicet processio amoris, secundum

Artigo 3
Há em Deus outra processão além da geração do verbo?

QUANTO AO TERCEIRO, ASSIM SE PROCEDE: parece que em Deus **não** há outra processão além da geração do verbo.

1. Com efeito, pela mesma razão haveria outra processão distinta dela, e assim ao infinito, o que é inadmissível. Portanto, é preciso parar na primeira, de modo que exista somente uma processão em Deus.

2. ALÉM DISSO, em toda natureza há uma só maneira de se comunicar. Isso porque as operações se unificam e diferenciam por seus termos. Ora, só há processão em Deus pela comunicação da natureza divina. E, já que há uma só natureza divina, como foi demonstrado, segue-se que em Deus há uma só processão.

3. ADEMAIS, se em Deus houvesse outra processão, além da processão intelectual do verbo, seria certamente a processão do amor, que se dá pela operação da vontade. Ora, tal processão não pode ser outra além da processão inteligível do intelecto, porque em Deus a vontade não é distinta do intelecto, como acima se demonstrou. Logo, em Deus não há outra processão além da processão do verbo[1].

EM SENTIDO CONTRÁRIO, diz o Evangelho de João que o Espírito Santo procede do Pai. Ele é distinto do Filho, segundo o mesmo Evangelho: "Rogarei ao Pai e ele vos enviará outro Paráclito". Portanto, há em Deus outra processão, além da processão do verbo.

RESPONDO. Há duas processões em Deus: a do verbo e uma outra. Para demonstrá-lo, deve-se considerar que em Deus só há processão pela ação que não tende para algo extrínseco, mas que permanece no próprio agente. E na natureza intelectual tal ação é ação do intelecto e ação da vontade. A processão do verbo pertence à ação do intelecto. Na operação da vontade em nós há outra processão: a processão do amor pela qual o amado está no amante, como pela concepção do verbo a coisa dita ou conhecida está naquele que conhece.

---

3 PARALL.: I *Sent.*, dist. 13, a. 2; *Cont. Gent.* IV, 19; *De Pot.*, q. 10, a. 1, 2; Opusc. II, *Contra Graecos, Armenos* etc., c. 3.

1. Q. 11, a. 3.
2. Q. 19, a. 1.

1. Uma vez mais é-nos lembrado que todo raciocínio teológico se articula com a fé: não se trata de demonstrar *a priori* que deve haver uma segunda processão, mas, sabendo-o pela revelação, tentar compreender como isso é possível.

quam amatum est in amante, sicut per conceptionem verbi res dicta vel intellecta, est in intelligente. Unde et praeter processionem verbi, ponitur alia processio in divinis, quae est processio amoris.

AD PRIMUM ergo dicendum quod non est necessarium procedere in divinis processionibus in infinitum. Processio enim quae est ad intra in intellectuali natura, terminatur in processione voluntatis.

AD SECUNDUM dicendum quod quidquid est in Deo, est Deus, ut supra[3] ostensum est: quod non contingit in aliis rebus. Et ideo per quamlibet processionem quae non est ad extra, communicatur divina natura: non autem aliae naturae.

AD TERTIUM dicendum quod, licet in Deo non sit aliud voluntas et intellectus, tamen de ratione voluntatis et intellectus est, quod processiones quae sunt secundum actionem utriusque, se habeant secundum quendam ordinem. Non enim est processio amoris nisi in ordine ad processionem verbi: nihil enim potest voluntate amari, nisi sit in intellectu conceptum. Sicut igitur attenditur quidam ordo verbi ad principium a quo procedit, licet in divinis sit eadem substantia intellectus et conceptio intellectus; ita, licet in Deo sit idem voluntas et intellectus, tamen, quia de ratione amoris est quod non procedat nisi a conceptione intellectus, habet ordinis distinctionem processio amoris a processione verbi in divinis.

Além da processão do verbo, afirma-se, então, em Deus outra processão: é a processão do amor[m].

QUANTO AO 1º, portanto, deve-se dizer que não é necessário ir ao infinito nas processões divinas; pois na natureza intelectual a processão para dentro termina na processão da vontade[n].

QUANTO AO 2º, deve-se dizer que tudo o que está em Deus é Deus, como foi mostrado, o que não se dá nas outras coisas. E assim, por qualquer processão que não é para fora, a natureza divina se comunica; mas este não é o caso das outras naturezas[o].

QUANTO AO 3º, deve-se dizer que embora em Deus a vontade e o intelecto não sejam distintos, é da razão da vontade e do intelecto que as processões, que se dão pela ação dos dois, disponham-se em certa ordem. Não há processão de amor senão em ordem à processão do verbo. Nada pode ser amado pela vontade se não é concebido no intelecto. Assim como se deve considerar uma ordem do verbo ao princípio de onde procede, embora em Deus intelecto e concepção do intelecto sejam a mesma substância, assim também, embora em Deus vontade e intelecto sejam o mesmo, porque é da razão do amor proceder da concepção do intelecto[p] a processão de amor tem uma distinção de ordem com a processão do verbo.

---

3. Q. 3, a. 3, 4.

m. Apenas a ação imanente, em nossa experiência, pode dar-nos uma ideia, por longínqua que seja, das processões em Deus, pois somente ela comporta a produção de um termo no íntimo do agente. Até o momento, a transposição analógica foi feita a partir da intelecção, da qual resultou que ela comporta "produção", emanação do conceito, ou verbo, que é a coisa conhecida existente no intelecto em virtude do ato de intelecção. Isto nos conduziu à processão, em Deus, do Verbo que é o Filho. No entanto, conhecemos em nós mesmos outra ação imanente, o amor, e podemos perceber nela também uma "emanação" no íntimo daquele que ama: pois pelo amor o ser amado está nele, por ele produzido, como amado. É uma presença distinta da presença do conhecido no cognoscente, como seremos levados a afirmar. É isso que pode conduzir-nos, pelas vias da transposição analógica, a uma processão em Deus diversa da processão inteligível, e logo do surgimento, nas profundezas da vida divina, de outro subsistente na Natureza divina, de outro "Que é Deus".

n. Pelo amor, o espírito criado volta à coisa da qual extraiu o conceito, e o círculo se fecha (ao menos no que concerne à relação entre o cognoscente e a coisa conhecida, permanecendo o espírito aberto a uma apreensão cada vez mais perfeita dessa mesma coisa, e à apreensão de muitas outras coisas). Em Deus, o círculo se fecha perfeitamente, pois o que é conhecido e amado é o Todo, e ele é conhecido, amado perfeitamente.

o. O termo de uma processão *ad intra* está em Deus, por definição. Ora, tudo o que está em Deus é Deus, pois a divindade é subsistente por si mesma: não existe em Deus distinção real entre o "sujeito" e a "forma" (cf. supra, I, q. 3, a. 3). Resulta que, se existe em Deus uma segunda processão, o termo procedente será Deus também, o Deus único.

Há em Deus, portanto, uma segunda comunicação da Natureza divina, o que não poderia encontrar equivalente em nenhum ser vivo. Existe aí uma dificuldade própria à segunda processão: enquanto comunicação singular da natureza divina a um outro "Que é Deus", não possui no campo de nossa experiência uma similitude, mesmo distante. Não conhecemos outra maneira para um ser vivo de transmitir a sua vida a não ser pela geração.

p. Em Deus, tudo é uno, é verdade, e logo também a intelecção e o amor, que não se distinguem do Ser divino, nem entre si, nem dos outros atributos divinos. Essa unidade, porém, não é confusão, é transcendência. No ser de Deus, infinitamente simples, realiza-se o que cada uma das perfeições, que lhe atribuímos a partir das criaturas, tem de próprio. A ordem segundo a qual

Articulus 4
Utrum processio amoris in divinis sit generatio

AD QUARTUM SIC PROCEDITUR. Videtur quod processio amoris in divinis sit generatio.
1. Quod enim procedit in similitudine naturae in viventibus, dicitur generatum et nascens. Sed id quod procedit in divinis per modum amoris, procedit in similitudine naturae: alias esset extraneum a natura divina, et sic esset processio ad extra. Ergo quod procedit in divinis per modum amoris, procedit ut genitum et nascens.

2. PRAETEREA, sicut similitudo est de ratione verbi, ita est etiam de ratione amoris: unde dicitur Eccli 13,19, quod *omne animal diligit simile sibi*. Si igitur ratione similitudinis verbo procedenti convenit generari et nasci, videtur etiam quod amori procedenti convenit generari.

3. PRAETEREA, non est in genere quod non est in aliqua eius specie. Si igitur in divinis sit quaedam processio amoris, oportet quod, praeter hoc nomen commune, habeat aliquod nomen speciale. Sed non est aliud nomen dare nisi *generatio*. Ergo videtur quod processio amoris in divinis sit generatio.

SED CONTRA est quia secundum hoc sequeretur quod Spiritus Sanctus, qui procedit ut amor, procederet ut genitus. Quod est contra illud Athanasii: *Spiritus Sanctus a Patre et Filio, non factus nec creatus nec genitus, sed procedens*[1].

RESPONDEO dicendum quod processio amoris in divinis non debet dici generatio. Ad cuius evidentiam, sciendum est quod haec est differentia inter intellectum et voluntatem, quod intellectus fit in actu per hoc quod res intellecta est in intellectu secundum suam similitudinem: voluntas autem fit in actu, non per hoc quod aliqua similitudo voliti sit in voluntate, sed ex hoc quod voluntas habet quandam inclinationem in rem volitam. Processio igitur quae attenditur secundum rationem intellectus, est secundum rationem similitudinis: et intantum potest habere rationem generationis, quia omne

Artigo 4
A processão do amor em Deus é geração?

QUANTO AO QUARTO, ASSIM SE PROCEDE: parece que a processão do amor em Deus é geração.
1. Com efeito, o que procede em semelhança de natureza nos viventes diz-se que é gerado e que nasce. Ora, o que procede em Deus por modo de amor procede em semelhança de natureza. Do contrário seria algo exterior à natureza divina, e desse modo seria uma processão para fora. Logo, o que procede em Deus por modo de amor procede como um termo gerado e que nasce.

2. ALÉM DISSO, a semelhança pertence à razão de verbo, e também à razão de amor: "Todo animal ama seu semelhante", diz o Eclesiástico. Se, portanto, pela razão de semelhança, convém ao verbo que procede ser gerado e nascer, isto convém também, parece, ao amor que procede.

3. ADEMAIS, não faz parte de um gênero o que não pertence a alguma espécie dele. Se, pois, em Deus há uma processão de amor, é preciso que além do nome comum tenha outro nome especial. Ora, não se pode dar outro nome senão *geração*. Parece, portanto, que a processão de amor em Deus é geração.

EM SENTIDO CONTRÁRIO, se assim fosse, o Espírito Santo, que procede como amor, procederia como gerado. Ora, Atanásio o nega: "O Espírito Santo não é feito, nem criado, nem gerado, mas procede do Pai e do Filho".

RESPONDO. A processão de amor, em Deus, não deve ser chamada de geração. Para prová-lo, deve-se saber que há uma diferença entre o intelecto e a vontade. O intelecto torna-se ato quando a coisa por ele conhecida está no intelecto segundo sua semelhança. A vontade, porém, torna-se ato não pelo fato de alguma semelhança do que é querido estar na vontade, mas porque a vontade tem certa inclinação para o bem que quer. Por conseguinte, a processão que corresponde à razão de intelecto é tal segundo a razão de semelhança; e por isso pode ter a razão de geração, pois todo aquele que gera

---

4 PARALL.: Infra, q. 30, a. 2, ad 2; I *Sent.*, dist. 13, a. 3, ad 3, 4; III, dist. 8, a. 1, ad 8; *Cont. Gent.* IV, 19; *De Pot.*, q. 2, a. 4, ad 7; q. 10, a. 2, ad 22; *Compend. Theol.*, c. 46.

1. Sic legitur in Symbolo "Quicumque".

o conceito procede do intelecto e o amor deriva do conhecimento encontra-se no coração dessa infinita simplicidade. Que essa ordem, no caso da emanação inteligível e daquela do ato de amor, seja real, e não somente ideal, acarretando portanto uma distinção real entre o termo que procede e o seu princípio, isto devemos à fé. Como tal distinção real pode ser compatível com a absoluta simplicidade do ser divino será o objeto da questão seguinte.

generans generat sibi simile. Processio autem quae attenditur secundum rationem voluntatis, non consideratur secundum rationem similitudinis, sed magis secundum rationem impellentis et moventis in aliquid. Et ideo quod procedit in divinis per modum amoris, non procedit ut genitum vel ut filius, sed magis procedit ut spiritus: quo nomine quaedam vitalis motio et impulsio designatur, prout aliquis ex amore dicitur moveri vel impelli ad aliquid faciendum.

AD PRIMUM ergo dicendum quod quidquid est in divinis, est unum cum divina natura. Unde ex parte huius unitatis non potest accipi propria ratio huius processionis vel illius, secundum quam una distinguatur ab alia: sed oportet quod propria ratio huius vel illius processionis accipiatur secundum ordinem unius processionis ad aliam. Huiusmodi autem ordo attenditur secundum rationem voluntatis et intellectus. Unde secundum horum propriam rationem sortitur in divinis nomen utraque processio, quod imponitur ad propriam rationem rei significandam. Et inde est quod procedens per modum amoris et divinam naturam accipit, et tamen non dicitur natum.

AD SECUNDUM dicendum quod similitudo aliter pertinet ad verbum, et aliter ad amorem. Nam ad verbum pertinet inquantum ipsum est quaedam similitudo rei intellectae, sicut genitum est similitudo generantis: sed ad amorem pertinet, non quod ipse amor sit similitudo, sed inquantum similitudo est principium amandi. Unde non sequitur quod amor sit genitus: sed quod genitum sit principium amoris.

AD TERTIUM dicendum quod Deum nominare non possumus nisi ex creaturis, ut dictum est supra². Et quia in creaturis communicatio naturae non est nisi per generationem, processio in divinis non habet proprium vel speciale nomen nisi *generationis*. Unde processio quae non est generatio, remansit sine speciali nomine. Sed potest nominari *spiratio*, quia est processio spiritus.

gera um semelhante a si^q. Mas a processão que corresponde à razão de vontade não é considerada segundo a razão de semelhança, mas segundo a razão do que impele e move para algo. Assim, o que procede em Deus por modo de amor não procede como algo gerado, ou como filho, mas mais propriamente como um espírito. Por esse nome se designa uma certa moção vital e um impulso, no sentido em que se diz que o amor move e impele a fazer alguma coisa^r.

QUANTO AO 1º, portanto, deve-se dizer que tudo o que há em Deus é uma só coisa com a natureza divina. Portanto, a partir dessa unidade não se pode compreender a razão própria de tal ou tal processão, pela qual uma se distingue da outra. Mas é necessário que a razão própria de cada uma das processões seja compreendida pela ordem que têm entre si. Ora, essa ordem corresponde à razão da vontade e do intelecto. É então segundo a razão própria do intelecto e da vontade que cada processão em Deus recebe seu nome, o qual é dado para significar a razão própria dessa realidade. Eis por que não se diz que é nascido o que procede por modo de amor e recebe a natureza divina.

QUANTO AO 2º, deve-se dizer que a semelhança se refere ao verbo e ao amor, a título diferente. Ela se refere ao verbo enquanto ele mesmo é uma semelhança da realidade conhecida, como o gerado é uma semelhança daquele que o gerou. E ela se refere ao amor, não que ele mesmo seja uma semelhança, mas enquanto a semelhança é princípio de amor. Disso não resulta que o amor seja gerado, mas que o gerado é princípio do amor.

QUANTO AO 3º, deve-se dizer que não podemos nomear a Deus senão a partir das criaturas, como foi dito. E, porque na criatura só há comunicação da natureza pela geração, a processão em Deus não tem outro nome próprio ou especial senão o de *geração*. Por isso, a processão que não é geração ficou sem nome especial. Pode-se, no entanto, chamá-la de *espiração*, pois é a processão do *espírito*^{s}.

---

2. Q. 13, a. 1.

q. Não se diz que o processo inteligível é, por isso, uma geração, pois não é verdade para toda intelecção; diz-se somente que isso não é impossível, ou seja, que o processo inteligível pode, sem contradição — isto é, sem deixar de ser ele mesmo —, ser uma geração. Isso só pode ocorrer no infinito, em Deus, e apenas a fé nos assegura de que existe aí uma processão inteligível.

r. Contrariamente à processão inteligível, a processão de amor, não sendo formalmente assimiladora, jamais pode ser uma geração, mesmo levada ao extremo de sua perfeição. O termo por ela produzido não será de modo algum um filho.

s. É verdade que, em nossa experiência, não existe para um ser vivo outra via para comunicar sua natureza, sua vida, senão a geração (acima, nota o). É por isso — todas as nossas palavras sendo feitas para designar primeiramente uma realidade de nosso universo — que não existe palavra que possa ser transposta analogicamente de maneira que designe o que o processo de amor em Deus tem de próprio. Retivemos a palavra "espiração" não por ela mesma, mas unicamente pelo contexto teológico que essa palavra designa: a comunicação da Natureza divina ao Espírito Santo pelo Pai.

Artigo 5
Há em Deus mais de duas processões?

Quanto ao quinto, assim se procede: parece que em Deus **há** mais de duas processões.

1. Com efeito, como se atribui a Deus entendimento e vontade, atribui-se também a potência. Portanto, se se compreendem duas processões em Deus segundo o intelecto e a vontade, parece que uma terceira deve ser postulada segundo a potência.

2. Além disso, a bondade parece ser o principal princípio da processão, uma vez que o bem é difusivo de si. Parece, portanto, que segundo a bondade deve-se aceitar alguma processão em Deus.

3. Ademais, em Deus, a fecundidade tem mais poder que em nós. Ora, em nós a processão do verbo não é única, mas múltipla. Com efeito, em nós de um verbo procede um outro. Igualmente, de um amor, outro amor. Portanto, também em Deus há mais que duas processões.

Em sentido contrário, são dois somente os que procedem em Deus: o Filho e o Espírito Santo. Nele só há duas processões.

Respondo. Em Deus só se pode compreender a processão segundo as ações que permanecem no agente. Ora, ações desse gênero, em uma natureza intelectual e divina, só há duas: o entender e o querer[t]. O sentir, que parece ser também uma ação em quem sente, é exterior à natureza intelectual. Ele não é completamente distante do gênero das ações que são para fora, pois o sentir se realiza pela ação do sensível sobre o sentido. Portanto, em Deus não pode haver outra processão que a do verbo e do amor.

Quanto ao 1º, portanto, deve-se dizer que a potência é princípio da ação que se exerce sobre outra coisa. Por isso, segundo a potência se compreende a ação para fora. Assim, segundo o atributo da potência não se compreende a proces-

---

5 Parall.: *Cont. Gent.* IV, 26; *De Pot.*, q. 9, a. 9; q. 10, a. 2, ad argumenta *Sed contra*.

1. *De Div. Nom.*, c. 4: MG 3, 700 A.

t. A intelectualidade é o ser que atingiu certo nível de perfeição em sua própria linha (digamos: em certo grau de estar em ato): o nível no qual ele está livre das limitações da matéria. A partir daí, pode muito bem crescer indefinidamente em sua perfeição, mas sua perfeição será sempre a da intelectualidade. Esta não compreende em si mesma qualquer limite, de modo que seria preciso, ainda, a partir de um certo nível da perfeição do ser, superá-la. A infinitude de Deus não é alguma coisa além da intelectualidade, mas a intelectualidade infinita. De forma tal que, se a intelectualidade, por natureza, se desenvolve em duas operações imanentes — a intelecção e o amor —, e apenas nessas duas, podemos ter certeza, sem pretender em absoluto encerrar Deus nas redes de nossa razão limitada, que existem em Deus essas duas operações, e que só existem essas.

AD SECUNDUM dicendum quod bonum, sicut dicit Boetius in libro *de Hebd.*², pertinet ad essentiam, et non ad operationem, nisi forte sicut obiectum voluntatis. Unde, cum processiones divinas secundum aliquas actiones necesse sit accipere, secundum bonitatem et huiusmodi alia attributa non accipiuntur aliae processiones nisi verbi et amoris, secundum quod Deus suam essentiam, veritatem et bonitatem intelligit et amat.

AD TERTIUM dicendum est, sicut supra³ habitum est, Deus uno simplici actu omnia intelligit et similiter omnia vult. Unde in eo non potest esse processio verbi ex verbo, neque amoris ex amore: sed est in eo solum unum verbum perfectum, et unus amor perfectus. Et in hoc eius perfecta fecunditas manifestatur.

são da pessoa divina, mas somente a processão das criaturas.

Quanto ao 2º, deve-se dizer que, segundo Boécio, o bem diz respeito à essência e não à operação, a não ser talvez como objeto da vontade. E, como é preciso compreender as processões divinas segundo algumas ações, a bondade e os atributos do mesmo gênero não permitem compreender outras processões senão a do verbo e do amor, enquanto Deus conhece e ama sua essência, sua verdade e sua bondade.

QUANTO AO 3º, deve-se dizer que é por um ato único e simples que Deus conhece tudo, e igualmente quer tudo, como se disse acima. Não pode haver nele processão de um verbo de outro verbo, nem de um amor de outro amor. Nele só há um único verbo perfeito e um único amor perfeito. E é nisto que se manifesta sua perfeita fecundidade.

---

2. ML 64, 1314 B.
3. Q. 14, a. 7; q. 19, a. 5.

QUAESTIO XXVIII
DE RELATIONIBUS DIVINIS
in quatuor articulos divisa

Deinde considerandum est de relationibus divinis. Et circa hoc quaeruntur quatuor.

Primo: utrum in Deo sint aliquae relationes reales.
Secundo: utrum illae relationes sint ipsa essentia divina, vel sint extrinsecus affixae.
Tertio: utrum possint esse in Deo plures relationes realiter distinctae ab invicem.
Quarto: de numero harum relationum.

ARTICULUS 1
Utrum in Deo sint aliquae relationes reales

AD PRIMUM SIC PROCEDITUR. Videtur quod in Deo non sint aliquae relationes reales.

QUESTÃO 28
AS RELAÇÕES DIVINAS[a]
em quatro artigos

Em seguida, é preciso considerar as relações divinas. Sobre isso são quatro as perguntas:

1. Há em Deus relações reais?
2. Elas são a própria essência divina ou lhe são anexadas do exterior?
3. Pode haver em Deus várias relações realmente distintas umas das outras?
4. Qual é o número dessas relações?

ARTIGO 1
Há em Deus relações reais?

QUANTO AO PRIMEIRO ARTIGO, ASSIM SE PROCEDE: parece que em Deus **não** há relações reais.

---

1 PARALL.: I *Sent.*, dist. 26, q. 2, a. 1; *Cont. Gent.* IV, 14; *De Pot.*, q. 8, a. 1; *Compend. Theol.*, c. 53; in *Ioan.*, c. 16, lect. 4.

a. Por que essa questão abrupta? Desde o início da reflexão teológica sobre o mistério, a razão que crê deparou com essa dificuldade, aparentemente insolúvel: como se pode realmente distinguir entre três "que são Deus" sem dividir a substância da divindade e chegar assim a "três deuses"? Muito rapidamente, e em seguida de maneira universal e constante, os doutores cristãos buscaram a solução nessa propriedade da relação de distinguir os *entes* de uma maneira singular, que não é a da substância, que pode portanto (talvez?) assegurar a real multiplicidade dos "que são Deus" sem que se atente contra a unicidade da noção divina. Santo Tomás não precisava justificar o recurso à relação, mas mostrar apenas como uma utilização judiciosa da noção de relação pode fazer-nos sair do impasse de maneira eficaz.

1. Dicit enim Boetius, in libro *de Trin.*¹, quod *cum quis praedicamenta in divinam vertit praedicationem, cuncta mutantur in substantiam quae praedicari possunt; ad aliquid vero omnino non potest praedicari.* Sed quidquid est realiter in Deo, de ipso praedicari potest. Ergo relatio non est realiter in Deo.

2. PRAETEREA, dicit Boetius in eodem libro², quod *similis est relatio in Trinitate Patris ad Filium, et utriusque ad Spiritum Sanctum, ut eius quod est idem, ad id quod est idem.* Sed huiusmodi relatio est rationis tantum: quia omnis relatio realis exigit duo extrema realiter. Ergo relationes quae ponuntur in divinis, non sunt reales relationes, sed rationis tantum.

3. PRAETEREA, relatio paternitatis est relatio principii. Sed cum dicitur, *Deus est principium creaturarum*, non importatur aliqua relatio realis, sed rationis tantum. Ergo nec paternitas in divinis est relatio realis. Et eadem ratione nec aliae relationes quae ponuntur ibi.

4. PRAETEREA, generatio in divinis est secundum intelligibilis verbi processionem. Sed relationes quae consequuntur operationem intellectus, sunt relationes rationis. Ergo paternitas et filiatio, quae dicuntur in divinis secundum generationem, sunt relationes rationis tantum.

SED CONTRA est quod pater non dicitur nisi a paternitate, et filius a filiatione. Si igitur paternitas et filiatio non sunt in Deo realiter, sequitur quod Deus non sit realiter Pater aut Filius, sed secundum rationem intelligentiae tantum: quod est haeresis Sabelliana.

RESPONDEO dicendum quod relationes quaedam sunt in divinis realiter. Ad cuius evidentiam, considerandum est quod solum in his quae dicuntur ad aliquid, inveniuntur aliqua secundum rationem tantum, et non secundum rem. Quod non est in aliis generibus: quia alia genera, ut quantitas et qualitas, secundum propriam rationem significant aliquid alicui inhaerens. Ea vero quae dicuntur ad aliquid, significant secundum propriam rationem solum respectum ad aliud. Qui quidem respectus aliquando est in ipsa natura rerum; utpote quando aliquae res secundum suam naturam ad invicem ordinatae sunt, et invicem inclinationem habent.

1. Com efeito, Boécio diz: "Quando se usam os predicamentos para falar de Deus, todos os que podem ser atribuídos se resumem à substância; pelo contrário, relação não pode ser atribuída de modo algum". Ora, o que se encontra realmente em Deus lhe pode ser atribuído. Logo, não há relação real em Deus.

2. ALÉM DISSO, Boécio diz ainda no mesmo livro: "A relação do Pai com o Filho na Trindade, e a dos dois com o Espírito Santo, é semelhante à relação do mesmo com o mesmo". Ora, esta última é uma relação de razão, pois toda relação real exige realmente dois extremos. Logo, as relações que se afirmam em Deus não são relações reais, mas só de razão.

3. ADEMAIS, a relação de paternidade é uma relação de princípio. Ora, quando se diz que Deus é princípio das criaturas, isto não comporta uma relação real, apenas de razão. Logo, em Deus, a paternidade não é uma relação real. Nem as outras relações que nele se afirmam, pela mesma razão.

4. ADEMAIS, há geração em Deus segundo a processão do verbo inteligível. Ora, as relações consecutivas às operações do intelecto são relações de razão. Logo, a paternidade e a filiação afirmadas em Deus, segundo a geração, são apenas relações de razão.

EM SENTIDO CONTRÁRIO, só se fala de pai em razão de uma paternidade, e de filho em razão de uma filiação. Se, portanto, em Deus não há realmente nem paternidade, nem filiação, segue-se que Deus não é realmente Pai, nem Filho. Ele o é somente segundo a razão da inteligência. Esta é a heresia de Sabélio^b.

RESPONDO. Existem relações reais em Deus. Para prová-lo, é preciso considerar que somente no gênero das relações encontram-se algumas segundo a razão e não segundo a realidade. Isto não acontece nos outros gêneros. Estes, como a quantidade e a qualidade, significam pela própria razão alguma coisa em relação a outra. Os predicados relativos significam pela própria razão apenas relação ao outro. Relação que, por vezes, existe na própria natureza das coisas, a saber, quando realidades são, por natureza, relacionadas entre si e possuem uma inclinação de uma para a outra. Tais relações são necessariamente reais. Por exemplo, o

---

1. C. 4: ML 64, 1252 A.
2. C. 6: ML 64, 1255 A — 1 256 A.

b. "Paternidade", "filiação" são relações: se não existem relações reais em Deus, não se diz nada de real quando se diz que na divindade existe um Pai e seu Filho. A fé, então, não é "interpretada", mas "negada".

Et huiusmodi relationes oportet esse reales. Sicut in corpore gravi est inclinatio et ordo ad locum medium: unde respectus quidam est in ipso gravi respectu loci medii. Et similiter est de aliis huiusmodi. Aliquando vero respectus significatus per ea quae dicuntur ad aliquid, est tantum in ipsa apprehensione rationis conferentis unum alteri: et tunc est relatio rationis tantum; sicut cum comparat ratio hominem animali, ut speciem ad genus.

Cum autem aliquid procedit a principio eiusdem naturae, necesse est quod ambo, scilicet procedens et id a quo procedit, in eodem ordine conveniant: et sic oportet quod habeant reales respectus ad invicem. Cum igitur processiones in divinis sint in identitate naturae, ut ostensum est[3], necesse est quod relationes quae secundum processiones divinas accipiuntur, sint relationes reales.

AD PRIMUM ergo dicendum quod *ad aliquid* dicitur omnino non praedicari in Deo, secundum propriam rationem eius quod dicitur ad aliquid; inquantum scilicet propria ratio eius quod ad aliquid dicitur, non accipitur per comparationem ad illud cui inest relatio, sed per respectum ad alterum. Non ergo per hoc excludere voluit quod relatio non esset in Deo: sed quod non praedicaretur per modum inhaerentis secundum propriam relationis rationem, sed magis per modum ad aliud se habentis.

AD SECUNDUM dicendum quod relatio quae importatur per hoc nomen *idem*, est relatio rationis

corpo pesado possui uma inclinação e ordenação ao lugar central. Por conseguinte, há no próprio peso uma relação ao lugar central. O mesmo se dá em casos semelhantes. Mas por vezes, também, a relação significada pelo predicado relativo existe somente na apreensão da razão, que refere uma coisa a outra. Há então somente uma relação de razão. Por exemplo, quando a razão compara o homem ao animal, como a espécie ao gênero[c].

Ora, quando uma coisa procede de um princípio da mesma natureza, ambos, o que procede e seu princípio, pertencem necessariamente à mesma ordem. Por conseguinte, devem ter entre si relações reais. Dado que em Deus as processões realizam-se em identidade de natureza, como se demonstrou, necessariamente as relações que se entendem segundo as processões divinas são relações reais[d].

QUANTO AO 1º, portanto, deve-se dizer que em Deus nomes relativos não se atribuem de modo algum segundo a razão própria significada pelo nome relativo, a saber, na medida em que a razão própria significada pelo nome relativo não se toma por referência ao sujeito no qual existe a relação, mas por referência ao outro. Boécio não quis, portanto, negar a existência de alguma relação em Deus, mas que não fosse atribuída segundo a razão própria de relação, à maneira de sujeito no qual existe a relação, e sim à maneira do que se refere ao outro.

QUANTO AO 2º, deve-se dizer que a relação significada pela expressão *o mesmo* é somente

---

3. Q. 27, a. 3, ad 2.

c. Entre as dez categorias do ser, a primeira e principal, a substância, designa "o que é por si", o que exerce o ato de existir. As nove outras designam acidentes, ou seja, o que só existe em e por um ente, a substância, e que lhe traz isto: ser de tal ou tal maneira determinada — quantidade, qualidade etc. No entanto, entre elas se destaca a última, a relação: as oito outras, com efeito, são, por definição, certa determinação da substância — como esta, por conseguinte, elas só podem relacionar-se com o mundo extramental designando uma perfeição feita para existir, mesmo que seja nessa maneira imperfeita de existir que é o acidente. Já a relação só pode existir — pelo menos no mundo dado a nossa experiência — como um acidente, por e em uma substância, que denominamos seu sujeito. Contudo, o que ela traz a esse sujeito não entra em sua definição: ela apenas o situa em relação a uma outra, ordenando-a a ele. Ora, a razão pode estabelecer tais ordenações entre *entes* que, na realidade, não se relacionam de modo algum um com o outro. Ela pode também, e tem necessidade disso para que progrida, estabelecer tais conexões ideais entre sujeitos que ela fez entrar por abstração no mundo intramental que ela constrói para conhecer o mundo extramental, que tende totalmente para este ("intencional": conhecimento*). Desse modo, ela dirá que "o homem é uma espécie do gênero animal", o que é verdade, o que lhe permite melhor conhecer o que é o homem em sua realidade, mas que só se aplica ao homem nas condições da universalidade que ele possui no espírito. Dessa forma, a relação, se é real — se pertence ao mundo extramental —, só pode existir como um acidente determinando uma substância (é essa substância, então, que é referida a uma outra substância), mas pode também não ser mais que uma construção da razão, um *ser de razão*. Nesse caso, ela não é nem um acidente, nem uma substância, não pertencendo ao mundo extramental, sem por isso deixar de ser autenticamente uma relação, assim como as relações reais.

Assim, quando se considera uma relação, não basta perguntar-se em que ela consiste — de que maneira ela ordena qual sujeito para qual termo —, é preciso perguntar-se ainda se ela é real ou de razão.

d. A processão segundo a qual existe comunicação de sua própria natureza por um *ente* a um outro *ente* estabelece entre eles uma "ordem", que é uma relação. Esta só pode ser real, anterior a toda operação da razão, que a conhece mas não a constrói. Por motivo mais forte ainda, deve ocorrer o mesmo com as processões divinas, por meio das quais o *Ente* que procede recebe comunicação da própria natureza do *Ente* do qual procede, e lhe é portanto idêntico no que concerne à natureza divina infinitamente real, de acordo com a qual eles são um e outro o Deus único.

tantum, si accipiatur simpliciter idem: quia huiusmodi relatio non potest consistere nisi in quodam ordine quem ratio adinvenit alicuius ad seipsum, secundum aliquas eius duas considerationes. Secus autem est, cum dicuntur aliqua eadem esse, non in numero, sed in natura generis sive speciei. Boetius igitur relationes quae sunt in divinis, assimilat relationi identitatis, non quantum ad omnia, sed quantum ad hoc solum, quod per huiusmodi relationes non diversificatur substantia, sicut nec per relationem identitatis.

AD TERTIUM dicendum quod, cum creatura procedat a Deo in diversitate naturae, Deus est extra ordinem totius creaturae: nec ex eius natura est eius habitudo ad creaturas. Non enim producit creaturas ex necessitate suae naturae, sed per intellectum et per voluntatem, ut supra[4] dictum est. Et ideo in Deo non est realis relatio ad creaturas. Sed in creaturis est realis relatio ad Deum: quia creaturae continentur sub ordine divino, et in earum natura est quod dependeant a Deo. Sed processiones divinae sunt in eadem natura. Unde non est similis ratio.

AD QUARTUM dicendum quod relationes quae consequuntur solam operationem intellectus in ipsis rebus intellectis, sunt relationes rationis tantum: quia scilicet eas ratio adinvenit inter duas res intellectas. Sed relationes quae consequuntur operationem intellectus, quae sunt inter verbum intellectualiter procedens et illud a quo procedit, non sunt relationes rationis tantum, sed rei: quia et ipse intellectus et ratio est quaedam res, et comparatur realiter ad id quod procedit intelligibiliter, sicut res corporalis ad id quod procedit corporaliter. Et sic paternitas et filiatio sunt relationes reales in divinis.

uma relação de razão, se se entende o mesmo absolutamente, porque essa relação só pode consistir em certa ordem apreendida pela razão entre uma realidade e ela mesma, tomada sob dois de seus aspectos. O contrário acontece quando se diz que várias coisas são as mesmas, não em número, mas em gênero ou em espécie. Boécio assimila as relações que há em Deus às de identidade, não quanto a tudo, mas somente quanto a isto: por tais relações não se diversifica a substância[e], assim como também não pela relação de identidade.

QUANTO AO 3º, deve-se dizer que, como a criatura procede de Deus na diversidade de natureza, Deus se encontra fora da ordem inteira da criação. E sua relação com as criaturas não provém de sua natureza: ele não produz as criaturas por necessidade de sua natureza, mas pelo intelecto e pela vontade, como se disse acima. Por isso em Deus não há relação real com as criaturas. Mas nas criaturas a relação é real com Deus: porque elas estão sob a ordem divina, e em sua natureza está que dependam de Deus. Quanto às processões divinas, elas se realizam em identidade de natureza. Portanto, o argumento não é semelhante[f].

QUANTO AO 4º, deve-se dizer que as relações que resultam apenas da operação do intelecto sobre as próprias realidades conhecidas são apenas relações de razão: porque a razão as apreende entre as duas realidades conhecidas. Mas as relações que resultam das operações do intelecto e existem entre o verbo que procede intelectualmente e aquilo do qual procede não são apenas de razão, mas reais. Pois o próprio intelecto e a razão são uma realidade e referem-se realmente àquilo que procede intelectualmente, como um corpo se refere realmente àquilo que procede corporalmente. É assim que em Deus paternidade e filiação são relações reais[g].

---

4. Q. 14, a. 8; q. 19, a. 4.

e. A identidade segundo a substância sempre acarreta, no domínio das criaturas, identidade segundo a hipóstase — ou seja, segundo o *ente*: dois *entes* distintos não podem possuir uma substância identicamente a mesma. Na divindade, aí reside o mistério, há identidade segundo a substância de três *Entes* que, todavia, são distintos segundo a hipóstase. Não existe entre eles, portanto, "identidade pura e simples", identidade total. A partir daí, pode haver entre eles relações reais, mesmo sendo verdade que a "relação de identidade" (como: "eu sou eu") seja uma relação de razão.

f. A dependência ontológica da criatura em relação a Deus pertence à sua natureza, e a relação a Deus Criador resultante é portanto real, como ela própria é também real. O contrário não é verdadeiro: não é por meio de uma emanação necessária de sua natureza que Deus cria, é por uma decisão inteiramente livre que o deixa em sua infinita transcendência, não introduzindo em seu Ser infinito e necessário conexão alguma, ou relação real, que só poderia ser contingente, ligando-o ao ser contingente da criatura. O que esta recebe do ato criador não é uma comunicação qualquer da Natureza divina, mas o dom de uma natureza que é sua, e bem diferente daquela do Criador. Portanto, da irrealidade da relação de Deus com a criatura, que procede dele, não há nada a extrair contra a realidade da relação em Deus, daquele que procede Àquele do qual ele procede, e da relação inversa.

g. Se as relações de razão pertencem unicamente ao universo intramental que constrói o intelecto por sua operação, o intelecto e sua operação pertencem ao universo extramental, e é nesse universo que, bem realmente, o verbo é produzido pelo intelecto, o que estabelece entre ambos relações reais.

Articulus 2
Utrum relatio in Deo sit idem quod sua essentia

AD SECUNDUM SIC PROCEDITUR. Videtur quod relatio in Deo non sit idem quod sua essentia.

1. Dicit enim Augustinus, in V *de Trin.*[1], quod *non omne quod dicitur in Deo, dicitur secundum substantiam. Dicitur enim ad aliquid, sicut Pater ad Filium: sed haec non secundum substantiam dicuntur.* Ergo relatio non est divina essentia.

2. PRAETEREA, Augustinus dicit, VII *de Trin.*[2]: *Omnis res quae relative dicitur, est etiam aliquid excepto relativo; sicut homo dominus, et homo servus.* Si igitur relationes aliquae sunt in Deo, oportet esse in Deo aliquid aliud praeter relationes. Sed hoc aliud non potest esse nisi essentia. Ergo essentia est aliud a relationibus.

3. PRAETEREA, esse relativi est ad aliud se habere, ut dicitur in *Praedicamentis*[3]. Si igitur relatio sit ipsa divina essentia, sequitur quod esse divinae essentiae sit ad aliud se habere: quod repugnat perfectioni divini esse, quod est maxime absolutum et per se subsistens, ut supra[4] ostensum est. Non igitur relatio est ipsa essentia divina.

SED CONTRA, omnis res quae non est divina essentia, est creatura. Sed relatio realiter competit Deo. Si ergo non est divina essentia, erit creatura: et ita ei non erit adoratio latriae exhibenda: contra quod in Praefatione[5] cantatur: *ut in Personis proprietas, et in maiestate adoretur aequalitas.*

RESPONDEO. Dicendum quod circa hoc dicitur Gilbertus Porretanus errasse, sed errorem suum postmodum in Remensi Concilio revocasse. Dixit enim quod relationes in divinis sunt assistentes, sive extrinsecus affixae.

Ad cuius evidentiam, considerandum est quod in quolibet novem generum accidentis est duo considerare. Quorum unum est esse quod competit unicuique ipsorum secundum quod est accidens. Et hoc communiter in omnibus est inesse subiec-

Artigo 2
Em Deus a relação é o mesmo que a essência?

QUANTO AO SEGUNDO, ASSIM SE PROCEDE: parece que em Deus a relação **não** é o mesmo que a essência.

1. Com efeito, Agostinho, afirma que "nem tudo o que se diz de Deus se diz segundo a substância. Pois se usam nomes relativos, como Pai em relação ao Filho. E tais nomes não se dizem segundo a substância". Logo, a relação não é a essência divina.

2. ALÉM DISSO, Agostinho diz: "Tudo o que é dito de maneira relativa é ainda algo quando se exclui a relação; por exemplo: o senhor é homem e homem é o servo". Ora, se existem relações em Deus, deve haver nele outra realidade além dessas relações: e isto só pode ser sua essência. Logo, a essência é algo distinto das relações.

3. ADEMAIS, o ser do relativo consiste em se referir a outro, como se diz no livro das *Categorias*. Se a relação é a divina essência, o ser dessa divina essência consistirá em referir-se a outro. Isto é incompatível com a perfeição do ser divino, pois é ele, ao máximo, absoluto e subsistente por si como acima se demonstrou. Logo, a relação não é a própria essência divina.

EM SENTIDO CONTRÁRIO, tudo o que não é a essência divina é criatura. Ora, a relação convém realmente a Deus. Portanto, se ela não é a essência divina será uma criatura. Então, não se deve render-lhe um culto de latria. Ora, no prefácio canta-se o contrário: "... a fim de adorar a propriedade nas Pessoas e a igualdade na majestade".

RESPONDO. Sobre isso, se diz que Gilberto Porretano errou. Mas depois, no Concílio de Reims, retratou seu erro. Afirmou que em Deus as relações são assistentes, isto é, anexadas do exterior.

Para esclarecer essa questão, é preciso considerar que em cada um dos nove gêneros do acidente há dois aspectos. Primeiro, o ser que convém a cada um deles enquanto acidente. E para todos, de modo geral, ele consiste em existir em um

---

2 PARALL.: I *Sent.*, dist. 33, a. 1; *Cont. Gent.* IV, 14; *De Pot.*, q. 8, a. 2; *Quodlib.* VI, q. 1; *Compend. Theol.*, c. 54, 66, 67.
1. C. 5: ML 42, 914.
2. C. 1: ML 42, 935.
3. C. 7: 8, a, 39 — b, 1.
4. Q. 3, a. 4.
5. *De Trinitate.*

to: accidentis enim esse est inesse. Aliud quod potest considerari in unoquoque, est propria ratio uniuscuiusque illorum generum. Et in aliis quidem generibus a relatione, utpote quantitate et qualitate, etiam propria ratio generis accipitur secundum comparationem ad subiectum: nam quantitas dicitur mensura substantiae, qualitas vero dispositio substantiae. Sed ratio propria relationis non accipitur secundum comparationem ad illud in quo est, sed secundum comparationem ad aliquid extra.

Si igitur consideremus, etiam in rebus creatis, relationes secundum id quod relationes sunt, sic inveniuntur esse assistentes, non intrinsecus affixae; quasi significantes respectum quodammodo contingentem ipsam rem relatam, prout ab ea tendit in alterum. Si vero consideretur relatio secundum quod est accidens, sic est inhaerens subiecto, et habens esse accidentale in ipso. Sed Gilbertus Porretanus consideravit relationem primo modo tantum.

Quidquid autem in rebus creatis habet esse accidentale, secundum quod transfertur in Deum, habet esse substantiale: nihil enim est in Deo ut accidens in subiecto, sed quidquid est in Deo, est eius essentia. Sic igitur ex ea parte qua relatio in rebus creatis habet esse accidentale in subiecto, relatio realiter existens in Deo habet esse essentiae divinae, idem omnino ei existens. In hoc vero quod ad aliquid dicitur, non significatur aliqua habitudo ad essentiam, sed magis ad suum oppositum. Et sic manifestum est quod relatio realiter existens in Deo, est idem essentiae secundum rem; et non differt nisi secundum intelligentiae rationem, prout in relatione importatur respectus ad suum oppositum, qui non importatur in nomine essentiae. Patet ergo quod in Deo non est aliud esse relationis et esse essentiae, sed unum et idem.

sujeito. Com efeito, o ser do acidente é existir em outro. O segundo aspecto em cada um deles é a razão própria de cada um desses gêneros. Ora, nos outros gêneros, exceto a relação, por exemplo na quantidade e na qualidade, a razão própria do gênero se toma em referência ao sujeito. Diz-se, assim, que a quantidade é a medida da substância, a qualidade é a disposição da substância. Ao contrário, a razão própria da relação não se toma em referência ao sujeito no qual ela existe, mas em referência a algo exterior.

Se, portanto, consideramos as relações, mesmo nas coisas criadas, enquanto relações, sob este aspecto elas são assistentes, não intrinsecamente anexadas. Significam, assim, uma referência de certo modo contingente à coisa referida, enquanto a partir dela tende para um outro. Se, porém, se considera a relação enquanto acidente, ela existe no sujeito, e tem nele um ser acidental. Gilberto Porretano considerou a relação apenas no primeiro modo.

Ora, o que nas criaturas possui um ser acidental, ao transferir-se para Deus, passa a ter o ser substancial. Porque nada existe em Deus à maneira de um acidente em seu sujeito. Tudo o que existe em Deus é sua essência. Assim, pois, considerada a relação sob o aspecto de que, nas coisas criadas, ela tem um ser acidental no sujeito, então a relação, que existe realmente em Deus, tem o ser da divina essência e se identifica totalmente com ela. Mas, enquanto relação, ela não significa uma referência à essência, mas ao termo relativo oposto. Assim fica claro que a relação real em Deus é realmente idêntica à essência. E só difere por uma razão de inteligência, enquanto na relação se implica referência a seu oposto, o que não implica o termo "essência". Vê-se, portanto, que em Deus não há diferença entre o ser da relação e o ser da essência; é único e o mesmo ser[h].

---

h. Esse artigo conduz a análise da relação e sua transposição ao infinito, em Deus, até a noção, que não corresponde a nada na ordem do criado, de *relação subsistente*. Se, em sua definição, a relação não compreende nenhuma menção a um sujeito dela distinto, ao qual ela traria um modo determinado e acidental de ser, pode-se concluir (como no art. 1: ver n. 3) que ela pode tanto não ter realidade alguma (e portanto não trazer a seu sujeito nenhum ser real), e isto se encontra no mundo criado; porém, pode-se concluir também, e o novo passo que nos faz efetuar esse artigo, que não é contraditório à sua definição, que, mesmo sendo real, ela não possua um sujeito dela distinto, que seja sujeito de si mesma, isto é, que se refira a si mesma em lugar de referir uma substância da qual seria distinta. Nesse caso, ela seria subsistente. Se existem relações reais em Deus — e vimos como a fé nos força a reconhecê-lo —, elas só podem ser desse tipo: pois o Ser divino é subsistente por si mesmo e não suporta nenhuma adição de ser acidental (ver acima, q. 3). Entretanto, não se perdem por isso na substância divina, o que as tornaria inúteis para explicar uma distinção na divindade que, justamente, não concerne à substância divina. O que subsiste desse modo da própria subsistência, infinita, do ser divino, são relações, isto é, esta ordenação de um a outro em que consiste essencialmente a relação. Denominemos, segundo uma terminologia que se tornou clássica, o EM (*IN*) da relação o aspecto pela qual ela subsiste EM um sujeito distinto quando é acidente; em si, quando ela é subsistente (ao infinito somente, na divindade); chamemos o PARA (*AD*) da relação o aspecto pelo qual ela é a ordenação de um ao outro. É evidente que,

AD PRIMUM ergo dicendum quod verba illa Augustini non pertinent ad hoc, quod paternitas, vel alia relatio quae est in Deo, secundum esse suum non sit idem quod divina essentia; sed quod non praedicatur secundum modum substantiae, ut existens in eo de quo dicitur, sed ut ad alterum se habens. — Et propter hoc dicuntur duo tantum esse praedicamenta in divinis. Quia alia praedicamenta important habitudinem ad id de quo dicuntur, tam secundum suum esse, quam secundum proprii generis rationem: nihil autem quod est in Deo, potest habere habitudinem ad id in quo est, vel de quo dicitur, nisi habitudinem identitatis, propter summam Dei simplicitatem.

AD SECUNDUM dicendum quod, sicut in rebus creatis, in illo quod dicitur relative, non solum est invenire respectum ad alterum, sed etiam aliquid absolutum, ita et in Deo: sed tamen aliter et aliter. Nam id quod invenitur in creatura praeter id quod continetur sub significatione nominis relativi, est alia res: in Deo autem non est alia res, sed una et eadem, quae non perfecte exprimitur relationis nomine, quasi sub significatione talis nominis comprehensa. Dictum est enim supra[6], cum de divinis nominibus agebatur, quod plus continetur in perfectione divinae essentiae, quam aliquo nomine significari possit. Unde non sequitur quod in Deo, praeter relationem, sit aliquid aliud secundum rem; sed solum considerata nominum ratione.

AD TERTIUM dicendum quod, si in perfectione divina nihil plus contineretur quam quod significat nomen relativum, sequeretur quod esse eius esset imperfectum, utpote ad aliquid aliud se habens: sicut si non contineretur ibi plus quam quod nomine sapientiae significatur, non esset aliquid

QUANTO AO 1º, portanto, deve-se dizer que as palavras de Agostinho não negam que a paternidade, ou outra relação em Deus, seja, quanto a seu ser, idêntica à divina essência, mas que não se atribui segundo o modo da substância, isto é, como algo que existe no sujeito ao qual se atribui, mas como referindo-se a um outro. — Por essa razão diz-se que em Deus só há dois predicamentos[i]. Com efeito, os outros predicamentos implicam uma relação ao sujeito da atribuição, tanto em seu modo de ser como na razão de seu próprio gênero. Ora, nada do que existe em Deus tem com o sujeito, no qual ele existe e do qual se afirma, outra relação que a de identidade, porque Deus é absolutamente simples.

QUANTO AO 2º, deve-se dizer que nas criaturas, como também em Deus, encontra-se no sujeito da relação não somente uma referência ao outro, mas também algo absoluto. Entretanto, de modo diferente nos dois casos. O que se encontra na criatura, além do que é significado pelo termo relativo, é outra realidade. Em Deus, não é outra realidade, mas a mesma e única realidade, que não se exprime perfeitamente pelo termo relativo e fica como que compreendida na significação desse termo. Já se disse acima, quando se tratou dos nomes divinos, que a divina essência contém mais perfeição do que qualquer nome pode significar. Daí não se segue que em Deus, além da relação, haja alguma outra coisa[j] realmente, mas somente na consideração da razão dos nomes.

QUANTO AO 3º, deve-se dizer que se a perfeição divina não contivesse nada além do significado do termo relativo, seu ser seria imperfeito, pois seria uma referência a outro. Por exemplo, se não contivesse nada além do significado do termo sabedoria, não seria algo subsistente. Mas, porque

---

6. Q. 13, a. 2.

mesmo ao infinito, na divindade, a distinção que se impõe à razão, ainda que não seja real, se encontra entre esses dois aspectos da relação: as relações em Deus se identificam realmente com a essência divina segundo seu EM (*IN*), distinguem-se (virtualmente) segundo seu PARA (*AD*).

i. Dizer, seguindo Boécio, que (não) há em Deus (senão) dois predicamentos, a substância e a relação, não é encerrar Deus nos limites desses gêneros que são os predicamentos, e que só se referem ao ser criado; é dizer que só podemos atribuir propriamente a Deus predicados extraídos desses dois predicamentos: no entanto, só poderá ser uma atribuição analógica, na qual o predicado será arrancado, pelo próprio dinamismo da atribuição ao infinito, aos limites do gênero do qual foi tirado. Se o ser divino pode ser chamado propriamente de substancial E relativo, somente o será de uma maneira transcendente em relação a toda substância e a toda relação criada.

j. Aí reside o paradoxo da "relação subsistente": ela é ao mesmo tempo *relativa*, uma vez que é verdadeiramente uma relação; porém, ela é simultaneamente um *absoluto*, pois é subsistente em si. Ela é um "Relativo-Absoluto". Contraditório? Não, já que a maneira pela qual ela subsiste não faz parte de sua definição. É plenamente inteligível? Não manifestamente, pois, por um lado, essa conjunção não se encontra no universo acessível à nossa experiência, e a partir da qual a razão constrói seus conceitos; por outro, ela não pode se encontrar ali, pois, se ela é possível, somente o pode ser ao infinito, para além do ser finito cuja divisão primeira são os predicamentos. Ela faz parte do Ser divino precisamente naquilo que ele tem de diferente do ser criado, e que a razão não pode atingir diretamente. Pode afirmá-lo unicamente além de tudo o que ela pode conceber (tecnicamente: de Deus a razão pode atingir o *quia est*, não o *quid est*: "que ele é", não "o que ele é").

subsistens. Sed quia divinae essentiae perfectio est maior quam quod significatione alicuius nominis comprehendi possit, non sequitur, si nomen relativum, vel quodcumque aliud nomen dictum de Deo, non significat aliquid perfectum, quod divina essentia habeat esse imperfectum: quia divina essentia comprehendit in se omnium generum perfectionem, ut supra[7] dictum est.

a perfeição da divina essência é grande demais para ser compreendida na significação de algum nome, daí não se segue que se o termo "relativo", ou qualquer outro atribuído a Deus, não significa algo perfeito, que a divina essência tenha um ser imperfeito, pois a essência divina compreende em si a perfeição de todos os gêneros, como se disse acima[k].

Articulus 3
Utrum relationes quae sunt in Deo, realiter ab invicem distinguantur

AD TERTIUM SIC PROCEDITUR. Videtur quod relationes quae sunt in Deo, realiter ab invicem non distinguantur.
1. Quaecumque enim uni et eidem sunt eadem, sibi invicem sunt eadem. Sed omnis relatio in Deo existens est idem secundum rem cum divina essentia. Ergo relationes secundum rem ab invicem non distinguuntur.
2. PRAETEREA, sicut paternitas et filiatio secundum nominis rationem distinguuntur ab essentia divina, ita et bonitas et potentia. Sed propter huiusmodi rationis distinctionem non est aliqua realis distinctio bonitatis et potentiae divinae. Ergo neque paternitatis et filiationis.
3. PRAETEREA, in divinis non est distinctio realis nisi secundum originem. Sed una relatio von videtur oriri ex alia. Ergo relationes non distinguuntur realiter ab invicem.
SED CONTRA est quod dicit Boetius, in libro de Trin.[1], quod *substantia* in divinis *continet unitatem, relatio multiplicat trinitatem*. Si ergo relationes non distinguuntur ab invicem realiter, non erit in divinis trinitas realis, sed rationis tantum: quod est Sabelliani erroris.
RESPONDEO dicendum quod ex eo quod aliquid alicui attribuitur, oportet quod attribuantur ei om-

Artigo 3
As relações que existem em Deus se distinguem realmente umas das outras?

QUANTO AO TERCEIRO, ASSIM SE PROCEDE: parece que as relações que existem em Deus **não** se distinguem realmente umas das outras.
1. Com efeito, coisas idênticas a uma e mesma coisa, são idênticas entre si. Ora, toda relação que existe em Deus é na realidade idêntica à essência divina. Logo, as relações não se distinguem realmente umas das outras.
2. ALÉM DISSO, a paternidade e a filiação distinguem-se, nominalmente, da essência divina, como também a bondade e a potência. Ora, não é em razão dessa distinção de razão que a bondade e o poder divino se distinguem realmente. Logo, nem a paternidade, nem a filiação.
3. ADEMAIS, não há distinção real em Deus senão pela origem. Ora, uma relação não provém de uma outra relação, ao que parece. Logo, as relações não se distinguem realmente umas das outras.
EM SENTIDO CONTRÁRIO, Boécio diz, que em Deus "a substância contém a unidade, a relação multiplica a trindade". Se, portanto, as relações não se distinguem realmente umas das outras, não haverá trindade real em Deus, mas apenas de razão. Ora, este é o erro de Sabélio[l].
RESPONDO. Pelo fato de se atribuir algo a alguém, é necessário que lhe seja atribuído tudo o

---

7. Q. 4, a. 2.

3   PARALL.: I *Sent*., dist. 26, q. 2, a. 2; *De Pot*., q. 2, a. 5, 6.

1. C. 6: ML 64, 1255 A.

---

k. Não é ser relativo que é uma imperfeição, é só existir como relativo a outra coisa. Quando dizemos que, na divindade, aquilo mesmo que é relativo a um outro é também um absoluto, não atribuímos a Deus nenhuma imperfeição, afirmando, levados pela revelação, que existem nele relações reais. Bem mais, a razão que crê descobre nele uma perfeição nova que, por si mesma, teria pensado dever afastar, ainda que, no criado, a relação traga ao ente — sobretudo a esse ente racional que é a pessoa humana — uma grande riqueza.

l. Acreditar na Trindade é pensar, dizer e professar que o Deus Criador e Soberano ao qual o universo visível remete ineluctavelmente a razão, o Deus Salvador que se revelou na Bíblia, existe em três Entes, dos quais cada um é, distintamente, e com os dois outros, o Deus único. Se, com Sabélio no século II, e após muitos outros ao longo da história, situamos a distinção dos Três que formam a sociedade transcendente que nomeamos "a Trindade", não na própria realidade divina, mas apenas na razão considerando essa realidade sob diversos aspectos, não interpretamos a fé da Igreja na Trindade, mas a arruinamos.

nia quae sunt de ratione illius: sicut cuicumque attribuitur *homo*, oportet quod attribuatur ei esse rationale. De ratione autem relationis est respectus unius ad alterum, secundum quem aliquid alteri opponitur relative. Cum igitur in Deo realiter sit relatio, ut dictum est[2], oportet quod realiter sit ibi oppositio. Relativa autem oppositio in sui ratione includit distinctionem. Unde oportet quod in Deo sit realis distinctio, non quidem secundum rem absolutam, quae est essentia, in qua est summa unitas et simplicitas; sed secundum rem relativam.

AD PRIMUM ergo dicendum quod, secundum Philosophum in III *Physic*.[3], argumentum illud tenet, quod quaecumque uni et eidem sunt eadem, sibi invicem sunt eadem, in his quae sunt idem re et ratione, sicut tunica et indumentum: non autem in his quae differunt ratione. Unde ibidem dicit quod, licet actio sit idem motui, similiter et passio, non tamen sequitur quod actio et passio sint idem: quia in actione importatur respectus ut a quo est motus in mobili, in passione vero ut qui est ab alio. Et similiter, licet paternitas sit idem secundum rem cum essentia divina, et similiter filiatio, tamen haec duo in suis propriis rationibus important oppositos respectus. Unde distinguuntur ab invicem.

AD SECUNDUM dicendum quod potentia et bonitas non important in suis rationibus aliquam oppositionem: unde non est similis ratio.

AD TERTIUM dicendum quod, quamvis relationes, proprie loquendo, non oriantur vel procedant ab invicem, tamen accipiuntur per oppositum secundum processionem alicuius ab alio.

que é de sua razão. Por exemplo, se se atribui a alguém *homem*, é necessário que lhe seja atribuído o ser racional. Ora, à razão de relação pertence a referência de um ao outro, referência que opõe relativamente um ao outro. Como foi dito, em Deus existe realmente relação, portanto é preciso que exista realmente oposição. Ora, a oposição relativa inclui em sua razão a distinção. Donde é preciso que em Deus haja distinção real, não, porém, quanto à realidade absoluta, que é a essência, na qual existe suma unidade e simplicidade, mas quanto à realidade relativa[m].

QUANTO AO 1º, portanto, deve-se dizer que o Filósofo afirma no livro III da *Física*: o argumento "coisas idênticas a uma mesma coisa são idênticas entre si" é válido quando se trata da identidade real e de razão. Por exemplo, túnica e vestimenta. Mas não vale quando se trata de distinção de razão. Assim, ali mesmo se diz que, embora ação e paixão se identifiquem com o movimento, não se segue que ação e paixão sejam idênticas: ação implica referência ao princípio do movimento no que é movido, enquanto paixão implica o movimento a partir de um outro. De maneira semelhante: a paternidade é idêntica na realidade à essência divina e a filiação também. Entretanto, uma e outra implicam, em suas razões próprias, referências opostas. Portanto, distinguem-se uma da outra[n].

QUANTO AO 2º, deve-se dizer que poder e bondade não implicam oposição em suas razões. Portanto, o argumento não é semelhante.

QUANTO AO 3º, deve-se dizer que, falando de modo estrito, as relações não provêm nem procedem umas das outras. No entanto, são tomadas como opostas, pela consideração de algo que procede de outro.

---

2. Art. 1.
3. C. 3: 202, b, 8-22.

m. Chegamos ao ponto extremo de tensão do argumento analógico que, a partir da noção de relação extraída do mundo que nos cerca, tende a introduzir, sem contradição, no coração da infinita simplicidade do Ser divino uma real multiplicidade. Se existem verdadeiramente relações na divindade, elas se encontram aí com tudo o que é necessariamente compreendido na razão formal de relação, e que sua definição exprime: sem o que não seriam relações! Ora, uma vez que a relação se define como um "PARA um outro", a oposição, e portanto a distinção entre os relativos, é compreendida na razão formal de relação. E, se a relação é real, a distinção que traz com ela, a alteridade de cada relativo em relação a seu correlato são reais. Há em Deus, portanto, pluralidade dos relativos — e é preciso dizer: das relações, já que as relações são subsistentes e referem-se a si mesmas —, sem que se atente contra a unicidade da substância divina, pois não é a substância que é referida pelas relações.
  Contudo, como não atentar contra a unicidade do Ser divino, se essas oposições são reais? A substância divina se identifica com seu Ser, e também, como vimos, com as relações na medida em que são subsistentes: há somente um Ser divino, por si mesmo subsistente. Esse Ser, contudo, que não é transcendente unicamente em relação a todos os entes criados, mas também em relação a todos os nossos conceitos, a todas as nossas representações, está, como dizíamos (n. i), além do que comportam tanto nossa noção de substância como nossa noção de relação: no Ser divino realiza-se ao infinito toda a perfeição da substância e toda a perfeição da relação; é, em sua infinita simplicidade, perfeitamente absoluto e perfeitamente relativo.
  n. As relações divinas distinguem-se de tal modo entre si porque elas são reais, mas aquilo pelo qual cada uma é real, sua substância, identifica-se com aquilo pelo qual as outras são reais: é a substância infinita e simples do Ser divino. A rea-

Articulus 4
Utrum in Deo sint tantum quatuor relationes reales, scilicet paternitas, filiatio, spiratio et processio

AD QUARTUM SIC PROCEDITUR. Videtur quod in Deo non sint tantum quatuor relationes reales, scilicet paternitas, filiatio, spiratio et processio.
1. Est enim considerare in Deo relationes intelligentis ad intellectum, et volentis ad volitum: quae videntur esse relationes reales, neque sub praedictis continentur. Non ergo sunt solum quatuor relationes reales in Deo.

2. PRAETEREA, relationes reales accipiuntur in Deo secundum processionem intelligibilem verbi. Sed relationes intelligibiles multiplicantur in infinitum, ut Avicenna dicit[1]. Ergo in Deo sunt infinitae relationes reales.

3. PRAETEREA, ideae sunt in Deo ab aeterno, ut supra[2] dictum est. Non autem distinguuntur ab invicem nisi secundum respectum ad res, ut supra[3] dictum est. Ergo in Deo sunt multo plures relationes aeternae.

4. PRAETEREA, aequalitas et similitudo et identitas sunt relationes quaedam; et sunt in Deo ab aeterno. Ergo plures relationes sunt ab aeterno in Deo, quam quae dictae sunt.

SED CONTRA, videtur quod sint pauciores. Quia secundum Philosophum, in III *Physic*.[4], *eadem via est de Athenis ad Thebas, et de Thebis ad Athenas*. Ergo videtur quod pari ratione eadem sit relatio de patre ad filium, quae dicitur paternitas, et de filio ad patrem, quae dicitur filiatio. Et sic non sunt quatuor relationes in Deo.

RESPONDEO dicendum quod, secundum Philosophum, in V *Metaphys*.[5], relatio omnis fundatur vel supra quantitatem, ut duplum et dimidium; vel supra actionem et passionem, ut faciens et factum,

Artigo 4
Há em Deus somente quatro relações reais: paternidade, filiação, espiração e processão?

QUANTO AO QUARTO, ASSIM SE PROCEDE: parece que em Deus **não** há somente quatro relações reais: paternidade, filiação, espiração e processão.
1. Com efeito, podem-se considerar em Deus relações do que conhece ao que é conhecido, do que quer ao que é querido. Estas parecem ser relações reais e não estão compreendidas entre aquelas acima citadas. Logo, não há somente quatro relações reais em Deus.

2. ALÉM DISSO, é segundo a processão intelectual do verbo que se entendem as relações reais em Deus. Ora, Avicena diz que as relações intelectuais multiplicam-se ao infinito. Logo, há em Deus uma infinidade de relações reais.

3. ADEMAIS, as ideias estão em Deus desde toda a eternidade, como se disse acima. Ora, elas não se distinguem entre si senão pela relação às coisas, como também se disse. Logo, há muito mais que quatro relações eternas em Deus.

4. ADEMAIS, igualdade, semelhança, identidade são relações e existem em Deus desde toda eternidade. Logo, há em Deus, desde toda a eternidade, mais relações que as enumeradas.

EM SENTIDO CONTRÁRIO, parece que são em menor número. Pois, segundo o Filósofo, no livro III da *Física*: "É o mesmo o caminho que vai de Atenas a Tebas, e de Tebas a Atenas". Igualmente, parece que é a mesma a relação: a do pai com o filho, que se chama paternidade, e a do filho com o pai, que se chama filiação. Assim, não há quatro relações em Deus.

RESPONDO. No livro V da *Metafísica*, o Filósofo mostra que toda relação se funda ou sobre a quantidade, como o duplo e a metade; ou sobre a ação e a paixão, como a causa e o efeito, pai e filho,

---

4
1. Vide *Metaph*., tract. III, c. 10.
2. Q. 15, a. 2.
3. Ibid.
4. C. 3: 202, b, 8-16.
5. C. 15: 1020, b, 26-32.

---

lidade divina não é portanto de maneira alguma dividida, e no entanto torna reais as distinções relativas. Sutileza levada ao absurdo? Não! Utilização levada ao extremo do rigor dessa constatação que a relação tem uma maneira singular de opor os entes, e portanto de distingui-los, mesmo que, no mundo dado à nossa experiência, esses dois princípios de distinção não caminhem jamais um sem o outro. No infinito podemos afirmar, sem contradição, mas unicamente na submissão da razão à fé, que encontramos a oposição relativa em estado puro.

pater et filius, dominus et servus, et huiusmodi. Cum autem quantitas non sit in Deo (est enim *sine quantitate magnus*, ut dicit Augustinus[6]), relinquitur ergo quod realis relatio in Deo esse non possit, nisi super actionem fundata. Non autem super actiones secundum quas procedit aliquid extrinsecum a Deo: quia relationes Dei ad creaturas non sunt realiter in ipso, ut supra[7] dictum est. Unde relinquitur quod relationes reales in Deo non possunt accipi, nisi secundum actiones secundum quas est processio in Deo, non extra, sed intra.

Huiusmodi autem processiones sunt duae tantum, ut supra[8] dictum est: quarum una accipitur secundum actionem intellectus, quae est processio verbi; alia secundum actionem voluntatis, quae est processio amoris. Secundum quamlibet autem processionem oportet duas accipere relationes oppositas, quarum una sit procedentis a principio, et alia ipsius principii. Processio autem verbi dicitur generatio, secundum propriam rationem qua competit rebus viventibus. Relatio autem principii generationis in viventibus perfectis dicitur paternitas: relatio vero procedentis a principio dicitur filiatio. Processio vero amoris non habet nomen proprium, ut supra[9] dictum est: unde neque relationes quae secundum ipsam accipiuntur. Sed vocatur relatio principii huius processionis spiratio; relatio autem procedentis, processio; quamvis haec duo nomina ad ipsas processiones vel origines pertineant, et non ad relationes.

AD PRIMUM ergo dicendum quod in his in quibus differt intellectus et intellectum, volens et volitum, potest esse realis relatio et scientiae ad rem scitam, et volentis ad rem volitam. Sed in Deo est idem omnino intellectus et intellectum, quia intelligendo se intelligit omnia alia: et eadem ratione voluntas et volitum. Unde in Deo huiusmodi relationes non sunt reales, sicut neque relatio eiusdem ad idem. Sed tamen relatio ad verbum est realis: quia verbum intelligitur ut procedens per actionem intelligibilem, non autem ut res intellecta. Cum enim intelligimus lapidem, id quod ex re intellecta concipit intellectus, vocatur verbum.

senhor e servo etc°. Ora, não há quantidade em Deus. "Ele é grande, sem dimensões", diz Agostinho. Assim, não pode haver relação real em Deus se não for fundada na ação. Não, porém, sobre as ações pelas quais procede alguma coisa extrínseca a Deus. Pois as relações de Deus com as criaturas não são reais nele, como se viu acima. Só se pode, portanto, entender em Deus relações reais segundo as ações pelas quais há uma processão interior, e não exterior.

Como acima foi dito, há apenas duas processões desse gênero: uma que se entende como operação do intelecto, e é a processão do verbo; outra que se entende como operação da vontade, e é a processão do amor. E em cada processão se devem considerar duas relações opostas: a do termo procedente do princípio e a do próprio princípio. Ora, a processão do verbo chama-se geração, no sentido próprio que convém aos viventes. A relação do princípio da geração, nos viventes perfeitos, chama-se paternidade. A relação do termo procedente do princípio chama-se filiação. A processão do amor, como acima foi explicado, não tem nome próprio, nem as relações que se entendem por ela. Portanto, dá-se o nome de espiração à relação do princípio desta processão, e o de processão à relação do termo procedente, se bem que esses dois nomes correspondam às processões ou às origens, e não às relações.

QUANTO AO 1º, portanto, deve-se dizer que quando diferem o que conhece e o que é conhecido, o que quer e o que é querido, pode haver relação real do conhecimento para com a coisa conhecida, e da vontade para a coisa querida. Em Deus, porém, é absolutamente o mesmo o intelecto e o que ele conhece, porque conhecendo a si mesmo conhece todas as coisas. O mesmo se dá com a vontade e a coisa querida. Então, em Deus, essas relações não são reais, como tampouco a relação de algo a si mesmo. Mas a relação com o verbo é real. Porque o verbo é entendido como procedendo por uma ação intelectual e não como a coisa conhecida. Com efeito, quando conhecemos

---

6. Contra Epist. Manichaei quam vocant Fund., c. 15: ML 42, 184.
7. A. 1, ad 3; q. 13, a. 7.
8. Q. 27, a. 5.
9. Q. 27, a. 4.

o. Não é sobre a autoridade de Aristóteles que Santo Tomás funda seu discurso teológico. Ele utiliza a análise filosófica que Aristóteles fez da noção de relação envolvida nesse discurso, e que ele considera verdadeira.

AD SECUNDUM dicendum quod in nobis relationes intelligibiles in infinitum multiplicantur, quia alio actu intelligit homo lapidem, et alio actu intelligit se intelligere lapidem, et alio etiam intelligit hoc intelligere: et sic in infinitum multiplicantur actus intelligendi, et per consequens relationes intellectae. Sed hoc in Deo non habet locum, quia uno actu tantum omnia intelligit.

AD TERTIUM dicendum quod respectus ideales sunt ut intellecti a Deo. Unde ex eorum pluralitate non sequitur quod sint plures relationes in Deo, sed quod Deus cognoscat plures relationes.

AD QUARTUM dicendum quod aequalitas et similitudo in Deo non sunt relationes reales, sed rationis tantum, ut infra[10] patebit.

AD QUINTUM dicendum quod via est eadem ab uno termino ad alterum, et e converso; sed tamen respectus sunt diversi. Unde ex hoc non potest concludi quod eadem sit relatio patris ad filium, et e converso: sed posset hoc concludi de aliquo absoluto, si esset medium inter ea.

uma pedra, o que o intelecto concebe dessa coisa conhecida[p] é o que se chama verbo.

QUANTO AO 2º, deve-se dizer que em nós as relações inteligíveis multiplicam-se ao infinito, porque por um ato o homem conhece a pedra, por outro, conhece que conhece a pedra, e ainda por outro ato conhece este ato de conhecer. Assim, os atos de conhecimento multiplicam-se ao infinito, e em consequência as relações conhecidas. Mas em Deus não é assim, pois ele tudo conhece em um ato único.

QUANTO AO 3º, deve-se dizer que as relações de ideias estão em Deus como conhecidas. De sua multiplicidade não resulta a existência de várias relações em Deus, mas sim que Deus conhece várias relações.

QUANTO AO 4º, deve-se dizer que igualdade e semelhança, em Deus, não são relações reais, mas apenas relações de razão, como se verá mais adiante.

QUANTO AO 5º, deve-se dizer que o caminho é o mesmo de um ponto a outro, e vice-versa, mas as relações são diferentes. Não se pode, portanto, concluir que a relação de pai a filho e sua recíproca sejam idênticas. Isto se poderia concluir somente de uma realidade absoluta, se existisse um meio entre eles.

---

10. Q. 42, a. 1, ad 4.

p. A relação do intelecto com o verbo que ele forma em si mesmo mediante sua operação não é a que existe do intelecto e da vontade com o objeto conhecido e amado, mas a relação do que procede realmente com o princípio do qual ele procede. É uma relação real, pois seria contraditório que o mesmo procedesse realmente do mesmo.

QUAESTIO XXIX
DE PERSONIS DIVINIS
in quatuor articulos divisa

Praemissis autem his quae de processionibus et relationibus praecognoscenda videbantur, necessarium est aggredi de Personis. Et primo, secundum considerationem absolutam; et deinde secundum comparativam considerationem. Oportet autem absolute de Personis, primo quidem in communi considerare; deinde de singulis Personis. Ad communem autem considerationem Personarum quatuor pertinere videntur: primo quidem, significatio huius nominis *persona*; secundo vero, numerus Personarum; tertio, ea quae consequuntur numerum Personarum, vel ei opponuntur, ut diversitas et similitudo, et huiusmodi; quarto vero, ea quae pertinent ad notitiam Personarum.

QUESTÃO 29
AS PESSOAS DIVINAS
em quatro artigos

Tratados os pressupostos sobre as processões e as relações, devem-se abordar as Pessoas. Primeiro consideradas em sentido absoluto, depois comparadas entre si.

Em sentido absoluto, devemos considerar primeiro as Pessoas em geral; e depois cada Pessoa em particular. A consideração geral das Pessoas parece comportar quatro questões: 1. O significado do termo *pessoa*; 2. o número das Pessoas; 3. o que esse número implica ou exclui, como diversidade, semelhança etc.; 4. nosso conhecimento das Pessoas.

Circa primum quaeruntur quatuor.
Primo: de definitione personae.
Secundo: de comparatione personae ad essentiam, subsistentiam et hypostasim.
Tertio: utrum nomen personae competat in divinis.
Quarto: quid ibi significet.

A respeito do 1º são quatro as questões:
1. A definição de pessoa;
2. A comparação do termo "pessoa" com os termos essência, subsistência e hipóstase;
3. Se o termo pessoa convém a Deus;
4. O que ele significa em Deus.

Articulus 1
De definitione personae

AD PRIMUM SIC PROCEDITUR. Videtur quod incompetens sit definitio personae quam Boetius assignat in libro de *Duabus Naturis*[1], quae talis est: *Persona est rationalis naturae individua substantia*.
1. Nullum enim singulare definitur. Sed persona significat quoddam singulare. Ergo persona inconvenienter definitur.
2. PRAETEREA, *substantia*, prout ponitur in definitione personae, aut sumitur pro substantia prima, aut pro substantia secunda. Si pro substantia prima, superflue additur *individua*: quia substantia prima est substantia individua. Si vero stat pro substantia secunda, falso additur, et est oppositio in adiecto: nam secundae substantiae dicuntur genera vel species. Ergo definitio est male assignata.
3. PRAETEREA, nomen intentionis non debet poni in definitione rei. Non enim esset bona assignatio, si quis diceret, *homo est species animalis: homo* enim est nomen rei, et *species* est nomen intentionis. Cum igitur *persona* sit nomen rei (significat enim substantiam quandam rationalis naturae), inconvenienter *individuum*, quod est nomen intentionis, in eius definitione ponitur.

4. PRAETEREA, natura est *principium motus et quietis in eo in quo est per se et non per accidens*, ut dicitur in II *Physic.*[2]. Sed persona est in rebus immobilibus, sicut in Deo et in angelis. Non ergo

Artigo 1
A definição de pessoa

QUANTO AO PRIMEIRO ARTIGO, ASSIM SE PROCEDE: parece que **não** é conveniente a definição que Boécio escreve no livro *Sobre as duas naturezas*: "Pessoa é a substância individual de natureza racional".
1. Com efeito, não se define o singular. Ora, pessoa significa um singular. Logo, pessoa é definida de maneira inconveniente.
2. ALÉM DISSO, nesta definição de pessoa, toma-se *substância* ou no sentido de substância primeira, ou no de substância segunda[a]. Se por substância primeira, é supérfluo acrescentar *individual*, porque a substância primeira é substância individual. Se por substância segunda, o acréscimo é falso e contraditório, porque são os gêneros e as espécies que se dizem substâncias segundas. Logo, esta definição é mal enunciada.
3. ADEMAIS, na definição de uma coisa real não se deve pôr o nome de uma intenção lógica[b]. Assim, não seria um bom enunciado se alguém dissesse: *o homem é uma espécie animal* porque *homem* designa uma coisa real, enquanto *espécie* designa uma intenção lógica. Então, uma vez que *pessoa* designa uma coisa real, pois significa uma substância de natureza racional, é inconveniente pôr em sua definição o termo *indivíduo*, que designa uma intenção lógica.
4. ADEMAIS, a natureza, diz Aristóteles no livro II da *Física*: "É o princípio do movimento e do repouso naquilo em que está por si e não por acidente." Ora, a pessoa existe em realidades sem

---

1 PARALL.: Infra, a. 3, ad 2, 4; III, q. 2, a. 2; I *Sent.*, dist. 25, a. 1; *De Pot.*, q. 9, a. 2; *De Unione Verbi*, a. 1.
  1. C. 3: ML 64, 1343 C.
  2. C. 1: 192, b, 20-32.

a. Para uma melhor compreensão de toda essa questão, ver no vocabulário as palavras: substância, essência e natureza.
b. "Intenção lógica": denominamos desse modo essas entidades que a razão constrói ("seres de razão"), não para substituí-las às realidades que compõem o universo extramental, mas como instrumentos necessários ao conhecimento desse universo. O objetante pede apenas que não se confundam semelhantes entidades, que não pertencem ao mundo real, com aquelas que nele se realizam.

in definitione personae debuit poni *natura*, sed magis *essentia*.

5. PRAETEREA, anima separata est rationalis naturae individua substantia. Non autem est persona. Inconvenienter ergo persona sic definitur.

RESPONDEO dicendum quod, licet universale et particulare inveniantur in omnibus generibus, tamen speciali quodam modo individuum invenitur in genere substantiae. Substantia enim individuatur per seipsam, sed accidentia individuantur per subiectum, quod est substantia: dicitur enim haec albedo, inquantum est in hoc subiecto. Unde etiam convenienter individua substantiae habent aliquod speciale nomen prae aliis: dicuntur enim *hypostases*, vel *primae substantiae*.

Sed adhuc quodam speciliori et perfectiori modo invenitur particulare et individuum in substantiis rationalibus, quae habent dominium sui actus, et non solum aguntur, sicut alia, sed per se agunt: actiones autem in singularibus sunt. Et ideo etiam inter ceteras substantias quoddam speciale nomen habent singularia rationalis naturae. Et hoc nomen est *persona*. Et ideo in praedicta definitione personae ponitur substantia individua, inquantum significat singulare in genere substantiae: additur autem rationalis naturae, inquantum significat singulare in rationalibus substantiis.

AD PRIMUM ergo dicendum quod, licet hoc singulare vel illud definiri non possit, tamen id quod pertinet ad communem rationem singularitatis, definiri potest: et sic Philosophus definit[3]

movimento, como em Deus e nos anjos. Logo, não se devia pôr o termo *natureza* na definição de pessoa, o melhor seria *essência*.

5. ADEMAIS, a alma separada é uma substância individual de natureza racional. Ela, no entanto, não é pessoa. Logo, pessoa não se define assim de maneira conveniente.

RESPONDO. O universal e o particular se encontram em todos os gêneros. Entretanto, de maneira especial, o indivíduo se encontra no gênero substância. A substância, com efeito, é individuada por si mesma. Mas os acidentes o são, pelo sujeito, isto é, pela substância: diz-se por exemplo esta brancura, enquanto está neste sujeito. É conveniente, portanto, dar aos indivíduos do gênero substância um nome especial: nós os chamamos de *hipóstases* ou *substâncias primeiras*.

O particular e o indivíduo realizam-se de maneira ainda mais especial e perfeita nas substâncias racionais que têm o domínio de seus atos e não são apenas movidas na ação como as outras, mas agem por si mesmas. Ora, as ações estão nos singulares. Por isso, entre as outras substâncias os indivíduos de natureza racional têm o nome especial de *pessoa*. E eis por que, na definição acima, diz-se: a substância individual, para significar o singular no gênero substância. E acrescenta-se "de natureza racional", para significar o singular nas substâncias racionais[c].

QUANTO AO 1º, portanto, deve-se dizer que embora não se possa definir tal ou tal singular, é possível definir o que constitui a razão comum de singularidade[d]. É assim que o Filósofo define a

---

3. Categ., c. 5: 2, a, 11-14.

c. A pessoa é uma substância individual, uma "hipóstase", como todos os indivíduos substanciais que compõem o universo real. Contudo, ela tem isto de singular, que a natureza que nela se realiza é uma *natureza racional*, o que lhe confere uma superioridade não somente de grau, mas de ordem, em relação a todos os outros *entes*, ou hipóstases, em relação a esse valor supremo, fonte e medida de todos os outros, o ser. Essa superioridade manifesta-se aqui pela prerrogativa da liberdade, apresentada como o poder de dirigir-se a si mesmo, conduzir-se, em vez de submeter-se passivamente, como os outros, às forças exteriores — que todavia agem também sobre ela, mas não sem que ela possa fazê-las servir ao cumprimento de seus desígnios. Com efeito, o agir manifesta o ser, de forma que uma superioridade de ordem no modo de agir é a consequência e o sinal de uma superioridade, mais profunda e mais importante no próprio ser.

Essa superioridade provém precisamente da racionalidade. Esta é a forma assumida pela intelectualidade em um espírito que só existe e age em um corpo e por seu intermédio: a esse título, traz com ela essa prerrogativa do espírito que do conhecimento deriva no agir: a consciência. Conhecimento e liberdade, eis o que, segundo Santo Tomás, caracteriza a pessoa, elevando-a acima de todos os *entes* que lhe são inferiores, justificando que a esse *ente* privilegiado, em que se concretiza uma natureza racional, dê-se um nome especial: "pessoa".

Assim, tanto quanto os modernos, Santo Tomás define a pessoa pela consciência e pela liberdade. No entanto, censuram-lhe o fato de que comece por dizer que a pessoa é uma substância. Se ela não fosse uma substância, e uma substância individualizada, não seria real, e todas as riquezas que evocam as palavras consciência e liberdade não seriam mais que uma ideia abstrata, seriam irreais, não pertencendo de fato a um *ente*. Em suma, para ser realmente um centro de consciência e uma fonte de liberdade, é-lhe preciso primeiramente ser: apenas as "substâncias primeiras" ou "hipóstases" são.

d. Cada singular é distinto de todos os outros, mas todos eles têm em comum o fato de serem singulares.

substantiam primam. Et hoc modo definit Boetius personam.

AD SECUNDUM dicendum quod, secundum quosdam, *substantia* in definitione personae ponitur pro substantia prima, quae est hypostasis. Neque tamen superflue additur *individua*. Quia nomine *hypostasis* vel *substantiae primae*, excluditur ratio universalis et partis (non enim dicimus quod homo communis sit hypostasis, neque etiam manus, cum sit pars): sed per hoc quod additur *individuum*, excluditur a persona ratio assumptibilis; humana enim natura in Christo non est persona, quia est assumpta a digniori, scilicet a Verbo Dei. — Sed melius dicendum est quod *substantia* accipitur communiter, prout dividitur per primam et secundam: et per hoc quod additur *individua*, trahitur ad standum pro substantia prima.

AD TERTIUM dicendum quod, quia substantiales differentiae non sunt nobis notae, vel etiam nominatae non sunt, oportet interdum uti differentiis accidentalibus loco substantialium, puta si quis diceret: *ignis est corpus simplex, calidum et siccum*: accidentia enim propria sunt effectus formarum substantialium, et manifestant eas. Et similiter nomina intentionum possunt accipi ad definiendum res, secundum quod accipiuntur pro aliquibus nominibus rerum quae non sunt posita. Et sic hoc nomen *individuum* ponitur in definitione personae, ad designandum modum subsistendi qui competit substantiis particularibus.

AD QUARTUM dicendum quod, secundum Philosophum, in V *Metaphys.*[4], nomen *naturae* primo impositum est ad significandam generationem viventium, quae dicitur nativitas. Et quia huiusmodi generatio est a principio intrinseco, extensum est hoc nomen ad significandum principium intrinsecum cuiuscumque motus. Et sic definitur natura in II *Physic*. Et quia huiusmodi principium est formale vel materiale, communiter tam materia quam forma dicitur natura. Et quia per formam

substância primeira. E é dessa maneira que Boécio define a pessoa.

QUANTO AO 2º, deve-se dizer que no dizer de alguns, na definição de pessoa, *substância* é tomada por substância primeira, que é a hipóstase. Entretanto não é supérfluo o acréscimo de *individual*. Com efeito, pelos termos *hipóstase* ou *substância primeira* exclui-se a razão de universal ou de parte, porque não se qualifica de hipóstase o homem em geral, nem a mão, que é apenas uma parte. Acrescentando, porém, *individual*, exclui-se da pessoa a razão de ser assumida. Em Cristo, por exemplo, a natureza humana não é pessoa, porque é assumida por um mais digno, a saber, pelo Verbo de Deus. — Entretanto, é melhor dizer que *substância* é tomada em um sentido geral, enquanto se divide em: substância primeira e substância segunda. Acrescentando-se *individual* a substância, torna-se ela determinada como substância primeira.

QUANTO AO 3º, deve-se dizer que porque as diferenças substanciais nos são desconhecidas, ou ainda não têm nome, é preciso por vezes usar as diferenças acidentais no lugar das substanciais. Dir-se-á, por exemplo, que o fogo é *um corpo simples, quente e seco*. Os acidentes próprios, de fato, são efeitos das formas substanciais e as manifestam. Igualmente, para definir as coisas, podem-se tomar nomes de intenções lógicas na medida em que são tomados por nomes inexistentes. É assim que se põe o termo *indivíduo* na definição de pessoa para designar o modo de subsistir que convém às substâncias particulares[e].

QUANTO AO 4º, deve-se dizer que segundo o Filósofo no livro V da *Metafísica*, o nome *natureza* primeiro foi dado para significar a geração dos viventes, isto é, o nascimento. E, como essa geração procede de um princípio interior, o termo foi estendido ao princípio intrínseco de todo movimento. É assim que se define natureza no livro II da *Física*. E, porque esse princípio é formal ou material, chama-se em geral natureza tanto a forma como a matéria. Mas, porque a forma

---

4. C. 4: 1014, b, 16-17.

e. O termo "indivíduo" designa a propriedade de um conceito representando a natureza específica (como: "o homem"), quando, prolongado pela imagem e pela percepção, ele é de tal modo determinado que não pode mais ser atribuído senão a um singular, no qual se realiza essa natureza (assim: "esse homem", "o homem que descobriu a vacina" etc.); é portanto uma "intenção lógica", pois a relação de um conceito com o sujeito ao qual ele é atribuível (predicabilidade) só se encontra no mundo intramental construído pela razão. Porém, se esse conceito só for atribuível à singularidade, é, finalmente, em virtude dessa propriedade real que é a singularidade: não podemos representá-la mediante um conceito, uma vez que, no mundo dos corpos, sua raiz é aquilo pelo qual o ente se furta à inteligência: a matéria. Ficamos reduzidos, portanto, a descrevê-la, e para isso pode servir a intenção lógica ordenada precisamente a ela: a individualidade. Aliás, nós a empregamos correntemente, e Santo Tomás o próprio o faz — por exemplo, a palavra "indivíduo" para designar o singular: um indivíduo.

completur essentia uniuscuiusque rei, communiter essentia uniuscuiusque rei, quam significat eius definitio, vocatur natura. Et sic accipitur hic *natura*. Unde Boetius in eodem libro[5] dicit quod *natura est unumquodque informans specifica differentia*: specifica enim differentia est quae complet definitionem, et sumitur a propria forma rei. Et ideo convenientius fuit quod in definitione personae, quae est singulare alicuius generis determinati, uteretur nomine *naturae*, quam *essentiae*, quae sumitur ab *esse*, quod est communissimum.

AD QUINTUM dicendum quod anima est pars humanae speciei: et ideo, licet sit separata, quia tamen retinet naturam unibilitatis, non potest dici substantia individua quae est hypostasis vel substantia prima; sicut nec manus, nec quaecumque alia partium hominis. Et sic non competit ei neque definitio personae, neque nomen.

completa a essência de qualquer coisa, geralmente a essência de qualquer coisa, expressa pela definição, chama-se natureza. O termo "natureza" é tomado aqui nesse sentido. Por isso, Boécio diz no mesmo livro: "A natureza é a diferença específica que informa cada coisa". Pois é a diferença específica que completa a definição, e que se toma da forma própria da coisa. Era mais conveniente, portanto, para definir a pessoa, que é o indivíduo de um gênero determinado, empregar o termo "natureza" em vez de "essência", que deriva de "ser", isto é, do que há de mais comum.

QUANTO AO 5º, deve-se dizer que a alma é parte da espécie humana. Assim, pelo fato de guardar, embora estando separada, a aptidão natural para a união, não se pode chamá-la de substância individual, que é a hipóstase ou substância primeira. Tampouco pode ser assim chamada a mão ou qualquer outra parte do homem. Eis por que nem a definição nem o nome de pessoa lhe convêm[f].

ARTICULUS 2
Utrum persona sit idem quod *hypostasis, subsistentia* et *essentia*

AD SECUNDUM SIC PROCEDITUR. Videtur quod persona sit idem quod *hypostasis, subsistentia* et *essentia*.

1. Dicit enim Boetius, in libro *de Duab. Natur.*[1], quod Graeci *naturae rationalis individuam substantiam hypostaseos nomine vocaverunt*. Sed hoc etiam, apud nos, significat nomen *personae*. Ergo persona omnino idem est quod hypostasis.

2. PRAETEREA, sicut in divinis dicimus tres personas, ita in divinis dicimus tres subsistentias: quod non esset, nisi persona et subsistentia idem

ARTIGO 2
Pessoa é o mesmo que hipóstase, subsistência e essência?[g]

QUANTO AO SEGUNDO, ASSIM SE PROCEDE: parece que pessoa é o mesmo que *hipóstase, subsistência* e *essência*.

1. Com efeito, Boécio diz que os gregos "chamam hipóstase à substância individual de natureza racional". Ora, é esta a significação do termo *pessoa* entre os latinos. Logo, pessoa é completamente o mesmo que hipóstase.

2. ALÉM DISSO, como dizemos que em Deus há três pessoas, do mesmo modo dizemos que há três subsistências. E não o faríamos se pessoa e subsis-

---

5. *De Duab. Natur.*, c. 1: ML 64, 1342 B.

2   PARALL.: I *Sent.*, dist. 23, a. 1; *De Pot.*, q. 9, a. 1.

1. C. 3: ML 64, 1344 A.

f. Observe-se aqui o realismo antropológico de Santo Tomás: o corpo é uma parte intrínseca da pessoa humana, de modo que a alma separada não é uma pessoa, ainda que subsista, e a natureza que nela se concretiza seja a natureza humana, que é racional. Essa natureza, com efeito, nessa realização paradoxal, é amputada de uma parte constitutiva. Pode-se dizer sem reservas, no entanto, que a alma separada não é uma pessoa? Isto tiraria o fundamento da veneração que a Igreja nutre pelos santos. Seria melhor dizer que ela é uma pessoa truncada. Isto, em todo caso, faz brilhar a necessidade, do ponto de vista da realização do destino humano, da ressurreição final.

g. Uma das grandes dificuldades enfrentadas pela teologia ao longo de sua história foi encontrar termos para designar os novos aspectos da realidade que a revelação faz surgir. Não podia entrar em questão criar novas palavras, pois, para se fazer entender pelo homem, a própria revelação utilizou as ideias, imagens e palavras que o homem formara a partir de sua experiência; porém, era preciso que essas palavras significassem algo novo. A dificuldade tornou-se maior pelas inevitáveis divergências que se produziram entre as soluções trazidas a esse problema nas duas línguas principais nas quais ele se colocou nos primeiros séculos, o grego e o latim. Chegado em um momento da história no qual o uso, tanto em grego como em latim, estava fixado (cf. o apelo à "língua corrente" da r. 1), Santo Tomás, com muita sutileza e perspicácia, encontra as equivalências de sentido em meio à diversidade dos termos usados.

significarent. Ergo idem significant persona et subsistentia.

3. Praeterea, Boetius dicit, in Commento *Praedicamentorum*[2], quod *usia*, quod est idem quod *essentia*, significat compositum ex materia et forma. Id autem quod est compositum ex materia et forma, est individuum substantiae, quod et hypostasis et persona dicitur. Ergo omnia praedicta nomina idem significare videntur.

Sed contra est quod Boetius dicit, in libro *de Duab. Natur.*[3], quod *genera et species subsistunt tantum; individua vero non modo subsistunt, verum etiam substant*. Sed a *subsistendo* dicuntur subsistentiae, sicut a *substando* substantiae vel hypostases. Cum igitur esse hypostases vel personas non conveniat generibus vel speciebus, hypostases vel personae non sunt idem quod subsistentiae.

Praeterea, Boetius dicit, in Commento *Praedicamentorum*, quod *hypostasis* dicitur materia, *usiosis* autem, idest *subsistentia*, dicitur forma. Sed neque forma neque materia potest dici persona. Ergo persona differt a praedictis.

Respondeo dicendum quod, secundum Philosophum, in V *Metaphys.*[4], substantia dicitur dupliciter. Uno modo dicitur substantia *quidditas rei*, quam significat definitio, secundum quod dicimus quod *definitio significat substantiam rei*: quam quidem substantiam Graeci *usiam* vocant, quod nos *essentiam* dicere possumus. — Alio modo dicitur substantia *subiectum vel suppositum quod subsistit in genere substantiae*. Et hoc quidem, communiter accipiendo, nominari potest et nomine significante intentionem: et sic dicitur *suppositum*. Nominatur etiam tribus nominibus significantibus rem, quae quidem sunt *res naturae, subsistentia* et *hypostasis*, secundum triplicem considerationem substantiae sic dictae. Secundum enim quod per se existit et non in alio, vocatur *subsistentia*: illa enim subsistere dicimus, quae non in alio, sed in se existunt. Secundum vero quod supponitur alicui naturae communi, sic dicitur *res naturae*; sicut *hic homo* est res naturae humanae. Secundum vero quod supponitur accidentibus, dicitur *hypostasis* vel *substantia*. — Quod autem haec tria nomina significant communiter in toto genere substantiarum, hoc nomen persona significat in genere rationalium substantiarum.

tência não significassem a mesma coisa. Portanto, pessoa e subsistência significam o mesmo.

3. Ademais, Boécio diz que *ousia*, que é o mesmo que *essência*, significa o composto de matéria e forma. Ora, o que é composto de matéria e forma é o indivíduo do gênero da substância, também chamado hipóstase e pessoa. Logo, todos esses termos parecem significar a mesma coisa.

Em sentido contrário, Boécio diz também que só os gêneros e as espécies subsistem. Os indivíduos, porém, não somente subsistem, mas também sustentam. Ora, de *subsistir* vem a denominação de subsistência; e de *sustentar* a de substância ou hipóstase. Uma vez que, portanto, ser hipóstase ou pessoa não convém aos gêneros nem às espécies, hipóstase e pessoa não são sinônimos de subsistência.

Ainda segundo Boécio, chama-se *hipóstase* à matéria; e à *ousiosis*, isto é, à *subsistência*, chama-se forma. Ora, nem a matéria nem a forma podem-se dizer pessoa. Portanto, pessoa é distinta dos termos referidos.

Respondo. Segundo o Filósofo, no livro V da *Metafísica*, substância tem dois sentidos. O primeiro é a *quididade da coisa*, que se exprime na definição. Por isso, dizemos que a *definição significa a substância da coisa*. Os gregos chamam tal substância de *ousia*, que podemos traduzir por *essência*. — Em um segundo sentido, chama-se substância ao *sujeito* ou ao *supósito que subsiste no gênero substância*. E tomando-a em sentido geral pode ser nomeada também pelo termo que expressa a intenção lógica: e, assim, é chamada *supósito*. Costuma-se dar-lhe também três nomes que expressam a realidade: *ser da natureza, subsistência* e *hipóstase*, correspondentes aos três aspectos da substância tomada nesse segundo sentido. Enquanto existe em si e não em outro, chama-se *subsistência*, pois subsistir se diz do que existe em si mesmo e não em outra realidade. Enquanto ela é o sujeito de uma natureza comum, chama-se *ser da natureza*: por exemplo, *este homem* é um ser da natureza humana. Enquanto ela é o sujeito dos acidentes, chama-se *hipóstase* ou *substância*. — O que esses três nomes significam em geral para todo o gênero das substâncias, o termo "pessoa" significa para o gênero das substâncias racionais.

---

2. Vide cap. *De Substantia*: ML 64, 184 A.
3. Loc. cit.
4. C. 8: 1017, b, 23-26.

AD PRIMUM ergo dicendum quod *hypostasis*, apud Graecos, ex propria significatione nominis habet quod significet quodcumque individum substantiae: sed ex usu loquendi habet quod sumatur pro individuo rationalis naturae, ratione suae excellentiae.

AD SECUNDUM dicendum quod, sicut nos dicimus in divinis pluraliter tres personas et tres subsistentias, ita Graeci dicunt tres hypostases. Sed quia nomen *substantiae*, quod secundum proprietatem significationis respondet *hypostasi*, aequivocatur apud nos, cum quandoque significet essentiam, quandoque hypostasim; ne possit esse erroris occasio, maluerunt pro *hypostasi* transferre *subsistentiam*, quam *substantiam*.

AD TERTIUM dicendum quod essentia proprie est id quod significatur per definitionem. Definitio autem complectitur principia speciei, non autem principia individualia. Unde in rebus compositis ex materia et forma, essentia significat non solum formam, nec solum materiam, sed compositum ex materia et forma communi, prout sunt principia speciei. Sed compositum ex *hac materia* et ex *hac forma*, habet rationem hypostasis et personae: anima enim et caro et os sunt de ratione hominis, sed haec anima et haec caro et hoc os sunt de ratione *huius hominis*. Et ideo *hypostasis* et *persona* addunt supra rationem essentiae principia individualia; neque sunt idem cum essentia in compositis ex materia et forma, ut supra[5] dictum est, cum de simplicitate divina agereretur.

AD QUARTUM dicendum quod Boetius dicit genera et species *subsistere*, inquantum individuis aliquibus competit subsistere, ex eo quod sunt sub generibus et speciebus in praedicamento substantiae comprehensis: non quod ipsae species vel genera subsistant, nisi secundum opinionem Platonis, qui posuit[6] species rerum separatim subsistere a singularibus. *Substare* vero competit eisdem individuis in ordine ad accidentia, quae sunt praeter rationem generum et specierum.

AD QUINTUM dicendum quod individuum compositum ex materia et forma, habet quod substet accidenti, ex proprietate materiae. Unde et Boetius dicit, in libro *de Trin.*[7]: *forma simplex subiectum*

QUANTO AO 1º, portanto, deve-se dizer que para os gregos *hipóstase*, pela própria significação do termo, é todo indivíduo do gênero substância. Mas o uso corrente o toma por indivíduo de natureza racional, por causa de sua excelência.

QUANTO AO 2º, deve-se dizer que para Deus empregamos o plural três pessoas ou três subsistências, e os gregos dizem três hipóstases. Mas, porque o termo "substância", que segundo o sentido próprio do termo corresponde a "hipóstase", para nós se presta ao equívoco, pois significa ora a essência, ora a hipóstase, preferiu-se traduzir *hipóstase* por "subsistência", mais que por "substância", para que não pudesse haver ocasião de erro.

QUANTO AO 3º, deve-se dizer que a essência é propriamente o que a definição significa. Ora, esta compreende os princípios específicos e não os princípios individuais. E, nas coisas compostas de matéria e forma, a essência não significa somente a forma, nem somente a matéria, mas o composto de matéria e forma comuns, enquanto são princípios da espécie. Mas o composto *desta matéria* e *desta forma* tem razão de hipóstase e de pessoa, pois a alma, a carne e os ossos pertencem à razão de homem. Mas esta alma, esta carne e estes ossos pertencem à razão *deste homem*. Por isso, *hipóstase* e *pessoa* acrescentam à razão de essência, os princípios individuais. Eles não são, portanto, o mesmo que essência nos compostos de matéria e de forma, como acima se disse, quando se tratou da simplicidade divina.

QUANTO AO 4º, deve-se dizer que Boécio afirma que os gêneros e as espécies *subsistem* na medida em que convém a certos indivíduos subsistir pelo fato de estarem nos gêneros e espécies compreendidos no predicamento substância. Isto não significa que as espécies e os gêneros subsistem, a não ser na teoria de Platão, que afirmou que as espécies das coisas subsistem separadamente dos singulares. Sustentar, porém, convém aos próprios indivíduos em relação aos acidentes, os quais não fazem parte da razão dos gêneros e das espécies.

QUANTO AO 5º, deve-se dizer que o indivíduo composto de matéria e forma, por sua matéria é sujeito dos acidentes. Daí o que diz Boécio: "Uma forma simples não pode ser sujeito". Mas, se sub-

---

5. Q. 3, a. 3.
6. *Phaedonis*, c. 48: 49: 100-101; *Parmen.*, c. 6: 132-133.
7. C. 2: ML 64, 1250 D.

esse non potest. Sed quod per se subsistat, habet ex proprietate suae formae, quae non advenit rei subsistenti, sed dat esse actuale materiae, ut sic individuum subsistere possit. Propter hoc ergo hypostasim attribuit materiae, et *usiosim,* sive subsistentiam, formae, quia materia est principium substandi, et forma est principium subsistendi.

Articulus 3
Utrum nomen *personae* sit ponendum in divinis

AD TERTIUM SIC PROCEDITUR. Videtur quod nomen *personae* non sit ponendum in divinis.

1. Dicit enim Dionysius, in principio *de Div. Nom.*[1]: *Universaliter non est audendum aliquid dicere nec cogitare de supersubstantiali occulta divinitate, praeter ea quae divinitus nobis ex sanctis eloquiis sunt expressa.* Sed nomen *personae* non exprimitur nobis in sacra Scriptura novi vel veteris Testamenti. Ergo non est nomine *personae* utendum in divinis.

2. PRAETEREA, Boetius dicit, in libro *de Duab. Natur.*[2]: *Nomen personae videtur traductum ex his personis quae in comoediis tragoediisque homines repraesentabant; persona enim dicta est a personando, quia concavitate ipsa maior necesse est ut volvatur sonus. Graeci vero has personas prosopa vocant, ab eo quod ponantur in facie, atque ante oculos obtegant vultum.* Sed hoc non potest competere in divinis, nisi forte secundum metaphoram. Ergo nomen *personae* non dicitur de Deo nisi metaphorice.

3. PRAETEREA, omnis persona est hypostasis. Sed nomen *hypostasis* non videtur Deo competere: cum, secundum Boetium[3], significet id quod subiicitur accidentibus, quae in Deo non sunt. Hieronymus etam dicit[4] quod in hoc nomine *hypostasis, venenum latet sub melle.* Ergo hoc nomen *persona* non est dicendum de Deo.

4. PRAETEREA, a quocumque removetur definitio, et definitum. Sed definitio personae supra[5] posita non videtur Deo competere. Tum quia ratio importat discursivam cognitionem, quae non competit Deo, ut supra[6] ostensum est: et sic Deus

siste por si, é por virtude própria de sua forma. Esta não advém a uma realidade já subsistente. Ela dá o ser atual à matéria, para que o indivíduo possa subsistir. Eis por que Boécio atribui a hipóstase à matéria, e *ousiosis* ou subsistência à forma, porque a matéria é princípio do sustentar, e a forma, princípio do subsistir.

Artigo 3
Deve-se dar o nome de "pessoa" a Deus?

QUANTO AO TERCEIRO, ASSIM SE PROCEDE: parece que **não** se deve dar o nome de "pessoa" a Deus.

1. Com efeito, Dionísio escreve: "Ninguém deve ter a ousadia de dizer ou pensar seja o que for da divindade supersubstancial e escondida, além do que nos é dado por Deus nas Sagradas Escrituras". Ora, o termo "pessoa" não é empregado na Sagrada Escritura, nem no Novo nem no Antigo Testamento. Logo, não se deve empregar o nome pessoa a respeito de Deus.

2. ALÉM DISSO, Boécio diz: "O termo 'pessoa' parece derivar das máscaras que representavam personagens humanas nas comédias ou tragédias: pessoa, com efeito, vem de *per-sonare,* ressoar, porque necessitava-se de uma concavidade para que o som se tornasse mais forte. Os gregos chamam estas máscaras *prósopa,* porque colocam-nas sobre a face e diante dos olhos para esconder o rosto". Ora, tal termo não pode convir a Deus, a não ser por metáfora. Logo, só por metáfora o nome *pessoa* se diz de Deus.

3. ADEMAIS, toda pessoa é hipóstase. Ora, o termo "hipóstase" não parece convir a Deus, pois, segundo Boécio, ele designa o sujeito dos acidentes, mas estes não existem em Deus. Jerônimo também diz que, "neste termo, hipóstase, um veneno se esconde sob o mel". Logo, o nome *pessoa,* não se deve dizer de Deus.

4. ADEMAIS, se se nega a definição a alguma coisa, nega-se-lhe também o termo definido. Ora, a definição de pessoa dada acima não parece convir a Deus. Primeiro, porque a razão implica um conhecimento discursivo, e mostrou-se que

---

3 PARALL.: I *Sent.*, dist. 23, a. 2; *De Pot.*, q. 9, a. 3.

1. C. I: MG 3, 588 A.
2. C. 3: ML 64, 1343 D.
3. Ibid.: ML 64, 1344 CD.
4. *Ad Damasum,* Epist. 15, al. 57: ML 22, 357.
5. Art. 1.
6. Q. 14, a. 7.

non potest dici *rationalis naturae*. Tum etiam quia Deus dici non potest *individua substantia*: cum principium individuationis sit materia, Deus autem immaterialis est; neque etiam accidentibus substat, ut substantia dici possit. Nomen ergo *personae* Deo attribui non debet.

SED CONTRA est quod dicitur in symbolo Athanasii: *Alia est persona Patris, alia Filii, alia Spiritus Sancti.*

RESPONDEO dicendum quod persona significat id quod est perfectissimum in tota natura, scilicet subsistens in rationali natura. Unde, cum omne illud quod est perfectionis, Deo sit attribuendum, eo quod eius essentia continet in se omnem perfectionem; conveniens est ut hoc nomen persona de Deo dicatur. Non tamen eodem modo quo dicitur de creaturis, sed excellentiori modo; sicut et alia nomina quae, creaturis a nobis imposita, Deo attribuuntur; sicut supra[7] ostensum est, cum de divinis nominibus ageretur.

AD PRIMUM ergo dicendum quod, licet nomen *personae* in Scriptura veteris vel novi Testamenti non inveniatur dictum de Deo, tamen id quod nomen significat, multipliciter in sacra Scriptura invenitur assertum de Deo; scilicet quod est maxime per se ens, et perfectissime intelligens. Si autem oporteret de Deo dici solum illa, secundum vocem, quae sacra Scriptura de Deo tradit, sequeretur quod nunquam in alia lingua posset aliquis loqui de Deo, nisi in illa in qua primo tradita est Scriptura veteris vel novi Testamenti. Ad inveniendum autem nova nomina, antiquam fidem de Deo significantia, coegit necessitas disputandi cum

isso não convém a Deus. Não se pode, portanto, dizer que Deus é *uma natureza racional*. Depois, porque Deus não pode ser chamado *substância individual*, pois o princípio de individuação é a matéria, e Deus não tem matéria. Ademais, Deus não sustém acidentes, para ser chamado de substância. Portanto, não se deve atribuir a Deus o nome "pessoa".

EM SENTIDO CONTRÁRIO, o símbolo de Atanásio diz: "Outra é a pessoa do Pai, outra a do Filho e outra a do Espírito Santo"[h].

RESPONDO. Pessoa significa o que há de mais perfeito em toda natureza, a saber, o que subsiste em uma natureza racional. Ora, tudo o que diz perfeição deve ser atribuído a Deus, pois sua essência contém em si toda perfeição. Convém, portanto, atribuir a Deus esse nome pessoa. Não, porém, da mesma maneira como se atribui às criaturas. Será de maneira mais excelente. Como acontece na atribuição a Deus dos outros nomes dados por nós às criaturas. Isso foi demonstrado acima, no tratado dos nomes divinos[i].

QUANTO AO 1º, portanto, deve-se dizer que, embora não se encontre o nome "pessoa" aplicado a Deus nas Escrituras do Antigo e do Novo Testamento, aí aparece muitas vezes afirmado de Deus o que este nome significa a saber, que Deus é ao máximo ente por si, e perfeitissimamente inteligente[j]. Se fosse preciso dizer de Deus só aquilo que, literalmente, a Sagrada Escritura aplica a Deus, nunca se poderia falar dele em outra língua senão naquela em que foi composta a Escritura do Antigo ou a do Novo Testamento. Porém, fomos obrigados a encontrar nomes novos para exprimir a fé tradicional em relação a Deus,

---

7. Q. 13, a. 3.

h. O Símbolo de Santo Atanásio exprime a fé da Igreja no término dos graves conflitos doutrinais do século IV, a respeito da doutrina trinitária. O termo "Pessoas" para designar os três "que são Deus" (as três "hipóstases" eternas nas quais subsiste a natureza divina perfeitamente una e simples) foi definitivamente retido pela Igreja para exprimir sua fé na Trindade: "Três Pessoas em uma Natureza" (os gregos dizem: "Três hipóstases em uma *ousia*, ou substância"; mas Santo Tomás observa que, de fato, no uso teológico que fazem do termo, os gregos designam aquilo a que os latinos denominam "pessoa"). Não se trata, portanto, de questionar esse uso, mas de explicá-lo.

i. Não é unicamente um acidente da história o fato de que o termo "pessoa" tenha chegado (bem cedo, já em Tertuliano, no século II) a designar as três "hipóstases" divinas, os três "que são Deus". Pois é pelo fato de ser pessoa que o homem, no universo, está no cume dos *entes*, por ela, portanto, que ele é à imagem de Deus: o que inclina irresistivelmente a pensar que a personalidade se encontra primeiramente em Deus. Só se pode fazer tal transposição, é evidente, respeitando-se as leis da analogia: a condição de pessoa em Deus só pode ser atingida por nosso conhecimento como fonte de tudo o que diz respeito à condição de pessoa, por negação de todas as formas imperfeitas nas quais se realiza no homem a condição de pessoa, por exaltação ao infinito de tudo o que existe de positivo nessas realizações, e que faz a dignidade singular da pessoa entre todos os *entes*, apesar dessas imperfeições. Por meio disso, Santo Tomás refuta de antemão os filósofos modernos que recusam a Deus a condição de pessoa, em virtude dos limites que esta apresenta no homem: não é a condição de pessoa como tal que é imperfeita, é o homem que é imperfeitamente pessoa, embora sendo-o verdadeiramente.

j. A Escritura não diz de Javé que é pessoal, nem do Pai, do Filho e do Espírito Santo que são pessoas divinas distintas, mas o que diz deles é o que designamos sob o termo "pessoa".

haereticis. Nec haec novitas vitanda est, cum non sit profana, utpote a Scripturarum sensu non discordans: docet autem Apostolus *profanas, vocum novitates* vitare, 1Ti ult., 20.

AD SECUNDUM dicendum quod, quamvis hoc nomen *persona* non conveniat Deo quantum ad id a quo impositum est nomen, tamen quantum ad id ad quod significandum imponitur, maxime Deo convenit. Quia enim in comoediis et tragoediis repraesentabantur aliqui homines famosi, impositum est hoc nomen *persona* ad significandum aliquos dignitatem habentes. Unde consueverunt dici *personae* in ecclesiis, quae habent aliquam dignitatem. Propter quod quidam definiunt personam, dicentes quod persona est *hypostasis proprietate distincta ad dignitatem pertinente*. Et quia magnae dignitatis est in rationali natura subsistere, ideo omne individuum rationalis naturae dicitur persona, ut dictum est[8]. Sed dignitas divinae naturae excedit omnem dignitatem: et secundum hoc maxime competit Deo nomen *personae*.

AD TERTIUM dicendum quod nomen *hypostasis* non competit Deo quantum ad id a quo est impositum nomen, cum non substet accidentibus: competit autem ei quantum ad id, quod est impositum ad significandum rem subsistentem. Hieronymus autem dicit sub hoc nomine venenum latere, quia antequam significatio huius nominis esset plene nota apud Latinos, haeretici per hoc nomen simplices decipiebant, ut confiterentur plures essentias, sicut confitentur plures hypostases; propter hoc quod nomen *substantiae*, cui respondet in graeco nomen *hypostasis*, communiter accipitur apud nos pro essentia.

AD QUARTUM dicendum quod Deus potest dici *rationalis naturae*, secundum quod ratio non importat discursum, sed communiter intellectualem naturam. *Individuum* autem Deo competere non potest quantum ad hoc quod individuationis principium est materia: sed solum secundum quod importat incommunicabilitatem. *Substantia* vero convenit Deo, secundum quod significat existere per se. — Quidam tamen dicunt quod definitio superius a Boetio data, non est definitio personae secundum quod personas in Deo dicimus. Propter quod Ricardus de Sancto Victore, corrigere volens hanc definitionem, dixit[9] quod persona, secundum

pela necessidade de disputar com os hereges. Nem se trata, aliás, de novidade a ser evitada, uma vez que não se trata de realidade profana, pois não se desvia do sentido das Escrituras. Ora, o Apóstolo ensina na primeira Carta a Timóteo, evitar "nas palavras as novidades profanas".

QUANTO AO 2º, deve-se dizer que, embora "pessoa" não convenha a Deus considerando a origem do termo, tendo em conta aquilo que passou a significar, convém sumamente a Deus. Com efeito, como nas comédias e tragédias se representavam personagens célebres, o termo "pessoa" veio a designar aqueles que estavam constituídos em dignidade. Daí o uso nas igrejas de chamar *personalidades* àqueles que detêm alguma dignidade. Por isso, alguns definem pessoa dizendo que é *uma hipóstase distinta por uma qualidade própria à dignidade*. Ora, é grande dignidade subsistir em uma natureza racional. Por isso, dá-se o nome "pessoa" a todo indivíduo dessa natureza, como foi dito. Mas a dignidade da natureza divina ultrapassa toda dignidade, por isso o nome de "pessoa" ao máximo convém a Deus.

QUANTO AO 3º, deve-se dizer que hipóstase não convém a Deus tendo em conta a origem do termo, pois Deus não sustenta acidentes. Mas convém-lhe tendo em conta o sentido que passou a significar: realidade subsistente. Jerônimo disse muito bem que um veneno se escondia sob este nome, pois, antes que sua significação fosse plenamente conhecida dos latinos, os hereges induziram os simples ao erro com este termo, levando-os a confessar várias essências, como eles confessavam várias hipóstases; é por isso que *substância*, que corresponde ao grego *hipóstase*, se toma correntemente entre nós no sentido de essência.

QUANTO AO 4º, deve-se dizer que pode-se dizer que Deus é de *natureza racional*, na medida em que razão não implica um raciocínio discursivo, mas a natureza intelectual em geral. Por sua parte, *indivíduo* não pode convir a Deus, tendo em conta que a matéria é princípio de individuação. Convém-lhe somente, na medida em que implica incomunicabilidade. Finalmente, *substância* convém a Deus enquanto significa o existir por si. — Entretanto, há quem diga que a definição acima, dada por Boécio, não se aplica à pessoa no sentido em que falamos de pessoas em Deus. Por isso, Ricardo de São Vítor, querendo corrigir

---

8. Art. 1.
9. *De Trin.*, lib. IV, c. 22: ML 196, 945 C.

quod de Deo dicitur, est *divinae naturae incommunicabilis existentia*.

aquela definição, diz que a pessoa, quando se trata de Deus, é "a existência incomunicável da natureza divina".

Articulus 4
Utrum hoc nomen *persona* significet relationem

Ad quartum sic proceditur. Videtur quod hoc nomen *persona* non significet relationem, sed substantiam, in divinis.

1. Dicit enim Augustinus, in VII *de Trin.*[1]: *Cum dicimus personam Patris, non aliud dicimus quam substantiam Patris; ad se quippe dicitur persona, non ad Filium*.
2. Praeterea, *quid* quaerit de essentia. Sed, sicut dicit Augustinus in eodem loco[2], cum dicitur, *Tres sunt qui testimonium dant in caelo, Pater, Verbum et Spiritus Sanctus*; et quaeritur, *Quid tres?* respondetur, *Tres Personae*. Ergo hoc nomen *persona* significat essentiam.
3. Praeterea, secundum Philosophum, IV *Metaphys.*[3], id quod significatur per nomen, est eius definitio. Sed definitio personae est *rationalis naturae individua substantia*, ut dictum est[4]. Ergo hoc nomen *persona* significat substantiam.
4. Praeterea, persona in hominibus et angelis non significat relationem, sed aliquid absolutum. Si igitur in Deo significaret relationem, diceretur aequivoce de Deo et hominibus et angelis.

Sed contra est quod dicit Boetius, in libro *de Trin.*[5], quod omne nomen ad personas pertinens, relationem significat. Sed nullum nomen magis pertinet ad personas, quam hoc nomen *persona*. Ergo hoc nomen *persona* relationem significat.

Respondeo dicendum quod circa significationem huius nominis *persona* in divinis, difficultatem ingerit quod pluraliter de tribus praedicatur, praeter naturam essentialium nominum; neque etiam ad aliquid dicitur, sicut nomina quae relationem significant. Unde quibusdam visum est quod hoc nomen *persona* simpliciter, ex virtute vocabuli, essentiam significet in divinis, sicut hoc nomen *Deus*, et hoc nomen *sapiens*: sed propter instantiam

Artigo 4
Em Deus, o termo "pessoa" significa relação?

Quanto ao quarto, assim se procede: parece que em Deus o termo "pessoa" **não** significa relação, mas substância.

1. Com efeito, diz Agostinho: "Quando dizemos a pessoa do Pai, não dizemos outra coisa senão a substância do Pai. Pois é em relação a si mesmo que se diz pessoa, e não em relação ao Filho".
2. Além disso, a questão *o quê?* interroga sobre a essência. Ora, Agostinho diz, no mesmo lugar: "Eles são três que testemunham no céu, o Pai, o Verbo e o Espírito Santo. Se se pergunta: Três o quê? Responde-se: três Pessoas". Logo, este termo pessoa significa a essência.
3. Ademais, a definição, segundo o Filósofo no livro IV da *Metafísica*, é o que o nome significa. Ora, define-se a pessoa: *uma substância individual de natureza racional*. Logo, o nome *pessoa* significa a substância.
4. Ademais, quando se trata de homens ou de anjos, pessoa não significa uma relação, mas algo absoluto. Se, portanto, em Deus significasse a relação, pessoa se atribuiria de maneira equívoca a Deus, aos homens e aos anjos.

Em sentido contrário, Boécio diz que todo nome pertencente às pessoas significa uma relação. Ora, nenhum nome é mais pertinente às pessoas que o próprio termo "pessoa". Logo, o termo "pessoa" significa uma relação.

Respondo. O que faz dificuldade para o sentido desse termo em Deus é ser atribuído aos três no plural, ao contrário da natureza dos nomes essenciais. Além disso, ele não se atribui relativamente, como os termos que significam uma relação. Alguns, então, pensaram que o termo *pessoa*, pela força do termo, significa a essência em Deus, como os termos *Deus* ou *sábio*. Mas, por causa da instância dos hereges, foi concedido por deci-

---

4   Parall.: I *Sent.*, dist. 23, a. 3; dist. 26, q. 1, a. 1; *De Pot.*, q. 9, a. 4.

1. C. 6: ML 42, 943.
2. C. 4: ML 42, 940; c. 6: ML 42, 943 sq.
3. C. 7: 1012, a, 21-24.
4. Art. 1.
5. C. 6: ML 64, 1255 A.

haereticorum, est accommodatum, ex ordinatione Concilii*, ut possit poni pro relativis; et praecipue in plurali, vel cum nomine partitivo, ut cum dicimus *tres personas*, vel *alia est persona Patris, alia Filii*. In singulari vero potest sumi pro absoluto, et pro relativo. — Sed haec non videtur sufficiens ratio. Quia si hoc nomen *persona*, ex vi suae significationis, non habet quod significet nisi essentiam in divinis; ex hoc quod dictum est *tres personas*, non fuisset haereticorum quietata calumnia, sed maioris calumniae data esset eis occasio.

Et ideo alii dixerunt quod hoc nomen *persona* in divinis significat simul essentiam et relationem. Quorum quidam dixerunt quod significat essentiam in recto, et relationem in obliquo. Quia *persona* dicitur quasi *per se una: unitas* autem pertinet ad essentiam. Quod autem dicitur *per se*, implicat relationem oblique: intelligitur enim Pater per se esse, quasi relatione distinctus a Filio. — Quidam vero dixerunt e converso, quod significat relationem in recto, et essentiam in obliquo: quia in definitione personae, *natura* ponitur in obliquo. Et isti propinquius ad veritatem accesserunt.

Ad evidentiam igitur huius quaestionis, considerandum est quod aliquid est de significatione minus communis, quod tamen non est de significatione magis communis: *rationale* enim includitur in significatione *hominis*, quod tamen non est de significatione *animalis*. Unde aliud est quaerere de significatione *animalis*, et aliud est quaerere de significatione *animalis quod est homo*. Similiter aliud est quaerere de significatione huius nominis *persona* in communi, et aliud de significatione *personae divinae*. Persona enim in communi significat substantiam individuam rationalis naturae, ut dictum est[6]. Individuum autem est quod est in se indistinctum, ab aliis vero distinctum. Persona igitur, in quacumque natura, significat id quod est distinctum in natura illa: sicut in humana natura significat has carnes et haec ossa et hanc animam, quae sunt principia individuantia hominem; quae quidem, licet non sint de significatione personae, sunt tamen de significatione personae humanae. Distinctio autem in divinis non fit nisi per relationes originis, ut dictum est supra[7]. Relatio autem in divinis non est sicut accidens inhaerens subiecto,

são conciliar que se usasse por nomes relativos, sobretudo no plural ou com um termo partitivo: por exemplo, as *três pessoas* ou então *outra é a pessoa do Pai, outra a do Filho*. No singular, pode ter sentido absoluto, ou relativo. — Mas semelhante explicação parece insuficiente. Porque, se o termo "pessoa", em virtude de seu significado, só pode designar a essência em Deus, pelo fato de se dizer três pessoas não se acalmaria a crítica dos hereges, mas se lhes daria uma ocasião para maiores críticas.

Por isso, outros disseram que o termo "pessoa" em Deus significa tanto a essência como a relação. Uns disseram que significa diretamente a essência e indiretamente a relação. A razão é que *persona*, "pessoa" é como dizer *per-se-una*, "por-si-una". Ora, a *unidade* concerne à essência, enquanto *por si* implica relação indiretamente. E, de fato, entende-se o Pai como subsistindo por si, enquanto distinto do Filho por sua relação. — Outros, porém, disseram o contrário: que pessoa significa diretamente a relação, e indiretamente a essência, porque, na definição da pessoa, *natureza* entra sob forma indireta. Estes últimos estão mais próximos da verdade.

Para deixar clara essa questão, deve-se considerar que algo pode entrar no significado de um termo menos geral sem entrar no significado do termo mais geral. Assim, *racional* está incluído no significado de *homem*, mas não no de *animal*. Daí ser diferente buscar o sentido de *animal*, e o sentido do animal que é o *homem*. Do mesmo modo, uma coisa é buscar o sentido de *pessoa* em geral, outra é buscar o sentido de *pessoa divina*. Com efeito, a pessoa em geral significa, como se disse, a substância individual da natureza racional. Ora, o indivíduo é o que é indiviso em si e distinto dos outros. Portanto a pessoa, em qualquer natureza, significa o que é distinto nessa natureza. Por exemplo, na natureza humana, significa estas carnes, estes ossos e esta alma, que são os princípios individuantes do homem. Se tais elementos não entram na significação de pessoa, eles entram na significação de "pessoa humana". Ora, em Deus, como foi explicado, só há distinção em razão das relações de origem. Por outro lado, a relação em Deus não é como um acidente que existe num sujeito; ela é a própria essência divina.

---

* Scil. Nicaeni.
6. Art. 1.
7. Q. 28, a. 3.

sed est ipsa divina essentia: unde est subsistens, sicut essentia divina subsistit. Sicut ergo deitas est Deus, ita paternitas divina est Deus Pater, qui est persona divina. Persona igitur divina significat relationem ut subsistentem. Et hoc est significare relationem per modum substantiae quae est hypostasis subsistens in natura divina; licet subsistens in natura divina non sit aliud quam natura divina.

Et secundum hoc, verum est quod hoc nomen *persona* significat relationem in recto, et essentiam in obliquo: non tamen relationem inquantum est relatio, sed inquantum significatur per modum hypostasis. — Similiter etiam significat essentiam in recto, et relationem in obliquo: inquantum essentia idem est quod hypostasis; hypostasis autem significatur in divinis ut relatione distincta; et sic relatio, per modum relationis significata, cadit in ratione personae in obliquo.

Et secundum hoc etiam dici potest, quod haec significatio huius nominis *persona* non erat percepta ante haereticorum calumniam: unde non erat in usu hoc nomen *persona*, nisi sicut unum aliorum absolutorum. Sed postmodum accommodatum est hoc nomen *persona* ad standum pro relativo, ex congruentia suae significationis: ut scilicet hoc quod stat pro relativo, non solum habeat ex usu, ut prima opinio dicebat, sed etiam ex significatione sua.

AD PRIMUM ergo dicendum quod hoc nomen *persona* dicitur ad se, non ad alterum, quia significat relationem, non per modum relationis, sed per modum substantiae quae est hypostasis. Et secundum hoc Augustinus dicit quod significat essentiam, prout in Deo essentia est idem cum hypostasi: quia in Deo non differt *quod est* et *quo est*.

AD SECUNDUM dicendum quod *quid* quandoque quaerit de natura quam significat definitio; ut cum

Por conseguinte, é subsistente como a essência divina. Portanto, assim como a deidade é Deus, do mesmo modo também a paternidade divina é Deus Pai, isto é, uma pessoa divina. Assim, pessoa divina significa a relação enquanto subsistente. E isso significa a relação por modo de substância, isto é, a hipóstase subsistente na natureza divina, se bem que o que subsiste na natureza divina não é outra coisa que a natureza divina.

De acordo com o que precede, é verdade que o termo "pessoa" significa diretamente a relação e indiretamente a essência; entretanto, a relação não enquanto relação, mas enquanto significada à maneira de hipóstase. — E assim também pessoa significa diretamente a essência e indiretamente a relação, na medida em que a essência é idêntica à hipóstase, pois a hipóstase em Deus é significada como distinta pela relação. Portanto a relação, significada a maneira de relação, entra de forma indireta na razão de pessoa.

Por isso, pode-se dizer também que esta significação do termo "pessoa" não fora compreendida antes da crítica dos hereges. Daí não ser antes utilizado tal termo a não ser como um termo absoluto entre outros. Mas, em seguida, o termo "pessoa" foi aplicado para significar o relativo, em razão das aptidões de sua significação: isto é, se o termo designa o relativo, não o é apenas pelo uso, como dizia a primeira opinião, mas também pelo seu significado[k].

QUANTO AO 1º, portanto, deve-se dizer que o termo "pessoa" atribui-se em relação a si e não ao outro, porque significa a relação não por modo de relação, mas por modo de substância, que é a hipóstase. Eis por que diz Agostinho que ele significa a essência. Em Deus, com efeito, a essência é idêntica à hipóstase, porque não há distinção entre *o que ele é* e o *pelo que ele é*.

QUANTO AO 2º, deve-se dizer que a questão *o quê?*, às vezes, interroga sobre a natureza signi-

---

k. Vimos na questão 28 que a única maneira de evitar a contradição na doutrina trinitária era pensar e dizer que tudo o que, na divindade, é substancial é absolutamente uno, a pluralidade só podendo ser relativa. É-se levado, então, a pensar e a dizer que as Pessoas divinas são puras relações. Porém, não é esvaziar de todo conteúdo inteligível o próprio conceito de pessoa, se este se define, conforme dito, pelo conceito de substância? Por outro lado, se cada Pessoa divina é uma substância individualizada, como evitar afirmar que em Deus existem três substâncias, o que constituiria o triteísmo? A resposta é que cada Pessoa divina é uma substância, mas que ela é a mesma, as Pessoas se distinguindo entre si como relativas uma à outra. A chave dessa difícil explicação é a noção, estabelecida na q. 28, de "relação subsistente": a Pessoa divina é uma relação e, como tal, distingue-se das outras Pessoas divinas, das quais cada uma é também uma relação, e que lhe é oposta; no entanto, essa relação é subsistente e, enquanto tal, identifica-se à única substância divina, à qual as duas outras também se identificam.

Cada Pessoa divina, portanto, é rica de toda a realidade divina. É o Deus único, infinitamente perfeito, sábio, que ama, poderoso, mas cada uma o é de modo distinto. São Três a serem o único e mesmo Deus. A revelação da Trindade é a realização da revelação de Deus, inaugurada no Antigo Testamento pela revelação de Javé Criador, Senhor, Mestre da história, conduzindo-a ao termo que é o objeto da Promessa.

quaeritur, *Quid est homo?* et respondetur, *Animal rationale mortale.* Quandoque vero quaerit suppositum; ut cum quaeritur, *Quid natat in mari?* et respondetur, *Piscis.* Et sic quaerentibus *Quid tres?* responsum est, *Tres Personae.*

AD TERTIUM dicendum quod in intellectu substantiae individuae, idest distinctae vel incommunicabilis, intelligitur in divinis relatio, ut dictum est[8].

AD QUARTUM dicendum quod diversa ratio minus communium non facit aequivocationem in magis communi. Licet enim sit alia propria definitio equi et asini, tamen univocantur in nomine *animalis*: quia communis definitio animalis convenit utrique. Unde non sequitur quod, licet in significatione personae divinae contineatur relatio, non autem in significatione angelicae personae vel humanae, quod nomen *personae* aequivoce dicatur. Licet nec etiam dicatur univoce: cum nihil univoce de Deo dici possit et de creaturis, ut supra[9] ostensum est.

ficada pela definição. Assim, à pergunta: *O que é o homem?*, responde-se: *É um animal racional, mortal.* Por vezes, também, ela interroga sobre o supósito. Assim, quando se pergunta: *O que nada no mar?*, responde-se: *É o peixe.* E é neste último sentido que a pergunta *Três o quê?* teve como resposta: *Três Pessoas.*

QUANTO AO 3º, deve-se dizer que no conceito de substância individual, isto é, distinta e incomunicável, se entende relação em Deus, como foi dito.

QUANTO AO 4º, deve-se dizer que a diversa razão dos termos menos gerais não é ocasião de equívoco nos mais gerais. Por exemplo, cavalo e asno; embora não tenham a mesma definição, entretanto, são unívocos quanto ao termo *animal*, porque a definição genérica de animal convém a ambos. Então, se a relação está contida na significação de pessoa divina, e não na significação de pessoa angélica ou humana, não se segue que o termo "pessoa" seja atribuído de modo equívoco. Tampouco, de maneira unívoca, pois, como se mostrou acima, nada se pode atribuir, de maneira unívoca, a Deus e às criaturas.

---

8. In corp.
9. Q. 13, a. 5.

QUAESTIO XXX
DE PLURALITATE PERSONARUM IN DIVINIS

in quatuor articulos divisa

Deinde quaeritur de pluralitate Personarum. Et circa hoc quaeruntur quatuor.
Primo: utrum sint plures personae in divinis.
Secundo: quot sunt.
Tertio: quid significent termini numerales in divinis.
Quarto: de communitate huius nominis *persona*.

ARTICULUS 1
Utrum sit ponere plures personas in divinis

AD PRIMUM SIC PROCEDITUR. Videtur quod non sit ponere plures personas in divinis.

QUESTÃO 30
A PLURALIDADE DE PESSOAS EM DEUS

em quatro artigos

Em seguida se pergunta sobre a pluralidade das Pessoas. E sobre isso são quatro as perguntas:
1. Há várias pessoas em Deus?
2. Quantas são?
3. Que significam em Deus os numerais?
4. Como o termo *pessoa* é comum em Deus?

ARTIGO 1
É preciso afirmar várias pessoas em Deus?

QUANTO AO PRIMEIRO ARTIGO, ASSIM SE PROCEDE: parece que **não** é preciso afirmar várias pessoas em Deus.

---

1 PARALL.: I *Sent.*, dist. 2, a. 4; dist. 23, a. 4; *De Pot.*, q. 9, a. 5; *Compend. Theol.*, c. 50, 55; *Quodlib.* VII, q. 3, a. 1.

1. Persona enim est rationalis naturae individua substantia. Si ergo sunt plures personae in divinis, sequitur quod sint plures substantiae: quod videtur haereticum.

2. PRAETEREA, pluralitas proprietatum absolutarum non facit distinctionem personarum, neque in Deo neque in nobis: multo igitur minus pluralitas relationum. Sed in Deo non est alia pluralitas nisi relationum, ut supra[1] dictum est. Ergo non potest dici quod in Deo sint plures personae.

3. PRAETEREA, Boetius dicit[2], de Deo loquens, quod hoc vere unum est, in quo nullus est numerus. Sed pluralitas importat numerum. Ergo non sunt plures personae in divinis.

4. PRAETEREA, ubicumque est numerus, ibi est totum et pars. Si igitur in Deo sit numerus personarum, erit in Deo ponere totum et partem: quod simplicitati divinae repugnat.

SED CONTRA est quod dicit Athanasius[3]. *Alia est persona Patris, alia Filii, alia Spiritus Sancti*. Ergo Pater et Filius et Spiritus Sanctus sunt plures personae.

RESPONDEO dicendum quod plures esse personas in divinis, sequitur ex praemissis. Ostensum est enim supra[4] quod hoc nomen *persona* significat in divinis relationem, ut rem subsistentem in natura divina. Supra[5] autem habitum est quod sunt plures relationes reales in divinis. Unde sequitur quod sint plures res subsistentes in divina natura. Et hoc est esse plures personas in divinis.

AD PRIMUM ergo dicendum quod *substantia* non ponitur in definitione personae secundum quod significat essentiam, sed secundum quod significat suppositum: quod pater ex hoc quod additur *individua*. Ad significandum autem substantiam sic dictam, habent Graeci nomen *hypostasis*: unde sicut nos dicimus tres personas, ita ipsi dicunt tres hypostases. Nos autem non consuevimus dicere tres substantias, ne intelligerentur tres essentiae, propter nominis aequivocationem.

1. Com efeito, a pessoa é a substância individual de natureza racional. Portanto, se há várias pessoas em Deus, deveria haver nele várias substâncias, o que é herético.

2. ALÉM DISSO, a pluralidade de propriedades absolutas não faz a distinção das pessoas, nem em Deus nem em nós. Muito menos, portanto, a pluralidade de relações. Ora, em Deus não existe outra pluralidade que a de relações, como foi dito. Logo, não se pode dizer que há várias pessoas em Deus.

3. ADEMAIS, Boécio, falando de Deus, diz que o que é verdadeiramente uno não tem número. Ora, pluralidade implica número. Logo, não há várias pessoas em Deus.

4. ADEMAIS, onde há número, há todo e parte. Portanto, se em Deus há número de pessoas, será preciso afirmar todo e parte, o que é incompatível com a simplicidade divina.

EM SENTIDO CONTRÁRIO, Atanásio diz: "Outra é a pessoa do Pai, outra a do Filho e outra a do Espírito Santo". Portanto, o Pai, o Filho e o Espírito Santo são várias pessoas.

RESPONDO. Das premissas estabelecidas segue-se que em Deus há várias pessoas. Ficou claro que o termo "pessoa" significa em Deus a relação enquanto realidade subsistente na natureza divina. Também se estabeleceu que há em Deus várias relações reais. Logo, há várias realidades subsistentes na natureza divina. Assim, há várias pessoas em Deus.

QUANTO AO 1º, portanto, deve-se dizer que *substância* não se põe na definição de pessoa no sentido de essência, mas de supósito, pois se acrescenta *individual*[a]. Ora, para significar essa substância os gregos empregam o termo *hipóstase*. Dizem as três hipóstases, como dizemos as três pessoas. Mas entre nós não é costume dizer três substâncias: para não dar a entender três essências, por ser equívoco o termo.

---

1. Q. 28, a. 3.
2. *De Trin.*, c. 3: ML 64, 1251 A.
3. In Symb. Quicumque.
4. Q. 29, a. 4.
5. Q. 28, a. 1, 3, 4.

a. O "supósito" é o *ente*, aquele em que se realiza uma "substância", no sentido de essência ou natureza: é a "substância primeira," o que é e que age. Normalmente, a multiplicação dos "supósitos" acarreta a multiplicação das substâncias individuais: Pedro, Tiago, João têm em comum a natureza humana ("substância segunda"), mas cada um é constituído por uma substância individual distinta. O que é singular, excelente e desconcertante em Deus é que cada um dos *que são Deus* tem — ou antes, é — a substância única e simples da divindade, como foi dito. Todavia, são vários realmente, o que decorre do que foi afirmado.

AD SECUNDUM dicendum quod proprietates absolutae in divinis, ut bonitas et sapientia, non opponuntur ad invicem: unde neque realiter distinguuntur. Quamvis ergo eis conveniat subsistere, non tamen sunt plures res subsistentes, quod est esse plures personas. Proprietates autem absolutae in rebus creatis non subsistunt, licet realiter ab invicem distinguantur ut albedo et dulcedo. Sed proprietates relativae in Deo et subsistunt, et realiter ab invicem distinguuntur, ut supra[6] dictum est. Unde pluralitas talium proprietatum sufficit ad pluralitatem personarum in divinis.

AD TERTIUM dicendum quod a Deo, propter summam unitatem et simplicitatem, excluditur omnis pluralitas absolute dictorum; non autem pluralitas relationum. Quia relationes praedicantur de aliquo ut ad alterum; et sic compositionem in ipso de quo dicuntur, non important, ut Boetius in eodem libro[7] docet.

AD QUARTUM dicendum quod numerus est duplex: scilicet numerus simplex vel absolutus, ut duo et tria et quatuor; et numerus qui est in rebus numeratis, ut duo homines et duo equi. Si igitur in divinis accipiatur numerus absolute sive abstracte, nihil prohibet in eo esse totum et partem: et sic non est nisi in acceptione intellectus nostri; non enim numerus absolutus a rebus numeratis est nisi in intellectu. Si autem accipiamus numerum prout est in rebus numeratis, sic in rebus quidem creatis, unum est pars duorum, et duo trium, ut unus homo duorum, et duo trium: sed non est sic in Deo, quia tantus est Pater quanta tota Trinitas, ut infra[8] patebit.

QUANTO AO 2º, deve-se dizer que em Deus as propriedades absolutas, tais como bondade e sabedoria, não se opõem mutuamente, por isso não se distinguem realmente. Assim, embora subsistentes, não constituem várias realidades subsistentes, o que faz ser três pessoas. Quanto às propriedades absolutas das criaturas, elas não subsistem, se bem que se distingam realmente umas das outras, como a brancura e a doçura. Porém, em Deus, as propriedades relativas são, ao mesmo tempo, subsistentes e realmente distintas entre si, como acima foi dito. Eis por que a pluralidade de tais propriedades basta para a pluralidade de pessoas em Deus.

QUANTO AO 3º, deve-se dizer que, em razão da suma unidade e simplicidade, exclui-se de Deus toda pluralidade de realidades absolutas. Não, porém, de relações. Porque as relações se atribuem a um sujeito em relação a um outro, não implicando assim nenhuma composição no sujeito, como Boécio ensina no mesmo livro.

QUANTO AO 4º, deve-se dizer que há dois tipos de números: o número simples ou absoluto, como dois, três, quatro, e o número que está nas coisas enumeradas, como dois homens, dois cavalos. Portanto, se em Deus se considera o número tomado absoluta ou abstratamente, nada impede que aí se verifique todo e parte. Isto existe somente na consideração de nosso intelecto, porque o número abstraído das coisas enumeradas só se encontra no intelecto. Se, porém, tomamos o número tal como está nas coisas numeradas, por exemplo, nas coisas criadas um é parte de dois, ou dois de três, como um homem é menos que dois homens, dois são menos que três. Isso, porém, não vale para Deus. Veremos mais abaixo que o Pai é tão grande quanto a Trindade inteira[b].

ARTICULUS 2
Utrum in Deo sint plures personae quam tres

AD SECUNDUM SIC PROCEDITUR. Videtur quod in Deo sint plures personae quam tres.
1. Pluralitas enim personarum in divinis est secundum pluralitatem proprietatum relativarum,

ARTIGO 2
Há mais que três pessoas em Deus?

QUANTO AO SEGUNDO, ASSIM SE PROCEDE: parece que em Deus **há** mais que três pessoas.
1. Com efeito, acabamos de dizer que em Deus a pluralidade de pessoas segue a pluralidade das

---

6. Q. 28, a. 3; q. 29, a. 4.
7. C. 6: ML 64, 1255 A.
8. Q. 42, a. 4, ad 3.

PARALL.: I *Sent.*, dist. 10, a. 5; dist. 33, a. 2, ad 1; *Cont. Gent.* IV, 26; *De Pot.*, q. 9, a. 9; *Compend. Theol.*, c. 56, 60.

b. A Pessoa divina não faz parte de um Todo, já que ela se identifica com o Ser divino, que é o Todo.

ut dictum est¹. Sed quatuor sunt relationes in divinis, ut supra² dictum est: scilicet paternitas, filiatio, communis spiratio et processio. Ergo quatuor personae sunt in divinis.

2. PRAETEREA, non plus differt natura a voluntate in Deo, quam natura ab intellectu. Sed in divinis, est alia persona quae procedit per modum voluntatis, ut amor; et alia quae procedit per modum naturae, ut filius. Ergo est etiam alia quae procedit per modum intellectus, ut verbum; et alia quae procedit per modum naturae, ut filius. Et sic iterum sequitur quod non sunt tantum tres personae in divinis.

3. PRAETEREA, in rebus creatis quod excellentius est, plures habet operationes intrinsecas: sicut homo supra alia animalia habet intelligere et velle. Sed Deus in infinitum excedit omnem creaturam. Ergo non solum est ibi persona procedens per modum voluntatis et per modum intellectus, sed infinitis aliis modis. Ergo sunt infinitae personae in divinis.

4. PRAETEREA, ex infinita bonitate Patris est, quod infinite seipsum communicet, producendo personam divinam. Sed etiam in Spiritu Sancto est infinita bonitas. Ergo Spiritus Sanctus producit divinam personam, et illa aliam, et sic in infinitum.

5. PRAETEREA, omne quod continetur sub determinato numero, est mensuratum: numerus enim mensura quaedam est. Sed personae divinae sunt immensae, ut patet per Athanasium³: *Immensus Pater, immensus Filius, immensus Spiritus Sanctus*. Non ergo sub numero ternario continentur.

SED CONTRA est quod dicitur 1Io ult., 7: *Tres sunt qui testimonium dant in caelo, Pater, Verbum et Spiritus Sanctus*. Quaerentibus autem, *Quid tres?* respondetur, *Tres personae*, ut Augustinus dicit, in VII *de Trin*.⁴. Sunt igitur tres personae tantum in divinis.

RESPONDEO dicendum quod, secundum praemissa, necesse est ponere tantum tres personas in divinis. Ostensum est⁵ enim quod plures personae sunt plures relationes subsistentes, ab invicem realiter distinctae. Realis autem distinctio inter relationes divinas non est nisi in ratione oppositionis

propriedades relativas. Ora, há quatro relações em Deus: a paternidade, a filiação, a comum espiração e a processão. Logo, há quatro pessoas em Deus.

2. ALÉM DISSO, em Deus, não há mais diferença entre a natureza e a vontade do que entre a natureza e o intelecto. Ora, em Deus, uma é a pessoa que procede por modo de vontade, como amor, e outra a pessoa que procede por modo de natureza, como filho. Portanto, há ainda uma pessoa que procede por modo de intelecto, como verbo, outra a pessoa que procede por modo de natureza, como filho. Do que resulta que não há apenas três pessoas em Deus.

3. ADEMAIS, nas criaturas, o que é mais excelente possui mais operações intrínsecas. Assim, o homem tem sobre os animais o conhecer e o querer. Ora, Deus ultrapassa infinitamente toda criatura. Portanto nele, não há somente processão de pessoa, por modo de vontade e de inteligência, mas por uma infinidade de outros modos. Logo, em Deus há um número infinito de pessoas.

4. ADEMAIS, por causa de sua infinita bondade, o Pai comunica-se infinitamente produzindo uma pessoa divina. Ora, o Espírito Santo possui também uma bondade infinita. Logo, também ele produz uma pessoa divina, e esta outra, e assim ao infinito.

5. ADEMAIS, tudo o que está contido em determinado número é medido, pois o número é uma medida. Ora, as pessoas divinas são sem medida, segundo Atanásio: "Sem medida é o Pai, sem medida é o Filho, sem medida é o Espírito Santo". Portanto, elas não estão contidas no número três.

EM SENTIDO CONTRÁRIO, diz a primeira Carta de João: "Eles são três que testemunham no céu: o Pai, o Verbo e o Espírito Santo". E para a pergunta *Três o quê?* responde-se: *Três pessoas*, como Agostinho diz. Portanto, há somente três pessoas em Deus.

RESPONDO. Segundo as premissas estabelecidas, é necessário afirmar apenas três pessoas em Deus. Demonstrou-se que várias pessoas são várias relações subsistentes realmente distintas entre si. Só há distinção real entre as relações divinas em razão da oposição relativa. Portanto, duas relações opos-

---

1. Art. praec.
2. Q. 28, a. 4.
3. In Symbolo: Quicumque.
4. C. 4: ML 42, 940; c. 6: ML 42, 943: 945. Cfr. lib. V, c. 9: ML 42, 918.
5. Art. praec.

relativae. Ergo oportet duas relationes oppositas ad duas personas pertinere: si quae autem relationes oppositae non sunt, ad eandem personam necesse est eas pertinere. Paternitas ergo et filiatio, cum sint oppositae relationes, ad duas personas ex necessitate pertinent. Paternitas igitur subsistens est persona Patris, et filiatio subsistens est persona Filii. Aliae autem duae relationes ad neutram harum oppositionem habent, sed sibi invicem opponuntur. Impossibile est igitur quod ambae uni personae conveniant. Oportet ergo quod vel una earum conveniat utrique dictarum personarum: aut quod una uni, et alia alii. Non autem potest esse quod processio coveniat Patri et Filio, vel alteri eorum: quia sic sequeretur quod processio intellectus, quae est generatio in divinis, secundum quam accipitur paternitas et filiatio, prodiret ex processione amoris, secundum quam accipitur spiratio et processio, si persona generans et genita procederent a spirante: quod est contra praemissa[6]. Relinquitur ergo quod spiratio conveniat et personae Patris et personae Filii, utpote nullam habens oppositionem relativam nec ad paternitatem nec ad filiationem. Et per consequens oportet quod conveniat processio alteri personae, quae dicitur persona Spiritus Sancti, quae per modum amoris procedit, ut supra[7] habitum est. Relinquitur ergo tantum tres personas esse in divinis, scilicet Patrem et Filium et Spiritum Sanctum.

AD PRIMUM ergo dicendum quod, licet sint quatuor relationes in divinis, tamen una earum, scilicet spiratio, non separatur a persona Patris et Filii, sed convenit utrique. Et sic, licet sit relatio, non tamen dicitur *proprietas*, quia non convenit uni tantum personae: neque est relatio *personalis*, idest constituens personam. Sed hae tres relationes, paternitas, filiatio et processio, dicuntur *proprietates personales*, quasi personas constituentes: nam paternitas est persona Patris,

tas necessariamente correspondem a duas pessoas. Mas, se existem relações que não se opõem, elas pertencem necessariamente a uma mesma pessoa. Assim, a paternidade e a filiação, duas relações opostas, pertencem necessariamente a duas pessoas. A paternidade subsistente é, portanto, a pessoa do Pai, e a filiação subsistente é a pessoa do Filho. Ao contrário, as duas outras relações não se opõem a nenhuma dessas duas precedentes, mas se opõem uma à outra. Por conseguinte, não podem pertencer ambas a uma mesma pessoa. É preciso então ou que uma das duas pertença às duas pessoas mencionadas, ou que uma relação convenha a uma dessas pessoas, e a outra relação à outra pessoa. Mas a processão não pode convir ao Pai e ao Filho, nem mesmo a um somente entre eles, pois daí se seguiria que a processão intelectual, que é geração em Deus, e pela qual se apreeendem as relações de paternidade e de filiação, proviria da processão do amor, pela qual se entendem a espiração e a processão, se a pessoa que gera e a que é gerada procedessem daquele que espira. Isto seria contradizer as premissas já estabelecidas. Portanto, resta que a espiração pertença à pessoa do Pai e à do Filho, uma vez que não tem oposição relativa nem à paternidade, nem à filiação. Assim, a processão deve necessariamente pertencer a uma outra pessoa. Esta é chamada a pessoa do Espírito Santo, procedendo por modo de amor, como se disse. Portanto, há somente três pessoas em Deus: o Pai, o Filho e o Espírito Santo.

QUANTO AO 1º, portanto, deve-se dizer que há quatro relações em Deus, mas uma delas, a espiração, não se opõe à pessoa do Pai ou à do Filho, mas convém aos dois[c]. Assim, embora seja relação, não toma o nome de *propriedade*, pois não convém a uma pessoa somente. Não é também uma relação *pessoal* que constitui uma pessoa. Ao contrário, as três relações de paternidade, filiação e processão são chamadas *propriedades pessoais*, constituindo as pessoas: a paternidade é a pessoa

---

6. Q. 27, a. 3, ad 3.
7. Ibid., a. 4.

c. Por essa razão, é rejeitada a objeção do lógico contra o que considera, a justo título, uma monstruosidade lógica: relações de três termos. Na verdade, existem em Deus dois pares de relações, das quais cada uma tem dois termos (o referido e o outro, ao qual ele é referido), o que é perfeitamente correto do ponto de vista lógico. No entanto, no segundo par, um dos termos compreende as duas Pessoas já constituídas pelas relações fundadas sobre a primeira processão, de modo que, das duas relações que compõem esse segundo par, uma só é constitutiva de uma Pessoa.

Adiante, a respeito da terceira Pessoa, essa fusão das duas primeiras em um princípio único e indiviso da terceira será explicado. Para o nosso propósito atual, basta notar que esse princípio — que é também o termo de referência da relação constitutiva da terceira Pessoa — é logicamente distinto tanto da primeira como da segunda, identificando-se na realidade com uma e com outra.

filiatio persona Filii, processio persona Spiritus Sancti procedentis.

AD SECUNDUM dicendum quod id quod procedit per modum intellectus, ut verbum, procedit secundum rationem similitudinis, sicut etiam id quod procedit per modum naturae: et ideo supra[8] dictum est quod processio verbi divini est ipsa generatio per modum naturae. Amor autem, inquantum huiusmodi, non procedit ut similitudo illius a quo procedit (licet in divinis amor sit coessentialis inquantum est divinus): et ideo processio amoris non dicitur generatio in divinis.

AD TERTIUM dicendum quod homo, cum sit perfectior aliis animalibus, habet plures operationes intrinsecas quam alia animalia, quia eius perfectio est per modum compositionis. Unde in angelis, qui sunt perfectiores et simpliciores, sunt pauciores operationes intrinsecae quam in homine: quia in eis non est imaginari, sentire, et huiusmodi. Sed in Deo, secundum rem, non est nisi una operatio, quae est sua essentia. Sed quomodo sunt duae processiones, supra[9] ostensum est.

AD QUARTUM dicendum quod ratio illa procederet, si Spiritus Sanctus haberet aliam numero bonitatem a bonitate Patris: oporteret enim quod, sicut Pater per suam bonitatem producit personam divinam, ita et Spiritus Sanctus. Sed una et eadem bonitas Patris est et Spiritus Sancti. Neque etiam est distinctio nisi per relationes personarum. Unde bonitas convenit Spiritui Sancto quasi habita ab alio: Patri autem, sicut a quo communicatur alteri. Oppositio autem relationis non permittit ut cum relatione Spiritus Sancti sit relatio principii respectu divinae personae: quia ipse procedit ab aliis personis quae in divinis esse possunt.

AD QUINTUM dicendum quod numerus determinatus, si accipiatur numerus simplex, qui est tantum in acceptione intellectus, per unum mensuratur. Si vero accipiatur numerus rerum in divinis personis, sic non competit ibi ratio mensurati: quia eadem est magnitudo trium personarum, ut infra[10] patebit; idem autem non mensuratur per idem.

do Pai, a filiação é a pessoa do Filho, a processão é a pessoa do Espírito Santo.

QUANTO AO 2º, deve-se dizer que o que procede por modo de conhecimento, como verbo, procede pela razão de semelhança, como o que procede por modo de natureza. Por isso dissemos acima que a processão do verbo divino é a mesma geração por modo de natureza. Mas o amor como tal não procede como semelhança de seu princípio, se bem que em Deus o amor, por ser divino, seja da mesma essência. Por isso a processão do amor em Deus não se chama geração.

QUANTO AO 3º, deve-se dizer que o homem que é mais perfeito que os outros animais tem mais operações intrínsecas, porque sua perfeição se realiza por modo de composição. Nos anjos, porém, que são mais perfeitos ainda, mais simples, há menos operações intrínsecas que no homem, porque não têm nem imaginação, nem sensação etc. Em Deus, há realmente uma só operação, que é sua essência. Mas acima foi demonstrado como há duas processões.

QUANTO AO 4º, deve-se dizer que o argumento valeria se o Espírito Santo possuísse uma bondade numericamente distinta da do Pai. Então, como em razão de sua bondade o Pai produz uma pessoa divina, seria preciso que o Espírito Santo também produzisse uma. Mas a bondade do Pai e do Espírito Santo é a mesma e única bondade, e se uma distinção existe é em razão das relações das pessoas. Por conseguinte, a bondade convém ao Espírito Santo como recebida de um outro. Ao Pai, ela convém como ao princípio que a comunica. Assim, a oposição relativa não permite que exista com a relação do Espírito Santo uma relação de princípio referida a uma pessoa divina, porque ele procede das outras pessoas que podem existir em Deus[d].

QUANTO AO 5º, deve-se dizer que todo número determinado, se se toma como número simples que existe somente na concepção do intelecto, tem por medida a unidade. Mas, se se toma o número real nas pessoas divinas, não lhe cabe a medida, porque as três pessoas, veremos, possuem uma mesma e idêntica grandeza, e nada se mede a si mesmo.

---

8. Q. 27, a. 2; q. 28, a. 4.
9. Q. 27, a. 3, 5.
10. Q. 42, a. 1, 4.

---

d. O Espírito Santo não se distingue do Pai e do Filho pela Bondade — que é a própria divindade a ele comunicada totalmente —, mas pelo fato de que ele tem deles essa Bondade: só existe em sua singularidade por intermédio dessa relação, que o faz o termo último das comunicações intradivinas, conforme afirmado no corpo do artigo.

Articulus 3
Utrum termini numerales ponant aliquid in divinis

AD TERTIUM SIC PROCEDITUR. Videtur quod termini numerales ponant aliquid in divinis.

1. Unitas enim divina est eius essentia. Sed omnis numerus est unitas repetita. Ergo omnis terminus numeralis in divinis significat essentiam. Ergo ponit aliquid in Deo.

2. PRAETEREA, quidquid dicitur de Deo et creaturis, eminentius convenit Deo quam creaturis. Sed termini numerales in creaturis aliquid ponunt. Ergo multo magis in Deo.

3. PRAETEREA, si termini numerales non ponunt aliquid in divinis, sed inducuntur ad removendum tantum, ut per pluralitatem removeatur unitas, et per unitatem pluralitas; sequitur quod sit circulatio in ratione, confundens intellectum et nihil certificans; quod est inconveniens. Relinquitur ergo quod termini numerales aliquid ponunt in divinis.

SED CONTRA est quod Hilarius dicit, in IV *de Trin.*[1]: *Sustulit singularitatis ac solitudinis intelligentiam professio consortii*, quod est professio pluralitatis. Et Ambrosius dicit, in libro *de Fide*[2]: *Cum unum Deum dicimus, unitas pluralitatem excludit deorum, non quantitatem in Deo ponimus*. Ex quibus videtur quod huiusmodi nomina sunt inducta in divinis ad removendum, non ad ponendum aliquid.

RESPONDEO dicendum quod Magister, in *Sententiis*[3], ponit quod termini numerales non ponunt aliquid in divinis, sed removent tantum. Alii vero dicunt contrarium.

Ad evidentiam igitur huius, considerandum est quod omnis pluralitas consequitur aliquam divisionem. Est autem duplex divisio. Una materialis, quae fit secundum divisionem continui: et hanc consequitur numerus qui est species quantitatis. Unde talis numerus non est nisi in rebus materialibus habentibus quantitatem. Alia est divisio formalis, quae fit per oppositas vel diversas formas:

Artigo 3
Os numerais acrescentam algo em Deus?[e]

QUANTO AO TERCEIRO, ASSIM SE PROCEDE: parece que os numerais **acrescentam** algo em Deus.

1. Com efeito, a unidade divina é sua essência. Ora, todo número é a unidade repetida. Logo, em Deus todo numeral significa a essência e acrescenta algo em Deus.

2. ALÉM DISSO, o que se diz de Deus e das criaturas convém de modo mais eminente a Deus que às criaturas. Ora, os numerais acrescentam algo nas criaturas. Logo, com maior razão, em Deus.

3. ADEMAIS, se os numerais não acrescentam nada em Deus, mas são introduzidos apenas para negar, de tal maneira que a pluralidade negue a unidade, e esta, por sua vez, a pluralidade, resulta que se tem um círculo vicioso que confunde o intelecto e não leva a certeza alguma. Isto é inadmissível. Portanto, os numerais acrescentam algo em Deus.

EM SENTIDO CONTRÁRIO, Hilário diz: "A afirmação de uma sociedade, que é a afirmação de uma pluralidade, se opõe à ideia de isolamento e de solidão". E Ambrósio acrescenta: "Quando dizemos: um Deus, a unidade nega uma pluralidade de deuses. Não afirmamos a quantidade em Deus". Portanto, parece que se introduzirmos tais termos a respeito de Deus é para negar e não para acrescentar algo.

RESPONDO. O Mestre, nas *Sentenças*, diz que em Deus os numerais nada acrescentam, e somente negam. Outros sustentam o contrário.

Para esclarecer a questão, deve-se considerar que toda pluralidade supõe uma divisão. Ora, há duas espécies de divisão: uma material, pela divisão do contínuo. Dela resulta o número, espécie de quantidade. Portanto, tal número só se encontra nas coisas materiais que têm quantidade. A outra é a divisão formal, por oposição ou diversidade das formas. Dela resulta uma multiplicidade que

---

3 PARALL.: I *Sent.*, dist. 24, a. 3; *De Pot.*, c. 9, a. 7; *Quodlib.* X, q. 1, a. 1.

1. Num. 17: ML 10, 110 C — 111 A.
2. Lib. I, c. 2: ML 16, 533 AB.
3. Lib. I, dist. 24.

e. Qual é o sentido dessa questão, à primeira vista enigmática? Trata-se de saber se, dizendo de Deus que ele é Três — ou trino —, afirmo algo que se acrescentaria a seu Ser, à sua divindade. A resposta será, evidentemente, "não", pois a divindade é infinitamente simples, e nada poderia a ela se acrescentar. Deve-se concluir que não digo nada de real quando digo que Deus é trino? Uma vez mais, somos convidados a afinar nossos conceitos.

et hanc divisionem sequitur multitudo quae non est in aliquo genere, sed est de transcendentibus, secundum quod ens dividitur per unum et multa. Et talem multitudinem solam contingit esse in rebus immaterialibus.

Quidam igitur, non considerantes nisi multitudinem quae est species quantitatis discretae, quia videbant quod quantitas discreta non habet locum in divinis, posuerunt quod termini numerales non ponunt aliquid in Deo, sed removent tantum. — Alii vero, eandem multitudinem considerantes, dixerunt quod, sicut scientia ponitur in Deo secundum rationem propriam scientiae, non autem secundum rationem sui generis, quia in Deo nulla est qualitas; ita numerus in Deo ponitur secundum propriam rationem numeri, non autem secundum rationem sui generis, quod est quantitas.

Nos autem dicimus quod termini numerales, secundum quod veniunt in praedicationem divinam, non sumuntur a numero qui est species quantitatis; quia sic de Deo non dicerentur nisi metaphorice, sicut et aliae proprietates corporalium, sicut latitudo, longitudo, et similia: sed sumuntur a multitudine secundum quod est transcendens. Multitudo autem sic accepta hoc modo se habet ad multa de quibus praedicatur, sicut unum quod convertitur cum ente ad ens. Huiusmodi autem unum, sicut supra[4] dictum est, cum de Dei unitate ageretur, non addit aliquid supra ens nisi negationem divisionis tantum: *unum* enim significat ens indivisum. Et ideo de quocumque dicatur *unum*, significatur illa res indivisa: sicut *unum* dictum de homine, significat naturam vel substantiam hominis non divisam. Et eadem ratione, cum dicuntur res *multae*, multitudo sic accepta significat res illas cum indivisione circa unamquamque earum. — Numerus autem qui est species quantitatis, ponit quoddam accidens additum supra ens: et similiter unum quod est principium numeri.

Termini ergo numerales significant in divinis illa de quibus dicuntur, et super hoc nihil addunt nisi negationem, ut dictum est: et quantum ad hoc, veritatem dixit Magister in *Sententiis*. Ut, cum dicimus, *essentia est una*, unum significat essentiam indivisam: cum dicimus, *persona est una*, significat personam indivisam: cum dicimus, *personae sunt plures*, significantur illae personae, et indivisio circa unamquamque earum; quia

não está em um gênero, mas faz parte dos transcendentais. O ente, com efeito, é uno ou múltiplo, e tal multiplicidade só acontece existir nas realidades imateriais.

Portanto, alguns considerando apenas a multiplicidade, espécie de quantidade discreta, porque viam que essa quantidade não tem lugar em Deus, afirmavam que os numerais não acrescentam algo em Deus, e somente negam. — Outros, considerando também a mesma multiplicidade, disseram que assim como se afirma em Deus a ciência, segundo a razão própria da ciência, e não segundo a razão de seu gênero, pois não há qualidade em Deus, do mesmo modo afirma-se em Deus um número segundo a razão própria de número, e não segundo a razão de seu gênero, que é a quantidade.

Quanto a nós, dizemos que os numerais atribuídos a Deus não são tomados do número, que é uma espécie de quantidade, porque desse modo não seriam atribuídos a Deus a não ser por metáfora, como as outras propriedades dos corpos: largura, comprimento etc. Eles são tomados da multiplicidade enquanto é um transcendental. Ora, essa multiplicidade está para as muitas realidades às quais ela é atribuída, como o uno convertível com o ente está para o ente. E, como acima se disse, tratando da unidade de Deus, este uno só acrescenta ao ente a negação de uma divisão, porque o *uno* significa o ente indiviso. Então, dito de qualquer realidade, *uno* significa esta realidade em sua indivisão. Por exemplo, dizendo: o homem é *uno*, significa-se a natureza ou substância humana como indivisa. O mesmo acontece quando se diz *muitas* coisas; a multiplicidade assim considerada significa aquelas coisas, cada uma em sua indivisão. — Ao contrário, o número que é uma espécie de quantidade acrescenta ao ente um acidente, e também o uno que é o princípio do número.

Portanto, os numerais significam em Deus as realidades que eles qualificam, e sobre isso nada acrescentam a não ser uma negação, como já foi explicado. Nisso, o Mestre nas *Sentenças* disse a verdade. Por exemplo, quando dizemos: *A essência é una*, una significa a essência em sua indivisão. Quando dizemos: *a pessoa é una*, significa a pessoa em sua indivisão. E quando dizemos: *as pessoas são muitas*, significamos as pessoas, e

---

4. Q. 11, a. 1.

de ratione multitudinis est, quod ex unitatibus constet.

AD PRIMUM ergo dicendum quod unum, cum sit de transcendentibus, est communius quam substantia et quam relatio: et similiter multitudo. Unde potest stare in divinis et pro substantia et pro relatione, secundum quod competit his quibus adiungitur. Et tamen per huiusmodi nomina, supra essentiam vel relationem, additur, ex eorum significatione propria, negatio quaedam divisionis, ut dictum est[5].

AD SECUNDUM dicendum quod multitudo quae ponit aliquid in rebus creatis, est species quantitatis; quae non transumitur in divinam praedicationem; sed tantum multitudo transcendens, quae non addit supra ea de quibus dicitur, nisi indivisionem circa singula. Et talis multitudo dicitur de Deo.

AD TERTIUM dicendum quod unum non est remotivum multitudinis, sed divisionis, quae est prior, secundum rationem, quam unum vel multitudo. Multitudo autem non removet unitatem: sed removet divisionem circa unumquodque eorum ex quibus constat multitudo. Et haec supra[6] exposita sunt, cum de divina unitate ageretur.

Sciendum tamen est quod auctoritates in oppositum inductae, non probant sufficienter propositum. Licet enim pluralitate excludatur solitudo, et unitate deorum pluralitas, non tamen sequitur quod his nominibus hoc solum significetur. Albedine enim excluditur nigredo: non tamen nomine albedinis significatur sola nigredinis exclusio.

cada uma em sua indivisão. Porque é da razão da multiplicidade ser constituída de unidades[f].

QUANTO AO 1º, portanto, deve-se dizer que o uno que é um transcendental é mais geral que a substância ou a relação. E igualmente multiplicidade. Pode, portanto, designar em Deus seja a substância, seja a relação, segundo corresponda ao que está unido. No entanto, tais termos, sobre a essência ou a relação, eles acrescentam, em virtude de sua significação própria, a negação de uma divisão, como já foi explicado.

QUANTO AO 2º, deve-se dizer que a multiplicidade que afirma algo nas coisas criadas é uma espécie de quantidade. Não é ela que é atribuível a Deus, mas somente a multiplicidade transcendental. Esta acrescenta aos sujeitos a que se atribui apenas a indivisão em cada um. Tal é a multiplicidade que se diz de Deus.

QUANTO AO 3º, deve-se dizer que uno não nega a multiplicidade, mas a divisão, que é anterior, segundo a razão, à unidade e à multiplicidade. De seu lado, a multiplicidade não nega a unidade, ela nega a divisão em cada um dos que constituem a multiplicidade. Tudo isso, aliás, foi exposto quando se tratou da unidade divina.

Entretanto, deve-se saber que as autoridades, alegadas em sentido contrário, não são provas suficientes. Se a pluralidade exclui a solidão, e se a unidade exclui a pluralidade de deuses, não se segue daí que esses termos não signifiquem nada mais. A brancura exclui a negridão, mas o termo "brancura" não significa unicamente essa exclusão.

---

5. In corp.
6. Q. 11, a. 2, ad 4.

f. Para compreender este artigo, de uma metafísica profunda e difícil, é preciso reportar-se ao que foi dito a respeito da unidade em geral e da multiplicidade nos dois primeiros artigos da q. 11. Encontra-se ali, aliás, uma análise aparentemente diferente dessas noções fundamentais. Não há, na verdade, divergência real, mas aqui Santo Tomás vai direto a seu objetivo, que é situar a realidade da multiplicidade em Deus em relação à plena unidade de seu Ser. O que não é dito aqui não é negado, mas pressuposto, a saber, que toda multiplicidade pressupõe uma unidade ao mesmo tempo que uma divisão que não a destrói completamente: como o mal é privação do bem, mas não pode destruir todo bem em seu sujeito, pois, se este fosse totalmente não-bom, seria por isso mesmo não-ser, nada — uma vez que o bem é uma propriedade que o ser traz sempre consigo —, assim também a multiplicidade é privação de unidade, mas não privação total; a multiplicidade pura é impensável. O que resta de unidade no coração do múltiplo não é, como no caso do mal que afeta um sujeito normalmente bom, um *ente*; é uma multiplicidade de *entes*, os quais conservam algo em comum, alguma coisa da qual se encontra a mesma em cada um deles: assim, a natureza específica em todos os indivíduos de uma mesma espécie, a natureza genérica em todos os indivíduos pertencentes a múltiplas espécies, mas a um mesmo gênero, e assim por diante; ou então, a matéria comum (a madeira, a cera etc.) em um conjunto de objetos díspares. Não seria necessário voltar a dizê-lo aqui. Em contrapartida, era preciso enfatizar o que é particular e efetivamente singular nessa atribuição do número à divindade: existem realmente três Pessoas, mas sem qualquer divisão do que lhes é comum, a divindade. Cada uma é a divindade inteira. Diz-se algo de bem real, por conseguinte, quando se afirma de Deus que é trino, mas isso em nada diminui o que se diz quando se diz que ele é uno. A multiplicidade aqui não diminui a unidade, identifica-se com ela. Como isso não é contraditório, é a noção de oposição relativa que permite pensá-lo.

Articulus 4
Utrum hoc nomen *persona* possit esse commune tribus personis

AD QUARTUM SIC PROCEDITUR. Videtur quod hoc nomen *persona* non possit esse commune tribus personis.

1. Nihil enim est commune tribus personis nisi essentia. Sed hoc nomen *persona* non significat essentiam in recto. Ergo non est commune tribus.
2. PRAETEREA, commune opponitur incommunicabili. Sed de ratione personae est quod sit incommunicabilis, ut patet ex definitione Ricardi de S. Victore supra[1] posita. Ergo hoc nomen *persona* non est commune tribus.
3. PRAETEREA, si est commune tribus, aut ista communitas attenditur secundum rem, aut secundum rationem. Sed non secundum rem: quia sic tres personae essent una persona. Nec iterum secundum rationem tantum: quia sic *persona* esset universale, in divinis autem non est universale et particulare, neque genus neque species, ut supra[2] ostensum est. Non ergo hoc nomen *persona* est commune tribus.

SED CONTRA est quod dicit Augustinus, VII *de Trin.*[3], quod cum quaereretur, *Quid tres?* responsum est, *Tres Personae*; quia commune est eis id quod est persona.

RESPONDEO dicendum quod ipse modus loquendi ostendit hoc nomen *persona* tribus esse commune, cum dicimus *tres personas*: sicut cum dicimus *tres homines*, ostendimus *hominem* esse commune tribus. Manifestum est autem quod non est communitas rei, sicut una essentia communis est tribus: quia sic sequeretur unam esse personam trium, sicut essentia est una.

Qualis autem sit communitas, investigantes diversimode locuti sunt. Quidam enim dixerunt quod est communitas negationis; propter hoc, quod in definitione personae ponitur *incommunicabile*. Quidam autem dixerunt quod est communitas in-

Artigo 4
O nome "pessoa" pode ser comum às três pessoas?

QUANTO AO QUARTO, ASSIM SE PROCEDE: parece que o nome "pessoa" **não** poder ser comum às três pessoas.

1. Com efeito, apenas a essência é comum às três pessoas. Ora, o nome "pessoa" não significa diretamente a essência. Logo, não é comum às três.
2. ALÉM DISSO, comum opõe-se a incomunicável. Ora, é da razão de pessoa ser incomunicável, como fica claro pela definição dada por Ricardo de São Vítor e já mencionada. Logo, o nome "pessoa" não é comum às três.
3. ADEMAIS, se fosse comum às três, essa comunidade se verificaria ou realmente, ou segundo a razão. Ora, não realmente, porque então as três pessoas seriam uma só pessoa. E nem segundo a razão, porque desse modo pessoa seria universal. Mas em Deus não há nem universal, nem particular, nem gênero, nem espécie, como acima foi demonstrado. Logo, o nome "pessoa" não é comum às três.

EM SENTIDO CONTRÁRIO, Agostinho diz que à pergunta *três o quê?*, responde-se: *três Pessoas*, porque o que é pessoa lhes é comum.

RESPONDO. Quando dizemos três pessoas, o próprio modo de falar manifesta que o nome *pessoa* é comum aos três. Do mesmo modo quando dizemos *três homens*, atestamos que homem é comum aos três. Mas está claro que não se trata de uma comunidade real, tal como é a da única essência comum às três pessoas. Haveria, então, para as três uma só pessoa, como só há uma essência[g].

De qual comunidade se trata? Os estudiosos se pronunciaram diferentemente. Para alguns é comunidade de negação, uma vez que se encontra na definição da pessoa o termo "incomunicável". Comunidade de intenção, disseram outros, porque

---

4 PARALL.: I *Sent.*, dist. 25, a. 3; *De Pot.*, q. 8, a. 3, ad 11.

1. Q. 29, a. 3, ad 4.
2. Q. 3, a. 5.
3. C. 4: ML 42, 940; c. 6: ML 42, 943 sq. Cfr. lib. V, c. 9: ML 42, 918.

---

g. Dificuldade irritante e sofística — já encontrada (acima, q. 29, a. 1, r. 1: ver nota 5). Se digo que é comum ao Pai, ao Filho e ao Espírito Santo ser uma Pessoa, atribuo-lhes algo que lhes é comum. O quê? Só pode ser a Natureza ou Essência divina, pois é isso que lhes é comum, aquilo pelo qual cada um existe de maneira distinta, sendo próprio a cada um e distinto: mas a Natureza divina é uma! A resposta, bem simples, é que o termo "pessoa" não designa a natureza comum aos Três, mas o modo de existir dessa natureza em um *Ente* distinto, a subsistência. Cada Pessoa é distinta das outras enquanto pessoa (e isso mesmo em nós), mas as três Pessoas têm de comum que são cada uma e distintamente um *Ente* no qual subsiste a Natureza divina.

tentionis, eo quod in definitione personae ponitur *individuum*, sicut si dicatur quod esse speciem est commune equo et bovi. — Sed utrumque horum excluditur per hoc, quod hoc nomen *persona* non est nomen negationis neque intentionis, sed est nomen rei.

Et ideo dicendum est quod etiam in rebus humanis hoc nomen *persona* est commune communitate rationis, non sicut genus vel species, sed sicut *individuum vagum*. Nomina enim generum vel specierum, ut *homo* vel *animal*, sunt imposita ad significandum ipsas naturas communes; non autem intentiones naturarum communium, quae significantur his nominibus *genus* vel *species*. Sed individuum vagum, ut *aliquis homo*, significat naturam communem cum determinato modo existendi qui competit singularibus, ut scilicet sit per se subsistens distinctum ab aliis. Sed in nomine *singularis designati*, significatur determinatum distinguens: sicut in nomine Socratis haec caro et hoc os. Hoc tamen interest, quod *aliquis homo* significat naturam, vel individuum ex parte naturae, cum modo existendi qui competit singularibus: hoc autem nomen *persona* non est impositum ad significandum individuum ex parte naturae, sed ad significandum rem subsistentem in tali natura.

Hoc autem est commune secundum rationem omnibus personis divinis, ut unaquaeque earum subsistat in natura divina distincta ab aliis. Et sic hoc nomen persona, secundum rationem, est commune tribus personis divinis.

AD PRIMUM ergo dicendum quod ratio illa procedit de communitate rei.

AD SECUNDUM dicendum quod, licet persona sit incommunicabilis, tamen ipse modus existendi incommunicabiliter, potest esse pluribus communis.

AD TERTIUM dicendum quod licet sit communitas rationis et non rei, tamen non sequitur quod in divinis sit universale et particulare, vel genus vel species. Tum quia neque in rebus humanis communitas personae est communitas generis vel speciei. Tum quia personae divinae habent unum esse: genus autem et species, et quodlibet universale, praedicatur de pluribus secundum esse differentibus.

a definição de pessoa contém o termo "individual": como se se dissesse que cavalo e boi têm em comum o pertencer a uma espécie. — Mas se devem rejeitar essas duas opiniões, porque "pessoa" não é nem um nome de negação, nem de intenção, mas um nome de coisa.

Eis, portanto, o que se deve dizer. Mesmo nas coisas humanas, "pessoa" é um nome comum, da comunidade de razão, não como gênero ou espécie, mas como *indivíduo indeterminado*. Com efeito, os nomes do gênero ou da espécie, por exemplo "homem", "animal", foram dados para significar as mesmas naturezas comuns, e não as intenções das naturezas comuns. São os termos "gênero" ou "espécie" que significam essas intenções. Mas o indivíduo indeterminado, como "algum homem", significa uma natureza comum com determinado modo de existência que convém aos singulares, a saber: ser por si subsistente distinto dos outros. Finalmente, o nome de um *singular determinado* compreende em sua significação algo determinado que distingue. Por exemplo, no nome de Sócrates, é significada esta carne e estes ossos. Há, porém, uma diferença: "Algum homem" significa a natureza ou o indivíduo por parte de sua natureza, com o modo de existência próprio ao singular. "Pessoa", porém, não foi dado para significar o indivíduo por parte de sua natureza, mas para significar a coisa que subsiste em tal natureza.

O que é comum, segundo a razão, a todas as pessoas divinas é que cada uma delas subsiste na natureza divina distinta das outras. Eis como o nome "pessoa" é, segundo a razão, comum às três Pessoas divinas.

QUANTO AO 1º, portanto, deve-se dizer que o argumento procede de uma comunidade de coisas.

QUANTO AO 2º, deve-se dizer que, embora a pessoa seja incomunicável, esse modo de existir incomunicavelmente pode ser comum a vários.

QUANTO AO 3º, deve-se dizer que, embora se trate de comunidade de razão e não de coisa, isso não quer dizer que há universal ou particular em Deus, nem gênero e espécie. Primeiro porque, mesmo entre as coisas humanas, a comunidade de pessoa não é a de um gênero ou a de uma espécie. Depois, porque as pessoas divinas possuem um único ser. Ora, gênero, espécie e qualquer universal atribuem-se a vários sujeitos segundo diferem por seu ser.

QUAESTIO XXXI
DE HIS QUAE AD UNITATEM VEL PLURALITATEM PERTINENT IN DIVINIS

in quatuor articulos divisa

Post haec considerandum est de his quae ad unitatem vel pluralitatem pertinent in divinis.
Et circa hoc quaeruntur quatuor.
Primo: de ipso nomine *trinitatis*.
Secundo: utrum possit dici, *Filius est alius a Patre*.
Tertio: utrum dictio exclusiva, quae videtur alietatem excludere, possit adiungi nomini essentiali in divinis.
Quarto: utrum possit adiungi termino personali.

Articulus 1
Utrum sit trinitas in divinis

Ad primum sic proceditur. Videtur quod non sit trinitas in divinis.
1. Omne enim nomen in divinis vel significat substantiam, vel relationem. Sed hoc nomen *trinitas* non significat substantiam: praedicaretur enim de singulis personis. Neque significat relationem: quia non dicitur secundum nomen *ad aliud*. Ergo nomine *trinitatis* non est utendum in divinis.
2. Praeterea, hoc nomen *trinitas* videtur esse nomen collectivum, cum significet multitudinem. Tale autem nomen non convenit in divinis: cum unitas importata per nomen collectivum sit minima unitas, in divinis autem est maxima unitas. Ergo hoc nomen *trinitas* non convenit in divinis.
3. Praeterea, omne trinum est triplex. Sed in Deo non est *triplicitas*: cum triplicitas sit species inaequalitatis. Ergo nec *trinitas*.
4. Praeterea, quidquid est in Deo, est in unitate essentiae divinae: quia Deus est sua essentia. Si

QUESTÃO 31
UNIDADE E PLURALIDADE EM DEUS

em quatro artigos

Deve-se considerar agora o que se refere à unidade ou à pluralidade em Deus[a].
E a esse respeito são quatro as perguntas:
1. Sobre o nome *trindade*.
2. Pode-se dizer que o *Filho é distinto do Pai*?
3. A expressão exclusiva que parece excluir a alteridade pode unir-se a um nome essencial em Deus?
4. Pode unir-se a um termo pessoal?

Artigo 1
Há trindade em Deus?

Quanto ao primeiro artigo, assim se procede: parece que **não** há trindade em Deus.
1. Com efeito, todo nome, em Deus, significa a substância ou a relação. Ora, o nome "trindade" não significa a substância, pois se atribuiria a cada pessoa. Não significa a relação, porque não se usa como um termo relativo. Logo, não se deve empregar o nome "trindade" a respeito de Deus.
2. Além disso, Trindade parece ser um nome coletivo, pois significa uma pluralidade. Ora, um nome desse gênero não convém a Deus, pois a unidade que implica o nome coletivo é mínima, enquanto em Deus a unidade é máxima. Portanto, o nome "trindade" não convém a Deus.
3. Ademais, o que é trino é tríplice. Ora, em Deus não há *triplicidade*, porque esta é uma espécie de desigualdade. Logo, não há *trindade* também.
4. Ademais, o que há em Deus, existe na unidade da essência divina, pois Deus é sua essência. Si

---

1 Parall.: I *Sent.*, dist. 24, q. 2, a. 2.

a. Por que levantar esses problemas de vocabulário que, por si mesmos, e mais ainda pelas soluções dadas, parecem tão fúteis? Dão margem a que se calunie a escolástica, acusada de interessar-se pelas expressões verbais mais que pelas próprias coisas, e comprazer-se com disputas de palavras.
Na verdade, a linguagem, na teologia, mais que em qualquer outra parte, influencia de maneira decisiva o pensamento. Conforme observamos anteriormente, a própria revelação — e, em sua continuidade, o ensinamento pela Igreja das verdades reveladas — utiliza palavras já existentes e dotadas de significação. Cabe à teologia escolher as palavras mais aptas a significar o mistério, e para isso afinar-lhes a significação, mas ela não o pode efetuar sem levar em conta o sentido que possuem na língua comum. Ora, ocorre com frequência que o emprego de certas palavras, de certas expressões, que trazem consigo uma significação determinada, distorce o pensamento e o leva para fora da verdade revelada. De onde a frase, atribuída a Santo Jerônimo, que Santo Tomás cita bastante (nesta questão, no art. 2): "De palavras ditas sem ordem decorre a heresia". Assim, ao longo da história apaixonada e apaixonante dos dogmas nos quais a Igreja pouco a pouco fixou a fé apostólica, por trás das expressões verbais em torno das quais se disputava asperamente, graves conflitos doutrinais se desenrolavam, e neles a própria fé estava em questão.

igitur trinitas est in Deo, erit in unitate essentiae divinae. Et sic in Deo erunt tres essentiales unitates: quod est haereticum.

5. PRAETEREA, in omnibus quae dicuntur de Deo, concretum praedicatur de abstracto: deitas enim est Deus, et paternitas est Pater. Sed trinitas non potest dici *trina*: quia sic essent novem res in divinis, quod est erroneum. Ergo nomine *trinitatis* non est utendum in divinis.

SED CONTRA est quod Athanasius dicit[1], quod *unitas in trinitate, et trinitas in unitate veneranda sit*.

RESPONDEO dicendum quod nomen *trinitatis* in divinis significat determinatum numerum personarum. Sicut igitur ponitur pluralitas personarum in divinis, ita utendum est nomine trinitatis: quia hoc idem quod significat *pluralitas* indeterminate, significat hoc nomen *trinitas* determinate.

AD PRIMUM ergo dicendum quod hoc nomen *trinitas*, secundum etymologiam vocabuli, videtur significare unam essentiam trium personarum, secundum quod dicitur trinitas quasi *trium unitas*. Sed secundum proprietatem vocabuli, significat magis numerum personarum unius essentiae. Et propter hoc non possumus dicere quod Pater sit trinitas, quia non est tres personae. Non autem significat ipsas relationes personarum, sed magis numerum personarum ad invicem relatarum. Et inde est quod, secundum nomen, ad aliud non refertur.

AD SECUNDUM dicendum quod nomen collectivum duo importat, scilicet pluralitatem suppositorum, et unitatem quandam, scilicet ordinis alicuius: *populus* enim est multitudo hominum sub aliquo ordine comprehensorum. Quantum ergo ad primum, hoc nomen *trinitas* convenit cum nominibus collectivis: sed quantum ad secundum differt, quia in divina trinitate non solum est unitas ordinis, sed cum hoc est etiam unitas essentiae.

AD TERTIUM dicendum quod *trinitas* absolute dicitur: significat enim numerum ternarium personarum. Sed *triplicitas* significat proportionem inaequalitatis: est enim species proportionis inaequalis, sicut patet per Boetium in *Arithmetica*[2]. Et ideo non est in Deo triplicitas, sed trinitas.

Portanto, se há trindade em Deus, haverá na unidade da essência divina. Assim, em Deus haveria três unidades essenciais, o que é uma heresia.

5. ADEMAIS, em tudo o que se diz de Deus, o concreto atribui-se ao abstrato. Com efeito, a divindade é Deus, a paternidade é o Pai. Ora, não se pode dizer: a trindade é trina, porque assim haveria nove realidades em Deus, o que é um erro. Logo, não se deve empregar o nome "Trindade" em Deus.

EM SENTIDO CONTRÁRIO, Atanásio diz: "Deve-se adorar a unidade na trindade, e a trindade na unidade".

RESPONDO. O nome "trindade", referido a Deus, significa o número determinado das pessoas. Se se afirma uma pluralidade de pessoas em Deus, deve-se usar o nome "trindade". Porque o que "pluralidade" significa *em geral*, "trindade" significa *de maneira determinada*.

QUANTO AO 1º, portanto, deve-se dizer que, etimologicamente, o nome "trindade" parece significar a única essência das três pessoas, na medida em que trindade quer dizer a *unidade de três*. Mas, segundo o sentido próprio, significa o número das pessoas de uma única essência. Por isso não se pode dizer: o Pai é a trindade, porque ele não é as três pessoas. Portanto, este nome não significa as relações das pessoas, mas o número das pessoas relacionadas. E, por isso, pelo nome, não é relativo[b].

QUANTO AO 2º, deve-se dizer que o nome coletivo implica duas coisas: uma pluralidade de supósitos e uma certa unidade, que é a unidade de uma ordem. Um povo, por exemplo, é uma multidão de homens compreendidos sob uma ordem. Portanto, no primeiro sentido, "trindade" concorda com os nomes coletivos. Mas ele é diferente quanto ao segundo, porque na trindade divina não há apenas unidade de ordem, há além disso a unidade da essência.

QUANTO AO 3º, deve-se dizer que "trindade" é um termo absoluto que significa o número três das pessoas. "Triplicidade" significa a proporção de desigualdade, isto é, uma espécie de proporção desigual, como se vê em Boécio. Portanto, não há em Deus triplicidade, mas trindade[c].

---

1. In Symbolo.
2. Lib. I, c. 23: ML 63, 1100 sq.

b. A palavra "Trindade" significa relações, já que as Pessoas são relações, mas não enquanto tais, pois o que ela significa é o número das "relações pessoais" (para o sentido técnico do termo, ver acima q. 30, a. 2, r. 1). Não poderia portanto ser utilizada como exprimindo uma relação com um termo diferente da própria Trindade.

c. O uno é menor que o triplo. Uma Pessoa divina não é menor que a Trindade, pois ela é o próprio Deus, conforme foi dito.

AD QUARTUM dicendum quod in trinitate divina intelligitur et numerus, et personae numeratae. Cum ergo dicimus *trinitatem in unitate*, non ponimus numerum in unitate essentiae, quasi sit ter una: sed personas numeratas ponimus in unitate naturae, sicut supposita alicuius naturae dicuntur esse in natura illa. E converso autem dicimus *unitatem in trinitate*, sicut natura dicitur esse in suis suppositis.

AD QUINTUM dicendum quod, cum dicitur, *trinitas est trina*, ratione numeri importati significatur multiplicatio eiusdem numeri in seipsum: cum hoc quod dico *trinum*, importet distinctionem in suppositis illius de quo dicitur. Et ideo non potest dici quod trinitas sit trina: quia sequeretur, si trinitas esset trina, quod tria essent supposita trinitatis; sicut cum dicitur, *Deus est trinus*, sequitur quod sunt tria supposita Deitatis.

QUANTO AO 4º, deve-se dizer que a trindade divina compreende o número e as pessoas enumeradas. Quando dizemos "a trindade na unidade", não afirmamos o número na unidade da essência, como se ela fosse três vezes una. Afirmamos as três pessoas na unidade de natureza, do mesmo modo que os supósitos de uma natureza estão nessa natureza. Inversamente, dizemos "a unidade na trindade" como se diz que uma natureza existe em seus supósitos.

QUANTO AO 5º, deve-se dizer que quando se diz: *A trindade é trina*, em razão do número incluído, é significada a multiplicação do mesmo número por si mesmo. Quando digo "Trino", implica uma distinção nos supósitos aos quais se atribui. Portanto, não se pode dizer a trindade é trina: seguir-se-ia que há três supósitos da trindade, do mesmo modo que se digo "Deus é trino" segue-se que há três supósitos da divindade.

ARTICULUS 2
Utrum Filius sit alius a Patre

AD SECUNDUM SIC PROCEDITUR. Videtur quod Filius non sit alius a Patre.

1. *Alius* enim est relativum diversitatis substantiae. Si igitur Filius est alius a Patre, videtur quod sit a Patre *diversus*. Quod est contra Augustinum, VII *de Trin*.[1], ubi dicit quod, cum dicimus tres personas, *non diversitatem intelligere volumus*.

2. PRAETEREA, quicumque sunt alii ab invicem, aliquo modo ab invicem differunt. Si igitur Filius est alius a Patre, sequitur quod sit *differens* a Patre. Quod est contra Ambrosium, in I *de Fide*[2], ubi ait: *Pater et Filius deitate unum sunt, nec est ibi substantiae differentia, neque ulla diversitas*.

3. PRAETEREA, ab alio *alienum* dicitur. Sed Filius non est alienus a Patre: dicit enim Hilarius, in VII *de Trin*.[3], quod in divinis personis *nihil est diversum, nihil alienum, nihil separabile*. Ergo Filius non est alius a Patre.

4. PRAETEREA, *alius* et *aliud* idem significant, sed sola generis consignificatione differunt. Si ergo Filius est alius a Patre, videtur sequi quod Filius sit *aliud* a Patre.

ARTIGO 2
É o Filho distinto do Pai?

QUANTO AO SEGUNDO, ASSIM SE PROCEDE: parece que o Filho **não** é distinto do Pai.

1. Com efeito, "outro" é um termo relativo que expressa diversidade de substância. Portanto, se o Filho é distinto do Pai, parece que será *diverso* do Pai. Isso contradiz Agostinho, segundo o qual, quando dizemos "três pessoas", não queremos entender diversidade.

2. ALÉM DISSO, aquelas coisas que são outras entre elas diferem, de algum modo, umas das outras. Se o Filho é distinto do Pai, segue-se que ele é *diferente* dele. Mas Ambrósio a isto se opõe: "O Pai e o Filho são um por sua divindade. Não há diferença de substância, nem diversidade alguma".

3. ADEMAIS, *Alienum* (estranho) deriva de *alius* (outro). Ora, o Filho não é estranho ao Pai, porque diz Hilário: "Entre as Pessoas divinas *nada há de diverso, nada de estranho, nada de separável*". Logo, o Filho não é distinto do Pai.

4. ADEMAIS, *Alius* (um outro) e *aliud* (outra coisa) têm a mesma significação, sendo diferentes apenas em gênero. Portanto, se o Filho é distinto do Pai, segue-se que ele é também *outra coisa* distinta do Pai.

---

2 PARALL.: I *Sent*., dist. 9, q. 1, a. 1; dist. 19, q. 1, a. 1, ad 2; dist. 24, q. 2, a. 1; *De Pot*., q. 9, a. 8.

1. C. 4: ML 42, 941.
2. C. 2: ML 16, 533 A.
3. Num. 39: ML 10, 232 C — 233 A.

SED CONTRA est quod Augustinus[4] dicit, in libro *de Fide ad Petrum*[5]: *Una est enim essentia Patris et Filii et Spiritus Sancti, in qua non est aliud Pater, aliud Filius, aliud Spiritus Sanctus; quamvis personaliter sit alius Pater, alius Filius, alius Spiritus Sanctus*.

RESPONDEO dicendum quod, quia ex verbis inordinate prolatis incurritur haeresis, ut Hieronymus dicit[6], ideo cum de Trinitate loquimur, cum cautela et modestia est agendum: quia, ut Augustinus dicit, in I *de Trin*.[7], *nec periculosius alicubi erratur, nec laboriosius aliquid quaeritur, nec fructuosius aliquid invenitur*. Oportet autem in his quae de Trinitate loquimur, duos errores oppositos cavere, temperate inter utrumque procedentes: scilicet errorem Arii, qui posuit cum trinitate personarum trinitatem substantiarum; et errorem Sabellii, qui posuit cum unitate essentiae unitatem personae.

Ad evitandum igitur errorem Arii, vitare debemus in divinis nomen *diversitatis* et *differentiae*, ne tollatur unitas essentiae: possumus autem uti nomine *distinctionis*, propter oppositionem relativam. Unde sicubi in aliqua scriptura authentica diversitas vel differentia personarum invenitur, sumitur diversitas vel differentia pro distinctione. Ne autem tollatur simplicitas divinae essentiae, vitandum est nomen *separationis* et *divisionis*, quae est totius in partes. Ne autem tollatur aequalitas, vitandum est nomen *disparitatis*. Ne vero tollatur similitudo, vitandum est nomen *alieni* et *discrepantis*: dicit enim Ambrosius, in libro *de Fide*[8], quod in Patre et Filio *non est discrepans, sed una divinitas*; et secundum Hilarium, ut dictum est[9], in divinis *nihil est alienum, nihil separabile*.

Ad vitandum vero errorem Sabellii, vitare debemus *singularitatem*, ne tollatur communicabilitas essentiae divinae: unde Hilarius dicit, VII *de Trin*.[10]: *Patrem et Filium singularem Deum praedicare, sacrilegum est*. Debemus etiam vitare nomen *unici*, ne tollatur numerus personarum: unde

EM SENTIDO CONTRÁRIO, Agostinho (Fulgêncio) diz: "Única é a essência do Pai e do Filho e do Espírito Santo. Nesta essência, o Pai não é uma coisa, o Filho uma outra, o Espírito Santo uma outra, se bem que pessoalmente o Pai seja um, um outro o Filho e um outro o Espírito Santo".

RESPONDO. De palavras ditas sem ordem decorre a heresia, diz Jerônimo. Portanto, quando falamos da Trindade é preciso proceder com precaução e modéstia. Agostinho diz: "Em nenhuma parte o erro é tão perigoso, a pesquisa mais laboriosa, e também a descoberta mais frutuosa". Ora, em nossos enunciados referentes à Trindade, devemos nos guardar de dois erros opostos entre os quais é preciso abrir um caminho seguro: o erro de Ário, que afirmou, com a trindade das pessoas, uma trindade de substâncias; e o de Sabélio, que afirmou, com a unidade da essência, a unidade de pessoa.

Para afastar o erro de Ário, deve-se evitar falar de "diversidade" ou de "diferença" em Deus. Isto seria negar a unidade da essência. Podemos, ao contrário, utilizar o termo "distinção", em razão da oposição relativa. Se encontrarmos em algum texto autêntico diversidade ou diferença de pessoas, deveremos tomar "diversidade" ou "diferença" por distinção. Além do mais, para salvar a simplicidade da essência divina, é preciso evitar os termos "separação" e "divisão", isto é, do todo em suas partes. Para salvar a igualdade, é preciso evitar o termo "disparidade". Para salvar a semelhança, é preciso evitar "estranho" ou "divergente". Ambrósio diz: "No Pai e no Filho, *a divindade é una e sem divergência*". E segundo Hilário, como foi dito, *nada há de estranho, de separável* em Deus.

Para afastar, por outro lado, o erro de Sabélio, evitaremos o termo "singularidade" para não negar a comunicabilidade da essência divina. Segundo Hilário, com efeito, *é um sacrilégio chamar ao Pai e ao Filho um Deus singular*. Evitaremos também o termo "único"[d], para não negar o número das

---

4. Fulgentius, 468 † 533.
5. C. 1: ML 65, 674 BC.
6. Cfr. MAGISTRUM, IV *Sent*., dist. 13.
7. C. 3: ML 42, 822.
8. Ubi supra.
9. Arg. 3.
10. Ubi supra.

---

d. Não se diz, contudo, que "Deus é único"? A própria Bíblia proclama: "O Senhor, nosso Deus, é o Senhor que é um" (Dt 6,4; Mc 12,29). Sim, ele é o Único Iahweh e Senhor, mas Iahweh é trino, segundo a revelação do Novo Testamento. É portanto uma questão de contexto.

Hilarius in eodem libro[11] dicit quod a Deo excluditur *singularis atque unici intelligentia*. Dicimus tamen *unicum Filium*: quia non sunt plures Filii in divinis. Neque tamen dicimus *unicum Deum*: quia pluribus deitas est communis. Vitamus etiam nomen *confusi*, ne tollatur ordo naturae a personis: unde Ambrosius dicit, I *de Fide*[12]: *Neque confusum est quod unum est, neque multiplex esse potest quod indifferens est*. Vitandum est etiam nomen *solitarii*, ne tollatur consortium trium personarum: dicit enim Hilarius, in IV *De Trin*.[13]: *Nobis neque solitarius, neque diversus Deus est confitendus*.

Hoc autem nomen *alius*, masculine sumptum, non importat nisi distinctionem suppositi. Unde convenienter dicere possumus quod Filius est *alius* a Patre: quia scilicet est aliud suppositum divinae naturae, sicut est alia persona, et alia hypostasis.

AD PRIMUM ergo dicendum quod *alius*, quia est sicut quoddam particulare nomen, tenet se ex parte suppositi: unde ad eius rationem sufficit distinctio substantiae quae est hypostasis vel persona. Sed *diversitas* requirit distinctionem substantiae quae est essentia. Et ideo non possumus dicere quod Filius sit *diversus* a Patre, licet sit *alius*.

AD SECUNDUM dicendum quod *differentia* importat distinctionem formae. Est autem tantum una forma in divinis, ut patet per id quod dicitur Philp 2,6: *Qui cum in forma Dei esset*. Et ideo nomen *differentis* non proprie competit in divinis, ut patet per auctoritatem inductam. — Utitur tamen Damascenus nomine *differentiae* in divinis personis, secundum quod proprietas relativa significatur per modum formae: unde dicit[14] quod non differunt ab invicem hypostases secundum substantiam, sed secundum determinatas proprietates. Sed *differentia* sumitur pro *distinctione*, ut dictum est[15].

pessoas. Hilário diz, no mesmo livro, que *a compreensão de singular e de único* é excluída de Deus. Dizemos, no entanto, o "Filho único" porque não há vários Filhos em Deus. Mas não dizemos "Deus único" porque a divindade é comum a vários. Evitamos ainda o termo "confundido" para não negar a ordem de natureza entre as pessoas. Ambrósio diz assim: "O que é uno não é confundido. O que não é diferente não pode ser múltiplo". É preciso evitar também o termo "solitário", para não negar a sociedade das três pessoas. "Nem solitário, nem diverso. Eis como devemos confessar a Deus", diz Hilário.

Ora, o masculino *alius* (outro) implica uma distinção de supósitos. Portanto, pode-se sem inconveniência dizer que o Filho é distinto do Pai, porque ele é um outro supósito da natureza divina, como é uma outra pessoa, uma outra hipóstase.

QUANTO AO 1º, portanto, deve-se dizer que *um outro*, porque é como um nome particular, se tem da parte do supósito. Por isso, para sua razão, basta a distinção de substância, isto é, da hipóstase ou da pessoa. Ao contrário, *diversidade* exige a distinção de substância, isto é, da essência. Por isso, não podemos afirmar que o Filho seja *diverso* do Pai, embora seja *um outro*.

QUANTO AO 2º, deve-se dizer que *diferença* implica distinção de forma. Ora, há somente uma forma em Deus, como esclarece a Carta aos Filipenses: "Ele que existia na forma de Deus...". Portanto, o termo "diferente" não convém propriamente a Deus, como ensina a autoridade alegada. — Damasceno usa o termo "diferença" a respeito das pessoas divinas, porque a propriedade relativa é significada à maneira de uma forma. Ele diz, com efeito, que as hipóstases não diferem entre si por sua substância, mas por suas propriedades determinadas. De fato, como se disse, "diferença" é aí empregada por "distinção"[e].

---

11. Num. 38: ML 10, 231 C.
12. C. 2: ML 16, 533 A.
13. Num. 18: ML 10, III B.
14. *De Fide Orth*., lib. III, c. 5: MG 94, 1000 B.
15. In corp.

e. "Uma pura distinção de supósitos", concluía o artigo. Pode-se conceber isso, porém, sem que haja uma certa diferença entre esses supósitos? Veremos, com efeito, que cada Pessoa se distingue das outras por uma "propriedade", uma característica que tem de próprio, que só pertence a ela. No entanto, é preciso fazer valer, aqui tudo o que adquirimos em nossa investigação, a saber, que a distinção entre as Pessoas divinas e as próprias Pessoas é puramente relativa. Esse "próprio" que constitui cada Pessoa em sua distinção não é uma "forma" — ou seja, uma riqueza ontológica da qual as duas outras estariam privadas —, mas uma pura relação, cada Pessoa só existindo e sendo tal como relação à outra ou às outras. Resta que, segundo nossa experiência, toda propriedade sendo uma "forma", é-nos impossível representar para nós mesmos e exprimir o "próprio" de uma Pessoa divina a não ser como uma "forma": apenas em um segundo momento somos levados a reconhecer e a afirmar que ela é puramente relativa, embora singularize a Pessoa divina em relação às outras, assim como as propriedades pessoais, que são formas, singularizam uma pessoa criada entre todas as outras.

AD TERTIUM dicendum quod *alienum* est quod est extraneum et dissimile. Sed hoc non importatur cum dicitur *alius*. Et ideo dicimus Filium *alium* a Patre, licet non dicamus *alienum*.

AD QUARTUM dicendum quod neutrum genus est informe, masculinum autem est formatum et distinctum, et similiter femininum. Et ideo convenienter per neutrum genus significatur essentia communis: per masculinum autem et femininum, aliquod suppositum determinatum in communi natura. Unde etiam in rebus humanis, si quaeratur, *Quis est iste?* respondetur, *Socrates*, quod nomen est suppositi: si autem quaeratur, *Quid est iste?* respondetur, *animal rationale et mortale*. Et ideo, quia in divinis distinctio est secundum personas, non autem secundum essentiam, dicimus quod Pater est *alius* a Filio, sed non *aliud*: et e converso dicimus quod sunt *unum*, sed non *unus*.

QUANTO AO 3º, deve-se dizer que *Alienum* quer dizer estranho e não semelhante, mas "um outro", não significa nada disso. Daí se dizer que o Filho é distinto do Pai, embora não digamos estranho.

QUANTO AO 4º, deve-se dizer que o neutro é um gênero sem forma. O masculino é um gênero como forma e distinção, como o feminino. O neutro convém, portanto, para significar a essência comum. O masculino e o feminino, para significar um supósito determinado na natureza comum. Portanto, nas coisas humanas se se pergunta: *Quem é este?*, responde-se: "É Sócrates", que é o nome do supósito. Mas se a pergunta é *O que é?* responde-se: *Um animal racional e mortal*. Eis por que, dado que em Deus há distinção de pessoas sem distinção de essência, dizemos que o Pai é distinto do Filho; e não *uma outra coisa*. Inversamente, dizemos que eles são *uma só coisa*, e não *um só sujeito*.

ARTICULUS 3
Utrum dictio exclusiva *solus* sit addenda termino essentiali in divinis

AD TERTIUM SIC PROCEDITUR. Videtur quod dictio exclusiva *solus* non sit addenda termino essentiali in divinis.

1. Quia secundum Philosophum, in II *Elench.*[1], solus est *qui cum alio non est*. Sed Deus est cum angelis et sanctis animabus. Ergo non possumus dicere *Deum solum*.

2. PRAETEREA, quidquid adiungitur termino essentiali in divinis, potest praedicari de qualibet persona per se, et de omnibus simul: quia enim convenienter dicitur *sapiens Deus*, possumus dicere, *Pater est sapiens Deus*, et *Trinitas est sapiens Deus*. Sed Augustinus, in VI *de Trin.*[2], dicit: *Consideranda est illa sententia, qua dicitur non esse Patrem verum Deum solum*. Ergo non potest dici *solus Deus*.

3. PRAETEREA, si haec dictio *solus* adiungitur termino essentiali, aut hoc erit respectu praedicati personalis, aut respectu praedicati essentialis. Sed non respectu praedicati personalis: quia haec est falsa, *solus Deus est Pater*, cum etiam homo sit pater. Neque etiam respectu praedicati essentialis. Quia si haec esset vera, *solus Deus creat*, videtur

ARTIGO 3
Pode-se, em Deus, unir a expressão exclusiva "só" a um termo essencial?

QUANTO AO TERCEIRO, ASSIM SE PROCEDE: parece que, em Deus, a expressão exclusiva "só" **não** se pode unir a um termo essencial.

1. Com efeito, segundo o Filósofo, no livro II das *Refutações sofísticas*, está só *aquele que não está com outro*. Ora, Deus está com os anjos e as almas santas. Logo, não podemos dizer que *Deus esteja só*.

2. ALÉM DISSO, o que se acrescenta a um termo essencial em Deus pode-se atribuir a cada pessoa, ou a todas juntas. Assim, porque se diz com verdade *Deus sábio* pode-se dizer que o *Pai é Deus sábio*, que a *Trindade é Deus sábio*. Ora, Agostinho diz: "Deve-se considerar a sentença na qual se diz que o Pai não é o Deus verdadeiro só". Portanto, não se pode dizer "Deus só".

3. ADEMAIS, se a expressão "só" se acrescenta a um termo essencial, ela se refere ou a um predicado pessoal, ou a um predicado essencial. Não a um predicado pessoal, porque é falso dizer: "só Deus é Pai", porque o homem o é também. Nem mesmo a um predicado essencial. Com efeito, se a proposição "só Deus criou" fosse verdadeira,

---

3 PARALL.: I *Sent.*, dist. 21, q. 1, a. 1.

1. C. 22: 178, a, 39 — b, 1.
2. C. 9: ML 42, 930.

sequi quod haec esset vera, *solus Pater creat*: quia quidquid dicitur de Deo, potest dici de Patre. Haec autem est falsa: quia etiam Filius est creator. Non ergo haec dictio *solus* potest in divinis adiungi termino essentiali.

SED CONTRA est quod dicitur 1Ti 1,17: *Regi saeculorum immortali, invisibili, soli Deo.*

RESPONDEO dicendum quod haec dictio *solus* potest accipi ut categorematica vel syncategorematica. Dicitur autem dictio *categorematica*, quae absolute ponit rem significatam circa aliquod suppositum; ut *albus* circa hominem, cum dicitur *homo albus*. Si ergo sic accipiatur haec dictio solus, nullo modo potest adiungi alicui termino in divinis: quia poneret solitudinem circa terminum cui adiungeretur, et sic sequeretur Deum esse solitarium; quod est contra praedicta. — Dictio vero syncategorematica dicitur, quae importat ordinem praedicati ad subiectum, sicut haec dictio *omnis*, vel *nullus*. Et similiter haec dictio *solus*: quia excludit omne aliud suppositum a consortio praedicati. Sicut, cum dicitur, *solus Socrates scribit*, non datur intelligi quod Socrates sit solitarius; sed quod nullus sit ei consors in scribendo, quamvis cum eo multis existentibus. Et per hunc modum nihil prohibet hanc dictionem solus adiungere alicui essentiali termino in divinis, inquantum excluduntur omnia alia a Deo a consortio praedicati: ut si dicamus, *solus Deus est aeternus*, quia nihil praeter Deum est aeternum.

AD PRIMUM ergo dicendum quod, licet angeli et animae sanctae semper sint cum Deo, tamen, si non esset pluralitas personarum in divinis, sequeretur quod Deus esset solus vel solitarius. Non enim tollitur solitudo per associationem alicuius quod est extraneae naturae: dicitur enim aliquis solus esse in horto, quamvis sint ibi multae plantae et animalia. Et similiter diceretur Deus esse solus vel solitarius, angelis et hominibus cum eo existentibus, si non essent in divinis personae plures. Consociatio igitur angelorum et animarum non excludit solitudinem absolutam a divinis: et multo minus solitudinem respectivam, per comparationem ad aliquod praedicatum.

parece que esta também o seria: "só o Pai criou", porque tudo o que se diz de Deus, pode-se dizer do Pai. Ora a última proposição é falsa, porque também o Filho é criador. Portanto, a expressão "só" não pode unir-se a um termo essencial em Deus.

EM SENTIDO CONTRÁRIO, lê-se na primeira Carta a Timóteo: "Ao rei imortal dos séculos, invisível, ao Deus só..."

RESPONDO. A expressão "só" pode ser entendida como categoremática ou sincategoremática. Chama-se *categoremática* a expressão que de maneira absoluta afirma o que ela significa a respeito de um supósito. Por exemplo, "branco" a respeito de homem na expressão "homem branco". Tomada assim, a expressão só não pode ser acrescentada a um termo qualquer em Deus, porque afirmaria uma solidão no termo ao qual fosse acrescentado, donde se concluiria que Deus é solitário; e isto é contra o que acima foi dito excluir. — Chama-se sincategoremática a expressão que implica uma ordem do predicado ao sujeito, como "todo" ou "nenhum". Do mesmo modo, a expressão "só", porque exclui todo outro supósito de participar do predicado. Por exemplo, quando se diz: "Sócrates, só, escreve", não se quer dizer que Sócrates é solitário, mas que ninguém participa com ele no escrever, ainda que muitos estejam com ele. Se se toma assim a expressão só, nada impede de uni-lo a um termo essencial em Deus, no sentido de que tudo o que é distinto de Deus está excluído de participar do predicado. Por exemplo, se dizemos: "só Deus é eterno", porque nada fora de Deus é eterno.

QUANTO AO 1º, portanto, deve-se dizer que os anjos e as almas santas estão sempre com Deus. No entanto, se não houvesse várias pessoas em Deus, resultaria que Deus seria só ou solitário. Porque não se nega a solidão pela companhia de algo de natureza estranha. Assim, se diz que alguém está só no jardim, apesar de todas as plantas e animais que aí se encontram. Do mesmo modo, dir-se-ia que Deus é só ou solitário, apesar dos anjos e dos homens que estão com ele, se não houvesse várias pessoas em Deus. Portanto, não é a companhia dos anjos e das almas que tira Deus de sua solidão absoluta, muito menos de sua solidão relativa, por comparação a algum atributo[f].

---

f. Como não ficaríamos chocados, em um primeiro momento, com essa resposta, que anula nossa presença diante de Deus, deixando-o em uma solidão gelada? O que quer exprimir Santo Tomás, todavia, é verdade sem restrição: é a transcendência de Deus em relação a todo ser criado, assim como em relação às criaturas pessoais, o homem e o anjo. Mas não é a verdade total no que concerne às relações da criatura racional com Deus, e na sequência Santo Tomás saberá expressar o resto, que não tinha seu lugar aqui, de forma admirável: Deus quis fazer esse homem — e o anjo — seu amigo, seu filho, fazê-lo entrar em sociedade com ele. Ele venceu por amor a infinita distância que a sua transcendência estabelece, para entrar em sua intimidade,

Ad secundum dicendum quod haec dictio *solus*, proprie loquendo, non ponitur ex parte praedicati, quod sumitur formaliter: respicit enim suppositum, inquantum excludit aliud suppositum ab eo cui adiungitur. Sed hoc adverbium *tantum*, cum sit exclusivum, potest poni ex parte subiecti, et ex parte praedicati: possumus enim dicere, *tantum Socrates currit*, idest *nullus alius*; et, *Socrates currit tantum*, idest *nihil aliud facit*. Unde non proprie dici potest, *Pater est solus Deus*, vel, *Trinitas est solus Deus*, nisi forte ex parte praedicati intelligatur aliqua implicatio, ut dicatur, *Trinitas est Deus qui est solus Deus*. Et secundum hoc etiam posset esse vera ista, *Pater est Deus qui est solus Deus*, si relativum referret praedicatum, et non suppositum. Augustinus autem, cum dicit Patrem non esse solum Deum, sed Trinitatem esse solum Deum, loquitur expositive, ac si diceret: Cum dicitur, *regi saeculorum, invisibili, soli Deo*, non est exponendum de persona Patris, sed de sola Trinitate.

Ad tertium dicendum quod utroque modo potest haec dictio *solus* adiungi termino essentiali. Haec enim propositio, *solus Deus est Pater*, est duplex. Quia ly *Pater* potest praedicare personam Patris: et sic est vera, non enim homo est illa persona. Vel potest praedicare relationem tantum: et sic est falsa, quia relatio paternitatis etiam in aliis invenitur, licet non univoce. — Similiter haec est vera, *solus Deus creat*. Nec tamen sequitur, *ergo solus Pater*: quia, ut sophistae dicunt, dictio exclusiva immobilitat terminum cui adiungitur, ut non possit fieri sub eo descensus pro aliquo suppositorum; non enim sequitur: *solus homo est animal rationale mortale, ergo solus Socrates*.

Quanto ao 2º, deve-se dizer que, falando com propriedade, não se afirma *só* em relação ao predicado. Este é tomado formalmente, pois se refere ao supósito, na medida em que exclui outro supósito além daquele ao qual foi acrescentado. Mas o advérbio "somente", exclusivo também ele, afirma-se tanto em relação ao sujeito como ao predicado. Com efeito, podemos dizer: "Somente Sócrates corre", isto é, *nenhum outro corre*. E também: "Sócrates somente corre", isto é, *ele não faz outra coisa*. Por conseguinte, expressões como: "O Pai é só Deus" ou a "Trindade é só Deus" são impróprias, a não ser que se introduza algum subentendido ao lado do predicado. Por exemplo, ao dizer "a Trindade é o Deus que é só Deus". E, assim, é verdade dizer: "O Pai é o Deus que é só Deus", se o relativo se refere ao predicado, não ao supósito. Agostinho, ao dizer "o Pai não é só Deus, mas a Trindade é só Deus", fala em sentido expositivo, a saber: que a invocação *ao rei dos séculos, invisível, e só Deus* deve ser entendida só da Trindade, e não da pessoa do Pai.

Quanto ao 3º, deve-se dizer que de um e outro modo a expressão "só" pode unir-se a um termo essencial. Com efeito, a proposição "só Deus é Pai" tem duas significações: "Pai" pode atribuir ao sujeito a pessoa do Pai. Então a proposição é verdadeira, pois nenhum homem é esta pessoa. Ou pode também atribuir somente a relação. Então a proposição é falsa, porque a relação de paternidade encontra-se em outros, se bem que não de modo unívoco. — Do mesmo modo, é verdade que *só Deus cria*. Disso não se segue que, *logo, só o Pai cria*, porque, dizem os sofistas, a expressão exclusiva imobiliza o termo ao qual se une, não se podendo estender a proposição a algum dos supósitos. Por exemplo não é consequente dizer "só o homem é um animal racional mortal. Logo, só Sócrates o é".

---

para fazê-lo entrar na sua, para tornar-se perfeitamente imanente para o homem. E fez isso sem renunciar a sua transcendência, que é seu Ser mesmo: é o Transcendente que se tornou imanente.

Como é possível essa conjunção paradoxal entre a transcendência absoluta e a perfeita imanência? As relações interpessoais que a graça estabelece entre o homem justificado e Deus são plenamente reais, e dessas relações Deus é realmente o termo: ele é realmente o Pai e amigo de sua criatura, pois realmente, por sua graça, ela se tornou seu filho, seu amigo; mas ele não mudou e permanece o Totalmente-Outro, o Senhor elevado acima de tudo. A criatura não pode ambicionar trazer algo a Deus que acrescente o que quer que seja à divindade que esta já não tivesse por si mesma, ela que tudo recebeu, e seu próprio ser ("Que tens que não hajas recebido?" 1Cor 4,7); mas aí reside o mistério do Amor, recebeu precisamente o ser preciosa a Deus quando ela o ama e se dá a ele. — Mas isso não seria inteligível se Deus não fosse uma Trindade de Pessoas, pois nossa sociedade com Deus só é concebível como a extensão às criaturas e a participação da sociedade perfeita que é em Deus.

ARTICULUS 4
Utrum dictio exclusiva possit adiungi termino personali

AD QUARTUM SIC PROCEDITUR. Videtur quod dictio exclusiva possit adiungi termino personali, etiam si praedicatum sit commune.

1. Dicit enim Dominus, ad Patrem loquens, Io 17,3: *ut cognoscant te, solum Deum verum.* Ergo solus Pater est Deus verus.
2. PRAETEREA, Mt 11,27 dicitur: *Nemo novit Filium nisi Pater*; quod idem significat ac si diceretur, *solus Pater novit Filium.* Sed nosse Filium est commune. Ergo idem quod prius.
3. PRAETEREA, dictio exclusiva non excludit illud quod est de intellectu termini cui adiungitur: unde non excludit partem, neque universale: non enim sequitur, *solus Socrates est albus, ergo manus eius non est alba*; vel, *ergo homo non est albus.* Sed una persona est in intellectu alterius, sicut Pater in intellectu Filii, et e converso. Non ergo per hoc quod dicitur, *solus Pater est Deus*, excluditur Filius vel Spiritus Sanctus. Et sic videtur haec locutio esse vera.
4. PRAETEREA, ab Ecclesia cantatur[1]: *Tu solus altissimus, Iesu Christe.*

SED CONTRA, haec locutio, *solus Pater est Deus*, habet duas expositivas: scilicet, *Pater est Deus*, et, *nullus alius a Patre est Deus.* Sed haec secunda est falsa: quia Filius alius est a Patre, qui est Deus. Ergo et haec est falsa, *solus Pater est Deus.* Et sic de similibus.

RESPONDEO dicendum quod, cum dicimus, *solus Pater est Deus*, haec propositio potest habere multiplicem intellectum. Si enim *solus* ponat solitudinem circa Patrem, sic est falsa, secundum quod sumitur categorematice. — Secundum vero quod sumitur syncategorematice, sic iterum potest intelligi multipliciter. Quia si excludat a

ARTIGO 4
Pode-se unir uma expressão exclusiva a um nome pessoal?

QUANTO AO QUARTO, ASSIM SE PROCEDE: parece que **se pode** unir uma expressão exclusiva a um nome pessoal, mesmo se o predicado é comum.

1. Com efeito, o Senhor diz ao Pai, no Evangelho de João: "Que eles conheçam a ti, só verdadeiro Deus". Portanto, só o Pai é verdadeiro Deus.
2. ALÉM DISSO, lê-se no Evangelho de Mateus: "Ninguém conhece o Filho senão o Pai"; o que significa: Só o Pai conhece o Filho. Ora, conhecer o Filho é comum aos três. Logo, o mesmo como antes.
3. ADEMAIS, a expressão exclusiva não exclui o que pertence ao conceito do termo ao qual está unido. Ele não exclui, portanto, nem a parte, nem o universal. De "Só Sócrates é branco" não se conclui *portanto, sua mão não é branca*, ou *portanto, o homem não é branco.* Ora, uma pessoa está no conceito da outra, como o Pai está no conceito do Filho, e reciprocamente. Portanto, dizendo: *só o Pai é Deus* não se exclui o Filho, nem o Espírito Santo. E assim esta frase parece verdadeira.
4. ADEMAIS, a Igreja canta: "Tu, só, és o Altíssimo, Jesus Cristo".

EM SENTIDO CONTRÁRIO, a proposição "só o Pai é Deus" resolve-se em duas explicativas: *o Pai é Deus* e *Nenhum outro senão o Pai é Deus.* Mas esta última é falsa, porque o Filho, que é Deus, é distinto do Pai. Portanto, a proposição "só o Pai é Deus" é falsa. O mesmo se diga de frases semelhantes[g].

RESPONDO. Quando dizemos "só o Pai é Deus", a proposição pode ter vários sentidos. "Só", tomado como termo categoremático, afirma o Pai como solitário. Então, a proposição é falsa. — Tomado como termo sincategoremático, pode ainda ter vários sentidos. Se "só" exclui os outros da forma do sujeito, a proposição é verdadeira,

---

4 PARALL.: I *Sent.*, dist. 21, q. 1, a. 2; in *Matth.*, c. 11.

1. In Gloria in excelsis.

g. Atribuído a uma Pessoa em particular, o termo "só", mesmo tomado de forma adverbial, parece expressar que as duas outras Pessoas não têm direito a essa atribuição. Se se trata de atribuir a uma Pessoa o que lhe convém propriamente (como quando se diz: "Só o Pai gera"), isto não levanta problemas. Porém, se se atribui a ele, sob essa forma exclusiva, o que na verdade pertence também às duas outras — e primeiramente à divindade, como se disséssemos: "Só o Pai é Deus" —, ainda assim não deveria haver problema: semelhante atribuição exclusiva só pode ser falsa, pois não é verdade que uma Pessoa tenha isto ou seja aquilo em exclusão das duas outras. De fato, é o que pretende estabelecer Santo Tomás no presente artigo, uma vez que todas as objeções (invocadas precisamente contra a tese do mestre) tendem a justificar tais atribuições, ao passo que o argumento "em sentido contrário" as condena. Contudo, o teólogo reencontra na Escritura e nas profissões de fé da Igreja expressões que contêm esse gênero de atribuições exclusivas, e ele deve explicá-las. É a razão deste artigo. Sua importância é grande, como se verá na sequência, para interpretar os numerosos textos da Escritura nos quais é atribuído a uma Pessoa um caráter que convém às Três. Como estas, por exemplo: "O Pai tudo criou", "o Espírito Santo habita no coração do justo", entre outras.

forma subiecti, sic est vera: ut sit sensus, *solus Pater est Deus*, idest, *ille cum quo nullus alius est Pater, est Deus*. Et hoc modo exponit Augustinus, in VI *de Trin.*², cum dicit: *Solum Patrem dicimus, non quia separatur a Filio vel Spiritu Sancto; sed hoc dicentes, significamus quod illi simul cum eo non sunt Pater*. Sed hic sensus non habetur ex consueto modo loquendi, nisi intellecta aliqua implicatione, ut si dicatur: *ille qui solus dicitur Pater, est Deus*. — Secundum vero proprium sensum, excludit a consortio praedicati. Et sic haec propositio est falsa, si excludit alium masculine: est autem vera, si excludit aliud neutraliter tantum: quia Filius est alius a Patre, non tamen aliud; similiter et Spiritus Sanctus. Sed quia haec dictio *solus* respicit proprie subiectum, ut dictum est³, magis se habet ad excludendum *alium* quam *aliud*. Unde non est extendenda talis locutio; sed pie exponenda, sicubi inveniatur in authentica scriptura.

AD PRIMUM ergo dicendum quod, cum dicimus, *te solum Deum verum*, non intelligitur de persona Patris, sed de tota Trinitate, ut Augustinus exponit⁴. — Vel, si intelligatur de persona Patris, non excluduntur aliae personae, propter essentiae unitatem, prout ly *solus* excludit tantum *aliud*, ut dictum est⁵.

Et similiter dicendum est AD SECUNDUM. Cum enim aliquid essentiale dicitur de Patre, non excluditur Filius vel Spiritus Sanctus, propter essentiae unitatem. — Tamen sciendum est quod in auctoritate praedicta, haec dictio *nemo* non idem est quod *nullus homo*, quod videtur significare vocabulum (non enim posset excipi persona Patris): sed sumitur, secundum usum loquendi, distributive pro quacumque rationali natura.

AD TERTIUM dicendum quod dictio exclusiva non excludit illa quae sunt de intellectu termini cui adiungitur, si non differunt secundum suppositum, ut pars et universale. Sed Filius differt supposito a Patre: et ideo non est similis ratio.

AD QUARTUM dicendum quod non dicimus absolute quod solus Filius sit altissimus: sed quod solus sit altissimus *cum Spiritu Sancto, in gloria Dei Patris*.

porque ela significa então: *só o Pai é Deus*, isto é, *Aquele com quem nenhum outro é Pai, é Deus*. É a explicação de Agostinho: "Dizemos o Pai só, não que ele seja separado do Filho ou do Espírito Santo, mas significamos que eles não são Pai juntamente com ele". Entretanto, este sentido não é o que se tem do modo usual de falar, a não ser que se subentenda, por exemplo: *Aquele que só é chamado o Pai é Deus*. — No sentido próprio, só exclui da participação do predicado. E desse modo a proposição é falsa, se exclui um outro (masculino); é verdadeira se exclui uma outra coisa (neutro). Com efeito, o Filho é distinto do Pai, mas não outra coisa. Igualmente, o Espírito Santo. Mas, uma vez que a expressão "só" diz respeito propriamente ao sujeito, como foi dito, mais se usa para excluir "um outro" do que outra coisa. Por conseguinte, não se deve generalizar tal expressão, mas explicá-la de maneira pia, quando se encontrar em um texto autêntico.

QUANTO AO 1º, portanto, deve-se dizer que quando dizemos: "A Ti só verdadeiro Deus" entende-se não da pessoa do Pai, mas de toda a Trindade, segundo Agostinho. — Ou, se é entendida da pessoa do Pai, não se excluem as outras pessoas, por causa da unidade da essência, uma vez que *só* exclui apenas *outra coisa*, como foi dito.

QUANTO AO 2º, deve-se responder de maneira semelhante. Com efeito, quando se atribui ao Pai algo essencial, não se exclui nem o Filho, nem o Espírito Santo, em razão da unidade da essência. — Note-se que no texto citado, o termo "ninguém" não equivale a "nenhum homem", que é o que parece significar a palavra, pois então não se poderia excetuar a pessoa do Pai, mas é tomado segundo o uso comum de falar, no sentido distributivo, por qualquer natureza racional.

QUANTO AO 3º, deve-se dizer que a expressão exclusiva não exclui o que pertence ao conceito do termo ao qual está unido, se não se diferenciam segundo o supósito; como, por exemplo, parte e universal. Mas o Pai e o Filho são dois supósitos distintos; por isso, o argumento não é o mesmo.

QUANTO AO 4º, deve-se dizer que não dizemos, de maneira absoluta, que só o Filho é o altíssimo. Dizemos que só ele é *o altíssimo com o Espírito Santo na glória de Deus o Pai*.

---

2. C. 7: ML 42, 929.
3. Art. praec., ad 2.
4. *De Trin.*, lib. VI, c. 9: ML 42, 930.
5. In corp.

QUESTÃO 32
O CONHECIMENTO DAS PESSOAS DIVINAS

em quatro artigos

Em seguida, deve-se tratar do conhecimento das Pessoas divinas[a].

E a esse respeito são quatro as perguntas:
1. As Pessoas divinas podem ser conhecidas pela razão natural?
2. É preciso atribuir algumas noções às Pessoas divinas?
3. Qual o número dessas noções?
4. É lícito ter opiniões diversas sobre as noções?

Artigo 1
A Trindade das Pessoas divinas pode ser conhecida pela razão natural?[b]

Quanto ao primeiro artigo, assim se procede: parece que a Trindade das Pessoas divinas **pode** ser conhecida pela razão natural.

1. Com efeito, os filósofos só chegaram ao conhecimento de Deus pela razão natural. Ora, encontram-se, entre os filósofos, muitas passagens que falam da Trindade das Pessoas. Aristóteles diz no tratado *Sobre o céu e o mundo*: "Aplicamo-nos a glorificar por este número três o Deus único, que ultrapassa as propriedades das coisas criadas". — Agostinho também diz, a propósito das obras dos platônicos: "Eu li aí, não com estas palavras,

---

1 Parall.: I *Sent.*, dist. 3, q. 1, a. 4; *De Verit.*, q. 10, a. 13; in Boet. *de Trin.*, q. 1, a. 4; *ad Rom.*, c. 1, lect. 6.

1. C. 1: 268, a, 13-15.
2. C. 9: ML 32, 740.

a. O que vale o percurso racional que nos conduziu, por entre análises de extrema sutileza e transposições extraordinariamente árduas, à divindade de conceitos formados em contato com a experiência, e feitos para representar realidades criadas? O que valem os resultados aos quais nos conduziu, e aqueles que ainda falta atingir? É uma questão de crítica que se coloca ao teólogo, atento à cientificidade de seu conhecimento e ao rigor racional de seu discurso. Como porém o leitor que tentou segui-lo não colocaria para si a mesma questão? Deve ser reconhecido ao mestre por não tê-la evitado.

Essa crítica se decompõe em duas partes, bastante diferentes. No primeiro artigo, lança-se um olhar para trás e se avalia a racionalização do mistério trinitário, tentada por meio dos raciocínios precedentes. Nos três outros, examinam-se, à luz do que já foi estabelecido, os instrumentos noéticos — dos quais se acaba de dar os fundamentos racionais —, indispensáveis para avançar no conhecimento de cada Pessoa divina, pois sem esse conhecimento tudo o que precede seria vão.

b. "A razão natural": existem duas razões, das quais uma seria "sobrenatural"? Evidentemente não! A razão é a faculdade pela qual o homem é inteligente, e faz parte de sua natureza ser inteligente: ele é um "animal racional", sua razão lhe é "natural". Sem dúvida, mas existem coisas que a razão não pode atingir por seus próprios meios, ou seja, a partir da experiência, por meio da abstração, da construção de proposições, pelo raciocínio sob suas diversas formas. Essas coisas só podem ser conhecidas por revelação, conforme mostrado na q. 1. O que Santo Tomás chama aqui de "razão natural" é a razão reduzida a seus próprios meios de buscar, de encontrar, e de explicar.

Raciocinou-se com tanta segurança sobre a Trindade, até o momento os apelos feitos à revelação foram tão discretos que o leitor insuficientemente atento poderia perguntar-se se a razão, nas questões precedentes, não se deu como capaz de conhecer por seus próprios meios, "naturalmente", a Trindade das pessoas em Deus. Do que resultaria que tudo o que foi dito até o presente deve ser julgado com base em seu puro valor racional: não é certo que tal provação seja superada.

bis, sed hoc idem omnino, multis et multiplicibus suaderi rationibus, quod in principio erat Verbum, et Verbum erat apud Deum, et Deus erat Verbum, et huiusmodi quae ibi sequuntur: in quibus verbis distinctio divinarum Personarum traditur. — Dicitur etiam in Glossa[3] Rm 1 et Ex 8,19, quod magi Pharaonis defecerunt in tertio signo, idest in notitia tertiae Personae, scilicet Spiritus Sancti: et sic ad minus duas cognoverunt. — Trismegistus[4] etiam dixit: *Monas genuit monadem, et in se suum reflexit ardorem*: per quod videtur generatio Filii, et Spiritus Sancti processio intimari. Cognitio ergo divinarum Personarum potest per rationem naturalem haberi.

2. Praeterea, Ricardus de Sancto Victore dicit, in libro *de Trin.*[5]: *Credo sine dubio quod ad quamcumque explanationem veritatis, non modo probabilia, imo etiam necessaria argumenta non desint.* Unde etiam ad probandum Trinitatem Personarum, aliqui induxerunt rationem ex infinitate bonitatis divinae, quae seipsam infinite communicat in processione divinarum Personarum. Quidam vero per hoc, quod *nullius boni sine consortio potest esse iucunda possessio*[6]. Augustinus vero[7] procedit ad manifestandum Trinitatem Personarum, ex processione verbi et amoris in mente nostra: quam viam supra[8] secuti sumus. Ergo per rationem naturalem potest cognosci Trinitas Personarum.

3. Praeterea, superfluum videtur homini tradere quod humana ratione cognosci non potest. Sed non est dicendum quod traditio divina de cognitione Trinitatis sit superflua. Ergo Trinitas Personarum ratione humana cognosci potest.

Sed contra est quod Hilarius dicit, in libro II *de Trin.*[9]: *Non putet homo sua intelligentia generationis sacramentum posse consequi.* Ambrosius etiam dicit[10]: *Impossibile est generationis scire secretum, mens deficit, vox silet.* Sed per originem generationis et processionis distinguitur trinitas in personis divinis, ut ex supra[11] dictis patet. Cum ergo illud homo non possit scire et intelligentia

mas isso é completamente igual, com muitos e variados argumentos persuasivos, que no princípio era o Verbo, que o Verbo estava em Deus e que o Verbo era Deus". E seguem outros textos parecidos, nos quais se expõe a distinção das Pessoas divinas. — Diz-se ainda na *Glosa*, comentando a Carta aos Romanos e o livro do Êxodo, que os magos do Faraó fracassaram ao terceiro sinal, isto é, no conhecimento da terceira pessoa, o Espírito Santo. Portanto, eles conheceram pelo menos duas. — Finalmente, Trismegisto também disse: "A mônada gerou a mônada e refletiu sobre si sua flama". Parece declarar, assim, a geração do Filho e a processão do Espírito Santo. Portanto, pode-se ter o conhecimento das Pessoas divinas pela razão natural.

2. Além disso, Ricardo de São Vítor escreve: "Creio, sem nenhuma dúvida, que não faltam argumentos, não apenas prováveis, mas necessários, para explicar qualquer verdade". Por isso, para provar a Trindade das Pessoas, alguns invocam a infinita bondade divina que se comunica infinitamente na processão das Pessoas divinas. Outros, o princípio: *Não há posse feliz de nenhum bem a não ser em sociedade.* Agostinho, para explicar a Trindade das Pessoas, procede da processão do verbo e do amor em nosso espírito. É o caminho que seguimos acima. Portanto, a Trindade das Pessoas pode ser conhecida pela razão natural.

3. Ademais, é supérfluo revelar ao homem o que a razão humana é incapaz de conhecer. Ora, não se deve dizer que a revelação divina do mistério da Trindade é supérflua. Logo, a razão humana pode conhecer a Trindade das Pessoas.

Em sentido contrário, Hilário diz: "Não pense o homem que sua inteligência pode atingir o mistério da geração divina". E Ambrósio também diz: "Impossível saber o segredo dessa geração. A mente fracassa. A voz silencia". Ora, é pela origem, geração e processão, que se distingue uma trindade nas pessoas divinas, como ficou esclarecido. E, como o homem não pode saber e atingir

---

3. Interlineari.
4. Libri XXIV Phil. prop. 1: BK 31.
5. Lib. I, c. 4: ML 196, 892 C.
6. Seneca, epist. 6.
7. *De Trin.*, l. IX, c. 4 sqq.: ML 42, 963 sqq.
8. Q. 27, a. 1, 3.
9. Num. 9: ML 10, 58 A.
10. *De Fide*, l. I, c. 10: ML 16, 543 B.
11. Q. 30, a. 2.

consequi, ad quod ratio necessaria haberi non potest, sequitur quod Trinitas Personarum per rationem cognosci non possit.

RESPONDEO dicendum quod impossibile est per rationem naturalem ad cognitionem Trinitatis divinarum Personarum pervenire. Ostensum est enim supra[12] quod homo per rationem naturalem in cognitionem Dei pervenire non potest nisi ex creaturis. Creaturae autem ducunt in Dei cognitionem, sicut effectus in causam. Hoc igitur solum ratione naturali de Deo cognosci potest, quod competere ei necesse est secundum quod est omnium entium principium: et hoc fundamento usi sumus supra[13] in consideratione Dei. Virtus autem creativa Dei est communis toti Trinitati: unde pertinet ad unitatem essentiae, non ad distinctionem Personarum. Per rationem igitur naturalem cognosci possunt de Deo ea quae pertinent ad unitatem essentiae, non autem ea quae pertinent ad distinctionem Personarum.

Qui autem probare nititur Trinitatem Personarum naturali ratione, fidei dupliciter derogat. Primo quidem, quantum ad dignitatem ipsius fidei, quae est ut sit de rebus invisibilibus, quae rationem humanam excedunt. Unde Apostolus dicit, Hb 11,1, quod fides est de *non apparentibus*. Et Apostolus dicit, 1Cor 2,6: *Sapientiam loquimur inter perfectos, sapientiam vero non huius saeculi, neque principum huius saeculi; sed loquimur Dei sapientiam in mysterio, quae abscondita est.* — Secundo, quantum ad utilitatem trahendi alios ad fidem. Cum enim aliquis ad probandam fidem inducit rationes quae non sunt cogentes, cedit in irrisionem infidelium: credunt enim quod huiusmodi rationibus innitamur, et propter eas credamus.

Quae igitur fidei sunt, non sunt tentanda probare nisi per auctoritates, his qui auctoritates suscipiunt. Apud alios vero, sufficit defendere non esse impossibile quod praedicat fides. Unde Dionysius di-

intelectualmente aquilo do qual não se pode ter uma razão necessária, segue-se que a Trindade das Pessoas não pode ser conhecida pela razão.

RESPONDO. É impossível chegar ao conhecimento da Trindade das Pessoas divinas pela razão natural. Com efeito, foi demonstrado acima que pela razão natural o homem não pode chegar a conhecer a Deus, senão a partir das criaturas. Ora, as criaturas conduzem ao conhecimento de Deus, como os efeitos à causa. Portanto, não se poderá conhecer de Deus pela razão natural, senão o que lhe pertence necessariamente a título de princípio de todos os entes. Este o fundamento que utilizamos na consideração de Deus. Com efeito, o poder criador de Deus é comum a toda a Trindade, por isso pertence à unidade da essência, não à distinção das Pessoas. A razão natural poderá, portanto, conhecer de Deus o que pertence à unidade da essência, não à distinção das Pessoas[c].

E aquele que pretende provar a Trindade das Pessoas pela razão natural vai duplamente de encontro à fé. Primeiro, com respeito à dignidade da própria fé, que tem por objeto as coisas invisíveis, que ultrapassam a razão humana. O Apóstolo diz, na Carta aos Hebreus, que a fé visa ao que se não vê". E na primeira Carta aos Coríntios ele diz: "Entre os perfeitos falamos da sabedoria, não da sabedoria deste século nem dos príncipes deste século; falamos da misteriosa sabedoria de Deus, que está escondida". — Em segundo lugar, com respeito aos meios de levar as pessoas à fé. Com efeito, quando se dão como prova da fé razões não convincentes, cai-se no desprezo dos infiéis, porque eles pensam que nos apoiamos sobre estas razões, e por causa delas cremos.

Não tentemos provar o que pertence à fé a não ser por argumentos de autoridade para aqueles que os aceitam. Para os outros, basta defender não ser impossível o que a fé anuncia. Daí, Dionísio

---

12. Q. 12, a. 4, 11, 12.
13. Cfr. q. 12, a. 12.

c. O próprio Deus é infinitamente simples. Não há nele uma parte "natural", que seria cognoscível a partir das criaturas — a essência —, e uma parte "sobrenatural", que só seria cognoscível por revelação — a distinção das Pessoas (muito menos há dois Deus, um natural, o outro sobrenatural!): é a Natureza de Deus que é sobrenatural em relação a nós, superando toda ordem criada das naturezas. A partir do momento que se revelou a distinção das Pessoas, está revelado que pertence à Natureza divina — a sua Essência — existir em três Pessoas distintas, de modo que essa Essência é incompletamente conhecida, enquanto a distinção das Pessoas permanece desconhecida. Nosso conhecimento de Deus, contudo, é imperfeito e progressivo. Além disso, é "complexo", utilizando uma pluralidade de conceitos, mediante cada um dos quais o intelecto humano atinge parcialmente a Essência divina que não possui partes; por esse conjunto diversificado de conceitos, ele atinge de maneira complexa e construída o Ser infinitamente simples. Pode-se compreender que, em sua progressão, a razão não pode ultrapassar determinado ponto: aquele no qual Deus é atingido como o Criador, a Causa exemplar e o Fim de tudo o que é. Além, está o conhecimento da distinção das Pessoas, que não pode ser descoberto e compreendido a partir dos *entes* criados, já que as três Pessoas são conjunta e indivisivelmente o Criador único.

cit, 2 cap. *de Div. Nom.*[14]: *Si aliquis est qui totaliter eloquiis resistit, longe erit a nostra philosophia; si autem ad veritatem eloquiorum*, scilicet sacrorum, *respicit, hoc et nos canone utimur.*

AD PRIMUM ergo dicendum quod philosophi non cognoverunt mysterium Trinitatis divinarum Personarum per propria, quae sunt paternitas, filiatio et processio; secundum illud Apostoli, 1Cor 2,6: *Loquimur Dei sapientiam, quam nemo principium huius saeculi cognovit*, idest *philosophorum*, secundum Glossam. Cognoverunt tamen quaedam essentialia attributa quae appropriantur personis, sicut potentia Patri, sapientia Filio, bonitas Spiritui Sancto, ut infra[15] patebit. — Quod ergo Aristoteles dicit, *per hunc numerum adhibuimus nos ipsos* etc., non est sic intelligendum, quod ipse poneret ternarium numerum in divinis: sed vult dicere quod antiqui utebantur ternario numero in sacrificiis et orationibus, propter quandam ternarii numeri perfectionem. — In libris etiam Platonicorum invenitur *In principio erat verbum*, non secundum quod verbum significat personam genitam in divinis: sed secundum quod per verbum intelligitur ratio idealis, per quam Deus omnia condidit, quae Filio appropriatur. — Et licet appropriata tribus Personis cognoscerent, dicuntur tamen in tertio signo defecisse, idest in cognitione tertiae Personae, quia a bonitate, quae Spiritui Sancto appropriatur, deviaverunt, dum cognoscentes Deum, *non sicut Deum glorificaverunt*, ut dicitur Rm 1,21. Vel, quia ponebant Platonici unum primum ens, quod etiam dicebant esse patrem totius universitatis rerum, consequenter ponebant aliam substantiam sub eo, quam vocabant *mentem* vel *paternum intellectum*, in qua erant rationes omnium rerum, sicut Macrobius recitat *super Somnium Scipionis*[16]: non autem ponebant aliquam substantiam tertiam separatam, quae videretur Spiritui Sancto respondere. Sic autem nos non ponimus Patrem et Filium, secundum substantiam differentes: sed hoc fuit error Origenis[17] et Arii, sequentium in hoc Platonicos. — Quod vero Trismegistus dixit, *monas monadem genuit, et in se suum reflexit ardorem*, non est referendum ad generationem Filii vel processionem Spiritus Sancti, sed ad productionem mundi: nam unus Deus produxit unum mundum propter sui ipsius amorem.

proclamar: "Aquele que resiste totalmente às escrituras estará longe de nossa filosofia. Mas, se leva em consideração a verdade das escrituras, a saber, sagradas, utilizamos nós também essa regra".

QUANTO AO 1º, portanto, deve-se dizer que os filósofos não conheceram o mistério da Trindade das Pessoas divinas no que lhe é próprio: paternidade, filiação e processão. É o que diz o Apóstolo na primeira Carta aos Coríntios: "Pregamos uma sabedoria de Deus que ninguém conheceu entre os príncipes deste século", isto é, os filósofos, segundo a *Glosa*. Eles conheceram alguns atributos essenciais que, por apropriação, se atribuem às pessoas: o poder, ao Pai; a sabedoria, ao Filho; a bondade, ao Espírito Santo, como se verá abaixo. — Portanto, quando Aristóteles escreve: "Aplicamo-nos... por este número três etc.", não se pense que afirmou o número três em Deus. Quer dizer que os antigos utilizavam o número três nos sacrifícios e orações, porque esse número possui uma espécie de perfeição. — Nos livros platônicos também se encontra: "No princípio era o verbo...", mas verbo não significa uma pessoa gerada em Deus. Pelo verbo se entende a razão ideal pela qual Deus tudo criou, e que se atribui propriamente ao Filho. — Embora tivessem conhecido perfeições que se atribuem como próprias às três Pessoas, diz-se que falharam no terceiro sinal, isto é, no conhecimento da terceira Pessoa, porque se desviaram da bondade que se atribui propriamente ao Espírito Santo. Pois, conhecendo Deus, eles "não o glorificaram como Deus", se diz na Carta aos Romanos. Ou então porque os platônicos afirmavam um primeiro ente a que chamavam o pai de todo o universo, em consequência afirmavam abaixo dele uma outra substância, que chamavam "mente" ou "intelecto do pai". Nele encontravam-se as ideias de todas as coisas, como narra Macróbio em seu *Comentário do Sonho de Cipião*. Não afirmavam uma terceira substância separada, que correspondesse ao Espírito Santo. Nós, porém, não afirmamos um Pai e um Filho substancialmente diferentes. Tal foi o erro de Orígenes e de Ário, neste ponto seguidores dos platônicos. — Quanto ao que disse Trismegisto: "A mônada gerou a mônada, e refletiu sobre si sua flama", não se trata da geração do Filho, nem da processão do Espírito Santo, mas

---

14. MG 3, 640 A.
15. Q. 39, a. 7.
16. Lib. I, c. 2, 6.
17. Super illud Ioannis I, 1, *Et Deus erat Verbum*: MG 14, 108 sq.

AD SECUNDUM dicendum quod ad aliquam rem dupliciter inducitur ratio. Uno modo, ad probandum sufficienter aliquam radicem: sicut in scientia naturali inducitur ratio sufficiens ad probandum quod motus caeli semper sit uniformis velocitatis. Alio modo inducitur ratio, non quae sufficienter probet radicem, sed quae radici iam positae ostendat congruere consequentes effectus: sicut in astrologia ponitur ratio excentricorum et epicyclorum ex hoc quod, hac positione facta, possunt salvari apparentia sensibilia circa motus caelestes: non tamen ratio haec est sufficienter probans, quia etiam forte alia positione facta salvari possent. Primo ergo modo potest induci ratio ad probandum Deum esse unum, et similia. Sed secundo modo se habet ratio quae inducitur ad manifestationem Trinitatis: quia scilicet, Trinitate posita, congruunt huiusmodi rationes; non tamen ita quod per has rationes sufficienter probetur Trinitas Personarum. — Et hoc patet per singula. Bonitas enim infinita Dei manifestatur etiam in productione creaturarum: quia infinitae virtutis est ex nihilo da produção do mundo: o Deus único produziu um mundo único por amor de si mesmo[d].

QUANTO AO 2º, deve-se dizer que há duas maneiras de se dar a razão de alguma coisa. A primeira consiste em provar de maneira suficiente a causa. Por exemplo, nas ciências naturais, dá-se a razão suficiente que prova que o movimento do céu tem sempre uma velocidade uniforme. A segunda consiste não em provar de maneira suficiente a causa, mas em mostrar a consequência entre a causa, já admitida, e os seus efeitos. Por exemplo, em astronomia é afirmada a razão dos círculos excêntricos e dos epiciclos pelo fato de que esta hipótese, uma vez admitida, pode explicar as aparências sensíveis referentes aos movimentos celestes. Entretanto, esta razão não prova suficientemente, porque talvez os movimentos pudessem ser explicados por outra hipótese. Ora, pelo primeiro modo, a razão pode ser levada a provar que Deus é uno etc., mas a razão que é levada a dar explicação da Trindade pertence ao segundo modo. Com efeito, uma vez afirmada a Trindade, essas razões são congruentes, embora não suficientes para provar a Trindade das Pessoas[e]. — Isso fica claro considerada cada

---

d. Pode-se encontrar a Trindade nos filósofos antigos quando já se sabe que Deus é Trindade. Eles próprios com certeza nem sequer sonhavam em ver em Deus três Pessoas distintas.

Quanto aos filósofos que, ao longo da era cristã, introduziram em seu sistema uma concepção trinitária de Deus, são nisto tributários da revelação cristã, mesmo quando a deformam. Quanto aos filósofos cristãos que acreditaram poder e dever estabelecer e interpretar filosoficamente, dirigindo-se a ouvintes e leitores que não eram crentes em sua maioria, a doutrina trinitária que eles mesmos consideravam revelada, é a eles que se dirige a grave advertência de Santo Tomás: é desconhecer a transcendência da fé em relação à razão filosófica, ou "natural", e é expor ao desprezo essa fé, que eles possuem a ambição de partilhar, colocando-a no plano da pura razão, mas que se torna derrisória quando se funda sobre argumentos que só podem ser inoperantes.

e. Quando se trata do ser, a razão é capaz de conseguir, a partir dos *entes* contingentes que compõem o universo, provar a existência de uma Causa primeira, criadora, transformadora e finalizadora, "que todos chamam Deus". É o raciocínio filosófico, de que a razão encontra em si mesma os recursos e o dinamismo. Contudo, quando se trata da vida íntima de Deus — que consiste em uma comunhão intensa de conhecimento e de amor entre três Pessoas consubstanciais —, nenhuma demonstração é possível, pela razão dada no corpo do artigo. O que significam então os raciocínios efetuados a respeito desse mistério, e a que conduzem eles?

A comparação proposta com os raciocínios utilizados nas ciências da natureza é difícil de seguir. Nos dois casos, trata-se da investigação da causa oculta dos fatos dados (explicar, com efeito, é dar a causa pela qual o que se encontrou é verdadeiro). Em ambos os casos, igualmente, a razão, não podendo demonstrar a existência da causa, restringe-se a proceder por hipóteses: supõe que a causa é tal e busca em seguida verificar a hipótese, mostrando que concorda com os fatos dados. Em ambos os casos, enfim, a mesma incerteza permanece, pois não está excluído necessariamente que outra hipótese concordasse tão bem com os fatos. E não é justamente por substituição de uma hipótese mais compreensiva que a precedente (não sem ter mostrado que esta última não dava conta de todos os fatos, ou o fazia mal) que se efetua o progresso nas ciências?

No entanto, as diferenças são imensas, e é preciso percebê-las para compreender o alcance da comparação. Nas ciências, os fatos dados são os fenômenos aparentes: eles são dados pela experiência sensível. A causa explicativa que se busca é primeiramente sua causa real, cujo conhecimento fornecerá a explicação buscada. Em teologia, o "fato" é o mistério da Trindade, que me é dado não mediante experiência, não mediante uma pesquisa racional qualquer, mas por revelação. A causa que busco, portanto, não poderia ser real: a Trindade é a Causa de tudo, absolutamente não-causada ela mesma. É uma causa explicativa que tornará a Trindade, em certa medida, inteligível para mim. Ela consiste nas razões que foram dadas nas questões precedentes: processões imanentes, relações, subsistência, personalidade; em outras razões também, propostas por outros. *Para mim*, essas razões são pressupostas — logo, anteriores — à afirmação do mistério, não no sentido de que essa afirmação delas dependeria, quando ela é um ato de fé em dependência imediata da Palavra de Deus transmitida pela Igreja, mas no sentido de que elas fornecem uma explicação racional que concorda com o "fato" tal como a fé o apresenta. Mas, assim como o astrônomo não inventa os fenômenos que tenta explicar — não é sobre isso que ele baseia a sua hipótese —, do mesmo modo o teólogo não inventa nem

producere. Non enim oportet, si infinita bonitate se communicat, quod aliquid infinitum a Deo procedat: sed secundum modum suum recipiat divinam bonitatem. — Similiter etiam quod dicitur, quod *sine consortio non potest esse iucunda possessio alicuius boni*, locum habet quando in una persona non invenitur perfecta bonitas; unde indiget, ad plenam iucunditatis bonitatem, bono alicuius alterius consociati sibi. — Similitudo autem intellectus nostri non sufficienter probat aliquid de Deo, propter hoc quod intellectus non univoce invenitur in Deo et in nobis. — Et inde est quod Augustinus, *super Ioan.*[18], dicit quod per fidem venitur ad cognitionem, et non e converso.

AD TERTIUM dicendum quod cognitio divinarum Personarum fuit necessaria nobis dupliciter. Uno modo, ad recte sentiendum de creatione rerum. Per hoc enim quod dicimus Deum omnia fecisse Verbo suo, excluditur error ponentium Deum produxisse res ex necessitate naturae. Per hoc autem quod ponimus in eo processionem amoris, ostenditur quod Deus non propter aliquam indigentiam creaturas produxit, neque propter aliquam aliam causam extrinsecam; sed propter amorem suae bonitatis. Unde et Moyses, postquam dixerat Gn 1,1, *In principio creavit Deus caelum et terram*, subdit v. 3: *Dixit Deus, Fiat lux*, ad manifestationem divini Verbi; et postea dixit v. 4: *Vidit Deus lucem, quod esset bona*, ad ostendentum approbationem divini amoris; et similiter in aliis operibus v. 6 sqq. — Alio modo, et principalius, ad recte sentiendum de salute generis humani, quae perficitur per Filium incarnatum, et per donum Spiritus Sancti.

razão em particular. A bondade infinita de Deus manifesta-se também na produção das criaturas, porque produzir do nada é próprio de um poder infinito. Se Deus se comunica com uma bondade infinita, não é necessário que daí proceda uma realidade infinita, mas uma realidade que receba à sua medida a infinita bondade. — O mesmo diga-se do princípio: *não há posse feliz de nenhum bem a não ser em sociedade*, válido quando em uma única pessoa não se encontra a bondade perfeita. Então, ela tem necessidade do bem de um associado para alcançar a plena bondade da alegria. — A semelhança de nosso intelecto não prova suficientemente algo de Deus, dado que o intelecto não se encontra de maneira unívoca em Deus e em nós. — Agostinho diz no *Comentário de João* que se chega ao conhecimento a partir da fé, e não inversamente.

QUANTO AO 3º, deve-se dizer que o conhecimento das Pessoas divinas nos era necessário por duas razões. A primeira, para julgar retamente sobre a criação das coisas. Com efeito, afirmando que Deus tudo fez por seu Verbo se exclui o erro segundo o qual Deus produziu as coisas por necessidade de natureza. E afirmando nele a procissão de amor se demonstra que, se Deus produziu as criaturas, não é porque delas necessite, nem por nenhuma outra causa exterior, mas por amor de sua bondade. Também Moisés depois de ter escrito: "No princípio, Deus criou o céu e a terra", acrescenta: "Deus disse: que a luz seja", a fim de manifestar o Verbo de Deus. Depois escreve: "Deus viu que a luz era boa", para mostrar a aprovação do amor divino. E do mesmo modo diz das outras obras. — A segunda razão e a principal, para julgar retamente sobre a salvação do gênero humano, que se realiza pela encarnação do Filho e pelo dom do Espírito Santo[f].

---

18. Tract. XXVII, n. 7: ML 35, 1618.

descobre o mistério, ele o pressupõe ("a Trindade sendo admitida"), não de maneira hipotética, mas por um ato de fé que é acolhida da revelação — e é a partir desse pressuposto que ele raciocina. Seu raciocínio se articula com sua fé, é dominado e regulado por ela. Não é um raciocínio filosófico, que poderia ser examinado, criticado, que poderia eventualmente engendrar a convicção com base unicamente nas exigências da razão, comum a todos os homens. É um raciocínio teológico, que não possui valor, *mesmo racional*, senão para aquele que crê, ou seja, que considera verdadeiros, provenientes de Deus, um certo número de conhecimentos que a razão comum a todos os homens não pode, contando apenas com seus recursos, descobrir e verificar.

Todavia, essas razões teológicas que Santo Tomás, por sua própria conta, fornece com tanta segurança são tidas como simples hipóteses, que poderiam ser igualmente substituídas por outras? Ainda nesse caso, deve-se ser sensível à diferença que o texto insinua entre os dois termos da comparação: para a teologia, Santo Tomás não diz, conforme afirma expressamente para as ciências da natureza, que outra hipótese poderia servir igualmente bem: diz somente que nenhuma dessas razões teológicas é capaz de provar a Trindade das Pessoas em Deus. Era isso que estava em questão, e não a certeza do raciocínio teológico, já estudada na q. 1.

f. Santo Tomás não responde exatamente à objeção, mas explicando em que o conhecimento da Trindade é útil aos homens ele pressupõe que esse conhecimento é possível. Estabelecê-lo estava fora da perspectiva do presente tratado: isto foi feito acima na q. 12.

Articulus 2
Utrum sint ponendae notiones in divinis

AD SECUNDUM SIC PROCEDITUR. Videtur quod non sint ponendae notiones in divinis.

1. Dicit enim Dionysius, in 1 cap. *de Div. Nom.*[1], quod *non est audendum dicere aliquid de Deo, praeter ea quae nobis ex sacris eloquiis sunt expressa*. Sed de notionibus nulla fit mentio in eloquiis sacrae Scripturae. Ergo non sunt ponendae notiones in divinis.

2. PRAETEREA, quidquid ponitur in divinis, aut pertinet ad unitatem essentiae, aut ad trinitatem personarum. Sed notiones non pertinent ad unitatem essentiae, nec ad trinitatem personarum. De notionibus enim neque praedicantur ea quae sunt essentiae; non enim dicimus quod *paternitas sit sapiens* vel *creet*: neque etiam ea quae sunt personae; non enim dicimus quod *paternitas generet* et *filiatio generetur*. Ergo non sunt ponendae notiones in divinis.

3. PRAETEREA, in simplicibus non sunt ponenda aliqua abstracta, quae sint principia cognoscendi: quia cognoscuntur seipsis. Sed divinae personae sunt simplicissimae. Ergo non sunt ponendae in divinis personis notiones.

SED CONTRA est quod dicit Ioannes Damascenus[2]: *Differentiam hypostaseon*, idest personarum, *in tribus proprietatibus, idest paternali et filiali et processionali, recognoscimus*. Sunt ergo ponendae proprietates et notiones in divinis.

RESPONDEO dicendum quod Praepositinus, attendens simplicitatem personarum, dixit non esse ponendas proprietates et notiones in divinis: et sicubi inveniantur, exponit abstractum pro concreto: sicut enim consuevimus dicere, *Rogo benignitatem tuam*, idest *te benignum*, ita cum dicitur in divinis *paternitas*, intelligitur *Deus Pater*.

Sed, sicut ostensum est supra[3], divinae simplicitati non praeiudicat quod in divinis utamur

Artigo 2
Devem-se afirmar noções em Deus?

QUANTO AO SEGUNDO, ASSIM SE PROCEDE: parece que **não** se devem afirmar noções em Deus.

1. Com efeito, Dionísio declara que "não se há de ter a ousadia de dizer alguma coisa de Deus, exceto o que nos foi enunciado na Sagrada Escritura". Ora, a Sagrada Escritura nenhuma menção faz das noções. Logo, não se deve afirmá-las em Deus[g].

2. ALÉM DISSO, o que se afirma de Deus refere-se ou à unidade da essência, ou à trindade das pessoas. Ora, as noções não pertencem nem à unidade da essência, nem à trindade das pessoas. Não se pode atribuir a essas noções o que pertence à essência. Não dizemos que *a paternidade é sábia*, nem que *ela criou*. Não se pode também atribuir-lhes o que pertence às pessoas. Não dizemos que *a paternidade gera*, nem que *a filiação é gerada*. Portanto, não se devem afirmar noções em Deus.

3. ADEMAIS, não se deve afirmar algo abstrato no que é simples, como os princípios do conhecimento. Ora, as pessoas divinas são simplicíssimas. Logo, não se devem afirmar noções nas pessoas divinas.

EM SENTIDO CONTRÁRIO, Damasceno explica: "Apreendemos a distinção das hipóstases, isto é, das pessoas, em suas três propriedades: a paternidade, a filiação, a processão". Logo, devem-se afirmar propriedades e noções em Deus.

RESPONDO. Prepositino, considerando a simplicidade das pessoas, disse que não se deveriam afirmar propriedades e noções em Deus. Quando, por acaso, as encontra, ele traduz o abstrato pelo concreto. Como nos acostumamos a dizer *Suplico de tua bondade*, isto é, a ti que és bom, assim, quando se diz *paternidade* em Deus, se quer dizer: *Deus o Pai*.

Mas, como acima foi demonstrado, não se nega a simplicidade divina usando nomes abstratos e

---

2   PARALL.: I *Sent.*, dist. 33, a. 2.

    1. MG 3, 588 A.
    2. *De Fide Orth.*, l. III, c. 5: MG 94, 1000 B.
    3. Q. 3, a. 3, ad 1; q. 13, a. 1, ad 2.

    g. O sentido da palavra "noção" será fornecido no corpo do artigo e definido nos dois seguintes: trata-se de conceitos que exprimem o que é uma Pessoa divina em sua singularidade, e mediante a qual ela se distingue das duas outras, sua "propriedade". É também a relação que a constitui, já que é como relação com as duas outras que ela se caracteriza. Mas, enquanto a "propriedade", a relação, encontra-se na própria Pessoa divina, a noção se encontra em nosso espírito, como a representação inteligível da propriedade, identificando-se a ela, sem dúvida, como a forma inteligível se identifica à forma que ela representa, mas apenas parcialmente; ou seja, na medida que ela a representa. Ora, uma forma, mesmo simples, pode ser representada no espírito apenas parcialmente. Donde as disjunções que se produzirão entre ela e a relação, ou propriedade.

nominibus concretis et abstractis. Quia secundum quod intelligimus, sic nominamus. Intellectus autem noster non potest pertingere ad ipsam simplicitatem divinam, secundum quod in se est consideranda: et ideo secundum modum suum divina apprehendit et nominat, idest secundum quod invenitur in rebus sensibilibus, a quibus cognitionem accipit. In quibus, ad significandum simplices formas, nominibus abstractis utimur: ad significandum vero res subsistentes, utimur nominibus concretis. Unde et divina, sicut supra[4] dictum est, ratione simplicitatis, per nomina abstracta significamus: ratione vero subsistentiae et complementi, per nomina concreta.

Oportet autem non solum nomina essentialia in abstracto et in concreto significare, ut cum dicimus *deitatem* et *Deum*, vel *sapientiam* et *sapientem*; sed etiam personalia, ut dicamus *paternitatem* et *Patrem*. Ad quod duo praecipue nos cogunt. Primo quidem, haereticorum instantia. Cum enim confiteamur Patrem et Filium et Spiritum Sanctum esse unum Deum et tres Personas, quaerentibus *quo sunt unus Deus*, et *quo sunt tres personae*, sicut respondetur quod sunt essentia vel deitate unum, ita oportuit esse aliqua nomina abstracta, quibus responderi possit personas distingui. Et huiusmodi sunt proprietates vel notiones in abstracto significatae, ut paternitas et filiatio. Et ideo essentia significatur in divinis ut *quid*, persona vero ut *quis*, proprietas autem ut *quo*.

Secundo, quia una persona invenitur in divinis referri ad duas personas, scilicet persona Patris ad personam Filii et personam Spiritus Sancti. Non autem una relatione: quia sic sequeretur quod etiam Filius et Spiritus Sanctus una et eadem relatione referrentur ad Patrem; et sic, cum sola relatio in divinis multiplicet trinitatem, sequeretur quod Filius et Spiritus Sanctus non essent duae personae. Neque potest dici, ut Praepositinus dicebat, quod sicut Deus uno modo se habet ad creaturas, cum tamen creaturae diversimode se habeant ad ipsum, sic Pater una relatione refertur ad Filium et ad Spiritum Sanctum, cum tamen illi duo duabus relationibus referantur ad Patrem. Quia cum ratio specifica relativi consistat in hoc quod ad aliud se habet, necesse est dicere quod duae relationes non sunt diversae secundum speciem, si ex opposito una relatio eis correspondeat: oportet enim aliam

concretos a propósito de Deus, porque nomeamos segundo conhecemos. Ora, nosso intelecto não pode alcançar a simplicidade divina, considerada tal qual é em si. Ele apreende e exprime as realidades divinas segundo seu modo, a saber, tal como se encontra nas coisas sensíveis das quais tira seu conhecimento. Com respeito às coisas sensíveis, utilizamos nomes abstratos para significar as formas simples e nomes concretos para significar as coisas subsistentes. Portanto, designamos as realidades divinas por meio de nomes abstratos em razão de sua simplicidade; e por nomes concretos em razão de subsistência e perfeição, como acima foi explicado.

Mas não são somente os nomes essenciais que é preciso exprimir de modo abstrato e concreto, dizendo, por exemplo: "a divindade" e "Deus" ou "a sabedoria" e "o sábio". Mas também os nomes pessoais, dizendo, por exemplo: "a paternidade" e "o Pai". Duas razões nos levam a isso. Primeiro, as acusações dos hereges. Quando confessamos que o Pai, o Filho e o Espírito Santo são um só Deus e três pessoas, eles nos perguntam: *em razão de que são um só Deus? E em razão de que são três?* E, como respondemos que eles são um pela essência ou pela divindade, assim foi preciso recorrer a nomes abstratos para dizer por que se distinguem as pessoas. É assim que propriedades ou noções, tais como paternidade e filiação, são significadas abstratamente. De maneira que, em Deus, significamos a essência como *o que*, a pessoa como *quem*, e a propriedade como aquilo *pelo qual*.

Segunda razão: há em Deus uma pessoa que se refere a duas outras, a saber, a pessoa do Pai que se refere à pessoa do Filho e à pessoa do Espírito Santo. Ora, não é por uma relação única, porque se seguiria que o Filho e o Espírito Santo referir-se-iam também ao Pai por uma única e mesma relação. E, como em Deus somente a relação multiplica a trindade, o Filho e o Espírito Santo não seriam duas pessoas. Não se pode responder como Prepositino: Como Deus se refere às criaturas de um único modo, e como, pelo contrário, as criaturas se referem de muitos modos a ele, assim também o Pai se refere ao Filho e ao Espírito Santo por uma relação única, enquanto estes a ele se referem por duas relações. Uma vez que a razão específica do relativo consiste em referir-se ao outro, é necessário dizer que duas relações às quais corresponde uma só relação oposta não são

---

4. Ibid.

speciem relationis esse domini et patris, secundum diversitatem filiationis et servitutis. Omnes autem creaturae sub una specie relationis referuntur ad Deum, ut sunt creaturae ipsius: Filius autem et Spiritus Sanctus non secundum relationes unius rationis referuntur ad Patrem: unde non est simile. Et iterum, in Deo non requiritur relatio realis ad creaturam, ut supra[5] dictum est: relationes autem rationis in Deo multiplicare non est inconveniens. Sed in Patre oportet esse relationem realem qua refertur ad Filium et Spiritum Sanctum: unde secundum duas relationes Filii et Spiritus Sancti quibus referuntur ad Patrem, oportet intelligi duas relationes in Patre, quibus referatur ad Filium et Spiritum Sanctum. Unde, cum non sit nisi una Patris persona, necesse fuit seorsum significari relationes in abstracto, quae dicuntur proprietates et notiones.

AD PRIMUM ergo dicendum quod, licet de notionibus non fiat mentio in sacra Scriptura, fit tamen mentio de Personis, in quibus intelliguntur notiones, sicut abstractum in concreto.

AD SECUNDUM dicendum quod notiones significantur in divinis, non ut res, sed ut rationes quaedam quibus cognoscuntur Personae; licet ipsae notiones vel relationes realiter sint in Deo, ut supra[6] dictum est. Et ideo ea quae habent ordinem aliquem ad actum aliquem essentialem vel personalem, non possunt dici de notionibus: quia hoc repugnat modo significandi ipsarum. Unde non possumus dicere quod *paternitas generet* vel *creet, sit sapiens* vel *intelligens*. Essentialia vero quae non habent ordinem ad aliquem actum, sed removent conditiones creaturae a Deo, possunt praedicari de notionibus: possumus enim dicere quod *paternitas est aeterna* vel *immensa*, vel quodcumque huiusmodi. Et similiter, propter identitatem rei, possunt substantiva personalia et essentialia praedicari de notionibus: possumus enim dicere quod *paternitas est Deus*, et *paternitas est Pater*.

especificamente diferentes. Assim, as relações de senhor e de pai devem ser especificamente distintas, na medida em que as de serviço e de filiação são diversas. Ora, todas as coisas criadas referem-se a Deus sob uma espécie única de relação, a de criatura de Deus. Enquanto o Filho e o Espírito Santo não se referem ao Pai por relações de uma única razão. Por isso não há semelhança. Como já foi explicado, não é necessário afirmar em Deus uma relação real com a criatura. As relações de razão, ao contrário, podem sem inconveniência ser multiplicadas em Deus. Mas é necessário que exista no Pai relação real pela qual se refere ao Filho e ao Espírito Santo. Portanto, é pelas duas relações do Filho e do Espírito Santo pelas quais se referem ao Pai que se devem entender no Pai as duas relações pelas quais se refere ao Filho e ao Espírito Santo. Portanto, porque o Pai é uma só pessoa, foi preciso exprimir separadamente as relações sob forma abstrata, e é isso que chamamos de propriedades e noções[h].

QUANTO AO 1º, portanto, deve-se dizer que, embora a Sagrada Escritura não faça menção das noções, faz das Pessoas, nas quais se conhecem as noções, como o abstrato no concreto.

QUANTO AO 2º, deve-se dizer que, embora as noções ou as relações existam realmente em Deus, como acima se disse, as noções são significadas em Deus não como realidades, mas como razões pelas quais são conhecidas as Pessoas. Daí que não se pode atribuir às noções o que se refere a um ato essencial ou pessoal, porque é incompatível com o modo que têm de significar. Portanto, não podemos dizer que *a paternidade gera ou cria*, nem que *ela é sábia ou inteligente*, mas podem-se atribuir às noções os predicados essenciais que não se referem a um ato, mas que afastam de Deus as condições de criatura. Podemos dizer, por exemplo, que *a paternidade é eterna, imensa* etc. Do mesmo modo, em razão da identidade real, podem-se atribuir às noções os substantivos pessoais e essenciais. Podemos dizer, por exemplo, que a paternidade é Deus, *a paternidade é o Pai*[i].

---

5. Q. 28, a. 1, ad 3.
6. Q. 28, a. 1.

---

h. As posturas dos heréticos tornarão necessárias distinções e especificações nas quais não se cogitava antes da crise. É preciso, porém, que essas distinções sejam válidas em si mesmas, sem o que o herético não teria dificuldade em denunciar como fútil a resposta que lhe dão. Santo Tomás mostra que a distinção em questão se justifica a propósito da pessoa do Pai, que não posso reconhecer completamente por uma só noção, ainda que perfeitamente simples: é preciso portanto reconhecer uma primeira disjunção entre a "noção" e a Pessoa que ela dá a conhecer.

i. A forma inteligível, em nosso espírito, abstrai de tudo o que não é ela, e posso atribuir-lhe apenas o que dela faz parte ou deriva. A forma real que ela representa (parcialmente, precisamente em razão de sua abstração) identifica-se em Deus com a

AD TERTIUM dicendum quod, licet personae sint simplices, tamen absque praeiudicio simplicitatis possunt propriae rationes personarum in abstracto significari, ut dictum est[7].

ARTICULUS 3
Utrum sint quinque notiones

AD TERTIUM SIC PROCEDITUR. Videtur quod non sint quinque notiones.

1. Propriae enim notiones personarum sunt relationes quibus distinguuntur. Sed relationes in divinis non sunt nisi quatuor, ut supra[1] dictum est. Ergo et notiones sunt tantum quatuor.

2. PRAETEREA, propter hoc quod in divinis est una essentia, dicitur Deus unus: propter hoc autem quod sunt tres personae, dicitur Deus trinus. Si ergo in divinis sunt quinque notiones, dicetur *quinus*: quod est inconveniens.

3. PRAETEREA, si, tribus personis existentibus in divinis, sunt quinque notiones, oportet quod in aliqua personarum sint aliquae notiones duae vel plures; sicut in persona Patris ponitur innascibilitas et paternitas et communis spiratio. Aut igitur istae tres notiones differunt re, aut non. Si differunt re, sequitur quod persona Patris sit composita ex pluribus rebus. Si autem differunt ratione tantum, sequitur quod una earum possit de alia praedicari, ut dicamus quod, sicut bonitas divina est eius sapientia propter indifferentiam rei, ita communis spiratio sit paternitas: quod non conceditur. Igitur non sunt quinque notiones.

SED CONTRA, videtur quod sint plures. Quia sicut Pater a nullo est, et secundum hoc accipitur notio quae dicitur innascibilitas, ita a Spiritu Sancto non est alia persona. Et secundum hoc oportebit accipere sextam notionem.

Praeterea, sicut Patri et Filio commune est quod ab eis procedat Spiritus Sanctus, ita commune est Filio et Spiritui Sancto quod procedant a Patre. Ergo, sicut una notio ponitur communis Patri et

ARTIGO 3
Há cinco noções?

QUANTO AO 3º, deve-se dizer que, embora as pessoas sejam simples, pode-se, sem prejuízo da simplicidade, significar de modo abstrato as razões próprias das pessoas, como já foi dito.

QUANTO AO TERCEIRO, ASSIM SE PROCEDE: parece que **não** há cinco noções.

1. Com efeito, as noções das pessoas são propriamente as relações pelas quais se distinguem. Ora, em Deus só há quatro relações, como acima foi dito. Logo, só há também quatro noções.

2. ALÉM DISSO, porque em Deus há uma única essência, diz-se que Deus é uno. Porque há três pessoas, diz-se que é trino. Portanto, se em Deus há cinco noções, dever-se-ia dizer que Deus é *quino*. O que é inadmissível.

3. ADEMAIS, se em Deus há cinco noções para três pessoas, é preciso que uma pessoa possua várias noções: duas ou mais. Por exemplo na pessoa do Pai se afirmam a inascibilidade, a paternidade e a comum espiração. Ora, ou essas três noções são realmente distintas ou não. Se se distinguem realmente, eis que a pessoa do Pai é composta de várias realidades. Se se distinguem apenas pela razão, eis que uma noção deve poder ser atribuída a outra. Como se disséssemos que, assim como a bondade divina é sua sabedoria em razão de sua não distinção na realidade, assim também a comum espiração é a paternidade, o que não se pode admitir. Portanto, não há cinco noções.

EM SENTIDO CONTRÁRIO, parece que há mais do que cinco, porque assim como o Pai não procede de nenhum outro, daí a noção de inascibilidade, assim do Espírito Santo não procede nenhuma outra Pessoa. Por isso será necessário aceitar uma sexta noção.

Ademais, é comum ao Pai e ao Filho ser princípio do Espírito Santo. Igualmente é comum ao Filho e ao Espírito Santo proceder do Pai. Ora, assim como se afirma uma noção comum ao Pai

---

7. In corp.

3 PARALL.: I *Sent*., dist. 26, q. 2, a. 3; dist. 28, q. 1, a. 1; *De Pot*., q. 9, a. 9, ad 21, 27; q. 10, a. 5, ad 12; *Compend. Theol*., c. 57 sqq.

1. Q. 28, a. 4.

Pessoa e, em virtude dessa identificação, pode-se atribuir-lhe tudo o que convém à Pessoa. Posso dizer, portanto, "o Pai, que é a relação subsistente de paternidade, gera", ou mesmo "O Inascível gera". É uma segunda disjunção entre a forma inteligível e a forma que ela representa.

Filio, ita debet poni una notio communis Filio et Spiritui Sancto.

Respondeo dicendum quod notio dicitur id quod est propria ratio cognoscendi divinam personam. Divinae autem personae multiplicantur secundum originem. Ad originem autem pertinet *a quo alius* et *qui ab alio*: et secundum hos duos modos potest innotescere persona. Igitur persona Patris non potest innotescere per hoc quod sit ab alio, sed per hoc quod a nullo est: et sic ex hac parte eius notio est *innascibilitas*. Sed inquantum aliquis est ab eo, innotescit dupliciter. Quia inquantum Filius est ab eo, innotescit notione *paternitatis*: inquantum autem Spiritus Sanctus est ab eo, innotescit notione *communis spirationis*. Filius autem potest innotescere per hoc quod est ab alio nascendo: et sic innotescit per *filiationem*. Et per hoc quod est alius ab eo, scilicet Spiritus Sanctus: et per hoc innotescit eodem modo sicut et Pater, scilicet *communi spiratione*. Spiritus Sanctus autem innotescere potest per hoc quod est ab alio vel ab aliis: et sic innotescit *processione*. Non autem per hoc quod alius sit ab eo: quia nulla divina persona procedit ab eo. — Sunt igitur quinque notiones in divinis: scilicet innascibilitas, paternitas, filiatio, communis spiratio et processio.

Harum autem tantum quatuor sunt relationes: nam innascibilitas non est relatio nisi per reductionem, ut infra[2] dicetur. Quatuor autem tantum *proprietates* sunt: nam communis spiratio non est proprietas, quia convenit duabus personis. Tres autem sunt notiones *personales*, idest constituentes personas, scilicet paternitas, filiatio et processio: nam communis spiratio et innascibilitas dicuntur notiones *personarum*, non autem personales, ut infra[3] magis patebit.

Ad primum ergo dicendum quod praeter quatuor relationes oportet ponere aliam notionem, ut dictum est[4].

Ad secundum dicendum quod essentia in divinis significatur ut res quaedam; et similiter personae

e ao Filho, assim também deve-se afirmar uma noção comum ao Filho e ao Espírito Santo.

Respondo. A noção é a razão pela qual se conhece uma pessoa divina. Ora, é a origem que multiplica as pessoas divinas, e uma origem comporta um princípio, *do qual procede o outro*, e um termo, *o que procede do outro*. Segundo esses dois modos pode-se conhecer uma pessoa. A pessoa do Pai não pode ser conhecida como a que procede de outro, mas como a que não procede de nenhum outro. Sob esse aspecto, a noção é a *inascibilidade*. Enquanto alguém procede dele, ele é conhecido de dois modos: enquanto o Filho procede dele, é conhecido pela noção de *paternidade*; e, enquanto o Espírito Santo procede dele, pela noção de *espiração comum*. O Filho pode ser conhecido pelo fato de que procede de outro por nascimento: e assim é conhecido por *filiação*. E, por não haver um outro que procede dele, o Espírito Santo, é conhecido do mesmo modo que o Pai, a saber, pela *espiração comum*. Quanto ao Espírito Santo, ele pode ser conhecido pelo fato de que procede de um outro ou de outros: assim é conhecido pela *processão*. Mas não pelo fato de que outro proceda dele, pois nenhuma pessoa procede dele. — Há, portanto, cinco noções em Deus: a inascibilidade, a paternidade, a filiação, a espiração comum e a processão.

Entre elas, apenas quatro são relações, pois a inascibilidade não é uma relação, senão por redução, como se verá adiante. Também são somente quatro as *propriedades*: assim, a espiração comum, porque convém às duas pessoas, não é uma propriedade. Finalmente, há três que são *noções pessoais*, isto é, que constituem as pessoas, a saber: a paternidade, a filiação e a processão. A espiração comum e a inascibilidade são noções *das pessoas*, não, porém, noções pessoais, como se verá abaixo[j].

Quanto ao 1º, portanto, deve-se dizer que além das quatro relações é preciso afirmar outra noção, como foi dito.

Quanto ao 2º, deve-se dizer que em Deus designa-se a essência como uma coisa. De modo

---

2. Q. 33, a. 4, ad 3.
3. Q. 40, a. 1, ad 1.
4. In corp.

j. Falando dos meios pelos quais se podem conhecer as Pessoas divinas, Santo Tomás não pode evitar afirmar antecipadamente algo do que elas são. É desse modo que ele já fala da "inascibilidade" do Pai e da processão do Espírito Santo. Isso, porém, será tratado expressamente quando Santo Tomás utilizar, para estudar cada Pessoa em particular, os instrumentos de conhecimento que ele aqui define.

significantur ut res quaedam; sed notiones significantur ut rationes notificantes personas. Et ideo, licet dicatur Deus unus propter unitatem essentiae, et trinus propter trinitatem personarum; non tamen dicitur quinus propter quinque notiones.

AD TERTIUM dicendum quod, cum sola oppositio relativa faciat pluralitatem realem in divinis, plures proprietates unius personae, cum non opponantur ad invicem relative, non differunt realiter. Nec tamen de invicem praedicantur: quia significantur ut diversae rationes personarum. Sicut etiam non dicimus quod attributum potentiae sit attributum scientiae, licet dicamus quod scientia sit potentia.

AD QUARTUM dicendum quod, cum persona importet dignitatem, ut supra[5] dictum est, non potest accipi notio aliqua Spiritus Sancti ex hoc quod nulla persona est ab ipso. Hoc enim non pertinet ad dignitatem ipsius; sicut pertinet ad auctoritatem Patris quod sit a nullo.

AD QUINTUM dicendum quod Filius et Spiritus Sanctus non conveniunt in uno speciali modo existendi a Patre; sicut Pater et Filius conveniunt in uno speciali modo producendi Spiritum Sanctum. Id autem quod est principium innotescendi, oportet esse aliquid speciale. Et ideo non est simile.

semelhante são designadas as pessoas. As noções, porém, são designadas como razões que dão a conhecer as pessoas. Por isso, embora se afirme que Deus é uno em razão da unidade da essência, e é trino em razão da trindade das pessoas, não se diz que é quino em razão das cincos noções.

QUANTO AO 3º, deve-se dizer que como somente a oposição relativa dá uma pluralidade real, em Deus, várias propriedades de uma mesma pessoa não se distinguem realmente, uma vez que não se opõem relativamente entre si. E nem se atribuem umas às outras, porque são significadas como razões diversas das pessoas. Por exemplo, também não dizemos que o atributo de potência é o atributo de ciência embora digamos que a ciência é potência[k].

QUANTO AO 4º, deve-se dizer que como pessoa comporta dignidade, já foi dito, não se pode entender uma noção do Espírito Santo pelo fato de que nenhuma pessoa procede dele. Pois, isso não pertence à sua dignidade, como pertence à autoridade do Pai não proceder de ninguém.

QUANTO AO 5º, deve-se dizer que não há um modo único e especial de proceder do Pai comum ao Filho e ao Espírito Santo, como há um modo único e especial de produzir o Espírito Santo comum ao Pai e ao Filho. Ora, o que é princípio de conhecimento é necessariamente alguma coisa especial. Por isso, não há semelhança entre eles.

ARTICULUS 4
Utrum liceat contrarie opinari de notionibus

AD QUARTUM SIC PROCEDITUR. Videtur quod non liceat contrarie opinari de notionibus.

1. Dicit enim Augustinus, in I *de Trin*.[1], quod *non erratur alicubi periculosius* quam in materia Trinitatis, ad quam certum est notiones pertinere.

ARTIGO 4
É permitido ter opiniões contrárias sobre as noções?

QUANTO AO QUARTO, ASSIM SE PROCEDE: parece que **não** é permitido ter opiniões contrárias sobre as noções.

1. Com efeito, Agostinho diz que *em nenhum lugar o erro é mais perigoso* do que em matéria de Trindade, à qual certamente as noções pertencem.

---

5. Q. 29, a. 3, ad 2.

PARALL.: I *Sent*., dist. 33, a. 5.

1. C. 3: ML 42, 822.

k. A distinção parece excessivamente sutil: na verdade, ela é capital. Se, na realidade divina, os conteúdos dos conceitos pelos quais atingimos parcialmente o que Deus é se fundam em uma forma superior que os contém todos e os transcende, ainda assim resta que não posso conhecer nada dessa realidade infinitamente simples a não ser mediante esses conceitos que permanecem distintos uns dos outros e, em meu espírito, não se confundem. Ainda que, em Deus, a ciência se identifique à potência em uma realização superior a uma e a outra que as compreende, e que compreende todas as outras perfeições divinas, não digo o mesmo de Deus quando lhe atribuo a ciência e quando lhe atribuo a potência, de modo que não posso afirmar: "o atributo de ciência é (identifica-se com) o atributo de potência". O mesmo ocorre com os atributos da Pessoa divina: na primeira Pessoa identificam-se realmente a inascibilidade, a paternidade e a espiração, mas seria falso afirmar: "A paternidade é a inascibilidade".

Sed contrariae opiniones non possunt esse absque errore. Ergo contrarie opinari circa notiones non licet.

2. Praeterea, per notiones cognoscuntur personae, ut dictum est[2]. Sed circa personas non licet contrarie opinari. Ergo nec circa notiones.

Sed contra, articuli fidei non sunt de notionibus. Ergo circa notiones licet sic vel aliter opinari.

Respondeo dicendum quod ad fidem pertinet aliquid dupliciter. Uno modo, directe; sicut ea quae nobis sunt principaliter divinitus tradita, ut Deum esse trinum et unum, Filium Dei esse incarnatum, et huiusmodi. Et circa haec opinari falsum, hoc ipso inducit haeresim: maxime si pertinacia adiungatur. — Indirecte vero ad fidem pertinent ea ex quibus consequitur aliquid contrarium fidei; sicut si quis diceret Samuelem non fuisse filium Elcanae; ex hoc enim sequitur Scripturam divinam esse falsam. Circa huiusmodi ergo absque periculo haeresis aliquis falsum potest opinari, antequam consideretur, vel determinatum sit, quod ex hoc sequitur aliquid contrarium fidei: et maxime si non pertinaciter adhaereat. Sed postquam manifestum est, et praecipue si sit per Ecclesiam determinatum, quod ex hoc sequitur aliquid contrarium fidei, in hoc errare non esset absque haeresi. Et propter hoc, multa nunc reputantur haeretica, quae prius non reputabantur, propter hoc quod nunc est magis manifestum quid ex eis sequatur.

Sic igitur dicendum est quod circa notiones aliqui absque periculo haeresis contrarie sunt opinati, non intendentes sustinere aliquid contrarium fidei. Sed si quis falsum opinaretur circa notiones, considerans quod ex hoc sequatur aliquid contrarium fidei, in haeresim laberetur.

Et per hoc patet responsio ad obiecta.

---

2. Art. 2, 3.

Ora, opiniões contrárias não podem ser isentas de erro. Logo, não é permitido ter uma opinião contrária a respeito das noções.

2. Além disso, pelas noções se conhecem as pessoas, como foi dito. Ora, não é permitido ter uma opinião contrária referente às pessoas. Logo, nem sobre as noções.

Em sentido contrário, não há artigos de fé sobre as noções. Portanto, opiniões divergentes sobre elas são permitidas.

Respondo. Há duas maneiras de uma coisa pertencer à fé. Primeiro, diretamente: é o caso do que Deus nos revelou a título principal. Por exemplo, que Deus é trino e uno, que o Filho de Deus se encarnou etc. Ter uma opinião falsa nessas matérias leva à heresia, sobretudo se há obstinação. — Pertence indiretamente à fé aquilo de que se segue algo contrário à fé. Se alguém diz, por exemplo, que Samuel não era filho de Helcaná, segue-se que a Sagrada Escritura é falsa. Nessas matérias cada um pode ter uma opinião falsa sem perigo de heresia, antes de se dar conta ou antes que seja definido que disso se segue algo contrário à fé, sobretudo se não há obstinação. Mas, uma vez que se tornou claro e, principalmente, uma vez que a Igreja definiu que disso se segue algo contrário à fé, o erro nesta matéria não seria isento de heresia. É por isso que, agora, muitas opiniões são tidas por heréticas e antes não o eram. Agora é mais claro o que delas se segue.

Portanto, deve-se dizer que, a respeito das noções, alguns admitiram opiniões contrárias, sem perigo de heresia, não pretendendo sustentar posições opostas à fé. Mas, se alguém tivesse uma opinião falsa sobre as noções, tendo consciência de que dela se segue algo contrário à fé, incidiria em heresia.

Do exposto resultam claras as respostas às objeções.

QUAESTIO XXXIII
DE PERSONA PATRIS
in quatuor articulos divisa

Consequenter considerandum est de Personis in speciali. Et primo de persona Patris.
Circa quam quaeruntur quatuor.
Primo: utrum Patri competat esse principium.

QUESTÃO 33
A PESSOA DO PAI
em quatro artigos

Em seguida, devem-se considerar as Pessoas em particular. E em primeiro lugar a Pessoa do Pai.
A respeito dela, são quatro as perguntas:
1. Convém ao Pai ser princípio?

Secundo: utrum persona Patris proprie significetur hoc nomine *Pater*.
Tertio: utrum per prius dicatur in divinis *Pater* secundum quod sumitur personaliter, quam secundum quod sumitur essentialiter.
Quarto: utrum sit proprium Patri esse ingenitum.

Articulus 1
Utrum competat Patri esse principium

Ad primum sic proceditur. Videtur quod Pater non possit dici principium Filii vel Spiritus Sancti.

1. Principium enim et causa idem sunt, secundum Philosophum¹. Sed non dicimus Patrem esse causam Filii. Ergo non debet dici quod sit eius principium.

2. Praeterea, principium dicitur respectu principiati. Si igitur Pater est principium Filii, sequitur Filium esse principiatum: et per consequens esse creatum. Quod videtur esse erroneum.

3. Praeterea, nomen principii a prioritate sumitur. Sed in divinis *non est prius et posterius*, ut Athanasius dicit². Ergo in divinis non debemus uti nomine principii.

Sed contra est quod dicit Augustinus, in IV *de Trin.*³: *Pater est principium totius deitatis*.

Respondeo dicendum quod hoc nomen *principium* nihil aliud significat quam id a quo aliquid procedit: omne enim a quo aliquid procedit quocumque modo, dicimus esse principium; et e converso. Cum ergo Pater sit a quo procedit alius, sequitur quod Pater est principium.

Ad primum ergo dicendum quod Graeci utuntur in divinis indifferenter nomine *causae*, sicut et nomine principii: sed latini doctores non utuntur nomine causae, sed solum nomine principii. Cuius ratio est, quia *principium* communius est quam *causa*, sicut *causa* communius quam *elementum*: primus enim terminus, vel etiam prima pars rei dicitur principium, sed non causa. Quanto autem aliquod nomen est communius, tanto convenientius assumitur in divinis, ut supra⁴ dictum est: quia nomina, quanto magis specialia sunt, tanto magis determinant modum convenientem creaturae. Unde

2. O nome *Pai* é o nome próprio desta Pessoa?
3. Em Deus, *Pai* atribui-se mais em sentido pessoal que em sentido essencial?
4. É próprio ao Pai ser ingênito?

Artigo 1
Convém ao Pai ser princípio?

Quanto ao primeiro artigo, assim se procede: parece que **não** se pode dizer que o Pai é o princípio do Filho e do Espírito Santo.

1. Com efeito, causa e princípio são o mesmo, no dizer do Filósofo. Ora, não dizemos que o Pai é causa do Filho. Logo, não se deve dizer que ele é o princípio.

2. Além disso, diz-se princípio pela relação com o principiado. Ora, se o Pai é princípio do Filho, segue-se que o Filho é principiado e, por conseguinte, é criado. O que parece ser um erro.

3. Ademais, toma-se o termo "princípio" de prioridade. Ora, segundo Atanásio, não há em Deus nem primeiro nem segundo. Logo, não se deve usar o termo "princípio" a respeito das pessoas divinas.

Em sentido contrário, Agostinho diz que "o Pai é o princípio de toda a deidade".

Respondo. O termo "princípio" nada mais significa do que aquilo do qual alguma coisa procede. Tudo aquilo do qual um outro procede de algum modo dizemos que é princípio, e reciprocamente. E, dado que o Pai é aquilo do qual procede um outro, segue-se que ele é princípio.

Quanto ao 1º, portanto, deve-se dizer que os gregos empregam indiferentemente os termos "causa" e "princípio" quando se trata de Deus, mas os doutores latinos não empregam o termo "causa", mas só "princípio". A razão é que "princípio" é mais geral do que "causa", e "causa" é mais geral que "elemento". O primeiro termo ou mesmo a primeira parte de uma coisa chama-se princípio, não causa. Ora, tanto mais um nome é geral, tanto mais convenientemente ele é assumido em Deus, como acima foi explicado, porque, quanto mais particulares são os nomes, mais determinam o modo

---

1 Parall.: I *Sent.*, dist. 12, a. 2, ad 1; dist. 29, a. 1; III, dist. 11, a. 1, ad 5; *De Pot.*, q. 10, a. 1, ad 8 sqq.; *Contra errores Graec.*, c. 1.

1. IV *Metaph.*, c. 2: 1003, b, 22-26.
2. In Symbolo.
3. C. 20: ML 42, 908.
4. Q. 13, a. 2.

hoc nomen *causa* videtur importare diversitatem substantiae, et dependentiam alicuius ab altero; quam non importat nomen principii. In omnibus enim causae generibus, semper invenitur distantia inter causam et id cuius est causa, secundum aliquam perfectionem aut virtutem. Sed nomine principii utimur etiam in his quae nullam huiusmodi differentiam habent, sed solum secundum quendam ordinem: sicut cum dicimus punctum esse principium lineae, vel etiam cum dicimus primam partem lineae esse principium lineae.

AD SECUNDUM dicendum quod apud Graecos invenitur de Filio vel Spiritu Sancto dici quod principientur. Sed hoc non est in usu doctorum nostrorum. Quia licet attribuamus Patri aliquid auctoritatis ratione principii, nihil tamen ad subiectionem vel minorationem quocumque modo pertinens, attribuimus Filio vel Spiritui Sancto, ut vitetur omnis erroris occasio. Secundum quem modum Hilarius dicit, IX *de Trin.*[5]: *Donantis auctoritate Pater maior est; sed minor non est Filius, cui unum esse donatur.*

AD TERTIUM dicendum quod, licet hoc nomen *principium*, quantum ad id a quo imponitur ad significandum, videatur a prioritate sumptum; non tamen significat prioritatem, sed *originem*. Non enim idem est quod significat nomen, et a quo nomen imponitur, ut supra[6] dictum est.

ARTICULUS 2
Utrum hoc nomen *Pater* sit nomen proprie divinae personae

AD SECUNDUM SIC PROCEDITUR. Videtur quod hoc nomen *Pater* non sit proprie nomen divinae personae.

que convém à criatura. De fato, o nome "causa" parece implicar a diversidade de substância e a dependência de um em relação a outro, o que não implica o termo "princípio". Pois, em todos os gêneros de causa, há sempre entre a causa e seu efeito uma distância em perfeição ou em poder. Ao contrário, empregamos o termo "princípio" mesmo quando não há nenhuma diferença desse gênero, mas apenas certa ordem. Por exemplo, dizemos que o ponto é o princípio da linha, ou ainda que a primeira parte da linha é seu princípio[a].

QUANTO AO 2º, deve-se dizer que entre os gregos encontram-se passagens em que se diz que o Filho ou o Espírito Santo principiam. Ora, essa expressão não se emprega entre nossos Doutores, porque, embora atribuamos ao Pai alguma autoridade por ser princípio, não atribuímos ao Filho ou ao Espírito Santo nenhuma sujeição ou inferioridade, de maneira que evitemos toda ocasião de erro. A esse respeito escreveu Hilário: "Por sua autoridade de doador, o Pai é maior. Mas o Filho, que recebe em dom o único ser, não é menor"[b].

QUANTO AO 3º, deve-se dizer que, embora o termo "princípio", quanto àquilo pelo qual é dado significar, pareça ter sido tomado de prioridade, não significa prioridade, mas *origem*. Não é o mesmo o que o nome significa e aquilo pelo qual o nome é dado significar, como acima foi dito.

ARTIGO 2
O nome "Pai" é um nome próprio de pessoa divina?

QUANTO AO SEGUNDO, ASSIM SE PROCEDE: parece que o nome "Pai" **não** é um nome próprio da Pessoa divina.

---

5. Num. 54: ML 10, 325 A.
6. Q. 13, a. 2, ad 2; a. 8.

PARALL.: Infra, q. 40, a. 2.

a. O exemplo proposto é desconcertante! Na verdade, a noção de "princípio", tal como a elaboramos a partir de nossa experiência, comporta sempre certa causalidade, e portanto dependência, a partir do momento em que a encontramos realizada fora do espírito. Para dar um exemplo de um princípio que não é de modo algum causa, é preciso buscar uma entidade pertencente exclusivamente ao universo intramental, o ponto. Compreende-se que uma linguagem menos rigorosa utilize o termo "causa" como sinônimo de "princípio", mas Santo Tomás aponta o perigo dessa facilidade de linguagem, pois as palavras têm suas inclinações: falar de "causa" é introduzir, de modo sub-reptício, mesmo sem desejá-lo, uma superioridade do que é denominado "causa" em relação ao que dela procede. Ora, em Deus, se uma Pessoa de fato se origina de outra, é preciso negar que isto acarrete a mínima subordinação que seja.

b. "Autoridade": ainda nesse caso a palavra somente pode servir para expressar algo do mistério trinitário de forma extremamente decantada. É preciso retirar de sua significação tudo o que se relaciona ao poder de uma pessoa sobre outra. O que restará então que nos permita fazê-lo exprimir algo acerca do Mistério a partir de nossa própria experiência? Isto: a relação de "poder" de uma pessoa sobre outra enraíza-se na posse (*auctor*, na linguagem jurídica de Roma, significava "o que possui");

1. Hoc enim nomen *pater* significat relationem. Persona autem est substantia individua. Non ergo hoc nomen *pater* est proprie nomen significativum personae.

2. PRAETEREA, *generans* communius est quam *pater*: nam omnis pater est generans, sed non e converso. Sed nomen communius magis proprie dicitur in divinis, ut dictum est[1]. Ergo magis proprium nomen est personae divinae *generans* et *genitor*, quam *Pater*.

3. PRAETEREA, nihil quod secundum metaphoram dicitur, potest esse nomen proprium alicuius. Sed verbum metaphorice apud nos dicitur genitum vel proles: et per consequens ille cuius est verbum, metaphorice dicitur pater. Non ergo principium Verbi in divinis potest proprie dici Pater.

4. PRAETEREA, omne quod proprie dicitur in divinis, per prius dicitur de Deo quam de creaturis. Sed generatio per prius videtur dici de creaturis quam de Deo: verior enim ibi videtur esse generatio, ubi aliquid procedit ab alio distinctum non secundum relationem tantum, sed etiam secundum essentiam. Ergo nomen *Patris*, quod a generatione sumitur, non videtur esse proprium alicuius divinae personae.

SED CONTRA est quod dicitur in Ps 88,27: *Ipse invocabit me, Pater meus es tu*.

RESPONDEO dicendum quod nomen proprium cuiuslibet personae significat id per quod illa persona distinguitur ab omnibus aliis. Sicut enim de ratione hominis est anima et corpus, ita de intellectu huius hominis est haec anima et hoc corpus, ut dicitur in VII *Metaphys*.[2]; his autem hic homo ab omnibus aliis distinguitur. Id autem per quod distinguitur persona Patris ab omnibus aliis, est paternitas. Unde proprium nomen personae Patris est hoc nomen Pater, quod significat paternitatem.

AD PRIMUM ergo dicendum quod apud nos relatio non est subsistens persona: et ideo hoc nomen *pater*, apud nos, non significat personam, sed relationem personae. Non autem est ita in divinis, ut quidam falso opinati sunt: nam relatio

1. Com efeito, o nome "pai" significa uma relação. Ora, pessoa é uma substância individual. Logo, o nome "pai" não significa propriamente pessoa.

2. ALÉM DISSO, "genitor" é mais geral do que "pai", porque todo pai gera, mas a recíproca não é verdadeira. Ora, o nome mais geral aplica-se mais propriamente a Deus, como já foi dito. Logo, "aquele que gera", o "genitor" são nomes mais próprios da pessoa divina do que "Pai".

3. ADEMAIS, nada do que se diz por metáfora pode ser o nome próprio de alguma coisa. Ora, é por metáfora que se diz que o verbo é gerado ou é fruto. Consequentemente, é por metáfora que se diz pai, aquele que é o princípio do verbo. Logo, em Deus, o princípio do Verbo não pode chamar-se Pai em sentido próprio.

4. ADEMAIS, tudo quanto se diz propriamente de Deus, dele se diz por primeiro em relação às criaturas. Ora, parece que geração se diz primeiro das criaturas do que de Deus. Pois, com mais verdade parece haver geração quando uma coisa procede de outra, distinta não apenas por relação, mas por essência. Logo, o nome "Pai", que se toma de geração, não parece ser próprio de uma pessoa divina.

EM SENTIDO CONTRÁRIO, lê-se no Salmo 88: "Ele me invocará: Tu és meu Pai".

RESPONDO. O nome próprio de uma pessoa significa o que a distingue de todas as outras. Com efeito, assim como a alma e o corpo estão na razão de homem, no dizer do livro VII da *Metafísica*, na compreensão desse homem estão também esta alma e este corpo; a saber: aquilo pelo qual este homem se distingue de todos os outros. Ora, o que distingue das outras a pessoa do Pai é a paternidade. O nome próprio desta pessoa é, portanto, Pai, que significa a paternidade.

QUANTO AO 1º, portanto, deve-se dizer que em nós a relação não é uma pessoa subsistente, por isso o nome "pai" não significa a pessoa, mas a relação da pessoa. Em Deus é diferente, apesar da falsa opinião de alguns, porque a relação signi-

---

1. Art. praec., ad 1.
2. C. 10: 1035, b, 27-1936, a, 1.

o próprio direito de posse é uma relação entre uma pessoa e uma coisa, ou mesmo entre uma pessoa e outra, considerada esta como fazendo parte da primeira, como "aumentando-a" (*auctor* provém de *augere*, aumentar). Isto, que não ocorre sem alguma superioridade, em nosso universo, realiza-se na Pessoa do Pai a respeito das duas outras Pessoas na igualdade absoluta: elas não constituem uma parte dele, pois são-lhe consubstanciais; não o aumentam, pois não acrescentam nada a sua divindade, mas são-lhe constitutivas, no sentido de que o Pai só existe em sua distinção como Aquele do qual elas procedem. É somente isso o que permanece da noção de "autoridade," quando atribuída ao Pai.

quam significat hoc nomen *Pater*, est subsistens persona. Unde supra[3] dictum est quod hoc nomen *persona* in divinis significat relationem ut subsistentem in divina natura.

AD SECUNDUM dicendum quod, secundum Philosophum, in II *de Anima*[4], denominatio rei maxime debet fieri a perfectione et fine. Generatio autem significat ut in fieri: sed paternitas significat complementum generationis. Et ideo potius est nomen divinae personae *Pater*, quam *generans* vel *genitor*.

AD TERTIUM dicendum quod verbum non est aliquid subsistens in natura humana: unde non proprie potest dici genitum vel filius. Sed Verbum divinum est aliquid subsistens in natura divina: unde proprie, et non metaphorice, dicitur Filius, et eius principium, Pater.

AD QUARTUM dicendum quod nomen generationis et paternitatis, sicut et alia nomina quae proprie dicuntur in divinis, per prius dicuntur de Deo quam de creaturis, quantum ad rem significatam, licet non quantum ad modum significandi. Unde et Apostolus dicit, Eph 3,14-15: *Flecto genua mea ad Patrem Domini nostri Iesu Christi, ex quo omnis paternitas in caelo et in terra nominatur.* Quod sic apparet. Manifestum est enim quod generatio accipit speciem a termino, qui est forma generati. Et quanto haec fuerit propinquior formae generantis, tanto verior et perfectior est generatio; sicut generatio univoca est perfectior quam non univoca: nam de ratione generantis est, quod generet sibi simile secundum formam. Unde hoc ipsum quod in generatione divina est eadem numero forma generantis et geniti, in rebus autem creatis non est eadem numero, sed specie tantum, ostendit quod generatio, et per consequens paternitas, per prius sit in Deo quam in creaturis. Unde hoc ipsum quod in divinis est distinctio geniti a generante secundum relationem tantum, ad veritatem divinae generationis et paternitatis pertinet.

ficada pelo nome Pai é uma pessoa subsistente. Por isso, foi dito acima, em Deus o nome "pessoa" significa a relação enquanto subsistente na natureza divina.

QUANTO AO 2º, deve-se dizer que segundo o Filósofo, no livro II *Sobre a alma*, deve-se de preferência dar nome às coisas por sua perfeição e seu fim. Ora, geração significa o processo de vir a ser, enquanto paternidade significa o acabamento da geração. Assim, o nome "Pai" é preferível a "genitor" ou "o que gera", como nome de pessoa divina.

QUANTO AO 3º, deve-se dizer que o verbo não é algo de subsistente na natureza humana. Portanto, não se pode chamá-lo propriamente de gerado, nem de filho. Mas o Verbo divino é uma realidade subsistente na natureza divina. Daí que propriamente e não por metáfora é chamado Filho, e seu princípio, Pai.

QUANTO AO 4º, deve-se dizer que geração e paternidade, como os outros nomes que se atribuem a Deus, no sentido próprio, se dizem em primeiro lugar de Deus, e não das criaturas, tendo em conta a realidade significada, e não o modo de significação. Daí dizer o Apóstolo na Carta aos Efésios: "Dobro meus joelhos diante do Pai de meu Senhor Jesus Cristo, de quem toda paternidade no céu e sobre a terra tira o nome". O que assim se demonstra: é claro que a geração é especificada por seu termo, a forma do gerado. Quanto mais essa forma se aproxima da forma do genitor, tanto mais verdadeira e perfeita será a geração. Assim, a geração unívoca é mais perfeita que a não unívoca, pois é da razão do genitor gerar seu semelhante segundo a forma. Então, o fato de que na geração divina há identidade numérica de forma entre o genitor e o gerado, enquanto nas criaturas só há identidade específica sem identidade numérica, mostra que a geração e consequentemente a paternidade se verificam em primeiro lugar em Deus, e não nas criaturas. E, se em Deus a distinção entre o genitor e o gerado é apenas de relação, isto faz parte da verdade da geração e da paternidade divinas[c].

---

3. Q. 29, a. 4.
4. C. 4: 416, b, 23-25.

c. Toda perfeição que se encontra verdadeiramente em Deus pode-se encontrar na criatura que é derivada, participada, diminuída. Por isso a palavra que a designa convém prioritariamente a Deus, mesmo que essa palavra, em nossa língua, sirva principalmente para designar essa perfeição tal como surgiu nas criaturas; assim, o que ela significa, antes de mais nada — o seu "modo de significar" —, é essa perfeição com os limites nos quais nos acostumamos a encontrá-la. É necessário um esforço do espírito para tomar tal palavra em sua significação pura, que se relaciona à perfeição propriamente dita, abstração feita de todo limite. Tal transposição é impossível quando a própria significação da palavra, e não apenas seu modo de significar, re-

Articulus 3
Utrum hoc nomen *Pater* dicatur in divinis per prius secundum quod personaliter sumitur

AD TERTIUM SIC PROCEDITUR. Videtur quod hoc nomen *Pater* non dicatur in divinis per prius secundum quod personaliter sumitur.

1. Commune enim, secundum intellectum, est prius proprio. Sed hoc nomen *Pater*, secundum quod personaliter sumitur, est proprium personae Patris: secundum vero quod sumitur essentialiter, est commune toti Trinitati, nam toti Trinitati dicimus *Pater noster*. Ergo per prius dicitur *Pater* essentialiter sumptum, quam personaliter.

2. PRAETEREA, in his quae sunt eiusdem rationis, non est praedicatio per prius et posterius. Sed paternitas et filiatio secundum unam rationem videntur dici secundum quod persona divina est Pater Filii, et secundum quod tota Trinitas est Pater noster vel creaturae: cum, secundum Basilium[1], *accipere* sit commune creaturae et Filio. Ergo non per prius dicitur *Pater* in divinis secundum quod sumitur essentialiter, quam secundum quod sumitur personaliter.

3. PRAETEREA, inter ea quae non dicuntur secundum rationem unam, non potest esse comparatio. Sed Filius comparatur creaturae in ratione filiationis vel generationis, secundum illud Cl 1,15: *Qui est imago Dei invisibilis, primogenitus omnis creaturae*. Ergo non per prius dicitur in divinis paternitas personaliter sumpta, quam essentialiter; sed secundum rationem eandem.

SED CONTRA est quod aeternum prius est temporali. Ab aeterno autem Deus est Pater Filii: ex tempore autem Pater est creaturae. Ergo per prius dicitur paternitas in Deo respectu Filii, quam respectu creaturae.

RESPONDEO dicendum quod per prius dicitur nomen de illo in quo salvatur tota ratio nominis perfecte, quam de illo in quo salvatur secundum aliquid: de hoc enim dicitur quasi per similitudi-

Artigo 3
O nome "Pai" atribui-se a Deus mais em sentido pessoal?

QUANTO AO TERCEIRO, ASSIM SE PROCEDE: parece que o nome "Pai" **não** se atribui a Deus mais em sentido pessoal.

1. Com efeito, na ordem do conhecimento, o nome comum é anterior ao nome próprio. Ora, o nome "Pai", tomado em sentido pessoal, é próprio da pessoa do Pai, mas tomado em sentido essencial é comum a toda a Trindade, porque é da Trindade inteira que dizemos "Pai nosso". Logo, o nome "Pai" se diz mais em sentido essencial que em sentido pessoal.

2. ALÉM DISSO, às coisas que têm a mesma razão não se atribui um antes ou depois. Ora, a paternidade e a filiação parecem se compreender segundo uma única razão quando se trata da pessoa divina, Pai do Filho, ou de toda a Trindade, Pai nosso ou das criaturas. Porque, como explica Basílio, *receber* é uma condição comum às criaturas e ao Filho. Por conseguinte, o nome "Pai", em Deus, não se diz mais em sentido essencial que em sentido pessoal.

3. ADEMAIS, não há comparação possível entre coisas que não se compreendem segundo uma única razão. Ora, o Filho é comparado às criaturas sob a razão de filiação ou de geração: "Ele, a imagem do Deus invisível, o primogênito de toda criatura", diz a Carta aos Colossenses. Logo, em Deus, não se diz a paternidade mais em sentido pessoal que em sentido essencial, mas sob a mesma razão.

EM SENTIDO CONTRÁRIO, o eterno é anterior ao temporal. Ora, é de toda eternidade que Deus é Pai do Filho, e somente no tempo ele é Pai da criatura. Portanto, em Deus a paternidade se diz mais em relação ao Filho que em relação à criatura.

RESPONDO. Um nome convém mais ao sujeito no qual se realiza perfeitamente toda a razão significada pelo nome do que ao sujeito no qual ela se realiza sob certo aspecto. A este último sujeito ele

---

1. Homil. 15 *de Fide*: MG 31, 468 A.

laciona-se a uma perfeição criada que, enquanto tal, só pode verdadeiramente realizar-se em uma criatura: assim, a palavra "cólera", a palavra "arrependimento" designam um comportamento propriamente humano. Tais palavras significam prioritariamente o criado e podem ser estendidas a Deus somente por derivação, para evocar, por comparação com o que se passa na criatura, algo bem diferente que se passa em Deus. Para o objetante, é o que ocorre com as palavras "geração" e "paternidade". Na resposta, mostra-se, ao contrário, que o que é significado por essas palavras só se realiza, na plenitude de sua significação, em Deus.

Esta resposta desenvolve e esclarece a explicação fornecida acima (q. 27, a. 2). É útil ler juntos esses dois textos.

nem ad id in quo perfecte salvatur, quia omnia imperfecta sumuntur a perfectis. Et inde est quod hoc nomen *leo* per prius dicitur de animali in quo tota ratio leonis salvatur, quod proprie dicitur leo, quam de aliquo homine in quo invenitur aliquid de ratione leonis, ut puta audacia vel fortitudo, vel aliquid huiusmodi: de hoc enim per similitudinem dicitur.

Manifestum est autem ex praemissis[2] quod perfecta ratio paternitatis et filiationis invenitur in Deo Patre et Deo Filio: quia Patris et Filii una est natura et gloria. Sed in creatura filiatio invenitur respectu Dei, non secundum perfectam rationem, cum non sit una natura Creatoris et creaturae; sed secundum aliqualem similitudinem. Quae quanto perfectior fuerit, tanto propinquius acceditur ad veram filiationis rationem. Dicitur enim Deus alicuius creaturae Pater, propter similitudinem vestigii tantum, utpote irrationalium creaturarum; secundum illud Iob 38,28: *Quis est pluviae Pater? aut quis genuit stillas roris?* Alicuius vero creaturae, scilicet rationalis, secundum similitudinem imaginis; secundum illud Dt 32,6: Nonne *ipse est Pater tuus, qui possedit et fecit et creavit te?* Aliquorum vero est Pater secundum similitudinem gratiae, qui etiam dicuntur filii adoptivi, secundum quod ordinantur ad haereditatem aeternae gloriae per munus gratiae acceptum; secundum illud Rm 8,16-17: *Ipse Spiritus reddit testimonium spiritui nostro, quod sumus filii Dei; si autem filii, et haeredes.* Aliquorum vero secundum similitudinem gloriae, prout iam gloriae haereditatem possident; secundum illud Rm 5,2: *Gloriamur in spe gloriae filiorum Dei.*

Sic igitur patet quod per prius paternitas dicitur in divinis secundum quod importatur respectus Personae ad Personam, quam secundum quod importatur respectus Dei ad creaturam.

AD PRIMUM ergo dicendum quod communia absolute dicta, secundum ordinem intellectus nostri, sunt priora quam propria: quia includuntur in intellectu propriorum, sed non e converso;

é atribuído por semelhança com aquele que a realiza perfeitamente, porque o imperfeito se refere ao perfeito. Assim, o nome "leão" se diz mais do animal no qual se realiza toda a razão de leão, o qual se chama leão em sentido próprio, que do homem em quem se encontra algo da razão de leão, sua audácia ou sua força, ou algo parecido. Deste se diz por semelhança.

Ora, do que foi dito, fica claro que a razão perfeita de paternidade e de filiação encontra-se em Deus Pai e em Deus Filho, pois o Pai e o Filho têm uma só e mesma natureza e glória. Na criatura, ao contrário, filiação em relação a Deus não existe segundo a razão perfeita, mas segundo certa semelhança, porque o Criador e a criatura não têm a mesma natureza. E, quanto mais essa semelhança for perfeita, tanto mais se aproximará de uma verdadeira filiação. De fato, Deus é chamado Pai de algumas criaturas, em razão de uma semelhança de vestígio. É o caso das criaturas sem razão. "Quem é o Pai da chuva?", diz Jó. "Quem, pois, gerou as gotas de orvalho?" De outras criaturas, a saber, das criaturas racionais, em razão de uma semelhança de imagem. "Deus não é o teu Pai?", diz o Deuteronômio; "Ele que te possuiu, que te fez e que te criou?" De outros é Pai em razão da semelhança da graça, os quais são chamados filhos adotivos, porque o dom da graça que receberam os ordena à herança da glória eterna, segundo a Carta aos Romanos: "O próprio Espírito" "dá testemunho a nosso espírito de que somos filhos de Deus; e, se somos filhos, somos também herdeiros". De outros, ainda, em razão da semelhança da glória, que já possuem em herança conforme a Carta aos Romanos: "Nós nos gloriamos na esperança da glória dos filhos de Deus".

Fica claro, portanto, que a paternidade se diz de Deus mais no sentido em que ela implica a relação de Pessoa a Pessoa, que no sentido em que implica uma relação de Deus à criatura[d].

QUANTO AO 1º, portanto, deve-se dizer que, segundo nosso modo de conhecer, os nomes comuns absolutos são anteriores aos próprios, pois esses estão incluídos na compreensão dos próprios, não

---

2. Q. 27, a. 2; q. 28, a. 4.

d. Os homens são filhos de Deus pela graça, a segunda Pessoa na Trindade o é por natureza. Isto deixa entre o Verbo e os homens divinizados pela graça a distância infinita que é a de Deus no que concerne à criatura: a graça não a isenta de sua condição criada. Contudo, esse título de filho seria vão se não significasse uma real participação na filiação eterna do Verbo. É essa continuidade na descontinuidade o que analisa o presente artigo.

Será verdade que a filiação pela graça se relaciona a toda a Trindade, ao passo que a filiação do Verbo se relaciona evidentemente à Pessoa do Pai? É o que afirma Santo Tomás, mas pode-se legitimamente questionar se a continuidade entre as duas filiações não é então sacrificada. Tal questão deve ser remetida para mais tarde, para a cristologia (III, q. 23).

in intellectu enim personae Patris intelligitur *Deus*, sed non convertitur. Sed communia quae important respectum ad creaturam, per posterius dicuntur quam propria quae important respectus personales: quia persona procedens in divinis, procedit ut principium productionis creaturarum. Sicut enim verbum conceptum in mente artificis, per prius intelligitur procedere ab artifice quam artificiatum, quod producitur ad similitudinem verbi concepti in mente; ita per prius procedit Filius a Patre quam creatura, de qua nomen filiationis dicitur secundum quod aliquid participat de similitudine Filii; ut patet per illud quod dicitur Rm 8,29: *Quos praescivit, et praedestinavit fieri conformes imaginis Filii eius.*

AD SECUNDUM dicendum quod *accipere* dicitur esse commune creaturae et Filio, non secundum univocationem, sed secundum similitudinem quandam remotam, ratione cuius dicitur *primogenitus creaturae*[3]. Unde in auctoritate inducta[4] subditur: *ut sit ipse primogenitus in multis fratribus*, postquam dixerat *conformes fieri aliquos imaginis Filii Dei*. Sed Filius Dei naturaliter habet quoddam singulare prae aliis, scilicet habere per naturam id quod accipit; ut idem Basilius dicit[5]. Et secundum hoc dicitur *unigenitus*, ut patet Io 1,18: *Unigenitus, qui est in sinu Patris, ipse nobis enarravit.*

Et per hoc patet solutio AD TERTIUM.

o contrário. Pois na compreensão da pessoa do Pai entende-se Deus, mas não o contrário. Mas os nomes próprios que importam relações pessoais são anteriores aos nomes comuns que dizem relação às criaturas, porque a pessoa que procede em Deus procede como princípio de produção das criaturas. Por exemplo, o verbo concebido na mente do artífice, entende-se que procede primeiro na mente do artífice do que a obra, que é produzida à semelhança do verbo concebido na mente. Assim, o Filho procede mais do Pai que a criatura, à qual se dá o nome de filiação, na medida em que algo participa da semelhança do Filho. É o que se diz na Carta aos Romanos: "Aqueles que conheceu de antemão, ele também predestinou para se tornarem conformes à imagem de seu Filho".

QUANTO AO 2º, deve-se dizer que *receber* é comum à criatura e ao Filho, não univocamente, mas segundo uma semelhança longínqua em razão da qual é denominado *primogênito das criaturas*. Assim, o texto citado, depois de dizer que alguns *se tornariam conformes à imagem do Filho de Deus*, acrescenta: *a fim de que ele mesmo seja o primogênito de um grande número de irmãos*. Mas o Filho de Deus tem, por natureza, algo particular sobre os outros, isto é, possuir por natureza o que recebe, no próprio dizer de Basílio. Por isso ele se chama *o unigênito*, como se vê no Evangelho de João: "*O Unigênito que está no seio do Pai, ele mesmo no-lo fez conhecer*".

QUANTO AO 3º, pelo que foi dito está clara a resposta.

ARTICULUS 4
Utrum esse ingenitum sit Patri proprium

AD QUARTUM SIC PROCEDITUR. Videtur quod esse ingenitum non sit Patri proprium.

1. Omnis enim proprietas ponit aliquid in eo cuius est proprietas. Sed *ingenitus* nihil ponit in Patre, sed removet tantum. Ergo non significat proprietatem Patris.

2. PRAETEREA, *ingenitum* aut dicitur privative, aut negative. Si negative, tunc quidquid non est genitum, potest dici ingenitum. Sed Spiritus Sanctus non est genitus, neque etiam essentia divina.

ARTIGO 4
É próprio do Pai ser ingênito?

QUANTO AO QUARTO, ASSIM SE PROCEDE: parece que **não** é próprio do Pai ser ingênito.

1. Com efeito, toda propriedade afirma algo naquilo de que é propriedade. Ora, *ingênito* nada afirma no Pai, apenas nega. Logo, não significa uma propriedade do Pai.

2. ALÉM DISSO, *ingênito* ou se diz como uma privação ou como uma negação. Se é negação, tudo o que não é gerado pode ser qualificado de ingênito. Ora, o Espírito Santo não é gerado, nem

---

3. Vide arg. 3.
4. Resp. ad 1.
5. Loco citato.

PARALL.: I *Sent.*, dist. 13, a. 4; dist. 28, q. 1, a. 1; *Contra errores Graec.*, c. 8.

Ergo *ingenitum* etiam eis convenit: et sic non est proprium Patri. — Si autem privative sumatur, cum omnis privatio significet imperfectionem in privato, sequitur quod persona Patris sit imperfecta. Quod est impossibile.

3. Praeterea, *ingenitus* in divinis non significat relationem, quia non dicitur relative: significat ergo substantiam. *Ingenitus* igitur et *genitus* secundum substantiam differunt. Fillius autem, qui est genitus, non differt a Patre secundum substantiam. Pater ergo non debet dici ingenitus.

4. Praeterea, proprium est quod uni soli convenit. Sed cum sint plures ab alio procedentes in divinis, nihil videtur prohibere quin etiam sint plures ab alio non existentes. Non igitur est proprium Patri esse ingenitum.

5. Praeterea, sicut Pater est principium personae genitae, ita et personae procedentis. Si ergo propter oppositionem quam habet ad personam genitam, proprium Patris ponitur esse quod sit ingenitus; etiam proprium eius debet poni quod sit *improcessibilis*.

Sed contra est quod dicit Hilarius, IV *de Trin.*[1]: *Est unus ab uno*, scilicet ab ingenito genitus, *proprietate videlicet in unoquoque et innascibilitatis et originis*.

Respondeo dicendum quod, sicut in creaturis invenitur principium primum et principium secundum, ita in personis divinis, in quibus non est prius et posterius, invenitur *principium non de principio*, quod est Pater, et *principium a principio*, quod est Filius. In rebus autem creatis aliquod principium primum innotescit dupliciter: uno quidem modo, inquantum est principium primum per hoc quod habet relationem ad ea quae ab ipso sunt; alio modo, inquantum est primum principium per hoc quod non est ab alio. Sic igitur et Pater innotescit quidem paternitate et communi spiratione, per respectum ad personas ab eo procedentes: inquantum autem est principium non de principio, innotescit per hoc, quod non est ab alio: quod pertinet ad proprietatem innascibilitatis, quam significat hoc nomen ingenitus.

Ad primum ergo dicendum quod quidam dicunt quod innascibilitas, quam significat hoc nomen *ingenitus*, secundum quod est proprietas Patris, non dicitur tantum negative; sed importat vel utrumque simul, scilicet quod Pater a nullo est, et quod est principium aliorum; vel importat universalem auctoritatem; vel etiam fontalem

a essência divina. Logo, *ingênito* lhes convém também, e então não é uma propriedade do Pai. — Se é privação, como toda privação significa uma imperfeição no sujeito, segue-se que a pessoa do Pai é imperfeita. O que é impossível.

3. Ademais, em Deus, "ingênito" não significa relação, pois não é um predicado relativo: significa, portanto, a substância. Por isso, "ingênito" e "gerado" diferem pela substância. Ora, o Filho, que é gerado, não difere do Pai pela substância. Logo, o Pai não deve ser chamado de ingênito.

4. Ademais, o que é próprio convém apenas a um. Ora, porque em Deus há várias pessoas que procedem de outra, parece que nada impede que haja igualmente várias que não existem por outra. Logo, não é próprio do Pai ser ingênito.

5. Ademais, como o Pai é princípio da pessoa gerada, é igualmente da pessoa que procede. Portanto, se em razão da oposição entre o Pai e a pessoa gerada afirma-se como propriedade do Pai o ser ingênito, dever-se-ia afirmar como propriedade do Pai o ser não procedente.

Em sentido contrário, Hilário diz: "O uno procede do uno, isto é, o gerado do ingênito, cada um tendo como próprio, um a inascibilidade, o outro a origem".

Respondo. Assim como nas criaturas se encontra primeiro princípio e segundo princípio, também nas pessoas divinas, nas quais não há nem antes nem depois, encontra-se *um princípio que não tem princípio*: é o Pai; e *um princípio que tem um princípio*: é o Filho. Ora, nas criaturas um primeiro princípio torna-se conhecido de duas maneiras: primeiro, pela relação que tem com o que existe por ele. Segundo, pelo fato de que não existe por outro. Assim, pela relação com as pessoas que dele procedem, o Pai se torna conhecido pela paternidade e pela comum espiração. Enquanto princípio que não tem princípio, torna-se conhecido por não existir por um outro; o que pertence à propriedade de inascibilidade, o que o nome ingênito significa.

Quanto ao 1º, portanto, deve-se dizer que alguns dizem que a inascibilidade significada por "ingênito" no sentido de que é propriedade do Pai não se diz apenas como negação, mas implica ou a negação e a afirmação ao mesmo tempo, isto é, que o Pai não procede de nenhum outro e que é o princípio das outras pessoas; ou ela implica

---

1. Num. 33: ML 10, 120 CD.

plenitudinem. — Sed hoc non videtur verum. Quia sic innascibilitas non esset alia proprietas a paternitate et spiratione, sed includeret eas, sicut includitur proprium in communi: nam fontalitas et auctoritas nihil aliud significant in divinis quam principium originis. — Et ideo dicendum est, secundum Augustinum, V *de Trin*.[2], quod *ingenitus* negationem generationis passivae importat: dicit enim quod *tantum valet quod dicitur ingenitus, quantum valet quod dicitur non Filius*. Nec propter hoc sequitur quod *ingenitus* non debeat poni propria notio Patris: quia prima et simplicia per negationes notificantur; sicut dicimus punctum esse *cuius pars non est*.

AD SECUNDUM dicendum quod *ingenitum* quandoque sumitur negative tantum. Et secundum hoc Hieronymus[3] dicit Spiritum Sanctum esse ingenitum, idest *non genitum*. — Alio modo potest dici *ingenitum* aliquo modo privative: non tamen aliquam imperfectionem importat. Multipliciter enim dicitur privatio. Uno modo, quando aliquid non habet quod natum est haberi ab alio, etiamsi ipsum non sit natum habere illud: sicut si lapis dicatur res mortua, quia caret vita, quam quaedam res natae sunt habere. Alio modo dicitur privatio, quando aliquid non habet quod natum est haberi ab aliquo sui generis; sicut si talpa dicatur caeca. Tertio modo, quando ipsum non habet quod natum est habere: et hoc modo privatio imperfectionem importat. Sic autem *ingenitum* non dicitur privative de Patre, sed secundo modo, prout scilicet aliquod suppositum divinae naturae non est genitum, cuius tamen naturae aliquod suppositum est genitum. — Sed secundum hanc rationem, etiam de Spiritu Sancto potest dici *ingenitum*. Unde ad hoc quod sit proprium soli Patri, oportet ulterius in nomine *ingeniti* intelligere, quod conveniat alicui personae divinae quae sit principium alterius personae; ut sic intelligatur importare negationem in genere principii personaliter dicti in divinis. Vel, ut intelligatur in nomine *ingeniti*, quod omnino non sit ab alio: et non solum quod non sit ab alio per generationem. Sic enim nec Spiritui Sancto convenit esse ingenitum, qui est ab alio per pro-

a autoridade universal, ou ainda a plenitude fontal. — Mas isso não parece verdadeiro, porque assim a inascibilidade não seria uma propriedade distinta da paternidade e da espiração. Ela as incluiria como o termo próprio está incluído no termo comum, porque em Deus a fontalidade e a autoridade significam justamente: princípio de origem. — Portanto, cumpre dizer, com Agostinho, que "ingênito" implica a negação de geração passiva, "pois dizer ingênito equivale a dizer não-filho". Nem por isso se segue que "ingênito" não se deva afirmar como noção própria do Pai, porque o que é primeiro e simples é conhecido por negação. Por exemplo, dizemos que o ponto é *o que não tem partes*[e].

QUANTO AO 2º, deve-se dizer que "ingênito" toma-se, por vezes, apenas como negação. É neste sentido que Jerônimo diz que o Espírito Santo é ingênito, isto é, *não gerado*. — Também pode ser empregado em sentido privativo, sem implicar imperfeição. Pois de muitos modos emprega-se privação.

1. Quando uma coisa não tem o que naturalmente lhe corresponderia ter de outro, ainda que sua natureza não o exija. Por exemplo, se se diz que a pedra é uma coisa morta, porque não tem vida, que a outras coisas corresponde naturalmente.

2. Quando uma coisa não tem o que lhe corresponderia ter de outra de seu próprio gênero. Por exemplo, se se diz que a toupeira é cega.

3. Quando uma coisa não tem o que, por natureza, deveria possuir. E é esta privação que implica imperfeição. Ora, não é desse modo que se emprega "ingênito" a respeito do Pai em sentido privativo, mas do segundo modo, a saber, que enquanto algum supósito de natureza divina não é gerado, outro desta mesma natureza o é. — Mas segundo essa explicação se poderia chamar também o Espírito Santo de "ingênito". Portanto, para que seja próprio somente do Pai é preciso ainda subentender que "ingênito" aplica-se a uma pessoa que é princípio de uma outra para que assim se compreenda que implica negação no gênero do princípio, quando se aplica a Deus em sentido pessoal. Ou, ainda, para que se entenda

---

2. C. 7: ML 42, 916.
3. Cfr. Petrus Lomb. Sent. I, D. 13, c. 14.

e. O que é absolutamente simples não pode ser definido, pois "definir" é fazer entrar em um gênero mais amplo, logo mais simples. Fica-se reduzido, então, a recorrer à via negativa, e procura-se apreender aquilo que não é diretamente acessível, afirmando o que não é. A negação, nessa via, é uma aproximação do que, em si mesmo, é positivo. Novamente recorre-se ao exemplo decepcionante do ponto — ou seja, de uma entidade que só se encontra em nosso espírito —, porque nenhuma realidade de nosso universo é absolutamente simples.

cessionem ut persona subsistens: nec etiam divinae essentiae, de qua potest dici quod est in Filio vel in Spiritu Sancto ab alio, scilicet a Patre.

AD TERTIUM dicendum quod, secundum Damascenum[4], *ingenitum* uno modo significat idem quod *increatum*: et sic secundum substantiam dicitur; per hoc enim differt substantia creata ab increata. Alio modo significat id quod non est genitum. Et sic relative dicitur, eo modo quo negatio reducitur ad genus affirmationis, sicut *non homo* ad genus substantiae, et *non album* ad genus qualitatis. Unde, cum *genitum* in divinis relationem importet, *ingenitum* etiam ad relationem pertinet. Et sic non sequitur quod Pater ingenitus distinguatur a Filio genito secundum substantiam; sed solum secundum relationem, inquantum scilicet relatio Filii negatur de Patre.

AD QUARTUM dicendum quod, sicut in quolibet genere oportet ponere unum primum, ita in divina natura oportet ponere unum principium quod non sit ab alio, quod *ingenitum* dicitur. Ponere igitur duos innascibiles, est ponere duos Deos, et duas naturas divinas. Unde Hilarius dicit, in libro *de Synodis*[5]: *Cum unus Deus sit, duo innascibiles esse non possunt*. Et hoc praecipue quia, si essent duo innascibiles, unus eorum non esset ab alio: et sic non distinguerentur oppositione relativa: oporteret igitur quod distinguerentur diversitate naturae.

AD QUINTUM dicendum quod proprietas Patris prout non est ab alio, potius significatur per remotionem nativitatis Filii, quam per remotionem processionis Spiritus Sancti. Tum quia processio Spiritus Sancti non habet nomen speciale, ut supra[6] dictum est. Tum quia etiam ordine naturae praesupponit generationem Filii. Unde, remoto a

em "ingênito": que não procede absolutamente de nenhum outro; e não somente: que não procede por via de geração. Desse modo, "ingênito" não convém ao Espírito Santo, que é de um outro por processão, como pessoa subsistente. Ele não convém também à essência divina da qual se pode dizer que, no Filho e no Espírito Santo, ela procede de um outro, a saber, do Pai[f].

QUANTO AO 3º, deve-se dizer que segundo Damasceno, "ingênito" pode, primeiramente, significar *não-criado*. É, então, um predicado substancial que diferencia a substância criada da não-criada. Pode também significar *o que não é gerado*. É, então, um predicado relativo, na medida em que a negação se reduz a uma afirmação. Por exemplo, "não-homem", é um predicado do gênero substância, e "não-branco" do gênero qualidade. Portanto, como em Deus "gerado" implica a relação, "ingênito" igualmente diz respeito à relação. E assim não se conclui que o Pai ingênito se distingue do Filho gerado pela substância, mas apenas pela relação, na medida em que a relação do Filho é negada ao Pai.

QUANTO AO 4º, deve-se dizer que, assim como em gênero é preciso afirmar um primeiro, também na natureza divina é preciso afirmar um princípio que não proceda de outro, o que se diz "ingênito". Pois admitir dois não-nascidos é admitir dois deuses, duas naturezas divinas. Por isso Hilário diz: "Dado que Deus é uno, não pode haver dois não-nascidos". E a maior razão disso é que, se houvesse dois não-nascidos, nenhum deles procederia do outro, e assim não se distinguiriam por oposição relativa. Seria preciso que se distinguissem por diversidade de natureza[g].

QUANTO AO 5º, deve-se dizer que a propriedade do Pai pela qual não procede de outro é expressa antes pela negação do nascimento do Filho do que pela negação da processão do Espírito Santo. Porque a processão do Espírito Santo não tem nome especial, como já foi dito e também porque pressupõe a geração do Filho por ordem de

---

4. *De Fide Orth.*, l. I, c. 8: MG 94, 808 B, 809 B.
5. Super can. 26: ML 10, 521 B.
6. Q. 27, a. 4, ad 3.

f. Trata-se de abrir um caminho entre a pura negação, que não diria nada do que é a primeira Pessoa, e a privação, que lhe atribuiria uma imperfeição. "Não-gerado" significa uma propriedade eminentemente positiva do Pai, concebida não como a privação da propriedade do Filho, que é ser gerado, mas como relativamente oposta a ela. Vimos acima que a oposição relativa não comporta imperfeição nem carência em nenhum dos termos contrapostos.

g. Nesta resposta, e em todo o artigo que ela conclui, Santo Tomás une-se à visão essencial da grande tradição patrística grega, a saber, que o Pai, na Trindade, é o princípio unificador, pois é a fonte das duas outras Pessoas. Ainda que tenazes mal-entendidos mascarem essa convergência efetivamente essencial, vê-se aí a mostra de um encontro entre a teologia católica e a ortodoxia, que poderia desembocar em uma resolução satisfatória de antigos conflitos, em grande parte factícios.

Patre quod non sit genitus, cum tamen sit principium generationis, sequitur consequenter quod non sit procedens processione Spiritus Sancti: quia Spiritus Sanctus non est generationis principium, sed a genito procedens.

natureza. Ao negar ao Pai que seja gerado, sendo ele o princípio de geração, resulta consequentemente que ele não procede à maneira do Espírito Santo, porque o Espírito Santo não é princípio de geração, mas procede do gerado.

QUAESTIO XXXIV
DE PERSONA FILII
in tres articulos divisa

Deinde considerandum est de persona Filii. Attribuuntur autem tria nomina Filio, scilicet Filius, Verbum et Imago. Sed ratio Filii ex ratione Patris consideratur. Unde restat considerandum de Verbo et Imagine.

Circa Verbum quaeruntur tria.
Primo: utrum Verbum dicatur essentialiter in divinis, vel personaliter.
Secundo: utrum sit proprium nomen Filii.
Tertio: utrum in nomine Verbi importetur respectus ad creaturas.

QUESTÃO 34
O VERBO
em três artigos

Em seguida cumpre considerar a pessoa do Filho. A ele se atribuem três nomes: Filho, Verbo, e Imagem. Considera-se a razão de Filho, a partir da razão do Pai. Resta, portanto, considerar o Verbo e a Imagem.

A respeito do Verbo, são três as perguntas:
1. Em Deus, Verbo é atribuído em sentido essencial ou pessoal?
2. É um nome próprio do Filho?
3. Implica relação com as criaturas?

ARTICULUS 1
Utrum Verbum in divinis sit nomen personale

AD PRIMUM SIC PROCEDITUR. Videtur quod Verbum in divinis non sit nomen personale.

1. Nomina enim personalia proprie dicuntur in divinis, ut Pater et Filius. Sed verbum metaphorice dicitur in divinis, ut Origenes dicit, *super Ioannem*[1]. Ergo verbum non est personale in divinis.

2. PRAETEREA, secundum Augustinum, in libro *de Trin.*[2], *verbum est notitia cum amore*. Et secundum Anselmum, in *Monol.*[3], *dicere summo spiritui nihil aliud est quam cogitando intueri*. Sed notitia et cogitatio et intuitus in divinis essentialiter dicuntur. Ergo verbum non dicitur personaliter in divinis.

3. PRAETEREA, de ratione verbi est quod dicatur. Sed, secundum Anselmum[4], sicut Pater est intelligens, et Filius est intelligens, et Spiritus Sanctus est intelligens; ita Pater est dicens, Filius est dicens, et Spiritus Sanctus est dicens. Et similiter

ARTIGO 1
O Verbo é um nome pessoal em Deus?

QUANTO AO PRIMEIRO, ASSIM SE PROCEDE: parece que Verbo **não** é um nome pessoal em Deus.

1. Com efeito, os nomes pessoais atribuem-se a Deus em sentido próprio, como Pai e Filho. Ora, segundo Orígenes, o nome "verbo" atribui-se a Deus por metáfora. Logo, em Deus, "verbo" não é um nome pessoal.

2. ALÉM DISSO, "O verbo é o conhecimento com amor", diz Agostinho. E segundo Anselmo, "dizer, para o espírito supremo, nada mais é que ver pensando". Ora, conhecimento, pensamento e contemplação dizem-se em Deus em sentido essenciais. Logo, "verbo" não se diz em sentido pessoal em Deus.

3. ADEMAIS, é da razão do verbo que se diga. Ora, segundo Anselmo, como o Pai conhece, o Filho conhece e o Espírito Santo conhece, o Pai diz, o Filho diz e o Espírito Santo diz. E do mesmo modo cada um deles é dito. Logo, o nome

---

1 PARALL.: I-II, q. 93, a. 1, ad 2; I *Sent.*, dist. 27, q. 2, a. 2, q.la 1; *De Pot.*, q. 9, a. 9, ad 7; *De Verit.*, q. 4, a. 2; a. 4, ad 4.

1. C. 1, super illud, *In principio erat Verbum*: MG 14, 72 C.
2. L. IX, c. 10: ML 42, 969.
3. C. 63, al. 60: ML 158, 208 D.
4. Ibid., c. 62, 63, al. 60: ML 158, 207 C, 209 A.

quilibet eorum dicitur. Ergo nomen verbi essentialiter dicitur in divinis, et non personaliter.

4. PRAETEREA, nulla persona divina est facta. Sed verbum Dei est aliquid factum: dicitur enim in Ps 148,8: *Ignis, grando, nix, glacies, spiritus procellarum, quae faciunt verbum eius*. Ergo verbum non est nomen personale in divinis.

SED CONTRA est quod dicit Augustinus, in VII de Trin.[5]: *Sicut Filius refertur ad Patrem, ita et Verbum ad id cuius est Verbum*. Sed Filius est nomen personale: quia relative dicitur. Ergo et Verbum.

RESPONDEO dicendum quod nomen Verbi in divinis, si proprie sumatur, est nomen personale, et nullo modo essentiale. Ad cuius evidentiam, sciendum est quod *verbum* tripliciter quidem in nobis proprie dicitur: quarto autem modo, dicitur improprie sive figurative. Manifestius autem et communius in nobis dicitur verbum quod voce profertur. Quod quidem ab interiori procedit quantum ad duo quae in verbo exteriori inveniuntur, scilicet vox ipsa, et significatio vocis. Vox enim significat intellectus conceptum, secundum Philosophum, in libro I *Periherm.*[6]: et iterum vox ex imaginatione procedit, ut in libro *de Anima*[7] dicitur. Vox autem quae non est significativa, verbum dici non potest. Ex hoc ergo dicitur verbum vox exterior, quia significat interiorem mentis conceptum. Sic igitur primo et principaliter interior mentis conceptus verbum dicitur: secundario vero, ipsa vox interioris conceptus significativa: tertio vero, ipsa imaginatio vocis verbum dicitur. Et hos tres modos verbi ponit Damascenus, in I libro, cap. 13[8], dicens quod *verbum* dicitur *naturalis intellectus motus, secundum quem movetur et intelligit et cogitat, velut lux et splendor*, quantum ad primum: *rursus verbum est quod* non verbo profertur, sed *in corde pronuntiatur*, quantum ad tertium: *rursus etiam verbum est angelus*, idest nuntius, *intelligentiae*, quantum ad secundum. — Dicitur autem figurative quarto modo verbum, id quod verbo significatur vel efficitur: sicut consuevimus dicere, *hoc est verbum quod dixi tibi*, vel *quod mandavit rex*, demonstrato aliquo facto quod

"verbo" em Deus diz-se em sentido essencial e não pessoal.

4. ADEMAIS, nenhuma pessoa divina é feita. Ora, o verbo de Deus é algo feito, pois está escrito no Salmo 148: "Fogo, granizo, neve, gelos, ventos de tempestades que fazem seu verbo". Logo, verbo não é um nome pessoal em Deus.

EM SENTIDO CONTRÁRIO, Agostinho diz: "Como o Filho se refere ao Pai, assim o Verbo se refere ao de quem é o Verbo". Ora, o Filho é um nome pessoal, porque se diz em sentido relativo[a]. Logo, o Verbo o é também.

RESPONDO. Em Deus, o nome Verbo, tomado no sentido próprio, é um nome pessoal; de modo algum um nome essencial. Para demonstrá-lo, é preciso saber que dizemos *verbo*, em sentido próprio, de três maneiras. De uma quarta maneira, em sentido impróprio ou figurado. De uma maneira mais clara e comum a nós, chama-se verbo ao que é proferido pela voz. E isso procede do interior, segundo os dois elementos que se encontram no verbo exterior, a saber, a palavra e sua significação. De um lado, a palavra significa o conceito do intelecto, conforme o Filósofo no livro *Sobre as interpretações*. De outro lado, ela procede da imaginação, como diz ainda o livro *Sobre a alma*. A palavra que não é significativa não pode ser chamada de verbo. Se a palavra exterior é chamada de verbo é porque significa um conceito interior da mente. Verbo, portanto, significa, primeira e principalmente, o conceito interior da mente. Em segundo lugar, a palavra que exprime o conceito interior. E, em terceiro lugar, a imagem formadora dessa palavra. Encontram-se estas três maneiras do verbo afirmadas por Damasceno: "Chama-se verbo o movimento natural do intelecto pelo qual ele se move, conhece e pensa. É como a luz e seu esplendor (primeiro verbo). Há também um verbo que não se profere com a voz, mas que se pronuncia no coração (terceiro verbo). E há ainda um verbo que é o anjo, isto é, o mensageiro do pensamento" (segundo verbo). — Verbo diz-se ainda, por um quarto modo, em sentido figurado: o que é significado ou feito. Por exemplo, é

---

5. C. 2: ML 42, 936.
6. C. 1: 16, a, 3-4.
7. L. II, c. 8: 420, b, 29 — 421, a, 1.
8. *De Fide Orth*. MG 94, 857 A.

---

a. "Absoluto" opõe-se a "relativo". Uma relação real não se pode encontrar em Deus senão onde existe processão, ou produção de um termo, que só pode ser distinto, pois proceder de si mesmo é contraditório. Nem o intelecto em Deus, nem a intelecção procedem, pois pura e simplesmente identificam-se com o Ser divino. Já o Verbo, fruto da intelecção, procede, pois é realmente produzido: único, portanto, a distinguir-se efetivamente do princípio do qual procede, no núcleo da intelecção divina.

verbo significatum est vel simpliciter enuntiantis, vel etiam imperantis.

Dicitur autem proprie verbum in Deo, secundum quod verbum significat conceptum intellectus. Unde Augustinus dicit, in XV *de Trin*.[9]: *Quisquis potest intelligere verbum, non solum antequam sonet, verum etiam antequam sonorum eius imagines cogitatione involvantur, iam potest videre aliquam Verbi illius similitudinem, de quo dictum est: In principio erat Verbum.* Ipse autem conceptus cordis de ratione sua habet quod ab alio procedat, scilicet a notitia concipientis. Unde verbum, secundum quod proprie dicitur in divinis, significat aliquid ab alio procedens: quod pertinet ad rationem nominum personalium in divinis, eo quod personae divinae distinguuntur secundum originem, ut dictum est[10]. Unde oportet quod nomen Verbi, secundum quod proprie in divinis accipitur, non sumatur essentialiter, sed personaliter tantum.

AD PRIMUM ergo dicendum quod Ariani, quorum fons Origenes invenitur[11], posuerunt Filium alium a Patre esse in diversitate substantiae. Unde conati sunt, cum Filius Dei Verbum dicitur, astruere non esse proprie dictum; ne, sub ratione verbi procedentis, cogerentur fateri Filium Dei non esse extra substantiam Patris; nam verbum interius sic a dicente procedit, quod in ipso manet. — Sed necesse est, si ponitur verbum Dei metaphorice dictum, quod ponatur verbum Dei proprie dictum. Non enim potest aliquid metaphorice verbum dici, nisi ratione manifestationis: quia vel manifestat sicut verbum, vel est verbo manifestatum. Si autem est manifestatum verbo, oportet ponere verbum quo manifestetur. Si autem dicitur verbum quia exterius manifestat, ea quae exterius manifestant, non dicuntur verba nisi inquantum significant interiorem mentis conceptum, quem aliquis etiam per exteriora signa manifestat. Etsi ergo verbum aliquando dicatur metaphorice in divinis, tamen oportet ponere Verbum proprie dictum, quod personaliter dicatur.

conatural dizer: *Este é o verbo que te disse, ou que o rei ordenou*, para mostrar alguma coisa feita que foi expressa pelo verbo, ou simplesmente de quem falou ou ainda de quem ordenou.

Em Deus, fala-se de verbo em sentido próprio, isto é, no sentido de conceito do intelecto. Assim, diz Agostinho: "Aquele que pode conhecer o verbo, não somente antes que ele ressoe, mas antes mesmo que as imagens de seus sons sejam envolvidas pelo pensamento, este pode, então, ver uma certa semelhança daquele Verbo do qual está escrito: No princípio era o Verbo". Ora, é da razão do conceito interior proceder de um outro, a saber, do conhecimento de quem concebe. Portanto, Verbo, segundo se diz em sentido próprio, em Deus significa algo que procede de outro, o que é da razão dos nomes pessoais de Deus, pois as pessoas divinas distinguem-se pela origem, como já foi dito. Portanto, é necessário que o nome Verbo, aplicado a Deus em sentido próprio, seja tratado como nome pessoal, e não como nome essencial.

QUANTO AO 1º, portanto, deve-se dizer que os arianos, cuja fonte está em Orígenes, afirmaram que o Filho era distinto do Pai pela diversidade de substância. Portanto, eles se esforçaram por estabelecer que, se o Filho de Deus se chama Verbo, não é no sentido próprio, para que não fossem obrigados a confessar, em razão da procedência do verbo, que o Filho de Deus não existe fora da substância do Pai. O verbo interior procede, com efeito, do sujeito que o diz, de tal modo que permanece nele. — Se se admite um verbo de Deus, em sentido metafórico, é necessário admitir também um verbo de Deus em sentido próprio. Uma coisa não pode ser chamada em sentido metafórico de verbo a não ser em razão de sua manifestação: ou se manifesta à maneira de verbo, ou é manifestada por um verbo. Se é manifestada por um verbo, é necessário afirmar este verbo que a manifesta. Ao contrário, se se chama de verbo pelo que manifesta exteriormente, aquilo que manifesta exteriormente não se chama verbo a não ser enquanto significa um conceito interior da mente, que alguém manifesta também por sinais exteriores. Portanto, se por vezes fala-se de um verbo em Deus, em sentido metafórico, deve-se, entretanto, afirmar um Verbo propriamente dito, que seja dito em sentido pessoal.

---

9. C. 10: ML 42, 1071.
10. Q. 27, Introd.; q. 32, a. 3.
11. Cfr. q. 32, a. 1, ad 1.

AD SECUNDUM dicendum quod nihil eorum quae ad intellectum pertinent, personaliter dicitur in divinis, nisi solum Verbum: solum enim verbum significat aliquid ab alio emanans. Id enim quod intellectus in concipiendo format, est verbum. Intellectus autem ipse, secundum quod est per speciem intelligibilem in actu, consideratur absolute. Et similiter intelligere, quod ita se habet ad intellectum in actu, sicut esse ad ens in actu: non enim intelligere significat actionem ab intelligente exeuntem, sed in intelligente manentem. — Cum ergo dicitur quod verbum est *notitia*, non accipitur *notitia* pro actu intellectus cognoscentis, vel pro aliquo eius habitu: sed pro eo quod intellectus concipit cognoscendo. Unde et Augustinus dicit[12] quod Verbum est *sapientia genita*: quod nihil aliud est quam ipsa conceptio sapientis: quae etiam pari modo *notitia genita* dici potest. — Et per eundem modum potest intelligi quod *dicere* Deo sit *cogitando intueri*, inquantum scilicet intuitu cogitationis divinae concipitur Verbum Dei. *Cogitationis* tamen nomen Dei Verbo proprie non convenit: dicit enim Augustinus, XV *de Trin*.[13]: *Ita dicitur illud Verbum Dei, ut cogitatio non dicatur; ne aliquid esse quasi volubile credatur in Deo, quod nunc accipiat formam ut verbum sit, eamque dimittere possit, atque informiter quodammodo volutari*. Cogitatio enim proprie in inquisitione veritatis consistit, quae in Deo locum non habet. Cum vero intellectus iam ad formam veritatis pertingit, non cogitat, sed perfecte veritatem contemplatur. Unde Anselmus improprie accipit cogitationem pro *contemplatione*.

AD TERTIUM dicendum quod, sicut, proprie loquendo, Verbum dicitur personaliter in divinis et non essentialiter, ita et *dicere*. Unde, sicut Verbum non est commune Patri et Filio et Spiritui Sancto, ita non est verum quod Pater et Filius et Spiritus Sanctus sint unus dicens. Unde Augustinus dicit, VII *de Trin*.[14]: *Dicens illo coaeterno Verbo non singulus intelligitur in divinis*. Sed *dici* convenit cuilibet personae: dicitur enim non solum verbum, sed res quae verbo intelligitur vel significatur. Sic ergo uni soli personae in divinis convenit dici eo modo quo dicitur verbum: eo vero modo quo dicitur res in verbo intellecta, cuilibet

QUANTO AO 2º, deve-se dizer que nenhum dos nomes que se referem ao entendimento é dito em Deus em sentido pessoal, a não ser Verbo, pois somente ele significa alguma coisa que procede de um outro. O verbo, com efeito, é o que o intelecto forma ao conhecer o objeto. O mesmo intelecto, porém, quando em ato pela espécie inteligível, é considerado absolutamente. Da mesma maneira, o conhecer, que está para o intelecto em ato como está o ser para o ente em ato, pois conhecer não significa uma ação que sai do que conhece, mas que permanece no que conhece. — Portanto, quando se diz que o verbo é um *conhecimento*, não se toma *conhecimento* pelo ato do intelecto de quem conhece, nem por algum de seus hábitos: mas por aquilo que o intelecto concebe conhecendo. Agostinho diz que o Verbo é a *sabedoria gerada*. Não é outra coisa que a concepção do sábio. Pode-se também chamá-lo *conhecimento gerado*. — Assim, pode-se igualmente entender que *para Deus dizer é ver pensando*, na medida em que Verbo de Deus é concebido pelo olhar do pensamento divino. Entretanto, o *pensamento* não convém propriamente ao Verbo de Deus. É o que diz Agostinho: "É chamado Verbo de Deus para que não se chame pensamento, a fim de que não se creia que há em Deus algo mutável, que ora tomaria forma para tornar-se verbo, ora a poderia deixar e assim seria movido de um lado para outro sem uma forma determinada". Efetivamente, pensar consiste propriamente na busca da verdade, o que não ocorre em Deus. Quando o intelecto alcança a forma da verdade, ele não mais pensa, contempla perfeitamente a verdade. Anselmo, portanto, tomou pensamento impropriamente por *contemplação*.

QUANTO AO 3º, deve-se dizer que falando em sentido próprio, Verbo emprega-se em Deus como termo pessoal, e não essencial, assim como *dizer*. Assim como Verbo não é comum ao Pai, ao Filho e ao Espírito Santo, do mesmo modo não é verdade que o Pai, o Filho e o Espírito Santo sejam um mesmo e único que diz. Segundo Agostinho, "dizer o Verbo eterno, não se entende de cada um em Deus", mas *ser dito* convém a cada Pessoa. Não só o verbo é dito, mas também o que se entende ou se expressa pelo Verbo. Portanto, a uma só pessoa em Deus convém o ser dita, como é dito o verbo, mas a cada pessoa convém o ser dita,

---

12. *De Trin.*, l. VII, c. 2: ML 42, 935.
13. C. 16: ML 42, 1079.
14. C. 1: ML 42, 933.

personae convenit dici. Pater enim, intelligendo se et Filium et Spiritum Sanctum, et omnia alia quae eius scientia continentur, concipit Verbum: ut sic tota Trinitas Verbo dicatur, et etiam omnis creatura; sicut intellectus hominis verbo quod concipit intelligendo lapidem, lapidem dicit. — Anselmus vero improprie accepit *dicere* pro *intelligere*. Quae tamen differunt. Nam *intelligere* importat solam habitudinem intelligentis ad rem intellectam; in qua nulla ratio originis importatur, sed solum informatio quaedam in intellectu nostro, prout intellectus noster fit in actu per formam rei intellectae. In Deo autem importat omnimodam identitatem: quia in Deo est omnino idem intellectus et intellectum, ut supra[15] ostensum est. Sed *dicere* importat principaliter habitudinem ad verbum conceptum: nihil enim est aliud *dicere* quam proferre verbum. Sed mediante verbo importat habitudinem ad rem intellectam, quae in verbo prolato manifestatur intelligenti. Et sic sola persona quae profert Verbum, est dicens in divinis: cum tamen singula personarum sit intelligens et intellecta, et per consequens Verbo dicta.

AD QUARTUM dicendum quod *verbum* sumitur ibi figurative, prout significatum vel effectus verbi dicitur verbum. Sic enim creaturae dicuntur facere verbum Dei, inquantum exequuntur effectum aliquem, ad quem ordinantur ex Verbo concepto divinae sapientiae: sicut aliquis dicitur facere verbum regis, dum facit opus ad quod ex verbo regis instigatur.

como é dita a coisa apreendida no verbo. Com efeito, é conhecendo-se a si mesmo, e o Filho e o Espírito Santo, e todas as outras coisas compreendidas em sua ciência, que o Pai concebe o Verbo de tal maneira que no Verbo é a Trindade inteira que é dita, e mesmo toda criatura. Assim, o intelecto humano diz pedra, no verbo que ele concebe conhecendo a pedra. — Quanto a Anselmo, tomou impropriamente *dizer* por *conhecer*: esses termos não são sinônimos. *Conhecer* implica unicamente a relação do que conhece com a coisa conhecida, o que não implica nenhuma razão de origem, mas somente uma certa informação de nosso intelecto, uma vez que ele passa ao ato pela forma do objeto conhecido. Em Deus, *conhecer* implica uma identidade total, porque em Deus o intelecto e a coisa conhecida são totalmente um só, como já foi explicado. Ao contrário, *dizer* implica principalmente relação com o verbo conhecido, pois *dizer* nada mais é que proferir um verbo. Mas, por intermédio do verbo, ele se refere à coisa conhecida, que se manifesta ao sujeito que conhece pelo verbo que ele profere. Portanto, a única pessoa que diz, em Deus, é a que profere o Verbo. Se bem que cada uma das pessoas conheça e seja conhecida e, por conseguinte, seja dita no Verbo[b].

QUANTO AO 4º, deve-se dizer que, no Salmo, "verbo" toma-se em sentido figurado, conforme o que é significado ou o que é efeito do verbo se diz verbo. Assim, se diz que as criaturas realizam o verbo de Deus, quando elas executam o efeito ao qual estão ordenadas pelo Verbo concebido pela divina sabedoria. Assim, se diz que alguém realiza o verbo do rei, quando realiza a obra que lhe foi prescrita pela palavra do rei.

ARTICULUS 2
Utrum Verbum sit proprium nomen Filii

AD SECUNDUM SIC PROCEDITUR. Videtur quod Verbum non sit proprium nomen Filii.

ARTIGO 2
Verbo é o nome próprio do Filho?

QUANTO AO SEGUNDO, ASSIM SE PROCEDE: parece que o Verbo **não** é o nome próprio do Filho.

---

15. Q. 14, a. 2, 4.

2 PARALL.: I *Sent.*, dist. 27, q. 2, a. 2, q.la 2; *De Verit.*, q. 4, a. 3; *Contra errores Graec.*, c. 12; *ad Heb.*, c. 1, lect. 2.

b. Vimos, com efeito, que o que é "dito" ou "proferido" não é somente o verbo, mas o conhecimento que o verbo exprime, e, por conseguinte, tudo o que é conhecido por intermédio desse ato de conhecimento. Ao proferir o Verbo, o Pai exprime tudo o que ele conhece, e que as duas outras Pessoas também conhecem, pelo mesmo ato de conhecimento; ou seja, ele mesmo, o Filho e o Espírito Santo, a essência divina que lhes é comum e todas as criaturas (conhecidas a partir dessa essência, como as suas participações). É, portanto, completamente inexato afirmar que o Verbo é a essência divina enquanto inteligível, ou enquanto atualmente conhecido: é a essência divina infinitamente inteligível e conhecida que é comum às três Pessoas. É somente na medida que exprime esse conhecimento, e na medida em que proferem tal expressão, que o Filho e o Pai se distinguem entre si e do Espírito Santo.

1. Filius enim est persona subsistens in divinis. Sed verbum non significat rem subsistentem, ut in nobis patet. Ergo Verbum non potest esse proprium nomen personae Filii.
2. Praeterea, verbum prolatione quadam procedit a dicente. Si ergo Filius est proprie Verbum, non procedit a Patre nisi per modum prolationis. Quod est haeresis Valentini*, ut patet per Augustinum, in libro *de Haeresibus*[1].

3. Praeterea, omne nomen proprium alicuius personae significat proprietatem aliquam eius. Si igitur Verbum sit proprium nomen Filii, significabit aliquam proprietatem eius. Et sic erunt plures proprietates in divinis quam supra[2] enumeratae sunt.
4. Praeterea, quicumque intelligit, intelligendo concipit verbum. Sed Filius intelligit. Ergo Filii est aliquod verbum. Et sic non est proprium Filii esse Verbum.
5. Praeterea, Hb 1,3 dicitur de Filio, *portans omnia verbo virtutis suae*: ex quo Basilius accipit[3] quod Spiritus Sanctus sit verbum Filii. Non est ergo proprium Filii esse Verbum.

Sed contra est quod Augustinus dicit, VI *de Trin.*[4]: *Verbum solus Filius accipitur.*
Respondeo dicendum quod Verbum proprie dictum in divinis personaliter accipitur, et est proprium nomen personae Filii. Significat enim quandam emanationem intellectus: persona autem quae procedit in divinis secundum emanationem intellectus, dicitur Filius et huiusmodi processio dicitur generatio, ut supra[5] ostensum est. Unde relinquitur quod solus Filius proprie dicatur Verbum in divinis.

Ad primum ergo dicendum quod in nobis non est idem esse et intelligere: unde illud quod habet in nobis esse intelligibile, non pertinet ad naturam nostram. Sed esse Dei est ipsum eius intelligere: unde Verbum Dei non est aliquod accidens in ipso, vel aliquis effectus eius; sed pertinet ad ipsam naturam eius. Et ideo oportet quod sit aliquid

1. Com efeito, o Filho é uma pessoa subsistente em Deus. Ora, verbo não significa algo subsistente, como é claro para nós. Logo, Verbo não pode ser um nome próprio da pessoa do Filho.
2. Além disso, o verbo procede de quem o diz por uma emissão. Portanto, se o Filho é propriamente Verbo, ele procede do Pai por via de emissão. Ora, esta é a heresia de Valentino, tal como Agostinho a transmite em seu livro *Sobre as heresias*.

3. Ademais, o nome próprio de uma pessoa significa uma de suas propriedades. Portanto, se o Verbo é o nome próprio do Filho, significa uma sua propriedade. E assim haveria mais propriedades em Deus do que as que acima foram enumeradas.
4. Ademais, quem conhece concebe o verbo conhecendo. Ora, o Filho conhece. Logo, há um verbo do Filho. E, então, ser Verbo não é próprio do Filho.
5. Ademais, na Carta aos Hebreus se diz do Filho que "Ele carrega todas as coisas pelo verbo de seu poder". Isso leva Basílio a dizer que o Espírito Santo é o verbo do Filho. Portanto, ser Verbo não é próprio do Filho.

Em sentido contrário, "Verbo entende-se somente do Filho", diz Agostinho.
Respondo. Em Deus, Verbo propriamente dito entende-se em sentido pessoal, e é nome próprio da pessoa do Filho. Com efeito, significa uma emanação do intelecto. Ora, em Deus, a pessoa que procede por emanação do intelecto chama-se Filho, e sua processão toma o nome de geração como já se tratou. Segue-se que somente o Filho é dito propriamente Verbo, em Deus[c].

Quanto ao 1º, portanto, deve-se dizer que, em nós, ser e conhecer não são a mesma coisa. Portanto, o que é inteligível em nós não faz parte de nossa natureza. Mas o ser de Deus é seu próprio conhecer. Assim, o Verbo de Deus não é um acidente ou um efeito de Deus, mas faz parte de sua natureza. Por isso, é preciso que seja algo sub-

---

* Valentinus, gnosticus, † c. 161.
1. Num. 11: ML 42, 27-28.
2. Q. 32, a. 3.
3. *Contra Eunom.*, l. V, c. 11: MG 29, 732 A.
4. C. 2: ML 42, 925.
5. Q. 27, a. 2.

c. É sendo o Verbo que a segunda Pessoa é o Filho. "Verbo" não significa, portanto, uma outra propriedade dessa Pessoa, no sentido da q. 32, mas evidencia um aspecto dessa propriedade que o termo "Filho" deixa na sombra: pois, em nossa experiência, um filho não é um verbo, e um verbo não é um filho.

subsistens: quia quidquid est in natura Dei, subsistit. Et ideo Damascenus dicit[6] quod Verbum Dei est *substantiale, et in hypostasi ens: reliqua vero verba*, scilicet nostra, *virtutes sunt animae*.

AD SECUNDUM dicendum quod non propter hoc error Valentini est damnatus, quia Filium dixit prolatione natum, ut Ariani calumniabantur, sicut Hilarius refert, VI *de Trin*.[7]: sed propter varium modum prolationis quem posuit, sicut patet per Augustinum in libro *de Haeresibus*[8].

AD TERTIUM dicendum quod in nomine Verbi eadem proprietas importatur quae in nomine Filii: unde dicit Augustinus[9]: *eo dicitur Verbum, quo Filius*. Ipsa enim nativitas Filii, quae est proprietas personalis eius, diversis nominibus significatur, quae Filio attribuuntur ad experimendum diversimode perfectionem eius. Nam ut ostendatur connaturalis Patri, dicitur *Filius*; ut ostendatur coaeternus, dicitur *splendor*; ut ostendatur omnino similis, dicitur *imago*; ut ostendatur immaterialiter genitus, dicitur *Verbum*. Non autem potuit unum nomen inveniri, per quod omnia ista designarentur.

AD QUARTUM dicendum quod eo modo convenit Filio esse intelligentem, quo convenit ei esse Deum: cum intelligere essentialiter dicatur in divinis, ut dictum est[10]. Est autem Filius Deus genitus, non autem generans Deus. Unde est quidem intelligens, non ut producens verbum, sed ut Verbum procedens; prout scilicet in Deo Verbum procedens secundum rem non differt ab intellectu divino, sed relatione sola distinguitur a principio Verbi.

AD QUINTUM dicendum quod, cum de Filio dicitur, *portans omnia verbo virtutis suae*, verbum figurate accipitur pro effectu verbi. Unde Glossa[11] ibi dicit quod *verbum* sumitur pro *imperio*; inquantum scilicet ex effectu virtutis Verbi est quod res conserventur in esse, sicut ex effectu virtutis

sistente, porque tudo o que existe na natureza de Deus é subsistente. Damasceno diz que "O Verbo de Deus é substancial e ente em sua hipóstase. Enquanto os outros verbos, isto é, os nossos, são operações da alma".

QUANTO AO 2º, deve-se dizer que se condenou o erro de Valentino não por ele ter sustentado que o Filho nasce por prolação, como os arianos o caluniavam, no dizer de Hilário, mas pelo diverso modo de prolação que afirmou, como Agostinho deixa claro em seu livro *Sobre as heresias*.

QUANTO AO 3º, deve-se dizer que é a mesma propriedade que é significada nos nomes de Verbo e de Filho. "Chama-se Verbo", diz Agostinho, "pela mesma razão que se chama Filho." Com efeito, a natividade do Filho, que é sua propriedade pessoal, é significada por vários nomes, que lhe são atribuídos para exprimir de diversos modos sua perfeição. Para mostrar que é conatural com o Pai, chama-se *Filho*; que é coeterno, chama-se *Esplendor*; que é totalmente semelhante, chama-se *Imagem*; que é gerado de maneira imaterial, chama-se *Verbo*. Era impossível encontrar um nome único que significasse todos esses aspectos.

QUANTO AO 4º, deve-se dizer que ser o que conhece convém ao Filho, assim como lhe convém ser Deus, porque em Deus conhecer é dito em sentido essencial, como foi explicado. Ora, o Filho é Deus gerado, e não Deus gerador. Portanto, ele conhece não como quem produz um verbo, mas como o Verbo que procede. Em Deus, o Verbo que procede não se distingue realmente do intelecto divino, mas é somente por relação que ele se distingue do princípio do Verbo[d].

QUANTO AO 5º, deve-se dizer que, quando se diz do Filho que *ele carrega todas as coisas pelo verbo de seu poder*, toma-se verbo em um sentido figurado, pelo efeito do verbo. Por exemplo, a *Glosa* diz aqui que verbo está por *império*. Assim, se quer dizer que as coisas são conservadas no ser

---

6. *De Fide Orth*., l. I, c. 13: MG 94, 857 A.
7. Num. 9: ML 10, 162 C — 164 A.
8. Loco in arg. citato.
9. *De Trin*., l. VII, c. 2: ML 42, 936.
10. Art. praec. ad 2, 3.
11. Interl. et Ordin.

---

d. O objetante levantou uma das mais temíveis dificuldades encontradas pela interpretação teológica do mistério que foi proposta e dada como a única válida. A resposta é que o conhecimento divino é absolutamente uno e comum às três Pessoas. É no núcleo desse conhecimento que se produz uma misteriosa disjunção entre Aquele que profere o Verbo e o Verbo proferido. Há somente um Verbo, assim como só há um conhecimento divino, e portanto um só "Proferente". Contudo, nem o fato de ser o Verbo, nem o de ser o Proferente acrescentam o que quer que seja à perfeição do conhecimento divino, sendo um e outro pura relação, conforme estabelecido. Logo, não é tampouco uma falha de perfeição para a terceira Pessoa o fato de não ser nem o Verbo nem o Proferente.

Verbi est quod res producantur in esse. Quod vero Basilius interpretatur *verbum* pro Spiritu Sancto, improprie et figurate locutus est, prout verbum alicuius dici potest omne illud quod est manifestativum eius: ut sic ea ratione dicatur Spiritus Sanctus verbum Filii, quia manifestat Filium.

Articulus 3
Utrum in nomine Verbi importetur respectus ad creaturam

AD TERTIUM SIC PROCEDITUR. Videtur quod in nomine Verbi non importetur respectus ad creaturam.

1. Omne enim nomen connotans effectum in creatura, essentialiter in divinis dicitur. Sed Verbum non dicitur essentialiter, sed personaliter, ut dictum est[1]. Ergo Verbum non importat respectum ad creaturam.

2. PRAETEREA, quae important respectum ad creaturas, dicuntur de Deo ex tempore, ut *Dominus* et *Creator*. Sed Verbum dicitur de Deo ab aeterno. Ergo non importat respectum ad creaturam.

3. PRAETEREA, Verbum importat respectum ad id a quo procedit. Si ergo importat respectum ad creaturam, sequitur quod procedat a creatura.

4. PRAETEREA, ideae sunt plures secundum diversos respectus ad creaturas. Si igitur Verbum importat respectum ad creaturas, sequitur quod in Deo non sit unum Verbum tantum, sed plura.

5. PRAETEREA, si Verbum importat respectum ad creaturam, hoc non est nisi inquantum creaturae cognoscuntur a Deo. Sed Deus non solum cognoscit entia, sed etiam non entia. Ergo in Verbo importabitur respectus ad non entia: quod videtur falsum.

SED CONTRA est quod dicit Augustinus, in libro *Octoginta trium Quaest.*[2], quod in nomine Verbi *significatur non solum respectus ad Patrem, sed etiam de illa quae per Verbum facta sunt operativa potentia*.

RESPONDEO dicendum quod in Verbo importatur respectus ad creaturam. Deus enim, cognoscendo se, cognoscit omnem creaturam. Verbum autem in mente conceptum, est repraesentativum omnis eius quod actu intelligitur. Unde in nobis sunt di-

pelo efeito do poder do Verbo, do mesmo modo que por ele foram produzidas no ser. Que Basílio interprete *verbo* por Espírito Santo é igualmente uma fala imprópria e figurada. Nesse sentido, chama-se verbo de alguém tudo o que o manifesta. Assim, o Espírito Santo é chamado verbo do Filho porque o manifesta.

Artigo 3
O nome Verbo implica uma relação com a criatura?

QUANTO AO TERCEIRO, ASSIM SE PROCEDE: parece que o nome Verbo **não** implica relação com a criatura.

1. Com efeito, todo nome que compreenda um efeito na criatura é dito em sentido essencial. Ora, Verbo não é dito em sentido essencial, mas pessoal, como já foi tratado. Logo, não implica relação com a criatura.

2. ALÉM DISSO, o que implica relação com as criaturas atribui-se a Deus, conotando o tempo, como *Senhor* e *Criador*. Ora, Verbo atribui-se a Deus desde toda a eternidade. Logo, não implica relação com a criatura.

3. ADEMAIS, o Verbo implica relação com aquilo do qual procede. Portanto, se ele implica relação com a criatura, resulta que procede da criatura.

4. ADEMAIS, há tantas ideias quantas são as diferentes relações com as criaturas. Portanto, se o Verbo implica relação com as criaturas, resulta que em Deus não há só um Verbo, mas vários.

5. ADEMAIS, se alguma relação com a criatura está implicada no nome Verbo, só pode ser enquanto as criaturas são conhecidas por Deus. Mas Deus não conhece somente os entes, mas também os não-entes. Logo, no Verbo estariam implicadas relações com os não-entes; o que parece falso.

EM SENTIDO CONTRÁRIO, segundo Agostinho, o nome Verbo "diz relação não somente com o Pai, mas também com as coisas que foram feitas pelo poder operante do Verbo".

RESPONDO. No Verbo está implicada relação com a criatura. Conhecendo-se, Deus conhece toda criatura. Ora, o verbo concebido na mente representa tudo o que se conhece em ato. De fato, em nós há tantos verbos quanto é a diversidade de coisas que

---

3 PARALL.: Infra, q. 37, a. 2, ad 3; I *Sent.*, dist. 27, q. 2, a. 3; *De Verit.*, q. 4, a. 5; *Quodlib.* IV, q. 4, a. 1, ad 1.
  1. Art. 1.
  2. Q. 63: ML 40, 54.

versa verba, secundum diversa quae intelligimus. Sed quia Deus uno actu et se et omnia intelligit, unicum Verbum eius est expressivum non solum Patris, sed etiam creaturarum. Et sicut Dei scientia Dei quidem est cognoscitiva tantum, creaturarum autem cognoscitiva et factiva; ita Verbum Dei eius quod in Deo Patre est, est expressivum tantum, creaturarum vero est expressivum et operativum. Et propter hoc dicitur in Ps 32,9: *Dixit, et facta sunt*; quia in Verbo importatur ratio factiva eorum quae Deus facit.

AD PRIMUM ergo dicendum quod in nomine personae includitur etiam natura oblique: nam persona est rationalis naturae individua substantia. In nomine igitur personae divinae, quantum ad relationem personalem, non importatur respectus ad creaturam: sed importatur in eo quod pertinet ad naturam. Nihil tamen prohibet, inquantum includitur in significatione eius essentia, quod importetur respectus ad creaturam: sicut enim proprium est Filio quod sit Filius, ita proprium est ei quod sit genitus Deus, vel genitus Creator. Et per hunc modum importatur relatio ad creaturam in nomine Verbi.

AD SECUNDUM dicendum quod, cum relationes consequantur actiones, quaedam nomina important relationem Dei ad creaturam, quae consequitur actionem Dei in exteriorem effectum transeuntem, sicut creare et gubernare: et talia dicuntur de Deo ex tempore. Quaedam vero relationem quae consequitur actionem non transeuntem in exteriorem effectum, sed manentem in agente, ut scire et velle: et talia non dicuntur de Deo ex tempore. Et huiusmodi relatio ad creaturam importatur in nomine Verbi. Nec est verum quod nomina importantia relationem Dei ad creaturas, omnia dicantur ex tempore: sed sola illa nomina quae important relationem consequentem actionem Dei in exteriorem effectum transeuntem, ex tempore dicuntur.

AD TERTIUM dicendum quod creaturae non cognoscuntur a Deo per scientiam a creaturis

conhecemos. Deus, ao contrário, conhece em um só ato a si mesmo e a todas as coisas. Seu único Verbo não exprime, portanto, somente o Pai, mas também as criaturas. Como a ciência de Deus a respeito de si é apenas conhecimento, assim a ciência divina das criaturas é conhecimento e causa. Então, o Verbo de Deus é apenas expressão daquilo que é, em Deus Pai, mas é expressão e causa das criaturas. Daí, a palavra do Salmo 32: "Ele disse, e as coisas foram feitas", por estar no Verbo a razão operante das coisas que Deus faz.

QUANTO AO 1º, portanto, deve-se dizer que no nome pessoa está incluída também a natureza, em oblíquo, pois a pessoa é a substância individual de uma natureza racional. Portanto, em um nome de pessoa divina, tendo em conta a relação pessoal, nenhuma relação com o criado é implicada, mas é implicada no que pertence à natureza. Entretanto, nada impede que, incluindo-se a essência na sua significação, esteja implicada uma relação com a criatura. Assim, como é próprio ao Filho ser o Filho, também lhe é próprio ser o Deus gerado, ou o Criador gerado, e é desse modo que está implicada no nome Verbo a relação com a criatura.

QUANTO AO 2º, deve-se dizer que, quando as relações são consecutivas à ação, certos nomes implicam uma relação de Deus com a criatura. Essa relação é consecutiva à ação de Deus, que termina em um efeito exterior. Assim criar e governar. Tais nomes atribuem-se a Deus no tempo. Mas há outros que implicam uma relação consecutiva a uma ação que não termina em um efeito exterior, mas que permanece no agente. Assim conhecer e querer. Tais nomes não se atribuem a Deus no tempo. É esta relação com a criatura que está implicada no nome Verbo. Não é, portanto, verdade que todos os nomes que implicam uma relação de Deus com as criaturas se atribuem a Deus no tempo, mas somente aqueles que implicam uma relação consecutiva a uma ação de Deus que termine em um efeito exterior[e].

QUANTO AO 3º, deve-se dizer que Deus não conhece as criaturas por um conhecimento de-

---

e. Desde o início da reflexão teológica sobre o mistério trinitário, orientamo-nos para a comparação entre a produção do Verbo em Deus e a concepção da obra a ser feita no espírito do artífice. Comparação fecunda, mas muito perigosa! Ela levava a colocar o processo do Verbo em dependência do desígnio criador, desse modo temporalizando-o, tornando-o contingente como o próprio universo criado é temporal e contingente. Vários, e dos maiores, defenderam-se mal contra essa tentação. Na resposta, Santo Tomás mostra de que maneira pode-se conservar a comparação, tão tradicional, tão conforme a diversos textos da Escritura, ao mesmo tempo em que se preserva do perigo que ela acarreta: o Verbo exprime eternamente o conhecimento divino, que é eterno e necessário. Se esse conhecimento tem por objeto também as criaturas, não somente para contemplá-las, mas para produzi-las e conduzi-las à perfeição, é porque Deus — a Trindade —, desde sempre, decidiu criá-las. É em virtude desta decisão, sem qualquer dependência a seu respeito, que o Verbo é a Ideia, em Deus, do universo a criar.

acceptam, sed per essentiam suam. Unde non oportet quod a creaturis procedat Verbum, licet Verbum sit expressivum creaturarum.

AD QUARTUM dicendum quod nomen ideae principaliter est impositum ad significandum respectum ad creaturam: et ideo pluraliter dicitur in divinis, neque est personale. Sed nomen Verbi principaliter impositum est ad significandam relationem ad dicentem: et ex consequenti ad creaturas, inquantum Deus, intelligendo se, intelligit omnem creaturam. Et propter hoc in divinis est unicum tantum Verbum, et personaliter dictum.

AD QUINTUM dicendum quod eo modo quo scientia Dei est non entium, et Verbum Dei est non entium: quia non est aliquid minus in Verbo Dei quam in scientia Dei, ut Augustinus dicit[3]. Sed tamen Verbum est entium ut expressivum et factivum: non entium autem, ut expressivum et manifestativum.

las recebido. Ele as conhece em sua essência. Portanto, não é preciso que o Verbo proceda das criaturas, embora seja expressiva delas.

QUANTO AO 4º, deve-se dizer que o termo ideia é empregado principalmente para designar a relação com a criatura. Por isso, em Deus, se diz no plural, e não é nome pessoal. Mas o nome Verbo é empregado principalmente para designar a relação com o que diz, e em seguida com as criaturas, enquanto Deus, ao se conhecer, conhece toda criatura. Daí vem que em Deus há apenas um Verbo, dito em sentido pessoal.

QUANTO AO 5º, deve-se dizer que, assim como o conhecimento de Deus concerne aos não-entes, assim também o Verbo de Deus porque não há menos no Verbo de Deus que no conhecimento de Deus, como diz Agostinho. Entretanto, com respeito aos entes, o Verbo é expressão e causa, mas com respeito aos não-entes é expressão e manifestação.

---

3. *De Trin.*, l. XV, c. 14: ML 42, 1076-1077.

QUAESTIO XXXV
DE IMAGINE
in duos articulos divisa
Deinde quaeritur de Imagine.
Et circa hoc quaeruntur duo.
Primo: utrum Imago in divinis dicatur personaliter.
Secundo: utrum sit proprium Filii.

ARTICULUS 1
Utrum Imago in divinis dicatur personaliter

AD PRIMUM SIC PROCEDITUR. Videtur quod Imago non dicatur personaliter in divinis.

1. Dicit enim Augustinus[1], in libro *de Fide ad Petrum*[2]: *Una est sanctae Trinitatis divinitas et imago, ad quam factus est homo.* Igitur imago dicitur essentialiter, et non personaliter.

2. PRAETEREA, Hilarius dicit, in libro *de Synod.*[3], quod *imago est eius rei ad quam imaginatur, spe-*

QUESTÃO 35
A IMAGEM
em dois artigos
Em seguida se pergunta sobre a Imagem.
E a esse respeito, são duas as perguntas:
1. Em Deus, Imagem é dita em sentido pessoal?
2. É um nome próprio do Filho?

ARTIGO 1
Em Deus, Imagem é dita em sentido pessoal?

QUANTO AO PRIMEIRO ARTIGO, ASSIM SE PROCEDE: parece que em Deus Imagem **não** é atribuída em sentido pessoal.

1. Com efeito, Agostinho (Fulgêncio) diz: "É uma única a divindade e a imagem da Santa Trindade segundo a qual o homem foi feito". Portanto, imagem é dita em sentido essencial e não pessoal.

2. ALÉM DISSO, Hilário diz "Imagem é a espécie exata daquela coisa da qual é imagem". Ora,

---

1 PARALL.: Infra, q. 93, a. 5, ad 4; I *Sent.*, dist. 28, q. 2, a. 2.

1. Fulgentius.
2. C. 1: ML 65, 674 D.
3. Super Canon. 1: ML 10, 490 B.

cies indifferens. Sed species, sive forma, in divinis dicitur essentialiter. Ergo et imago.

3. Praeterea, imago ab imitando dicitur, in quo importatur prius et posterius. Sed in divinis personis nihil est prius et posterius. Ergo imago non potest esse nomen personale in divinis.

Sed contra est quod dicit Augustinus[4], *Quid est absurdius quam imaginem ad se dici?* Ergo Imago in divinis relative dicitur. Et sic est nomen personale.

Respondeo dicendum quod de ratione imaginis est similitudo. Non tamen quaecumque similitudo sufficit ad rationem imaginis; sed similitudo quae est in specie rei, vel saltem in aliquo signo speciei. Signum autem speciei in rebus corporeis maxime videtur esse figura: videmus enim quod diversorum animalium secundum speciem, sunt diversae figurae, non autem diversi colores. Unde, si depingatur color alicuius rei in pariete, non dicitur esse imago, nisi depingatur figura. — Sed neque ipsa similitudo speciei sufficit vel figurae; sed requiritur ad rationem imaginis origo: quia, ut Augustinus dicit in libro *Octoginta trium Quaest*.[5], unum ovum non est imago alterius, quia non est de illo expressum. Ad hoc ergo quod vere aliquid sit imago, requiritur quod ex alio procedat simile ei in specie, vel saltem in signo speciei. — Ea vero quae processionem sive originem important in divinis, sunt personalia. Unde hoc nomen Imago est nomen personale.

Ad primum ergo dicendum quod imago proprie dicitur quod procedit ad similitudinem alterius. Illud autem ad cuius similitudinem aliquid procedit proprie dicitur *exemplar*, improprie vero imago. Sic tamen Augustinus[6] utitur nomine imaginis, cum dicit divinitatem sanctae Trinitatis esse imaginem ad quam factus est homo.

Ad secundum dicendum quod *species*, prout ponitur ab Hilario in definitione imaginis, importat formam deductam in aliquo ab alio. Hoc enim modo imago dicitur esse species alicuius, sicuti id quod assimilatur alicui, dicitur forma eius, inquantum habet formam illi similem.

espécie ou forma, em Deus é dita em sentido essencial. Logo, também imagem.

3. Ademais, imagem deriva de imitar, e isso implica antes e depois. Ora, não há antes ou depois nas pessoas divinas. Logo, em Deus, imagem não pode ser um nome de Pessoa.

Em sentido contrário, Agostinho escreve: "Que há de mais absurdo do que dizer-se imagem de si?". Logo, imagem em Deus é dita em sentido relativo. E assim é um nome de Pessoa.

Respondo. A razão de imagem importa semelhança. Mas não é qualquer semelhança que preenche a razão de imagem, e sim a semelhança que está na espécie da coisa, ou pelo menos em algum sinal da espécie. E o sinal da espécie, nas coisas corpóreas, parece ser sobretudo a figura. Vemos, com efeito, que os animais de espécies diferentes têm figuras diferentes, mas não cores diferentes. Por isso, se se pinta sobre a parede a cor de alguma coisa não se chama a isso imagem, mas somente se se pinta sua figura. — Essa semelhança na espécie ou na figura não basta ainda. Para a razão de imagem é preciso ainda a origem. Como diz Agostinho, um ovo não é a imagem de outro ovo, porque ele não é sua expressão. Para que algo seja verdadeiramente imagem, requer-se que proceda de outro de maneira que se lhe assemelhe na espécie, ou pelo menos em um sinal da espécie. — Ora, o que implica processão ou origem, em Deus, são nomes pessoais. Assim, o nome Imagem é um nome de Pessoa.

Quanto ao 1º, portanto, deve-se dizer que propriamente imagem é o que procede à semelhança de um outro. A este outro, de cuja semelhança uma coisa se aproxima, chama-se propriamente "exemplar" e impropriamente imagem. É nesse sentido que Agostinho emprega o termo "imagem", dizendo que a divindade da Trindade Santa é a imagem, segundo a qual o homem foi feito.

Quanto ao 2º, deve-se dizer que "espécie", conforme Hilário põe na definição de imagem, implica uma forma derivada de um outro. Desse modo, diz-se que a imagem é a espécie de algo; como se diz do que se assemelha a outra coisa que é sua forma, na medida em que tem uma forma semelhante a ela[a].

---

4. *De Trin*., l. VII, c. 1: ML 42, 934.
5. Q. 74: ML 40, 86.
6. Fulgentius.

a. O que é próprio ao Verbo em Deus, e que obriga a transpor, para lhe atribuir, a noção de imagem além de todo limite, é que a "forma de Deus", que ele deve ao Pai, não somente é semelhante à do Pai, como é identicamente a divindade segundo a qual o próprio Pai é Deus. Há imagem, contudo, porque o Filho, idêntico ao Pai segundo essa forma, é realmente distinto dele, como um outro no qual existe a divindade única e simples.

AD TERTIUM dicendum quod imitatio in divinis personis non significat posterioritatem, sed solam assimilationem.

Articulus 2
Utrum nomen Imaginis sit proprium Filii

AD SECUNDUM SIC PROCEDITUR. Videtur quod nomen Imaginis non sit proprium Filio.
1. Quia, ut dicit Damascenus[1], Spiritus Sanctus est *imago Filii*. Non est ergo proprium Filii.

2. PRAETEREA, de ratione imaginis est similitudo cum expressione, ut Augustinus dicit, in libro *Octoginta trium Quaest.*[2]. Sed hoc convenit Spiritui Sancto: procedit enim ab alio secundum modum similitudinis. Ergo Spiritus Sanctus est imago. Et ita non est proprium Filii quod sit Imago.

3. PRAETEREA, homo etiam dicitur imago Dei, secundum illud 1Cor 11,7: *Vir non debet velare caput suum, quoniam imago et gloria Dei est*. Ergo non est proprium Filio.

SED CONTRA est quod Augustinus dicit, VI *de Trin.*[3], quod *solus Filius est Imago Patris*.

RESPONDEO dicendum quod doctores Graecorum communiter dicunt Spiritum Sanctum esse imaginem Patris et Filii. Sed doctores latini soli Filio attribuunt nomen Imaginis: non enim invenitur in canonica Scriptura nisi de Filio. Dicitur enim Cl 1,15: *Qui est imago Dei invisibilis, primogenitus creaturae*; et Hb 1,3: *Qui cum sit splendor gloriae, et figura substantiae eius*.

Huius autem rationem assignant quidam ex hoc, quod Filius convenit cum Patre non solum in natura, sed etiam in notione principii: Spiritus autem Sanctus non convenit cum Filio nec cum Patre in aliqua notione. — Sed hoc non videtur sufficere. Quia sicut secundum relationes non attenditur in divinis neque aequalitas neque inaequalitas, ut Augustinus dicit[4]; ita neque similitudo, quae requiritur ad rationem imaginis.

Unde alii dicunt quod Spiritus Sanctus non potest dici imago Filii, quia imaginis non est ima-

Artigo 2
O nome Imagem é próprio do Filho?

QUANTO AO SEGUNDO, ASSIM SE PROCEDE: parece que o nome Imagem **não** é próprio do Filho.
1. Com efeito, o Espírito Santo é a imagem do Filho, segundo Damasceno. Logo, o nome Imagem não é próprio do Filho.

2. ALÉM DISSO, segundo Agostinho, é da razão da imagem a semelhança expressa. Ora, isso convém ao Espírito Santo: ele procede de um outro, por semelhança. Logo, o Espírito Santo é Imagem, e assim não é próprio do Filho que o seja.

3. ADEMAIS, também o homem se diz imagem de Deus, conforme está na primeira Carta aos Coríntios: "O homem não deve cobrir a cabeça, porque ele é a imagem e a glória de Deus". Logo, não é próprio do Filho.

EM SENTIDO CONTRÁRIO, Agostinho diz: "Só o Filho é Imagem do Pai".

RESPONDO. Em geral, os doutores gregos dizem que o Espírito Santo é a imagem do Pai e do Filho. Mas os doutores latinos atribuem somente ao Filho o nome Imagem, porque não se encontra na Escritura a não ser com respeito ao Filho: "Ele é a imagem do Deus invisível", diz a Carta aos Colossenses: "primogênito de toda criatura". E ainda a Carta aos Hebreus: "Ele que é o esplendor de sua glória e a figura de sua substância".

Alguns aduzem como razão disso o fato de que o Filho e o Pai têm em comum não somente a natureza divina, mas também a noção de princípio. O Espírito Santo, porém, não tem nenhuma noção comum com o Filho e com o Pai. — Essa razão parece insuficiente, porque, diz Agostinho, as relações não explicam em Deus nem igualdade, nem desigualdade, nem mesmo a semelhança requerida pela razão da imagem.

Outros dizem que não se pode chamar o Espírito Santo de imagem do Filho, porque não existe

---

2 PARALL.: Infra, q. 93, a. 1, ad 2; I *Sent.*, dist. 3, q. 3, ad 5; dist. 28, q. 2, a. 1, ad 3; II, dist. 16, a. 1; *Contra errores Graec.*, c. 10; 1*Cor.*, c. 11, lect. 2; II, c. 4, lect. 2; *Coloss.*, c. 1, lect. 4; *Heb.*, c. 1, lect. 2.

1. *De Fide Orth.*, l. I, c. 13: ML 94, 856 B.
2. Q. 74: ML 40, 86.
3. C. 2: ML 42, 925.
4. *Contra Maximin.*, l. II (al. III), c. 14: ML 42, 775; ibid., c. 18: ML 42, 786; *De Trin.*, l. V, c. 6: ML 42, 915.

go. Neque etiam imago Patris: quia etiam imago refertur immediate ad id cuius est imago; Spiritus Sanctus autem refertur ad Patrem per Filium. Neque etiam est imago Patris et Filii: quia sic esset una imago duorum, quod videtur impossibile. Unde relinquitur quod Spiritus Sanctus nullo modo sit imago. — Sed hoc nihil est. Quia Pater et Filius sunt unum principium Spiritus Sancti, ut infra[5] dicetur: unde nihil prohibet sic Patris et Filii, inquantum sunt unum, esse unam imaginem; cum etiam homo totius Trinitatis sit una imago.

Et ideo aliter dicendum est quod, sicut Spiritus Sanctus, quamvis sua processione accipiat naturam Patris, sicut et Filius, non tamen dicitur *natus*; ita, licet accipiat speciem similem Patris, non dicitur imago. Quia Filius procedit ut Verbum, de cuius ratione est similitudo speciei ad id a quo procedit; non autem de ratione amoris; quamvis hoc conveniat amori qui est Spiritus Sanctus, inquantum est amor divinus.

AD PRIMUM ergo dicendum quod Damascenus et alii doctores Graecorum communiter utuntur nomine imaginis pro perfecta similitudine.

AD SECUNDUM dicendum quod, licet Spiritus Sanctus sit similis Patri et Filio, non tamen sequitur quod sit imago, ratione iam dicta[6].

AD TERTIUM dicendum quod imago alicuius dupliciter in aliquo invenitur. Uno modo, in re eiusdem naturae secundum speciem: ut imago regis invenitur in filio suo. Alio modo, in re alterius naturae: sicut imago regis invenitur in denario. Primo autem modo, Filius est imago Patris: secundo autem modo dicitur homo imago Dei. Et ideo ad designandam in homine imperfectionem imaginis, homo non solum dicitur imago, sed *ad imaginem*, per quod motus quidam tendentis in uma imagem de uma imagem. Nem imagem do Pai, porque a imagem se refere imediatamente àquilo do que é imagem. O Espírito Santo, por sua vez, se refere ao Pai pelo Filho. E nem é a imagem do Pai e do Filho, porque parece impossível que uma imagem seja de dois. Daí concluem que o Espírito Santo não é imagem, de maneira alguma. — Mas tal argumento nada vale, porque o Pai e o Filho são um só princípio do Espírito Santo, como se verá abaixo. Portanto, nada impede que, enquanto são um, haja uma única imagem do Pai e do Filho. Aliás, também o homem é uma imagem da Trindade toda.

Portanto, cumpre explicar de outro modo. Por sua processão, o Espírito Santo recebe a natureza do Pai, como o Filho, sem que se diga *nascido*. Igualmente, embora receba a semelhança específica do Pai, não se diz imagem. É que o Filho procede como Verbo, de cuja razão é a semelhança específica com aquilo do qual procede, não, porém, da razão do amor, ainda que isso convenha ao amor que é o Espírito Santo, enquanto Ele é Amor divino[b].

QUANTO AO 1º, portanto, deve-se dizer que Damasceno e os outros doutores gregos empregam comumente o termo "imagem" no sentido de semelhança perfeita.

QUANTO AO 2º, deve-se dizer que, embora o Espírito Santo seja semelhante ao Pai e ao Filho, não se segue que ele seja sua imagem, pelos motivos já explicados.

QUANTO AO 3º, deve-se dizer que a imagem de um encontra-se em um outro de duas maneiras. Seja em algo da mesma natureza segundo a espécie, como a imagem do rei se encontra em seu filho. Seja em algo de natureza diferente, como a imagem do rei se encontra no dinheiro. Ora, é da primeira maneira que o Filho é a imagem do Pai; e da segunda que o homem é a imagem de Deus. Por isso, para significar esta imperfeição da imagem, no homem, não se diz que ele é a

---

5. Q. 36, a. 4.
6. In corp.

b. No presente artigo, acrescenta-se uma nova especificação à noção de imagem: não basta que haja semelhança perfeita, nem mesmo que essa semelhança seja produzida pelo próprio modelo: é preciso ainda que seja produzida por uma ação por natureza assimiladora. É aliás o que insinuavam as palavras "assimilar", "assimilação" nas r. 2 e 3 do artigo precedente.
A processão do Espírito Santo não é assimiladora *por si*, ela o é somente por ser divina. É por esse motivo que, tomando as palavras rigorosamente, o Espírito Santo na Trindade não é a imagem do Pai e do Filho, ainda que deles proceda e lhes seja consubstancial. Compreende-se, todavia, que ele seja assim qualificado, com bastante frequência, pelos Padres gregos. Santo Tomás justifica o uso latino, que lhe recusa tal qualificação, pois ele conserva o uso da Escritura, que a reserva ao Filho, considerando tal uso normativo para o teólogo.

perfectionem designatur. Sed de Filio Dei non potest dici quod sit *ad imaginem*, quia est perfecta Patris imago.

imagem, mas é *à imagem* de Deus[c]. Assim, fica assinalado o movimento de uma tendência à perfeição. Do Filho, ao contrário, não se pode dizer que ele seja *à imagem*, porque é a perfeita imagem do Pai.

---

c. Simples comparação! Na verdade, a impressão sobre o dinheiro da imagem do rei afeta somente de maneira superficial, ao passo que a graça que faz o homem à imagem de Deus transforma-o interiormente. Não muda, contudo, sua natureza — ele continua sendo um homem —, e nisto a comparação é válida.

QUAESTIO XXXVI
DE PERSONA SPIRITUS SANCTI
in quatuor articulos divisa

Post haec considerandum est de his quae pertinent ad personam Spiritus Sancti. Qui quidem non solum dicitur Spiritus Sanctus, sed etiam Amor et Donum Dei.

Circa nomen ergo Spiritus Sancti quaeruntur quatuor.

Primo: utrum hoc nomen *Spiritus Sanctus* sit proprium alicuius divinae personae.
Secundo: utrum illa persona divina quae Spiritus Sanctus dicitur, procedat a Patre et Filio.
Tertio: utrum procedat a Patre per Filium.
Quarto: utrum Pater et Filius sint unum principium Spiritus Sancti.

Articulus 1
Utrum hoc nomen *Spiritus Sanctus* sit proprium nomen alicuius divinae personae

AD PRIMUM SIC PROCEDITUR. Videtur quod hoc nomen *Spiritus Sanctus* non sit proprium nomen alicuius divinae personae.

1. Nullum enim nomen commune tribus personis, est proprium alicuius personae. Sed hoc nomen *Spiritus Sanctus* est commune tribus personis. Ostendit enim Hilarius, VIII *de Trin*.[1], in *Spiritu Dei* aliquando significari Patrem, ut cum dicitur[2], *Spiritus Domini super me*; aliquando significari Filium, ut cum dicit Filius[3], *in Spiritu Dei eiicio daemonia*, "naturae suae potestate eiicere se daemonia demonstrans"; aliquando Spiritum Sanctum, ut ibi[4], *Effundam de Spiritu meo super*

QUESTÃO 36
A PESSOA DO ESPÍRITO SANTO
em quatro artigos

Resta-nos considerar o que diz respeito à pessoa do Espírito Santo. Ele recebe os nomes não só de Espírito Santo, mas ainda de Amor e de Dom de Deus.

A respeito do nome do Espírito Santo, são quatro as perguntas:

1. O nome "Espírito Santo" é próprio de uma pessoa divina?
2. A pessoa divina chamada Espírito Santo procede do Pai e do Filho?
3. Procede do Pai pelo Filho?
4. O Pai e o Filho são um só princípio do Espírito Santo?

Artigo 1
O nome "Espírito Santo" é o nome próprio de uma pessoa divina?

QUANTO AO PRIMEIRO ARTIGO, ASSIM SE PROCEDE: parece que o nome Espírito Santo **não** é o nome próprio de uma pessoa divina.

1. Com efeito, nenhum nome comum às três pessoas é próprio de alguma pessoa. Ora, o nome Espírito Santo é comum às três pessoas. Hilário mostra que a expressão "Espírito de Deus", às vezes, designa o Pai, por exemplo neste texto: "O Espírito do Senhor está sobre mim". Às vezes, designa o Filho, por exemplo quando o Filho diz: "É pelo Espírito de Deus que expulso os demônios", declara que expulsa os demônios pelo poder de sua própria natureza. Outras vezes, designa o Espírito

---

1 PARALL.: I *Sent.*, dist. 10, a. 4; *Cont. Gent.* IV, 19; *Compend. Theol.*, c. 46, 47.

1. Num. 23, 25; ML 10, 253 A, 254 B — 255 A.
2. Is., 61, 1; Luc., 4, 18.
3. Matth., 12, 28.
4. Ioel, 2, 28; Act., 2, 17.

omnem carnem. Ergo hoc nomen *Spiritus Sanctus* non est proprium alicuius divinae personae.

2. Praeterea, nomina divinarum personarum ad aliquid dicuntur, ut Boetius dicit, in libro *de Trin*.[5]. Sed hoc nomen *Spiritus Sanctus* non dicitur ad aliquid. Ergo hoc nomen non est proprium divinae personae.

3. Praeterea, quia Filius est nomen alicuius divinae personae, non potest dici Filius huius vel illius. Dicitur autem spiritus huius vel illius hominis. Ut enim habetur Nm 11,17: *Dixit Dominus ad Moysen: Auferam de spiritu tuo, tradamque eis*; et IV *Reg*. 2,15: *Requievit spiritus Eliae super Elisaeum*. Ergo Spiritus Sanctus non videtur esse proprium nomen alicuius divinae personae.

Sed contra est quod dicitur 1Io ult., 7: *Tres sunt qui testimonium dant in caelo, Pater, Verbum et Spiritus Sanctus*. Ut autem Augustinus dicit, VII *de Trin*.[6], cum quaeritur, *Quid tres?* dicimus, *Tres personae*. Ergo Spiritus Sanctus est nomen divinae personae.

Respondeo dicendum quod, cum sint duae processiones in divinis, altera earum, quae est per modum amoris, non habet proprium nomen, ut supra[7] dictum est. Unde et relationes quae secundum huiusmodi processionem accipiuntur, innominatae sunt, ut etiam supra[8] dictum est. Propter quod et nomen personae hoc modo procedentis, eadem ratione, non habet proprium nomen. Sed sicut sunt accommodata aliqua nomina, ex usu loquentium, ad significandum praedictas relationes, cum nominamus eas nomine *processionis* et *spirationis*, quae, secundum proprietatem significationis, magis videntur significare actus notionales quam relationes; ita ad significandum divinam personam quae procedit per modum amoris, accommodatum est, ex usu Scripturae, hoc nomen Spiritus Sanctus.

Et huius quidem convenientiae ratio sumi potest ex duobus. Primo quidem, ex ipsa communitate eius quod dicitur *Spiritus Sanctus*. Ut enim Augustinus dicit, XV *de Trin*.[9]: *quia Spiritus Sanctus communis est ambobus, id vocatur ipse proprie quod ambo communiter: nam et Pater est Spiritus, et Filius est Spiritus; et Pater est sanctus, et*

Santo: "Eu derramarei o meu Espírito sobre toda carne". Logo, o nome "Espírito Santo" não é o nome próprio de uma pessoa divina.

2. Além disso, os nomes das pessoas divinas são ditos em sentido relativo, como diz Boécio. Ora, Espírito Santo não é dito em sentido relativo. Logo, não é o nome próprio de Pessoa divina.

3. Ademais, porque Filho é o nome de uma pessoa divina, não se pode dizer: o Filho deste ou daquele. Ora, se diz: "O Espírito deste ou daquele homem". Assim está no livro dos Números: "O Senhor disse a Moisés: Tomarei de teu Espírito e lhes darei; e ainda no livro IV dos Reis: "O Espírito de Elias repousou sobre Eliseu". Logo, não parece que Espírito Santo seja o nome próprio de pessoa divina.

Em sentido contrário, lê-se na primeira Carta de João: "Três são os que dão testemunho no céu: o Pai, o Verbo e o Espírito Santo". Ora, Agostinho diz, quando se pergunta: "Três, o quê?, respondemos: três pessoas". Logo, o Espírito Santo é o nome de uma Pessoa divina.

Respondo. Há em Deus duas processões, uma das quais, a processão de amor, não tem nome próprio, como acima foi dito. Por isso, as relações que se entendem segundo esta processão são sem nome, como também acima foi dito. Pela mesma razão, a pessoa que assim procede não tem também um nome próprio, como se disse. No entanto, o uso fez prevalecer certos nomes para designar as relações em questão. Nós as denominamos "processão" e "espiração", termos que, considerando sua significação própria, mais parecem significar atos nocionais do que relações. Assim, para designar a pessoa divina que procede como amor, o uso nas Escrituras fez prevalecer o nome Espírito Santo.

E a razão dessa conveniência tem uma dupla fonte: 1. A própria realidade comum do *Espírito Santo*. Como diz Agostinho: "O Espírito Santo, porque é comum a ambos, tem como nome próprio o que é comum aos dois. O Pai, com efeito, é Espírito, o Filho também é Espírito; o Pai é Santo, o Filho também é Santo". — 2. A

---

5. C. 5: ML 64, 1254 B.
6. C. 4: ML 42, 939 sq.; c. 6: ML 42, 943 sq. — Cfr. l. V, c. 9: ML 42, 918.
7. Q. 27, a. 4, ad 3.
8. Q. 28, a. 4.
9. C. 19: ML 42, 1086 sq. — Cfr. l. V, c. 11: ML 42, 919.

Filius est sanctus. — Secundo vero, ex propria significatione. Nam nomen *spiritus*, in rebus corporeis, impulsionem quandam et motionem significare videtur: nam flatum et ventum spiritum nominamus. Est autem proprium amoris, quod moveat et impellat voluntatem amantis in amatum. *Sanctitas* vero illis rebus attribuitur, quae in Deum ordinantur. Quia igitur persona divina procedit per modum amoris quo Deus amatur, convenienter Spiritus Sanctus nominatur.

AD PRIMUM ergo dicendum quod hoc quod dico *spiritus sanctus*, prout sumitur in virtute duarum dictionum, commune est toti Trinitati. Quia nomine *spiritus* significatur immaterialitas divinae substantiae: spiritus enim corporeus invisibilis est, et parum habet de materia; unde omnibus substantiis immaterialibus et invisibilibus hoc nomen attribuimus. Per hoc vero quod dicitur *sanctus*, significatur puritas divinae bonitatis. — Si autem accipiatur hoc, quod dico *Spiritus Sanctus*, in vi unius dictionis, sic ex usu Ecclesiae est accommodatum ad significandam unam trium personarum, scilicet quae procedit per modum amoris, ratione iam dicta[10].

AD SECUNDUM dicendum quod, licet hoc quod dico *Spiritus Sanctus*, relative non dicatur, tamen pro relativo ponitur, inquantum est accommodatum ad significandam personam sola relatione ab aliis distinctam. — Potest tamen intelligi etiam in nomine aliqua relatio, si *Spiritus* intelligatur quasi *spiratus*.

AD TERTIUM dicendum quod in nomine Filii intelligitur sola relatio eius qui est a principio, ad principium: sed in nomine Patris intelligitur relatio principii; et similiter in nomine Spiritus, prout importat quandam vim motivam. Nulli autem creaturae competit esse principium respectu alicuius divinae personae, sed e converso. Et ideo potest dici *Pater noster*, et *Spiritus noster*: non tamen potest dici *Filius noster*.

significação própria dessa expressão. Nas coisas corpóreas, "espírito" parece significar uma espécie de impulso e de moção. Com efeito, chamamos de espírito o sopro e o vento. Ora, é próprio do amor mover e impelir a vontade do amante para o amado. "Santidade", por sua vez, é atribuída às coisas dedicadas a Deus. Portanto, porque há uma pessoa divina que procede como amor, do amor pelo qual Deus se ama, convenientemente se denomina Espírito Santo.

QUANTO AO 1º, portanto, deve-se dizer que a expressão "espírito santo", entendida no sentido separado dos dois termos, é comum a toda Trindade. Com efeito, o nome "espírito" significa a imaterialidade da substância divina. Sendo o sopro corporal invisível e pobre de matéria, atribuímos este nome a todas as substâncias imateriais invisíveis. Quanto ao nome "santo", ele significa a pureza da bondade divina. — Mas, se tomamos a expressão "Espírito Santo" como uma só palavra, é o nome reservado pelo uso da Igreja para designar uma das três pessoas, a saber, a que procede como amor. E acabamos de dizer por que razão.

QUANTO AO 2º, deve-se dizer que, embora a expressão "Espírito Santo" não se diga em sentido relativo, ela se emprega como relativo, enquanto é reservada para significar a pessoa distinta das outras por pura relação. — Pode-se apreender uma relação neste nome, se se entende "Espírito" como *espirado*.

QUANTO AO 3º, deve-se dizer que no nome Filho se entende a pura relação do que procede de um princípio, para com o princípio. Mas no nome Pai se entende a relação de princípio, e igualmente no nome Espírito, enquanto implica uma energia motora. Ora, a nenhuma criatura cabe ser princípio de uma Pessoa divina. É o contrário. Eis por que se pode dizer: *Pai nosso* e *Espírito nosso*: não, porém, *Filho nosso*.

ARTICULUS 2
Utrum Spiritus Sanctus procedat a Filio

AD SECUNDUM SIC PROCEDITUR. Videtur quod Spiritus Sanctus non procedat a Filio.

ARTIGO 2
O Espírito Santo procede do Filho?[a]

QUANTO AO SEGUNDO, ASSIM SE PROCEDE: parece que o Espírito Santo **não** procede do Filho.

---

10. In corp.

PARALL.: I *Sent*., dist. 11, a. 1; *Cont. Gent.* IV, 24, 25; *De Pot*., q. 10, a. 4, 5; *Contra errores Graec*., parte II, c. 27 usque ad 32; *Compend. Theol*., c. 49; *Contra Graecos, Armenos*, etc., c. 4; in *Ioan*., c. 15, lect. 6; c. 16, lect. 4.

a. Aborda-se aqui um grave litígio doutrinal entre a Igreja católica e a Ortodoxia: que o Espírito Santo proceda do Pai isto não é questionado por ninguém. Mas procede também do Filho? Sim, diz a teologia latina; não, retorque a teologia ortodoxa.

1. Quia secundum Dionysium¹, *non est audendum dicere aliquid de substantiali divinitate, praeter ea quae divinitus nobis ex sacris eloquiis sunt expressa.* Sed in Scriptura sacra non exprimitur quod Spiritus Sanctus a Filio procedat, sed solum quod procedat a Patre; ut patet Io 15,26: *Spiritum veritatis, quia a Patre procedit.* Ergo Spiritus Sanctus non procedit a Filio.

2. Praeterea, in symbolo Constantinopolitanae Synodi² sic legitur: *Credimus in Spiritum Sanctum, Dominum et vivificantem, ex Patre procedentem, cum Patre et Filio adorandum et glorificandum.* Nullo igitur modo debuit addi in symbolo nostro quod Spiritus Sanctus procedat a Filio: sed videntur esse anathematis rei, qui hoc addiderunt³.

3. Praeterea, Damascenus dicit⁴: *Spiritum Sanctum ex Patre dicimus, et Spiritus Patris nominamus: ex Filio autem Spiritum Sanctum non dicimus, Spiritum vero Filii nominamus.* Ergo Spiritus Sanctus non procedit a Filio.

4. Praeterea, nihil procedit ab eo in quo quiescit. Sed Spiritus Sanctus quiescit in Filio. Dicitur enim in legenda beati Andreae⁵: *Pax vobis, et universis qui credunt in unum Deum Patrem, et in unum Filium eius, unicum Dominum nostrum Iesum Christum, et in unum Spiritum Sanctum, procedentem ex Patre, et in Filio permanentem.* Ergo Spiritus Sanctus non procedit a Filio.

5. Praeterea, Filius procedit ut verbum. Sed spiritus noster in nobis non videtur procedere a verbo nostro. Ergo nec Spiritus Sanctus procedit a Filio.

6. Praeterea, Spiritus Sanctus perfecte procedit a Patre. Ergo superfluum est dicere quod procedit a Filio.

1. Com efeito, segundo Dionísio, "não se deve ousar falar da divindade substancial a não ser aquilo que nos foi divinamente expresso pelos textos sagrados". Ora, a Sagrada Escritura não diz que o Espírito Santo procede do Filho, mas somente que procede do Pai: "O Espírito de verdade que procede do Pai", conforme está no Evangelho de João. Logo, o Espírito Santo não procede do Filho.

2. Além disso, lê-se no símbolo do Concílio de Constantinopla: "Cremos no Espírito Santo, Senhor e vivificador, que procede do Pai e deve ser adorado e glorificado com o Pai e o Filho". Portanto, nunca se deveria ter acrescentado em nosso símbolo que o Espírito Santo procede do Filho: aqueles que o acrescentaram parecem ser réus de anátema.

3. Ademais, Damasceno diz: "Dizemos que o Espírito Santo procede do Pai, e o chamamos Espírito do Pai. Mas não dizemos que ele procede do Filho, mas o chamamos Espírito do Filho". O Espírito Santo, portanto, não procede do Filho.

4. Ademais, nada procede daquilo no qual repousa. Ora, o Espírito Santo repousa no Filho, porque lê-se na *Legenda de Santo André*: "A paz esteja convosco e com todos aqueles que crêem em um só Deus o Pai, e em seu Filho único Nosso Senhor Jesus Cristo, e no único Espírito Santo que procede do Pai e permanece no Filho". Logo, o Espírito Santo não procede do Filho.

5. Ademais, o Filho procede como verbo. Ora, nosso espírito não parece proceder de nosso verbo. Logo, nem o Espírito Santo procede do Filho.

6. Ademais, o Espírito Santo procede perfeitamente do Pai. Portanto, é supérfluo fazê-lo proceder do Filho.

---

1. *De Div. Nom.*, c. 1: MG 3, 588 A.
2. Primae (a. 381).
3. Vide Conc. Ephes. (a. 431).
4. *De Fide Orth.*, l. I, c. 8: MG 94, 832 B — 833 A.
5. In principio: MG 2, 1217 A.

A posição latina, estabelecida de maneira rigorosa por Santo Agostinho — mas, nisto, Santo Agostinho se queria na continuidade da tradição da Igreja antiga, tanto grega como latina —, considerada fora de discussão pelo conjunto dos teólogos latinos, foi ratificada pelo Magistério da Igreja no II Concílio de Lião (1274) e pelo Concílio de Florença (1439). Bem antes, todavia, pode ser encontrada expressa em termos bastante fortes no chamado Símbolo de Santo Atanásio (na verdade, proveniente da Gália meridional no século V) que, bem cedo, foi introduzida na liturgia latina. É a partir de Fócio, patriarca de Constantinopla no século IX, que a controvérsia, até então puramente teológica e pouco animada, assumiu a forma de um conflito entre as duas Igrejas. Ele se exacerbou no século XIV com o grande doutor ortodoxo São Gregório Palamas, e é hoje um dos obstáculos doutrinais que é preciso superar para alcançar a união. No presente artigo e nos dois seguintes, Santo Tomás, que não ignora nem negligencia os fundamentos tradicionais e escriturais da posição latina (como mostram seu opúsculo *Contra errores graecorum* e sua obra *Summa contra Gentiles* IV, q. 24), atém-se às razões teológicas que a tornam necessária.

7. Praeterea, *in perpetuis non differt esse et posse*, ut dicitur in III *Physic*.⁶, et multo minus in divinis. Sed Spiritus Sanctus potest distingui a Filio, etiam si ab eo non procedat. Dicit enim Anselmus, in libro *de Processione Spiritus Sancti*⁷: *Habent utique a Patre esse Filius et Spiritus Sanctus, sed diverso modo: quia alter nascendo, et alter procedendo, ut alii sint per hoc ab invicem.* Et postea subdit⁸: *Nam si per aliud non essent plures Filius et Spiritus Sanctus, per hoc solum essent diversi.* Ergo Spiritus Sanctus distinguitur a Filio, ab eo non existens.

Sed contra est quod dicit Athanasius⁹: *Spiritus Sanctus a Patre et Filio, non factus, nec creatus, nec genitus, sed procedens.*

Respondeo dicendum quod necesse est dicere Spiritum Sanctum a Filio esse. Si enim non esset ab eo, nullo modo posset ab eo personaliter distingui. Quod ex supra¹⁰ dictis patet. Non enim est possibile dicere quod secundum aliquid absolutum divinae personae ab invicem distinguantur: quia sequeretur quod non esset trium una essentia; quidquid enim in divinis absolute dicitur, ad unitatem essentiae pertinet. Relinquitur ergo quod solum relationibus divinae personae ab invicem distinguantur. — Relationes autem personas distinguere non possunt, nisi secundum quod sunt oppositae. Quod ex hoc patet, quia Pater habet duas relationes, quarum una refertur ad Filium, et alia ad Spiritum Sanctum; quae tamen, quia non sunt oppositae, non constituunt duas personas, sed ad unam personam Patris tantum pertinent. Si ergo in Filio et in Spiritu Sancto non esset invenire nisi duas relationes quibus uterque refertur ad Patrem, illae relationes non essent ad invicem oppositae; sicut neque duae relationes quibus Pater refertur ad illos. Unde, sicut persona Patris est una, ita sequeretur quod persona Filii et Spiritus Sancti esset una, habens duas relationes oppositas duabus relationibus Patris. Hoc autem est haereticum, cum tollat fidem Trinitatis. Oportet ergo quod Filius et Spiritus Sanctus ad invicem referantur oppositis relationibus. — Non autem possunt esse in divinis aliae relationes oppositae nisi relationes originis,

7. Ademais, no livro III da *Física* se diz que: "Não há diferença entre ser e poder ser nas coisas eternas", e muito menos em Deus. Ora, o Espírito Santo pode ser distinguido do Filho, mesmo se dele não procede. Santo Anselmo diz, com efeito: "O Filho e o Espírito Santo têm seu ser do Pai, mas de maneira diferente: um por nascimento, o outro por processão, de tal maneira que por isso se distingue um do outro'". Mais adiante acrescenta: "Porque se o Filho e o Espírito Santo não fossem dois por outra coisa, isto só os distinguiria". Logo, o Espírito Santo é distinto do Filho sem dele procederᵇ.

Em sentido contrário, Atanásio diz: "O Espírito Santo, não é feito nem criado, nem gerado pelo Pai e pelo Filho, mas deles procede".

Respondo. É necessário afirmar que o Espírito Santo procede do Filho. Se ele não procedesse dele, não poderia de nenhum modo se distinguir dele como Pessoa. Isso se torna claro pelo que foi dito acima. Com efeito, não se pode dizer que as pessoas divinas distinguem-se uma da outra por algo absoluto. Seguir-se-ia que os três não teriam uma essência única, pois tudo o que se atribui a Deus de modo absoluto pertence à unidade da essência. Conclui-se, portanto, que as pessoas divinas distinguem-se entre si unicamente por relações. — Mas essas relações não podem distinguir as pessoas, a não ser como opostas. A prova disso é que o Pai tem duas relações: por uma se refere ao Filho, pela outra ao Espírito Santo. Entretanto, como essas relações não se opõem, elas não constituem duas pessoas, pertencem a uma só pessoa, à do Pai. Se, portanto, no Filho e no Espírito Santo só se pudessem encontrar duas relações pelas quais cada um se refere ao Pai, elas não seriam opostas entre si, como as duas relações pelas quais o Pai se relaciona com eles. Então, do mesmo modo que o Pai é uma só pessoa, seguir-se-ia igualmente que o Filho e o Espírito Santo seriam uma pessoa, possuindo duas relações opostas às duas relações do Pai. Mas isso é uma heresia porque destrói-se a fé na Trindade. Portanto, é preciso que o Filho e o Espírito Santo refiram-se um ao outro por relações opostas. — Ora, em

---

6. C. 4: 203, b, 30.
7. C. 4: ML 158, 292 C.
8. Ibid.
9. In Symbolo, Quicumque.
10. Q. 28, a. 3; q. 30, a. 2.

b. As seis primeiras objeções são as dos ortodoxos. A sétima ainda hoje é oposta por diversos teólogos latinos à argumentação desenvolvida.

ut supra[11] probatum est. Oppositae autem relationes originis accipiuntur secundum principium, et secundum quod est a principio. Relinquitur ergo quod necesse est dicere vel Filium esse a Spiritu Sancto, quod nullus dicit: vel Spiritum Sanctum esse a Filio, quod nos confitemur.

Et huic quidem consonat ratio processionis utriusque. Dictum enim est supra[12] quod Filius procedit per modum intellectus, ut verbum; Spiritus Sanctus autem per modum voluntatis, ut amor. Necesse est autem quod amor a verbo procedat: non enim aliquid amamus, nisi secundum quod conceptione mentis apprehendimus. Unde et secundum hoc manifestum est quod Spiritus Sanctus procedit a Filio.

Ipse etiam ordo rerum hoc docet. Nusquam enim hoc invenimus, quod ab uno procedant plura absque ordine, nisi in illis solum quae materialiter differunt; sicut unus faber producit multos cultellos materialiter ab invicem distinctos, nullum ordinem habentes ad invicem. Sed in rebus in quibus non est sola materialis distinctio, semper invenitur in multitudine productorum aliquis ordo. Unde etiam in ordine creaturarum productarum, decor divinae sapientiae manifestatur. Si ergo ab una persona Patris procedunt duae personae, scilicet Filius et Spiritus Sanctus, oportet esse aliquem ordinem eorum ad invicem. Nec potest aliquis ordo alius assignari, nisi ordo naturae, quo alius est ex alio. Non est igitur possibile dicere quod Filius et Spiritus Sanctus sic procedant a Patre, quod neuter eorum procedat ab alio, nisi quis poneret in eis materialem distinctionem: quod est impossibile.

Unde etiam ipsi Graeci processionem Spiritus Sancti aliquem ordinem habere ad Filium intelligunt. Concedunt enim Spiritum Sanctum esse *Spiritum Filii*, et esse a Patre *per Filium*. Et quidam eorum dicuntur concedere quod *sit a Filio*, vel

Deus não pode haver outras relações opostas senão as de origem, como acima ficou provado. E essas relações de origem, opostas entre si, entendem-se as de princípio, e as que procedem do princípio. Conclui-se, portanto, que se deve afirmar ou que o Filho procede do Espírito Santo, mas ninguém o diz; ou então que o Espírito Santo procede do Filho. Eis o que confessamos.

E isto está de acordo com a razão da processão de cada um. Foi explicado que o Filho procede segundo o modo do intelecto, como verbo. E que o Espírito Santo procede segundo o modo da vontade, como amor. Ora, necessariamente o amor procede do verbo, pois nós só amamos alguma coisa na medida em que a apreendemos em uma concepção da mente. E por aí também fica claro, portanto, que o Espírito Santo procede do Filho.

A própria ordem das coisas no-lo ensina. Em nenhuma parte, com efeito, encontramos que muitas coisas procedam sem ordem de um único, a não ser naquelas coisas que apenas diferem materialmente. Por exemplo, um mesmo operário fabrica um grande número de facas materialmente distintas umas das outras, sem que haja ordem entre elas. Mas nas coisas em que não existe apenas distinção material encontra-se sempre uma ordem na multiplicidade produzida. Por isso, na ordem da produção das criaturas manifesta-se a beleza da sabedoria divina. Portanto, se duas pessoas procedem da única pessoa do Pai: o Filho e o Espírito Santo, é preciso que haja uma ordem entre elas. E não se pode assinalar outra ordem senão a de natureza pela qual uma procede da outra. Não se pode, pois, afirmar que o Filho e o Espírito Santo procedem do Pai de tal modo que nenhum deles proceda do outro, a menos que se afirme neles uma distinção material, o que é impossível[c].

Também os gregos reconhecem que a processão do Espírito Santo tem uma ordem em relação ao Filho. Eles concedem que o Espírito Santo é *Espírito do Filho*, que provém do Pai *pelo Filho*. Alguns deles, diz-se, concedem que ele é

---

11. Q. 28, a. 4.
12. Q. 27, a. 2, 4; q. 28, a. 4.

c. A pura multiplicidade seria puro não-ser, uma vez que a unidade é uma propriedade do ser. Quando a multiplicidade tem por princípio a matéria, ela se reduz à unidade pela forma comum que se realiza em todos os seus elementos: forma genérica ou específica, ou simplesmente artificial (como no exemplo escolhido por Santo Tomás). Porém, quando se trata de uma pluralidade de formas, é impossível que estas sejam, simplesmente, justapostas: é preciso que se ordenem umas às outras, e todas a um termo comum, que é o seu princípio unificador. Nas criaturas, essa ordem compreende necessariamente a desigualdade e a subordinação. No mistério de Deus há igualdade perfeita entre as Pessoas, e contudo seria ininteligível que não houvesse uma ordem entre elas. Ao afirmar a necessidade de uma ordem trinitária, Santo Tomás se liga à mais alta e constante tradição grega e latina. A consequência por ele tirada é, evidentemente, contestada pela teologia ortodoxa, mas é rigorosa.

profluat ab eo: non tamen quod *procedat*. Quod videtur vel ex ignorantia, vel ex protervia esse. Quia si quis recte consideret, inveniet *processionis* verbum inter omnia quae ad originem qualemcumque pertinent, communissimum esse. Utimur enim eo ad designandum qualemcumque originem; sicut quod linea procedit a puncto, radius a sole, rivus a fonte; et similiter in quibuscumque aliis. Unde ex quocumque alio ad originem pertinente, potest concludi quod Spiritus Sanctus procedit a Filio.

AD PRIMUM ergo dicendum quod de Deo dicere non debemus quod in sacra Scriptura non invenitur vel per verba, vel per sensum. Licet autem per verba non inveniatur in sacra Scriptura quod Spiritus Sanctus procedit a Filio, invenitur tamen quantum ad sensum; et praecipue ubi dicit Filius, Io 16,14, de Spiritu Sancto loquens: *Ille me clarificabit, quia de meo accipiet.* — Regulariter etiam in sacra Scriptura tenendum est, quod id quod de Patre dicitur, oportet de Filio intelligi, etiam si dictio exclusiva addatur, nisi solum in illis in quibus Pater et Filius secundum oppositas relationes distinguuntur. Cum enim Dominus, Mt 11,27, dicit, *Nemo novit Filium nisi Pater*, non excluditur quin Filius seipsum cognoscat. Sic igitur cum dicitur quod Spiritus Sanctus a Patre procedit, etiam si adderetur quod a solo Patre procedit, non excluderetur inde Filius: quia quantum ad hoc quod est esse principium Spiritus Sancti, non opponuntur Pater et Filius; sed solum quantum ad hoc, quod hic est Pater et ille Filius.

AD SECUNDUM dicendum quod in quolibet concilio institutum fuit symbolum aliquod, propter errorem aliquem qui in concilio damnabatur. Unde sequens concilium non faciebat aliud symbolum quam primum: sed id quod implicite continebatur in primo symbolo, per aliqua addita explanabatur contra haereses insurgentes. Unde in determinatione Chalcedonensis Synodi[13] dicitur, quod illi qui fuerunt congregati in Concilio Constantinopolitano, doctrinam de Spiritu Sancto tradiderunt,

do Filho, ou que *decorre do Filho*, não, porém, que dele *procede*. Há nisso, parece, ignorância ou petulância. Porque, se alguém bem considera, encontrará, entre os termos que se referem a uma origem qualquer, que a palavra "processão" é a mais geral. Nós a usamos para designar qualquer origem. Por exemplo, diz-se que a linha procede do ponto, que o raio procede do sol, o rio de sua fonte, e assim em todos os outros casos. Então, de qualquer termo que se refere à origem, pode-se concluir que o Espírito Santo procede do Filho[d].

QUANTO AO 1º, portanto, deve-se dizer que não se deve atribuir a Deus o que não se encontra na Sagrada Escritura, nem por palavras, nem pelo sentido. Ora, se é verdade que não se encontra, por palavras, na Sagrada Escritura que o Espírito Santo procede do Filho, pelo menos quanto ao sentido aí se encontra, e sobretudo onde, no Evangelho de João, o Filho diz do Espírito Santo: "Ele me glorificará, porque receberá do que é meu". — Ademais, deve-se ter como regra na Sagrada Escritura: o que ela afirma do Pai deve-se entender também do Filho, mesmo se há adição de uma expressão exclusiva, a não ser somente naquilo em que o Pai e o Filho se distinguem por relações opostas. De fato, quando o Senhor diz, no Evangelho de Mateus: "Ninguém conhece o Filho, senão o Pai", isto não exclui que o Filho se conheça. Portanto, quando se diz que o Espírito Santo procede do Pai, mesmo que se acrescentasse que ele procede somente do Pai, o Filho não seria excluído. Porque quanto a isso, de ser princípio do Espírito Santo, o Pai e o Filho não se opõem, mas apenas quanto a isto: de que um é Pai e o outro, Filho.

QUANTO AO 2º, deve-se dizer que em cada um dos concílios instituiu-se um *símbolo* por causa de algum erro que no Concílio se condenava. O concílio seguinte não compunha, portanto, um símbolo diferente do precedente, mas o que implicitamente estava contido no símbolo anterior era explicado com alguns acréscimos contra os hereges que apareciam. Assim, lê-se em uma decisão do Concílio de Calcedônia que os que estavam reunidos no Concílio de Constantino-

---

13. Actione V.

d. A severa reação de Santo Tomás salienta o grave mal-entendido, de linguagem e de sensibilidade teológica, que se encontra no fundo do conflito. A palavra grega que os latinos traduzem por "proceder" (*ekporeuesthai*), longe de ser o termo mais geral para designar um processo, tem, na Escritura e na Tradição, um sentido bem preciso, segundo o qual ele convém somente ao Pai: "Vir da fonte, do que é origem primeira". Será impossível, apesar de tantos séculos de discussões equivocadas, que, entendendo-se, enfim, sobre o sentido das palavras empregadas pelo outro, teólogos latinos e ortodoxos venham a perceber que suas posições respectivas são, na verdade, menos distantes entre si do que parecem?

non quod minus esset in praecedentibus (qui apud Nicaeam congregati sunt), *inferentes; sed intellectum eorum adversus haereticos declarantes.* Quia igitur in tempore antiquorum conciliorum nondum exortus fuerat error dicentium Spiritum Sanctum non procedere a Filio; non fuit necessarium quod hoc explicite poneretur. Sed postea, insurgente errore quorundam, in quodam concilio in Occidentalibus partibus congregato, expressum fuit auctoritate Romani Pontificis; cuius auctoritate etiam antiqua concilia congregabantur et confirmabantur. — Continebatur tamen implicite in hoc ipso quod dicebatur Spiritus Sanctus a Patre procedere.

AD TERTIUM dicendum quod Spiritum Sanctum non procedere a Filio, primo fuit a Nestorianis introductum; ut patet in quodam symbolo Nestorianorum damnato in Ephesina Synodo[14]. Et hunc errorem secutus fuit Theodoretus Nestorianus[15], et plures post ipsum; inter quos fuit etiam Damascenus. Unde in hoc eius sententiae non est standum. — Quamvis a quibusdam dicatur quod Damascenus, sicut non confitetur Spiritum Sanctum esse a Filio, ita etiam non negat, ex vi illorum verborum.

AD QUARTUM dicendum quod per hoc quod Spiritus Sanctus dicitur quiescere vel manere in Filio, non excluditur quin ab eo procedat: quia et Filius in Patre manere dicitur, cum tamen a Patre procedat. — Dicitur etiam Spiritus Sanctus in Filio quiescere, vel sicut amor amantis quiescit in amato; vel quantum ad humanam naturam Christi, propter id quod scriptum est, Io 1,33: *Super quem videris Spiritum descendentem, et manentem super eum, hic est qui baptizat.*

AD QUINTUM dicendum quod Verbum in divinis non accipitur secundum similitudinem verbi vocalis, a quo non procedit spiritus, quia sic tantum metaphorice diceretur: sed secundum similitudinem verbi mentalis, a quo amor procedit.

AD SEXTUM dicendum quod per hoc quod Spiritus Sanctus perfecte procedit a Patre, non solum non superfluum est dicere quod Spiritus Sanctus procedat a Filio; sed omnino necessarium. Quia una virtus est Patris et Filii; et quidquid est a Patre, necesse est esse a Filio, nisi proprietati

pla ensinaram a doutrina do Espírito Santo *não julgando que teria faltado algo em seus predecessores reunidos em Niceia, mas explicando o pensamento destes contra os hereges.* Portanto, no tempo dos primeiros concílios, como ainda não nascera o erro dos que dizem que o Espírito Santo não procede do Filho, não houve necessidade de expor explicitamente esse ponto. Mais tarde, porém, quando tal erro apareceu entre alguns, um concílio reunido no Ocidente formulou expressamente com a autoridade do Romano Pontífice, por cuja autoridade os antigos concílios se reuniam e eram confirmados. — No entanto, encontrava-se contida implicitamente na afirmação de que o Espírito Santo procede do Pai[e].

QUANTO AO 3º, deve-se afirmar que foram os nestorianos os primeiros a introduzir que o Espírito Santo não procede do Filho. A prova disso é um símbolo nestoriano condenado no Concílio de Éfeso. O nestoriano Teodoreto abraçou esse erro, e muitos depois dele, entre os quais esteve também Damasceno. Portanto, sobre esse ponto não se deve seguir sua doutrina. — Alguns dizem, entretanto, que pela força de suas palavras Damasceno, se não confessa que o Espírito Santo procede do Filho, também não o nega.

QUANTO AO 4º, deve-se afirmar que dizer que o Espírito Santo repousa ou permanece no Filho não exclui que dele proceda, porque se diz também que o Filho permanece no Pai, se bem que proceda do Pai. — Diz-se que o Espírito Santo repousa no Filho, ou como o amor daquele que ama repousa no amado, ou em referência à natureza humana de Cristo, segundo o que está escrito no Evangelho de João: "Aquele sobre o qual vires o Espírito descer e repousar, eis o que batiza".

QUANTO AO 5º, deve-se dizer que não é por semelhança com a palavra oral, da qual, com efeito, nosso sopro não procede, porque assim só se diria metaforicamente, que se deve entender o Verbo, em Deus, mas por semelhança com o verbo mental, do qual procede o amor.

QUANTO AO 6º, deve-se dizer que, pelo fato de o Espírito Santo proceder perfeitamente do Pai, não somente não é supérfluo dizer que procede do Filho, mas é totalmente necessário: porque o Pai e o Filho possuem um e único poder, e tudo o que procede do Pai necessariamente procede do Filho,

---

14. Actione VI.
15. † c. 460. — Epist. 171, *ad Ioannem Antiochiae Episc*.: MG 83, 1484 C.

e. Essa apresentação histórica da introdução do *Filioque* no Símbolo Niceno-Constantinopolitano não poderia ser mantida.

filiationis repugnet. Non enim Filius est a seipso, licet sit a Patre.

AD SEPTIMUM dicendum quod Spiritus Sanctus distinguitur personaliter a Filio in hoc, quod origo unius distinguitur ab origine alterius. Sed ipsa differentia originis est per hoc, quod Filius est solum a Patre, Spiritus Sanctus vero a Patre et Filio. Non enim aliter processiones distinguerentur, sicut supra[16] ostensum est.

a menos que isso seja incompatível com a propriedade de Filho. Com efeito, o Filho não procede de si mesmo, se bem que proceda do Pai.

QUANTO AO 7º, deve-se dizer que o Espírito Santo distingue-se pessoalmente do Filho pelo fato de que a origem de um distingue-se da origem do outro. Mas essa diferença de origem está em que o Filho procede somente do Pai, enquanto o Espírito Santo procede do Pai e do Filho. De outro modo, as processões não se distinguiriam, como acima foi demonstrado.

ARTICULUS 3
Utrum Spiritus Sanctus procedat a Patre per Filium

AD TERTIUM SIC PROCEDITUR. Videtur quod Spiritus Sanctus non procedat a Patre per Filium.
1. Quod enim procedit ab aliquo per aliquem, non procedit ab eo immediate. Si igitur Spiritus Sanctus procedit a Patre per Filium, non procedit a Patre immediate. Quod videtur inconveniens.

2. PRAETEREA, si Spiritus Sanctus procedit a Patre per Filium, non procedit a Filio nisi propter Patrem. Sed *propter quod unumquodque, et illud magis*[1]. Ergo magis procedit a Patre quam a Filio.
3. PRAETEREA, Filius habet esse per generationem. Si igitur Spiritus Sanctus est a Patre per Filium, sequitur quod prius generetur Filius, et postea procedat Spiritus Sanctus. Et sic processio Spiritus Sancti non est aeterna. Quod est haereticum.

4. PRAETEREA, cum aliquis dicitur per aliquem operari, potest e converso dici: sicut enim dicimus quod rex operatur per ballivum, ita potest dici quod ballivus operatur per regem. Sed nullo modo dicimus quod Filius spiret Spiritum Sanctum per Patrem. Ergo nullo modo potest dici quod Pater spiret Spiritum Sanctum per Filium.

SED CONTRA est quod Hilarius dicit, in libro *de Trin*.[2]: *Conserva hanc, oro, fidei meae religionem, ut semper obtineam Patrem, scilicet te; et Filium tuum una tecum adorem; et Spiritum Sanctum tuum, qui est per Unigenitum tuum, promerear.*

ARTIGO 3
O Espírito Santo procede do Pai pelo Filho?

QUANTO AO TERCEIRO, ASSIM SE PROCEDE: parece que o Espírito Santo **não** procede do Pai pelo Filho.
1. Com efeito, o que procede de um por um outro, dele não procede imediatamente. Portanto, se o Espírito Santo procede do Pai pelo Filho, não procede imediatamente do Pai. Isso parece inconveniente.

2. ALÉM DISSO, se o Espírito Santo procede do Pai pelo Filho, não procede do Filho a não ser por causa do Pai. Ora, *aquilo por cuja causa algo é tal o é mais do que ele*. Logo, procede mais do Pai que do Filho.
3. ADEMAIS, o Filho tem o ser por geração. Portanto, se o Espírito Santo procede do Pai pelo Filho, segue-se que o Filho é gerado primeiro, e depois procede o Espírito Santo. Nesse caso, a processão do Espírito Santo não é eterna. Ora, isso é uma heresia.

4. ADEMAIS, quando se diz que alguém age por um outro, pode-se dizer o inverso. Por exemplo, assim como dizemos que o rei age pelo súdito, assim se pode dizer que o súdito age pelo rei. Ora, nunca dizemos que o Filho espira o Espírito Santo pelo Pai. Portanto, não se pode dizer que o Pai espira o Espírito Santo pelo Filho.

EM SENTIDO CONTRÁRIO, Hilário diz: "Guardai, eu vos suplico, este voto de minha fé; que sempre possua o Pai, isto é, a vós; e que eu adore vosso Filho convosco. E que eu mereça o vosso Espírito que tem o ser por vosso Filho único".

---

16. In corp.

PARALL.: I *Sent*., dist. 12, a. 3; *Contra errores Graec*., parte II, c. 9.
1. I *Poster*., c. 2: 72, a, 29-32.
2. L. XII, n. 57: ML 10, 472 A.

RESPONDEO dicendum quod in omnibus locutionibus in quibus dicitur aliquis per aliquem operari, haec praepositio *per* designat in causali aliquam causam seu principium illius actus. Sed cum actio sit media inter faciens et factum, quandoque illud causale cui adiungitur haec praepositio *per*, est causa actionis secundum quod exit ab agente. Et tunc est causa agenti quod agat; sive sit causa finalis, sive formalis, sive effectiva vel motiva: finalis quidem, ut si dicamus quod artifex operatur *per cupiditatem lucri*; formalis vero, ut si dicamus quod operatur *per artem suam*; motiva vero, si dicamus quod operatur *per imperium alterius*. Quandoque vero dictio causalis cui adiungitur haec praepositio *per*, est causa actionis secundum quod terminatur ad factum; ut cum dicimus, *artifex operatur per martellum*. Non enim significatur quod martellus sit causa artifici quod agat: sed quod sit causa artificiato ut ab artifice procedat; et quod hoc ipsum habeat ab artifice. — Et hoc est quod quidam dicunt, quod haec praepositio *per* quandoque notat auctoritatem in recto, ut cum dicitur, *rex operatur per ballivum*: quandoque autem in obliquo, ut cum dicitur, *ballivus operatur per regem*.

Quia igitur Filius habet a Patre quod ab eo procedat Spiritus Sanctus, potest dici quod Pater per Filium spirat Spiritum Sanctum; vel quod Spiritus Sanctus procedat a Patre per Filium, quod idem est.

AD PRIMUM ergo dicendum quod in qualibet actione est duo considerare: scilicet suppositum agens, et virtutem qua agit; sicut ignis calefacit calore. Si igitur in Patre et Filio consideretur virtus qua spirant Spiritum Sanctum, non cadit ibi aliquod medium: quia haec virtus est una et eadem. Si autem considerentur ipsae personae spirantes, sic, cum Spiritus Sanctus communiter procedat a Patre et Filio, invenitur Spiritus Sanctus immediate a Patre procedere, inquantum est ab eo; et mediate, inquantum est a Filio. Et sic dicitur procedere a Patre per Filium. Sicut etiam Abel processit immediate ab Adam, inquantum Adam fuit pater eius; et mediate, inquantum Eva fuit mater eius, quae processit ab Adam; licet hoc exemplum materialis processionis ineptum videatur ad significandam immaterialem processionem divinarum Personarum.

AD SECUNDUM dicendum quod, si Filius acciperet a Patre aliam virtutem numero ad spirandum Spiritum Sanctum, sequeretur quod esset sicut causa secunda et instrumentalis: et sic magis

RESPONDO. Em todas as locuções nas quais se diz que alguém opera por outro, a preposição "por" designa no complemento uma causa ou um princípio daquele ato. Mas, sendo a ação intermediária entre o agente e o efeito, às vezes o complemento da preposição "por" é causa de ação segundo provém do agente. Então é causa para que o agente aja, seja como causa final, formal, eficiente ou motora. Causa final se se diz que o artífice opera *por desejo de lucro*; causa formal, ele opera *por sua arte*; causa motora, ele opera *por ordem de um outro*. Ora, às vezes, a expressão causal, complemento da preposição "por", é causa da ação, na medida em que termina no efeito. Por exemplo, quando dizemos que o artífice opera *por seu martelo*. Não se quer dizer que o martelo seja para o artífice causa da ação, mas que ele é para a obra causa de que procede do artífice e que tem essa causalidade do artífice. — E isso é o que alguns dizem que a preposição "por", algumas vezes, denota diretamente autoridade, por exemplo na expressão "o rei age pelo súdito", outras vezes, obliquamente, por exemplo na expressão "o súdito age pelo rei".

Portanto, porque o Filho tem do Pai que o Espírito Santo procede dele, pode-se dizer que o Pai espira o Espírito Santo pelo Filho. Ou, o que é o mesmo, que o Espírito Santo procede do Pai pelo Filho.

QUANTO AO 1º, portanto, deve-se dizer que em toda ação devem-se considerar duas coisas: o suposto que age e o poder pelo qual age. Por exemplo, o fogo esquenta pelo calor. Se, portanto, no Pai e no Filho considera-se o poder pelo qual eles espiram o Espírito Santo, não há então nenhum intermediário. Porque este poder é uno e idêntico. Mas se se consideram as próprias pessoas que espiram, pois o Espírito Santo procede conjuntamente do Pai e do Filho, encontra-se que o Espírito Santo procede do Pai imediatamente, enquanto provém do Pai, e mediatamente enquanto provém do Filho. Assim se diz que ele procede do Pai pelo Filho. É assim que Abel procedia de Adão imediatamente, pois Adão era o seu pai. E mediatamente, pois Eva era sua mãe, e ela procedia de Adão, embora este exemplo de processão material pareça mal escolhido para significar a imaterial processão das Pessoas divinas.

QUANTO AO 2º, deve-se dizer que, se para espirar o Espírito Santo o Filho recebesse do Pai um poder numericamente distinto, resultaria que ele seria como causa segunda e instrumental, e

procederet a Patre quam a Filio. Sed una et eadem numero virtus spirativa est in Patre et Filio: et ideo aequaliter procedit ab utroque. Licet aliquando dicatur principaliter vel proprie procedere de Patre, propter hoc quod Filius habet hanc virtutem a Patre.

AD TERTIUM dicendum quod, sicut generatio Filii est coaeterna generanti, unde non prius fuit Pater quam gigneret Filium; ita processio Spiritus Sancti est coaeterna suo principio. Unde non fuit prius Filius genitus, quam Spiritus Sanctus procederet: sed utrumque aeternum est.

AD QUARTUM dicendum quod, cum aliquis dicitur per aliquid operari, non semper recipitur conversio: non enim dicimus quod martellus operetur per fabrum. Dicimus autem quod ballivus operatur per regem: quia ballivi est agere, cum sit dominus sui actus. Martelli autem non est agere, sed solum agi: unde non designatur nisi ut instrumentum. Dicitur autem ballivus operari per regem, quamvis haec praepositio *per* denotet medium, quia quanto suppositum est prius in agendo, tanto virtus eius est immediatior effectui: quia virtus causae primae coniungit causam secundam suo effectui: unde et prima principia dicuntur *immediata* in demonstrativis scientiis. Sic igitur, inquantum ballivus est medius secundum ordinem suppositorum agentium, dicitur rex operari per ballivum: secundum ordinem vero virtutum, dicitur ballivus operari per regem, quia virtus regis facit quod actio ballivi consequatur effectum. — Ordo autem non attenditur inter Patrem et Filium quantum ad virtutem; sed solum quantum ad supposita. Et ideo dicitur quod Pater spirat per Filium, et non e converso.

nesse caso o Espírito Santo procederia mais do Pai que do Filho. Mas o Pai e o Filho possuem um só poder espirador, numericamente idêntico. Por isso o Espírito Santo procede igualmente de cada um deles, ainda que às vezes se diga que ele procede do Pai principal e propriamente, porque o Filho tem este poder do Pai[f].

QUANTO AO 3º, deve-se dizer que a geração do Filho é coeterna àquele que o gera. Portanto, o Pai não existiu antes de gerar o Filho. Do mesmo modo, a processão do Espírito Santo é coeterna a seu princípio. Portanto, o Filho não foi gerado antes que o Espírito Santo procedesse. Um e outro são eternos.

QUANTO AO 4º, deve-se dizer que, quando se diz que alguém age por outra coisa, o contrário não é sempre legítimo. Assim, não dizemos que o martelo age pelo carpinteiro. Dizemos, no entanto, que o súdito age pelo rei, porque é próprio do súdito agir, sendo senhor de seus atos. Ao passo que não é próprio do martelo agir, mas somente ser movido, sendo por isso designado somente como instrumento. Ao contrário, se bem que a preposição "por" denote um intermediário, diz-se que o súdito age pelo rei porque, quanto mais o supósito é primeiro na ordem da ação, tanto mais seu poder aplica-se imediatamente ao efeito. Porque o poder da causa primeira une a causa segunda aos seus efeitos. Por isso, se diz que os primeiros princípios são imediatos nas ciências demonstrativas. Portanto, porque o súdito ocupa um lugar intermediário na ordem dos supósitos em ação, diz-se que o rei age pelo súdito. Na ordem dos poderes diz-se que o súdito age pelo rei, porque o poder do rei faz com que o ato do súdito obtenha seu efeito. — Ora, a ordem que se considera entre o Pai e o Filho não é de poder, mas somente de supósitos. Eis por que se diz que o Pai espira pelo Filho, e não inversamente[g].

---

f. Assim, reconhece-se plenamente que o papel do Pai é ser a fonte da comunicação da essência divina às duas outras Pessoas.

g. Em uma série de causas subordinadas para produzir um determinado efeito (por exemplo, uma turbina, ela própria acionada por uma torrente, produz a eletricidade que faz funcionar um motor, o qual aciona uma serra, com a qual é cortado um tronco de árvore), a causa que está em contato com o paciente (o tronco) é a serra: fala-se imediatamente do suposto a fim de designar esse contato imediato entre o supósito que é causa e o supósito sobre o qual se exerce a causalidade. A serra, porém, age unicamente em razão das causas que precedem na série, e das quais ela leva até o paciente a causalidade: fala-se então, para a última dessas causas na ordem regressiva, de "imediatidade de virtude". Já a ordem trinitária concerne apenas aos supósitos, às hipóstases, não à virtude espirativa, que é comum por identidade ao Pai e ao Filho. Pode-se então exprimir pela preposição "por" uma mediação de supósitos e afirmar: "O Pai *espira* o Espírito pelo Filho", não uma imediação de virtude, que se traduziria: "O Filho *espira* o Espírito pela virtude do Pai (pelo Pai).

Articulus 4
Utrum Pater et Filius sint unum principium Spiritus Sancti

AD QUARTUM SIC PROCEDITUR. Videtur quod Pater et Filius non sint unum principium Spiritus Sancti.

1. Quia Spiritus Sanctus non videtur a Patre et Filio procedere inquantum sunt unum: neque in natura, quia Spiritus Sanctus sic etiam procederet a seipso, qui est unum cum eis in natura; neque etiam inquantum sunt unum in aliqua proprietate, quia una proprietas non potest esse duorum suppositorum, ut videtur. Ergo Spiritus Sanctus procedit a Patre et Filio ut sunt plures. Non ergo Pater et Filius sunt unum principium Spiritus Sancti.

2. PRAETEREA, cum dicitur, *Pater et Filius sunt unum principium Spiritus Sancti*, non potest ibi designari unitas personalis: quia sic Pater et Filius essent una persona. Neque etiam unitas proprietatis: quia si propter unam proprietatem Pater et Filius sunt unum principium Spiritus Sancti, pari ratione, propter duas proprietates Pater videtur esse duo principia Filii et Spiritus Sancti; quod est inconveniens. Non ergo Pater et Filius sunt unum principium Spiritus Sancti.

3. PRAETEREA, Filius non magis convenit cum Patre quam Spiritus Sanctus. Sed Spiritus Sanctus et Pater non sunt unum principium respectu alicuius divinae personae. Ergo neque Pater et Filius.

4. PRAETEREA, si Pater et Filius sunt unum principium Spiritus Sancti, aut unum quod est Pater; aut unum quod non est Pater. Sed neutrum est dare: quia si unum quod est Pater, sequitur quod Filius sit Pater; si unum quod non est Pater, sequitur quod Pater non est Pater. Non ergo dicendum est quod Pater et Filius sint unum principium Spiritus Sancti.

5. PRAETEREA, si Pater et Filius sunt unum principium Spiritus Sancti, videtur e converso dicendum quod unum principium Spiritus Sancti sit Pater et Filius. Sed haec videtur esse falsa: quia hoc quod dico *principium*, oportet quod supponat vel pro persona Patris, vel pro persona Filii; et utroque modo est falsa. Ergo etiam haec est falsa, *Pater et Filius sunt unum principium Spiritus Sancti*.

Artigo 4
O Pai e o Filho são um só princípio do Espírito Santo?

QUANTO AO QUARTO, ASSIM SE PROCEDE: parece que o Pai e o Filho **não** são um só princípio do Espírito Santo.

1. Porque o Espírito Santo não parece proceder do Pai e do Filho enquanto são um. Não pela natureza: o Espírito Santo, assim, procederia de si mesmo, pois é um em natureza com eles. Nem porque são um em alguma propriedade: porque, como parece, uma única propriedade não pode pertencer a dois supósitos. O Espírito Santo procede, portanto, do Pai e do Filho enquanto eles são vários. E por conseguinte o Pai e o Filho não são um princípio único do Espírito Santo.

2. ALÉM DISSO, quando se diz: *O Pai e o Filho são um único princípio do Espírito Santo*, não se pode aí designar a unidade pessoal, porque o Pai e o Filho seriam assim uma só pessoa. E nem uma unidade de propriedade, porque, se em razão de uma propriedade única o Pai e o Filho são um único princípio do Espírito Santo, igualmente, em razão de duas propriedades, o Pai seria dois princípios do Filho e do Espírito Santo. Isto é inconveniente. Portanto, o Pai e o Filho não são um único princípio do Espírito Santo.

3. ADEMAIS, o Filho não é mais conforme ao Pai que o Espírito Santo. Ora, o Espírito Santo e o Pai não são um princípio único de uma pessoa divina. Logo, nem o Pai e o Filho.

4. ADEMAIS, se o Pai e o Filho são um só princípio do Espírito Santo, ou esse princípio único é o Pai ou não. Mas não se pode conceder nem um, nem outro. Se esse princípio único é o Pai, segue-se que o Filho é Pai. Se não é o Pai, segue-se que o Pai não é Pai. Portanto, não se deve dizer que o Pai e o Filho são um único princípio do Espírito Santo.

5. ADEMAIS, se o Pai e o Filho são um único princípio do Espírito Santo, será preciso, parece, dizer inversamente que o princípio único do Espírito Santo é o Pai e o Filho. Ora, esta última proposição parece falsa. Com efeito, quando se diz princípio, este termo deve suprir ou pela pessoa do Pai, ou pela pessoa do Filho, e nos dois casos a proposição é falsa[h]. Portanto, é falso igualmente

---

4 PARALL.: I *Sent.*, dist. 11, a. 2, 4; dist. 29, a. 4; *Cont. Gent.* IV, 25.

h. Pela razão exposta na resposta precedente.

6. PRAETEREA, unum in substantia facit idem. Si igitur Pater et Filius sunt unum principium Spiritus Sancti, sequitur quod sint *idem principium*. Sed hoc a multis negatur. Ergo non est concedendum quod Pater et Filius sint unum principium Spiritus Sancti.

7. PRAETEREA, Pater et Filius et Spiritus Sanctus, quia sunt unum principium creaturae, dicuntur esse unus Creator. Sed Pater et Filius non sunt unus spirator, sed *duo spiratores*, ut a multis dicitur. Quod etiam consonat dictis Hilarii, qui dicit, in II *de Trin*.[1], quod Spiritus Sanctus *a Patre et Filio auctoribus confitendus est*. Ergo Pater et Filius non sunt unum principium Spiritus Sancti.

SED CONTRA est quod Augustinus dicit, in V *de Trin*.[2], quod Pater et Filius non sunt duo principia, sed unum principium Spiritus Sancti.

RESPONDEO dicendum quod Pater et Filius in omnibus unum sunt, in quibus non distinguit inter eos relationis oppositio. Unde, cum in hoc quod est esse principium Spiritus Sancti, non opponantur relative, sequitur quod Pater et Filius sunt unum principium Spiritus Sancti.

Quidam tamen dicunt hanc esse impropriam, *Pater et Filius sunt unum principium Spiritus Sancti*. Quia cum hoc nomen *principium*, singulariter acceptum, non significet personam, sed proprietatem, dicunt quod sumitur adiective: et quia adiectivum non determinatur per adiectivum, non potest convenienter dici quod Pater et Filius sint unum principium Spiritus Sancti: nisi *unum* intelligatur quasi adverbialiter positum, ut sit sensus, *sunt unum principium*, idest *uno modo*. — Sed simili ratione posset dici Pater duo principia Filii et Spiritus Sancti, idest *duobus modis*.

Dicendum est ergo quod, licet hoc nomen *principium* significet proprietatem, tamen significat eam per modum substantivi: sicut hoc nomen *pater* vel *filius* etiam in rebus creatis. Unde numerum accipit a forma significata, sicut et alia substantiva. Sicut igitur Pater et Filius sunt *unus Deus*, propter unitatem formae significatae per hoc nomen *Deus*; ita sunt unum principium Spiritus

que *o Pai e o Filho são um único princípio do Espírito Santo*.

6. ADEMAIS, a unidade de substância é causa de identidade. Portanto, se o Pai e o Filho são um princípio único do Espírito Santo, segue-se que são *o mesmo princípio*. Ora, isso é negado por muitos. Logo, não se deve conceder que o Pai e o Filho sejam um único princípio do Espírito Santo.

7. ADEMAIS, o Pai, o Filho e o Espírito Santo porque são um só princípio da criatura, diz-se que eles são um só Criador. Ora, o Pai e o Filho não são um só espirador, mas *dois espiradores*, como muitos dizem. O que concorda com as expressões de Hilário, segundo o qual se deve confessar que o Espírito Santo *tem o Pai e o Filho por autores*. Logo, Pai e Filho não são um único princípio do Espírito Santo.

EM SENTIDO CONTRÁRIO, Agostinho diz que o Pai e o Filho não são dois princípios, mas um único princípio do Espírito Santo.

RESPONDO. O Pai e o Filho são um em tudo, a não ser naquilo em que se distinguem por relações opostas. Por isso, como não se opõem relativamente no fato de serem princípio do Espírito Santo, segue-se que o Pai e o Filho são um único princípio do Espírito Santo.

Entretanto, alguns dizem que a proposição *o Pai e o Filho são princípio único do Espírito Santo* é imprópria. Porque, como o termo "princípio", empregado no singular, não significa a pessoa mas a propriedade, dizem eles que se toma como adjetivo. E, porque não se determina um adjetivo por um adjetivo, não se pode convenientemente dizer que o Pai e o Filho são princípio único do Espírito Santo, a não ser que *um só* se entendesse de modo adverbial, *Eles são um só princípio*, e assim o sentido seria: *eles são princípio de uma só maneira*. — Mas pela mesma razão se poderia dizer que o Pai é duplo princípio do Filho e do Espírito Santo, isto é, princípio de duas maneiras.

Eis o que se deve dizer. Embora o termo "princípio" signifique propriedade, a significa como substantivo, como são os termos "pai" e "filho", mesmo entre as criaturas. Daí que esse termo toma o número da forma significada, como também os outros substantivos. Portanto, assim como o Pai e o Filho são *um só Deus*, porque a forma significada pelo termo "Deus" é única, do mesmo

---

1. Num. 29: ML 10, 69 A.
2. C. 14: ML 42, 921.

Sancti, propter unitatem proprietatis significatae in hoc nomine *principium*.

AD PRIMUM ergo dicendum quod, si attendatur virtus spirativa, Spiritus Sanctus procedit a Patre et Filio inquantum sunt unum in virtute spirativa, quae quodammodo significat naturam cum proprietate, ut infra³ dicetur. Neque est inconveniens unam proprietatem esse in duobus suppositis, quorum est una natura. Si vero considerentur supposita spirationis, sic Spiritus Sanctus procedit a Patre et Filio ut sunt plures: procedit enim ab eis ut amor unitivus duorum.

AD SECUNDUM dicendum quod, cum dicitur, *Pater et Filius sunt unum principium Spiritus Sancti*, designatur una proprietas, quae est forma significata per nomen. Non tamen sequitur quod propter plures proprietates possit dici Pater plura principia: quia implicaretur pluralitas suppositorum.

AD TERTIUM dicendum quod secundum relativas proprietates non attenditur in divinis similitudo vel dissimilitudo, sed secundum essentiam. Unde, sicut pater non est similior sibi quam Filio, ita nec Filius similior Patri quam Spiritus Sanctus.

AD QUARTUM dicendum quod haec duo, scilicet, *Pater et Filius sunt unum principium quod est Pater*, aut, *unum principium quod non est Pater*, non sunt contradictorie opposita. Unde non est necesse alterum eorum dare. Cum enim dicimus, *Pater et Filius sunt unum principium*, hoc quod dico *principium*, non habet determinatam suppositionem: imo confusam pro duabus personis simul.

modo são um só princípio do Espírito Santo, por causa da unidade de propriedade significada pelo termo "princípio"ⁱ.

QUANTO AO 1º, portanto, deve-se dizer que, se se considera o poder espirativo, o Espírito Santo procede do Pai e do Filho enquanto eles são um nesse poder espirativo, que significa de certa maneira a natureza com a propriedade, como abaixo se dirá. E não é incompatível que uma propriedade única exista em dois supósitos, que têm uma só natureza. Mas, se se consideram os supósitos da espiração, o Espírito Santo procede do Pai e do Filho enquanto são vários, pois ele procede como o amor unitivo de doisʲ.

QUANTO AO 2º, deve-se dizer que, quando se diz que *o Pai e o Filho são um único princípio do Espírito Santo*, designa-se a única propriedade, que é a forma significada pelo termo princípio. Não se segue, entretanto, que por causa das propriedades o Pai possa ser dito vários princípios. Isto implicaria uma pluralidade de supósitos.

QUANTO AO 3º, deve-se dizer que não se considera semelhança ou dessemelhança em Deus, segundo as propriedades relativas, mas segundo a essência. Por isso, assim como o Pai não é mais semelhante a si que ao Filho, do mesmo modo o Filho não é mais semelhante ao Pai que o Espírito Santo.

QUANTO AO 4º, deve-se dizer que as duas proposições: *o Pai e o Filho são um único princípio que é o Pai* ou *são um único princípio que não é o Pai* não são contraditórias. Por isso não se é obrigado a conceder uma ou outra. Com efeito, quando se diz: *o Pai e o Filho são um único princípio*, o termo "princípio" não tem uma suplência determinadaᵏ. Ele supre confusamente pelas duas

---

3. Q. 41, a. 5.

i. O Pai é Deus, o Filho é Deus, o Espírito Santo é Deus, e contudo não são três deuses, mas um só Deus. Que sentido dar a esse paradoxo, no qual se exprime o mistério da fé? Apela-se, como vimos, à noção de "oposição relativa": o Pai não é o Filho, pois eles são correlatos (um pai não pode, sem contradição, ser chamado seu próprio filho), mas são um Deus só, pois esse Pai comunica a esse Filho, ao gerá-lo, não uma natureza semelhante à sua, mas a própria natureza da divindade segundo a qual ele é, eles são juntos, o Deus único. Do mesmo modo, eles são juntos o único princípio do Espírito Santo, pois o caráter segundo o qual ele é princípio do Espírito Santo o Pai comunica, identicamente o mesmo, ao Filho.

j. O princípio do Espírito Santo não é uma "fonte anônima", logo, "não-pessoal", como censuram alguns teólogos ortodoxos à posição latina, é o Pai *e* o Filho conjuntamente, O amor segundo o qual se faz a segunda processão é o amor mútuo entre o Pai e o Filho, e se eles são Um enquanto princípio do Espírito Santo é, simultaneamente, em razão da unidade transcendente do Ser divino e pela virtude unificadora do amor.

k. "Suplência", "suprir": é um termo lógico que significa o papel que exerce a palavra, em uma proposição, de designar um objeto — ou antes, um sujeito — determinado. Quando o sujeito em questão não é um indivíduo, mas um grupo (como em "o francês nasceu esperto"), o predicado tem uma suplência indeterminada: não posso dizer, com efeito: Pedro é francês, logo ele nasceu esperto. Há algo semelhante quando o predicado concerne a vários sujeitos tomados conjuntamente: "Tiago e João são gêmeos", pois não posso ver designado por essa palavra nem Tiago nem João determinadamente. O mesmo ocorre aqui: na proposição "o Pai e o Filho são o princípio do Espírito Santo", "princípio" não designa nem o Pai sem o Filho, nem o Filho sem o Pai, mas os dois juntos.

Unde in processu est fallacia Figurae Dictionis, a confusa suppositione ad determinatam.

AD QUINTUM dicendum quod haec etiam est vera, *unum principium Spiritus Sancti est Pater et Filius*. Quia hoc quod dico *principium*, non supponit pro una persona tantum, sed indistincte pro duabus, ut dictum est[4].

AD SEXTUM dicendum quod convenienter potest dici quod Pater et Filius sunt idem principium, secundum quod ly *principium* supponit confuse et indistincte pro duabus personis simul.

AD SEPTIMUM dicendum quod quidam dicunt quod Pater et Filius, licet sint unum principium Spiritus Sancti, sunt tamen *duo spiratores*, propter distinctionem suppositorum, sicut etiam *duo spirantes:* quia actus referuntur ad supposita. Nec est eadem ratio de hoc nomine *Creator*. Quia Spiritus Sanctus procedit a Patre et Filio ut sunt duae personae distinctae, ut dictum est[5]: non autem creatura procedit a tribus personis ut sunt personae distinctae, sed ut sunt unum in essentia. — Sed videtur melius dicendum quod, quia *spirans* adiectivum est, *spirator* vero substantivum: possumus dicere quod Pater et Filius sunt *duo spirantes*, propter pluralitatem suppositorum; non autem *duo spiratores*, propter unam spirationem. Nam adiectiva nomina habent numerum secundum supposita: substantiva vero a seipsis, secundum formam significatam. — Quod vero Hilarius dicit, quod Spiritus Sanctus est *a Patre et Filio auctoribus*, exponendum est quod ponitur substantivum pro adiectivo.

4. In resp. ad 4.
5. In resp. ad 1.

pessoas em conjunto. A argumentação contém, portanto, um sofisma de Figura de Dicção, quando se passa de uma suplência confusa para uma suplência determinada.

QUANTO AO 5º, deve-se dizer que esta proposição também é verdadeira: *O único princípio do Espírito Santo é o Pai e o Filho*, porque aqui o termo "princípio" não supre por uma só pessoa, mas pelas duas indistintamente, como se disse.

QUANTO AO 6º, deve-se dizer que se pode convenientemente dizer que o Pai e o Filho são o mesmo princípio, à medida que o *princípio* supre confusa e indistintamente pelas duas pessoas conjuntas.

QUANTO AO 7º, deve-se dizer que, segundo alguns, o Pai e o Filho, embora sejam um só princípio do Espírito Santo, são dois *espiradores*, porque os supósitos são distintos. Eles são também dois *espirantes*, porque os atos se referem aos supósitos. A razão do termo Criador é diferente, porque o Espírito Santo procede do Pai e do Filho enquanto são duas pessoas distintas, como foi dito, mas a criatura não procede das três pessoas enquanto pessoas distintas, e sim enquanto são um em sua essência. — Mas parece preferível dizer que *espirante* é adjetivo, enquanto *espirador* é substantivo. Assim, podemos dizer que o Pai e o Filho são *dois espirantes*, em razão da pluralidade de supósitos, mas não *dois espiradores*, porque só há uma espiração. Com efeito, os adjetivos tomam o número de seus supósitos, enquanto os substantivos tomam seu número em si mesmos, isto é, da forma que eles significam. — Quanto ao que diz Hilário, que o Espírito Santo *tem o Pai e o Filho por autores*, deve-se explicar que o substantivo faz as vezes de adjetivo.

QUAESTIO XXXVII
DE NOMINE SPIRITUS SANCTI QUOD EST AMOR

in duos articulos divisa

Deinde quaeritur de nomine Amoris.
Et circa hoc quaeruntur duo.
Primo: utrum sit proprium nomen Spiritus Sancti.
Secundo: utrum Pater et Filius diligant se Spiritu Sancto.

QUESTÃO 37
O NOME AMOR DADO AO ESPÍRITO SANTO

em dois artigos

Em seguida se pergunta sobre o nome Amor.
E sobre isso são duas as perguntas:
1. Se é um nome próprio do Espírito Santo.
2. O Pai e o Filho se amam pelo Espírito Santo?

Articulus 1
Utrum Amor sit proprium nomen Spiritus Sancti

AD PRIMUM SIC PROCEDITUR. Videtur quod Amor non sit proprium nomen Spiritus Sancti.

1. Dicit enim Augustinus, XV *de Trin.*[1]: *Nescio cur, sicut sapientia dicitur et Pater et Filius et Spiritus Sanctus, et simul omnes non tres sed una sapientia, non ita et caritas dicatur Pater et Filius et Spiritus Sanctus, et simul omnes una caritas.* Sed nullum nomen quod de singulis personis praedicatur et de omnibus in communi singulariter, est nomen proprium alicuius personae. Ergo hoc nomen *amor* non est proprium Spiritus Sancti.

2. PRAETEREA, Spiritus Sanctus est persona subsistens. Sed amor non significatur ut persona subsistens: sed ut actio quaedam ab amante transiens in amatum. Ergo amor non est proprium nomen Spiritus Sancti.

3. PRAETEREA, amor est nexus amantium: quia secundum Dionysium, 4 cap. *de Div. Nom.*[2], est *quaedam vis unitiva.* Sed nexus est medium inter ea quae connectit: non autem aliquid ab eis procedens. Cum igitur Spiritus Sanctus procedat a Patre et Filio, sicut ostensum est[3], videtur quod non sit amor aut nexus Patris et Filii.

4. PRAETEREA, cuiuslibet amantis est aliquis amor. Sed Spiritus Sanctus est amans. Ergo eius est aliquis amor. Si igitur Spiritus Sanctus est amor, erit amor amoris, et spiritus a spiritu. Quod est inconveniens.

SED CONTRA est quod Gregorius dicit, in Homilia Pentecostes[4]: *Ipse Spiritus Sanctus est Amor.*

RESPONDEO dicendum quod nomen amoris in divinis sumi potest et essentialiter et personaliter. Et secundum quod personaliter sumitur, est proprium nomen Spiritus Sancti; sicut Verbum est proprium nomen Filii. Ad cuius evidentiam, sciendum est quod, cum in divinis, ut supra[5] ostensum est, sint duae processiones, una per modum intellectus, quae est processio verbi; alia per modum voluntatis, quae est processio amoris: quia prima est

Artigo 1
Amor é o nome próprio do Espírito Santo?

QUANTO AO PRIMEIRO ARTIGO, ASSIM SE PROCEDE: parece que Amor **não** é um nome próprio do Espírito Santo.

1. Com efeito, Agostinho diz: "Se se dá o nome de sabedoria ao Pai, ao Filho e ao Espírito Santo, e todos juntos são uma só sabedoria, e não três sabedorias, não sei por que não se daria também o nome de caridade ao Pai, ao Filho e ao Espírito Santo e todos juntos uma só caridade". Ora, um nome que é atribuído a cada uma das pessoas e a todas juntas no singular não é o nome próprio de uma pessoa. Logo, "amor" não é um nome próprio do Espírito Santo.

2. ALÉM DISSO, o Espírito Santo é uma pessoa subsistente. Ora, amor não significa uma pessoa subsistente, mas uma ação que passa do amante ao amado. Logo, amor não é um nome próprio do Espírito Santo.

3. ADEMAIS, o amor é o vínculo dos amantes, porque, segundo Dionísio, é *uma força unitiva.* Ora, o vínculo é o meio entre aqueles que ele une, e não algo que procede deles. Portanto, se o Espírito Santo procede do Pai e do Filho, como foi demonstrado, parece que não seja o amor ou o vínculo do Pai e do Filho.

4. ADEMAIS, todo aquele que ama tem um amor. Ora, o Espírito Santo ama e, por conseguinte, tem um amor. Portanto, se o Espírito Santo é o amor, temos o amor do amor, e o espírito do Espírito, o que é inconveniente.

EM SENTIDO CONTRÁRIO, Gregório disse, na Homilia de Pentecostes: "O Espírito Santo é ele mesmo o Amor".

RESPONDO. Em Deus, o nome "amor" pode ser tomado em sentido essencial e pessoal. Tomado em sentido pessoal, é um nome próprio do Espírito Santo, como Verbo é o nome próprio do Filho. Para prová-lo, deve-se saber que, como acima foi demonstrado, há em Deus duas processões: uma por modo do intelecto, ou processão do verbo, a outra por modo da vontade, ou processão do amor. Porque a primeira nos é mais conhecida,

---

1 PARALL.: I *Sent.*, dist. 10, a. 1, ad 4; dist. 27, q. 2, a. 2, q.la 2.

1. C. 17: ML 42, 1081.
2. MG 3, 713 B.
3. Q. 36, a. 2.
4. Homil. 30 in *Evang.*: ML 76, 1220 B.
5. Q. 27, a. 1, 3, 5.

nobis magis nota, ad singula significanda quae in ea considerari possunt, sunt magis propria nomina adinventa; non autem in processione voluntatis. Unde et quibusdam circumlocutionibus utimur ad significandam personam procedentem: et relationes etiam quae accipiuntur secundum hanc processionem, et *processionis* et *spirationis* nominibus nominantur, ut supra[6] dictum est; quae tamen sunt magis nomina originis quam relationis, secundum proprietatem vocabuli.

Et tamen similiter utramque processionem considerari oportet. Sicut enim ex hoc quod aliquis rem aliquam intelligit, provenit quaedam intellectualis conceptio rei intellectae in intelligente, quae dicitur verbum; ita ex hoc quod aliquis rem aliquam amat, provenit quaedam impressio, ut ita loquar, rei amatae in affectu amantis, secundum quam amatum dicitur esse in amante, sicut et intellectum in intelligente. Ita quod, cum aliquis seipsum intelligit et amat, est in seipso non solum per identitatem rei, sed etiam ut intellectum in intelligente, et amatum in amante.

Sed ex parte intellectus, sunt vocabula adinventa ad significandum respectum intelligentis ad rem intellectam, ut patet in hoc quod dico *intelligere*: et sunt etiam alia vocabula adinventa ad significandum processum intellectualis conceptionis, scilicet ipsum *dicere*, et *verbum*. Unde in divinis *intelligere* solum essentialiter dicitur, quia non importat habitudinem ad verbum procedens: sed *Verbum* personaliter dicitur, quia significat id quod procedit: ipsum vero *dicere* dicitur notionaliter, quia importat habitudinem principii Verbi ad Verbum ipsum. — Ex parte autem voluntatis, praeter *diligere* et *amare*, quae important habitudinem amantis ad rem amatam, non sunt aliqua vocabula imposita, quae importent habitudinem ipsius impressionis vel affectionis rei amatae, quae provenit in amante ex hoc quod amat, ad suum principium, aut e converso. Et ideo, propter vocabulorum inopiam, huiusmodi habitudines significamus vocabulis *amoris* et *dilectionis*; sicut si

encontraram-se mais nomes próprios para designar cada um dos aspectos que nela se podem considerar. Não se dá o mesmo com a processão da vontade. Daí que, para designar a pessoa que procede, nos utilizamos de certas perífrases. E mesmo as relações dessa processão recebem os nomes de "processão" e "espiração", como já foi dito. Estes são, propriamente, nomes de origem mais que nomes de relação.

No entanto, será preciso considerar de igual modo uma e outra processão. Pois, assim como pelo fato de conhecer algo provém em quem conhece uma certa concepção intelectual da coisa conhecida, concepção chamada verbo; do mesmo modo, pelo fato de amar uma coisa, provém na vontade do amante, por assim dizer, uma espécie de impressão da coisa amada, pela qual se diz que o amado está no amante, como o conhecido está naquele que conhece. E assim aquele que se conhece e se ama está em si mesmo, não somente por identidade real, mas ainda como o conhecido está naquele que conhece e o amado em quem ama[a].

Mas, tratando-se do intelecto, encontraram-se termos para designar a relação do que conhece com a coisa conhecida, como fica claro ao dizer "conhecer" e há outros para significar o processo da concepção intelectual, como "dizer" e "verbo". Por conseguinte, em Deus, "conhecer" só se emprega em sentido essencial, pois ele não importa relação ao verbo que procede, enquanto "Verbo" emprega-se em sentido pessoal, visto que significa aquilo mesmo que procede. Quanto a "dizer", emprega-se em sentido nocional porque implica a relação do princípio do Verbo ao próprio Verbo. — Tratando-se da vontade, além de "querer bem" e "amar", que implica a relação do que ama à coisa amada, não há palavras que impliquem a relação de impressão ou de afeição da coisa amada, que se dá no amante quando ama, para com o seu princípio ou vice-versa. Daí, dada a carência de palavras, designamos tais relações pelos termos "amor" ou "querer bem". É como se chamásse-

---

6. Q. 28, a. 4.

a. Como o conhecido está naquele que conhece, o amado no que ama, mas não da mesma maneira: aquele que começa a amar uma pessoa que ele conhecia havia muito tempo pode experimentar a novidade e a irredutibilidade dessa presença "no coração", ou "afetiva", do ser amado. É o próprio ato do amor que faz essa nova presença, produzindo o amado no íntimo do que ama, não evidentemente segundo sua existência real, nem segundo sua representação inteligível — ele já era conhecido —, mas segundo uma maneira nova de ser, que pode ser descrita como uma "inclinação para o outro", uma atração que ele exerce sobre o que ama (enquanto, para o conceito, é o conhecido que é atraído a si por aquele que conhece).

Verbum nominaremos *intelligentiam conceptam*, vel *sapientiam genitam*.

Sic igitur, inquantum in amore vel dilectione non importatur nisi habitudo amantis ad rem amatam, *amor* et *diligere* essentialiter dicuntur, sicut *intelligentia* et *intelligere*. Inquantum vero his vocabulis utimur ad exprimendam habitudinem eius rei quae procedit per modum amoris, ad suum principium, et e converso; ita quod per *amorem* intelligatur *amor procedens*, et per *diligere* intelligatur *spirare amorem procedentem*: sic Amor est nomen personae, et *diligere* vel *amare* est verbum notionale, sicut *dicere* vel *generare*.

AD PRIMUM ergo dicendum quod Augustinus loquitur de caritate, secundum quod essentialiter sumitur in divinis, ut dictum est[7].

AD SECUNDUM dicendum quod intelligere et velle et amare, licet significentur per modum actionum transeuntium in obiecta, sunt tamen actiones manentes in agentibus, ut supra[8] dictum est; ita tamen quod in ipso agente important habitudinem quandam ad obiectum. Unde amor, etiam in nobis, est aliquid manens in amante, et verbum cordis manens in dicente; tamen cum habitudine ad rem verbo expressam, vel amatam. Sed in Deo, in quo nullum est accidens, plus habet: quia tam Verbum quam Amor est subsistens. Cum ergo dicitur quod Spiritus Sanctus est amor Patris in Filium, vel in quidquam aliud, non significatur aliquid transiens in alium; sed solum habitudo amoris ad rem amatam; sicut et in Verbo importatur habitudo Verbi ad rem Verbo expressam.

AD TERTIUM dicendum quod Spiritus Sanctus dicitur esse nexus Patris et Filii, inquantum est Amor: quia, cum Pater amet unica dilectione se et Filium, et e converso, importatur in Spiritu Sancto, prout est Amor, habitudo Patris ad Filium, et e converso, ut amantis ad amatum. Sed ex hoc ipso quod Pater et Filius se mutuo amant, oportet quod mutuus Amor, qui est Spiritus Sanctus,

mos ao Verbo *o conhecimento concebido*, ou *a sabedoria gerada*.

Assim, portanto, se no amor ou querer bem está implicada apenas a relação do amante à coisa amada, empregar-se-á "amor" e "querer bem" em sentido essencial, como "conhecimento" e "conhecer". Se, ao contrário, utilizamos essas palavras para exprimir a relação daquilo que procede por amor a seu princípio, ou inversamente; de tal modo que por "amor" entendamos: *amor que procede*, e por "querer bem": *espirar o amor que procede*, então Amor é um nome de pessoa, e "querer bem" é um verbo nocional, como "dizer" e "gerar".

QUANTO AO 1º, portanto, deve-se dizer que Agostinho fala de caridade no sentido que, em Deus, designa a essência, como já foi dito.

QUANTO AO 2º, deve-se dizer que "conhecer", "querer" e "amar" embora se empreguem à maneira de ações transitivas, são ações imanentes, como já se disse, de tal modo, entretanto, que implicam, no próprio agente, uma relação com o objeto. Por isso, mesmo em nós o amor é algo que permanece no amante, e o verbo mental, algo que permanece naquele que diz, comportando, contudo, uma relação com a coisa expressa pelo verbo ou amada. Mas em Deus, no qual não há acidente algum, há algo maior: o Verbo e o Amor são subsistentes. Portanto, quando se diz que o Espírito Santo é o amor do Pai para com o Filho, ou para com qualquer outra coisa, não se exprime algo transitivo, mas somente a relação de amor com a coisa amada. Do mesmo modo que no Verbo está implicada a relação do Verbo com a coisa expressa pelo Verbo[b].

QUANTO AO 3º, deve-se dizer que o Espírito Santo é o vínculo do Pai e do Filho, enquanto é Amor, porque, como o Pai ama a si e ao Filho por uma única dileção, assim no Espírito Santo, enquanto Amor, está implícita uma relação recíproca entre o Pai e o Filho, a que une quem ama a quem é amado. Ora, pelo fato de que o Pai e o Filho se amem mutuamente, é preciso que o

---

7. In corp.
8. Q. 14, a. 2; q. 18, a. 3, ad 1.

b. Pela consciência, a pessoa se eleva acima de todos os *entes*, pois, estando presente a si mesma, ela *é* duplamente: segundo o seu ser de existência, como todos os *entes*, e de acordo com o ser inteligível, como conhecida (por si mesma). Contudo, do conhecimento procede o amor, de modo que dessa prerrogativa da pessoa que é a consciência nasce uma terceira maneira de ser ela mesma: como o amante que é o amado pela virtude unificadora do amor. Essa tríplice presença a si mesma da pessoa é uma outra via de acesso ao mistério trinitário: em Deus, no qual o ser inteligível, o ser afetivo e o ser de existência se fundem em Um no Ser puro, essa multiplicação de pessoas não se efetua por essa espécie de jogo de espelhos que é o ser intencional, mas realmente.

ab utroque procedat. Secundum igitur originem, Spiritus Sanctus non est medius, sed tertia in Trinitate persona. Secundum vero praedictam habitudinem, est medius nexus duorum, ab utroque procedens.

AD QUARTUM dicendum quod, sicut Filio, licet intelligat, non tamen sibi competit, producere verbum, quia intelligere convenit ei ut Verbo procedenti; ita, licet Spiritus Sanctus amet, essentialiter accipiendo, non tamen convenit ei quod spiret amorem, quod est diligere notionaliter sumptum; quia sic diligit essentialiter ut Amor procedens, non ut a quo procedit amor.

ARTICULUS 2
Utrum Pater et Filius diligant se Spiritu Sancto

AD SECUNDUM SIC PROCEDITUR. Videtur quod Pater et Filius non diligant se Spiritu Sancto.

1. Augustinus enim, in VII *de Trin*.[1], probat quod Pater non est sapiens sapientia genita. Sed sicut Filius est sapientia genita, ita Spiritus Sanctus est Amor procedens, ut dictum est[2]. Ergo Pater et Filius non diligunt se Amore procedente, qui est Spiritus Sanctus.

2. PRAETEREA, cum dicitur, *Pater et Filius diligunt se Spiritu Sancto*, hoc verbum *diligere* aut sumitur essentialiter, aut notionaliter. Sed non potest esse vera secundum quod sumitur essentialiter: quia pari ratione posset dici quod *Pater intelligit Filio*. Neque etiam secundum quod sumitur notionaliter: quia pari ratione posset dici quod *Pater et Filius spirant Spiritu Sancto*, vel quod *Pater generat Filio*. Ergo nullo modo haec est vera, *Pater et Filius diligunt se Spiritu Sancto*.

3. PRAETEREA, eodem amore Pater diligit Filium, et se, et nos. Sed Pater non diligit se Spiritu Sanc-

mútuo Amor, o Espírito Santo, proceda de um e de outro. Portanto, tendo em conta a origem, o Espírito Santo não é o meio, mas a terceira pessoa na Trindade. Contudo, tendo em conta a relação acima exposta, é o vínculo intermédio dos dois que procede dos dois[c].

QUANTO AO 4º, deve-se dizer que assim como ao Filho não lhe cabe, embora conheça, produzir o verbo, porque conhecer lhe convém como Verbo que procede, do mesmo modo, embora o Espírito Santo ame, em sentido essencial, não lhe convém espirar um amor, isto é, amar no sentido nocional, porque ama em sentido essencial como Amor que procede, e não como de quem procede o amor.

ARTIGO 2
O Pai e o Filho se amam pelo Espírito Santo?

QUANTO AO SEGUNDO, ASSIM SE PROCEDE: parece que o Pai e o Filho **não** se amam pelo Espírito Santo.

1. Com efeito, Agostinho prova que o Pai não é sábio pela sabedoria gerada. Ora, como o Filho é a sabedoria gerada, assim o Espírito Santo é o Amor que procede, como foi dito. Logo, o Pai e o Filho não se amam por este Amor procedente que é o Espírito Santo.

2. ALÉM DISSO, quando se diz: *o Pai e o Filho amam-se pelo Espírito Santo*, toma-se o verbo "amar" ou no sentido essencial ou no nocional. No sentido essencial, é impossível que a proposição seja verdadeira, pois pela mesma razão se poderia dizer que *o Pai conhece por seu Filho*. No sentido nocional, também não é verdadeira, porque pela mesma razão se poderia dizer: *o Pai e o Filho espiram pelo Espírito Santo*, ou ainda: *o Pai gera por seu Filho*. Portanto, de nenhuma maneira é verdadeira a frase: *o Pai e o Filho se amam pelo Espírito Santo*.

3. ADEMAIS, por um mesmo amor o Pai ama o Filho, a si mesmo e nós. Ora, o Pai não se ama

---

2 PARALL.: I *Sent*., dist. 32, q. 1; *De Pot*., q. 9, a. 9, ad 13.

1. C. 1: ML 42, 936.
2. Art. praec.

c. A própria palavra "amor" designa o ato de amar e essa espécie de "representação afetiva" do amado que ele produz no íntimo daquele que ama. É por isso que, em Deus, ele é ao mesmo tempo um termo essencial (é comum aos Três amar divinamente) e um termo pessoal, designando a Pessoa divina que procede. Donde a dupla situação paradoxal do Espírito Santo na divindade: segundo a ordem trinitária, ele é a terceira Pessoa, a segunda processão sendo articulada à primeira e supondo-a; segundo a maneira pela qual procede, ele une o Pai e o Filho, sendo a expressão personalizada do amor pelo qual eles se amam.

to. Quia nullus actus notionalis reflectitur super principium actus: non enim potest dici quod *Pater generat se*, vel *spirat se*. Ergo etiam non potest dici quod *diligat se Spiritu Sancto*, secundum quod *diligere* sumitur notionaliter. Item, amor quo diligit nos, non videtur esse Spiritus Sanctus: quia importatur respectus ad creaturam, et ita ad essentiam pertinet. Ergo et haec est falsa, *Pater diligit Filium Spiritu Sancto*.

SED CONTRA est quod Augustinus dicit, VI *de Trin*.[3], quod Spiritus Sanctus est *quo Genitus a Generante diligitur, Genitoremque suum diligit*.

RESPONDEO dicendum quod circa hanc quaestionem difficultatem affert quod, cum dicitur, *Pater diligit Filium Spiritu Sancto*, cum ablativus construatur in habitudine alicuius causae, videtur quod Spiritus Sanctus sit principium diligendi Patri et Filio; quod est omnino impossibile. Et ideo quidam dixerunt hanc esse falsam, *Pater et Filius diligunt se Spiritu Sancto*. Et dicunt hanc esse retractatam ab Augustino in suo simili, cum scilicet retractavit[4] istam, *Pater est sapiens sapientia genita*. — Quidam vero dicunt quod est propositio impropria; et est sic exponenda: *Pater diligit Filium Spiritu Sancto*, idest *amore essentiali*, qui appropriatur Spiritui Sancto. — Quidam vero dixerunt quod ablativus iste construitur in habitudine signi: ut sit sensus, *Spiritus Sanctus est signum quod Pater diligat Filium*, inquantum scilicet procedit ab eis ut amor. — Quidam vero dixerunt quod ablativus iste construitur in habitudine causae formalis: quia Spiritus Sanctus est Amor, quo formaliter Pater et Filius se invicem diligunt. — Quidam vero dixerunt quod construitur in habitudine effectus formalis. Et isti propinquius ad veritatem accesserunt.

Unde ad huius evidentiam, sciendum est quod, cum res communiter denominentur a suis formis, sicut *album* ab albedine, et *homo* ab humanitate, omne illud a quo aliquid denominatur, quantum ad hoc habet habitudinem formae. Ut si dicam, *iste est indutus vestimento*, iste ablativus construitur in habitudine causae formalis, quamvis non sit forma. Contingit autem aliquid denominari per id quod ab ipso procedit, non solum sicut agens actione; sed etiam sicut ipso termino actionis, qui est effectus, quando ipse effectus in intellectu

pelo Espírito Santo. Porque nenhum ato nocional se volta de forma reflexiva sobre o princípio do ato. Não se pode dizer que o *Pai se gera* ou *espira a si mesmo*. Logo, não se pode também dizer que *o Pai se ama pelo Espírito Santo*, entendendo "amar" em sentido nocional. Do mesmo modo, o amor com o qual nos ama, ao que parece, não é o Espírito Santo, porque implica relação com a criatura, portanto pertence à essência. Logo, é falso que *o Pai ama o Filho pelo Espírito Santo*.

EM SENTIDO CONTRÁRIO, segundo Agostinho, é pelo Espírito Santo que *o Gerado é amado do que gera e que ele ama o Genitor*".

RESPONDO. A respeito desta questão, a dificuldade está em que ao dizer: *o Pai ama o Filho pelo Espírito Santo*, como o caso ablativo é usado para significar a relação de causalidade, parece que o Espírito Santo é o princípio de amor do Pai e do Filho, o que é totalmente impossível. Por isso, alguns disseram ser falsa a proposição: o Pai e o Filho se amam pelo Espírito Santo. Segundo eles, Agostinho se teria retratado, ao retratar uma proposição similar: *o Pai é sábio pela sabedoria gerada*. — Outros dizem que é uma proposição imprópria, a ser reformulada assim: *o Pai ama o Filho pelo Espírito Santo*, isto é, *por amor essencial* que se atribui como próprio ao Espírito Santo. — Outros dizem que este ablativo é usado para significar a relação de sinal, neste sentido: *o Espírito Santo é sinal de que o Pai ama o Filho*, na medida em que procede deles como amor. — Há os que disseram que o ablativo é utilizado para significar a relação de causa formal, pois o Espírito Santo é o Amor pelo qual formalmente o Pai e o Filho se amam mutuamente. — Outros, pelo contrário, dizem que é utilizado para significar a relação de um efeito formal. E estes mais se aproximaram da verdade.

Para tornar clara essa questão, é preciso saber que, assim como se denominam comumente as coisas por suas formas, por exemplo o *branco* pela brancura, *o homem* pela humanidade, assim tudo o que denomina qualquer coisa tem com respeito a essa coisa uma relação de forma. Assim se disser: este está coberto por uma veste, esse ablativo é utilizado para significar uma relação de causa formal, embora não seja uma forma. Ora, acontece que se denomina uma coisa pelo que dela procede, não somente como o agente pela ação,

---

3. C. 5: ML 42, 928.
4. *Retractat*., l. I, c. 26: ML 32, 625.

actionis includitur. Dicimus enim quod *ignis est calefaciens calefactione*, quamvis calefactio non sit calor, qui est forma ignis, sed actio ab igne procedens: et dicimus quod *arbor est florens floribus*, quamvis flores non sint forma arboris, sed quidam effectus ab ipsa procedentes.

Secundum hoc ergo dicendum quod, cum *diligere* in divinis dupliciter sumatur, essentialiter scilicet et notionaliter; secundum quod essentialiter sumitur, sic pater et Filius non diligunt se Spiritu Sancto, sed essentia sua. Unde Augustinus dicit, in XV *de Trin*.[5]: *Quis audet dicere Patrem nec se nec Filium nec Spiritum Sanctum diligere nisi per Spiritum Sanctum?* Et secundum hoc procedunt primae opiniones. — Secundum vero quod notionaliter sumitur, sic diligere nihil est aliud quam *spirare amorem*; sicut *dicere* est producere verbum, et *florere* est producere flores. Sicut ergo dicitur arbor florens floribus, ita dicitur Pater dicens Verbo vel Filio, se et creaturam: et Pater et Filius dicuntur diligentes Spiritu Sancto, vel Amore procedente, et se et nos.

AD PRIMUM ergo dicendum quod esse *sapientem* vel *intelligentem* in divinis non sumitur nisi essentialiter: et ideo non potest dici quod *Pater sit sapiens vel intelligens Filio*. Sed *diligere* sumitur non solum essentialiter, sed etiam notionaliter. Et secundum hoc, possumus dicere quod Pater et Filius diligunt se Spiritu Sancto, ut dictum est[6].

AD SECUNDUM dicendum quod, quando in intellectu alicuius actionis importatur determinatus effectus, potest denominari principium actionis et ab actione et ab effectu; sicut possumus dicere quod arbor est florens *floritione*, et *floribus*. Sed quando in actione non includitur determinatus effectus, tunc non potest principium actionis denominari ab effectu, sed solum ab actione: non enim dicimus quod arbor *producit florem flore*, sed *productione floris*. — In hoc igitur quod dico *spirat* vel *generat*, importatur actus notionalis

mas também pelo próprio termo da ação, pelo efeito, quando este entra na compreensão da ação. Assim, dizemos: *o fogo aquece pelo aquecimento*, se bem que o aquecimento não seja o calor, que é a forma do fogo, mas somente a ação que procede do fogo. E também dizemos: *a árvore está florida de flores*, se bem que as flores não sejam a forma da árvore, mas efeitos que dela procedem.

Assim sendo, deve-se dizer que, como amar tem em Deus dois sentidos, um essencial, outro nocional, se se toma em sentido essencial, quer dizer: o Pai e o Filho se amam, não pelo Espírito Santo, mas por sua essência. Por isso Agostinho escreve: "Portanto quem ousaria dizer que o Pai não se ama a si mesmo, ao Filho e ao Espírito Santo, senão pelo Espírito Santo?". As primeiras opiniões se fundam neste sentido. — Se, ao contrário, toma-se em sentido nocional, amar nada mais é que *espirar o amor*, como *dizer* é *produzir um verbo* e *florescer* produzir flores. Por conseguinte, do mesmo modo que se diz está florida de flores, também se diz que o Pai diz por seu Verbo, ou por seu Filho, a si mesmo e a criatura. E ainda: o Pai e o Filho, pelo Espírito Santo, ou pelo Amor que procede, se amam a si mesmo e a nós[d].

QUANTO AO 1º, portanto, deve-se dizer que ser *sábio* ou *conhecer* em Deus se tomam em sentido essencial. Portanto, não se pode dizer que *o Pai seja sábio ou que conheça pelo Filho*. Ao contrário, "amar" toma-se não somente em sentido essencial, mas também em sentido nocional. E neste último sentido podemos dizer que o Pai e o Filho se amam pelo Espírito Santo, como foi dito.

QUANTO AO 2º, deve-se dizer que, quando na compreensão de uma ação está implicado determinado efeito, o princípio da ação pode ser nomeado seja pela ação, seja pelo efeito. Por exemplo, podemos dizer que a árvore é florida de uma *floração* e florida de *flores*. Mas, quando na ação não está incluído determinado efeito, então o princípio da ação não pode ser nomeado pelo efeito, mas somente pela ação. Assim, não dizemos que a árvore *produz a flor pela flor*, mas *pela produção de flor*. — Portanto, quando digo

---

5. C. 7: ML 42, 1065.
6. In corp.

d. Na presença de uma expressão de Santo Agostinho que se tornou clássica — mas embaraçosa, não obstante, portadora de um sentido, se não muito elaborado, pelo menos muito rico —, Santo Tomás há de empenhar-se em explicá-la a partir das elucidações do artigo anterior, que nele se encontram pouco elaboradas. Note-se a terceira resposta, na qual se sugere a relação entre o Espírito Santo, que é o Amor de Deus personificado, e as criaturas, que são produzidas pelo amor.

tantum. Unde non possumus dicere quod *Pater spiret Spiritu Sancto*, vel *generet Filio*. Possumus autem dicere quod *Pater dicit Verbo*, tanquam persona procedente, et *dicit dictione*, tanquam actu notionali: quia *dicere* importat determinatam personam procedentem, cum *dicere* sit producere verbum. Et similiter *diligere*, prout notionaliter sumitur, est producere amorem. Et ideo potest dici quod *Pater diligit Filium Spiritu Sancto*, tanquam persona procedente, et *ipsa dilectione*, tanquam actu notionali.

AD TERTIUM dicendum quod Pater non solum Filium, sed etiam se et nos diligit Spiritu Sancto. Quia, ut dictum est[7], *diligere*, prout notionaliter sumitur, non solum importat productionem divinae personae, sed etiam personam productam per modum amoris, qui habet habitudinem ad rem dilectam. Unde, sicut Pater dicit se et omnem creaturam Verbo quod genuit, inquantum Verbum genitum sufficienter repraesentat Patrem et omnem creaturam; ita diligit se et omnem creaturam Spiritu Sancto, inquantum Spiritus Sanctus procedit ut amor bonitatis primae, secundum quam Pater amat se et omnem creaturam. Et sic etiam patet quod respectus importatur ad creaturam et in Verbo et in Amore procedente, quasi secundario; inquantum scilicet veritas et bonitas divina est principium intelligendi et amandi omnem creaturam.

espira ou *gera*, está implicado apenas o ato nocional. Portanto, não podemos dizer que o Pai *espira pelo Espírito Santo*, nem que *gera pelo Filho*. Ao contrário, podemos dizer: *o Pai diz pelo Verbo*, como pessoa que procede. E que *ele diz por uma dicção*, como ato nocional. "Dizer" implica uma pessoa determinada que procede, pois significa: produzir o Verbo. Igualmente, "amar" em sentido nocional significa: produzir Amor. Eis por que se pode dizer que o *Pai ama o Filho pelo Espírito Santo*, significando a pessoa que procede, e *pelo próprio amor*, enquanto ato nocional.

QUANTO AO 3º, deve-se dizer que não é somente a seu Filho que o Pai ama pelo Espírito Santo, mas, ainda, a si mesmo e a nós. Pois, como foi dito, "amar" em sentido nocional não implica somente a produção de uma pessoa divina, mas também a pessoa produzida por modo de amor, o qual tem relação com a coisa amada. Por isso, como o Pai diz, pelo Verbo que ele gerou a si mesmo e a toda criatura, na medida em que o Verbo gerado representa suficientemente o Pai e toda criatura; assim também ele ama a si mesmo e a toda criatura pelo Espírito Santo, na medida em que o Espírito Santo procede como amor da bondade primeira pela qual o Pai se ama a si mesmo e a toda criatura. Fica também claro que a relação com a criatura implicada no Verbo e no Amor procedente é algo secundário na medida em que a verdade e a bondade divina são princípio do conhecer e do amar toda criatura.

---

7. Art. praec.

QUAESTIO XXXVIII
DE NOMINE SPIRITUS SANCTI QUOD EST DONUM

in duos articulos divisa

Consequenter quaeritur de Dono.
Et circa hoc quaeruntur duo.
Primo: utrum Donum possit esse nomen personale.
Secundo: utrum sit proprium Spiritus Sancti.

QUESTÃO 38
O DOM

em dois artigos

Concluindo, pergunta-se sobre o Dom.
E a esse respeito são duas as perguntas:
 1. O Dom pode ser um nome pessoal?
 2. É um nome próprio do Espírito Santo?

Articulus 1
Utrum Donum sit nomen personale

Ad primum sic proceditur. Videtur quod Donum non sit nomen personale.

1. Omne enim nomen personale importat aliquam distinctionem in divinis. Sed nomen doni non importat aliquam distinctionem in divinis: dicit enim Augustinus, XV *de Trin.*[1], quod Spiritus Sanctus *ita datur sicut Dei donum, ut etiam seipsum det sicut Deus*. Ergo donum non est nomen personale.

2. Praeterea, nullum nomen personale convenit essentiae divinae. Sed essentia divina est donum quod Pater dat Filio, ut patet per Hilarium, IX *de Trin.*[2]. Ergo donum non est nomen personale.

3. Praeterea, secundum Damascenum[3], nihil est subiectum aut serviens in divinis Personis. Sed donum importat quandam subiectionem et ad eum cui datur, et ad eum a quo datur. Ergo donum non est nomen personale.

4. Praeterea, donum importat respectum ad creaturam: et ita videtur de Deo dici ex tempore. Sed nomina personalia dicuntur de Deo ab aeterno, ut *Pater* et *Filius*. Ergo donum non est nomen personale.

Sed contra est quod Augustinus dicit, XV *de Trin.*[4]: *Sicut corpus carnis nihil aliud est quam caro, sic donum Spiritus Sancti nihil aliud est quam Spiritus Sanctus*. Sed Spiritus Sanctus est nomen personale. Ergo et Donum.

Respondeo dicendum quod in nomine *doni* importatur aptitudo ad hoc quod donetur. Quod autem donatur, habet habitudinem et ad id a quo datur, et ad id cui datur: non enim daretur ab aliquo nisi esset eius; et ad hoc alicui datur, ut eius sit. Persona autem divina dicitur esse alicuius, vel secundum originem, sicut Filius est Patris; vel inquantum ab aliquo habetur. Habere autem dicimur id quo libere possumus uti vel frui, ut volumus. Et per hunc modum divina Persona non potest haberi nisi a rationali creatura Deo coniuncta. Aliae autem creaturae moveri quidem possunt a divina Persona; non tamen sic quod in potestate earum sit frui divina Persona, et uti effectu eius. Ad quod quandoque pertingit rationalis creatura; ut puta

Artigo 1
Dom é um nome pessoal?

Quanto ao primeiro artigo, assim se procede: parece que Dom **não é** um nome pessoal.

1. Com efeito, todo nome pessoal implica uma distinção em Deus. Ora, o nome "dom" não implica uma distinção em Deus, pois diz Agostinho que o Espírito Santo "de tal modo é dado como dom de Deus, que também se dá a si mesmo como Deus". Logo, dom não é um nome pessoal.

2. Além disso, nenhum nome pessoal convém à essência divina. Ora, segundo Hilário, a essência divina é o dom que o Pai dá ao Filho. Logo, dom não é um nome pessoal.

3. Ademais, segundo Damasceno, nas Pessoas divinas não há súdito nem servo. Ora, o dom implica uma certa sujeição, tanto em relação àquele que recebe como àquele que dá. Logo, "dom" não é um nome pessoal.

4. Ademais, dom implica relação à criatura; desse modo parece que se atribui a Deus, no tempo. Ora, os nomes pessoais, como "Pai" e "Filho", atribuem-se a Deus, desde toda eternidade. Logo, dom não é um nome pessoal.

Em sentido contrário, Agostinho diz: "Assim como o corpo de carne nada mais é do que a carne, assim o dom do Espírito Santo nada mais é do que o Espírito Santo". Ora, o Espírito Santo é um nome pessoal. Logo, é também dom.

Respondo. Dom implica a aptidão para ser dado. O que se dá tem uma relação com quem dá e com quem recebe: pois ninguém dá a não ser o que é seu; e se dá a outro é para que seja dele. De uma Pessoa divina se diz que ela é de um outro, seja em razão de sua origem, por exemplo: o Filho é do Pai; seja porque está em possessão de um outro. Possuímos aquilo de que podemos livremente usar ou fruir. Dessa forma, uma Pessoa divina só pode ser possuída pela criatura racional unida a Deus. As outras criaturas podem ser movidas pela Pessoa divina, sem que tenha o poder de fruir da Pessoa divina, nem de usar de seu efeito. Contudo, a criatura racional chega, por vezes, a isso, quando, por exemplo, se torna participante

---

1 Parall.: I *Sent.*, dist. 18, a. 1.

1. C. 19: ML 42, 1086.
2. Num. 54: ML 10, 324 BC — 325 AB.
3. *De Fide Orth.*, l. III, c. 21: MG 94, 1085 A; l. IV, c. 18: MG 94, 1188 A.
4. C. 19: ML 42, 1086.

cum sic fit particeps divini Verbi et procedentis Amoris, ut possit libere Deum vere cognoscere et recte amare. Unde sola creatura rationalis potest habere divinam Personam. Sed ad hoc quod sic eam habeat, non potest propria virtute pervenire: unde oportet quod hoc ei desuper detur; hoc enim dari nobis dicitur, quod aliunde habemus. Et sic divinae Personae competit dari, et esse Donum.

AD PRIMUM ergo dicendum quod nomen Doni importat distinctionem personalem, secundum quod donum dicitur esse alicuius per originem. Et tamen Spiritus Sanctus dat seipsum, inquantum est sui ipsius, ut potens se uti, vel potius frui; sicut et homo liber dicitur esse sui spsius. Et hoc est quod Augustinus dicit, *super Ioan.*[5]: *Quid tam tuum est quam tu?* — Vel dicendum, et melius, quod donum oportet esse aliquo modo dantis. Sed *hoc esse huius* dicitur multipliciter. Uno modo, per modum identitatis, sicut dicit Augustinus *super Ioan.*[6]: et sic donum non distinguitur a dante, sed ab eo cui datur. Et sic dicitur quod Spiritus Sanctus dat se. Alio modo dicitur aliquid esse alicuius ut possessio vel servus: et sic oportet quod donum essentialiter distinguatur a dante. Et sic donum Dei est aliquid creatum. Tertio modo dicitur hoc esse huius per originem tantum: et sic Filius est Patris, et Spiritus Sanctus utriusque. Inquantum ergo donum hoc modo dicitur esse dantis, sic distinguitur a dante personaliter, et est nomen personale.

AD SECUNDUM dicendum quod essentia dicitur esse donum Patris primo modo: quia essentia est Patris per modum identitatis.

AD TERTIUM dicendum quod Donum, secundum quod est nomen personale in divinis, non importat subiectionem, sed originem tantum, in comparatione ad dantem. In comparatione vero ad eum cui datur, importat liberum usum vel fruitionem, ut dictum est[7].

AD QUARTUM dicendum quod donum non dicitur ex eo quod actu datur: sed inquantum habet aptitudinem ut possit dari. Unde ab aeterno divina Persona dicitur Donum, licet ex tempore detur. Nec tamen per hoc quod importatur respectus ad creaturam, oportet quod sit essentiale: sed quod

do Verbo divino e do Amor que procede, para que possa livremente conhecer Deus em verdade, e amá-lo perfeitamente. Portanto, somente a criatura racional pode possuir a Pessoa divina, mas não pode por suas próprias forças chegar a possuí-la. É preciso que isto lhe seja dado do alto, pois dizemos que nos é dado o que nos vem de outrem. Eis como convém a uma Pessoa divina ser dada e ser um Dom.

QUANTO AO 1º, portanto, deve-se dizer que o nome Dom implica uma distinção pessoal, enquanto dom se diz ser de alguém pela origem. O Espírito Santo, entretanto, se dá a si mesmo, enquanto é de si mesmo, capaz de usar de si, ou melhor, fruir de si, como se diz que o homem livre é de si mesmo. É o que diz Agostinho no Comentário sobre João: "O que há de mais teu do que tu mesmo?" — Deve-se, porém, dizer e melhor que o dom deve, de certo modo, ser de quem dá. Mas *ser de alguém* se entende de várias maneiras. Primeiro, por identidade, como na passagem citada de Agostinho. Então o dom não se distingue de quem dá, mas somente daquele a quem é dado. Nesse sentido se diz que o Espírito Santo se dá. Em segundo lugar, ser de alguém se diz como posse, ou servidão; o dom então se distingue essencialmente de quem dá. Nesse sentido, o dom de Deus é algo criado. Diz-se, finalmente, "isto é de alguém", em razão unicamente da origem. É assim que o Filho é do Pai, o Espírito Santo é dos dois. Portanto, enquanto o dom é pela origem de quem dá, distingue-se pessoalmente dele e é um nome pessoal.

QUANTO AO 2º, deve-se dizer que é do primeiro modo que a essência se diz dom do Pai, porque a essência é do Pai por identidade.

QUANTO AO 3º, deve-se dizer que Dom, enquanto nome pessoal em Deus, não implica sujeição, mas somente a relação de origem ao que dá; mas, em relação àquele a quem é feita a doação, ele importa livre uso ou fruição, como se disse acima.

QUANTO AO 4º, deve-se dizer que não se diz dom pelo fato de que se dá em ato, mas enquanto tem aptidão para ser dado. Assim, a Pessoa divina se chama desde toda eternidade Dom, embora seja dada no tempo. Aliás, não é porque implica uma relação com a criatura que necessariamente

---

5. Tract. 29, n. 3: ML 35, 1629.
6. Loco citato.
7. In corp.

aliquid essentiale in suo intellectu includatur, sicut essentia includitur in intellectu personae, ut supra[8] dictum est.

Articulus 2
Utrum Donum sit proprium nomen Spiritus Sancti

AD SECUNDUM SIC PROCEDITUR. Videtur quod Donum non sit proprium nomen Spiritus Sancti.

1. Donum enim dicitur ex eo quod datur. Sed, sicut dicitur Is 9,6, *Filius datus est nobis*. Ergo esse Donum convenit Filio, sicut Spiritui Sancto.
2. PRAETEREA, omne nomen proprium alicuius Personae significat aliquam eius proprietatem. Sed hoc nomen *donum* non significat proprietatem aliquam Spiritus Sancti. Ergo donum non est proprium nomen Spiritus Sancti.
3. PRAETEREA, Spiritus Sanctus potest dici spiritus alicuius hominis, ut supra[1] dictum est. Sed non potest dici donum alicuius hominis: sed solum Donum Dei. Ergo donum non est proprium nomen Spiritus Sancti.

SED CONTRA est quod Augustinus dicit, in IV *de Trin*.[2]: *Sicut natum esse est Filio a Patre esse, ita Spiritui Sancto Donum Dei esse est a Patre et Filio procedere*. Sed Spiritus Sanctus sortitur proprium nomen inquantum procedit a Patre et Filio. Ergo et Donum est proprium nomen Spiritus Sancti.

RESPONDEO dicendum quod Donum, secundum quod personaliter sumitur in divinis, est proprium nomen Spiritus Sancti. Ad cuius evidentiam, sciendum est quod donum proprie est *datio irreddibilis*, secundum Philosophum[3], idest quod non datur intentione retributionis: et sic importat gratuitam donationem. Ratio autem gratuitae donationis est amor: ideo enim damus gratis alicui aliquid, quia volumus ei bonum. Primum ergo quod damus ei, est amor quo volumus ei bonum. Unde manifestum est quod amor habet rationem primi doni, per quod omnia dona gratuita donantur. Unde, cum Spiritus Sanctus procedat ut

Artigo 2
Dom é nome próprio do Espírito Santo?

QUANTO AO SEGUNDO, ASSIM SE PROCEDE: parece que Dom **não é** nome próprio do Espírito Santo.

1. Com efeito, chama-se dom porque se dá. Ora, segundo o livro de Isaías, "o Filho nos foi dado". Logo, ser Dom convém tanto ao Filho como ao Espírito Santo.
2. ALÉM DISSO, todo nome próprio de uma pessoa significa uma de suas propriedades. Ora, o nome "dom" não significa propriedade alguma do Espírito Santo. Logo, "dom" não é um nome próprio do Espírito Santo.
3. ADEMAIS, foi dito acima que do Espírito Santo pode-se dizer que é espírito de tal homem. Ora, não se pode dizer que ele seja o dom de tal homem, mas somente o Dom de Deus. Logo, "dom" não é um nome próprio do Espírito Santo.

EM SENTIDO CONTRÁRIO, Agostinho diz: "Como para o Filho ser nascido é ser do Pai, do mesmo modo, para o Espírito Santo, ser o Dom de Deus é proceder do Pai e do Filho". Ora, é por proceder do Pai e do Filho que o Espírito Santo tem um nome próprio. Logo, Dom é o nome próprio do Espírito Santo.

RESPONDO. Tomado em sentido pessoal, em Deus, Dom é um nome próprio do Espírito Santo. Para prová-lo, deve-se saber que, segundo o Filósofo, dom é uma *doação sem retorno*, isto é, que não se dá com a intenção de retribuição. Dom implica assim doação gratuita. E o amor é a razão da doação gratuita. Damos gratuitamente uma coisa a alguém porque lhe queremos o bem. O primeiro que lhe damos é, portanto, o amor pelo qual lhe queremos o bem. Por isso, é claro que o amor tem a razão de dom primeiro, pelo qual são doados todos os dons gratuitos. Portanto, porque o Espírito Santo procede como Amor, como já foi

---

8. Q. 34, a. 3, ad 1.

PARALL.: I *Sent*., dist. 18, a. 2.

1. Q. 36, a. 1, arg. 3.
2. C. 20: ML 42, 908.
3. *Topic*., l. IV, c. 4: 125, a, 18.

Amor, sicut iam[4] dictum est, procedit in ratione doni primi. Unde dicit Augustinus, XV *de Trin*.[5], quod *per Donum quod est Spiritus Sanctus, multa propria dona dividuntur membris Christi*.

AD PRIMUM ergo dicendum quod, sicut Filius, quia procedit per modum Verbi, quod de ratione sua habet quod sit similitudo sui principii, dicitur proprie Imago, licet etiam Spiritus Sanctus sit similis Patri; ita etiam Spiritus Sanctus, quia a Patre procedit ut Amor, dicitur proprie Donum, licet etiam Filius detur. Hoc enim ipsum quod Filius datur, est ex Patris amore, secundum illud Io 3,16: *Sic Deus dilexit mundum, ut Filium suum unigenitum daret*.

AD SECUNDUM dicendum quod in nomine doni importatur quod sit dantis per originem. Et sic importatur proprietas originis Spiritus Sancti, quae est processio.

AD TERTIUM dicendum quod donum, antequam detur, est tantum dantis: sed postquam datur, est eius cui datur. Quia igitur Donum non importat dationem in actu, non potest dici quod sit donum hominis; sed Donum Dei dantis. Cum autem iam datum est, tunc hominis est vel spiritus vel datum.

dito, ele procede na razão de dom primeiro. É o que diz Agostinho: "Por esse Dom que é o Espírito Santo, muitos dons próprios são distribuídos aos membros de Cristo".

QUANTO AO 1º, portanto, deve-se dizer que, embora o Espírito Santo seja semelhante ao Pai, é ao Filho que é dado o nome próprio de Imagem, porque procede como Verbo, no que está contida a razão de semelhança com seu princípio. Do mesmo modo, embora o Filho seja também dado, é ao Espírito Santo que é dado o nome próprio de Dom, porque procede do Pai como Amor. E que o Filho seja dado provém do Amor do Pai: "Deus", diz o Evangelho de João, "de tal modo amou o mundo que lhe deu seu Filho unigênito".

QUANTO AO 2º, deve-se dizer que o nome "dom" implica, por sua origem, que seja de quem dá. Por isso implica a propriedade de origem do Espírito Santo, isto é, a processão.

QUANTO AO 3º, deve-se dizer que, antes de ser doado, o dom pertence apenas ao doador. Mas, depois de doado, é daquele a quem foi dado. Portanto, uma vez que Dom não implica doação atual não se pode dizer que seja dom do homem, mas somente Dom de Deus, que dá. Quando já foi dado, então sim é dom do homem, ou do espírito.

---

4. Q. 27, a. 4; q. 37, a. 1.
5. C. 19: ML 42, 1084.

QUAESTIO XXXIX
DE PERSONIS AD ESSENTIAM RELATIS
in octo articulos divisa

Post ea quae de Personis divinis absolute tractata sunt, considerandum restat de Personis in comparatione ad essentiam, et ad proprietates, et ad actus notionales; et de comparatione ipsarum ad invicem.

Quantum igitur ad primum horum, octo quaeruntur.

Primo: utrum essentia in divinis sit idem quod persona.

QUESTÃO 39
RELAÇÃO DAS PESSOAS COM A ESSÊNCIA[a]
em oito artigos

Depois de haver tratado o que se refere às Pessoas divinas em si mesmas, fica por considerar as Pessoas em comparação com a essência, e também em comparação com as propriedades e com os atos nocionais e a comparação delas entre si.

Com respeito à primeira consideração, são oito as perguntas:

1. Em Deus, a essência é idêntica à Pessoa?

---

a. Para compreender esta questão e as seguintes, é preciso lembrar-se de que os *termos essenciais* são aqueles que se relacionam ao que é comum às três Pessoas, ou seja, a essência e seus atributos, ao passo que os *termos nocionais* se relacionam às Pessoas naquilo que elas têm de próprio. Por outro lado, um nome qualquer pode exprimir a forma que ele significa de maneira abstrata ou de maneira concreta. No primeiro caso, é um "nome abstrato" (por exemplo: humanidade, paternidade); no segundo caso, é um "nome concreto" (por exemplo: Homem, Pai).

Secundo: utrum dicendum sit quod tres Personae sunt unius essentiae.
Tertio: utrum nomina essentialia praedicanda sint de Personis in plurali vel in singulari.
Quarto: utrum adiectiva notionalia, aut verba vel participia, praedicari possint de nominibus essentialibus concretive acceptis.
Quinto: utrum praedicari possint de nominibus essentialibus in abstracto acceptis.
Sexto: utrum nomina Personarum praedicari possint de nominibus essentialibus concretis.
Septimo: utrum essentialia attributa sint approprianda Personis.
Octavo: quod attributum cuique Personae debeat appropriari.

Articulus 1
Utrum in divinis essentia sit idem quod persona

Ad primum sic proceditur. Videtur quod in divinis essentia non sit idem quod persona.

1. In quibuscumque enim essentia est idem quod persona seu suppositum, oportet quod sit tantum unum suppositum unius naturae, ut patet in omnibus substantiis separatis: eorum enim quae sunt idem re, unum multiplicari non potest, quin multiplicetur et reliquum. Sed in divinis est una essentia et tres Personae, ut ex supra[1] dictis patet. Ergo essentia non est idem quod persona.

2. Praeterea, affirmatio et negatio simul et semel non verificantur de eodem. Sed affirmatio et negatio verificantur de essentia et persona: nam persona est distincta, essentia vero non est distincta. Ergo persona et essentia non sunt idem.

3. Praeterea, nihil subiicitur sibi ipsi. Sed persona subiicitur essentiae: unde *suppositum* vel *hypostasis* nominatur. Ergo persona non est idem quod essentia.

Sed contra est quod Augustinus dicit, VII *de Trin.*[2]: *Cum dicimus personam Patris, non aliud dicimus quam substantiam Patris*.

Respondeo dicendum quod considerantibus divinam simplicitatem, quaestio ista in manifesto

2. Deve-se dizer que há três Pessoas de uma só essência?
3. Os nomes essenciais atribuem-se às Pessoas no plural ou no singular?
4. Os adjetivos, verbos ou particípios nocionais podem ser atribuídos aos nomes essenciais tomados concretamente?
5. Podem ser atribuídos aos nomes essenciais tomados abstratamente?
6. Os nomes de Pessoas podem ser atribuídos aos nomes essenciais concretos?
7. É preciso atribuir como próprios às Pessoas os atributos essenciais?
8. Qual atributo será preciso atribuir como próprio a cada Pessoa?

Artigo 1
Em Deus, a essência é o mesmo que a pessoa?

Quanto ao primeiro artigo, assim se procede: parece que em Deus a essência **não** é o mesmo que a pessoa.

1. Com efeito, nas coisas em que a essência é o mesmo que a pessoa ou o supósito, é preciso que haja um só supósito de uma única natureza, como se vê em todas as substâncias separadas. Com efeito, entre as coisas que são realmente idênticas, uma não pode multiplicar-se sem que a outra também se multiplique. Ora, em Deus há uma essência e três Pessoas, como está claro pelo que foi dito. Logo, a essência não é o mesmo que pessoa.

2. Além disso, a afirmação e a negação não se verificam a respeito do mesmo sujeito, juntas e ao mesmo tempo. Ora, verificam-se afirmação e negação da essência e da pessoa, pois a pessoa é distinta, a essência não. Logo, pessoa e essência não são o mesmo.

3. Ademais, nada é sujeito de si mesmo. Ora, a pessoa é sujeito da essência, de onde seu nome de supósito ou *hipóstase*. Logo, a pessoa não é o mesmo que essência.

Em sentido contrário, Agostinho escreve: "Quando dizemos a pessoa do Pai, não designamos outra coisa senão a substância do Pai".

Respondo. Para quem considera a simplicidade de Deus, a verdade dessa questão é clara. Mostrou-

---

1 Parall.: Supra, q. 3, a. 3; I *Sent.*, dist. 34, q. 1, a. 1; III, dist. 6, q. 2, a. 2, ad 2.

1. Q. 28, a. 3; q. 30, a. 2.
2. C. 6: ML 42, 943.

habet veritatem. Ostensum est enim supra[3] quod divina simplicitas hoc requirit, quod in Deo sit idem essentia et suppositum; quod in substantiis intellectualibus nihil est aliud quam persona.

Sed difficultatem videtur ingerere quod, multiplicatis personis divinis, essentia retinet unitatem. Et quia, ut Boetius dicit[4], *relatio multiplicat Personarum trinitatem*, posuerunt aliqui[5] hoc modo in divinis differre essentiam et personam, quo et relationes dicebant esse assistentes, considerantes in relationibus solum quod ad alterum sunt, et non quod res sunt.

Sed, sicut supra[6] ostensum est, sicut relationes in rebus creatis accidentaliter insunt, ita in Deo sunt ipsa essentia divina. Ex quo sequitur quod in Deo non sit aliud essentia quam persona secundum rem; et tamen quod personae realiter ab invicem distinguantur. Persona enim, ut dictum est supra[7], significat relationem, prout est subsistens in natura divina. Relatio autem, ad essentiam comparata, non differt re, sed ratione tantum: comparata autem ad oppositam relationem, habet, virtute oppositionis, realem distinctionem. Et sic remanet una essentia, et tres Personae.

AD PRIMUM ergo dicendum quod in creaturis non potest esse distinctio suppositorum per relationes, sed oportet quod sit per essentialia principia: quia relationes non sunt subsistentes in creaturis. In divinis autem relationes sunt subsistentes: et ideo, secundum quod habent oppositionem ad invicem, possunt distinguere supposita. Neque tamen distinguitur essentia: quia relationes ipsae non distinguuntur ab invicem secundum quod sunt realiter idem cum essentia.

AD SECUNDUM dicendum quod, inquantum essentia et persona in divinis differunt secundum intelligentiae rationem, sequitur quod aliquid possit affirmari de uno, quod negatur de altero: et per consequens quod, supposito uno, non supponatur alterum.

AD TERTIUM dicendum quod rebus divinis nomina imponimus secundum modum rerum

se acima que a simplicidade divina exige que em Deus essência e supósito sejam o mesmo[b], o que, nas substâncias intelectuais, é exatamente a pessoa.

A dificuldade parece surgir porque, multiplicadas as pessoas divinas, a essência mantém-se una. E como, segundo Boécio, é *a relação que multiplica a Trindade*, alguns afirmaram que em Deus a essência e a pessoa se distinguiam pelas relações, as quais diziam ser assistentes. Consideravam nas relações apenas a referência ao outro, e não que são também realidades.

Mas foi demonstrado acima que, assim como nas coisas criadas, as relações inerem como acidentes, em Deus são a essência divina. Segue-se que em Deus a essência não é realmente distinta da Pessoa, embora as Pessoas se distingam realmente entre si. Como foi dito acima, a Pessoa designa a relação enquanto subsistente na natureza divina. Ora, entre a relação e a essência não há distinção real, mas somente de razão; mas entre uma relação e outra relação oposta há distinção real em virtude da oposição. É assim que se mantêm uma essência e três Pessoas[c].

QUANTO AO 1º, portanto, deve-se dizer que nas criaturas não pode haver distinção dos supósitos por relações, mas, necessariamente, por princípios essenciais, porque nelas as relações não são subsistentes. Em Deus, ao contrário, elas são subsistentes. Daí poderem, por sua oposição mútua, distinguir os supósitos. No entanto, não se distingue a essência, porque, enquanto se identificam realmente com a essência, as relações não se distinguem entre si.

QUANTO AO 2º, deve-se dizer que enquanto essência e pessoa, em Deus, se distinguem por razão de entendimento, pode-se afirmar de uma o que se nega da outra. E, por conseguinte, uma pode ser sujeito de atribuição sem que a outra o seja.

QUANTO AO 3º, deve-se dizer que foi explicado acima que damos nomes às realidades divinas à ma-

---

3. Q. 3, a. 3.
4. *De Trin.*, c. 6: ML 64, 1255 A.
5. Ut Gilbertus Porretanus. Cfr. I, q. 28, a. 2 c.
6. Q. 28, a. 2.
7. Q. 29, a. 4.

b. Ver acima q. 3, a. 3.
c. Temos aqui a simples e rigorosa explicação dos princípios anteriormente estabelecidos: as relações são reais pela própria realidade da essência divina à qual elas necessariamente se identificam, como tudo o que é real em Deus. O que não as impede de se distinguir realmente entre si por serem opostas: tal distinção só concerne a elas, não à substância divina, que não é por elas referida a uma outra substância.

creatarum, ut supra[8] dictum est. Et quia naturae rerum creatarum individuantur per materiam, quae subiicitur naturae speciei, inde est quod individua dicuntur *subiecta*, vel *supposita*, vel *hypostases*. Et propter hoc etiam divinae personae supposita vel hypostases nominantur: non quod ibi sit aliqua suppositio vel subiectio secundum rem.

Articulus 2
Utrum sit dicendum tres Personas esse *unius essentiae*

AD SECUNDUM SIC PROCEDITUR. Videtur quod non sit dicendum tres Personas esse unius essentiae.

1. Dicit enim Hilarius, in libro *de Synod.*[1], quod Pater et Filius et Spiritus Sanctus *sunt quidem per substantiam tria, per consonantiam vero unum*. Sed substantia Dei est eius essentia. Ergo tres Personae non sunt unius essentiae.

2. PRAETEREA, non est affirmandum aliquid de divinis, quod auctoritate Scripturae sacrae non est expressum, ut patet per Dionysium, 1 cap. *de Div. Nom.*[2]. Sed nunquam in Scriptura sacra exprimitur quod Pater et Filius et Spiritus Sanctus sunt unius essentiae. Ergo hoc non est asserendum.

3. PRAETEREA, natura divina est idem quod essentia. Sufficeret ergo dicere quod tres Personae sunt *unius naturae*.

4. PRAETEREA, non consuevit dici quod persona sit essentiae: sed magis quod essentia sit personae. Ergo neque convenienter videtur dici quod tres Personae sunt unius essentiae.

5. PRAETEREA, Augustinus dicit[3] quod non dicimus tres Personas esse *ex una essentia*, ne intelligatur in divinis aliud esse essentia et persona. Sed sicut praepositiones sunt transitivae, ita et obliqui. Ergo, pari ratione, non est dicendum quod tres Personae sunt *unius essentiae*.

6. PRAETEREA, id quod potest esse erroris occasio, non est in divinis dicendum. Sed cum dicuntur tres Personae unius essentiae vel substantiae, datur erroris occasio. Quia, ut Hilarius dicit, in libro *de Synod.*[4]: *Una substantia Patris et Filii*

Artigo 2
Deve-se dizer que há três Pessoas de uma *única essência*?

QUANTO AO SEGUNDO, ASSIM SE PROCEDE: parece que **não** se deve dizer que há três Pessoas de uma única essência.

1. Com efeito, Hilário diz que o Pai, o Filho e o Espírito Santo "são três pela substância, porém um pela consonância". Ora, a substância de Deus é sua essência. Logo, as três Pessoas não são de uma única essência.

2. ALÉM DISSO, segundo Dionísio nada se deve afirmar de Deus que não esteja expresso pela autoridade da Sagrada Escritura. Ora, a Sagrada Escritura nunca disse expressamente que o Pai, o Filho e o Espírito Santo são de uma única essência. Logo, não se deve dizê-lo.

3. ADEMAIS, a natureza divina é o mesmo que a essência. Bastaria, portanto, dizer que as três Pessoas são de *uma única natureza*.

4. ADEMAIS, não é usual dizer que a pessoa é da essência, mas, antes, que a essência é da pessoa. Portanto, não parece conveniente dizer: três Pessoas de uma única essência.

5. ADEMAIS, Agostinho declara que não dizemos que as três Pessoas são *a partir de uma essência*, para não dar a pensar que em Deus a essência é distinta da pessoa. Ora, como as preposições são transitivas, o mesmo se dá com o genitivo. Logo, não se deve, pela mesma razão, dizer que as três Pessoas são de *uma única essência*.

6. ADEMAIS, não se deve falar de Deus o que pode ser ocasião de erro. Ora, dizer que três Pessoas são de uma única essência ou substância pode dar ocasião a erro. Hilário diz: "Falar da única substância do Pai e do Filho significa

---

8. Q. 13, a. 1, ad 2; a. 3.

PARALL.: I *Sent.*, dist. 25, exposit. text.; dist. 34, q. 1, a. 2.

1. In exposit. Fidei Antioch.: ML 10, 503 B.
2. MG 3, 588 A.
3. *De Trin.*, l. VII, c. 6: ML 42, 945.
4. Num. 68: ML 10, 526 A.

praedicata, aut unum qui duas nuncupationes habeat, subsistentem significat; aut divisam unam substantiam duas imperfectas fecisse substantias; aut tertiam priorem substantiam, quae a duobus et usurpata sit et assumpta. Non est ergo dicendum tres Personas esse unius substantiae.

SED CONTRA est quod Augustinus dicit, in libro II *Contra Maximinum*[5], quod hoc nomen *homoousion*, quod in Concilio Nicaeno adversus Arianos firmatum est, idem significat quod tres Personas esse unius essentiae.

RESPONDEO dicendum quod, sicut supra[6] dictum est, intellectus noster res divinas nominat, non secundum modum earum, quia sic eas cognoscere non potest; sed secundum modum in rebus creatis inventum. Et quia in rebus sensibilibus, a quibus intellectus noster scientiam capit, natura alicuius speciei per materiam individuatur; et sic natura se habet ut forma, individuum autem ut suppositum formae: propter hoc etiam in divinis, quantum ad modum significandi, essentia significatur ut forma trium Personarum. Dicimus autem in rebus creatis formam quamcumque esse eius cuius est forma; sicut sanitatem vel pulchritudinem hominis alicuius. Rem autem habentem formam non dicimus esse formae nisi cum adiectione alicuius adiectivi, quod designat illam formam: ut cum dicimus, *ista mulier est egregiae formae, iste homo est perfectae virtutis*. Et similiter, quia in divinis, multiplicatis personis, non multiplicatur essentia, dicimus unam essentiam esse trium Personarum; et tres Personas unius essentiae, ut intelligantur isti genitivi construi in designatione formae.

AD PRIMUM ergo dicendum quod *substantia* sumitur pro *hypostasi*; et non pro *essentia*.

AD SECUNDUM dicendum quod, licet tres Personas esse unius essentiae non inveniatur in sacra Scriptura per haec verba, invenitur tamen quantum ad hunc sensum: sicut ibi Io 10,30: *Ego et Pater unum sumus*; et, *Ego in Patre, et Pater in me est* [ibid. v. 38; 14,10]. Et per multa alia haberi potest idem.

AD TERTIUM dicendum quod, quia *natura* designat principium actus, *essentia* vero ab *essendo* dicitur, possunt dici aliqua unius naturae, quae

ou um subsistente que tem dois nomes; ou uma substância dividida que fez duas substâncias imperfeitas; ou uma terceira substância prévia que teria sido tomada e assumida pelas duas outras". Logo, não se deve dizer que as três Pessoas são de uma única substância.

EM SENTIDO CONTRÁRIO, diz Agostinho que o nome *homoousion*, aprovado contra os arianos no Concílio de Niceia, significa o mesmo que serem as três Pessoas de uma única essência.

RESPONDO. Acima foi dito que nosso intelecto não nomeia as coisas divinas segundo o modo delas, pois não as pode conhecer desse modo, mas segundo o modo encontrado nas criaturas. Ora, nas coisas sensíveis, das quais nosso intelecto toma seu conhecimento, a natureza de uma espécie é individualizada pela matéria. Assim, a natureza se tem como a forma e o indivíduo, como o suposito da forma. Eis por que mesmo em Deus, com respeito ao modo de significar, a essência se entende como a forma das três Pessoas. Ora, quando se trata de coisas criadas, dizemos que toda forma se refere àquilo de que é a forma. Por exemplo, a saúde, a beleza de tal homem. Ao contrário, não dizemos que aquilo que tem forma se refira à forma, a não ser que ela seja acompanhada de um adjetivo que a determina. Por exemplo, quando dizemos: *Esta mulher é de uma beleza notável, este homem é de uma virtude perfeita*. Do mesmo modo, pois que em Deus multiplicadas as pessoas, não se multiplica a essência, diremos: uma única essência das três Pessoas e três pessoas de uma única essência, entendendo esses genitivos como indicações da forma.

QUANTO AO 1º, portanto, deve-se dizer que *substância* é tomada por *hipóstase*, e não por *essência*.

QUANTO AO 2º, deve-se dizer que, embora não se encontre textualmente na sagrada Escritura que há três Pessoas de uma única essência, aí se encontra o que isso significa, por exemplo nesta passagem do Evangelho de João: "Meu Pai e Eu somos um"; e nesta outra: "Eu estou no Pai, e o Pai está em mim". Muitas outras passagens podem dizer-nos o mesmo.

QUANTO AO 3º, deve-se dizer que como *natureza* designa o princípio da ação e, ao contrário, *essência* deriva de ser, assim, algumas coisas que

---

5. C. 14 (al. lib. III): ML 42, 772. — Cfr. *Serm. contra Arianos*, c. 36: ML 42, 707.
6. Q. 13, a. 1, ad 2; a. 3.

conveniunt in aliquo actu, sicut omnia calefacientia: sed unius essentiae dici non possunt, nisi quorum est unum esse. Et ideo magis exprimitur unitas divina per hoc quod dicitur quod tres Personae sunt *unius essentiae*, quam si diceretur quod sunt *unius naturae*.

AD QUARTUM dicendum quod forma, absolute accepta, consuevit significari ut eius cuius est forma, ut *virtus Petri*. E converso autem, res habens formam aliquam non consuevit significari ut eius, nisi cum volumus determinare sive designare formam. Et tunc requiruntur duo genitivi, quorum unus significet formam, et alius determinationem formae, ut si dicatur, *Petrus est magnae virtutis*: vel etiam requiritur unus genitivus habens vim duorum genitivorum, ut cum dicitur, *vir sanguinum est iste*, idest *effusor multi sanguinis*. Quia igitur essentia divina significatur ut forma respectu personae, convenienter essentia personae dicitur. Non autem e converso, nisi aliquid addatur ad designationem essentiae; ut si dicatur quod Pater est persona *divinae essentiae*, vel quod tres Personae sunt *unius essentiae*.

AD QUINTUM dicendum quod haec praepositio *ex* vel *de* non designat habitudinem causae formalis; sed magis habitudinem causae efficientis vel materialis. Quae quidem causae in omnibus distinguuntur ab his quorum sunt causae: nihil enim est sua materia, neque aliquid est suum principium activum. Aliquid tamen est sua forma, ut patet in omnibus rebus immaterialibus. Et ideo per hoc quod dicimus tres Personas *unius essentiae*, significando essentiam in habitudine formae, non ostenditur aliud esse essentia quam persona: quod ostenderetur, si diceremus tres Personas *ex eadem essentia*.

AD SEXTUM dicendum quod, sicut Hilarius dicit, in libro *de Synod*.[7]: *Male sanctis rebus praeiudicatur, si, quia non sanctae a quibusdam habentur, esse non debeant*. Sic, si *male intelligitur homoou-*

coincidem em alguma ação, por exemplo tudo o que esquenta, podem ser ditas de uma única natureza. Mas não podem ser ditas de uma única essência, a não ser aquelas que tenham um único ser. Portanto, dizendo que as três Pessoas têm *uma única essência* exprime-se melhor a unidade divina do que dizendo *uma única natureza*[d].

QUANTO AO 4º, deve-se dizer que é comum entender a forma, tomada de modo absoluto, como daquilo de que é forma, por exemplo: a *força de Pedro*. Pelo contrário, não é usual entender aquilo que tem alguma forma como referindo-se a ela, a não ser que se queira determiná-la ou indicá-la. Então são necessários dois genitivos, um para significar a forma, outro para significar sua determinação. Por exemplo, dir-se-á: *Pedro é de grande força*. Ou então é preciso um genitivo que vale por dois. Por exemplo, diz-se: *é um homem de sangues*, isto é, que *derrama muito sangue*. Portanto, porque significamos a essência divina como uma forma referida à pessoa, convenientemente se diz: a essência da pessoa. O inverso, ao contrário, é incorreto, a menos que se acrescente algo para determinar a essência. Por exemplo, se se diz o Pai é uma pessoa *de essência divina*, ou então *as três Pessoas são de uma única essência*.

QUANTO AO 5º, deve-se dizer que as preposições "por" e "de" não designam uma relação de causa formal, mas de causa eficiente ou material. Ora, essas causas são sempre distintas de seus efeitos, porque nada é sua matéria, e nem seu princípio ativo. Ao contrário, uma coisa pode ser sua forma, como se vê em todos os seres imateriais. Então, quando se diz: três Pessoas *de uma única essência*, significando assim a essência em relação a uma forma, não se demonstra a essência que é distinta da pessoa; o que se demonstraria se disséssemos: três Pessoas provenientes *da mesma essência*.

QUANTO AO 6º, deve-se dizer que Hilário diz: "Seria grave prejuízo para com as coisas sagradas, se, porque alguns não as têm por sagradas, o deixassem de ser. Assim, se se compreende

---

7. Num. 85, 86: ML 10, 538 B.

d. *Entes* muito diferentes entre si podem possuir uma ação em comum ("esquentar", no exemplo de Santo Tomás), e sob esse aspecto pode-se dizer que são de mesma natureza. Para poder afirmar, pelo contrário, de vários entes que possuem uma mesma essência é preciso que eles tenham o mesmo ser: a expressão "de uma mesma essência" exprime portanto mais fortemente a unidade divina que "de uma mesma natureza". Ela fica, contudo, infinitamente abaixo da realidade, pois, em nossa experiência, os *entes* dos quais se pode dizer que são "de uma mesma essência" possuem na realidade apenas uma unidade nocional, cada uma tendo seu ser individual: são os indivíduos de uma mesma espécie (os homens), ou de um mesmo gênero (os animais). No mistério de Deus a essência é numericamente una e, todavia, há três *Entes* realmente distintos entre si: Três que são o Deus uno.

sion, quid ad me bene intelligentem? —[8]. *Sit ergo una substantia ex naturae genitae proprietate: non sit autem ex portione, aut ex unione, aut ex communione.*

Articulus 3
Utrum nomina essentialia praedicentur singulariter de tribus Personis

Ad tertium sic proceditur. Videtur quod nomina essentialia, ut hoc nomen *Deus*, non praedicentur singulariter de tribus Personis, sed pluraliter.

1. Sicut enim *homo* significatur ut *habens humanitatem*, ita *Deus* significatur ut *habens deitatem*. Sed tres Personae sunt tres habentes deitatem. Ergo tres Personae sunt *tres dii*.

2. Praeterea, Gn 1,1, ubi dicitur: *In principio creavit Deus caelum et terram*, hebraica veritas habet *Elohim*, quod potest interpretari *dii*, sive *iudices*. Et hoc dicitur propter pluralitatem Personarum. Ergo tres Personae sunt *plures dii*, et non *unus Deus*.

3. Praeterea, hoc nomen *res*, cum absolute dicatur, videtur ad substantiam pertinere. Sed hoc nomen pluraliter praedicatur de tribus Personis: dicit enim Augustinus, in libro *de Doctr. Christ.*[1]: *Res quibus fruendum est, sunt Pater et Filius et Spiritus Sanctus.* Ergo et alia nomina essentialia pluraliter praedicari possunt de tribus Personis.

4. Praeterea, sicut hoc nomen *Deus* significat habentem deitatem, ita hoc nomen *persona* significat subsistentem in natura aliqua intellectuali. Sed dicimus *tres Personas*. Ergo, eadem ratione, dicere possumus *tres deos*.

Sed contra est quod dicitur Dt 6,4: *Audi, Israel, Dominus Deus tuus, Deus unus est.*

Respondeo dicendum quod nominum essentialium quaedam significant essentiam substantive, quaedam vero adiective. Ea quidem quae substantive essentiam significant, praedicantur de tribus Personis singulariter tantum, et non pluraliter: quae vero adiective essentiam significant, praedicantur de tribus Personis in plurali. — Cuius ratio est, quia nomina substantiva significant aliquid per

mal *homoousion*, o que me importa a mim que o entendo corretamente? — Portanto, há uma única substância em razão da propriedade da natureza gerada, e não em razão de partilha, de união ou comunhão".

Artigo 3
Os nomes essenciais são atribuídos às três Pessoas no singular?

Quanto ao terceiro, assim se procede: parece que os nomes essenciais, como o nome *Deus*, **não** são atribuídos às três Pessoas no singular, mas no plural.

1. Com efeito, como "homem" significa o que *tem a humanidade*, assim também "Deus" significa *o que tem a divindade*. Ora, as três Pessoas são três a ter a divindade. Logo, três Pessoas são *três deuses*.

2. Além disso, onde se diz no livro do Gênesis: "No princípio criou Deus o céu e a terra", o original hebraico traz *Elohim*, que se pode traduzir *os deuses*, ou *os juízes*. E isso se diz em razão da pluralidade das Pessoas. As três Pessoas são, portanto, *vários deuses* e não somente *um* Deus.

3. Ademais, o termo *coisa*, tomado absolutamente, parece pertencer ao gênero substância. Ora, atribuído às Pessoas, ele se coloca no plural. Agostinho escreve: "As coisas das quais devemos fruir são o Pai, o Filho e o Espírito Santo". Logo, se poderá também colocar no plural os outros nomes essenciais, quando atribuidos às três Pessoas.

4. Ademais, como o nome "Deus" significa: o que tem a divindade, assim o termo "pessoa" significa: o que subsiste em uma natureza intelectual. Ora, dizemos *três Pessoas*. Logo, podemos igualmente dizer *três deuses*.

Em sentido contrário, está escrito no Deuteronômio: "Ouve, Israel, o Senhor teu Deus é um único Deus".

Respondo. Entre os nomes essenciais, há os que significam a essência sob forma de substantivos, outros sob forma de adjetivos. Os que significam a essência como substantivos são atribuídos às três Pessoas apenas no singular e não no plural. Os que significam a essência como adjetivos, ao contrário, são atribuídos às três Pessoas no plural. — E a razão é a seguinte: os substantivos

---
8. Num. 71: ML 10, 527 B.

3   Parall.: I *Sent.*, dist. 9, q. 1, a. 2.

1. L. I, c. 5: ML 34, 21.

modum substantiae: nomina vero adiectiva significant aliquid per modum accidentis, quod inhaeret subiecto. Substantia autem, sicut per se habet esse, ita per se habet unitatem vel multitudinem: unde et singularitas vel pluralitas nominis substantivi attenditur secundum formam significatam per nomen. Accidentia autem, sicut esse habent in subiecto, ita ex subiecto suscipiunt unitatem et multitudinem: et ideo in adiectivis attenditur singularitas et pluralitas secundum supposita.

In creaturis autem non invenitur una forma in pluribus suppositis nisi unitate ordinis, ut forma multitudinis ordinatae. Unde nomina significantia talem formam, si sint substantiva, praedicantur de pluribus in singulari: non autem si sint adiectiva. Dicimus enim quod multi homines sunt *collegium* vel *exercitus* aut *populus*: dicimus tamen quod plures homines sunt *collegiati*. In divinis autem essentia divina significatur per modum formae, ut dictum est[2]. Quae quidem simplex est et maxime una, ut supra[3] ostensum est. Unde nomina significantia divinam essentiam substantive, singulariter, et non pluraliter, de tribus Personis praedicantur. Haec igitur est ratio quare Socratem et Platonem et Ciceronem dicimus tres homines; Patrem autem et Filium et Spiritum Sanctum non dicimus tres deos, sed unum Deum: quia in tribus suppositis humanae naturae sunt tres humanitates; in tribus autem Personis est una divina essentia.

Ea vero quae significant essentiam adiective, praedicantur pluraliter de tribus, propter pluralitatem suppositorum. Dicimus enim *tres existentes* vel *tres sapientes*, aut *tres aeternos* et *increatos* et *immensos*, si adiective sumantur. Si vero substantive sumantur, dicimus *unum increatum, immensum* et *aeternum*, ut Athanasius dicit[4].

AD PRIMUM ergo dicendum quod, licet *Deus* significet *habentem deitatem*, est tamen alius modus significandi: nam *Deus* dicitur substantive, sed *habens deitatem* dicitur adiective. Unde, licet

significam pelo modo da substância, os adjetivos pelo modo do acidente inerente ao sujeito. Ora, a substância, como tem o ser por si, tem unidade ou pluralidade por si. Assim, o substantivo toma o singular e o plural segundo a forma que ele significa, enquanto o acidente, que tem o ser em um sujeito, recebe também do sujeito sua unidade ou sua pluralidade. Por isso, nos adjetivos o singular ou o plural tomam-se dos supósitos.

Nas criaturas, não se encontra uma única forma em vários supósitos, a não ser no caso de uma unidade de ordem, como a forma da multidão ordenada. Por isso, os nomes que significam essa forma atribuem-se a vários no singular, se são substantivos, mas não se são adjetivos. Assim dizemos que muitos homens são um *colégio*, um *exército*, um *povo*; enquanto se diz que vários homens são *colegiados*. Em Deus, foi dito, significamos a essência divina como uma forma que é simples, e ao máximo una. Então, os substantivos que significam a essência divina colocam-se no singular e não no plural quando atribuídos às três Pessoas. E esta é a razão por que dizemos que Sócrates, Platão e Cícero são três homens, enquanto o Pai, o Filho e o Espírito Santo não dizemos três, mas um só Deus. Em três supósitos de natureza humana há, com efeito, três humanidades, mas nas três Pessoas há somente uma essência divina.

Ao contrário, os que significam a essência como adjetivos são atribuídos aos três no plural, por causa da pluralidade dos supósitos. Assim, dizemos *três existentes*, ou *três sábios*, ou *três eternos, inciados, imensos* se se tomam como adjetivos. Se, pelo contrário, como substantivos, então dizemos *um incriado, um imenso* e *eterno*, como diz Atanásio[e].

QUANTO AO 1º, portanto, deve-se dizer que, embora *Deus* signifique *o que tem a divindade*, tem, contudo outra significação, a saber: *Deus* é um substantivo, enquanto *o que tem a divindade* é

---

2. Art. praec.
3. Q. 3, a. 7; q. 11, a. 4.
4. In Symbolo, Quicumque.

e. No plano das criaturas, mais uma vez, não seria possível encontrar uma pluralidade de sujeitos reais, de *entes* sem uma pluralidade correspondente de substâncias. Para encontrar, no âmbito de nossa experiência, o caso de uma forma realmente comum a vários sujeitos distintos é preciso recorrer ao exemplo de um todo coletivo: vários homens constituem um só colegiado, ao passo que a qualidade de pertencer ao colegiado se multiplica segundo a multiplicidade dos membros — os quarenta, juntos, são a academia, mas cada um é acadêmico. Pobre exemplo, mas não dispúnhamos de outro! Ele poderia conduzir a erro, contudo: a unidade das Pessoas divinas não é a unidade, inteiramente acidental, de um grupo, mas a de uma substância infinitamente simples.

sint *tres habentes deitatem*, non tamen sequitur quod sint *tres dii*.

AD SECUNDUM dicendum quod diversae linguae habent diversum modum loquendi. Unde, sicut propter pluralitatem suppositorum Graeci dicunt *tres hypostases*, ita et in Hebraeo dicitur pluraliter *Elohim*. Nos autem non dicimus pluraliter neque *Deos* neque *substantias*, ne pluralitas ad substantiam referatur.

AD TERTIUM dicendum quod hoc nomen *res* est de transcendentibus. Unde, secundum quod pertinet ad relationem, pluraliter praedicatur in divinis: secundum vero quod pertinet ad substantiam, singulariter praedicatur. Unde Augustinus dicit ibidem quod *eadem Trinitas quaedam summa res est*.

AD QUARTUM dicendum quod forma significata per hoc nomen *persona*, non est essentia vel natura, sed *personalitas*. Unde, cum sint tres personalitates, idest tres personales proprietates, in Patre et Filio et Spiritu Sancto, non singulariter, sed pluraliter praedicatur de tribus.

um adjetivo. Por isso, embora sejam *três que têm a divindade*, não se segue que sejam *três deuses*.

QUANTO AO 2º, deve-se dizer que cada língua tem seus modos próprios de falar. Por causa da pluralidade dos supósitos, diz-se em grego: *três hipóstases*; em Hebraico *Elohim*, no plural. Nós não dizemos no plural *deuses* ou *substâncias* para não referir a pluralidade à substância.

QUANTO AO 3º, deve-se dizer que o termo "coisa" é um transcendental. Tomado no sentido de relação, coloca-se no plural, em Deus. Tomado no sentido de substância, coloca-se no singular[f]. Agostinho diz, no lugar citado: "A mesma Trindade é uma coisa suprema".

QUANTO AO 4º, deve-se dizer que a forma significada pelo termo "pessoa" não é nem a essência nem a natureza, mas a *personalidade*. E porque no Pai, no Filho e no Espírito Santo há três personalidades, isto é, três propriedades pessoais, o termo "pessoa" atribui-se aos três não no singular, mas no plural.

ARTICULUS 4

Utrum nomina essentialia concreta possint supponere pro persona

AD QUARTUM SIC PROCEDITUR. Videtur quod nomina essentialia concretiva non possunt sup-

ARTIGO 4

Os nomes essenciais concretos podem designar[g] a pessoa?

QUANTO AO QUARTO, ASSIM SE PROCEDE: parece que os nomes essenciais concretos **não** podem

---

4 PARALL.: I *Sent*., dist. 4, q. 1, a. 2; dist. 5, q. 1, a. 2.

f. O termo *res* — intraduzível em seu sentido filosófico: "coisa" (?), "realidade" (?) — é um transcendental, ou seja, que pode aplicar-se a todos os gêneros de ser. Primeiramente à substância, mas também a todo acidente. Como em Deus se encontram (em certo sentido: ver acima, q. 28, a. 2, r. 1 e nota 9) dois dos gêneros supremos do ser — a substância, que é una em Deus, e a relação, que é multiplicada —, pode-se atribuir o que esse termo significa tanto à substância divina comum às três Pessoas como a cada uma em particular. Deus é uma *Res* e ele é três *Res*. Isto porque cada Pessoa é um subsistente distinto, uma hipóstase, uma *Res*, mas a Substância divina também é um Subsistente, sendo subsistente por si mesma; não um Subsistente distinto, mas o Subsistente comum ao qual cada uma das três hipóstases se identifica, ao mesmo tempo em que se distingue nocionalmente, como foi lembrado no a. 1.

g. Todo este artigo repousa sobre a distinção da lógica aristotélica entre a "significação" de uma palavra e seu "valor de suplência" (*suppositio*), ou seja, a função que exerce, em uma proposição, de *designar* o que ela significa. A significação de uma palavra, com efeito, é vasta, compreendendo uma indeterminação bastante ampla. Em uma proposição, a palavra é utilizada para *designar* uma coisa determinada. Ela é escolhida para isso em virtude de sua significação, mas nessa utilização se restringe a uma das possibilidades que oferece o dicionário ou o uso. É o contexto que faz surgir ao mesmo tempo o que se pretende designar (aquilo de que se fala) e a significação precisa que assume a palavra para tanto. Se a palavra utilizada não é adequada para revestir-se da significação que lhe damos para preencher a função de designação que lhe é atribuída nessa proposição, diz-se que ela é empregada impropriamente (quando um jornalista, por exemplo, fala de *exações* para designar as sevícias infligidas por uma tropa a uma população durante uma guerra). A palavra "Deus", sendo concreta, significa a forma (a divindade) no sujeito que a tem (Aquele que possui a divindade, o Ente-Deus). Porém, resulta do que precede que esse sujeito é tanto cada uma das Pessoas como a Natureza divina que nelas subsiste, mas que é subsistente por si mesma, o Ser subsistente propriamente dito. A partir daí, pode-se designar quer uma das Pessoas, quer duas juntas ("Deus — entenda-se: o Pai e o Filho — "espira" Deus —, entenda-se: o Espírito Santo), quer mesmo as três ("Glória a Deus nas alturas!"); quer enfim a Essência divina enquanto subsistente: "No começo, Deus criou o céu e a terra".

ponere pro persona, ita quod haec sit vera, *Deus genuit Deum*.

1. Quia, ut sophistae dicunt, *terminus singularis idem significat et supponit*. Sed hoc nomen *Deus* videtur esse terminus singularis, cum pluraliter praedicari non possit, ut dictum est[1]. Ergo, cum significet essentiam, videtur quod supponat pro essentia, et non pro persona.

2. PRAETEREA, terminus in subiecto positus non restringitur per terminum positum in praedicato, ratione significationis; sed solum ratione temporis consignificati. Sed cum dico, *Deus creat*, hoc nomen *Deus* supponit pro essentia. Ergo cum dicitur, *Deus genuit*, non potest iste terminus *Deus*, ratione praedicati notionalis, supponere pro persona.

3. PRAETEREA, si haec est vera, *Deus genuit*, quia Pater generat; pari ratione haec erit vera, *Deus non generat*, quia Filius non generat. Ergo est Deus generans, et Deus non generans. Et ita videtur sequi quod sint *duo dii*.

4. PRAETEREA, si *Deus genuit Deum*, aut se Deum aut alium Deum. Sed non se Deum: quia, ut Augustinus dicit, in I *de Trin.*[2], *nulla res generat seipsam*. Neque alium Deum: quia non est nisi unus Deus. Ergo haec est falsa, *Deus genuit Deum*.

5. PRAETEREA, si *Deus genuit Deum*, aut Deum qui est Deus Pater, aut Deum qui non est Deus Pater. Si Deum qui est Deus Pater, ergo Deus Pater est genitus. Si Deum qui non est Deus Pater, ergo Deus est qui non est Deus Pater: quod est falsum. Non ergo potest dici quod *Deus genuit Deum*.

SED CONTRA est quod in Symbolo[3] dicitur *Deum de Deo*.

RESPONDEO dicendum quod quidam dixerunt quod hoc nomen *Deus*, et similia, proprie secundum suam naturam supponunt pro essentia: sed ex adiuncto notionali trahuntur ad supponendum pro persona. Et haec opinio processisse videtur ex consideratione divinae simplicitatis, quae requirit quod in Deo idem sit habens et quod habetur: et sic *habens deitatem*, quod significat hoc nomen *Deus*, est idem quod *deitas*.

designar a pessoa, de modo que seja verdadeira a frase *Deus gerou a Deus*.

1. Porque, no dizer dos sofistas, *o termo singular significa e designa o mesmo*. Ora, *Deus* parece ser um termo singular, pois não se pode empregar no plural, como foi dito. Logo, como significa a essência, parece que designa a essência e não a pessoa.

2. ALÉM DISSO, o termo na função de sujeito não se restringe pelo termo-predicado em razão da significação, mas unicamente em razão do tempo juntamente significado. Ora, quando digo: *Deus cria*, o nome *Deus* designa a essência. Logo, quando se diz: *Deus gerou*, o termo *Deus* não pode em razão do predicado nocional, designar a pessoa.

3. ADEMAIS, se a proposição *Deus gerou* é verdadeira, porque o Pai gera, será igualmente verdadeiro que *Deus não gera*, porque o Filho não gera. Portanto, há Deus que gera e Deus que não gera. Segue-se, parece, que há *dois deuses*.

4. ADEMAIS, se *Deus gerou a Deus*, ou se gerou a si mesmo, ou a um outro. Ora, ele não gera a si mesmo, porque diz Agostinho: "Nada gera a si mesmo". Nem gera a um outro Deus, porque há um só Deus. Portanto, a proposição *Deus gerou a Deus* é falsa.

5. ADEMAIS, se *Deus gerou a Deus*, ou gerou a Deus que é Deus Pai, ou a Deus que não é Deus Pai. Se a Deus que é Deus Pai, logo Deus Pai é gerado. Se a Deus que não é Deus Pai, logo existe um Deus que não é o Deus Pai; o que é falso. Logo, não se pode dizer que *Deus gerou a Deus*.

EM SENTIDO CONTRÁRIO, o Símbolo diz: "Deus de Deus".

RESPONDO. Alguns disseram que o nome *Deus* e semelhantes, por sua natureza, designam propriamente a essência, mas que a junção de um termo nocional os leva a designar a pessoa. Esta opinião procede, parece, da consideração da simplicidade divina. Esta requer que em Deus o que tem e o que se tem sejam o mesmo. Assim, o que tem a divindade, isso significa o nome *Deus*, é o mesmo que a *divindade*.

---

1. Art. praec.
2. C. 1: ML 42, 820.
3. Nicaeno.

No entanto, deve-se distinguir a Essência, enquanto subsistente, das três Pessoas juntas, quando é nas três Pessoas que ela subsiste? Na realidade divina, evidentemente não. Em nosso conhecimento, sim, pois posso conhecer que Deus é o Ser subsistente, atribuir-lhe ser o Criador, o Soberano Bem, etc., e ignorar que é trino. Logo, sabendo-o também, mas abstraindo disso. É o sentido deste resumo de Santo Tomás, que surpreende à primeira vista: "a Essência cria". É Deus que cria, e Deus, em sua realidade transcendente, subsiste em três Pessoas distintas, mas quando lhe atribuo a criação, não o sei, ou não detenho o meu pensamento em tal coisa, de modo que "Deus", nessa proposição, designa o Ser puro subsistente, a Essência identificada ao Ser.

Sed in proprietatibus locutionum, non tantum attendenda est res significata; sed etiam modus significandi. Et ideo, quia hoc nomen *Deus* significat divinam essentiam ut in habente ipsam, sicut hoc nomen *homo* humanitatem significat in supposito: alii melius dixerunt quod hoc nomen *Deus* ex modo significandi habet ut proprie possit supponere pro persona, sicut et hoc nomen *homo*.

Quandoque ergo hoc nomen Deus supponit pro essentia, ut cum dicitur, *Deus creat*: quia hoc praedicatum competit subiecto ratione formae significatae, quae est deitas. Quandoque vero supponit personam: vel unam tantum, ut cum dicitur, *Deus generat*; vel duas, ut cum dicitur *Deus spirat*; vel tres, ut cum dicitur, *Regi saeculorum immortali, invisibili, soli Deo* etc., 1Ti 1,17.

AD PRIMUM ergo dicendum quod hoc nomen, *Deus*, licet conveniat cum terminis singularibus in hoc, quod forma significata non multiplicatur; convenit tamen cum terminis communibus in hoc, quod forma significata invenitur in pluribus suppositis. Unde non oportet quod semper supponat pro essentia quam significat.

AD SECUNDUM dicendum quod obiectio illa procedit contra illos qui dicebant quod hoc nomen *Deus* non habet naturalem suppositionem pro persona.

AD TERTIUM dicendum quod aliter se habet hoc nomen *Deus* ad supponendum pro persona, et hoc nomen *homo*. Quia enim forma significata per hoc nomen *homo*, idest humanitas, realiter dividitur in diversis suppositis, per se supponit pro persona; etiamsi nihil addatur quod determinet ipsum ad personam, quae est suppositum distinctum. Unitas autem sive communitas humanae naturae non est secundum rem, sed solum secundum considerationem: unde iste terminus *homo* non supponit pro natura communi, nisi propter exigentiam alicuius additi, ut cum dicitur, *homo est species*. — Sed forma significata per hoc nomen *Deus*, scilicet essentia divina, est una et communis secundum rem. Unde per se supponit pro natura communi: sed ex adiuncto determinatur eius suppositio ad personam. Unde cum dicitur, *Deus generat*, ratione actus notionalis supponit hoc nomen *Deus* pro persona Patris. Sed cum dicitur, *Deus non generat*, nihil additur quod determinet hoc nomen ad personam Filii: unde datur intelligi quod generatio repugnet divinae naturae. Sed si addatur aliquid pertinens ad personam Filii, vera erit

Mas, com respeito às propriedades das expressões, não só se deve atender à coisa significada, mas também ao modo de significar. Assim, porque o nome "Deus" significa a essência divina como em quem a possui, como "homem" significa a humanidade em um suposito, outros afirmaram de maneira preferível que o nome "Deus" em virtude do modo de significar, tem a propriedade de poder designar a pessoa, assim como o nome homem.

Assim, algumas vezes, o nome Deus designa a essência, como no exemplo: *Deus cria*, porque o predicado convém ao sujeito em razão da forma significada que é a divindade. Outras vezes, designa a pessoa: seja uma só, por exemplo: *Deus gera*; seja duas: *Deus espira*; seja as três, como está na primeira Carta a Timóteo: "Ao Rei imortal dos séculos, invisível, único Deus, honra e glória".

QUANTO AO 1º, portanto, deve-se dizer que o nome "Deus", embora tenha em comum com os termos singulares que a forma por ele significada não se multiplica, tem em comum com os termos comuns que a forma por ele significada se encontra em vários supósitos. Portanto, não é necessário que sempre designe a essência que significa.

QUANTO AO 2º, deve-se dizer que esta objeção é válida contra aqueles que diziam que o nome *Deus* não pode, por sua natureza, designar a pessoa.

QUANTO AO 3º, deve-se dizer que o nome "Deus" designa a pessoa, diferentemente do termo "homem", porque a forma significada por "homem", isto é, a humanidade, estando realmente dividida em supósitos diferentes, designa a pessoa, mesmo que nada se acrescente que o determine em relação à pessoa que é um supósito distinto. Mas a unidade ou comunidade da natureza humana não existe realmente, apenas no pensamento. O termo "homem", portanto, não designa a natureza comum, a não ser pela exigência de alguma adição, por exemplo, quando se diz: *o homem é uma espécie*. — Mas a forma significada pelo nome "Deus", isto é, a essência divina, é una e comum realmente. Assim, por si designa a natureza comum, e é a adição que determinará a designação da pessoa. Então, quando se diz: *Deus gera*, o nome "Deus" designa a pessoa do Pai, em razão do ato nocional. Mas quando se diz: *Deus não gera*, nada se acrescenta que determine este nome à pessoa do Filho; por isso, dá-se a entender que a geração não convém à natureza divina. Mas, se se acrescenta algo que pertença à pessoa do Filho,

locutio; ut si dicatur, *Deus genitus non generat.* Unde etiam non sequitur, *est Deus generans et est Deus non generans,* nisi ponatur aliquid pertinens ad personas; ut puta si dicamus, *Pater est Deus generans, et Filius est Deus non generans.* Et ita non sequitur quod sint *plures dii*: quia Pater et Filius sunt *unus Deus*, ut dictum est[4].

AD QUARTUM dicendum quod haec est falsa, *Pater genuit se Deum*: quia ly *se*, cum sit reciprocum, refert idem suppositum. Neque est contrarium quod Augustinus dicit, *ad Maximum*[5], quod Deus Pater *genuit alterum se.* Quia ly *se* vel est casus ablativi, ut sit sensus, *genuit alterum a se.* Vel facit relationem simplicem, et sic refert identitatem naturae: sed est impropria vel emphatica locutio, ut sit sensus, *genuit alterum simillimum sibi.* — Similiter et haec est falsa, *genuit alium Deum.* Quia licet Filius sit *alius* a Patre, ut supra[6] dictum est, non tamen est dicendum quod sit *alius Deus*: quia intelligeretur quod hoc adiectivum *alius* poneret rem suam circa substantivum quod est *Deus*; et sic significaretur distinctio deitatis. — Quidam tamen concedunt istam, *genuit alium Deum*: ita quod ly *alius* sit substantivum, et ly *Deus* appositive construatur cum eo. Sed hic est improprius modus loquendi, et evitandus, ne detur occasio erroris.

AD QUINTUM dicendum quod haec est falsa, *Deus genuit Deum qui est Deus Pater*: quia, cum ly *Pater* appositive construatur cum ly *Deus*, restringit ipsum ad standum pro persona Patris; ut sit sensus *genuit Deum qui est ipse Pater*: et sic Pater esset genitus, quod est falsum. Unde negativa est vera *genuit Deum qui non est Deus Pater.* — Si tamen intelligeretur constructio non esse appositiva, sed aliquid esse interponendum; tunc e converso affirmativa esset vera, et negativa falsa; ut sit sensus, *genuit Deum qui est Deus qui est Pater.* Sed haec est extorta expositio. Unde melius est quod simpliciter affirmativa negetur, et negativa concedatur.

Praepositinus tamen dixit[7] quod tam negativa quam affirmativa est falsa. Quia hoc relativum *qui* in affirmativa potest referre suppositum: sed

a expressão será verdadeira. Por exemplo: *Deus gerado não gera.* Portanto, também não se conclui: *Há Deus que gera e Deus que não gera*, a não ser que se introduza algo relativo às pessoas, dizendo, por exemplo: *O Pai é Deus que gera, e o Filho é Deus que não gera.* Assim, não se segue que haja vários deuses, pois o Pai e o Filho são *um só Deus*, como foi dito.

QUANTO AO 4º, deve-se dizer que é falsa a proposição: *o Pai se gera a si mesmo*, pois o "se" pronome reflexivo refere-se ao mesmo supósito. E nem contradiz o que diz Agostinho: Deus Pai gerou a um outro de Si mesmo, porque, ou o "de si mesmo" é ablativo e se entende que *gerou um outro e não a Si*; ou determina uma relação simples, significando assim a identidade de natureza, mas então a locução é imprópria ou enfática, e quer dizer *gerou um outro totalmente semelhante a si.* — Igualmente, é também falsa: *Ele gera um outro Deus*, porque se é verdade que o Filho é *distinto do Pai*, como acima se disse, não se deve dizer que ele é *um outro Deus*, porque se entenderia que o adjetivo "outro" referiria algo seu ao substantivo que é *Deus*, e assim significaria a distinção de divindade. — Alguns, no entanto, concedem a proposição: *Ele gera um outro Deus*, de tal modo que "um outro" seja substantivo, e "Deus", aposto. Mas esta é uma maneira imprópria de falar, a ser evitada para não dar ocasião ao erro.

QUANTO AO 5º, deve-se dizer que é falsa a proposição: *Deus gerou um Deus que é Deus Pai*, porque "Pai", como aposto de "Deus", restringe esse termo para designar a Pessoa do Pai, de tal modo que o sentido é: *gerou um Deus que é o próprio Pai*, e assim o Pai seria gerado, o que é falso. Portanto, é a negativa que é verdadeira: *gerou um Deus que não é Deus Pai.* — Se se entendesse que não se trata de uma aposição, mas que se deveria subentender algo, então, a afirmativa seria verdadeira, e a negativa, falsa, de tal modo que o sentido é: *gerou um Deus que é o Deus que é Pai.* Mas é uma explicação forçada. É preferível, portanto, negar simplesmente a afirmativa e conceder a negativa.

Prepositino disse que tanto a negativa como a afirmativa são falsas. Porque, na afirmação, o relativo "que" pode referir-se ao suposto. Mas, na

---

4. Art. praec.
5. Epist. 170, al. 66: ML 33, 750.
6. Q. 31, a. 2.
7. *Summa* (fol. 55vb).

in negativa refert et significatum et suppositum. Unde sensus affirmativae est, quod esse Deum Patrem conveniat personae Filii. Negativae vero sensus est, quod esse Deum Patrem non tantum removeatur a persona Filii, sed etiam a divinitate eius. — Sed hoc irrationabile videtur: cum, secundum Philosophum[8], de eodem de quo est affirmatio, possit etiam esse negatio.

negativa, refere-se ao significado e ao supósito. O sentido da afirmativa é: convém à Pessoa do Filho ser Deus Pai. E o sentido da negativa seria: Ser Deus Pai não somente se nega da pessoa do Filho, mas também da sua divindade. — Mas isso parece irracional, pois, no dizer do Filósofo, o que pode ser objeto de afirmação pode também ser objeto de negação.

Articulus 5
Utrum nomina essentialia in abstracto significata possint supponere pro persona

Artigo 5
Os nomes essenciais, expressos abstratamente, podem designar a pessoa?

AD QUINTUM SIC PROCEDITUR. Videtur quod nomina essentialia in abstracto significata possint supponere pro persona, ita quod haec sit vera, *essentia generat essentiam*.

1. Dicit enim Augustinus, VII *de Trin.*[1]: *Pater et Filius sunt una sapientia, quia una essentia; et singillatim sapientia de sapientia, sicut essentia de essentia*.

2. PRAETEREA, generatis nobis vel corruptis, generantur vel corrumpuntur ea quae in nobis sunt. Sed Filius generatur. Ergo, cum essentia divina sit in Filio, videtur quod essentia divina generetur.

3. PRAETEREA, idem est Deus et essentia divina, ut ex supra[2] dictis patet. Sed haec est vera, *Deus generat Deum*, sicut dictum est[3]. Ergo haec est vera, *essentia generat essentiam*.

4. PRAETEREA, de quocumque praedicatur aliquid, potest supponere pro illo. Sed essentia divina est Pater. Ergo essentia potest supponere pro persona Patris. Et sic essentia generat.

5. PRAETEREA, essentia est res generans: quia est Pater, qui est generans. Si igitur essentia non sit generans, erit essentia res generans et non generans: quod est impossibile.

6. PRAETEREA, Augustinus dicit, in IV *de Trin.*[4]: *Pater est principium totius deitatis*. Sed non est principium nisi generando vel spirando. Ergo Pater generat vel spirat deitatem.

QUANTO AO QUINTO, ASSIM SE PROCEDE: parece que os nomes essenciais, expressos abstratamente, **podem** designar a pessoa, de modo que seja verdadeira a proposição: a essência gera a essência.

1. Com efeito, Agostinho diz: "O Pai e o Filho são uma única sabedoria porque uma única essência, e considerados particularmente são sabedoria de sabedoria, como são essência de essência".

2. ALÉM DISSO, quando somos gerados ou corrompidos, há geração ou corrupção do que está em nós. Ora, o Filho é gerado. Logo, como a essência divina está no Filho, parece que a essência divina é gerada.

3. ADEMAIS, Deus é o mesmo que essência divina, como foi demonstrado. Ora, dissemos que a proposição *Deus gera Deus* é verdadeira. Logo, esta também: *a essência gera a essência*.

4. ADEMAIS, o que se atribui a alguém, pode designá-lo. Ora, o Pai é a divina essência. Portanto, a essência pode designar[h] a pessoa do Pai, e, assim, a essência gera.

5. ADEMAIS, a essência é algo que gera, porque ela é o Pai, e este é o que gera. Portanto, se a essência não é geradora, ela seria algo que gera e que não gera, o que é impossível.

6. ADEMAIS, Agostinho diz: "O Pai é o princípio de toda a divindade". Ora, ele é princípio, gerando ou espirando. Portanto, o Pai gera ou espira a divindade.

---

8. *Peri Hermen.*, c. 6: 17, a, 26-33.

PARALL.: I *Sent.*, dist. 5, q. 1, a. 1, 2; *De Un. Verb.*, a. 1, ad 12; *Contra errores Graec.*, c. 4; *In Decretal*. II.

1. C. 2: ML 42, 936.
2. Q. 3, a. 3.
3. Art. praec.
4. C. 20: ML 42, 908.

h. Se é verdade que Paris é a capital da França, posso designar essa cidade pelas palavras: "a capital da França".

SED CONTRA est quod Augustinus dicit, in I *de Trin.*[5], quod *nulla res generat seipsam*. Sed si essentia generat essentiam, non generat nisi seipsam: cum nihil sit in Deo, quod distinguatur a divina essentia. Ergo essentia non generat essentiam.

RESPONDEO dicendum quod circa hoc erravit Abbas Ioachim[6], asserens quod, sicut dicitur, *Deus genuit Deum*, ita potest dici quod *essentia genuit essentiam*; considerans quod, propter divinam simplicitatem, non est aliud Deus quam divina essentia. — Sed in hoc deceptus fuit: quia ad veritatem locutionum, non solum oportet considerare res significatas, sed etiam modum significandi, ut dictum est[7]. Licet autem, secundum rem, sit idem *Deus* quod *deitas*, non tamen est idem modus significandi utrobique. Nam hoc nomen *Deus*, quia significat divinam essentiam ut in habente, ex modo suae significationis naturaliter habet quod possit supponere pro persona: et sic ea quae sunt propria personarum, possunt praedicari de hoc nomine *Deus*, ut dicatur quod *Deus est genitus* vel *generans,* sicut dictum est[8]. Sed hoc nomen *essentia* non habet ex modo suae significationis quod supponat pro persona: quia significat essentiam ut formam abstractam. Et ideo ea quae sunt propria personarum, quibus ab invicem distinguuntur, non possunt essentiae attribui: significaretur enim quod esset distinctio in essentia divina, sicut est distinctio in suppositis.

AD PRIMUM ergo dicendum quod, ad exprimendam unitatem essentiae et personae, sancti Doctores aliquando expressius locuti sunt quam proprietas locutionis patiatur. Unde huiusmodi locutiones non sunt extendendae, sed exponendae: ut scilicet nomina abstracta exponantur per concreta, vel etiam per nomina personalia: ut, cum dicitur, *essentia de essentia*, vel *sapientia de sapientia*, sit sensus, *Filius, qui est essentia et sapientia, est de Patre, qui est essentia et sapientia*. — In his tamen nominibus abstractis est quidam ordo attendendus: quia ea quae pertinent ad actum, magis propinque se habent ad personas, quia actus sunt suppositorum. Unde minus impropria est ista, *natura de natura*, vel *sapientia de sapientia*, quam, *essentia de essentia*.

AD SECUNDUM dicendum quod in creaturis generatum non accipit naturam eandem numero quam

EM SENTIDO CONTRÁRIO, Agostinho diz: "Nada gera a si mesmo". Ora, se a essência gera a essência, ela gera somente a si mesma, pois em Deus nada se distingue da essência divina. Portanto, a essência não gera a essência.

RESPONDO. Sobre esse ponto o Abade Joaquim caiu em erro. Afirmava que, assim como se diz: *Deus gerou Deus,* se pode também dizer *a essência gerou a essência*. Considerava, com efeito, que, em razão da simplicidade divina, Deus é a essência divina. — Mas nisto se enganou, pois, para exprimir-se com verdade, não só se devem considerar as realidades significadas, mas também o modo de significar, como foi dito. Ora, se é verdade que na realidade *Deus* é o mesmo que *deidade*, o modo de significar não é o mesmo para um e outro. Pois o nome "Deus", porque significa a essência divina em seu sujeito, por este modo de significar tem uma aptidão natural para designar a pessoa. Assim o que é próprio às pessoas pode-se atribuir a Deus, de modo que se diga: *Deus é gerado ou que gera*, como foi dito. Ao contrário, o termo "essência" não tem, por seu modo de significar, a aptidão de designar a pessoa, porque significa a essência como forma abstrata. Então as propriedades das pessoas pelas quais se distinguem entre si não podem ser atribuídas à essência, pois assim significaria que há distinção na essência divina como entre os supósitos.

QUANTO AO 1º, portanto, deve-se dizer que para exprimir a unidade da essência e das pessoas os santos Doutores, às vezes, falaram mais amplamente do que permite a propriedade da expressão. Expressões semelhantes não se devem generalizar, mas explicar, a saber, os nomes abstratos por concretos, ou mesmo por nomes pessoais. Assim, quando se diz *essência da essência* ou *sabedoria da sabedoria*, o sentido é: "O Filho que é a essência e a sabedoria procede do Pai que é a essência e a sabedoria". — Nestes nomes abstratos, pode-se aliás notar certa ordem, porque os que se referem à ação se referem mais proximamente às pessoas, pois que os atos pertencem aos supósitos. As expressões *natureza de natureza* ou *sabedoria de sabedoria* são, portanto, menos impróprias do que *essência de essência*.

QUANTO AO 2º, deve-se dizer que nas criaturas o gerado não recebe a natureza, numericamente

---

5. C. 1: ML 42, 820.
6. Cfr. Decretal. Gregor. 9l. 1, tit 1, c. 2.
7. Art. praec.
8. Ibid.

generans habet, sed aliam numero, quae incipit in eo esse per generationem de novo, et desinit esse per corruptionem: et ideo generatur et corrumpitur per accidens. Sed Deus genitus eandem naturam numero accipit quam generans habet. Et ideo natura divina in Filio non generatur, neque per se neque per accidens.

AD TERTIUM dicendum quod, licet Deus et divina essentia sint idem secundum rem, tamen, ratione alterius modi significandi, oportet loqui diversimode de utroque.

AD QUARTUM dicendum quod essentia divina praedicatur de Patre per modum identitatis, propter divinam simplicitatem: nec tamen sequitur quod possit supponere pro Patre, propter diversum modum significandi. Ratio autem procederet in illis, quorum unum praedicatur de altero sicut universale de particulari.

AD QUINTUM dicendum quod haec est differentia inter nomina substantiva et adiectiva, quia nomina substantiva ferunt suum suppositum: adiectiva vero non, sed rem significatam ponunt circa substantivum. Unde sophistae dicunt quod *nomina substantiva supponunt; adiectiva vero non supponunt, sed copulant*. Nomina igitur personalia substantiva possunt de essentia praedicari, propter identitatem rei: neque sequitur quod proprietas personalis distinctam determinet essentiam; sed ponitur circa suppositum importatum per nomen substantivum. Sed notionalia et personalia adiectiva non possunt praedicari de essentia, nisi aliquo substantivo adiuncto. Unde non possumus dicere quod *essentia est generans*. Possumus tamen dicere quod *essentia est res generans*, vel *Deus generans*, si *res* et *Deus* supponant pro persona: non autem si supponant pro essentia. Unde non est contradictio, si dicatur quod *essentia est res generans*, et *res non generans*: quia primo *res* tenetur pro persona, secundo pro essentia.

AD SEXTUM dicendum quod *deitas*, inquantum est una in pluribus suppositis, habet quandam convenientiam cum forma nominis collectivi. Unde

idêntica à que tem o que gera. Ele recebe uma, numericamente distinta, que, por geração, começa a nele existir de maneira nova e cessa de existir pela corrupção. Assim, a natureza é gerada e corrompida acidentalmente. Mas Deus gerado recebe a mesma natureza, numericamente a mesma, que tem aquele que gera. A natureza divina não é, portanto, gerada no Filho, nem por si, nem acidentalmente.

QUANTO AO 3º, deve-se dizer que, embora Deus e a essência divina sejam o mesmo realmente, em razão de outro modo de significar é preciso falar de modo diferente de um e de outro.

QUANTO AO 4º, deve-se dizer que a essência divina se atribui ao Pai por modo de identidade, em razão da simplicidade divina. Não se segue que possa designar o Pai em razão do diverso modo de significar. O argumento seria procedente com respeito às coisas que se atribuem umas às outras, como o universal ao particular.

QUANTO AO 5º, deve-se dizer que entre substantivo e adjetivo há esta diferença: os substantivos levam em si seus supósitos, enquanto os adjetivos não, mas referem ao substantivo o que significam. Por isso, os sofistas dizem: *os substantivos designam, os adjetivos não designam mas unem*. Os substantivos pessoais podem, portanto, ser predicados da essência em razão de uma identidade real, mas daí não se segue que a propriedade pessoal determine uma essência distinta: ela se refere ao supósito implicado pelo substantivo. Mas os adjetivos nocionais e pessoais não podem ser predicados da essência a não ser acompanhados de um substantivo. Portanto, não podemos dizer: *a essência é que gera*. Podemos dizer, contudo: *a essência é alguma coisa que gera* ou *Deus que gera*, se *coisa* e *Deus* designam a pessoa e não a essência. Não há, portanto, contradição em dizer: *a essência é alguma coisa que gera, e alguma coisa que não gera*. No primeiro, coisa está por pessoa. No segundo, por essência[i].

QUANTO AO 6º, deve-se dizer que a *deidade*, na medida em que é una em vários supósitos, tem certa afinidade com a forma de um nome coletivo.

---

i. Assim, o substantivo "homem" compreende em sua significação o sujeito que tem a humanidade, que, por ela, é um homem. Já o adjetivo não diz qual é o sujeito no qual se realiza a qualidade que ele significa: não apenas o adjetivo "branco" pode ser afirmado a respeito de sujeitos bem diferentes, como o adjetivo "humano" pode aplicar-se a outros sujeitos que não o homem, como quando se diz: "É humano, demasiado humano", ou "sentimentos humanos", ou "somente Deus é humano". Disso resulta que uma proposição cujo predicado é um substantivo só se verifica se o seu sujeito é também o sujeito da forma significada pelo adjetivo. Essa distinção não possui aplicação alguma no domínio de nossa experiência, mas é ela que explica, o que percebe todo teólogo, que, se é possível afirmar que "a Essência divina é o gerador divino" (embora a expressão seja forçada), não é possível dizer: "a Essência divina é geradora (gera)", pois não é enquanto ele se identifica com a Essência, é na medida em que ele se distingue dela nocionalmente que o Pai gera.

cum dicitur, *Pater est principium totius deitatis*, potest sumi pro universitate Personarum; inquantum scilicet, in omnibus Personis divinis, ipse est principium. Nec oportet quod sit principium sui ipsius: sicut aliquis de populo dicitur rector *totius populi*, non tamen sui ipsius. — Vel potest dici quod est principium totius deitatis, non quia eam generet et spiret: sed quia eam, generando et spirando, communicat.

Articulus 6
Utrum personae possint praedicari de nominibus essentialibus

AD SEXTUM SIC PROCEDITUR. Videtur quod personae non possint praedicari de nominibus essentialibus concretis, ut dicatur, *Deus est tres Personae*, vel *est Trinitas*.

1. Haec enim est falsa, *homo est omnis homo*, quia pro nullo suppositorum verificari potest: neque enim Socrates est omnis homo, neque Plato, neque aliquis alius. Sed similiter ista, *Deus est Trinitas*, pro nullo suppositorum naturae divinae verificari potest: neque enim Pater est Trinitas, neque Filius, neque Spiritus Sanctus. Ergo haec est falsa, *Deus est Trinitas*.

2. PRAETEREA, inferiora non praedicantur de suis superioribus nisi accidentali praedicatione, ut cum dico, *animal est homo*: accidit enim animali esse hominem. Sed hoc nomen *Deus* se habet ad tres personas sicut commune ad inferiora, ut Damascenus dicit[1]. Ergo videtur quod nomina personarum non possint praedicari de hoc nomine *Deus*, nisi accidentaliter.

SED CONTRA est quod Augustinus dicit, in Sermone *de Fide*[2]: *Credimus unum Deum unam esse divini nominis Trinitatem*.

RESPONDEO dicendum quod, sicut iam dictum est[3], licet nomina personalia vel notionalia adiectiva non possint praedicari de essentia; tamen substantiva possunt, propter realem identitatem essentiae et personae. Essentia autem divina non solum idem est realiter cum una persona, sed

Artigo 6
As pessoas podem ser predicadas dos nomes essenciais?

QUANTO AO SEXTO, ASSIM SE PROCEDE: parece que as pessoas **não** podem ser predicadas dos nomes essenciais concretos, de modo que se diga: Deus é as três Pessoas ou a Trindade.

1. Com efeito, a proposição *o homem é todo homem* é falsa, pois não se verifica em nenhum dos supósitos, pois nem Sócrates é todo homem, nem Platão, nem algum outro. Ora, igualmente esta: *Deus é a Trindade* não se verifica em nenhum dos supósitos da natureza divina, pois nem o Pai é a Trindade, nem o Filho, nem o Espírito Santo. Logo, a proposição *Deus é a Trindade* é falsa.

2. ALÉM DISSO, não se atribuem os inferiores a seus superiores, salvo por uma atribuição acidental, como quando se diz: *o animal é homem*, pois é acidental a animal ser homem[j]. Ora, segundo Damasceno, o nome "Deus" está para as três pessoas como um termo comum para os inferiores. Logo, parece que os nomes das pessoas não podem ser predicados do nome "Deus", a não ser em sentido acidental.

EM SENTIDO CONTRÁRIO, Agostinho declara: "Cremos que o Deus único é uma única Trindade de nome divino".

RESPONDO. Acima foi dito que os adjetivos pessoais ou nocionais não podem ser predicados da essência. Os substantivos podem em razão da identidade real entre a essência e a pessoa. Ora, a essência divina é realmente idêntica às três pessoas, e não somente a uma delas. Portanto, uma

---

6 PARALL.: I *Sent.*, dist. 4, q. 2, a. 2, ad 4, 5.

1. *De Fide Orth.*, l. III, c. 4: MG 94, 997 A.
2. *De Fide Catholica*, Serm. I (al. Serm. *de Temp.* 129 seu *in Caena Domini* III); inter supposit. Serm. 233: ML 39, 2175.
3. A. praec., ad 5.

j. Em toda classificação o termo superior é aquele que, por sua maior generalidade, abrange um número maior de objetos. Assim, "animal" abarca mais objetos que "mamífero". O termo inferior é mais preciso e, em virtude disso, de menor amplitude. Pode-se atribuir a ele o termo superior (o mamífero é um animal), mas não o inverso (todo animal não é um mamífero).

cum tribus. Unde et una persona, et duae, et tres possunt de essentia praedicari; ut si dicamus, *essentia est Pater et Filius et Spiritus Sanctus*. Et quia hoc nomen *Deus* per se habet quod supponat pro essentia, ut dictum est[4], ideo, sicut haec est vera: essentia est tres Personae, ita haec est vera: Deus est tres Personae.

AD PRIMUM ergo dicendum quod, sicut supra[5] dictum est, hoc nomen *homo* per se habet supponere pro persona; sed ex adiuncto habet quod stet pro natura communi. Et ideo haec est falsa, *homo est omnis homo*: quia pro nullo supposito verificari potest. Sed hoc nomen *Deus* per se habet quod stet pro essentia. Unde, licet pro nullo suppositorum divinae naturae haec sit vera, *Deus est Trinitas*, est tamen vera pro essentia. — Quod non attendens, Porretanus eam negavit[6].

AD SECUNDUM dicendum quod, cum dicitur, *Deus* vel *divina essentia est Pater*, est praedicatio per identitatem, non autem sicut inferioris de superiori: quia in divinis non est universale et singulare. Unde, sicut est per se ista *Pater est Deus*, ita et ista, *Deus est Pater*; et nullo modo per accidens.

ARTICULUS 7
Utrum nomina essentialia sint approprianda Personis

AD SEPTIMUM SIC PROCEDITUR. Videtur quod nomina essentialia non sint approprianda Personis.

1. Quod enim potest vergere in errorem fidei, vitandum est in divinis: quia, ut Hieronymus dicit, *ex verbis inordinate prolatis incurritur haeresis*. Sed ea quae sunt communia tribus Personis appropriare alicui, potest vergere in errorem fidei: quia potest intelligi quod vel illi tantum Personae conveniant cui appropriantur; vel quod magis conveniant ei quam aliis. Ergo essentialia attributa non sunt approprianda Personis.

pessoa, ou duas, ou três podem ser predicadas da essência, por exemplo: *a essência é o Pai, o Filho e o Espírito Santo*. Ademais, foi dito que o nome *Deus* é por si apto a designar a essência. Portanto, assim como é verdadeira a proposição: *A essência é as três Pessoas*, esta também é verdadeira: *Deus é as três Pessoas*.

QUANTO AO 1º, portanto, deve-se dizer que, como foi dito acima, o nome "homem" por si pode designar a pessoa, mas em razão de um adjunto pode estar por natureza comum. Por isso, esta é falsa: *o homem é todo homem*, porque não se pode verificar de nenhum suposito. Ao contrário, o nome "Deus", por si, pode estar por essência. Portanto, ainda que a proposição *Deus é a Trindade* não seja verdadeira para nenhum suposito de natureza divina, ela é verdadeira para a essência. — Porque não atendeu a isso, Gilberto Porretano negou essa proposição[k].

QUANTO AO 2º, deve-se dizer que quando se diz: *Deus ou a essência divina é o Pai* há uma predicação por identidade, não, porém, de um inferior ao superior, porque em Deus não há nem universal, nem particular. Por conseguinte, assim como *o Pai é Deus é*, por si, verdadeira, assim também esta: *Deus é o Pai*, e de nenhum modo por acidente.

ARTIGO 7
Os nomes essenciais se devem atribuir como próprios às Pessoas?

QUANTO AO SÉTIMO, ASSIM SE PROCEDE: parece que os nomes essenciais **não** se devem atribuir como próprios às Pessoas.

1. Com efeito, com respeito a Deus, deve-se evitar tudo o que pode ser ocasião de erro na fé. Jerônimo disse: "De palavras ditas sem ordem decorre a heresia". Ora, atribuir como próprio a uma Pessoa o que é comum às três pode ser ocasião de erro na fé, porque pode-se entender que convém apenas à Pessoa à qual é atribuído como próprio, ou que convém mais a ela que às outras. Logo, não se devem atribuir como próprio às Pessoas os atributos essenciais.

---

4. A. 4, ad 3.
5. Ibid.
6. Comm. in II Boet. *de Trin*., ad Ioannem Diac.: ML 64, 1309 C.

7 PARALL.: I *Sent.*, dist. 31, q. 1, a. 2; *De Verit.*, q. 7, a. 3.

---

k. A objeção à qual responde Santo Tomás, com um rigor perfeito, é manifestamente o que justifica o artigo: de quem se fala quando se diz que "Deus é Trindade"? A resposta é que se fala da Essência divina considerada subsistente, e afirma-se precisamente que essa Essência subsiste em três Pessoas.

2. PRAETEREA, essentialia attributa, in abstracto significata, significant per modum formae. Sed una persona non se habet ad aliam ut forma: cum forma ab eo cuius est forma, supposito non distinguatur. Ergo essentialia attributa, maxime in abstracto significata, non debent appropriari Personis.

3. PRAETEREA, proprium prius est appropriato: *proprium* enim est de ratione appropriati. Sed essentialia attributa, secundum modum intelligendi, sunt priora personis, sicut commune est prius proprio. Ergo essentialia attributa non debent esse appropriata.

SED CONTRA est quod Apostolus dicit, 1Cor 1,24: *Christum, Dei virtutem et Dei sapientiam*.

RESPONDEO dicendum quod, ad manifestationem fidei, conveniens fuit essentialia attributa Personis appropriari. Licet enim Trinitas Personarum demonstratione probari non possit, ut supra[1] dictum est, convenit tamen ut per aliqua magis manifesta declaretur. Essentialia vero attributa sunt nobis magis manifesta secundum rationem, quam propria Personarum: quia ex creaturis, ex quibus cognitionem accipimus, possumus per certitudinem devenire in cognitionem essentialium attributorum; non autem in cognitionem personalium proprietatum, ut supra[2] dictum est. Sicut igitur similitudine vestigii vel imaginis in creaturis inventa utimur ad manifestationem divinarum Personarum, ita et essentialibus attributis. Et haec manifestatio Personarum per essentialia attributa, *appropriatio* nominatur.

Possunt autem manifestari Personae divinae per essentialia attributa dupliciter. Uno modo, per viam similitudinis: sicut ea quae pertinent ad intellectum, appropriantur Filio, qui procedit per modum intellectus ut Verbum. Alio modo, per modum dissimilitudinis: sicut potentia appropriatur Patri, ut Augustinus[3] dicit, quia apud nos patres solent esse propter senectutem infirmi; ne tale aliquid suspicemur in Deo.

AD PRIMUM ergo dicendum quod essentialia attributa non sic appropriantur Personis ut eis esse propria asserantur: sed ad manifestandum Perso-

2. ALÉM DISSO, os atributos essenciais, expressos abstratamente, significam à maneira de formas. Ora, uma pessoa não se refere a uma outra como forma, uma vez que forma não se distingue pelo supósito daquilo ao qual pertence. Logo, não se devem atribuir às Pessoas os atributos essenciais, sobretudo quando expressos abstratamente.

3. ADEMAIS, o próprio é anterior ao que é atribuído como próprio, pois o *próprio* é da razão do atribuído como próprio. Ora, os atributos essenciais são anteriores às pessoas, em nossa maneira de entender, assim como o comum é anterior ao próprio. Logo, não se devem atribuir como próprios os atributos essenciais.

EM SENTIDO CONTRÁRIO, o Apóstolo diz na primeira Carta aos Coríntios: "Cristo, força de Deus e sabedoria de Deus".

RESPONDO. Para expressar a fé, convinha atribuir como próprios às Pessoas os atributos essenciais. Embora, como foi dito, não se possa provar a Trindade das Pessoas por demonstração propriamente dita, convém esclarecê-la por meio de coisas mais claras. Os atributos essenciais nos são mais claros racionalmente que as propriedades das Pessoas, porque a partir das criaturas, das quais recebemos o conhecimento, podemos chegar a conhecer com certeza os atributos essenciais, não porém as propriedades pessoais, como acima foi dito. Portanto, assim como nos utilizamos da semelhança do vestígio e da imagem, encontrada nas criaturas, para manifestar as Pessoas divinas, do mesmo modo também nos utilizamos dos atributos essenciais. Manifestar assim as Pessoas, por meio de atributos essenciais, chama-se *apropriação*.

As Pessoas divinas podem ser manifestadas pelos atributos essenciais de dois modos. O primeiro, por via de semelhança. Por exemplo, ao Filho, que, enquanto Verbo, procede intelectualmente, são atribuídos como próprios os atributos referentes ao intelecto. O segundo, por via de dessemelhança. Por exemplo, atribui-se como próprio o poder ao Pai, como diz Agostinho, porque nossos pais tornam-se ordinariamente enfermos pela velhice, para que não pensemos algo semelhante em Deus.

QUANTO AO 1º, portanto, deve-se dizer que os atributos essenciais não se atribuem como próprios às Pessoas, de modo que lhes fossem afirmados

---

1. Q. 32, a. 1.
2. Ibid., ad 1.
3. Vide HUG. DE S. VICT., *de Sacram.*, l. I, p. II, c. 8: ML 176, 209 C.

nas per viam similitudinis vel dissimilitudinis, ut dictum est⁴. Unde nullus error fidei sequitur, sed magis manifestatio veritatis.

AD SECUNDUM dicendum quod, si sic appropriarentur essentialia attributa Personis, quod essent eis propria, sequeretur quod una persona se haberet ad aliam in habitudine formae. Quod excludit Augustinus, in VII *de Trin.*⁵, ostendens quod Pater non est sapiens sapientia quam genuit, quasi solus Filius sit sapientia; ut sic Pater et Filius simul tantum possint dici *sapiens*, non autem Pater sine Filio. Sed Filius dicitur sapientia Patris, quia est sapientia de Patris sapientia: uterque enim per se est sapientia, et simul ambo una sapientia. Unde Pater non est sapiens sapientia quam genuit, sed sapientia quae est sua essentia.

AD TERTIUM dicendum quod, licet essentiale attributum, secundum rationem propriam, sit prius quam Persona, secundum modum intelligendi; tamen, inquantum habet rationem appropriati, nihil prohibet proprium Personae esse prius quam appropriatum. Sicut color posterior est corpore, inquantum est corpus: prius tamen est naturaliter *corpore albo*, inquantum est album.

como próprios, mas para manifestar as Pessoas por via de semelhança e de dessemelhança, como se disse. Daí não resulta nenhum erro na fé, mas uma manifestação da verdade.

QUANTO AO 2º, deve-se dizer que se atribuíssem como próprios os atributos essenciais às Pessoas, de modo que lhes fossem próprios, seguir-se-ia que uma pessoa estaria para a outra em relação de forma. Ora, isso Agostinho refuta, mostrando que o Pai não é sábio pela sabedoria que ele gerou, como se somente o Filho fosse a sabedoria; assim somente podem ser ditos *sábios* o Pai e o Filho simultaneamente e não o Pai sem o Filho. Na verdade, o Filho é chamado sabedoria do Pai, porque ele é sabedoria que procede da sabedoria do Pai. Cada um deles é sabedoria por si e os dois juntos são uma só sabedoria. O Pai, portanto, não é sábio pela sabedoria que Ele gera, mas pela sabedoria que é sua essência.

QUANTO AO 3º, deve-se dizer que, segundo nossa maneira de entender, o atributo essencial, por sua própria razão, é anterior à Pessoa, mas, enquanto tem a razão de atribuído como próprio, nada impede que a propriedade pessoal seja anterior ao que é atribuído como próprio. Por exemplo, a cor é posterior ao corpo, enquanto tal, e, no entanto, a cor é anterior naturalmente ao corpo branco, enquanto branco.

ARTICULUS 8
Utrum convenienter a sacris Doctoribus sint essentialia Personis attributa

AD OCTAVUM SIC PROCEDITUR. Videtur quod inconvenienter a sacris Doctoribus sint essentialia Personis attributa.
1. Dicit enim Hilarius, in II *de Trin.*¹: *Aeternitas est in Patre, species in Imagine, usus in Munere*. In quibus verbis ponit tria nomina propria Personarum: scilicet nomen Patris; et nomen Imaginis, quod est proprium Filio, ut supra² dictum est; et nomen Muneris, sive Doni, quod est proprium

ARTIGO 8
Os nomes essenciais foram convenientemente atribuídos às Pessoas pelos santos Doutores?¹

QUANTO AO OITAVO, ASSIM SE PROCEDE: parece que os nomes essenciais **não** foram convenientemente atribuídos às Pessoas pelos santos Doutores.
1. Com efeito, Hilário diz: "A eternidade está no Pai, a beleza na Imagem, o gozo no Presente". Com estas palavras afirma três nomes próprios das Pessoas: Pai, Imagem, nome próprio do Filho, como acima se disse, e Presente ou Dom, nome próprio do Espírito Santo, como já foi estabele-

---

4. In corp.
5. C. 1: ML 42, 935 sq.

8 PARALL.: I *Sent.*, dist. 14, exposit. litt.; dist. 31, q. 2, a. 1; q. 3, a. 1; dist. 34, q. 2; dist. 36, q. 1, a. 3, ad 5; *De Verit.*, q. 1, a. 7; q. 7, a. 3; *ad Rom.*, c. 11, lect. 5; II *ad Cor.*, c. 13, lect. 3.
1. Num. 1: ML 10, 51 A.
2. Q. 35, a. 2.

1. Santo Tomás, neste artigo, propõe-se examinar um certo número de atribuições próprias célebres, apoiadas sobre a autoridade de autores importantes. Cada uma é submetida primeiramente a uma objeção, e é em virtude dessa objeção que será justificada no corpo do artigo. As "respostas" são aleatoriamente integradas na "solução" da questão proposta no início do artigo.

Spiritus Sancti, ut supra³ habitum est. Ponit etiam tria appropriata: nam aeternitatem appropriat Patri, speciem Filio, usum Spiritui Sancto. Et videtur quod irrationabiliter. Nam *aeternitas* importat durationem essendi, *species* vero est essendi principium, *usus* vero ad operationem pertinere videtur. Sed essentia et operatio nulli Personae appropriari inveniuntur. Ergo inconvenienter videntur ista appropriata Personis.

2. PRAETEREA, Augustinus, in I *de Doctr. Christ.*⁴, sic dicit: *In Patre est unitas, in Filio aequalitas, in Spiritu Sancto unitatis aequalitatisque concordia*. Et videtur quod inconvenienter. Quia una Persona non denominatur formaliter per id quod appropriatur alteri: non enim est sapiens Pater sapientia genita, ut dictum est⁵. Sed, sicut ibidem subditur, *tria haec unum omnia sunt propter Patrem, aequalia omnia propter Filium, connexa omnia propter Spiritum Sanctum*. Non ergo convenienter appropriantur Personis.

3. ITEM, secundum Augustinum⁶, Patri attribuitur *potentia*, Filio *sapientia*. Spiritui Sancto *bonitas*. Et videtur hoc esse inconveniens. Nam *virtus* ad potentiam pertinet. Virtus autem invenitur appropriari Filio, secundum illud 1Cor 1,24, *Christum, Dei virtutem*; et etiam Spiritui Sancto, secundum illud Lc 6,19: *Virtus de illo exibat, et sanabat omnes*. Non ergo potentia Patri est apprehendanda.

4. ITEM, Augustinus, in libro *de Trin.*⁷, dicit: *Non confuse accipiendum est quod ait Apostolus, "ex ipso, et per ipsum, et in ipso"*⁸ — *"ex ipso" dicens propter Patrem; "per ipsum" propter Filium; "in ipso" propter Spiritum Sanctum*. Sed videtur quod inconvenienter. Quia per hoc quod dicit *in ipso*, videtur importari habitudo causae finalis, quae est prima causarum. Ergo ista habitudo causae deberet appropriari Patri, qui est principium non de principio.

5. ITEM, invenitur *veritas* appropriari Filio, secundum illud Io 14,6: *Ego sum via, veritas et vita*. Et similiter *liber vitae*, secundum illud Ps 39,8: *In capite libri scriptum est de me*: Glossa⁹, *idest apud Patrem, qui est caput meum*. Et

cido. Afirma também três atribuições próprias: ao Pai, a eternidade; ao Filho, a beleza; ao Espírito Santo, o gozo. Isto parece irracional. Com efeito, *eternidade* implica a duração do ser, *beleza* é um princípio do ser, *gozo* parece pertencer à operação. Ora, a essência e a operação não se encontram atribuídas como próprias a uma Pessoa. Logo, parecem inconvenientes essas atribuições próprias às Pessoas.

2. ALÉM DISSO, Agostinho diz assim: "No Pai há unidade; no Filho, igualdade; no Espírito Santo, harmonia da unidade e da igualdade". Ora, isso também parece inconveniente. Uma Pessoa não pode ser formalmente denominada por aquilo que se atribui como próprio a uma outra. Assim, foi dito acima, o Pai não é sábio pela sabedoria gerada. O próprio Agostinho continua: "Todas estas três coisas são uma só, por causa do Pai; todas iguais, por causa do Filho; todas unidas, por causa do Espírito Santo". Logo, parece inconveniente atribuir como próprios esses atributos às Pessoas.

3. TAMBÉM segundo Agostinho, o *poder* atribui-se ao Pai, a *sabedoria* ao Filho, a *bondade* ao Espírito Santo. E isso não parece conveniente. Porque a *força* refere-se ao poder: ora, a força encontra-se atribuída como própria ao Filho na primeira Carta aos Coríntios, que fala de "Cristo, força de Deus". E em Lucas, ao Espírito Santo: "Uma força saía dele e os curava a todos". Portanto, o poder não deve ser atribuído como próprio ao Pai.

4. DO MESMO MODO, Agostinho diz ainda: "Não se deve entender indistintamente o que diz o Apóstolo: Dele, por Ele e n'Ele; se diz "Dele", por causa do Pai; "por Ele", por causa do Filho; "n'Ele", por causa do Espírito Santo". Ora, isso parece inconveniente, porque a expressão *n'Ele* parece implicar a relação de causa final, que é a primeira das causas. Portanto, deveria ser atribuída como própria ao Pai, que é o princípio sem princípio.

5. DO MESMO MODO, a *verdade* encontra-se atribuída como própria ao Filho, em João: "Eu sou o caminho, a verdade e a vida". E igualmente o *livro da vida*, segundo o Salmo 39: "Na cabeça do livro está escrito de mim". A *Glosa* explica assim:

---

3. Q. 38, a. 2.
4. C. 5: ML 34, 21.
5. Art. praec. ad 2; q. 37, a. 2, arg. 1.
6. Vide HUG. DE S. VICT., *de Sacram.*, l. I, p. II, c. 6, 8: ML 176, 208 D, 209 C.
7. L. VI, c. 10: ML 42, 932.
8. *Contra Maximin.*, l. II, c. 23, num. 4: ML 42, 800.
9. Ordin.

similiter hoc quod dico *Qui est*: quia super illud Is 65,1, *Ecce ego, ad gentes*, dicit Glossa[10]: *Filius loquitur, qui dixit Moysi, Ego sum qui sum*. — Sed videtur quod propria sint Filii, et non appropriata. Nam *veritas*, secundum Augustinum, in libro *de Vera Religione*[11], est *summa similitudo principii, absque omni dissimilitudine*: et sic videtur quod proprie conveniat Filio, qui habet principium. — *Liber* etiam *vitae* videtur proprium aliquid esse, quia significat ens ab alio: omnis enim liber ab aliquo scribitur. — Hoc etiam ipsum *Qui est* videtur esse proprium Filio. Quia si, cum Moysi dicitur, *Ego sum qui sum*, loquitur Trinitas, ergo Moyses poterat dicere: *Ille qui est Pater et Filius et Spiritus Sanctus, misit me ad vos*. Ergo et ulterius dicere poterat: *Ille qui est Pater et Filius et Spiritus Sanctus, misit me ad vos*, demonstrando certam Personam. Hoc autem est falsum: quia nulla persona est Pater et Filius et Spiritus Sanctus. Non ergo potest esse commune Trinitati: sed est proprium Filii.

Respondeo dicendum quod intellectus noster, qui ex creaturis in Dei cognitionem manuducitur, oportet quod Deum consideret secundum modum quem ex creaturis assumit. In consideratione autem alicuius creaturae, quatuor per ordinem nobis occurrunt. Nam *primo*, consideratur res ipsa absolute, inquantum est ens quoddam. *Secunda* autem consideratio rei est, inquantum est una. *Tertia* consideratio rei est, secundum quod inest ei virtus ad operandum et ad causandum. *Quarta* autem consideratio rei est, secundum habitudinem quam habet ad causata. Unde haec etiam quadruplex consideratio circa Deum nobis occurrit.

Secundum igitur primam considerationem, qua consideratur absolute Deus secundum esse suum, sic sumitur appropriatio Hilarii, secundum quam aeternitas appropriatur Patri, species Filio, usus Spiritui Sancto. — *Aeternitas* enim, inquantum significat esse non principiatum, similitudinem habet cum proprio Patris, qui est principium non de principio.

Species autem, sive *pulchritudo*, habet similitudinem cum propriis Filii. Nam ad pulchritudinem tria requiruntur. Primo quidem, integritas sive perfectio: quae enim diminuta sunt, hoc ipso turpia sunt. Et debita proportio sive consonantia. Et iterum claritas: unde quae habent colorem nitidum, pulchra esse dicuntur. — Quantum igitur

"Isto é, no Pai que é minha cabeça". E de igual modo quando digo: "Aquele que é", porque sobre essa palavra de Isaías: "Eu me dirijo às nações", a *Glosa* anota: "É o Filho que fala, ele que dizia a Moisés: 'Eu sou Aquele que é'". — Mas parece que são propriedades do Filho e não apropriações. Com efeito, segundo Agostinho, *a verdade* é a *suprema semelhança do princípio, sem a menor diferença*. E assim parece que convém propriamente ao Filho, que tem um princípio. — Também *livro da vida* parece ser um atributo próprio, porque significa um ser que procede de outro: todo livro é escrito por alguém. — Mesmo o nome *Aquele que é* também parece próprio ao Filho, porque se é a Trindade que fala a Moisés: "Eu sou Aquele que é", Moisés podia, então, dizer: "Aquele que é Pai, Filho e Espírito Santo envia-me a vós", designando especialmente uma das Pessoas. Mas isso é falso, porque nenhuma Pessoa é Pai, Filho e Espírito Santo. Logo, não pode ser comum à Trindade: mas é próprio do Filho.

Respondo. Nosso intelecto é levado ao conhecimento de Deus a partir das criaturas. É preciso, pois, que considere Deus segundo o modo que assume a partir das criaturas. Ora, quando consideramos uma criatura, quatro coisas nos ocorrem sucessivamente: *primeiro*, considera-se a coisa em si mesma, e absolutamente, como um certo ente. *Depois*, ela é considerada una. *Em seguida*, considera-se seu poder de agir e de causar; *finalmente*, considera-se segundo a relação que tem com seus efeitos. Essa quádrupla consideração, portanto, nos ocorre a respeito de Deus.

1. Segundo a primeira dessas considerações, aquela que considera Deus absolutamente em seu ser se entende a atribuição própria de Hilário, na qual se atribui como própria a *eternidade* ao Pai, a *beleza* ao Filho, o *gozo* ao Espírito Santo. — Com efeito, a *eternidade*, enquanto significa o ser sem princípio, tem uma semelhança com a propriedade do Pai, Princípio sem princípio.

A *espécie* ou *beleza* tem uma semelhança com as propriedades do Filho, pois ela requer três coisas. Primeiro, a integridade ou perfeição: as coisas diminutas por isso mesmo são feias. Depois, as proporções requeridas, ou harmonia. Finalmente, o esplendor: as coisas que têm nitidez de cores, dizemos que são belas. — Portanto, quanto à

---

10. Interlin.
11. C. 36: ML 34, 151 sq.

ad *primum*, similitudinem habet cum proprio Filii, inquantum est Filius habens in se vere et perfecte naturam Patris. Unde, ad hoc innuendum, Augustinus in sua expositione[12] dicit: *ubi*, scilicet in Filio, *summa et prima vita est*, etc. Quantum vero ad *secundum*, convenit cum proprio Filii, inquantum est imago expressa Patris. Unde videmus quod aliqua imago dicitur esse pulchra, si perfecte repraesentat rem, quamvis turpem. Et hoc tetigit Augustinus cum dicit[13]: *ubi est tanta convenientia, et prima aequalitas*, etc. Quantum vero ad *tertium*, convenit cum proprio Filii, inquantum est Verbum, quod quidem *lux* est, *et splendor intellectus*, ut Damascenus dicit[14]. Et hoc tangit Augustinus cum dicit[15]: *tanquam Verbum perfectum cui non desit aliquid, et ars quaedam omnipotentis Dei*, etc.

Usus autem habet similitudinem cum propriis Spiritus Sancti, largo modo accipiendo *usum*, secundum quod *uti* comprehendit sub se etiam *frui*; prout uti est *assumere aliquid in facultatem voluntatis*, et frui est *cum gaudio uti*, ut Augustinus, X *de Trin.*[16], dicit. Usus ergo quo Pater et Filius se invicem fruuntur, convenit cum proprio Spiritus Sancti, inquantum est Amor. Et hoc est quod Augustinus dicit[17]: *Illa dilectio, delectatio, felicitas vel beatitudo, usus ab illo appellatus est*. Usus vero quo nos fruimur Deo, similitudinem habet cum proprio Spiritus Sancti, inquantum est Donum. Et hoc ostendit Augustinus cum dicit[18]: *Est in Trinitate Spiritus Sanctus, Genitoris Genitique suavitas, ingenti largitate atque ubertate nos perfundens*.

Et sic patet quare *aeternitas, species* et *usus* Personis attribuantur vel approprientur, non autem *essentia* vel *operatio*. Quia in ratione horum, propter sui communitatem, non invenitur aliquid similitudinem habens cum propriis Personarum.

Secunda vero consideratio Dei est, inquantum consideratur ut unus. Et sic Augustinus Patri appropriat unitatem, Filio aequalitatem, Spiritui Sancto concordiam sive connexionem. Quae quidem tria unitatem importare manifestum est: sed differenter. Nam *unitas* dicitur absolute, non

primeira: tem uma semelhança com a propriedade do Filho na medida em que é o Filho que tem em si verdadeira e perfeitamente a natureza do Pai. Por isso, diz Agostinho para significar isso: "Onde, isto é, no Filho, está a vida suprema e perfeita". Quanto à segunda, convém à propriedade do Filho, enquanto é imagem expressa do Pai. Vemos, portanto, que uma imagem é dita bela quando representa perfeitamente a coisa, mesmo se é feia. Agostinho a isso se refere quando diz: "Onde há tão grande concordância, e a suprema igualdade"... Quanto à terceira, convém à propriedade do Filho, enquanto Verbo, *luz e esplendor do intelecto* como diz Damasceno. Agostinho também a isso se refere: "Enquanto Verbo perfeito, a quem nada falta, arte do Deus todo-poderoso" etc.

Finalmente, o *usus* (uso ou gozo) tem semelhança com os atributos próprios do Espírito Santo, considerando *usus* em sentido amplo, segundo o qual *usar* compreende também *fruir*, pois usar é *tomar alguma coisa em poder da vontade*, e fruir é *usar com alegria*, como diz Agostinho. Com efeito, o gozo que o Pai e o Filho usufruem um do outro convém à propriedade do Espírito Santo enquanto é Amor. É o que diz Agostinho: "Àquela dileção, deleitação, felicidade ou bem-aventurança, ele lhes dá o nome de *usus*". O gozo no qual fruímos de Deus, tem semelhança com outra propriedade do Espírito Santo, enquanto é Dom. "Na Trindade", diz ainda Agostinho, "o Espírito Santo é a suavidade do Genitor e do Gerado, suavidade que se derrama em nós com imensa largueza e superabundância".

Vê-se, então, por que *eternidade, beleza* e *gozo* são atribuídos simplesmente ou como próprios às Pessoas, à diferença de *essência* e *operação*, porque, por serem estas comuns, não se encontra na razão delas algo que tenha semelhança com as propriedades das Pessoas.

2. A segunda consideração de Deus é sua unidade. Nesse sentido, Agostinho atribui ao Pai a unidade, ao Filho a igualdade, ao Espírito Santo a harmonia ou união. É claro que cada um desses três implica a unidade, mas diversamente. A *unidade* se afirma absolutamente, sem nada

---

12. *De Trin.*, l. VI, c. 10: ML 42, 931.
13. Ibid.
14. *De Fide Orth.*, l. I, c. 13: MG 94, 857 A.
15. Loco proxime cit.3
16. C. 11: ML 42, 982.
17. *De Trin.*, l. VI, c. 10: ML 42, 932.
18. Loco proxime cit.

praesupponens aliquid aliud. Et ideo appropriatur Patri, qui non praesupponit aliquam personam, cum sit principium non de principio. — *Aequalitas* autem importat unitatem in respectu ad alterum: nam aequale est quod habet unam quantitatem cum alio. Et ideo *aequalitas* appropriatur Filio, qui est principium de principio. — *Connexio* autem importat unitatem aliquorum duorum. Unde appropriatur Spiritui Sancto, inquantum est a duobus.

Ex quo etiam intelligi potest quod dicit Augustinus, *tria esse unum propter Patrem, aequalia propter Filium, connexa propter Spiritum Sanctum*. Manifestum est enim quod illi attribuitur unumquodque, in quo primo invenitur: sicut omnia inferiora dicuntur *vivere* propter animam vegetabilem, in qua primo invenitur ratio vitae in istis inferioribus. *Unitas* autem statim invenitur in persona Patris, etiam, per impossibile, remotis aliis Personis. Et ideo aliae Personae a Patre habent unitatem. — Sed remotis aliis Personis, non invenitur *aequalitas* in Patre: sed statim, posito Filio, invenitur aequalitas. Et ideo dicuntur omnia aequalia propter Filium: non quod Filius sit principium aequalitatis Patri; sed quia, nisi esset Patri aequalis Filius, Pater aequalis non posset dici. Aequalitas enim eius primo consideratur ad Filium: hoc enim ipsum quod Spiritus Sanctus Patri aequalis est, a Filio habet. — Similiter, excluso Spiritu Sancto, qui est duorum nexus, non posset intelligi unitas *connexionis* inter Patrem et Filium. Et ideo dicuntur omnia esse conexa propter Spiritum Sanctum: quia, posito Spiritu Sancto, invenitur unde Pater et Filius possint dici connexi.

Secundum vero tertiam considerationem, qua in Deo sufficiens virtus consideratur ad causandum, sumitur tertia appropriatio, scilicet potentiae, sapientiae et bonitatis. Quae quidem appropriatio fit

pressupor. Por isso, ela é atribuída como própria ao Pai, que não pressupõe qualquer outra pessoa, sendo princípio sem princípio. — Por sua vez, a *igualdade* diz unidade em relação ao outro. Igual a um outro é aquilo que tem a mesma quantidade que ele. Por isso, ela é atribuída como própria ao Filho, princípio do princípio. — Finalmente, a *união* implica a unidade de dois. Ela é atribuída como própria ao Espírito Santo, que procede de dois.

Essa explicação nos permite compreender o que diz Agostinho: que "os três são um, por causa do Pai, iguais por causa do Filho, unidos por causa do Espírito Santo". Com efeito, é claro que qualquer predicado atribui-se àquilo, no qual primeiramente se encontra. Por exemplo, todos os inferiores, são considerados *viventes*, devido à alma vegetativa, na qual se encontra primeiramente a razão de vida nestes entes[m]. Ora, a *unidade* encontra-se imediatamente na pessoa do Pai, mesmo que, por impossível, se negassem outras Pessoas[n]. Portanto, as outras Pessoas têm unidade pelo Pai. — Ao contrário, se se negam as outras Pessoas, não se encontrará a *igualdade* no Pai. Esta aparece desde que se afirme o Filho. Por isso se diz que todos são iguais por causa do Filho. Não que ele seja princípio de igualdade para o Pai, mas porque não se poderia chamar o Pai de *igual*, se não houvesse o Filho igual ao Pai. Pois sua igualdade é considerada primeiro em relação ao Filho. O fato de o Espírito Santo ser igual ao Pai, ele o tem do Filho. — Igualmente, excluindo-se o Espírito Santo, vínculo dos dois, é impossível entender a unidade *de ligação* entre o Pai e o Filho. Por isso, se diz que todos são *unidos* por causa do Espírito Santo. Com efeito, afirmado o Espírito Santo, aparece a razão pela qual dizer que o Pai e o Filho são unidos entre eles.

3. Segundo a terceira consideração, que considera em Deus seu poder suficiente para causar, entende-se a terceira atribuição própria, a saber: de *poder, sabedoria* e *bondade*. Essa atribuição

---

m. Há vida a partir do momento em que surgem as funções vitais primordiais — o crescimento, a nutrição e a reprodução, de modo que o ser vivo mais evoluído, o próprio homem — pelo menos no que concerne a sua vida "corporal" — é chamado de "vivente" devido ao princípio interior de suas funções, a alma vegetativa que lhe é comum com os simples vegetais. Santo Tomás especifica, no texto, "*omnia inferiora*", que se traduziu como: "todos os entes corporais". Na verdade, ele pensa nessa forma superior de vida que se encontra nos puros espíritos, em Deus ao infinito, e mesmo no homem, a vida espiritual, que não tem por princípio, evidentemente, a alma vegetativa. Especifiquemos que para Santo Tomás — como será visto adiante — as funções da alma vegetativa são asseguradas pela própria alma espiritual, mas não enquanto espiritual.

n. Exclusão impossível: a existência hipostática do Pai consiste em ser o Pai desse Filho, o "Espirador" do Espírito, de forma que não se podem abolir pelo pensamento as duas outras Pessoas sem abolir por isso mesmo a primeira. Contudo, pode-se abstrair disso, a fim de considerar a Pessoa do Pai à parte; assim considerada — este é o raciocínio —, ela já é concebida como una. Daí resulta que a unidade, que se deve reconhecer também para as duas outras Pessoas, é do Pai que elas a recebem, como dele recebem a divindade. Nesse sentido, a unidade é dita primeiramente do Pai, ainda que pertença igualmente às três Pessoas.

et secundum rationem similitudinis, si consideretur quod in divinis Personis est: et secundum rationem dissimilitudinis, si consideretur quod in creaturis est. *Potentia* enim habet rationem principii. Unde habet similitudinem cum Patre caelesti, qui est principium totius divinitatis. Deficit autem interdum patri terreno, propter senectutem. — *Sapientia* vero similitudinem habet cum Filio caelesti, inquantum est Verbum, quod nihil aliud est quam conceptus sapientiae. Deficit autem interdum filio terreno, propter temporis paucitatem. — *Bonitas* autem, cum sit ratio et obiectum amoris, habet similitudinem cum Spiritu divino, qui est Amor. Sed repugnantiam habere videtur ad spiritum terrenum, secundum quod importat violentam quandam impulsionem; prout dicitur Is 25,4: *spiritus robustorum quasi turbo impellens parietem.*

Virtus autem appropriatur Filio et Spiritui Sancto, non secundum quod virtus dicitur ipsa potentia rei: sed secundum quod interdum virtus dicitur id quod a potentia rei procedit, prout dicimus aliquod virtuosum factum esse *virtutem* alicuius agentis.

Secundum vero quartam considerationem, prout consideratur Deus in habitudine ad suos effectus, sumitur illa appropriatio ex quo, per quem, et in quo. Haec enim praepositio *ex* importat quandoque quidem habitudinem causae materialis, quae locum non habet in divinis: aliquando vero habitudinem causae efficientis. Quae quidem competit Deo ratione suae potentiae activae: unde et appropriatur Patri, sicut et potentia. — Haec vero praepositio *per* designat quidem quandoque causam mediam; sicut dicimus quod faber operatur *per martellum.* Et sic ly *per* quandoque non est appropriatum, sed proprium Filii, secundum illud Io 1,3: *Omnia per ipsum facta sunt*; non quia Filius sit instrumentum, sed quia ipse est principium de principio. Quandoque vero designat habitudinem formae per quam agens operatur; sicut dicimus quod artifex operatur *per artem.* Unde, sicut sapientia et ars appropriantur Filio, ita et ly *per quem.* — Haec vero praepositio *in* denotat proprie habitudinem continentis. Continet autem Deus res dupliciter. Uno modo, secundum suas similitudines; prout scilicet res dicuntur esse in Deo, inquantum sunt in eius scientia. Et sic hoc quod dico *in ipso*, esset appropriandum Filio. Alio vero modo continentur res a Deo, inquantum Deus sua bonitate eas conservat et gubernat, ad finem convenientem

própria se faz quer pela razão de semelhança, se se considera o que há nas Pessoas divinas, quer pela razão de diferença, se se considera o que há nas criaturas. Com efeito, o *poder* tem razão de princípio. Por isso tem semelhança com o Pai celeste, princípio de toda a deidade. Ao contrário, por vezes falta aos pais terrestres, por causa da velhice. — A *sabedoria* tem semelhança com o Filho celeste, enquanto é o Verbo, que nada mais é do que o conceito da sabedoria. Ao contrário, por vezes, falta aos filhos deste mundo, por causa da pouca idade. — A *bondade*, por ser razão e objeto do amor, tem semelhança com o Espírito divino, que é Amor. Mas parece opor-se ao espírito terrestre, na medida em que implica certa violência impulsiva. Isaías fala do *espírito dos fortes, igual à tempestade que se abate sobre a muralha.*

Quanto à *força*, ela se atribui como própria ao Filho e ao Espírito Santo, mas não enquanto significa o poder de uma coisa, e sim enquanto às vezes significa o que procede desse poder. Dizemos de uma obra poderosa[o] que é a *força* de quem a fez.

4. Segundo a quarta consideração, que considera Deus em relação a seus efeitos, entende-se a atribuição própria: *"dele, por ele, nele"*. Com efeito, a preposição "de" implica ora a relação de causa material, que não tem lugar em Deus, ora a relação de causa eficiente, que convém a Deus em razão de sua potência ativa. Portanto é atribuída como própria ao Pai, do mesmo modo que o poder. — A preposição "por" designa ora a causa intermediária, por exemplo: o carpinteiro opera *por seu martelo.* Neste sentido, *por ele* às vezes não é um atributo próprio, mas uma propriedade do Filho: "Por ele tudo foi feito", se diz no Evangelho de João. Não que o Filho seja um instrumento, mas ele é o princípio que procede do princípio. Às vezes, "por" designa a relação da forma pela qual opera o agente. Por exemplo, o artífice opera *por sua arte.* Daí que, como a sabedoria e a arte são atribuídas como próprias ao Filho, atribui-se-lhe como própria também a expressão *por ele.* — Finalmente, a preposição "em" denota, propriamente, relação de continente. Ora, Deus contém as coisas duplamente: primeiro, por suas semelhanças, porque se diz que as coisas existem em Deus, no sentido de que existem em seu entendimento; então, a expressão *nele* seria atribuída como própria ao Filho. Segundo, Deus contém também as coisas, no sentido de que sua bondade

---

o. Santo Tomás refuta aqui a terceira objeção — e é o que explica essa adição, que parece artificial. Pode-se julgar um pouco forçada a explicação aqui proposta.

adducendo. Et sic ly *in quo* appropriatur Spiritui Sancto, sicut et bonitas.

Nec oportet quod habitudo causae finalis, quamvis sit prima causarum, approprietur Patri, qui est principium non de principio: quia Personae divinae, quarum Pater est principium, non procedunt ut ad finem, cum quaelibet illarum sit ultimus finis; sed naturali processione, quae magis ad rationem naturalis potentiae pertinere videtur.

Ad illud vero quod de aliis quaeritur dicendum quod veritas, cum pertineat ad intellectum, ut supra[19] dictum est, appropriatur Filio: non tamen est proprium eius. Quia veritas, ut supra[20] dictum est, considerari potest prout est in intellectu, vel prout est in re. Sicut igitur intellectus et res essentialiter sumpta sunt essentialia et non personalia, ita et veritas. — Definitio autem Augustini inducta, datur de veritate secundum quod appropriatur Filio.

Liber autem *vitae* in recto quidem importat notitiam, sed in obliquo vitam: est enim, ut supra[21] dictum est, notitia Dei de his qui habituri sunt vitam aeternam. Unde appropriatur Filio: licet vita approprietur Spiritui Sancto, inquantum importat quendam interiorem motum, et sic convenit cum proprio Spiritus Sancti, inquantum est Amor. — Esse autem scriptum ab alio, non est de ratione libri inquantum est liber; sed inquantum est quoddam artificiatum. Unde non importat originem, neque est personale, sed appropriatum Personae.

Ipsum autem *Qui est* appropriatur personae Filii, non secundum propriam rationem, sed ratione adiuncti: inquantum scilicet in locutione Dei ad Moysen, praefigurabatur liberatio humani generis, quae facta est per Filium. Sed tamen, secundum quod ly *Qui* sumitur relative, posset referre interdum personam Filii: et sic sumeretur personaliter, ut puta si dicatur, *Filius est genitus Qui est*: sicut et *Deus genitus* personale est. Sed infinite sumptum est essentiale. — Et licet hoc pronomen *iste*, grammatice loquendo, ad aliquam certam personam videatur pertinere; tamen qua-

as conserva e as governa, conduzindo-as ao fim que lhes convém. Então, *nele* atribui-se como próprio ao Espírito Santo, como a bondade[p].

Nem se deve atribuir como própria ao Pai, princípio sem princípio, a relação de causa final, embora seja a primeira das causas. Com efeito, as Pessoas divinas das quais o Pai é o princípio não procedem em vista de um fim, pois cada uma delas é o fim último. Sua processão é natural e parece mais referir-se à razão de potência natural.

5. *Quanto ao que de outros atributos se pergunta*, deve-se dizer que a verdade, porque diz respeito ao intelecto, como acima foi dito, atribui-se como próprio ao Filho, mas não é uma sua propriedade. Pode-se, com efeito, considerar a verdade conforme esteja no intelecto ou na coisa, como acima foi dito. Ora, como o intelecto e a coisa, entendida em sentido essencial, são atributos essenciais e não pessoais, assim também a verdade. — A citada definição de Agostinho diz respeito à verdade enquanto atribuída como própria ao Filho.

A expressão *Livro da Vida* implica diretamente o conhecimento e indiretamente a vida, pois, como já foi dito, é o conhecimento que Deus tem daqueles que hão de possuir a vida eterna. Portanto, é atribuída como própria ao Filho, se bem que a vida se atribui como própria ao Espírito Santo, enquanto implica um movimento interior, e assim corresponde à propriedade do Espírito Santo, enquanto Amor. — Ser escrito por um outro não é da razão de livro enquanto livro, mas enquanto obra feita. Portanto, não implica origem e não é um atributo pessoal, mas atribui-se como próprio à Pessoa.

Finalmente, *O que é* atribui-se como próprio à pessoa do Filho. Não segundo sua própria razão, mas em razão do contexto, isto é: enquanto a palavra dirigida a Moisés por Deus prefigurava a libertação do gênero humano realizada pelo Filho. Entretanto, tomando-se *O que* por uma expressão relativa, poderia algumas vezes referir-se à pessoa do Filho. Teria, então, um sentido pessoal, por exemplo, se diz: *O Filho é gerado O que é*, assim como *Deus gerado* é um nome pessoal. Considerado, porém, como um termo indefinido, é um atributo essencial[q]. — Embora o pronome

---

19. Q. 16, a. 1.
20. Ibid.
21. Q. 24, a. 1.

p. Mesma observação que na nota precedente. Aqui, é a quarta objeção que é refutada.
q. Reportar-se aqui à q. 41, a. 2, na qual Santo Tomás explica em que sentido as processões não são voluntárias e em que sentido o são.

elibet res demonstrabilis, grammatice loquendo, persona dici potest, licet secundum rei naturam non sit persona; dicimus enim *iste lapis*, et *iste asinus*. Unde et, grammatice loquendo, essentia divina, secundum quod significatur et supponitur per hoc nomen *Deus*, potest demonstrari hoc pronomine *iste*; secundum illud Ex 15,2: *Iste Deus meus, et glorificabo eum*.

"este" pareça se referir, gramaticalmente falando, a determinada pessoa, a gramática tem como pessoa qualquer coisa que se indica, mesmo que não se trate de uma pessoa em sua natureza real: assim, dizemos *esta pedra, este asno*. Portanto, gramaticalmente falando, a essência divina, significada e designada pelo nome "Deus", pode muito bem ser designada pelo pronome "este", como no texto do livro do Êxodo: "Este é o meu Deus, e eu o glorificarei".

QUAESTIO XL
DE PERSONIS IN COMPARATIONE AD RELATIONES SIVE PROPRIETATES

in quatuor articulos divisa

Deinde quaeritur de Personis in comparatione ad relationes sive proprietates.
Et quaeruntur quatuor.
Primo: utrum relatio sit idem quod persona.
Secundo: utrum relationes distinguant et constituant personas.
Tertio: utrum, abstractis per intellectum relationibus a personis, remaneant hypostases distinctae.
Quarto: utrum relationes, secundum intellectum, praesupponant actus personarum, vel e converso.

QUESTÃO 40
AS PESSOAS EM COMPARAÇÃO COM AS RELAÇÕES OU PROPRIEDADES[a]

em quatro artigos

Em seguida se pergunta sobre as Pessoas em comparação com as relações ou propriedades.
São quatro as perguntas:
1. Relação é o mesmo que pessoa?
2. As relações distinguem e constituem as pessoas?
3. Se se abstraem das pessoas pelo intelecto as relações, permanecem as hipóstases distintas?
4. Segundo nosso modo de entender, as relações pressupõem atos das pessoas, ou o contrário?

Articulus 1
Utrum relatio sit idem quod persona

AD PRIMUM SIC PROCEDITUR. Videtur quod in divinis non sit idem relatio quod persona.

1. Quaecumque enim sunt idem, multiplicato uno eorum, multiplicatur et aliud. Sed contingit in una persona esse plures relationes, sicut in persona Patris est paternitas et communis spiratio: et iterum unam relationem in duabus personis esse, sicut communis spiratio est in Patre et Filio. Ergo relatio non est idem quod persona.

Artigo 1
Relação é o mesmo que pessoa?

QUANTO AO PRIMEIRO ARTIGO, ASSIM SE PROCEDE: parece que em Deus a relação **não** é o mesmo que pessoa.

1. Com efeito, entre coisas idênticas, se uma se multiplica, a outra também se multiplica. Ora, acontece que uma pessoa tem várias relações: o Pai, por exemplo, tem a paternidade e a espiração comum. De outro lado, duas pessoas têm uma única relação: assim, o Pai e o Filho têm a espiração comum. Logo, a relação não é o mesmo que pessoa.

---

1 PARALL.: I *Sent.*, dist. 26, q. 2, a. 1; dist. 33, a. 2; *Compend. Theol.*, c. 67.

a. "Relações" e "propriedades" são a mesma coisa, já que a Pessoa se constitui pelo que ela tem de próprio e de distinto pela relação. O que impede que se diga, pura e simplesmente, que a relação, ou propriedade, e a Pessoa são a mesma coisa é o fato de que existe um "jogo" entre a noção de propriedade e a de pessoa: foi visto, com efeito, que existem em Deus cinco propriedades, quatro relações e três Pessoas.

2. PRAETEREA, nihil est in seipso, secundum Philosophum, in IV *Physic*.[1]. Sed relatio est in persona. Nec potest dici quod ratione identitatis: quia sic esset etiam in essentia. Ergo relatio sive proprietas et persona non sunt idem in divinis.

3. PRAETEREA, quaecumque sunt idem, ita se habent, quod quidquid praedicatur de uno, praedicatur et de alio. Non autem quidquid praedicatur de persona, praedicatur de proprietate. Dicimus enim quod *Pater generat*, sed non dicimus quod *paternitas sit generans*. Ergo proprietas non est idem quod persona in divinis.

SED CONTRA, in divinis non differt *quod est* et *quo est*, ut habetur a Boetio in libro *de Hebd.*[2]. Sed Pater paternitate est Pater. Ergo Pater idem est quod paternitas. Et eadem ratione aliae proprietates idem sunt cum personis.

RESPONDEO dicendum quod circa hoc aliqui diversimode opinati sunt. Quidam enim dixerunt[3] proprietates neque *esse personas*, neque *in personis*. Qui fuerunt moti ex modo significandi relationum, quae quidem non significant ut *in aliquo*, sed magis ut *ad aliquid*. Unde dixerunt relationes esse assistentes, sicut supra[4] expositum est. — Sed quia relatio, secundum quod est quaedam res in divinis, est ipsa essentia; essentia autem idem est quod persona, ut ex dictis[5] patet; oportet quod relatio sit idem quod persona.

Hanc igitur identitatem alii considerantes, dixerunt proprietates quidem esse personas, non autem *in personis*: quia non ponebant proprietates in divinis nisi secundum modum loquendi, ut supra[6] dictum est. — Necesse est autem ponere proprietates in divinis, ut supra ostendimus[7]. Quae quidem significantur in abstracto, ut quaedam formae personarum. Unde, cum de ratione formae sit, quod sit in eo cuius est forma, oportet dicere proprietates esse in personis, et eas tamen esse personas; sicut essentiam *esse in Deo* dicimus, quae tamen est Deus.

2. ALÉM DISSO, o Filósofo diz, no livro IV da *Física*, que nada existe em si mesmo. Ora, a relação existe na pessoa. Nem se pode dizer que por razão de identidade, porque então ela existiria também na essência. Logo, relação ou propriedade e pessoa não são o mesmo em Deus.

3. ADEMAIS, entre coisas idênticas, o que se atribui a uma atribui-se também à outra. Ora, nem tudo o que se atribui à pessoa se atribui à propriedade. Assim, dizemos que o *Pai gera*, mas não dizemos que *a paternidade seja a que gera*. Logo, em Deus, a propriedade não é o mesmo que Pessoa.

EM SENTIDO CONTRÁRIO, segundo Boécio, não há diferença em Deus entre *o que é* e *pelo que é*. Ora, é pela paternidade que o Pai é Pai. Portanto, o Pai é o mesmo que paternidade. E, pela mesma razão, as outras propriedades se identificam com as outras pessoas.

RESPONDO. Sobre isso alguns tiveram opiniões diferentes. Alguns disseram que as propriedades *nem são pessoas*, nem *estão nas pessoas*. A isso foram levados pelo modo de significar das relações, que não significam o que está *em um sujeito*, mas em referência *a um termo*. Por isso, disseram que as relações são assistentes, como foi exposto acima. — Mas, uma vez que a relação, na medida em que é algo em Deus, é a própria essência; e essa essência é o mesmo que pessoa, como está claro pelo já dito, segue-se que a relação é necessariamente o mesmo que a pessoa.

Outros, que tomam essa identidade em consideração, disseram que as propriedades são as pessoas, mas não estão *nas pessoas*. Com efeito, eles não admitiam propriedades em Deus senão como modo de falar, como já foi dito. — Contudo, foi demonstrado acima que é preciso admitir propriedades em Deus. Elas são significadas por termos abstratos, como sendo formas das pessoas. E, porque é da razão da forma existir naquilo de que é forma, é preciso conceder que as propriedades existem nas pessoas, sendo elas, no entanto, pessoas. Por exemplo, dizemos que a essência *existe em Deus*, e no entanto ela é Deus[b].

---

1. C. 3: 210, b, 8-9.
2. Vide prop. VII: ML 64, 1311 C.
3. Ut Gilbertus Porretanus. Cfr. q. 28, a. 2.
4. Q. 28, a. 2.
5. Q. 39, a. 1.
6. Q. 32, a. 2.
7. Ibid.

b. Voltamos a encontrar a inevitável disjunção entre a realidade divina infinitamente simples e os conceitos múltiplos e distintos que nossa razão deve obrigatoriamente utilizar para conhecê-la. Em Deus, a "forma" não reside em um sujeito, ela é

AD PRIMUM ergo dicendum quod persona et proprietas sunt idem re, differunt tamen secundum rationem. Unde non oportet quod, multiplicato uno, multiplicetur reliquum. — Considerandum tamen est quod, propter divinam simplicitatem, consideratur duplex realis identitas in divinis eorum quae differunt in rebus creatis. Quia enim divina simplicitas excludit compositionem formae et materiae, sequitur quod in divinis idem est abstractum et concretum, ut *deitas* et *Deus*. Quia vero divina simplicitas excludit compositionem subiecti et accidentis, sequitur quod quidquid attribuitur Deo, est eius essentia: et propter hoc *sapientia* et *virtus* idem sunt in Deo, quia ambo sunt in divina essentia. Et secundum hanc duplicem rationem identitatis, proprietas in divinis est idem cum persona. Nam proprietates personales sunt idem cum personis, ea ratione qua abstractum est idem cum concreto. Sunt enim ipsae personae subsistentes; ut paternitas est ipse Pater, et filiatio Filius, et processio Spiritus Sanctus. Proprietates autem non personales sunt idem cum personis secundum aliam rationem identitatis, qua omne illud quod attribuitur Deo, est eius essentia. Sic igitur communis spiratio est idem cum persona Patris et cum persona Filii, non quod sit una persona per se subsistens; sed, sicut una essentia est in duabus personis, ita et una proprietas, ut supra[8] dictum est.

AD SECUNDUM dicendum quod proprietates dicuntur esse in essentia, per modum identitatis tantum. In personis autem dicuntur esse per modum identitatis, non quidem secundum rem tantum, sed quantum ad modum significandi, sicut forma in supposito. Et ideo proprietates determinant et distinguunt personas, non autem essentiam.

AD TERTIUM dicendum quod participia et verba notionalia significant actus notionales. Actus autem suppositorum sunt. Proprietates autem non significantur ut supposita, sed ut formae suppositorum. Et ideo modus significandi repugnat, ut

QUANTO AO 1º, portanto, deve-se dizer que a pessoa e a propriedade, na realidade, são a mesma coisa, mas diferem segundo a razão. Por isso, uma pode se multiplicar sem que a outra se multiplique. — Deve-se considerar, entretanto, que, por causa da simplicidade divina, em Deus se considera uma dupla identidade real, as quais são distintas nas coisas criadas. Primeiro, porque a simplicidade divina exclui a composição de matéria e forma, segue-se que em Deus são o mesmo, o abstrato e o concreto, por exemplo *a deidade* e *Deus*. Em segundo lugar, porque a simplicidade divina exclui toda composição de sujeito e acidente, segue-se que tudo que se atribui a Deus pertence à sua essência. Por isso, em Deus são o mesmo *a sabedoria* e *o poder*, pois um e outro existem na essência divina. Assim, segundo essa dupla razão de identidade, propriedade em Deus é o mesmo que pessoa. De um lado, as propriedades pessoais identificam-se com as pessoas como o abstrato com o concreto. Elas são, com efeito, as próprias pessoas subsistentes: a paternidade é o Pai, a filiação é o Filho e a processão é o Espírito Santo. De outro, as propriedades não pessoais identificam-se com as pessoas segundo uma outra razão de identidade, pela qual tudo o que se atribui a Deus pertence à sua essência. Assim, a espiração comum identifica-se com a pessoa do Pai e com a pessoa do Filho. Não que ela seja uma única pessoa subsistente por si; mas é uma propriedade única em duas pessoas, como só há uma essência em duas pessoas[c], já foi dito.

QUANTO AO 2º, deve-se dizer que somente por identidade se diz que as propriedades estão na essência. Mas se diz que elas estão nas pessoas, por identidade não só real, mas quanto ao modo de significar, que é o de uma forma em seu supósito. Por isso, as propriedades determinam e distinguem as pessoas, mas não a essência.

QUANTO AO 3º, deve-se dizer que os particípios e os verbos nocionais significam atos nocionais. Os atos, por sua vez, são dos supósitos. Ora, as propriedades não são significadas como supósitos, mas como formas dos supósitos. Portanto, esse

---

8. Q. 30, a. 2.

o sujeito: a deidade é Deus, a paternidade é o Pai... Porém, só posso conhecer essa "forma-sujeito" por meio de dois conceitos irredutíveis entre si: aquele que a significa como forma e aquele que a significa como sujeito. Tais conceitos não são intercambiáveis, têm entre si relações determinadas que é preciso respeitar para utilizar corretamente.

c. A propriedade pessoal é aquela que é constitutiva da pessoa. A propriedade não pessoal é aquela que, supondo a pessoa já constituída (por sua propriedade pessoal), é-lhe atribuída à maneira de um "acidente próprio". Contudo, o que é atribuído a Deus na forma de um acidente identifica-se com a essência, logo, também com a Pessoa, com cada uma das Pessoas.

participia et verba notionalia de proprietatibus praedicentur.

ARTICULUS 2
Utrum personae distinguantur per relationes

AD SECUNDUM SIC PROCEDITUR. Videtur quod personae non distinguantur per relationes.

1. Simplicia enim seipsis distinguuntur. Sed personae divinae sunt maxime simplices. Ergo distinguuntur seipsis, et non relationibus.
2. PRAETEREA, nulla forma distinguitur nisi secundum suum genus: non enim album a nigro distinguitur nisi secundum qualitatem. Sed hypostasis significat individuum in genere substantiae. Non ergo relationibus hypostases distingui possint.

3. PRAETEREA, absolutum est prius quam relativum. Sed prima distinctio est distinctio divinarum personarum. Ergo divinae personae non distinguuntur relationibus.
4. PRAETEREA, id quod praesupponit distinctionem, non potest esse primum distinctionis principium. Sed relatio praesupponit distinctionem, cum in eius definitione ponatur: esse enim relativi est *ad aliud se habere*[1]. Ergo primum principium distinctivum in divinis non potest esse relatio.

SED CONTRA est quod Boetius dicit, in libro *de Trin.*[2], quod *sola relatio multiplicat Trinitatem* divinarum Personarum.

RESPONDEO dicendum quod in quibuscumque pluribus invenitur aliquid commune, oportet quaerere aliquid distinctivum. Unde, cum tres personae conveniant secundum essentiae unitatem, necesse est quaerere aliquid quo distinguantur, ad hoc quod plures sint. Inveniuntur autem in divinis personis duo secundum quae differunt: scilicet origo, et relatio. Quae quidem quamvis re non differant, differunt tamen secundum modum significandi: nam origo significatur per modum actus, ut *generatio*; relatio vero per modum formae, ut *paternitas*.

Quidam[3] igitur, attendentes quod relatio consequitur actum, dixerunt quod hypostases in divinis distinguuntur per originem; ut dicamus quod Pater distinguitur a Filio, inquantum ille generat, et hic

modo de significar não permite atribuir às propriedades os particípios e os verbos nocionais.

ARTIGO 2
As pessoas distinguem-se pelas relações?

QUANTO AO SEGUNDO, ASSIM SE PROCEDE: parece que as pessoas **não** se distinguem pelas relações.

1. Com efeito, o que é simples se distingue por si. Ora, as pessoas divinas são ao máximo simples. Logo, distinguem-se por si e não por relações.
2. ALÉM DISSO, nenhuma forma se distingue a não ser por seu gênero. O branco não se distingue do preto a não ser pela qualidade. Ora, a hipóstase significa o indivíduo do gênero substância. Logo, não é pelas relações que as hipóstases se podem distinguir.
3. ADEMAIS, o absoluto é anterior ao relativo. Ora, a distinção primeira é a das pessoas divinas. Logo, elas não se distinguem pelas relações.

4. ADEMAIS, o que designa uma distinção não pode ser o primeiro princípio da distinção. Ora, a relação designa a distinção, pois ela a contém em sua definição: o ser do relativo está em *referir-se ao outro*. Logo, o primeiro princípio de distinção em Deus não pode ser a relação.

EM SENTIDO CONTRÁRIO, Boécio diz que somente a relação multiplica a Trindade das Pessoas divinas.

RESPONDO. Naquelas pluralidades em que se encontra algo comum é preciso procurar algo distintivo. Por conseguinte, como as três pessoas têm em comum a unidade de essência, é necessário procurar algo que as distinga para que sejam várias. Ora, nas pessoas divinas há duas coisas pelas quais elas diferem: a origem e a relação. Não que origem e relação sejam diferentes na realidade, mas diferem pelo modo de significar. Significa-se a origem como uma ação: *a geração*, por exemplo. A relação, como uma forma, por exemplo *a paternidade*.

Alguns, portanto, considerando que a relação se segue ao ato, disseram que em Deus as hipóstases se distinguem pela origem, como se disséssemos que o Pai se distingue do Filho pelo fato de que

---

2   PARALL.: I *Sent.*, dist. 26, q. 2, a. 2; *Cont. Gent.*, IV, 24; *De Pot.*, q. 8, a. 3; q. 9, a. 4, ad 15; *Quodlib.*, IV, q. 4, a. 2.

1. *Categ.*, c. 5: 8, a, 39.
2. C. 6: ML 64, 1255 A.
3. Cfr. S. BONAVENTURAM, I *Sent.*, dist. 26, q. 3.

est genitus. Relationes autem sive proprietates manifestant consequenter hypostasum sive personarum distinctiones: sicut et in creaturis proprietates manifestant distinctiones individuorum, quae fiunt per materialia principia.

Sed hoc non potest stare, propter duo. Primo quidem, quia ad hoc quod aliqua duo distincta intelligantur, necesse est eorum distinctionem intelligi per aliquid intrinsecum utrique; sicut in rebus creatis vel per materiam, vel per formam. Origo autem alicuius rei non significatur ut aliquid intrinsecum, sed ut via quaedam a re vel ad rem: sicut generatio significatur ut via quaedam ad rem genitam, et ut progrediens a generante. Unde non potest esse quod res genita et generans distinguantur sola generatione: sed oportet intelligere tam in generante quam in genito ea quibus ab invicem distinguuntur. In persona autem divina non est aliud intelligere nisi essentiam et relationem sive proprietatem. Unde, cum in essentia conveniant, relinquitur quod per relationes personae ab invicem distinguantur. — Secundo, quia distinctio in divinis personis non est sic intelligenda, quasi aliquid commune dividatur, quia essentia communis remanet indivisa: sed oportet quod ipsa distinguentia constituant res distinctas. Sic autem relationes vel proprietates distinguunt vel constituunt hypostases vel personas, inquantum sunt ipsae personae subsistentes sicut paternitas est Pater, et filiatio est Filius, eo quod in divinis non differt abstractum et concretum. Sed contra rationem originis est, quod constituant hypostasim vel personam. Quia origo active significata, significatur ut progrediens a persona subsistente: unde praesupponit eam. Origo autem passive significata, ut *nativitas*, significatur ut via ad personam subsistentem; et nondum ut eam constituens.

Unde melius dicitur quod personae seu hypostases distinguantur relationibus, quam per originem. Licet enim distinguantur utroque modo, tamen prius et principalius per relationes, secundum modum intelligendi. — Unde hoc nomen *Pater* non solum significat proprietatem, sed etiam hypostasim: sed hoc nomen *Genitor*, vel *Generans*, significat tantum proprietatem. Quia hoc nomen

um gera e o outro é gerado. As relações ou propriedades manifestam consequentemente a distinção das hipóstases ou pessoas, como, nas criaturas, as propriedades manifestam a distinção dos indivíduos, a qual se faz pelos princípios materiais.

Mas essa opinião não se sustenta, por duas razões. Primeira, porque para conhecer duas coisas como distintas é necessário conhecer a distinção por algo intrínseco a ambas, como nas coisas criadas ou pela matéria, ou pela forma. Ora, a origem de uma coisa não é entendida como algo intrínseco a ela, mas como um caminho que parte de uma coisa ou termina em outra. Por exemplo, entende-se a geração como um caminho que parte do que gera e termina no gerado. Portanto, é impossível que o que gera e o gerado se distingam somente pela geração. É preciso conhecer no que gera e no gerado aquilo que os distingue um do outro. Ora, na pessoa divina, só se podem conhecer a essência e a relação ou a propriedade. E, porque têm em comum a essência, é, portanto, por suas relações que as pessoas se distinguem entre si. — Segunda razão: não se deve entender a distinção das pessoas divinas como a divisão de algo comum, porque a essência comum permanece indivisa. É preciso que aquelas coisas que distinguem permaneçam realidades distintas. Ora, precisamente as relações ou propriedades distinguem ou constituem as hipóstases, ou pessoas, na medida em que são elas mesmas pessoas subsistentes. Assim, a paternidade é o Pai, a filiação é o Filho, pois em Deus não se distinguem o abstrato e o concreto. Mas é contrário à razão de origem que constituam a hipóstase, ou pessoa. Porque a origem, expressa em sentido ativo, é significada como surgindo de uma pessoa subsistente que, por conseguinte, ela pressupõe. E a origem expressa em sentido passivo, como *nascimento*, por exemplo, é significada como o caminho que leva à pessoa subsistente, e não como o que a constitui.

Portanto, é preferível dizer[d] que as pessoas ou hipóstases se distinguem por suas relações do que pela origem. Embora elas se distingam de um e de outro modo, é primeiro e principalmente pelas relações, segundo nosso modo de entender. — Daí vem que o nome *Pai* significa a hipóstase, e não somente a propriedade; e o *Genitor*, ou *O que Gera*, significa somente a propriedade.

---

d. Todo discurso teológico é inadequado, uma vez que só pode exprimir a realidade divina infinitamente simples por intermédio de uma composição de conceitos. O rigor da linguagem que busca aqui Santo Tomás somente pode ser obtido respeitando-se ao extremo o modo de significar próprio de cada conceito, e, portanto, também da palavra que o exprime.

Pater significat relationem, quae est distinctiva et constitutiva hypostasis: hoc autem nomen *Generans*, vel *Genitus,* significat originem, quae non est distinctiva et constitutiva hypostasis.

AD PRIMUM ergo dicendum quod personae sunt ipsae relationes subsistentes. Unde non repugnat simplicitati divinarum personarum, quod relationibus distinguantur.

AD SECUNDUM dicendum quod personae divinae non distinguuntur in esse in quo subsistunt, neque in aliquo absoluto: sed solum secundum id quod *ad aliquid* dicuntur. Unde ad earum distinctionem sufficit relatio.

AD TERTIUM dicendum quod quanto distinctio prior est, tanto propinquior est unitati. Et ideo debet esse minima. Et ideo distinctio personarum non debet esse nisi per id quod minimum distinguit, scilicet per relationem.

AD QUARTUM dicendum quod relatio praesupponit distinctionem suppositorum, quando est accidens: sed si relatio sit subsistens, non praesupponit, sed secum fert distinctionem. Cum enim dicitur quod relativi esse est ad aliud se habere, per ly *aliud* intelligitur correlativum, quod non est prius, sed simul natura.

Com efeito, Pai significa a relação que distingue e constitui a hipóstase; porém, *O que Gera* ou o *Gerado* significa a origem, que não distingue nem constitui a hipóstase.

QUANTO AO 1º, portanto, deve-se dizer que as pessoas são as mesmas relações subsistentes. Portanto, não repugna à simplicidade das pessoas divinas que se distingam por suas relações.

QUANTO AO 2º, deve-se dizer que as pessoas divinas não se distinguem, no ser em que subsistem, nem em algo absoluto, mas unicamente segundo o que as refere *a algo*. Por conseguinte, a relação basta para distingui-las.

QUANTO AO 3º, deve-se dizer que, quanto mais anterior é uma distinção, tanto mais ela é próxima da unidade e, por isso, deve ser mínima. A distinção das pessoas deve, portanto, ser somente pelo que menos distingue, a saber, pela relação.

QUANTO AO 4º, deve-se dizer que a relação designa a distinção dos supósitos, quando é um acidente. Mas, se a relação é subsistente, ela não designa, mas traz consigo a distinção. Quando se diz que o ser do relativo está em referir-se ao outro, este *outro* designa o correlativo, que não é anterior mas simultâneo por natureza.

ARTICULUS 3

Utrum, abstractis per intellectum relationibus a personis, adhuc remaneant hypostases

AD TERTIUM SIC PROCEDITUR. Videtur quod, abstractis per intellectum proprietatibus seu relationibus a personis, adhuc remaneant hypostases.

1. Id enim ad quod aliquid se habet ex additione, potest intelligi remoto eo quod sibi additur: sicut *homo* se habet ad *animal* ex additione, et potest intelligi *animal* remoto *rationali*. Sed persona se habet ex additione ad hypostasim: est enim persona *hypostasis proprietate distincta ad dignitatem pertinente*. Ergo, remota proprietate personali a persona, intelligitur hypostasis.

2. PRAETEREA, Pater non ab eodem habet quod sit Pater, et quod sit *aliquis*. Cum enim paternitate sit Pater, si paternitate esset aliquis, sequeretur quod Filius, in quo non est paternitas, non esset aliquis. Remota ergo per intellectum paternitate

ARTIGO 3

Se pelo intelecto se abstraem das pessoas as relações, permanecem as hipóstases?

QUANTO AO TERCEIRO, ASSIM SE PROCEDE: parece que, se pelo intelecto se abstraem das pessoas as propriedades ou relações, ainda **permanecem** as hipóstases.

1. Com efeito, aquilo a que algo se refere por acréscimo pode ser conhecido mesmo após ter sido supresso o acréscimo. Por exemplo, *homem* se refere a *animal* por acréscimo. Suprimindo-se *racional*, pode-se conhecer *animal*. Ora, a pessoa se refere à hipóstase por acréscimo, pois *a pessoa é "a hipóstase que se distingue por uma propriedade que pertence à dignidade"*. Logo, suprimindo-se da pessoa a propriedade pessoal, ainda se conhece a hipóstase.

2. ADEMAIS, não é pela mesma razão que o Pai é Pai e que é *alguém*. Com efeito, é Pai pela paternidade. Mas, se pela paternidade fosse alguém, seguir-se-ia que o Filho, no qual não há paternidade, não seria alguém. Portanto, suprimindo-se pelo

---

3 PARALL.: I *Sent*., dist. 26, q. 1, a. 2; *De Pot*., q. 8, a. 4; *Compend. Theol*., c. 61.

a Patre, adhuc remanet quod sit aliquis; quod est esse hypostasim. Ergo, remota proprietate a persona, remanet hypostasis.

3. PRAETEREA, Augustinus dicit, V *de Trin.*[1]: *Non hoc est dicere ingenitum, quod est dicere Patrem: quia etsi Filium non genuisset, nihil prohiberet eum dicere ingenitum.* Sed si Filium non genuisset, non inesset ei paternitas. Ergo, remota paternitate, adhuc remanet hypostasis Patris ut ingenita.

SED CONTRA est quod Hilarius dicit, IV *de Trin.*[2]: *Nihil habet Filius nisi natum.* Nativitate autem est Filius. Ergo, remota filiatione, non remanet hypostasis Filii. Et eadem ratio est de aliis personis.

RESPONDEO dicendum quod duplex fit abstractio per intellectum. Una quidem, secundum quod universale abstrahitur a particulari, ut *animal* ab *homine*. Alia vero, secundum quod forma abstrahitur a materia; sicut forma circuli abstrahitur per intellectum ab omni materia sensibili. Inter has autem abstractiones haec est differentia, quod in abstractione quae fit secundum universale et particulare, non remanet id a quo fit abstractio: remota enim ab homine differentia rationali, non remanet in intellectu *homo*, sed solum *animal*. In abstractione vero quae attenditur secundum formam et materiam, utrumque manet in intellectu: abstrahendo enim formam circuli ab aere, remanet seorsum in intellectu nostro et intellectus circuli et intellectus aeris.

Quamvis autem in divinis non sit universale neque particulare, nec forma et materia, secundum rem; tamen, secundum modum significandi, invenitur aliqua similitudo horum in divinis; secundum quem modum Damascenus dicit[3] quod *commune est substantia, particulare vero hypostasis*. Si igitur loquamur de abstractione quae fit secundum universale et particulare, remotis proprietatibus, remanet in intellectu essentia communis, non autem hypostasis Patris, quae est quasi particulare. Si vero loquamur secundum modum abstractionis formae a materia, remotis proprietatibus non personalibus, remanet intellectus hypostasum et personarum: sicut, remoto per intellectum a Patre quod sit ingenitus vel spirans, remanet hypostasis vel persona Patris. Sed remota proprie-

intelecto do Pai a paternidade, ainda permanece que seja alguém, o que é ser uma hipóstase. Logo, suprimindo-se pessoa da propriedade, permanece a hipóstase.

3. ADEMAIS, Agostinho diz: "Dizer ingênito não é o mesmo que dizer Pai. Mesmo que o Pai não gerasse o Filho, nada impediria de chamá-lo ingênito". Ora, se não gerasse o Filho, não teria em si paternidade. Logo, suprimindo-se a paternidade, ainda permanece a hipóstase do Pai como ingênita.

EM SENTIDO CONTRÁRIO, Hilário diz: "O Filho só tem como próprio ser nascido". Ora, é pelo nascimento que ele é Filho. Portanto, suprimindo-se a filiação, não permanece a hipóstase do Filho. A mesma razão vale para as outras pessoas.

RESPONDO. Há uma dupla abstração operada pelo intelecto. Uma pela qual se abstrai o universal do particular. Por exemplo, abstrai-se de homem *animal*. Outra, pela qual se abstrai a forma da matéria. Por exemplo, o intelecto abstrai a forma do círculo de toda matéria sensível. Entre essas abstrações há esta diferença: ao abstrair o universal do particular, aquilo a partir do qual se abstrai não permanece. Assim, suprimindo-se de *homem* a diferença racional, não permanece no intelecto *homem*, mas somente *animal*. Ao contrário, ao abstrair a forma da matéria, um e outro permanecem no intelecto. Por exemplo, quando do bronze se abstrai a forma do círculo, permanecem separadamente no nosso intelecto: a intelecção do círculo e do bronze.

Embora em Deus não haja realmente universal ou particular, nem matéria ou forma, encontra-se, na maneira de expressar Deus, certa semelhança de tais coisas. Nesse sentido, Damasceno diz que em Deus *comum é a substância e particular é a hipóstase*. Portanto, se falamos de abstração segundo o universal e o particular, suprimindo-se as propriedades, o que permanece no intelecto é a essência comum e não a hipóstase do Pai, que é como o particular. Mas, se falamos de abstração segundo a forma e a matéria, suprimindo-se as propriedades não pessoais, permanece a intelecção das hipóstases e das pessoas. Por exemplo, suprimindo-se pelo intelecto do Pai a propriedade de ingênito ou espirante, permanece a hipóstase ou pessoa do Pai. Mas, suprimindo-se pelo intelecto

---

1. C. 6: ML 42, 914.
2. Num. 10: ML 10, 103 A.
3. *De Fide Orth.*, l. III, c. 6: MG 94, 1001 C.

tate personali per intellectum, tollitur intellectus hypostasis. Non enim proprietates personales sic intelliguntur advenire hypostasibus divinis, sicut forma subiecto praeexistenti: sed ferunt secum sua supposita, inquantum sunt ipsae personae subsistentes, sicut paternitas est ipse Pater: hypostasis enim significat aliquid distinctum in divinis, cum hypostasis sit substantia individua. Cum igitur relatio sit quae distinguit hypostases et constituit eas, ut dictum est[4], relinquitur quod, relationibus personalibus remotis per intellectum, non remaneant hypostases.

Sed, sicut dictum est[5], aliqui dicunt quod hypostases in divinis non distinguuntur per relationes, sed per solam originem; ut intelligatur Pater esse hypostasis quaedam per hoc, quod non est ab alio; Filius autem per hoc, quod est ab alio per generationem. Sed relationes advenientes quasi proprietates ad dignitatem pertinentes, constituunt rationem personae: unde et personalitates dicuntur. Unde, remotis huiusmodi relationibus per intellectum, remanent quidem hypostases, sed non personae.

Sed hoc non potest esse, propter duo. Primo, quia relationes distinguunt et constituunt hypostases, ut ostensum est[6]. — Secundo, quia omnis hypostasis naturae rationalis est persona, ut patet per definitionem Boetii, dicentis[7] quod persona est *rationalis naturae individua substantia*. Unde, ad hoc quod esset hypostasis et non persona, oporteret abstrahi ex parte naturae rationalitatem; non autem ex parte personae proprietatem.

AD PRIMUM ergo dicendum quod persona non addit supra hypostasim proprietatem distinguentem absolute, sed *proprietatem distinguentem ad dignitatem pertinentem*: totum enim hoc est accipiendum loco unius differentiae. Ad dignitatem autem pertinet proprietas distinguens, secundum quod intelligitur subsistens in natura rationali. Unde, remota proprietate distinguente a persona, non remanet hypostasis: sed remaneret, si tolleretur rationalitas naturae. Tam enim persona quam hypostasis est substantia individua: unde in divinis de ratione utriusque est relatio distinguens.

a propriedade pessoal, elimina-se a intelecção da hipóstase. Com efeito, não se entende que as propriedades pessoais sobrevenham às hipóstases divinas como uma forma a um sujeito preexistente. Elas levam consigo seus supósitos, enquanto são pessoas subsistentes: a paternidade, por exemplo, é o próprio Pai. Pois a hipóstase, sendo substância individual, designa o que é distinto em Deus. Ora, sendo a relação, como dito acima, que distingue e constitui a hipóstase, resulta que, suprimindo-se pelo intelecto as relações pessoais, não permanecem as hipóstases.

Mas alguns dizem que as hipóstases divinas não se distinguem por suas relações, mas somente pela origem, foi dito acima. Assim, se entenderia que o Pai é uma hipóstase, pelo fato de que ele não procede de outro; o Filho o seria por proceder de outro por geração. Entretanto relações, que sobrevêm como propriedades atinentes à dignidade, constituem a razão de pessoa, donde seu nome de personalidades. Portanto, supressas essas relações pelo intelecto, permanecem ainda hipóstases, mas não mais pessoas.

Mas isso não pode ser, por duas razões. Primeira, porque as relações distinguem e constituem as hipóstases, já foi demonstrado. — Segunda, porque toda hipóstase de natureza racional é uma pessoa, como está claro na definição de Boécio: a pessoa é "a substância individual da natureza racional". Portanto, para existir uma hipóstase que não seja uma pessoa, seria preciso abstrair da natureza a racionalidade, e não da pessoa sua propriedade[e].

QUANTO AO 1º, portanto, deve-se dizer que Pessoa não acrescenta à hipóstase uma propriedade distintiva em sentido absoluto, mas *uma propriedade distintiva atinente à dignidade*. Tudo isso deve ser entendido como uma diferença única. Ora, a propriedade distintitiva pertence à dignidade enquanto se compreende como subsistente na natureza racional. Uma vez removida a propriedade distintiva da pessoa, não permanece a hipóstase. Esta só permaneceria se se retirasse da natureza a racionalidade. Tanto a pessoa como a hipóstase são uma substância individual; por isso, em Deus, pertence à razão de ambas a relação distintiva.

---

4. Art. praec.
5. Ibid.
6. Ibid.
7. *De Duab. Nat.*, c. 3: ML 64, 1343 C.

e. A pessoa não é uma hipóstase à qual se acrescentaria uma particularidade, de modo que, abstração feita dessa particularidade, ter-se-ia ainda uma hipóstase. Toda hipóstase dotada de consciência, de liberdade e de amor é uma pessoa: sua maneira de ser uma hipóstase é ser uma pessoa.

AD SECUNDUM dicendum quod paternitate Pater non solum est Pater, sed est persona, et est *quis* sive hypostasis. Nec tamen sequitur quod Filius non sit quis sive hypostasis; sicut non sequitur quod non sit persona.

AD TERTIUM dicendum quod intentio Augustini non fuit dicere quod hypostasis Patris remaneat ingenita, remota paternitate, quasi innascibilitas constituat et distinguat hypostasim Patris: hoc enim esse non potest, cum *ingenitum* nihil ponat, sed negative dicatur, ut ipsemet dicit[8]. Sed loquitur in communi, quia non omne ingenitum est Pater. Remota ergo paternitate, non remanet in divinis hypostasis Patris, ut distinguitur ab aliis personis; sed ut distinguitur a creaturis, sicut Iudaei intelligunt.

QUANTO AO 2º, deve-se dizer que é por sua paternidade que o Pai é não somente Pai, mas também pessoa e *alguém*, isto é, uma hipóstase. Nem se segue daí que o Filho não seja alguém, ou uma hipóstase, nem se segue que não seja pessoa.

QUANTO AO 3º, deve-se dizer que Agostinho não quis dizer que, removida a paternidade, a hipóstase do Pai permaneceria ingênita, como se a inascibilidade constituísse e distinguisse a hipóstase do Pai. Isso não seria possível, pois *ingênito* não exprime nada de positivo e é uma negação, na própria opinião de Agostinho. Mas fala em sentido geral: com efeito, nem todo não-gerado é Pai. Portanto, removida a paternidade, em Deus não permanece a hipóstase do Pai como distinta das outras pessoas; mas distinta somente das criaturas, como o entendem os judeus[f].

ARTICULUS 4
Utrum actus notionales praeintelligantur proprietatibus

AD QUARTUM SIC PROCEDITUR. Videtur quod actus notionales praeintelligantur proprietatibus.

1. Dicit enim Magister, 27 dist. I *Sent.*, quod *semper Pater est, quia genuit semper Filium*. Et ita videtur quod generatio, secundum intellectum, praecedat paternitatem.

2. PRAETEREA, omnis relatio praesupponit, in intellectu, id supra quod fundatur; sicut aequalitas quantitatem. Sed paternitas est relatio fundata super actione quae est generatio. Ergo paternitas praesupponit generationem.

3. PRAETEREA, sicut se habet generatio activa ad paternitatem, ita se habet nativitas ad filiationem. Sed filiatio praesupponit nativitatem: ideo enim Filius est, quia natus est. Ergo et paternitas praesupponit generationem.

SED CONTRA, generatio est operatio personae Patris. Sed paternitas constituit personam Patris. Ergo prius est, secundum intellectum, paternitas quam generatio.

RESPONDEO dicendum quod, secundum illos qui dicunt quod proprietates non distinguunt et constituunt hypostases, sed manifestant hypostases

ARTIGO 4
As propriedades pressupõem os atos nocionais?

QUANTO AO QUARTO, ASSIM SE PROCEDE: parece que as propriedades **pressupõem** os atos nocionais.

1. Com efeito, o Mestre das Sentenças diz que "o Pai sempre é, porque sempre gerou o Filho". Logo, parece que a geração precede, intelectualmente, a paternidade.

2. ALÉM DISSO, toda relação pressupõe, no intelecto, o que a fundamenta. Assim, a igualdade pressupõe a quantidade. Ora, a paternidade é uma relação fundada sobre a ação, a saber: sobre a geração. Logo, a paternidade pressupõe a geração.

3. ADEMAIS, entre geração ativa e paternidade há a mesma relação que entre nascimento e filiação. Ora, a filiação pressupõe o nascimento, pois por isso é Filho, porque é nascido. Logo, também a paternidade pressupõe a geração.

EM SENTIDO CONTRÁRIO, a geração é uma operação da pessoa do Pai. Ora, a paternidade constitui a pessoa do Pai. Logo, a paternidade é intelectualmente anterior à geração.

RESPONDO. Segundo aqueles que afirmam que as propriedades não distinguem nem constituem as hipóstases, mas as manifestam já distintas e

---

8. Loco cit.

PARALL.: I *Sent.*, dist. 27, q. 1, a. 2; *De Pot.*, q. 8, a. 3, ad 7; q. 10, a. 3; *Compend. Theol.*, c. 3.

f. O Pai, o Filho e o Espírito Santo são juntos o Deus único, adorado pelos judeus e também pelos muçulmanos. Cada uma das Pessoas só tem sua existência distinta (sua existência hipostática) por meio de sua relação com as duas outras, fundada sobre as processões. Donde resulta que, abstração feita da geração — que é a primeira processão —, o Pai não pode ser conhecido como uma Pessoa distinta, a primeira Pessoa.

distinctas et constitutas, absolute dicendum est quod relationes, secundum modum intelligendi, consequuntur actus notionales; ut dici possit simpliciter quod *quia generat, est Pater*.

Sed supponendo quod relationes distinguant et constituant hypostases in divinis, oportet distinctione uti. Quia origo significatur in divinis active et passive: active quidem, sicut generatio attribuitur Patri, et spiratio, sumpta pro actu notionali, attribuitur Patri et Filio; passive autem, sicut nativitas attribuitur Filio, et processio Spiritui Sancto. Origines enim passive significatae, simpliciter praecedunt, secundum intellectum, proprietates personarum procedentium, etiam personales: quia origo passive significata, significatur ut via ad personam proprietate constitutam. — Similiter et origo active significata, prior est, secundum intellectum, quam relatio personae originantis quae non est personalis: sicut actus notionalis spirationis, secundum intellectum, praecedit proprietatem relativam innominatam communem Patri et Filio. — Sed proprietas personalis Patris potest considerari dupliciter. Uno modo, ut est relatio: et sic iterum, secundum intellectum, praesupponit actum notionalem; quia relatio, inquantum huiusmodi, fundatur super actum. Alio modo, secundum quod est constitutiva personae: et sic oportet quod praeintelligatur relatio actui notionali, sicut persona agens praeintelligitur actioni.

Ad primum ergo dicendum quod, cum Magister dicit quod *quia generat, est Pater*, accipit nomen Patris secundum quod designat relationem tantum: non autem secundum quod significat personam subsistentem. Sic enim oporteret e converso dicere quod *quia Pater est, generat*.

constituídas, deve-se dizer absolutamente que, na ordem de nosso pensamento, as relações seguem aos atos nocionais. E poder-se-á dizer, de modo absoluto: "Porque gera, ele é Pai".

Mas, na suposição de que em Deus as relações distinguem e constituem as hipóstases, deve-se recorrer a uma distinção. Com efeito, exprime-se a origem em Deus, ou no ativo, ou no passivo. No ativo, quando se atribui a geração ao Pai e a espiração, entendida como ato nocional, ao Pai e ao Filho. No passivo, quando se atribui o nascimento ao Filho, e a processão ao Espírito Santo. Ora, as origens em sentido passivo, absolutamente precedem, intelectualmente, as propriedades das pessoas que procedem, mesmo as pessoais, pois a origem, em sentido passivo, é significada como uma via para a pessoa constituída pela propriedade. — Igualmente, a origem em sentido ativo é anterior, intelectualmente, à relação da pessoa que origina, que não é pessoal. Por exemplo, o ato nocional de espiração intelectualmente precede a propriedade relativa não nomeada que é comum ao Pai e ao Filho. — Mas a propriedade pessoal do Pai pode ser considerada de duas maneiras. Como relação, primeiro: e ainda desse ponto de vista ela pressupõe intelectualmente o ato nocional, uma vez que a relação enquanto tal funda-se no ato. Segundo, enquanto é constitutiva da pessoa: sob esse aspecto, o ato nocional pressupõe a relação, como a ação pressupõe a pessoa que age[g].

Quanto ao 1º, portanto, deve-se dizer que quando o Mestre diz: "Porque gera, é Pai", o termo Pai somente designa a relação de paternidade. Não significa a pessoa subsistente. Com este último sentido, seria preciso mudar a expressão: "porque é Pai, ele gera".

---

g. Na busca do difícil equilíbrio entre os diversos conceitos que permitem, não cada um tomado à parte, mas constituindo juntos um todo noético, atingir, de certo modo e tateando o mistério transcendente do Ser e da Vida de Deus, chegamos a um impasse, à primeira vista insolúvel, a propósito da primeira Pessoa. Que a filiação, constitutiva do Filho, e a processão, constitutiva do Espírito Santo, pressupõem os "atos nocionais" — a geração, a espiração — por meio dos quais o Pai (com o Filho, no que concerne ao Espírito Santo) lhes comunica a Natureza divina, isto é evidente, uma vez que a existência hipostática dos mesmos é o resultado desses atos. Que a propriedade de serem juntos o Espirador pressupõe também, no Pai e no Filho, o ato de espirar, também não é problemático, pois é em virtude desse ato que eles possuam uma existência hipostática distinta, mas que essa propriedade lhes é atribuída. Como dizer, porém, que o Pai extrai do ato de gerar sua propriedade de ser o Pai se, como se viu, nela consiste sua existência hipostática? Como, com efeito, poder-se-ia conceber que uma pessoa exista pelo ato, por característico que seja, por ela produzido, se para agir é preciso primeiramente existir? A resposta de Santo Tomás consiste em distinguir — pelo pensamento, é óbvio —, nessa relação de paternidade, o aspecto pelo qual ela é subsistente — e logo constitutiva da primeira Pessoa — e aquele pelo qual ela é relação — e portanto distintiva dessa Pessoa no que concerne às outras. Enquanto ela é subsistente, só posso pensar o Pai gerador como consecutivo a ela, pois ele pressupõe uma Pessoa que gera. Enquanto relação, pelo contrário, penso-a como pressupondo o ato de gerar, que a funda. Distinção extremamente sutil, mas eficaz, pois a existência de um *ente* — aqui, a existência hipostática do Pai — precede, por si, sua distinção dos outros *entes* — no caso, a distinção entre o Pai e o Filho. Não esqueçamos, contudo, que tudo isso vale apenas no plano dos conceitos: na realidade divina transcendente, o Pai só se põe a si mesmo opondo-se (de uma oposição puramente relativa) ao Filho.

AD SECUNDUM dicendum quod obiectio illa procedit de paternitate, secundum quod est relatio: et non secundum quod est constitutiva personae.

AD TERTIUM dicendum quod nativitas est via ad personam Filii: et ideo, secundum intellectum, praecedit filiationem, etiam secundum quod est constitutiva personae Filii. Sed generatio activa significatur ut progrediens a persona Patris: et ideo praesupponit proprietatem personalem Patris.

QUANTO AO 2º, deve-se dizer que esta objeção vale para a paternidade considerada como relação, mas não como constitutiva da pessoa.

QUANTO AO 3º, deve-se dizer que o nascimento é a via que leva à pessoa do Filho. Portanto, intelectualmente, ele precede a filiação, mesmo enquanto esta constitui a pessoa do Filho. Mas a geração ativa é significada como emanando da pessoa do Pai e, portanto, pressupõe a propriedade pessoal do Pai.

QUAESTIO XLI
DE PERSONIS IN COMPARATIONE AD ACTUS NOTIONALES

in sex articulos divisa

Deinde considerandum est de Personis in comparatione ad actus notionales.

Et circa hoc quaeruntur sex.

Primo: utrum actus notionales sint attribuendi personis.

Secundo: utrum huiusmodi actus sint necessarii vel voluntarii.

Tertio: utrum, secundum huiusmodi actus, persona procedat de nihilo, vel de aliquo.

Quarto: utrum in divinis sit ponere potentiam respectu actuum notionalium.

Quinto: quid significet huiusmodi potentia.

Sexto: utrum actus notionalis ad plures personas terminari possit.

QUESTÃO 41
AS PESSOAS EM COMPARAÇÃO COM OS ATOS NOCIONAIS

em seis artigos

Em seguida, devem-se considerar as Pessoas em comparação com os atos nocionais.

A esse respeito são seis as perguntas:

1. Devem-se atribuir às pessoas atos nocionais?
2. Esses atos são necessários ou voluntários?
3. Por esses atos, a pessoa procede do nada ou de algo?
4. Deve-se afirmar em Deus uma potência relativa aos atos nocionais?
5. Que significa essa potência?
6. Esses atos nocionais podem terminar em várias pessoas?

ARTICULUS 1
Utrum actus notionales sint attribuendi personis

AD PRIMUM SIC PROCEDITUR. Videtur quod actus notionales non sint personis attribuendi.

1. Dicit enim Boetius, in libro *de Trin.*[1], quod *omnia genera, cum quis in divinam vertit praedicationem, in divinam mutantur substantiam, exceptis relativis*. Sed *actio* est unum de decem generibus. Si igitur actio aliqua Deo attribuitur, ad eius essentiam pertinebit, et non ad notionem.

2. PRAETEREA, Augustinus dicit, V *de Trin.*[2], quod omne quod de Deo dicitur, aut dicitur secun-

ARTIGO 1
Devem-se atribuir às pessoas atos nocionais?

QUANTO AO PRIMEIRO, ASSIM SE PROCEDE: parece que os atos nocionais **não** devem ser atribuídos às pessoas.

1. Com efeito, Boécio diz: "Todos os gêneros, desde que alguém os aplique para qualificar a Deus, mudam-se na substância divina, com exceção dos relativos". Ora, a *ação* é um dos dez gêneros. Logo, ao atribuir-se uma ação a Deus ela pertencerá à sua essência, e não à noção.

2. ALÉM DISSO, para Agostinho, tudo o que se diz de Deus se diz ou a título de substância ou a

---

1. C. 4: ML 64, 1252 A.
2. C. 4: ML 42, 913; c. 5: ibid. 914.

dum substantiam, aut secundum relationem. Sed ea quae ad substantia pertinent, significantur per essentialia attributa: quae vero ad relationem, per nomina personarum et per nomina proprietatum. Non sunt ergo, praeter haec, attribuendi personis notionales actus.

3. PRAETEREA, proprium actionis est ex se passionem inferre. Sed in divinis non ponimus passiones. Ergo neque actus notionales ibi ponendi sunt.

SED CONTRA est quod Augustinus[3] dicit, in libro *de Fide ad Petrum*[4]: *Proprium Patris est, quod Filium genuit*. Sed generatio actus quidam est. Ergo actus notionales ponendi sunt in divinis.

RESPONDEO dicendum quod in divinis personis attenditur distinctio secundum originem. Origo autem convenienter designari non potest nisi per aliquos actus. Ad designandum igitur ordinem originis in divinis personis, necessarium fuit attribuere personis actus notionales.

AD PRIMUM ergo dicendum quod omnis origo designatur per aliquem actum. Duplex autem ordo originis attribui Deo potest. Unus quidem, secundum quod creatura ab eo progreditur: et hoc commune est tribus personis. Et ideo actiones quae attribuuntur Deo ad designandum processum creaturarum ab ipso, ad essentiam pertinent. Alius autem ordo originis in divinis attenditur secundum processionem personae a persona. Unde actus designantes huius originis ordinem, notionales dicuntur; quia notiones personarum sunt personarum habitudines ad invicem, ut ex dictis[5] patet.

AD SECUNDUM dicendum quod actus notionales secundum modum significandi tantum differunt a relationibus personarum; sed re sunt omnino idem. Unde Magister dicit, in I *Sent*., dist. 26, quod generatio et nativitas *aliis nominibus dicuntur paternitas et filiatio*. — Ad cuius evidentiam, attendendum est quod primo coniicere potuimus originem alicuius ab alio, ex motu: quod enim aliqua res a sua dispositione removeretur per motum, manifestum fuit hoc ab aliqua causa accidere. Et ideo actio, secundum primam nominis impositionem, importat *originem motus*: sicut enim motus, prout est in mobili ab aliquo, dicitur *passio*; ita origo ipsius motus, secundum quod incipit ab alio et terminatur in id quod movetur, vocatur *actio*. Remoto igitur motu, actio nihil aliud

título de relação. Ora, o que pertence à substância é expresso por atributos essenciais. O que pertence à relação é expresso pelos nomes das pessoas e das propriedades. Logo, não há lugar para atribuir ainda às pessoas atos nocionais.

3. ADEMAIS, é propriedade da ação causar uma paixão. Ora, não afirmamos paixões em Deus. Logo, não se devem também afirmar nele atos nocionais.

EM SENTIDO CONTRÁRIO, Agostinho diz: "É próprio do Pai gerar o Filho". Ora, gerar é um ato. Portanto, devem-se afirmar atos nocionais em Deus.

RESPONDO. Nas pessoas divinas, a distinção é tomada segundo a origem, mas uma origem só pode ser convenientemente designada pelos atos. Portanto, para designar a ordem de origem entre as pessoas divinas, foi preciso atribuir às pessoas atos nocionais.

QUANTO AO 1º, portanto, deve-se dizer que toda origem se designa por um ato. Mas podem-se atribuir a Deus duas ordens de origens. Uma diz respeito à processão das criaturas, mas isso é comum às três pessoas. Por isso, as ações atribuídas a Deus para designar a processão das criaturas pertencem à essência. Considera-se em Deus outra ordem de origem, concernente à processão de uma pessoa de outra. Os atos que designam essa ordem de origem são qualificados de nocionais: porque são as relações das pessoas entre si, como está claro pelo que já foi dito.

QUANTO AO 2º, deve-se dizer que os atos nocionais diferem das relações das pessoas somente pelo modo de significar. Na realidade são uma e mesma coisa. O Mestre das Sentenças diz que a geração e o nascimento "tomam, em outros termos, o nome de paternidade e de filiação". — Para esclarecê-lo, deve-se atentar a que foi a partir do movimento que pudemos inicialmente inferir a origem de uma coisa de outra. Desde que algo é tirado de seu estado por um movimento, parece evidente que isso acontece por alguma causa. Daí que, em sua significação original, o termo "ação" implique a *origem do movimento*. Pois, assim como o movimento, enquanto produzido por outro no que se move, chama-se "paixão", assim a origem do próprio movimento, enquanto

---

3. Fulgentius.
4. C. 2: ML 65, 675 C.
5. Q. 32, a. 2, 3.

importat quam ordinem originis, secundum quod a causa aliqua vel principio procedit in id quod est a principio. Unde, cum in divinis non sit motus, actio personalis producentis personam, nihil aliud est quam habitudo principii ad personam quae est a principio. Quae quidem habitudines sunt ipsae relationes vel notiones. Quia tamen de divinis et intelligibilibus rebus loqui non possumus nisi secundum modum rerum sensibilium, a quibus cognitionem accipimus; et in quibus actiones et passiones inquantum motum implicant, aliud sunt a relationibus quae ex actionibus et passionibus consequuntur: oportuit seorsum significari habitudines personarum per modum actus, et seorsum per modum relationum. Et sic patet quod sunt idem secundum rem, sed differunt solum secundum modum significandi.

AD TERTIUM dicendum quod actio, secundum quod importat originem motus, infert ex se passionem: sic autem non ponitur actio in divinis personis. Unde non ponuntur ibi passiones, nisi solum grammatice loquendo, quantum ad modum significandi; sicut Patri attribuimus generare, et Filio generari.

ARTICULUS 2
Utrum actus notionales sint voluntarii

AD SECUNDUM SIC PROCEDITUR. Videtur quod actus notionales sint voluntarii.
1. Dicit enim Hilarius, in libro *de Synod*.[1]: *Non naturali necessitate ductus, Pater genuit Filium*.

2. PRAETEREA, Apostolus, Cl 1,13: *Transtulit nos in regnum Filii dilectionis suae*. Dilectio autem voluntatis est. Ergo Filius genitus est a Patre, voluntate.

parte de um outro e termina no que é movido, toma o nome de "ação". Portanto, eliminando-se o movimento, a ação não implica mais que a ordem de origem, enquanto vai da causa ou princípio àquilo que dele provém. Como em Deus não há movimento, a ação pessoal do que produz uma pessoa é o modo de se haver como princípio em relação à pessoa que procede. Tais modos, aliás, são as próprias relações ou noções. Entretanto, porque não podemos falar das coisas divinas e inteligíveis senão à maneira das coisas sensíveis de onde tiramos nosso conhecimento, e nelas, ações e paixões, em razão do movimento que implicam, são distintas das relações que delas resultam; por isso, foi preciso significar os modos de se haver das pessoas separadamente: à maneira de atos e à maneira de relações. Assim, fica claro que na realidade se identificam, diferindo apenas na maneira de significar[a].

QUANTO AO 3º, deve-se dizer que, enquanto implica a origem do movimento, a ação acarreta por si uma paixão, mas não é assim que se afirma a ação nas pessoas divinas. Nelas, portanto, não se afirmam paixões, a não ser na expressão gramatical do modo de significar. Assim, se diz que o Pai gera e que o Filho é gerado.

ARTIGO 2
Os atos nocionais são voluntários?

QUANTO AO SEGUNDO, ASSIM SE PROCEDE: parece que os atos nocionais **são** voluntários.
1. Com efeito, Hilário diz: "Não foi movido por uma necessidade natural que o Pai gerou o Filho".

2. ALÉM DISSO, o Apóstolo diz na Carta aos Colossenses: "Transferiu-nos para o reino do Filho de sua predileção". Ora, a predileção é própria da vontade. Logo é pela vontade que o Filho é gerado do Pai.

---

2 PARALL.: I *Sent.*, dist. 6; *Cont. Gent.* IV, 11; *De Pot.*, q. 2, a. 3; q. 10, a. 2, ad 4, 5.
1. Can. 25 Sirmiens.: ML 10, 512 A.

a. Deus é imutável. A fé nos força a reconhecer na profundidade de seu mistério ações mediante as quais a Natureza divina é comunicada no íntimo da divindade: comunicada por um Ente-Deus (ou dois) a um outro Ente-Deus. Toda ação, no domínio de nossa experiência, produz um movimento que parte de uma carência para, justamente, preenchê-la e terminar no repouso. Não o repouso da inércia, mas o repouso da plenitude na qual se cumpre e termina a busca. Repouso que vibra ainda com o movimento que chegou a seu termo. Esse repouso vibrante é a relação entre a origem e o termo da ação. Em Deus, existe a vibração infinita com o movimento, mas sem a busca, pois a plenitude está no começo, no começo eterno: os atos nocionais (a geração, a espiração) reduzem-se às próprias relações que nascem na eternidade. Todavia, os conceitos de relação e de ação — que são o nosso único meio de aceder a certo conhecimento do mistério — permanecem distintos, e não podemos poupar o segundo sob pretexto de que o seu conteúdo, em sua infinita realização, é idêntico, pois essa identificação, que devemos afirmar, escapa à nossa concepção.

3. Praeterea, nihil magis est voluntarium quam amor. Sed Spiritus Sanctus procedit a Patre et Filio ut Amor. Ergo procedit voluntarie.

4. Praeterea, Filius procedit per modum intellectus, ut Verbum. Sed omne verbum procedit a dicente per voluntatem. Ergo Filius procedit a Patre per voluntatem, et non per naturam.

5. Praeterea, quod non est voluntarium, est necessarium. Si igitur Pater non genuit Filium voluntate, videtur sequi quod necessitate genuerit. Quod est contra Augustinum, in libro *ad Orosium*[2].

Sed contra est quod Augustinus dicit, in eodem libro[3], quod *neque voluntate genuit Pater Filium, neque necessitate*.

Respondeo dicendum quod, cum dicitur aliquid esse vel fieri voluntate, dupliciter potest intelligi. Uno modo, ut ablativus designet concomitantiam tantum: sicut possum dicere quod *ego sum homo mea voluntate*, quia scilicet volo me esse hominem. Et hoc modo potest dici quod Pater genuit Filium voluntate, sicut et est voluntate Deus: quia vult se esse Deum, et vult se generare Filium. — Alio modo sic, quod ablativus importet habitudinem principii: sicut dicitur quod *artifex operatur voluntate*, quia voluntas est principium operis. Et secundum hunc modum, dicendum est quod Deus Pater non genuit Filium voluntate; sed voluntate produxit creaturam. Unde in libro *de Synod*.[4] dicitur: *Si quis voluntate Dei, tanquam unum aliquid de creaturis, Filium factum dicat, anathema sit*.

Et huius ratio est, quia voluntas et natura secundum hoc differunt in causando, quia natura determinata est ad unum; sed voluntas non est determinata ad unum. Cuius ratio est, quia effectus assimilatur formae agentis per quam agit. Manifestum est autem quod unius rei non est nisi una forma naturalis, per quam res habet esse: unde quale ipsum est, tale facit. Sed forma per quam voluntas agit, non est una tantum, sed sunt plures, secundum quod sunt plures rationes intellectae: unde quod voluntate agitur, non est tale quale est agens, sed quale vult et intelligit illud esse agens. Eorum igitur voluntas principium est, quae possunt sic vel aliter esse. Eorum autem quae non possunt nisi sic esse, principium natura est.

3. Ademais, nada mais voluntário que o amor. Ora, é como Amor que o Espírito Santo procede do Pai e do Filho. Logo, procede voluntariamente.

4. Ademais, o Filho procede intelectualmente como Verbo. Ora, é voluntariamente que todo verbo é emitido por quem o profere. Logo, o Filho procede do Pai pela vontade, e não pela natureza.

5. Ademais, o que não é voluntário é necessário. Portanto, se o Pai não gerou o Filho por vontade, segue-se que o gerou por necessidade. O que é contrário a Agostinho.

Em sentido contrário, Agostinho diz que "o Pai gerou o Filho não por vontade, nem por necessidade".

Respondo. Quando se diz que algo existe ou se produz voluntariamente, pode ter dois sentidos. Primeiro, o advérbio voluntariamente pode significar uma simples concomitância: eu posso dizer, assim, que *sou homem voluntariamente*, pois quero ser homem. Nesse sentido, poder-se-ia dizer que o Pai gerou seu Filho voluntariamente, do mesmo modo que é Deus voluntariamente: porque quer ser Deus e quer gerar o Filho. — Segundo, voluntariamente pode significar uma relação de princípio: por exemplo, diz-se que o *artífice opera voluntariamente*, porque sua vontade é princípio da obra. Nesse último sentido, deve-se dizer que Deus, o Pai, não gerou o Filho voluntariamente. O que ele produziu pela vontade é a criatura, como se vê pelo cânon do sínodo Sirmiense: "Se alguém diz que o Filho foi feito pela vontade de Deus, como qualquer uma de suas criaturas, seja anátema".

A razão disso é a seguinte. Entre a causalidade da vontade e a da natureza há a diferença de que a natureza é determinada a um único efeito, enquanto a vontade não o é. Porque o efeito assimila-se à forma pela qual o agente opera. Ora, é claro que uma coisa só tem uma forma natural que lhe dá o ser. Daí que: como se é, assim age. Ao contrário, a forma pela qual a vontade age não é única. Há tantas quantas são as ideias concebidas pelo intelecto. O que se realiza pela vontade não é, portanto, tal qual é o agente, mas tal qual o agente quis e concebeu que fosse. Assim, a vontade é o princípio das coisas que podem ser assim ou diferentemente. Ao contrário, as coisas que só podem ser o que são têm por princípio a natureza.

---

2. *Dialog. Sexaginta quinque Quaest.*, q. 7, inter opp. supposititia: ML 40, 735.
3. Ibid.
4. Can. 24 Sirmiens.: ML 10, 512 A.

Quod autem potest sic vel aliter esse, longe est a natura divina, sed hoc pertinet ad rationem creaturae: quia Deus est per se necesse esse, creatura autem est facta ex nihilo. Et ideo Ariani, volentes ad hoc deducere quod Filius sit creatura, dixerunt quod Pater genuit Filium voluntate, secundum quod voluntas designat principium. Nobis autem dicendum est quod Pater genuit Filium non voluntate, sed natura. Unde Hilarius dicit, in libro de Synod.[5]: *Omnibus creaturis substantiam Dei voluntas attulit; sed naturam Filio dedit ex impassibili ac non nata substantia perfecta nativitas. Talia enim cuncta creata sunt, qualia Deus esse voluit: Filius autem, natus ex Deo, talis subsistit, qualis et Deus est.*

AD PRIMUM ergo dicendum quod auctoritas illa inducitur contra illos qui a generatione Filii etiam concomitantiam paternae voluntatis removebant, dicentes sic eum natura genuisse Filium, ut inde voluntas generandi ei non adesset; sicut nos multa naturali necessitate contra voluntatem patimur, ut mortem, senectutem, et huiusmodi defectus. Et hoc patet per praecedentia et subsequentia. Sic enim ibi dicitur: *Non enim, nolente Patre, vel coactus Pater, vel naturali necessitate inductus cum nollet, genuit Filium.*

AD SECUNDUM dicendum quod Apostolus nominat Christum *Filium dilectionis Dei*, inquantum est a Deo superabundanter dilectus: non quod dilectio sit principium generationis Filii.

AD TERTIUM dicendum quod etiam voluntas, inquantum est natura quaedam, aliquid naturaliter vult; sicut voluntas hominis naturaliter tendit ad beatitudinem. Et similiter Deus naturaliter vult et amat seipsum. Sed circa alia a se, voluntas Dei se habet ad utrumque quodammodo, ut dictum est[6]. Spiritus autem Sanctus procedit ut Amor, inquantum Deus amat seipsum. Unde naturaliter procedit, quamvis per modum voluntatis procedat.

Ora, o que pode ser assim ou diferentemente é estranho à natureza divina, pertence à ordem das criaturas. Porque Deus é o ser necessário por si, enquanto a criatura é feita do nada. Por isso, os arianos, querendo provar que o Filho é uma criatura, diziam que o Pai gerou o Filho voluntariamente, entendida a vontade como princípio. Nós, porém, devemos dizer que o Pai gerou o Filho por natureza, e não por vontade. Daí Hilário declarar: "É a vontade divina que outorga o ser a todas as criaturas, mas é um nascimento perfeito da substância imutável e não gerada que deu ao Filho sua natureza. Todas as coisas foram criadas tais quais Deus quis que fossem. Mas o Filho nascido de Deus subsiste, tal o próprio Deus"[b].

QUANTO AO 1º, portanto, deve-se dizer que o texto citado é aduzido contra aqueles que negavam à geração do Filho a concomitância do querer do Pai. Segundo eles, o Pai gerou o Filho naturalmente, no sentido de que não tinha a vontade de gerar, assim como nós sofremos por necessidade natural muitas coisas contrárias à nossa vontade: morte, velhice e outras enfermidades do gênero. E isso fica claro pelo contexto, onde se pode ler: "não é contra sua vontade, como forçado ou levado pela necessidade natural, que o Pai gerou o Filho".

QUANTO AO 2º deve-se dizer que o Apóstolo chama Cristo *Filho da predileção de Deus*, na medida em que ele é superabundantemente amado por Deus, mas não que o amor seja o princípio da geração do Filho.

QUANTO AO 3º, deve-se dizer que também a vontade, enquanto é natureza determinada, quer alguma coisa naturalmente. Assim, a vontade do homem tende naturalmente à felicidade. Igualmente, Deus se quer e se ama a si mesmo naturalmente, ao passo que, em relação às outras coisas, a vontade divina é, de certo modo, indiferente, como já foi dito. Ora, o Espírito Santo procede como Amor, enquanto Deus se ama a si mesmo. Portanto, ele procede naturalmente, mesmo procedendo por modo de vontade[c].

---

5. Super can. 24 Sirmiens.: ML 10, 520 C.
6. Q. 19, a. 3.

---

b. Se dependesse da vontade do Pai que o Filho existisse ou não, ele seria radicalmente contingente, não seria Deus, mas criatura. Era isto a que visava Ário, aliás.

c. O Espírito Santo procede por modo de vontade, assim como o Filho procede por modo de inteligência: ou seja, o ato divino que se conclui na Pessoa do Espírito Santo é o amor. O amor de Deus por si mesmo, que é o amor do Pai pelo Filho e do Filho pelo Pai, uma vez que Deus, quando se considera a segunda processão, já é o Pai e o Filho. É em um sentido inteiramente diverso que a criatura procede segundo a vontade: é neste sentido que ela veio à existência em virtude de uma decisão voluntária e livre de Deus, de modo que ela poderia não ter sido, ela é radicalmente contingente. Pelo contrário, como é impossível que Deus não ame a si mesmo, que o Pai e o Filho não se amem mutuamente, é impossível que o Espírito Santo, expressão divina e pessoal desse amor infinito, não exista.

AD QUARTUM dicendum quod etiam in conceptionibus intellectualibus fit reductio ad prima, quae naturaliter intelliguntur. Deus autem naturaliter intelligit seipsum. Et secundum hoc, conceptio Verbi divini est naturalis.

AD QUINTUM dicendum quod necessarium dicitur aliquid *per se*, et *per aliud*. Per aliud quidem dupliciter. Uno modo, sicut per causam agentem et cogentem: et sic necessarium dicitur quod est violentum. Alio modo, sicut per causam finalem: sicut dicitur aliquid esse necessarium in his quae sunt ad finem, inquantum sine hoc non potest esse finis, vel bene esse. Et neutro istorum modorum divina generatio est necessaria: quia Deus non est propter finem, neque coactio cadit in ipsum. — *Per se* autem dicitur aliquid necessarium, quod non potest non esse. Et sic Deum esse est necessarium. Et hoc modo Patrem generare Filium est necessarium.

Quanto ao 4º, deve-se dizer que também nas concepções do intelecto é preciso voltar aos primeiros princípios, os quais são conhecidos naturalmente. Ora, é naturalmente que Deus se conhece. E, assim, a concepção do Verbo é natural.

Quanto ao 5º, deve-se dizer que o necessário ou é *por si* ou *por outro*. Necessário por outro pode-se dizer de duas maneiras. Primeiro, por uma causa eficiente e necessitante: assim se diz necessário o que é violento. Segundo, por uma causa final: assim, nas coisas feitas em vista de um fim, diz-se necessário aquilo sem o que o fim não pode se realizar, ou o bem ser alcançado. Mas por nenhum desses modos a geração divina é necessária. Porque Deus não é ordenado a um fim, e nenhuma imposição pesa sobre ele. — O necessário *por si* é o que não pode não ser; assim, é necessário que Deus exista[d]. É deste modo que é necessário que o Pai gere o Filho.

ARTICULUS 3
Utrum actus notionales sint de aliquo

AD TERTIUM SIC PROCEDITUR. Videtur quod actus notionales non sint de aliquo.

1. Quia si Pater generat Filium de aliquo, aut de seipso, aut de aliquo alio. Si de aliquo alio, cum id de quo aliquid generatur, sit in eo quod generatur, sequitur quod aliquid alienum a Patre sit in Filio. Quod est contra Hilarium, VII *de Trin.*[1], ubi dicit: *Nihil in his diversum est vel alienum*. Si autem Filium generat Pater de seipso, id autem de quo aliquid generatur, si sit permanens, recipit eius praedicationem quod generatur; sicut dicimus quod *homo est albus*, quia homo permanet, cum de non albo fit albus: sequitur igitur quod Pater vel non permaneat, genito Filio, vel quod Pater sit Filius; quod est falsum. Non ergo Pater generat Filium de aliquo, sed de nihilo.

2. PRAETEREA, id de quo aliquid generatur, est principium eius quod generatur. Si ergo Pater generat Filium de essentia vel natura sua, sequitur quod essentia vel natura Patris sit principium Filii. Sed non principium materiale: quia materia locum in divinis non habet. Ergo est principium quasi

ARTIGO 3
Os atos nocionais procedem de algo?

QUANTO AO TERCEIRO, ASSIM SE PROCEDE: parece que os atos nocionais **não** procedem de algo.

1. Porque, se o Pai gera o Filho de algo, ou é de si mesmo, ou de outra coisa. Se é de outra coisa, como aquilo de que alguém foi gerado nele permanece, segue-se que há no Filho algo de estranho ao Pai. O que é contrário ao que diz Hilário: "Entre eles, nada há de diverso, nem de estranho". Se o Pai gera o Filho de si mesmo, aquilo de que algo é gerado, se ainda permanece, recebe a atribuição daquilo que é produzido. Por exemplo, dizemos que *o homem é branco* porque o homem permanece quando de não-branco se torna branco. Segue-se ou que o Pai não permanece, uma vez o Filho gerado, ou o Pai é o Filho. Ora, isto é falso. Logo, o Pai gera o Filho não de algo, mas do nada.

2. ALÉM DISSO, aquilo de que uma coisa é gerada é o princípio daquilo que é gerado. Portanto, se o Pai gera o Filho de sua essência ou natureza, segue-se que a essência ou natureza do Pai é princípio do Filho. Ora, não princípio material, porque não há matéria em Deus. Logo, é um

---

3 PARALL.: I *Sent.*, dist. 5, q. 2; III, dist. 11, a. 1.
  1. Num. 39: ML 10, 232 B, 233 A.

d. É necessário que Deus exista, e que ele exista como Pai, Filho e Espírito Santo, pois tal é, necessariamente — somente o sabemos pela fé, mas a fé é certa —, a existência divina: existência infinita em três que-são-Deus distintos.

activum, sicut generans est principium geniti. Et ita sequitur quod essentia generet: quod supra[2] improbatum est.

3. PRAETEREA, Augustinus dicit[3] quod tres personae non sunt ex eadem essentia, quia non est aliud essentia et persona. Sed persona Filii non est aliud ab essentia Patris. Ergo Filius non est de essentia Patris.

4. PRAETEREA, omnis creatura est ex nihilo. Sed Filius in Scripturis dicitur creatura: dicitur enim Eccli 24,5, ex ore Sapientiae genitae: *Ego ex ore Altissimi prodii, primogenita ante omnem creaturam*; et postea ex ore eiusdem Sapientiae dicitur 14: *Ab initio, et ante saecula, creata sum*. Ergo Filius non est genitus ex aliquo, sed ex nihilo. — Et similiter potest obiici de Spiritu Sancto, propter hoc quod dicitur, Zach 12,1: *Dixit Dominus, extendens caelum et fundans terram, et creans*[4] *spiritum hominis in eo*; et Am 4,13, secundum aliam litteram: *Ego formans montes, et creans spiritum*.

SED CONTRA est quod Augustinus[5] dicit, in libro *de Fide ad Petrum*[6]: *Pater Deus de sua natura sine initio genuit Filium sibi aequalem*.

RESPONDEO dicendum quod Filius non est genitus de nihilo, sed de substantia Patris. Ostensum est enim supra[7] quod paternitas, et filiatio, et nativitas, vere et proprie est in divinis. Hoc autem interest inter generationem veram, per quam aliquis procedit ut filius, et factionem, quod faciens facit aliquid de exteriori materia, sicut scamnum facit artifex de ligno; homo autem general filium de seipso. Sicut autem artifex creatus facit aliquid ex materia, ita Deus facit ex nihilo, ut infra[8] ostendetur: non quod nihilum cedat in substantiam rei, sed quia ab ipso tota substantia rei producitur, nullo alio praesupposito. Si ergo Filius procederet a Patre ut de nihilo existens, hoc modo se haberet ad Patrem ut artificiatum ad artificem: quod manifestum est nomen filiationis proprie habere non posse, sed solum secundum aliquam similitudinem. Unde relinquitur quod, si Filius Dei procederet a Patre quasi existens ex nihilo, non esset vere et proprie Filius. Cuius contrarium

princípio quase ativo, como o que gera é princípio do gerado. De onde se segue que a essência gera, conclusão acima rejeitada.

3. ADEMAIS, Agostinho diz: "As três pessoas não procedem da mesma essência, porque a essência e a pessoa não se distinguem". Ora, a pessoa do Filho não é distinta da essência do Pai. Logo, o Filho não procede da essência do Pai.

4. ADEMAIS, toda criatura é feita do nada. Ora, na Escritura, o Filho é chamado criatura. Diz-se no livro do Eclesiástico, pela boca da Sabedoria gerada: "Eu saí da boca do Altíssimo, primogênita ante toda criatura", e mais adiante "eu fui criada desde o princípio, e antes dos séculos". Logo, o Filho não é gerado de algo, mas do nada. — Pode-se igualmente objetar a respeito do Espírito Santo, a partir do texto do livro de Zacarias: "Assim diz o Senhor que estendeu o céu, e fundou a terra, e criou o espírito do homem no seu interior"; ou desse texto de Amós, numa versão diferente da Vulgata: "Eu é que formei as montanhas, e que criei o espírito".

EM SENTIDO CONTRÁRIO, Agostinho diz: "Deus Pai de sua própria natureza e sem começo gerou um Filho igual a si mesmo".

RESPONDO. O Filho não é gerado do nada, mas da substância do Pai. Mostrou-se acima que em Deus há verdadeira e própria paternidade, filiação e nascimento. Ora, entre gerar verdadeiramente, ato do qual procede um filho, e fazer, há essa diferença, que o artífice faz uma coisa de uma matéria exterior. Por exemplo, o carpinteiro faz um escabelo da madeira, mas é de si mesmo que o homem gera um filho. Assim como o artífice criado faz alguma coisa de uma matéria, assim Deus faz do nada, como veremos abaixo. Não é que o nada passe à substância da coisa, mas porque, sem nada de pressuposto, toda a substância da coisa é produzida por Deus. Portanto, se o Filho procedesse do Pai como tirado do nada, sua relação com o Pai seria aquela da obra ao artífice. É claro que a obra não pode tomar o nome de filho no sentido próprio, mas somente como semelhança. Segue-se que, se o Filho de Deus procedesse do Pai como tirado do nada, ele não

---

2. Q. 39, a. 5.
3. *De Trin.*, lib. VII, c. 6: ML 42, 945.
4. Vulg. *fingens*.
5. Fulgentius.
6. C. 2: ML 65, 676 C.
7. Q. 27, a. 2; q. 33, a. 2, ad 3, 4; a. 3.
8. Q. 45, a. 2.

dicitur 1Io ult., 20: *ut simus in vero Filio eius Iesu Christo*. Filius igitur Dei verus non est ex nihilo, nec factus, sed tantum genitus.

Si qui autem ex nihilo a Deo facti filii Dei dicantur, hoc erit metaphorice, secundum aliqualem assimilationem ad eum qui vere Filius est. Unde, inquantum solus est verus et naturalis Dei Filius, dicitur *unigenitus*, secundum illud Io 1,18: *Unigenitus, qui est in sinu Patris, ipse enarravit*. Inquantum vero per assimilationem ad ipsum alii dicuntur filii adoptivi, quasi metaphorice dicitur esse *primogenitus*, secundum illud Rm 8,29: *Quos praescivit, et praedestinavit conformes fieri imaginis Filii sui, ut sit ipse primogenitus in multis fratribus*.

Relinquitur ergo quod Dei Filius sit genitus de substantia Patris. Aliter tamen quam filius hominis. Pars enim substantiae hominis generantis transit in substantiam geniti. Sed divina natura impartibilis est. Unde necesse est quod Pater, generando Filium, non partem naturae in ipsum transfuderit, sed totam naturam ei communicaverit, remanente distinctione solum secundum originem, ut ex dictis[9] patet.

AD PRIMUM ergo dicendum quod, cum Filius dicitur natus *de Patre*, haec praepositio *de* significat principium generans consubstantiale; non autem principium materiale. Quod enim producitur de materia, fit per transmutationem illius de quo producitur, in aliquam formam: divina autem essentia non est transmutabilis, neque alterius formae susceptiva.

AD SECUNDUM dicendum quod, cum dicitur Filius genitus *de essentia Patris*, secundum expositionem Magistri, 5 dist. I *Sent*., designat habitudinem principii quasi activi: ubi sic exponit: *Filius est genitus de essentia Patris, idest de Patre essentia*; propter hoc quod Augustinus, XV libro *de Trin*.[10], dicit: *Tale est quod dico, de Patre essentia, ac si expressius dicerem, de Patris essentia*. — Sed hoc non videtur sufficere ad sensum huiusmodi locutionis. Possumus enim dicere quod creatura est *ex Deo essentia*: non tamen quod sit

seria Filho verdadeiramente, e no sentido próprio. Isso vai contra a afirmação da primeira Carta de João: "A fim de que sejamos em seu verdadeiro Filho Jesus Cristo". O verdadeiro Filho de Deus não é, portanto, tirado do nada, nem é feito, mas somente gerado.

E se o que é feito do nada é chamado filho de Deus é por metáfora, em razão de certa assimilação com aquele que é verdadeiramente Filho. Este, portanto, enquanto é o único Filho de Deus verdadeiro e natural, toma o nome de *Filho unigênito*, segundo João: "o Filho unigênito que está no seio do Pai. Ele fez conhecer". Enquanto os outros são chamados filhos adotivos por semelhança com ele, dá-se-lhe por uma espécie de metáfora o nome de *primogênito*, segundo a Carta aos Romanos: "Aqueles que conhece de antemão, ele os predestinou a serem conformes à imagem de seu Filho, a fim de que este seja o primogênito de um grande número de irmãos".

Resulta, portanto, que o Filho de Deus é gerado da substância do Pai, mas de maneira diversa da do filho de um homem. Uma parcela da substância do homem que gera passa, com efeito, para a substância do gerado, mas a natureza divina é indivisível. Portanto, necessariamente, o Pai, gerando o Filho, em vez de lhe transmitir uma porção de sua natureza, lhe comunica a natureza inteira, e só se distingue dele pela origem, como já foi explicado.

QUANTO AO 1º, portanto, deve-se dizer que na expressão o Filho é gerado *do Pai*, a preposição *de* designa um princípio consubstancial que gera, e não um princípio material. Mas o que é produzido de uma matéria é criado por uma transmutação dessa matéria em uma certa forma. Ora, a essência divina é imutável e não pode receber uma outra forma.

QUANTO AO 2º, deve-se dizer que quando se diz que o Filho é gerado *da essência do Pai*, segundo a explicação do Mestre das Sentenças, quer-se indicar uma relação de princípio quase ativo. Ele assim se expressa: "O Filho é gerado da essência do Pai, isto é, do Pai-essência". Por isso diz Agostinho: "Quando digo *de Patre essentia*, é como se dissesse em termos mais claros: da essência do Pai". — Isso, porém, não parece ser suficiente para esclarecer tal locução, porque podemos dizer que a criatura procede *de Deus-*

---

9. Q. 40, a. 2.
10. C. 13: ML 42, 1076.

ex essentia Dei. — Unde aliter dici potest quod haec praepositio *de* semper denotat consubstantialitatem. Unde non dicimus quod domus sit *de aedificatore*, cum non sit causa consubstantialis. Possumus autem dicere quod aliquid sit de aliquo, quocumque modo illud significetur ut principium consubstantiale: sive illud sit principium activum, sicut filius dicitur esse *de patre*; sive sit principium materiale, sicut cultellus dicitur esse *de ferro*; sive sit principium formale, in his dumtaxat in quibus ipsae formae sunt subsistentes, et non advenientes alteri; possumus enim dicere quod angelus aliquis est *de natura intellectuali*. Et per hunc modum dicimus quod Filius est genitus de essentia Patris; inquantum essentia Patris, Filio per generationem communicata, in eo subsistit.

AD TERTIUM dicendum quod, cum dicitur, *Filius est genitus de essentia Patris*, additur aliquid respectu cuius potest salvari distinctio. Sed cum dicitur quod *tres Personae sunt de essentia divina*, non ponitur aliquid respectu cuius possit importari distinctio per praepositionem significata. Et ideo non est simile.

AD QUARTUM dicendum quod, cum dicitur, *sapientia est creata*, potest intelligi, non de Sapientia quae est Filius Dei, sed de sapientia creata, quam Deus indidit creaturis: dicitur enim Eccli 1,9-10: *Ipse creavit eam*, scilicet sapientiam, *Spiritu Sancto, et effudit illam super omnia opera sua*. Neque est inconveniens quod in uno contextu locutionis loquatur Scriptura de Sapientia genita et creata: quia sapientia creata est participatio quaedam Sapientiae increatae. — Vel potest referri ad naturam creatam assumptam a Filio, ut sit sensus: *Ab initio et ante saecula creata sum*, idest, *praevisa sum creaturae uniri*. — Vel, per hoc quod Sapientia *creata* et *genita* nuncupatur, modus divinae generationis nobis insinuatur. In generatione enim, quod generatur accipit naturam generantis, quod perfectionis est: in creatione vero, creans non mutatur, sed creatum non recipit naturam creantis. Dicitur ergo Filius simul creatus et genitus, ut ex *creatione* accipiatur immutabilitas Patris, et ex *generatione* unitas naturae in Patre et Filio. Et sic exponitur intellectus huius Scripturae ab Hilario,

essência e, no entanto, não dizemos que ela é *da essência de Deus*. — Portanto, pode-se dizer de outra maneira: a preposição latina *de* denota sempre a consubstancialidade. Por exemplo, não se diz que a casa é feita *do construtor*, porque ele não é sua causa consubstancial. Ao contrário, diz-se que uma coisa é feita de outra, desde que esta se apresente, a qualquer título, como seu princípio consubstancial. Seja como princípio ativo: o filho, nasce *do pai*; seja como princípio material: a faca, *do ferro*; seja como princípio formal, pelo menos se se trata de seres nos quais a forma é subsistente e não sobrevém a um sujeito distinto: de um anjo, podemos dizer que ele é *de natureza intelectual*. É nesse sentido que dizemos: "o Filho é gerado da essência do Pai", na medida em que a essência do Pai, comunicada ao Filho por geração, subsiste nele[e].

QUANTO AO 3º, deve-se dizer que quando se diz: *o Filho é gerado da essência do Pai*, acrescenta-se algo a respeito do qual se pode salvar a distinção. Mas, quando se diz: *as três Pessoas são da essência divina*, não há nada a respeito do qual se possa estabelecer a distinção significada pela preposição. Portanto, não é o mesmo caso.

QUANTO AO 4º, deve-se dizer que quando se diz: *a sabedoria é criada*, pode entender-se não da sabedoria que é o Filho de Deus, mas da sabedoria criada que Deus infunde nas criaturas. O Eclesiástico diz: "Ele a criou, a saber, a Sabedoria, no Espírito Santo, e ele a espalhou sobre todas as suas obras". Não há nenhum inconveniente em que, na mesma passagem, a Escritura fale da Sabedoria gerada e criada, porque a sabedoria criada é uma participação da Sabedoria incriada. — Ou essa expressão pode referir-se à natureza criada assumida pelo Filho. Então o sentido é este: "Desde o começo e antes dos séculos, eu fui criada", isto é, "foi previsto que eu seria unida à criatura". — Ou, por ser qualificada a Sabedoria de *criada e gerada*, insinua-se o modo da geração divina. Na geração, com efeito, o gerado recebe a natureza do que gera, o que é perfeição. Na criação, por outro lado, o criador não muda, mas o criado não recebe a natureza do criador. Portanto, afirma-se que o Filho é *criado* e *gerado* para que por *criação* se entenda a imutabilidade do Pai, e

---

e. Não se deve exagerar o valor demonstrativo dessas análises semânticas. A Igreja professou que o Filho nasceu da essência do Pai — "substância nascida da substância" — antes de mais nada para contrapor-se à heresia de Ário, segundo a qual o Filho é feito de nada e é portanto uma criatura. Deve-se entender "da essência", portanto, ou "da substância", como se entende "de nada" a respeito da criação, ou seja, que "de" (ou "da") tem o sentido de "a partir de". Porém, o Filho não procede do Pai como uma substância procederia de outra substância, pois é sua própria substância, a única e indivisível substância divina, que o Pai lhe comunica.

in libro *de Synod*.¹¹. — Auctoritates autem inductae non loquuntur de Spiritu Sancto, sed de spiritu creato; qui quandoque dicitur ventus, quandoque aer, quandoque flatus hominis, quandoque etiam anima, vel quaecumque substantia invisibilis.

Articulus 4
Utrum in divinis sit potentia respectu actuum notionalium

Ad quartum sic proceditur. Videtur quod in divinis non sit potentia respectu actuum notionalium.

1. Omnis enim potentia est vel activa, vel passiva. Sed neutra hic competere potest: potentia enim passiva in Deo non est, ut supra¹ ostensum est; potentia vero activa non competit uni personae respectu alterius, cum personae divinae non sint factae, ut ostensum². Ergo in divinis non est potentia ad actus notionales.

2. Praeterea, potentia dicitur ad possibile. Sed divinae personae non sunt de numero possibilium, sed de numero necessariorum. Ergo respectu actuum notionalium, quibus divinae personae procedunt, non debet poni potentia in divinis.

3. Praeterea, Filius procedit ut Verbum, quod est conceptio intellectus: Spiritus autem Sanctus procedit ut Amor, qui pertinet ad voluntatem. Sed potentia in Deo dicitur per comparationem ad effectus, non autem per comparationem ad intelligere et velle, ut supra³ habitum est. Ergo in divinis non debet dici potentia per comparationem ad actus notionales.

Sed contra est quod dicit Augustinus, *Contra Maximinum haereticum*⁴: *Si Deus Pater non potuit generare Filium sibi aequalem, ubi est omnipotentia Dei Patris?* Est ergo divinis potentia respectu actuum notionalium.

Respondeo dicendum quod, sicut ponuntur actus notionales in divinis, ita necesse est ibi po-

por "geração" a unidade de natureza entre o Pai e o Filho. É assim que Hilário explica a compreensão dessa Escritura^f. — Os outros textos aduzidos não falam do Espírito Santo, mas de um espírito criado: este termo designa ora o vento, ora o ar, ora o sopro humano, e até mesmo a alma ou uma substância invisível.

Artigo 4
Em Deus há uma potência em relação aos atos nocionais?

Quanto ao quarto, assim se procede: parece que em Deus **não** há uma potência em relação aos atos nocionais.

1. Com efeito, toda potência é ou ativa ou passiva. Ora, nem uma nem outra cabem aqui. Não há potência passiva em Deus, como acima foi demonstrado. Nem potência ativa de uma pessoa em relação a outra, pois as pessoas divinas não são feitas, como já demonstrado. Logo, não há em Deus potência referente aos atos nocionais.

2. Além disso, fala-se de potência em relação a um possível. Ora, as pessoas divinas não são do número dos possíveis, mas do número dos necessários. Logo, não se deve afirmar em Deus potência relativa aos atos nocionais, pelos quais procedem as pessoas divinas.

3. Ademais, o Filho procede como Verbo, ou seja, como concepção do intelecto. O Espírito Santo procede como Amor, o que pertence à vontade. Ora, em Deus, fala-se de potência em relação aos efeitos e não em relação ao conhecer e ao querer, como foi estabelecido acima. Logo, em Deus não se deve falar de potência relativa aos atos nocionais.

Em sentido contrário, diz Agostinho: "Se Deus Pai não pôde gerar um Filho igual a ele mesmo, onde, portanto, está a onipotência de Deus, o Pai?" Portanto, há em Deus uma potência em relação aos atos nocionais.

Respondo. Assim como se admitem atos nocionais em Deus, assim também se deve admitir

---

11. Super can. 5 Ancyran.: ML 10, 494 BC.

4 Parall.: I *Sent*., dist. 7, q. 1, a. 1; *De Pot*., q. 2, a. 1.

1. Q. 25, a. 1.
2. Art. praec.
3. Q. 25, a. 1, ad 3, 4.
4. L. II (al. III), c. 7: ML 42, 762.

f. Na verdade, não se trata formalmente da Pessoa do Filho e da Pessoa do Espírito Santo nesses textos do Antigo Testamento. O leitor cristão os descobre em filigrana à luz da revelação de Cristo.

nere potentiam respectu huiusmodi actuum: cum potentia nihil aliud significet quam principium alicuius actus. Unde, cum Patrem intelligamus ut principium generationis, et Patrem et Filium ut principium spirationis, necesse est quod Patri attribuamus potentiam generandi, et Patri et Filio potentiam spirandi. Quia potentia generandi significat id quo generans generat: omne autem generans generat aliquo: unde in omni generante oportet ponere potentiam generandi, et in spirante potentiam spirandi.

AD PRIMUM ergo dicendum quod, sicut secundum actus notionales non procedit aliqua persona ut facta, ita neque potentia ad actus notionales dicitur in divinis per respectum ad aliquam personam factam: sed solum per respectum ad personam procedentem.

AD SECUNDUM dicendum quod possibile, secundum quod necessario opponitur, sequitur potentiam passivam, quae non est in divinis. Unde neque in divinis est aliquid possibile per modum istum: sed solum secundum quod possibile continetur sub necessario. Sic autem dici potest quod, sicut Deum esse est possibile, sic Filium generari est possibile.

AD TERTIUM dicendum quod potentia significat principium. Principium autem distinctionem importat ab eo cuius est principium. Consideratur autem duplex distinctio in his quae dicuntur de Deo: una secundum rem, alia secundum rationem tantum. Secundum rem quidem, Deus distinguitur per essentiam a rebus quarum est per creationem principium: sicut una persona distinguitur ab alia, cuius est principium, secundum actum notionalem. Sed actio ab agente non distinguitur in Deo nisi secundum rationem tantum: alioquin actio esset accidens in Deo. Et ideo respectu illarum actionum secundum quas aliquae res procedunt distinctae a Deo, vel essentialiter vel personaliter, potest Deo attribui potentia, secundum propriam rationem principii. Et ideo, sicut potentiam ponimus creandi in Deo, ita possumus ponere potentiam generandi vel spirandi. Sed intelligere et velle non sunt tales actus qui designent processionem alicuius rei a Deo distinctae, vel essentialiter vel personaliter. Unde respectu horum actuum, non potest salvari ratio potentiae in Deo, nisi secundum modum intelligendi et significandi tantum; prout diversi-

uma potência em relação a eles, pois, potência significa princípio de um ato. Portanto, ao compreender o Pai como princípio de geração, e o Pai e o Filho como princípio de espiração, é preciso que se atribua ao Pai a potência de gerar, e ao Pai e ao Filho a potência de espirar. Com efeito, potência de gerar significa aquilo pelo que o genitor gera. E todo o que gera, gera em virtude de algo. Portanto, é preciso, em todo o que gera, afirmar uma potência para gerar. E naquele que espira, uma potência para espirar.

QUANTO AO 1º, portanto, deve-se afirmar que assim como, tendo em conta o atos nocionais, nenhuma pessoa procede como feita, assim, em Deus, não se diz que haja potência quanto aos atos nocionais, em relação a uma pessoa feita, mas somente a uma pessoa que procede.

QUANTO AO 2º, deve-se dizer que o possível, enquanto se opõe ao necessário, resulta da potência passiva: esta não existe em Deus. Portanto, não há um possível desse gênero em Deus. Nele só há um possível enquanto contido no necessário. Nesse segundo sentido, pode-se dizer que, como é possível Deus existir, assim igualmente é possível[g] o Filho ser gerado.

QUANTO AO 3º, deve-se dizer que potência significa princípio, e princípio implica distinção daquilo de que é princípio. Ora, em nossas atribuições a Deus, devem-se considerar duas espécies de distinções: uma real e outra de razão. Assim, realmente Deus distingue-se por essência das coisas das quais é princípio por criação, como uma pessoa distingue-se realmente daquela da qual é princípio, por ato nocional. Mas em Deus a ação não se distingue do agente, a não ser por uma distinção de razão: de outro modo a ação seria um acidente em Deus. Por isso, com respeito às ações pelas quais algumas coisas procedem como distintas de Deus essencial ou pessoalmente, pode-se atribuir uma potência a Deus, conforme a razão própria de princípio. E assim, como admitimos em Deus uma potência para criar, podemos também admitir uma potência para gerar ou para espirar. Mas conhecer e querer não são atos que designam a processão de uma realidade distinta de Deus, essencial ou pessoalmente. Portanto, com respeito a esses atos, em Deus não se salva a razão de potência, a não ser apenas segundo nosso modo de pensar e ex-

---

g. O possível "oposto ao necessário" é o contingente: o que é de tal maneira que poderia, sem contradição, não ser. O possível "compreendido no necessário" é o possível lógico: tudo o que é (necessariamente ou não) é possível no sentido de que é possível que seja (uma vez que ele é!).

mode significatur in Deo intellectus et intelligere, cum tamen ipsum intelligere Dei sit eius essentia, non habens principium.

Articulus 5
Utrum potentia generandi significet relationem, et non essentiam

AD QUINTUM SIC PROCEDITUR. Videtur quod potentia generandi vel spirandi significet relationem, et non essentiam.

1. Potentia enim significat principium, ut ex eius definitione patet: dicitur enim potentia activa esse principium agendi, ut patet in V *Metaphy.*[1] Sed principium in divinis respectu personae dicitur notionaliter. Ergo potentia in divinis non significat essentiam, sed relationem.

2. PRAETEREA, in divinis non differt posse et agere. Sed generatio in divinis significat relationem. Ergo et potentia generandi.

3. PRAETEREA, ea quae significant essentiam in divinis, communia sunt tribus personis. Sed potentia generandi non est communis tribus personis, sed propria Patri. Ergo non significat essentiam.

SED CONTRA est quod, sicut Deus potest generare Filium, ita et vult. Sed voluntas generandi significat essentiam. Ergo et potentia generandi.

RESPONDEO dicendum quod quidam dixerunt quod potentia generandi significat relationem in divinis. Sed hoc esse non potest. Nam illud proprie dicitur potentia in quocumque agente, quo agens agit. Omne autem producens aliquid per suam actionem, producit sibi simile quantum ad formam qua agit: sicut homo genitus est similis generanti in natura humana, cuius virtute pater potest generare hominem. Illud ergo est potentia generativa in aliquo generante, in quo genitum similatur generanti. Filius autem Dei similatur Patri gignenti in natura divina. Unde natura divina in Patre, est potentia generandi in ipso. Unde et Hilarius dicit, in V *de Trin*.[2]: *Nativitas Dei non potest eam ex qua profecta est, non tenere naturam; nec enim aliud quam Deus subsistit, quod non aliunde quam de Deo subsistit.*

Sic igitur dicendum est quod potentia generandi principaliter significat divinam essentiam, ut

Artigo 5
A potência de gerar e espirar significa a relação e não a essência?

QUANTO AO QUINTO, ASSIM SE PROCEDE: parece que a potência de gerar e de espirar **significa** a relação e não a essência.

1. Com efeito, potência significa princípio, por definição, pois, como explica o Filósofo, a potência ativa é o princípio da ação. Ora, em Deus princípio se diz nocionalmente de uma pessoa. Logo, em Deus a potência não significa a essência, mas a relação.

2. ALÉM DISSO, em Deus, não há diferença entre poder e agir. Ora, geração, em Deus, significa relação. Logo, também a potência de gerar.

3. ADEMAIS, o que em Deus significa a essência é comum às três pessoas. Ora, a potência para gerar não é comum a elas, pois ela é própria do Pai. Logo, não significa a essência.

EM SENTIDO CONTRÁRIO, como Deus pode gerar um Filho, assim também Ele o quer. Mas a vontade de gerar significa a essência. Logo, também a potência de gerar.

RESPONDO. Alguns disseram que a potência de gerar significa em Deus a relação, mas isso não pode ser. O que se diz propriamente potência, em qualquer agente, é aquilo por que o agente age. Todo aquele que produz alguma coisa por sua ação produz algo semelhante a si quanto à forma em virtude da qual age. Por exemplo, o homem gerado é semelhante ao que gera na natureza humana, em virtude da qual o pai pode gerar um homem. Portanto, em todo o que gera, sua potência generativa é aquilo no que o gerado é semelhante ao que gera. Ora, o Filho de Deus é semelhante ao Pai que o gera na natureza divina. Portanto, é a natureza divina no Pai que é nele a potência para gerar. Assim Hilário explica: "É impossível que o nascimento de Deus não mantenha a natureza de onde ele provém: pois não subsiste distinto de Deus, o que não subsiste em virtude de outro senão de Deus".

Deve-se portanto afirmar, com o Mestre das Sentenças, que a potência de gerar significa princi-

---

5 PARALL.: I *Sent.*, dist. 7, q. 1, a. 2; *De Pot.*, q. 2, a. 2.
1. C. 12: 1019, a, 15-20.
2. Num. 37: ML 10, 155 A.

Magister dicit, 7 dist. I *Sent.*[3]; non autem tantum relationem. — Nec etiam essentiam inquantum est idem relationi, ut significet ex aequo utrumque. Licet enim paternitas ut forma Patris significetur, est tamen proprietas personalis, habens se ad personam Patris, ut forma individualis ad aliquod individuum creatum. Forma autem individualis, in rebus creatis, constituit personam generantem, non autem est quo generans generat: alioquin Socrates generaret Socratem. Unde neque paternitas potest intelligi ut quo Pater generat, sed ut constituens personam generantis: alioquin Pater generaret Patrem. Sed id quo Pater generat, est natura divina, in qua sibi Filius assimilatur. Et secundum hoc Damascenus dicit[4] quod generatio est *opus naturae*, non sicut generantis, sed sicut eius quo generans generat. Et ideo potentia generandi significat in recto naturam divinam, sed in obliquo relationem.

AD PRIMUM ergo dicendum quod potentia non significat ipsam relationem principii, alioquin esset in genere relationis: sed significat id quod est principium; non quidem sicut agens dicitur principium, sed sicut id quo agens agit, dicitur principium. Agens autem distinguitur a facto, et generans a generato: sed id quo generans generat, est commune genito et generanti; et tanto perfectius, quanto perfectior fuerit generatio. Unde, cum divina generatio sit perfectissima, id quo generans generat, est commune genito et generanti, et idem numero, non solum specie, sicut in rebus creatis. Per hoc ergo quod dicimus quod essentia divina *est principium quo generans generat*, non sequitur quod essentia divina distinguatur: sicut sequeretur, si diceretur quod essentia divina *generat*.

AD SECUNDUM dicendum quod sic est idem in divinis potentia generandi cum generatione, sicut essentia divina cum generatione et paternitate est idem re, sed non ratione.

AD TERTIUM dicendum quod, cum dico *potentiam generandi*, potentia significatur in recto, et generatio in obliquo; sicut si dicerem *essentiam Patris*. Unde quantum ad essentiam quae significatur, potentia generandi communis est tribus personis: sed quantum ad notionem quae connotatur, propria est personae Patris.

palmente a essência divina, e não somente a relação. — E ela não significa a essência enquanto idêntica à relação, o que equivaleria significar os dois de maneira igual. Ainda que a paternidade designe uma forma do Pai, a paternidade é uma propriedade pessoal; ela se refere à pessoa do Pai, como a forma individual se refere ao indivíduo criado. Ora, nos seres criados, a forma individual constitui a pessoa que gera. Mas ela não é aquilo pelo que a pessoa gera, senão Sócrates geraria um Sócrates. Assim, a paternidade também não pode ser considerada aquilo pelo que o Pai gera, mas aquilo que constitui a pessoa do que gera, senão o Pai geraria um Pai. Aquilo pelo que o Pai gera é a natureza divina, na qual o Filho lhe é semelhante. Por isso, Damasceno chama a geração *uma obra da natureza*. Não que ela gere, mas por ela o genitor gera. Por conseguinte, a potência para gerar significa diretamente a natureza divina, e indiretamente a relação.

QUANTO AO 1º, portanto, deve-se dizer que a potência não significa a própria relação de princípio, senão pertenceria ao gênero relação. Mas significa o que constitui o princípio, princípio entendido não como o agente, mas como aquilo pelo qual age o agente. Ora, o agente se distingue do efeito; o que gera, do gerado. Porém, aquilo pelo que o genitor gera é comum ao gerado e ao genitor, e isso de maneira tanto mais perfeita quanto mais perfeita é a geração. Portanto, como a geração divina é perfeitíssima, aquilo pelo que o genitor gera é comum ao gerado e ao genitor; comum por identidade numérica, e não somente específica, como nas criaturas. Por isso, quando se diz que a essência divina é *o princípio pelo qual o genitor gera*, não se segue que a essência divina se distinga do gerado. Isto se seguiria se se dissesse que a essência divina gera.

QUANTO AO 2º, deve-se dizer que em Deus a potência de gerar e o ato de gerar são idênticos como a essência divina é idêntica à geração ou à paternidade: identidade real, mas não de razão.

QUANTO AO 3º, deve-se dizer que, quando digo *potência de gerar*, a potência é significada diretamente, enquanto a geração é indiretamente, como se dissesse a *essência do Pai*. Portanto, considerando a essência significada, a potência de gerar é comum às três pessoas, mas, considerando a noção conotada, é própria do Pai[h].

---

3. Petrus Lombardus.
4. *De Fide Orth.*, l. I, c. 8: MG 94, 813 A.

h. Essa objeção nos conduz ao fundo do problema que representa para nossa razão a adesão da fé ao mistério. Se a potência de gerar é um atributo da essência divina, parece que as três Pessoas podem gerar, uma vez que a essência e seus atributos

Articulus 6
Utrum actus notionalis ad plures personas terminari possit

AD SEXTUM SIC PROCEDITUR. Videtur quod actus notionalis ad plures personas terminari possit, ita quod sint plures personae genitae vel spiratae in divinis.

1. Cuicumque enim inest potentia generandi, potest generare. Sed Filio inest potentia generandi. Ergo potest generare. Non autem seipsum. Ergo alium Filium. Ergo possunt esse plures Filii in divinis.

2. PRAETEREA, Augustinus dicit, *Contra Maximinum*[1]: *Filius non genuit Creatorem. Neque enim non potuit: sed non oportuit*.

3. PRAETEREA, Deus Pater est potentior ad generandum quam pater creatus. Sed unus homo potest generare plures filios. Ergo et Deus: praecipue cum potentia Patris, uno Filio generato, non diminuatur.

SED CONTRA est quod in divinis non differt esse et posse. Si igitur in divinis possent esse plures Filii, essent plures Filii. Et ita essent plures personae quam tres in divinis: quod est haereticum.

RESPONDEO dicendum quod, sicut Athanasius dicit[2], in divinis est tantum unus Pater, unus Filius, unus Spiritus Sanctus. Cuius quidem ratio quadruplex assignari potest. — Prima quidem ex parte relationum, quibus solum personae distinguuntur. Cum enim personae divinae sint ipsae relationes subsistentes, non possent esse plures Patres vel plures Filii in divinis, nisi essent plures paternitates et plures filiationes. Quod quidem esse non posset nisi secundum materialem rerum distinctionem: formae enim unius speciei non multiplicantur nisi secundum materiam, quae in divinis non est. Unde in divinis non potest esse nisi una tantum filiatio subsistens; sicut et albedo subsistens non posset esse nisi una. — Secunda

Artigo 6
Os atos nocionais podem ter como termos várias pessoas?

QUANTO AO SEXTO, ASSIM SE PROCEDE: parece que os atos nocionais **podem** ter como termo várias pessoas, de modo que haja várias pessoas geradas ou espiradas.

1. Com efeito, quem possui a potência de gerar pode gerar. Ora, o Filho possui a potência de gerar. Logo, pode gerar. Não a si mesmo. Portanto, a um outro Filho. Logo, pode haver vários filhos em Deus.

2. ALÉM DISSO, Agostinho diz: "O Filho não gerou um Criador; não que não pudesse, mas não convinha".

3. ADEMAIS, para gerar, Deus Pai é mais poderoso que um pai criado. Ora, um único homem pode gerar vários filhos. Logo, Deus também, tanto mais que a potência do Pai não diminuiu tendo ele gerado um Filho.

EM SENTIDO CONTRÁRIO, em Deus não há diferença entre ser e poder. Portanto, se pudesse haver vários filhos em Deus, de fato haveria vários. Haveria assim mais de três pessoas em Deus, mas isto é heresia.

RESPONDO. Como diz Atanásio; há em Deus apenas um Pai, um Filho e um Espírito Santo. Disso, podem-se dar quatro razões. — A primeira se toma das relações, pelas quais unicamente se distinguem as pessoas. Como as pessoas divinas são as mesmas relações subsistentes, não poderia haver em Deus vários pais ou vários filhos, a não ser que houvesse várias paternidades e várias filiações. O que só seria possível por distinção material, porque as formas de uma mesma espécie só são multiplicáveis pela da matéria, a qual em Deus não existe. Portanto, em Deus só pode haver uma filiação subsistente, do mesmo modo que a brancura subsistente só poderia existir como única. — A segunda razão se toma das processões. Deus

---

6 PARALL.: I *Sent.*, dist. 7, q. 2, exposit. text.; *De Pot.*, q. 2, a. 4; q. 9, a. 9, ad 1 sqq.

1. L. II (al. III), c. 12: ML 42, 768.
2. In Symbolo.

lhes são comuns. Desaparece então a distinção entre as Pessoas, pois é pela geração que o Pai se constitui em sua distinção. Se é, porém, uma propriedade do Pai, como ela é evidentemente uma perfeição, não é o Pai por isso mesmo superior às duas outras Pessoas? A resposta de Santo Tomás é que a potência de gerar pertence à Natureza divina, que ela é portanto, em um sentido, comum aos três. Mas, precisamente, a geração distingue aquele que gera do gerado, de modo que esse atributo divino é próprio ao Pai como àquele que gera, ao mesmo tempo em que pertence também ao Filho, mas como àquele que é gerado, e ao Espírito Santo como aquele que procede, consecutivamente à geração, do que gera e do que é gerado juntos. No que tem de distinto em relação aos outros atributos da essência, ele não pode ser concebido sem que lhe seja unida a relação constitutiva da primeira Pessoa.

vero ex modo processionum. Quia Deus omnia intelligit et vult uno et simplici actu. Unde non potest esse nisi una persona procedens per modum verbi, quae est Filius; et una tantum per modum amoris, quae est Spiritus Sanctus. — Tertia ratio sumitur ex modo procedendi. Quia personae ipsae procedunt naturaliter, ut dictum est[3]: natura autem determinatur ad unum. — Quarta ex perfectione divinarum personarum. Ex hoc enim est perfectus Filius, quod tota filiatio divina in eo continetur, et quod est tantum unus Filius. Et similiter dicendum est de aliis personis.

AD PRIMUM ergo dicendum quod, quamvis simpliciter concedendum sit quod potentiam quam habet Pater, habeat Filius; non tamen concedendum est quod Filius habeat potentiam generandi, si *generandi* sit gerundivum verbi activi, ut sit sensus quod Filius habeat potentiam ad generandum. Sicut, licet idem esse sit Patris et Filii, non tamen convenit Filio esse Patrem, propter notionale adiunctum. Si tamen hoc quod dico *generandi*, sit gerundivum verbi passivi, potentia generandi est in Filio, idest ut generetur. Et similiter si sit gerundivum verbi impersonalis, ut sit sensus: *potentia generandi*, idest qua ab aliqua persona generatur.

AD SECUNDUM dicendum quod Augustinus in verbis illis non intendit dicere quod Filius posset generare Filium: sed quod hoc non est ex impotentia Filii, quod non generet, ut infra[4] patebit.

AD TERTIUM dicendum quod immaterialitas et perfectio divina requirit ut non possint esse plures Filii in divinis, sicut dictum est[5]. Unde quod non sint plures Filii, non est ex impotentia Patris ad generandum.

3. A. 2.
4. Q. 42, a. 6, ad 3.
5. In corp.

conhece e quer todas as coisas por um ato único e simples. Portanto, não pode haver senão uma só pessoa que procede como Verbo, e é o Filho; uma só que procede como Amor, e é o Espírito Santo. — A terceira, toma-se do modo de proceder: as pessoas procedem naturalmente, como foi explicado. Ora, a natureza é determinada a um só efeito. — A quarta, toma-se da perfeição das pessoas divinas. O Filho é perfeito, porque a filiação divina está totalmente contida nele, e só há um Filho. Dir-se-á o mesmo das outras pessoas.

QUANTO AO 1º, portanto, deve-se dizer que, embora se deva conceder, em absoluto, que a potência que o Pai possui o Filho também possui, não se concederá que o Filho tenha a potência de gerar, entendendo-se *generandi* como gerúndio ativo, o que significaria que o Filho tem a potência para gerar. Embora o Pai e o Filho possuam o mesmo ser, não convém ao Filho ser o Pai, devido ao adjunto nocional. Se o termo *generandi* se entende como gerúndio passivo, há no Filho uma potência *generandi*, isto é, de ser gerado. Igualmente, se se tratar de um gerúndio de verbo impessoal, *potentia generandi* significará a potência pela qual se é gerado por alguma pessoa.

QUANTO AO 2º, deve-se dizer que nessa passagem Agostinho não quer dizer que o Filho poderia gerar um Filho; mas que, se ele não gera, não é por impotência, como se verá mais abaixo.

QUANTO AO 3º, deve-se dizer que a imaterialidade e a perfeição divinas exigem que não possa haver vários Filhos em Deus, como já dissemos. Portanto, que não sejam muitos os Filhos, não é por impotência do Pai para gerar.

QUAESTIO XLII
DE AEQUALITATE ET SIMILITUDINE DIVINARUM PERSONARUM AD INVICEM
in sex articulos divisa

Deinde considerandum est de comparatione Personarum ad invicem. Et primo, quantum ad aequalitatem et similitudinem; secundo, quantum ad missionem.

QUESTÃO 42
IGUALDADE E SEMELHANÇA DAS PESSOAS DIVINAS
em seis artigos

Deve-se considerar, em seguida, a comparação das pessoas entre si. Primeiramente, com respeito à igualdade e à semelhança. Em seguida, com respeito à missão.

Circa primum quaeruntur sex.
Primo: utrum aequalitas locum habeat in divinis personis.
Secundo: utrum persona procedens sit aequalis ei a qua procedit, secundum aeternitatem.
Tertio: utrum sit aliquis ordo in divinis personis.
Quarto: utrum personae divinae sint aequales secundum magnitudinem.
Quinto: utrum una earum sit in alia.
Sexto: utrum sint aequales secundum potentiam.

Articulus 1
Utrum aequalitas locum habeat in divinis

AD PRIMUM SIC PROCEDITUR. Videtur quod aequalitas non competat divinis personis.

1. Aequalitas enim attenditur secundum unum in quantitate, ut patet per Philosophum, V *Metaphys.*[1]. In divinis autem personis non invenitur neque quantitas continua intrinseca, quae dicitur magnitudo; neque quantitas continua extrinseca, quae dicitur locus et tempus; neque secundum quantitatem discretam invenitur in eis aequalitas, quia duae personae sunt plures quam una. Ergo divinis personis non convenit aequalitas.

2. PRAETEREA, divinae personae sunt unius essentiae, ut supra[2] dictum est. Essentia autem significatur per modum formae. Convenientia autem in forma non facit aequalitatem, sed similitudinem. Ergo in divinis personis est dicenda *similitudo*, et non aequalitas.

3. PRAETEREA, in quibuscumque invenitur aequalitas, illa sunt sibi invicem aequalia: quia aequale dicitur aequali aequale. Sed divinae personae non possunt sibi invicem dici aequales. Quia, ut Augustinus dicit, VI *de Trin.*[3], *imago, si perfecte implet illud cuius est imago, ipsa coaequatur ei, non illud imagini suae.* Imago autem Patris est Filius: et sic Pater non est aequalis Filio. Non ergo in divinis personis invenitur aequalitas.

4. PRAETEREA, aequalitas relatio quaedam est. Sed nulla relatio est communis omnibus personis: cum secundum relationes personae ab invicem distinguantur. Non ergo aequalitas divinis personis convenit.

A respeito da igualdade, são seis as perguntas:
1. Há igualdade entre as pessoas divinas?
2. A pessoa que procede é igual, em eternidade, àquela de que procede?
3. Há uma ordem entre as pessoas divinas?
4. As pessoas divinas são iguais em grandeza?
5. Uma delas está em outra?
6. São iguais em potência?

Artigo 1
Há igualdade entre as pessoas divinas?

QUANTO AO PRIMEIRO ARTIGO, ASSIM SE PROCEDE: parece que a igualdade **não** convém às pessoas divinas.

1. Com efeito, a igualdade diz unidade na quantidade, como está claro no Filósofo. Ora, nas pessoas divinas não se encontra quantidade contínua: nem intrínseca, ou grandeza; nem extrínseca, ou seja: lugar e tempo. Nelas também não se encontra a igualdade, tendo em conta a quantidade discreta, porque duas pessoas são mais que uma só. Logo, a igualdade não convém às pessoas divinas.

2. ALÉM DISSO, as pessoas divinas têm uma única essência, como acima foi dito. A essência significa a modo de forma. Ora, convir na forma não faz a semelhança mas a igualdade. Logo, entre as pessoas divinas deve-se dizer *semelhança* e não igualdade.

3. ADEMAIS, as coisas em que se encontra a igualdade são iguais entre si, porque o igual é igual a seu igual. Ora, não se pode dizer das pessoas divinas que elas são iguais uma à outra. Com efeito, Agostinho diz: "A imagem que reproduz seu modelo perfeitamente iguala-se a ele; ao contrário, o modelo não se iguala à sua imagem". Ora, a imagem do Pai é o Filho. Assim, o Pai não é igual ao Filho. Logo, não se encontra a igualdade entre as pessoas divinas.

4. ADEMAIS, a igualdade é uma relação. Ora, não há relação comum a todas as pessoas, uma vez que é por suas relações que se distinguem uma da outra. Logo, a igualdade não convém às pessoas divinas.

---

1 PARALL.: I *Sent.*, dist. 19, q. 1, a. 1.

1. C. 15: 1021, a, 9-14.
2. Q. 39, a. 2.
3. C. 10: ML 42, 931.

SED CONTRA est quod Athanasius dicit quod[4] *tres, personae coaeternae sibi sunt et coaequales*.

RESPONDEO dicendum quod necesse est ponere aequalitatem in divinis personis. Quia secundum Philosophum, in X *Metaphys*.[5], aequale dicitur quasi per negationem minoris et maioris. Non autem possumus in divinis personis ponere aliquid maius et minus: quia, ut Boetius dicit, in libro *de Trin*.[6], *eos differentia*, scilicet deitatis, *comitatur, qui vel augent vel minuunt, ut Ariani, qui gradibus meritorum Trinitatem variantes distrahunt, atque in pluralitatem deducunt*.

Cuius ratio est, quia inaequalium non potest esse una quantitas numero. Quantitas autem in divinis non est aliud quam eius essentia. Unde relinquitur quod, si esset aliqua inaequalitas in divinis personis, quod non esset in eis una essentia: et sic non essent tres personae unus Deus, quod est impossibile. Oportet igitur aequalitatem ponere in divinis personis.

AD PRIMUM ergo dicendum quod duplex est quantitas. Una scilicet quae dicitur quantitas *molis*, vel quantitas dimensiva, quae in solis rebus corporalibus est: unde in divinis personis locum non habet. Sed alia est quantitas *virtutis*, quae attenditur secundum perfectionem alicuius naturae vel formae: quae quidem quantitas designatur secundum quod dicitur aliquid magis vel minus calidum, inquantum est perfectius vel minus perfectum in caliditate. Huiusmodi autem quantitas virtualis attenditur primo quidem in radice, idest in ipsa perfectione formae vel naturae: et sic dicitur magnitudo spiritualis, sicut dicitur magnus calor propter suam intensionem el perfectionem. Et ideo dicit Augustinus, VI *de Trin*.[7], quod *in his quae non mole magnae sunt, hoc est maius esse, quod est melius esse*: nam melius dicitur quod perfectius est. — Secundo autem attenditur quantitas virtualis in effectibus formae. Primus autem effectus formae est esse: nam omnis res habet esse secundum suam formam. Secundus autem effectus est operatio: nam omne agens agit per suam formam. Attenditur igitur quantitas virtualis et secundum esse, et secundum operationem: secundum esse quidem, inquantum ea quae

EM SENTIDO CONTRÁRIO, Atanásio diz: "As três pessoas são coeternas e iguais entre si".

RESPONDO. Deve-se afirmar a igualdade das pessoas divinas. Com efeito, no dizer do Filósofo, diz-se igual como que por uma negação do menor e do maior. Com efeito, não podemos afirmar nas pessoas divinas algo maior ou menor. É Boécio que diz: "Admitem diferença, a saber da divindade, os que aumentam ou diminuem, como os arianos; os quais, diferenciando na Trindade graus de mérito, a destroem e a convertem em pluralidade".

E a razão disso está em que as coisas desiguais não podem ter a mesma quantidade numérica. Ora, em Deus, a quantidade é a essência. Daí resulta que, se houvesse alguma desigualdade entre as pessoas divinas, elas não teriam a essência única: e as três pessoas não seriam um só Deus, o que é impossível. Portanto, é necessário admitir a igualdade das pessoas divinas.

QUANTO AO 1º, portanto, deve-se dizer que há duas espécies de quantidade. Uma é a quantidade de *massa*, ou quantidade dimensiva, que só existe nas coisas corporais. Por isso, não tem lugar nas pessoas divinas. A outra é a quantidade *virtual*, considerada segundo a perfeição de uma natureza ou de uma forma. É ela que é mencionada quando se fala de uma coisa mais ou menos quente, conforme ela é mais ou menos perfeita no calor. Ora, tal quantidade virtual é considerada primeiramente em sua raiz, isto é, na própria perfeição da forma ou natureza. Nesse sentido, fala-se de grandeza espiritual como se fala de um grande calor, por causa de sua intensidade ou perfeição. Por isso, Agostinho diz: "Nas coisas que não são grandes pela massa, ser maior é ser melhor"; diz-se melhor o que é mais perfeito. — Em segundo lugar, considera-se a quantidade virtual nos efeitos da forma. Entre eles, o primeiro é o ser, porque toda coisa tem o ser segundo sua forma. O segundo é a operação, porque todo agente age em virtude de sua forma. Considera-se, pois, a quantidade virtual, tanto no ser como na operação. No ser, na medida em que as coisas de natureza mais perfeita têm uma duração maior[a]. Na operação,

---

4. In Symbolo.
5. C. 5: 1056, a, 20-24.
6. C. 1: ML 64, 1249 C.
7. C. 8: ML 42, 929.

---

a. A duração é a permanência no ser. A caducidade de um *ente* é o signo da imperfeição de seu ser. Em consequência, a maior durabilidade é o signo de uma maior perfeição no ser.

sunt perfectioris naturae, sunt maioris durationis; secundum operationem vero, inquantum ea quae sunt perfectioris naturae, sunt magis potentia ad agendum. Sic igitur, ut Augustinus[8] dicit, in libro *de Fide ad Petrum*[9], aequalitas intelligitur in Patre et Filio et Spiritu Sancto, *inquantum nullus horum aut praecedit aeternitate, aut excedit magnitudine, aut superat potestate*.

AD SECUNDUM dicendum quod ubi attenditur aequalitas secundum quantitatem virtualem, aequalitas includit in se similitudinem, et aliquid plus: quia excludit excessum. Quaecumque enim communicant in una forma, possunt dici similia, etiamsi inaequaliter illam formam participant, sicut si dicatur aer esse similis igni in calore: sed non possunt dici aequalia, si unum altero perfectius formam illam participet. Et quia non solum una est natura Patris et Filii, sed etiam aeque perfecte est in utroque, ideo non solum dicimus Filium esse similem Patri, ut excludatur error Eunomii; sed etiam dicimus aequalem, ut excludatur error Arii.

AD TERTIUM dicendum quod aequalitas vel similitudo dupliciter potest significari in divinis, scilicet per nomina et per verba. Secundum quidem quod significatur per nomina, mutua aequalitas dicitur in divinis personis et similitudo: Filius enim est aequalis et similis Patri, et e converso. Et hoc ideo, quia essentia divina non magis est Patris quam Filii: unde, sicut Filius habet magnitudinem Patris, quod est esse eum aequalem Patri, ita Pater habet magnitudinem Filii, quod est esse eum aequalem Filio. Sed quantum ad creaturas, ut Dionysius dicit, 9 cap. *de Div. Nom.*[10], *non recipitur conversio aequalitatis et similitudinis*. Dicuntur enim causata similia causis, inquantum habent formam causarum: sed non e converso, quia forma principaliter est in causa, et secundario in causato. — Sed verba significant aequalitatem cum motu. Et licet motus non sit in divinis, est tamen ibi *accipere*. Quia igitur Filius accipit a Patre unde est aequalis ei, et non e converso, propter hoc dicimus quod Filius coaequatur Patri, et non e converso.

AD QUARTUM dicendum quod in divinis personis nihil est considerare nisi essentiam, in qua com-

na medida em que as naturezas mais perfeitas têm mais potência para agir. Assim, diz Agostinho, se entende "a igualdade entre o Pai, o Filho e o Espírito Santo: é que nenhum deles precede o outro em eternidade, excede em grandeza ou supera em poder".

QUANTO AO 2º, deve-se dizer que, quando se considera a igualdade segundo a quantidade virtual, a igualdade inclui a semelhança e algo mais; ela exclui o excesso. Com efeito, todas as coisas que têm em comum a mesma forma podem ser ditas semelhantes, mesmo se participam de modo desigual dessa forma. Por exemplo, diz-se que o ar é semelhante ao fogo no calor. Mas não se pode dizer que são iguais, se uma coisa participa dessa forma mais perfeitamente que a outra. Ora, o Pai e o Filho não apenas possuem uma só natureza, mas a têm perfeitamente tanto um quanto o outro. Por isso, dizemos que o Filho não é somente semelhante ao Pai, rejeitando assim o erro de Eunômio, mas ainda que é igual ao Pai, e assim rejeitamos o erro de Ário.

QUANTO AO 3º, deve-se dizer que a igualdade e a semelhança podem exprimir-se em Deus de duas maneiras: por nomes e verbos. Quando se exprimem por nomes, diz-se que nas pessoas divinas há mútua igualdade e semelhança: o Filho é igual e semelhante ao Pai, e reciprocamente. E isso porque a essência divina não pertence mais ao Pai do que ao Filho. Portanto, assim como o Filho possui a grandeza do Pai, o que é ser ele igual ao Pai, do mesmo modo o Pai possui a grandeza do Filho, o que é ser ele igual ao Filho. Ao contrário, nas criaturas, "não há reciprocidade de igualdade e de semelhança", como diz Dionísio. Os efeitos são semelhantes às causas, enquanto possuem a forma de sua causa, mas não há reciprocidade, pois a forma está principalmente na causa, e no efeito de maneira secundária. — Mas os verbos significam a igualdade com movimento. E, se em Deus não há movimento, há nele *receber*. Pois o Filho recebe do Pai aquilo pelo qual lhe é igual, e não ao contrário. Por isso dizemos que o Filho se iguala ao Pai, e não inversamente.

QUANTO AO 4º, deve-se dizer que, nas pessoas divinas, não se deve considerar senão a essência

---

8. Fulgentius.
9. C. 1: ML 65, 674 A.
10. MG 3, 913 CD.

municant, et relationes, in quibus distinguuntur. Aequalitas autem utrumque importat: scilicet distinctionem personarum, quia nihil sibi ipsi dicitur aequale; et unitatem essentiae, quia ex hoc personae sunt sibi invicem aequales, quod sunt unius magnitudinis et essentiae. Manifestum est autem quod idem ad seipsum non refertur aliqua relatione reali. Nec iterum una relatio refertur ad aliam per aliquam aliam relationem: cum enim dicimus quod paternitas opponitur filiationi, oppositio non est relatio media inter paternitatem et filiationem. Quia utroque modo relatio multiplicaretur in infinitum. Et ideo aequalitas et similitudo in divinis personis non est aliqua realis relatio distincta a relationibus personalibus: sed in suo intellectu includit et relationes distinguentes personas, et essentiae unitatem. Et propterea Magister dicit, in 31 dist. I *Sent.*, quod in his *appellatio tantum est relativa*.

que elas têm em comum, e as relações que as distinguem. Ora, a igualdade implica estes dois aspectos: a distinção das pessoas, porque nada é igual a si mesmo; e a unidade de essência, porque se as pessoas são iguais entre elas é que possuem a mesma grandeza e essência. É claro que uma mesma coisa não se refere a si mesma por uma relação real. Igualmente, nenhuma relação se refere a outra por uma terceira relação. Por exemplo, quando dizemos que a paternidade opõe-se à filiação, a oposição não é uma relação que se interpõe entre a paternidade e a filiação, porque, nos dois casos, multiplicar-se-iam as relações ao infinito. Por isso, a igualdade e a semelhança não são nas pessoas divinas uma relação real distinta das relações pessoais. Ela inclui em sua intelecção tanto as relações distintivas das pessoas como a unidade de essência. Daí a palavra do Mestre das Sentenças: Em Deus, "somente a denominação é relativa".

Articulus 2
Utrum persona procedens sit coaeterna suo principio, ut Filius Patri

Ad secundum sic proceditur. Videtur quod persona procedens non sit coaeterna suo principio, ut Filius Patri.
1. Arius enim duodecim modos generationis assignat[1]. Primus modus est iuxta fluxum lineae a puncto: ubi deest aequalitas simplicitatis. Secundus modus est iuxta emissionem radiorum a sole: ubi deest aequalitas naturae. Tertius modus est iuxta characterem, seu impressionem a sigillo: ubi deest consubstantialitas et potentiae efficientia. Quartus modus est iuxta immissionem bonae voluntatis a Deo: ubi etiam deest consubstantialitas. Quintus modus est iuxta exitum accidentis a substantia: sed accidenti deest subsistentia. Sextus modus est iuxta abstractionem speciei a materia, sicut sensus accipit speciem a re sensibili: ubi deest aequalitas simplicitatis spiritualis. Septimus modus est iuxta excitationem voluntatis a cogitatione: quae quidem excitatio temporalis est. Octavus modus est iuxta transfigurationem ut ex aere fit imago: quae materialis est. Nonus modus est motus a movente: et hic etiam ponitur effectus et causa. Decimus modus est iuxta eductionem specierum a genere: qui non competit in divinis, quia Pater non praedicatur de Filio sicut genus de specie.

Artigo 2
A pessoa que procede é coeterna com seu princípio, como o Filho com o Pai

Quanto ao segundo, assim se procede: parece que a pessoa que procede **não** é coeterna com seu princípio, como o Filho com o Pai.
1. Com efeito, Ário assinala doze modos de geração. O *primeiro* é conforme à linha que flui do ponto; aí falta a igualdade de simplicidade. O *segundo* é conforme à emissão dos raios do sol; aí falta a igualdade de natureza. O *terceiro* é conforme à impressão de uma marca pelo selo; aí falta a consubstancialidade e a eficácia do poder. O *quarto* é conforme à inspiração da boa vontade, vinda de Deus; aí falta a consubstancialidade. O *quinto* é conforme ao acidente que procede da substância; mas falta ao acidente a subsistência. O *sexto* é conforme à abstração da imagem da matéria, como o sentido recebe a imagem da coisa sensível; aqui falta igualdade de simplicidade espiritual. O *sétimo* é conforme ao estímulo da vontade pelo pensamento; este estímulo realiza-se no tempo. O *oitavo* conforme à mudança de figura, assim, o bronze torna-se estátua; é um modo material. O *nono* é o movimento produzido por um motor; aqui se afirma causa e efeito. O *décimo* é conforme à gênese das espécies a partir do gênero; igual modo não convém a Deus, porque não se

---

2 Parall.: III *Sent.*, dist. 11, a. 1; *De Pot.*, q. 3; a. 13; *Compend. Theol.*, c. 43; in *Decretal. I; Ioan.*, c. 1, lect. 1.
1. *Liber de generatione divina ad Marium Victorinum*, n. 4: ML 8, 1015 D.

Undecimus modus est iuxta ideationem, ut arca exterior ab ea quae est in mente. Duodecimus modus est iuxta nascentiam, ut homo est a patre: ubi est prius et posterius secundum tempus. Patet ergo quod in omni modo quo aliquid est ex altero, aut deest aequalitas naturae, aut aequalitas durationis. Si igitur Filius est a Patre, oportet dicere vel eum esse minorem Patre, aut posteriorem, aut utrumque.

2. Praeterea, omne quod est ex altero, habet principium. Sed nullum aeternum habet principium. Ergo Filius non est aeternus, neque Spiritus Sanctus.

3. Praeterea, omne quod corrumpitur, desinit esse. Ergo omne quod generatur, incipit esse: ad hoc enim generatur, ut sit. Sed Filius est genitus a Patre. Ergo incipit esse, et non est coaeternus Patri.

4. Praeterea, si Filius genitus est a Patre, aut semper generatur, aut est dare aliquod instans suae generationis. Si semper generatur; dum autem aliquid est in generari, est imperfectum, sicut patet in successivis, quae sunt semper in fieri, ut tempus et motus: sequitur quod Filius semper sit imperfectus; quod est inconveniens. Est ergo dare aliquod instans generationis Filii. Ante illud ergo instans Filius non erat.

Sed contra est quod Athanasius dicit[2], quod *totae tres personae coaeternae sibi sunt*.

Respondeo dicendum quod necesse est dicere Filium esse coaeternum Patri. Ad cuius evidentiam, considerandum est quod aliquid ex principio existens posterius esse suo principio, potest contingere ex duobus: uno modo, ex parte agentis; alio modo, ex parte actionis. Ex parte agentis quidem, aliter in agentibus voluntariis, aliter in agentibus naturalibus. In agentibus quidem voluntariis, propter electionem temporis: sicut enim in agentis voluntarii postestate est eligere formam quam effectui conferat, ut supra[3] dictum est, ita in eius potestate est eligere tempus in quo effectum producat. In agentibus autem naturalibus hoc contingit, quia agens aliquod non a principio habet perfectionem virtutis naturaliter ad agendum, sed ei advenit post aliquod tempus; sicut homo non

atribui o Pai ao Filho como se atribui um gênero às suas espécies. O *décimo primeiro* é conforme à criação artística, como uma arca exterior procede da que está no pensamento. O *décimo segundo* é conforme ao nascimento dos vivos, como o homem é de seu pai; aí existe o antes e o depois no tempo. Fica assim evidente: de qualquer maneira que um ser procede de um outro, ou falta a igualdade de natureza ou de duração. Portanto, se o Filho procede do Pai, será preciso dizer ou que ele é inferior ao Pai, ou que lhe é posterior, ou ambas as coisas.

2. Além disso, tudo o que provém de um outro tem princípio. Ora, o que é eterno não tem princípio. Logo, o Filho não é eterno, nem o Espírito Santo.

3. Ademais, o que se corrompe deixa de ser. Portanto, o que é gerado começa a ser, pois para isso mesmo é gerado: para que seja. Ora, o Filho é gerado pelo Pai. Logo, ele começa a ser e não é coeterno com o Pai.

4. Ademais, se o Filho é gerado pelo Pai, ou ele é sempre gerado, ou se pode designar o instante de sua geração. Se é sempre gerado, enquanto uma coisa está sendo gerada, ainda é imperfeita, como se vê no que é sucessivo como o tempo e o movimento, que estão em perpétuo vir a ser. Portanto, seguir-se-ia que o Filho seria sempre imperfeito, o que é inadmissível. Portanto, há um instante dado, que é o instante da geração do Filho; e antes desse instante o Filho não existia.

Em sentido contrário, Atanásio diz no Símbolo: "As pessoas são todas as três coeternas entre si".

Respondo. É necessário afirmar: o Filho é coeterno com o Pai. Para evidenciá-lo, deve-se considerar que pode acontecer de dois modos que algo que existe em virtude de um princípio seja posterior a seu princípio: seja em razão do agente, seja em razão da ação. Em razão do agente, distinto é o caso do agente voluntário e o do agente natural. O voluntário, pela escolha do tempo: está em seu poder escolher a forma a ser dada ao efeito, já tratamos disso. Está também em seu poder escolher o tempo de produzir o efeito. Para o agente natural isso também acontece, porque não necessariamente possui, desde o princípio, a perfeição de seu poder natural de ação, mas o alcança depois de algum tempo. O homem, por exemplo, não está em condições de gerar desde

---

2. In Symbolo, n. 39.
3. Q. 41, a. 2.

a principio generare potest. — Ex parte autem actionis, impeditur ne id quod est a principio simul sit cum suo principio, propter hoc quod actio est successiva. Unde, dato quod aliquod agens tali actione agere inciperet statim cum est, non statim eodem instanti esset effectus, sed in instanti ad quod terminatur actio.

Manifestum est autem secundum praemissa[4], quod Pater non generat Filium voluntate, sed natura. Et iterum, quod natura Patris ab aeterno perfecta fuit. Et iterum, quod actio qua Pater producit Filium, non est successiva: quia sic Filius Dei successive generaretur, et esset eius generatio materialis et cum motu, quod est impossibile. Relinquitur ergo quod Filius fuit, quandocumque fuit Pater. Et sic Filius est coaeternus Patri: et similiter Spiritus Sanctus utrique.

AD PRIMUM ergo dicendum quod, sicut Augustinus dicit, in libro *de Verbis Domini*[5], nullus modus processionis alicuius creaturae perfecte repraesentat divinam generationem: unde oportet ex multis modis colligere similitudinem, ut quod deest ex uno, aliqualiter suppleatur ex altero. Et propter hoc dicitur in Synodo Ephesina[6]: *Coexistere semper coaeternum Patri Filium, Splendor tibi denuntiet; impassibilitatem nativitatis ostendat Verbum: consubstantialitatem Filii nomen insinuet*. Inter omnia tamen expressius repraesentat processio verbi ab intellectu: quod quidem non est posterius eo a quo procedit, nisi sit talis intellectus qui exeat de potentia in actum: quod in Deo dici non potest.

AD SECUNDUM dicendum quod aeternitas excludit principium durationis, sed non principium originis.

AD TERTIUM dicendum quod omnis corruptio est mutatio quaedam: et ideo omne quod corrumpitur, incipit non esse, et desinit esse. Sed generatio divina non est transmutatio, ut dictum est supra[7]. Unde Filius, semper generatur, et Pater semper generat.

AD QUARTUM dicendum quod in tempore aliud est quod est indivisibile, scilicet instans; et aliud est quod est durans, scilicet tempus. Sed in aeternitate ipsum *nunc* indivisibile est semper stans, ut

o início. — Em razão da ação, o que impede o efeito de ser simultâneo a seu princípio é o fato de a ação ser sucessiva. Mesmo na hipótese de que o agente de tal ação começasse a agir desde que existe, o efeito não existiria desde esse mesmo instante, mas somente ao término da ação.

É evidente, segundo o que já foi dito, que o Pai gera seu Filho não voluntariamente, mas por natureza. Além do mais, a natureza do Pai é perfeita desde toda eternidade. E a ação pela qual o Pai produz o Filho não é sucessiva. De outro modo, o Filho de Deus seria gerado progressivamente, isto é, seria uma geração material e ligada ao movimento, o que é impossível. Assim, o Filho de Deus é coeterno com o Pai, e o Espírito Santo coeterno com ambos.

QUANTO AO 1º, portanto, deve-se dizer com Agostinho: não há modo de processão de alguma criatura que possa representar perfeitamente a geração divina. Portanto, deve-se recorrer a uma semelhança, a partir de modos múltiplos, um suprindo de certa maneira o que falta ao outro. É assim que se diz no Concílio de Éfeso: "O nome de Esplendor revela-nos que o Filho coexiste com o Pai e lhe é coeterno. O de Verbo mostra-nos que se trata de um nascimento sem passividade. O de Filho indica sua consubstancialidade". Entre todos os modos, no entanto, o mais expressivo é a processão do verbo do intelecto, pois, o verbo só é posterior a seu princípio no caso de um intelecto que passa da potência ao ato: o que não se pode dizer de Deus.

QUANTO AO 2º, deve-se dizer que a eternidade exclui o princípio da duração. Não, porém, o princípio de origem.

QUANTO AO 3º, deve-se dizer que toda corrupção é uma mudança. Por isso, o que se corrompe começa a não ser, e deixa de ser. Mas a geração divina não é uma mudança, como se disse acima[b]. Assim, o Filho sempre é gerado; e o Pai gera sempre.

QUANTO AO 4º, deve-se dizer que no tempo distingue-se o indivisível, isto é, o instante, e o que dura, ou seja, o tempo. Na eternidade, porém, o próprio *instante* indivisível subsiste sempre, como

---

4. Ibid.
5. Serm. ad pop. 38 (al. *de Verbis Evang.* 117), c. 6: ML 38, 666; c. 10: ML 38, 668 sq.
6. Parte III, c. 10.
7. Q. 27, a. 2.

b. Já que a "corrupção" (a desagregação de um *ente*) implica sempre uma mudança, por isso tem sempre um início. Toda geração, porém, não implica necessariamente uma mudança: a geração em Deus é uma geração verdadeira, ainda que transcendente, a qual, precisamente por sua transcendência, exclui toda mudança. Logo, exclui também todo começo daquele que é gerado.

supra⁸ dictum est. Generatio vero Filii non est in *nunc* temporis, aut in tempore, sed in aeternitate. Et ideo, ad significandum praesentialitatem et permanentiam aeternitatis, potest dici quod *semper nascitur*, ut Origenes dixit⁹. Sed, ut Gregorius¹⁰ et Augustinus¹¹ dicunt, melius est quod dicatur *semper natus*: ut ly *semper* designet permanentiam aeternitatis, et ly *natus* perfectionem geniti. Sic ergo Filius nec imperfectus est, neque *erat quando non erat*, ut Arius dixit.

Articulus 3
Utrum in divinis personis sit ordo naturae

AD TERTIUM SIC PROCEDITUR. Videtur quod in divinis personis non sit ordo naturae.

1. Quidquid enim in divinis est, vel est essentia vel persona vel notio. Sed ordo naturae non significat essentiam, neque est aliqua personarum aut notionum. Ergo ordo naturae non est in divinis.

2. PRAETEREA, in quibuscumque est ordo naturae, unum est prius altero, saltem secundum naturam et intellectum. Sed in divinis personis *nihil est prius et posterius*, ut Athanasius dicit¹. Ergo in divinis personis non est ordo naturae.

3. PRAETEREA, quidquid ordinatur, distinguitur. Sed natura in divinis non distinguitur. Ergo non ordinatur. Ergo non est ibi ordo naturae.

4. PRAETEREA, natura divina est eius essentia. Sed non dicitur in divinis *ordo essentiae*. Ergo neque ordo naturae.

SED CONTRA, ubicumque est pluralitas sine ordine, ibi est confusio. Sed in divinis personis non est confusio, ut Athanasius dicit². Ergo est ibi ordo.

RESPONDEO dicendum quod ordo semper dicitur per comparationem ad aliquod principium. Unde sicut dicitur principium multipliciter, scilicet se-

já tratamos. Ora, a geração do Filho não se realiza num *instante* temporal, nem no tempo, mas na eternidade. Portanto, para significar esta presença e permanência da eternidade, pode-se dizer, com Orígenes, que o Filho *nasce sempre*. Entretanto, com Gregório e Agostinho, é melhor dizer que ele *é sempre nascido*: nesta expressão, o advérbio *sempre* evoca a permanência da eternidade, e o perfeito *nascido* evoca a perfeição do ser gerado. Assim, o Filho nem é imperfeito, nem *houve tempo em que não existia*, como afirmou Ário.

Artigo 3
Há uma ordem de natureza nas pessoas divinas?

QUANTO AO TERCEIRO, ASSIM SE PROCEDE: parece que **não** há uma ordem de natureza nas pessoas divinas.

1. Com efeito, tudo o que há em Deus ou é a essência, ou a pessoa, ou a noção. Ora, a ordem de natureza não significa nem a essência, nem a pessoa, nem a noção. Logo, não há ordem de natureza em Deus.

2. ALÉM DISSO, nas coisas em que há uma ordem de natureza, uma é anterior à outra, pelo menos segundo a natureza e o intelecto. Ora, segundo Atanásio, *não há antes nem depois nas pessoas divinas*. Logo, não há ordem de natureza nas pessoas divinas.

3. ADEMAIS, tudo o que está ordenado se distingue. Ora, a natureza divina não comporta distinção. Logo, também não comporta ordem. Assim, não há nela ordem de natureza.

4. ADEMAIS, a natureza divina é a essência de Deus. Ora, não há *ordem de essência* em Deus. Logo, nem ordem de natureza.

EM SENTIDO CONTRÁRIO, onde há pluralidade sem ordem, aí há confusão. Ora, não há confusão nas pessoas divinas, diz Atanásio. Portanto, há uma ordem.

RESPONDO. A ordem sempre se diz por comparação com um princípio. Por isso, assim como o princípio se diz de múltiplas maneiras, por

---

8. Q. 10, a. 2, ad 1; a. 4, ad 2.
9. In *Ioan.*, t. I: MG 14, 77 CD.
10. *Moral.*, l. XXIX, c. 1: ML 76, 477 B.
11. L. *Octog. trium Quaest.*, q. 37: ML 40, 27.

3 PARALL.: I *Sent.*, dist. 12, a. 1; dist. 20, a. 3; *De Pot.*, q. 10, a. 3; *Contra errores Graec.*, parte II, c. 31.

1. In Symbolo.
2. Ibid.

cundum situm, ut punctus, secundum intellectum, ut principium demonstrationis, et secundum causas singulas; ita etiam dicitur ordo. In divinis autem dicitur principium secundum originem, absque prioritate, ut supra[3] dictum est. Unde oportet ibi esse ordinem secundum originem, absque prioritate. Et hic vocatur ordo naturae, secundum Augustinum[4], non quo alter sit prius altero, sed quo alter est ex altero.

Ad primum ergo dicendum quod ordo naturae significat notionem originis in communi, non autem in speciali.

Ad secundum dicendum quod in rebus creatis, etiam cum id quod est a principio sit suo principio coaevum secundum durationem, tamen principium est prius secundum naturam et intellectum, si consideretur id quod est principium. Sed si considerentur ipsae relationes causae et causati, et principii et principiati, manifestum est quod relativa sunt simul natura et intellectu, inquantum unum est in definitione alterius. Sed in divinis ipsae relationes sunt subsistentes personae in una natura. Unde neque ex parte naturae, neque ex parte relationum, una persona potest esse prior alia, neque etiam secundum naturam et intellectum.

Ad tertium dicendum quod ordo naturae dicitur, non quod ipsa natura ordinetur: sed quod ordo in divinis personis attenditur secundum naturalem originem.

Ad quartum dicendum quod *natura* quodammodo importat rationem principii, non autem *essentia*. Et ideo ordo originis melius nominatur ordo naturae, quam ordo essentiae.

exemplo, do lugar, o ponto; do conhecimento, os princípios da demonstração, e também das diversas causas; assim também se diz a ordem. Em Deus, fala-se de princípio segundo a origem, e sem prioridade, como foi dito acima. Portanto, nele deve haver uma ordem de origem, sem prioridade. Agostinho a chama, "uma ordem de natureza, pela qual um não precede o outro, mas procede do outro".

Quanto ao 1º, portanto, deve-se dizer que ordem de natureza significa a noção de origem em geral, não porém, em especial.

Quanto ao 2º, deve-se dizer que nas coisas criadas, ainda que o que procede de um princípio lhe seja contemporâneo quanto ao tempo, o princípio é anterior quanto à natureza e ao conhecimento, se se considera o que é o princípio. Mas, se se consideram as relações de causa e de efeito, de princípio e de principiado, então é claro que os correlativos são simultâneos quanto à natureza e à razão, pois um está na definição do outro. Ora, em Deus, as relações são elas mesmas pessoas subsistentes em uma só natureza. Portanto, nem por parte da natureza, nem por parte das relações um pessoa pode preceder a outra, nem segundo a natureza e o intelecto[c].

Quanto ao 3º, deve-se dizer que por ordem de natureza se entende: não que a natureza seja ordenada, mas que, entre as pessoas divinas, a ordem diz respeito à origem natural.

Quanto ao 4º, deve-se dizer que ao contrário de *essência*, *natureza*, de certo modo, implica a razão de princípio. E é por isso que a ordem de origem chama-se uma ordem de natureza melhor do que uma ordem de essência.

Articulus 4
Utrum Filius sit aequalis Patri secundum magnitudine

Ad quartum sic proceditur. Videtur quod Filius non sit aequalis Patri in magnitudine.

Artigo 4
O Filho é igual ao Pai em grandeza?

Quanto ao quarto, assim se procede: parece que o Filho **não** é igual ao Pai em grandeza.

---

3. Q. 33, a. 1, ad 3.
4. *Contra Maximin.*, l. II (al. III), c. 14: ML 42, 771.

Parall.: I *Sent.*, dist. 19, q. 1, a. 2; *Cont. Gent.* VII, 11; in Boet. *de Trin.*, q. 3, a. 4.

---

c. Santo Tomás, que no argumento "em sentido contrário" afirmou com tanta ênfase a necessidade de reconhecer uma ordem entre as Pessoas divinas, parece aqui negá-la. Na verdade, o que ele rejeita, na linha do que precede, é a prioridade e a posterioridade, o que evidencia aqui o caráter paradoxal da ordem intratrinitária. A prioridade natural é aquela que é preciso reconhecer a um termo em relação a um outro que lhe é simultâneo, mas que só pode ser definido em função dele, ao passo que ele mesmo é cognoscível sem que esse outro seja conhecido: assim, o triângulo isósceles não pode ser conhecido sem que se saiba previamente o que é um triângulo, e o inverso não é verdade; é-lhe portanto posterior na ordem das noções, quando,

1. Dicit enim ipse, Io 14,28: *Pater maior me est*; et Apostolus, 1Cor 15,28: *Ipse Filius subiectus erit* illi *qui sibi subiecit omnia*.

2. P‌RAETEREA, paternitas pertinet ad dignitatem Patris. Sed paternitas non convenit Filio. Ergo non quidquid dignitatis habet Pater, habet Filius. Ergo non est aequalis Patri in magnitudine.

3. P‌RAETEREA, ubicumque est totum et pars, plures partes sunt aliquid maius quam una tantum vel pauciores; sicut tres homines sunt aliquid maius quam duo vel unus. Sed in divinis videtur esse totum universale et pars: nam sub *relatione* vel *notione* plures notiones continentur. Cum igitur in Patre sint tres notiones, in Filio autem tantum duae, videtur quod Filius non sit aequalis Patri.

S‌ED CONTRA est quod dicitur Philp 2,6: *Non rapinam arbitratus est esse se aequalem Deo*.

R‌ESPONDEO dicendum quod necesse est dicere Filium esse aequalem Patri in magnitudine. Magnitudo enim Dei non est aliud quam perfectio naturae ipsius. Hoc autem est de ratione paternitatis et filiationis, quod filius per generationem pertingat ad habendam perfectionem naturae quae est in patre, sicut et pater. Sed quia in hominibus generatio est transmutatio quaedam exeuntis de potentia in actum, non statim a principio homo filius est aequalis patri generanti; sed per debitum incrementum ad aequalitatem perducitur, nisi aliter eveniat propter defectum principii generationis. Manifestum est autem ex dictis[1] quod in divinis est proprie et vere paternitas et filiatio. Nec potest dici quod virtus Dei Patris fuerit defectiva in generando; neque quod Dei Filius successive et per transmutationem ad perfectionem pervenerit. Unde necesse est dicere quod ab aeterno fuerit Patri aequalis in magnitudine. Unde et Hilarius dicit, in libro *de Synod.*[2]: *Tolle corporum infirmitates, tolle conceptus initium, tolle dolores et omnem humanam necessitatem, omnis filius secundum naturalem nativitatem aequalitas patris est, quia est et similitudo naturae*.

1. Com efeito, ele próprio diz: "O Pai é maior do que eu". E o Apóstolo, na primeira Carta aos Coríntios: "O próprio Filho será submetido àquele que tudo lhe submeteu".

2. A‌LÉM DISSO, a paternidade faz parte da dignidade do Pai. Ora, a paternidade não convém ao Filho. Portanto, o Filho não possui toda a dignidade do Pai. Logo, ele não é igual ao Pai em grandeza.

3. A‌DEMAIS, onde há todo e parte, várias partes são mais que uma só ou que um número menor dessas partes. Por exemplo, três homens fazem um total maior que dois homens ou um só. Ora, parece que em Deus há um todo universal e partes: pois sob o termo "relação" ou "noção" estão compreendidas várias noções. E porque no Pai há três noções, e duas somente no Filho, parece, portanto, que o Filho não é igual ao Pai.

E‌M SENTIDO CONTRÁRIO, diz a Carta aos Filipenses: "Não julgou que fosse usurpação ser ele igual a Deus".

R‌ESPONDO. É necessário dizer que o Filho é igual ao Pai em grandeza. Com efeito, a grandeza de Deus nada mais é que a perfeição de sua natureza. É da razão de paternidade e filiação que, por sua geração, o filho chegue a ter a perfeição da natureza do pai, como o pai a possui. Mas, porque nos homens a geração é uma mudança que faz passar o sujeito da potência ao ato, o filho não é desde o começo igual ao pai que o gera. É por um crescimento conveniente que ele chega a tal igualdade, a não ser que aconteça diferentemente devido a um defeito do princípio gerador. É claro, pois, pelo que foi dito, que em Deus há, própria e verdadeiramente, paternidade e filiação. E não é possível admitir uma falha no poder de Deus Pai, em seu ato gerador, nem que o Filho de Deus tenha chegado à sua perfeição por mudanças sucessivas. Portanto, deve-se afirmar que, desde toda eternidade, o Filho foi igual ao Pai em grandeza. É por isso que Hilário escreve: "Afastai as enfermidades do corpo, afastai o início da concepção, afastai as dores e toda necessidade humana: todo filho, pelo nascimento natural, é igual ao pai, pois ele é a semelhança de sua natureza".

---

1. Q. 27, a. 2; q. 33, a. 2, ad 3, 4; a. 3.
2. Num. 73: ML 10, 528 AB.

evidentemente, a mesma figura é simultaneamente triângulo e isósceles. Ora, isto não se aplica às Pessoas divinas, o Pai não podendo ser mais conhecido sem o Filho do que o Filho sem o Pai, uma vez que cada um é pura relação com o outro. Contudo, existe uma ordem entre elas, ordem estabelecida pelas relações de origem, em virtude das quais elas não são intercambiáveis. Isto permite falar de uma primeira, de uma segunda e de uma terceira Pessoas, sem dizer por isso que uma Pessoa é anterior ou posterior a outra no instante imóvel da eternidade.

AD PRIMUM ergo dicendum quod verba illa intelliguntur dicta de Christo secundum humanam naturam, in qua minor est Patre, et ei subiectus. Sed secundum naturam divinam, aequalis est Patri. Et hoc est quod Athanasius dicit[3]: *Aequalis Patri secundum divinitatem, minor Patre secundum humanitatem*. Vel, secundum Hilarium, in IX libro *de Trin*.[4]: *Donantis auctoritate Pater maior est, sed minor non est cui unum esse donatur*. Et in libro *de Synod*.[5] dicit quod *subiectio Filii naturae pietas est*, idest recognitio auctoritatis paternae, *subiectio autem ceterorum, creationis infirmitas*.

AD SECUNDUM dicendum quod aequalitas attenditur secundum magnitudinem. Magnitudo autem in divinis significat perfectionem naturae, ut dictum est[6], et ad essentiam pertinet. Et ideo aequalitas in divinis, et similitudo, secundum essentialia attenditur: nec potest secundum distinctionem relationum inaequalitas vel dissimilitudo dici. Unde Augustinus dicit, *Contra Maximinum*[7]: *Originis quaestio est quid de quo sit, aequalitatis autem, qualis aut quantus sit*. Paternitas igitur est dignitas Patris, sicut et essentia Patris: nam dignitas absolutum est, et ad essentiam pertinet. Sicut igitur eadem essentia quae in Patre est paternitas, in Filio est filiatio; ita eadem dignitas quae in Patre est paternitas, in Filio est filiatio. Vere ergo dicitur quod quidquid dignitatis habet Pater, habet Filius. Nec sequitur: *paternitatem habet Pater, ergo paternitatem habet Filius*. Mutatur enim *quid* in *ad aliquid:* eadem enim est essentia et dignitas Patris et Filii, sed in Patre est secundum relationem dantis, in Filio secundum relationem accipientis.

AD TERTIUM dicendum quod relatio in divinis non est totum universale, quamvis de pluribus relationibus praedicetur: quia omnes relationes sunt unum secundum essentiam et esse, quod repugnat rationi universalis, cuius partes secundum esse distinguuntur. Et similiter persona, ut supra[8] dictum est, non est universale in divinis. Unde neque omnes relationes sunt maius aliquid quam una tantum; nec omnes personae maius aliquid quam una tantum; quia tota perfectio divinae naturae est in qualibet personarum.

QUANTO AO 1º, portanto, deve-se dizer que aquelas palavras se entendem de Cristo em sua natureza humana, na qual de fato ele é inferior ao Pai e lhe é submisso. Mas em sua natureza divina ele é igual ao Pai. É o que diz Atanásio: "Igual ao Pai, pela divindade, menor que o Pai, pela humanidade". Ou, como diz Hilário: "Por sua autoridade de Doador o Pai é maior; mas menor não é aquele a quem foi dado o mesmo ser". E explica: "A submissão do Filho é sua piedade natural", isto é, o reconhecimento da autoridade paterna. "Mas a submissão de todos os outros é fraqueza da criação."

QUANTO AO 2º, deve-se dizer que a igualdade diz respeito à grandeza. Ora, a grandeza em Deus significa a perfeição da natureza, como foi dito, e pertence à essência. Assim, em Deus igualdade e semelhança dizem respeito aos atributos essenciais, e não se pode falar de desigualdade ou de dessemelhança a propósito das distinções relativas. Agostinho diz: "A questão de origem é: o que procede do que; a questão de igualdade é: qual é ela e de qual grandeza". Portanto, se a paternidade é uma dignidade do Pai, como também é a essência do Pai: a dignidade é, com efeito, um atributo absoluto que pertence à essência. E, como a mesma essência é paternidade no Pai e filiação no Filho, assim a mesma dignidade que no Pai é a paternidade, é no Filho a filiação. Portanto, com verdade se diz que toda dignidade que o Pai tem, o Filho tem. Não se pode daí deduzir: *o Pai possui a paternidade, logo o Filho possui a paternidade*, porque se passa, assim, do absoluto (*quid*) ao relativo (*ad aliquid*). O Pai e o Filho têm a mesma essência e dignidade, mas no Pai segundo a relação de quem dá, e no Filho, de quem recebe.

QUANTO AO 3º, deve-se dizer que em Deus a relação não é um todo universal, embora seja atribuída a diversas relações, pois todas essas relações são uma única coisa na essência e no ser, o que vai contra a razão de universal, cujas partes são distintas segundo o ser. Igualmente, como acima foi dito, em Deus, pessoa não é um universal. Por conseguinte, todas as relações não são algo maior que uma só delas, nem todas as pessoas são algo maior que uma só, pois cada pessoa possui toda a perfeição da natureza divina.

---

3. In Symbolo.
4. Num. 54: ML 10, 325 A.
5. Num. 79: ML 10, 532 A.
6. In corp. — Cfr. art. 1, ad 1.
7. L. II (al. III), c. 18: ML 42, 786.
8. Q. 30, a. 4, ad 3.

Artigo 5
O Filho está no Pai e o Pai no Filho?

Quanto ao quinto, assim se procede: parece que o Filho **não** está no Pai, nem o Pai no Filho.

1. Com efeito, o Filósofo apresenta oito modos de uma coisa estar em uma outra. E segundo nenhum deles o Filho está no Pai, e o Pai no Filho, como fica claro a quem percorre cada um dos modos. Portanto, o Filho não está no Pai, nem o Pai no Filho.

2. Além disso, nada que saiu de um outro nele está. Ora, desde toda a eternidade o Filho saiu do Pai, segundo o profeta Miqueias: "Sua saída data do começo, dos dias da eternidade". Logo, o Filho não está no Pai.

3. Ademais, um dos opostos não está no outro. Ora, o Pai e o Filho opõem-se relativamente. Logo, não é possível que um esteja no outro.

Em sentido contrário, lê-se no Evangelho de João: "Eu estou no Pai, e o Pai está em mim".

Respondo. Há três coisas a considerar no Pai e no Filho: a essência, a relação e a origem. E sob esses três aspectos o Filho está no Pai, e o Pai no Filho. Com efeito, segundo a essência: o Pai está no Filho, pois o Pai é sua essência, e ele a comunica ao Filho sem a menor mudança. Daí se segue que, estando a essência do Pai no Filho, no Filho está o Pai. Igualmente, sendo o Filho sua essência, segue-se que o Filho está no Pai, no qual está sua essência. É o que diz Hilário: "O Deus imutável, segue, por assim dizer, sua natureza quando gera um Deus imutável. Portanto, reconhecemos nele a natureza subsistente de Deus porque Deus está em Deus". — Também segundo as relações: é claro que um dos opostos relativamente está no outro, segundo o intelecto. — Finalmente, segundo a origem: é claro ainda que a processão do verbo inteligível não é para fora, mas permanece no que o diz; e, do mesmo modo, o objeto expresso pelo verbo é contido neste verbo. — E a mesma razão vale para o Espírito Santo.

Quanto ao 1º, portanto, deve-se dizer que o que há nas criaturas não representa suficientemente o que há em Deus. Por conseguinte, por nenhum dos modos enumerados pelo Filósofo o Filho está no Pai e o Pai no Filho. Entretanto, o modo que mais se aproxima é aquele segundo o qual se

---

5 Parall.: I *Sent*., dist. 19, q. 3, a. 2; *Cont. Gent.* IV, 9; *Ioan.*, c. 10, lect. 6; c. 16, lect. 7.

1. C. 3: 210, a, 14-24.
2. Num. 37, 38: ML 10, 155 B — 156 B.

esse in principio originante: nisi quod deest unitas essentiae, in rebus creatis, inter principium et id quod est a principio.

AD SECUNDUM dicendum quod exitus Filii a Patre est secundum modum processionis interioris, prout verbum exit a corde, et manet in eo. Unde exitus iste in divinis est secundum solam distinctionem relationum; non secundum essentialem aliquam distantiam.

AD TERTIUM dicendum quod Pater et Filius opponuntur secundum relationes, non autem secundum essentiam. Et tamen oppositorum relative unum est in altero, ut dictum est[3].

diz de uma coisa que está no princípio que lhe dá origem; com esta diferença: nas criaturas, não há unidade de essência entre o princípio e o que dele procede.

QUANTO AO 2º, deve-se dizer que a saída do Filho, emanando do Pai, entende-se à maneira de uma processão interior, conforme o verbo sai do coração e permanece nele. Em Deus, tal saída é somente por uma distinção de relações, e não uma separação essencial.

QUANTO AO 3º, deve-se dizer que não é pela essência, mas por suas relações, que o Pai e o Filho se opõem. Entretanto, um dos opostos relativamente está no outro, como foi dito.

ARTICULUS 6
Utrum Filius sit aequalis Patri secundum potentiam

AD SEXTUM SIC PROCEDITUR. Videtur quod Filius non sit aequalis Patri secundum potentiam.

1. Dicitur enim Io 5,19: *Non potest Filius a se facere quidquam, nisi quod viderit Patrem facientem*. Pater autem a se potest facere. Ergo Pater maior est Filio secundum potentiam.

2. PRAETEREA, maior est potentia eius qui praecipit et docet, quam eius qui obedit et audit. Sed Pater mandat Filio, secundum illud Io 14,31: *Sicut mandatum dedit mihi Pater, sic facio*. Pater etiam docet Filium, secundum illud Io 5,20: *Pater diligit Filium, et omnia demonstrat ei quae ipse facit*. Similiter et Filius audit, secundum illud Io 5,30: *Sicut audio, iudico*. Ergo Pater est maioris potentiae quam Filius.

3. PRAETEREA, ad omnipotentiam Patris pertinet quod possit Filium generare sibi aequalem: dicit enim Augustinus, in libro *Contra Maximin*.[1]: *Si non potuit generare sibi aequalem, ubi est omnipotentia Dei Patris?* Sed Filius non potest generare Filium, ut supra[2] ostensum est. Non ergo quidquid pertinet ad omnipotentiam Patris, potest Filius. Et ita non est ei in potestate aequalis.

SED CONTRA est quod dicitur Io 5,19: *Quaecumque Pater facit, haec et Filius similiter facit*.

ARTIGO 6
O Filho é igual ao Pai em potência?

QUANTO AO SEXTO, ASSIM SE PROCEDE: parece que o Filho **não** é igual ao Pai em potência.

1. Com efeito, diz-se no Evangelho de João: "O Filho nada pode fazer por si mesmo, a não ser o que vê fazer o Pai". Ora, o Pai pode fazer por si mesmo. Logo, o Pai é maior que o Filho segundo a potência.

2. ALÉM DISSO, aquele que comanda e ensina tem uma potência maior do que aquele que obedece e que escuta. Ora, o Pai comanda ao Filho, segundo João: "O que meu Pai me ordenou, eu o faço". O Pai ensina também o Filho, segundo o Evangelho de João: "O Pai ama o Filho, e lhe mostra tudo o que ele faz". Igualmente, o Filho escuta, segundo esta outra palavra do mesmo Evangelho de João: "Eu julgo segundo o que escuto". Logo, o Pai é maior que o Filho em potência.

3. ADEMAIS, à onipotência do Pai pertence poder gerar um Filho igual a si mesmo. Agostinho diz: "Se Deus Pai não pôde gerar seu igual, onde está sua onipotência?" Ora, o Filho não pode gerar filhos, como acima foi demonstrado. Logo, o Filho não pode tudo o que convém à onipotência do Pai; assim, ele não lhe é igual em poder.

EM SENTIDO CONTRÁRIO, está no Evangelho de João: "Tudo o que o Pai faz, o Filho o faz igualmente".

---

3. In corpore.

PARALL.: I *Sent*., dist. 20, a. 2; *Cont. Gent*. IV, 7, 8.

1. L. II (al. III), c. 7: ML 42, 762.
2. Q. 41, a. 6, ad 1, 2.

RESPONDEO dicendum quod necesse est dicere quod Filius est aequalis Patri in potestate. Potentia enim agendi consequitur perfectionem naturae: videmus enim in creaturis quod quanto aliquid habet perfectiorem naturam, tanto est maioris virtutis in agendo. Ostensum est autem supra[3] quod ipsa ratio divinae paternitatis et filiationis exigit quod Filius sit aequalis Patri in magnitudine, idest in perfectione naturae. Unde relinquitur quod Filius sit aequalis Patri in potestate. — Et eadem ratio est de Spiritu Sancto respectu utriusque.

AD PRIMUM ergo dicendum quod in hoc quod dicitur quod *Filius non potest a se facere quidquam*, non subtrahitur Filio aliqua potestas quam habeat Pater; cum statim subdatur quod *quaecumque Pater facit, Filius similiter facit*. Sed ostenditur quod Filius habet potestatem a Patre, a quo habet naturam. Unde dicit Hilarius, IX *de Trin.*[4]: *Naturae divinae haec unitas est, ut ita per se agat Filius, quod non a se agat.*

AD SECUNDUM dicendum quod in *demonstratione* Patris et *auditione* Filii, non intelligitur nisi quod Pater communicat scientiam Filio, sicut et essentiam. Et ad idem potest referri *mandatum* Patris, per hoc quod ab aeterno dedit ei scientiam et voluntatem agendorum, eum generando. — Vel potius referendum est ad Christum secundum humanam naturam.

AD TERTIUM dicendum quod, sicut eadem essentia quae in Patre est paternitas, in Filio est filiatio; ita eadem est potentia qua Pater generat, et qua Filius generatur. Unde manifestum est quod quidquid potest Pater, potest Filius. Non tamen sequitur quod possit generare: sed mutatur *quid* in *ad aliquid*, nam generatio significat relationem in divinis. Habet ergo Filius eandem omnipotentiam quam Pater, sed cum alia relatione. Quia Pater habet eam *ut dans*: et hoc significatur, cum dicitur quod potest generare. Filius autem habet eam *ut*

RESPONDO. Deve-se dizer que o Filho é igual ao Pai em poder, porque a potência para agir segue a perfeição da natureza. Vê-se nas criaturas: quanto mais perfeita é a natureza de alguma coisa, tanto maior é a força no agir. Ora, foi demonstrado que a razão de paternidade e filiação divina exige que o Filho seja igual ao Pai em grandeza, isto é, em perfeição de natureza. Daí resulta que o Filho é igual ao Pai em poder. — A mesma razão vale para o Espírito Santo em relação ao Pai e ao Filho.

QUANTO AO 1º, portanto, deve-se dizer que na expressão: "O Filho nada pode fazer por si mesmo", não se subtrai do Filho poder algum do Pai, pois logo se acrescenta: "Tudo o que o Pai faz, o Filho o faz igualmente". Mostra-se que o Filho recebe o poder do Pai, de quem recebe a natureza. De onde esta palavra de Hilário: "A unidade da natureza divina é tal que o Filho, quando age por si, não age de si mesmo"[d].

QUANTO AO 2º, deve-se dizer que no *ensinamento* do Pai e na *escuta* do Filho não se entende que o Pai comunica a ciência ao Filho, como lhe comunica a essência. E a isso mesmo pode se referir o *mandamento* do Pai: pelo fato de que, gerando seu Filho, ele lhe dá, desde toda a eternidade, conhecimento e querer do que faz. — Ou, antes, se hão de referir essas expressões a Cristo em sua natureza humana.

QUANTO AO 3º, deve-se dizer que, assim como a mesma essência que no Pai é a paternidade, no Filho é a filiação, é a mesma a potência pela qual o Pai gera, e o Filho é gerado. Portanto, fica claro que, tudo o que o Pai pode, o Filho pode. Daí não se deduz, entretanto, que o Filho possa gerar: seria ainda passar indevidamente do absoluto (*quid*) para o relativo (*ad aliquid*), pois em Deus a geração significa relação. Portanto, o Filho possui a mesma onipotência que o Pai, com uma relação diferente: o Pai a possui como *aquele que dá*; o

---

3. Art. 4.
4. Num. 48: ML 10, 319 C.

d. O texto de Santo Hilário citado por Santo Tomás é quase intraduzível. Literalmente, levaria a pensar que o Filho se subordina ao Pai, que reconhece sua autoridade, e portanto sua superioridade. Contudo, com tal interpretação a oposição que se faz entre a "submissão" do Filho e a das criaturas perderia todo significado: uma e outra seriam "piedade natural". *Auctoritas* significa apenas que o Pai é o princípio do Filho, seu "autor". De modo correlato, *subjectio*, aplicado ao Filho, significa que ele é principiado, ou seja, que recebe sua natureza do Pai. A mesma palavra, nisto reside o perigo do equívoco, aplica-se às criaturas, mas em seu sentido comum de subordinação, de submissão à autoridade daquele do qual se depende.

accipiens: et hoc significatur, cum dicitur quod potest generari.

que se manifesta nas palavras: Ele pode gerar. De seu lado, o Filho a possui como *quem recebe*: e isto é expresso nos termos: Ele pode ser gerado[e].

---

e. Não se disse acima que a "dignidade" é uma característica da pessoa (q. 29, a. 3, sol. 2 e q. 40, a. 3)? Sem dúvida, é a pessoa que é digna, constituída em dignidade; tal dignidade, porém, advém-lhe da natureza que nela se realiza. O que afirma aqui Santo Tomás é que a infinita dignidade da natureza divina se realiza inteiramente no Pai e no Filho: no Pai, é paternidade, no Filho, filiação, mas essa distinção só concerne às relações que, como se viu, não dividem de modo algum a essência, e não dividem tampouco a dignidade.

Por que Santo Tomás não se refere aqui ao Espírito Santo? É claro que toda essa questão está consagrada à refutação das objeções de Ário contra a perfeita igualdade entre o Pai e o Filho. Todavia, tudo o que é afirmado a respeito do Filho vale para o Espírito Santo.

QUAESTIO XLIII
DE MISSIONE DIVINARUM PERSONARUM
in octo articulos divisa

Deinde considerandum de missione divinarum Personarum.
Et circa hoc quaeruntur octo.
Primo: utrum alicui divinae Personae conveniat mitti.
Secundo: utrum missio sit aeterna, vel temporalis tantum.
Tertio: secundum quid divina Persona invisibiliter mittatur.
Quarto: utrum cuilibet Personae conveniat mitti.
Quinto: utrum invisibiliter mittatur tam Filius, quam Spiritus Sanctus.
Sexto: ad quos fiat missio invisibilis.
Septimo: de missione visibili.
Octavo: utrum aliqua Persona mittat seipsam, visibiliter aut invisibiliter.

QUESTÃO 43
A MISSÃO DAS PESSOAS DIVINAS
em oito artigos

Em seguida deve-se considerar a missão das Pessoas divinas.
E a esse respeito são oito as perguntas:
1. Convém a uma Pessoa divina ser enviada?
2. A missão é eterna ou apenas temporal?
3. Como uma Pessoa divina é invisivelmente enviada?
4. Convém a toda Pessoa divina ser enviada?
5. Há uma missão invisível do Filho e do Espírito Santo?
6. A quem se dirige a missão invisível?
7. A missão visível?
8. Pode uma Pessoa divina enviar-se a si mesma visível ou invisivelmente?

Articulus 1
Utrum alicui Personae divinae conveniat mitti

Ad primum sic proceditur. Videtur quod Personae divinae non conveniat mitti.

1. Missus enim minor est mittente. Sed una Persona divina non est minor alia. Ergo una Persona non mittitur ab alia.

Artigo 1
Convém a uma Pessoa divina ser enviada?

Quanto ao primeiro artigo, assim se procede: parece que **não** convém a uma Pessoa divina ser enviada.

1. Com efeito, o enviado é inferior àquele que envia. Ora, nenhuma Pessoa divina é inferior a outra. Logo, nenhuma Pessoa divina é enviada por outra.

---

1 Parall.: I *Sent.*, dist. 15, q. 1, a. 1; *Cont. Gent.* IV, 23; *Contra errores Graec.*, c. 14.

2. Praeterea, omne quod mittitur, separatur a mittente: unde Hieronymus dicit, *Super Ezechiel*.[1]: *Quod coniunctum est, et in corpore uno copulatum, mitti non potest*. Sed in divinis Personis *nihil est separabile*, ut Hilarius dicit[2]. Ergo una Persona non mittitur ab alia.

3. Praeterea, quicumque mittitur, ab aliquo loco discedit, et ad aliquem locum de novo vadit. Hoc autem divinae Personae non convenit, cum ubique sit. Ergo divinae Personae non convenit mitti.

Sed contra est quod dicitur Io 8,16: *Non sum ego solus, sed ego et qui misit me, Pater*.

Respondeo dicendum quod in ratione missionis duo importantur: quorum unum est habitudo missi ad eum a quo mittitur: aliud est habitudo missi ad terminum ad quem mittitur. Per hoc autem quod aliquis mittitur, ostenditur processio quaedam missi a mittente; vel secundum imperium, sicut dominus mittit servum; vel secundum consilium, ut si consiliarius mittere dicatur regem ad bellandum; vel secundum originem, ut si dicatur quod flos emittitur ab arbore. Ostenditur etiam habitudo ad terminum ad quem mittitur, ut aliquo modo ibi esse incipiat; vel quia prius ibi omnino non erat quo mittitur; vel quia incipit ibi aliquo modo esse, quo prius non erat.

Missio igitur divinae Personae convenire potest, secundum quod importat ex una parte processionem originis a mittente; et secundum quod importat ex alia parte novum modum existendi in aliquo. Sicut Filius dicitur esse missus a Patre in mundum, secundum quod incoepit esse in mundo visibiliter per carnem assumptam: et tamen ante *in mundo erat*, ut dicitur Io 1,10.

Ad primum ergo dicendum quod missio importat minorationem in eo qui mittitur, secundum quod importat processionem a principio mittente aut secundum imperium, aut secundum consilium: quia imperans est maior, et consilians est sapientior. Sed in divinis non importat nisi processionem originis; quae est secundum aequalitatem, ut supra[3] dictum est.

Ad secundum dicendum quod illud quod sic mittitur ut incipiat esse ubi prius nullo modo erat, sua missione localiter movetur: unde oportet quod loco separetur a mittente. Sed hoc non accidit in missione divinae Personae: quia Persona divina

2. Além disso, todo o que é enviado separa-se de quem enviou. De onde a palavra de Jerônimo: "O que é unido e ligado em um único e mesmo corpo não pode ser enviado". Ora, "nada há de separável" nas Pessoas divinas, segundo Hilário. Logo, uma Pessoa não é enviada por outra.

3. Ademais, o que é enviado deixa seu lugar e vai para outro. Ora, isso não convém a uma Pessoa divina, pois está por toda parte. Logo, não convém a uma Pessoa divina ser enviada.

Em sentido contrário, diz o Evangelho de João: "Eu não estou só, mas eu e o Pai que me enviou".

Respondo. A razão de missão implica uma dupla relação: do enviado com quem o envia, e do enviado com o fim para o qual é enviado. O fato de alguém ser enviado indica o modo pelo qual o enviado procede daquele que o envia, seja por um mandato, como no caso do senhor que envia seu servo; seja por um conselho, como se diz que o conselheiro envia o rei à guerra; seja por uma origem, como se diz que a árvore emite flores. Indica também a relação com o fim para o qual é enviado. Trata-se de aí começar a estar, de algum modo; seja porque antes nunca estivera lá para onde é enviado; seja porque começa a estar aí de um modo distinto do que antes estivera.

Assim, pois, a missão pode convir a uma Pessoa divina, na medida em que implica, de uma parte, a processão de origem em relação ao que envia; de outra, um novo modo de existir em algo. Assim, diz-se do Filho que ele foi enviado a este mundo pelo Pai, enquanto começou a estar visivelmente neste mundo pelo corpo que assumiu, se bem que antes "estivesse no mundo", como se diz no Evangelho de João.

Quanto ao 1º, portanto, deve-se dizer que a missão implica uma inferioridade no enviado, quando é por ordem ou por conselho que o enviado procede do princípio que o envia. Pois aquele que ordena é superior, e aquele que aconselha é mais sábio. Em Deus, porém, a missão só implica a processão de origem. E esta é por igualdade, como foi dito acima.

Quanto ao 2º, deve-se dizer que o que é enviado para começar a estar em um lugar onde ele nunca estivera move-se com movimento local na execução de sua missão. Portanto, é preciso que se separe localmente daquele que o envia. Mas

---

1. L. V, super c. 16, 53-54: ML 25, 157 BC.
2. *De Trin.*, l. VII, n. 39: ML 10, 233 A.
3. Q. 42, a. 4, 6.

missa, sicut non incipit esse ubi prius non fuerat, ita nec desinit esse ubi fuerat. Unde talis missio est sine separatione; sed habet solam distinctionem originis.

AD TERTIUM dicendum quod obiectio illa procedit de missione quae fit secundum motum localem; quae non habet locum in divinis.

isso não acontece na missão de uma Pessoa divina, porque a Pessoa divina enviada, assim como não começa a estar em um lugar onde antes não estava, também não deixa de estar no lugar onde estava. Assim, tal missão não comporta separação, mas somente a distinção de origem.

QUANTO AO 3º, deve-se dizer que a objeção procede da missão que se faz por um movimento local: tal missão não tem lugar em Deus.

ARTICULUS 2
Utrum missio sit aeterna, vel temporalis tantum

ARTIGO 2
A missão é eterna ou apenas temporal?

AD SECUNDUM SIC PROCEDITUR. Videtur quod missio possit esse aeterna.

1. Dicit enim Gregorius[1]: *eo mittitur Filius, quo generatur.* Sed generatio Filii est aeterna. Ergo et missio.
2. PRAETEREA, cuicumque convenit aliquid temporaliter, illud mutatur. Sed Persona divina non mutatur. Ergo missio divinae Personae non est temporalis, sed aeterna.
3. PRAETEREA, missio processionem importat. Sed processio divinarum Personarum est aeterna. Ergo et missio.

SED CONTRA est quod dicitur Gl 4,4: Cum *venit plenitudo temporis, misit Deus Filium suum.*

RESPONDEO dicendum quod in his quae important originem divinarum Personarum, est quaedam differentia attendenda. Quaedam enim in sui significatione important solam habitudinem ad principium, ut *processio* et *exitus.* Quaedam vero, cum habitudine ad principium, determinant processionis terminum. Quorum quaedam determinant terminum aeternum, sicut *generatio* et *spiratio*: nam generatio est processio divinae Personae in naturam divinam; et spiratio, passive accepta, importat processionem Amoris subsistentis. Quaedam vero, cum habitudine ad principium, important terminum temporalem, sicut *missio* et *datio*: mittitur enim aliquid ad hoc ut sit in aliquo, et datur ad hoc quod habeatur; Personam autem divinam haberi ab aliqua creatura, vel esse novo modo existendi in ea, est quoddam temporale.

Unde missio et datio in divinis dicuntur temporaliter tantum. Generatio autem et spiratio solum ab aeterno. Processio autem et exitus dicuntur in

QUANTO AO SEGUNDO, ASSIM SE PROCEDE: parece que a missão **pode** ser eterna.

1. Com efeito, Gregório diz que "o Filho é enviado tal como é gerado". Ora, a geração do Filho é eterna. Logo, também a missão.
2. ALÉM DISSO, aquele a quem convém algo temporal é mutável. Ora, uma Pessoa divina não muda. Logo, a missão de uma Pessoa divina não é temporal, mas eterna.
3. ADEMAIS, missão implica processão. Ora, a processão das Pessoas divinas é eterna. Logo, também a missão.

EM SENTIDO CONTRÁRIO, lê-se na Carta aos Gálatas: "Quando veio a plenitude dos tempos, Deus enviou seu Filho".

RESPONDO. Naquilo que implica a origem das Pessoas divinas, há diferenças a assinalar. Alguns termos implicam em sua significação só a relação com o princípio: assim, "processão" e "saída". Outros, além dessa relação com o princípio, definem o término da processão. Entre esses, alguns definem o término eterno, como "geração" e "espiração" porque a geração é a processão da Pessoa divina em referência à natureza divina, e a espiração, entendida no passivo, implica a processão do Amor subsistente. Outros, pelo contrário, com a relação ao princípio implicam um término temporal, como "missão" e "doação". Pois algo é enviado para estar em um outro e é doado para ser possuído. Ora, é uma realidade temporal o fato de uma Pessoa divina vir a ser possuída por uma criatura, ou nela existir de uma maneira nova.

Por conseguinte, em Deus, missão e doação empregam-se unicamente como atributos temporais. Geração e espiração, unicamente como atributos

2 PARALL.: I *Sent.*, dist. 15, q. 4, a. 3.
1. Homil. 26 in *Evang.*: ML 76, 1198 C.

divinis et aeternaliter et temporaliter: nam Filius ab aeterno processit ut sit Deus; temporaliter autem ut etiam sit homo, secundum missionem visibilem; vel etiam ut sit in homine, secundum invisibilem missionem.

AD PRIMUM ergo dicendum quod Gregorius loquitur de generatione temporali Filii, non a Patre, sed a Matre. — Vel, quia ex hoc ipso Filius habet quod possit mitti, quod est ab aeterno genitus.

AD SECUNDUM dicendum quod divinam Personam esse novo modo in aliquo, vel ab aliquo haberi temporaliter, non est propter mutationem divinae Personae, sed propter mutationem creaturae: sicut et Deus temporaliter dicitur Dominus, propter mutationem creaturae.

AD TERTIUM dicendum quod missio non solum importat processionem a principio, sed determinat processionis terminum temporalem. Unde missio solum est temporalis. — Vel, missio includit processionem aeternam, et aliquid addit, scilicet temporalem effectum: habitudo enim divinae Personae ad suum principium non est nisi ab aeterno. Unde gemina dicitur processio, aeterna scilicet et temporalis, non propter hoc quod habitudo ad principium geminetur: sed geminatio est ex parte termini temporalis et aeterni.

eternos. Finalmente, processão e saída empregam-se em Deus tanto eterna como temporalmente. Com efeito, de toda a eternidade, o Filho procede para ser Deus. No tempo, ele procede para ser também homem por sua missão visível, ou ainda para existir no homem por sua missão invisível.

QUANTO AO 1º, portanto, deve-se dizer que Gregório fala da geração temporal do Filho, que procede não do Pai, mas da Mãe. — Ou porque pelo fato de o Filho ser gerado eternamente tem a possibilidade de ser enviado.

QUANTO AO 2º, deve-se dizer que se uma Pessoa divina existe de um modo novo em algo, ou se encontra possuída no tempo, não é em razão de uma mudança sua, mas de uma mudança da criatura. Assim, Deus recebe no tempo o atributo de Senhor em razão da mudança da criatura[a].

QUANTO AO 3º, deve-se dizer que missão implica não somente a processão a partir do princípio, mas define o término temporal da processão. Portanto, só há missão no tempo. — Ou missão inclui a processão eterna, e a ela acrescenta um efeito temporal; pois a relação da Pessoa divina com seu princípio só pode ser eterna. Daí haver uma dupla processão, eterna e temporal. Não porque seja dupla a relação com o princípio; o que é duplo é o término, eterno e temporal.

ARTICULUS 3
Utrum missio invisibilis divinae Personae sit solum secundum donum gratiae gratum facientis

AD TERTIUM SIC PROCEDITUR. Videtur quod missio invisibilis divinae Personae non sit solum secundum donum gratiae gratum facientis.

1. Divinam enim Personam mitti, est ipsam donari. Si igitur divina Persona mittitur solum secundum dona gratiae gratum facientis, non donabitur ipsa Persona divina, sed solum dona eius. Quod est error dicentium Spiritum Sanctum non dari, sed eius dona.

ARTIGO 3
A missão invisível de uma Pessoa divina só se realiza pelo dom da graça santificante?

QUANTO AO TERCEIRO, ASSIM SE PROCEDE: parece que a missão invisível de uma Pessoa divina **não** se realiza somente pelo dom da graça santificante.

1. Com efeito, que uma Pessoa divina seja enviada é o mesmo que ser doada. Portanto, se a Pessoa divina só é enviada pelos dons da graça santificante, não é a Pessoa divina que é doada, mas seus dons. Ora, este é precisamente o erro daqueles que dizem que o Espírito Santo não nos é doado, mas somente seus dons.

---

3   PARALL.: I *Sent*., dist. 14, q. 2, a. 2.

a. A Pessoa divina é imutável em si mesma. O que muda é a relação da criatura com ela. Mas, como essa relação é real, a Pessoa é realmente seu termo, e portanto o que lhe é atribuído em virtude dessa relação lhe convém realmente, ainda que seja um atributo temporal. Desse modo, o ato criador não introduz modificação alguma nas Pessoas divinas, mas elas são termo real da relação das criaturas com sua Causa, de forma que cada uma das pessoas e todas juntas são realmente o Criador e o Senhor das criaturas, a partir do momento em que estas são: e elas são temporais.

2. Praeterea, haec praepositio *secundum* denotat habitudinem alicuius causae. Sed Persona divina est causa quod habeatur donum gratiae gratum facientis, et non e converso; secundum illud Rm 5,5: *Caritas Dei diffusa est in cordibus nostris per Spiritum Sanctum, qui datus est nobis*. Ergo inconvenienter dicitur quod Persona divina secundum dona gratiae gratum facientis mittatur.

3. Praeterea, Augustinus dicit, IV *de Trin.*[1], quod Filius, *cum ex tempore mente percipitur, mitti dicitur*. Sed Filius cognoscitur non solum per gratiam gratum facientem, sed etiam per gratiam gratis datam, sicut per fidem et per scientiam. Non ergo Persona divina mittitur secundum solam gratiam gratum facientem.

4. Praeterea, Rabanus dicit[2] quod Spiritus Sanctus datus est Apostolis ad operationem miraculorum. Hoc autem non est donum gratiae gratum facientis, sed gratiae gratis datae. Ergo Persona divina non solum datur secundum gratiam gratum facientem.

Sed contra est quod Augustinus dicit, XV *de Trin.*[3], quod *Spiritus Sanctus procedit temporaliter ad sanctificandam creaturam*. Missio autem est temporalis processio. Cum igitur sanctificatio creaturae non sit nisi per gratiam gratum facientem, sequitur quod missio divinae Personae non sit nisi per gratiam gratum facientem.

Respondeo dicendum quod divinae Personae convenit mitti, secundum quod novo modo existit in aliquo; dari autem, secundum quod habetur ab aliquo. Neutrum autem horum est nisi secundum gratiam gratum facientem. Est enim unus communis modus quo Deus est in omnibus rebus per essentiam, potentiam et praesentiam; sicut causa in effectibus participantibus bonitatem ipsius. Super istum modum autem communem, est unus specialis, qui convenit creaturae rationali, in qua Deus dicitur esse sicut cognitum in cognoscente et amatum in amante. Et quia, cognoscendo et amando, creatura rationalis sua operatione attingit ad ipsum Deum, secundum istum specialem modum Deus non solum dicitur esse in creatura rationali, sed etiam habitare in ea sicut in templo suo. Sic igitur nullus alius effectus potest esse ratio quod divina Persona sit novo modo in rationali creatura, nisi gratia gratum faciens. Unde secundum solam

2. Além disso, a preposição *por* designa uma relação de causalidade. Ora, é a Pessoa divina a causa de possuirmos este dom que é a graça santificante, e não o contrário, segundo a Carta aos Romanos: "O amor de Deus foi derramado em nossos corações pelo Espírito Santo que nos foi dado". Logo, dizer que a missão da Pessoa divina se realiza pelo dom da graça santificante é usar uma fórmula inconveniente.

3. Ademais, Agostinho ensina: "Diz-se que o Filho é enviado quando no tempo a mente o percebe". Ora, o Filho não é conhecido somente pela graça santificante, mas também pela graça dada gratuitamente, por exemplo pela fé e pela ciência. Logo, não é somente pelo dom da graça santificante que há missão da Pessoa divina.

4. Ademais, Rabano Mauro diz que o Espírito Santo foi dado aos Apóstolos para operar milagres. Ora, isso não é um dom que pertence à graça santificante, mas um dom da graça dada gratuitamente. Logo, a Pessoa divina não é dada somente pela graça santificante.

Em sentido contrário, Agostinho diz que "o Espírito Santo procede temporalmente para santificar a criatura". Ora, a missão é uma processão temporal. E, como só há santificação da criatura pela graça que a torna agradável a Deus, segue-se que só há missão da Pessoa divina pela graça santificante.

Respondo. A uma Pessoa divina convém ser enviada, na medida em que ela existe em algo de maneira nova, e ser dada, na medida em que é possuída por alguém. Ora, um e outro caso só acontece pela graça santificante. Há, com efeito, uma só maneira comum pela qual Deus está em todas as coisas por sua essência, seu poder e sua presença: como a causa nos efeitos que participam de sua bondade. Mas, acima desse modo comum, há um modo especial que convém à criatura racional. Nele Deus existe como o conhecido no que conhece, e o amado no que ama. E, porque conhecendo-o e amando-o a criatura racional atinge por sua operação o próprio Deus, segundo este modo especial, não somente Deus está na criatura racional, mas ainda nela habita como em seu templo. Assim, pois, a não ser a graça santificante, nenhum outro efeito pode ser a razão de um novo modo de presença da Pessoa divina na criatura ra-

---

1. C. 20: ML 42, 907.
2. *Enarrat. in Epistol. Pauli*, l. XI, super *1Cor.*, 12, 12: ML 112, 110 B.
3. C. 27: ML 42, 1095.

gratiam gratum facientem, mittitur et procedit temporaliter Persona divina. — Similiter illud solum habere dicimur, quo libere possumus uti vel frui. Habere autem potestatem fruendi divina Persona, est solum secundum gratiam gratum facientem. — Sed tamen in ipso dono gratiae gratum facientis, Spiritus Sanctus habetur, et inhabitat hominem. Unde ipsemet Spiritus Sanctus datur et mittitur.

AD PRIMUM ergo dicendum quod per donum gratiae gratum facientis perficitur creatura rationalis ad hoc quod libere non solum ipso dono creato utatur, sed ut ipsa divina Persona fruatur. Et ideo missio invisibilis fit secundum donum gratiae gratum facientis, et tamen ipsa Persona divina datur.

AD SECUNDUM dicendum quod gratia gratum faciens disponit animam ad habendam divinam. Personam: et significatur hoc, cum dicitur quod Spiritus Sanctus datur secundum donum gratiae. Sed tamen ipsum donum gratiae est a Spiritu Sancto: et hoc significatur, cum dicitur quod *caritas Dei diffunditur in cordibus nostris per Spiritum Sanctum*.

AD TERTIUM dicendum quod, licet per aliquos effectus Filius cognosci possit a nobis, non tamen per aliquos effectus nos inhabitat, vel etiam habetur a nobis.

AD QUARTUM dicendum quod operatio miraculorum est manifestativa gratiae gratum facientis, sicut et donum prophetiae, et quaelibet gratia gratis data. Unde 1Cor 12,7, gratia gratis data nominatur *manifestatio Spiritus*. Sic igitur Apostolis dicitur datus Spiritus Sanctus ad operationem miraculorum, quia data est eis gratia gratum faciens cum signo manifestante. — Si autem daretur solum signum gratiae gratum facientis sine gratia, non diceretur dari simpliciter Spiritus Sanctus; nisi forte cum aliqua determinatione, secundum quod dicitur quod alicui datur *spiritus propheticus* vel *miraculorum*, inquantum a Spiritu Sancto habet virtutem prophetandi vel miracula faciendi.

cional. Portanto, é somente pela graça santificante que há missão e processão temporal da Pessoa divina. — Assim também se diz que possuímos somente aquilo de que podemos livremente usar e fruir. Ora, só se pode fruir de uma Pessoa divina pela graça santificante[b]. — Entretanto, no próprio dom da graça santificante tem-se o Espírito Santo que habita no homem. Assim, o próprio Espírito Santo é dado e enviado.

QUANTO AO 1º, portanto, deve-se dizer que o dom da graça santificante aperfeiçoa a criatura racional para que com liberdade não somente use o dom criado, mas ainda frua da própria Pessoa divina. Portanto, a missão invisível acontece pelo dom da graça santificante e, entretanto, a própria Pessoa divina é dada.

QUANTO AO 2º, deve-se dizer que a graça santificante dispõe a alma a possuir a Pessoa divina: é isso que significa quando se diz que o Espírito Santo é dado pelo dom da graça. Entretanto, este próprio dom que é a graça provém do Espírito Santo. É isso que exprime o Apóstolo quando diz que "o amor de Deus é derramado em nossos corações pelo Espírito Santo".

QUANTO AO 3º, deve-se dizer que, embora possamos conhecer o Filho por certos efeitos, não é por alguns efeitos que ele habita em nós, ou que o possuímos.

QUANTO AO 4º, deve-se dizer que operar milagres manifesta a graça santificante, bem como o dom da profecia e qualquer outra graça dada gratuitamente[c]. Daí o Apóstolo chamar à graça dada gratuitamente *manifestação do Espírito*. Portanto, o Espírito Santo foi dado aos Apóstolos para operar milagres, porque a graça santificante lhes foi dada com o sinal que a manifestava. — Mas, se o sinal da graça santificante fosse dado sem a graça, não se diria que o Espírito Santo é dado absolutamente, a não ser, talvez, com um complemento determinativo, como quando se diz que *o espírito de profecia* ou *o espírito dos milagres* foi dado a alguém, se ele recebeu do Espírito Santo o poder de profetizar ou de fazer milagres.

---

b. Não se diz que esse modo especial de presença encontra-se em toda criatura racional, mas que ela é capaz disso, e apenas ela.

c. Distingue-se a graça santificante (ou divinizadora), que torna a pessoa do beneficiário agradável a Deus, justa, digna, e a graça que, *por si*, permite-lhe apenas efetuar obras de graça para o benefício de outros. Denominamos essa espécie de graça, hoje, de *carismática*. Na época de Santo Tomás, era chamada de *graça gratuita*. Santo Tomás explica em outra passagem da *Suma* (I-II, q. 111, a. 1) que isso não significa de modo algum que a graça santificante não seria gratuita — ela o é mais, pelo contrário, por ser mais alta e mais rica, logo mais "graça" —, mas ela é designada pelo que traz ao beneficiário (torná-lo agradável a Deus), ao passo que a outra é simplesmente designada por meio dessa característica geral da graça de ser gratuita.

Articulus 4
Utrum Patri conveniat mitti

AD QUARTUM SIC PROCEDITUR. Videtur quod etiam Patri conveniat mitti.

1. Mitti enim divinam Personam est ipsam dari. Sed Pater dat seipsum: cum haberi non possit, nisi se ipso donante. Ergo potest dici quod Pater mittat seipsum.

2. PRAETEREA, Persona divina mittitur secundum inhabitationem gratiae. Sed per gratiam tota Trinitas inhabitat in nobis, secundum illud Io 14,23: *Ad eum veniemus, et mansionem apud eum faciemus.* Ergo quaelibet divinarum Personarum mittitur.

3. PRAETEREA, quidquid convenit alicui Personae, convenit omnibus, praeter notiones et personas. Sed missio non significat aliquam personam: neque etiam notionem, cum sint tantum quinque notiones, ut supra[1] dictum est. Ergo cuilibet Personae divinae convenit mitti.

SED CONTRA est quod Augustinus dicit, in II libro *de Trin.*[2], quod *solus Pater nunquam legitur missus.*

RESPONDEO dicendum quod missio in sui ratione importat processionem ab alio; et in divinis, secundum originem, ut supra[3] dictum est. Unde, cum Pater non sit ab alio, nullo modo convenit sibi mitti; sed solum Filio et Spiritui Sancto, quibus convenit esse ab alio.

AD PRIMUM ergo dicendum quod si *dare* importet liberalem communicationem alicuius, sic Pater dat seipsum, inquantum se liberaliter communicat creaturae ad fruendum. Si vero importet auctoritatem dantis respectu eius quod datur, sic non convenit dari in divinis nisi Personae quae est ab alio; sicut nec mitti.

AD SECUNDUM dicendum quod, licet effectus gratiae sit etiam a Patre, qui inhabitat per gratiam, sicut et Filius et Spiritus Sanctus; quia tamen non est ab alio, non dicitur *mitti*. Et hoc est quod dicit Augustinus, IV *de Trin.*[4], quod *Pater, cum in tempore a quoquam cognoscitur, non dicitur missus: non enim habet de quo sit, aut ex quo procedat.*

Artigo 4
Também ao Pai convém ser enviado?

QUANTO AO QUARTO, ASSIM SE PROCEDE: parece que também ao Pai **convém** ser enviado.

1. Com efeito, para uma Pessoa divina, ser enviada é ser dada. Ora, o Pai se dá, pois não pode ser possuído, se ele mesmo não se dá. Logo, pode-se dizer que o Pai envia-se a si mesmo.

2. ALÉM DISSO, a Pessoa divina é enviada pela habitação da graça. Ora, pela graça toda a Trindade habita em nós, segundo o Evangelho de João: "Nós viremos a ele, e nele faremos morada". Logo, cada uma das Pessoas divinas é enviada.

3. ADEMAIS, tudo o que convém a uma das Pessoas convém a todas, exceção feita às noções e às pessoas. Ora, missão não significa nem uma pessoa, nem uma noção, porque só há cinco noções, como acima foi dito. Logo, a qualquer das Pessoas divinas convém o ser enviada.

EM SENTIDO CONTRÁRIO, Agostinho diz que na Escritura "nunca se lê que o Pai é enviado".

RESPONDO. A razão de missão implica processão de um outro; e, em Deus, processão de origem, como acima foi dito. Portanto, como o Pai não procede de outro, não lhe convém de modo algum ser enviado, mas só ao Filho e ao Espírito Santo, aos quais corresponde proceder de um outro.

QUANTO AO 1º, portanto, deve-se dizer que, se *dar* implica comunicar livremente alguma coisa, então o Pai se dá a si mesmo, pois se comunica com liberalidade à criatura para que possa dele fruir. Mas, se dar implica a autoridade de quem dá em relação ao que é dado, então em Deus não convém ser dado a não ser à Pessoa que procede de uma outra, como também ser enviado.

QUANTO AO 2º, deve-se dizer que embora o efeito da graça provenha também do Pai, que pela graça habita na alma, como também o Filho e o Espírito Santo, não se diz que é *enviado*, porque ele não procede de um outro. É o que explica Agostinho: "Quando o Pai é conhecido de alguém no tempo, não se diz que ele é enviado; pois não tem de quem vir ou proceder".

---

4 PARALL.: I *Sent.*, dist. 15, q. 2; *Contra errores Graec.*, c. 14.

1. Q. 32, a. 3.
2. C. 5: ML 42, 849. — Cfr. *Contra Sermon. Arian.*, c. 4: ML 42, 686.
3. Art. 1.
4. C. 20: ML 42, 908.

AD TERTIUM dicendum quod missio, inquantum importat processionem a mittente, includit in sui significatione notionem, non quidem in speciali, sed in generali, prout *esse ab alio* est commune duabus notionibus.

ARTICULUS 5
Utrum Filio conveniat invisibiliter mitti

AD QUINTUM SIC PROCEDITUR. Videtur quod Filio non conveniat invisibiliter mitti.

1. Missio enim invisibilis divinae Personae attenditur secundum dona gratiae. Sed omnia dona gratiae pertinent ad Spiritum Sanctum, secundum illud 1Cor 12,11: *Omnia operatur unus atque idem Spiritus*. Ergo invisibiliter non mittitur nisi Spiritus Sanctus.

2. PRAETEREA, missio divinae Personae fit secundum gratiam gratum facientem. Sed dona quae pertinent ad perfectionem intellectus, non sunt dona gratiae gratum facientis: cum sine caritate possint haberi, secundum illud 1Cor 13,2: *Si habuero prophetiam, et noverim mysteria omnia, et omnem scientiam, et si habuero omnem fidem, ita ut montes transferam, caritatem autem non habeam, nihil sum*. Cum ergo Filius procedat ut Verbum intellectus, videtur quod non conveniat sibi invisibiliter mitti.

3. PRAETEREA, missio divinae Personae est quaedam processio, ut dictum est[1]. Sed alia est processio Filii, alia Spiritus Sancti. Ergo et alia missio, si uterque mittitur. Et sic altera earum superflueret, cum una sit sufficiens ad sanctificandam creaturam.

SED CONTRA est quod Sap 9,10 dicitur de divina Sapientia: *Mitte illam de caelis sanctis tuis, et a sede magnitudinis tuae*.

RESPONDEO dicendum quod per gratiam gratum facientem tota Trinitas inhabitat mentem, secundum illud Io 14,23: *Ad eum veniemus, et mansionem apud eum faciemus*. Mitti autem Personam divinam ad aliquem per invisibilem gratiam, significat novum modum inhabitandi illius Personae, et originem eius ab alia. Unde, cum tam Filio quam Spiritui Sancto conveniat et inhabitare per gratiam et ab alio esse, utrique convenit invisibiliter mitti. Patri autem licet conveniat

QUANTO AO 3º, deve-se dizer que missão, enquanto implica processão do que envia, inclui a noção em sua significação; não em particular, mas em geral, no sentido em que *proceder de outro* é comum às duas noções.

ARTIGO 5
Convém ao Filho ser enviado invisivelmente?

QUANTO AO QUINTO, ASSIM SE PROCEDE: parece que ao Filho **não** convém ser enviado invisivelmente.

1. Na verdade, é segundo os dons da graça que se considera a missão invisível de uma Pessoa divina. Ora, todos os dons da graça pertencem ao Espírito Santo, segundo a primeira Carta aos Coríntios: "Eles são todos a obra do mesmo e único Espírito". Logo, só há missão invisível do Espírito Santo.

2. ALÉM DISSO, a missão da Pessoa divina se faz pela graça santificante. Ora, os dons que aperfeiçoam o intelecto não são os dons da graça santificante, pois se pode possuí-los sem a caridade, segundo a mesma Carta aos Coríntios: "Se eu tivesse o dom da profecia e conhecesse todos os mistérios e toda ciência, se tivesse toda a fé, uma fé capaz de transportar montanhas, se não tivesse a caridade, nada seria". Como o Filho procede como Verbo do intelecto, parece, portanto, que não lhe pertence ser enviado invisivelmente.

3. ADEMAIS, a missão de uma Pessoa divina, como foi explicado, é uma processão. Ora, uma é a processão do Filho e outra a do Espírito Santo. Logo, se ambos são enviados, seria outra missão. E então uma delas seria supérflua, pois uma é suficiente para santificar a criatura.

EM SENTIDO CONTRÁRIO, no livro da Sabedoria, se diz da divina Sabedoria: "Enviai-a de vosso santo céu, enviai-a do trono de vossa glória".

RESPONDO. Pela graça santificante é toda a Trindade que habita na alma, como se diz no Evangelho de João: "Viremos a ele e nele faremos nossa morada". Que uma Pessoa divina seja enviada a alguém pela graça invisível significa um novo modo de habitação dessa Pessoa e a origem que ela possui de uma outra. Por isso, convindo ao Filho e ao Espírito Santo habitar na alma pela graça e proceder de um outro, a ambos convém ser enviados invisivelmente. Ainda que

---

5 PARALL.: I *Sent*., dist. 15, q. 4, a. 1; *Cont. Gent*. IV, 23.

1. A. 1, 4.

inhabitare per gratiam, non tamen sibi convenit ab alio esse; et per consequens nec mitti.

AD PRIMUM ergo dicendum quod, licet omnia dona, inquantum dona sunt, attribuantur Spiritui Sancto, quia habet rationem primi doni, secundum quod est Amor, ut supra[2] dictum est; aliqua tamen dona, secundum proprias rationes, attribuuntur per quandam appropriationem Filio, scilicet illa quae pertinent ad intellectum. Et secundum illa dona attenditur missio Filii. Unde Augustinus dicit, IV *de Trin*.[3], quod *tunc invisibiliter Filius cuiquam mittitur, cum a quoquam cognoscitur atque percipitur.*

AD SECUNDUM dicendum quod anima per gratiam conformatur Deo. Unde ad hoc quod aliqua Persona divina mittatur ad aliquem per gratiam, oportet quod fiat assimilatio illius ad divinam Personam quae mittitur per aliquod gratiae donum. Et quia Spiritus Sanctus est Amor, per donum caritatis anima Spiritui Sancto assimilatur: unde secundum donum caritatis attenditur missio Spiritus Sancti. Filius autem est Verbum, non qualecumque, sed spirans Amorem: unde Augustinus dicit, in IX libro *de Trin*.[4]: *Verbum quod insinuare intendimus, cum amore notitia est.* Non igitur secundum quamlibet perfectionem intellectus mittitur Filius: sed secundum talem instructionem intellectus, qua prorumpat in affectum amoris, ut dicitur Io 6,45: *Omnis qui audivit a Patre, et didicit, venit ad me*; et in Psalmo[5]: *In meditatione mea exardescet ignis.* Et ideo signanter dicit Augustinus[6] quod Filius mittitur, *cum a quoquam cognoscitur atque percipitur*: perceptio enim experimentalem quandam notitiam significat. Et haec proprie dicitur *sapientia*, quasi *sapida scientia*, secundum illud Eccli 6,23: *Sapientia doctrinae secundum nomen eius est.*

AD TERTIUM dicendum quod, cum missio importet originem Personae missae et inhabitationem per gratiam, ut supra[7] dictum est, si loquamur de

ao Pai correponda habitar na alma pela graça, não lhe corresponde proceder de um outro, nem por conseguinte ser enviado.

QUANTO AO 1º, portanto, deve-se dizer que embora todos os dons, enquanto dons, sejam atribuídos ao Espírito Santo, porque, enquanto Amor, ele tem a razão de primeiro dom, como acima foi dito, entretanto alguns dons, por suas próprias razões, são atribuídos como próprios ao Filho, a saber, todos aqueles que se referem ao intelecto. É por esses dons que se considera a missão do Filho. Daí a palavra de Agostinho: "O Filho é invisivelmente enviado a cada um, quando é por ele conhecido e percebido".

QUANTO AO 2º, deve-se dizer que a graça torna a alma conforme a Deus. Assim, para que uma Pessoa divina seja enviada a alguém pela graça, é preciso que a alma seja assimilada à Pessoa que é enviada por algum dom da graça. E, porque o Espírito Santo é Amor, é o dom da caridade que assimila a alma ao Espírito Santo. Por isso, é pelo dom da caridade que se considera a missão do Espírito Santo. O Filho é o Verbo, não qualquer um, mas o Verbo que espira o Amor: "O Verbo que procuramos declarar", diz Agostinho, "é um conhecimento com amor". Portanto, não há missão do Filho por um aperfeiçoamento qualquer do intelecto, mas somente quando ele é instruído de tal modo que irrompe em afeição de amor, como se diz no Evangelho de João: "Todo aquele que ouviu o Pai e recebeu seu ensinamento vem a mim", ou no Salmo: "Em minha meditação, um fogo se acende". Também Agostinho usa de termos significativos: "o Filho, diz ele, é enviado, quando é conhecido e percebido"; percepção significa, com efeito, um conhecimento experimental. E esse é o que propriamente se chama *sabedoria*, ou *ciência saborosa*, segundo se declara no Eclesiástico: "A sabedoria da doutrina é segundo o seu nome"[d].

QUANTO AO 3º, deve-se dizer que a missão implica a origem da Pessoa enviada e a habitação pela graça, como acima foi dito. Se falamos de missão

---

2. Q. 38, a. 2.
3. C. 20: ML 42, 907.
4. C. 10: ML 42, 969.
5. Ps. 38, 4.
6. Loco cit. in resp. ad 1.
7. A. 1, 3.

d. O conhecimento e o amor são atos da criatura: dir-se-á que esta torna presente o Espírito Santo, faz que ele habite nela? Não, pois esse conhecimento e esse amor provêm da graça, que é um efeito do Espírito Santo, de sua potência, de seu amor. É ele que, fazendo brotar das profundezas espirituais da criatura o conhecimento e o amor sobrenaturais, se torna presente a ela como conhecido e amado.

missione quantum ad originem, sic missio Filii distinguitur a missione Spiritus Sancti, sicut et generatio a processione. Si autem quantum ad effectum gratiae, sic communicant duae missiones in radice gratiae, sed distinguuntur in effectibus gratiae, qui sunt illuminatio intellectus, et inflammatio affectus. Et sic manifestum est quod una non potest esse sine alia: quia neutra est sine gratia gratum faciente, nec una Persona separatur ab alia.

considerando a origem, então a missão do Filho é distinta daquela do Espírito Santo, como a geração da processão. Mas, se consideramos o efeito da graça, as duas missões têm na graça sua raiz comum, distinguindo-se nos efeitos dessa graça, a saber: a iluminação da inteligência e o abrasamento do amor. Vê-se por aí que uma não pode existir sem a outra, pois nenhuma das duas é sem a graça santificante, nem uma Pessoa se separa da outra.

Articulus 6
Utrum missio invisibilis fiat ad omnes qui sunt participes gratiae

Ad sextum sic proceditur. Videtur quod missio invisibilis non fiat ad omnes qui sunt participes gratiae.
1. Patres enim veteris Testamenti gratiae participes fuerunt. Sed ad illos non videtur fuisse facta missio invisibilis: dicitur enim Io 7,39: *Nondum erat Spiritus datus, quia nondum erat Iesus glorificatus*. Ergo missio invisibilis non fit ad omnes qui sunt participes gratiae.

2. Praeterea, profectus in virtute non est nisi per gratiam. Sed missio invisibilis non videtur attendi secundum profectum virtutis: quia profectus virtutis videtur esse continuus, cum caritas semper aut proficiat aut deficiat; et sic missio esset continua. Ergo missio invisibilis non fit ad omnes participes gratiae.

3. Praeterea, Christus et beati plenissime habent gratiam. Sed ad eos non videtur fieri missio: quia missio fit ad aliquid distans: Christus autem, secundum quod homo, et omnes beati perfecte sunt uniti Deo. Non ergo ad omnes participes gratiae fit missio invisibilis.

Artigo 6
A missão invisível se realiza em todos os participantes da graça?

Quanto ao sexto, assim se procede: parece que a missão invisível **não** se dá em todos os participantes da graça.
1. Na verdade, os Patriarcas do Antigo Testamento participaram da graça. Ora, a eles não parece que se fez a missão invisível. Pois se lê no Evangelho de João: "O Espírito não era ainda dado, porque Jesus não fora ainda glorificado". Logo, a missão invisível não se realiza em todos os que participam da graça.

2. Além disso, só pela graça há progresso na virtude. Ora, não parece que se considere a missão invisível segundo os progressos da virtude. Com efeito, o progresso da virtude, ao que parece, é contínuo, já que a caridade ou cresce sem cessar ou desaparece; desse modo a missão seria contínua. Logo, a missão invisível não se realiza em todos os que participam da graça.

3. Ademais, Cristo e os bem-aventurados possuem a graça em plenitude. Ora, parece que neles não se realiza a missão; pois só se faz o envio a algo que está distante, mas Cristo, enquanto homem, e todos os bem-aventurados estão perfeitamente unidos a Deus. Logo, não é em todos os que possuem a graça que se realiza a missão invisível.

---

6 Parall.: I *Sent*., dist. 15, q. 5, a. 1.

Essa resposta completa em dois pontos essenciais a solução apresentada no artigo e a resposta à primeira dificuldade, de modo que, sem ela, se interpretaria em um sentido errôneo a explicação fornecida por Santo Tomás sobre a presença da graça.
O primeiro ponto é o da apropriação: os dons da graça, sob o aspecto segundo o qual são um dom de Deus, pura gratuidade, são apropriados ao Espírito Santo, uma vez que ele é o Amor subsistente; contudo, são produzidos pelas três Pessoas juntas. Do mesmo modo, os dons intelectuais, na medida precisamente em que constituem um enriquecimento da inteligência, são apropriados ao Filho. Sem dúvida, sob outro aspecto, o da conformação à Trindade, ultrapassa-se a apropriação: a pessoa criada é de tal modo conforme à Trindade que é assimilada a cada uma das Pessoas divinas no que ela tem de próprio. Na medida em que a graça compreende os dons que enriquecem a afetividade (espiritual, principalmente, mas sensível também), ela assimila ao Espírito Santo aquele que ela enriquece. Na medida em que compreende os dons da luz intelectual, ela o assimila ao Filho. Não seria o caso de acrescentar, já que o Pai também é dado e que a assimilação é um aspecto da presença das Pessoas divinas ao espírito criado, que é a mesma graça, na medida em que, nas profundezas espirituais da pessoa, ela é a fonte do amor e da sabedoria, de calor e de luz, que o assimila ao Pai?

4. Praeterea, Sacramenta novae legis continent gratiam. Nec tamen ad ea dicitur fieri missio invisibilis. Non ergo ad omnia quae habent gratiam, fit missio invisibilis.

Sed contra est quod, secundum Augustinum[1], missio invisibilis fit *ad sanctificandam creaturam*. Omnis autem creatura habens gratiam sanctificatur. Ergo ad omnem creaturam huiusmodi fit missio invisibilis.

Respondeo dicendum quod, sicut supra[2] dictum est, missio de sui ratione importat quod ille qui mittitur vel incipiat esse ubi prius non fuit, sicut accidit in rebus creatis; vel incipiat esse ubi prius fuit, sed quodam modo novo, secundum quod missio attribuitur divinis Personis. Sic ergo in eo ad quem fit missio, oportet duo considerare: scilicet inhabitationem gratiae, et innovationem quamdam per gratiam. Ad omnes ergo fit missio invisibilis, in quibus haec duo inveniuntur.

Ad primum ergo dicendum quod missio invisibilis est facta ad Patres veteris Testamenti. Unde dicit Augustinus, IV *de Trin.*[3], quod secundum quod Filius mittitur invisibiliter, *fit in hominibus aut cum hominibus; hoc autem antea factum est in Patribus et Prophetis*. Quod ergo dicitur, *nondum erat datus Spiritus*, intelligitur de illa datione cum signo visibili, quae facta est in die Pentecostes.

Ad secundum dicendum quod etiam secundum profectum virtutis, aut augmentum gratiae, fit missio invisibilis. Unde Augustinus dicit, IV *de Trin.*[4], quod *tunc cuiquam mittitur* Filius, *cum a quoquam cognoscitur atque percipitur, quantum cognosci et percipi potest pro captu vel proficientis in Deum, vel perfectae in Deo animae rationalis*. Sed tamen secundum illud augmentum gratiae praecipue missio invisibilis attenditur, quando aliquis proficit in aliquem novum actum, vel novum statum gratiae: ut puta cum aliquis proficit in gratiam miraculorum aut prophetiae, vel in hoc quod ex fervore caritatis exponit se martyrio, aut abrenuntiat his quae possidet, aut quodcumque opus arduum aggreditur.

4. Ademais, os sacramentos da Nova Lei contêm a graça. No entanto, não se diz que neles se realiza a missão invisível. Portanto, não se realiza missão invisível em todos os que têm a graça.

Em sentido contrário, segundo Agostinho: "A missão invisível se realiza para santificar a criatura". Ora, toda criatura que tem a graça é santificada. Portanto, a missão invisível se realiza em toda a criatura que tem a graça.

Respondo. Como se disse acima, a razão de missão implica que o enviado, ou começa a estar onde antes não estava, como acontece nas coisas criadas; ou começa a estar de maneira nova lá onde estava. E é nesse sentido que se atribui a missão às Pessoas divinas. Portanto, há duas coisas a considerar naquele em que se realiza a missão: a habitação da graça e certa inovação por obra da graça. E em todos aqueles em que se encontram essas duas coisas realiza-se a missão invisível.

Quanto ao 1º, portanto, deve-se dizer que houve missão invisível aos Patriarcas do Antigo Testamento. Agostinho diz que o Filho, por sua missão invisível, "torna-se presente nos homens e com os homens: o que se realizou outrora com os Patriarcas e com os Profetas". Portanto, quando se diz que *o Espírito ainda não era dado*, entende-se aquela doação com sinais visíveis que se realizou no dia de Pentecostes.

Quanto ao 2º, deve-se dizer que a missão invisível se realiza também segundo o progresso da virtude ou crescimento da graça. Agostinho diz: "O Filho é enviado a cada um quando é conhecido e percebido, quanto o pode ser, segundo a capacidade tanto de quem progride para Deus como da alma racional perfeita em Deus". Mas é no crescimento da graça que principalmente se considera a missão invisível, a saber, quando alguém passa para um novo ato ou para um novo estado de graça. Por exemplo, quando se é elevado à graça dos milagres ou da profecia, ou quando alguém, no fervor da caridade, se expõe ao martírio, renuncia a todos os seus bens ou enfrenta alguma empresa difícil[e].

---

1. *De Trin.*, l. XV, c. 27: ML 42, 1095.
2. A. 1.
3. C. 20: ML 42, 907.
4. Ibid.

e. Por respeito a Santo Agostinho, Santo Tomás concede aqui que se pode, a rigor, falar de missão toda vez que há um progresso na graça, uma vez que tal progresso somente se efetua sob a ação do Espírito. Seu pensamento pessoal, no entanto, manifestamente, é que a missão propriamente dita requer, além disso, uma novidade no dom da graça. Isto se produz seja quando, sob a ação do Espírito, é dado a alguém realizar uma obra exterior de graça (graça carismática), seja quando se é conduzido, ao longo do progresso na vida divinizada, a passar um limiar, quando se alcança um nível superior de união com Deus.

AD TERTIUM dicendum quod ad beatos est facta missio invisibilis in ipso principio beatitudinis. Postmodum autem ad eos fit missio invisibilis, non secundum intensionem gratiae, sed secundum quod aliqua mysteria eis revelantur de novo: quod est usque ad diem iudicii. Quod quidem augmentum attenditur secundum extensionem gratiae ad plura se extendentis. — Ad Christum autem fuit facta invisibilis missio in principio suae conceptionis, non autem postea: cum a principio suae conceptionis fuerit plenus omni sapientia et gratia.

AD QUARTUM dicendum quod gratia est in Sacramentis novae legis instrumentaliter, sicut forma artificiati est in instrumentis artis, secundum quendam decursum ab agente in patiens. Missio autem non dicitur fieri nisi respectu termini. Unde missio divinae Personae non fit ad Sacramenta, sed ad eos qui per Sacramenta gratiam suscipiunt.

ARTICULUS 7
Utrum Spiritui Sancto conveniat visibiliter mitti

AD SEPTIMUM SIC PROCEDITUR. Videtur quod Spiritui Sancto non conveniat visibiliter mitti.

1. Filius enim, secundum quod visibiliter missus est in mundum, dicitur esse minor Patre. Sed nunquam legitur Spiritus Sanctus minor Patre. Ergo Spiritui Sancto non convenit visibiliter mitti.
2. PRAETEREA, missio visibilis attenditur secundum aliquam creaturam visibilem assumptam, sicut missio Filii secundum carnem. Sed Spiritus Sanctus non assumpsit aliquam creaturam visibilem. Unde non potest dici quod in aliquibus creaturis visibilibus sit alio modo quam in aliis, nisi forte sicut in signo; sicut est etiam in Sacramentis, et in omnibus figuris legalibus. Non ergo Spiritus Sanctus visibiliter mittitur: vel oportet dicere quod secundum omnia huiusmodi, eius missio visibilis attenditur.
3. PRAETEREA, quaelibet creatura visibilis est effectus demonstrans totam Trinitatem. Non ergo per illas creaturas visibiles magis mittitur Spiritus Sanctus quam alia Persona.

QUANTO AO 3º, deve-se dizer que a missão invisível se realiza nos bem-aventurados desde o primeiro instante de sua bem-aventurança. Em seguida, lhes são feitas missões invisíveis, não mais quanto à intensidade da graça, mas no sentido de que alguns mistérios lhes são revelados de maneira nova: é assim até o dia do Juízo. Este progresso se considera em relação à extensão da graça a muitas outras coisas. — A Cristo foi feita uma missão invisível no primeiro instante de sua concepção; mas, tendo sido repleto de toda graça e sabedoria desde esse primeiro instante, não houve outra missão invisível.

QUANTO AO 4º, deve-se dizer que nos sacramento da Nova Lei a graça está de maneira instrumental, assim como a forma da obra está no instrumento de arte, por uma ação que passa do agente para o paciente. Mas só se fala de missão tendo em vista o término do envio. Portanto, não é nos sacramentos que se dá a missão da pessoa divina, mas naqueles que recebem a graça por meio desses sacramentos.

ARTIGO 7
Convém ao Espírito Santo ser visivelmente enviado?

QUANTO AO SÉTIMO, ASSIM SE PROCEDE: parece que **não** convém ao Espírito Santo ser visivelmente enviado.

1. Na verdade, o Filho, enquanto é enviado visivelmente ao mundo, é dito inferior ao Pai. Ora, em nenhuma parte se lê que o Espírito Santo seja inferior ao Pai. Logo, não convém que o Espírito Santo seja enviado visivelmente.
2. ALÉM DISSO, considera-se uma missão visível quando uma criatura visível é assumida, por exemplo: a missão do Filho no corpo. Ora, o Espírito Santo não assumiu criatura visível. Portanto, não se pode dizer que esteja presente em certas criaturas visíveis de modo diferente do que em outras criaturas, a não ser como em um sinal. Por exemplo, nos sacramentos e em todas as figuras da Antiga Lei. Logo, o Espírito Santo não é enviado visivelmente, ou então será preciso dizer que se consideram missão visível os exemplos dados.
3. ADEMAIS, toda criatura visível é um efeito que manifesta a Trindade inteira. Por essas criaturas visíveis, portanto, não é mais enviado o Espírito Santo que outra Pessoa divina.

7 PARALL.: I *Sent.*, dist. 16, a. 1.

4. Praeterea, Filius visibiliter est missus secundum dignissimam visibilium creaturarum, scilicet secundum naturam humanam. Si igitur Spiritus Sanctus visibiliter mittitur, debuit mitti secundum aliquas creaturas rationales.

5. Praeterea, quae visibiliter fiunt divinitus, dispensantur per ministerium angelorum, ut Augustinus dicit, III *de Trin*.[1]. Si ergo aliquae species visibiles apparuerunt, hoc factum fuit per angelos. Et sic ipsi angeli mittuntur, et non Spiritus Sanctus.

6. Praeterea, si Spiritus Sanctus visibiliter mittatur, hoc non est nisi ad manifestandum invisibilem missionem, quia invisibilia per visibilia manifestantur. Ergo ad quem missio invisibilis facta non fuit, nec missio visibilis fieri debuit: et ad omnes ad quos fit missio invisibilis, sive in novo sive in veteri Testamento, missio visibilis fieri debet: quod patet esse falsum. Non ergo Spiritus Sanctus visibiliter mittitur.

Sed contra est quod dicitur Mt 3,16, quod Spiritus Sanctus descendit super Dominum baptizatum in specie columbae.

Respondeo dicendum quod Deus providet omnibus secundum uniuscuiusque modum. Est autem modus connaturalis hominis, ut per visibilia ad invisibilia manuducatur, ut ex supra[2] dictis patet: et ideo invisibilia Dei oportuit homini per visibilia manifestari. Sicut igitur seipsum Deus, et processiones aeternas Personarum, per creaturas visibiles, secundum aliqua indicia, hominibus quodammodo demonstravit; ita conveniens fuit ut etiam invisibiles missiones divinarum Personarum secundum aliquas visibiles creaturas manifestarentur. — Aliter tamen Filius et Spiritus Sanctus. Nam Spiritui Sancto, inquantum procedit ut Amor, competit esse sanctificationis donum: Filio autem, inquantum est Spiritus Sancti principium, competit esse sanctificationis huius Auctorem. Et ideo Filius visibiliter missus est tanquam sanctificationis Auctor: sed Spiritus Sanctus tanquam sanctificationis indicium.

Ad primum ergo dicendum quod Filius creaturam visibilem in qua apparuit, in unitatem personae assumpsit, sic ut quod de illa creatura dicitur, de Filio Dei dici possit. Et sic, ratione naturae assumptae, Filius dicitur minor Patre. Sed Spiritus Sanctus non assumpsit creaturam visibilem in

4. Ademais, o Filho foi enviado visivelmente mediante a mais nobre das criaturas visíveis, a natureza humana. Portanto, se o Espírito Santo é enviado visivelmente, devia ter sido enviado mediante algumas criaturas racionais.

5. Ademais, como diz Agostinho, o que é visivelmente feito por Deus, é realizado pelo ministério dos anjos. Portanto, se houve aparição de imagens visíveis, foi pelo ministério dos anjos; assim, são os anjos que são enviados, e não o Espírito Santo.

6. Ademais, se o Espírito Santo é enviado visivelmente, é para manifestar a missão invisível, porque as realidades invisíveis são manifestadas pelas visíveis. Por conseguinte, aquele que não recebeu missão invisível não deve também receber missão visível; e todos aqueles que, em um e outro Testamento, receberam missão invisível devem também ter recebido missão visível: o que é evidentemente falso. Portanto, o Espírito Santo não é enviado visivelmente.

Em sentido contrário, lê-se no Evangelho de Mateus que o Espírito Santo desceu sobre o Senhor, em seu batismo, na imagem de uma pomba.

Respondo. Deus provê às coisas segundo o modo de cada uma. O modo conatural do homem é ser conduzido pelo visível ao invisível, como acima foi dito. Assim, foi preciso manifestar ao homem por coisas visíveis as realidades invisíveis de Deus. Portanto, assim como Deus, se mostrou, de algum modo, a si mesmo e as processões eternas das Pessoas aos homens, por indícios tomados das criaturas visíveis, do mesmo modo convinha que as missões invisíveis de tais Pessoas fossem manifestadas por algumas criaturas visíveis. — Mas diferentemente o Filho e o Espírito Santo. Pois ao Espírito Santo, procedendo como o Amor, lhe pertence ser o Dom da santificação. O Filho, sendo princípio do Espírito Santo, pertence-lhe ser o Autor dessa santificação. Portanto, o Filho foi visivelmente enviado como o Autor da santificação, enquanto o Espírito Santo o foi como sinal dela.

Quanto ao 1º, portanto, deve-se dizer que o Filho assumiu na unidade de sua pessoa a criatura visível na qual ele apareceu, de modo que se pode afirmar do Filho de Deus o que se afirma de tal criatura. É assim, em razão de sua natureza assumida, que o Filho é dito inferior ao Pai. Mas

---

1. C. 10, 11: ML 42, 880-886. — Cfr. l. IV, c. 21: ML 42, 910.
2. Q. 12, a. 12.

qua apparuit, in unitatem personae, ut quod illi convenit, de illo praedicetur. Unde non potest dici minor Patre propter visibilem creaturam.

AD SECUNDUM dicendum quod missio visibilis Spiritus Sancti non attenditur secundum visionem imaginariam, quae est visio prophetica. Quia, ut Augustinus dicit, II *de Trin.*³, *visio prophetica non est exhibita corporeis oculis per formas corporeas, sed in spiritu per spirituales corporum imagines: columbam vero illam et ignem oculis viderunt quicumque viderunt. Neque iterum sic se habuit Spiritus Sanctus ad huiusmodi species, sicut Filius ad petram (quia dicitur*ᴬ: Petra erat Christus). Illa enim petra iam erat in creatura, et per actionis modum nuncupata est nomine Christi, quem significabat: sed illa columba et ignis ad haec tantum significanda repente extiterunt. Sed videntur esse similia flammae illi quae in rubo apparuit Moysi, et illi columnae quam populus in eremo sequebatur, et fulgoribus ac tonitruis quae fiebant cum lex daretur in monte: ad hoc enim rerum illarum corporalis extitit species, ut aliquid significaret, atque praeteriret.* — Sic igitur patet quod missio visibilis neque attenditur secundum visiones propheticas, quae fuerunt imaginariae, et non corporales: neque secundum signa sacramentalia veteris et novi Testamenti, in quibus quaedam res praeexistentes assumuntur ad aliquid significandum. Sed Spiritus Sanctus visibiliter dicitur esse missus, inquantum fuit monstratus in quibusdam creaturis, sicut in signis, ad hoc specialiter factis.

AD TERTIUM dicendum quod, licet illas creaturas visibiles tota Trinitas operata sit, tamen factae sunt ad demonstrandum specialiter hanc vel illam Personam. Sicut enim diversis nominibus significantur Pater et Filius et Spiritus Sanctus, ita etiam diversis rebus significari potuerunt; quamvis inter eos nulla sit separatio aut diversitas.

o Espírito Santo não assumiu na unidade de sua pessoa a criatura visível na qual ele apareceu, de tal modo que se atribuísse a Ele o que a ela corresponde. Portanto, não se pode dizer que ele é inferior ao Pai por causa da criatura visível.

QUANTO AO 2º, deve-se dizer que não se considera a missão visível do Espírito Santo segundo uma visão imaginária, que é a visão profética. Pois diz Agostinho: "A visão profética não é oferecida aos olhos do corpo por formas corporais; mas ao espírito por imagens espirituais dos corpos. A pomba, contudo, e o fogo foram vistos pelos olhos dos que os viram. Aliás, nunca mais tais imagens se aplicaram ao Espírito Santo, como a pedra ao Filho: 'O rochedo', se diz na primeira Carta aos Coríntios, 'era o Cristo'. Este rochedo já existia como criatura, e pelo modo de agir recebeu o nome de Cristo, a quem significava. A pomba e o fogo, ao contrário, existiram repentinamente só para significar esses mistérios. Parecem semelhantes à chama que apareceu a Moisés na sarça, à coluna que o povo seguia no deserto, aos relâmpagos e trovões que acompanharam a revelação da Lei sobre a montanha. A forma corporal de todas estas coisas existiu para simbolizar alguma coisa e depois desaparecer". — Portanto, vê-se que a missão visível não se considera nem pelas visões proféticas, que foram imaginárias e não corporais, nem pelos sinais sacramentais do Antigo e do Novo Testamento, nos quais coisas preexistentes foram assumidas para significar alguma coisa. Diz-se que o Espírito Santo foi enviado visivelmente, quando se mostrou em criaturas formadas expressamente para significá-loᶠ.

QUANTO AO 3º, deve-se dizer que, embora toda a Trindade tenha feito tais criaturas visíveis, elas foram feitas para manifestar especialmente tal ou tal Pessoa. Do mesmo modo que nomes distintos designam o Pai, o Filho e o Espírito Santo, assim também coisas diferentes puderam significá-los, se bem que entre eles não haja nenhuma separação ou diversidadeᵍ.

---

3. C. 6: ML 42, 852 sq.
4. 1*Cor.*, 10, 4.

f. Essa interpretação, segundo a qual a pomba, o fogo ou qualquer outro signo pelo qual o Espírito Santo se manifestou, ou pode ainda se manifestar, só existiriam para cumprir essa função — eles foram feitos expressamente para isso, e deixam em seguida de existir —, tal interpretação não se impõe em absoluto. A distinção proposta por Santo Tomás mantém-se sem isso: basta que seu surgimento tenha sido repentino e que só tenham existido *para as testemunhas* em sua função de signo, sua existência, fora disso, sendo *insignificante*.

g. Como causa eficiente de uma mudança qualquer no universo, as três Pessoas agem conjuntamente, de modo inseparável, constituindo um só Agente. Cada uma, porém, em sua distinção, pode ser o termo de uma relação de significação, ou de manifestação, na qual a criatura é o sujeito referido. Isto é evidente para esses signos por excelência que são as palavras: designo

AD QUARTUM dicendum quod personam Filii declarari oportuit ut sanctificationis Auctorem, ut dictum est[5]: et ideo oportuit quod missio visibilis Filii fieret secundum naturam rationalem, cuius est agere, et cui potest competere sanctificare. Indicium autem sanctificationis esse potuit quaecumque alia creatura. Neque oportuit quod creatura visibilis ad hoc formata, esset assumpta a Spiritu Sancto in unitatem personae: cum non assumeretur ad aliquid agendum, sed ad indicandum tantum. — Et propter hoc etiam non oportuit quod duraret, nisi quandiu perageret officium suum.

AD QUINTUM dicendum quod illae creaturae visibiles formatae sunt ministerio angelorum: non tamen ad significandum personam angeli, sed ad significandam personam Spiritus Sancti. Quia igitur Spiritus Sanctus erat in illis creaturis visibilibus sicut signatum in signo, propter hoc secundum eas Spiritus Sanctus visibiliter mitti dicitur, et non angelus.

AD SEXTUM dicendum quod non est de necessitate invisibilis missionis, ut semper manifestetur per aliquod signum visibile exterius: sed, sicut dicitur 1Cor 12,7, *manifestatio Spiritus* datur alicui *ad utilitatem*, scilicet Ecclesiae. Quae quidem utilitas est, ut per huiusmodi visibilia signa fides confirmetur et propagetur. Quod quidem principaliter factum est per Christum et per Apostolos, secundum illud Hb 2,3: *Cum initium accepisset enarrari per Dominum, ab eis qui audierunt in nos confirmata est.* Et ideo specialiter debuit fieri missio visibilis Spiritus Sancti ad Christum et ad Apostolos, et ad aliquos primitivos Sanctos, in quibus quodammodo Ecclesia fundabatur: ita tamen quod visibilis missio facta ad Christum, demonstraret missionem invisibilem non tunc, sed in principio suae conceptionis, ad eum factam. Facta autem est missio visibilis ad Christum, in baptismo quidem sub specie columbae, quod est animal fecundum, ad ostendendum in Christo auctoritatem donandi gratiam per spiritualem regenerationem: unde vox Patris intonuit Mt 3,17:

QUANTO AO 4º, deve-se dizer que era preciso declarar a pessoa do Filho como o autor da santificação como foi dito. Por isso, era preciso que a missão visível do Filho se realizasse por meio de uma natureza racional, capaz de agir e à qual cabe santificar. Mas ser sinal de santificação qualquer outra criatura poderia. Não era também preciso que a criatura visível, formada para este fim, fosse assumida pelo Espírito Santo na unidade de sua pessoa. Ela não seria assumida para agir, mas somente para significar. — É por isso, ainda, que ele só devia durar o tempo de cumprir sua função.

QUANTO AO 5º, deve-se dizer que aquelas criaturas visíveis foram formadas pelo ministério dos anjos, não para significar a pessoa do anjo, mas a do Espírito Santo. E porque o Espírito Santo estava nestas criaturas visíveis, como a realidade significada está no sinal, por isso se diz que o Espírito Santo era enviado por elas visivelmente e não o anjo.

QUANTO AO 6º, deve-se dizer que não é necessário que a missão invisível seja sempre manifestada por um sinal exterior visível: "A manifestação do Espírito", se diz na primeira Carta aos Coríntios, "é dada a alguém para a utilidade", isto é, da Igreja. E essa utilidade está em que, por esses sinais visíveis, se confirme e se propague a fé. Ora, isto foi, principalmente, obra de Cristo e dos Apóstolos, como se afirma na Carta aos Hebreus: "O que foi anunciado em primeiro lugar pelo Senhor nos foi atestado por aqueles que o haviam ouvido". Portanto, era necessária, de modo especial, uma missão visível do Espírito Santo a Cristo e aos Apóstolos, e a um certo número dos primeiros santos, nos quais se punham, de certo modo, os fundamentos da Igreja, de tal modo, entretanto, que a missão visível feita a Cristo manifestasse uma missão invisível realizada, não neste instante, mas desde o começo de sua concepção[h]. A missão visível a Cristo, no seu batismo, fez-se sob a forma de uma pomba, animal fecundo, para mostrar o poder de Cristo de dar a graça para a regeneração espiritual.

---

5. In corp.

a Pessoa em sua singularidade e em sua diferença quando a nomeio. Tal coisa se verifica de igual modo para os símbolos, que não somente a designam, mas manifestam.

h. Isto não significa que toda missão visível do Espírito Santo é excluída pela Igreja depois dos tempos apostólicos. É preciso insistir sobre o "era especialmente necessário". É preciso observar também que a razão pela qual a missão visível é denominada necessária — a saber: "confirmar e propagar a fé" — permanece durante todo o tempo da missão evangelizadora da Igreja, ou seja, até o retorno do Cristo. Parece que Santo Tomás considerou que a Igreja estava, desde os primeiros tempos, bastante segura em sua fé e em sua pregação para não mais ter necessidade desses signos visíveis. Notemos, contudo, que, no tratado da Profecia, da *Suma* (II-II, q. 174, a. 6, r. 2), ele reconhecerá que em todas as épocas a profecia é necessária à vida da Igreja "não, é claro, para estabelecer uma nova doutrina de fé, mas para o discernimento das condutas a adotar".

Hic est Filius meus dilectus, ut ad similitudinem Unigeniti alii regenerarentur. In transfiguratione vero, sub specie nubis lucidae, ad ostendendam exuberantiam doctrinae: unde dictum est [Ibid., 17,5]: *Ipsum audite*. Ad Apostolos autem, sub specie flatus, ad ostendendam potestatem ministerii in dispensatione Sacramentorum: unde dictum est eis Io 20,23: *Quorum remiseritis peccata, remittuntur eis*. Sed sub linguis igneis, ad ostendendum officium doctrinae: unde dicitur Act 2,4 quod *coeperunt loqui variis linguis*. — Ad Patres autem veteris Testamenti, missio visibilis Spiritus Sancti fieri non debuit: quia prius debuit perfici missio visibilis Filii quam Spiritus Sancti, cum Spiritus Sanctus manifestet Filium, sicut Filius Patrem. Fuerunt tamen factae visibiles apparitiones divinarum Personarum Patribus veteris Testamenti. Quae quidem missiones visibiles dici non possunt: quia non fuerunt factae, secundum Augustinum[6], ad designandum inhabitationem divinae Personae per gratiam, sed ad aliquid aliud manifestandum.

Por isso, ouviu-se ressoar a voz do Pai, dizendo: "Este é meu Filho amado", para que os outros se regenerassem à semelhança do Filho único. Na Transfiguração, contudo, sob a forma da nuvem luminosa, para mostrar a grandeza de seu ensinamento. Por isso foi dito: "Escutai-o". Aos Apóstolos, sob a forma de sopro, para mostrar seu poder de ministros na dispensação dos sacramentos. Foi-lhes dito por isso: "Aqueles a quem perdoardes os pecados serão perdoados". Entretanto, sob a forma de línguas de fogo, para manifestar sua função de ensinar: "Eles começaram", se diz no livro dos Atos dos Apóstolos, "a falar em línguas diversas". — Quanto aos Patriarcas do Antigo Testamento, não não foi necessária a missão visível do Espírito Santo. Era preciso, com efeito, que a missão visível do Filho precedesse a do Espírito Santo. Porque o Espírito Santo manifesta o Filho, como o Filho manifesta o Pai. Houve aparições visíveis das Pessoas divinas aos Padres do Antigo Testamento, mas não se pode falar de missões visíveis, porque essas aparições não foram feitas para significar a habitação pela graça da Pessoa divina, mas para manifestar alguma outra coisa.

Articulus 8
Utrum nulla Persona divina mittatur nisi ab ea a qua procedit aeternaliter

Ad octavum sic proceditur. Videtur quod nulla Persona divina mittatur nisi ab ea a qua procedit aeternaliter.

1. Quia, sicut dicit Augustinus, IV *de Trin.*[1], *Pater a nullo mittitur, quia a nullo est*. Si ergo aliqua Persona divina mittitur ab alia, oportet quod sit ab illa.

2. Praeterea, mittens habet auctoritatem respectu missi. Sed respectu divinae Personae non potest haberi auctoritas nisi secundum originem. Ergo oportet quod divina Persona quae mittitur, sit a Persona mittente.

3. Praeterea, si Persona divina potest mitti ab eo a quo non est, nihil prohibebit dicere quod Spiritus Sanctus detur ab homine, quamvis non sit ab eo. Quod est contra Augustinum, XV *de Trin.*[2]. Ergo divina Persona non mittitur nisi ab ea a qua est.

Artigo 8
Uma Pessoa divina só é enviada pela Pessoa da qual procede eternamente?

Quanto ao oitavo, assim se procede: parece que uma Pessoa divina só **é enviada** pela Pessoa da qual procede eternamente.

1. Porque, como Agostinho diz: "O Pai não é enviado por ninguém, porque não procede de ninguém". Portanto, se uma Pessoa divina é enviada por outra, é preciso que dela proceda.

2. Além disso, o que envia tem autoridade sobre o enviado. Ora, em relação a uma Pessoa divina, só há autoridade pela origem. Logo, é preciso que a Pessoa enviada proceda daquele que envia.

3. Ademais, se a Pessoa divina pode ser enviada por aquela da qual não procede, nada impede dizer que o Espírito Santo é dado pelo homem, embora dele não proceda. O que é contrário a Agostinho. Logo, a Pessoa divina não é enviada senão por aquela da qual ela procede.

---

6. Vide *de Trin.*, l. II, c. 17: ML 42, 866.

8 Parall.: I *Sent.*, dist. 15, q. 3; *De Pot.*, q. 10, a. 4, ad 14; *Contra errores Graec.*, c. 14.

1. C. 20: ML 42, 908.
2. C. 26: ML 42, 1093 sq.

Sed contra est quod Filius mittitur a Spiritu Sancto, secundum illud Is 48,16: *Et nunc misit me Dominus Deus, et Spiritus eius*. Filius autem non est a Spiritu Sancto. Ergo Persona divina mittitur ab ea a qua non est.

Respondeo dicendum quod circa hoc inveniuntur aliqui diversimode locuti esse. Secundum quosdam enim, Persona divina non mittitur nisi ab eo a quo est aeternaliter. Et secundum hoc, cum dicitur Filius Dei missus a Spiritu Sancto, referendum est hoc ad humanam naturam, secundum quam missus est ad praedicandum a Spiritu Sancto. — Augustinus autem dicit, II *de Trin.*[3], quod Filius mittitur et a se et a Spiritu Sancto: et Spiritus Sanctus etiam mittitur et a se et a Filio[4]: ut sic mitti in divinis non conveniat cuilibet Personae, sed solum Personae ab alio existenti; mittere autem conveniat cuilibet Personae.

Utrumque autem habet aliquo modo veritatem. Quia cum dicitur aliqua Persona mitti, designatur et ipsa Persona ab alio existens, et effectus visibilis aut invisibilis, secundum quem missio divinae Personae attenditur. Si igitur mittens designetur ut principium Personae quae mittitur, sic non quaelibet Persona mittit, sed solum illa cui convenit esse principium illius Personae. Et sic Filius mittitur tantum a Patre, Spiritus Sanctus autem a Patre et Filio. Si vero Persona mittens intelligatur esse principium effectus secundum quem attenditur missio, sic tota Trinitas mittit Personam missam. — Non autem propter hoc homo dat Spiritum Sanctum: quia nec effectum gratiae potest causare.

Et per hoc patet solutio AD OBIECTA.

EM SENTIDO CONTRÁRIO, o Filho é enviado pelo Espírito Santo, segundo Isaías: "Agora, enviou-me o Senhor Deus e o seu Espírito". Ora, o Filho não procede do Espírito Santo. Portanto, uma Pessoa divina é enviada por aquela da qual ela não procede.

RESPONDO. Sobre essa questão, encontram-se diversas opiniões. Segundo alguns, a Pessoa divina só é enviada pela Pessoa da qual ela procede eternamente. Assim, dizendo-se que o Filho de Deus é enviado pelo Espírito Santo, é preciso referi-lo à sua natureza humana, na qual o Espírito Santo envia-o a pregar. — Mas Agostinho diz que o Filho é enviado por si e também pelo Espírito Santo; e, ainda, que o Espírito Santo também é enviado por si e pelo Filho. Dessa forma, em Deus, não convém a toda Pessoa divina ser enviada, mas somente a uma Pessoa que procede da outra. Pelo contrário, enviar convém a toda Pessoa.

Ambos têm de algum modo a verdade. Porque, quando se diz que uma Pessoa é enviada, afirma-se tanto a própria Pessoa que procede de uma outra como o efeito visível ou invisível, segundo o qual se considera a missão da Pessoa divina. Portanto, se se designa aquele que envia como princípio da Pessoa enviada, não é qualquer Pessoa que envia, mas somente aquela a quem cabe ser princípio da Pessoa enviada. O Filho não é, assim, enviado senão pelo Pai, enquanto o Espírito Santo o é pelo Pai e pelo Filho. Mas, se a Pessoa que envia se entende como princípio do efeito visado na missão, então é toda a Trindade que envia a Pessoa em missão. — Daí não se conclui, aliás, que o homem dá o Espírito Santo, pois não pode causar o efeito da graça.

Assim, ficam claras as RESPOSTAS ÀS OBJEÇÕES.

---

3. C. 5: ML 42, 850 sq. — Cfr. *Cont. Maximin.*, l. II (al. III), c. 20: ML 42, 790.
4. *De Trin.*, l. II, c. 5: ML 42, 850 sq.; l. XV, c. 19: ML 42.

ÍNDICE DO VOLUME 1

QUESTÕES 1 A 43

Nota dos Superiores Gerais da Ordem dos Pregadores e da Companhia de Jesus 9
Apresentação 11
Prefácio à tradução brasileira 13
Siglas e abreviaturas 19

Introdução à *Suma teológica* (Marie-Joseph Nicolas) 21
    I. A vida e a obra de Tomás de Aquino 23
    II. Santo Tomás e o pensamento de seu tempo 30
    III. Razão e fé na *Suma teológica* 34
    IV. Teses características de Tomás de Aquino 39
    V. Gênero literário da *Suma teológica* 60
    VI. Antitomismo, tomismo e tomismos 63

Vocabulário da *Suma teológica* (Marie-Joseph Nicolas) 69
Autores e obras citados na *Suma teológica*. Parte I – Questões 1-43 103
Fontes usadas por Santo Tomás na Parte I – Questões 1 a 43 119

SUMA TEOLÓGICA
PRIMEIRA PARTE

A TEOLOGIA COMO CIÊNCIA

INTRODUÇÃO E NOTAS POR CLAUDE GEFFRÉ 125
Prólogo 135
Questão 1   A doutrina sagrada o que é? Qual seu alcance? 137
    Artigo 1   É necessária outra doutrina, além das disciplinas filosóficas? 137
    Artigo 2   A doutrina sagrada é uma ciência? 139
    Artigo 3   A doutrina sagrada é uma ciência una? 140
    Artigo 4   A doutrina sagrada é uma ciência prática? 142
    Artigo 5   A doutrina sagrada é mais excelente que outras ciências? 143
    Artigo 6   É essa doutrina uma sabedoria? 144
    Artigo 7   Deus é o assunto desta ciência? 147
    Artigo 8   Esta doutrina se vale de argumentos? 148
    Artigo 9   A Sagrada Escritura deve se utilizar de metáforas? 151
    Artigo 10   O texto das Escrituras encerra vários sentidos? 153

O DEUS ÚNICO

INTRODUÇÃO E NOTAS POR JEAN-HERVÉ NICOLAS 157
Questão 2   A existência de Deus 161
    Artigo 1   A existência de Deus é evidente por si mesma? 161
    Artigo 2   É possível demonstrar a existência de Deus? 164
    Artigo 3   Deus existe? 166

Questão 3	**A simplicidade de Deus**	169
Artigo 1	Seria Deus um corpo?	170
Artigo 2	Existe em Deus composição de forma e matéria?	173
Artigo 3	Deus é o mesmo que sua essência ou natureza?	175
Artigo 4	Em Deus são o mesmo a essência e o existir?	176
Artigo 5	Deus está em algum gênero?	178
Artigo 6	Em Deus há acidentes?	180
Artigo 7	Deus é totalmente simples?	182
Artigo 8	Entraria Deus na composição de outras coisas?	184
Questão 4	**A perfeição de Deus**	186
Artigo 1	Deus é perfeito?	186
Artigo 2	Estão em Deus as perfeições de todas as coisas?	187
Artigo 3	As criaturas podem assemelhar-se a Deus?	190
Questão 5	**O bem em geral**	192
Artigo 1	O bem se diferencia do ente na realidade?	193
Artigo 2	O bem segundo a razão tem prioridade sobre o ente?	195
Artigo 3	Todo ente é bom?	197
Artigo 4	Tem o bem razão de causa final?	199
Artigo 5	A razão de bem consiste no modo, na espécie e na ordem?	200
Artigo 6	Convém dividir o bem em honesto, útil e agradável?	203
Questão 6	**A bondade de Deus**	204
Artigo 1	Ser bom convém a Deus?	205
Artigo 2	Será Deus o sumo bem?	206
Artigo 3	Ser bom por essência é próprio de Deus?	208
Artigo 4	Todas as coisas são boas pela bondade divina?	210
Questão 7	**A infinidade de Deus**	211
Artigo 1	Deus é infinito?	212
Artigo 2	Além de Deus, existe algum outro infinito em sua essência?	213
Artigo 3	Algo pode ser infinito em ato quanto à grandeza?	215
Artigo 4	É possível haver nas coisas o infinito quanto à multidão?	218
Questão 8	**A existência de Deus nas coisas**	220
Artigo 1	Deus está em todas as coisas?	220
Artigo 2	Está Deus em toda parte?	222
Artigo 3	Deus está em toda parte por sua essência, presença e poder?	224
Artigo 4	Estar em toda parte é próprio de Deus?	227
Questão 9	**A imutabilidade de Deus**	229
Artigo 1	Deus é totalmente imutável?	229
Artigo 2	Ser imutável é próprio de Deus?	231
Questão 10	**A eternidade de Deus**	235
Artigo 1	Convém definir eternidade como a posse inteiramente simultânea e perfeita de uma vida interminável?	235
Artigo 2	Deus é eterno?	237
Artigo 3	Ser eterno é próprio de Deus?	239
Artigo 4	A eternidade difere do tempo?	240
Artigo 5	O evo difere do tempo?	243
Artigo 6	Existe apenas um único evo?	245
Questão 11	**A unidade de Deus**	248
Artigo 1	O uno acrescenta algo ao ente?	248

Artigo 2	Existe oposição entre o uno e o múltiplo?	251
Artigo 3	Deus é uno?	253
Artigo 4	Deus é ao máximo uno?	255
Questão 12	**Como conhecemos Deus**	**256**
Artigo 1	Um intelecto criado pode ver a Deus em sua essência?	257
Artigo 2	A essência de Deus é vista pelo intelecto criado mediante alguma semelhança?	260
Artigo 3	A essência de Deus pode ser vista pelos olhos do corpo?	262
Artigo 4	Um intelecto criado pode ver a essência divina pelas próprias faculdades naturais?	264
Artigo 5	Para ver a essência de Deus, o intelecto criado necessita de uma luz criada?	267
Artigo 6	Entre os que veem a essência de Deus, alguns a veem mais perfeitamente que outros?	268
Artigo 7	Os que veem a Deus em sua essência o compreendem?	270
Artigo 8	Quem vê a Deus em sua essência vê tudo em Deus?	273
Artigo 9	As coisas vistas em Deus por aqueles que veem a essência divina são vistas por intermédio de certas semelhanças?	276
Artigo 10	Os que veem a Deus em sua essência veem simultaneamente tudo o que nele veem?	277
Artigo 11	Pode alguém nesta vida ver a Deus em sua essência?	279
Artigo 12	Nesta vida, podemos conhecer a Deus pela razão natural?	282
Artigo 13	Pela graça, se tem um conhecimento mais elevado de Deus que pela razão natural?	283
Questão 13	**Os nomes divinos**	**285**
Artigo 1	A Deus pode convir algum nome?	286
Artigo 2	Algum nome é atribuído a Deus de maneira substancial?	288
Artigo 3	Algum nome é atribuído a Deus em sentido próprio?	291
Artigo 4	Os nomes atribuídos a Deus são sinônimos?	293
Artigo 5	Os nomes são atribuídos a Deus e às criaturas de maneira unívoca?	295
Artigo 6	Esses nomes são atribuídos por primeiro às criaturas e não a Deus?	298
Artigo 7	Os nomes que implicam relação com as criaturas são atribuídos a Deus em sentido temporal?	301
Artigo 8	O nome "Deus" significa a natureza de Deus?	305
Artigo 9	O nome "Deus" é comunicável?	307
Artigo 10	O nome "Deus" é atribuído de maneira unívoca para significar Deus por participação, segundo a natureza e a opinião?	310
Artigo 11	O nome *Aquele que é* seria o nome mais próprio de Deus?	312
Artigo 12	Podemos formar a respeito de Deus proposições afirmativas?	314
Questão 14	**A ciência de Deus**	**316**
Artigo 1	Existe ciência em Deus?	317
Artigo 2	Deus conhece a si próprio?	319
Artigo 3	Deus compreende a si mesmo?	322
Artigo 4	O conhecer de Deus é sua própria substância?	323
Artigo 5	Deus conhece o que é distinto de si?	325
Artigo 6	Deus tem conhecimento próprio do que é distinto de si?	327
Artigo 7	A ciência de Deus é discursiva?	331
Artigo 8	A ciência de Deus é causa das coisas?	332
Artigo 9	Deus tem a ciência dos não-entes?	334
Artigo 10	Deus conhece os males?	336
Artigo 11	Deus conhece os singulares?	338

Artigo 12	Deus pode conhecer coisas infinitas?	340
Artigo 13	Deus conhece os futuros contingentes?	343
Artigo 14	Deus conhece os enunciados?	347
Artigo 15	A ciência de Deus é mutável?	348
Artigo 16	Deus tem das coisas uma ciência especulativa?	351
Questão 15	**As ideias**	353
Artigo 1	Existem ideias em Deus?	353
Artigo 2	Existem muitas ideias?	355
Artigo 3	Existem ideias de tudo o que Deus conhece?	357
Questão 16	**A verdade**	359
Artigo 1	A verdade está apenas no intelecto?	360
Artigo 2	A verdade está no intelecto que compõe e divide?	363
Artigo 3	O verdadeiro e o ente são entre si convertíveis?	365
Artigo 4	O bem, segundo a razão, é anterior ao verdadeiro?	367
Artigo 5	Deus é a verdade?	368
Artigo 6	Todas as coisas são verdadeiras em razão de uma única verdade?	370
Artigo 7	A verdade criada é eterna?	371
Artigo 8	A verdade é imutável?	374
Questão 17	**A falsidade**	376
Artigo 1	Há falsidade nas coisas?	376
Artigo 2	A falsidade está nos sentidos?	379
Artigo 3	A falsidade está no intelecto?	381
Artigo 4	O verdadeiro e o falso são contrários?	384
Questão 18	**A vida de Deus**	386
Artigo 1	A vida é comum a todas as coisas naturais?	386
Artigo 2	A vida é uma operação?	388
Artigo 3	A vida convém a Deus?	390
Artigo 4	Tudo é vida em Deus?	393
Questão 19	**A vontade de Deus**	396
Artigo 1	Há vontade em Deus?	396
Artigo 2	Deus quer algo distinto de si mesmo?	398
Artigo 3	Tudo o que Deus quer, Ele o quer por necessidade?	400
Artigo 4	A vontade de Deus é causa das coisas?	403
Artigo 5	Pode-se indicar uma causa à vontade divina?	405
Artigo 6	A vontade de Deus se cumpre sempre?	407
Artigo 7	A vontade de Deus é mutável?	411
Artigo 8	A vontade de Deus impõe necessidade às coisas que ele quer?	413
Artigo 9	Existe em Deus a vontade do mal?	415
Artigo 10	Deus tem livre-arbítrio?	418
Artigo 11	Deve-se distinguir em Deus uma "vontade de sinal"?	419
Artigo 12	Convém afirmar cinco sinais da vontade de Deus?	420
Questão 20	**O amor de Deus**	422
Artigo 1	Existe amor em Deus?	423
Artigo 2	Deus ama todas as coisas?	426
Artigo 3	Deus ama igualmente a todos?	428
Artigo 4	Deus ama mais os melhores?	429
Questão 21	**A justiça e a misericórdia de Deus**	433
Artigo 1	Em Deus há justiça?	433

Artigo 2	A justiça de Deus é a verdade?...	436
Artigo 3	A misericórdia convém a Deus?..	437
Artigo 4	Há justiça e misericórdia em todas as obras de Deus?...............	438
Questão 22	**A providência de Deus**	441
Artigo 1	A providência convém a Deus?..	441
Artigo 2	Todas as coisas estão sujeitas à providência divina?................	444
Artigo 3	Deus provê imediatamente todas as coisas?...........................	448
Artigo 4	A providência divina impõe necessidade às coisas que lhe estão submetidas?...	450
Questão 23	**A predestinação**	452
Artigo 1	Os homens são predestinados por Deus?...............................	453
Artigo 2	A predestinação acrescenta algo ao predestinado?.................	455
Artigo 3	Deus reprova algum homem?...	457
Artigo 4	Os predestinados são eleitos por Deus?..................................	459
Artigo 5	A presciência dos méritos é a causa da predestinação?...........	461
Artigo 6	A predestinação é certa?...	465
Artigo 7	O número dos predestinados é certo?.....................................	467
Artigo 8	A predestinação pode ser ajudada pelas preces dos santos?......	470
Questão 24	**O livro da vida**	473
Artigo 1	O livro da vida é o mesmo que a predestinação?.....................	473
Artigo 2	O livro da vida refere-se apenas à vida gloriosa dos predestinados?......	475
Artigo 3	Alguém pode ser apagado do livro da vida?............................	476
Questão 25	**A potência divina**	478
Artigo 1	Existe potência em Deus?...	478
Artigo 2	A potência de Deus é infinita?..	480
Artigo 3	Deus é onipotente?..	482
Artigo 4	Deus pode fazer que coisas passadas não tenham existido?......	486
Artigo 5	Deus pode fazer as coisas que não faz?...................................	487
Artigo 6	Deus poderia fazer melhores as coisas que faz?......................	490
Questão 26	**A bem-aventurança divina**..	492
Artigo 1	A bem-aventurança convém a Deus?......................................	493
Artigo 2	Deus se diz bem-aventurado segundo o intelecto?..................	494
Artigo 3	Deus é a bem-aventurança de todo bem-aventurado?.............	495
Artigo 4	A bem-aventurança divina inclui toda bem-aventurança?......	496

OS TRÊS QUE SÃO O DEUS ÚNICO

INTRODUÇÃO E NOTAS POR JEAN-HERVÉ NICOLAS		499
Questão 27	**A processão das pessoas divinas**	503
Artigo 1	Há processão em Deus?..	503
Artigo 2	Há em Deus uma processão que se possa chamar geração?.....	506
Artigo 3	Há em Deus outra processão além da geração do verbo?........	509
Artigo 4	A processão do amor em Deus é geração?..............................	511
Artigo 5	Há em Deus mais de duas processões?...................................	513
Questão 28	**As relações divinas**..	514
Artigo 1	Há em Deus relações reais?..	514
Artigo 2	Em Deus a relação é o mesmo que a essência?.......................	518
Artigo 3	As relações que existem em Deus se distinguem realmente umas das outras?..	521
Artigo 4	Há em Deus somente quatro relações reais: paternidade, filiação, espiração e processão?........................	523

Questão 29	**As pessoas divinas**	525
Artigo 1	A definição de pessoa	526
Artigo 2	Pessoa é o mesmo que hipóstase, subsistência e essência?	529
Artigo 3	Deve-se dar o nome de "pessoa" a Deus?	532
Artigo 4	Em Deus, o termo "pessoa" significa relação?	535
Questão 30	**A pluralidade de pessoas em Deus**	538
Artigo 1	É preciso afirmar várias pessoas em Deus?	538
Artigo 2	Há mais que três pessoas em Deus?	540
Artigo 3	Os numerais acrescentam algo em Deus?	544
Artigo 4	O nome "pessoa" pode ser comum às três pessoas?	547
Questão 31	**Unidade e pluralidade em Deus**	549
Artigo 1	Há trindade em Deus?	549
Artigo 2	É o Filho distinto do Pai?	551
Artigo 3	Pode-se, em Deus, unir a expressão exclusiva "só" a um termo essencial?	554
Artigo 4	Pode-se unir uma expressão exclusiva a um nome pessoal?	557
Questão 32	**O conhecimento das pessoas divinas**	559
Artigo 1	A Trindade das Pessoas divinas pode ser conhecida pela razão natural?	559
Artigo 2	Devem-se afirmar noções em Deus?	565
Artigo 3	Há cinco noções?	568
Artigo 4	É permitido ter opiniões contrárias sobre as noções?	570
Questão 33	**A pessoa do Pai**	571
Artigo 1	Convém ao Pai ser princípio?	572
Artigo 2	O nome "Pai" é um nome próprio de pessoa divina?	573
Artigo 3	O nome "Pai" atribui-se a Deus mais em sentido pessoal?	576
Artigo 4	É próprio do Pai ser ingênito?	578
Questão 34	**O Verbo**	582
Artigo 1	O Verbo é um nome pessoal em Deus?	582
Artigo 2	Verbo é o nome próprio do Filho?	586
Artigo 3	O nome Verbo implica uma relação com a criatura?	589
Questão 35	**A imagem**	591
Artigo 1	Em Deus, Imagem é dita em sentido pessoal?	591
Artigo 2	O nome Imagem é próprio do Filho?	593
Questão 36	**A pessoa do Espírito Santo**	595
Artigo 1	O nome "Espírito Santo" é o nome próprio de uma pessoa divina?	595
Artigo 2	O Espírito Santo procede do Filho?	597
Artigo 3	O Espírito Santo procede do Pai pelo Filho?	603
Artigo 4	O Pai e o Filho são um só princípio do Espírito Santo?	606
Questão 37	**O nome amor dado ao Espírito Santo**	609
Artigo 1	Amor é o nome próprio do Espírito Santo?	610
Artigo 2	O Pai e o Filho se amam pelo Espírito Santo?	613
Questão 38	**O dom**	616
Artigo 1	Dom é um nome pessoal?	617
Artigo 2	Dom é nome próprio do Espírito Santo?	619
Questão 39	**Relação das pessoas com a essência**	620
Artigo 1	Em Deus, a essência é o mesmo que a pessoa?	621
Artigo 2	Deve-se dizer que há três Pessoas de uma *única essência*?	623
Artigo 3	Os nomes essenciais são atribuídos às três Pessoas no singular?	626

Artigo 4	Os nomes essenciais concretos podem designar a pessoa?	628
Artigo 5	Os nomes essenciais, expressos abstratamente, podem designar a pessoa?	632
Artigo 6	As pessoas podem ser predicadas dos nomes essenciais?	635
Artigo 7	Os nomes essenciais se devem atribuir como próprios às Pessoas?	636
Artigo 8	Os nomes essenciais foram convenientemente atribuídos às Pessoas pelos santos Doutores?	638
Questão 40	**As pessoas em comparação com as relações ou propriedades**	645
Artigo 1	Relação é o mesmo que pessoa?	645
Artigo 2	As pessoas distinguem-se pelas relações?	648
Artigo 3	Se pelo intelecto se abstraem das pessoas as relações, permanecem as hipóstases?	650
Artigo 4	As propriedades pressupõem os atos nocionais?	653
Questão 41	**As pessoas em comparação com os atos nocionais**	655
Artigo 1	Devem-se atribuir às pessoas atos nocionais?	655
Artigo 2	Os atos nocionais são voluntários?	657
Artigo 3	Os atos nocionais procedem de algo?	660
Artigo 4	Em Deus há uma potência em relação aos atos nocionais?	664
Artigo 5	A potência de gerar e espirar significa a relação e não a essência?	666
Artigo 6	Os atos nocionais podem ter como termos várias pessoas?	668
Questão 42	**Igualdade e semelhança das pessoas divinas**	669
Artigo 1	Há igualdade entre as pessoas divinas?	670
Artigo 2	A pessoa que procede é coeterna com seu princípio, como o Filho com o Pai.	673
Artigo 3	Há uma ordem de natureza nas pessoas divinas?	676
Artigo 4	O Filho é igual ao Pai em grandeza?	677
Artigo 5	O Filho está no Pai e o Pai no Filho?	680
Artigo 6	O Filho é igual ao Pai em potência?	681
Questão 43	**A missão das pessoas divinas**	683
Artigo 1	Convém a uma Pessoa divina ser enviada?	683
Artigo 2	A missão é eterna ou apenas temporal?	685
Artigo 3	A missão invisível de uma Pessoa divina só se realiza pelo dom da graça santificante?	686
Artigo 4	Também ao Pai convém ser enviado?	689
Artigo 5	Convém ao Filho ser enviado invisivelmente?	690
Artigo 6	A missão invisível se realiza em todos os participantes da graça?	692
Artigo 7	Convém ao Espírito Santo ser visivelmente enviado?	694
Artigo 8	Uma Pessoa divina só é enviada pela Pessoa da qual procede eternamente?	698

Edições Loyola é uma obra da Companhia de Jesus do Brasil e foi fundada em 1958. De inspiração cristã, tem como maior objetivo o desenvolvimento integral do ser humano. Atua como editora de livros e revistas e também como gráfica, que atende às demandas internas e externas. Por meio de suas publicações, promove fé, justiça e cultura.

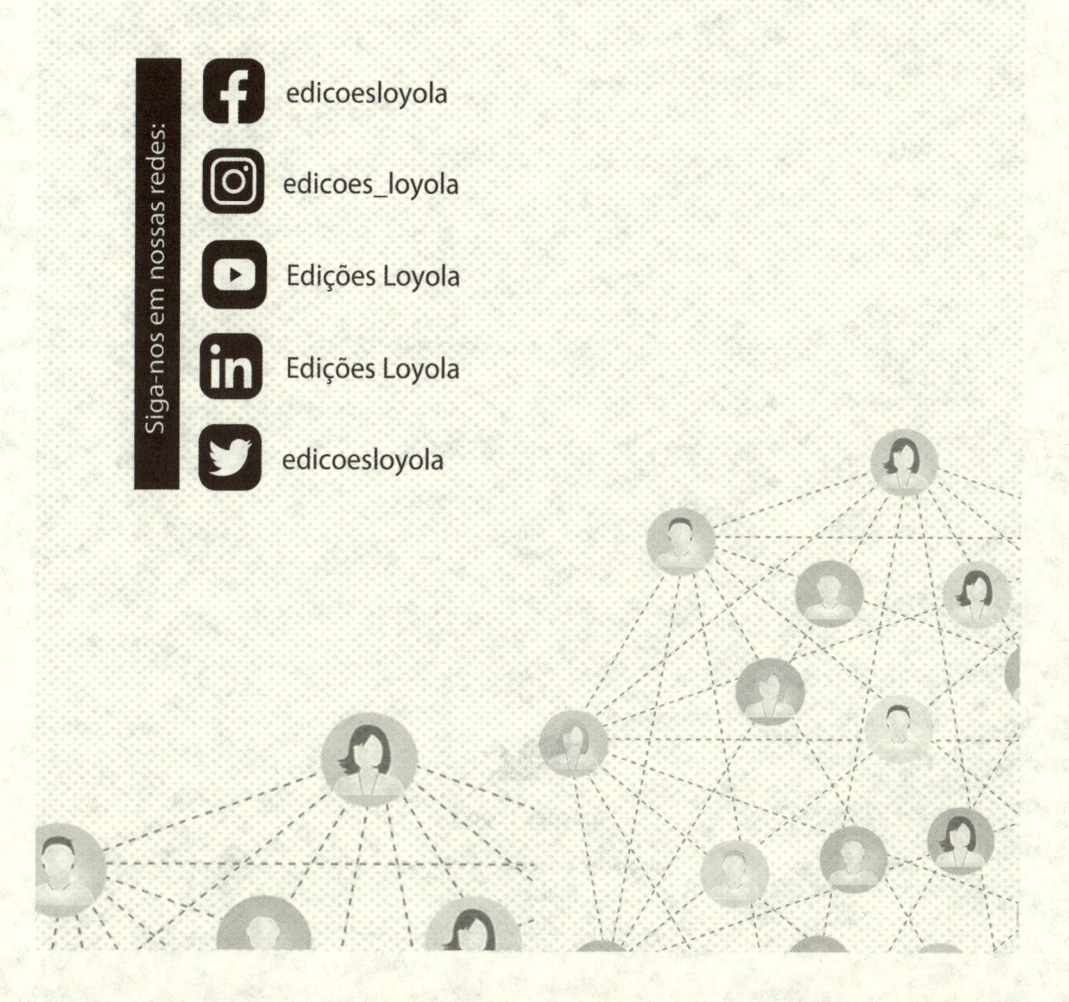

Siga-nos em nossas redes:

- edicoesloyola
- edicoes_loyola
- Edições Loyola
- Edições Loyola
- edicoesloyola

Edições Loyola

editoração impressão acabamento
rua 1822 nº 341
04216-000 são paulo sp
T 55 11 3385 8500/8501 · 2063 4275
www.loyola.com.br